전략경영 개념과 사례

경쟁우위 접근법

Strategic Management: A Competitive Advantage Approach 17th Edition

전략경영 개념과 사례

경쟁우위 접근법

Fred R. David · Forest R. David · Meredith E. David 지음
박재신 · 신상윤 · 김장훈 옮김

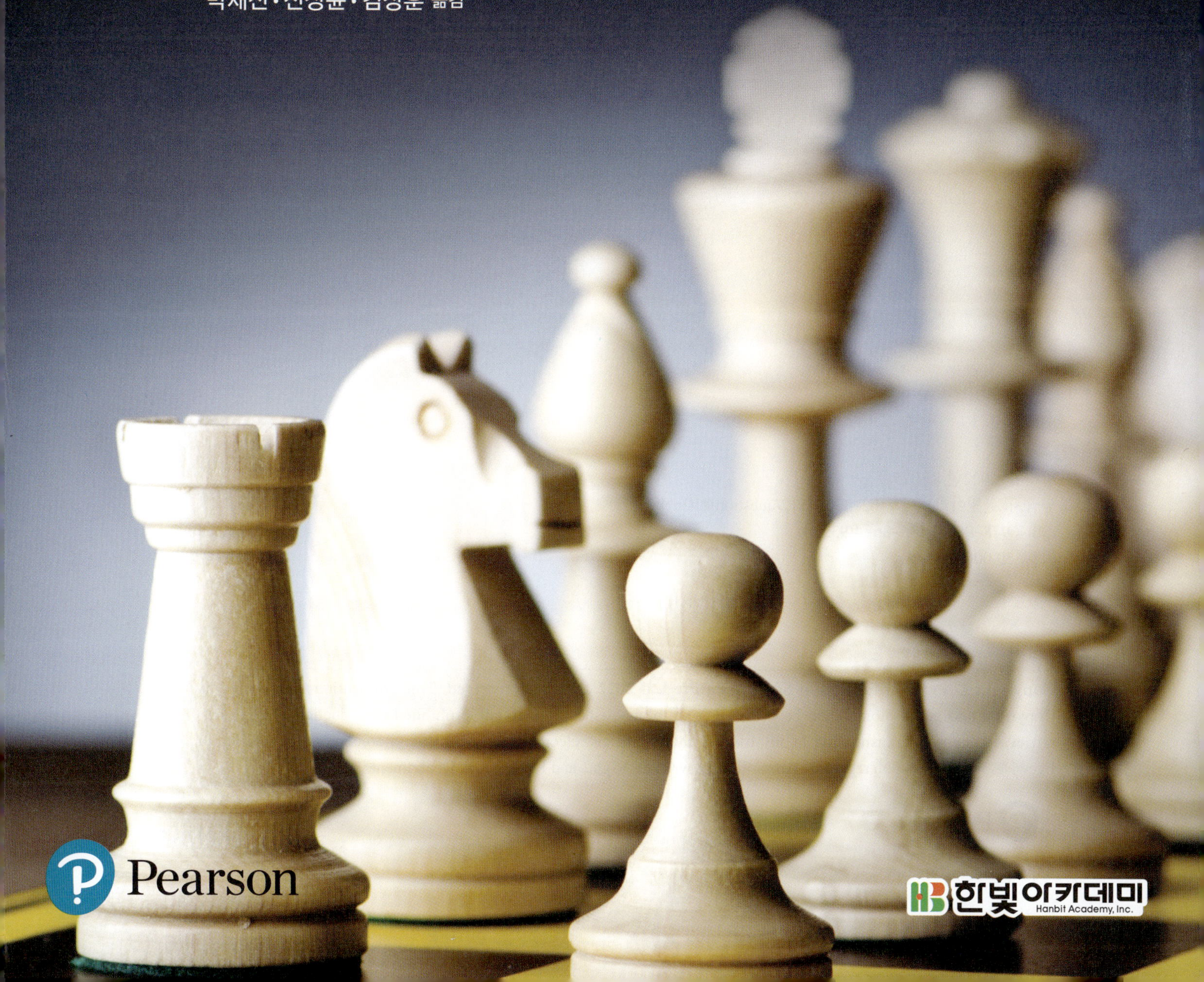

Pearson
한빛아카데미 Hanbit Academy, Inc.

Pearson Education South Asia Pte Ltd
63 Chulia St
#15-01
Singapore 049514

Pearson Education offices in Asia: *Bangkok, Beijing, Ho Chi Minh City, Hong Kong, Jakarta, Kuala Lumpur, Manila, Seoul, Singapore, Taipei, Tokyo*

3 2 1
24 23 22

Cover Art: Elnur Amikishiyev/123RF

발행일: 2022년 8월 25일
공급처: 한빛아카데미㈜(02–336–7112/question@hanbit.co.kr)
ISBN: 978–981–3135–86–4(93320)
가격: 39,000원

Pearson

http://pearson.com/asia

역자 서문

17판까지 출간된 《Strategic Management: Concepts and Cases, A Competitive Advantage》를 우리나라에서 처음으로 번역·출간한다. 이 책을 집필한 세 저자는 한 가족이다. 아버지인 프레드 R. 데이비드(Fred R. David) 교수는 1986년 초판을 출간한 이래 30년 이상 이 책을 이론적·실용적으로 최신화하고, 전략경영을 배우는 학생들의 학습 효과를 향상하기 위해 구성과 특징의 혁신을 거듭해왔다. 아들인 포리스트 R. 데이비드(Forest R. David) 교수는 15판(2015년)부터 공저자로 참여했으며 강사 매뉴얼, 사례 매뉴얼, 각종 분석 기법과 양식을 추가하여 대학 교재로서의 가치를 크게 높였다. 딸인 메러디스 E. 데이비드(Meredith E. David) 교수는 17판(2019년)부터 공저자로 참여하여 전략경영의 마케팅 측면, 즉 시장과 고객을 중심으로 한 경쟁우위 접근법을 한층 강화하는 데 일조했다.

이 번역서에 참여한 역자는 모두 대학 강단에서 전략경영 과목을 지도하고 있는 교수로서, 이제까지 국내외 다른 저자들의 교재로 강의를 해왔다. 훌륭한 선택지가 이미 시중에 많이 있음에도 또 한 권의 전략경영 교재를 번역하여 펴내는 이유를 역자 스스로 자문하고, 그 가치에 대해 합리적인 답변을 제시할 수 있어야 한다. 우리는 다음과 같은 분명한 이유가 있다고 생각한다.

첫째, 이 책의 실무 중심적 접근법을 꼽을 수 있다. 우리는 다른 경영학 과목과 마찬가지로 전략경영 과목이 실제 비즈니스 현장에서 전략기획 활동을 체계적으로 수행하는 데 필요한 지식과 기술, 태도를 길러주고 간접적으로나마 경험할 수 있는 기회를 제공해야 한다고 믿는다. 저자의 독특한 접근법은 '행위를 위한 학습(learning by doing)'으로서 상기 취지에 부합한다.

둘째, 간결하고, 구어적이며, 기대감을 자극하는 방식의 실용적 접근법은 30년 이상 교육계와 학계의 호평을 받았다. 그 결과 미국, 유럽, 일본, 중국 등 20여 개국의 500여 개 대학·대학원에서 전략경영 과목의 교재로 채택되었다. 우리나라에서 전략경영을 공부하는 학생들도 세계적인 스테디셀러인 이 책으로 학습할 기회를 가져야 한다.

셋째, 이 책은 열일곱 번의 개정을 거치면서 내용이 업그레이드되었다. 그 과정에서 개념과 방법론의 최신 논의가 반영되고, 페이스북·애플·아마존·마이크로소프트·핀터레스트·테슬라 등 플랫폼 기업과 21세기형 최신 IT 기업의 사례 분석이 추가되었다. 전략경영의 필요성과 적용성은 특정 산업, 특정 형태의 조직에 국한되지 않는다. 이 책에서 심층적으로 다룬 사례는 금융·의료·항공·온라인 기술 등의 서비스 기업, 스포츠·미용·기계·식음료 등의 제조 기업, 그리고 비영리 조직에 이르기까지 다채롭고 균형감 있다. 졸업 후 다양한 방면으로 진출할 학생들이 전략경영의 간접 경험을 쌓기에 적절한 구성과 내용이다.

이 책을 번역하는 데 피어슨에듀케이션의 지원에 힘입은 바 크다. 김선형 부장과 박민정 팀장은 독자 관점에서 의견을 제시하고 거친 문장을 매끄럽고 이해하기 쉽게 다듬어주었다. 역자 모두 진심으로 감사드린다. 그럼에도 번역투의 어색한 문장이 남아 있다면 이는 전적으로 역자의 책임이다. 원문의 표현에 충실하고자 했다는 변명을 덧붙이며, 어색한 문장과 국어 문법에 어긋나는 비문은 기회가 있을 때마다 바로잡을 것을 약속드린다.

이 번역서의 출간으로 학생들에게 선진 경영 교육을 접할 수 있는 기회를 제공하고, 강단에서 교육에 힘쓰시는 분들에게는 다채롭고 실용적인 교재로서 도움이 되기를 소망한다.

2022년 8월

역자 일동

저자 서문

17판의 특징

17판에서는 본문 내용의 40%, 11개 장의 미니 사례, 각 장의 거의 모든 사례를 최신의 것으로 바꾸었다. 특히 새롭게 추가된 항목은 다음과 같다.

코카콜라 연결 사례

독자는 각 장 끝에 제시한 25개의 혁신적 확인 학습에서 전략 관련 개념을 적용해볼 수 있다. 코카콜라는 세계에서 가장 유명하고 성공적이며 잘 운영되는 글로벌 기업 중 하나이다.

미니 사례

각 장 후반부에 다음과 같은 기업에 관한 미니 사례를 실었다. 11개의 미니 사례는 해당 장의 개념을 적용하도록 고안된 문제를 담고 있다.

- **1장**: 테슬라(Tesla, Inc.)
- **2장**: 포드자동차(Ford Motor Company)
- **3장**: 샘스클럽(Sam's Club)
- **4장**: 프록터앤드갬블(Pocter & Gamble)
- **5장**: 페이스북(Facebook, Inc.)
- **6장**: 보스턴컨설팅그룹(Boston Consulting Group)
- **7장**: 드비어스(De Beers)
- **8장**: 해즈브로(Hasbro, Inc.)
- **9장**: TJX컴퍼니스(TJX Companies, Inc.)
- **10장**: 칙필레(Chick-fil-A)
- **11장**: 링크앤드코(Lynk & Co)

귀감이 되는 전략가, 글로벌 캡슐, 윤리 캡슐, 확인 학습

귀감이 되는 전략가: 각 장의 도입부에서 전략경영을 특출하게 구현한 인물을 소개한다.

글로벌 캡슐: 글로벌 운용, 이슈, 상황과 내용의 전략적 연관성을 보여주는 사례를 담았다.

윤리 캡슐: 전략경영 프로세스의 모든 측면에서 '좋은 윤리는 좋은 사업'이라는 사실을 나타내는 내용으로 구성했다.

확인 학습: 각 장의 개념, 도구, 기법을 적용하는 4개의 세트로 이루어졌다.

- **SET 1 코카콜라의 전략기획**: 영리 기업의 사례 분석을 연습해볼 수 있도록 각 장의 내용을 코카콜라 연결 사례에 적용한다.
- **SET 2 모교의 전략기획**: 비영리 기관의 사례 분석을 연습해볼 수 있도록 각 장의 내용을 모교에 적용한다.
- **SET 3 취업 역량 제고를 위한 전략기획**: 취업을 잘 준비할 수 있도록 각 장의 내용을 자기 자신에게 적용한다.
- **SET 4 개인과 집단의 전략기획**: 개인과 집단의 의사결정이 얼마나 효과적인지를 비교해 볼 수 있도록 각 장의 내용을 적용한다. 이는 우승자와 우승 집단이 드러나는 재미있는 집단 연습이다.

각 장의 개정 내용

- **1장 전략경영의 본질**: SWOT 분석을 소개했다. 전략기획 프로세스가 단지 사일로 활동의 연속이라기보다는 가변적 과정임을 강조하기 위한 포괄적·통합적 전략경영 모델을 제시했다.
- **2장 사업 비전과 사명**: 핵심 가치 선언문에 관한 새로운 내용과 사례를 담았다.
- **3장 외부 평가**: 포터의 5-경쟁요인 모델, 매트릭스의 가중치 및 평가치 부여와 관련된 지침을 제시했다. 경쟁 프로필 매트릭스의 가중치가 형식과 의미상 EFE 매트릭스와 유사해진다.
- **4장 내부 평가**: 마케팅 관련 내용을 개정하고 최신 사례를 담았다. IFE 매트릭스의 평가치가 형식과 의미상 EFE 매트릭스와 유사해진다.
- **5장 실행 전략**: 블루오션 전략, 가치사슬 분석, 포터의 두 가지 본원적 전략 및 기업의 내부 역량 개발, 차용, 인수의 필요성을 다루었다.
- **6장 전략 분석과 선택**: SWOT, BCG, IE, SPACE, 대전략, QSPM 분석 등의 내용을 보완했다.
- **7장 전략 실행: 경영관리 및 마케팅 이슈**: 베일러대학교의 마케팅 교수가 공저자로 합류하여 시장 세분화, 목표 시장 선정, 포지셔닝 분석 등의 내용을 전면 개정했다.
- **8장 전략 실행: 재무 및 회계 이슈**: EPS/EBIT 분석, 기업 가치 평가, 추정 재무제표 등 재무 및 회계 도구에 대한 설명을 보완하고 P&G의 사례를 추가했다. 또한 www.strategyclub.com의 전략기획 양식에 대해 설명했다.
- **9장 전략 평가와 거버넌스**: 기업 거버넌스에 관한 새로운 내용을 반영했다.
- **10장 기업 윤리, 환경적 지속가능성, 사회적 책임**: 기업 윤리, 사내 연애, 경쟁기업의 직원 스카우트, 야생동물 복지, 지속가능성에 관한 최신 내용을 담았다. 이 장은 왜 '좋은 윤리가 좋은 사업'인지, 그리고 왜 이것이 전략적 이슈인지를 보여준다. 기업이 고객, 기업, 사회, AACSB의 중요한 관심사인 환경을 고려하여 운영하도록 촉진하고 장려하기 위해 지속가능성에 대한 논의를 개정했다.
- **11장 글로벌 및 국제적 이슈**: 국가마다 다른 문화적·개념적 전략경영의 차이를 새롭게 다루었다. 글로벌 사업을 전개하는 것은 오늘날 대부분의 산업에서 필수적이다.
- **6부 전략경영 사례 분석**: 사례 분석을 수행하는 학생들이 더 쉽고 명확하게 이해할 수 있도록 전면 개정했다.

교수 및 학습 과제 해결

전략경영을 가르치는 교수가 겪는 주된 어려움은 학생들이 비즈니스 기술을 확실히 익히면서도 관심을 계속 유지하게 만드는 것이다. 이 책은 실용적이고 기술 지향적이며, 실제 전략기획을 수행할 때와 같은 방식으로 진행하도록 이끈다. 이 책을 교재로 사용하는 학생과 교수는 모든 장을 통합하는 전략기획 프로세스의 통합적 모델과 함께 시작하면서, 간결하고 구어적이며 기대감을 자극하는 방식으로 제시되는 실용적인 접근법을 높이 평가한다. 11개의 미니 사례, 471개의 문제, 62개의 확인 학습은 각 장의 개념을 적용할 수 있도록 고안되었다.

사례 분석의 필요성

전략경영 수업에서 사례 분석을 통해 학습하는 주요 이유는 다음과 같다.

- 사례 분석은 다양한 조직의 내부 및 외부 이슈를 평가하고 해당 조직을 성공으로 이끄는 전략을 개발할 때 팀을 이루어 작업할 수 있는 기회를 준다. 이는 한 집단의 일부로서 문제를 해결하는 실제적인 경험이 된다. 일반적으로 비즈니스 세계에서는 집단이 중요한 결정을 내린다. 팀을 이루어 작업하는 과정에서 소심하고 도움이 되지 않는 구성원, 너무 공격적인 구성원을 대하는 법을 몸소 익히면 취업 후 현장에서 일할 때 도움이 될 것이다.
- 사례 분석에서 기업을 위한 특정 방침을 제안하고 변호하는 과정을 통해 분석적 기술, 대인관계 기술, 구두 및 서면 의사소통 기술이 향상된다.
- 사례 분석 시 기업과 경쟁자, 산업까지 동시에 살펴봄으로써 복잡한 비즈니스 세계를 시뮬레이션할 수 있다. 이를 통해 어떻게 개념을 적용하고, 상황을 평가하고, 전략을 수립하고, 실행 문제를 해결하는지 배우게 된다.
- 사례 분석 시 다른 경영 과목에서 배운 개념을 적용해봄으로써 모든 비즈니스 기능에 영향을 미치는 다양한 조직적 문제를 다루는 경험을 얻을 수 있다.
- 사례 분석은 다양한 비즈니스와 산업 환경에 개념을 적용하고, 상황을 평가하고, 계획을 수립하고, 실행 문제를 해결하는 것을 연습해보는 기회가 된다.

사례별 개념 매트릭스

모든 사례는 모든 전략 개념을 다루는 데 이용 가능하지만 어떤 사례에서는 특정 전략 개념을 구체적으로 예시했으며, 이를 사례별 개념 매트릭스에 파란색으로 표시했다. 전략경영을 가르치는 교수는 각 장의 개념을 확실히 이해시키는 데 이를 효과적으로 활용할 수 있을 것이다. 사례별 개념 매트릭스에 나타냈듯이 각각의 전략경영 개념을 배우는 데 2~4개의 사례가 사용되었는데, 이러한 보조자료는 전략경영 과목에서 사례 학습 방법의 새로운 지평을 열어줄 것이다.

저자의 독특한 접근법

이 책은 가장 실용적이고 기술 지향적인 전략경영 교재로 유명하다. 모든 장은 널리 사용되는 통합적 전략기획 모델을 중심으로 전개되고, 따라서 독자는 중요한 전략 이론에 중점을 두기보다는 '전략기획을 수행하는 프로세스'를 배우게 되는데, 이러한 접근법은 '행위를 통한 학습(learning by

핵심 전략경영 개념	전략경영 프로세스	비전/사명 선언문	경쟁 프로필 매트릭스	포터의 5-경쟁요인	EFE 매트릭스	벤치마킹	가치사슬 분석	IFE 매트릭스	전략 유형	포터의 두 가지 본원적 전략	최초 진입자의 우위	SWOT 매트릭스	SPACE 매트릭스	BCG·IE 매트릭스	대전략 및 QSPM	조직 구조	조직 문화	시장 세분화 및 제품 포지션	EPS/EBIT 분석	추정 재무제표	기업 가치 평가	균형성과표	거버넌스	기업 윤리	환경적 지속가능성
	3	3	5	4	5	4	3	5	4	3	2	4	4	5	3	4	2	3	5	6	5	3	1	2	2
Macy's Inc.				■								■								■					
The Gap, Inc.														■		■		■							
Lowe's Companies, Inc.		■			■		■																		
Office Depot, Inc.		■							■												■				
Bank of America Corporation														■					■	■					
JPMorgan Chase & Co.	■															■						■			
Cracker Barrel Old Country Store, Inc.									■	■		■													
Domino's Pizza, Inc.				■		■																		■	
PetMed Express, Inc.	■																		■		■				
CVS Health Corporation																				■	■		■		
The Walt Disney Company														■		■		■							
Caesars Entertainment Corporation					■			■				■													
Spirit Airlines, Inc.			■							■														■	
Southwest Airlines Company			■			■																■			
Microsoft Corporation						■					■											■			
Amazon.com									■		■						■								
Nike, Inc.													■					■	■						
Under Armour, Inc.													■						■		■				
The Esteé Lauder Companies							■								■						■				
L'Oréal S.A.								■								■									■

doing)'이다. 독자는 각 장의 확인 학습을 통해 취업 역량을 향상하는 기술을 개발할 수 있다.

이 책은 다른 전략경영 교재보다도 기업 윤리, 사회적 책임, 지속가능성과 같은 중요한 주제를 더 깊이 다루고 있다. 또한 다른 전략경영 교재보다도 기업 문화, 세금, 관세, 정치적 안정성, 국가별 경제적 조건의 차이 등 글로벌 및 국제적 이슈에 관해 더 많이 다루는데, 이는 모두 전략기획 관점의 틀이 맞춰져 있다.

이 책은 학생과 경영자가 어떤 사업에서도 지속적인 경쟁우위로 이어질 수 있는 전략계획을 효과적으로 수립하고 효율적으로 실행하는 데 필요한 최신 기술과 개념을 제공함으로써 전 세계적으로 신뢰를 얻었다. 전 세계 500개 이상의 대학에서 교재로 채택한 이 책은 대학 및 대학원 수준의 전략경영 과목을 위한 AACSB 기준을 충족한다.

국제경영대학협의회(Association to Advance Collegiate Schools of Business, AACSB)는 이론에 기반한 접근법보다는 이 책과 같이 보다 기술 지향적이고 실용적인 접근법으로 경영학 교재를 집필하는 것을 지지한다.

취업 역량 기술 개발

독자는 이 책을 통해 실제로 어떻게 전략기획을 수행하는지 배울 수 있으며, 이는 탁월한 취업 역량 기술이 될 것이다. 고용주는 기업이 무엇을 왜 성취하려고 하는지 이해하는 직원의 장점을 잘 알고 있기 때문이다. 이 책으로 공부하는 독자는 대부분 저자의 웹사이트(www.strategyclub.com)에서 제공하는 무료 전략기획 양식을 사용하며, 전략기획을 수행하는 기업이 널리 사용하는 이 양식을 사용해본 경험을 이력서에 포함한다.

저자 소개

한 가족인 프레드 R. 데이비드, 포리스트 R. 데이비드, 메러디스 E. 데이비드는 《Academy of Management Review》, 《Academy of Management Executive》, 《Journal of Applied Psychology》, 《Long Range Planning》, 《International Journal of Management》, 《Journal of Business Strategy》, 《Advanced Management Journal》 등의 학술지에 50편 이상의 논문을 발표했다. 다음과 같은 최근의 논문은 전략경영의 교육 방식을 바꾸고 있다.

David, Meredith E. and Fred R. David, "Strategic Planning for Individuals: A Proposed Framework and Method," *SAM Advanced Management Journal*, (Winter 2018, forth-coming).

David, Fred R., Meredith E. David, and Forest R. David, "The Integration of Marketing Concepts in Strategic Management Courses: An Empirical Analysis," *SAM Advanced Management Journal*, (Winter 2017).

David, Fred R., Meredith E. David, and Forest R. David, "How Important is Finance Coverage in Strategic Management? A Content Analysis of Textbooks," *International Journal of Business, Marketing, and Decision Sciences* (*IJBMDS*), 4, no. 1, (Winter 2016), pp. 64–78.

David, Fred R., Forest R. David, and Meredith E. David, "Benefits, Characteristics, Components, and Examples of Customer-Oriented Mission Statements," *International Journal of Business, Marketing, and Decision Sciences* (*IJBMDS*), 9, no. 1, (Fall 2016), pp. 1–14.

David, Meredith E., Fred R. David, and Forest R. David, "The Quantitative Strategic Planning Matrix: A New Marketing Tool," *Journal of Strategic Marketing*, 3, (April 2016), pp. 1–11.

David, Meredith E. and Fred R. David, "Are Key Marketing Topics Adequately Covered in Strategic Management?" *Journal of Strategic Marketing*, 24, (March 2016), pp. 1–13.

프레드는 초판부터 이 책의 핵심 저자이다. 응용적·실무적 접근법으로 집필된 이 책은 전략경영 교재의 글로벌 리더이다. 현재 20여 개국의 약 500개 대학에서 이 책을 교재로 활용하고 있다. 사우스캐롤라이나대학교에서 경영학 박사 학위를 취득한 프레드는 현재 프랜시스매리언대학교에서 전략기획 트랜사우스 교수로 재직 중이다. 그는 100개 이상의 학술지에 수많은 논문과 사례를 발표했다.

Fred R. David

포리스트는 이 책 7개 판의 강사 매뉴얼을 집필하고 저자의 웹사이트(www.strategyclub.com)에서 제공하는 무료 엑셀 양식을 만들었다. 강사 매뉴얼은 모든 경우에 대한 광범위한 해결책을 제공한다. 또한 포리스트는 전략경영 사례, 글, 논문을 80편 이상 발표했으며, 미시시피주립대학교와 프랜시스매리언대학교에서 전략경영을, 캠벨대학교에서 경영을 가르쳤다.

Forest R. David

메러디스는 사우스캐롤라이나대학교에서 경영학 박사 학위를, 웨이크포리스트대학교에서 MBA 학위를 취득했으며, 현재 베일러대학교에서 마케팅 조교수로 재직 중이다. 메러디스는 《Journal of Consumer Behavior》, 《Journal of Advertising》, 《Journal of Strategic Marketing》, 《European Journal of Marketing》, 《Journal of Business Research》 등에 마케팅 및 전략경영에 관한 글, 사례, 논문을 30편 이상 발표했다. 중국 상하이교통대학교에서 전략경영을 가르쳤으며, 최근에 베일러대학교 경영대학원의 권위 있는 '젊은 연구자상'을 수상했다.

Meredith E. David

차례

PART 1 전략경영의 개요

PART 2 전략 수립

PART 6 전략경영 사례 분석

PART 1

1 전략경영의 개요

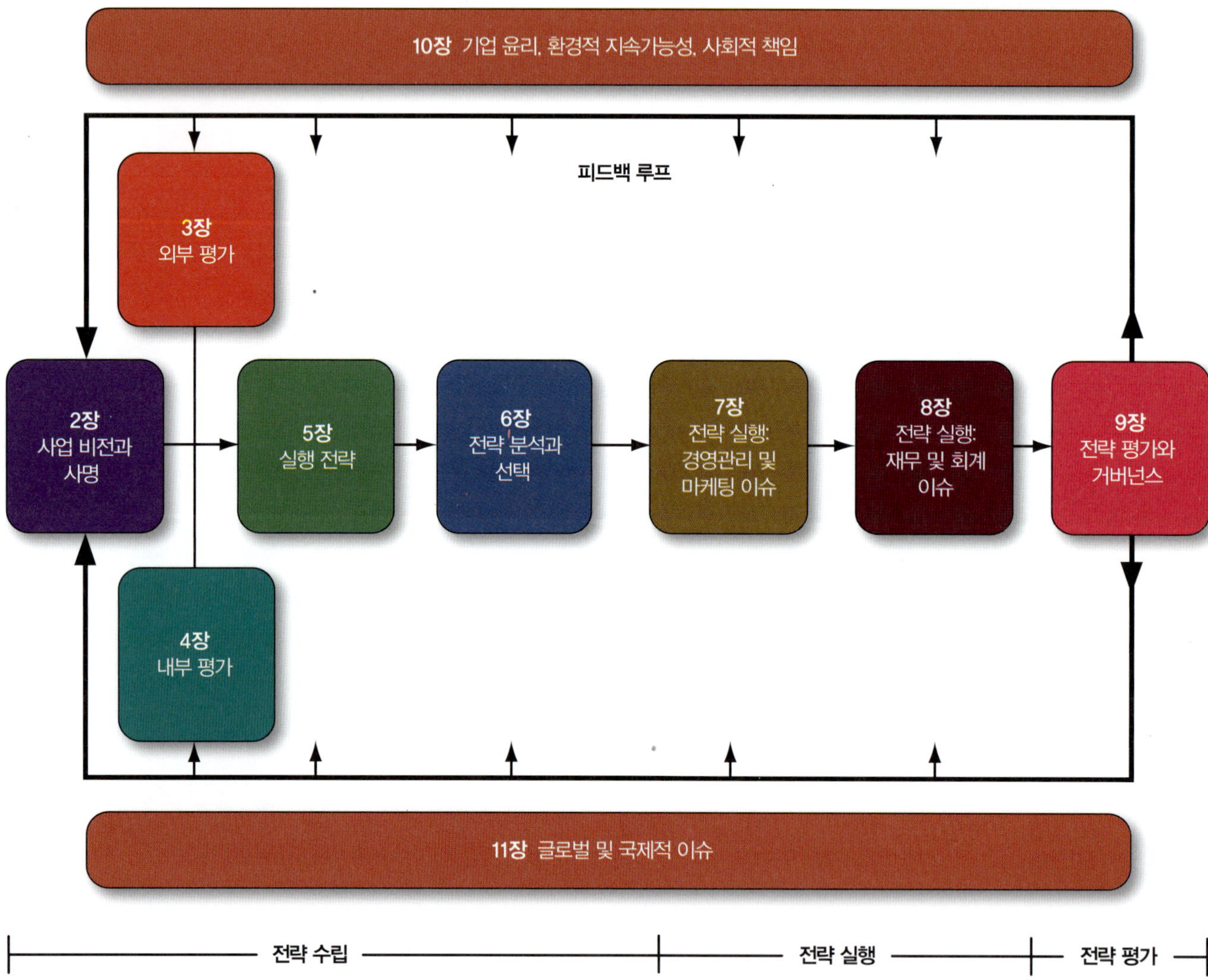

그림 1-1 포괄적·통합적 전략경영 모델

출처: Fred R. David, "How Companies Define Their Mission," *Long Range Planning* 22, no. 1 (February 1989): 91. Anik Ratnaningsih, Nadjadji Anwar, Patdono Suwignjo, and Putu Artama Wiguna, "Balance Scorecard of David's Strategic Modeling at Industrial Business for National Construction Contractor of Indonesia," *Journal of Mathematics and Technology*, no. 4 (October 2010): 20.

전략경영의 본질

학습 목표

1-1 전략경영 프로세스를 이해한다.

1-2 전략 수립, 실행, 평가의 3단계 활동을 알아본다.

1-3 전략경영에서 분석과 직관을 통합해야 할 필요성을 이해한다.

1-4 전략경영의 주요 용어를 정의하고 용례를 알아본다.

1-5 전략경영을 수행함으로써 얻을 수 있는 이점을 파악한다.

1-6 일부 기업이 전략경영을 수행하지 않는 이유를 이해한다.

1-7 전략경영을 수행하는 데 따른 위험을 파악한다.

1-8 사업 전략과 군사 전략의 관련성을 이해한다.

1-9 이 과정이 어떻게 학생의 취업 역량을 향상할 수 있는지 알아본다.

확인 학습

SET 1 코카콜라의 전략기획

연습 1A 코카콜라의 전략 정보 수집하기

연습 1B 코카콜라의 핵심 사항을 전략기획 양식에 입력하기

SET 2 모교의 전략기획

연습 1C 모교에 대한 SWOT 분석 수행하기

SET 3 취업 역량 제고를 위한 전략기획

연습 1D 자신에 대한 SWOT 분석 수행하기

SET 4 개인과 집단의 전략기획

연습 1E 전략기획에 내재된 다양한 위험은 얼마나 유해한가?

1장에서는 전략경영의 개요를 제시하고, 전략경영 프로세스의 실용적이고 통합적인 모델을 소개하며(그림 1–1 참조), 전략경영의 기본 활동과 용어의 정의를 알아본다. 이 책의 주요 초점은 '행위를 통한 학습(learning by doing)'이며, 독자는 이 책을 통해 '전략기획을 하는 방법'을 배울 수 있다. 통합적 모델은 '이 책의 구성'과 '전략기획의 과정'을 보여주므로 독자는 맥락을 이해하면서 그 여정을 따라갈 수 있다.

17판의 흥미로운 특징으로, 각 장의 도입부에서 귀감이 되는 유명한 전략가를 소개하고 전략기획의 개념, 도구, 기법을 적용하는 데 모범적인 실례를 보여준다. 우수한 전략경영 사례로 처음 소개하는 인물은 풋볼 팀 그린베이 패커스(Green Bay Packers)의 감독 겸 단장이었던 빈스 롬바디(Vince Lombardi)이다. 또한 본문에서 배운 개념, 도구, 기법을 적용해볼 수 있는 문제와 짧은 기업 사례를 각 장 말미에 담았다.

학습 목표 1-1

전략경영 프로세스를 이해한다.

전략경영이란 무엇인가

전략경영(strategic management)은 조직의 목적 달성을 가능하게 하는 복합 기능적 의사결정을 수립·실행·평가하는 예술이자 과학이다. 이 정의가 암시하듯이 전략경영은 조직의 성공을 성취하기

귀감이 되는 전략가

빈스 롬바디 감독

CSU Archives/Everett Collection Inc/Alamy Stock Photo

그린베이 패커스의 전설적인 감독인 빈스 롬바디(1913~1970)는 패배 문화를 승리 문화로 바꾸었다. 1919년에 설립되어 미국 위스콘신주의 작은 도시인 그린베이에 본사를 두고 있는 패커스는 미국에서 유일한 비영리 및 지역사회 소유의 메이저리그 프로 스포츠 팀이다. 내셔널 풋볼 리그(NFL)에서 세 번째로 오래된 팀인 패커스는 1959년 빈스 롬바디가 감독 겸 단장 자리에 오르기 전까지 매년 패배를 맛보았다. 롬바디가 그린베이에 올 당시에는 패커스의 존립 자체가 불안한 상태였다. 롬바디는 1승 10패 1무의 전년도 성적과 11년 연패의 기록을 끊어내고 취임 후 7년 동안 패커스를 NFL 챔피언에 세 번이나 등극시켰다. 풋볼 명예의 전당에는 다음과 같이 새겨져 있다. "롬바디는 단언컨대 역사상 최고의 풋볼 감독이며, 모든 스포츠계를 통틀어 역사상 최고의 감독 명단에도 포함되어 있다." 경영자와 전략가, 양 측면에서의 성공으로 롬바디는 승리를 향한 외골수적 결단의 상징이 되었다. 롬바디가 했던 다음 명언에는 승리를 향한 기본 전략이 드러나 있는데, 그것은 품성을 닦고, 전념하며, 본받을 만한 귀감을 설정하는 것이다.

1. 이기는 것이 전부는 아니지만, 이기기 위해 노력하는 것은 전부이다.
2. 목표는 승리이지만, 그것은 공정하고, 정직하고, 당당하고, 규칙을 지키는 승리여야 한다.
3. 성공적인 사람과 그렇지 못한 사람의 차이는 힘이나 지식의 부족이 아니라 의지의 부족이다.
4. 이기는 것은 습관이다. 당신의 생각을 살펴보라. 그것은 당신의 신념이 될 것이다. 당신의 신념을 살펴보라. 그것은 당신의 말이 될 것이다. 당신의 말을 살펴보라. 그것은 당신의 행동이 될 것이다. 당신의 행동을 살펴보라. 그것은 당신의 습관이 될 것이다. 당신의 습관을 살펴보라. 그것은 당신의 품성이 될 것이다.

출처: Michael Mink, "Coach Vince Lombardi Set A Superb Standard," *Investors Business Daily*, (February 5, 2016): A3.

위해 경영관리, 마케팅, 재무, 회계, 생산, 정보 시스템을 통합하는 데 중점을 둔다. 또한 전략경영은 경쟁업체 대비 지속가능한 경쟁우위를 확보하기 위해 제품과 지역 간에 자원을 할당하는 임원급의 활동으로 정의할 수도 있다.

기업은 다양한 지역에서 다양한 방법으로 경쟁할 자유가 있기 때문에 어떤 시장에 진입하고 어떤 시장을 피할지, 어떤 경쟁사의 영역을 침범하고 어디를 피할지를 결정해야 한다. 기업의 생존은 이러한 결정이 옳은지에 전적으로 달려 있다. 이 책은 효과적인 전략 의사결정을 내리는 데 필요한 과정을 보여준다. 예를 들어 최신 원자력 발전소를 건설하려 한 웨스팅하우스일렉트릭(Westinghouse Electric)의 최근 전략은 잘못된 것이었고, 그 결과 파산하여 캐나다의 브룩필드비즈니스파트너(Brookfield Business Partner)에 인수되고 말았다.

무엇을 생산하고, 어디서, 언제, 어떻게 경쟁할지를 결정하는 것 등의 전략 수립은 지속가능한 경쟁우위로 이끌어준다. 최선의 전략이라도 직원의 고용과 동기부여, 비용 절감, 벤치마킹, 아웃소싱, 자금 확보, 시설의 쾌적한 온도 유지 등 운영 수준 또는 전술 수준 활동을 통해 적절하게 실행되지 않으면 안 된다. 실행 활동은 매우 중요하므로 전략가가 모니터링해야 하지만, 효과적으로 수립된 전략은 운영 전술보다 더 일반적으로 지속적인 경쟁우위로 이끌어준다.

지속가능한 경쟁우위를 얻으려면 기업은 남다른 제품과 서비스를 제공해야 한다. 독특성이 중요하다. 예를 들어 애플(Apple)의 컴퓨터, 아이패드, 아이폰은 모두 애플 특유의 운영체제(OS)에서 구동된다. 아이폰을 가지려면 애플 운영체제의 사용자가 되는 수밖에 없다. 애플의 예에서 보듯이 '효과적인 독특성'을 확보하기 위해 기업은 지속가능한 경쟁력을 얻는 전략 과정에서 해답을 찾아야 한다. 또 다른 예는 저렴한 제품군의 시계를 내놓지 않는 롤렉스(Rolex)이다. 롤렉스는 신규 고객을 유치하기 위해 더 저렴한 제품군을 제공하는 방법으로 시장점유율을 확대하려 하지 않았다. 그 대신 롤렉스는 세계 최고급 시계 브랜드로서 특별한 명성과 시장점유율을 유지하고 있다. 롤렉스를 비롯해 성공적인 모든 기업은 제품을 개발하고, 제조하고, 판매하는 과정 전반에 걸쳐 상반되면서도 아주 어려운 결정을 내린다.

2장에서 다룰 핵심 가치, 비전, 사명은 기업의 독특성을 개발하고 육성하기 위한 출발점을 제시하는 요소이다. 전략의 모든 내용은 그 기업의 핵심 가치, 비전, 사명에서 비롯되고, 성공적인 모든 기업은 몇몇 중요한 방식이 경쟁업체와 다르고 독특하다.

전략경영이라는 용어는 많은 대학에서 경영학 최상위 과정의 과목명으로 사용되고 있다. 이 과정에서는 모든 경영학 과정의 내용을 통합하고, 기업에서 널리 사용되는 새로운 경영 전략의 개념과 기법을 소개한다. 이 책의 특별한 구성은 연결 사례(코카콜라 관련)와 각 장 끝의 확인 학습이다(표 1-1 참조).

전략기획

이 책에서 **전략경영**이라는 용어는 **전략기획**(strategic planning)과 동의어로 사용된다. 전자는 보통 학계에서 사용되고 후자는 비즈니스 세계에서 더 자주 사용된다. 간혹 **전략경영**은 전략 수립, 실행, 평가를 지칭하는 데 사용되고, **전략기획**은 전략 수립만을 나타내기도 한다. 전략기획의 목적은 미래를 위해 새로운 기회를 발굴하고 창출하는 것이다. 반면에 **장기 계획**(long-range planning)은 미래를 위해 현재의 추세를 최적화하려는 시도를 말한다.

표 1-1 연결 사례와 확인 학습

이 책의 구성 중 색다르면서도 인기 있는 부분은 연결 사례이다. 이렇게 이름 붙인 것은, 이 장의 끝에서 코카콜라의 사례를 제시하고 이후의 모든 장에 전략기획의 개념, 도구, 기법을 코카콜라에 적용해보는 확인 학습을 담았기 때문이다. 누구나 알고 있는 코카콜라는 잘 경영되고 있는 글로벌 기업으로서 전략적 변화를 겪는 중이다. 코카콜라와 관련된 연습을 해보면 어떤 기업(사례)에 대해서도 효과적인 전략계획을 수립할 준비를 갖추게 된다. 사례 분석은 전 세계 거의 모든 전략경영 과목의 핵심 부분이다.

모든 연습은 각 장의 개념, 도구, 기법을 즐겁고 의미 있는 방식으로 적용해봄으로써 '배운 것을 확인할 수 있도록' 신중하게 고안되었다. 이러한 방식을 통해 특정한 취업 역량 기술을 계발할 수 있다. 각 장의 끝에 제시된 확인 학습은 다음과 같다.

SET 1 코카콜라의 전략기획: 본문의 내용을 코카콜라에 적용해보는 연습으로, 사례 분석을 수행하면서 '지식 적용 및 분석'과 '정보 기술' 기량을 연마할 수 있다.

SET 2 모교의 전략기획: 본문의 내용을 자기가 다니는 학교에 적용해보는 연습으로, 비영리 기관의 사례 분석을 수행하면서 '기업 윤리 및 사회적 책임'과 '자료 해석' 기량을 연마할 수 있다.

SET 3 취업 역량 제고를 위한 전략기획: 본문의 내용을 기업이 아닌 개인에 적용해보는 연습으로, 경력 선택을 잘할 수 있도록 준비하고 전략 도구, 기법, 개념을 자신의 경력 향상에 활용할 수 있다.

SET 4 개인과 집단의 전략기획: 개인과 집단 의사결정의 효과성을 비교하면서 본문의 내용을 적용해보는 연습으로, 비판적 사고와 협업 기량을 연마하고 각 과제에 대해 '우승자'와 '우승 팀'이 정해지는 재미있는 집단 활동이다.

전략기획이라는 용어는 1950년대부터 쓰이기 시작하여 1960년대 중반과 1970년대 중반 사이에 널리 쓰이게 되었다. 이 시기에 전략기획은 모든 문제에 대한 답으로 널리 여겨졌다. 당시 많은 미국 기업은 전략기획에 푹 빠졌다. 그러나 유행이 지나가고 여러 기획 모델이 더 좋은 결과를 얻지 못하자 1980년대에 전략기획은 버림을 받았다. 그러나 전략기획은 1990년대에 부활했으며, 그 과정은 오늘날의 비즈니스계에서 널리 사용되고 있다.

전략계획은 본질적으로 기업의 게임 계획이다. 운동 팀이 승리의 기회를 잡기 위해서는 좋은 게임 계획을 세워야 하는 것처럼, 기업도 성공적으로 경쟁하려면 좋은 전략계획을 세워야만 한다. 대부분의 산업계에서는 기업 간의 이윤 폭이 매우 좁기 때문에 전체 전략계획에서 오류의 여지가 거의 없다. 전략계획은 다수의 괜찮은 대안 중에서 이루어진 힘든 경영 선택의 결과이고, '덜 바람직한' 일련의 다른 행동 대신 전념하게 될 구체적 시장, 정책, 절차, 운영 등을 시사한다.

전략경영 모델

그림 1-1의 **전략경영 모델**(strategic-management model)은 널리 받아들여지고 있는 전략경영 프로세스의 포괄적 묘사이다.[1] 제시된 과정은 성공을 보장하지는 않지만 전략을 수립하고 실행하며 평가하기 위한 명확하고 실용적인 접근법을 나타낸다. 이 모델은 전략경영 프로세스의 주요 구성 요소 간 관계를 보여주며, 이후 모든 장의 첫 페이지에서 해당 장의 핵심 영역이 흰 바탕으로 표시되어 있다.

전략경영 모델은 실제로 조직이 어떻게 전략기획을 하는지를 보여주기 때문에 이 책은 이 모델을 따라 구성되어 있다. 다음은 전략계획을 수립할 때 답을 찾아야 할 중요한 질문이다.

우리는 지금 어디에 있는가?
우리는 어디로 가고 싶은가?
우리는 거기에 어떻게 도달할 것인가?

조직의 기존 비전, 사명, 목표, 전략을 파악하는 것은 전략경영의 논리적 출발점이다. 기업의 현재 상황과 조건이 어떤 전략을 배제하게 할 수도 있고, 일련의 특정 행동을 강제할 수도 있기 때문이다. 설령 의식적으로 고안되고 기술되고 소통되지 않을지라도 모든 조직에는 비전, 사명, 목표, 전략이 있다. 조직이 어디로 향해 갈 것인가에 대한 답은 주로 조직이 어디에 있었는가에 달려 있다.

전략경영 프로세스는 동적이고 지속적이다. 모델의 주요 구성 요소 중 하나의 변화는 다른 요소 또는 전체 요소의 변화를 필요로 할 수도 있다. 예를 들어 온라인으로 연결되는 제3세계 국가들은 엄청난 기회가 되기 때문에 장기 목표와 전략의 변경이 필요할 수 있다. 연간 목표를 달성할 수 없는 경우에는 정책을 변경해야 하거나, 주요 경쟁사의 전략 변화로 인해 자사의 사명을 변경해야 할 수도 있다. 그림 1-1에 나타낸 활동은 독립적인 별도의 것이 아니라 상호 연관된 과정이다. 그러므로 전략 수립·실행·평가 활동은 연말 또는 반년 주기가 아니라 지속적으로 수행되어야 한다. **전략경영 프로세스는 결코 어느 시점에 끝나지 않는다.**

윤리 캡슐 1 ETHICS CAPSULE

사업을 하는 데 가장 중요한 윤리 변수는 무엇인가?

하버드경영대학원의 교수인 에이미 쿠디(Amy Cuddy), 수전 피스크(Susan Fiske), 피터 글리크(Peter Glick)는 최근 출간한 《존재(Presence)》에서 모르는 사람과 사업을 하는 데 가장 중요한 변수가 신뢰성이라고 밝혔다. 사람들이 누군가를 만난 지 몇 초 만에 최우선적으로 그 사람이 얼마나 신뢰할 만한지 결정할 뿐만 아니라 그 변수가 능력, 지능, 외모, 힘, 키와 그 밖의 많은 변수보다 훨씬 더 중요하다고 저자들은 말한다.

쿠디는 "진화론적 관점에서 어떤 사람이 신뢰할 만한지를 재빨리 파악하는 것이 생존에 더 결정적이었다"고 설명한다. 다시 말해 인류가 진화한 거의 수백만 년 동안 사람들은 다른 사람을 만났을 때 몇 초 안에 그 사람이 신뢰할 만한지를 평가했는데, 이는 그 사람이 무엇을 훔치거나 죽이려 하는가를 알아보는 것이기도 했다. 저자들에 따르면 신뢰성은 항상 능력(예: 이 사람은 불을 지피거나 물고기를 잡을 수 있는가)보다 먼저 평가된다. 쿠디는 오늘날 능력은 신뢰가 형성된 이후에만 평가된다고 말한다. 신체적으로 또 심리적으로 오늘날 인간은 수천 년에 걸쳐 고취된 다양한 속성과 소멸된 속성의 결과물인데, 신뢰성은 그 중에서도 최고라는 것이다.

또한 저자들은 취업 면접이나 누군가와 사업을 도모할 때 자신의 힘이나 자신이 영리하다는 것을 보여주는 데 너무 초점을 맞추면 역효과가 날 수 있다고 말한다. 쿠디가 말하길, "온화하고 신뢰할 만한 사람이 강하기까지 하면 칭찬을 얻지만, 그것은 어디까지나 당신이 신뢰를 먼저 형성한 후에만 그 강함이 위협이 아니라 선물이 된다."

MAURICIO ANTON/Science PhotoLibrary/Getty Images

다가서고 있는 이는 누구인가?

출처: Jenna Goudreau, A Harvard psychologist says people judge you based on 2 criteria when they met you. http://www.aol.com/article/2016/01/16/a-harvard-psychologist-says-people-judge-you-based-on-2-criteria/21298315/?cps=gravity_4816_5749740174701162847

그림 1-1에서 가장 중요한 '활동'은 아마도 피드백 루프일 텐데, 이것은 전략이 '명사라기보다는 동사'로 여겨져야 하기 때문이다. 전략경영의 단계(수립, 실행, 평가)는 매우 유동적이어서 언제 어떤 단계가 시작하고 어떤 단계가 끝나는지 거의 구별할 수 없다. 지속적인 피드백을 통해 기업은 상황 변화에 순조롭게 적응할 수 있다. 외부 또는 내부 평가를 준비할 때나 전략을 실행할 때도 기업의 비전과 사명에 주의를 기울여야 한다. 피드백 루프는 어떤 전략기획 활동의 변화가 다른 활동 중 하나 또는 모두에 영향을 미칠 수 있음을 나타낸다. 예를 들어 사명의 변경은 다른 모든 활동에 영향을 줄 수 있다. 기업이 하는 모든 일은 사명 중심이어야 한다.

그림 1-1에서 기업 윤리, 사회적 책임, 환경적 지속가능성, 국제적 이슈 등은 각각 10장과 11장에서 설명하듯이 모델의 모든 활동에 영향을 미친다는 것에 유의하라. 기업 윤리와 관련하여 윤리 캡슐 1에 제시된 최근 연구는 '신뢰성'이 사업을 영위하는 데 가장 중요한 변수라고 결론지었다.

실제로 전략경영 프로세스는 전략경영 모델이 제시하는 것처럼 명확하게 구분되거나 깔끔하게 수행되지 않는다. 전략가는 그 과정을 정확히 같은 방식으로 따라가지 않는다. 일반적으로 조직의 계층 사이에는 주고받기 과정이 있다. 전략계획을 수립하기 위해 많은 조직은 반년 주기의 공식 회의를 개최하며 기업의 비전, 사명, 기회, 위협, 강점, 약점, 전략, 목표, 정책, 성과 등에 대해 토론하고 갱신한다. 대개 기업 외부에서 개최되는 이 회의는 **수련회**(retreat)라고 불린다. 직장에서 멀리 떨어진 곳에서 정기적으로 전략경영 회의를 갖는 것은 참가자들이 더 창의적이고 더 허심탄회할 수 있도록 북돋기 위함이다. 전략경영 프로세스 전반에 걸쳐 좋은 의사소통과 피드백이 필요하다.

전략경영 프로세스의 적용은 보통 규모가 크고 확실히 자리를 잡은 조직에서 더 공식적이다. 공식성이란 참가자, 책임, 권한, 의무, '기본적 접근법'이 주관적이거나 모호하지 않고 객관적이고 명확한 정도를 말한다. 소규모 기업의 경우 덜 공식적인 경향이 있다. 기술 기업처럼 복잡하고 빠르게 변화하는 환경에서 경쟁하는 기업은 전략기획이 더 공식적인 경향이 있다. 많은 부서, 제품, 시장, 기술을 갖춘 기업도 전략경영 개념을 적용할 때 더 공식적인 경향이 있다. 전략경영 프로세스를 더 공식적으로 적용하는 것은 보통 조직의 성공과 긍정적인 관련성이 있다.[2]

학습 목표 1-2

전략 수립, 실행, 평가의 3단계 활동을 알아본다.

전략경영의 단계

전략경영 프로세스(strategic-management process)는 세 단계, 즉 전략 수립, 전략 실행, 전략 평가로 구성된다. **전략 수립**(strategy formulation)에는 비전과 사명을 설정하고, 조직 외부의 기회와 위협을 파악하고, 내부의 강점과 약점을 알아내고, 장기 목표를 설정하고, 전략 대안을 도출하고, 추구할 특정 전략을 선택하는 것 등이 포함된다. 전략 수립상의 쟁점은 어떤 신규 사업에 진출하고 어떤 사업을 포기할지, 사업을 확대하거나 다각화할지, 해외 시장에 진출할지 말지, 합병을 할지, 전략적 제휴를 구성할지, 어떻게 적대적 인수를 회피할지 등에 관한 결정이다.

자원을 무제한으로 가진 조직은 없기 때문에 전략가는 어떤 전략 대안이 기업에 가장 이익이 될지 결정해야 한다. 전략 수립 결정은 상당한 기간 동안 조직이 특정 제품, 시장, 자원, 기술에 전념하게 한다. 전략은 장기적인 경쟁우위를 결정한다. 좋은 쪽으로든 나쁜 쪽으로든 전략적 결정은 조직에 중요한 다각적 결과를 가져오고 오랜 영향을 미친다. 경영진은 전략 수립 결정의 영향을 충분히 이해할 수 있는 최상의 관점, 그리고 실행에 필요한 자원을 투입할 수 있는 권한을 가지고 있다.

전략 실행(strategy implementation)은 수립된 전략이 효율적으로 실행될 수 있도록 기업의 연간 목표를 설정하고, 정책을 고안하고, 직원의 동기를 북돋고, 자원을 할당하는 것이다. 전략 실행에는 전략 옹호 문화 조성, 조직 구조 창출, 마케팅 활동 방향 재설정, 예산 준비, 정보 시스템 개발 및 사용, 전술 고안, 직원 보상과 조직 성과의 연계 등이 포함된다.

전략 실행은 종종 전략경영의 '행동 단계'라고 불린다. 전략을 실행하는 것은 수립된 전략을 행동으로 옮기도록 직원과 경영자를 동원하는 것을 의미한다. 많은 경우에 전략경영에서 가장 어려운 단계로 여겨지는 전략 실행에는 인력의 단련, 헌신, 희생이 필요하다. 전략 실행의 성공 여부는 전적으로 직원에 대한 경영자의 동기부여 능력에 달려 있다. 이는 과학이라기보다 예술에 가깝다. 수립되었으나 실행되지 않은 전략은 아무런 유용성을 제공하지 못한다.

대인관계 기량은 전략을 성공적으로 실행하는 데 특히 중요하다. 전략 실행 활동은 조직의 모든 직원과 경영자에게 영향을 미친다. 모든 부문과 부서는 '조직의 전략 중 우리 담당 부분을 이행하기 위해 무엇을 해야 하는가?', '어떻게 그 일을 가장 잘 해낼 수 있는가?'와 같은 질문에 답해야 한다. 실행상의 과제는 조직 전체의 경영자와 직원이 정해진 목표를 달성하기 위해 자부심과 열의를 가지고 일하도록 활성화하는 것이다.

전략 평가(strategy evaluation)는 전략경영의 마지막 단계이다. 경영자는 특정 전략이 제대로 작동하지 않을 때 이를 필사적으로 알아내야 한다. 전략 평가는 이 정보를 얻기 위한 주된 방법이다. 외부 및 내부 요인이 끊임없이 변하기 때문에 모든 전략은 추후에 수정되기도 한다. 세 가지 기본적인 전략 평가 활동은 ① 현재 전략의 토대가 되는 외부 및 내부 요인 재검토, ② 성과 측정, ③ 시정 조치 시행 등이다. 오늘의 성공이 내일의 성공을 보장하지 않기 때문에 전략 평가가 필요한 것이다. 성공은 항상 새로운 문제를 야기한다. 현실에 안주하는 조직은 종말을 맞이하게 된다.

전략 수립·실행·평가 활동은 규모가 큰 조직에서는 세 계층 수준, 즉 기업 수준, 부문 또는 전략적 사업단위(SBU) 수준, 기능 부서 수준에서 수행된다. 전략경영은 계층적 수준을 가로지르는 경영자와 직원 간의 의사소통과 상호작용을 촉진함으로써 기업이 경쟁력 있는 팀으로 기능하는 데 도움이 된다. 대부분의 중소기업과 일부 대기업에는 부문이나 전략적 사업단위가 없고 기업 수준과 기능 부서 수준만 있다. 그럼에도 불구하고 이 두 수준의 경영자와 직원은 전략경영 활동에 적극적으로 참여해야 한다.

피터 드러커(Peter Drucker)는 전략경영의 기본 과업이 사업의 전체적인 사명 관점에서 생각하는 것이라고 말한다.

> 즉 '우리의 사업은 무엇인가?'라는 질문을 하는 것이다. 이를 통해 목표 설정, 전략 개발, 그리고 내일의 결과를 위한 오늘의 결정을 내릴 수 있다. 이는 분명히 전체 사업을 바라볼 수 있는 조직 단위에 의해 수행되어야 한다. 그럼으로써 목표와 내일의 필요에 대조되는 오늘의 필요 사이의 균형을 잡을 수 있고, 핵심 결과를 위해 인력과 재원을 할당할 수 있다.[3]

분석과 직관의 통합

학습 목표 1-3

전략경영에서 분석과 직관을 통합해야 할 필요성을 이해한다.

에드워드 데밍(Edward Deming)은 "모든 것이 데이터를 제공한다"고 말한 바 있다. 전략경영 프로세스는 조직에서 주요 의사결정을 내리는 객관적·논리적·체계적 접근법으로 설명할 수 있다. 그것은 불확실한 상황에서 효과적인 의사결정을 내릴 수 있도록 정성적·정량적 정보를 정리하려고 한다. 그러나 전략경영은 멋지고 깔끔한, 1–2–3 접근법에 적합한 순수과학이 아니다.

대부분의 사람들은 과거의 경험, 판단, 감정에 바탕을 둔 **직관**(intuition)이 좋은 전략적 결정을 내리는 데 핵심적이라고 생각한다. 어떤 경영자나 기업가는 직관만을 사용하여 훌륭한 전략을 고안할 수 있는 남다른 능력을 가지고 있다고 주장한다. 예를 들어 앨프리드 슬론(Alfred Sloan)은 제너럴모터스(General Motors)를 설립한 윌리엄 듀랜트(William Durant)에 대해 다음과 같이 묘사했다. "내가 아는 한 그는 직관적인 총기에 이끌려 일련의 행동을 전개하는 사람이다. 그는 사실을 알기 위해 공학적 탐색이 꼭 필요하다고 얽매이지 않는다. 그러나 때때로 그의 판단은 놀라울 정도로 옳았다."[4] 알베르트 아인슈타인(Albert Einstein)은 이렇게 말했다. "나는 직관과 영감을 믿는다. 때때로 나는 이유는 몰라도 내가 옳다고 확신한다. 상상력이 지식보다 더 중요한데, 지식은 제한적이지만 상상력은 온 세상을 아우르기 때문이다."[5]

오늘날 어떤 조직은 직관적인 천재에 의해 경영되어 생존하고 번영하고 있을지도 모르지만, 대부분은 그렇게 운이 좋지 않다. 대부분의 조직은 의사결정을 내릴 때 직관과 분석을 통합하는 것이 유익하다. 직관적 또는 분석적 접근법에 의한 의사결정은 선택의 문제가 아니다. 조직에서 모든 단계의 경영자는 전략경영 분석에 자신의 직관과 판단을 주입해야 한다. 분석적 사고와 직관적 사고는 서로 보완적이다.

'나는 이미 결심했으니 사실을 가지고 신경 쓰이게 하지 마라'는 방식은 직관에 의한 경영이 아니라 무지에 의한 경영이다.[6] 드러커는 다음과 같이 말한다. "나는 당신이 그것에 단련되어 있을 때만 직관을 믿는다. 진단을 내리지만 사실을 확인하지 않는 '대충 짐작' 예술가는 의료에서는 사람을 죽이고, 경영에서는 기업을 죽인다."[7] 어떤 의미에서 전략경영 프로세스는 사업을 알고 탁월하며 직관적인 사람의 마음속에 일어나고 있는 것을 복제하려는 시도이다. 전략 수립 시 분석을 통해 그 지식을 흡수하고 통합하는 것이다.

브루스 헨더슨(Bruce Henderson)은 다음과 같이 지적했다.

> 오늘날 변화의 속도가 빨라지면서 조직에서 관습적으로 행해지던 경영 습관이 점점 부적절해지는 비즈니스 세계가 형성되고 있다. 변화가 조금씩 점증할 때는 경험만으로도 적절한 안내가 되었다. 그러나 의사결정이 전략적이고 중요한, 돌이킬 수 없는 결과를 초래하는 경우 직관적이고 경험에 기반한 경영 철학은 지극히 부적절하다.[8]

변화에의 적응

전략경영 프로세스는 조직이 필요에 따라 적시에 변화할 수 있도록 내부 및 외부의 사건과 추세를 지속적으로 모니터링해야 한다는 믿음을 바탕으로 한다. 석유 가격의 하락이 많은 기업을 충격에 빠뜨렸던 것을 통해 알 수 있듯이 조직에 영향을 미치는 변화의 속도와 규모가 극적으로 증가하고 있다. 유기적 생물체처럼 기업은 '적응하는 데 숙달되어야' 한다. 그렇지 않으면 살아남을 수 없을 것이다.

글로벌 캡슐 1에 소개한 중국의 모바이크(Mobike)와 마찬가지로, 살아남기 위해서는 모든 조직이 변화를 예민하게 식별하고 적응해야 한다. 전략경영 프로세스는 오랜 기간에 걸쳐 조직이 변화에 효과적으로 적응할 수 있게 하는 것을 목표로 한다. 로버트 워터먼(Robert Waterman)은 다음과 같이 말한다.

글로벌 캡슐 1 GLOBAL CAPSULE

모바이크: 글로벌 자전거 대여가 제트기처럼 날아오르다

정치 지도에서는 국가 간 경계가 명확할 수 있지만 아이디어의 공유나 재무 및 산업 활동의 실제 흐름을 보여주는 경쟁 지도에서는 경계가 거의 사라지고 있다. 정보의 신속한 흐름에는 국경이 무의미하며, 전 세계인은 다른 사람들이 어떻게 살고 일하는지 손쉽게 확인할 수 있다. 우리는 글로벌 시민, 글로벌 경쟁자, 글로벌 고객, 글로벌 공급자, 글로벌 유통자, 글로벌 기업가와 함께 국경 없는 세상에서 살고 있다.

수백만의 신생 기업이 세계를 대상으로 한 서비스를 출시하고 있다. 예를 들어 중국 베이징에 있는 모바이크는 자전거 공유 기업으로, 회사의 '연결된' 자전거 600만 대를 1억 명 이상의 사용자가 이용하고 있다. 회원은 사용료를 지불하고 한 곳의 거치대에서 자전거를 꺼내 타다가 다른 곳에 반납한다. 최근에는 모바이크 회원이 모바이크 앱을 다운로드하여 주위에서 자전거를 찾고 코드를 스캔하여 자물쇠를 열고 타다가 어디든 원하는 곳에 세워둘 수 있게 되었다. 모바이크는 자전거 안에 내장된 GPS와 무선 기술로 자전거의 위치를 추적할 수 있다. 더 이상 거치대가 필요치 않다. 이러한 유형의 사업은 전 세계 많은 도시에서 가능해질 것이다.

미국 최대의 자전거 공유 함대는 텍사스주 댈러스에 있는데, 자전거 1만 8,000대가 댈러스 거리를 휘젓고 다니며 사용자는 거치대를 사용할 필요가 없다. 뉴욕시에서는 거치대가 필요하다. 거치대 없는 사업 모델이 중국에서는 표준으로, 중국과 댈러스에서는 자전거가 나무, 하천, 정원, 길거리에 세워져 있다.

Natasha-Aleksandra/Shutterstock

자전거 타고 따라와

출처: Clifton Leaf, "Ideas Know No Borders," *Fortune*, August 1, 2017, p. 10. Ken Smith, "A Bike-Share Invasion From China," *Bloomberg Businessweek*, November 13, 2017, p. 22. Eliot Brown, "It's the Wild West for Bike Sharing," March 27, 2018, p. B4.

> 오늘날의 사업 환경에서 지금까지의 어느 시대보다도 유일한 상수는 변화이다. 성공적인 조직은 변화를 효과적으로 관리하고, 그들의 관료 체제, 전략, 시스템, 제품, 문화가 충격을 견디고 경쟁력을 약화시키는 동인 속에서도 번영할 수 있도록 지속적으로 적응한다.[9]

변화에 적응해야 하기에 조직은 '우리는 어떤 종류의 사업을 해야 하는가?', '우리는 올바른 분야에 있는가?', '우리의 사업을 재구성해야 하는가?', '우리 산업에 어떤 새로운 경쟁자가 진입하고 있는가?', '우리는 어떤 전략을 추구해야 하는가?', '우리 고객은 어떻게 변화하고 있는가?', '우리를 문닫게 만들 신기술이 개발되고 있지는 않은가?'와 같은 중요한 전략경영 질문을 자문해야 한다.

온라인 상거래는 수많은 길거리 소매업체가 변화하든지 아니면 문을 닫게 만들고 있다. 패션 소매업체인 베베스토어스(Bebe Stores)는 최근 168개 점포를 모두 폐쇄하고 온라인으로만 판매한다고 발표했다. 야든리서치(Yarden Research)의 보고서에 따르면 미국에서 잡화, 의류, 액세서리, 가구 판매 매출의 29.1%가 온라인으로 구매되었다. 메이시스(Macy's), 타깃(Target)과 같은 기업은 소매점 공간을 고객의 쇼핑을 위해 개방하는 것이 아니라 점점 더 창고나 배송 센터로 개조하고 있다.

전략경영의 주요 용어

학습 목표 1-4
전략경영의 주요 용어를 정의하고 용례를 알아본다.

전략경영에 대해 더 살펴보기 전에 10가지 주요 용어인 경쟁우위, 전략가, 비전 및 사명 선언문, 외부 기회와 위협, 내부 강점과 약점, 장기 목표, 전략, 연간 목표, 정책을 짚고 넘어가자.

경쟁우위

전략경영은 모든 것이 **경쟁우위**(competitive advantage)를 확보하고 유지하는 것에 관한 것이다. 경쟁우위는 경쟁기업이 수행하는 활동과 비교하여 자사가 특히 잘 수행하는 활동 또는 경쟁기업이 가지고 싶어 하는 자사의 모든 자원으로 정의할 수 있다. 예를 들어 경쟁기업보다 고정 자산이 적은 것은 중요한 경쟁우위를 제공할 수 있다. 경쟁사 소니(Sony)는 전자제품 공장을 57개 소유하고 있지만 애플은 사실상 자기 소유의 제조 시설이 없다. 애플은 제품의 제조를 거의 전적으로 외주 제조업체에 의존하고 있다.

일반적으로 기업이 특정 기간만 경쟁우위를 유지할 수 있는 것은 경쟁기업이 그 우위를 모방하고 약화시키기 때문이다. 따라서 단순히 경쟁우위를 얻는 것만으로는 불충분하다. 기업은 다음을 수행함으로써 **지속적 경쟁우위**(sustained competitive advantage)를 성취하기 위해 힘써야 한다.

1. 외부의 추세와 사건, 내부의 역량, 능력, 자원 등의 변화에 지속적으로 적응하기
2. 그러한 요소를 기회로 삼아 전략을 효과적으로 수립·실행·평가하기
3. 독특하고 경쟁사가 쉽게 복제하지 못할 제품 내놓기
4. 어느 기업도 모두에게 모든 것이 될 수는 없으므로 무엇을 하지 않을지를 결정함으로써 트레이드오프 수용하기

전략가

전략가(strategist)는 조직의 성공 또는 실패에 책임이 가장 큰 사람이다. 이들은 **최고경영자**(chief executive officer, CEO), **최고전략책임자**(chief strategy officer, CSO), **회장**, **대표이사**, **이사회 의장**, **전무이사**, **총장**, **학장**, **기업가** 등 다양한 직함을 가지고 있다. 런던경영대학원의 조직행동론 교수이자 《Building Leaders》의 저자인 제이 콩거(Jay Conger)는 이렇게 말한다. "모든 전략가는 최고학습책임자(CLO)가 되어야 한다. 우리는 계속되는 변화의 시기에 살고 있다. 우리의 리더가 이 시기 동안 적응력이 뛰어난 모델이 되지 않는다면 우리 기업 또한 적응하지 못할 것이다. 리더십이란 궁극적으로 역할 모델이 되는 것에 관한 것이기 때문이다."

전략가는 조직이 정보를 수집·분석·정리하는 데 도움을 준다. 이들은 산업계와 경쟁의 추세를 추적하고, 예측 모델과 시나리오 분석을 개발하고, 기업과 부문의 성과를 평가하고, 신흥 시장 기회를 발견하고, 사업 위협 요소를 파악하고, 창의적인 행동 계획을 수립한다. 전략기획가는 보통 지원 또는 참모 역할을 수행한다. 일반적으로 꽤 높은 수준의 경영진이 맡으며 회사의 의사결정에 상당한 권한을 갖는다. CEO는 가장 대표적이고 핵심적인 전략 관리자이다. 단위 또는 부문을 책임지거나, 손익 성과를 책임지거나, 사업의 주요 사항에 대한 직접적인 권한을 가진 경영자는 모두 전략 관리자(전략가)이다.

최고전략책임자(CSO)라는 직책은 많은 조직에서 널리 사용된다. 탤런인터내셔널(Talon International), 텔레테크(TeleTech), 플리트컴플리트(Fleet Complete), 링글러어소시에이츠(Ringler Associates), LRES, 앰버엔진(Amber Engine), 비버비지텍인터내셔널(Beaver-Visitec International), 모멘텀월드와이드(Momentum Worldwide), PGi, TIA, 세계프로서핑연맹(World

표 1-2 NFL 코치들의 유명한 전략기획 관련 명언

1. "완벽을 달성할 수는 없다. 그러나 완벽을 좇다 보면 우수성을 붙잡을 수 있다." –Vince Lombardi (1959~1967년 그린베이 패커스 감독)
2. "리더십은 사람들이 당신을 보고 확신을 얻게 하는 문제이다. … 당신이 중심을 잃지 않으면 그들도 평정을 잃지 않는다." –Tom Landry (1960~1988년 댈러스 카우보이스 감독)
3. "이기고 싶다면 평범한 일을 다른 어떤 사람이 하는 것보다 더 잘해라. 매일같이." –Chuck Noll (1969~1991년 피츠버그 스틸러스 감독)
4. "리더는 만들어지는 것이지, 리더로 태어나는 것이 아니다. 열심히 노력함으로써 리더가 만들어지는데, 그것은 추구할 가치가 있는 목적을 성취하려면 우리 모두 지불해야 하는 것이다. –Vince Lombardi, 1959~1967년 그린베이 패커스 감독)
5. "매번 실패하더라도 책임을 다른 누군가에게 돌리기 전까지는 실패자가 아니다." –Bum Phillips (1975~1980년 휴스턴 올리버스 감독, 1981~1985년 뉴올리언스 세인츠 감독)
6. "성공은 목적을 향한 일심전력을 요구한다." –Vince Lombardi (1959~1967년 그린베이 패커스 감독)
7. "집중력을 잃지 마라. 당신의 시작은 당신이 어떻게 끝날지 결정하지 않는다." –Herm Edwards (2001~2005년 뉴욕 제츠 감독, 2006~2008년 캔자스시티 치프스 감독, 2018년~현재 애리조나주립대학교 감독)
8. "최선을 다했던 사람은 누구도 그것을 후회하지 않는다." –George S. Halas (1933~1942년, 1946~1955년, 1958~1967년 시카고 베어스 감독)

출처: 다양한 자료원

Surf League), 하와이은행(Bank of Hawaii), 스냅딜(Snapdeal), 오라메드(Oramed), 사트바(Saatva), 센트릴리언(Centrillion), 가이징거헬스시스템(Geisinger Health System), 앰플리파이커머스(Amplifi Commerce) 등 수백 개 기업이 최근 몇 년간 최고전략책임자를 새로이 선임했다.

조직이 서로 다르듯이 전략가도 서로 다른데, 전략 수립·실행·평가 시 이러한 차이점을 고려해야 한다. 전략가는 태도, 가치관, 윤리, 위험을 감수할 의지, 사회적 책임에 대한 관심, 수익성에 대한 관심, 단기 및 장기 목표에 대한 관심, 경영 스타일 등이 다르다. 어떤 이들은 개인적 철학으로 어떤 유형의 전략을 아예 고려하지 않기도 한다. 허쉬(Hershey) 창립자인 밀턴 허시(Milton Hershey)는 고아원을 경영할 형편이 되기 위해 회사를 세웠다. 오늘날 허쉬는 기업 이윤으로 유치원부터 12학년까지의 기숙학교에서 소년 850여 명과 소녀 950여 명을 돌보고 있다.

운동 코치도 전략가이다. 풋볼, 농구, 야구, 축구 등 많은 운동 경기에서는 팀의 게임 계획에 따라 승패가 결정된다. 예를 들어 농구 코치는 자기 팀 선수가 더 작고 빠르거나 상대 팀보다 선수층이 두터우면 자기 진영에서 공을 돌리기보다는 상대 진영으로 빨리 치고 들어가 공격 속도를 올릴 계획을 세울 것이다. 표 1-2는 내셔널 풋볼 리그(NFL) 코치들의 영감 넘치는 전략기획 관련 명언을 보여준다.

비전 선언문과 사명 선언문

오늘날 많은 조직은 '우리는 무엇이 되고 싶은가?'라는 질문에 답하는 **비전 선언문**(vision statement)을 작성한다. 비전 선언문 작성은 보통 전략기획의 첫 번째 단계로 여겨지고, 사명 선언문 작성보다 먼저 이루어진다. 2장에 제시된 예에서 알 수 있듯이 많은 비전 선언문은 하나의 문장으로 되어 있다.

사명 선언문(mission statement)은 "한 기업을 다른 유사한 기업과 구별하는, 오래 지속될 목적 선언문이다. 사명 선언문은 제품과 시장 관점에서 기업 운영의 범위를 설정한다."[10] 이것은 모든 전략가가 직면하는 기본 질문인 '우리의 사업은 무엇인가?'에 관해 다룬다. 명확한 사명 선언문에는 조직의 가치와 우선순위가 기술된다. 사명 선언문을 작성하기 위해 전략가는 현재 활동의 본질과 범위에 대해 생각하고, 향후 시장과 활동의 잠재적 매력도를 평가할 필요가 있다. 사명 선언문은 조직의 미래 방향성을 대략 제시하고, 그 조직이 존재하는 이유와 창립자가 자신의 명성과 재산(및 이름)을 투입하여 꿈을 이루기 위해 위험을 감수할 때 무엇을 마음속에 그렸는지 직원들에게 끊임없이 상기시키는 역할을 한다.

외부 기회와 위협

외부 기회(external opportunity)와 **외부 위협**(external threat)은 미래에 조직에 중대한 이익이나 손해를 초래할 수 있는 경제적·사회적·문화적·인구통계적·환경적·정치적·법적·정부적·기술적·경쟁적 추세와 사건을 말한다. 기회와 위협은 대개 단일 조직의 통제 범위를 넘어 존재하기 때문에 외부라는 단어가 사용된다. 몇 가지 일반적인 기회와 위협의 범주를 표 1-3에 제시했다. 전략가가 기회와 위협의 규모를 평가하고 적절한 행동을 취할 수 있도록 금액, 수치, 백분율, 비율 등의 수량화가 필수적이다. 예를 들어 표 1-3에서 '마케팅이 인터넷으로 빠르게 이동하고 있다'고 말하기보다, 전략가는 조사를 실시하고 가령 '세계적으로 온라인 광고 지출이 매년 18% 증가하고 있으며, 미국에서는 총광고 지출의 44%를 차지한다'는 점을 알아내야 한다. 좋은 게임 계획인지 여부에 따라 대단히 큰 성패가 좌우되기 때문에 가능한 한 구체적인 사실 정보에 기반하여 전략을 수립하고 실행해야 한다.

외부의 추세와 사건으로 인해 다른 유형의 소비자가 생겨나기 때문에 다른 유형의 제품, 서비스, 전략이 필요하다. 경쟁사의 강점은 위협이 될 수 있고, 반대로 경쟁사의 약점은 기회가 될 수 있다. 전략경영의 기본 원리는 기업이 외부 기회를 최대한 활용하고 외부 위협의 영향을 회피하거나 완화하기 위한 전략을 수립해야 한다는 것이다. 이러한 이유로 외부 기회와 위협을 식별하고, 모니터링

표 1-3 일반적인 기회와 위협의 몇 가지 범주

- 서유럽에서는 녹색 운영과 제품에 대한 소비자의 기대가 매년 8% 증가하고 있다.
- 미국에서는 인터넷 마케팅이 매년 11% 증가하고 있다.
- 일용 식품 가격이 전년도 대비 6% 상승했다.
- 지난 12개월 동안 석유와 가스 가격이 18% 하락했다.
- 컴퓨터 해커 문제가 매년 14% 증가하고 있다.
- 미국의 이자율은 4%이지만 상승하고 있다.
- 지난해 주정부와 지방정부의 재정이 12% 악화되었다.
- 지난 3년간 많은 나라에서 출생률이 매년 5% 감소했다.
- 지난해 브라질의 국내총생산(GDP)이 6%에서 5%로 감소했다.
- 경쟁사 XYZ가 당사 제품보다 10% 저렴한 가격으로 제품 ABC를 막 출시했다.
- 중국에서 소셜미디어 네트워킹이 매년 9% 증가하고 있다.

하고, 평가하는 것은 성공을 위해 필수 불가결하다. 조사를 수행하고 외부 정보를 수집 및 이해하는 과정을 **환경 스캐닝**(environmental scanning) 또는 **산업 분석**(industry analysis)이라고 한다. 로비 활동은 일부 조직이 외부 기회와 위협에 영향을 미치기 위해 사용하는 하나의 시도이다.

내부 강점과 약점

내부 강점(internal strength)과 **내부 약점**(internal weakness)은 조직이 특히 잘 수행하거나 저조하게 수행하는 통제 가능한 활동이다. 이는 사업의 경영관리, 마케팅, 재무/회계, 생산, 정보 시스템 등의 활동에서 발생한다. 사업의 기능적 분야에서 조직의 강점과 약점을 식별하고 평가하는 것은 필수적인 전략경영 활동이다. 조직은 내부 강점을 활용하고 내부 약점을 개선하는 전략을 추구하려고 노력한다.

강점과 약점은 경쟁사와 비교하여 결정된다. 상대적인 결함 또는 우수성은 중요한 정보이다. 또한 강점과 약점은 성과보다도 존재의 요소에 의해 결정될 수 있다. 예컨대 천연자원 소유권이나 품질에 대한 역사적인 명성은 강점이 될 수 있다. 강점과 약점은 기업의 자체 목표와 관련하여 결정될 수도 있다. 예컨대 높은 재고 회전율은 재고가 바닥나지 않는 것을 추구하는 기업의 경우 강점이 아닐지도 모른다.

전략경영 사례를 분석하면서 내부 강점과 약점을 밝히고 서술할 때는 되도록 부문 수준으로 하는 것이 중요하다. 즉 월마트(Walmart) 같은 회사의 경우 '월마트의 수익이 최근 분기에 6% 증가했다'고 말하는 것보다 '샘스클럽(Sam's Club)의 수익이 최근 분기에 11% 증가했다'고 말하는 것이 훨씬 낫다. 부문화하면 전략을 보다 효과적으로 수립하고 대상을 겨냥할 수 있다. 이것이 중요한 이유는, 월마트 슈퍼센터, 월마트 멕시코, 월마트 유럽에 대비되는 월마트 샘스클럽처럼 모든 기업은 기업의 부문(사업부)별로(즉 상품별, 지역별, 고객별 또는 기업에 따라 다양한 단위별로) 자원을 할당해야 하기 때문이다.

내부 및 외부 요인 모두 수치, 백분율, 금액, 비율을 사용함은 물론 경쟁사와 시간 경과에 따른 비교를 포함하여 가능한 한 구체적으로 기술되어야 한다. 이 정보를 바탕으로 전략이 수립되고 자원이 할당될 것이기 때문에 수량화가 중요하다. 근원적인 내부 및 외부 요인이 더 구체적일수록 보다 효과적으로 전략을 수립하고 자원을 할당할 수 있다. 수치를 결정하는 데에는 더 많은 시간이 걸리지만 기업의 생존이 걸린 문제이기에 일련의 조사를 수행하고 주요 요소와 관련된 수치를 포함하는 것은 필수적이다.

내부 요인은 비율 계산, 성과 측정, 과거 기간 및 산업 평균과의 비교 등 다양한 방법으로 결정될 수 있다. 내부 요인을 검토하기 위해 직원의 사기, 생산 효율성, 광고 효과성, 고객 충성도와 같은 다양한 종류의 설문 조사를 개발하고 실시할 수도 있다.

장기 목표

목표는 조직이 사명을 추구함에 있어 성취하고자 하는 구체적인 결과로 정의될 수 있다. 장기는 1년 이상을 의미한다. 목표는 방향성을 제공하고, 평가를 돕고, 시너지를 촉진하고, 우선순위를 드러내고, 협동을 집중시키고, 효과적인 기획, 조직화, 동기부여, 활동 관리 등의 기초를 제공하기 때문에 조직의 성공에 필수적이다. 목표는 도전적이고, 측정할 수 있고, 일관되고, 합리적이고, 명확해야 한다. 다차원적인 기업은 전사와 각 부문, 양 차원에서 목표가 필요하다.

미국 뉴욕시에 본사를 둔 풋락커(Foot Locker, Inc.)는 최근 웹사이트에 다음과 같은 장기 목표를 게시했다.

1. 연간 수익: 75억 달러
2. 제곱피트당 연간 수익: 500달러
3. 이자 및 세금 이전 수익률(EBIT): 11%
4. 이익률: 7%
5. 투하 자본 수익률: 14%
6. 재고 회전율: 3회 이상

이와 대조적으로 메이시스의 연례 보고서에는 '매출을 수익성 있게 증가시키기'와 '총주주 수익 극대화하기'라는 목표가 제시되어 있다. 전략기획 과업 전반에 걸쳐 이러한 모호함을 피하라.

전략

전략(strategy)은 **장기 목표**(long-term objective)를 달성하기 위한 수단이다. 사업 전략에는 지리적 확장, 다각화, 인수, 제품 개발, 시장 침투, 축소, 매각, 청산, 합작투자 등이 포함될 수 있다. 전략은 최고경영진의 결정과 상당한 분량의 회사 자원을 필요로 하는 잠재적인 행동이다. 이는 일반적으로 5년 이상 조직의 장기적인 번영에 영향을 미치므로 미래 지향적이다. 또한 전략은 다기능적·다부문적인 결과를 가져오며, 기업이 직면하는 외부 및 내부 요인 모두에 대한 고려가 필요하다.

표 1-4는 아마존(Amazon)이 현재 추구하고 있는 전략이다.

SWOT 분석

강점-약점-기회-위협(SWOT) 분석(strengths-weaknesses-opportunities-threats analysis)은 경영자가 SO(강점-기회) 전략, WO(약점-기회) 전략, ST(강점-위협) 전략, WT(약점-위협) 전략 등 네 가지 유형의 전략을 개발하는 데 도움이 되는 중요한 연계 도구이다.[11] 주요 외부 요인과 내부

표 1-4 아마존의 전략

세계 최대의 서점인 아마존은 놀랍게도 지난 20년간 축출된 오프라인 서점의 판매 형식을 채택하고 있다. 아마존의 물리적 서점 매장은 아마존북스(AmazonBooks), 아마존고(Amazon Go), 아마존프레시픽업(AmazonFresh Pickup) 등의 매출 확대와 고객이 있는 곳에서 그들을 만나고자 하는, 회사의 가게 매장 의존도 증가와 맞아떨어진다. 아마존북스는 현재 10개가 넘는 오프라인 매장을 두고 있다. 아마존 신전략의 또 다른 이유는 물리적 서점이 일종의 재유행을 경험하고 있다는 것이다. 2010~2017년에 독립 서점의 수가 30% 가까이 증가했다. 이러한 매장은 책 읽기와 행사를 주최하고, 대화와 토론 공간을 제공하며, 매장에서의 훑어보기와 발견이 가능한 실제 서점의 가치를 높이 평가하는 충실한 고객 기반을 기회로 삼고 있다. 또한 아마존은 최근에 오프라인 식료품점 체인인 홀푸즈마켓(Whole Foods Market)을 인수했다. 아마존의 경쟁력 있는 크기, 규모, 다양성, 자동화, 역량은 전 산업계를 흔들고 있다.

출처: Jeremy Bowman, "3 Reasons Amazon Is Opening a Brick-and-Mortar Bookstore Chain," https://www.aol.com/article/finance/2017/06/07/3-reasons-amazon-is-opening-a-brick-and-mortar-bookstore-chain/22130842/

표 1-5 전략을 수립하기 위한 주요 외부 요인과 내부 요인의 연계

주요 내부 요인	주요 외부 요인	도출된 전략
S1: 던킨도너츠의 수요가 연간 6% 증가(내부 강점)	+ O1: 건강 상품에 대한 욕구가 매년 8% 증가(외부 기회)	= SO1: 던킨도너츠는 2018년에 도넛의 모든 인공 염료와 착색을 제거함
W1: 연간 100만 단위 불충분한 생산 능력(내부 약점)	+ O2: 해당 지역에서 주요 외국 경쟁사 2개 철수(외부 기회)	= WO1: 경쟁사의 생산 설비 인수
S2: R&D로 12개월 만에 네 가지 신제품 개발(내부 강점)	+ T1: 설탕 음료의 소비가 연간 5% 감소(외부 위협)	= ST1: 네 가지 신제품의 건강성을 홍보하기 위해 100만 달러 지출
W2: 종업원의 사기 저하(내부 약점)	+ T2: 전년도 의료비 7% 증가(외부 위협)	= WT1: 새로운 기업 건강 프로그램 실행

요인을 연계하는 것은 전략기획에서 매우 중요한 활동이다. 표 1-5의 전략 1, 2, 3, 4는 각각 SO, WO, ST, WT 전략임에 유의하라. SWOT 분석에 대해서는 6장에서 더 자세히 설명하겠지만, 전략을 생성하기 위한 외부 요인과 내부 요인의 연계는 그림 1-2와 같은 SWOT 매트릭스를 낳는다.

연간 목표

연간 목표(annual objective)는 조직이 장기 목표를 이루기 위해 달성해야만 하는 단기 이정표이다. 장기 목표와 마찬가지로 연간 목표도 측정할 수 있으며, 정량적이고, 도전적이고, 현실적이고, 일관적이고, 우선순위가 주어져야 한다. 또한 규모가 큰 조직에서는 기업, 부문, 기능 등의 수준에서 연간 목표를 설정해야 한다. 연간 목표는 경영관리, 마케팅, 재무/회계, 생산 실적 등의 용어로 기술되어야 한다. 각각의 장기 목표에 대해 일습의 연간 목표가 필요하다. 장기 목표는 전략 수립 단계에서 특히 중요한 반면, 연간 목표는 전략 실행 단계에서 특히 중요하다. 연간 목표는 자원 할당을 위한 토대를 제공한다.

정책

정책(policy)은 연간 목표를 달성하기 위한 방법이다. 정책에는 설정된 목표를 달성하려는 노력을 지원하기 위해 마련된 지침, 규칙, 절차 등이 포함된다. 정책은 의사결정을 위한 지침이며, 반복적이거나 빈번하게 일어나는 상황을 다룬다. 일반적으로 정책은 경영관리, 마케팅, 재무/회계, 생산/운영, R&D, MIS 활동의 관점에서 기술된다. 정책은 기업 수준에서 수립되어 조직 전체에 적용될 수도 있고, 부문 수준에서 수립되어 단일 부문에 적용될 수도 있으며, 기능 수준에서 수립되어 특정 운용 활동이나 부서에 적용될 수도 있다.

연간 목표와 마찬가지로 정책은 전략 실행에서 매우 중요하다. 조직의 직원과 관리자에게 무엇을 기대하는지 그 윤곽을 보여주기 때문이다. 정책을 통해 조직의 부서 내부 및 부서 사이의 일관성 확보와 조정이 가능하다. 예를 들어 최근 IBM은 30년간의 정책을 바꾸어 직원이 원격으로 근무하는 대신 회사 사무실에서 근무하도록 했다. 수십 년간 IBM은 직원의 40% 이상이 원격으로 근무한다는 것을 자랑해왔으나 새로운 정책은 직원 간 협업 향상과 작업 속도의 가속을 의도하고 있다. 여기에는 2분기 연속 수익 감소를 되돌려보려는 의도도 담겨 있다. 야후(Yahoo), 뱅크오브아메리카(Bank of America), 애트나(Aetna Inc.) 등의 대기업도 IBM의 선례를 따라 재택 직원을 사무실로

내부 / 외부	S	W
O		
T		

내부 / 외부	강점(S)	약점(W)
	1. 2. 3. 4. 5. 6. 7. 8. 9. 10.	1. 2. 3. 4. 5. 6. 7. 8. 9. 10.
기회(O)	SO 전략	WO 전략
1. 2. 3. 4. 5. 6. 7. 8. 9. 10.	1. 2. ⋮	1. 2. ⋮
위협(T)	ST 전략	WT 전략
1. 2. 3. 4. 5. 6. 7. 8. 9. 10.	1. 2. ⋮	1. 2. ⋮

그림 1-2 SWOT 매트릭스의 기본 양식

복귀시키고 있다.

전략경영 수행의 편익

학습 목표 1-5

전략경영을 수행함으로써 얻을 수 있는 이점을 파악한다.

전략경영은 조직이 상황에 대응적이기보다 주도적으로 미래를 형성하도록 도와준다. 즉 조직이 (단순히 반응하는 것이 아니라) 활동을 개시하고 영향을 미쳐 조직 자신의 운명을 통제하게 해준다. 중소기업 사장, 최고경영자, 회장, 많은 영리/비영리 조직의 관리자는 전략경영의 이점을 인식하고 실현해왔다.

역사적으로 전략경영의 근본 편익은 보다 체계적이고 논리적이며 합리적인 의사결정 접근법을 사용하여 조직이 더 나은 전략을 수립하는 데 도움이 되었다는 것이다. 더욱이 의사결정 결과나 문서보다도 그 과정 자체가 전략경영을 수행하는 주요 편익의 하나이다. 그 과정에의 관여(즉 대화와 참여)를 통해 경영자와 직원은 조직을 지지하는 데 기여하게 된다. **성공적 전략경영의 비결은 의사소통이며, 이는 경영 전반에서 가장 중요한 용어일 것이다.** 그림 1-3은 전략기획을 수행하는 기업이 얻는 본질적인 편익을 보여준다. 모든 기업은 모든 직원이 기업의 성공에 도움이 되도록 '임무를 수행해야 함'을 주목하라.

데일 매콘키(Dale McConkey)가 말하길, "계획은 계획 과정보다 덜 중요하다." 따라서 전략경영이 수행되는 방식이 절대적으로 중요하다. 그 과정의 주요 목적은 모든 관리자와 직원의 이해와 몰입을 이끌어내는 것이다. 이해는 전략경영의 가장 중요한 편익이고 그다음이 몰입이다. 관리자와 직원은 조직이 무엇을 하고 있는지, 그리고 그 이유를 이해할 때 회사의 일부라고 느끼며 그 일을 돕는 데 전념하게 된다. 직원이 자신에 대한 보상과 조직의 성과 간 연관성을 이해할 때 특히 그렇다. 회사의 사명과 목적, 전략을 이해하고 지지하는 관리자와 직원은 놀라울 정도로 창의적이고 혁신적이 된다. 그럴 때 전략경영의 편익은 그 과정이 개인에게 권한을 주는 기회라는 것이다. **권한 부여**(empowerment)는 직원이 의사결정에 참여하고 주도력과 상상력을 발휘함으로써 스스로에게 보상하는, 자신의 효능감을 강화하는 행위이다. **전략가는 직원들이 사업을 자기 것인 양 영위하기를 바란다.**

전략기획은 단순히 최고경영진 사이에 종이를 주고받는 활동이 아니라 학습하고, 돕고, 교육하고, 지지하는 과정이다. 전략경영 소통은 잘 제본된 전략경영 문서보다 더 중요하다. 전략가는 전략계획을 혼자 만들어 일선 관리자에게 실행하도록 제시하는 것을 피해야 한다. 그 과정에의 참여를 통해 일선 관리자는 전략의 '주인'이 되어야 한다. **전략계획을 실행할 사람이 그 계획에 대해 주인 의식을 가지는 것은 모든 조직에서 성공을 위한 핵심 사항이다.**

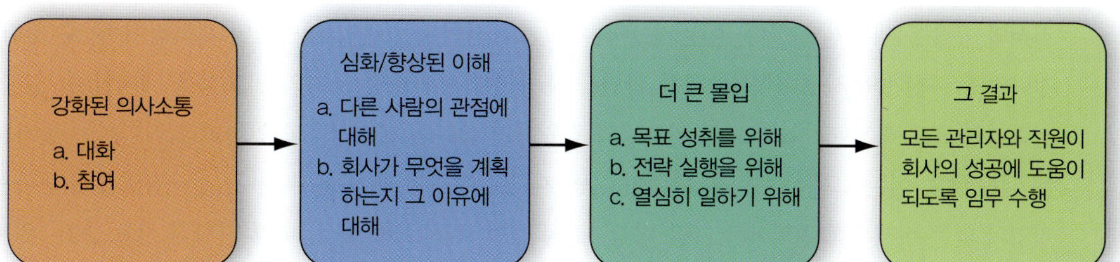

그림 1-3 전략기획을 수립하는 기업의 편익

좋은 전략적 의사결정을 내리는 것은 조직의 소유주나 대표이사의 주요 책임이지만 관리자와 직원 모두가 전략 수립·실행·평가 활동에 참여해야 한다. 참여는 필요한 변화를 이끌 헌신을 얻는 열쇠이다. 점점 더 많은 기업과 기관이 효과적인 의사결정을 내리기 위해 전략경영을 활용하고 있다. 그러나 전략경영이 성공을 보장하지는 않는다. 무계획적으로 수행하면 제대로 기능하지 않을 수 있다.

재무적 편익

전략경영 개념을 적용하는 조직은 일반적으로 매출, 수익성, 생산성에서 괄목할 만한 향상을 보이는 등 체계적인 기획 활동을 수행하지 않는 기업보다 더 성공적이다. 고성과 기업은 외부 및 내부 환경의 미래 변동에 대비하기 위해 체계적인 기획을 하는 경향이 있다. 전략기획 개념, 도구, 기법을 적용하는 경영 체계를 갖춘 기업은 일반적으로 해당 산업계에 비해 더 우수한 장기 재무 성과를 얻는다.

고성과 기업은 단기적·장기적 결과에 대한 적절한 예측과 함께 더 많은 정보를 바탕으로 의사결정을 내리는 듯하다. 반대로 저성과 기업은 근시안적이고 미래 상황의 적절한 예측을 반영하지 않는 활동에 관여하는 경우가 많다. 저성과 조직의 전략가는 내부 문제를 해결하고 서류 작업 기한을 맞추는 데 흔히 사로잡혀 있다. 이들은 대개 경쟁사의 강점은 과소평가하고 자사의 강점은 과대평가한다. 또한 자사의 저성과에 대해 경기 침체, 기술상의 변화, 해외의 경쟁과 같은 통제할 수 없는 요인에 원인을 돌리곤 한다.

미국에서는 매년 10만 개 이상의 기업이 망한다. 여기에는 파산, 압류, 청산, 법정관리 등의 이유가 있다. 효과적인 전략경영의 결여 외에도 많은 요인이 사업 실패로 이어질 수 있지만, 이 책에 설명된 기획의 개념과 도구는 모든 조직에 상당한 재무적 편익을 가져다줄 수 있다.

비재무적 편익

전략경영은 기업이 재무적 붕괴를 피하는 데 도움이 될 뿐만 아니라 외부 위협에 대한 인식 제고, 경쟁자의 전략에 대한 이해 향상, 직원의 생산성 향상, 변화에의 저항 감소, 성과와 보상의 관계에 대한 보다 명확한 이해 등과 같은 구체적인 이점도 제공한다. 전략경영은 모든 부문 및 기능 수준에서 관리자 간의 상호작용을 촉진하기 때문에 조직의 문제 방지 역량을 향상한다. 관리자와 직원을 육성하고, 그들과 조직의 목표를 공유하며, 제품과 서비스를 개선할 수 있도록 권한을 부여하고, 그들의 공로를 인정하는 기업은 이러한 상호작용 덕분에 비상시 그들에게 도움을 요청할 수 있게 된다.

경영자와 직원에게 자율권을 부여하는 것에 더하여 전략경영은 허우적거릴 수도 있었을 기업에 질서와 규율을 세우기도 한다. 이는 효율적이고 효과적인 경영관리 시스템의 시작점이 될 수 있다. 전략경영은 현재의 사업 전략에 대한 확신을 재확인하거나 시정 조치의 필요성을 제시할 수 있다. 전략경영 프로세스는 기업의 모든 관리자와 직원에게 변화의 필요성을 확인하고 합리화하는 밑거름을 제공한다. 이는 그들이 변화를 위협이 아닌 기회로 여기는 데 도움이 된다. 전략경영을 수행하는 기업이 얻는 비재무적 편익에는 규율 향상, 조정 개선, 의사소통 향상, 미래 지향적 사고 증가, 의사결정 개선, 시너지 증가, 더욱 효과적인 시간과 자원 배분 등이 있다.

일부 기업이 전략기획을 수행하지 않는 이유

학습 목표 1-6

일부 기업이 전략경영을 수행하지 않는 이유를 이해한다.

어떤 기업은 공식적인 전략기획을 수행하지 않으며, 또 어떤 기업은 전략기획을 수행하지만 관리자나 직원의 지지를 거의 받지 못한다. 기업이 전략기획을 거의 또는 전혀 수행하지 않는 이유(변명)는 다음과 같다.

- 전략경영에 대한 공식적인 교육 부재
- 기획의 이점에 대한 이해나 공감 부재
- 기획 수행에 대한 금전적 보상 부재
- 기획 미수행에 대한 처벌 부재
- 미리 계획하기보다 '발등의 불 끄기'(내부 위기 해결)에 급급함
- 제품/서비스가 만들어지지 않기 때문에 기획을 시간 낭비로 간주함
- 게으름. 효과적인 기획에는 시간과 노력이 소요됨. 시간은 돈
- 현재의 성공에 만족함. 오늘의 성공이 내일의 성공을 보장하지 않는다는 것을 인식하지 못함
- 과신
- 언제 어디선가 수행한 과거 전략기획에 대한 나쁜 경험

전략기획의 함정

학습 목표 1-7

전략경영을 수행하는 데 따른 위험을 파악한다.

전략기획은 조직을 미지의 영역으로 이끄는 복잡다단한 과정이다. 전략기획은 성공을 위해 즉시 사용할 수 있는 처방전을 주지 않는다. 대신에 일련의 여정을 통해 조직이 당면 과제를 다루고 문제를 해결할 수 있는 틀을 제공한다. 잠재적인 함정을 알고 이를 극복할 준비를 하는 것은 성공에 필수적이다.

전략기획을 수립할 때는 다음과 같은 함정을 피하라.

- 의사결정과 자원에 대한 통제력을 확보하기 위해 전략기획을 활용하는 것
- 단지 승인 또는 규제상 요구를 충족하려는 목적으로 전략기획을 수행하는 것
- 사명 개발에서 전략 수립으로 너무 서둘러 이동하는 것
- 계획에 대해 소통하지 않아 직원들이 계속 어둠 속에서 일하게 만드는 것
- 최고경영자가 공식 계획과 상충되는 직관적 의사결정을 많이 내리는 것
- 최고경영자가 전략기획 과정을 적극적으로 지원하지 않는 것
- 계획을 성과 측정 기준으로 사용하지 않는 것
- 모든 경영자가 기획에 참여하기보다 '기획가'에게 위임하는 것
- 기획의 모든 단계에 핵심 직원을 참여시키지 않는 것
- 변화를 지원하는 협동적인 분위기를 조성하지 않는 것
- 기획을 불필요하거나 중요하지 않게 여기는 것
- 기획 활동을 독립된 부분들로 이루어진 사일로로 보는 것
- 현재 문제에 너무 몰두하여 기획을 불충분하게 하거나 전혀 실행하지 않는 것
- 기획 과정이 너무 공식적이어서 유연성과 창의성을 억누르는 것[12]

학습 목표 1-8

사업 전략과 군사 전략의 관련성을 이해한다.

사업 전략과 군사 전략의 비교

강력한 군사적 유산은 전략경영 연구의 밑바탕이다. **목적**, **사명**, **강점**, **약점**과 같은 용어는 원래 전장의 문제를 다루는 데 사용되었다. 《Webster's New World Dictionary》에 따르면 **전략**은 "적과 실제로 교전하기 전에 군대를 가장 유리한 위치로 기동하는, 대규모 군사 작전을 기획하고 지휘하는 과학"이다.[13] 'strategy'는 'strategos'라는 그리스어에서 유래했는데, 'strategos'는 'stratos'(군대)와 'agos'(이끌다)의 합성어로서 군 지휘관을 의미한다. 전략기획의 역사는 군대에서 시작되었다. 사업 전략과 군사 전략 둘 다 '경쟁우위를 얻는 것'이 주된 목적이다. 사업 전략은 여러 측면에서 군사 전략과 유사하며, 몇 세기에 걸쳐 군사 전략가는 오늘날의 사업 전략가에게 유익할 만한 많은 것을 학습해왔다.

사업 조직과 군사 조직은 경쟁자의 약점을 공격하기 위해 자신의 강점을 활용하려고 한다. 조직의 전반적인 전략이 잘못되면(비효과적이면) 세상의 모든 효율성도 성공을 달성하기에 충분하지 않을 수 있다. 일반적으로 사업적 성공이나 군사적 성공은 우연한 전략의 행복한 결과가 아니다. 성공은 외부 및 내부 조건의 변화에 대한 지속적인 관심과 그 조건에 대한 통찰력 있는 적응 방안의 수립 및 실현의 산출물이다. 예상외의 요소는 군사 전략과 사업 전략에서 강력한 경쟁우위를 제공한다. 상대방 또는 경쟁사의 전략과 자원에 대한 데이터를 제공하는 정보 시스템 또한 필수적으로 중요하다.

군사 전략과 사업 전략의 근본적인 차이점은, 군사 전략은 **분쟁**(conflict)을 전제로 하지만 사업 전략은 **경쟁**(competition)을 전제로 수립·실행·평가된다는 것이다. 군사적 상황에서는 보통 승자가 단 하나이지만 사업에서는 여러 승자가 있다. 예컨대 여러 기업이 햄버거 사업에서 승리할 수 있다. 굳이 맥도날드(McDonald's)와 정면으로 대치할 것 없이 다른 조합의 햄버거, 매장 인테리어, 고객 서비스를 제공하고도 성공을 거둘 수 있다. 이 경우는 맥도날드 같은 거물 상대와의 갈등을 피하는 경쟁을 보여준다. 군사적 상황에서는 더 큰 군대와의 충돌을 피할 수 없는 경우가 종종 있다. 사업 전략가는 군사 사상가가 오랫동안 다듬어온 귀중한 통찰을 배울 수 있다. 상대방보다 부족한 수와 자원을 뛰어난 전략의 수립과 실행으로 극복할 수 있다.

기원전 356년에 펠라에서 태어난 알렉산더 대왕은 고대 그리스 북부에 위치한 마케도니아의 왕이었다. 16세까지 아리스토텔레스의 지도를 받았던 알렉산더는 30세에 이오니아해에서 히말라야에 이르는 고대 세계에서 가장 큰 제국 중 하나를 건설했다. 알렉산더는 전투에서 져본 적이 없으며, 역사상 가장 성공적인 지휘관 중 한 명으로 여겨진다. 그는 오늘날에도 군 지도자들의 비교 기준이 되며, 전 세계 사관학교에서는 지금도 그의 전략과 전술을 가르치고 있다. 알렉산더 대왕은 "양이 이끄는 사자의 군대보다 사자가 이끄는 양의 군대가 더 낫다"고 말한 바 있다. 이 말은 조직이 성공하려 할 때 뛰어난 전략 계획의 압도적인 중요성을 잘 드러낸다.

사업 조직이든 군사 조직이든 성공하기 위해서는 변화에 적응하고 끊임없이 개선해야 한다. 환경이나 경쟁 조건이 변화의 필요성을 가리킬 때도 전략을 변경하지 않는 기업이 흔히 있다. 프레더릭 글럭(Frederick Gluck)은 이에 관한 고전적인 군사 사례를 제시했다.

> 나폴레옹이 승리한 것은 적이 이전 전쟁의 전략과 전술, 조직에 전념했기 때문이다. 나폴레옹이 웰링턴, 러시아, 스페인에 패배한 것은 그가 유효성이 증명된 전략을 사용했던 데 반해 적은 새롭

게 생각하고 지난 전쟁의 것이 아닌 다음 전쟁의 전략을 개발했기 때문이다.[14]

《손자병법》은 군대 이외의 많은 분야에 적용되었다. 이 책의 많은 부분은 전투를 하지 않고도 전쟁에서 이기는 방법에 관한 것으로, 물리적 전투를 할 필요 없이 상대방보다 한 수 앞서는 방법에 대해 조언해준다. 이처럼 《손자병법》은 법정 재판 전략의 설계나 라이벌 기업의 인수 등 실제

표 1-6 《손자병법》에서 발췌

- 전략기획은 국가에 큰일이다. 생사의 문제이고 존망의 길이다. 따라서 철저히 살피지 않을 수 없다.
- 전략기획은 기만에 기초한다. 적 근처에 있을 때는 멀리 있는 것처럼 보이고, 멀리 있을 때는 가까이 있는 것처럼 보이게 만들라. 미끼를 던져 적을 유혹하라. 적이 혼란스러울 때 공격하라. 적이 강할 때는 피하라. 적이 방비하지 않은 곳을 공격하라. 예기치 않은 곳으로 나아가라.
- 신속한 승리는 전략기획의 주요 목표이다. 오래 지연되면 무기가 무뎌지고 사기가 떨어진다. 군대가 오랜 전쟁에 참전하면 국가의 재정이 바닥날 것이다. 그래서 우리는 전쟁에서 어리석게 서두르는 공격에 대해 들어본 적은 있어도 질질 끄는 영리한 작전은 보지 못했다.
- 일반적으로 전략기획에서 최상의 정책은 적국을 온전한 상태로 취하는 것이다. 적국을 파멸시키는 것은 이보다 하책이다. 적의 전군을 온전히 사로잡는 것이 그들을 파괴하는 것보다 낫다. 연대, 중대, 분대를 온전히 잡는 것이 그들을 섬멸하는 것보다 낫다. 100번 전쟁해서 100번 이기는 것은 기술의 모범이 아니다. 싸우지 않고 적을 정복하는 것이 최고이다. 전쟁을 잘하는 자는 전투 없이 적군을 정복한다.
- 군대를 운용하는 방법은 이렇다. 적군보다 10배의 병력이면 적을 포위하라. 적보다 5배 강하면 적을 공격하라. 적보다 2배 강하면 적을 분할하라. 적과 대등하면 좋은 계획을 세워 잘 싸워라. 적보다 약하면 도망쳐라. 모든 면에서 불리하면 피하라.
- 적을 알고 너 자신을 알면 100번 싸워도 위태롭지 않다. 적을 모르지만 너 자신을 알면 이기거나 질 가능성이 반반이다. 적을 모르고 너 자신도 모르면 모든 전투에서 매번 질 것이다.
- 전장을 선점하고 적을 기다리는 자는 편안하고, 나중에 도착하여 서둘러 전투에 임하는 자는 피곤하다. 따라서 전쟁을 잘하는 자는 적을 전장으로 데려오지, 자기가 상대방의 전장에 가지 않는다.
- 적의 계획을 분석하여 적의 강점과 약점을 알아내라. 적의 움직임 패턴을 확인하기 위해 적을 휘저어놓아라. 적을 유인하여 적의 배치와 배열을 드러내라. 탐색용 공격을 전개하여 적의 강점과 약점을 알아내라.
- 강하면 피하라. 약하면 쳐라. 적의 상황에 맞게 전술을 변경함으로써 승리를 거둘 수 있는 자는 지존으로 불릴 만하다.
- 전투에 임하기로 결정했을 때 의도나 계획을 공표하지 마라. '평상시 업무'처럼 보이게 하라.
- 미숙한 지도자는 전장에서 갈등을 해결하려 한다. 뛰어난 전략가는 전투를 잘 하지 않으며, 대치하기 전에 전술적 위치를 잘 잡아 목표를 성취한다.
- 다른 회사(또는 군대)에 싸움을 걸기로 결정했을 때 많은 계산, 추정, 분석, 포지셔닝이 승리를 가져온다. 불충분한 계산은 패배를 초래한다.
- 숙련된 지도자는 전략이 창의적인 대항 행동을 제약하지 못하게 한다. 그러므로 원격의 명령이 공격 현장에서의 즉흥적인 전개를 방해하지 말아야 한다.
- 상대방보다 결정적으로 유리한 위치에 있을 때 숙련된 지도자는 밀어붙이지 않는다. 이들은 자신의 위치를 유지하면서 상대방에게 항복하거나 전향할 수 있는 기회를 준다. 더는 잃을 것이 없는 적이 당신의 군대에 해를 입히게 하지 말라.

주: 전쟁 또는 전투 대신 전략기획이라는 용어를 사용함
출처: 《손자병법》

전투를 수반하지 않는 많은 경쟁적 시도에 대한 훈련 가이드로 활용되었다. 손자의 저작과 오늘날 기업의 전략 수립 및 실행 사이의 많은 유사점이 해석되었다. 표 1-6은 《손자병법》에서 발췌한 것이다. 군대와 비교할 때 나열된 원칙 중 기업에 가장 적합하거나 유사한 것은 무엇이라고 생각하는가?

표 1-7 이 책을 통해 습득할 수 있는 취업 역량 기술

개발되는 대범주 기술

1. 비판적 사고: 문제를 정의하고 해결하기. 특정 상황 또는 환경 조건에서 의사결정을 하거나 판단 내리기
2. 협업: 보고서, 발표, 프로젝트에 대해 동료와 함께 일하기
3. 지식 응용과 분석: 개념을 학습하고 그 지식을 다른 과제에 적용하기
4. 기업 윤리와 사회적 책임: 좋은 윤리가 좋은 사업임을 진심으로 알기
5. 정보 기술: 워드프로세서, 스프레드시트, 데이터베이스, 프레젠테이션, 소프트웨어 기술 향상하기
6. 문해력: 자료 접근·평가·해석·처리·요약·소통하기

습득되는 세부 범주 기술: 방법 학습

1. 영리·비영리 기업 또는 조직을 위한 3개년 전략계획 수립하기
2. 비전 및 사명 선언문 작성하고 평가하기
3. 외부 및 내부 전략기획 평가 실시하기
4. SWOT 분석을 사용하여 전략 수립하기
5. BCG와 IE 포트폴리오 매트릭스 분석을 개발하고 활용하기
6. QSPM 분석을 개발하고 활용하기
7. 기업의 비용과 관련된 적절한 권고안 결정하기
8. 상대 기업보다 더 나은 위치에 서기 위한 지각지도를 개발하고 활용하기
9. 다양한 기업 평가 방법을 사용하여 기업의 가치 결정하기
10. 기업에 필요한 자본을 조달하기 위한 부채와 주식의 사용 정도를 EPS-EBIT 분석을 통해 결정하기
11. 가치사슬 분석, 균형성과표, 재무비율 분석을 개발하고 활용하기
12. 기업 구조를 평가하고 효과적인 조직도 개발하기
13. 제안된 전략계획을 지원하기 위한 추정 재무제표를 작성하고 활용하기
14. 널리 쓰이는 기업 전략기획 엑셀 양식 활용하기

기술 개발에 사용되는 수단

이 책에는 다음이 포함되어 있다.

1. 실용적이고 통합적인 전략기획 모델을 중심으로 구성된 11개의 장
2. 효과적이고 재미있는 네 가지 범주로 구성된 61개의 확인 학습
3. 355개의 복습 및 토론 문제
4. 진행 중인 변화 관련 뉴스가 있는 기업에 관한 30개의 사례
5. 각 장과 관련된 문제가 포함된 11개의 미니 사례
6. 이 장의 끝에 있는 코카콜라에 관한 연결 사례와 각 장에 담긴 관련 연습
7. 전략기획 수행 시 기업과 학생 모두 널리 사용하는 엑셀 기반 전략기획 양식(저자의 웹사이트 www.strategyclub.com 참조)

표 1-8 www.strategyclub.com의 전략기획 양식을 사용해야 하는 이유

1. 전략경영 사례 분석을 준비하는 시간을 절약하기 위해. 사용자가 매트릭스의 개발과 분석을 수행할 때 '도구 제작이 아닌 사고'에 집중할 수 있음
2. 전략을 수립하고 실행하는 올바른 과정을 따르기 위해
3. 수학 계산, 위치 잡기, 그래프 그리기 과정의 실수를 피하기 위해
4. 전문적으로 보이는 도표, 그래프, 매트릭스를 개발하기 위해
5. 기존 및 추정 재무비율을 개발하기 위해
6. BCG 및 IE 포트폴리오 매트릭스에 기업을 올바르게 배치하기 위해
7. EPS-EBIT 분석을 활용하여, 필요 자본을 조달하기 위한 부채 대비 주식을 사용하는 다양한 시나리오를 검토하기 위해
8. 행렬의 가중치와 평가치를 변경하여 총가중 점수에 대한 결과적인 영향을 살펴보기 위해
9. 팀원, 동료와 더 쉽게 정보를 공유하기 위해
10. 다양한 전략의 예상되는 영향을 밝힐 수 있도록 추정 재무제표를 보다 쉽게 도출하기 위해
11. 지각 매핑 또는 제품 포지셔닝 기술을 개발하기 위해
12. 실제 기업의 전략기획 소프트웨어 사용 경험을 쌓기 위해. 기업의 많은 업무는 학생들이 양식을 사용하면서 습득하는 엑셀 숙련도를 요구함

취업 역량 기술의 개발

학습 목표 1-9

이 과정이 어떻게 학생의 취업 역량을 향상할 수 있는지 알아본다.

방법·기술 지향적이고 실용적인 이 책의 내용과 구성은 전문가들이 21세기 직장에서의 성공에 필수적이라고 말하는 다양한 경력 향상(취업 역량) 기술을 독자가 습득하게 해준다. 실질적인 도구, 기법, 개념이 포함된 **취업 역량**(employability) 기술은 기업에서 사용되고 있으며, 독자는 이 책을 통해 그것을 배울 수 있다. 표 1-7에서 보듯이 취업 역량 기술은 6개 대범주와 14개 세부 범주로 분류할 수 있다.

www.strategyclub.com에 있는 무료 엑셀 전략기획 양식을 사용하여 사례 회사에 대한 3개년 전략계획을 개발하는 이유는 표 1-8과 같다.

요약

모든 기업은 비공식적이고 구조화되어 있지 않으며 산발적이더라도 나름의 전략을 가지고 있다. 모든 조직은 어딘가로 향하고 있지만 불행히도 일부 조직은 자신이 어디로 향하는지 모른다. "당신이 어디로 가고 있는지 모른다면 길이 뻗어 있는 데로 가게 될 것이다"라는 옛 속담은 조직이 전략경영의 개념과 기법을 사용해야 하는 필요성을 강조한다. 중소기업, 대기업, 비영리 단체, 정부 기관, 다국적 복합기업 등은 전략경영 프로세스를 점점 더 널리 사용하고 있다. 관리자와 직원에게 권한을 부여하는 과정은 거의 무한한 이점이 있다.

조직은 해당 산업계에서 사후 대응이 아닌 선제적 접근을 취해야 하며, 사건에 대처만 하기보다는 영향을 미치고 예측하며 일어나게 하려고 노력해야 한다. 전략경영 프로세스는 의사결정에 이러한 접근법을 구현한다. 전략경영 프로세스는 기업의 미래 방향을 결정하기 위한 논리적·체계적·객관적 접근법을 나타낸다. 전략가가 직관만을 사용하여 가능한 행동 대안 중 하나를 선택하기에는 걸려

전략가를 위한 시사점

그림 1-4는 경쟁우위를 확보하고 유지하기 위해 기업이 명확한 비전과 사명을 도출하고 교육하며, 전략을 체계적으로 개발·구현·평가해야 함을 보여준다. 일관된 사업 성공이 우연히 일어나는 경우는 거의 없다. 대부분은 신중한 기획과 근면하고 지능적인 노력의 결과이다. 이러한 과정이 간단하다면 모든 기업이 성공할 것이다. 일관된 성공을 이루기 위해서는 전략가가 모여 관련 데이터를 한데 모으고, 기업에 이익을 가져올 다양한 대안 중에서 균형 잡힌 선택을 하고, 직원의 활기를 북돋고 보상하며, 지속적으로 변화에 적응해야 한다. 생존하고 번영하려면 기업은 경쟁사에 비해 최소한 주요 비교우위를 몇 가지 확보하고 유지해야 한다. 그 과정에서 매력적인 많은 대안이 핵심적인 몇 가지 선택을 위해 버려질 것이다. 어떤 의미에서 전략기획은 '무엇을 하지 않을지 선택하는 것'으로 정의될 수도 있다.

전략경영 프로세스는 기업의 경쟁우위를 창출·유지·강화하기 위한 체계적인 단계를 나타낸다. 이 책은 전략가가 기업의 경쟁우위를 확보하고 유지하는 데 도움이 될 과정 전반에 걸친 단계별 지침을 제공한다. 11개 장에서 포트폴리오 매트릭스 개발부터 직장 연애 관리에 이르기까지 100개 이상의 주요 요소를 검토하여 전략가가 주주, 고객, 직원에게 번영을 가져다줄 수 있게 기업을 이끌도록 도움을 준다. 11개 장은 전략경영 프로세스에 대한 명확하고 계획된 여정으로서 그 도중에 많은 강조점이 표시되어 있어, 전략가는 필수적인 분석을 수행하고 기업을 성공으로 이끄는 데 잠재적으로 존재하는 문제를 예측하고 해결할 수 있다. www.strategyclub.com에서 무료 엑셀 양식을 내려받아 기업의 전략기획 과정을 진행하는 데 사용하라.

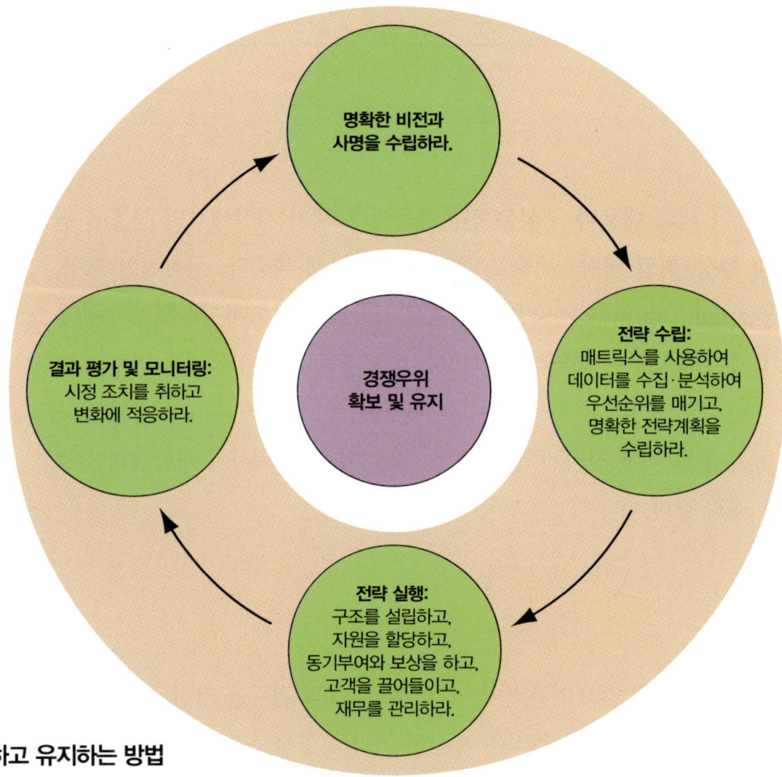

그림 1-4 경쟁우위를 확보하고 유지하는 방법

학생을 위한 시사점

전략경영 사례 분석을 수행할 때, 첫 페이지 또는 첫 슬라이드부터 시작하여 과업 전반에 걸쳐 자사의 경쟁우위와 경쟁열위가 어디에 있는지를 강조하라. 기업이 어떻게 경쟁우위를 유지하고 강화할 것인지, 기업이 어떻게 경쟁열위를 극복할 것인지에 대한 권고안을 강조하는 것이 더욱 중요하다. 발표 초기부터 자사가 향후 3년간 본질적으로 무엇을 해야 할 것인지에 대해 권고하기 위한 길을 닦아라. 경쟁우위의 개념은 모든 페이지 또는 파워포인트 슬라이드의 토론에 녹아들어 있어야 한다. 따라서 서면 또는 구두 분석이 단순히 기술적이 되는 것은 피하라. 그보다는 과업 전반에 걸쳐 처방적이고 통찰력이 넘치며 앞날을 내다보는 것이어야 한다.

있는 득실이 너무도 크다. 성공적인 전략가는 지금 자신의 사업이 어디에 있는지, 어떤 조직이 되고자 하는지 생각할 시간을 갖는다. 그런 다음 지금 자신이 있는 곳에서부터 자신이 가고자 하는 곳으로 합리적인 시간 안에 데려다줄 프로그램과 정책을 실행한다.

사전에 계획하는 사람과 조직이 전혀 계획하지 않는 사람과 조직보다 훨씬 더 원하는 대로 될 가능성이 크다는 것은 잘 알려진 사실이다. 나쁜 전략가는 계획을 세우지 않고 사람들을 통제하려고 하지만, 좋은 전략가는 계획을 세우고 자신의 계획을 통제한다. 이 책은 좋은 전략가가 되는 데 필요한 도구를 제공한다.

핵심 용어 및 개념

강점-약점-기회-위협(SWOT) 분석strengths-weaknesses-opportunities-threats analysis
경쟁우위competitive advantage
권한 부여empowerment
내부 강점internal strength
내부 약점internal weakness
비전 선언문vision statement
사명 선언문mission statement
수련회retreat
연간 목표annual objective
외부 기회external opportunity
외부 위협external threat
장기 계획longrange planning
장기 목표long-term objective
전략strategy
전략가strategist
전략경영strategic management
전략경영 모델strategic-management model
전략경영 프로세스strategic-management process
전략기획strategic planning
전략 수립strategy formulation
전략 실행strategy implementation
전략 평가strategy evaluation
정책policy
지속적 경쟁우위sustained competitive advantage
직관intuition
취업 역량employability
환경 스캐닝environmental scanning

복습 및 토론 문제

1-1 기업이 전략기획을 수행할 때 SWOT 분석이 널리 사용되는 이유는 무엇인가?

1-2 최근 연구에서 사업을 수행하는 데 가장 중요한 것으로 밝혀진 변수는 무엇인가? 이 변수가 중요한 이유를 설명하라.

1-3 SWOT 분석에서 배운 조합 개념을 적용하여 모교에 대한 전략을 수립하라.

1-4 포괄적인 전략경영 모델을 도시하라.

1-5 전략기획을 수행하는 기업의 이점을 보여주는 도표를 그려라. '향상된 이해', '의사소통 강화', '모든 관리자와 직원의 임무 수행', '더 나은 몰입' 등을 올바른 순서로 포함하라.

1-6 모교가 주요 경쟁 팀에 맞서 농구나 축구 경기에서 이기기 위해 '뛰어난 게임 계획을 세우는 것'이 얼마나 중요하다고 생각하는가?

1-7 '전략경영'과 '전략기획'은 동의어인가?

1-8 왜 많은 기업은 비전과 사명의 개발에서 전략 대안의 고안으로 서둘러 이동하는가?

1-9 흔히 전략기획 수련회를 직장과 멀리 떨어진 곳에서 진행하는 이유는 무엇인가? 기업은 얼마나 자주 수련회를 개최해야 하는가? 수련회에는 누가 참여해야 하는가?

1-10 장기 계획과 전략기획의 차이는 무엇인가?

1-11 '적응하는 데 능숙함'은 기업에 얼마나 중요한가?

1-12 본문에서 인용했듯이 유명한 사업가인 에드워드 데밍은 "모든 것이 데이터를 제공한다"고 말했다. 전략계획 수립 관점에서 이 말이 의미한 바는 무엇인가?

1-13 신문사를 멸종 위기에서 구할 수 있는 전략은 무엇이라고 생각하는가?

1-14 '비전'과 '사명'의 개념은 어떤 차이가 있는가?

1-15 치열한 경쟁을 겪고 있는 모교가 직면한 세 가지 외부 기회와

세 가지 외부 위협을 열거하라.

1-16 모교의 특징적인 세 가지 내부 강점과 세 가지 내부 약점을 열거하라.

1-17 목표가 조직의 성공에 필수적인 이유를 열거하라.

1-18 전략을 실행할 때 정책이 특히 중요한 이유는 무엇인가?

1-19 수련회란 무엇인가? 왜 기업은 수련회에 돈과 시간을 소비하는가?

1-20 조직의 전략기획이 더 공식적이어야 할지, 더 비공식적이어야 할지 논하라. 공식부터 비공식까지의 척도가 1~10이라면 가장 효과적인 접근 방식은 어느 정도인가? 왜 그렇게 생각하는가?

1-21 《손자병법》에서 배울 수 있는, 사업에서 가장 중요한 다섯 가지 교훈은 무엇이라고 생각하는가?

1-22 기본적인 전제의 관점에서 사업 전략과 군사 전략의 근본적인 차이점은 무엇인가?

1-23 전략경영 과목이 종종 '캡스톤 과정'으로 불리는 이유를 설명하라.

1-24 전략 수립의 어느 측면에 가장 많은 시간이 걸릴 것이라고 생각하는가? 왜 그런가?

1-25 종종 전략 실행이 전략경영 프로세스의 가장 어려운 단계로 여겨지는 이유는 무엇인가?

1-26 전략경영에서 직관과 분석을 통합하는 것이 왜 그렇게 중요한가?

1-27 비전 선언문과 사명 선언문의 중요성에 대해 설명하라.

1-28 목표, 전략, 정책의 관계에 대해 설명하라.

1-29 어떤 CEO가 의사결정을 내리는 데 전략경영 접근법을 사용하지 않는 이유는 무엇이라고 생각하는가?

1-30 전략경영 모델에서 피드백의 중요성에 대해 설명하라.

1-31 전략가는 전략이 효과적으로 실행되도록 어떻게 확실히 만들 수 있는가?

1-32 조직의 전반적인 전략을 변화시킨 최근 정치적 상황 전개의 예를 들라.

1-33 모교의 주요 경쟁자는 어디인가? 그들의 강점과 약점은 무엇인가? 그들의 전략은 무엇인가? 모교에 비해 그들은 얼마나 성공적인가?

1-34 의사결정에 전략경영 접근법을 적용하는 것의 대표적인 이점이 무엇이라고 생각하는가? 왜 그런가?

1-35 대부분의 학생은 대기업의 최고경영자나 경영진이 될 수 없을 것이다. 그렇다면 경영을 전공하는 모든 학생이 전략경영을 공부하는 것이 중요한 이유는 무엇인가?

1-36 전략 동호회 사이트(www.strategyclub.com)에서 이용 가능한 콘텐츠에 대해 설명하라.

1-37 전략기획을 수행하는 기업이 기대할 수 있는 네 가지 재무적 편익과 네 가지 비재무적 편익을 열거하라.

1-38 일반적으로 기업은 제한된 기간 동안에만 경쟁우위를 유지할 수 있는데 그 이유는 무엇인가?

1-39 단순히 경쟁우위를 얻는 것만으로 불충분한 이유는 무엇인가?

1-40 기업은 어떻게 지속적인 경쟁우위를 성취할 수 있는가?

1-41 전략기획 과정의 순서대로 정책, 목표, 비전, 전략, 사명, 강점을 적절히 배열하라.

1-42 다음은 각각 기회인가, 전략인가, 강점인가?

a. XYZ 사는 50명 이상의 영업 담당자를 고용하고 있다.

b. XYZ 사에는 50명의 영업 담당자가 있다.

c. XYZ 사의 경쟁사에는 50명의 영업 담당자만 있다.

1-43 내부의 강점과 단점을 가능한 한 (기업 수준이 아닌) 부문 수준에서 서술해야 하는 이유를 설명하라.

1-44 내부 및 외부 요인을 가능한 한 구체적인 용어로(즉 숫자, 백분율, 금액 비율, 시간 경과에 따른 비교 등을 사용하여) 서술해야 하는 이유를 설명하라.

1-45 전략 평가를 구성하는 세 가지 활동은 무엇인가?

1-46 연간 목표의 여섯 가지 특징을 열거하라.

1-47 전략경영의 개념과 기법은 국내 기업과 마찬가지로 외국 기업에도 편익을 가져다주는가? 왜 그런가?

1-48 의사결정에 전략경영 접근법을 적용할 때의 잠재적인 함정 또는 위험은 무엇인가?

1-49 최근 연구에서 전략경영 프로세스의 가장 중요한 요소 또는 활동이 무엇이라고 밝혀졌는가?

테슬라 MINI-CASE

전략기획을 가장 잘하는 미국 기업은 어디이며, 어떻게 하고 있는가?

Jim West/Alamy Stock Photo

새 테슬라는 누가?

전략기획을 가장 잘하는 미국 기업은 2003년에 설립되어 캘리포니아주 팔로알토에 본사를 두고 있는 전기자동차 제조사 테슬라(Tesla Inc.)일 것이다. 테슬라는 SWOT 분석을 사용하여 '내부 강점/약점을 외부 기회/위협과 연계함으로써' 전략기획을 훌륭히 해내고 있다. 2017년에 처음으로 미국의 《포천(Fortune)》 500대 기업에 합류한 테슬라의 연간 수익은 70억 달러를 넘어선다.

테슬라의 뛰어난 전략계획에서 필수적인 부분은 중국의 6.5% 연간 국내총생산(GDP) 성장률을 기회로 삼는 것이다. 미국의 GDP 성장률은 약 2%이다. 테슬라의 CEO인 일론 머스크(Elon Musk)가 회사의 기술력(내부 강점)과 연계하여 중국의 급성장하는 GDP(외부 기회), 전기자동차에 대한 강한 선호(외부 기회)를 최대한 활용함에 따라 최근 몇 년간 중국에서 테슬라의 판매가 급증했다. 2016년 중국에서 전기 및 플러그인 하이브리드 자동차 판매는 50% 증가한 50만 7,000대로, 이는 미국 대비 3배 이상의 실적이다. 중국에서는 전기자동차가 공기(외부 기회)를 맑게 하는 데 도움이 된다고 여겨지며, 이는 중국 정부가 6개 대도시(상하이, 베이징, 선전, 항저우, 광저우, 톈진)에서 전기자동차에 대해 엄격한 자동차 등록 제한을 면제해준 주된 이유이다. 테슬라는 이 6개 도시에서 가장 높은 판매고를 올렸다.

테슬라의 전략계획에는 2018년 말까지 중국에서의 자동차 생산이 포함되어 있는데, 이는 캘리포니아에서 중국으로의 차량 운송비가 비싸기 때문이다. 중국으로의 차량 수출에 발생하는 관세와 세금은 테슬라 세단과 SUV의 가격을 50% 상승시킨다(외부 위협). 중국의 전기자동차 충전소는 1,000개도 넘는다(외부 기회). 중국에서 10여 년간 SUV의 인기가 계속된 데다 그 인기가 급속히 증가하여 테슬라는 X SUV 모델을 대량 생산하고 있다. 현재 중국에서 SUV 판매는 전체 승용차 판매의 거의 40%를 차지한다.

테슬라는 최근 호주의 제임스타운에 세계에서 가장 큰 배터리를 공급했다. 용량이 100메가와트인 이 배터리는 3만 가구에 전기를 공급하는 새 풍력발전소에서 전기를 충전한다. 테슬라의 전략계획은 전 세계의 차량, 트럭, 가정, 기업이 자사의 배터리를 사용하게 만드는 것이다.

문제

1. 테슬라가 직면한 외부 기회 및 위협은 무엇인가?
2. 테슬라가 직면한 내부 강점 및 약점은 무엇인가?
3. 테슬라의 외부 및 내부 요인을 결합하여 테슬라가 향후 사용할 수 있는 몇 가지 전략을 수립하라.
4. 자동차 산업에서 테슬라의 경쟁우위는 무엇인가?

출처: Scott Cendrowski, "Tesla Makes a U-Turn in China," *Fortune*, p. 128–136. June 15, 2017.

웹 참고 자료

1. www.strategyclub.com
   저자 웹사이트는 기업과 학생이 실제 전략기획을 수행하는 데 널리 이용된다. 이 웹사이트에서 제공하는 엑셀 양식은 연간 3만 회 이상 다운로드된다.
2. https://www.mindtools.com/pages/article/newTMC_05.htm
   이 웹사이트는 SWOT 분석을 설명하고 다운로드할 수 있는 작업지를 제공한다.
3. https://www.google.com/search?q=swot+analysis&tbm=isch&tbo=u&source=univ&sa=X&ved=0ahUKEwjokNTanonWAhUIPiYKHdfeAOQQsAQIeQ&biw=1295&bih=743
   이 웹사이트는 사례 연구나 전략기획 보고서에 활용할 수 있는 SWOT 매트릭스의 이미지를 100개 이상 제공한다.
4. https://www.google.com/search?q=strategic+management+models&client=safari&rls=en&tbm=isch&tbo=u&source=univ&sa=X&ved=0ahUKEwjh7ZfjoYnWAhVG7CYKHcNgBQcQsAQIgwE&biw=1295&bih=743

이 웹사이트는 전략기획 수행을 이끌어가는 데 활용할 수 있는 전략기획 모델의 이미지를 100개 이상 제공한다.

5. 유명한 몇 가지 전략경영 단체 웹사이트는 다음과 같다.

Strategic Management Society(SMS): https://strategicmanagement.net/

《전략경영 저널(Strategic Management Journal)》을 발간하고 연례 전략경영 학회를 개최한다.

Association for Strategic Planning(ASP): www.strategyassociation.org/

전략경영 전문가(Strategic Management Professional, SMP) 인증 프로그램을 제공한다.

McKinsey & Company: www.mckinsey.com

세계 최대의 경영 컨설팅 기업으로서 광범위한 전략기획 컨설팅을 제공한다.

참고 문헌

Arend, Richard J., Y. Lisa Zhao, Michael Song, and Im Subin. "Strategic Planning as a Complex and Enabling Managerial Tool." *Strategic Management Journal* 38, Issue 8 (August 2017): 1741–1752.

Chen, Tianxu, Lihong Olan, and Vadake Narayanan. "Battle on the Wrong Field? Entrant Type, Dominant Designs, and Technology Exit." *Strategic Management Journal* 38, Issue 13 (December 2017): 2553–2743.

Cheng, Gao, Tiona Zuzul, Geoffrey Jones, and Tarun Khann. "Overcoming Institutional Voids: A Reputation-Based View of Long-Run Survival." *Strategic Management Journal* 38, Issue 11 (November 2017): 2147–2167.

Crilly, Donal. "Time and Space in Strategy Discourse: Implications for Intertemporal Choice." *Strategic Management Journal* 38, Issue 12 (December 2017): 2370–2389.

Detien, Jodi, and Sheila S. Webber. "Strategic Shifts that Build Executive Leadership," *Business Horizons* 60, Issue 3 (May 2017): 335–343.

Dorobantu, Sinziana, Aseem Kaul, and Bennet Zelner. "Nonmarket Strategy Research Through the Lens of New Institutional Economics: An Integrative Review and Future Directions." *Strategic Management Journal* 38, Issue 1 (January 2017): 114–140.

Durand, Rodolphe, Robert M. Grant, and Tammy L. Madsen. "The Expanding Domain of Strategic Management Research and the Quest for Integration." *Strategic Management Journal* 38, Issue 1 (January 2017): 4–16.

Flammer, Caroline, and Pratima Bansal. "Does a Long-Term Orientation Create Value? Evidence from a Regression Discontinuity." *Strategic Management Journal* 38, Issue 9 (September 2017): 1827–1847.

Gans, Joshua, and Michael D. Ryall. "Value Capture Theory: A Strategic Management Review." *Strategic Management Journal* 38, Issue 1 (January 2017): 17–41.

Han, T. J. Smit, and Lenos Trigeorgis. "Strategic NPV: Real Options and Strategic Games Under Different Information Structures." *Strategic Management Journal* 39, Issue 1 (January 2018): 242–266.

Mankins, Michael, Karen Harris, and David Harding. "Strategy in the Age of Superabundant Capital." *Harvard Business Review* 95, Issue 2 (March/April 2017): 66–75.

McIntyre, David P., and Arati Srinivasan. "Networks, Platforms, and Strategy: Emerging Views and Next Steps." *Strategic Management Journal* 38, Issue 1 (January 2017): 141–160.

Menon, Anoop. "Bringing Cognition into Strategic Interactions: Strategic Mental Models and Open Questions." *Strategic Management Journal* 39, Issue 1 (January 2018): 168–192.

Miles, Sandra Jeanquart, and Mark Van Clieaf, "Strategic Fit: Key to Growing Enterprise Value Through Organizational Capital. *Business Horizons* 60, Issue 1 (January 2017): 55–65.

Ramirez, Rafael, Steve Churchhouse, Alejandra Palermo, and Jonas Hoffmann. "Using Scenario Planning to Reshape Strategy." *MIT Sloan Management Review* 58, Issue 4 (Summer 2017): 31–37.

Ross, Jeanne W., Ina M. Sebastian, and Cynthia M. Beath, "How to Develop a Great Digital Strategy." *Sloan Management Review* 58, Issue 2 (Winter 2017): 7–9.

Trigeorgis, Lenos and Jeffrey J. Reuer. "Real Options Theory in Strategic Management." *Strategic Management Journal* 38, Issue 1 (January 2017): 42–63.

Wolf, Carolina, and Steven W. Floyd. "Strategic Planning Research: Toward a Theory-Driven Agenda." *Journal of Management* 43, Issue 6 (July 2017): 1754–1788.

Zhao, Eric Yanfei, Greg Fisher, Michael Lounsbury, and Danny Miller. "Optimal Distinctiveness: Broadening the Interface Between Institutional Theory and Strategic Management." *Strategic Management Journal* 38, Issue 1 (January 2017): 93–113.

미주

1. Fred R. David, "How Companies Define Their Mission," *Long Range Planning* 22, no. 1 (February 1989): 91. See also Anik Ratnaningsih, Nadjadji Anwar, Patdono Suwignjo, and Putu Artama Wiguna, "Balance Scorecard of David's Strategic Modeling at Industrial Business for National Construction Contractor of Indonesia," *Journal of Mathematics and Technology*, no. 4 (October 2010): 20.
2. G. L. Schwenk and K. Schrader, "Effects of Formal Strategic Planning in Financial Performance in Small Firms: A Meta-Analysis," *Entrepreneurship and Practice* 3, no. 17 (1993): 53–64.
3. Peter Drucker, *Management: Tasks, Responsibilities, and Practices* (New York: Harper & Row, 1974), 611.
4. Alfred Sloan, Jr., *Adventures of the White Collar Man* (New York: Doubleday, 1941), 104.
5. Quoted in Eugene Raudsepp, "Can You Trust Your Hunches?" *Management Review* 49, no. 4 (April 1960): 7.
6. Stephen Harper, "Intuition: What Separates Executives from Managers," *Business Horizons* 31, no. 5 (September–October 1988): 16.
7. Ron Nelson, "How to Be a Manager," *Success* (July–August 1985): 69.
8. Bruce Henderson, *Henderson on Corporate Strategy* (Boston: Abt Books, 1979), 6.
9. Robert Waterman, Jr., *The Renewal Factor: How the Best Get and Keep the Competitive Edge* (New York: Bantam, 1987). See also *BusinessWeek*, September 14, 1987, 100; and *Academy of Management Executive* 3, no. 2 (May 1989): 115.

10. John Pearce, II, and Fred David, "The Bottom Line on Corporate Mission Statements," *Academy of Management Executive* 1, no. 2 (May 1987): 109.
11. Heinz Weihrich, "The TOWS Matrix: A Tool for Situational Analysis," *Long Range Planning* 15, no. 2 (April 1982): 61. *Note:* Although Dr. Weihrich first modified SWOT analysis to form the TOWS matrix, the acronym SWOT is much more widely used than TOWS in practice. See also Marilyn Helms and Judy Nixon, "Exploring SWOT Analysis—Where Are We Now?" *Journal of Strategy and Management* 3, no. 3 (2010): 215–251.
12. Based on www.des.calstate.edu/limitations.html and www.entarga.com/stratplan/purposes.html
13. Victoria Neufeldt, ed. *Webster's New World Dictionary*, 4th ed. (Hoboken, NJ: Pearson, 1998). Pearson purchased this dictionary from Simon & Schuster in 1998, but sold it to IDG Books in 1999.
14. Frederick Gluck, "Taking the Mystique Out of Planning," *Across the Board* (July–August 1985), 59.

연결 사례 COHESION CASE

Coca-Cola Company – 2018

www.coca-cola.com

Fred R. David

Bob Pardue/Alamy Stock Photo

미국 조지아주 애틀랜타에 본사를 둔 코카콜라는 세계 최대의 음료 생산 및 유통 기업으로, 200개국 이상에서 500개가 넘는 무알코올 브랜드를 판매하고 있다. 코카콜라는 수십억 달러 규모의 21개 브랜드를 가지고 있으며, 그중 19개는 저당 및 무설탕 옵션도 제공한다. 세계적으로 판매되는 상위 5개 음료 중 4개(코카콜라, 다이어트코크, 환타, 스프라이트)가 코카콜라의 제품이다. 그 밖의 코카콜라 제품으로는 다사니(Dasani) 생수, 골드피크(Gold Peak) 차와 커피, 어네스트티(Honest Tea), 파워에이드(Powerade) 스포츠 음료, 심플리(Simply) 주스, 글라소스마트워터(Glaceau Smartwater), 지코(Zico) 코코넛 워터 등이 있다. 그러나 코카콜라는 2017년 수익이 15% 감소하여 회사 안이 뒤숭숭하다.

미국 밖에서 주로 판매되는 브랜드는 일본의 아야타카(Ayataka) 녹차, 아이로하스(I LOHAS) 생수, 조지아(Georgia) 커피, 중국의 아이스듀(Ice Dew) 생수, 미국 밖의 퓨즈티(FUZE TEA), 아시아·태평양 지역의 미닛메이드펄피(Minute Maid Pulpy), 라틴아메리카의 델발레(Del Valle) 등이다. 멕시코 중부와 라틴 및 남아메리카 국가에 브랜드를 공급하는 코카콜라 FEMSA가 이끄는 5개 보틀링 음료 회사가 코카콜라 보틀링 수요의 39%를 공급하고 있다.

코카콜라의 수익은 거의 10년간 매년 감소해왔고 보통은 순이익도 감소했다. 2005년 이후 다이어트소다의 매출은 거의 매년 감소하여 총 34%가 감소했다. 다이어트코크는 코카콜라의 전체 소다 제품군 중 가장 취약한 연결 고리이지만 미국에서는 세 번째로 잘 팔리는 탄산음료이다.

환경보호론자들은 코카콜라가 매년 1억 1,000만 개의 플라스틱병을 생산하고 이는 결국 땅과 바다에 버려진다고 항의하고 있다. 이에 대처하기 위해 코카콜라는 2018년 '쓰레기 없는 지구(World Without Waste)' 이니셔티브를 시작했다. 코카콜라는 고객 기반이 약화되고 있으나 주주는 매년 수익과 이익이 5% 증가하기를 바라기 때문에 우수한 전략계획이 필요한 상황이다.

역사

1886년에 창립한 코카콜라의 주력 상품인 코카콜라는 조지아주 콜럼버스의 약사 존 펨버턴(John Pemberton)이 1886년에 발명했다. 1889년 이후 프랜차이즈 유통 시스템을 운영하고 있는 코카콜라는 시럽 농축액만을 생산하여 이를 지역 영업권을 가진 세계 각지의 보틀링 음료 회사에 판매한다.

흥미로운 점은 흰 수염에 빨간 외투를 입은 넉넉하고 쾌활한 남자(산타클로스)가 항상 그런 모습이었던 것은 아니라는 사실이다. 1931년에 코카콜라는 일러스트레이터인 해던 선드블롬(Haddon Sundblom)

을 고용하여 아이들에게 장난감을 전달하는 쾌활하고 통통하며 (콜라 캔처럼) 빨간 옷을 입은, 온화하고 친절한 산타클로스를 묘사한 광고 이미지를 만들어냈다. 이 산타클로스 광고를 만들기 위해 선드블롬은 클레멘트 클라크 무어(Clement Clark Moore)의 1822년 작 시 〈성 니콜라스의 방문(A Visit from St. Nicholas)〉(보통 〈크리스마스 전날 밤〉으로 불림)을 사용했다.

코카콜라는 새 산타클로스 광고를 1931년 《새터데이이브닝포스트(The Saturday Evening Post)》, 《내셔널지오그래픽(National Geographic)》, 《뉴요커(New Yorker)》 등의 잡지에 선보였다. 1931년 이전에 산타클로스는 키 크고 수척한 남자, 으스스한 요정 등 각양각색의 모습이었으며, 주교의 가운과 북유럽 사냥꾼의 동물 가죽을 입은 모습으로 흔히 그려졌다. 1931~1934년에 새로운 산타클로스를 특징으로 한 코카콜라의 광고는 산타클로스에 대한 전 세계의 시각을 바꾸었다. 산타클로스에 대한 초기 이미지는 지금도 귀중한 예술 작품이다.

2010년에 영국에서 코카콜라는 연간 소매점 매출이 10억 유로를 넘은 최초의 브랜드가 되었다. 2018년 1월, 코카콜라는 미국에서 날씬한 12온스짜리 다이어트코크 캔을 출시하고, 로고를 바꾸었으며, 35년 된 음료에 새로운 네 가지 맛(망고, 체리, 검붉은 오렌지, 진저라임)을 가미했다. 그러나 더 많은 사람이 맛이 있는 탄산수와 같은 저칼로리 음료를 찾게 됨에 따라 다이어트코크의 매출은 감소해왔다. 코카콜라에 따르면 새로운 맛과 스타일(풍미별로 다른 색의 세로줄 무늬, 일반은 빨간색)은 밀레니얼 세대(18~34세)를 겨냥한 것이었다. 코카콜라는 네 가지 맛을 결정하기 전에 서른 가지 이상의 맛을 테스트했다.

핵심 가치, 비전, 사명

기업 웹사이트에 게재된 코카콜라의 핵심 가치는 리더십, 협업, 정직, 책임, 열정, 다양성, 품질 등 일곱 가지 단어가 중심이 된다. 코카콜라의 비전 선언문은 10년 이상 변하지 않았다. 기업 웹사이트에는 다음과 같이 실려 있다.

사람: 사람들이 가능한 한 최선을 다하도록 자극을 받는 직장이 되는 것
포트폴리오: 고객의 욕구와 필요를 예측 및 충족하는 고품질 음료 브랜드를 제공하는 것
파트너: 가치를 제공하기 위해 협력하는 고객과 공급업체를 육성하는 것
지구: 지속가능한 지역사회의 구축과 지원을 돕는 책임 있는 시민이 되는 것
수익: 우리의 종합적인 책임을 고려하여 주주의 장기적인 이익을 극대화하는 것
생산성: 효과적이고, 군살 없고, 민첩한 기업이 되는 것

사명 선언문 역시 10년 이상 변하지 않았는데, 기업 웹사이트에는 다음과 게재되었다. "지구를 활기차게 하는 것. 낙관적이고 행복한 순간을 만들어내는 것. 가치를 제공하고 차이를 만들어내는 것."

기업 윤리와 다양성

기업 웹사이트에 따르면 코카콜라는 "12세 미만의 어린이를 대상으로 하는 광고는 하지 않는 것을 지향한다." 또한 기업 윤리와 관련하여 코카콜라는 대부분의 캔과 포장 용기에 칼로리 등 실질적인 영양 정보를 표시하고 있으며, 다양한 크기의 포장 용기와 100가지 이상의 저칼로리 또는 무칼로리 음료를 제공한다.

코카콜라는 매년 정성을 들여 자사의 물 관리, 여성의 경제력 강화, 자선 활동 등에 대해 자세히 설명하는 지속가능성 보고서를 발간한다. 2020년 지속가능성 목표에는 매년 영업이익의 1%를 환원하고, 선진 시장에 출시된 재활용 가능한 병과 캔의 75%를 회수하는 것이 포함되어 있다. 이 보고서는 기업 웹사이트에 실려 있다.

자료 1 코카콜라의 손익계산서(단위: 100만 달러)

계정과목	2016년 12월 31일	2017년 12월 31일		변화율(%)
매출	41,863	35,410	↓	−15.41
매출 원가	16,465	13,256	↓	−19.49
매출 총이익	25,398	22,154	↓	−12.77
영업 비용	16,772	14,653	↓	−12.63
이자 및 세전이익	8,626	7,501	↓	−13.04
이자 비용	490	759	↑	54.90
법인세 차감 전 순이익	8,136	6,742	↓	−17.13
세액	1,586	5,560	↑	250.57
비반복적 항목	(23)	66	↑	NA
당기순이익	6,527	1,248	↓	−80.88

출처: 기업 웹사이트

자료 2 코카콜라의 재무상태표(단위: 100만 달러)

계정과목	2016년 12월 31일	2017년 12월 31일		변화율(%)
자산				
현금 및 단기투자자산	18,150	15,358	↓	−15
외상매출금	3,856	3,667	↓	−5
재고자산	2,675	2,655	↓	−1
기타 유동자산	9,329	14,865	↑	59
총유동자산	34,010	36,545	↑	7
부동산 및 설비	10,635	8,203	↓	−23
영업권	10,629	9,401	↓	−12
무형자산	726	368	↓	−49
기타 장기자산	31,270	33,379	↑	7
자산 계	87,270	87,896	↑	1
부채				
외상매입금	9,490	8,748	↓	−8
기타 유동부채	17,042	18,446	↑	8
총유동부채	26,532	27,194	↑	2
장기차입금	29,684	31,182	↑	5
기타 장기부채	7,834	10,543	↑	35
부채 계	64,050	68,919	↑	8
자본				
보통주	1,760	1,760	→	0
이익잉여금	65,502	60,430	↓	−8
자사주	(47,988)	(50,677)	↑	6
주식발행초과금 및 기타	3,946	7,464	↑	89
자본 계	23,220	18,977	↓	−18
부채 및 자본 계	87,270	87,896	↑	1

출처: 기업 웹사이트

재무 상태

코카콜라의 회계연도는 12월 31일에 마감된다. 자료 1에서 보듯이 2017년의 매출은 354억 달러로, 이는 전년의 418억 달러에 비해 15%가 감소한 수치이다. 순이익은 2016년에 66.6억 달러였고 2017년에는 전년 대비 81% 감소한 12.8억 달러를 기록했다. 이 두 가지 수치의 감소는 우려스러운 일이다. 2017년은 대부분의 기업이 번창한 해였기 때문에 자료 1의 모든 음수는 주목할 만하다.

자료 2는 코카콜라의 재무상태표(대차대조표)로, 코카콜라는 2017년에 37억 달러의 자사주를 매입했다. 2017년에 순이익이 12억 8,000만 달러에 불과했지만 주주들에게 50억 달러의 배당금을 지급했다. 따라서 기본적으로 코카콜라는 배당금을 지급하기 위해 돈을 빌렸다. 이로 인해 2017년의 이익잉여금이 마이너스가 되면서 크게 줄어들었다. 또한 2017년에 주식발행초과금이 89%나 증가했는데, 이는 자금의 원천으로 자기자본을 주로 사용했음을 드러낸다.

자료 3은 코카콜라가 음료 홍보에 연간 약 40억 달러를 지출한다는 것을 보여준다. 또한 코카콜라는 지급하기 위해 자금을 빌려야 하더라도 매년 배당금을 증가시켰다. 그리고 매년 장기차입금이 서서히 증가하고 있다.

자료 3 주요 변수 관련 코카콜라의 재무 정보(단위: 100만 달러)

	2017년	2016년	2015년
광고 지출	3,958	4,004	3,976
판매 및 유통비	3,257	5,177	6,025
자사주 매입	3,682	3,681	3,564
환매 주식 수	82	86	86
주당 평균 가격	44.09	43.62	41.33
배당금 지급	6,320	6,043	5,741
장기차입금	31,182	29,684	28,311

출처: 기업 웹사이트

사업 부문

2017년 음료 판매량은 미국 내 판매가 전체 매출의 19%, 미국 외 판매가 81%를 차지했다. 미국 내 판매량 중 62%는 탄산 청량음료였다.

미국 밖에서 코카콜라가 가장 많이 팔리는 국가는 멕시코, 중국, 브라질, 일본이다. 이 4개국은 2017년 코카콜라의 국외 매출 중 31%를 차지했으며, 그중 71%가 탄산음료였다. 자료 4는 2016년까지 미국과 미국 외 지역에서 코카콜라가 올린 매출을 보여준다. 코카콜라는 2017년의 내역을 공개하지 않았는데, 아마도 상당히 감소했기 때문일 것이다. 자료 4에서 2016년에 세 항목이 모두 감소했음을 주목하라.

코카콜라의 주요 사업 부문은 유럽·중동·아프리카, 라틴아메리카, 북미, 아시아·태평양, 보틀링 투자이

자료 4 코카콜라의 미국 및 국외 매출(단위: 100만 달러)

	2016년	2015년
미국	19,899	20,360
미국 외	21,964	23,934
총합	**41,863**	**44,294**

출처: 기업 웹사이트

다. 자료 5와 6은 각각 부문별 매출과 영업이익으로, 북미는 매출의 29.9%, 영업이익의 34.4%를 차지하고 있다. 그리고 2017년 영업이익이 증가한 부문은 라틴아메리카뿐이다.

자료 5 코카콜라의 부문별 매출(단위: 100만 달러)

	2017년	2016년
1. 유럽·중동·아프리카	7,374	7,278
2. 라틴아메리카	4,029	3,819
3. 북미	10,637	10,210
4. 아시아·태평양	5,176	5,294
5. 보틀링 투자	10,605	19,885
6. 기업	138	132
7. 제거	(2,549)	(4,755)
총합	**35,410**	**41,863**

출처: 기업 웹사이트

자료 6 코카콜라의 부문별 영업이익(단위: 100만 달러)

	2017년	2016년
1. 유럽·중동·아프리카	3,646	3,676
2. 라틴아메리카	2,214	1,951
3. 북미	2,578	2,582
4. 아시아·태평양	2,163	2,224
5. 보틀링 투자	(1,117)	(137)
6. 기업	(1,983)	(1,670)
총합	**7,501**	**8,626**

출처: 기업 웹사이트

다양한 제품군의 2017년 판매량과 관련하여 자료 7은 네 범주 중 2개만이 증가했음을 보여준다. 생수, 강화수, 스포츠 음료가 1% 증가하고 차, 커피가 2% 증가했다.

자료 7 코카콜라의 2016년 대비 2017년 판매량

제품 범주	2016년 대비 2017년 변화율
1. 탄산음료	−1
2. 주스, 유제품, 곡류 음료	00
3. 생수, 강화수, 스포츠 음료	+1
4. 차, 커피	+2

출처: 기업 정보

조직 구조

코카콜라의 최고경영진과 조직 구조는 자료 8과 같다. 부문별 최고책임자(12, 13, 14, 15, 16)가 최고운영책임자(6)에게 보고한다.

자료 8 코카콜라의 최고경영진과 조직 구조

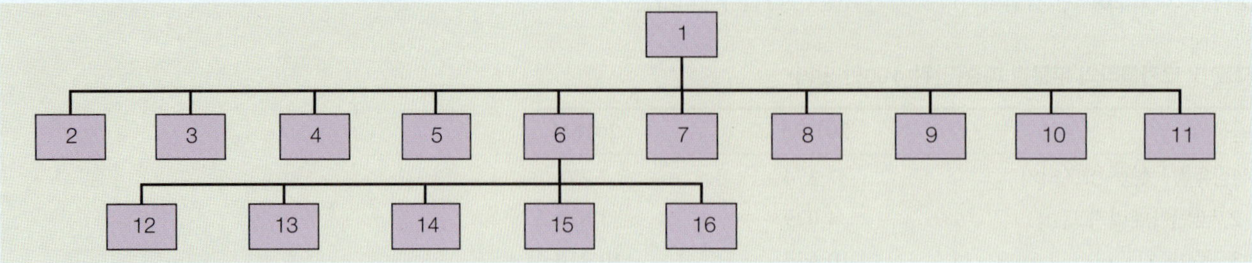

1. 최고경영자 겸 이사회 의장(CEO and chairman of the board of directors) Muhtar Kent
2. 부사장 겸 최고마케팅책임자(EVP and chief marketing officer) Marcos de Quinto
3. 전무 겸 최고인사책임자(SVP and chief people officer) Ceree Eberly
4. 전무 겸 법률자문(SVP and general counsel) Bernhard Goepelt
5. 전무 겸 최고고객·커머셜리더십책임자(SVP and chief customer and commercial leadership officer) Julie Hamilton
6. 사장 겸 최고운영책임자(president and COO) James Quincey
7. 전략 및 기획 담당 전무(SVP, strategy and planning) Brent Hastie
8. 전무 겸 최고기술책임자(SVP and chief technical officer) Ed Hayes
9. 전무 겸 최고정보책임자(SVP and CIO) Barry Simpson
10. 전무 겸 최고홍보·커뮤니케이션책임자(SVP and chief public affairs and communications officer) Clyde C. Tuggle
11. 부사장 겸 최고재무책임자(EVP and CFO) Kathy Waller
12. 아시아·태평양그룹 사장(president of the Asia Pacific Group) John Murphy
13. 부사장 겸 보틀링투자그룹 사장(EVP and president, Bottling Investments Group) Irial Finan
14. 부사장 겸 코카콜라 북미 사장(EVP and president of Coca-Cola North America) J. Alexander M. Douglas, Jr.
15. 라틴아메리카그룹 사장(president of the Latin America Group) Alfredo Rivera
16. 유럽·중동·아프리카그룹 사장(president of the Europe, Middle East, and Africa Group) Brian Smith

출처: 기업 웹사이트

경쟁기업

코카콜라의 주요 경쟁기업은 펩시코(PepsiCo, Inc.)와 닥터페퍼스내플(Dr Pepper Snapple)이지만 그 밖에도 네슬레(Nestlé SA), 다농그룹(Groupe Danone), 산토리(Suntory Beverage & Food Limited), 몬스

자료 9 코카콜라와 경쟁기업의 상위 음료 브랜드

브랜드	기업	2015년 100만 갤런	2016년 100만 갤런	변화율	2015년 총점유율	2016년 총점유율
1. 코크(모든 유형)	코카콜라	3,994	3,933	(1.5)	12.6	12.0
2. 펩시(모든 유형)	펩시코	1,946	1,859	(4.5)	6.1	5.6
3. 마운틴듀	펩시코	1,343	1,333	(0.7)	4.2	4.1
4. 닥터페퍼스내플(모든 유형)	닥터페퍼스내플	1,160	1,168	0.7	3.6	3.5
5. 네슬레퓨어라이프	네슬레 북미	1,075	1,085	1.0	3.4	3.3
6. 게토레이	펩시코	1,042	1,082	3.8	3.3	3.3
7. 스프라이트	코카콜라	886	897	3.6	2.7	2.7
8. 폴랑드스프링	네슬레 북미	758	836	10.3	2.4	2.5
9. 다사니	코카콜라	707	743	5.0	2.2	2.3
10. 아쿠아피나	펩시코	546	605	10.9	1.7	1.8
상위 10위		13,437	13,541	0.8	42.2	41.2
기타		18,387	19,364	5.3	57.8	58.8
총합		**31,824**	**32,904**	**3.4**	**100.0**	**100.0**

출처: 음료마케팅협회의 정보

터베버리지(Monster Beverage Corporation) 등이 있다. 코카콜라와 달리 펩시코는 대부분의 수익을 음료보다는 스낵 식품 사업에서 얻고 있다. 다농그룹은 코카콜라와의 경쟁 정도가 덜하다. 청량음료 3위 업체인 닥터페퍼스내플은 미국, 캐나다, 멕시코, 카리브해에서 무알코올 음료를 생산 및 판매한다. 미국에서 판매되는 상위 10개 음료는 자료 9와 같다. 코크제로, 다이어트코크 등의 브랜드를 가진 코카콜라가 상위 10위권을 이끌고 있지만 펩시코의 브랜드도 상위 10위권에 4개나 있다. 자료 9의 변화율을 보면 병에 든 생수가 가장 많이 성장했다.

자료 10에서 보듯이 코카콜라는 시가 총액(주가×발행 주식 수)이 닥터페퍼스내플보다 11배나 더 크고, 펩시코보다는 18% 더 크다. 그러나 제시된 다른 변수의 경우 펩시코가 코카콜라보다 훨씬 더 높다.

자료 10 코카콜라와 두 경쟁기업의 비교

	코카콜라	닥터페퍼스내플	펩시코
시가 총액(달러)	197B	17B	167B
종업원 수(명)	100,300	20,000	264,000
매출(달러)	41.8B	6.6B	63.5B
이익률(%)	10.68	11.73	10.97
법인세, 이자, 감가상각비 차감 전 영업이익(달러)	10.9B	1.6B	12.6B
영업이익률(%)	24.14	20.73	16.4
순이익(달러)	6.5B	770M	47.0B
자산 수익률(%)	6.23	9.09	8.56
주당 순이익(달러)	0.95	4.17	4.84

펩시코

미국 뉴욕주 퍼처스에 본사를 둔 펩시코의 음료 제품에는 펩시(Pepsi), 게토레이(Gatorade), 마운틴듀(Mountain Dew), 다이어트펩시(Diet Pepsi), 아쿠아피나(Aquafina), 다이어트마운틴듀(Diet Mountain Dew), 트로피카나퓨어프리미엄(Tropicana Pure Premium), 시에라미스트(Sierra Mist), 머그(Mug) 및 즉석 차, 커피, 주스 등이 있다. 펩시코의 Frito-Lay 부문은 레이스(Lay's)·러플스(Ruffles) 포테이토칩, 도리토스(Doritos)·토스티토스(Tostitos)·산티타스(Santitas) 토르티야칩, 치토스(Cheetos) 스낵, 소스, 프리토스(Fritos) 콘칩 등을 제공하고, Quaker Food 부문은 퀘이커(Quaker) 오트밀·그리츠·쌀 케이크·그래놀라·오트 스퀘어, 앤트제미마(Aunt Jemima) 믹스·시럽, 퀘이커추이(Quaker Chewy) 그래놀라 바, 캡틴크런치(Captain Crunch)·라이프(Life) 시리얼, 라이스어로니(Rice-A-Roni) 간식 등을 제공한다.

펩시코는 매출의 약 60%를 음료가 아닌 식품과 스낵에서 얻는다. 펩시코와 코카콜라는 소다 판매량 감소를 돌이키려는 시도로 크래프트소다 브랜드에 투자하고 있다. 코카콜라는 몬스터베버리지로부터 크래프트소다 브랜드 2개를 매입한 후, 최근 블루스카이(Blue Sky)와 핸슨스(Hansen's)를 재출시했다. 며칠 뒤 펩시코도 탄산수, 콜라나무 열매 추출물, 공정무역 인증 설탕 등으로 만든 1893년 오리지널콜라(Original Cola)와 진저콜라(Ginger Cola) 제품군을 재출시했다.

펩시코는 게토레이 에너지 음료 브랜드에 문제가 생겼다. 이 음료는 2017년 미국에서 0.5% 감소한 59억 달러가 판매되었는데, 이는 2012년 이후 게토레이의 첫 번째 연 매출 감소였다. 게토레이는 펩시코의 북미 음료 판매량에서 약 20%를 차지한다. 2016년 8월, 게토레이는 게토레이오개닉(Gatorade Organic)을 출시했으며, 2017년 말까지 이 제품으로 2,000만 달러를 벌었다. 스포츠 음료 시장은 경쟁이 치열해지고 있다. 시장점유율 차이가 크기는 하지만 3위인 신흥 기업 보디아머(Body Armour)도 게토레이와 같은 스포츠 음료 분야에서 펩시코를 급속히 따라붙고 있다.

닥터페퍼스내플

미국 텍사스주 플레이노에 본사를 둔 닥터페퍼스내플은 미국, 캐나다, 멕시코, 카리브해 지역에서 무알코올 음료를 생산하며 즉석차, 주스, 생수, 믹서도 판매하고 있다. 닥터페퍼스내플은 세븐업(7UP), A&W, 바이(Bai), 크러시(Crush), 캐나다드라이(Canada Dry), 슈웹프스(Schweppes), 선키스트(Sunkist) 소다, 스쿼트(Squirt), 하와이안펀치(Hawaiian Punch), RC콜라(RC Cola) 등의 브랜드를 제공하고, 모츠(Mott's) 사과 소스를 생산 및 판매한다. 매출은 2014년 62억 달러에서 2015년 63억 달러, 2016년 64억 달러, 2017년 67억 달러로 약간 증가했다. 순이익도 매년 조금씩 증가하여 2014년 7억 300만 달러에서 2017년에는 7억 7,000만 달러가 되었다. 최근에 닥터페퍼스내플은 바이브랜즈(Bai Brands)를 약 17억 달러에 인수했다. 유로모니터인터내셔널(Euromonitor International)에 따르면 닥터페퍼스내플은 현재 미국 무알코올 음료 시장의 약 8.5%를 차지하고 있다.

닥터페퍼스내플은 콜라가 아닌 청량음료 상위 10개 중 7개를 소유하고 있다. 2017년 3분기에 탄산음료가 1% 감소했지만 비탄산음료는 6% 증가했다. 같은 기간에 미국과 캐나다의 매출은 그대로였으나 멕시코와 카리브해에서는 2% 증가했다. 또한 3분기에 클라마토(Clamato) 브랜드는 7%, 모츠의 소스는 5% 매출이 증가했지만 닥터페퍼스내플의 매출은 5% 감소했다.

음료업계의 빅뉴스는 케이컵(K-Cup) 커피머신 제조업체인 큐리그그린마운틴(Keurig Green Mountain)이 2018년에 닥터페퍼스내플을 인수한 것이다. 큐리그는 유럽 최대의 투자 회사 중 하나인 JAB홀딩스(JAB Holdings)가 소유하고 있다. JAB홀딩스는 피츠커피(Peeet's Coffee), 파네라브레드(Panera Bread), 크리스피크림(Krispy Kreme)도 소유하고 있다. JAB홀딩스는 독일에서 가장 부유한 가문 중 하나인 라이만(Reimann)가의 자금을 관리하는 비공개 펀드이다. 닥터페퍼스내플 인수는 직접적으로 코카콜라와 스타벅스(Starbucks Corporation)를 겨냥하고 있다. 이 인수로 큐리그는 글로벌 소다 사업에 진출하고 커피 사업을 강화했다. 유로모니터인터내셔널의 보고서에 따르면 2017년 즉석커피의 매출은 17% 이상 증가했다. JAB홀딩스에서 큐리그의 파트너는 JAB홀딩스 주식의 24% 정도를 보유하고 있는 몬델리즈인터내셔널(Mondelez International)이다. 그러나 그 비율은 닥터페퍼스내플 인수 확정으로 인해 약 14%로 떨어졌다. 2017년 큐리그의 매출은 약 41억 달러이며, 커피 캡슐 산업에서의 시장점유율은 2013년 40%에서 2017년 약 23%로 감소했다.

다농그룹

프랑스 파리에 본사를 둔 다농그룹은 요구르트 생산업체 1위, 병에 든 생수와 유아 영양식 제조업체 2위, 신선 유제품 제조업체 1위이자 의료용 영양식의 유럽 리더이다. 병에 든 생수 분야의 주요 브랜드는 에비앙(Evian)이다. 향이 첨가된 생수를 판매하는 다농그룹은 건강에 예민한 고객에 중점을 두는데, 그중 하나가 멕시코에서 큰 성공을 거둔 레비트(Levite)이다. 다농그룹은 프랑스의 저칼로리 시장에서 2위를 차지한 무칼로리 소다 타유핀피즈(Taillefine Fiz)와 마찬가지로 여러 시장에서 새로운 음료를 계속 내놓고 있다. 130개 이상의 시장에서 사업을 하는 다농그룹의 2016년 매출은 219억 유로이며, 그중 절반 이상은 신흥국에서 벌어들인 것이다. 다농그룹의 총매출에서 신선 유제품이 약 50%, 영유아기 영양식이 22%, 생수가 21%, 의료용 영양식이 7%를 차지하고 있다.

몬스터베버리지

미국 캘리포니아주 코로나에 본사를 둔 몬스터베버리지는 에너지 음료, 소다, 에너지 음료용 농축액을 개발·홍보·판매·유통하고 있다. 이러한 브랜드로는 몬스터에너지(Monster Energy), 몬스터리해브(Monster Rehab), 몬스터에너지엑스트라스트렝스나이트러스테크놀로지(Monster Energy Extra Strength Nitrous Technology), 자바몬스터(Java Monster), 머슬몬스터(Muscle Monster), 메가몬스터에너지(Mega Monster Energy), 펀치몬스터(Punch Monster), 주스몬스터(Juice Monster), 우버몬스터

(Ubermonster), BU, 뮤턴트슈퍼소다(Mutant Super Soda), 날루(Nalu), NOS, 번(Burn), 머더(Mother), 울트라(Ultra), 플레이앤드파워플레이(Play and Power Play), 글래디에이터(Gladiator), 릴렌틀러스(Relentless), 사무라이(Samurai), BPM, 풀스로틀(Full Throttle) 등이 있다.

2015년에 코카콜라는 몬스터베버리지의 주식 16.7%를 약 21.5억 달러에 사들였다. 이뿐만 아니라 두 기업의 전략적 파트너십은 사업 이전 및 글로벌 유통의 확대와 관련이 있다. 2017년 10월, 코카콜라는 NOS, 풀스로틀 및 9개 소규모 브랜드를 포함한 전 세계 에너지 사업의 모든 소유권을 몬스터베버리지에 양도했다. 동시에 몬스터베버리지는 핸슨스 천연 소다와 주스 제품, 피스티(Peace Tea), 허버츠레모네이드(Hubert's Lemonade) 등 비에너지 음료 사업 일체를 코카콜라에 양도했다. 자료 11에서 보듯이 에너지 음료는 모든 무알코올 음료의 매출에서 4.8%를 차지한다.

자료 11 2015년과 2016년 미국의 음료 연 매출 증감률

맛 첨가 및 강화수	+12.3
즉석커피	+11.0
병에 든 생수	+8.6
에너지 음료	+4.8
스포츠 음료	+3.9
즉석 차	+3.1
탄산 청량음료	−0.8
과일 음료	−1.4
총합	**+3.4**

출처: 음료마케팅협회의 정보

2017년 9월 30일에 마감된 2017년 3분기 몬스터베버리지의 매출은 전년의 23억 달러에서 11.5% 증가한 26억 달러이고, 순이익은 전년의 5억 3,970만 달러 대비 6억 1,940만 달러를 기록했다. 코카콜라로부터 인수한 에너지 음료 브랜드들을 포함한 몬스터베버리지의 전략 브랜드 부문 순매출은 전년의 7,210만 달러에서 6.2% 증가한 7,660만 달러였다. 미국 밖의 고객을 상대로 올린 3분기 매출은 2억 6,010만 달러로, 전년의 1억 9,080만 달러에서 36.3% 증가한 수치이다. 또한 3분기 순이익은 전년의 1억 9,160만 달러에서 14.1% 증가한 2억 1,870만 달러였다.

무알코올 음료 산업

자료 11은 다양한 음료 범주의 연간 성장률(또는 감소율)을 보여준다. 탄산 청량음료와 과일 음료의 매출은 감소했지만 맛 첨가 및 강화수와 즉석커피의 매출은 급격히 증가했다.

병에 든 생수

2016년 미국에서 병에 든 생수는 양적으로 가장 많이 소비되는 음료 범주로서 탄산음료를 넘어섰다. 연간 일인당 소비량은 탄산음료가 약 38.5갤런인 데 비하여 병에 든 생수가 39갤런 이상이었다. 향후 10년 이내에 병에 든 생수의 연간 일인당 소비량은 50갤런을 넘어설 것으로 예상된다. 미국에서 병에 든 생수 시장은 지난 3년간 양과 매출 측면에서 큰 성장세를 보였다. 병에 든 생수의 매출은 2014년, 2015년, 2016년에 각각 7.3%, 7.9%, 8.6% 증가한 반면, 같은 기간에 탄산음료 소비량은 2.1%, 2.4%, 0.8% 감소했다. 음료마케팅협회(Beverage Marketing Corporation)에 따르면 2017년에 병에 든 생수 판매량은 8~9% 증가할 것으로 예상되며, 향후 몇 년간은 최고의 무알코올 음료 자리를 유지하면서 보다 건강한 저칼로리 음료를 찾는 쪽으로의 고객 선호도 변화를 확인시켜줄 것이다.

탄산수

고객이 더 맛있으면서도 건강한 선택을 추구함에 따라 탄산수는 향후 10년 이내에 병에 든 생수를 앞지를 것으로 예상된다. 실제로 2017년에 탄산수의 매출은 20% 이상 급증했다. 맛 첨가 탄산수의 매출은 2017년에 15% 이상 증가한 24억 달러였다. 맛 첨가 탄산수 시장에 더 잘 진입하기 위해 펩시코는 2018년 초에 버블리(Bubly)라는 탄산수 브랜드를 출시했다. 매출이 증가하는 또 다른 음료는 맛 첨가 강화수, 즉석커피, 에너지 음료 등이다. 2016년에 미국에서 맛 첨가 강화수의 매출은 12.3% 증가했고, 뒤이어 즉석커피가 11%, 에너지 음료가 4.8% 증가했다.

이러한 긍정적인 추세를 고려해볼 때 2017년 9월 기준으로 탄산음료는 여전히 음료 산업 시가 총액의 83.5%를 차지하고 있다. 2016년에 미국의 소다 소비량은 하향 추세가 계속되어 0.8% 감소했으며, 그 결과 2017년 2분기에 코카콜라의 순매출은 16% 감소한 97억 달러였다. 같은 기간에 코카콜라의 주스, 유제품, 곡류 음료(3% 성장), 차와 커피(2%), 생수, 강화수, 스포츠 음료(1%)는 판매량이 증가했다. 코카콜라는 포트폴리오를 더 작은 크기의 포장, 더 건강한 음료로 전환하고 있다. 2017년 8월, 코카콜라는 코크제로를 무설탕·무칼로리 브랜드인 코크제로슈거(Coke Zero Sugar)로 대체했다. 한편 펩시코는 2017년 상반기에 식품과 스낵 판매량이 2% 증가했지만 음료 판매량은 1% 감소했다.

연구개발

매출 하락을 뒤집기 위해 음료 회사들은 지난 5년간 연구개발 지출을 연평균 약 20%로 확대했다. 매출 성장의 활기를 되찾기 위해 최선을 다함으로써 2017년과 2018년에도 연구개발 지출이 높게 유지될 것으로 보이는데, 한 예로 맛 첨가 탄산수 개발을 꼽을 수 있다.

미국 밖 시장

2016년에 해외 영업은 코카콜라의 논보틀링 수익 전체에서 62%를 차지했고, 펩시코의 경우 이 수치가 42%였다. 코카콜라는 유로, 일본 엔, 브라질 헤알, 멕시코 페소 등 달러 외의 통화를 사용하는 국가에서 사업을 하고 있다. 코카콜라는 73가지 통화를 사용한다. 불리한 환율은 세계 음료 제조업체의 수익 성장에 큰 영향을 미칠 수 있는데, 지난 3년 이후 외국 통화 대비 미국 달러의 가치가 최저치인 탓에 더욱 그렇다.

코카콜라의 주요 국제 시장에는 불확실성이 전개되고 있다. 예로는 영국의 EU 탈퇴(브렉시트)가 있고, 어떤 국제 시장에서의 시민 소요나 정권 교체 같은 불안정한 정치 정세는 전 세계의 고객 신뢰를 저해하고 구매력을 떨어뜨려 제품의 수요를 감소시킬 수 있다.

시, 카운티, 주, 연방 세금

미국의 공중보건 활동가들은 더 많은 도시에서 소다에 세금을 부과하는 주민 투표와 입법을 위해 적극적으로 로비를 벌이고 있다. 소비자 변호 단체인 공공이익을 위한 과학센터(Center for Science in the Public Interest, CSPI)에 따르면 코카콜라와 펩시코 같은 기업은 2009~2016년에 미국 도시와 주에서 소다세와 경고 라벨 조치가 부과되지 않도록 로비하는 데 거의 7,000만 달러를 지출했고, 연평균 약 1,500만 달러를 연방 로비에 사용하고 있다. 예를 들어 CSPI는 2016년 1~6월에 음료 회사들이 필라델피아 시의회의 소다세 제안에 반대하는 데 약 940만 달러를 쓴 것으로 추산했다. 2016년 6월, 필라델피아는 미국에서 첫 번째로 소다세를 부과했고, 캘리포니아주 버클리가 그 뒤를 이었다. 2016년 11월에는 캘리포니아주 샌프란시스코, 올버니, 오클랜드가 자체적인 소다세 법을 통과시켰으며, (시카고를 포함한) 일리노이주 쿡 카운티와 콜로라도주 볼더도 그렇게 했다. 시애틀은 2017년 6월부터 당분 함유 음료와 소다에 온스당 1.75센트를 부과했고, 시카고는 2017년 가을부터 소다세를 부과했다.

멕시코에서는 비만과 싸우기 위한 노력의 일환으로 2014년 1월 1일 당분 함유 음료에 대한 세금이 발효되었다. 제품 비용의 상승은 수요를 약화할 수 있고, 세수는 예방 활동 및 의료 조치와 관련된 비용의 자금 조달에 도움이 된다. 유엔 식량농업기구(Food and Agriculture Organization)에 따르면 멕시코는 세계에서 비만 문제가 가장 심각한 나라이다. 이는 (코카콜라처럼) 멕시코에 수출하는 음료 회사에 게임 체인저가 될 것이다. 2015년 멕시코에서의 소다 판매는 12% 급락했다. 가격에 민감한 고객은 소다 제품의 구매를 점점 피하고 있다.

미국의 음료 칼로리 섭취량

2017년 12월, 미국음료협회(American Beverage Association)는 2016년에 평균적인 미국인이 하루에 201.2cal를 마셨다고 보고했는데, 이는 2015년보다 약간 증가한 수치이다. 캔과 병에 든 소다와 주스의 매출 감소 이상으로 레스토랑 음료 디스펜서의 소다 매출이 증가하고 있다. 미국인은 레스토랑에서 달콤한 차를 점점 더 마시고 있다. 음료마케팅협회에 따르면 2016년 미국인이 하루 평균 음료로 섭취하는 칼로리는 소다(126.7cal), 주스(42.5cal), 차(11.2cal), 스포츠 음료(10.6cal), 기타(10.2cal) 순이었다. 다이어트 및 저칼로리 소다의 소비가 계속 감소하고 있지만, 스포츠 및 에너지 음료의 소비는 더 빠른 속도로 계속 증가하고 있다.

충동구매

펩시코는 새로운 전자상거래 세법 때문에 절약된 수백만 달러 중 일부를 재투자하고 있는데, 이는 오늘날 연간 소매 매출에서 약 10억 달러를 차지한다. 또한 펩시코는 근로자 교육, 주주 현금 배당, 직원 보너스에서 1억 달러 등을 절감하여 투자하고 있다. 온라인 쇼핑의 부상은 코카콜라와 펩시코에 나쁜 소식이다. 충동구매가 전체 음료 매출의 약 30%를 차지하기 때문이다. 고객이 월마트에서 계산하던 중 다이어트펩시를 집어 들거나 식료품점에서 2리터짜리 코크제로를 집어 들지 않는다면 음료 회사는 큰 어려움에 봉착한다. 미국에서 12년 연속 청량음료 판매량이 감소하고 있어 코카콜라와 펩시코 같은 기업은 충동구매가 필요한데, 온라인 쇼핑으로 인해 음료 충동구매가 줄어들고 있다. 코카콜라는 현재 주문 및 수령 상점 판매, (밀키트 같은) 묶음 판매, 온라인상의 새로운 충동 '유발' 등을 연구하고 있다.

미래

코카콜라는 2016년 4분기에 5억 5,000만 달러의 순이익을 올렸으나 2017년 4분기에는 27억 5,000만 달러의 순손실을 보았다. 이는 코카콜라가 일부 과거의 해외 수익에 대해 세금을 지불해야 하는 새로운 연방 세법 때문에 36억 달러의 일회성 비용이 발생한 탓이 크다. 그러나 코카콜라는 2018년 실효세율이 21%로 떨어질 것으로 예상하기 때문에 세제의 변경을 지지한다.

탄산음료 소비량이 꾸준히 감소하고 있으므로 코카콜라는 미래에 대한 새로운 전략을 수립하고 실행해야 한다. 다음과 같은 일반적인 전략 범주하에서 요구되는 구체적인 행동을 결정하기 위해 전면적이고 포괄적인 전략계획이 필요하다.

- 아직 포화되지 않은 시장을 공략하기 위한 추가적 글로벌 확장
- 새로운 건강 음료를 출시하기 위한 지속적 제품 개발
- 매출 성장을 확보하기 위한 소규모 경쟁기업 인수
- 소다가 몸에 해로운 음료에서 자기 자신을 대접하는 음료로 소비자의 인식을 전환하기 위한 광범위한 광고 및 판촉 활동을 통한 지속적 시장 침투
- 더 작은 캔과 용기 크기로의 지속적 전환
- 펩시코가 성공한 것처럼 스낵과 식품으로의 다각화 고려
- 해당 섹터의 급속한 성장을 활용하기 위한 병에 든 생수로의 공격적 추진
- 인공 감미료를 대체할 수 있는 천연 감미료 개발
- 시, 카운티, 주의 설탕세를 축소하기 위한 로비 강화

확인 학습

SET 1 코카콜라의 전략기획

연습 1A

코카콜라의 전략 정보 수집하기

목적

이 연습의 기본 목적은 학생들이 사례 분석을 수행하거나 상장기업의 전략계획을 수립하는 데 필요한 필수적인 정보를 어떻게 얻는지 알려주는 것이고, 이차적인 목적은 이 장에서 소개된 전략 용어, 전략기획을 수행하는 데 필요한 주요 출처에 익숙해지게 하는 것이다. 일반적으로 전략경영 과목에서는 학생들이 팀을 이루어 배정된 기업의 전략계획(사례 분석)을 준비하므로 이 연습은 그러한 프로젝트를 시작하는 방법을 배우는 데 도움이 된다.

설명

1단계 코카콜라 연결 사례를 읽고 기업의 강점, 약점, 기회, 위협이라고 생각되는 것을 열거하라. 그런 다음 www.coca-colacompany.com에 접속하여 'Investors'에 이어 'Annual Report'를 클릭한 뒤 PDF 파일인 '2017 Annual Report or Form 10K'를 내려받아라. 이 파일에 담긴 정보를 읽고 자신이 작성한 코카콜라의 강점, 약점, 기회, 위협 목록에 추가하라.

2단계 대학 도서관 웹사이트에 접속하여 음료 산업에 대한 스탠더드앤드푸어스(Standard & Poor's)의 '산업 조사(Industry Surveys)' PDF 파일을 내려받아라. 이 파일에 담긴 정보를 읽고 자신이 작성한 코카콜라의 강점, 약점, 기회, 위협 목록에 추가하라.

3단계 www.finance.yahoo.com에 접속하여 주식 기호 'KO'를 입력하라. 기업명 아래의 항목들을 클릭하면 코카콜라에 대한 풍부한 정보를 얻을 수 있다. 이 자료를 활용하여 자신이 작성한 주요 외부 및 내부 요인 목록을 개선하라. 이 연습에서 나열된 각 요인은 정량화된 사실 또는 추세를 드러내는 백분율, 숫자, 달러, 비율 등이 포함되어야 한다. 기업은 강점을 활용하고, 약점을 개선하고, 위협을 회피하고, 기회를 활용하기 위해 힘쓰기 때문에 이러한 요인은 전략계획의 기초가 된다. 전략기획을 할 때는 모호함을 피하라.

4단계 토론을 통해 자신의 외부 및 내부 요인 목록을 다른 학생의 것과 비교해보고, 필요하다면 목록을 개선하라. 이 정보를 이 책의 향후 연습에 사용할 수 있도록 저장하라.

5단계 수업에서 어떤 기업을 분석하더라도 위에 나열된 단계에 따라 정보를 업데이트하라.

연습 1B

코카콜라의 핵심 사항을 전략기획 양식에 입력하기

목적

저자의 웹사이트(www.strategyclub.com)에 있는 자료, 특히 엑셀 전략기획 양식을 사용하여 연습해본다. 매년 수많은 학생이 전략경영 사례를 분석하고 발표할 때 저자의 웹사이트에 있는 자료를 잘 활용하고 있다.

설명

1단계 www.strategyclub.com에서 다음 자료를 살펴보라.

- 엑셀 학생 양식
- 샘플 사례 분석 파워포인트 예시
- 저자의 라이브 동영상

- 반스앤드노블(Baenes and Noble)에 대한 라이브 사례 분석 발표
- 장 및 사례 업데이트
- 전략계획 또는 사례 분석 발표 가이드라인

2단계 무료인 엑셀 전략기획 양식을 내려받아 양식과 함께 제공된 설명을 주의 깊게 읽어라.

3단계 연습 1A의 결과를 이용하여 코카콜라의 강점, 약점, 기회, 위협을 엑셀 양식에 입력하라.

4단계 향후 연습에서 사용할 수 있도록 파일을 저장하라.

SET 2 모교의 전략기획

연습 1C

모교에 대한 SWOT 분석 수행하기

목적

이 연습에서는 비영리 조직인 대학에 SWOT 분석을 적용해본다. SWOT 분석은 개념적으로 간단하고 관리자들의 논의에 구조적으로 유용하므로 모든 전략기획 도구 및 기법 중 가장 널리 사용된다. SWOT 분석은 조직의 내부 강점 및 약점을 외부 기회 및 위협과 연계하여, 고려할 만한 실행 가능한 전략을 도출한다.

대학의 외부 요인에는 고등학교 졸업생의 수 감소, 인구 변화, 지역사회 관계, 대학 간 경쟁 심화, 다시 대학 공부를 하는 성인의 수 증가, 지역·주·연방 정부의 지원 감소, 미국 대학에 진학하는 외국 학생의 수 증가, 인터넷 강좌 증가 등이 포함될 수 있다. 또한 내부 요인은 교원, 학생, 직원, 동문, 체육특기생 프로그램, 체육시설, 운동장 및 유지·보수, 학생 기숙사, 행정, 기금 모금, 학술 프로그램, 음식 서비스, 주차, 배치, 동아리, 모임 단체, 사교 클럽, 홍보 등과 관련될 수 있다.

설명

1단계 모교의 외부 기회, 외부 위협, 내부 강점, 내부 약점을 각각 4개씩 파악하라.

2단계 외부 및 내부 요인을 연계하여 SO 전략, WO 전략, ST 전략, WT 전략을 각각 2개씩 개발 또는 도출하라. 예를 들어 '3년 동안 온라인 코스 제공 횟수를 2배로 늘린다'라는 SO 전략은 '세계적으로 유명한 교수'라는 강점과 '온라인 코스에 대한 관심 점증'이라는 기회를 연계하여 개발 또는 도출할 수 있다.

3단계 자신의 주요 요인과 전략에 대해 토론하라.

4단계 토론에서 모교에 대해 어떤 새로운 것을 배웠는가? 이러한 유형의 토론은 조직에 어떤 이익을 가져올 수 있는가? 향후 연습에서 사용할 수 있도록 자신의 답변과 작업을 저장하라.

SET 3 취업 역량 제고를 위한 전략기획

연습 1D

자신에 대한 SWOT 분석 수행하기

목적

이 연습은 자기 자신에게 가장 적합한 진로를 결정하는 데 도움이 된다. 경쟁자가 있고 미래를 위한 계획을 세워야 하는 등 개인과 조직은 여러 면에서 비슷하다. 모든 개인과 조직은 외부 기회와 위협, 내부 강점과 약점에 직면하고, 여정에서 중요한 분기점에 도달한다. 개인과 조직의 유사점 때문에 개인은 SWOT 분석과 같은 기업 전략경영 개념과 도구를 사용할 수 있다.

설명

이 장에서 다룬 SWOT 분석은 개인이 경력을 기획하는 데 도움이 되는 전략기획 도구이다. 개인은 다음 6단계를 완료함으로써 SWOT 분석을 수행할 수 있다.

1. 자신이 직면한 외부 기회 4개를 파악하라.
2. 자신이 직면한 외부 위협 4개를 파악하라.
3. 자신의 개인적 강점 4개를 파악하라.
4. 자신의 개인적 약점 4개를 파악하라.
5. SO 전략, WO 전략, ST 전략, WT 전략을 각각 2개씩 개발하라.
6. 실행할 전략 3개를 선택하라.

예를 들어 외부 기회는 당신이 관심을 둔 대학원 프로그램을 대학이 제공하는 것, 외부 위협은 이자율이 올라 대출을 얻기 힘든 상황, 개인적 약점은 낮은 평균 평점, 개인적 강점은 3년간의 실무 경험일 수 있다. 전략은 개인(또는 기업)이 내부 자원 및 기술과 외부 요인에 의해 야기되는 기회와 위험 사이에 만드는 '연계'로 정의될 수 있다. 주요 약점을 가지고 있는 사람은 이를 극복하고 가능하면 약점을 강점으로 바꾸기 위해 힘써야 한다. 위협에 처한 사람은 그 영향을 피하거나 줄여서 기회에 초점을 맞출 수 있도록 노력해야 한다. 6장에서 SWOT 분석을 더 자세히 설명하겠지만, 여기서는 자신의 향후 진로를 기획하는 데 도움이 되도록 시도해보기 바란다.

SET 4 개인과 집단의 전략기획

연습 1E

전략기획에 내재된 다양한 위험은 얼마나 유해한가?

목적

기업이 전략기획에 착수할 때마다 피해야 할 포트홀이나 함정이 있다. 잠재적인 함정을 인식하고 이를 해결할 준비를 하는 것은 성공에 필수적이다. 기업을 자주 괴롭히고 전략기획 노력을 훼손하는 13개 함정 목록은 다음과 같다. 이는 전략기획을 수립하는 데 잠재적으로 해롭거나 심각한 정도에 따라 순위를 매길 수 있다. 이 연습은 전략기획을 수립하는 데 잠재적으로 해롭거나 심각한 정도에 따라 저자가 13개 함정에 매긴 순위를 보여준다.

함정

1. 의사결정이나 자원에 대한 통제를 확보하기 위해 전략기획을 사용하는 것
2. 인증이나 규제 요건만을 충족하기 위해 전략기획을 하는 것
3. 사명 개발에서 전략 수립으로 너무 서둘러 옮겨 가는 것
4. 계획을 전달하지 않아 직원들이 오리무중 속에서 일하게 하는 것
5. 최고관리자가 공식 계획과 상충되는 직관적인 의사결정을 많이 내리는 것
6. 최고관리자가 전략기획 과정을 적극적으로 지원하지 않는 것
7. 성과를 측정하는 기준으로 계획을 사용하지 않는 것
8. 기획에 모든 관리자를 참여시키기보다 기획가에게 위임하는 것
9. 기획의 모든 단계에 주요 직원을 참여시키지 않는 것
10. 변화를 지지하는 협조적인 문화를 조성하지 못하는 것
11. 계획을 불필요하게 여기거나 중요하지 않게 보는 것
12. 당면한 문제에 너무 급급하여 기획이 불충분하거나 전혀 이루어지지 않는 것
13. 기획이 너무 공식적이어서 유연성과 창의성이 억제되는 것

다양한 함정이 전략기획을 수립하는 데 잠재적으로 얼마나 해롭거나 심각한지 검토하고 토론하는 것이 이 연습의 목적이다. 또한 개인의 의사결정과 집단의 의사결정을 비교해볼 수 있다. 학술 연구에 따르면 집단은 개인보다 약 80% 확률로 더 나은 의사결정을 내릴 수 있다.

단계

1. 13개 함정이 전략기획에 잠재적으로 유해한 정도에 대해 자신이 부여한 순위를 표 1-9의 1열에 기입하라(1: 가장 유해함, 13: 가장 덜 유해함). 예를 들어 1번 함정이 다섯 번째로 유해하다고 생각한다면 5를 기입한다.
2. 집단 차원에서 13개 함정에 부여한 순위를 표 1-9의 2열에 기입하라.
3. 강사가 13개 함정에 부여한 순위를 표 1-9의 3열에 기입하라. 이는 저자의 경험과 이 장 끝부분을 기반으로 한다.
4. 1열과 3열의 차이를 표 1-9의 4열에 기입하라. 이는 개인적 순위 평가가 얼마나 잘 수행되었는지를 나타낸다. (절댓값이므로 마이너스 부호는 무시해도 된다.)
5. 2열과 3열의 차이를 표 1-9의 5열에 기입하라. 이는 집단의 순위 평가가 얼마나 잘 수행되었는지를 나타낸다.
6. 4열의 합계와 5열의 합계를 구하라.
7. 4열의 합계와 5열의 합계를 비교하라. 4열의 합계가 5열의 합계보다 적으면 집단보다 개인이 더 적절하게 평가한 것으로 볼 수 있다. 일반적으로는 개인의 의사결정보다 집단의 의사결정이 우월하다.
8. 4열의 합계가 가장 낮은 개인이 최고의 성과를 거둔 것이다.
9. 여러 집단이 참여했다면 5열의 합계가 가장 낮은 집단이 최고의 성과를 거둔 것이다.

표 1-9 전략기획 시 피해야 할 함정: 개인 대 집단

함정	1열	2열	3열	4열	5열
1.					
2.					
3.					
4.					
5.					
6.					
7.					
8.					
9.					
10.					
11.					
12.					
13.					
총합					

PART 2

전략 수립

2

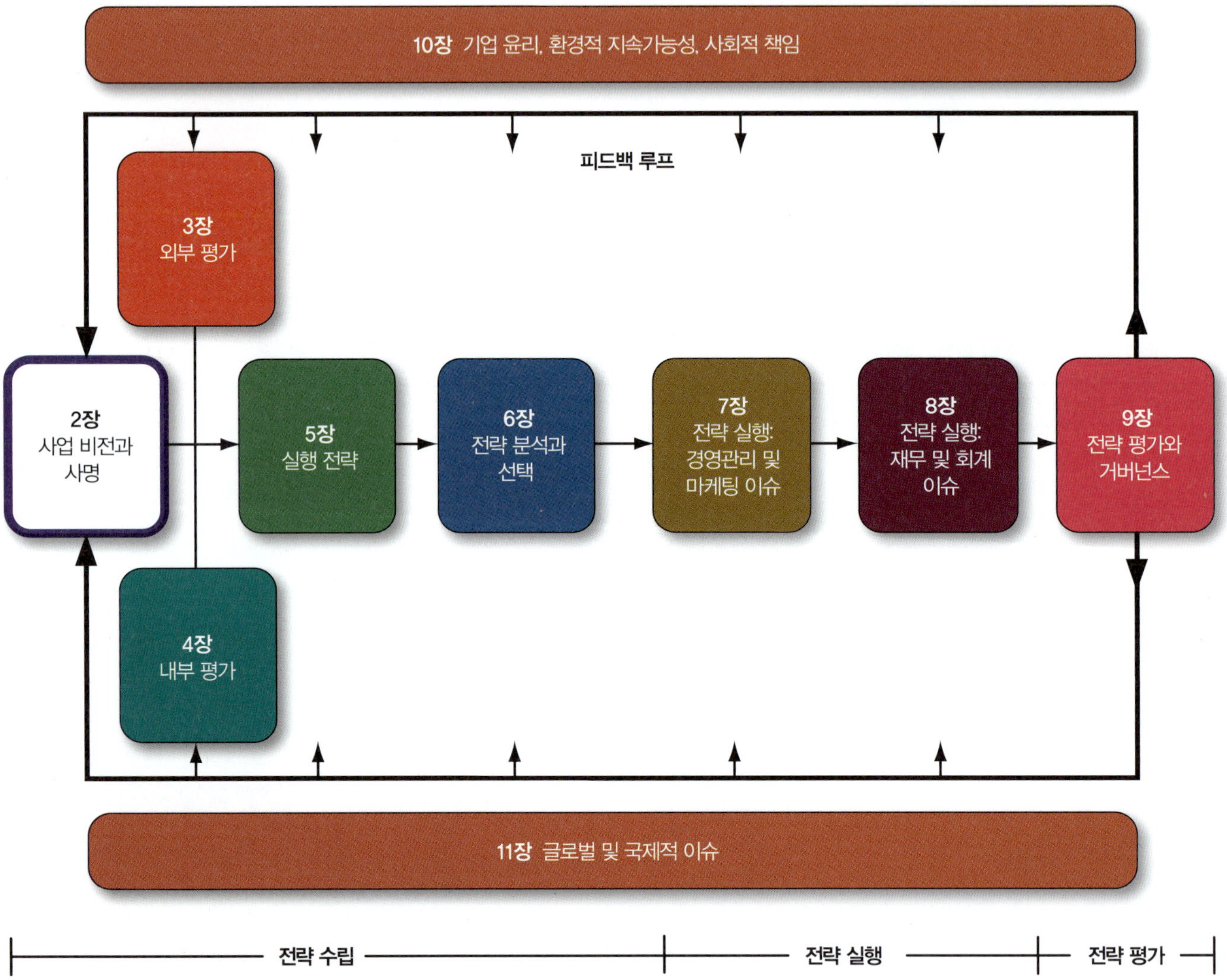

그림 2-1 포괄적·통합적 전략경영 모델

출처: Fred R. David, "How Companies Define Their Mission," *Long Range Planning* 22, no. 1 (February 1989): 91. Anik Ratnaningsih, Nadjadji Anwar, Patdono Suwignjo, and Putu Artama Wiguna, "Balance Scorecard of David's Strategic Modeling at Industrial Business for National Construction Contractor of Indonesia," *Journal of Mathematics and Technology,* no. 4 (October 2010): 20.

사업 비전과 사명

학습 목표

2-1 전략경영에서 핵심 가치 선언문의 필요성을 이해한다.

2-2 전략경영에서 비전 선언문의 성격과 역할을 이해한다.

2-3 비전 선언문의 특성을 파악한다.

2-4 전략경영에서 사명 선언문의 성격과 역할을 이해한다.

2-5 효과적인 사명 선언문의 특성을 파악한다.

2-6 사명 선언문의 구성 요소를 파악한다.

2-7 기업이 명확한 비전 선언문과 사명 선언문을 통해 얻는 이점을 알아본다.

2-8 다양한 조직의 사명 선언문을 평가하고 작성한다.

확인 학습

SET 1 코카콜라의 전략기획

연습 2A 코카콜라의 개선된 비전 선언문 개발하기

연습 2B 코카콜라의 개선된 사명 선언문 개발하기

연습 2C 코카콜라의 사명 선언문을 경쟁기업과 비교하기

SET 2 모교의 전략기획

연습 2D 모교의 비전 선언문과 사명 선언문을 경쟁기관의 것과 비교하기

SET 3 취업 역량 제고를 위한 전략기획

연습 2E 자신의 비전 선언문과 사명 선언문 개발하기

SET 4 개인과 집단의 전략기획

연습 2F 사명 선언문의 아홉 가지 요소 각각의 상대적인 중요성은 무엇인가?

2장에서는 핵심 가치 선언문, 비전 선언문, 사명 선언문을 평가하고 작성하는 데 필요한 개념과 도구에 초점을 맞춘다. 그림 2-1에 나타냈듯이 실무자와 학자들은 신중하게 준비된 비전 선언문과 사명 선언문을 전략경영의 첫 단계로 널리 인식하고 있다. 크고 작은 기업, 영리 기업, 비영리 기관의 실제 비전 선언문과 사명 선언문은 비평을 받고 한다.

귀감이 되는 전략가인 프레더릭 W. 스미스(Frederick W. Smith)가 40년 전에 기업가적 비전을 가지고 오늘날 소포배달 산업을 선도하는 페덱스(FedEx)를 설립했다.

사업의 시초를 집중적으로 살펴보면 그 기업의 핵심 가치, 비전, 사명을 가장 잘 이해할 수 있을 것이다. 새로운 사업은 처음에는 단순히 아이디어의 모음이다. 새로운 사업의 시작은 조직이 특정 유형의 기술을 사용하여 특정 지역의 특정 고객에게 특정 제품이나 서비스를 이윤을 내는 가격으로 제공할 수 있다는 일련의 신념을 기반으로 한다. 신규 사업주는 보통 신사업에 대한 자신의 철학이 대중에게 긍정적인 인상을 형성할 것이고, 사업 개념이 중요 고객에게 효과적으로 전해져서 받아들여질 수 있다고 믿는다. 초기에 사업 아이디어와 신념을 정리할 때 작성하는 문서에는 핵심 가치 선언문, 비전 선언문, 사명 선언문의 바탕을 이룰 근본적인 생각이 반영된다. 사업이 성장함에 따라 소유주나 경영자가 창립 당시의 신념을 수정할 수도 있으나 초기의 생각은 여전히 핵심 가치 선언문, 비전 선언문, 사명 선언문에 반영된다.

핵심 가치 선언문, 비전 선언문, 사명 선언문은 흔히 연례 보고서의 앞부분에 제시되고, 회사 건물 여기저기에 게시되며, 회사 정보와 함께 고객에게 배포되기도 한다. 이러한 선언문은 대출 신청,

귀감이 되는 전략가

페덱스 창립자 겸 CEO 프레더릭 W. 스미스

미국 테네시주 멤피스에 본사를 둔 페덱스는 지금도 창립자가 이끄는, 몇 안 되는 《포천(Fortune)》 500대 기업 중 하나이다. 1973년에 프레더릭 W. 스미스가 설립하여 45년 이상을 현역 CEO로 몸담은 것은 꽤 주목할 만한 데다, 45년 동안 기업의 비전과 사명이 거의 변하지 않았다. 시간에 민감한 우편물을 보다 신속하게 배달한다는 스미스의 비전으로 페덱스는 US포스탈서비스(U.S. Postal Service)를 제치고 운송업계에 대변혁을 일으킬 수 있었다. 창업 후 몇 년간 스미스는 신속한 배송이라는 비전을 실현하고 수천 명의 근로자가 페덱스의 사명을 공감하도록 동기부여를 했다. 페덱스는 다른 기업을 합병하거나 인수하지 않고도 첫 10년간 10억 달러의 수익을 올린 최초의 미국 기업이다. 페덱스는 글로벌 운송, 사업 서비스, 물류를 상징하는 600억 달러 가치의 기업으로 성장했다.

스미스가 이끄는 페덱스는 현재 페덱스 서비스(FedEx Services), 페덱스 육송(FedEx Ground), 페덱스 화물(FedEx Freight), 페덱스 급송(FedEx Express)으로 이루어져 있으며, 페덱스 급송은 세계 최대의 화물 항공기 편대를 보유하고 있다. 스미스는 "효과적인 전략을 가지고 있고 그 전략이 무엇인지 모두가 이해하는 것"이 성공의 열쇠라고 말한다. 기업가부터 대기업에 이르기까지 모든 고객에게 유연하고 혁신적인 해결책을 제공한다는 사명과 함께 페덱스의 전략은 혁신과 명확한 목표를 근거로 하고 있다. 우편물 배송 조회와 패키지 등 오늘날 우리가 당연하게 생각하는 많은 우편 서비스는 프레더릭 W. 스미스가 개척해낸 것이다.

Sundry Photography/Shutterstock

우리의 사명은 빠른 배송이다.

출처: 페덱스 웹사이트와 다양한 자료원

공급 계약, 노사 합의, 사업 계획, 고객 서비스 약관 등 여러 내부 문서에 포함된다. 그러나 오늘날 너무 많은 기업과 조직이 핵심 가치 선언문, 비전 선언문, 사명 선언문을 마련하지 않음으로써 고객, 직원, 주주의 동기와 활기를 북돋을 수 있는 좋은 기회를 저버리며, 그들의 전략기획 노력 또한 저해하고 있다.

핵심 가치 선언문: 우리의 토대는 무엇인가

학습 목표 2-1

전략경영에서 핵심 가치 선언문의 필요성을 이해한다.

핵심 가치는 탁월한 비전과 사명을 정립하는 데 필요한 윤리적 토대를 제공한다. **핵심 가치 선언문**(core values statement)에는 청렴성, 공정성, 규율, 평등한 고용 기회, 팀워크, 책임성, 지속적 개선, 기타 유사한 모범적 속성에 대한 기업의 몰입을 명시한다. 예를 들어 링크드인(LinkedIn)의 핵심 가치는 ① 고객 우선, ② 관계성 중시, ③ 개방성과 정직함, ④ 수월성 요구, ⑤ 지능적 위험 감수, ⑥ 주인 같은 행동 등이다. 위대한 기업은 거의 변치 않는 핵심 가치를 가지고 있다. 기업의 핵심 가치는 기술 변화, 유행, 제품 수명주기, 세계화를 초월해야 한다.

비전 선언문과 사명 선언문은 시간이 지남에 따라 변하기 때문에 당신이 무엇이 되고 싶은지, 어떤 사업에 종사하고 있는지, 또는 어떻게 목표를 이룰 것인지를 논의하기 전에 먼저 당신이 누군지를 아는 것이 중요하다. 일반적으로 핵심 가치가 향후 변경될 가능성이 있다면 그것은 핵심 가치가 아니다. 예를 들면 월트디즈니(Walt Disney)에는 '사람들을 행복하게 만들기'라는 핵심 가치가 있고, 한 기술 기업에는 '세상을 연결하기'라는 핵심 가치가 있다. 타이슨푸드(Tyson Food)의 사업 운영을 이끄는 핵심 가치 선언문은 다음과 같다.

> 우리는 주주, 고객, 직원, 지역사회를 위한 가치를 창조하고 진실과 정직을 추구하면서 음식 생산에 종사하고 있습니다. 우리는 다양한 사람들로 구성된 명예롭고 신뢰할 만할 기업이 되기 위해 노력하고 있습니다. 우리는 우리에게 맡겨진 동물, 토지, 환경을 잘 지켜내는 동시에 신뢰할 수 있는 음식을 세계에 제공하고 있습니다.

글로벌 캡슐 2는 링크드인의 핵심 가치가 어떻게 기업을 세계적으로 유명하게 만든 비전과 사명으로 이어졌는지를 보여준다.

비전 선언문: 우리는 무엇이 되고 싶은가

학습 목표 2-2

전략경영에서 비전 선언문의 성격과 역할을 이해한다.

조직이 장기적으로 성취하려는 기본적인 비전에 대해 합의하는 것은 모든 기업의 경영자와 관리자에게 매우 중요하다. **비전 선언문**(vision statement)은 '우리는 무엇이 되고 싶은가?'라는 기본적인 질문에 답해야 한다. 명확한 비전은 포괄적인 사명 선언문을 개발하는 데 토대가 된다. 많은 조직은 비전 선언문과 사명 선언문을 둘 다 가지고 있지만 비전 선언문이 먼저 확립되어야 한다. 표 2-1은 바람직한 비전 선언문의 예를 보여준다. 비전 선언문은 한 문장으로 짧게 작성하는 것이 좋으며, 되도록 많은 관리자가 비전 선언문 작성에 참여해야 한다. "비전 없는 백성은 망한다"고 한 《잠언》 29장 18절을 상기하라.

많은 기업의 경우 비전이나 사명보다는 이익이 주된 동기 요인이지만 이익만으로는 사람들에게

글로벌 캡슐 2 GLOBAL CAPSULE

링크드인: 명확한 핵심 가치, 비전, 사명이 세계적 명성으로 이어지다

소셜네트워킹 사이트인 링크드인은 200개국에서 500만 명 이상의 사용자가 등록한 네트워크를 가지고 있다. 링크드인은 명확한 비전을 가졌던 탓에 어떤 기업보다도 빠르게 세계적으로 성장했다. 링크드인의 CEO인 제프 와이너(Jeff Weiner)가 핵심이다. 와이너는 미국 최고의 CEO로 선정되었다. 와이너의 뛰어난 리더십 스타일은 모든 링크드인 직원의 신뢰와 존경을 불러일으킨다. 와이너가 말하길, "관리자는 다른 이에게 무엇을 하라고 말하는 사람이지만 리더는 다른 이가 위대한 일을 하도록 고무한다." 와이너는 샌프란시스코에서 열린 위즈덤 2.0(Wisdom 2.0) 콘퍼런스에서 발표할 때 위대한 리더가 되기 위한 세 가지 요소를 제시하고 설명했다. **그는 위대한 리더가 되기 위한 가장 중요한 요소로 조직의 비전을 명확하게 아는 것을 꼽았다.** 링크드인의 리더십 및 조직 개발 부사장인 프레드 코프먼(Fred Kofman)은 다음과 같이 말한다.

> 대부분의 CEO는 배 앞에 앉아 직원들에게 노를 어디로 저으라고 말한다. 하지만 와이너는 서핑보드를 잡고 커다란 파도를 타면서 자기 뒤에 있는 모두가 똑같이 하도록 고무한다. 서퍼들은 모두 같은 파도를 타고 같은 비전을 공유하지만, 노 젓는 보트에서 꿀꿀거리는 대신 마음과 개성을 훨씬 더 쏟아붓는다.

와이너에 따르면 리더가 되기 위해 두 번째로 중요한 요소는 용감함이다. 와이너는 이렇게 말한다.

> 당신이 정말 비전을 가지고 있고 전에 행해지지 않았던 것을 해보고 싶어 하면 많은 사람이 의심하고 회의적이며 위협받는다고 느껴 당신의 길을 가로막을 것이다. 그래서 당신은 사람들이 당신을 따르고 싶도록 그러한 도전을 극복할 수 있다는 자신감이 흘러넘쳐야 한다. 당신은 진심이어야 하고 진정한 확신을 가져야 한다. 그렇지 않으면 아무도 당신 뒤에 서지 않을 것이다.

Asif Islam/Shutterstock

우리 네트워크에 가입하실래요?

와이너는 위대한 리더가 되기 위해 세 번째로 중요한 요소로 효과적인 소통을 꼽는다.

리더가 이 세 가지 요소를 가지고 있으면 핵심 가치, 비전, 사명을 향한 당면 현안은 단지 '성취하려는 목표를 설정하고, 당신 주위에 가능한 한 최고로 재능 있는 사람들을 두는 문제'가 된다.

출처: http://jobs.aol.com/articles/2015/07/06/linkedin-ceo-jeffweiner-leadership-qualities/?SiteID=cbaolcompromotion_july_14, https://www.cnbc.com/2017/06/28/linkedin-ceo-jeff-weiner-heres-what-separates-leaders-from-managers.html, https://www.consciousculturegroup.com/linkedin-vision-values-insights/

표 2-1 모범적인 비전 선언문

- **Dr Pepper Snapple**: 세계적으로 가장 좋은 음료 회사가 되는 것. 우리 브랜드는 오늘도 내일도 상쾌함, 즐거움, 맛의 대명사이다.
- **IBM**: 고객이 현재와 미래의 문제를 해결하기 위해 기술을 적용하는 것에 도움을 주는 데 중점을 두는 세계에서 가장 성공적인 정보 기술 회사가 되는 것
- **Hilton Worldwide**: 모든 호텔과 고객에게 항상 특출한 경험을 제공하여 지구를 환대의 빛과 따뜻함으로 채우는 것
- **Starbucks**: 우리가 꾸준히 성장하는 가운데 타협 없는 원칙을 유지하면서 세계에서 최고의 커피를 제공하는 최고의 공급자가 되는 것
- **Kellogg**: 오늘도 내일도 중요한 음식과 브랜드를 통해 세계를 풍요롭고 즐겁게 하는 것
- **Harley-Davidson**: 언제나 오토바이를 타는 경험을 통해 꿈을 실현하는 것

동기부여를 하는 데 충분치 않다. 기업의 많은 이해관계자가 이익을 부정적으로 인식하는 것은 드문 일이 아니다. 예를 들어 직원은 자신이 벌어들인 이익을 경영진이 사용하거나 심지어 주주에게 줘버린다고 생각할 수도 있다. 이러한 인식은 바람직하지 않고 경영진이 동의할 수 없는 것이지만, 효과적으로 직원에게 동기부여를 하려면 이익과 비전이 모두 필요하다는 것을 명확히 드러내야 한다. 콜게이트(Colgate)의 CEO였던 루번 마크(Reuben Mark)는 명확한 비전이 점점 더 국제적으로도 타당해야 한다고 주장한다. 그는 비전에 대해 다음과 같이 생각한다.

> 모두가 기업의 깃발 아래 모이게 되면 다른 문화권에 다른 메시지를 전달하려고 하는 것보다는 세계적으로 하나의 비전을 추구할 필요가 있다. 비결은 비전을 간결하지만 고상하게 유지하는 것이다. '우리는 세계에서 가장 빠른 컴퓨터를 만든다' 또는 '모든 사람을 위한 전화 서비스'처럼 말이다. 재무적 목표만을 위해 기관총을 장전하도록 만들 수는 없다. 사람들이 더 기분 좋아지고 무언가의 일부분으로 느껴지게 하는 것이어야 한다.[1]

경영진과 직원이 함께 기업의 비전 선언문을 만들거나 다듬는다면 이 문서는 경영진과 직원이 자신의 미래에 대해 품고 있는 개인적인 비전을 반영할 수 있다. 공유된 비전은 직원이 일상 업무의 단조로움에서 벗어나 기회, 도전, 소속감이라는 새로운 세상으로 들어갈 수 있게 하는 공통의 이해관계를 창출한다. 공유된 비전과 관련된 동기부여, 헌신, 몰입은 모든 기업 또는 조직에 엄청난 잠재적 이득이 된다.

비전 선언문의 특성

학습 목표 2-3
비전 선언문의 특성을 파악한다.

비전 선언문은 기업이 수행하는 사업의 종류를 밝혀야 한다. 예를 들어 '미국에서 최고의 소매 기업이 된다'라는 비전은 사과(A)부터 얼룩말(Z)에 이르기까지 무엇을 팔겠다는 것인지 알 수 없기 때문에 너무 광범위하다. 일반적으로 비전 선언문은 한 문장이지만 기업이 제공하는 제품이나 서비스를 알아보게 하는 것 이상을 수행해야 한다. 비전 선언문은 고객 관점에서 작성되어야 한다. 이상적으로 모든 기업은 직원과 고객이 기업의 비전에 부응하여 행동하기를 원하며, 이를 충족하기 위해 우수한 비전 선언문은 갈망하는 미래의 상태를 묘사한다. 비전 선언문은 미래형이므로 조직의 변화를 촉진하는 데 사용될 수 있다. 비전 선언문의 내용은 성취할 수 있으면서도 상당히 도전적일 필요가 있다.

요약하자면 효과적인 비전 선언문은 다음과 같은 다섯 가지 특성을 가지고 있으며, 이는 비전 선언문을 작성하거나 평가하는 가이드라인으로 사용할 수 있다. 이 특성에 대해 5점 만점에서 5점을 받은 비전 선언문은 모범적인 것으로, 이러한 비전 평가 기법을 '5점 만점의 5점' 테스트라고 부르자.

1. 명확함: 산업의 종류와 기업이 이루고자 힘써 노력하는 것 밝히기
2. 미래형: 기업이 5년 이내에 이루고자 힘써 노력하는 것 밝히기
3. 간결함: 한 문장 길이
4. 독특함: 기업의 경쟁우위 드러내기
5. 영감적: 읽는 사람이 기업을 지지하도록 동기부여하기

표 2-2 비모범적인 비전 선언문

- **Avon Products, Inc.**: 전 세계 여성의 상품 및 서비스 요구를 가장 잘 이해하고 충족하는 회사가 되는 것(저자의 의견: 1, 2, 4번 특성이 부족함)
- **Charles Schwab Corporation**: 투자자가 스스로 돕도록 돕는 것(저자의 의견: 2, 4, 5번 특성이 부족함)
- **Instagram**: 세상의 순간을 포착하고 공유하는 것(저자의 의견: 1, 2, 4, 5번 특성이 부족함)
- **Zappos.com**: 고객, 직원, 판매자에게 행복을 주는 것(저자의 의견: 1, 2, 4, 5번 특성이 부족함)

기준: 비전 선언문의 특성

1. 명확함: 산업의 종류와 기업이 이루고자 힘써 노력하는 것 밝히기
2. 미래형: 기업이 5년 이내에 이루고자 힘써 노력하는 것 밝히기
3. 간결함: 한 문장 길이
4. 독특함: 기업의 경쟁우위 드러내기
5. 영감적: 읽는 사람이 기업을 지지하도록 동기부여하기

비전 선언문 분석

특정 업계의 특정 기업에 유일한 정답인 비전 선언문은 없지만, 비전 선언문을 개발하고 평가하는 데 5점 만점의 5점 테스트를 이용할 수 있다. 표 2-1은 5점 만점의 5점 테스트를 충족하는 여섯 가지 비전 선언문의 예를 보여준다. 할리데이비슨(Harley-Davidson)의 선언문은 단 11개 단어로 이 기준을 충족하는 것에 주목하라. 한편 표 2-2는 5점 만점의 5점 테스트를 충족하지 못하는 비전 선언문의 예를 보여준다.

학습 목표 2-4

전략경영에서 사명 선언문의 성격과 역할을 이해한다.

사명 선언문: 우리의 사업은 무엇인가

사명 선언문에 관한 오늘날의 생각은 상당 부분 피터 드러커(Peter Drucker)가 1970년대 중반에 제시한 가이드라인을 기반으로 하고 있다. 드러커는 제너럴모터스(General Motors)에서의 선구자적인 연구와 22권의 저서, 수백 편의 논문으로 흔히 '현대 경영의 아버지'라고 불린다. 그는 '우리의 사업은 무엇인가?'라고 묻는 것은 '우리의 사명은 무엇인가?'라고 묻는 것과 같다고 믿는다. 한 조직을 유사한 다른 조직과 구별 짓는 영속적인 목적의 표현인 **사명 선언문**(mission statement)은 그 조직의 '존재 이유'에 대한 선언이다. 이는 '우리의 사업은 무엇인가?'라는 중추적인 질문에 대한 답이다. 명확한 사명 선언문은 효과적으로 목표를 설정하고 전략을 수립하는 데 필수적이다.

때로 **신조문**(creed statement), 목적 선언문, 철학 선언문, 신념 선언문, 사업 원칙 선언문, '우리 사업의 정의' 선언문이라고도 불리는 사명 선언문은 조직이 어떤 존재가 되려 하고 누구에게 기여하려 하는지를 드러낸다. 전략가가 의식적으로 그 이유를 글로 표현하지 않았을지라도 모든 조직에는 존재 이유가 있다. 드러커는 사명 선언문에 대해 다음과 같이 말했다.

> 사명 선언문은 우선순위, 전략, 계획, 업무 할당의 기초이자 일과 조직 구조의 설계를 위한 출발점이다. 회사의 사업이 무엇인지 아는 것만큼 간단하고 명확한 것은 없다. 제재소는 목재를 만들고, 항공사는 승객과 화물을 운반하고, 은행은 돈을 빌려준다. 그러나 '우리의 사업은 무엇인가?'는 대부분의 경우 어려운 질문이며, 보통은 정답이 명확하지 않다. 그 질문에 대한 대답이 전략가

의 첫 번째 책임이다.[2]

어떤 전략가는 거의 매일 모든 순간을 관리적이고 전술적인 사안에 사용한다. 빨리 목표를 설정하고 전략을 실행하려고 서두르는 사람들은 비전 선언문과 사명 선언문의 개발을 간과하곤 한다. 이 문제는 너무 널리 퍼져 있어서 미국의 많은 기업, 조직, 중소 사업체는 공식적인 비전 선언문이나 사명 선언문을 개발해본 적이 없다.

어떤 기업은 실제 몰입을 위한 것이라기보다는 단지 소유자나 경영진이 시류라고 믿기 때문에 사명 선언문을 개발하기도 한다. 그러나 비전 선언문과 사명 선언문을 개발하여 체계적으로 재검토하고, 그것을 살아 있는 문서로 다루며, 기업 문화의 한 구성 요소로 여기는 기업은 큰 이익을 실현한다. 예를 들어 존슨앤드존슨(Johnson & Johnson)의 경영자는 직원과 정기적으로 만나 기업의 사명을 재검토하고 표현을 다듬고 재확인한다. 존슨앤드존슨의 모든 직원은 최고경영진이 이 과정에 부여하는 가치를 인식하고 그에 따라 부응한다.

사명 선언문의 특성

학습 목표 2-5

효과적인 사명 선언문의 특성을 파악한다.

태도와 전망의 선언인 사명 선언문은 일반적으로 최소한 두 가지 주요 이유 때문에 범위가 넓다. 첫째, 우수한 사명 선언문은 경영진의 창조성을 과도하게 저해하지 않고 다양한 대안과 전략의 생성과 검토를 가능하게 한다. 과도한 구체성은 조직의 창조적인 성장 가능성을 제한한다. 그러나 어떤 전략도 배제하지 않는 너무 일반적인 선언문은 기능 장애를 일으킬 수 있다. 예를 들어 애플(Apple)의 사명 선언문이 농약으로의 다각화를 가능하게 하거나 포드모터컴퍼니(Ford Motor Company)의 사명 선언문이 음식 가공으로의 가능성을 열어두면 안 된다.

둘째, 사명 선언문은 기업에 대해 특별한 이해나 요구가 있는, 조직의 다양한 **이해관계자**(stakeholder), 개인, 집단 사이의 차이를 조정하고 호소하기 위해 광범위할 필요가 있다. 그래서 사명 선언문은 **조화력**(reconciliation)이 있어야 한다.

이해관계자에는 직원, 경영자, 주주, 이사회, 고객, 공급업체, 유통업체, 채권자, 정부(지역, 주, 연방, 외국), 노조, 경쟁사, 환경 단체, 일반 대중이 포함된다. 이해관계자는 조직의 전략에 영향을 미치고 또 영향을 받는데, 다양한 구성원의 요구와 관심은 다양하며 때로는 상충한다. 예를 들어 일반 대중은 특히 사회적 책임에 관심이 있지만 주주는 수익성에 더 관심이 있다. 기업을 향한 이해관계자의 기대는 깨끗한 공기와 물, 일자리, 세금, 투자 기회, 경력 기회, 평등한 고용 기회, 직원 복지, 급여, 임금, 공동체 서비스 등 수없이 많다. 조직에 대한 모든 이해관계자의 기대를 똑같은 주안점으로 추구할 수는 없다. 우수한 사명 선언문은 조직이 이해관계자의 다양한 기대에 부응하기 위해 힘써 노력할 것임을 밝힌다.

사명 선언문은 가장 유망한 성장 방향과 별로 유망하지 않은 것으로 여겨지는 방향에 대해 판단할 수 있도록 충분히 범위가 넓어야 한다. 그리고 사명 선언문에는 숫자를 포함하지 말아야 한다. 조지 스타이너(George Steiner)는 사명 선언문이 범위를 넓힐 필요성에 대해 다음과 같은 안목을 준다.

> 사명 선언문은 구체적인 목적을 표현하기 위한 것이 아니라 기업을 인도하기 위한 동기, 일반적인 방향, 이미지, 분위기, 철학을 제공하도록 설계된다. 구체적인 세부 사항은 반대가 제기될 빌미가

되므로 과도한 상세함은 역효과를 불러일으킬 수 있다. 기업의 모든 사람이 기업의 사명을 받아들여야 한다.[3]

효과적인 사명 선언문은 너무 길지 않아야 한다. 권장되는 길이는 100단어 미만이다. 효과적인 사명 선언문은 조직에 대한 긍정적인 느낌과 감정을 불러일으켜야 한다. 그것은 읽는 사람이 행동하도록 자극한다는 의미에서 영감을 주는 것이어야 한다. 사명 선언문은 오래 지속되지만 절대 불변은 아니어야 한다. 이는 통합적 전략경영 모델에서 어떤 요소의 변화에 따라 선언문도 바꿀 필요가 있을지 모른다는 의미이다. 비전 선언문과 사명 선언문의 이러한 동적 특성은 그림 2-1에 피드백 루프로 나타나 있다. 효과적인 사명 선언문은 모든 이해관계자에게 기업이 성공적이고 방향성이 있으며 시간과 지원, 투자를 할 가치가 있다는 인상을 준다.

기업 사명은 미래를 내다보는 외부 및 내부 분석을 기반으로 미래의 성장 방향과 전략에 대한 판단을 반영한다. 사명 선언문은 전략 대안의 선택에 유용한 기준을 제공해야 한다. 명확한 사명 선언문은 전략적 선택지를 생성하고 걸러내는 데 밑바탕이 된다. 사명 선언문은 ① 조직을 정의하고, ② 어떤 모험은 배제하도록 충분히 제한적이면서 창의적 성장은 허용하도록 충분히 포괄적이며, ③ 해당 조직이 다른 모든 조직과 구별되게 하고, ④ 현재와 미래의 활동을 평가하기 위한 틀로 기능하며, ⑤ 조직 전체에서 널리 이해될 수 있도록 충분히 분명한 용어로 기술되어야 한다.[4] 사명 선언문은 고객의 기대를 반영해야 한다. 제품을 개발하고 나서 시장을 찾으려 하기보다는 고객의 요구를 파악하고 이러한 요구를 충족하는 제품 또는 서비스를 제공하는 것이 조직의 운영 철학이어야 한다. 효과적인 사명 선언문의 바람직한 열 가지 특성을 표 2-3에 요약했다.

우수한 사명 선언문은 기업이 제공하는 제품의 유용성(가치)을 밝힌다. 버라이즌(Verizon)의 사명 선언문이 전화가 아닌 의사소통에 초점을 맞추는 이유가 이것이다. 엑손모빌(ExxonMobil)의 사명 선언문이 기름이나 가스가 아닌 에너지에 초점을 맞추는 이유가 이것이다. 유니언퍼시픽(Union Pacific)의 사명 선언문이 철도가 아닌 운송에 초점을 맞추는 이유가 이것이다. 유니버설스튜디오(Universal Studio)의 사명 선언문이 영화가 아닌 엔터테인먼트에 초점을 맞추는 이유가 이것이다. 사명 선언문을 개발하는 주된 이유는 고객을 끌어들이기 위함이다. 모든 기업과 조직은 지속적으로 고객을 유치해야 한다.

표 2-3 사명 선언문의 특성

1. 범위가 넓다. 금액, 숫자, 백분율, 비율, 또는 목표를 포함하지 않는다.
2. 간결하다. 길이가 100단어 미만이다.
3. 영감을 고취한다.
4. 기업이 제공하는 제품의 유용성을 밝힌다.
5. 기업이 사회적 책임을 다하고 있음을 드러낸다.
6. 기업이 환경적 책임을 다하고 있음을 드러낸다.
7. 아홉 가지 요소, 즉 고객, 제품 또는 서비스, 시장, 기술, 생존 · 성장 · 이익에 관한 관심, 철학, 독특한 역량, 공공 이미지에 관한 관심, 직원에 관한 관심을 포함한다.
8. 조화력이 있다. 이해관계자들의 상이한 관점을 해소한다.
9. 지속적이지만 불변은 아니다.
10. 고객을 끌어들인다. 고객 관점에서 작성된다.

다음의 유용성 관련 문장은 사명 선언문을 개발하는 데 시사점을 준다.

나에게 물건을 권하지 마세요.
나에게 옷을 권하지 마세요. 매력적인 스타일을 권하세요.
나에게 신발을 권하지 마세요. 내 발의 편안함과 걷는 기쁨을 권하세요.
나에게 집을 권하지 마세요. 나에게 안전과 편안함, 깨끗하고 행복한 장소를 권하세요.
나에게 책을 권하지 마세요. 나에게 몇 시간의 즐거움과 지식의 혜택을 권하세요.
나에게 CD를 권하지 마세요. 나에게 여유와 음악을 권하세요.
나에게 도구를 권하지 마세요. 나에게 예쁜 물건을 만듦으로써 얻는 혜택과 기쁨을 권하세요.
나에게 가구를 권하지 마세요. 나에게 아늑한 장소의 편안함과 평온함을 권하세요.
나에게 물건을 권하지 마세요. 나에게 아이디어, 감정, 분위기, 느낌, 혜택을 권하세요.
제발 나에게 물건을 권하지 마세요.

경영자는 고객 만족을 기업에 귀중한 무형 자산으로 인식하곤 한다. 연구에 따르면 고객 만족은 조직의 성과와 강한 양의 상관관계가 있다.[5] 고객 관점에서 작성된 사명 선언문은 직원, 영업 담당자, 관리자가 모범적인 고객 서비스를 제공하게 하는 자극제가 될 수 있다. 그러면 고객의 충성도가 올라갈 것이고, 고객이 그 기업의 제품과 서비스를 찾고, 사용하고, 홍보하는 '사명을 가지도록' 바꿀지도 모른다.

사명 선언문의 구성 요소

학습 목표 2-6
사명 선언문의 구성 요소를 파악한다.

대부분의 전략경영 실무자와 학자들은 모범적인 선언문에 포함될 아홉 가지 **사명 선언문 구성 요소**(mission statement component)가 있다는 데 동의한다. 사명 선언문은 보통 전략경영 프로세스의 가장 가시적이고 공개적인 부분이기 때문에 앞에서 제시한 열 가지 특성과 다음의 아홉 가지 요소를 모두 포함하는 것이 중요하다.

1. **고객**(customer): 기업의 현재 고객과 잠재적인 고객은 누구인가?
2. **제품 또는 서비스**(product or service): 기업의 주요 제품 또는 서비스는 무엇인가?
3. **시장**(market): 지리적으로 기업은 어디서 경쟁하는가?
4. **기술**(technology): 기업은 최신 기술을 보유하고 있는가?
5. **생존, 성장, 수익성에 관한 관심**(concern for survival, growth, and profitability): 기업은 성장과 재무적 건전성에 열성적인가?
6. **철학**(philosophy): 기업의 기본적인 신념, 가치관, 열망, 윤리적 우선순위는 무엇인가?
7. **독특한 역량**(distinctive competence): 기업의 주요 경쟁우위는 무엇인가?
8. **공공 이미지에 관한 관심**(concern for public image): 기업은 사회적·공동체적·환경적 관심에 부응하는가?
9. **직원에 관한 관심**(concern for employees): 직원은 기업에 귀중한 자산인가?[6]

아홉 가지 구성 요소를 모두 포함하도록 사명 선언문을 작성하는 방법의 예시로 표 2-4는 전세

표 2-4 고객 관점에서 작성된 사명 선언문의 구성 요소

1. **고객**: 우리의 고객은 낚시의 흥미진진함과 모험을 찾는 야외 애호가이다.
2. **제품 또는 서비스**: 우리는 평생의 추억을 만들어주는 빠르고 깨끗한 선박, 필요한 모든 미끼와 낚시 도구, 친절한 일등 항해사를 제공한다.
3. **시장**: 우리의 빠르고 깨끗한 선박은 노스캐롤라이나 해안 전체에서 운항한다.
4. **기술**: 우리의 선박은 고객이 편안하게 '단지 낚시만 하기보다 붙잡을 수 있도록' 최신 안전 및 어군 탐지 장치를 갖추고 있다.
5. **생존, 성장, 수익성**: 우리의 가격은 고객이 다시 찾고 소유자에게 합리적인 수익을 제공할 수 있도록 가능한 한 저렴하다.
6. **철학**: 모든 우리 선박의 좌우명은 황금률을 따르는 것이기에 고객에게 최선의 예의와 배려를 보장한다.
7. **독특한 역량**: 고객의 즐거움과 안전을 위해 우리는 업계에서 가장 경험이 풍부한 직원을 제공한다.
8. **공공 이미지**: 우리의 선박은 배출 친화적인 엔진을 사용한다. 우리는 사업을 수행하는 모든 지역사회에 재방문 관광객을 불러들이도록 힘써 노력한다.
9. **직원**: 우리의 선장과 일등 항해사는 고객이 즐거운 시간을 보낼 수 있도록 '사명을 갖는다.'

출처: Meredith E. David, Forest R. David, & Fred R. David, "Mission Statement Theory and Practice: A Content Analysis and New Direction," *International Journal of Business, Marketing, and Decision Sciences* 7, no. 1 (Summer 2014): 95–109.

보트 낚시 회사의 각 요소별 사례를 보여준다. 이 회사의 고객은 '야외 애호가'라는 점에 유의하라. '고객'은 사명 선언문에 포함되어야 할 중요한 요소인데, 단지 고객이라는 단어만으로는 고객을 끌어들일 수 없으므로 충분하지도 적절하지도 않다. 선언문에는 목표 고객 집단을 정확히 밝힐 필요가 있다. 사실 표 2-4에서 보듯이 아홉 가지 구성 요소 모두가 고객 관점에서 작성되어야 한다. 예를 들어 '제품 또는 서비스' 요소와 관련하여 전세 보트 회사는 '평생의 추억'을 제공한다면서 제시하는 서비스의 '유용성'을 밝히고, '단지 낚시만 하는 것'을 좋아하지 않는 사람들의 관심을 끈다. 제품 또는 서비스 제공에서의 주요 경쟁우위를 드러내는 '독특한 역량' 요소와 관련해서는 '고객의 즐거움과 안전을 위해 우리는 업계에서 가장 경험이 풍부한 직원을 제공한다'고 밝힌다. 표 2-4의 각 요소별 사례를 통해 도출할 수 있는, 간결하고 고무적이며 모범적인 사명 선언문은 다음과 같다.

> 우리의 빠르고 깨끗한 심해 어선(제품) 선단은 야외 애호가(고객)에게 노스캐롤라이나 해안(시장)에서의 흥미진진한 낚시 모험을 제공합니다. 배출 친화적인 엔진(공공 이미지)과 최신 안전 및 어군 탐지 장치(기술)를 사용하며, 친절한 선장과 일등 항해사는 업계에서 가장 경험이 풍부합니다(독특한 역량). 고객이 '단지 낚시만 하기보다 붙잡게 해주는' 경험 많은 선장과 일등 항해사(직원)는 황금률을 따르고(철학) 고객에게 평생의 추억을 만들어줍니다. 또한 가능한 한 최저가를 부과하여 고객이 다시 찾도록 힘씁니다(생존, 성장, 수익성).

'생존, 성장, 수익성' 요소와 관련하여 상장기업의 경우 주주는 최소 4%의 연간 매출 성장을 기대하곤 한다. 그렇지 않으면 투자자들은 (보통) 이 정도의 성장률을 좇아 다른 주식으로 갈아탈지도 모른다. '철학' 요소와 관련하여 페이스북(Facebook)의 CEO인 마크 저커버그(Mark Zuckerberg)는 윤리 캡슐 2에서 보듯이 최근 '철학' 요소에만 초점을 맞추어 기업의 사명 선언문을 압축했다. 이 책의 저자들은 아홉 가지 구성 요소가 모두 중요하고 포함될 필요가 있지만 그중에서도 가장 중요한

윤리 캡슐 2 ETHICS CAPSULE

페이스북: 윤리와 진실성을 제고하기 위한 사명 수정

2018년 현재 페이스북의 CEO인 마크 저커버그는 '페이스북의 윤리적 문제를 고치기 위한' 사명을 수행 중이다. 저커버그는 "페이스북이 우리 도구의 오용을 막는 데 너무 많은 실수를 저질렀고, 2018년 나의 개인적 과제는 페이스북의 윤리적 이슈를 바로잡는 데 집중하는 것"이라고 말했다. 현재 20억 명 이상이 매달 페이스북에 로그인을 한다. 페이스북은 불쾌한 내용이나 가짜 뉴스를 허용하고 점점 더 사생활을 침해한다는 비판을 받고 있다.

2017년 6월, 페이스북은 공식적으로 기업의 사명을 '세상을 더 개방적이고 연결되게 만들기'에서 '사람들에게 공동체를 이루고 세상을 서로 더 가깝게 만들 힘을 주기'로 변경했다. 지구상에서 다섯 번째 부자인 저커버그는 새로운 사명을 발표하면서 "사람들에게 발언권을 주고 그들이 연결되게 하는 것만으로는 세상을 더 좋은 곳으로 만드는 데 충분치 않다"고 말했다. 사명을 변경하는 동시에 페이스북은 수많은 '복수 외설물' 사진과 부적절한 동영상, 기타 내용물을 삭제하고 있다. 페이스북은 매달 6,000만 명의 사용자가 새로 가입하는 가운데 나쁜 사람들을 걸러내기 위한 보안에 지출을 3배로 늘렸다. 페이스북 사용자는 2018년 말까지 30억 명이 될 것으로 보인다. 세계에서 가장 큰 소셜네트워크 사이트인 페이스북이 수상한 내용물, 나쁜 사용자, 잘못된 정보, 정치 선전, 폭력 동영상을 걸러내지 않는다며 입법자들은 거세게 비판하고 있다. 페이스북은 사명 변경에 따라 안전과 보안 이슈를 다루는 직원과 계약자의 수를 2018년 말까지 1만 명에서 2만 명으로 늘렸다. 새로운 사명의 일부로 저커버그는 개인 자산의 99%를 기부하겠다고 공약했다. 2017년에 그는 페이스북 공동체 회의에서 "우리는 미국에 있는 사람에 대해서만큼이나 인도, 중국, 나이지리아나 멕시코에 있는 사람들에 대해서도 관심을 갖는 그런 세상을 만들어야 한다"고 말했다. 페이스북의 새로운 사명은 친구가 친구를 소중히 여기는 글로벌 소셜네트워크 구축에 중점을 두고 있다.

Lucky Business/Shutterstock

친구와 함께 페이스북 하기

출처: Deepa Seetharaman, "Zuckerberg Vows to Work on Fixing Facebook," *Wall Street Journal*, (January 5, 2018): B1 & B2. Deepa Seetharaman, "Facebook Vows to Sacrifice Growth for Secure Operations," *Wall Street Journal*, (November 2, 2017): B3. Valentina Zarya, "Facebook's Secret Weapon," *Fortune*, (August 1, 2017): 26–28.

것은 '독특한 역량'이고 그다음으로 '고객'과 '철학'이 중요하다고 생각한다.

비전 선언문과 사명 선언문의 중요성(편익)

학습 목표 2-7
기업이 명확한 비전 선언문과 사명 선언문을 통해 얻는 이점을 알아본다.

사명 선언문에 대한 20년간 실증 연구의 메타 분석은 사명 선언문과 재무적 성과 척도 사이에 양의 관계가 있다고 결론을 내렸다.[7] 실제 현장에서 비전 선언문과 사명 선언문은 그 성격, 구성, 사용상 다양한 변형이 존재한다. 윌리엄 킹(William R. King)과 데이비드 클리랜드(David I. Cleland)는 조직이 다음과 같은 편익을 누리기 위해 서면 사명 선언문을 신중하게 개발할 것을 권장한다.

- 모든 직원/관리자가 기업의 목적 또는 존재 이유를 확실히 이해하도록 하기 위해
- 실행 가능한 전략의 수립에 활용되는 주요 내부 및 외부 요인의 우선순위를 정하는 데 기초를 제공하기 위해
- 자원 할당의 기초를 제공하기 위해
- 공통 목적을 중심으로 업무, 부서, 활동, 부문을 조직하는 데 기초를 제공하기 위해[8]

포괄적인 사명 선언문을 개발하는 것의 또 다른 편익은 그 과정을 통해 관리자들 사이의 상이한 관점이 드러나고 해소될 수 있다는 것이다. '우리의 사업은 무엇인가?'라는 질문은 논쟁을 촉발할 수 있다. 이 질문을 제기하면 종종 조직 내 전략가들 사이의 차이가 드러난다. 오랫동안 함께 일해와 서로 잘 안다고 생각한 사람들이 갑자기 근본적인 견해차가 있음을 깨달을지도 모른다. 예를 들면 대학의 사명 선언문 개발 과정에서 교육, 연구, 봉사의 상대적 중요성에 대한 교수진 사이의 상이한 관점이 드러나곤 한다. 조직이나 기업이 보다 구체적인 전략 수립 활동에 집중할 수 있으려면 중요한 이슈에 대해 협상, 절충, 궁극적인 동의가 선행될 필요가 있다.

비전 선언문과 사명 선언문에 관해 전략가들 사이의 상당한 견해차가 해소되지 않는다면 문제가 야기될 수 있다. 예를 들어 기업 사명에 관해 해소되지 않은 견해차는 WT그랜트(W. T. Grant)의 파산과 최종적인 청산의 이유 중 하나였다. 에드워드 스테일리(Edward Staley)와 루이스 루스텐베르거(Louis Lustenberger) 등의 최고경영진은 WT그랜트가 케이마트(Kmart)처럼 되어야 할지 JC페니(J.C. Penney)처럼 되어야 할지를 놓고 반대 입장을 고수했다. WT그랜트는 케이마트와 JC페니의 속성을 둘 다 채택하기로 결정했다. 이러한 절충은 엄청난 전략적 실수였다. 다시 말해 WT그랜트의 최고경영진은 비전과 사명의 이슈를 해소하지 못했고 결국 기업의 퇴출로 이어졌다.[9]

조직에 문제가 생겼을 때만 비전 선언문과 사명 선언문을 개발하는 경우가 아주 흔하다. 이는 물론 그러한 문서가 필요한 때이다. 난관에 처했을 때 비전 선언문과 사명 선언문을 개발하고 소통하면 확실히 좋은 결과를 가져올 수 있으며, 더 나아가 상황을 역전시킬 수도 있다. 그러나 문제가 생길 때까지 조직이 비전 선언문과 사명 선언문을 개발하지 않고 기다리는 것은 무책임한 경영이자 도박이다. 아래 드러커의 말처럼 '우리는 무엇이 되고 싶은가?', '우리의 사업은 무엇인가?'를 심각하게 물어볼 가장 중요한 시점은 기업이 성공하고 있을 때이다.

> 성공은 항상 그것을 달성한 바로 그 행위를 더는 쓸모없게 만들고, 항상 새로운 현실을 창출하며, 항상 새롭고 다른 문제를 낳는다. 동화만 "그들은 오래오래 행복하게 살았다"로 끝난다. 성공에 시비를 걸고 평지풍파를 일으키는 것은 결코 인기가 없다. 성공이 실패로 바뀌는 데에는 그리 오래 걸리지 않을 것이다. 머지않아 '우리의 사업은 무엇인가?'라는 질문에 대한 가장 성공적인 대답도 더 이상 쓸모없어진다.[10]

다부문 조직에서 전략가는 부문 단위가 각 부문의 비전 선언문과 사명 선언문 개발을 포함한 전략경영 과업(**사업 수준 전략**으로 불리기도 함)을 수행하도록 해야 한다. 각 부문은 기업 사명과 일관되고 이를 지원하는 부문 비전 선언문과 사명 선언문을 개발하는 데 부문 관리자와 직원들을 관여시켜야 한다. 명확한 비전과 사명을 마련함으로써 얻는 혜택을 표 2-5에 요약했다.

효과적인 비전 선언문과 사명 선언문을 개발하지 않는 조직은 기존 이해관계자와 잠재적인 이해관계자에게 자신을 호의적으로 제시할 기회를 잃게 된다. 모든 조직은 고객, 직원, 경영자를 필요로 하고, 대부분의 기업은 채권자, 공급자, 판매자를 필요로 한다. 비전 선언문과 사명 선언문은 중요한 내부 및 외부 이해관계자와 소통하는 데 효과적인 매개체이다. 전략경영의 도구로서 이러한 선언문의 주요 혜택은 기업의 궁극적인 목적을 구체화하는 것에서 비롯된다. 비전 선언문과 사명 선언문은 모든 직원과 관리자 사이에 내부적으로 공유되는 기대를 밝히고, 외부 구성원에 대해서는 고객이 요구하는 제품이나 서비스를 제공하는 데 기업이 장기적으로 책임 있고 윤리적인 행동을 하기 위해

표 2-5 명확한 비전과 사명을 마련함으로써 얻는 편익

- 모든 관리자와 직원 사이에 목적의 명확성을 확보한다.
- 내부 및 외부 평가, 목표 수립, 전략 개발, 대안 전략 선택, 정책 고안, 조직 구조 구축, 자원 할당, 성과 평가 등 모든 다른 전략기획 활동의 기반을 제공한다.
- 방향성을 제공한다.
- 기업의 모든 이해관계자에게 집중점을 제공한다.
- 관리자 사이의 견해차를 해소한다.
- 모든 관리자와 직원 사이의 공유되는 기대감을 촉진한다.
- 모든 이해관계자에게 가치와 의도감을 투영한다.
- 지원할 가치가 있는 조직화되고 동기부여된 조직을 투영한다.
- 더 높은 조직 성과를 달성한다.
- 모든 관리자와 직원 간에 시너지를 달성한다.

노력한다는 것을 드러낸다.

비전 선언문과 사명 선언문 개발 과정

사람들은 관여함으로써 조직에 더욱 열성적이 되기 때문에 가능한 한 많은 관리자가 비전 선언문과 사명 선언문 개발 과정에 참여해야 한다. 비전 선언문과 사명 선언문을 개발하기 위해 널리 사용하는 접근법에서는 먼저 (이 장 끝의 참고 문헌과 같은) 몇 가지 기사를 골라 모든 관리자에게 배경 정보로 읽으라고 한 뒤 조직을 위한 비전 선언문과 사명 선언문을 개별적으로 준비하라고 요청한다. 퍼실리테이터나 최고경영진은 이러한 선언문을 하나의 문서로 병합하고 그 초안을 모든 관리자에게 배포한다. 그런 다음 문서 개정을 위한 회의를 열고 문서를 수정·추가·삭제하게 한다. 모든 관리자가 최종 문서에 기여하고 지지하는 정도에 따라 조직은 더 쉽게 다른 전략 수립·실행·평가 등의 활동에 대한 관리자의 지원을 얻을 수 있다. 그러므로 비전 선언문과 사명 선언문을 개발하는 과정은 전략가가 기업의 모든 관리자에게 지원을 얻어내는 좋은 기회가 된다.

일부 조직은 관리자 토론 집단을 활용하여 기존 선언문을 개발하고 수정한다. 또 어떤 조직은 과정을 관리하고 초안 작성을 지원할 외부 컨설턴트나 퍼실리테이터를 고용한다. 때로는 그러한 선언문을 개발하는 데 전문성이 있고 선입견이 없는 외부인이 내부 집단이나 관리자 위원회보다 더 효과적으로 선언문 개발 과정을 관리할 수 있다.

사명 선언문 개발 과정이 효과적으로 관리된다면 직원과 고객 사이에 '감정적 유대감'과 '사명감'을 창출할 수 있다. 기업의 전략에 기여하고 추구할 전략에 지적으로 동의하는 것이 꼭 감정적 유대감을 가져오는 것은 아니다. 감정적 유대감이 없는 경우에는 수립된 전략이 실행되지 않을 수도 있다. 감정적 유대감은 각 개인이 기업의 저변에 흐르는 가치관과 행태에 내적으로도 동질감을 가져 지적인 동의와 전략에의 노력을 사명감으로 전환할 때 생긴다. 마케팅 및 판매 담당자를 사명 선언문 개발에 참여시키고 고객 관점에서 선언문을 작성함으로써 기업은 고객과의 감정적 유대감을 창출하고, 판매 담당자가 우수한 고객 서비스를 제공하는 '사명을 가질' 가능성을 높일 수 있다.

표 2-6 비평된 두 가지 사명 선언문

허쉬의 실제 사명 선언문

우리는 매일 허쉬 행복의(6) 달콤한 순간을(2) 세계에(3) 가져옵니다. (저자의 의견: 1, 4, 5, 7, 8, 9번 요소가 부족함)

허쉬를 위해 제안된 사명 선언문

우리는 세계에(3) 최상 품질의 초콜릿, 사탕, 스낵 제품을(2) 제공함으로써 모든 연령대와 라이프스타일의 고객에게(1) 서비스하는 것을 목표로 합니다. 우리는 로봇 공학과 사업 분석을(4) 사용하여 우리의 제품 제안을(5) 키우고 확장할 예정입니다. 우리는 우리가 활동하는 모든 커뮤니티(8), 특히 밀턴허쉬스쿨의 소년과 소녀를 지원하는 데 헌신합니다(6). 친절하고 잘 훈련된 직원을 통해(9) 우리는 고객에게 어디서나 허쉬 행복에(7) 감싸인 최고의 초콜릿을 제공합니다.

기준: 사명 선언문의 구성 요소

1. 고객
2. 제품 또는 서비스
3. 시장
4. 기술
5. 생존, 성장, 수익성에 관한 관심
6. 철학
7. 독특한 역량
8. 공공 이미지에 관한 관심
9. 직원에 관한 관심

출처: 다양한 기업 웹사이트 정보

학습 목표 2-8

다양한 조직의 사명 선언문을 평가하고 작성한다.

사명 선언문 평가 및 작성

사명 선언문은 해당 구성 요소에 대해 **제품**이나 **직원**과 같은 단어를 포함하는 것 이상의 내용을 제시해야 한다. 사명 선언문은 고객 지향적이고, 유익한 정보이며, 영감을 자극하고, 영속적일 뿐만 아니라, 이해관계자가 행동하도록 동기를 부여해야 하기 때문이다.

사명 선언문을 작성하고 평가하는 기술을 발전시키는 가장 좋은 방법은 실제 기업의 사명을 연구하는 것일 것이다. 이에 허쉬(Hershey)의 실제 사명 선언문을 요소별로 비평한 결과를 표 2-6에 제시했다. 허쉬의 사명은 너무 간결하고 애매하며, 아홉 가지 요소 중 여섯 가지가 빠져 있다.

요약

모든 조직에는 고유의 목적과 존재 이유가 있다. 이 독특성은 비전 선언문과 사명 선언문에 반영되어야 한다. 한 기업의 핵심 가치, 비전, 사명의 성격은 그 기업의 경쟁우위 또는 경쟁열위를 보여줄 수 있다. 조직은 전략가, 관리자, 직원이 명확한 핵심 가치, 비전, 사명을 개발하고 소통할 때 높은 목적의식을 성취할 수 있다. 피터 드러커는 명확한 사업 비전과 사명 개발이 '전략가의 첫 번째 책임'이라고 말한다.

훌륭한 사명 선언문은 조직의 고객, 제품 또는 서비스, 시장, 기술, 생존·성장·수익성에 관한 관

전략가를 위한 시사점

그림 2-2는 효과적인 비전과 사명을 확립하고 양성하는 것이 경쟁우위를 확보하고 유지하는 첫 번째 필수 단계임을 보여준다. 기업은 고객을 유치하고 유지함으로써 성공하며, 이를 위해 고객에게 독특한 경험, 제품 또는 서비스를 통한 가치를 제공해야 한다. 기업은 사명 선언문의 '독특한 역량' 요소에서 제시되는 그들만의 독특성을 양성한다. 기업은 경쟁우위를 유지하기 위해 고객의 변화하는 수요와 욕구를 지속적으로 평가하고 제품과 서비스의 설계와 전달에 적절한 조정을 가한다. 효과적인 비전 선언문과 사명 선언문 없이는 기업의 어떤 단기적 행동이 장기적인 이익에는 역효과를 낳을 수도 있기 때문에 명확한 사업 비전과 사명을 개발하고 소통하는 것이 필수적이다. 명확한 비전과 사명은 고객, 직원, 주주를 위한 노력이 동시에 기업의 성공을 위한 '임무 수행'이 되도록 모든 관련 활동의 방향성을 제시한다.

비전 선언문과 사명 선언문은 단지 액자에 끼우거나 새겨놓았을 때 멋져 보이는 말이 아니다. 비전 선언문과 사명 선언문은 전략과 행동을 위한 기반을 마련하고 기업이 매일 문을 여는 이유, 판매원이 파는 이유, 고객이 사는 이유, 직원이 일하는 이유를 드러낸다. 이러한 선언문은 이상적으로 기업의 저변에 깔린 열정이고, 직원의 사기를 북돋는 토대이며, 고객 충성도의 밑거름이다. 고객 관점에서 작성되고 고객과의 구두 및 서면 소통 모두에 포함된 선언문은 고객을 유치하고 유지하는 데 사용될 수 있다. 비전 선언문과 사명 선언문은 중요하다. 기업의 기본적인 비전, 사명, 자원을 염두에 두고 마케팅 담당자는 프로젝트를 추진하고 관리자는 일상적인 의사결정을 한다. 관리자는 매일 직원들에게 동기부여를 하기 위해 열심히 일한다. 경영자는 많은 이해관계자에게 기업이 호의적으로 비춰지게 하는 임무를 수행한다. 명확한 비전과 사명은 기업이 고객 기반과 경쟁우위를 확보하고 유지하며 성장시키도록 힘쓸 때 전략가가 그 길을 이끌 수 있게 해준다.

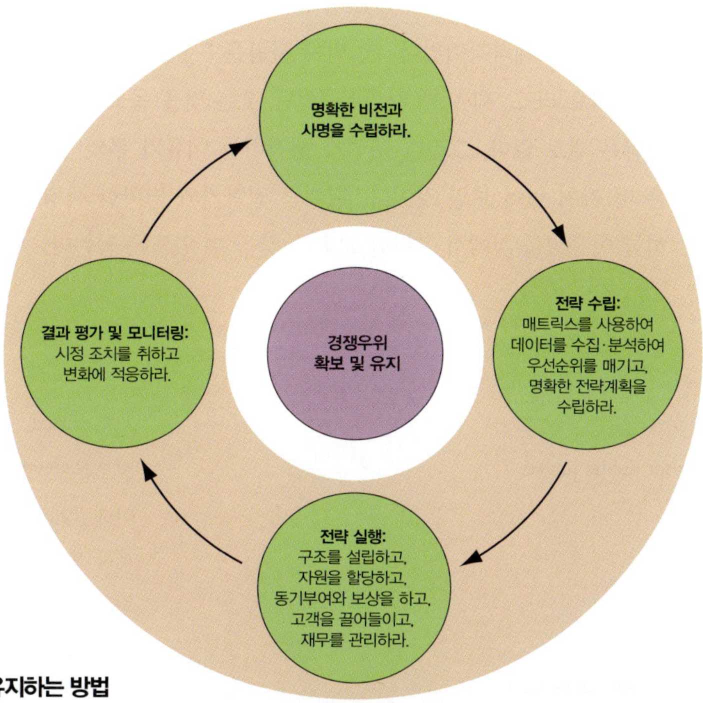

그림 2-2 경쟁우위를 확보하고 유지하는 방법

학생을 위한 시사점

경쟁우위를 확보하고 유지하는 것은 전략경영의 본질이기 때문에 사례 연구의 한 부분으로 비전 선언문과 사명 선언문을 제시할 때는 '독특한 역량' 요소를 고심하는 것을 잊지 말라. 당신의 제안이나 전략계획이 어떻게 경쟁우위를 확보하고 지속되게 할 것인지를 명확하게 보여주기 위해 당신이 권고하는 비전 선언문과 사명 선언문을 해당 기업의 기존 선언문, 경쟁기업의 선언문과 비교해보라. 당신이 제안하는 사명 선언문은 명확히 열 가지 특성과 아홉 가지 구성 요소를 포함하고 있어야 하지만 비전과 사명에 관한 논의에서는 경쟁우위에 초점을 맞추어라. 다시 말해 처방적이고 미래 지향적이며 통찰력이 있되, 해당 기업이 어떻게 경쟁우위를 가장 잘 확보하고 유지할 수 있다고 믿느냐는 측면에서 비전 또는 사명의 개요를 설명하라. 당신의 분석에 포함하는 것이 좋기는 하지만, 당신이 제안하는 선언문과 경쟁기업의 선언문에 대해 아홉 가지 구성 요소를 비교하는 것만으로 만족하면 안 된다.

심, 철학, 독특한 역량, 공공 이미지에 관한 관심, 직원에 관한 관심을 드러낸다. 이 아홉 가지 기본 구성 요소는 사명 선언문을 평가하고 작성하는 데 실용적인 프레임워크 역할을 한다. 전략경영의 첫 단계로서 비전 선언문과 사명 선언문은 모든 기획 활동을 위한 방향성을 제시한다. 뒤의 미니 사례에서 보듯이 언더아머(Under Armour)의 비전 선언문과 사명 선언문마저도 향상될 수 있다.

잘 설계된 비전 선언문과 사명 선언문은 전략 수립·실행·평가에 필수적이다. 명확한 사업 비전과 사명을 개발하고 소통하는 것은 전략경영에서 가장 흔히 간과되는 과업이다. 비전과 사명에 대한 명확한 선언문이 없으면 기업의 어떤 단기적 행동이 장기적인 이익에는 역효과를 낳을 수도 있다. 비전 선언문과 사명 선언문은 언제나 개정할 수 있어야 하지만, 주의 깊게 마련한다면 주요한 변경은 드문 일일 것이다. 비전 선언문과 사명 선언문은 실행할 다양한 전략에 대해 관리자들이 서로 다른 관점을 제기할 때 지침 역할을 하고 자주 검토되어야 한다. 조직은 보통 비전 선언문과 사명 선언문을 매년 재검토한다. 효과적인 비전 선언문과 사명 선언문은 시간의 검증을 견뎌낸다.

핵심 가치 선언문, 비전 선언문, 사명 선언문은 전략가에게 필수적인 도구이다. 이러한 사실은 포르쉐(Porsche)의 전 CEO인 피터 슐츠(Peter Schultz)가 했던 짧은 이야기에 담겨 있다.

> 세 사람이 큰 교회를 짓고 있었다. 모두가 같은 일을 했는데 세 사람에게 무슨 일을 하느냐고 물었더니 대답이 제각각이었다. 첫 번째 사람은 "시멘트를 부어요"라고 대답했다. 두 번째 사람은 "돈을 벌지요"라고, 세 번째 사람은 "성당 짓는 것을 돕고 있어요"라고 말했다. 교회를 지을 수 있는 사람은 별로 없다. 그러나 우리가 생각하는 이유가 무엇이든, 교회를 그려볼 수 있는 만큼 그 일은 더 가치 있어 보일 것이다. 뛰어난 전략가와 명확한 사명은, 그렇지 않다면 암담한 이슈와 공허한 이유였을 것에서 그러한 교회를 찾을 수 있도록 돕는다.[11]

핵심 용어 및 개념

고객customer
공공 이미지에 관한 관심concern for public image
기술technology
독특한 역량distinctive competence
비전 선언문vision statement
사명 선언문mission statement
사명 선언문 구성 요소mission statement component
생존, 성장, 수익성에 관한 관심concern for survival, growth, and profitability
시장market
신조문creed statement
이해관계자stakeholder
제품 또는 서비스product or service
조화력reconciliation
직원에 관한 관심concern for employees
철학philosophy
핵심 가치 선언문core values statement

복습 및 토론 문제

2-1 이 장의 귀감이 되는 전략가는 페덱스 창립자이자 CEO인 프레더릭 W. 스미스이다. 그의 개인적인 사명 선언문은 기업의 사명 선언문과 얼마나 일치할 것이라고 또는 일치해야 한다고 생각하는가?

2-2 윤리 캡슐 2에서는 사명을 더 윤리적으로 수정하고 있는 페이스북을 다루었다. 페이스북의 회장 마크 저커버그의 개인적인 사명 선언문은 기업의 사명 선언문과 얼마나 일치할 것이라고 또는 일치해야 한다고 생각하는가?

2-3 '생존, 성장, 수익성' 요소와 관련하여 상장기업의 경우 주주는 최소 4%의 연간 매출 성장을 기대하는데, 왜 그런지 이유를 설명하라.

2-4 비전 선언문과 관련된 '5점 만점의 5점' 테스트에 대해 설명하라.

2-5 http://www.themarketingblender.com/vision-mission-statements/에서는 비전을 '꿈꾸는 부분'으로, 사명을 '실행하는 부분'으로 정의한다. 이러한 구분은 얼마나 효과적인가?

2-6 직원, 고객, 주주와 비교하여 관리자의 경우 비전 및 사명 문서의 상대적인 중요성이 어떠한지 설명하라.

2-7 '조화력'을 정의하고, 어떻게 이 특성이 사명 선언문에서 충족될 수 있는지 예를 들라.

2-8 사명 선언문 구성 요소 중 기업의 경쟁우위를 가장 밀접하게 드러내는 것은 무엇인지 예를 들어 설명하라.

2-9 스토크스아이클리닉(Stokes Eye Clinic)의 비전 선언문은 "우리의 비전은 당신의 비전을 돌보는 것"이다. 이 비전 선언문을 비평하라.

2-10 대학의 고객은 학생이다. 기관의 시장 요소가 고객 관점에서 드러나도록 모교의 사명 선언문에 포함될 수 있는 한 문장을 작성하라.

2-11 훌륭한 사명 선언문 중에는 아홉 가지 요소를 포함하면서도 단 두 문장으로 이루어진 것도 있다. 한 기업을 선택하여 두 문장으로 사명 선언문을 작성하라.

2-12 기업은 어떻게 기업의 사명과 직원의 사명을 가장 잘 일치시킬 수 있다고 생각하는가?

2-13 사명 선언문을 일컫는 또 다른 명칭은 무엇인가? 또한 기업의 사명 선언문은 어디서 찾아볼 수 있는가?

2-14 당신의 기업에 비전 선언문이나 사명 선언문이 없다면 이러한 문서를 개발하는 데 적합한 과정을 설명하라.

2-15 사명 선언문을 개발하는 것이 기업 관리자들 사이의 상이한 관점을 해소하는 데 어떻게 도움이 되는지 설명하라.

2-16 피터 드러커는 기업의 비전과 사명을 심각하게 재검토할 가장 중요한 시점은 기업이 성공하고 있을 때라고 말했다. 왜 그런가?

2-17 사명 선언문에 금액, 숫자, 백분율, 비율, 목적 또는 목표를 포함하지 말아야 하는 이유를 설명하라.

2-18 "우수한 사명 선언문은 고객에 대한 기업 제품의 유용성을 밝힌다." 이 말의 의미를 설명하라.

2-19 사명 선언문의 '독특한 역량' 요소와 '철학' 요소를 비교하여 설명하라. 모교에 대한 각각의 예를 들라.

2-20 무언가를 달성하기 위해 '사명을 가지고 있는' 어떤 사람이나 기업은 쉽게 포기하지 않는다. 당신이 삶에서 성취하고자 하는 사명 세 가지를 중요한 순서대로 열거하라.

2-21 구성과 중요성의 관점에서 비전 선언문과 사명 선언문을 비교하여 설명하라.

2-22 동네 주유소는 비전 선언문과 사명 선언문을 작성할 필요가 있는가? 왜 그렇게 생각하는지 이유를 설명하라.

2-23 포괄적인 사명을 가진 조직은 왜 고성과를 내는 경향이 있는가? 포괄적인 사명을 가지면 고성과를 얻을 수 있는가?

2-24 모교의 독특한 역량은 무엇인가? 당신은 그것을 사명 선언문에 어떻게 서술하겠는가?

2-25 비전 선언문과 사명 선언문의 주요 가치에 대해 설명하라.

2-26 사명 선언문에 조화력이 있는 것은 왜 중요한가?

2-27 사명 선언문을 작성할 때 포함해야 할 요소 중 가장 중요한 세 가지는 무엇이라고 생각하는가? 그 이유는 무엇인가?

2-28 영리 조직과 비영리 조직의 사명 선언문은 어떻게 다른가?

2-29 한 조직을 선택하여 비전 선언문과 사명 선언문을 작성하라.

2-30 당신이 거래하는 은행의 주요 이해관계자는 누구인가? 그러한 이해관계자의 주된 요구는 무엇인가?

2-31 명확한 사명 선언문이 있을 때의 여덟 가지 혜택을 열거하라.

2-32 기업의 비전 선언문과 사명 선언문을 얼마나 자주 변경해야 한다고 생각하는가?

2-33 비전 선언문의 품질을 평가하는 데 사용할 수 있는 네 가지 특성은 무엇인가?

2-34 비전 선언문과 사명 선언문을 확립할 때 핵심 가치의 중요성을 설명하라.

2-35 사명 선언문 구성 요소 중 저자가 가장 중요하다고 꼽은 세 가지를 우선순위에 따라 열거하라.

확인 학습

SET 1 코카콜라의 전략기획

연습 2A

코카콜라의 개선된 비전 선언문 개발하기

목적

코카콜라의 비전 선언문은 기업 웹사이트에 게재되어 있다. 이 연습에서는 코카콜라의 비전 선언문을 평가하고, 코카콜라를 위해 새롭게 개선된 비전 선언문을 개발해본다.

설명

1단계 1장의 연결 사례에서 비전과 사명을 참조하라. 코카콜라 웹사이트에서 'Our Company'에 이어 'Purpose & Vision'을 클릭하라. 코카콜라의 비전 선언문을 찾아 복사한 다음 이를 자기 컴퓨터의 워드프로세싱 파일에 붙여넣는다.

2단계 이 장에 제시된 지침에 따라 코카콜라를 위한 개선된 비전 선언문을 작성하라.

3단계 자신의 비전 선언문이 기존의 비전 선언문보다 얼마나 더 나은지 또는 왜 더 나은지 한 문단으로 설명하라.

4단계 자신이 개발한 비전 선언문을 강사에게 제출하여 평가를 받으라.

연습 2B

코카콜라의 개선된 사명 선언문 개발하기

목적

코카콜라의 사명 선언문은 기업 웹사이트에 게재되어 있다. 이 연습에서는 코카콜라의 사명 선언문을 평가하고, 코카콜라를 위해 새롭게 개선된 사명 선언문을 개발해본다.

설명

1단계 1장의 연결 사례에서 비전과 사명을 참조하라. 코카콜라 웹사이트에서 'Our Company'에 이어 'Purpose & Vision'을 클릭하라. 코카콜라의 사명 선언문을 찾아 복사한 다음 이를 자기 컴퓨터의 워드프로세싱 파일에 붙여넣는다.

2단계 이 장에 제시된 지침에 따라 코카콜라를 위한 개선된 사명 선언문을 작성하라.

3단계 자신의 사명 선언문이 기존의 사명 선언문보다 얼마나 더 나은지 또는 왜 더 나은지 한 문단으로 설명하라.

4단계 자신이 개발한 사명 선언문을 강사에게 제출하여 평가를 받으라.

연습 2C

코카콜라의 사명 선언문을 경쟁기업과 비교하기

목적

사명 선언문은 전략 수립·실행·평가를 위한 방향성을 제공하기 때문에 전략경영에서 필수적인 부분이다. 이 연습에서는 좋은 사명 선언문 작성의 전제 조건이 되는 기술인 사명 선언문 평가를 실습해볼 것이다. 코카콜라의 사명 선언문은 기업 웹사이트에 게재되어 있다.

설명

1단계 워드프로세싱 문서에서 9×2 행렬을 준비하라. 왼쪽 세로 열에는 아홉 가지 사명 선언문 구성 요소를 배치하고, 상단 가로 열에는 코카콜라와 펩시코(또는 닥터페퍼스내플)를 배치하라.

2단계 두 사명 선언문이 고객 관점에서 작성된 해당 사명 선언문 구성 요소를 포함하고 있는지 여부를 각각의 칸에 '포함됨' 또는 '포함되지 않음'으로 표시하라. 자신의 의견이 타당하다는 것을 밝혀라.

3단계 자신이 작업한 것을 강사에게 제출하여 평가를 받으라.

SET 2 모교의 전략기획

연습 2D

모교의 비전 선언문과 사명 선언문을 경쟁기관의 것과 비교하기

목적

대부분의 대학에는 비전 선언문과 사명 선언문이 있다. 이 연습의 목적은 비전 선언문과 사명 선언문의 효과성을 비교해보는 것이다. 모교(또는 경영대학) 관점에서 경쟁기관과 비교해본다.

설명

1단계 모교에 비전 선언문이나 사명 선언문이 있는지 확인하라. 대학 홈페이지 또는 대학 요람의 앞부분을 보라. 이 장에 제시된 개념에 비추어 모교의 비전 선언문과 사명 선언문을 분석하라.

2단계 모교의 비전 선언문과 사명 선언문을 주요 경쟁기관의 것과 비교하라.

3단계 이 장에 제시된 열 가지 특성과 아홉 가지 구성 요소를 바탕으로 비전 선언문과 사명 선언문을 분석하여 1쪽 분량으로 요약하라.

SET 3 취업 역량 제고를 위한 전략기획

연습 2E

자신의 비전 선언문과 사명 선언문 개발하기

목적

개인적인 비전 선언문과 사명 선언문은 개인의 직업 관련 의사결정이나 진로에 도움이 될 수 있다. 이 연습에서는 개인적인 관점에서 비전 선언문과 사명 선언문을 개발하고 작성해본다. 졸업을 앞둔 대학생이라면 대부분이 취업 역량 의사결정에 직면할 것이다. 비전 선언문과 사명 선언문을 개발하는 과정에서 개인은 자신의 기술과 능력의 본질 및 범위에 대해 생각하고, 미래의 직업 기회와 활동의 잠재적 매력도를 평가하게 된다. 비전 선언문과 사명 선언문은 인생의 미래 방향에 대한 대략적인 계획으로서 동기를 부여하는 자극으로 작용한다. 또한 개인이 왜 아침마다 일어나고 열심히 일하는지 끊임없이 상기시킨다.

설명

1단계 자신의 직업 비전 선언문을 개발하라. 이러한 선언문은 '향후 3~5년 동안 나는 직업적으로, 개인적으로 어디서 무엇을 하고 싶은가?'라는 질문에 답해야 한다.

2단계 자신의 직업 사명 선언문을 개발하라. 이러한 선언문은 '향후 1~3년 동안 나는 직업적으로, 개인적으로 무엇을 성취하고 싶은가?'라는 질문에 답해야 한다.

SET 4 개인과 집단의 전략기획

연습 2F

사명 선언문의 아홉 가지 요소 각각의 상대적인 중요성은 무엇인가?

목적

연구에 따르면 사명 선언문이 효과를 잘 발휘하려면 아홉 가지 구성 요소가 모두 포함되어야 한다. 회사나 조직에 따라 일부 구성 요소가 다른 구성 요소보다 더 중요할 수 있다. 저자의 경험을 바탕으로 이 연습은 모범적인 선언문에 포함하도록 권장되는 아홉 가지 사명 선언문 구성 요소의 상대적인 중요성을 보여준다.

이 연습을 통해 사명 선언문의 구성 요소를 얼마나 잘 이해하고 있는지 점검해보고, 개인의 의사결정이 집단의 의사결정보다 더 나은지도 확인해볼 수 있다. 학술 연구에 따르면 집단은 개인보다 약 80% 확률로 더 나은 의사결정을 내릴 수 있다.

설명

상대적 중요성에 따라 아홉 가지 사명 선언문 구성 요소에 순위를 부여하라(1: 가장 중요함, 9: 가장 덜 중요함). 먼저 각 개인이 개별적으로 순위를 지정한 뒤 3명으로 구성된 집단별로 순위를 지정한다. 따라서 강사가 지정한 순위와 가장 유사한 순위를 만들어낸 개인과 집단을 확인할 수 있다. 그 결과를 통해 전략기획에서의 의사결정에 대해 개인과 집단의 상대적 효율성을 비교할 수 있다.

단계

1. 아홉 가지 구성 요소의 상대적 중요성에 대해 자신이 부여한 순위를 표 2–7의 1열에 기입하라(1: 가장 중요함, 9: 가장 덜 중요함). 예를 들어 고객 요소가 다섯 번째로 중요하다고 생각한다면 5를 기입한다.
2. 집단 차원에서 아홉 가지 구성 요소의 상대적 중요성에 부여한 순위를 표 2–7의 2열에 기입하라(1: 가장 중요함, 9: 가장 덜 중요함).
3. 강사가 아홉 가지 구성 요소의 상대적 중요성에 부여한 순위를 표 2–8의 3열에 기입하라.
4. 1열과 3열의 차이를 표 2–7의 4열에 기입하라. 이는 개인적 순위 평가가 얼마나 잘 수행되었는지를 나타낸다. (절댓값이므로 마이너스 부호는 무시해도 된다.)
5. 2열과 3열의 차이를 표 2–7의 5열에 기입하라. 이는 집단의 순위 평가가 얼마나 잘 수행되었는지를 나타낸다.
6. 4열의 합계와 5열의 합계를 구하라.
7. 4열의 합계와 5열의 합계를 비교하라. 4열의 합계가 5열의 합계보다 적으면 집단보다 개인이 더 적절하게 평가한 것으로 볼 수 있다. 일반적으로는 개인의 의사결정보다 집단의 의사결정이 우월하다.
8. 4열의 합계가 가장 낮은 개인이 최고의 성과를 거둔 것이다.
9. 여러 집단이 참여했다면 5열의 합계가 가장 낮은 집단이 최고의 성과를 거둔 것이다.

표 2–7 사명 선언문 분석: 개인 대 집단

구성 요소	1열	2열	3열	4열	5열
1. 고객					
2. 제품 또는 서비스					
3. 시장					
4. 기술					
5. 생존, 성장, 수익성에 관한 관심					
6. 철학					
7. 독특한 역량					
8. 공공 이미지에 관한 관심					
9. 직원에 관한 관심					
총합					

포드자동차

MINI-CASE

포드의 미래 비전과 현재 사명을 평가하라

미국 미시간주 디어본에 본사를 둔 포드는 제너럴모터스에 이어 미국에서 두 번째로 크고 세계에서 다섯 번째로 큰 자동차 제조업체이다. 포드는 전기자동차가 전 세계적으로 급속히 관심을 끌고 있다는 것을 감안하여 비전과 사명의 변경을 고려하고 있다. 포드는 미국 전역의 어느 주유소에서든 주유를 하거나 전기를 충전할 수 있는 날이 곧 올 것이라고 예측한다. 포드는 전기 제품 제공에서는 거의 모든 자동차 제조업체보다 뒤처져서 시장을 잃고 있다. 주유 또는 충전 시나리오는 세계 일부 지역에서 이미 실현되었다. 향후 포드의 생존은 비전 선언문과 사명 선언문의 평가에 달려 있을지도 모른다.

Probst/Alamy Stock Photo

현재의 비전 선언문

자동차와 이동성의 리더십을 통해 삶을 개선하는, 비효율성 없는 글로벌 기업으로서 함께 일하는 사람들

제안된 비전 선언문

자동차 운송의 혁신과 고객, 직원, 환경에 대한 서비스를 통해 글로벌 자동차 산업의 리더가 되는 것

기준: 비전 선언문의 특성

1. 명확함: 산업의 종류 밝히기
2. 미래형: 기업이 이루고자 힘써 노력하는 것 밝히기
3. 간결함: 한 문장 길이
4. 독특함: 기업의 경쟁우위 드러내기
5. 영감적: 읽는 사람이 기업을 지지하도록 동기부여하기

제안된 사명 선언문

포드는 고객의 요구를 충족하는(1) 운송 품질 혁신을 만들어내는(2) 글로벌 자동차 산업의(3) 리더가 되기 위해 힘써 노력한다. 우리는 운송을 통해 변화와 사회 연결성을 촉진하기 위해(6) 전기 배터리를 비롯한 최신 기술에 적응하는 데 전념한다(4, 7). 고도로 훈련받은 우리의 전문 인력은(9) 우리 커뮤니티의 환경적 책임성과 지속가능성에 대한 약속을 지키는 한편(6, 8), 지속적인 성장과 수익성을 향한 노력을 지원한다(5).

기준: 사명 선언문의 구성 요소

1. 고객
2. 제품 또는 서비스
3. 시장
4. 기술
5. 생존, 성장, 수익성에 관한 관심
6. 철학
7. 독특한 역량
8. 공공 이미지에 관한 관심
9. 직원에 관한 관심

문제

1. 제안된 비전 선언문이 포드의 실제 비전 선언문보다 더 나은 세 가지 측면은 무엇인가? 현재의 비전 선언문 또는 제안된 비전 선언문은 5점 만점 테스트를 충족하는가? 그렇지 않다면 새로운 비전 선언문을 작성하라.
2. 제안된 사명 선언문은 이 장에 제시된 열 가지 특성을 얼마나 충족하고 아홉 가지 구성 요소를 얼마나 포함하는지 평가하라.

출처: http://corporate.ford.com/company.html?gnav=footer-aboutford의 정보와 다양한 자료원

웹 참고 자료

1. http://www.themarketingblender.com/vision-mission-statements/
   이 웹사이트는 50개 이상의 비전 선언문 사례를 제공한다.
2. https://www.executestrategy.net/wp-content/uploads/2016/06/100-of-the-worlds-best-vision-statements.pdf
   이 웹사이트는 100여 개의 비전 선언문 사례를 제공한다.
3. https://www.missionstatements.com/fortune_500_mission_statements.html
   이 웹사이트는 《포천(Fortune)》 500대 기업의 사명 선언문을 100개 이상 제공한다.
4. http://www.alessiobresciani.com/foresight-strategy/51-mission-statement-examples-from-the-worlds-best-companies/
   이 웹사이트는 51개 세계 선도 기업의 사명 선언문을 제공한다.

참고 문헌

Daspit, Joshua J., James J. Chrisman, Pramodita Sharma, Allison W. Pearson, and Rebecca G. Long. "A Strategic Management Perspective of the Family Firm: Past Trends, New Insights, and Future Directions." *Journal of Managerial Issues* 29, no. 1 (Spring 2017): 6–29.

David, Fred R., Forest R. David, and Meredith E. David. "Benefits, Characteristics, Components, and Examples of Customer-Oriented Mission Statements." *International Journal of Business, Marketing, and Decision Sciences* (IJBMDS) 9, no. 1 (Fall 2016): 1–14.

David, Meredith E., Forest R. David, and Fred R. David. "Mission Statement Theory and Practice: A Content Analysis and New Direction." *International Journal of Business, Marketing, and Decision Sciences* (IJBMDS) 7, no. 1 (Summer 2014): 95–109.

Eshima, Yoshihiro, and Brian S. Anderson. "Firm Growth, Adaptive Capability, and Entrepreneurial Orientation." *Strategic Management Journal* 38, no. 3 (March 2017): 770–779.

Levine, Sheen, Mark Bernard, and Rosemarie Nagel. "Strategic Intelligence: The Cognitive Capability to Anticipate Competitor Behavior." *Strategic Management Journal* 38, no. 12 (December 2017): 2390–2423.

Rodríguez, Omar, and Sundar Bharadwaj. "Competing on Social Purpose: Brands That Win By Tying Mission to Growth." *Harvard Business Review* 95, no. 5 (September–October 2017): 94–101.

Saarikko, Ted, Ulrika H. Westergren, and Tomas Blomquist. "The Internet of Things: Are You Ready for What's Coming?" *Business Horizons* 60, no. 5 (September 2017): 667–676.

미주

1. Brian Dumaine, "What the Leaders of Tomorrow See," *Fortune* (July 3, 1989): 50.
2. Peter Drucker, *Management: Tasks, Responsibilities, and Practices* (New York: Harper & Row, 1974), 61.
3. John Pearce II, "The Company Mission as a Strategic Tool," *Sloan Management Review* 23, no. 3 (Spring 1982): 74.
4. George Steiner, *Strategic Planning: What Every Manager Must Know* (New York: The Free Press, 1979): 160.
5. Raj Devasagayam, Nicholas R. Stark, and Laura Spitz Valestin, "Examining the Linearity of Customer Satisfaction: Return on Satisfaction as an Alternative," *Business Perspectives and Research* 1, no. 2 (January 2013): 1. Xueming Luo, Jan Wieseke, and Christian Homburg, "Incentivizing CEOs to Build Customer- and Employee-Firm Relations for Higher Customer Satisfaction and Firm Value," *Journal of the Academy of Marketing Science* 40, no. 6 (2012): 745.
6. Meredith E. David, Forest R. David, and Fred R. David, "Mission Statement Theory and Practice: A Content Analysis and New Direction," *International Journal of Business, Marketing, and Decision Sciences* 7, no. 1 (Summer 2014): 95–109.
7. Sebastian Desmidt, Anita Prinzie, and Adelien Decramer, A. "Looking for the Value of Mission Statements: A Meta-Analysis of 20 Years of Research," *Management Decision* 49, no. 3 (2011): 468.
8. W. R. King and D. I. Cleland, *Strategic Planning and Policy* (New York: Van Nostrand Reinhold, 1979): 124.
9. "How W. T. Grant Lost $175 Million Last Year," *Business Week* (February 25, 1975): 75. Drucker, *Management*, 88.
10. Drucker, *Management: Tasks, Responsibilities, and Practices*, 88.
11. http://ezinearticles.com/?Elements-of-a-Mission-Statement&id=3846671

3

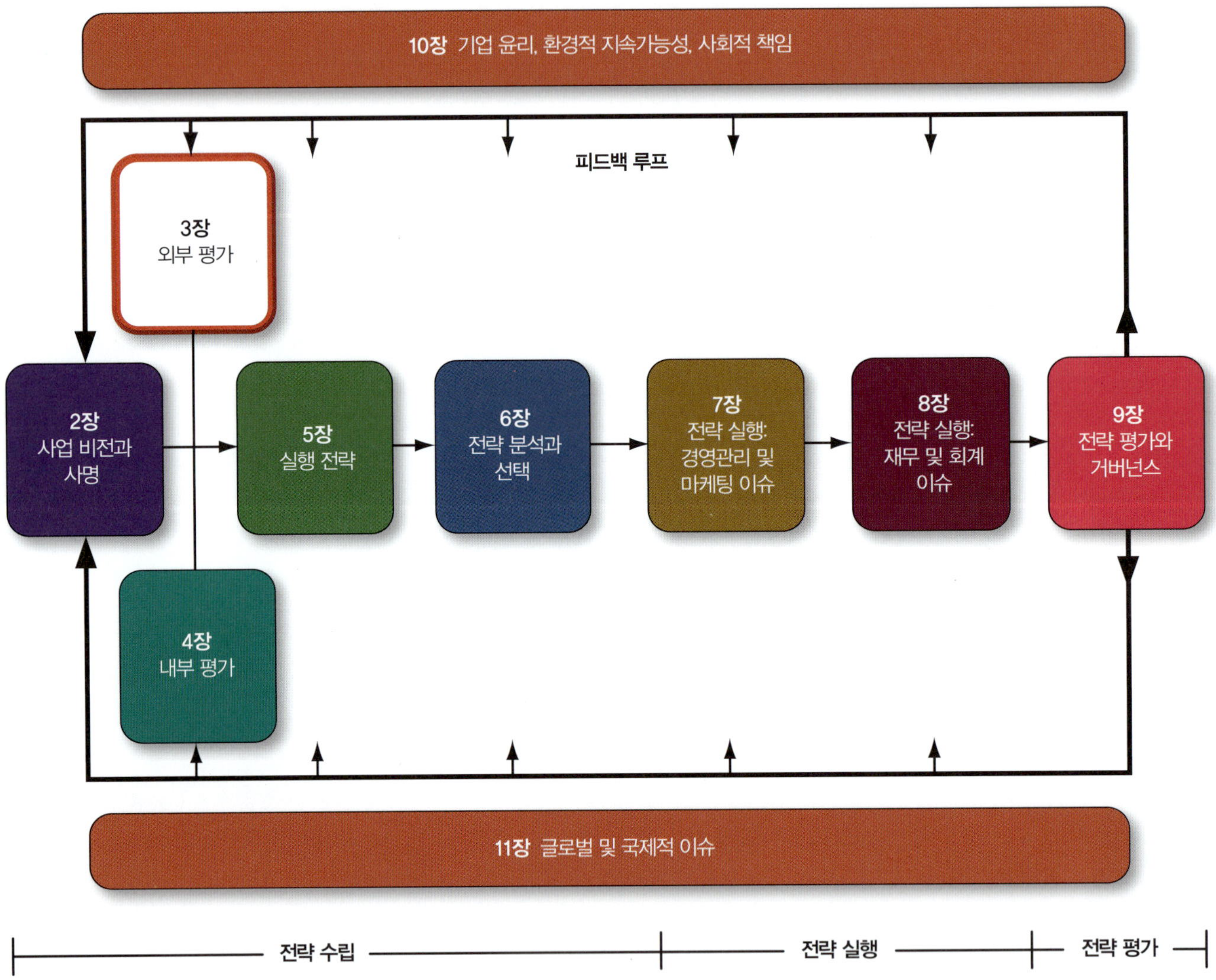

그림 3-1 포괄적·통합적 전략경영 모델

출처: Fred R. David, "How Companies Define Their Mission," *Long Range Planning* 22, no. 1 (February 1989): 91. Anik Ratnaningsih, Nadjadji Anwar, Patdono Suwignjo, and Putu Artama Wiguna, "Balance Scorecard of David's Strategic Modeling at Industrial Business for National Construction Contractor of Indonesia," *Journal of Mathematics and Technology*, no. 4 (October 2010): 20.

외부 평가

학습 목표

3-1 전략 수립 시 외부 평가의 성격과 목적을 이해한다.

3-2 조직에 영향을 미치는 열 가지 외부 영향요인을 파악한다.

3-3 포터의 5-경쟁요인 모델을 알아보고 전략 수립 시 이 모델의 관련성을 이해한다.

3-4 기회와 위협을 파악하기 위한 정보의 주요 출처를 알아본다.

3-5 예측 도구와 기법에 대해 알아본다.

3-6 외부 요인 평가(EFE) 매트릭스를 개발하고 사용하는 방법을 이해한다.

3-7 경쟁 프로필 매트릭스(CPM)를 개발하고 사용하는 방법을 이해한다.

확인 학습

SET 1 코카콜라의 전략기획

연습 3A 코카콜라의 EFE 매트릭스 개발하기

연습 3B 코카콜라의 경쟁 프로필 매트릭스 개발하기

SET 2 모교의 전략기획

연습 3C 모교의 EFE 매트릭스 개발하기

연습 3D 모교의 경쟁 프로필 매트릭스 개발하기

SET 3 취업 역량 제고를 위한 전략기획

연습 3E 전국에 비해 자신이 사는 지역은 직장을 구하는 데 얼마나 경쟁력이 있는가?

연습 3F 잡코리아, 사람인, 워크넷 비교하기

연습 3G 양식 역량 테스트

SET 4 개인과 집단의 전략기획

연습 3H 전략기획에서 가장 중요한 외부 영향요인은 무엇인가?

다음 이야기에 잘 드러나 있듯이 기업과 조직은 끊임없이 외부의 불확실성에 대처하고 생존을 위해 변화에 신속히 적응해야 한다.

옛날에 같은 업계에서 경쟁하는 두 회사의 사장이 있었다. 두 사장은 합병 가능성을 논의하기 위해 캠핑 여행을 가기로 했다. 숲속 깊이 들어간 그들 앞에 갑자기 사나워 보이는 회색곰이 나타났다. 이때 한 사장이 배낭을 벗고 조깅화를 꺼내 신자 다른 사장이 말했다. "이봐, 저 곰보다 빨리 달릴 수는 없어." 이에 조깅화를 신은 사장이 대답했다. "저 곰보다 빨리 달릴 수는 없을지 모르지만 분명히 자네보다는 빨리 달릴 수 있네!"

그림 3-1에서 보듯이 이 장에서는 **외부 조사**(external audit)[**산업 분석**(industry analysis)이라고도 함]를 수행하여 외부의 불확실성을 관리하는 데 필요한 개념과 도구에 초점을 맞춘다. 외부 조사는 외국과의 경쟁 격화, 해안 지역으로의 인구 이동, 고령화 사회, 소셜미디어 혁명 등 개별 기업의 통제 범위를 넘어서는 추세와 사건을 파악하고 평가하는 일에 중점을 둔다. 외부 조사는 조직이 처한 주요 기회와 위협을 밝혀낸다. 외부 조사는 관리자가 기회를 활용하고 위협의 영향을 피하거나 완화하는 전략을 수립할 수 있도록 안내한다.

이 장에서는 전략을 효과적으로 수립할 수 있는 토대를 제공하는 외부 정보를 수집하고, 이해하고, 분석하고, 우선순위를 매기기 위한 실용적인 프레임워크를 다룬다. 전반부에서 어떤 정보를, 어디서, 어떻게, 왜 얻는지의 관점에서 외부의 기회/위협 영역을 살펴본 다음, 후반부에서 모든 기회/

귀감이 되는 전략가

핀터레스크의 CEO 겸 공동 창립자 벤 실버먼

Pixellover RM 2/Alamy Stock Photo

2018년, 핀터레스트는 130억 달러 이상으로 가치 평가를 받았고, 핀터레스트 보드에 1,100억 개 이상의 아이디어를 '핀 고정한' 약 2억 명의 사용자 기반으로 성장했다. CEO이자 전략가인 벤 실버먼이 이끄는 핀터레스트는 세계에서 가장 급성장하고 있는 기업 중 하나이다. 핀터레스트 웹사이트(www.pinterest.com)는 무료인 데다 대략 30개 국어로 이용할 수 있다. 미국 샌프란시스코에 본사를 둔 핀터레스트에는 약 900명의 직원이 있다. 수백 개의 기업이 핀터레스트에 디스플레이 광고를 게시하며 제품과 서비스를 보드에 핀 고정하고 있다. 핀터레스트 웹사이트는 미국 고객(60%)와 외국 고객(40%)이 이용하는 시각적 발견, 수집, 저장 도구이다. 수많은 기업과 판매자가 핀터레스트 고객이 수집한 자료에 접근하기 위해 핀터레스트를 사용한다. 흥미롭게도 핀터레스트 고객은 약 80%가 여성이고 전형적인 연령대가 35~44세이다. 실버먼은 핀터레스트를 광고주와 소매업자를 위한 세계적 데이터 금광으로 바꾸었다. 그는 소셜미디어가 어떻게 소비자의 삶에 영향을 미치는지 핀터레스트는 이제 이해하기 시작했다면서 혁신적이고 창조적인 기업의 새로운 길을 개척하고 있다. 핀터레스트는 처리하는 거래에 대해 수수료나 몫을 챙기지 않고, 자본을 조달하기 위해 기업을 공개할 예정도 없다. 이렇게 비공개를 유지함으로써 핀터레스트의 전략과 서비스를 모방하고 복제하려는 경쟁기업에 재무와 마케팅 운용 등 사업의 자세한 내용을 비밀로 할 수 있다는 것이 주요 이점이다.

출처: Erin Griffith, "Ben Silbermann," *Fortune*, (September 1–17, 2017): 69. http://fortune.com/2015/07/13/pinterest-ceo-ben-silbermann/

위협 요인/정보를 이해하기 위한 외부 요인 평가(EFE) 매트릭스와 경쟁 프로필 매트릭스(CPM)를 개발하고 사용하는 방법을 설명할 것이다.

이 장에서 소개할 귀감이 되는 전략가는 인기 있는 소셜미디어 기업 핀터레스트(Pinterest)의 CEO 겸 공동 창립자인 벤 실버먼(Ben Silbermann)이다. 실버먼은 외부 기회와 위협을 인식하고 그에 따라 효과적인 전략을 수립하는 데 탁월하다.

전략 수립의 외부 평가 단계

학습 목표 3-1

전략 수립 시 외부 평가의 성격과 목적을 이해한다.

외부 조사의 목적은 기업에 혜택이 될 수 있는 기회와 피하거나 완화해야 할 위협의 한정된 목록을 만드는 것이다. '한정된'이라는 말이 시사하듯이 외부 조사는 사업에 영향을 미칠 수 있는 모든 요인의 완전한 목록을 작성하려는 것이 아니라 **실행 가능한 조치**(actionable response)를 제시하는 주요 변수를 알아내는 것을 목표로 한다. 기업은 외부 기회를 활용하거나 잠재적인 위협의 영향을 최소화하는 전략을 수립함으로써 그러한 요인에 공격적 또는 방어적으로 대응할 수 있어야 한다. 그림 3-1에 전략경영 프로세스에서의 외부 조사를 눈에 띄게 표시했다.

주요 외부 영향요인

경제적 요인, 사회적·문화적·인구통계적·환경적(SCDE) 요인, 정치적·법적·정부 관련 요인, 기술적 요인, 경쟁적 요인 등 다섯 가지 범주로 구분할 수 있는 열 가지 **외부 영향요인**(external force)이 있다. 그림 3-2는 이러한 영향요인과 조직의 관계를 보여준다. 빅데이터를 둘러싼 보안에 대한 우려 증가, 신뢰성과 개인화를 둘러싼 고객 수요의 변화, 온라인 서비스에 대해 알아가는 개발도상국 사람들 등 외부 추세와 사건은 제품, 서비스, 시장, 조직에 전 세계적인 영향을 끼친다.

실행 가능성-정량적-비교 가능성-부문적 테스트

전략기획에서 주요 외부 요인을 파악하고 우선순위를 정할 때, 선택된 요인이 다음 네 가지 기준을

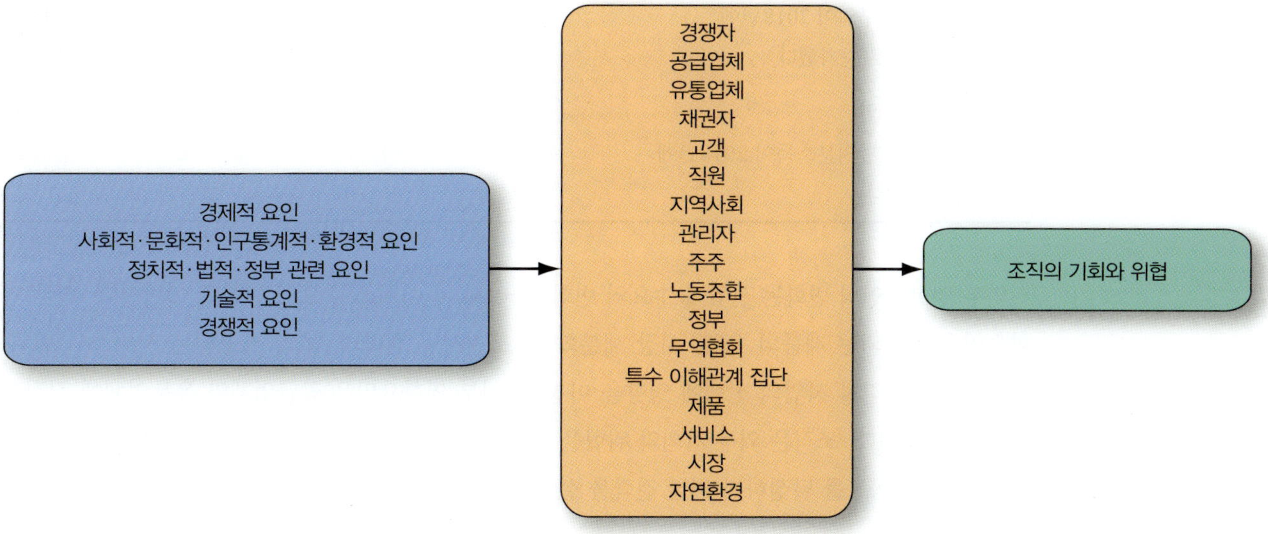

그림 3-2 주요 외부 영향요인과 조직의 관계

얼마나 충족하는지 확인하라.

1. 실행 가능성(actionable): 기업이 추구할지 고려해야 할 조치 또는 전략을 궁극적으로 결정하는 데 의미가 있고 도움이 되는지
2. 정량적(quantitative): 가능한 한 백분율, 비율, 금액, 수치 등을 포함하는지
3. 비교 가능성(comparative): 시간에 따른 변화를 드러내는지
4. 부문적(divisional): (통합적으로보다) 어떤 제품과 지역이 잘하고 있는지 여부를 추론할 수 있도록 기업의 제품과 지역과 관련되는지

이 네 가지 기준을 충족하는 요인은 외부 요인의 품질 척도인 '실행 가능성-정량적-비교 가능성-부문적(AQCD) 테스트'를 통과한 것이다. AQCD 테스트를 통과하는 것뿐만 아니라 외부 요인은 실제로 (내부적이 아니라) 외부적이어야 하고 외부 요인, 특히 기회는 기업이 추구할 수 있는 전략이 아니라 외부의 동향, 사건이나 사실로 정리되어야 한다. 또한 외부 요인은 기업이 사명을 달성하거나(기회) 사명을 방해하는 것(위협)에 밀접하게 관련되어 있다. 외부 평가에 포함하도록 선택된 요인은 사명 중심적이어야 한다.

AQCD 기준과 관련하여 기업의 외부 평가에 모든 고품질 요인이 포함되도록 노력하라. 고품질 요인은 AQCD 기준의 3개 또는 4개를 충족하고, 저품질 요인은 2개 이하를 충족한다. 외부 평가를 수행할 때 가능한 한 많은 요인이 AQCD 테스트를 통과하는지 확인하기 위해 사실에 관한 공학적 탐색을 수행하라. 가능한 범위에서 외부 요인을 실행 가능성, 정량적, 비교 가능성, 부문적 용어로 기술하는 것이 중요하다.

이 중요한 개념을 좀 더 설명하기 위해 월마트(Walmart)의 고품질 및 저품질 외부 요인을 아래에 제시한다.

	이 요인에 대해 자문하라			
	실행 가능성	**정량적**	**비교 가능성**	**부문적**
고품질 외부 요인				
온라인 식료품 구입이 2018년에 12%에서 16%로 증가했다.	예	예	예	예
저품질 외부 요인				
소비자의 평균 가처분소득이 2018년에 급격히 증가했다.	아니요	아니요	아니요	아니요

외부 영향요인의 변화는 산업적 수요의 변화, 소비재 및 서비스 수요의 변화로 이어진다. 외부 영향요인은 개발되는 제품의 유형, 시장 세분화 및 포지셔닝 전략의 성격, 제공되는 서비스의 범위, 인수하거나 매각할 사업의 선택에 영향을 미친다. 외부 영향요인은 공급업체와 유통업체에 직접적인 영향을 미친다. 조직은 외부 기회와 위협을 파악하고 평가함으로써 필요하다면 비전과 사명을 수정하고, 장기 목표를 달성하기 위한 전략을 설계하며, 연간 목표를 달성하기 위한 정책을 수립할 수 있다.

조직에 영향을 미치는 열 가지 외부 영향요인

학습 목표 3-2

조직에 영향을 미치는 열 가지 외부 영향요인을 파악한다.

경제적 요인

경제적 요인은 다양한 전략의 잠재적 매력도에 직접적인 영향을 미친다. 경제적 변수의 예로 '달러 가치'는 세계적으로 영업하는 기업의 재무적 결과에 큰 영향을 미칠 수 있다. 맥도날드(McDonald's)처럼 해외 매출이 큰 미국 기업은 달러 강세로 타격을 입는다. 달러 가치가 어떤 나라의 현지 통화 대비 10% 상승하고 미국 기업이 그 나라에서 1억 달러의 수익을 얻는다면 이를 미국 달러로 환산했을 때 1,000만 달러가 줄어든다. 반면에 미국 매출이 상대적으로 큰 외국 기업의 경우 달러 강세는 수익 증가를 가져온다. 달러가 강세이면 미국 기업은 다른 나라로부터 더 싸게 원재료를 구매할 수 있다. 그러나 2018년 초에 달러 가치는 외국 통화 대비 3년 만에 최저 수준이었다.

경제 성장은 일반적으로 실업을 줄이고 고객의 신뢰를 높이며 가처분소득을 증가시키기 때문에 유망한 경제 상황은 많은 기업에 좋은 징조이다. 국제통화기금(International Monetary Fund, IMF)이 발간하는 세계 경제 전망 보고서는 세계 경제가 광범위하게 확장될 것이라고 예측한다. 2018~2021년에 대부분의 주요 경제권에서 작지만(3.6% 정도) 광범위한 성장이 일어날 것으로 예상된다.[1]

표 3-1은 조직에 AQCD 기회와 위협을 초래할 수 있는 경제적 변수의 몇 가지 범주를 보여준다. 전략기획이나 사례 분석을 수행할 때 경제적 요인은 전략기획에 도움이 될 수 있도록 가능한 한 AQCD 용어로 기술되어야 한다.

사회적·문화적·인구통계적·환경적 요인

사회적·문화적·인구통계적·환경적(SCDE) 요인은 거의 모든 제품, 서비스, 시장, 고객에 관한 전략적 결정에 영향을 미친다. 모든 산업의 소기업, 대기업, 영리·비영리 조직은 SCDE 변수의 변화에 따른 기회와 위협으로 어려움과 도전을 겪고 있다. 이러한 요인은 사람들이 살고, 일하고, 생산하고, 소비하는 방식을 형성한다. 새로운 추세는 고객 수요에 변화를 가져오고, 그 결과 다른 제품, 새로운 서비스, 전략의 수정이 필요하다. 예를 들어 오늘날 미국 소비자는 세단 대신 더 넓은 공간과 실용성을 갖춘 자동차를 원한다. 이러한 외부 추세에 대응하여 포드(Ford)는 최근 수익률

표 3-1 모니터링할 만한 경제적 범주의 예

서비스 경제로의 전환	다양한 상품과 서비스로의 수요 전환
신용 가용성	지역 및 고객 집단별 소득 차이
가처분소득 수준	가격 변동
사람들의 소비 성향	외국의 경제 상황
금리	금융 정책과 재정 정책
인플레이션율	주식시장 동향
국내총생산(GDP) 동향	국가 및 주별 세율 변동
소비 패턴	유럽경제공동체(EEC)의 정책
실업 동향	석유수출국기구(OPEC)의 정책
세계 시장에서의 달러 가치	수출입 요인

표 3-2 주요 SCDE 변수

인종, 나이, 지역별 인구 변화	은퇴에 대한 태도
취향과 선호의 지역적 변화	에너지 보존
혼인 건수	제품 품질에 대한 태도
이혼 건수	고객 서비스에 대한 태도
출생자 수	환경오염 관리
사망자 수	외국인에 대한 태도
이민 가는 비율과 이민 오는 비율	사회적 책임 이슈
사회보장 프로그램	사회적 프로그램
평균 기대수명	교회 수
일인당 수입	교회 신도 수
소셜미디어 확산 정도	

이 높은 트럭과 SUV에 70억 달러를 투자하고 북미에 레인저(Ranger)와 브롱코(Bronco)를 재출시했다.[2]

미국 식품 산업에서는 고객이 신선하게 조리된 식품 종류를 점점 더 선호하는 탓에 가공 포장된 식품의 수요가 줄어들고 있다. 켈로그(Kellogg)와 같은 포장 식품 회사는 이러한 외부 위협을 완화하기 위해 재빨리 적응하려고 노력 중이다. 최근에 켈로그는 건강 관련 회사인 네이처스바운티(Nature's Bounty)를 이끌며 풍부한 경험을 쌓은 스티븐 카힐레인(Steven Cahillane)을 새로운 CEO로 앉혔다.

고객의 취향과 경향은 끊임없이 변화한다. 사람들은 매장을 덜 돌아다니고 휴대전화나 컴퓨터를 이용하여 가격이 저렴하고 실속 있는 판촉 행사를 찾아다닌다. 그 결과 고객은 점점 더 온라인 소매업자나 소규모 전문점을 찾게 되어 오프라인 소매 백화점이 고전하고 있다. 이러한 외부 추세로 많은 소매 체인은 신규 매장의 오픈을 늦추거나 중단했다.[3]

게다가 미국을 비롯한 세계는 늙어가고 있다. 미국의 65세 이상 인구 비율은 2030년까지 19%로 증가할 것이다. 고령화 사회라는 추세는 식당, 호텔, 항공사, 유람선 회사, 여행, 관광 서비스, 제약회사, 자동차 회사, 장례식장에 희소식이다. 고령자는 특히 건강관리, 재무 서비스, 여행, 범죄 예방, 레저 등에 관심이 많다. 인구 고령화는 거의 모든 조직의 전략 방향에 영향을 미친다.

표 3-2는 조직에 AQCD 기회와 위협을 초래할 수 있는 SCDE 변수의 주요 범주이다. 전략기획이나 사례 분석을 수행할 때 SCDE 관련 요인은 전략기획에 도움이 될 수 있도록 가능한 한 AQCD 용어로 기술되어야 한다.

정치적·법적·정부 관련 요인

정치, 정부, 입법자는 전략적 의사결정에 영향을 미칠 수 있고 종종 영향을 미친다. 연방 정부, 주 정부, 지방 정부, 외국 정부는 주요 규제자이자 규제 해제자이며 보조금 지급자, 고용주, 조직의 고객이기도 하다. 그러므로 정치적·법적·정부 관련 요인은 크고 작은 모든 조직에 주요한 기회나 위협이 될 수 있다. 정부 계약과 보조금에 크게 의존하는 산업과 기업의 경우에는 정치적 예측이 외부 조사의 가장 중요한 부분이 될 수 있다. 예를 들어 주 및 지방의 소득세와 재산세는 기업이 어디

표 3-3 모니터링할 만한 정치적·법적·정부 관련 범주의 예

자연환경 규제	자국과 다른 나라의 관계
국가별 보호무역 조치	국가별 정치 상황
특허법의 변화	글로벌 석유 가격 변동
평등한 고용기회법	지방, 주, 연방 법률
방위비 지출 수준	수출입 규제
노동조합 경향	관세(특히 철강과 알루미늄 관련)
반독점 입법	지방, 주, 전국 선거

에 시설을 둘 것인지, 사람들이 어디서 살고 싶어 할지에 영향을 미친다. 예를 들어 미국의 알래스카, 플로리다, 네바다, 사우스다코타, 텍사스, 워싱턴, 와이오밍, 뉴햄프셔, 테네시는 주 소득세가 0이다.

정부 입법은 기업이 제품을 판매하는 곳에 큰 영향을 줄 수 있다. 예를 들어 마리화나의 합법성을 둘러싼 법률의 급속한 변화로 투자자에게 새로운 시장이 열리고 있다. 약 10년 전에 콜로라도는 세계에서 최초로 마리화나를 알코올처럼 취급하여 마리화나 판매에 과세하고 규제하는 법률을 통과시켰다. 미국 소비자는 2016년에 합법적 마리화나에 67억 달러를 소비했고, 2021년에는 2,080억 달러에 달할 것으로 예상된다.

표 3-3은 조직에 AQCD 기회와 위협을 초래할 수 있는 정치적·법적·정부 관련 변수의 일부 범주를 보여준다. 정치적·법적·정부 관련 요인은 전략기획에 도움이 될 수 있도록 가능한 한 AQCD

윤리 캡슐 3 ETHICS CAPSULE

알래스카 야생동물 보호? 아니면 알래스카 경제 부흥?

알래스카에는 1,900만 에이커가 넘는 미국 최대 야생동물 보호 지역인 북극권 국립 야생동물 보호지구(Arctic National Wildlife Refuge)가 있다. 그곳은 새, 순록, 북극곰 등 야생동물의 이동에 중요한 역할을 하고 상당한 석유가 매장되어 있는 것으로 알려졌다. 2017년 12월, 미국 의회는 국가의 에너지 독립과 알래스카의 경제 지원을 위해 북극권 국립 야생동물 보호지구에서의 시추를 승인하기로 결의했다. 그러나 윤리적인 관점에서 황야협회(Wilderness Society)의 북극 프로그램 이사인 로이스 엡스타인(Lois Epstein)은 이렇게 말한다. "북극 보호지구 해안 평야를 석유 임차, 시추, 생산에 개방하는 것은 세계적으로 의미 깊은 북극 보호지구의 황야와 야생의 가치를 용납할 수 없을 정도로 위협한다." 외부 전략경영 분석을 수행할 때는 이러한 상충 관계가 많이 발생하므로 판단을 내려야만 한다. 상충 관계에 대한 의사결정은 이 장에 제시된 외부 요인 평가(EFE)에서 부여되는 요인, 가중치, 평가치의 선택으로 구체화된다. 보호지구의 시추로 얻을 잠재적 혜택이 북극권 야생동물에게 미치는 잠재적 피해를 상쇄할 것이라고 생각하는가? 미국 의회가 제안된 법안을 논의함에 따라 정부와 환경 당국도 이 이슈에 관여하기 시작했다. 만약 당신 회사가 보호지구에서의 시추를 승인받으려 한다면 당신은 무엇을 보증해야 하는가?

Tony Campbell/Shutterstock

엄마, 우리는 어디로 가는 거예요?

출처: Jim Carlton, "Interior Official Urges Arctic Drilling," *Wall Street Journal*, (November 3, 2017): A3.

용어로 기술되어야 한다. 규제 당국과 특수 이해관계 집단은 물론 지방, 주, 연방의 법률도 소기업, 대기업, 영리·비영리 조직의 전략에 큰 영향을 미칠 수 있다. 많은 기업이 과거에 정치적 조치나 정부의 조치 때문에 전략을 변경하거나 포기한 바 있다. 윤리 캡슐 3에서 보듯이 알래스카의 석유 시추와 관련하여 계류 중인 새 연방 법규는 사업 기회와 위협을 초래하고 윤리적 딜레마 이슈를 제기할 수 있다.

기술적 요인

사물인터넷(IoT), 3D 프린팅, 예측 분석, 퀀텀 컴퓨팅, 로보틱스, 인공지능(AI) 같은 다양한 신기술이 다양한 산업에서 혁신을 촉진하고 전략기획 결정에 영향을 미친다. 기업은 고객의 추세를 더 잘 파악하기 위해 모바일 기술과 애플리케이션을 사용하며, 더 적절한 전략을 결정하기 위해 고급 분석법을 채택한다. 모바일 기기와 소셜미디어 사이트에서 생성되는 데이터양의 획기적 증대는 놀라운 일이다. 시스코시스템스(Cisco Systems)가 최근 데이터 분석 사업에 진출한 주된 이유는 사물인터넷에 연결된 하드웨어, 소프트웨어와 서비스의 매출이 2015년에 대략 20억 달러였으나 2020년까지 71억 달러로 증가할 것으로 예상되기 때문이다. IT 서비스 및 컨설팅 회사인 카그너전트테크놀로지설루션스(Cognizant Technology Solutions Corp.)의 최근 보고서는 기술적 진보로 20개가 넘는 새로운 직종이 곧 출현할 것이라고 예측했다.

온라인 판매는 전통적인 판매를 무너뜨리고 있다. 크레디트스위스(Credit Suisse)는 2008년 경기 침체 때보다 더 많은 오프라인 상점이 2017년에 폐점했다고 밝혔다. 미국의 온라인 판매 매출은 고객이 대문 앞에 배달되는 상자를 선호하면서 2017년에 무려 24%나 증가했다. 이러한 기술적 추세가 너무 만연하자 2018년에 월마트는 공식 명칭인 Walmart Stores, Inc.에서 '상점'이라는 단어를 삭제하고 Walmart, Inc.로 바꾸었다. 월마트는 중국에 400개가 넘는 매장을 가지고 있지만 사실 온라인 잡화 판매로도 중국에서 선두를 달리고 있다.

기술적 진보는 제조업 노동 시장에도 영향을 미친다. 카그너전트테크놀로지설루션스 내 '일의 미래 센터(Center for the Future of Work)' 책임자인 벤 프링(Ben Pring)은 거의 1,900만 개의 일자리가 향후 15년 동안 쓸모없어지거나 자동화로 대체될 것이라고 예측한다.[4] 베트남 같은 나라에서 값싼 노동력을 사용하다가 극적으로 탈바꿈한 아디다스(Adidas)는 '스피드 공장'이라는 완전 로봇화 공장을 지어 선진국에서 신발을 생산하는 방향으로 전환하고 있다. 현재 이 스피드 공장은 독일, 미국, 프랑스, 중국, 일본 등 전 세계 곳곳에 자리하고 있다. 값싼 노동력에서 완전 자동화로의 전환은 신발업계에서 일어나고 있는 기술적 혁명이다. 스피드 공장이 생기기 전에 아디다스는 공장을 소유하지 않고 대신 전 세계의 저임금 기관에서 신발을 조립하기 위해 수백만 명을 고용하는 1,000개 이상의 공급업체를 활용했다. 아디다스의 새로운 전략은 궁극적으로 주요 경쟁사인 나이키(Nike)를 뛰어넘는 것을 목표로 한다.

어떤 기업이나 산업도 부상하는 기술적 발전과 무관하지 않다. 하이테크 산업에서는 주요 기술적 기회와 위협을 식별하고 평가하는 것이 외부 전략경영 조사의 가장 중요한 부분이 될 수 있다. 외부 평가를 수행할 때 기술 관련 요인은 전략기획에 도움이 될 수 있도록 가능한 한 AQCD 용어로 기술되어야 한다. 기술적 진보는 다음과 같이 수많은 방법으로 기업에 영향을 끼친다.

- 기술적 진보는 조직의 제품, 서비스, 시장, 공급업체, 유통업체, 경쟁업체, 고객, 제조 과정, 마

케팅 실무, 경쟁 포지션에 극적인 영향을 미칠 수 있다.

- 기술적 진보는 새로운 시장을 창출하고, 개선된 새로운 제품의 급증을 가져오며, 산업에서 상대적으로 경쟁력 있는 비용 포지션을 바꾸고, 기존의 제품과 서비스를 쓸모없게 만들 수 있다.
- 기술적 진보는 기업 간 비용 장벽을 줄이거나 허물고, 생산 기간을 단축하며, 기술적 역량의 부족을 야기하고, 직원·관리자·고객의 가치와 기대를 변화시킬 수 있다.
- 기술적 진보는 기존의 우위보다 더욱 강력한 새로운 경쟁우위를 창출할 수 있다.

최고정보책임자(chief information officer, CIO)와 **최고기술책임자**(chief technology officer, CTO)는 전략경영에서 **정보 기술**(information technology, IT)이 차지하는 중요성의 증가를 반영하여 오늘날 기업에 널리 있는 직위이다. CIO와 CTO는 협력하여 전략 수립·실행·평가에 필요한 정보를 적시에 활용할 수 있도록 제공한다. CIO는 주로 관리자이며 기업과 이해관계자의 관계를 관리한다. CTO는 주로 기술자이며 데이터 수집 및 처리, 의사결정 지원 시스템, 소프트웨어와 하드웨어 취득 등의 기술적 문제에 집중한다.

대기업이든 소기업이든 온라인 후기를 모니터링하는 것은 부담스럽지만 필수적인 업무인데, 의견 표출이 심한 고객에게 힘을 실어주는 트위터(Twitter) 같은 소셜미디어 채널의 경우 특히 그렇다. 아무리 사소한 구매라도 스마트폰을 참조하는 고객의 뉴노멀 행태를 감안했을 때, 기업의 온라인 평판을 경시하면 판매에 곧바로 악영향을 끼칠 수 있다.

경쟁적 요인

외부 조사의 가장 중요한 부분은 아마도 경쟁기업을 파악하고 그들의 강점, 약점, 역량, 목표, 전략을 파악하는 일일 것이다. 조지 소크(George Salk)가 말하길, "당신이 경쟁사보다 빠르지 않다면 취약한 위치에 있는 것이고, 절반 정도의 빠르기라면 끝장이다." 글로벌 캡슐 3에서 보듯이 넷플릭스(Netflix)는 경쟁기업보다 빠르지만, 앞서가기 위해서는 경쟁기업이 무엇을 왜 하고 있는지 항상 모니터링해야 한다. 경쟁사에 관한 정보는 www.owler.com을 참조하라.

거의 모든 산업에서 경쟁이 치열하여 때로는 죽기 살기이다. 예를 들어 스마트폰과 개인 기기 산업에서 고프로(GoPro Inc.)는 시장점유율을 유지하기 위해 몸부림치고 있다. 애플과 삼성의 최신 스마트폰 카메라 기술과 차별화되도록 고프로는 퓨전(Fusion)이라는 신제품을 개발했는데, 이는 사용자가 모든 각도에서 동시에 사진을 찍을 수 있는 독자적 오버 캡처 기능을 갖춘 360도 구 모양의 카메라이다.

표 3-4와 같은 경쟁사에 대한 질문의 답을 찾는 것은 외부 조사를 수행하는 데 필수적이다. 경쟁정보전문가협회(Society of Competitive Intelligence Professionals, SCIP)가 공식적으로 정의한 바에 따르면 **경쟁 정보**(competitive intelligence, CI)는 기업의 목적을 성취하기 위해 경쟁사의 활동과 일반 비즈니스 동향에 대한 정보를 수집하고 분석하는 체계적·윤리적 과정이다(SCIP 웹사이트). 군대와 마찬가지로 사업에서도 질 좋은 경쟁 정보는 성공을 위한 열쇠 중 하나이다. 주요 경쟁사의 약점은 외부 기회가, 강점은 위협 요인이 될 수도 있다.

경쟁 정보를 얻기 위한 합법적·윤리적 방법에는 다음이 포함된다.

- 경쟁기업의 제품을 분해하여 모방한다.

글로벌 캡슐 3 GLOBAL CAPSULE

세계적으로 가장 빨리 성장하는 기업

맹렬히 세계적 확장을 추구하고 있는 기업은 넷플릭스일 것이다. 넷플릭스는 2017년 3분기에만 445만 명이 새로 가입하고 3분기 매출이 30% 증가했다. 넷플릭스는 75억 명에 육박하는 세계 인구와 관련된 기회를 활용하고 있다. 미국 인구는 3억 2,000만 명이 약간 넘는다. 이는 미국 기업이 생산하는 제품과 서비스에 관심을 가질 수십억 명이 미국 밖에서 살고 있음을 뜻한다. 세계 인구가 2030년에 86억 명, 2050년에 98억 명, 2100년에 112억 명으로 증가하리라 추산되는 상황에서 미국 내에만 머무르는 것은 위험한 전략이다.

또한 넷플릭스는 외부 위협을 완화하고 있는데, 월트디즈니컴퍼니(The Walt Disney Company) 같은 콘텐츠 기업이 넷플릭스와 협업하는 대신 자체적으로 영화 및 비디오 스트리밍 서비스를 제공할 계획이라는 것을 그러한 위협의 예로 꼽을 수 있다. 애플(Apple)도 자체적인 오리지널 콘텐츠를 만들기 위해 2018년에 10억 달러 이상을 투입할 것으로 예상한다. 이러한 위협에 대항하기 위해 넷플릭스는 연간 80억 달러 이상을 콘텐츠에 투입하고 있는데, 이는 경쟁자인 훌루(Hulu), 아마존닷컴(Amazon.com), HBO보다 훨씬 많은 액수이다. 넷플릭스는 창의적인 인재를 영입하고 자체 제작 및 지식재산권을 확보하는 데 주력하고 있다. 한 예로 최근 만화책 출판사인 밀라월드(Millarworld)를 인수했는데, 이는 넷플릭스의 첫 번째 인수이다. 지속적인 글로벌 확장과 더불어 넷플릭스의 장기 전략은 국제적 확장을 계속하고, 콘텐츠 공급자의 라이선스 프로그램에 덜 의존하며, 더 많은 오리지널 콘텐츠를 인수하는 데 집중하는 것이다.

Wavebreak Media Ltd/123RF

넷플릭스 영화 즐기기

출처: Austen Hufford, "Netflix Subscriber Growth Surges," *Wall Street Journal*, (October 17, 2017): B2.

표 3-4 경쟁사에 대한 핵심 질문

- 강점과 약점은 무엇인가?
- 우리 회사는 업계에서 독특한 제품과 서비스를 제공하는가?
- 주요 경쟁사의 목표와 전략은 무엇인가?
- 주요 경쟁사는 우리 업계에 영향을 미칠 현재의 경제, SCDE, 정치, 정부, 법률, 기술, 경쟁 추세에 어떻게 대응할 것 같은가?
- 주요 경쟁사는 우리의 새로운 전략, 제품, 서비스에 얼마나 취약한가?
- 주요 경쟁사의 성공적인 반격에 우리 회사는 얼마나 취약한가?
- 업계에서 우리 회사의 소셜미디어 소통은 경쟁사와 어떻게 비교되는가?
- 업계에 신규 기업이 얼마나 진입하고 기존 기업이 얼마나 떠나는가?
- 업계에서 우리의 현재 경쟁 포지션을 가져온 주요 요인은 무엇인가?
- 업계에서 공급업체 및 유통업체와의 관계가 어떻게 변하고 있는가?

- 경쟁기업의 고객, 공급업체, 유통업체에 대한 설문 조사와 인터뷰를 수행한다.
- 경쟁기업의 연례 보고서를 분석한다.
- 경쟁기업의 현장을 방문한다.

- 온라인 데이터베이스와 www.owler.com 등의 웹사이트를 검색한다.
- 경쟁기업의 공개 정보에 대해 정부 기관에 문의한다.
- 유관 산업 발간물, 잡지, 신문을 모니터링한다.
- 업계 내 모든 기업의 고객에 대한 소셜미디어 데이터를 구매한다.
- 경쟁기업 출신 최고경영진을 고용한다.

직원, 관리자, 공급업체, 유통업체, 고객, 채권자, 컨설턴트 등으로부터 수집한 정보가 고급 정보인지, 그저 그런 정보인지에 따라 총체적인 경쟁력의 차이를 만들어낼 수 있다. CEO부터 경비원에 이르기까지 기업의 모든 구성원은 귀중한 정보 요원이다. 성공적인 CI 프로그램의 특징은 유연성, 유용성, 적시성, 다부서 간 협력 등이다. CI는 기업 스파이가 아니다. 정보를 얻기 위해 뇌물, 도청, 컴퓨터 해킹 등의 비윤리적 책략을 절대로 사용하면 안 된다. 사이버 보안 위협 때문에 CI는 기업의 구성원이 자신의 직무와 상관없는 데이터와 정보에 접근할 수 없도록 조치해야 한다.

외부 평가를 수행할 때 경쟁자 관련 요인은 전략기획에 도움이 될 수 있도록 가능한 한 AQCD 용어로 기술되어야 한다.

포터의 5-경쟁요인 모델

학습 목표 3-3

포터의 5-경쟁요인 모델을 알아보고 전략 수립 시 이 모델의 관련성을 이해한다.

하버드경영대학원의 마이클 포터(Michael Porter) 교수는 기업이 매력적인 산업에서 경쟁하고 약하거나 쇠퇴하는 산업을 피하며, 매력적인 산업의 주요 외부 요인을 완전히 이해하기 위해 노력해야 한다고 제안한다. 포터는 산업 내에서의 경쟁 포지셔닝이 경쟁우위의 중요한 결정 요인임을 감안하여 5-경쟁요인 모델을 만들었다.

포터의 5-경쟁요인 모델(Porter's Five-Forces Model)이 공헌한 것 중 하나는 소수의 경쟁기업만을 놓고 경쟁을 바라보던 관점에서 벗어나 현재의 경쟁사, 새로운 경쟁사, 대체제품, 공급업체, 구매자 요인을 포함하는 보다 넓은 분석으로 초점을 전환했다는 점이다. 경쟁우위는 비용을 초과하는 고객에 대한 가치를 제공함으로써 다섯 가지 경쟁요인 각각의 영역에서 창출될 수 있다. 최상위 경쟁사에만 초점을 맞추기보다는 공급업체 및 다섯 가지 경쟁요인의 나머지 요인들이 어떻게 모든 사업 거래에서 가능한 한 많은 가치를 빨아들이려 하는지를 검토하는 것이 중요하다.

일반적으로 다섯 가지 경쟁요인이 더 강할수록 해당 산업의 수익성이 떨어지기 때문에 포터의 모델은 어떤 산업에 참여할지 결정하는 데에도 사용된다. 포터는 밀물이나 썰물과 비슷하게 경쟁우위의 더 큰 동인은 내부적인 것보다는 외부의 변수라고 주창한다. 내부 역량에 상관없이 밀물을 극복해내기는 어렵다. 또한 포터의 모델은 주식시장의 움직임이나 누가 선거에서 이겼는지, 또는 저조한 크리스마스 매출을 설명하기 위해 TV 속 전문가가 제시하는 이유인 악천후 등 사소한 단기적 요인 대신, 경쟁력을 결정하는 중장기적 요인에 초점을 맞추라고 관리자에게 촉구한다. 단기적 요인이 중요하지 않거나 영향이 없는 것은 아니지만 5-경쟁요인 모델에 드러난 장기적 요인만큼 경쟁에 영향을 미치지는 않는다.

그림 3-3에서 보듯이 포터의 5-경쟁요인 모델은 전략가가 경쟁기업의 접근을 막는 전략을 수립할 수 있도록 길잡이를 제공한다. 포터에 따르면 특정 산업에서 경쟁력의 본질은 다섯 가지 경쟁요인의 결합으로 볼 수 있다.

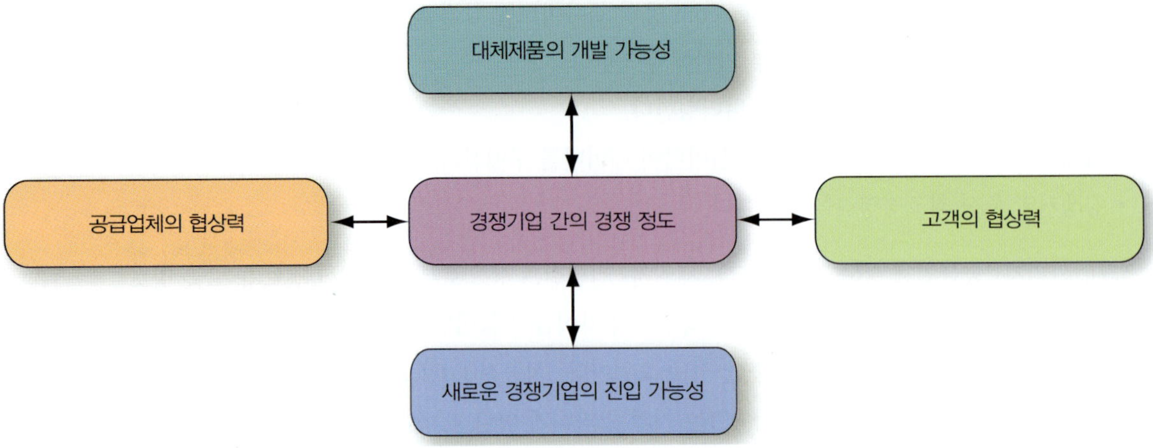

그림 3-3 5-경쟁요인 모델

1. 경쟁기업 간의 경쟁 정도
2. 새로운 경쟁기업의 진입 가능성
3. 대체제품의 개발 가능성
4. 공급업체의 협상력
5. 고객의 협상력

경쟁기업 간의 경쟁 정도

경쟁기업 간의 경쟁 정도는 일반적으로 다섯 가지 경쟁요인 중 가장 강력하고, 관리자가 분석하는 가장 전통적인 요인이다. 또한 나머지 네 가지 요인이 변화하면 가장 영향을 받는 유일한 요인이기도 하다. 한 기업이 추구하는 전략은 경쟁기업이 추구하는 전략에 대해 경쟁우위를 제공하는 정도에 한에서만 성공적일 수 있다. 산업 내 경쟁기업 간의 치열한 경쟁은 산업계 전체의 이익을 떨어뜨릴 수 있다. 기업들이 시장점유율을 유지하기 위해 가격을 낮추거나 광고비를 더 쓰는 경우가 많아 이윤이 고객 또는 5-경쟁요인 모델의 다른 참가자에게 직접 이전되곤 하기 때문이다. 표 3-5와 같이 경쟁기업의 수가 증가하거나 경쟁기업 간의 규모와 역량이 보다 대등하게 변화하는 등의 다양한 이

표 3-5 경쟁기업 간의 경쟁이 심화되는 조건

- 경쟁기업의 수가 많은 경우
- 경쟁기업의 규모가 비슷한 경우
- 경쟁기업의 역량이 비슷한 경우
- 업계의 제품 수요가 급격히 변화하는 경우
- 업계에서 가격 인하가 빈번한 경우
- 고객이 다른 브랜드로 쉽게 전환할 수 있는 경우
- 시장에서의 철수 장벽이 높은 경우
- 시장으로의 진입 장벽이 낮은 경우
- 경쟁기업들의 고정비가 높은 경우
- 제품이 잘 부패하거나 제품 수명주기가 짧은 경우

유로 경쟁기업 간의 경쟁 정도가 증가하고 있다.

경쟁기업 간의 경쟁이 치열해짐에 따라 업계의 이윤이 감소하며, 해당 산업의 원천적인 매력이 사라지는 수준까지 이윤이 떨어지는 경우도 있다. 한 기업의 전략 변경은 가격 인하, 품질 향상, 기능 추가, 서비스 제공, 보증 연장, 광고 확대 등 보복적인 반격을 초래할 수 있는데, 어떤 기업이 다른 기업의 약점을 감지했을 때 특히 그렇다. 경쟁이 치열한 산업을 회피하는 것이 이상적이지만 이는 말처럼 쉬운 일이 아니다. 때로는 다섯 가지 경쟁요인이 우호적이고 경쟁이 적은 산업을 찾는 것이 가장 좋겠으나, 기업은 유사한 산업 또는 하위 산업 내에서 차별화된 제품을 다른 고객 집단을 겨냥하여 내놓는 경쟁을 시도할 수도 있다. 차별화를 제공하는 것은 비용 경쟁을 벗어남으로써 산업 내 모든 기업에 도움이 되는데, 이때 기업은 이윤을 유지하면서도 특정 고객에게 더 나은 서비스를 제공할 수 있다.

새로운 경쟁기업의 진입 가능성

새로운 기업이 특정 산업에 쉽게 진입할 수 있으면 기존 기업은 시장점유율 하락이라는 위협을 겪을 가능성이 크다. 그러한 산업에서 기업의 전략은 시장이 더 포화되는 것을 막기 위해 새로운 기업의 진입을 저지하는 것이다. 진입 장벽의 예로는 규모의 경제, 독점적 노하우, 강력한 브랜드 명성, 확고한 고객 충성도, 높은 자본 소요, 절대적 비용우위, 고효율 공급망, 독점적 유통 경로, 주요 원자재에 대한 접근권, 특허권 소유 등이 있다. 예를 들어 자동차 오일 교환 산업은 진입 장벽이 비교적 낮지만 스마트폰 산업은 진입 장벽이 훨씬 높다.

다양한 진입 장벽에도 불구하고 고품질 제품, 저렴한 가격, 풍부한 마케팅 자원으로 새로이 산업에 진입하는 기업이 있다. 신규 기업의 시장 진입 위협이 클 때 기존 기업은 보통 가격 인하, 보증 연장, 기능 추가, 특별 금융 제공 등 자사의 포지션을 강화하고 시장 진입을 저지하기 위해 재빨리 조치를 취한다. 신규 진입자의 위협조차도 경쟁을 키워 수익성을 떨어뜨릴 수 있다.

대체제품의 개발 가능성

많은 산업에서 기업은 다른 산업에 있는 대체제품의 생산자와도 긴밀하게 경쟁하고 있다. 예를 들면 맥주·와인·양주, 대중교통·자동차·자전거·오토바이·택시, 천연가스·전기·태양광 발전, 유리병·판지 용기·알루미늄 캔이 그렇다. 고객의 요구가 기업이 속한 산업 외부의 어떤 대체제품으로 쉽게 충족될 수 있다면 대체제품의 위협이 커진다. 대체제품의 상대적 가격이 하락하거나 고객의 전환 비용이 감소하면 대체제품으로 인한 경쟁 압력이 증가한다.

대체제품의 존재는 고객이 대체제품으로 옮겨 가지 않아야 하기 때문에 제품에 부과할 수 있는 가격에 한도가 주어진다. 가격 상한은 이익 상한과 같은 말이며, 기업 간의 경쟁이 더 치열함을 뜻하기도 한다. 예를 들어 안경과 콘택트렌즈 생산자는 레이저 안과 수술로 인해 점증하는 경쟁 압력에 직면한다. 마찬가지로 설탕 생산자는 인공 감미료로 인한 경쟁 압력을 받고 있다. 신문과 잡지는 인터넷, 24시간 케이블 TV라는 대체제품과의 경쟁 압력을 겪는다. 게다가 대체제품은 쉽게 예상할 수 없는 곳에서 생겨날 수도 있다. 예를 들어 다이아몬드 생산자는 덜 비싼 반지의 대체품으로 신혼여행 패키지를 염두에 두지는 않았을 것이다. 이 경쟁요인의 요점은 전략가가 대체제품의 잠재적인 위협을 관리해야 한다는 것이다.

공급업체의 협상력

공급업체의 협상력이란 업계로의 투입물 가격을 올리는 공급업체의 능력을 말한다. 이 '경쟁요인'은 산업 내 경쟁력의 강도에 영향을 미치는데, 공급업체가 제공하는 제품의 대체품이 거의 없는 경우, 다른 공급업체가 제공하는 대체품으로 전환하는 비용이 높은 경우, 해당 산업이 공급업체가 얻는 수익의 주요 원천이 아닌 경우, 공급업체가 몇 개뿐인 경우 특히 그렇다.

경우에 따라 기업은 공급업체와 경쟁하기 위해 후방 통합 전략을 추구한다. 이 전략은 공급업체의 신뢰성이 낮거나, 너무 비싸거나, 기업의 요구를 계속 충족할 역량이 없거나, 협상력이 너무 세서 이윤을 다 빨아들일 가격을 청구할 수 있는 경우에 특히 효과적이다. 최대 제트여객기 제조업체인 보잉(Boeing)과 에어버스(Airbus)는 공급업체가 부품 산업의 수익성에서 너무 큰 비율을 가져간다고 판단하여 비행기 부품의 일부분을 직접 생산하기 시작했다. 공급업체에 중요한 교훈은 고객이 후방 통합을 할 수 있는 경우 가격 재협상이 최선일 수 있다는 것이다.

공급업체가 많을 때는 일반적으로 기업이 더 나은 포지션을 차지한다. 많은 경우에 공급업체와 생산자가 합리적인 가격, 품질 향상, 새로운 서비스 개발, 적시 배송, 재고 비용 절감 등을 통해 서로를 지원하는 것은 해당 기업 모두의 장기 수익성을 높이는 최선의 방법이다. 점점 더 많은 산업에서 판매자는 재고 및 물류 비용 절감, 차세대 부품의 가용성 촉진, 불량률 감소, 자신과 공급업체 모두에 중요한 비용 절감 효과를 얻기 위한 노력의 일환으로 엄선된 공급업체와 전략적 파트너십을 구축하고 있다.[5]

고객의 협상력

고객(구매자)의 협상력이란 특정 산업에서 기업이 제공하는 제품의 가격을 끌어내릴 수 있는 고객의 능력을 말한다. 이 요인은 구매자의 수가 제한적이거나 구매처 선택권이 다양한 산업에서 기업이 사업할 때, 구매자가 대량 구매하거나 전환 비용이 낮을 때 특히 강력하다. 고객은 다음과 같은 경우에 협상력을 얻는다.

- 고객이 경쟁 브랜드나 대체품으로 저렴하게 전환할 수 있는 경우
- 고객이 판매자에게 특히 중요한 경우
- 판매자가 고객 수요 하락에 직면하여 고전 중인 경우
- 고객이 판매자의 제품, 가격, 비용을 잘 알고 있는 경우
- 고객이 제품 구매 여부와 구매 시기에 재량권이 있는 경우[6]

구매하는 제품이 표준화되어 있거나 차별화되지 않아 고객이 판매 가격, 보증 범위, 부대용품 패키지 등에 대해 더 강력하게 협상할 수 있는 경우에는 이 요인이 업계의 경쟁력에 미치는 영향이 더욱 크다. 경쟁기업은 고객의 협상력이 상당할 때마다 고객 충성도를 확보하기 위해 보증 기간을 연장하거나 특별 서비스를 제공하려 할 수 있다. 예를 들어 신차 구매자는 여러 대리점의 가격을 비교해보고 한 대리점에서 구매하는 대가로 가격을 깎거나 추가 서비스를 달라고 협상하곤 한다.

포터의 5-경쟁요인의 결과로 기업 간 경쟁의 정도는 산업에 따라 매우 다르다. 표 3-6은 다양한 산업의 평균 영업이익을 보여준다. 산업에 따라 상당한 차이가 있음을 알 수 있는데, 영업이익이 가장 낮은 것은 서점이다. 일부 산업의 경우 경쟁요인의 종합적 영향이 너무 잔인하여 이윤 창출 관점

표 3-6 일부 산업의 경쟁 정도(2018년 자료)

산업	영업이익(%)	산업	영업이익(%)
은행	30.8	통신	6.1
호텔	18.4	식품 제조	5.4
제약	8.7	기계/건설	4.9
석유 및 가스 채굴	7.5	제지	4.9
향수/화장품	7.1	서점	2.9

에서는 시장이 전혀 매력적이지 않다. 전략가는 5-경쟁요인을 지속적으로 모니터링하여 기업이 직면한 새로운 기회와 위협을 파악하고 그에 따라 전략을 변경해야 한다.

경쟁을 제거하는 것은 경쟁이 치열한 산업에 있는 기업이 채택할 만한 공통적인 전략이다. 기업은 인수합병(M&A)을 활용하고 공급업체와 구매자(유통업체)를 매입하여 경쟁을 제거하지만, 이러한 사고 수준과 관련된 문제가 있다. 경쟁업체를 인수하려면 보통 프리미엄을 지불해야 하고 상이한 조직 문화를 다루어야 한다. 또한 당장은 경쟁업체가 사라지겠지만 새로운 경쟁업체가 또 다른 제품을 가지고 진입하여 고객에게 더 나은 서비스를 제공할지도 모른다. 공급업체나 유통업체를 매입하면 기업이 가장 잘하는 사업에서 멀어지게 되며, 경쟁업체가 잘 모르는 공급망 문제에 얽매이지 않고 제품을 더 잘 개발하고 개선하도록 허용하는 결과를 초래할 수도 있다.

5-경쟁요인 분석을 사용할 때 기업이 피해야 할 함정은 ① 해당 산업에서 가장 압박이 되는 요인을 파악하는 대신 다섯 가지 요인 모두에 동일한 가중치를 부여하는 것, ② 해당 산업을 너무 넓거나 좁게 정의하는 것, ③ 모델을 사용하여 전략을 더 효율적으로 수립하기보다 산업이 매력적이라거나 매력적이지 않다는 등의 레이블을 붙이기 위해 5-경쟁요인을 사용하는 것 등이다. 전략기획을 수행할 때 외부 평가 도구로 포터의 5-경쟁요인 모델을 사용하는 경우, 특정 산업에서 성공하는 데 가장 중요하고 기업의 비전과 사명에 가장 관련성 깊은 AQCD 기회와 위협을 파악하기 위해 노력하라.

외부 조사를 위한 정보의 주요 출처

학습 목표 3-4

기회와 위협을 파악하기 위한 정보의 주요 출처를 알아본다.

조직은 발간된 출처에서든 발간되지 않은 출처에서든 풍부한 전략적 정보를 얻을 수 있다. **발간되지 않은 출처**에는 고객 설문 조사, 시장 조사, 전문가나 주주 모임의 연설, TV 프로그램, 인터뷰, 이해관계자와의 대화 등이 포함되고, **발간된 출처**에는 정기 간행물, 잡지, 보고서, 정부 문서, 요약, 책, 디렉터리, 신문, 매뉴얼 등이 포함된다. 일반적으로 기업 웹사이트, 특히 투자자 관계 웹페이지는 기업에 관한 정보를 얻는 좋은 출발점이다.

전략적 정보를 수집할 수 있는 훌륭한 웹사이트가 많지만 저자가 외부 조사를 수행할 때 주로 이용하는 웹사이트는 다음과 같다.

- http://finance.yahoo.com
- www.hoovers.com
- www.morningstar.com
- www.mergentonline.com

표 3-7 EFE 매트릭스 요인 정보를 얻을 수 있는 우수한 온라인 출처

- **IBISWorld**: 온라인 미국 산업 보고서(NAICS), 미국 산업 iExpert 요약, 미국 기업 환경 프로필을 제공한다. IBIS의 글로벌 버전도 사용할 수 있다.
- **Lexis-Nexis Academic**: 《뉴욕타임스》, 《워싱턴포스트》 등의 신문 기사에 대한 온라인 액세스와 비즈니스 정보(SEC 제출 서류 포함)를 제공한다.
- **Lexis-Nexis Company Dossier**: 1,300만 개 기업의 광범위한 최신 데이터에 대한 온라인 액세스를 제공한다. 정보를 수집하여 훌륭한 문서로 편집할 수 있다.
- **Mergent Online**: 수백 개 공개 기업 및 산업의 추세, 설명, 통계 정보가 포함된 Mergent's Manual에 대한 온라인 액세스를 제공한다. 기업의 비연결 손익계산서와 재무상태표를 제공한다.
- **PrivCo**: 기업의 재무 및 수익, 인수합병 거래 및 거래 가격, 기업 가치 평가, VC 자금 조달, 사모투자 거래 내역 등 비공개 기업에 대한 정보를 제공한다. (경쟁사에 대한 정보는 www.owler.com을 참조하라.)
- **Regional Business News**: 미국의 모든 대도시와 지역을 다루는 80개 이상의 지역 비즈니스 출판물 자료 등 지역 비즈니스 출판물의 포괄적인 전문(full-text) 자료를 제공한다.
- **Standard & Poor's NetAdvantage**: 스탠더드앤드푸어스(S&P)의 산업 조사, 주식 보고서, 기업 기록, 전망(The Outlook), 뮤추얼펀드 보고서 등에 대한 온라인 액세스를 제공한다.
- **Value Line Investment Survey**: 약 1,700곳의 주식, 90개 이상의 산업, 주식시장, 경제 등에 대한 우수한 온라인 정보와 조언을 제공한다. 기업 손익계산서와 재무상태표를 제공한다.
- **미국증권거래위원회(U.S. Securities and Exchange Commission)**: 미국 상장기업의 연례 보고서를 제공한다.
- **Company Annual Reports On-Line(CAROL)**: 유럽과 미국 상장기업의 재무제표에 연결되는 링크를 제공한다.

출처: www.fmarion.edu/library의 정보

- http://globaledge.msu.edu/industries
- 기업 웹사이트

이 가운데 미시간주립대학교가 운영하는 http://globaledge.msu.edu/industries는 모든 산업의 정보, 뉴스, 이벤트, 통계 데이터에 대한 뛰어난 출처인 산업 프로필을 제공한다. 대부분의 대학 도서관은 우수한 온라인 비즈니스 데이터베이스를 구독하고 있으며, 학생들은 이를 무료로 사용하여 전략기획 사례 분석을 수행할 정보를 수집할 수 있으니 사서에게 문의해보라. 외부 조사 정보가 훌륭한 도서관 데이터베이스 출처를 표 3-7에 제시했다. 저자는 이러한 출처를 모두 사용하는데, 특히 Standard & Poor's NetAdvantage의 '산업 조사(Industry Surveys)'와 IBISWorld에서 외부 평가에 포함하기 위한 AQCD 외부 요인을 얻는다. 또한 PrivCo는 비공개 기업에 대한 정보를 얻는 데 유용하고, 경쟁사에 대한 정보를 얻으려면 www.owler.com을 이용하라.

학습 목표 3-5

예측 도구와 기법에 대해 알아본다.

예측과 가정

예측은 미래의 추세와 사건에 대한 지식 기반의 가정이다. 기술 혁신, 문화의 변화, 새로운 제품, 서비스 향상, 더 강한 경쟁자, 정부 우선순위의 전환, 사회적 가치의 변화, 불안정한 경제 상황, 예기

치 않은 사건과 같은 요인 때문에 예측은 복잡한 활동이다. 관리자는 종종 공개된 예측에 의거하여 주요한 외부 기회와 위협을 효과적으로 파악해야 한다.

미래에 대한 감각은 모든 행동에 스며들어 있고, 사람이 내리는 모든 결정의 밑바탕을 이룬다. 사람들은 만족스럽고 영양을 공급받을 미래를 기대하면서 먹는다. 사람들은 미래에 피로가 풀릴 것이라 가정하고 잠을 잔다. 사람들은 자신의 노력이 미래에 보상을 받을 것이라고 믿기 때문에 에너지, 돈, 시간을 투자한다. 사람들은 자동차와 트럭이 미래에 필요로 할 것이라 가정하고 고속도로를 건설한다. 부모는 자녀가 자라면서 특정 기술, 태도, 지식이 필요할 것이라는 예측에 근거하여 자녀를 교육한다. 진실은 우리 모두가 일상 활동을 통해 암묵적인 예측을 한다는 것이다. 따라서 문제는 예측을 해야 할지 말지가 아니라, 미래에 대한 일반적으로 논리가 명확하지 않은 가정 너머로 우리가 나아갈 수 있도록 최선의 예측을 어떻게 하느냐이다. 당면한 결정을 더 잘 이끌고 보다 바람직한 미래의 상황을 촉진하는 지적인 가정(예측)을 할 수 있도록 우리는 정보를 얻고 사용할 수 있는가? 가정은 사실, 숫자, 추세, 조사를 기반으로 해야 한다. 기업의 가정이 경쟁기업의 가정보다 더 정확해지도록 노력하라.

완벽한 예측은 없다. 어떤 예측은 아주 부정확하다. 이러한 사실은 전략가가 발표된 예측의 근거를 살펴보고 독자적인 내부의 예측을 발전시키기 위해 충분한 시간과 노력을 들일 필요가 있음을 드러낸다. 주요 외부 기회와 위협은 적절한 예측을 통해서만 효과적으로 식별할 수 있다.

가정하기

기획은 가정 없이는 불가능할 것이다. 데일 매콘키(Dale McConkey)는 가정을 "관리자가 거의 통제할 수 없지만, 원하는 결과를 달성하기 위한 성과나 능력에 중요한 영향을 미칠 수 있는 주요 외부 요인의 영향에 대한 현재의 최상 추정"으로 정의한다.[7] 전략가는 100% 정확도로 통제하거나 예측할 수 없는 수많은 변수와 가늠하기 힘든 요인에 직면한다. 전략을 수립할 때 어림짐작해서는 안 되지만, 이용 가능한 정보에 기반한 합리적인 가정을 항상 내려야 한다.

기업에 주요한 영향을 미칠 수 있는 미래 사건을 파악하고 그 요인에 대한 합리적인 가정을 내림으로써 전략가는 전략경영 프로세스를 진척할 수 있다. 가정은 기업의 사업에 중대한 영향을 미칠 가능성이 큰 향후 추세와 사건에만 필요하다. 해당 시점의 최상 정보를 바탕으로 가정은 전략의 유효성에 대한 체크포인트 역할을 한다. 미래 사건이 가정에서 많이 벗어나면 전략가는 시정 조치가 필요하다는 것을 인식한다. 최상 정보를 획득한 기업은 일반적으로 가장 정확한 가정을 내리며, 이는 주요 경쟁우위로 이어질 수 있다.

외부 요인 평가 매트릭스

학습 목표 3-6

외부 요인 평가(EFE) 매트릭스를 개발하고 사용하는 방법을 이해한다.

전략가는 **외부 요인 평가(EFE) 매트릭스**(External Factor Evaluation Matrix)를 사용하여 경제적·사회적·문화적·인구통계적·환경적·정치적·정부 관련·법적·기술적·경쟁적 정보를 요약하고 평가할 수 있다. EFE 매트릭스는 기회를 활용하고 위협을 최소화할 수 있는 기업의 효과성을 포함하여 기업이 외부 요인을 전반적으로 얼마나 잘 처리하고 있는지에 대한 경험적 평가를 제공한다.

EFE 매트릭스를 개발하는 순서

EFE 매트릭스는 다음과 같이 5단계로 개발할 수 있다.

1단계: 주요 외부 요인의 완전하고 엄선된 목록 개발하기

표 3-7의 출처를 이용하여 대상 기업을 조사하라. 정보를 수집하여 기회와 위협, 두 가지 데이터세트로 구성하되, 앞서 설명한 열 가지 외부 영역과 관련된 50~100개 기회 및 위협 요인의 전체 목록을 만들라. 5-경쟁요인을 고려하면서 자사의 산업, 비전, 사명, 전략에 가장 중요한 요인을 포함하라. 그런 다음 데이터세트를 10개의 기회, 10개의 위협 등 20개의 주요 외부 요인으로 압축하라(조직이 보통 이렇게 구분하고 www.strategyclub.com의 양식도 10과 10을 사용하므로 우리도 10과 10을 채택한다). 먼저 기회를 나열한 뒤 위협을 나열하라. 또한 전략을 기회로 포함하지 말라. 예를 들어 '유럽에 새로운 제조 공장 2개를 건설하는 것'은 전략이지 기회가 아니다. '유럽의 8개국이 복제 의약품 판매 제한을 폐지했다'와 같이 그 전략을 합리화하는 토대가 되는 기회가 있을 수 있지만 말이다.

기업은 일반적으로 중요도에 따라 요인을 평가하고(1: 가장 덜 중요함, 10: 가장 중요함) 이 평가 데이터를 통합하거나, 요인의 순위를 정하고(1: 가장 중요함, 50: 가장 덜 중요함) 이 순위 데이터를 통합한다. 두 방법 모두 포함해야 할 가장 중요한 요인 20개를 도출해낸다. 여기서 중요한 점은, 기업과 학생은 머리에 떠오르는 처음 20개 요인을 포함해서는 안 된다는 것이다. 예를 들어 최근에 누군가는 '허리케인이 올 수 있다'를 EFE 매트릭스에 위협으로 포함했는데, 99%의 경우에 이 요인은 매트릭스에 포함되어서는 안 된다. 조사를 실시하여 기업의 비전, 사명, 전략, 경쟁우위와 관련된 외부 요인을 파악하라.

EFE 매트릭스에 포함할 특정 요인을 결정할 때, 그리고 가중치를 부여하고 평가할 때(2단계) 협의의 산업 관점에 초점을 맞추어라. 예컨대 스피릿항공(Spirit Airlines)의 산업은 모든 항공사가 아니라 저비용 항공사이며, 람보르기니(Lamborghini)의 산업은 자동차가 아니라 고급 스포츠카이다. 이러한 협의의 산업 관점은 앞서 살펴본 AQCD 테스트를 충족하는 용어로 외부 요인이 기술되도록 촉진하는 데 중요하다.

요인을 기술할 때 모호함을 피해야 하기 때문에 주요 외부 요인의 목록을 작성할 때는 AQCD 테스트에 유의해야 한다. 모호성은 EFE 매트릭스 개발 시 가중치와 평가치 부여에 아무런 지침을 주지 못한다. 에드워드 데밍(Edward Deming)의 말을 기억하라. "우리는 신을 믿는다. 나머지는 모두 데이터가 말한다." 앞서 정의한 '실행 가능한' 요인을 포함하라.

2단계: 주요 외부 요인에 가중치 부여하기

EFE 매트릭스를 개발할 때 각 요인에 대해 0.01(중요하지 않음)~1.0(완전 중요) 범위의 가중치를 부여하라. 특정 요인에 부여된 가중치는 EFE에 포함된 다른 요인에 비하여 해당 산업에서 성공하기 위한 그 요인의 상대적 중요성을 나타낸다. 예를 들어 가중치가 0.06인 요인은 가중치가 0.02인 요인보다 해당 산업에서 성공하는 데 200% 더 중요하다. 특정 기업의 주요 요인이 기회이든 위협이든 관계없이 특정 산업에서 모든 기업의 조직 성과에 가장 큰 영향을 미칠 것으로 여겨지는 요인에 가장 높은 가중치가 부여되어야 한다.

모든 가중치의 합은 1.0이 되어야 한다. 기회에 총 0.50, 위협에 총 0.50처럼 가중치를 동일하게 부여하지 말라. 포터의 5-경쟁요인 부분에서 설명했듯이 사실 특정 산업에서 경쟁이 치열하면 위협에 부여된 가중치의 합이 기회에 부여된 가중치의 합보다 더 클 수도 있다. 가중치는 산업 기반이지 기업 기반이 아니다. 가장 높은 가중치부터 가장 낮은 가중치까지 기회를 나열하고, 마찬가지로 위협도 나열하라.

3단계: 주요 외부 요인에 평가치 부여하기

EFE 매트릭스를 개발할 때 기업의 전략이 얼마나 효과적으로 (또는 비효과적으로) 기회 또는 위협에 대응하는지를 나타내기 위해 각 주요 외부 요인에 평가치 1~4를 부여하라(4: 우수한 대응, 3: 평균 이상의 대응, 2: 평균적인 대응, 1: 미흡한 대응). 기회와 위협 모두 언제든 1, 2, 3, 4의 평가치를 받을 수 있다. 평가는 기회를 활용하거나 위협을 회피/완화하는 데 기업의 전략이 얼마나 효과적인지를 기반으로 한다. 평가는 기업 기반이지 산업 기반이 아니다.

EFE 매트릭스에서 평가 열 아래에 수치를 부여할 때, 기업이 효과적인 전략을 통해 경쟁우위를 확보하고 유지할 수 있는 산업 내 틈새를 얼마나 잘 개척했는지를 고려하라. 이러한 틈새는 대부분의 경우 경쟁사보다 더 효과적으로 어떤 기회를 활용할 때 개척된다. 그렇다고 위협이 중요하지 않다는 것은 아니다. 위협도 중요한데, 어떤 위협은 기업을 궤멸할 수도 있다. 그러나 기업이 많은 기회를 마주하는 경우, 이는 기업을 잘 포지셔닝하는 효과적인 전략의 결과일 가능성이 크다. 따라서 더 높은 평가치는 흔히 기회에 부여되며, 더 높은 평가치는 EFE 매트릭스의 총가중 점수를 증가시킨다.

한 예로 페라리(Ferrari)의 스포츠카는 높은 가격에도 불구하고, 고급 스포츠카 산업의 고객에게는 가격 경쟁력이 결정적인 요인이 아니기 때문에(낮은 가중치) 가격 경쟁력 외부 요인에서 높은 평가치를 받을 수 있다. 따라서 평가치를 부여할 때는 가중치의 경우와 마찬가지로 산업의 하위 집합을 고려하여 효과적인 판단을 내려야 한다.

4단계: 가중 점수 도출하기

EFE 매트릭스의 각 행을 따라 요인의 가중치에 평가치를 곱하여 각 요인의 가중 점수를 도출하라.

5단계: 총가중 점수 도출하기

가중 점수를 합하여 조직의 총가중 점수를 도출하라. EFE 매트릭스에 포함된 요인의 수에 관계없이 총가중 점수는 최소 1.0에서 최대 4.0까지의 범위이고 평균 점수는 2.5이다. 총가중 점수가 2.5보다 훨씬 낮으면 조직이 외부 요인에 잘 대응하지 못한다는 것을 나타내며, 새로운 전략이나 어쩌면 새로운 방향, 새로운 비전 또는 사명이 필요할지도 모른다. 총가중 점수가 2.5보다 훨씬 높으면 강한 외부 포지션을 나타내므로 항상 개선의 여지가 있음을 염두에 두되 현재 전략의 지속이 신중할 것이다. 예를 들어 총가중 점수가 3.5라면 기업이 산업에 존재하는 기회와 위협에 탁월한 방식으로 대응하고 있음을 나타낸다. 즉 기업의 전략은 효과적으로 기존 기회를 활용하고 외부 위협의 잠재적 악영향을 최소화하고 있다. 한편 총가중 점수가 1.5이면 기업의 전략이 기회를 활용하지 못하거나 외부 위협을 회피하지 못하고 있음을 나타낸다.

매트릭스의 가중치와 평가치에 대한 '작은' 결정을 내리는 것은 전략기획 과정에서 나중에 효과적인 큰 전략 결정을 내리는 데 필수적이다. 예컨대 어떤 전략을 실행하기로 선택하느냐에 따라 10억 달러가 걸려 있을 수도 있으며, 요인·가중치·평가치로 이루어진 EFE 매트릭스는 그러한 종류의 선택을 내리는 데 도움이 된다.

EFE 매트릭스의 예

표 3–8은 상영관이 10개인 영화관의 EFE 매트릭스이다. 이 산업에서 성공하는 데 가장 중요한 요인은 가중치가 0.12인 '구내매점 매출을 떨어뜨리는 건강 취식 추세'라는 것을 표에서 확인할 수 있다. 또한 이 영화관은 'TDB 대학교가 매년 6%씩 성장하고 있음', '구내매점 매출을 떨어뜨리는 건강 취식 추세'라는 외부 요인과 관련하여 매우 잘 대응하고 있다(평가치가 4). 어쩌면 이 영화관은 캠퍼스에 전단을 배포하고 구내매점 메뉴에 요구르트와 건강 음료를 추가했을 수 있다.

종합적으로 총가중 점수 2.58이 평균(중간값)인 2.5를 넘기 때문에 이 영화관은 직면한 외부 기회를 활용하고 외부 위협을 최소화하는 데 평균보다 약간 잘하고 있다. 그러나 최고 총가중 점수는 4.0일 것이므로 개선의 여지가 분명히 있다. 평가치 1로 드러나듯이 이 영화관은 '3마일 이내에 새로운 마을 2개가 형성 중임'이라는 기회를 더 활용할 필요가 있고, '지난 분기에 타임워너로부터의 영화 대여가 15% 증가함'이라는 위협을 회피하기 위해 노력해야 한다.

표 3–9는 미국 최대 식료품 판매점 중 하나인 크로거(Kroger)의 실제 EFE 매트릭스이다. 가중치 0.10으로 나타냈듯이 크로거가 직면한 가장 중요한 외부 요인은 아마존(Amazon)이 홀푸즈마켓(Whole Foods Market)을 인수한 것이다. 크로거의 주요 요인이 가장 중요한 것(가장 높은 가중

표 3–8 상영관이 10개인 영화관의 EFE 매트릭스

기회	가중치	평가	가중 점수
1. 3마일 이내에 새로운 마을 2개가 형성 중임	0.09	1	0.09
2. TDB 대학교가 매년 6%씩 성장하고 있음	0.08	4	0.32
3. 시내 주요 경쟁자가 최근 폐관함	0.08	3	0.24
4. 영화관 고객 수요가 10% 증가함	0.07	2	0.14
5. 전년도에 시민의 가처분소득이 5% 증가함	0.06	3	0.18
6. 로완 카운티 인구가 매년 8% 증가하고 있음	0.05	3	0.15
7. 카운티의 실업률이 3.1%로 떨어짐	0.03	2	0.06
위협	**가중치**	**평가**	**가중 점수**
1. 구내매점 매출을 떨어뜨리는 건강 취식 추세	0.12	4	0.48
2. 카운티 및 시의 재산세가 25% 증가함	0.08	2	0.16
3. 지역 레드박스에서의 영화 대여가 12% 증가함	0.08	2	0.16
4. 온라인 영화 수요가 10% 증가함	0.06	2	0.12
5. 영화관에 인접한 상업 시설이 매각 중임	0.06	3	0.18
6. 지난 분기에 타임워너로부터의 영화 대여가 15% 증가함	0.06	1	0.06
7. 종교 단체가 R 등급 영화를 반대함	0.04	3	0.12
8. TDB 대학교가 캠퍼스 내에 영화관을 설치 중임	0.04	3	0.12
총합	**1.00**		**2.58**

표 3-9 크로거의 실제 EFE 매트릭스

기회	가중치	평가	가중 점수
1. 미국의 유기농 식품과 자연 식품 매출이 총 470억 달러로, 전년 대비 거의 37억 달러 증가함	0.09	4	0.36
2. 온라인 식료품 구매가 미국 전체 식음료 매출의 4.3%에서 2025년까지 20%로 증가할 것으로 예상됨	0.07	3	0.21
3. 식료품 산업의 매출 성장률이 연간 3.8%임	0.07	4	0.28
4. 유기농 식품의 매출은 550억 달러로 8.8% 증가함	0.05	2	0.1
5. 편의점의 점심·저녁 식사 서비스가 매장 매출의 21.7%를 차지함	0.05	2	0.1
6. 전국소매업협회가 내년의 미국 전자상거래 성장률을 8~12%로 추산함	0.05	1	0.05
7. 세계 식품 판매 매출을 슈퍼마켓/하이퍼마켓이 선도하여 연간 약 4조 달러 규모임	0.04	2	0.08
8. 미국의 GDP가 2.2%에서 3.1%로 증가함	0.04	2	0.08
9. 프라이빗 브랜드 제품이 내셔널 브랜드보다 25~50% 저렴하다면서 프라이빗브랜드제조업협회가 적정 가격에 중점을 둔 고객에게 호소함	0.03	1	0.03
10. 연구에 따르면 인터넷 사용자의 51.2%가 모바일 앱을 이용하여 온라인 구매를 함	0.01	3	0.03
위협	**가중치**	**평가**	**가중 점수**
1. 아마존이 460개의 오프라인 매장을 가진 홀푸즈마켓을 137억 달러에 인수함	0.10	2	0.2
2. 타깃이 매장 최신화 및 규모 축소를 위해 70억 달러를 투자하고, 2018~2020년에 새로운 독점 브랜드를 개발할 계획임	0.08	1	0.08
3. 월마트의 2017 회계연도 수익이 4,858억 달러로 94억 달러(0.78%) 증가했고, 크로거의 총수익은 1,153억 달러임	0.07	3	0.21
4. 패스트푸드 수익이 연간 6,000억 달러를 초과하고 연간 15% 증가하고 있음	0.05	2	0.1
5. 총소매 매출 대비 전자상거래 매출 비율이 거의 10%이고 연간 3% 증가하고 있음	0.05	1	0.05
6. 월마트의 식료품 비용이 크로거보다 4% 더 저렴함	0.04	2	0.8
7. Walmart.com은 현재 6,700만 이상의 제품을 판매하고 올해 30% 증가함	0.03	1	0.03
8. 월마트는 '여름의 맛처럼 겨울에도 달콤한 맛'인 자체 '디자이너'의 캔털루프를 출시하고, 더 풍미 있는 토마토를 개발 중임	0.03	2	0.06
9. 퍼블릭스슈퍼마켓이 연 12% 성장하고 있음	0.03	4	0.12
10. 알디의 미국 식료품 시장이 연 15% 성장하고 있음	0.02	3	0.06
총합	**1.00**		**3.03**

치)부터 가장 중요하지 않은 것까지 순서대로 나열되어 있다. 이러한 요인이 AQCD 테스트를 얼마나 충족하는지에 주목하라. 수학적으로 0.04는 0.03보다 33% 더 중요하고, 평가치 3은 평가치 2보다 50% 더 높다는 것을 유념하라. 매트릭스에서 가중치와 평가치 부여에 관한 작은 판단은 지역과 제품별로 자원 및 자금 배포와 관련된 실질적인 큰 규모의 결정을 내리는 데 필수적이다.

종합적으로 총가중 점수 3.03은 평균(중간값)인 2.5를 넘기 때문에 크로거가 직면한 외부 기회를 활용하고 위협을 최소화하는 것을 꽤 잘해내고 있음을 알 수 있다. 그러나 최고 총가중 점수는 4.0일 것이므로 개선의 여지가 분명히 있다. 예를 들어 '전국소매업협회가 내년의 미국 전자상거래 성장률을 8~12%로 추산함'에 대한 평가치 1은 크로거가 온라인 판매 확대 등으로 이 기회를 보다 효과적으로 활용해야 한다는 것을 시사한다.

학습 목표 3-7

경쟁 프로필 매트릭스(CPM)를 개발하고 사용하는 방법을 이해한다.

경쟁 프로필 매트릭스

경쟁 프로필 매트릭스(Competitive Profile Matrix, CPM)는 초점 기업이 일련의 주요 요인에 대해 주요 경쟁업체와 어떻게 비교되는지를 보여준다. 이 비교 분석은 특정 산업에서 기업의 경쟁우위 또는 경쟁열위와 관련된 중요한 전략적 정보를 제공한다. CPM에 어떤 요인을 포함할지 결정할 때는 특정 산업에 맞게 요인을 조정하라. 예를 들어 항공 산업에서는 단순히 '서비스 품질'이나 '재무 상태'를 요인으로 포함하는 것보다 정시 도착, 다리를 뻗을 수 있는 기내 공간, 운항 경로와 같은 요인을 포함하는 것이 훨씬 낫다.

EFE와 마찬가지로 CPM도 가중치와 총가중 점수를 사용한다. 가중치는 산업에서 특정 요인의 중요성을 정량화하는 것이고, 총가중 점수는 특정 기업이 CPM에서 평가되는 다른 두 기업에 비하여 얼마나 잘하고 있는지를 정량화하는 것이다. CPM과 EFE의 주요 차이점은, CPM은 기업들을 비교하고 EFE는 한 기업이 내부적으로 주요 외부 이슈에 대해 어떻게 대응하는지를 분석한다는 것이다. 핵심 성공요인(critical success factor)에는 산업 내 경쟁우위 관련 요소뿐만 아니라 기업이 특정 산업에서 성공하는 데 중요한 다른 요인도 포함된다. CPM의 경우 핵심 성공요인에 내부 및 외부 이슈가 모두 포함될 수 있다. CPM에서 가장 높은 가중치부터 가장 낮은 가중치까지 핵심 성공요인을 나열하라.

CPM에서 가중치는 산업 기반이며 총합이 1.0이다. CPM에서는 한 기업과 그 기업의 주요 경쟁사가 각 핵심 성공요인에 대해 얼마나 잘 수행하고 있는지를 정량화하기 위해 평가치가 부여된다. 평가치는 기업 전략의 효과성 정도를 나타낸다. 기업의 현재 전략이 얼마나 효과적으로 그 요인에 대응하고 있는지를 나타내기 위해 각 핵심 요인에 평가치 1~4를 부여하라(4: 우수한 대응, 3: 평균 이상의 대응, 2: 평균적인 대응, 1: 미흡한 대응).

표 3-10은 CPM의 예로, 이 경우 산업에서 성공하는 데 가장 중요한 두 가지 요인은 가중치가 0.20인 '광고'와 '글로벌 확장'이다. 이 분석에서 가중치 열이 없다면 각 요인이 동일하게 중요해진다

표 3-10 경쟁 프로필 매트릭스의 예

		기업 1		기업 2		기업 3	
핵심 성공요인	**가중치**	**평가**	**점수**	**평가**	**점수**	**평가**	**점수**
광고	0.20	1	0.20	4	0.80	3	0.60
글로벌 확장	0.20	4	0.80	1	0.20	2	0.40
재무 상태	0.15	4	0.60	2	0.30	3	0.45
경영관리	0.10	4	0.40	3	0.20	1	0.10
제품 품질	0.10	4	0.40	3	0.30	2	0.20
고객 충성도	0.10	4	0.40	3	0.30	2	0.20
가격 경쟁력	0.10	3	0.30	2	0.20	1	0.10
시장점유율	0.05	1	0.05	4	0.20	3	0.15
총합	**1.00**		**3.15**		**2.50**		**2.20**

주: 1은 미흡한 대응, 2는 평균적인 대응, 3은 평균 이상의 대응, 4는 우수한 대응이다. 총가중 점수 2.20이 나타내듯이 기업 3이 대응을 가장 못하고 있다. 단순화하기 위해 핵심 성공요인을 8개만 제시했으나 이는 너무 적다. 양식에는 12개 요인을 포함하고 특정 산업에 맞게 요인을 조정해야 한다.

는 것을 주목하라. 따라서 가중치 열을 포함해야 분석가가 중요성을 인식하거나 실제 수준을 파악하여 더 견실한 분석을 수행할 수 있다. 표 3-10을 보면 기업 1의 전략은 평가치 4로 드러나듯이 '제품 품질'에 대해 뛰어난 방식으로 대응하는 반면, 기업 2의 전략은 '광고'와 관련하여 가장 잘 대응하고 있다. 종합적으로 기업 1의 전략이 총가중 점수 3.15를 얻어 가장 잘 대응하고 있으며, 기업 3은 가장 못하고 있다. CPM에서 같은 행의 평가치를 똑같이 하지 말라. 초점 기업과 경쟁기업에 대한 조사와 지식을 바탕으로 한 요인씩 적절한 평가치에 관한 판단이나 결정을 내려라. (이 예시의 요점은 CPM을 개발하는 메커니즘을 설명하는 것이지, 특정 산업의 요인을 밝히는 것이 아니다.)

CPM의 예에 제시된 핵심 성공요인 말고도 이 분석에 자주 포함되는 요인은 제품 라인의 폭, 판매 유통의 효과성, 전매 또는 특허의 이점, 시설의 위치, 생산 능력 및 효율성, 경험, 노조 관계, 기술적 우위, 전자상거래 전문성 등이다. 핵심 성공요인의 목록을 작성할 때 산업에서 기업을 차별화하는 요인(즉 경쟁우위를 결정하는 요인)을 포함하도록 노력하라.

CPM에서 한 기업이 총가중 점수를 3.20 받고 다른 기업이 2.80을 받았다고 해서 반드시 첫 번째 기업이 두 번째 기업보다 정확히 14.3% 우수하다고 할 수는 없지만, CPM에 포함된 변수에 대해서는 첫 번째 기업이 더 잘 수행하고 있음을 시사한다. CPM 또는 EFE 매트릭스의 가중치와 관련하여 0.08은 0.06보다 수학적으로 33% 더 높으므로, 약간의 차이로도 다양한 요인의 상대적 중요성에 대한 중요한 인식을 드러낼 수 있다. 수치화의 목적은 의사결정에 도움이 되는 유의미한 방법으로 정보를 이해하고 평가하는 것이다.

표 3-11은 크로거의 실제 CPM으로, 경쟁기업인 월마트와 아마존은 유통 시스템, 광고, 고객 서비스 등 몇 가지 핵심 성공요인에 대해 크로거보다 더 높은 평가를 받고 있다. 또한 가장 중요한 것(가장 높은 가중치)부터 순서대로 요인이 나열되어 있음을 주목하라. 각 행에 같은 평가치가 없으며, 크로거는 '브랜드 인지도'와 '광고'에 대해 월마트와 아마존보다 잘 대응하지 못하고 있다.

표 3-11 크로거의 실제 CPM

		크로거		월마트		아마존	
핵심 성공요인	**가중치**	**평가**	**점수**	**평가**	**점수**	**평가**	**점수**
가격 경쟁력	0.17	3	0.51	4	0.68	2	0.34
제품 품질	0.13	2	0.26	3	0.39	1	0.13
다중 구성	0.10	4	0.40	3	0.30	1	0.10
시장 침투	0.09	4	0.36	3	0.27	2	0.18
고객 충성도	0.08	2	0.16	4	0.32	3	0.24
브랜드 인지도	0.08	1	0.08	4	0.32	3	0.24
매장 위치	0.07	2	0.14	4	0.28	1	0.07
고객 서비스	0.07	2	0.14	3	0.21	4	0.28
시장점유율	0.06	2	0.12	4	0.24	1	0.06
재무 이익률	0.05	2	0.10	4	0.20	3	0.15
유통 시스템	0.05	2	0.10	3	0.15	4	0.20
광고	0.05	1	0.05	4	0.20	2	0.10
총합	**1.00**		**2.42**		**3.56**		**2.09**

전략가를 위한 시사점

그림 3-4에서 보듯이 경쟁우위를 확보하고 유지하려면 기업과 산업에 영향을 미치는 사회적·인구통계적·경제적·기술적 추세와 사건을 파악하고 검토할 뿐만 아니라 기업의 경쟁자와 관련된 정보를 수집·분석하고 우선순위를 매겨야 한다. 어떤 외부 요인을 EFE 매트릭스에 포함해야 할지 숙고하는 과정에서 본질적인 토론이 이루어지는 경우가 드물지 않고, 때로는 약간의 비난이 오가기도 한다. 포함된 요인은 궁극적으로 기업의 전략과 방향에 영향을 미치기 때문이다. 결과로 도출되는 전략은 비용이 많이 들고 때로는 불가역적일 수 있으므로 외부 사실에 대한 공학적 탐색이 필수적이다. 기업의 생존은 효과적이고 철저한 외부 평가가 수행되느냐에 좌우될 수도 있다.

이 장에서는 실행 가능하고, 정량적이고, 비교 가능하고, 부문적인(AQCD) 정보가 전략적 결정을 내리는 데 중요한 요소임을 살펴보았다. 이 장에서 소개한 EFE 매트릭스와 경쟁 프로필 매트릭스는 의사결정을 향상하기 위해 정보를 통합하고 우선순위를 정하는 데 탁월한 전략기획 도구이다.

외부 조사 수행 과정

외부 조사를 수행할 때 가능한 한 많은 관리자와 직원을 참여시켜라. 참여는 이해와 헌신으로 이어지기 때문이다. 직원은 아이디어를 제공하고 자사의 산업, 경쟁자, 시장, 전략 등을 더 잘 이해할 수 있는 기회를 얻는 것을 고마워한다. 이 장에서 다룬 열 가지 요인에 대해 경쟁 기밀과 정보를 얻을 수 있는 효과적인 방법은 다양한 관리자에게 주요 매거진, 무역 잡지, 신문, 온라인 출처 등 정보의 특정 원천을 모니터링해 달라고 요청하는 것이다. 이들은 외부 조사를 주관하는 담당자에게 주기적인 조사 보고서를 제출할 수 있다. 이러한 접근 방식을 통해 시의성 있는 전략 정보를 지속적으로 수집할 수 있고 외부 조사 과정에 많은 사람이 참여하게 된다. 공급업체, 유통업체, 영업사원, 고객, 경쟁사는 필수적인 정보의 또 다른 원천이다.

수집된 외부 조사 정보는 EFE 매트릭스와 CPM으로 통합되어야 한다. 이 과업을 완수하기 위해 일부 기업은 직면한 가장 중요한 기회와 위협을 함께 판단하기 위해 한 번 또는 수차례 회의를 개최한다. 이러한 요인의 우선순위 목록은 모든 관리자에게 개별적으로 파악된 요인을 1(가장 중요한 기회/위협)부터 20(가장 중요하지 않은 기회/위협)까지 순위를 매겨달라고 함으로써 얻을 수 있다. 그런 다음 모든 순위를 합산하면 요인의 우선순위 목록이 드러난다. 어떤 기업도 유익한 모든 것을 할 수는 없기 때문에 우선순위를 정하는 것은 절대적으로 필요한 일이다. 좋은 선택지 중에서도 어려운 결정을 내려야 한다. EFE 매트릭스와 CPM에서는 가장 중요한 것(가장 높은 가중치)부터 가장 덜 중요한 것 순으로 요인이 나열되어 있다. 전체 목록이 50개 이상이라도 이 장에서 설명한 방법으로 가장 중요한 20개 요인을 뽑아낼 수 있다.

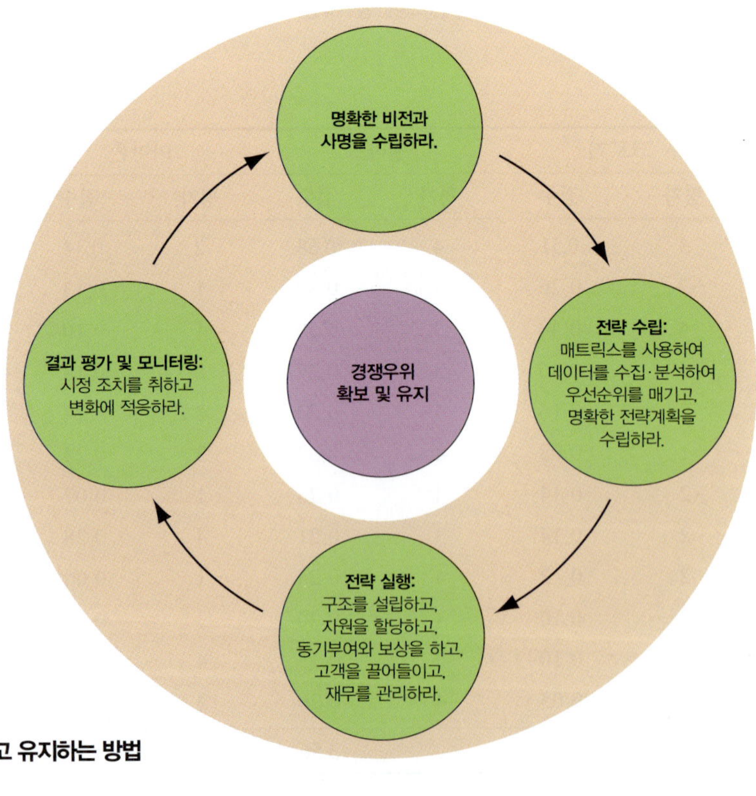

그림 3-4 경쟁우위를 확보하고 유지하는 방법

학생을 위한 시사점

자신의 외부 평가를 발전시키고 제시할 때 경쟁우위를 확보하고 유지하는 것이 EFE 매트릭스와 CPM을 개발하는 근본 목적임을 유념하라. 서면 또는 구두 프로젝트의 '외부' 부분에서는 특정 요인이 어떻게 그리고 왜 기업에 경쟁우위를 가져올 수 있는지를 강조하라. 다시 말해 로봇처럼 가중치와 평가치를 도출하는 것이 아니라(그런데 이것도 대단히 중요하다), 자신이 기업을 어디로 이끌어갈 것인지에 비추어 여러 요인을 강조하라. 당신의 권고에 따라 기업이 어떻게 경쟁기업을 진압할 수 있는지, 또는 최소한 수익성 있게 그들과 경쟁할 수 있는지를 매우 분명하게 밝혀라. 프로젝트의 이 부분에서 기업이 어떻게 그리고 왜 경쟁자 사이에서 번영할 수 있는지 핵심 근본 이유를 설명하라. 전체 프로젝트를 제시하는 방법이 '기술적'이 아니라 '처방적'이어야 함을 잊지 말라. 프로젝트를 구두로 발표할 때는 소심하고 무관심한 듯 행동하지 말고 자심감과 열정을 가져야 한다. '모호함'은 학생이 사례 분석을 할 때 가장 흔한 실패의 원인이므로 프로젝트 전체에 걸쳐 확실히 데이터를 제시하라. 기업에 대한 최신 정보를 얻으려면 해당 기업의 최신 분기 보고서를 살펴보라. 분기 보고서를 인용하는 설명은 훌륭하다.

학생이 EFE 매트릭스를 개발할 때는 직접적인 경쟁자, 경제 추세, 법률 또는 세금 문제, 고객의 태도, 고객 인구통계, 기타 유사한 사실, 동향, 사건과 관련된 구체적인 (AQCD) 요인을 포함해야 한다. 또한 포터의 5-경쟁요인과 관련된 요인을 포함해야 하는 경우도 있다. 예를 들면 다음과 같은 요인이 포함될 수 있다.

- 최근에 중국은 외국 기업이 중국 파트너 없이도 중국에서 사업을 영위할 수 있도록 4개의 자유무역지구를 설치했다. 자동차 산업에서와 같이 경쟁기업이 시장에 쉽게 진입할 수 있기 때문에 이는 외부 위협이 될 수 있다.
- 잠재적인 대체제품은 위협이 될 수 있다. 예를 들어 생수 소비량이 매년 8% 증가하는 것은 닥터페퍼스내플(Dr. Pepper Snapple)에 위협이 된다.
- 모든 산업에서 공급업체는 직접적인 경쟁자만큼이나 쉽게 이익을 빼앗아 갈 잠재력이 있다. 가격을 10% 올리는 공급업체는 외부 위협일 것이다.

요약

전 세계 시장과 산업에서 변동성이 증가한다는 것은 외부 조사가 전략경영 프로세스의 분명하고 필수적인 부분이 되었음을 의미한다. 이 장에서는 경제, 사회, 문화, 인구통계, 환경, 정치, 정부, 법률, 기술, 경쟁에 대한 정보를 수집하고 평가하기 위한 프레임워크를 제시했다. EFE 매트릭스에 명시된 기회와 위협이 가능한 범위에서 최대한 실행 가능하고, 정량적이고, 비교 가능하고, 부문적인지 확인하기 위해 AQCD 테스트를 설명했다.

관리자와 직원이 주요 외부 요인을 파악하고, 모니터링하고, 예측하고, 평가하도록 동원하지 않고 권한을 부여하지 않는 기업은 새로운 기회와 위협을 예측하지 못하고, 결과적으로 효과적이지 못한 전략을 추구하고 기회를 놓쳐 종말을 맞이할 수도 있다. 전자상거래나 소셜미디어 네트워크를 활용하지 않는 기업은 기술적으로 뒤처진다.

전략가의 주요 책임은 효과적인 외부 조사 시스템의 개발을 확실히 하는 것이다. 여기에는 정보기술을 사용하여 잘 작동하는 경쟁 정보 시스템을 고안하는 것이 포함된다. EFE 매트릭스, CPM, 포터의 5-경쟁요인 모델은 전략가가 시장과 업계를 평가하는 데 도움을 주지만, 이러한 도구에는 좋은 직관적 판단이 뒤따라야 한다. 다국적 기업의 경우 국가 간의 외부 요인이 매우 다르기 때문에 특히 체계적이고 효과적인 외부 조사 시스템이 필요하다.

핵심 용어 및 개념

경쟁 정보competitive intelligence(CI)
경쟁 프로필 매트릭스Competitive Profile Matrix(CPM)
산업 분석industry analysis
실행 가능한 조치actionable response
외부 영향요인external force
외부 요인 평가(EFE) 매트릭스External Factor Evaluation Matrix
외부 조사external audit
정보 기술information technology(IT)
최고기술책임자chief technology officer(CTO)
최고정보책임자chief information officer(CIO)
포터의 5-경쟁요인 모델Porter's Five-Forces Model

복습 및 토론 문제

3-1 EFE 매트릭스를 개발할 때 주요 외부 요인의 전체 목록과 엄선된 목록을 모두 개발하는 것이 중요한 이유를 설명하라.

3-2 EFE 매트릭스의 총가중 점수 1.59 대비 3.67의 중요성을 설명하라.

3-3 CPM의 총가중 점수 1.88은 기업에 무엇을 의미하는가?

3-4 EFE 매트릭스에서 기회에 대한 가중치가 위협에 대한 가중치와 거의 같게 설계되어야 하는가? 그 이유는 무엇인가?

3-5 이 장에서 다룬 10가지 외부 요인을 열거하라. 일부 요인이 다른 요인보다 더 중요한 것은 언제이고, 그 이유는 무엇인가?

3-6 어떻게 외부 요인은 과거의 전통적인 소매 산업에 극적인 전환을 초래했는가?

3-7 IBISWorld, Mergent Online, PrivCo의 개요를 제시하라.

3-8 외부 평가를 수행할 때 전략가에게 제공되는 가치의 관점에서 EFE 매트릭스와 CPM을 비교하라.

3-9 수학적으로 평가치 4는 평가치 3보다 얼마나 더 중요한가? 이 개념은 전략기획 매트릭스를 개발하는 데 왜 중요한가?

3-10 정치적 선거가 기업이 고려해야 할 중요한 외부 요인이 될 수 있는 이유를 설명하라. 한 산업을 선택하고 기업에 영향을 미치는 몇 가지 중요한 정치적 요인을 밝혀라.

3-11 경쟁 정보를 수집하기 위한 합법적·윤리적 방법을 몇 가지 제시하라. 불법적·비윤리적 방법도 몇 가지 제시하라.

3-12 달러 가치가 올라가면 해외에서 사업을 하는 미국 기업이 이익이 떨어지므로 일부 기업은 이를 상쇄하기 위해 제품의 가격을 올린다. 이러한 가격 인상의 위험은 무엇인가?

3-13 맥도날드는 달러 가치가 낮거나 높아서 이익을 얻고 있는가? 그 이유를 설명하라.

3-14 페이스북, 트위터, 인스타그램이 어떻게 기업에 주요한 위협이나 기회가 될 수 있는지 설명하라.

3-15 CPM에 포함된 세 회사의 총가중 점수가 모두 같게 나왔다면 이는 유용한 분석인가? 그 이유는 무엇인가?

3-16 기업을 유치하는 국가의 능력에 영향을 미치는 외부 요인은 무엇인가? https://www.cnbc.com/2017/06/12/heres-how-your-state-can-become-a-cnbc-top-state-for-business.html 을 참조하라. 사업을 하기에 좋은 국가를 결정하는 데 사용되는 선택 기준이 이 장에 제시된 정보와 어떻게 비교되는지 요약하라.

3-17 경제 문제에 대처하기 위해 정부는 간혹 '보호무역주의'를 사용하는데, 이때 국내 일자리를 지키기 위해 자국 기업에 보조금과 인센티브를 부여하고 외국 제품에 관세와 제약을 부과한다. 국제 상거래에서 보호무역주의의 전략적 시사점은 무엇인가?

3-18 대학을 운영하는 사업에서 포터의 5-경쟁요인의 상대적 중요성에 순위를 매겨라.

3-19 맥도날드에서 일한다는 가정하에 패스트푸드 산업을 분석하기 위해 포터의 5-경쟁요인 모델을 적용했다. 맥도날드의 전략기획에서 5-경쟁요인의 상대적 중요성에 순위를 매겨라.

3-20 EFE 매트릭스에서 각 기회와 위협을 1, 2, 3, 4로 평가하는 것이 적절한 이유를 설명하라.

3-21 EFE 매트릭스에서 약 10가지나 40가지가 아니라 약 20가지 요인을 포함하도록 권고하는 이유는 무엇인가?

3-22 EFE 매트릭스를 개발할 때 가중치가 높은 순서대로 기회와 위협을 정렬하는 것이 유리한 이유를 설명하라.

3-23 EFE 매트릭스를 개발할 때 바람직한 20가지 요인을 10가지 기회와 10가지 위협으로 구성하는 것이 최선인가? 아니면 17가지 기회(위협)와 3가지 위협(기회)으로 구성해도 되는가?

3-24 CPM에서 핵심 성공요인으로 외부 요인을 포함할 수 있는가, 포함해야 하는가? 왜 그렇게 생각하는지 이유를 설명하라.

3-25 학생이 사례 분석과 대비하여 기업이 외부 전략경영 조사를 수행하는 방법을 설명하라.

3-26 피자헛(Pizza Hut)에 큰 영향을 미치는 최근의 경제적·사회적·정치적·기술적 추세는 무엇인가?

3-27 "주요 기회와 위협은 일반적으로 단일한 외부 사건이나 요인이 아니라 중요한 환경적 동향 간 상호작용으로부터 발생한다."

이에 대해 설명하라.

3-28 포터의 5-경쟁요인 모델을 이용하여 미국 은행 산업의 경쟁 정도를 평가하라.

3-29 외부 조사는 전략경영 프로세스의 다른 구성 요소에 어떤 영향을 미치는가?

3-30 한 조직을 선택하여 EFE 매트릭스를 구성하라.

3-31 당신의 상사가 62가지 요인이 포함된 EFE 매트릭스를 개발했다고 가정하자. 요인의 수를 20가지로 줄이는 방법을 제안하라.

3-32 경쟁 정보 수집의 윤리에 관해 토론하라.

3-33 경쟁기업과 협력하는 것의 윤리에 관해 토론하라.

3-34 산업 내 경쟁적 포지셔닝이 경쟁우위의 중요한 결정 요인이라는 포터의 관점에 동의하는가?

3-35 EFE 매트릭스의 가중치와 평가치를 정의하고 비교·대조하라.

3-36 EFE 매트릭스에 나열된 요인과 CPM에 나열된 핵심 성공요인의 차이점은 무엇인가? 구체적이고 실행 가능한 요인을 포함하는 것이 특히 중요한 매트릭스는 무엇인가? 왜 그런가?

3-37 기회와 위협을 초래하는 10가지 외부 요인을 제시하라.

3-38 연차 보고서에 종종 외부 위협 정보가 아주 모호한 용어로 표현되는 이유는 무엇인가? 전략가가 EFE 매트릭스 개발할 때 그러한 모호성을 피해야 하는 이유는 무엇인가?

3-39 외부 요인의 품질을 결정하기 위한 AQCD 테스트에 대해 설명하라. 외부 평가를 수행할 때 AQCD 테스트를 가능한 한 충족해야 하는 이유는 무엇인가?

확인 학습

SET 1 코카콜라의 전략기획

연습 3A

코카콜라의 EFE 매트릭스 개발하기

목적

이 연습에서는 EFE 매트릭스를 개발해볼 것이다. EFE 매트릭스는 외부 조사 결과를 요약한 것으로, 전략가가 널리 사용하는 중요한 전략기획 도구이다.

설명

1단계 다른 두 학생과 함께 코카콜라의 EFE 매트릭스를 개발하라. 필요하면 1장의 연결 사례와 연습 1A를 참조하여 외부 기회와 위협을 파악하라. 포함하는 요인이 실용 가능성, 정량적, 비교 가능성, 부문적인지 확인하라. 표 3-7의 온라인 출처를 활용하라. 전략을 기회로 포함하지 않도록 주의하고 금액, 백분율, 숫자, 비율을 가능한 한 많이 포함하라.

2단계 이 연습에 참여하는 모든 팀은 EFE 매트릭스의 총가중 점수를 칠판에 기록하라. 어떤 팀의 점수인지 알아볼 수 있도록 점수 뒤에 팀 이름을 써넣어라.

3단계 총가중 점수를 비교하라. 어느 팀의 점수가 강사의 점수와 가장 근접한가? 칠판에 기록된 점수들이 차이 나는 이유에 대해 토론하라.

연습 3B

코카콜라의 경쟁 프로필 매트릭스 개발하기

목적

경쟁기업의 성과와 전략을 모니터링하는 것은 외부 조사에서 중요하다. 이 연습을 통해 특정 산업에서 기업의 경쟁 포지션을 평가하고 해당 정보를 CPM에 반영해볼 수 있다.

설명

1단계 연결 사례의 경쟁기업을 살펴보라. 또한 코카콜라와 펩시코를 비교하는 온라인 출처도 참조하라. 표 3-7의 온라인 출처를 활용하라.

2단계 코카콜라, 펩시코, 닥터페퍼스내플이 포함된 CPM를 개발하라.

3단계 CPM을 강사에게 제출하여 평가를 받으라.

SET 2 모교의 전략기획

연습 3C

모교의 EFE 매트릭스 개발하기

목적

대부분의 대학은 전략기획을 수행한다. 대학은 의식적이고 체계적으로 지역, 국가, 세계에서 고등교육이 직면한 외부 기회와 위협을 식별하여 평가하고 있다.

설명

1단계 다른 두 학생과 함께 모교의 EFE 매트릭스를 개발하라.

2단계 이 연습에 참여하는 모든 팀은 EFE 매트릭스의 총가중 점수를 칠판에 기록하라. 어떤 팀의 점수인지 알아볼 수 있도록 점수 뒤에 팀 이름을 써넣어라.

3단계 어떤 팀이 모교의 전략을 가장 긍정적으로 보았는가? 어떤 팀이 모교의 전략을 가장 부정적으로 보았는가? 차이가 나는 이유에 대해 토론하라.

연습 3D

모교의 경쟁 프로필 매트릭스 개발하기

목적

대학은 세계의 모든 교육 기관, 특히 해당 지역에 있는 교육 기관과 경쟁한다. 기금, 학생, 교수, 직원, 기부금, 기증품 등이 경쟁 분야이고, 또 다른 분야에는 체육 프로그램, 기숙사 생활, 학술적 평판, 위치, 경력 서비스 등이 포함된다. 이 연습을 통해 지역의 교육 사업에 대해 경쟁 관점에서 생각해볼 수 있다.

설명

1단계 학생을 유치하기 위해 모교와 직접적으로 경쟁하는 같은 지역 내 대학 2개를 파악하라. 두 대학의 강점과 약점에 대해 아는 사람들을 인터뷰하여 두 대학에 대한 정보를 기록하라.

2단계 모교와 두 경쟁대학이 포함된 CPM을 개발하라. 분석에 다음 열 가지 요소를 포함하라.

1. 등록금
2. 교수의 질
3. 학술적 평판
4. 수업의 평균 규모
5. 캠퍼스 조경
6. 체육 프로그램
7. 학생의 질
8. 대학원 프로그램
9. 캠퍼스 위치
10. 캠퍼스 문화

3단계 CPM을 강사에게 제출하여 평가를 받으라.

SET 3 취업 역량 제고를 위한 전략기획

연습 3E

전국에 비해 자신이 사는 지역은 직장을 구하는 데 얼마나 경쟁력이 있는가?

목적

기업과 마찬가지로 미국의 주는 여러 변수에 대해 서로 경쟁한다. 지난 10년 이상 동안 CNBC는 (50개 주 중에서) 각 주의 순위를 결정하기 위해 삶의 질, 일자리 전망, 사업 매력도, 교육 등 다양한 관점에서 연례 조사를 실시했다. 매년 60개가 넘는 경쟁력 지표의 데이터를 수집하고 경제 정책과 세금부터 식품비, 노동력의 질에 이르기까지 각 지표에 대해 50개 주를 평가한다.

이 연습은 자신이 사는 지역의 취업 전망과 유망성 관점에서 순위를 결정하는 것이 목적이다. 이 정보는 대학 졸업이 가까워짐에 따라 직업 탐색에 도움이 될 수 있다.

설명

1단계 https://www.cnbc.com/2017/07/11/top-states-to-find-a-job-in-america-in-2017.html에 접속하여 제공되는 보고서의 유형과 그 보고서를 생성하기 위해 수집 및 사용된 데이터의 출처를 살펴보라.

2단계 자신이 사는 지역이 사업을 하기 좋은 지역, 교육받기 좋은 지역, 직업을 구하기 좋은 지역 순위에서 어느 정도 위치인지 확인하라. 자신이 사는 지역의 가장 경쟁력 있는 세 가지 측면을 결정하라.

3단계 세 보고서 각각에서 자신이 사는 지역의 순위에 유사점이 있는가? 일자리 전망, 교육, 사업 매력도가 내재적으로 관련이 있다고 생각하는가? 자신의 생각을 설명하는 보고서를 작성하라. 자신의 주장을 뒷받침하기 위해 보고서에 담긴 정보를 사용하라. 전반적인 경쟁력을 개선하기 위해 지역은 어떤 조치를 취할 수 있는가?

연습 3F

잡코리아, 사람인, 워크넷 비교하기

목적

구직 웹사이트는 사람들을 끌어들이기 위해 경쟁한다. 구직자와 구인 기업은 잡코리아, 사람인, 워크넷 등의 구직 웹사이트를 이용하는데, 이 연습을 통해 구직 웹사이트의 운영, 강점 및 약점을 파악할 수 있을 것이다.

설명

1단계 잡코리아, 사람인, 워크넷을 살펴보고 자신이 특히 좋아하는 점과 싫어하는 점을 기록하라.

2단계 잡코리아를 위한 CPM을 개발하라. 분석에 사람인과 워크넷을 포함하라.

연습 3G

양식 역량 테스트

목적

www.strategyclub.com에서 무료로 제공되는 엑셀 전략기획 양식은 소규모 기업과 학생의 전략기획 과정에 널리 사용된다. 이 연습의 목표는 엑셀 양식에 익숙해지는 것이다. 양식을 기반으로 역량을 개발하면 해당 기업에 대한 포괄적인 전략 계획을 개발할 수 있으며, 추가로 이 능력을 이력서에 적절히 포함하는 것도 가능하다.

설명

양식에 대한 다음 질문에 답하고, 이슈나 우려 사항을 확인하기 위해 다른 학생들과 토론하라.

1. 양식에서 EFE 매트릭스에는 몇 개의 요인이 포함되어 있는가? CPM에는 몇 개의 요인이 포함되어 있는가?
2. 양식을 사용할 때 어떤 위협 요인의 평가치를 5로 하거나, 어떤 가중치를 1.2로 하는 등 부적절한 평가치나 가중치를 입력하면 무슨 일이 일어나는가?
3. 양식을 사용할 때 매트릭스 수정을 매트릭스 자체가 아닌 Part I 또는 Part II 워크시트에서 하는 이유는 무엇인가?
4. 사례 기업에 대한 전략계획을 수립할 때 초기 단계에서 기업의 손익계산서와 재무상태표를 양식의 재무제표 형식으로 변환하는 것이 가장 좋은 이유는 무엇인가?
5. 양식에서 Part I과 Part II의 주요 차이점은 무엇인가?
6. 양식은 비전 선언문과 사명 선언문을 다루고 있는가?

SET 4 개인과 집단의 전략기획

연습 3H

전략기획에서 가장 중요한 외부 영향요인은 무엇인가?

목적

효과적인 전략기획을 위해서는 외부 요인에 대한 우선순위 목록이 필요하다. 이 과정에서는 흔히 모든 관리자가 개별적으로 파악된 요인에 대해 1(가장 중요함)~20(가장 덜 중요함)으로 순위를 매긴다. 우선순위 부여는 전략기획에서 절대적으로 불가피하다. 어떤 기업도 이익이 되는 모든 것을 실행할 수는 없기 때문에 좋은 선택 가운데 힘든 선택을 해야 한다.

외부 영향요인은 크게 다섯 가지의 범주(경제적 요인, 사회적·문화적·인구통계적·환경적 요인, 정치적·법적·정부 관련 요인, 기술적 요인, 경쟁적 요인)로 구분할 수 있다. 시기에 따라 어떤 기업 또는 조직의 경우 어떤 요인이 다른 요인보다 포함하기에 더 중요할 수 있다. 이 연습은 외부 평가에 포함하기 위한 다섯 가지 범주 외부 요인의 상대적 중요도에 대한 저자의 순위를 보여준다.

이 연습의 목적은 기업의 외부 영역을 보다 자세히 조사하고, 개인의 의사결정이 집단의 의사결정보다 더 나은지 확인하는 것이다. 학술 연구에 따르면 집단은 개인보다 약 80% 확률로 더 나은 의사결정을 내릴 수 있다.

설명

다섯 가지 범주의 외부 영향요인을 상대적 중요도에 따라 평가하라(1: 가장 중요함, 5: 가장 덜 중요함). 먼저 각 개인이 개별적으로 외부 영향요인의 중요도에 따라 순위를 지정한 뒤 3명으로 구성된 집단별로 순위를 지정한다. 따라서 강사가 지정한 순위와 가장 유사한 순위를 만들어낸 개인과 집단을 확인할 수 있다. 이 연습을 통해 전략기획에서의 의사결정에 대해 개인과 집단의 상대적 효율성을 비교할 수 있다.

단계

1. 표 3-12의 1열을 채우면 다섯 가지 요인의 중요도에 따른 상대적 순위를 알 수 있다(1: 가장 중요함, 5: 가장 덜 중요함). 예를 들어 경제적 요인이 네 번째로 중요하다고 생각한다면 4를 기입한다.
2. 집단 차원에서 다섯 가지 요인의 상대적 중요도에 부여하는 순위를 표 3-12의 2열에 기입하라(1: 가장 중요함, 5: 가장 덜 중요함).
3. 강사가 다섯 가지 요인의 상대적 중요도에 부여하는 순위를 표 3-12의 3열에 기입하라.
4. 1열과 3열의 차이를 표 3-12의 4열에 기입하라. 이는 개인적 순위 평가가 얼마나 잘 수행되었는지를 나타낸다. (절댓값이므로 마이너스 부호는 무시해도 된다.)
5. 2열과 3열의 차이를 표 3-12의 5열에 기입하라. 이는 집단의 순위 평가가 얼마나 잘 수행되었는지를 나

타낸다.

6. 4열의 합계와 5열의 합계를 구하라.
7. 4열의 합계와 5열의 합계를 비교하라. 4열의 합계가 5열의 합계보다 적으면 집단보다 개인이 더 적절하게 평가한 것으로 볼 수 있다. 일반적으로는 개인의 의사결정보다 집단의 의사결정이 우월하다.
8. 4열의 합계가 가장 낮은 개인이 최고의 성과를 거둔 것이다.
9. 여러 집단이 참여했다면 5열의 합계가 가장 낮은 집단이 최고의 성과를 거둔 것이다.

표 3-12 외부 영향요인 분석: 개인 대 집단

외부 영향요인	1열	2열	3열	4열	5열
1. 경제적					
2. 사회적·문화적·인구통계적·환경적					
3. 정치적·법적·정부 관련					
4. 기술적					
5. 경쟁적					
총합					

샘스클럽 MINI-CASE

중국에서 호황인 샘스클럽

Kevin Foy/Shutterstock

미국에서 샘스클럽(Sam's Club)은 부유한 고객을 유치하는 데 어려움을 겪었다. 그러나 중국에서는 고소득 고객, 특히 어린아이가 있는 부유한 엄마를 대상으로 한다. 샘스클럽은 부유한 중국인 목표 시장에의 포지셔닝을 잘 해내고 있다. 수입품과 고품질 식품이 있는 신뢰할 수 있는 장소로 홍보되는 샘스클럽 매장은 중국에서 가장 부유한 도시에 자리하고 있다. 지금까지 중국에서의 성공은 주로 효과적인 시장 세분화, 표적화, 포지셔닝 덕분이다.

많은 대기업은 중국의 높은 GDP, 가처분소득 수준의 향상, 하이테크 국가로의 전환, 중산층의 성장에도 불구하고 중국에서 사업을 하는 데 어려움을 겪고 있다. 그러나 월마트의 샘스클럽은 중국에서 호황을 누리고 있다. 매출액 기준으로 샘스클럽의 최상위 5개 매장 중 3개가 중국에 있다. 중국에서 샘스클럽은 고품질 제품 및 식품을 사기 위한 장소로 자리매김했다. 예를 들어 달걀은 낳은 지 12일 이내임을 보장하고, 고객이 자신의 스마트폰에 직접 입력하여 생산일과 원산지를 확인할 수 있는 일련번호가 찍혀 있다.

중국에서 샘스클럽은 코스트코(Costco Wholesale)와 '전투'를 하지 않아도 되는 이점이 있다. 코스트코는 중국에서 사업을 하지 않는다. 샘스클럽은 중국에서 대략 200만 명의 회원을 가지고 있는데, 이들 중 상당수는 주요 목표 집단이기도 한 35~40세의 부유한 엄마들이다. 중국의 샘스클럽 매장 수는 2018년 초 20개에서 2020년까지 40개 매장으로 늘어날 것으로 예상된다. 최근에 샘스클럽은 '1자녀 정책'의 완화에 편승하기 위해 중국의 모든 매장에 '2자녀 시트' 카트를 공급했다.

중국에 있는 샘스클럽 매장의 또 다른 특징은 초대형 주차장이다. 거의 모든 고객이 차를 몰고 오는데, 혼잡하고 비싼 주차장이 일반적인 중국에서 넉넉한 주차장은 큰 호평을 받고 있다. 샘스클럽이 중국에서 펼치고 있는 전략은 기업이 외국에 진출하여 그 나라의 외부 기회와 위협을 활용할 때 기업의 정책, 절차, 특색, 활동을 어떻게 적용해야 하는지를 보여주는 훌륭한 사례이다. 한 나라에서 작동하는 것이라도 다른 나라에서는 변경해야 할 필요가 있을 가능성이 크다. 동일한 사업 모델을 세계적으로 밀어붙이면서 중국에 진출했던 많은 기업이 실패를 맛보고 철수했다.

문제

1. 그림 3–5와 같이 y 축이 가중치이고 x 축이 평가치인 2차원 행렬을 생각해보자. 매트릭스의 네 모퉁이에서 중국에 있는 샘스클럽의 특징이 될 수 있는 기회와 위협의 예는 무엇인가? 매트릭스의 네 모퉁이 각각에 놓일 수 있는 샘스클럽의 가상적인 기회와 위협을 개발하고, 각 요인을 뒷받침하는 근거를 제시하라. 매트릭스의 어떤 모서리가 EFE 매트릭스에 있는 요인을 가장 빈번하게 특징짓는다고 생각하는가? 왜 그런가? 매트릭스의 어떤 모서리가 EFE 매트릭스에 있는 요인을 가장 덜 특징짓는다고 생각하는가? 왜 그런가? EFE 매트릭스에 자주 포함되는 요인 측면에서 매트릭스의 중앙에 대해 어떻게 설명할 수 있는가?

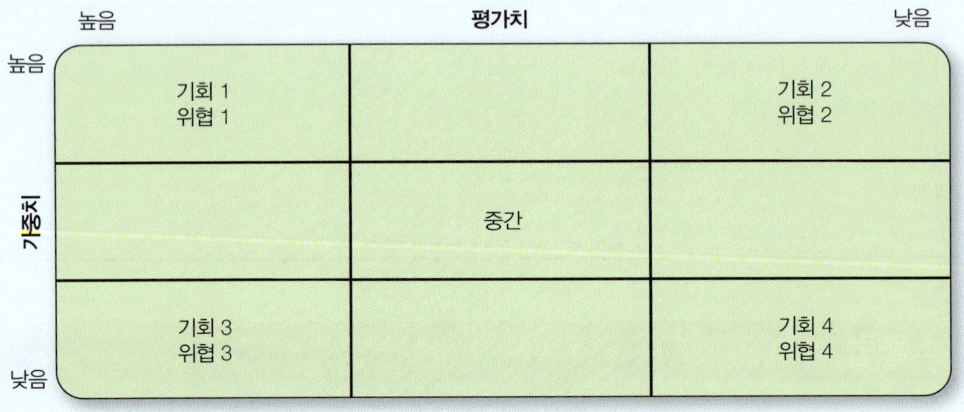

그림 3–5 EFE 매트릭스의 논리를 예시하기 위한 평가치와 가중치 매트릭스

참고: 이 미니 사례를 통해 EFE 매트릭스를 개발할 때 특정 요인의 가중치와 평가치가 다음과 같은 경우에 대해 생각해볼 수 있을 것이다.

1. 낮은 가중치와 높은 평가치
2. 높은 가중치와 높은 평가치
3. 낮은 가중치와 낮은 평가치
4. 높은 가중치와 낮은 평가치

출처: Wayne Ma, "In China, Sam's Goes Up Market and Scores," *Wall Street Journal*, (December 8, 2017): B1.

웹 참고 자료

1. http://finance.yahoo.com
2. www.hoovers.com
3. www.morningstar.com
4. www.mergentonline.com
5. http://globaledge.msu.edu/industries/
6. 이 장의 표 3–7을 참조하라.

참고 문헌

Aggarwal, Vikas A., Hart E. Posen, and Maciej Workiewicz. "Adaptive Capacity to Technological Change: A Microfoundational Approach." *Strategic Management Journal* 38, no. 6 (June 2017): 1212–1231.

Cattani, Gino, Joseph F. Porac, and Howard Thomas. "Categories and Competition." *Strategic Management Journal* 38, no. 1 (January 2017): 64–92.

Chin, M. K. and Matthew Semadeni. "CEO Political Ideologies and Pay Egalitarianism within Top Management Teams." *Strategic Management Journal* 38, no. 8 (August 2017): 1608–1625.

Dowell, Glen W. S. and Suresh Muthulingam. "Will Firms Go Green if It Pays? The Impact of Disruption, Cost, and External Factors on the Adoption of Environmental Initiatives." *Strategic Management Journal* 38, no. 6 (June 2017): 1287–1304.

Guo, Yidi, Quy Nguyen Huy, and Zhixing Xiao. "How Middle Managers Manage the Political Environment to Achieve Market Goals: Insights from China's State-Owned Enterprises." *Strategic Management Journal* 38, no. 3 (March 2017): 676–696.

Jia, Nan and Kyle J. Mayer. "Political Hazards and Firms' Geographic Concentration." *Strategic Management Journal* 38, no. 2 (February 2017): 203–231.

Li, Jing, Jun Xia, and Edward Zajac. "On the Duality of Political and Economic Stakeholder Influence on Firm Innovation Performance: Theory and Evidence from Chinese Firms." *Strategic Management Journal* 39, no. 1, (January 2018): 193–216.

Madsen, Tammy L. and Gordon Walker. "Competitive Heterogeneity, Cohorts, and Persistent Advantage." *Strategic Management Journal* 38, no 2 (February 2017): 184–202.

Ocasio, William, Tomi Laamanen, and Eero Vaara. "Communication and Attention Dynamics: An Attention-Based View of Strategic Change." *Strategic Management Journal* 39, no. 1 (January 2018): 155–167.

Oehmichen, Jana, Sebastian Schrapp, and Michael Wolff. "Who Needs Experts Most? Board Industry Expertise and Strategic Change—A Contingency Perspective." *Strategic Management Journal* 38, no. 3 (March 2017): 645–656.

Shepherd, Dean A., Jeffery S. McMullen, and William Ocasio. "Is That an Opportunity? An Attention Model of Top Managers' Opportunity Beliefs for Strategic Action." *Strategic Management Journal* 38, no. 3 (March 2017): 626–644.

Souder, David, Akbar Zaheer, Harry Sapienza, and Rebecca Ranucci. "How Family Influence, Socioemotional Wealth, and Competitive Conditions Shape New Technology Adoption." *Strategic Management Journal* 38, Issue 9 (September 2017): 1774–1790.

Tan, David and Christopher I. Rider. "Let Them Go? How Losing Employees to Competitors Can Enhance Firm Status." *Strategic Management Journal* 38, Issue 9 (September 2017): 1848–1874.

Verhaal, J. Cameron, Jake Hoskins, and Leif Lundmark. "Little Fish in a Big Pond: Legitimacy Transfer, Authenticity, and Factors of Peripheral Firm Entry and Growth in the Market Center." *Strategic Management Journal* 38, Issue 12 (December 2017): 2532–2552.

Wei, Shi, Yan Zhang, and Robert E. Hoskisson. "Ripple Effects of CEO Awards: Investigating the Acquisition Activities of Superstar CEOs' Competitors." *Strategic Management Journal* 38, Issue 10 (October 2017): 2080–2102.

미주

1. Josh Zumbrun, "Global Economic Expansion Exceeds Forecasts, IMF Says," *Wall Street Journal*, (October 11, 2017): A8.
2. Mike Colias, "Ford Set to Shirt $7 Billion Toward Trucks and SUVs," *Wall Street Journal*, (October 4, 2017): B3.
3. Shelly Banjo and Paul Ziobro, "Shoppers Flee Physical Stores," *Wall Street Journal,* (August 6, 2014): B1.
4. Based on Vanessa Fuhrmans, "A Future Without Jobs? Think Again," *Wall Street Journal, (*November 16, 2017): B5.
5. Arthur Thompson, Jr., A. J. Strickland III, and John Gamble, *Crafting and Executing Strategy: Text and Readings* (New York: McGraw-Hill/Irwin, 2005): 63.
6. Michael E. Porter, *Competitive Strategy: Techniques for Analyzing Industries and Competitors* (New York: Free Press, 1980): 24–27.
7. Dale McConkey, "Planning in a Changing Environment," *Business Horizons* 31, no. 5 (September–October 1988): 67.

4

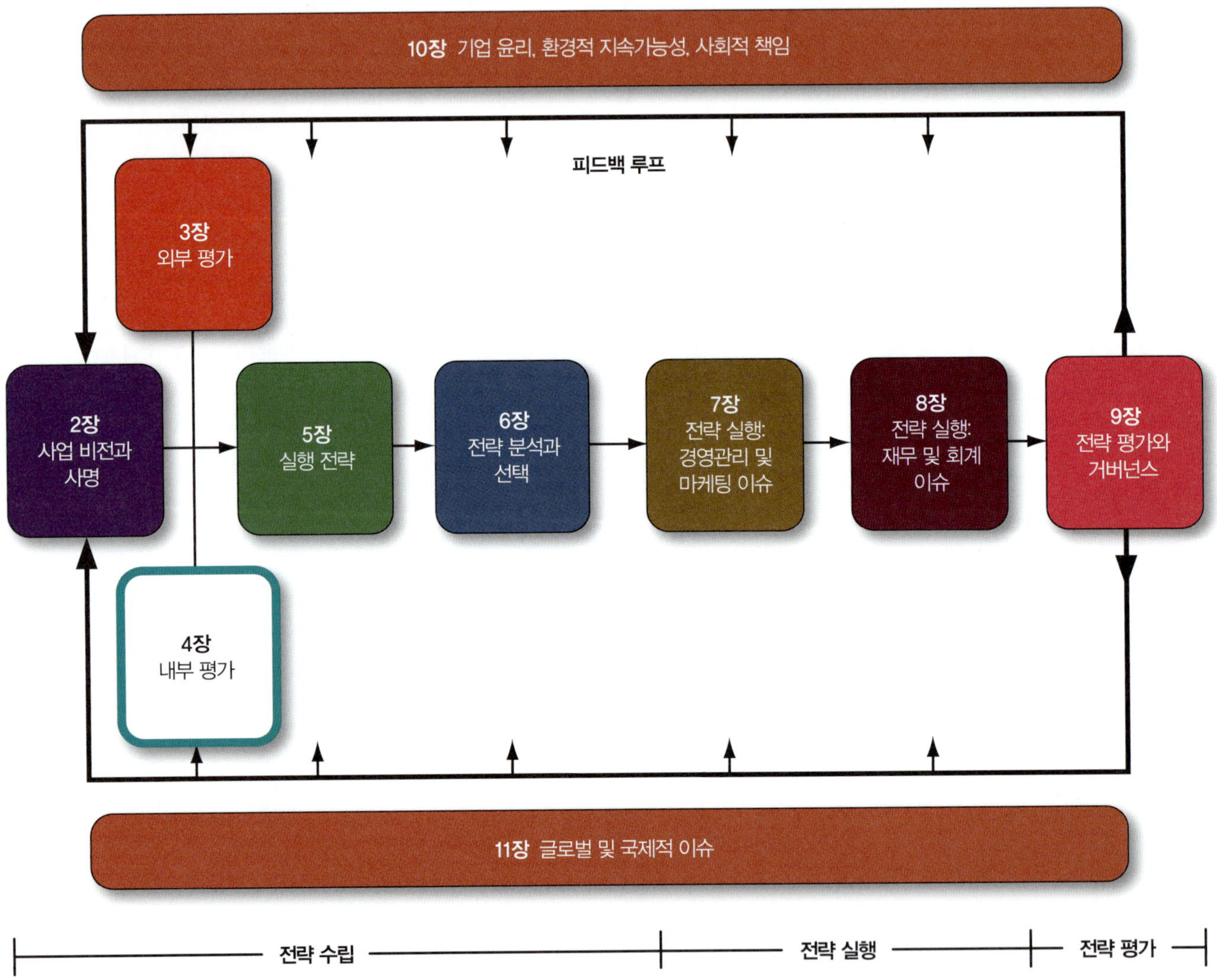

그림 4-1 포괄적·통합적 전략경영 모델

출처: Fred R. David, "How Companies Define Their Mission," *Long Range Planning* 22, no. 1 (February 1989): 91. Anik Ratnaningsih, Nadjadji Anwar, Patdono Suwignjo, and Putu Artama Wiguna, "Balance Scorecard of David's Strategic Modeling at Industrial Business for National Construction Contractor of Indonesia," *Journal of Mathematics and Technology*, no. 4 (October 2010): 20.

내부 평가

학습 목표

4-1 전략 수립 시 내부 평가의 성격과 목적을 이해한다.

4-2 전략 수립 시 경영진의 성격과 역할을 이해한다.

4-3 전략 수립 시 마케팅의 성격과 역할을 이해한다.

4-4 전략 수립 시 재무 및 회계의 성격과 역할을 이해한다.

4-5 전략 수립 관점에서 경영정보시스템(MIS)을 이해한다.

4-6 내부 요인 평가(IFE) 매트릭스를 개발하고 사용하는 방법을 알아본다.

확인 학습

SET 1 코카콜라의 전략기획

연습 4A 코카콜라의 재무비율 분석 수행하기

연습 4B 코카콜라의 IFE 매트릭스 개발하기

SET 2 모교의 전략기획

연습 4C 모교의 IFE 매트릭스 개발하기

SET 3 취업 역량 제고를 위한 전략기획

연습 4D 자신의 IFE 매트릭스 개발하기

SET 4 개인과 집단의 전략기획

연습 4E 전략기획에서 점검해야 할 가장 중요한 내부 기능 영역은 무엇인가?

이 장은 경영관리, 마케팅, 재무, 회계, 경영정보시스템(MIS)을 비롯한 사업의 기능 영역에서 기업의 강점와 약점을 파악하고 평가하는 데 초점을 맞춘다. 사업의 기능 영역에 대한 신중한 평가는 기업의 핵심 역량을 결정하고, 현재 전략이 지속가능한 우위를 제고하는 데 효과적으로 작동하는지 여부를 이해하는 데 필요하다. 기업 전략의 효과성을 평가하는 한 가지 좋은 방법은 경쟁기업 및 산업 평균과 비교하여 기업의 재무 실적을 살펴보는 것이다. 그러나 재무 정보만으로는 기업 전략의 효과성을 완벽히 평가할 수 없으며, 전략을 공부하는 학생이나 전략가가 기업 전략이 효과적인지 여부를 완전히 이해하려면 경영관리, 마케팅, 재무, 회계, 경영정보시스템 이슈를 동시에 깊이 파악해야 한다.

이 장에서는 어떤 정보를 어디서, 어떻게, 왜 얻을 것인지의 관점에서 이러한 기능 영역에서의 잠재적인 강점과 약점을 다룬다. 그리고 내부 요인 평가(IFE) 매트릭스의 개발과 평가를 통해 이 정보를 어떻게 통합하고 사용할 것인지를 살펴본다.

귀감이 되는 전략가로 소개된 일론 머스크(Elon Musk)는 기업 내부의 강점을 살려 외부 기회를 활용하는 데 뛰어난 성과를 보여주었다. 그는 페이팔(PayPal), 솔라X(SolarX), 솔라시티(SolarCity), 테슬라(Tesla) 등 10억 달러 규모의 네 기업을 설립했다. 한때 '기술 전문가'로 불리던 머스크는 에너지와 교통 산업에 대변혁을 일으키고, 지금 우리가 알고 있는 세계를 바꾸고 있다.

귀감이 되는 전략가

테슬라와 스페이스X CEO 겸 공동 창립자 일론 머스크

화성으로 가는 길?

지난 10년 이상 로켓선 회사 스페이스X(Space Exploration Technologies Corporation)를 발전시켜온 일론 머스크는 7개월 동안 3,400만 마일을 여행해야 하는 화성까지 인류를 보내는 사명을 수행 중이다. 미국 로스앤젤레스에 본사를 둔 스페이스X는 이미 국제 우주 정거장에 공급품을 운송하고 있다. 머스크는 민간 우주 탐사를 개척하고 행성을 식민지화할 준비를 하는 한편, 테슬라를 자동차, 트럭, 가정, 기업, 로켓에 에너지를 공급하는 배터리 업계의 세계 리더로 쏘아 올렸다.

머스크가 스페이스X와 테슬라만 세운 것은 아니다. 각각 10억 달러 규모인 페이팔과 솔라시티도 머스크가 탄생시켰다. '미래 건축가'로 불리는 머스크는 최근 《롤링스톤(Rolling Stone)》의 표지 기사에 실려 '우주에 거주하고 고속 교통에 대변혁을 일으키며 자동차를 재발명하는, 세계를 바꾸는 계획'이 조명되었다. 머스크 자신이 설명하듯이 그의 야망은 부분적으로 인류 존재의 미래에 대한 무한한 낙관주의에 연유하고 있다.

근본적으로 미래는 우리가 우주를 추구하는 문명이고 다행성 종족이라면 그렇지 않은 경우보다 훨씬 더 신나고 재미있을 것이다.

2017년 말 머스크는 1,700만 명이 넘는 트위터 팔로워에게 테슬라가 2019년 전기식 상용 세미트레일러 트럭 출시에 이어 2020년에는 전기식이라는 점만 제외하면 F-150 타입인 픽업트럭을 제조할 것이라고 말했다.

출처: Brian Deagon, "The New Space Race," *Investor's Business Daily*, September 11, 2017, B1 & B6. http://www.rollingstone.com/culture/features/elon-musk-inventors-plans-for-outer-space-cars-finding-love-w511747, https://www.cnbc.com/2017/11/21/how-tesla-and-elon-musk-became-household-names.html

전략 수립의 내부 평가 단계

학습 목표 4-1

전략 수립 시 내부 평가의 성격과 목적을 이해한다.

모든 조직은 사업의 기능 영역에 강점과 약점이 있다. 모든 영역이 똑같이 강하거나 약한 기업은 없다. 목표와 전략은 내부 강점을 활용하고 약점을 극복하려는 의도에 따라 수립된다. 전략경영 프로세스의 내부 조사 부분은 그림 4-1에 흰색으로 표시되어 있다.

일부 연구자는 전략경영 프로세스 중 내부 조사 부분의 중요성을 외부 조사의 중요성과 비교하여 강조한다. 예를 들어 로버트 그랜트(Robert Grant)는 내부 조사가 더 중요하다고 결론 내리며 말한다.

> 고객의 선호가 변덕스럽고, 고객의 정체성이 변화하며, 고객의 요구를 충족하기 위한 기술이 끊임없이 진화하고 있는 세상에서 외부에 초점을 맞춘 방향성은 장기 전략을 수립하는 데 안전한 토대를 제공하지 않는다. 외부 환경이 유동적인 상태인 경우에는 기업 자체의 자원과 능력이 자신의 정체성을 정의하는 데 훨씬 안정적인 기반이 될 수 있다. 그러므로 무엇을 할 수 있냐는 관점에서의 기업의 정의가 전략을 위한 보다 지속적인 기반을 제공할 수 있다.[1]

자원 기반 관점

경쟁우위에 대한 **자원 기반 관점**(resource-based view, RBV) 접근법은 경쟁우위를 확보하고 유지하는 데에는 외부 요인보다 내부 자원이 기업에 더 중요하다고 주장한다. RBV 이론 지지자들은 기업의 성과가 기업이 기회를 활용하고 위협을 상쇄할 수 있게 하는 내부 자원에 의해 주로 결정된다고 주장한다. 기업의 자원에는 노동자, 자본, 토지, 공장, 설비와 같은 유형 자원도 있고 문화, 지식, 브랜드 자산, 평판, 지적 재산과 같은 무형 자원도 있다. 유형 자원은 더 쉽게 구매하거나 판매할 수 있으므로 경쟁우위를 확보하고 유지하는 데에는 무형 자원이 더 중요하다.

자원은 희소하거나, 모방하기 어렵거나, 쉽게 대체할 수 없을수록 가치 있는 것으로 여겨진다. 흔히 **실증적 지표**(empirical indicator)라고 불리는 이러한 자원의 특성을 통해 기업은 효율성과 효과성을 향상하고 지속가능한 경쟁우위를 이끌어내는 전략을 실행할 수 있다. 자원이 더 희귀하고(산업 내 많은 기업이 보유하지 않음), 모방하기가 더 어렵고(베끼거나 만들어내기 어려움), 대체하기가 더 어려울수록(다른 제품으로 대체될 위협에 취약하지 않음) 기업의 경쟁우위는 더 강하고 더 오래 지속될 것이다. 가치가 큰 자원은 기업이 특정 산업에서 번영하는 데 활용할 수 있는 강점을 구성한다.

RBV 이론의 기본 전제는 지속가능한 경쟁우위로 이어질 수 있는 전략을 고안할 때 기업 내부 자원의 조합, 유형, 양, 특성 등을 최우선적으로 고려해야 한다는 것이다. RBV에 따라 전략적으로 경영하려면 기업의 독특한 자원과 역량을 개발 및 활용하고 그러한 자원을 지속적으로 유지 및 강화해야 한다.

기업의 독특한 자원과 역량을 활용할 때 윤리 캡슐 4와 같이 윤리적 딜레마가 발생할 수도 있다.

주요 내부 요인

내부의 전략경영 평가에는 경영관리, 마케팅, 재무, 회계, MIS 등 사업의 각 기능 영역에서 기업이 얼마나 강한지 또는 약한지에 대한 분석이 포함된다. 기업이 각 영역에서 지니고 있거나 부족한 특이성 또는 독특한 역량은 강점과 약점 요인을 파악하는 데 기반이 된다. 경쟁기업이 쉽게 대등해질

윤리 캡슐 4 **ETHICS CAPSULE**

산쑥도마뱀과 석유 기업가

미국 텍사스주는 미국의 석유 생산을 선도한다. 특히 서부 텍사스는 미국 대륙에서 지금까지 발견된 최대의 석유 매장량이 있는 곳이다. 9,000억 달러 이상의 가치가 있는 200억 배럴의 석유 덕분에 서부 텍사스는 석유 및 가스 산업의 성지가 되었다. 서부 텍사스의 온화한 날씨, 수준 높은 노동자와 설비 산업, 편리한 지형 등 모든 것이 효율적인 시추 생산에 도움이 된다. 물, 모래, 화학 약품의 고압 혼합물을 바위에 강제로 투입하여 가스를 추출하는 수압 파쇄법으로 여러 매장지를 동시에 시추할 수 있다. 텍사스 석유 시추는 석유 및 가스 기업을 돕고, 텍사스와 미국 경제를 부흥하고, 일자리를 창출하고, 수출을 증가시키고, 수입을 감소시킨다. 이렇게 홍보되는 혜택으로 석유 시추는 바람직하고 윤리적인 일처럼 보이지만 한편으로는 어두운 측면도 있다.

많은 사람이 알지 못하는 사실이 있는데, 서부 텍사스에서 수압 파쇄법에 사용되는 특유의 모래는 사구 산쑥도마뱀의 서식지이다. 산쑥도마뱀은 서부 텍사스와 남동부 뉴멕시코의 일부에서만 서식하는 3인치 길이의 황갈색 도마뱀으로, 이 작은 도마뱀은 곧 연방 정부의 멸종 위기종 목록에 포함될지도 모른다. 산쑥도마뱀의 서식지 절반 이상이 벤 브리검(Ben Brigham) 같은 광부와 굴착업자의 손에 사라져버렸다. 텍사스의 석유 기업가로 수억 달러를 벌어들인 브리검은 산쑥도마뱀의 서식지를 재생하거나 원래 생태계와 비슷한 다른 서식지로 산쑥도마뱀을 이주시키기 위해 생물학자들과 함께 노력하고 있다고 주장한다. 내부 분석 관점에서 브리검의 잘 구축된 석유 시추 활동과 위에서 언급된 혜택을 가져오는 현재의 생산 절차가 산쑥도마뱀의 멸종을 상쇄할 수 있다고 생각하는가? 적절한 해결책을 찾기 위해 투자자, 환경론자, 정책결정자가 만나고 있다.

Petr Podrouzek/123RF

나는 사람의 도움이 필요해요.

출처: Christopher M. Matthews, "It's Lizard vs. Oil Magnate In the Latest Fracking Fight," *Wall Street Journal*, (October 14, 2017): A1, A10.

수 없거나 모방할 수 없는 강점을 **독특한 역량**(distinctive competency)이라고 한다. 일반적으로 경쟁우위는 약점보다는 강점, 특이성, 독특한 역량에서 비롯되기 때문에 전략기획에서 강점을 활용하고 육성하는 것은 대단히 중요하다. 그러나 약점을 개선하는 것도 모든 조직에 필수적인 과업이며, 보통은 효율성을 개선하는 데 도움이 된다. 약점이 지속가능한 경쟁우위로 발전할 가능성이 낮기 때문에 강점 육성이 중요한 것이다.

다른 경영학 과정에서 배운 모든 주제를 전략경영 교재에서 깊이 있게 다루는 것은 불가능하다. 마케팅 아래에 고객 서비스, 품질 보증, 광고, 제품 포장, 가격 책정 등이 있는 것처럼 각 기능 영역에도 여러 하위 영역이 있다. 그러나 전략기획에는 기업이 모든 내부 영역에서 어떻게 수행하고 있는지에 대한 자세한 평가가 포함되어야 된다. 따라서 여기서는 전략 관점에서 각 기능적 사업 영역을 개괄적으로 살펴본다. 기업은 경쟁우위를 확보하고 유지하기 위해 지속적으로 강점을 활용하고 약점을 개선해야 하기 때문에, 효과적인 전략기획은 기업의 종류나 규모와 관계없이 내부 강점 및 약점 식별과 우선순위 설정에 달려 있다.

경영관리

학습 목표 4-2

전략 수립 시 경영진의 성격과 역할을 이해한다.

경영관리(management)를 구성하는 기본 활동은 기획, 조직화, 동기부여, 통제 등이다(표 4-1 참조). 조직은 이 네 가지 영역에서 지속적으로 강점을 활용하고 약점을 개선해야 한다.

기획

기획(planning)은 현재와 미래 사이의 중요한 가교이다. 기획은 원하는 결과를 얻을 가능성을 증가시킨다. 기획은 경영관리의 기초로 여겨지지만 관리자가 가장 자주 소홀히 하는 과업이다. 기업은 기획을 통해 다음을 수행할 수 있다.

- 관련된 요인을 고려하고 중요한 요인에 초점을 맞출 수 있다.
- 개연성 있는 모든 돌발 상황에 대비하고, 적시에 변화를 도모하며, 필요에 따라 적응할 수 있게 한다.
- 필요한 자원을 모으고 되도록 가장 효율적인 방법으로 과업을 수행할 수 있다.
- 자체 보유한 자원을 절약하고 부존자원의 낭비를 피할 수 있다.
- 의도한 목표의 달성과 관련된 노력, 비용, 영향이 타당한지 여부를 평가할 수 있다.
- 선제적이 되고, 예측하며, 미래에 영향을 미칠 수 있다.

기획은 단지 과거와 현재의 추세를 미래로 투사하는 것이 아니다(장기 계획). 기획에는 기업의 비전과 사명을 개정하고, 미래의 사건과 추세를 예측하고, 목표를 설정하고, 추구할 전략을 선택하는 것도 포함된다. 성공하는 조직은 단순히 외부 요인과 사건이 발생함에 따라 반응하기보다는 자신의 미래를 이끌어가려고 노력한다. 역사적으로, 변화하는 조건에 잘 적응하는 생명체와 조직은 생존하고 번영한다. 그렇지 않으면 멸종하고 만다.

조직은 기획을 통해 **시너지**(synergy)를 만들어낼 수 있다. 시너지는 모두가 무엇을 달성하고 싶은지를 아는 팀으로 뭉칠 때 존재한다. 시너지는 2 + 2 = 5인 효과이다. 명확한 목표를 설정하고 소통함으로써 직원과 관리자는 원하는 결과를 향해 함께 노력할 수 있다. 시너지는 강력한 경쟁우위를 가져올 수 있다. 전략경영 프로세스 자체가 조직에 시너지를 불러일으키는 것을 의도한다.

기획에 관한 강점과 약점은 ① 기업의 비전 또는 사명의 질적 수준과 기업의 전략이 비전 또는 사

표 4-1 경영관리의 기본 기능

기능	설명	전략경영 프로세스 중 가장 중요한 단계
기획	목표 설정, 전략 고안, 정책 개발 등 미래를 위한 준비와 관련된 모든 경영상의 활동으로 구성된다.	전략 수립
조직화	조직 설계, 직무 세분화, 직무 기술, 통제 범위, 직무 설계, 직무 분석 등 과업과 권한 관계의 구조를 도출하는 모든 경영상의 활동이 포함된다.	전략 실행
동기부여	리더십, 의사소통, 팀워크, 직무 충실화, 인적 자원 관리(HRM) 등 인간 행위를 형성하기 위한 노력을 말한다.	전략 실행
통제	품질관리, 재무관리, 재고관리, 경비관리, 변동 분석, 보상, 제재 등 실제 결과를 계획된 결과와 비교하는 모든 경영상의 활동을 말한다.	전략 평가

명을 어느 정도 지원하는지, ② 기업의 성과에 대한 부문의 상대적 기여도, ③ 지역 및 제품별 자원 할당 등과 연관될 수 있다.

조직화

조직화(organizing)의 목적은 과업과 권한의 관계를 정의함으로써 조율된 노력을 실현하는 것이다. 조직화란 누가 무엇을 하고 누가 누구에게 보고할지 결정하는 것을 의미한다. 훨씬 강력하지만 덜 조직화된 기업을 상대로 잘 조직화된 기업이 성공적으로 경쟁했거나 굴복시킨 사례가 역사상 수없이 많다. 잘 조직화된 기업에는 일반적으로 조직의 성공을 위해 헌신하려는 동기가 충만한 관리자와 직원들이 있다. 잘 조직화된 기업은 자원을 보다 효과적으로 할당하고 보다 효율적으로 사용한다.

경영관리의 조직화 기능은 과업을 직무로 나누고, 직무를 결합하여 부서를 형성하며, 권한을 위임하는 등 연속적인 세 가지 활동으로 이루어졌다고 볼 수 있다. 1776년에 출판된 《국부론(The Wealth of Nations)》에서 애덤 스미스(Adam Smith)는 핀 제조에서 직무 세분화의 이점을 설명했다.

> 첫 번째 사람이 철사를 뽑아내고, 두 번째 사람이 곧게 펴고, 세 번째 사람이 자르고, 네 번째 사람이 끝을 날카롭게 만들고, 다섯 번째 사람이 꼭대기 부분을 갈아 머리를 붙일 수 있게 한다. 이렇게 일하는 10명은 하루에 4만 8,000개의 핀을 생산할 수 있지만, 이들이 각각 독립적으로 일한다면 각자 하루에 기껏해야 20개의 핀을 생산할 수 있을 것이다.[2]

조직화에는 적절한 구조, 통제 범위, 명령 체계 등의 개발이 포함된다. 구조는 기업 내에서 어떻게 자원이 할당되고 목표가 확립되는지를 결정한다. 자리가 만들어지거나 없어지거나 합쳐질 수 있기 때문에 전략의 변화에는 종종 구조의 변화가 필요하다. 가장 일반적인 구조의 유형은 7장에서 다룰 것이다. 조직화에 관한 강점과 약점은 ① 기업의 현재 구조가 기업의 다양한 부문과 전략에 부합하는 정도, ② 명확한 명령 체계가 경영진 직위에 나타나는 정도, ③ 관련 작업과 작업 명세의 일치 정도 등과 연관될 수 있다.

동기부여

동기부여(motivating)는 특정 목적을 달성하기 위해 사람들에게 영향을 미치는 과정을 말한다. 동기부여는 왜 어떤 사람은 열심히 일하고 어떤 사람은 그렇지 않은지 설명하는 데 도움이 된다. 전략 수립 후 직원이 전략을 실행하도록 동기부여가 되지 않는다면 그 전략이 성공할 가능성은 거의 없다. 경영관리의 동기부여 기능에는 리더 육성, 집단 관리, 효과적 의사소통, 조직 변화 관리 등의 활동이 포함된다.

기업의 관리자나 직원이 높은 수준의 생산성을 달성하려고 노력한다는 것은 기업의 전략가가 뛰어난 리더임을, 즉 부하와 친밀한 관계를 형성하고, 부하의 요구와 우려에 공감하고, 좋은 모범을 보이고, 신뢰할 수 있고 공정한 사람임을 의미한다. 뛰어난 리더는 기업의 미래 비전에 대해 소통하고, 사람들이 그 비전을 성취하기 위해 열심히 일하도록 영감을 준다. 손자(孫子)는 리더십의 중요성을 강조하며 "약한 리더십은 가장 견실한 전략마저 망칠 수 있다"고 말했다. 또한 피터 드러커(Peter Drucker)는 다음과 같이 밝혔다.

표 4-2 인적 자원 관리가 경쟁우위를 창출하는 방법

1. 이직률을 분석하여 문제가 어디에 있는지 파악하라.
2. 직원 관여와 사기 점수를 측정하고 모니터링하라.
3. 직원 데이터를 추적하여 고성과자와 저성과자를 파악하라.
4. 재능의 현재 시장 요율을 파악하고 보상을 기업의 목적과 일치시켜라.
5. 조직의 전략적·장기적 필요를 고려하여 직원 개발과 훈련 계획을 설계하라.
6. 모든 인사 문제와 관련된 법적 이슈에 대한 안내문을 제공하라.

출처: http://hrdailyadvisor.blr.com/2017/08/21/using-hr-competitive-advantage/

> 리더십은 매혹적인 특성이 아니다. 그렇다면 선동과 다름없을 것이다. 리더십은 '친구가 되어 그들에게 영향을 미치는 것'이 아니다. 그렇다면 아첨일 뿐이다. 리더십은 사람의 비전을 보다 높은 시야로 들어올리고, 사람의 성과를 보다 높은 수준으로 끌어올리며, 사람의 특성을 평상시의 한계를 넘어 구축하는 것이다.[3]

조직의 의사소통 체계는 전략이 성공적으로 실행될 수 있는지 여부를 결정한다. 양호한 쌍방향 의사소통은 부서 및 부문의 목표와 정책에 대한 지원을 얻는 데 필수적이다. 하향식 의사소통은 상향식 의사소통을 촉진할 수 있다. 부하 직원이 우려 사항을 논의하고, 그들의 문제를 밝히고, 권고안을 제시하고, 제안을 한다면 전략경영 프로세스가 훨씬 간단해진다. 전략경영을 도입하는 주된 이유는 기업 전반에 걸쳐 효과적인 의사소통 네트워크를 구축하고 지원하는 것이다.

인적 자원 관리(human resource management, HRM)에는 직원을 채용하고, 면담하고, 시험하고, 선택하고, 적응시키고, 교육하고, 육성하고, 배려하고, 평가하고, 보상하고, 단련시키고, 승진시키고, 전보하고, 강등하고, 해고하는 등의 활동과 노사관계 관리가 포함된다. HRM의 복잡성과 중요성은 날로 증가하여 최소 규모를 제외한 모든 조직은 대개 전담 인적 자원 관리자를 두고 있다. 직원과 관리자가 오고 갈 때 HRM은 이 과정을 효과적으로 관리하여 직원의 사기를 유지하고 직장 스트레스를 최소화해야 한다. 표 4-2는 효과적인 HRM이 조직의 경쟁우위를 창출하고 유지하는 데 도움이 되는 방법 중 일부이다. 표 4-2에 제시된 HRM 정보 종류는 관리자와 직원의 전반적인 동기부여와 관련하여 기업의 강점이나 약점의 원천일 수 있다.

통제

조직의 모든 관리자는 성과 평가를 수행하고 비효율성을 최소화하는 데 필요한 조치를 취하는 것과 같은 **통제**(controlling) 책임을 가지고 있다. 경영관리의 통제 기능은 효과적인 전략 평가(9장의 핵심 주제)에 특히 중요하다. 통제는 다음과 같은 네 가지 기본 단계로 구성된다.

1. 성과 기준 설정하기
2. 개인 및 조직의 성과 측정하기
3. 실제 성과를 계획된 성과 기준과 비교하기
4. 시정 조치 취하기

사업의 **생산/운영**(production/operation) 부분은 투입물(원재료, 노동, 자본, 기계, 설비)을 완

표 4-3 생산/운영 내 기본적인 의사결정 영역

의사결정 영역	의사결정 예
1. 공정	로봇 공학, 설비 배치, 공정 흐름 분석, 라인 밸런싱, 공정 제어, 수송 분석 등
2. 용량	예측, 설비 계획, 종합 계획, 일정 계획, 용량 계획, 대기열 분석, 설비 가동률 등
3. 재고	원재료 수준, 재공품, 완제품, 주문 물품, 주문 시기, 주문량, 자재 운반 관리
4. 인력	직무 설계, 작업 측정, 직무 충실화, 작업 기준, 동기부여 기법 등을 통해 숙련자·비숙련자, 사무직·관리직 직원 관리
5. 품질	품질관리, 샘플링, 테스트, 품질보증, 비용관리

출처: 다양한 자료원

제품 및 서비스로 변환하는 모든 활동으로 구성된다. 제조 공장의 생산량이 잠재적 생산량에 도달하는 정도를 나타내는 **설비 가동률**(capacity utilization)은 중요한 전략 변수이다. 설비 가동률이 높을수록 좋으며, 그렇지 않으면 장비가 유휴 상태가 될 수 있다. 예를 들어 제조 기업 공장의 평균 설비 가동률이 60%라면 이는 심각한 약점에 해당한다.

로저 슈뢰더(Roger Schroeder)는 생산/운영이 표 4-3과 같이 공정, 용량, 재고, 인력, 품질 등 다섯 가지 의사결정 영역으로 구성되어 있다고 제안한다. 생산/운영 활동은 종종 조직의 인력과 자본 자산의 최대 부분을 차지한다. 많은 산업의 경우 제품을 생산하는 주요 비용이 운영 과정에서 발생하기 때문에 생산/운영은 기업의 전반적인 전략 중 경쟁 무기로서 큰 가치를 지니고 있다. 생산 내 다섯 가지 영역의 강점과 약점은 기업의 성패를 의미할 수도 있다.

생산 현장에서는 **협업기계**(collaborative machine)라고 불리는 새로운 유형의 로봇이 사람과 함께 일하는 경우가 점점 더 증가하고 있다. 2만 달러까지 저렴해져서 중소기업도 널리 사용하게 된 로봇은 점심시간이나 병가, 건강보험이 필요 없는 데다 밤새 쉬지 않고 작업할 수도 있다. 협업기계는 보다 유연하여 하루는 어떤 과업을 수행하고 다음 날은 다른 과업을 수행하는 경우도 흔하다. 미국 일리노이주 노스브룩에 있는 기계 공장 파넥프리시즌(Panek Precision Inc.)의 파넥 사장은 "로봇 덕분에 기존의 근로자들이 인간의 관리가 필요한 고급 기계를 모니터링하는 것과 같은 더 유용한 과업으로 옮겨 갈 수 있었다"고 말한다. 일반적으로 근로자는 협업기계에 꽤 수용적이어서 이름을 붙여주기도 한다. 예를 들어 루이지애나주 라피엣에 있는 보석 공장인 슈틀러(Stuller Inc.)에서는 '프레드'라고 부르고, 펜실베이니아주 하트필드에 있는 완구 제조 회사인 케이넥스브랜즈(K'NEX Brands)에서는 '백스터'라고 부른다.[4] 통제에 관한 강점과 약점은 ① 경쟁기업 대비 재고 회전율, ② 다양한 지역에서 기업의 운영이 얼마나 잘 또는 미흡하게 작동하는지, ③ 기업이 필요한 공급품을 얼마나 비용 효율적으로 확보하는지 등과 연관될 수 있다.

전략과 문화의 통합

경영관리 기능은 기업의 전략과 문화가 통합될 때 가장 잘 수행될 수 있다. 모든 기업은 전략기획 활동에 영향을 미치는 독특한 **조직 문화**(organizational culture)를 가지고 있다. 조직 문화는 "조직이 외부 적응과 내부 통합 문제를 다루는 법을 배워감에 따라 발전시킨 행위 양식이자, 지각하고 생각하며 느끼는 옳은 방법으로서 타당한 것으로 여겨지고 새로운 구성원에게 가르칠 만큼 충분히 잘 작동해온 행위 양식"이다.[5] 이 정의는 전략적 의사결정을 내릴 때 외부와 내부의 요인이 잘 연결되는 것의 중요성을 강조한다. 조직 문화는 업무 현장을 형성하는, 미묘하고 규정하기 어려우며 거의 무의식적인 요인을 담고 있다. 문화는 변화에 대해 상당히 저항성이 있기에 기업의 주요 강점 또는 약점이 될 수 있다.

전략기획 과정은 대개 특정 기업의 조직 문화 안에서 이루어진다. 이상적으로 문화는 어떤 공통 목적에 대한 구성원의 집단적인 헌신을 지원한다. 문화는 관리자와 직원의 역량과 열정을 북돋아야 한다. 전략이 강한 업무 윤리와 높은 윤리적 신념 같은 문화적 강점을 활용할 수 있는 경우에는 종종 경영진이 빠르고 쉽게 변화를 실행할 수 있다. 그러나 기업의 문화가 협조적이지 않을 때 전략적 변화는 효과가 없거나 역효과를 불러일으킬 수도 있다. 기업의 문화는 새로운 전략에 적대적이어서 혼동과 혼란을 초래하기도 한다.

경쟁우위를 확보하고 유지하기 위해 기업은 끊임없이 학습하고, 적응하고, 진화해야 한다. 변화에의 적응이 어려울 수 있는데, 특히 새로운 제휴, 파트너십 또는 다른 기업 간의 합병이 포함된 변화의 경우 각각의 기업이 고유한 문화와 정체성을 지녔을 수 있기 때문에 그렇다. 표 4–4는 조직의 문화와 기업의 강점 및 약점을 파악할 수 있는 잠재적 고려 사항의 일부 측면을 보여준다.

한 기업이 다른 기업을 인수할 때는 두 문화를 효과적으로 통합하는 것이 성공에 필수적이다. 예를 들어 표 4–4에서 한 기업의 점수가 거의 1(낮음)이고 다른 기업의 점수가 거의 5(높음)라면 어려운 전략적 문제를 야기할 수 있다. 시간이 지남에 따라 지속적으로 적응하고 진화해나가더라도 기업은 자신의 산업, 지역, 역사와 상관없이 반드시 전략과 문화를 효과적으로 통합해야 한다.

조직 문화는 구성원에게 전략 실행을 위한 열정을 불어넣어야 한다. 기업의 문화와 관련된 내부 강점과 약점은 이 현상의 기능 간 특성 때문에 간혹 간과되곤 한다. 이는 전략가가 자신의 기업을 사회·문화적인 시스템으로 보고 이해해야 하는 주된 이유이다. 흔히 성공은 기업의 문화와 전략의 연

표 4–4 조직 문화의 일부 측면

	정도				
차원	낮음				높음
1. 강한 업무 윤리: 일찍 출근하고 늦게 퇴근함	1	2	3	4	5
2. 높은 윤리적 신념: 명확한 기업 윤리 수칙을 준수함	1	2	3	4	5
3. 공식 복장: 셔츠와 넥타이	1	2	3	4	5
4. 비공식 복장: 평상복을 입는 날이 많음	1	2	3	4	5
5. 업무 이외에 사회적 교류를 함께함	1	2	3	4	5
6. 상사의 결정에 문제를 제기하지 않음	1	2	3	4	5
7. 내부 고발을 장려함	1	2	3	4	5
8. 건강에 의식적임, 웰빙 프로그램이 있음	1	2	3	4	5
9. 재택근무를 상당히 허용함	1	2	3	4	5
10. 창의성, 혁신, 열린 사고방식을 장려함	1	2	3	4	5
11. 여성과 약자를 지원함, 유리 천장이 없음	1	2	3	4	5
12. 사회적 책임을 다함, 자선 활동을 함	1	2	3	4	5
13. 다양한 모임을 가짐	1	2	3	4	5
14. 참여적 경영 스타일	1	2	3	4	5
15. 자연환경을 보호함, 지속가능 프로그램이 있음	1	2	3	4	5

계에 따라 결정된다. 오늘날 전략경영의 과제는 전략 수립·실행·평가를 지원하는 데 필요한 방향으로 조직 문화와 개별 구성원의 사고방식에 변화를 가져오는 것이다.

경영관리 조사 체크리스트

다음 질문은 사업의 경영관리 기능 영역에서 구체적인 강점과 약점을 판단하는 데 도움이 된다. 질문에 대해 '아니요'라는 응답이 나온다면 잠재적인 약점을 의미할 수도 있다. 물론 부정적인 응답의 전략적 중요성과 영향은 조직, 산업, 약점의 강도에 따라 다를 것이다. 한편 질문에 대해 '예' 또는 긍정적인 응답인 경우 잠재적인 강점 영역임을 시사한다.

- 기업은 전략경영 개념을 사용하는가?
- 기업의 목표와 목적이 측정 가능하고 잘 전달되는가?
- 모든 계층 수준의 관리자가 효과적으로 계획을 세우는가?
- 관리자가 권한을 잘 위임하는가?
- 조직의 구조가 적절한가?
- 직무 기술서와 직무 명세서가 명확한가?
- 직원의 사기가 높은가?
- 직원의 이직률과 결근율이 낮은가?
- 조직의 보상 및 통제 메커니즘이 효과적인가?

학습 목표 4-3

전략 수립 시 마케팅의 성격과 역할을 이해한다.

마케팅

마케팅(marketing)은 고객의 필요와 욕구를 정의하고 예측하며 충족하는 과정이라고 할 수 있다. 마케팅은 현재 고객과 잠재 고객의 필요 충족에 관한 것으로, 우수한 마케팅은 기업에 경쟁우위를 가져다준다. 매년 약 18만 명의 미국 고객을 조사하는 미국 고객 만족도 지수(American Customer Satisfaction Index, ACSI)에 따르면 각 산업에서 고객 만족을 선도하는 기업은 표 4–5와 같다.

마케팅은 마케팅 조사 및 목표 시장 분석, 제품 기획, 제품 가격 설정, 제품 판촉, 제품 유통 또는 물류로 구성된다. 이러한 기본 활동을 이해하면 전략가가 중요한 전략 수립 활동인 마케팅 강점과

표 4–5 미국 고객 만족도 지수로 본 각 산업의 고객 만족 선도 기업

기업	산업	기업	산업
JetBlue	항공	Lexus (Toyota)	자동차
Dillard's	백화점	Cracker Barrel	풀서비스 레스토랑
LG	가전제품	Vanguard	인터넷 투자 서비스
Amazon	인터넷 소매	Google	인터넷 검색엔진 및 정보
Chick-fil-A	한정 서비스 레스토랑	Clorox	청소 제품
Apple	PC	AAA	손해보험
Trader Joe's	슈퍼마켓		

출처: http://www.theacsi.org/acsi-benchmarks/benchmarks-by-industry

약점을 파악하고 평가하는 데 도움이 된다.

마케팅 조사 및 목표 시장 분석

마케팅 조사(marketing research)는 제품 및 서비스의 마케팅과 관련하여 기회와 문제를 파악하고 정의하기 위한 데이터를 체계적으로 수집·기록·분석하는 것이다. 기업은 전략을 평가하고 수립하는 데 도움을 얻기 위해 마케팅 조사를 자주 이용한다. 마케팅 조사는 중대한 강점과 약점을 밝혀낼 수 있으며, 마케팅 조사자는 정보를 수집하기 위해 많은 척도, 도구, 절차, 개념, 기법을 채택한다. 뛰어난 마케팅 조사 기술을 보유한 조직은 경쟁우위를 가지고 있다. 펩시코(PepsiCo)의 전 CEO는 다음과 같이 말했다.

> 경쟁기업을 살펴보는 것은 최고의 시장 조사이다. 우리의 전략적 성공 중 다수는 시장에서, 보통은 작은 지역의 경쟁자에게 빌린 아이디어였다. 각각의 경우에 우리는 유망한 새 아이디어를 발견하여 그것을 개선하고, 결국 경쟁자를 추월한다.[6]

마케팅 조사의 중요한 활용에는 **목표 시장 분석**(target market analysis), 즉 고객의 필요와 욕구를 조사하고 평가하는 것이 포함된다. 마케팅 조사에는 고객 설문 조사 실시, 고객 정보 분석, 시장 포지셔닝 전략 평가, 고객 프로필 개발, 최적의 시장 세분화 전략 결정 등과 같은 방법이 포함되며, 이 모든 것은 효과적인 고객 분석에 이바지한다.

성공적인 조직은 현재 고객과 잠재 고객의 구매 패턴을 지속적으로 모니터링하고, 다양한 고객 집단의 필요와 욕구를 이해하기 위해 광범위한 마케팅 조사를 수행한다. 기업은 목표 시장의 요구에 맞게 제품 출시를 조정한다. 최근 많은 기업은 젊은 고객, 특히 밀레니얼 세대를 겨냥하여 목표 시장을 전환하고 있다. 오늘날 이들은 미국 고객 중 가장 큰 집단을 형성하고 있기 때문이다. 예를 들어 홈디포(Home Depot), 프록터앤드갬블(The Procter & Gamble), 윌리엄스서노마(Williams-Sonoma Inc.), 셔윈윌리엄스(Sherwin-Williams), 스코츠미라클그로(Scotts Miracle-Gro) 등은 잔디 깎는 법, 줄자 사용법, 못 박는 법, 식물 돌보는 법과 같은 기본적인 기술을 가르치는 온라인 학습을 제공하면서 밀레니얼 세대를 공략한다.

목표 시장이 명확하게 정의되면 마케터는 자사 상품이 목표 고객에게 가치를 전달하도록 전략 도구 상자를 최적으로 사용할 수 있다. 기업의 목표 시장에 대한 명확한 이해는 마케팅 믹스를 설계하는 데 토대가 된다. 일반적으로 '마케팅의 4P'로 불리는 마케팅 믹스에는 표 4-6에 제시한 제품

표 4-6 마케팅 믹스 구성 요소의 변수

제품	유통	판촉	가격
품질	유통 채널	광고	정가
기능 및 옵션	유통 범위	인적 판매	할인
스타일 및 브랜드	직판점 위치	판매촉진	수당
포장	판매 지역	매스컴 홍보	지급 조건
제품 라인	재고 수준		
보증 및 서비스	운송 수단		

출처: 다양한 자료원

(product), 가격(price), 판촉(promotion), 유통(place)이 포함된다. 마케터는 각 목표 시장의 독특한 요구에 맞게 마케팅 믹스를 설계한다. 표 4-6은 기업의 마케팅 기능 영역과 관련된 잠재적 강점과 약점을 탐색하고 식별할 때 고려해야 할 주요 영역을 나타낸다.

제품 기획

제품은 교환 과정을 통해 개인 또는 기업 고객의 요구를 충족하기 위해 기업이 제공하는 물품, 서비스, 아이디어 등을 말한다. 제품 기획에는 보증 고안, 포장, 제품 옵션·기능·브랜드 스타일·품질 결정, 구형 제품 단종, 고객 서비스 제공 등이 포함된다. 기업이 제품 개발이나 다각화를 추구할 때는 제품 기획이 특히 중요하다. 이러한 경우에는 종종 기존 제품 라인을 확장할지, 아니면 완전히 새로운 제품 라인을 신설할지 결정해야 한다. 예를 들어 캠벨수프(Campbell Soup)는 제품 개발 전략을 실행할 때 새로운 수프를 개발하여 기존 수프 라인을 확장하거나 양념장 같은 것으로 새로운 제품 범주에 진입하는 것을 고려할 수 있다.

제품 기획의 중요한 부분 중 하나는 **테스트 마케팅**(test marketing)이다. 테스트 마케팅을 통해 기업은 대안적 마케팅 계획을 검토하고, 제품의 잠재적인 문제를 파악하고, 제품을 더 잘 판매하는 방법을 발견하고, 신제품의 미래 매출을 예측할 수 있다. 시장 테스트 프로젝트를 수행할 때는 얼마나 많은 도시를 포함할지, 어떤 도시를 포함할지, 얼마나 오래 테스트를 진행할지, 테스트 중에 어떤 정보를 수집할지, 테스트가 완료된 후 어떤 조치를 취할지 등을 결정해야 한다. 테스트 마케팅은 산업재 기업보다 소비재 기업이 더 자주 사용한다. 이러한 기법을 통해 기업은 대량 생산을 시작하기 전에 취약한 제품이나 비효과적인 마케팅 접근법을 밝혀냄으로써 큰 손실을 피할 수 있다.

제품 기획의 또 다른 중요한 부분은 연구개발(R&D)이다. 오늘날 어떤 기업은 연구개발을 하지 않지만 여전히 많은 기업이 생존을 위해 성공적인 연구개발에 의존하고 있다. 제품 개발 전략을 추구하는 기업은 특히 연구개발 지향성이 커야 한다. 마이크로소프트(Microsoft)와 같은 첨단 기술 기업은 수익의 큰 부분을 연구개발에 지출하고 있다. 많은 기업의 핵심적인 결정은 '선도자'가 될 것인지, '빠른 추종자'가 될 것인지이다. 선도자는 획기적으로 새로운 제품을 먼저 개발하기 위해 연구개발에 많이 투자하고, 빠른 추종자는 경쟁기업이 개발한 다음 모방, 복제, 개선을 함으로써 연구개발에 드는 비용을 줄인다.

대부분의 기업은 고객의 요구와 선호도 변화, 신기술, 제품 수명주기 단축, 국내외 경쟁 심화로 신제품과 개량 제품을 끊임없이 개발할 수밖에 없다. 그러나 신제품 아이디어 부족, 글로벌 경쟁 심화, 시장 세분화 격화, 강한 특수 이해관계 집단, 정부 규제 강화 등으로 인해 신제품 개발에 성공하기가 점점 더 어렵고, 비용이 많이 들며, 위험하기까지 하다. 예를 들어 제약 산업의 경우 실험실에서 개발된 수천 가지 약품당 하나 정도만 마침내 약국의 선반에 놓인다.

제품에 관한 강점과 약점은 ① 경쟁기업 브랜드 대비 자사 브랜드의 가치, ② 기업의 제품 전체 구성 또는 현존 제품의 자기 시장 잠식, ③ 시장에 있는 유사한 제품 대비 자사 제품의 특성 등과 연관될 수 있다.

가격 설정

가격 설정은 기업의 제품을 얻기 위해 개인이 지불해야 하는 금액을 결정하는 것을 말한다. 가격 설정 목표에는 종종 수익, 매출 또는 시장점유율을 극대화하는 수준에서의 가격 책정, 경쟁기업의 마케팅 활동 약화, 고객 만족도 제고, 제품 이미지와 고급성 향상을 위한 가격 책정 등이 포함된다. 가격 전략은 흔히 비용, 수요, 경쟁 또는 고객의 요구를 기반으로 한다. 구글(Google)과 페이스북(Facebook)이 기본 고객에게 청구하는 것을 통해 알 수 있듯이 때로는 '무료가 좋은 가격'이다.

인터넷의 보급과 기술 발전으로 기업은 시장 변화에 대응하기 위해 가격을 신속히 조정할 수 있게 되었다. 동적인 가격 전략의 경우 동일한 제품을 다른 고객에게 다른 가격으로 판매하거나, 심지어 같은 고객에게 다른 가격으로 판매할 수도 있다. 격렬한 가격 경쟁과 인터넷 가격 비교 쇼핑 탓에 많은 기업의 이익률이 최저 수준으로 낮아졌다. 타깃(Target)과 베스트바이(BestBuy)는 경쟁 판매자의 온라인 가격에 맞춰주겠다고 제안하는 많은 기업 중 일부이다. 타깃과 베스트바이는 자사 매장에서 제품을 살펴보고 구매는 경쟁 웹사이트에서 하는 쇼핑객의 '쇼루밍(showrooming)'을 막는 방안을 모색하고 있다. 가격 설정과 관련된 이슈는 기업에 중요한 강점이나 약점에 해당할 수 있다.

기업은 가격 조작, 가격 차별화, 약탈 가격, 단일가, 가격 광고, 가격 통제 등에 관한 규제 등 가격 설정에 관한 정부의 제약을 알고 있어야 한다. 예를 들어 미국의 로빈슨-패트먼법(Robinson-Patman Act)은 제조업체나 도매업체가 채널 회원 구매자(소매업자와 도매업자) 간에 가격을 차별화하여 경쟁을 완화하는 것을 금지한다. 글로벌 캡슐 4에서 다루었듯이 디지털 통화로의 제품 가격

글로벌 캡슐 4 GLOBAL CAPSULE

비트코인: 새로운 글로벌 통화

암호화를 사용하여 중앙 당국이나 은행의 개입 없이 돈을 교환할 수 있는 새로운 세계적 디지털 지급 시스템이 출현했다. '디지털화폐' 또는 '대체화폐'라고도 불리는 암호화폐는 세계의 투자자, 기업, 소비자에게 점점 더 인기를 얻고 있다. 인터넷의 현금 같은 것이지만 물리적 뒷받침이 없는 디지털화폐는 개인과 기업 간의 가치 교환 수단으로서 점점 더 널리 퍼지고 있다.

총시장 가치가 6,000억 달러 이상인 디지털화폐 시장은 비트코인(Bitcoin), 이더리움(Ethereum), 리플(Ripple), 라이트코인(Litecoin) 등으로 이루어져 있다. 간단히 말해 비트코인은 개인이 다른 사용자와 비트코인을 교환할 수 있는 개인적인 비트코인 지갑을 제공하는 모바일 앱이다. 비트코인은 점점 더 널리 사용되고 있으며 블룸버그(Bloomberg), 디시(Dish), 피델리티 인베스트먼츠(Fidelity Investments Inc.), 익스피디아(Expedia), 오버스톡닷컴(Overstock.com), 레딧(Reddit), 리즈주얼러스(Reeds Jewelers), 유나이티드웨이(United Way), USAA(United Services Automobile Association) 등 비트코인을 받는 기업이 증가하고 있다. 비트코인은 하루 24시간 내내 쉽고 빠르게 세계 국경을 넘나들며 간단히 지급할 수 있으며, 개인의 신원을 지켜주고, 사기로부터 보호하며, 은행이나 다른 매개자가 부과하는 전형적인 거래 비용을 피할 수 있다는 것 등이 주요 장점이다.

Travis Wolfe/123RF

이것은 돈인가?

기업은 비트코인과 관련한 어려운 결정에 직면하고 있다. 기업은 지급 수단으로서 비트코인을 받아들여야 하는가? 제품 가격을 비트코인으로 표시해야 하는가? 그렇다면 기업은 제품 가격을 표시하는 데 지역 화폐와 비트코인을 둘 다 사용해야 하는가? 경영자는 요즘 이러한 문제에 대해 고심하고 있다.

출처: https://bitcoin.org/en/how-it-works and Paul Vigna, "Rival Digital Currencies Nip at Bitcoin," *Wall Street Journal*, (December 20, 2017): B16.

설정은 점점 더 필요한 고려 사항이 되고 있다.

가격 설정에 관한 강점과 약점은 경쟁업체가 판매하는 유사 제품 대비 자사 제품의 가격이 대등한지 여부, 그 이유는 무엇인지, 또는 어떻게 비교되는지(지불할 수 있는 통화 포함) 등과 연관될 수 있다.

판촉

성공적인 전략 실행은 일반적으로 기업이 제품 및 서비스를 판매할 능력이 있는지에 달려 있다. **판촉**(promotion)에는 광고, 판매 촉진, PR(public relations), 인적 판매, 직접 마케팅 등과 같은 마케팅 활동이 포함된다. 고객에게 제품을 알리기 위해 고안된 일반적인 판촉 도구는 TV 광고, 잡지 광고, 간판, 웹사이트, PR 등이다. 할인, 쿠폰, 샘플은 구매를 촉진하는 데 자주 사용되고, 인적 판매, 입소문 구축, 소셜미디어와 같은 판촉 도구는 고객과의 관계를 구축하는 데 자주 사용된다. 소비재 및 산업재를 위한 다양한 판촉 도구의 효과는 각기 다르다. 인적 판매는 산업재 기업에 특히 중요한 반면, 광고와 소셜미디어 마케팅은 소비재 기업에 더 중요하다. 마케팅의 판촉 기능과 관련된 조직의 강점과 약점에 대해 판단하는 것은 내부 전략경영 조사를 수행할 때 중요한 부분이다.

판촉 일반, 특히 광고는 비용이 많이 들기 때문에 마케팅은 신중하게 고려해야 할 주요 사업 기능이다. 최고의 제품이라도 마케팅 없이는 성공할 가능성이 희박하다. 전 세계 광고 지출은 매년 약 5% 증가하고 있으며 2021년에는 7,000억 달러에 달할 것으로 예상된다. 디지털 광고, 특히 모바일 기기 광고는 광고 지출 증가에 기름을 붓고 있다. 전 세계 인터넷 광고는 최근 TV 광고를 넘어섰고 2020년에 거의 2,800억 달러에 달할 것으로 예상된다.[7] 성공을 거둔 많은 브랜드는 이제 디지털 플랫폼과 소셜미디어를 이용하여 고객과의 관계를 구축하고 감정적인 유대를 쌓는다. 사람들이 소셜 네트워크, 가상 세계, 제품 리뷰 사이트, 위치 기반 소셜 앱을 점점 더 사용함에 따라 마케터는 소셜미디어 마케팅에 큰돈을 들이고 있다. 전략기획 분석을 수행할 때 경쟁기업의 웹사이트를 비교하는 것뿐만 아니라 경쟁기업이 소셜미디어 이슈를 어떻게 다루는지 살펴보는 것도 중요하다.

판촉에 관한 강점과 약점은 기업의 ① 웹사이트와 소셜미디어 관여(또는 결핍), ② 주요 유명 인사나 대변자와의 관계, ③ 광고 및 브랜드 슬로건이나 이미지 등과 연관될 수 있다.

유통 경로

제품을 생산자로부터 최종 고객에게 가져가는 다양한 중개인을 **유통 경로**(channel of distribution)라고 일컫는다. 이러한 중개인은 도매업자, 소매업자, 중개업자, 조력자, 대리인, 협력업체, 유통업자 등 명칭이 다양하다. 마케터는 종종 창고 보관, 유통 채널, 유통 범위, 판매점 위치, 판매 구역, 재고 위치, 운송 수단, 도매 판매, 소매 판매 등과 관련된 결정을 내린다.

마케터는 사람들이 발견하고 구매하도록 자사 제품을 얼마나 광범위하게 접할 수 있게 할 것인지 결정해야 한다. 어떤 기업은 가능한 한 많은 도매업자와 소매업자가 제품을 팔도록 제공하고, 어떤 기업은 몇몇 직판장이나 공인 대리점을 통해서만 제품을 제공한다.

기업이 직면한 가장 복잡하고 어려운 결정 중 일부는 제품 유통과 관련이 있다. 성공적인 조직은 최종 시장에 도달하기 위한 대안적 방법을 파악하고 평가한다. 오늘날 많은 기업은 제품을 웹사이트에서 직접 구매할 수 있도록 제공하는데, 이러한 방식은 소매업자의 화를 돋울 수 있다. 효율적인 공급망과 유통 시스템은 기업이 경쟁우위를 확보하고 유지하는 데 필수적이다.

유통에 관한 강점과 약점은 오프라인 매장 대 온라인 판매의 효과성, 다양한 구매 장소의 평균 투자 수익률(ROI) 등과 연관될 수 있다.

마케팅 조사 체크리스트

내부 평가를 수행할 때는 마케팅에 관한 다음과 같은 질문을 고려해야 한다.

- 시장이 효과적으로 세분화되어 있는가?
- 기업이 경쟁업체들 사이에서 좋은 포지션에 있는가?
- 현재 유통 경로는 신뢰할 수 있고 비용 효과적인가?
- 기업은 시장 조사를 효과적으로 수행하고 사용하는가?
- 제품의 품질과 고객 서비스가 좋은가?
- 제품 및 서비스의 가격이 적절한가?
- 효과적인 판촉 전략을 가지고 있는가?
- 기업의 인터넷 입지가 경쟁업체에 비해 뛰어난가?

재무 및 회계

학습 목표 4-4

전략 수립 시 재무 및 회계의 성격과 역할을 이해한다.

재무 상태는 종종 기업의 경쟁 포지션과 투자자에 대한 종합적인 매력도를 측정하는 최상의 단일 척도이다. 표 4-7은 드러커인스티튜트(Drucker Institute)가 제시한 재무적 강점을 가진 상위 기업의 목록으로, 드러커인스티튜트는 자산 이익률, 자기자본 이익률, 투자자본 이익률, 시장점유율 및 이익, 투자자의 주식 이익률을 토대로 재무 성과를 평가한다. 액센추어(Accenture PLC)가 상위 목록에서 첫 번째임을 주목하라. 기업의 재무적 강점과 약점을 판단하는 것은 전략 수립에 필수적이다.

표 4-7 재무적 강점을 가진 상위 기업

기업	종업원 수(명)	2017년 수익(달러)
Accenture PLC	425,000	348억
Altria Group, Inc.	8,300	257억
Apple, Inc.	123,000	2,156억
Berkshire Hathaway, Inc.	45,500	2,236억
Home Depot, Inc.	406,000	945억
Mastercard, Inc.	11,900	107억
P&G Company	95,000	650억
Starbucks Corporation	254,000	213억
United Parcel Service, Inc.	434,000	609억
Verizon Communications, Inc.	160,900	1,259억
Walmart, Inc.	2,300,000	4,821억

출처: Ezequiel Minaya, "Consumer-Goods Firms Shine in Financial Category," *Wall Street Journal*, (December 6, 2017): R2.

기업의 유동성, 레버리지, 운전자본, 수익성, 자산 이용률, 현금 흐름, 자기자본에 따라 어떤 전략은 실행 가능한 대안에서 배제될 수 있다. 재무적 요인은 종종 기존 전략에 영향을 주고 전략 실행 계획에도 영향을 미친다.

재무 및 회계

제임스 반혼(James Van Horne)에 따르면 재무 및 회계 활동은 투자 결정, 금융 결정, 배당 결정 등 세 가지 결정 영역으로 분류할 수 있다.[8] **자본 예산**(capital budgeting)이라고도 불리는 **투자 결정**(investment decision)은 기업의 프로젝트, 제품, 자산, 부문에 자본과 자원을 할당 및 재분배하는 것이다. 전략이 수립된 후 이를 성공적으로 실행하려면 자본 예산 결정이 필요하다. **금융 결정**(financing decision)은 기업에 가장 적합한 자본 구조를 결정하는 것으로, 기업이 자본을 조달할 수 있는 다양한 방법을 검토하는 것이 포함된다(예: 주식 발행, 부채 증가, 자산 매각 또는 이러한 접근법의 조합). 금융 결정을 할 때는 운전자본의 단기적·장기적 필요를 모두 고려해야 한다. 기업의 금융 결정이 효과적인지 여부를 나타내는 주요 재무비율은 부채 자본 비율과 부채 총자산 비율이다.

배당 결정(dividend decision)에서는 분기별로 주주에게 지급하는 주당 금액, 기간별로 지급하는 배당의 안정성, 주식 환매 또는 발행 등과 같은 문제를 다룬다. 배당 결정을 할 때는 주주에게 지급되는 금액 대비 기업이 보유하는 자금을 결정한다. 기업의 배당 결정을 평가하는 데 도움이 되는 재무비율은 주당 순이익률, 주당 배당률, 주가 수익률이다. 투자자에게 배당금을 지급하는 것의 편익은 자금을 내부적으로 보유하는 것의 편익과 균형을 맞추어야 하며, 이 상충 관계의 균형을 어떻게 이룰 것인지에 대해 정해진 공식이 없다. 기업이 연간 손실을 본 경우, 기업이 배당금을 지급하기 위해 외부로부터 자금을 확보해야 하는 경우, 사업을 위한 재투자에 자금이 필요한 경우에도 간혹 주주를 달래기 위해 배당금을 지급하는데, 그 이유는 다음과 같다.

- 일부 기업은 현금 배당을 지급하는 것이 관례라 현금 배당을 지급하지 못하면 오명을 입을 수 있다. 배당 변경은 미래에 대한 신호이다.
- 배당은 투자은행가의 판매에 장점이 될 수 있다. 일부 기관 투자자는 배당금을 지급하는 주식만 구매할 수 있다.
- 가용한 모든 자금을 재투자해도 좋을 만한 기회가 있는 기업의 경우에도 종종 주주가 배당을 요구한다.
- 배당금을 지급하면 주가가 오를 것이라는 근거 없는 믿음이 존재한다.

재무비율

재무비율 분석(financial ratio analysis)은 투자, 금융, 배당 영역에서 조직의 강점과 약점을 결정하는 데 가장 널리 사용되는 방법이다. 사업의 기능 영역은 매우 밀접하게 관련되어 있으므로 재무비율은 공급업체부터 생산, 유통에 이르기까지 기업 가치사슬의 상하 어디서든 강점이나 약점의 실질적인 신호가 될 수 있다.

재무비율은 기업의 손익계산서와 재무상태표에서 계산된다. 재무비율 계산은 사진을 찍는 것과 마찬가지로 그 결과가 어느 한 시점의 상황을 반영한다. 시간 경과 및 산업 평균과 비율을 비교하면

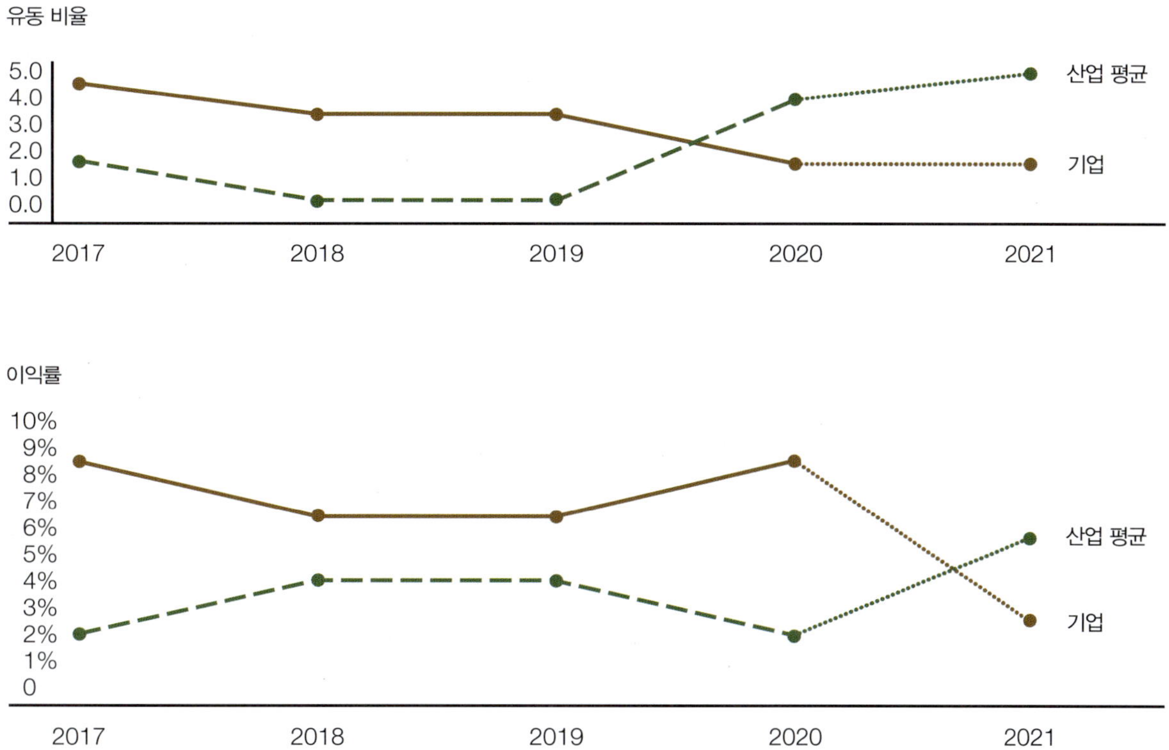

그림 4-2 재무비율 추세 분석

강점과 약점을 식별하고 평가하는 데 사용할 수 있는 의미 있는 통계를 얻을 가능성이 더 크다. 그림 4-2와 같은 재무비율 추세 분석은 재무비율의 시간 및 산업 평균 차원을 모두 포함하는 유용한 기법이다. 점선은 추정된 비율을 나타낸다.

재무비율은 영리·비영리 기관에 동일하게 적용할 수 있지만, 그 비율은 산업의 종류에 따라 상당히 다르다. 비영리 기관은 투자 수익률이나 주당 순이익률이 없겠지만 그 밖에 많은 특별한 비율을 정례적으로 모니터링할 것이다. 예를 들면 교회는 신자 수 대비 기부금의 비율을, 동물원은 방문자 수 대비 음식 매출액을, 대학은 교수 수로 나눈 학생 수를 모니터링할 것이다. 비영리 기관은 영리 기업과 마찬가지로 재정적으로 건전한 상태가 되기 위해 노력한다. 비영리 기관도 영리 기업 못지않게 전략기획이 필요하다.

재무비율 분석은 다음과 같은 측면에서 수행되어야 한다.

1. **각 비율은 시간 경과에 따라 어떻게 변화했는가?** 이 정보는 과거의 추세를 평가하는 수단을 제공한다. 각 비율이 역사적으로 증가했는지, 감소했는지, 거의 일정했는지 검토하라. 분석가는 전년 대비 1년 동안의 비율 변화율을 계산하여 해당 차원의 과거 재무 성과를 평가하곤 한다. 큰 비율 변화는 특별히 의미가 있지만, 분모가 너무 작으면 큰 비율 변화가 더 잘 발생할 수 있음을 염두에 두어라.
2. **각 비율은 산업 기준과 어떻게 비교되는가?** 기업의 재고 회전율은 처음에는 인상적으로 보이더라도 산업 표준 또는 기준과 비교하면 별일이 아닐 수 있다. 산업별로 특정 비율이 극적으로 다를 수 있다. 예를 들어 소매업체는 재고 회전율이 높지만 자동차 대리점은 재고 회전율이 더 낮다. 따라서 해당 산업에서 기업의 비율을 비교해보는 것이 강점과 약점을 결정하는 데 필수

적이다.

3. **각 비율은 주요 경쟁사와 어떻게 비교되는가?** 보통은 산업 내 모든 경쟁기업 간의 경쟁보다 몇몇 경쟁기업 간 또는 지역에서의 경쟁이 더 치열하다. 그렇다면 재무비율 분석에는 그러한 주요 경쟁기업과의 비교가 포함되어야 한다. 예를 들어 기업의 수익률이 시간이 지남에 따라 상승하는 추세이고 산업 평균보다도 높지만 주요 경쟁기업과 비교했을 때 하락하는 경향이라면 우려할 만한 이유가 있을지도 모른다.

표 4–8은 기업과 산업의 재무 정보를 얻을 수 있는 온라인 무료 및 구독(유료) 출처로, 일부는 재무비율을 제공한다. www.strategyclub.com에서 제공하는 무료 엑셀 양식은 관련 데이터를 입력하면 비율이 계산된다.

재무비율 분석에는 몇 가지 한계가 있다. 예를 들면 재무비율은 회계 자료를 기반으로 하는데, 기업은 감가상각, 재고 평가, 연구개발비, 연금 제도 비용, 합병, 세금과 같은 항목의 처리가 다르다. 또한 계절적 요인이 비율의 비교에 영향을 줄 수도 있다. 그러므로 산업의 종합 비율에 가깝다고 해

표 4–8 기업과 산업의 전략 정보(재무비율 포함)를 얻을 수 있는 우수한 웹사이트

1. 온라인 무료 출처
   - 재무제표 또는 연례 보고서
   - http://finance.yahoo.com
   - www.hoovers.com
   - http://globaledge.msu.edu/industries/
   - www.morningstar.com

2. 온라인 구독 출처
   - Mergent Online: 이 웹사이트에 있는 재무제표는 다른 웹사이트에 있는 것보다 더 완전한 듯하다. 동일한 SIC 또는 NAICS 코드를 가진 기업을 검색할 수 있고 재무비율 비교 보고서를 생성할 수도 있다. 그 밖의 많은 비율도 맞춤형 보고서를 생성하기 위한 비교 기준으로 사용 가능하고 마이크로소프트 엑셀 형식으로 내보낼 수도 있다. 아니면 'Competitors Tab'을 사용하여 기업 목록을 만들고 비율을 비교할 수 있다.
   - Factiva: 이 웹사이트에서는 먼저 'Companies & Markets' 메뉴를 이용하여 기업을 검색한 뒤 'Reports'에 이어 'Ratio Comparison Report'를 선택하여 산업 평균 대비 기업의 비율을 얻는다.
   - S&P NetAdvantage: 데이터베이스의 두 부분(Compustat Excel Analytics의 특정 기업 정보 페이지, S&P Industry Surveys)에서 기업 및 산업 비율과 정보를 제공한다.
   - Onesource: 재무비율 정보를 얻기 위해 널리 사용되는 출처이다. 특정 기업을 검색한 뒤 기업 정보 페이지의 왼쪽에 있는 'Ratio Comparisons'를 클릭한다. 이 웹사이트의 데이터는 산업 대비, 섹터 대비, 주식시장 전체 대비 기업을 비교해준다.
   - Yahoo Industry Center: 자본 이익률, 주가 수익률, 시가 총액, 가격 변동, 이익률, 주가 순자산 가치, 장기부채 등의 실적 순위로 산업을 둘러볼 수 있는 우수한 무료 출처이다.

3. **대부분의 도서관에 구비된 재무비율 관련 참고 도서**
   - Robert Morris Associate의 《Annual Statement Studies》: 재무비율 정보의 우수한 출처
   - Dun & Bradstreet의 《Industry Norms & Key Business Ratios》: 재무비율 정보의 우수한 출처

출처: 다양한 자료원

서 기업이 보통의 성과를 내고 있다거나 잘 경영되고 있음을 확실히 보장하는 것은 아니다. 마찬가지로 산업 평균에서 벗어났다고 해서 기업이 잘하고 있다거나 못하고 있음을 항상 의미하는 것은 아니다. 가령 높은 재고 회전율은 효율적인 재고 관리와 강한 운전자본 포지션을 나타낼 수도 있고, 심각한 재고 부족과 약한 운전자본 포지션을 나타낼 수도 있다.

곧 다룰 IFE 매트릭스에 재무비율을 주요 내부 요인으로 포함할 때 재무비율의 또 다른 한계는 재무비율이 필요한 잠재적 전략을 밝혀내는 관점에서 그다지 '실행 지향적'이 아니라는 것이다(즉 재무비율은 일반적으로 전체 기업의 실적을 기반으로 하기 때문이다). 예를 들어 기업의 '유동 비율이 1.8에서 2.1로 증가했다'는 것을 주요 내부 요인으로 포함하는 것은 어느 유동자산 또는 유동부채가 그 변화에 가장 중요한 영향을 미쳤는지 파악할 수 없기 때문에 그다지 실행 지향적이지 않다. 반

표 4-9 주요 재무비율의 요약

비율	계산식	측정 내용
1. 유동성 비율(liquidity ratios)		
유동 비율	유동자산÷유동부채	기업이 단기채무를 지급할 수 있는 정도
당좌 비율	(유동자산 − 재고자산)÷유동부채	기업이 재고자산의 판매에 의존하지 않고 단기채무를 지급할 수 있는 정도
2. 레버리지 비율(leverage ratios)		
총자산 대비 부채 비율	총부채÷총자산	채권자가 제공한 전체 자금의 비율
부채 비율	총부채÷자기자본	채권자와 주주가 제공한 전체 자금의 비율
장기부채 비율	총장기부채÷자기자본	기업의 장기자본 구조에서 부채와 자본의 균형
이자보상 배율	이자 및 세전이익÷이자 비용	기업이 연간 이자 비용을 지불하면서도 수입이 감소할 수 있는 정도
3. 활동성 비율(activity ratios)		
재고자산 회전율	매출 원가÷재고자산	기업이 산업 평균 대비 재고자산을 초과 보유하는지, 재고자산을 느리게 판매하는지 여부
고정자산 회전율	매출액÷고정자산	매출 생산성 및 공장·설비 활용도
총자산 회전율	매출액÷총자산	기업이 자산 투자 규모 대비 충분한 사업량을 만들어내고 있는지 여부
매출채권 회전율	매출액÷매출채권	기업이 외상 판매한 금액을 회수하는 데 걸린 평균 기간(백분율로 표시)
평균 회수 기간	365÷매출채권 회전율	기업이 외상 판매한 금액을 회수하는 데 걸린 평균 기간(날짜로 표시)
4. 수익성 비율(profitability ratios)		
매출 총이익률	당기총이익÷매출액	영업 비용을 지출하고 이익을 낼 수 있는 총마진
영업이익률	이자 및 세전이익÷매출액	세금과 이자를 고려하지 않은 수익성
매출 순이익률	당기순이익÷매출액	매출 달러당 세후이익
총자산 이익률	당기순이익÷총자산	자산 달러당 세후이익. '투자 수익률(ROI)'이라고도 함
자기자본 이익률	당기순이익÷총자본	주주의 투자 달러당 세후이익
주당 순이익	당기순이익÷유통 보통주식 수	보통주식 주주에게 배당 가능한 이익
주가 수익률	주당 시장가격÷주당 순이익	주식시장에서 기업의 매력도
5. 성장성 비율(growth ratios)		
매출액	총매출액의 연간 성장 백분율	기업의 매출액 성장률
당기순이익	순이익의 연간 성장 백분율	기업의 이윤 성장률
주당 순이익	주당 순이익의 연간 성장 백분율	기업의 주당 순이익 성장률
주당 배당금	주당 배당금의 연간 성장 백분율	기업의 주당 배당금 성장률

면에 '기업의 향수 부문 수익이 2018년 아프리카에서 18% 증가했다'와 같은 요인은 그 이슈를 다루는 데 필요한 행동에 관해 더 많은 안목을 제공하기 때문에 보다 실행 지향적이라고 할 수 있을 것이다. 요인을 실행 지향적인 용어로 기술하는 것의 중요성을 3장에서 살펴보았다. 외부 평가 수행을 위한 AQCD(실행 가능성-정량적-비교 가능성-부문적) 테스트는 내부 평가를 수행할 때도 중요하다.

주요 재무비율이 어떻게 계산되고 무엇을 측정하는지를 표 4-9에 정리했다. 그러나 모든 비율이 모든 산업 및 기업에 똑같이 중요한 것은 아니다. 예컨대 매출채권 회전율 계정과 평균 회수 기간은 현금 수령만 하는 기업에는 의미가 없다. 표 4-9에서 보듯이 주요 재무비율은 유동성(기업의 현금 포지션이 어떠한지), 레버리지(기업의 부채 포지션이 어떠한지), 활동성(기업의 운영이 얼마나 효율적인지), 수익성(기업이 어떻게 수행하고 있는지), 성장성(기업이 주주의 기대를 충족하는지) 등 다섯 가지 유형으로 구분할 수 있다.

재무 및 회계 조사 체크리스트

재무 및 회계상의 강점과 약점은 일반적으로 다음과 같은 질문의 응답에서 비롯된다.

- 재무비율 분석에 의하면 기업이 어디서 재무적으로 강한가(약한가)?
- 기업이 필요한 단기자본을 조달할 수 있는가?
- 기업이 필요한 장기자본을 부채와 자본 중 어디서 조달해야 하는가?
- 기업이 충분한 운전자본을 가지고 있는가?
- 자본 예산 절차가 효과적인가?
- 배당금 지급 정책이 합리적인가?
- 기업이 투자자 및 주주와 좋은 관계를 맺고 있는가?
- 기업의 재무 관리자는 경험이 풍부하고 잘 훈련되었는가?
- 기업의 부채 상황이 양호한가?

재무분석은 기업의 강점과 약점을 파악하기 위한 탁월한 도구를 제공한다. 그러나 일반적으로는 숫자 자체가 문제의 원인을 드러내지는 않는다. 문제는 가령 마케팅과 촉진 활동의 효과성, HRM과 직원의 생산성, 회계상의 오류 등에서 발생할 수 있다. 따라서 이 기능 영역과 연관된 강점과 약점을 밝혀내기 위해 기업의 재무제표나 연례 보고서, 분기 보고서 등의 문서를 주의 깊게 검토하라. 재무 및 회계상의 강점과 약점은 기업의 자금 조달을 위한 부채 대비 자본의 사용, 기업의 배당 정책, 기업의 인수 대비 유기적 성장 구현과 같은 이슈와 관련될 수 있다.

학습 목표 4-5

전략 수립 관점에서 경영정보시스템(MIS)을 이해한다.

경영정보시스템

정보는 모든 사업 기능을 결합하고 모든 경영 의사결정의 토대를 제공한다. 정보는 경쟁우위 또는 경쟁열위의 주요 원천, 기업 내부 강점과 약점 요인의 주요 원천을 나타낼 수 있다. **경영정보시스템**(management information system, MIS)은 운영 및 전략적 의사결정에 도움이 되도록 정보를 수집·부호화·저장·병합·제시한다. 경영정보시스템의 심장은 관리자에게 중요한 여러 종류의 기록과 자료를 포함하는 데이터베이스이다. 기업이 정보를 잘 관리하지 못한다면, 이는 바로잡을 필요가 있는 내부 약점에 해당한다.

비즈니스 분석

비즈니스 분석(business analytics)은 경영진의 의사결정을 돕기 위해 소프트웨어를 사용하여 방대한 양의 데이터를 채굴하는 비즈니스 기법으로 **예측 분석**, **머신러닝**, **데이터마이닝**이라고도 불린다. 연구자는 소프트웨어를 활용하여 기업의 귀중한 전략적 자산인 조직의 총체적인 경험을 평가하고 이용할 수 있다. 기업이 고객, 공급업체, 유통업체, 직원, 경쟁기업 등과 함께한 상호작용의 역사는 모두 예측 모델 생성을 위해 **데이터마이닝**(data mining)에 이용될 수 있다. 비즈니스 분석은 보험 회사가 긍정적 또는 부정적 결과를 가져올 가능성으로 고객을 평가하는 데 사용하는 보험계리 방법과 유사하다. 모든 사업은 기본적으로 위험 관리 노력이다. 그러므로 보험 회사처럼 모든 기업은 매일 내리는 수많은 전략적·전술적 결정과 관련된 위험을 측정하고 추적하고 계산함으로써 이익을 얻을 수 있다.

전략가는 비즈니스 분석을 사용하여, 가령 어떤 고객 집단이 자사를 선택했는지, 그리고 선택을 미루거나 경쟁업체로 떠나버린 사람들은 누구이고 그 이유는 무엇인지에 대한 독점적 비즈니스 정보를 얻을 수 있다. 비즈니스 분석은 고객의 행동을 더 잘 이해함으로써 더 효과적이고 효율적인 마케팅 활동을 가능하게 하는 것뿐만 아니라 비용을 줄이기 위해서도 사용된다. 예컨대 어쨌거나 자사에 남을 고객에게는 유지시키기 위한 제안을 보류하거나 송장, 신용카드 구매, 세금 환급, 보험 청구, 휴대전화 문의, 온라인 광고 클릭 등과 관련된 사기적 거래를 관리하는 데 이용되고 있다. 또한 비즈니스 분석은 경쟁기업의 약한 지점을 밝혀냄으로써 그 결과로 생긴 기회를 활용하는 데 마케팅 활동을 직접적으로 집중할 수 있다.

비즈니스 분석은 기업이 경험으로부터 학습하고, 이전 정보를 기반으로 현재와 미래의 의사결정을 내릴 수 있게 한다. 일상적으로 일어나는 수많은 경영 의사결정을 지원하기 위해 데이터마이닝을 통해 견고한 예측 모델을 도출하는 것은 경험으로부터 학습하는 것의 본질이다. 수학적 모델과 수천, 수백만, 심지어 수십억 개의 이전 데이터 포인트에 대한 분석은 자원의 배치를 최적화하기 위한 행위 양식을 밝혀내고, 모든 조직 수준과 모든 경영 전략 단계에서의 의사결정을 극적으로 향상할 수 있다. 비즈니스 분석은 패턴을 식별하고 분석할 수 있지만, 아마도 더 중요한 것은 사건의 가능성을 밝혀내는 것으로, 그 정보는 기업, 조직, 정부에 수백만 달러의 가치가 있을 수도 있다.

2018년 글로벌 데이터 분석 소프트웨어 시장은 217억 달러에 달할 것으로 예상되는데, 이는 2012년 대비 64% 증가한 수치이다.[9] 그러한 소프트웨어를 제공하는 선도 기업은 IBM, SAP, 오라클(Oracle), 마이크로소프트, 클릭테크(Qlik Technologies), 팁코소프트웨어(Tibco Software), 태블로소프트웨어(Tableau Software) 등이다. CEO들은 점점 더 사이버 보안 문제를 우려하고 있다. 2017년 상반기에 미국의 데이터 침해 건수는 791건으로, 이는 전년 동기 대비 29% 증가한 것이다.[10] 데이터 침해 가능성을 우려하는 CEO들은 기업 구성원들에게 데이터 보안의 중요성을 강조하면서 사이버 보안 노력에 높은 우선순위를 부여하고 있다.

최근 《월스트리트저널(Wall Street Journal)》의 기사는 어떤 기업이 사이버 위협을 가장 우려해야 하고, 또 그 위협을 완화하려면 어떻게 해야 할지를 밝혔다.[11] 기업이 현재 직면한 최대 위협은 너무 많은 조직에서 너무 많은 사람이 특정 업무를 수행하는 데 필요치 않은 너무 많은 정보(예: 판매 데이터에 대한 접근권, 특허 정보, 개발 중인 차기 신상품에 관한 자료)에 너무 많이 접근할 수 있다는 것이다. 많은 나라와 기업의 해커, 외로운 늑대들이 직원과 관리자를 통해 기업 파일에 접근하기 때문에 직원이 기업의 정보와 데이터에 대한 광범위한 접근권을 가지고 있지 않도록 기업 내에 기술적 통제를 구축해야 한다. 직원과 관리자는 외견상 정직한 '구성원'으로 보이는 해커에게 자기도 모르는 사이에 접근을 허용할 수도 있다. 사이버 위협은 기술보다는 사람과 더 관련된 위협이다.

학습 목표 4-6

내부 요인 평가(IFE) 매트릭스를 개발하고 사용하는 방법을 알아본다.

내부 요인 평가 매트릭스

지금까지 설명한 내부적인 주제는 기존 전략의 맥락에서 기업의 강점과 약점을 파악하는 데 기반을 제공한다. 기업의 경쟁우위를 유지하거나 방해하는 고유한 강점과 약점에 신중한 주의를 기울일 필요가 있다. 내부 평가는 조직이 직면한 주요 강점과 약점을 드러낸다. 이는 관리자가 강점을 활용하고 약점을 완화·극복·개선하는 전략을 수립하는 데 중요한 정보이다.

실행 가능성-정량적-비교 가능성-부문적 테스트

전략기획에서 주요 내부 요인을 파악하고 우선순위를 정할 때, 선택된 요인이 다음 네 가지 기준을 얼마나 충족하는지 확인하라.

1. 실행 가능성(actionable): 기업이 추구할지 고려해야 할 조치 또는 전략을 궁극적으로 결정하는 데 의미가 있고 도움이 되는지
2. 정량적(quantitative): 가능한 한 백분율, 비율, 금액, 수치 등을 포함하는지
3. 비교 가능성(comparative): 시간에 따른 변화를 드러내는지
4. 부문적(divisional): (종합적보다는) 어떤 제품과 지역이 잘하고 있는지 여부를 추론할 수 있도록 기업의 제품과 지역과 관련되는지

앞 장에서 언급했듯이 이 네 가지 기준을 충족하는 요인은 내부 요인의 품질 척도인 '실행 가능성-정량적-비교 가능성-부문적(AQCD) 테스트'를 통과한 것이다. AQCD 테스트를 통과하는 것뿐만 아니라 내부 요인은 실제로 (외부적이 아니라) 내부적이어야 하고, 기업이 사명을 달성하거나(강점) 사명을 방해하는 것(약점)에 밀접하게 관련되어 있음을 확실히 하라. 내부 평가에 포함하도록 선택된 요인은 사명 중심적이어야 한다.

AQCD 기준과 관련하여 기업의 내부 평가에 모든 고품질 요인이 포함되도록 노력하라. 고품질 요인은 AQCD 기준의 3개 또는 4개를 충족하고, 저품질 요인은 2개 이하를 충족한다. 내부 평가를 수행할 때 가능한 한 많은 요인이 AQCD 테스트를 통과하는지 확인하기 위해 사실에 관한 공학적 탐색을 수행하라. 가능한 범위에서 내부 요인을 실행 가능성, 정량적, 비교 가능성, 부문적 용어로 기술하는 것이 중요하다. 모호성은 IFE 매트릭스 개발 시 가중치와 평가치 부여에 아무런 지침을 주지 못하기 때문에 내부 요인을 기술할 때는 모호함을 피해야 한다.

이 중요한 개념을 좀 더 설명하기 위해 엑손모빌(ExxonMobil)의 고품질 및 저품질 내부 요인을 제시한다.

	이 요인에 대해 자문하라			
	실행 가능성	정량적	비교 가능성	부문적
고품질 내부 요인				
엑손모빌의 천연가스 부문 매출이 2018년에 14% 증가했다.	예	예	예	예
저품질 내부 요인				
엑손모빌의 2018년 주가 수익률이 14.4였다.	아니요	예	아니요	아니요

IFE 매트릭스를 개발하는 순서

내부 전략경영 조사에는 **내부 요인 평가(IFE) 매트릭스**(Internal Factor Evaluation Matrix)의 개발이 포함된다. 이 전략 수립 도구는 사업 기능 영역의 주요 강점과 약점에 가중치와 평가치를 부여하고, 기업 내부 포지션의 전반적인 힘을 나타내는 총가중 점수를 제공한다. IFE 매트릭스는 기회와 위협을 고려하지 않고 기업의 현재 전략이 얼마나 효과적인지를 평가하는 것이다. IFE 매트릭스와 전체적인 내부 평가의 목적은 기업의 강점과 약점을 기반으로 현재 전략이 얼마나 효과적인지를 결정하는 것이다.

전략가는 기업이 속한 산업 내에서 요인의 중요성과 관련하여(2단계의 가중치) 주요 강점과 약점에 대한 기업의 대응을 분석한다(3단계의 평가치). 그 결과로 얻는 총가중 점수(5단계)는 현재 전략의 내부적 효과성을 나타낸다. IFE 매트릭스의 총가중 점수는 해당 전략을 지속해야 하는지(2.5점을 초과하는 경우) 또는 전략을 변경해야 하는지(2.5점 미만인 경우)를 드러낸다. 3장에서 다룬 EFE 매트릭스, CPM과 함께 IFE 매트릭스를 사용하면 6장에서 설명할 전략 연계 분석을 수행하는 데 필요한 투입 정보가 마련된다.

IFE 매트릭스는 다음과 같이 5단계로 개발할 수 있다.

1단계: 주요 내부 요인의 완전하고 엄선된 목록 개발하기

표 4-8의 출처를 이용하여 대상 기업을 조사하라. 정보를 수집하여 강점과 약점, 두 가지 데이터세트로 구성하되, 50~100개 강점 및 약점 요인의 전체 목록을 만들라. 전략적 중요성이 있는 경영관리, 마케팅, 재무, 회계, MIS 요인을 포함하라. 그런 다음 데이터세트를 10개의 강점, 10개의 약점 등 20개의 주요 내부 요인으로 압축하라(조직이 보통 이렇게 구분하고 www.strategyclub.com의 양식도 10과 10을 사용하므로 우리도 10과 10을 채택한다). 먼저 강점을 나열한 뒤 약점을 나열하라.

기업은 일반적으로 중요도에 따라 요인을 평가하고(1: 가장 덜 중요함, 10: 가장 중요함) 이 평가 데이터를 통합하거나, 요인의 순위를 정하고(1: 가장 중요함, 50: 가장 덜 중요함) 이 순위 데이터를 통합한다. 두 방법 모두 포함해야 할 가장 중요한 요인 20개를 도출해낸다. 여기서 중요한 점은, 기업과 학생은 머리에 떠오르는 처음 20개 요인을 포함해서는 안 된다는 것이다. 예를 들어 최근에 누군가는 '캠퍼스에 길고양이가 있다'를 IFE 매트릭스에 약점으로 포함했는데, 99%의 경우에 이 요인은 매트릭스에 포함되어서는 안 된다. 조사를 실시하여 기업의 비전, 사명, 전략, 경쟁우위와 관련된 내부 요인을 파악하라.

표 4-10 IFE 매트릭스 개발을 위한 지침

1. **기업이 경쟁하고 있는 (광의가 아닌) 협의의 산업을 적용하라.**

   예: 버거킹은 (더 일반적인 식당과 달리) 패스트푸드 산업에서 경쟁한다. 따라서 버거킹의 경우 메뉴에 건강 옵션이 없다는 것을 약점으로 포함한다면, 고객 기반이 주로 빠른 서비스, 좋은 맛, 포만감을 주는 음식을 원하는 패스트푸드 산업에서는 건강 메뉴 옵션이 필수적이지 않기 때문에 이 요인은 가중치가 낮아야 할 것이다. 마찬가지로 저품질 고기와 관련된 버거킹의 약점은, 패스트푸드 산업에서는 고기의 품질이 그다지 중요하지 않기 때문에 가중치가 높으면 안 된다(고객은 고품질 고기에 돈을 지불할 생각이 없다). 또한 저렴한 가격의 커피를 제공하는 버거킹의 강점은, 분석가가 패스트푸드 산업에서 성공하는 데 커피를 특히 중요하게 여긴다면 가중치가 높을 것이다. 그러나 분석가가 패스트푸드 산업에서 성공하는 데 커피가 별로 중요하지 않다고 생각한다면 버거킹의 이 강점은 상대적으로 가중치가 낮아야 한다.

2. **AQCD 테스트를 통과하도록 요인을 기술하라.**

   예: 어떤 기업의 수익이 어느 해 대비 다음 해에 15% 감소했을 수 있지만, 이렇게 기술하면 수익이 감소한 이유가 드러나지 않기 때문에 이 '약점'은 실행 가능하지 않다. 그 이유는 경쟁이 가격을 떨어뜨린 것, 기업의 한 제품 또는 부문이 원자재를 구하지 못한 것 등 다양한 범위일 것이다. 실행 가능하지 않은 요인은 관리자가 그 요인에 대해 어떻게 해야 할지와 관련하여 잘못된 가정을 하는 경우 잘못된 방향으로 이끌 수 있다. 따라서 '수익 감소 요인'을 '기업의 초콜릿 부문 수익이 공장 회수 문제로 인해 최근 분기에 21% 감소했다'와 같이 기술하라. 이제 이 요인은 전략 수립을 위해 통찰력 있고 적절하며 유용한 정보를 제공한다는 점에서 AQCD 테스트를 통과한다.

IFE 매트릭스에 포함할 특정 요인을 결정할 때, 그리고 가중치를 부여하고 평가할 때 협의의 산업 관점에 초점을 맞추어라. 요인을 선택하고 가중치와 평가치를 부여할 때 협의의 산업 내에서 기업의 비전과 사명, 현재 전략을 고려하라. 예컨대 맥도날드(McDonald's)의 산업은 일반 식당이 아닌 패스트푸드 식당이고, 포르쉐(Porsche)의 산업은 자동차가 아니라 고급 스포츠카이다. 표 4-10에서 보듯이 이러한 협의의 산업 관점은 중요하다.

2단계: 주요 내부 요인에 가중치 부여하기

IFE 매트릭스를 개발할 때 각 요인에 대해 0.01(중요하지 않음)~1.0(완전 중요) 범위의 가중치를 부여하라. 특정 요인에 부여된 가중치는 IFE에 포함된 다른 요인에 비하여 해당 산업에서 성공하기 위한 그 요인의 상대적 중요성을 나타낸다. 예를 들어 가중치가 0.04인 요인은 가중치가 0.02인 요인보다 해당 산업에서 성공하는 데 100% 더 중요하다. 특정 기업의 주요 요인이 강점이든 약점이든 관계없이 특정 산업에서 모든 기업의 조직 성과에 가장 큰 영향을 미칠 것으로 여겨지는 요인에 가장 높은 가중치가 부여되어야 한다. 모든 가중치의 합은 1.0이 되어야 한다. 강점에 총 0.50, 약점에 총 0.50처럼 가중치를 동일하게 부여하지 말라. 가중치는 산업 기반이지 기업 기반이 아니다. 가장 높은 가중치부터 가장 낮은 가중치까지 강점을 나열하고, 마찬가지로 약점도 나열하라.

3단계: 주요 내부 요인에 평가치 부여하기

IFE 매트릭스를 개발할 때 기업의 전략이 얼마나 효과적으로 (또는 비효과적으로) 강점 또는 약점에 대응하는지를 나타내기 위해 각 주요 내부 요인에 평가치 1~4를 부여하라(4: 우수한 대응, 3:

평균 이상의 대응, 2: 평균적인 대응, 1: 미흡한 대응). 강점과 약점 모두 언제든 1, 2, 3, 4의 평가치를 받을 수 있지만, 일반적으로 어떤 약점에 3 또는 4를 부여할 때는 설득력 있는 이유가 있어야 한다. 경쟁우위는 강점을 기반으로 만들어지기 때문에 일반적으로 기업은 강점에 대해 뛰어난 방법으로 대응한다. 강점을 가져오는 전략은 대개 훌륭하다. 약점에 잘 대응하더라도 경쟁우위로 이어지지 않을지도 모른다. 그러나 강점을 독특한 역량으로 바꾸면 경쟁우위를 낳을 수 있다. 평가는 강점을 활용하거나 약점을 개선하는 데 기업의 전략이 얼마나 효과적인지를 기반으로 한다. 평가는 기업 기반이지 산업 기반이 아니다.

IFE 매트릭스에서 평가 열 아래에 수치를 부여할 때, 기업이 효과적인 전략을 통해 경쟁우위를 확보하고 유지할 수 있는 산업 내 틈새를 얼마나 잘 개척했는지를 고려하라. 이러한 틈새는 대부분의 경우 다른 분야에서는 경쟁자들이 너무 강하여 초점 기업이 그 분야를 공격하는 경우는 거의 없을 상황에서도 이 틈새 분야에서만큼은 번영을 가져다줄 어떤 독특한 강점에 기반하고 있다. 그렇다고 약점이 중요하지 않다는 것은 아니다. 약점도 중요한데, 기업은 약점을 개선하기 위해 끊임없이 노력해야 한다. 그러나 경쟁기업 대비 강점이 가장 중요하다. 기업이 가중치가 높은 강점을 많이 보유하고 있다면 이는 효과적인 전략의 결과일 가능성이 크다. 따라서 더 높은 평가치는 흔히 강점에 부여되며, 더 높은 평가치는 IFE 매트릭스의 총가중 점수를 증가시킨다.

4단계: 가중 점수 도출하기

IFE 매트릭스의 각 행을 따라 요인의 가중치에 평가치를 곱하여 각 요인의 가중 점수를 도출하라.

5단계: 총가중 점수 도출하기

가중 점수를 합하여 조직의 총가중 점수를 도출하라. IFE 매트릭스에 포함된 요인의 수에 관계없이 총가중 점수는 최소 1.0에서 최대 4.0까지의 범위이고 평균 점수는 2.5이다. 총가중 점수가 2.5보다 훨씬 낮으면 조직이 내부적으로 약하다는 것을 나타내며, 새로운 전략이나 어쩌면 새로운 방향, 새로운 비전 또는 사명이 필요할지도 모른다. 총가중 점수가 2.5보다 훨씬 높으면 강한 내부 포지션을 나타내므로 현재 전략의 지속에 신중할 것이다. (6장에서 다루는 IE 매트릭스는 전략 수립 시 EFE와 IFE의 총가중 점수를 연계하는 데 초점을 맞춘다.)

IFE 매트릭스의 예

표 4-11은 컴퓨터 판매점의 IFE 매트릭스이다. 이 표는 컴퓨터 소매점 사업에서 성공하는 데 가장 중요한 두 가지 요인(가중치가 가장 높은 요인)이 1번 강점인 '매장 수리 및 서비스 수익 16% 증가', 1번 약점인 '고속도로 신설로 방문 고객 감소'임을 드러낸다. 컴퓨터 소매점의 전략은 강점 중에서 두 가지 요인('고객당 매출이 97달러에서 128달러로 증가', '매장의 자산 대비 부채 비율 34% 감소')에 평가치 2가 부여된 것에서 알 수 있듯이 잘 대응하지 못하고 있다. 한편 약점과 관련하여 컴퓨터 소매점의 전략은 두 가지 요인에 대해 매우 잘 대응하고 있다. 즉 (매장 이전 계획을 진행 중이라) '고속도로 신설로 방문 고객 감소' 요인에 평가치 4가 부여되었고, (화장실 리모델링을 진행 중이라) '매장 화장실의 노후화' 요인에 평가치 4가 부여되었다. 이 IFE 매트릭스는 전체적으로 모호한 표현보다는 금액, 숫자, 백분율, 비율을 포함하고 있어 훌륭한 본보기이다. 1~4의 척도로 컴퓨터 소매

표 4-11 컴퓨터 소매점의 IFE 매트릭스

강점	가중치	평가	가중 점수
1. 매장 수리 및 서비스 수익 16% 증가	0.15	3	0.45
2. 종업원의 높은 의욕	0.10	3	0.30
3. 고객당 매출이 97달러에서 128달러로 증가	0.07	2	0.14
4. 매장 자체 판촉을 통한 매출 20% 증대	0.05	3	0.15
5. 경영정보시스템 학사 학위를 가진 매장 기술 인력	0.05	4	0.20
6. 재고 회전율이 5.8에서 6.7로 증가	0.05	3	0.15
7. 매장의 자산 대비 부채 비율 34% 감소	0.03	2	0.06
8. 신문 광고 지출 10% 확대	0.02	3	0.06
9. 종업원당 매출 19% 증가	0.02	3	0.06
약점	**가중치**	**평가**	**가중 점수**
1. 고속도로 신설로 방문 고객 감소	0.15	4	0.60
2. 매장의 소프트웨어 매출 12% 하락	0.10	2	0.20
3. 고객의 지불 대기 시간 증가	0.05	1	0.05
4. 웹사이트의 부재	0.05	2	0.10
5. 사업체 대상 매출 8% 하락	0.04	1	0.04
6. 공급업체의 배송 시간이 2.4일로 증가	0.03	1	0.03
7. 매장 인테리어의 노후화	0.02	3	0.06
8. 매장 화장실의 노후화	0.02	4	0.08
총합	**1.00**		**2.73**

점의 총가중 점수가 2.73인데, 이는 매장 운영, 전략, 방침, 절차에서 약간 성공적이지만 개선의 여지도 있음을 나타낸다.

EFE 매트릭스와 함께 IFE 매트릭스는 전략 수립에 중요한 정보를 제공한다. 예를 들어 이 컴퓨터 소매점은 계산대 직원을 추가로 고용하고 카펫과 페인트를 수리하고자 할 수 있다. 또한 해당 사업에서 성공하는 데 매우 중요한 요소이므로(가중치가 0.15) 수리 및 서비스에 대한 광고를 늘리려 할 수도 있다.

여러 부문으로 이루어진 기업의 경우 독자적인 각 부문 또는 전략적 사업단위(SBU)는 자체적인 IFE 매트릭스(그리고 EFE 매트릭스)를 구축해야 한다. 그런 다음 부문별 매트릭스를 통합하여 기업 전체의 IFE 매트릭스를 개발할 수 있다. 기업의 IFE 매트릭스를 개발할 때는 가능한 한 부문별로 개발하고, 재무비율이 주요 요인의 30% 이상이 되도록 허용하지 말라. 일반적으로 재무비율은 많은 요인의 결과이므로 재무비율을 토대로 해서는 어떤 특정 전략을 고려해야 하는지 알기가 어렵다. 예를 들면 기업은 높은 투자 수익률을 활용하여 확장하고자 할 때 브라질에서 판매해야 할지, 남아프리카에서 판매해야 할지 알 수 없을 것이다.

요약

대부분 기업에서 경영관리, 마케팅, 재무 및 회계, MIS는 핵심 업무이자 경쟁우위의 원천이다. 기

전략가를 위한 시사점

그림 4-3에서 보듯이 기업은 경쟁우위를 확보하고 유지하려면 내부 강점을 활용하고 내부 약점을 개선하는 전략을 수립해야 한다. 기업은 IFE 매트릭스에 포함된 강점 목록에 대체로 내포된 경쟁우위를 육성하고 창출해야 한다. 비전과 사명, 외부 조사와 함께 내부 조사가 체계적이고 주의 깊게 수행되어야 한다. 이러한 평가의 결과에 따라 수립되는 전략계획에 기업의 생존이 좌우될 수 있기 때문이다. 짐작, 감정, 의견을 토대로 가중치와 평가치를 부여하지 말라. 실행 가능하고, 정량적이고, 비교 가능하고, 부문적인 요인이 추출되어 매트릭스에 포함되도록 이 장에서 언급된 정보 출처와 기타 출처를 사용하라. 효과적이고 유용한 강점과 약점 요인을 개발하기 위한 지침으로 AQCD 테스트를 사용하라.

내부 조사 수행 과정

내부 조사를 수행하는 과정은 외부 조사를 수행하는 과정과 매우 흡사하다. 기업 전반에 걸쳐 대표적인 관리자와 직원이 기업의 강점과 약점을 결정하는 데 참여할 필요가 있다. 내부 조사는 기업의 가장 중요한 강점과 가장 심각한 약점이 드러날 수 있도록 기업의 경영관리, 마케팅, 재무, 회계, 생산, MIS 운영에 관한 정보를 수집·통합하고 우선순위를 정해야 한다.

외부 조사에 비해 내부 조사 수행 과정은 참여자들이 자신의 업무, 부서, 부문이 전체 조직과 어떻게 연관되어 있는지 이해하는 데 더 많은 기회를 제공한다. 관리자와 직원은 자신의 업무가 기업의 다른 영역 및 활동에 어떻게 영향을 미치는지 이해할 때 더 잘 수행할 수 있기 때문에 이것은 큰 이점이다. 예를 들어 마케팅 관리자와 생산 관리자가 내부 강점과 약점에 관계된 이슈를 함께 논의한다면 모든 기능적 영역의 이슈, 문제, 우려 사항, 요구 사항을 더 잘 인식할 수 있다. 그러므로 내부 조사 수행은 조직 내 의사소통 과정을 향상하는 훌륭한 수단이자 토론의 장이다.

윌리엄 킹(William King)은 직원의 지원을 받는 여러 부서 관리자로 이루어진 태스크포스가 기업의 미래에 영향을 미칠 가장 중요한 20가지 강점과 약점을 결정하는 임무를 맡아야 한다고 믿는다. 킹은 다음과 같이 말한다.

> 경험이 많은 관리자는 알 테지만, 조직의 가장 중요한 20가지 강점과 약점에 대한 결론 도출은 어려운 과업일 수 있다. 관리자가 조직의 다양한 이해와 관점을 대변할 때 특히 그렇다. 20쪽 분량의 강점과 약점 목록을 작성하는 것은 비교적 쉽겠지만, 가장 중요한 20가지 목록에는 상당한 분석과 협상이 수반된다. 판단이 필요한 데다 전략 수립·실행·평가 과정에서 그러한 목록이 필연적으로 영향을 미치기 때문이다.[12]

전략기획은 모든 기능 영역에서 모인 관리자와 직원이 아이디어와 정보를 제공하기 위해 함께 일할 때 가장 성공적이 된다. 예를 들어 재

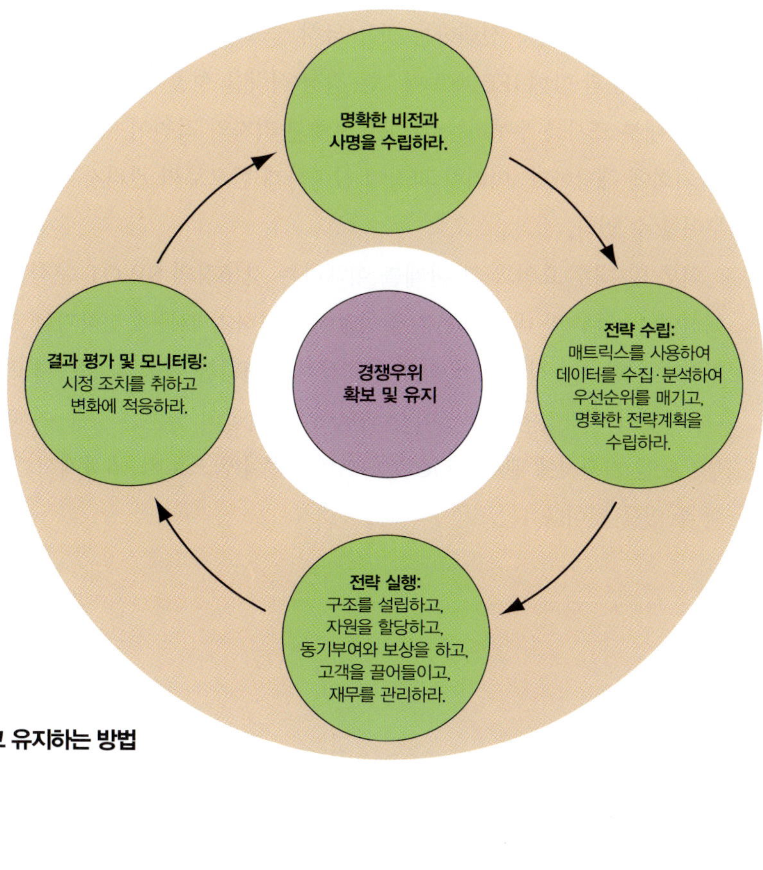

그림 4-3 경쟁우위를 확보하고 유지하는 방법

무 관리자는 운영 관리자가 선택할 수 있는 실행 옵션의 수를 제한할 필요가 있을지도 모른다. 또한 연구개발 관리자는 마케팅 관리자가 더 높은 목표치를 설정해야 하는 제품을 개발할 수도 있다.

조직의 성공에서 핵심은 모든 기능적 사업 영역에 속한 관리자 간의 효과적인 조정과 이해이다. 다양한 부서와 부문의 관리자들은 내부 전략경영 조사에 참여함으로써 자사의 다른 기능적 사업 영역에서 이루어진 결정의 성격과 영향을 이해할 수 있게 된다. 이러한 관계에 대한 지식은 목표와 전략을 효과적으로 구축하는 데 대단히 중요하다. 가령 재무비율 분석은 사업의 기능 영역 간 관계의 복잡성을 전형적으로 보여준다. 예컨대 감소하는 투자 수익률 또는 이익률은 비효과적인 마케팅, 부적절한 경영관리 정책, 연구개발 오류, 약한 MIS 등 여러 가지 이유의 결과일 수 있다.

전략가는 기업이 올바른 이유로 올바른 방향으로 향하도록, 올바른 사람들이 올바른 장소에서 올바른 일을 한 것에 대해 보상하도록 보장하기 위해 이 장과 이 책 전반에 걸쳐 제시된 가이드라인을 따라야 한다.

학생을 위한 시사점

사례 기업에 대한 가장 최근의 경영관리, 마케팅, 재무 정보를 얻으려면 해당 기업의 가장 최근 분기 보고서를 살펴보라. 분기 보고서에는 기업이 무엇을 하고 있는지, 가장 최근의 재무 결과가 어떠한지 잘 드러나 있다. 이러한 보고서를 이용하여 IFE 매트릭스를 개발하는 데 필요한 비교 정보를 얻어라.

경쟁우위를 확보하고 유지하는 것은 전략기획의 본질 또는 목적이다. 사례 분석의 내부 부분에서는 기업을 이끌어가고 싶은 방향에 비추어 어떻게 그리고 왜 내부 강점과 약점이 경쟁우위를 확보하고 경쟁열위를 극복하는 데 활용될 수 있는지를 강조하라. 내부 평가 과정에서 자신의 프로젝트에 재미없고 기술적이고 모호하기보다는 긍정적이고 통찰력 있고 미래 지향적인 태도를 유지하라. 당신의 권고대로 개선하면 기업의 자원, 역량, 구조, 전략이 어떻게 기업의 번영으로 이어질 수 있는지에 초점을 맞추어라.

숫자는 분석의 기초가 되므로 정확하고 타당해야 하지만 숫자에 너무 의존하여 청중과 수업을 지루하게 하지 말라. 발표나 서면 분석에서 당신의 행동계획이 어떻게 기업의 약점을 개선하고 강점을 활용할 것인지, 예상되는 경쟁자의 대응책에 비추어 권고안을 언급하라. 청중에게 읽어주거나 비율을 정의하기보다는 청중의 관심, 흥미, 긴장감을 유지하라.

업의 내부 운영에 대한 전략경영 조사는 조직의 건강에 필수적이다. 많은 기업은 여전히 최종 성과로만 평가되는 것을 선호한다. 그러나 전략가가 내부 강점과 약점을 식별하고 평가하며 대안 전략을 효과적으로 수립하고 선택하는 것은 극히 중요하다. CPM, EFE 매트릭스, 명확한 비전 선언문 및 사명 선언문과 함께 IFE 매트릭스는 경쟁 전략을 성공적으로 수립하는 데 필요한 기본 정보를 제공한다. 내부 조사를 수행하는 과정은 전체 관리자와 직원이 기업의 미래를 결정하는 데 참여할 수 있는 기회에 해당한다. 이러한 과정에 참여하게 함으로써 관리자와 직원에게 활기를 불어넣고 동기를 부여할 수 있다.

외부 및 내부 요인과 그 관계를 이해하는 것(6장의 SWOT 분석 참조)은 효과적인 전략 수립의 핵심이다. 외부 및 내부 요인은 끊임없이 변화하기 때문에 전략가는 기업의 경쟁우위를 확보하고 유지하기 위한 지속적인 노력 속에서 긍정적인 변화를 식별 및 활용하고 부정적인 변화를 완화하려 한다. 이것이 전략경영의 본질이자 과업이며, 기업의 생존은 종종 이 과업에 달려 있다. 내부 (및 외부) 요인 기술서에 관한 AQCD 테스트를 준수함으로써 (6장에서) 우수한 '매칭 매트릭스'를 구축할 수 있을 것이다.

핵심 용어 및 개념

경영관리management
경영정보시스템management information system(MIS)
금융 결정financing decision
기획planning
내부 요인 평가(IFE) 매트릭스Internal Factor Evaluation Matrix
데이터마이닝data mining
독특한 역량distinctive competency
동기부여motivating
레버리지 비율leverage ratios
마케팅marketing
마케팅 조사marketing research
목표 시장 분석target market analysis
배당 결정dividend decision
비즈니스 분석business analytics
생산/운영production/operation
설비 가동률capacity utilization
성장성 비율growth ratios
수익성 비율profitability ratios
시너지synergy
실증적 지표empirical indicator
유동성 비율liquidity ratios
유통 경로channel of distribution
인적 자원 관리human resource management(HRM)
자본 예산capital budgeting
자원 기반 관점resource-based view(RBV)
재무비율 분석financial ratio analysis
조직 문화organizational culture
조직화organizing
테스트 마케팅test marketing
통제controlling
투자 결정investment decision
판촉promotion
협업기계collaborative machine
활동성 비율activity ratios

복습 및 토론 문제

4-1 전략기획에서 강점이 약점보다 더 중요한 이유를 설명하라.

4-2 비트코인이란 무엇인가? 비트코인을 어떻게 사용하는가?

4-3 강점에는 항상 약점보다 더 높은 가중치가 부여되는가? 그 이유를 설명하라.

4-4 강점에는 항상 약점보다 더 높은 평가치가 부여되는가? 그 이유를 설명하라.

4-5 IFE 매트릭스의 가중치 열에 가중치를 부여할 때 그 가중치는 '산업 경쟁의 치열함'에 달려 있는가? 이에 대해 설명하라.

4-6 IFE 매트릭스를 개발할 때 광범위한 산업이 아닌 기업이 경쟁하는 협의의 산업에 초점을 맞추는 것이 매우 중요한 이유를 설명하라.

4-7 '실행 가능성' 요인의 개념을 설명하라.

4-8 IFE 매트릭스에 포함할 20가지 목록을 추출하기 전에 기업이 50~100개의 내부 요인 목록을 작성하는 이유를 설명하라.

4-9 기업이 50~100개의 내부 요인 목록에서 IFE 매트릭스에 포함할 가장 중요한 20가지 요인을 결정하는 두 가지 방법을 설명하라.

4-10 다른 기업의 IFE 매트릭스 총가중 점수가 3.5인 데 비해 총가중 점수가 1.5인 기업의 전략적 의미를 설명하라.

4-11 어떤 IFE 매트릭스 강점 요인의 평가치가 4라면 이는 무엇을 의미하는가? 어떤 약점 요인의 평가치가 4라면 이는 무엇을 의미하는가?

4-12 "대부분의 기업이 경쟁우위를 확보하고 유지하는 주요 방법은 하락세를 돌이키는 것이다." 이에 대해 설명하라.

4-13 "빅데이터 분석은 주로 합계나 평균에 초점을 맞추는 것에서 특이값에 초점을 맞추는 것으로 이동하고 있다. 특이값은 종종 중대한 혁신, 추세, 혼란, 혁명 등이 곧 발생한다는 것을 나타내기(예측하기) 때문이다." 이에 대해 설명하라.

4-14 재무비율 분석의 한계에 대해 설명하라.

4-15 RBV 이론은 다각화 목표를 결정하는가?

4-16 "일반적으로 인적 판매는 산업재 기업에 더 유용한 반면 광고는 소비재 기업에 더 효과적이다." 이 말이 맞으면 ○, 틀리면 ×로 답하고 그 이유를 설명하라.

4-17 협업기계란 무엇인가?

4-18 재무비율 정보를 찾을 수 있는 우수한 온라인 출처를 몇 가지 제시하라.

4-19 마케팅 믹스 요소 중 특히 '가격'과 '유통'은 일상 소비재와 고급 사치품이 어떻게 다른가?

4-20 50%의 설비 가동률은 괜찮은 것인가? 그 이유를 설명하라.

4-21 경영관리에서 '의사소통'이 가장 중요한 용어가 될 수 있는 이

유를 설명하라. 마케팅에서 가장 중요한 용어는 무엇이라고 생각하는가? 재무에서 가장 중요한 용어는 무엇이라고 생각하는가? 회계에서 가장 중요한 용어는 무엇이라고 생각하는가?

4-22 지난 몇 년 동안 마케팅의 성격이 어떻게 변했는지 설명하라.

4-23 IFE 매트릭스에서 요인의 30% 이상을 재무비율로 구성하지 말아야 하는 이유를 설명하라.

4-24 자신이 잘 알고 있는 세 기업을 열거하고 각 기업의 독특한 역량을 제시하라.

4-25 강점과 약점의 우선순위를 정하는 것이 중요한 이유를 몇 가지 제시하라.

4-26 내부 평가를 수행할 때 80가지 강점과 약점 목록을 개발하는 것이, 전략을 수립하는 데 사용할 상위 20가지 목록을 결정하는 것보다 아마도 더 쉬운 이유는 무엇인가?

4-27 자신이 잘 알고 있는 한 기업을 생각해보고 그 기업의 실증적 지표인 세 가지 자원을 열거하라.

4-28 자신이 잘 알고 있는 한 기업을 생각해보고 그 기업의 조직 문화를 표 4-4의 15가지 측면에서 평가하라.

4-29 한 번도 가본 적이 없는 나라를 친구와 함께 간다면 사전에 얼마나 많은 계획을 세우겠는가? 그 계획은 어떤 이점이 있을 것이라고 기대하는가?

4-30 계획은 경영관리의 기초로 여겨지지만 관리자가 가장 자주 소홀히 하는 과업인 이유가 무엇이라고 생각하는가?

4-31 당신은 옆자리에 앉아 있는 학생보다 더 조직화되어 있는가? 그렇지 않다면 수업의 성과와 성적 관점에서 어떤 문제가 발생할 수 있는가? 이 상황은 경쟁하는 기업과 얼마나 유사한가?

4-32 재무비율을 비교하거나 사용하는 방법을 세 가지 열거하라. 세 가지 비교 중 가장 중요하다고 생각하는 것은 무엇인가? 그 이유는 무엇인가?

4-33 IFE 매트릭스에서 '가중치'가 낮아지는 순서로, 즉 강점에 이어 약점을 나열하는 것이 유리한가? 그 이유는 무엇인가?

4-34 비평가는 IFE 매트릭스의 가중치 0.08과 0.06에 유의한 차이가 없다고 말할 수도 있다. 이에 대해 어떻게 생각하는가? 수학적 차이는 무엇인가?

4-35 왜 많은 기업은 배당금을 지속적으로 지급하는가?

4-36 마케팅 판촉이란 무엇인가? 마케터가 자주 사용하는 판촉의 예를 몇 가지 들라.

4-37 IFE 매트릭스에서 강점과 약점의 상대적 중요성에 우선순위를 부여하는 것이 왜 중요한 전략경영 활동인지 설명하라.

4-38 권한 위임은 효과적인 전략경영에 어떻게 기여할 수 있는가?

4-39 주요한 새 전략을 실행하도록 관리자와 직원에게 동기를 부여하는 방법을 설명하라.

4-40 생산 및 운영 관리자가 전략 수립 활동에 직접 관여하지 않는 경우가 허다한 이유는 무엇인가? 이것은 왜 조직의 주요 약점이 될 수 있는가?

4-41 자신이 잘 알고 있는 기업을 생각해보고 인적 자원 관리(HRM)의 강점과 약점의 예를 각각 두 가지씩 들라.

4-42 EFE 매트릭스와 IFE 매트릭스의 가중치와 평가치를 정의하고 비교하라.

4-43 기업의 자본 구성에서 부채가 0이라면 이는 항상 조직의 강점인가? 그 이유는 무엇인가?

4-44 기업이 내부 조사를 실시하여 총 100개의 강점과 100개의 약점을 발견했다. 그중에서 가장 중요한 것을 결정하는 데 어떤 절차를 사용할 수 있는가? 핵심 요인의 총수를 줄이는 것은 왜 중요한가?

4-45 기업이 마케팅 조사를 수행하는 것은 왜 중요한가? 마케팅 조사에서 어떤 종류의 정보를 발견할 수 있는가?

4-46 인적 자원 관리를 구성하는 열 가지 활동은 무엇인가?

4-47 전략가에게 주는 유용성 관점에서 '데이터'와 '정보'의 차이를 설명하라.

4-48 효과적인 경영정보시스템의 가장 중요한 특징은 무엇인가?

4-49 기업이 경쟁우위를 달성하고 유지하려면 외부 요인보다 내부 자원이 더 중요하다는 자원 기반 관점 이론가의 견해에 동의하는가, 반대하는가? 자신의 생각과 자원 기반 관점 이론가의 입장을 설명하라.

4-50 자원을 기업에 가치 있게 만드는 것은 무엇인가?

4-51 모교가 운영을 모니터링하는 데 사용할 수 있는 다섯 가지 재무비율을 제시하라.

4-52 오늘날 기업이 직면한 가장 심각한 사이버 위협은 무엇인가? 기업은 어떻게 이러한 위협을 완화할 수 있는가?

확인 학습

SET 1 코카콜라의 전략기획

연습 4A

코카콜라의 재무비율 분석 수행하기

목적

재무비율 분석은 내부 강점과 약점을 파악하고 평가하는 최상의 기법 중 하나이다. 잠재적 투자자와 기존의 주주는 기업의 재무비율을 산업 평균 및 이전 기간과 상세히 비교하고 면밀히 관찰한다. 재무비율 분석은 IFE 매트릭스를 개발하는 데 필요한 입력 정보를 제공한다.

설명

1단계 표 4-8의 출처를 활용하여 코카콜라의 재무비율을 가능한 한 많이 찾아내라. 출처를 기록해두고 조사 결과를 다른 학생들과 강사에게 보고하라.

연습 4B

코카콜라의 IFE 매트릭스 개발하기

목적

이 연습으로 IFE 매트릭스 개발 경험을 쌓을 수 있다. IFE 매트릭스에 포함할 요인을 식별하고 우선순위를 매기는 과정은 기능 및 부문 관리자 간의 의사소통을 촉진한다. IFE 매트릭스를 준비하면서 관리자는 사업 상황에 대한 우려와 생각을 표명할 기회를 가지며, 이 과정을 통해 사업에 대한 집단적 이해가 향상된다.

설명

1단계 다른 두 학생과 함께 코카콜라의 IFE 매트릭스를 개발하라. 1장의 연습 1B에서 정리한 정보를 사용하라.

2단계 자기 팀의 IFE 매트릭스를 다른 팀의 IFE 매트릭스와 비교해보고 주요 차이점에 대해 토론하라.

3단계 코카콜라가 주요 강점을 활용할 수 있는 전략은 무엇인가? 코카콜라가 주요 약점을 개선할 수 있는 전략은 무엇인가?

SET 2 모교의 전략기획

연습 4C

모교의 IFE 매트릭스 개발하기

목적

이 연습은 모교의 주요 강점과 약점을 평가하는 기회를 제공한다. 다음 장에서 더 명확해지겠지만, 조직의 전략은 주로 강점을 활용하고 약점을 개선하려는 노력을 기반으로 한다.

설명

1단계 다른 두 학생과 함께 모교의 IFE 매트릭스를 개발하라.

2단계 팀의 총가중 점수는 얼마인가?

3단계 자기 팀의 IFE 매트릭스를 다른 팀의 IFE 매트릭스와 비교해보고 주요 차이점에 대해 토론하라.

4단계 모교가 주요 강점을 활용할 수 있는 전략은 무엇인가? 모교가 주요 약점을 개선할 수 있는 전략은 무엇인가?

SET 3 취업 역량 제고를 위한 전략기획

연습 4D

자신의 IFE 매트릭스 개발하기

목적

이 연습은 자기 자신의 주요 강점과 약점을 평가하는 기회를 제공한다. 다음 장에서 더 명확해지겠지만, 조직의 전략은 주로 강점을 활용하고 약점을 개선하려는 노력을 기반으로 한다. 마찬가지로 자신의 경력을 계획할 때는 자신의 강점 활용 및 약점 개선을 기반으로 개인적인 전략을 수립하고 실행해야 한다.

설명

1단계 자기 자신의 IFE 매트릭스를 개발하라. 가중치를 부여할 때 자신이 희망하는 경력에서의 성공에 대한 각 요인의 상대적 중요성을 고려하라.

2단계 총가중 점수는 얼마인가? 평균 점수인 2.5와 총가중 점수를 비교해보라.

3단계 자신의 주요 강점을 활용할 수 있는 전략은 무엇인가? 자신의 주요 약점을 개선할 수 있는 전략은 무엇인가?

SET 4 개인과 집단의 전략기획

연습 4E

전략기획에서 점검해야 할 가장 중요한 내부 기능 영역은 무엇인가?

목적

효과적인 전략기획을 위해서는 내부 요인에 대한 우선순위 목록이 필요하다. 이 과정에서는 흔히 모든 관리자가 개별적으로 파악된 요인에 대해 1(가장 중요함)~20(가장 덜 중요함)으로 순위를 매긴다. 우선순위 부여는 전략기획에서 절대적으로 불가피하다. 어떤 기업도 이익이 되는 모든 것을 실행할 수는 없기 때문에 좋은 선택 가운데 힘든 선택을 해야 한다.

강점과 약점을 야기하는 내부 기능 영역은 크게 다섯 가지 범주 또는 영역(경영관리, 마케팅, 재무, 회계, MIS)으로 구분할 수 있다. 시기에 따라 어떤 기업 또는 조직의 경우 어떤 요인이 다른 요인보다 더 중요하다. 이 연습은 전략기획 내부 평가에 포함하기 위한 다섯 가지 기능 영역의 상대적 중요도에 대한 저자의 순위를 보여준다.

이 연습의 목적은 사업의 기능 영역을 보다 자세히 조사하고, 개인의 의사결정이 집단의 의사결정보다 더 나은지 확인하는 것이다. 학술 연구에 따르면 집단은 개인보다 약 80% 확률로 더 나은 의사결정을 내릴 수 있다.

설명

전략기획 수립 시 다섯 가지 내부 영역을 상대적 중요도에 따라 평가하라(1: 가장 중요함, 5: 가장 덜 중요함). 먼저 각 개인이 개별적으로 내부 영역의 중요도에 따라 순위를 지정한 뒤 3명으로 구성된 집단별로 순위를 지정한다. 따라서 강사가 지정한 순위와 가장 유사한 순위를 만들어낸 개인과 집단을 확인할 수 있다. 이 연습을 통해 전략기획에서의 의사결정에 대해 개인과 집단의 상대적 효율성을 비교할 수 있다.

단계

1. 표 4-12의 1열을 채우면 다섯 가지 영역의 중요도에 따른 상대적 순위를 알 수 있다(1: 가장 중요함, 5: 가장 덜 중요함). 예를 들어 경영관리가 세 번째로 중요하다고 생각한다면 3을 기입한다.
2. 집단 차원에서 다섯 가지 영역의 상대적 중요도에 부여하는 순위를 표 4-12의 2열에 기입하라(1: 가장 중요함, 5: 가장 덜 중요함).

3. 강사가 다섯 가지 영역의 상대적 중요도에 부여하는 순위를 표 4-12의 3열에 기입하라.
4. 1열과 3열의 차이를 표 4-12의 4열에 기입하라. 이는 개인적 순위 평가가 얼마나 잘 수행되었는지를 나타낸다. (절댓값이므로 마이너스 부호는 무시해도 된다.)
5. 2열과 3열의 차이를 표 4-12의 5열에 기입하라. 이는 집단의 순위 평가가 얼마나 잘 수행되었는지를 나타낸다.
6. 4열의 합계와 5열의 합계를 구하라.
7. 4열의 합계와 5열의 합계를 비교하라. 4열의 합계가 5열의 합계보다 적으면 집단보다 개인이 더 적절하게 평가한 것으로 볼 수 있다. 일반적으로는 개인의 의사결정보다 집단의 의사결정이 우월하다.
8. 4열의 합계가 가장 낮은 개인이 최고의 성과를 거둔 것이다.
9. 여러 집단이 참여했다면 5열의 합계가 가장 낮은 집단이 최고의 성과를 거둔 것이다.

표 4-12 내부 기능 영역 분석: 개인 대 집단

내부 기능 영역	1열	2열	3열	4열	5열
1. 경영관리					
2. 마케팅					
3, 재무					
4. 회계					
5. MIS					
총합					

프록터앤드갬블 MINI-CASE

가장 잘 관리되고 있는 미국 기업은 어디인가?

Midosemsem/123RF

미국에서 가장 잘 관리되고 있는 기업은 프록터앤드갬블(P&G)일 것이다. 전반적인 기업 효과성에 관한 드러커인스티튜트의 평가는 P&G가 가장 효과적으로 관리되고 있는 미국 기업에 확실히 속한다는 것을 보여준다. P&G의 CEO인 데이비드 테일러(David Taylor)는 다음과 같이 설명한다. "매일 P&G 사람들은 우수한 브랜드로 고객에게 봉사하고, 균형 있고 지속가능한 장기 성장과 가치 창출로 주주에게 보답하기 위해 일한다. 이러한 인정은 우리가 올바른 방향으로 나아가고 있다는 것을 다시금 확인시켜준다."

드러커인스티튜트는 시장점유율 데이터, 특허, 직원 평가 등 35개가 넘는 척도를 이용하여 사업의 기능 영역에 대한 기업의 성과를 분석한다. 고객 만족, 재무 건전성, 직원 개발, 혁신, 기업의 사회적 책임 등 드러커인스티튜트의 핵심 원칙에 따라 기업이 얼마나 잘하고 있는지를 결정하기 위한 정보를 수집·분석한다. P&G는 혁신, 사회적 책임, 재무 건전성 측면에서 특별히 높은 점수를 받았다.

P&G는 소비재 산업에서 경쟁하고 있다. 재무 책임자인 존 묄러(Jon Moeller)에 따르면 최근에 P&G는 치약과 비누 등 일상적으로 사용되는 제품 범주에 집중하고자 자사의 제품 구성을 좁혀왔다. 이 과정에서 실적이 나쁜 브랜드를 처분하고 100개가 넘던 브랜드를 65개 정도로 축소하는 동시에 직원을 2만 명 이상 감축하고 100억 달러에 가까운 비용을 줄였다. P&G는 이렇게 해서 얻은 현금을 잘 활용하고 있으며, 일부 전문가는 P&G를 '배당왕'이라고 부른다. P&G의 최고정보책임자인 하비에르 폴릿(Javier Polit)은 이렇게 말한다. "이전에는 엄청나게 높았던 비용이 지금은 클라우드 사용으로 비용 효과적이 되었다. 우리는 전에는 할 수 없었던 방법으로 예측하려고 한다. 구매하는 원자재의 양과 출하 및 보충 관련 비용의 개선이 이루어졌다."

CEO인 데이비드 테일러가 말했듯이 "기업의 성공 여부를 결정하는 것은 몇 가지 핵심 역량의 조합이다. 그것은 특히 고객을 기쁘게 하는 우수한 제품, 최상의 기술, 그리고 이 모든 것을 뒷받침하는 우수한 인재 확보이다."

문제

1. 그림 4-4와 같이 *y* 축이 가중치이고 *x* 축이 평가치인 2차원 행렬을 생각해보자. 매트릭스의 네 모퉁이에서 P&G의 특징이 될 수 있는 강점과 약점의 예는 무엇인가? 매트릭스의 네 모퉁이 각각에 놓일 수 있는 P&G의 가상적인 강점과 약점을 개발하고, 각 요인을 뒷받침하는 근거를 제시하라. 매트릭스의 어떤 모서리가 IFE 매트릭스에 있는 요인을 가장 빈번하게 특징짓는다고 생각하는가? 왜 그런가? 매트릭스의 어떤 모서리가 IFE 매트릭스에 있는 요인을 가장 덜 특징짓는다고 생각하는가? 왜 그런가? IFE 매트릭스에 자주 포함되는 요인 측면에서 매트릭스의 중앙에 대해 어떻게 설명할 수 있는가?

그림 4-4 IFE 매트릭스의 논리를 예시하기 위한 평가치와 가중치 매트릭스

참고: 이 미니 사례를 통해 IFE 매트릭스를 개발할 때 특정 요인의 가중치와 평가치가 다음과 같은 경우에 대해 생각해볼 수 있을 것이다.

1. 낮은 가중치와 높은 평가치
2. 높은 가중치와 높은 평가치
3. 낮은 가중치와 낮은 평가치
4. 높은 가중치와 낮은 평가치

출처: 기업 문서와 Sara Castellanos, "Tech Innovation Isn't Just for Tech Firms," *Wall Street Journal*, (December 6, 2017): R6, Vanessa Fuhrmans and Yoree Koh, "The Most Effectively Managed U.S. Companies and How They Got That Way," *Wall Street Journal*, (December 6, 2017): R1–R2 등 다양한 자료원

웹 참고 자료

1. 표 4-8을 참조하라.

참고 문헌

Arora, Ashish, Sharon Belenzon, and Andrea Patacconi. "The Decline of Science in Corporate R&D." *Strategic Management Journal* 39, Issue 1 (January 2018): 3–32.

Bridoux, Flore, Régis Coeurderoy, and Rodolphe Durand. "Heterogeneous Social Motives and Interactions: The Three Predictable Paths of Capability Development." *Strategic Management Journal* 38, no. 9 (September 2017): 1755–1773.

Chatain, Oliver and Denisa Mindruta. "Estimating Value Creation from Revealed Preferences: Application to Value-based Strategies." *Strategic Management Journal* 38, no. 10 (October

2017): 1964–1985.

David, Fred R., Meredith E. David, and Forest R. David. "The Integration of Marketing Concepts in Strategic Management Courses: An Empirical Analysis." *SAM Advanced Management Journal* 82, no. 1 (Winter 2017): 26–47.

David, Fred R., Meredith E. David, and Forest R. David. "How Important Is Finance Coverage in Strategic Management? A Content Analysis of Textbooks." *International Journal of Business, Marketing, and Decision Sciences (IJBMDS)* 4, no. 1 (Winter 2016): 64–78.

David, Meredith E. and Fred R. David. "Are Key Marketing Topics Adequately Covered in Strategic Management?" *Journal of Strategic Marketing* 24, (March 2016): 1–13.

Fleit, Caren. "The Evolution of the CMO." *Harvard Business Review* 95, no. 4 (July–August 2017): 60.

Furr, Nathan and Rahul Kapoor. "Capabilities, Technologies, and Firm Exit During Industry Shakeout: Evidence from the Global Solar Photovoltaic Industry." *Strategic Management Journal* 39, no. 1 (January 2018): 33–61.

Grigoriou, Konstantinos and Frank T. Rothaermel. "Organizing for Knowledge Generation: Internal Knowledge Networks and the Contingent Effect of External Knowledge Sourcing." *Strategic Management Journal* 38, no. 2 (February 2017): 395–414.

Hoisl, Karin, Marc Gruber, and Annamaria Conti. "R&D Team Diversity and Performance in Hypercompetitive Environments." *Strategic Management Journal* 38, no. 7 (July 2017): 1455–1477.

Lee, Joon Mahn, Byoung-Hyoun Hwang, and Hailiang Chen. "Are Founder CEOs More Overconfident than Professional CEOs? Evidence from S&P 1500 Companies." *Strategic Management Journal* 38, no. 3 (March 2017): 751–769.

Menon, Anoop R. and Dennis A. Yao. "Elevating Repositioning Costs: Strategy Dynamics and Competitive Interactions." *Strategic Management Journal* 38, no. 10 (October 2017): 1953–1963.

Morris, Shad S., Sharon A. Alvarez, Jay B. Barney, and Janice C. Mollo. "Firm-Specific Human Capital Investments as a Signal of General Value: Revisiting Assumptions about Human Capital and How It Is Managed." *Strategic Management Journal* 38, no, 4 (April 2017): 912–919.

Quigley, Timothy J., Craig Crossland, and Robert J. Campbell. "Shareholder Perceptions of the Changing Impact of CEOs: Market Reactions to Unexpected CEO Deaths, 1950–2009." *Strategic Management Journal* 38, no. 4 (April 2017): 939–949.

Selladurai, Raj and Carraher, Shawn. *Servant Leadership: Research and Practice*, 1st edition, Business Science Reference, 2014, 406 pages.

Theeke, Matt and Hun Lee. "Multimarket Contact and Rivalry over Knowledge-Based Resources." *Strategic Management Journal* 38, no. 12, (December 2017): 2508–2531.

Vanacker, Tom, Veroniek Collewaert, and Shaker A. Zahra. "Slack Resources, Firm Performance, and the Institutional Context: Evidence from Privately Held European Firms." *Strategic Management Journal* 38, no. 6 (June 2017): 1305–1326.

미주

1. Robert Grant, "The Resource-Based Theory of Competitive Advantage: Implications for Strategy Formulation," *California Management Review* (Spring 1991): 116.
2. Adam Smith, *The Wealth of Nations* (New York: Modern Library, 1937), 3–4.
3. Peter Drucker, *Management Tasks, Responsibilities, and Practice* (New York: Harper & Row, 1973), 463.
4. Timothy Aeppel, "Robots Work Their Way into Small Factories," *Wall Street Journal* (September 18, 2004): B1.
5. Edgar Schein, *Organizational Culture and Leadership* (San Francisco: Jossey-Bass, 1985), 9.
6. Quoted in Robert Waterman, Jr., "The Renewal Factor," *BusinessWeek* (September 14, 1987): 108.
7. ____http://www.nasdaq.com/article/the-current-and-future-trends-of-digital-advertising-cm669129
8. J. Van Horne, *Financial Management and Policy* (Upper Saddle River, NJ: Prentice-Hall, 1974): 10.
9. G. George, M. Haas, and A. Pentland, "Big Data and Management," *Academy of Management Journal* 52, no. 2 (April 2014): 321–326. See also P. Barlas, "Data Analytics Gets in the Sports Game," *Investor's Business Daily* (July 11, 2014): A1
10. Vanessa Fuhrmans, "CEOs Make Protecting Data a Top Goal," *Wall Street Journal* (October 13, 2017): B4.
11. Stephen Schmidt and Scott Smith, "Where the Cyberthreats Are," *Wall Street Journal* (December 19, 2017): R1.
12. Reprinted by permission of the publisher from "Integrating Strength–Weakness Analysis into Strategic Planning," by William King, *Journal of Business Research* 2, no. 4: 481. Copyright 1983 by Elsevier Science Publishing Co., Inc.

5

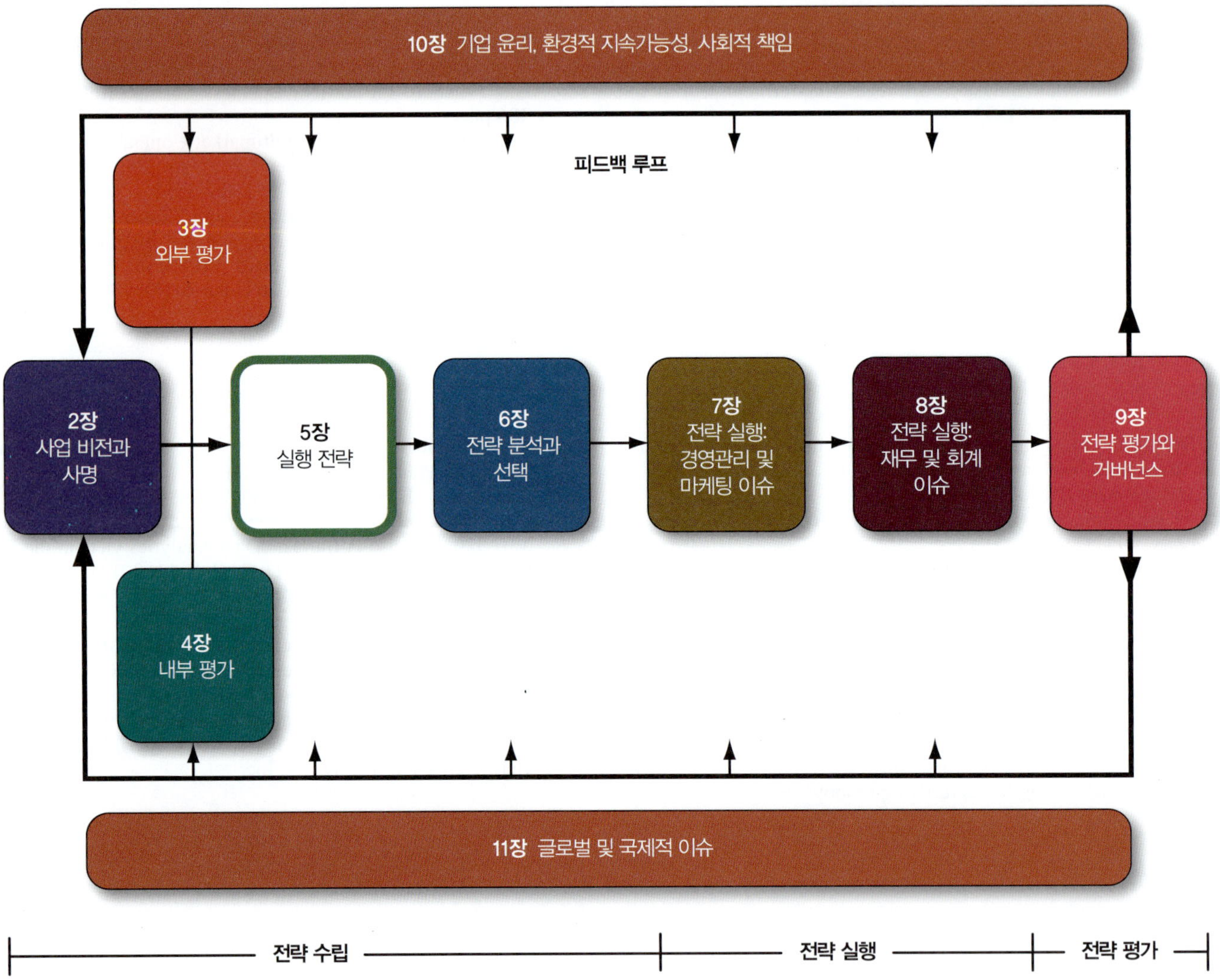

그림 5-1 포괄적·통합적 전략경영 모델

출처: Fred R. David, "How Companies Define Their Mission," *Long Range Planning* 22, no. 1 (February 1989): 91. Anik Ratnaningsih, Nadjadji Anwar, Patdono Suwignjo, and Putu Artama Wiguna, "Balance Scorecard of David's Strategic Modeling at Industrial Business for National Construction Contractor of Indonesia," *Journal of Mathematics and Technology,* no. 4 (October 2010): 20.

실행 전략

학습 목표

5-1 명확한 목표의 특성과 이점을 파악한다.
5-2 전략의 열한 가지 유형과 사례를 알아본다.
5-3 통합 전략의 세 가지 유형을 알아본다.
5-4 시장 침투, 시장 개척, 제품 개발이 효과적인 전략이 될 수 있는 조건을 이해한다.
5-5 다각화가 효과적인 사업 전략인 경우를 이해한다.
5-6 사업 축소, 사업 매각, 청산이 효과적인 전략이 될 수 있는 조건을 이해한다.
5-7 전략경영에서의 가치사슬 분석과 벤치마킹을 이해한다.
5-8 포터의 본원적 전략인 비용우위와 차별화의 차이를 이해한다.
5-9 전략적 목표 달성을 위해 자원과 역량을 개발하거나, 차용하거나, 구매해야 하는 상황에 대해 알아본다.
5-10 최초 진입자가 누리는 장점과 단점을 파악한다.
5-11 영리 기업, 비영리 기관, 중소기업의 전략기획을 알아본다.

확인 학습

SET 1 코카콜라의 전략기획
연습 5A 코카콜라의 가상 전략 개발하기
연습 5B 2020~2021년 코카콜라는 개발, 차용, 구매 중 무엇을 선택해야 하는가?

SET 2 모교의 전략기획
연습 5C 모교의 전략 대안 개발하기

SET 3 취업 역량 제고를 위한 전략기획
연습 5D 개인 전략계획의 핵심: 개발과 차용 병행하기

SET 4 개인과 집단의 전략기획
연습 5E 코카콜라를 위한 최상의 전략 조합은 무엇인가?

오늘날 수많은 기업이 더 높은 수익과 이익을 추구하기 위해 전략적 계획을 채택한다. UPS의 전 회장이자 CEO였던 켄트 넬슨(Kent Nelson)은 자사가 새로운 전략기획 부서를 만든 이유를 다음과 같이 밝혔다. "우리는 기술 투자에 큰돈을 베팅하고 있기 때문에, 한 방향으로 많은 돈을 지출한 뒤 5년 후 그것이 잘못된 방향이었음을 발견하는 상황을 감당할 수 없다."[1] 그림 5–1에서 보듯이 전략을 수립 · 평가 · 선택하기 전에 장기 목표를 설정해야 한다.

이 장에서는 많은 사례를 통해 전략경영에 대한 이해를 돕는다. 마이클 포터(Michael Porter)의 본원적 전략(비용우위와 차별화)을 비롯해 다양한 유형의 전략을 정의하고 예시를 든다. 또한 각 전략을 언제 추진해야 하는지 결정하기 위한 지침을 제시하고, 전략기획에서 가치사슬 분석과 벤치마킹의 중요성을 보여준다. 그리고 비영리 조직, 정부 기관, 중소기업의 전략경영에 대한 개요도 살펴본다. 다음에서 설명하듯이 팀 쿡(Tim Cook)은 최고의 전략가라고 할 수 있다. 그는 애플을 세계에서 가장 존경받는 회사로 이끌었다. 쿡과 애플이 정말 대단한 이유를 알아보자.

학습 목표 5-1

명확한 목표의 특성과 이점을 파악한다.

장기 목표

장기 목표(long-term objective)는 특정 전략을 추구할 때 기대되는 결과를 말한다. 전략은 장기 목표를 달성하기 위해 취하는 행동을 뜻한다. 목표와 전략에 적용되는 기간은 일관적이어야 하며 보통 2~5년 정도를 바라본다. 장기 목표가 없다면 조직은 알 수 없는 목적을 향해 정처 없이 표류하거

귀감이 되는 전략가

애플의 CEO 팀 쿡

《비즈니스위크(Businessweek)》의 편집자인 메건 머피(Megan Murphy)는 최근 애플의 CEO인 팀 쿡에게 그가 애플에 남긴 유산이 무엇이라고 생각하는지 물었다. 쿡은 이렇게 대답했다. "솔직히 그것에 대해 생각하고 있지 않습니다. 저는 무언가 실행하는 것에 대해 생각합니다." 쿡은 자신이 아니라 창립자인 스티브 잡스(Steve Jobs)가 왜 애플 최고의 전략가로서 계속해서 존경받는 대상으로 남아야 하는지 설명했다. 그는 애플의 과거, 현재, 미래가 모두 창립자 잡스에 관한 것이라고 말한다. 또한 잡스의 DNA 또는 기풍은 애플의 헌법이자 원칙이고 앞으로도 그럴 것이라고 하면서 애플에 영원히 스며든 잡스의 정신으로 다음과 같은 항목을 밝혔다.

1. 세부 사항에 세심한 주의를 기울여라.
2. 단순하면서도 진정성을 가지고 관리하라.
3. 사용자와 사용자 경험에 초점을 맞추어라.
4. 최고를 만드는 데 집중하라.
5. '좋은 것만으로 충분하지 않다'라는 모토를 따르고, 모든 제품과 프로세스를 '정말로 대단하게' 만들라.
6. 제품의 품질과 사용자 경험을 조절할 수 있는 독점 기술을 보유하라.
7. 무언가 잘못된 것을 할 때는 물러나서 스스로에게 정직하라.
8. 자신의 지위나 자존심에 집착하지 말라.
9. 제품을 먼저 시장에 내놓기 위해 애쓰기보다는 장기적으로 투자하라.

Ildogesto/Shutterstock

출처: Megan Murphy, "Tim Cook," *Bloomberg Businessweek*, June 19, 2017, pp. 52–56.

나, 단기적인 유행에 집중하면서 조직의 사명에서 멀어지게 될 것이다.

명확한 목표 없이 조직이나 개인이 성공한다는 것은 상상하기 어렵다. 아마도 독자는 지난 몇 년간 경영학 학사 학위를 받고 졸업한다는 목표를 달성하기 위해 열심히 노력했을 것이다. 성공은 우연히 얻어지지 않는다. 어떤 목표를 달성하기 위해 노력한 결과이다.

목표의 특성과 이점

목표는 수량화하고 이해할 수 있어야 하며, 도전적이면서 양립 가능하고(다양한 명령 체계하에서 수직적·수평적으로 일관적이어야 함), 성취할 수 있어야 한다. 각각의 목표는 달성하는 과정이 시점과도 연결되어야 한다. 목표는 일반적으로 **자산 증가**, **매출 증대**, **수익성**, **시장점유율**, **다각화의 정도와 특성**, **수직적 통합의 정도와 특성**, **주당 순이익**, **사회적 책임** 등과 같은 용어로 표현된다('매출을 수익성 있게 증가시키기', '총주주 수익 극대화하기'라는 목표를 연례 보고서에 제시한 메이시스처럼 모호한 목표를 명시하는 연례 보고서를 모방하는 것은 전략기획에 도움이 되지 않는다).

명확하게 설정된 목표는 많은 이점이 있다. 방향을 제시하고, 시너지를 창출하며, 평가를 용이하게 한다. 또한 우선순위를 설정하게 하고, 불확실성이 줄어들고, 갈등을 최소화하고, 노력을 이끌어내고, 자원 할당과 작업 설계를 지원한다. 목표는 가치와 태도가 각기 다른 관리자들이 일관된 의사결정을 내릴 수 있게 하며 개인, 팀, 부서, 본부, 전체 조직을 평가하는 기준으로 작용한다. 명확한 목표가 있을 때의 특성과 이점을 각각 표 5-1, 5-2에 요약했다.

재무 목표와 전략 목표

일반적으로 기업은 재무 목표와 전략 목표라는 두 가지 유형의 목표를 수립한다. **재무 목표**

표 5-1 목표의 특성

1. 정량적: 측정할 수 있음
2. 이해 가능: 명확함
3. 도전적: 달성할 수 있음
4. 양립 가능: 명령 체계하에서 수직적·수평적으로 일관적임
5. 성취 가능: 현실적임

표 5-2 목표가 명확할 때의 이점

1. 기대 수준을 드러냄으로써 방향을 제시한다.
2. 시너지를 창출한다.
3. 기준이 설정되어 평가가 용이하다.
4. 우선순위를 설정하게 한다.
5. 불확실성이 줄어든다.
6. 갈등을 최소화한다.
7. 노력을 이끌어낸다.
9. 작업 설계를 지원한다.
10. 일관된 의사결정을 위한 기반을 제공한다.

(financial objective)에는 매출 증가, 수익 증대, 더 많은 배당금 지급, 높은 순이익률, 높은 투자 수익률, 높은 주당 순이익, 주가 상승, 현금흐름 증대 등이 해당된다. 한편 **전략 목표**(strategic objective)에는 시장점유율 제고, 경쟁사보다 빠른 배송, 비용우위, 경쟁사보다 높은 품질, 더 넓은 지역으로의 진출, 기술적 우위 확보, 경쟁사보다 앞선 신제품 출시 등이 포함된다.

재무 목표와 전략 목표 사이에는 흔히 상충 관계가 존재하며, 이로 인해 중요한 결정을 내려야 하는 경우가 발생한다. 예를 들어 기업의 단기 재무 목표를 달성하기 위해 특정 활동을 수행함으로써 장기 전략 목표의 달성에 차질을 빚을 수 있다. 가격 인상을 통해 단기적으로 재무 상태를 개선하면 장기적으로 시장점유율이 하락할 수도 있다. 경쟁기업이 단기 수익을 희생하면서 시장점유율 확대를 끊임없이 추구하는 경우 단기 재무 성과와 장기 전략 목표 간 상충 관계로 인해 위험에 처할 수 있다. 가령 아마존은 수십 년 동안 이익에 대한 고민 없이 시장점유율 확보에 집중해왔다. 또한 재무 목표와 전략 목표 사이에는 다른 종류의 상충 관계도 존재하는데, 이는 행동의 위험, 기업 윤리에 대한 관심, 자연환경 보존의 필요성, 사회적 책임 문제와도 연결된다. 재무 목표와 전략 목표는 단기 및 장기의 성과 목표를 모두 포함해야 하지만, 결국 경쟁우위를 확보하는 최선의 방법은 경쟁기업에 대해 우위를 점하는 전략 목표 달성을 지속적으로 추구하는 것이다.

위기, 희망, 추정, 미스터리를 통한 경영 지양

하바드대학교 전 총장인 데릭 복(Derek Bok)은 "교육이 비싸게 여겨진다면 무지를 시도하라"고 말했다. 전략가는 위기(crisis), 희망(hope), 추정(extrapolation), 미스터리(mystery), 즉 CHEM을 통한 관리를 지양해야 하기 때문에 이 말의 이면에 담긴 생각은 목표 설정에도 적용된다.

- **위기를 통한 경영**: 훌륭한 전략가를 구분하는 것은 문제 해결 능력이라는 믿음에 바탕을 둔다. 누구든 어느 기업이든 많은 위기와 문제에 둘러싸여 있기 때문에 전략가는 날마다 부딪히는 문제를 해결하는 데 시간과 창조적인 힘을 쏟아부어야 한다. 위기를 활용하는 경영은 일종의 반응이며, 어떤 경영 의사결정을 언제 내릴 것인가는 발생하는 상황에 따라 달라진다.
- **희망을 통한 경영**: 미래는 불확실성으로 점철되어 있으며, 만일 우리가 시도했으나 성공하지 못한다면 두세 번째 시도는 성공할 것이라는 희망에 바탕을 둔다. 운이 좋다면 의사결정이 효과적일 것이라는 희망, 그리고 좋은 시절이 곧 올 것이라는 희망에 따라 의사결정을 내린다.
- **추정에 의한 경영**: '고장 나지 않았다면 고치지 말라'는 원칙을 고수한다. 일이 잘 진행되고 있기 때문에 같은 일을 같은 방식으로 계속해서 하는 것이다.
- **미스터리를 통한 경영**: 가야 할 길과 해야 할 일에 대해 일반적으로 통용되는 계획이 없다는 생각에 기반을 둔다. 해야 한다고 생각되는 것을 달성하기 위해 할 수 있는 최선의 것을 행한다. 요약하자면 '자신이 아는 최선의 방식으로 자신의 일을 하라.' (하위 직급 직원들은 무슨 일이 일어나고 있는지, 왜 일어나는지 알아차려야 하기 때문에 의사결정에 대한 미스터리 접근법이라고 불린다.)[2]

학습 목표 5-2

전략의 열한 가지 유형과 사례를 알아본다.

전략의 유형

표 5-3에서 보듯이 기업이 추구할 수 있는 전략은 전방 통합, 후방 통합, 수평적 통합, 시장 침투,

표 5-3 전략의 유형과 예

전략	설명	예
전방 통합	유통업자나 소매업자에 대한 지분 매입 또는 통제 강화	Nike: 아웃렛 매장 100개 개설, 인터넷을 통한 상품 매출 30% 증가
후방 통합	공급업체에 대한 지분 매입 또는 통제 강화	Boeing: 날개 덮개 모터의 80% 자체 제작
수평적 통합	경쟁자에 대한 인수합병 또는 통제 강화	Nestlé: Sweet Earth Foods 인수
시장 침투	마케팅을 통해 현재 시장에서 현재 제품의 시장점유율 확대	Nike: 크리스티아누 호날두, 르브론 제임스와 평생 후원 계약 체결
시장 개척	새로운 시장에 현재 제품 소개	Publix: 노스캐롤라이나와 사우스캐롤라이나에 새로운 슈퍼마켓 20개 구축
제품 개발	기존 제품 개선 또는 신제품 개발	Ford: 내연 기관에 배정했던 연구개발 예산의 1/3을 전기자동차 개발에 투입
관련 다각화	관련 있는 신규 시장으로의 진출	Walmart: 33억 달러에 Jet.com 인수
비관련 다각화	관련 없는 신규 시장으로의 진출	CVS Pharmacy: Aetna 보험회사 인수
사업 축소	수익저하를 극복하기 위한 비용 절감 및 자산 매각	Eli Lilly: 직원 3,500명 해고
사업 매각	기업의 일부 또는 전체를 매각	Toshiba: Bain Capital에 메모리칩 사업을 매각하려 함
청산	잔존 가치 확보를 위한 기업 자산 매각	Ringling Bros. and Barnum & Bailey: 2017년에 최종 공연 후 청산

시장 개척, 제품 개발, 관련 다각화, 비관련 다각화, 사업 축소, 사업 매각, 청산으로 구분할 수 있다. 각 전략에는 무수히 많은 변형이 있다. 예를 들어 시장 침투에는 영업사원 추가 배치, 광고 지출 증가, 쿠폰 발행, 특정 지역의 시장점유율 향상을 위한 노력이 포함될 수 있다. 각 기업의 전략은 매우 구체적이다. 전략기획의 모든 측면에서 최대한 구체적이어야 한다.

대부분의 조직은 동시에 둘 이상의 전략을 조합하여 추구하지만 **조합 전략**(combination strategy)이 너무 지나치면 매우 위험해질 수도 있다. 조직에 이익이 되는 전략을 모두 추구하는 것은 불가능하다. 우선순위를 정하고 쉽지 않은 결정을 내려야 한다. 개인과 마찬가지로 조직도 가용자원이 한정적이며, 추진할 수 있는 다양한 전략 중에서 선택해야 한다.

따라서 전략기획은 자원을 '소비하고 기회를 잃는 손실'을 동반한다. 예를 들어 북극으로 이동하는 전략을 실행한다면 따뜻한 신발과 의복을 구입해야 하고(자원 소비), 따뜻한 남쪽 지역에서의 사업 기회를 잃어버리게 된다(기회 상실). 자원을 사용하지 않고 유지하면서 북극으로 갈 수는 없으며, 북극으로 이동하면서 동시에 남쪽이나 서쪽, 동쪽으로 이동할 수도 없다. 쉽게 말해 전략은 '해야 할 일'과 '하지 말아야 할 일'에 관한 것이다.

기업은 불확실한 성과를 달성하기 위해 전략을 추진하는 과정에서 자원을 사용하고 유한한 기회에 집중한다. 전략기획은 단순히 주사위를 굴리는 것이 아니다. 지식, 연구, 경험, 학습을 통해 지속적으로 점검 및 정제되는 예측과 가정에 기반하여 베팅하는 것이다. 종종 기업의 생존은 탁월한 전략계획에 달려 있다.[3]

기업은 자원과 인력이 한정되어 있으므로 여러 가지 전략을 동시에 잘 실행하기가 쉽지 않다. 다각화된 기업의 경우 다양한 사업부가 각각 최적화된 사업부 수준의 전략을 실행한다. 생존을 위해 고군분투하는 기업은 사업 축소나 매각과 같은 여러 방어형 전략을 채택할 것이다.

전략의 단계

전략 수립은 고위 경영진만의 업무라고 할 수 없다. 중간 및 하위 관리자도 가능한 한 전략기획 프로세스에 참여해야 한다. 그림 5-2와 같이 대기업에는 네 단계, 즉 기업·사업부·기능·운영 단계의 전략이 적용되고, 중소기업의 전략은 세 단계, 즉 기업·기능·운영 단계로 구분된다.

각 단계에서 전략을 책임지는 담당자는 다양하다. 기업 단계에서는 CEO이고 사업부 단계에서는 사업부 총괄 사장이 이에 해당한다. 기능 단계의 경우 해당 임원, 예컨대 최고재무책임자(CFO), 최고정보책임자(CIO), 최고마케팅책임자(CMO) 등이 전략을 책임지고, 운영 단계의 경우 하위 직급의 관리자가 담당한다. 모든 단계에서 모든 관리자가 조율과 조정을 통해 비효율과 잘못된 의사소통을 줄여가면서 기업의 전략계획을 이해하고 참여하는 것이 중요하다.

조직에서 장기 목표는 기업, 사업부, 기능, 운영의 각 단계에 모두 필요하다. 특히 경영 성과 측정에 중요한 척도가 된다. 관리자의 성과급 지급은 장기 목표와 장기 전략 관련 성과에 더욱 근거를 두고 산정해야 한다. 표 5-4는 이러한 평가 요인 구성에 대한 예시이다. 기업은 필요에 따라 이 구성을 조정할 수 있으나 장기 목표와 연간 목표 모두에 보상을 연동하는 것이 중요하다.

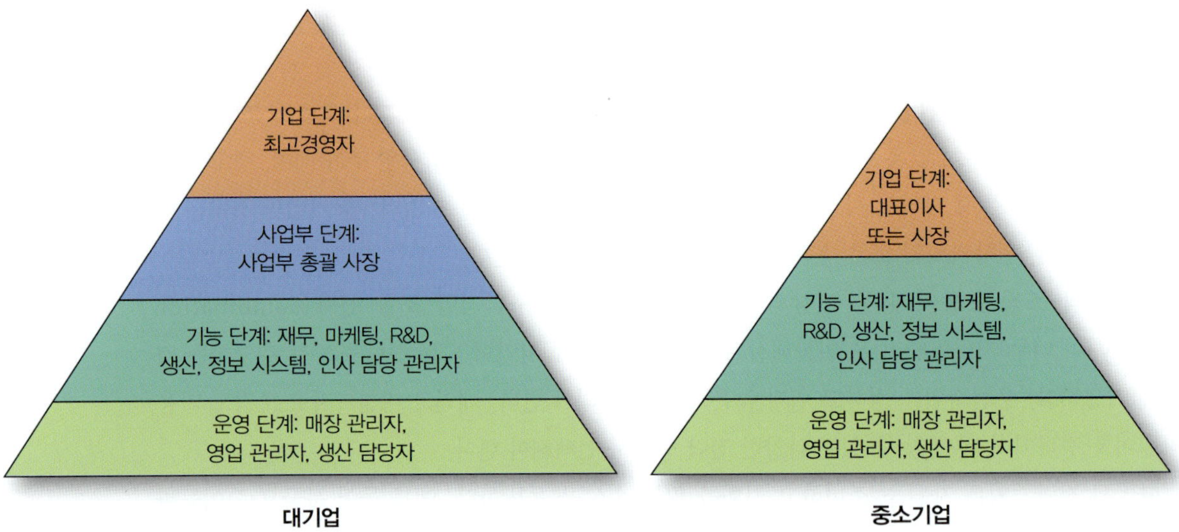

그림 5-2 전략의 단계와 책임자

표 5-4 조직 내 단계에 따라 조정된 성과 평가 요인의 구성

조직 내 단계	성과급 지급을 위한 기준
기업 단계(전체)	75%는 장기 목표에, 25%는 연간 목표에 기반함
사업부 단계(제품사업부 또는 지역사업부)	장기 목표와 연간 목표에 각각 50%씩 기반함
기능 단계(마케팅 부서 또는 회계 부서)	25%는 장기목표에, 75%는 연간 목표에 기반함
운영 단계(상품 판매점 또는 공장 부서)	25%는 장기목표에, 75%는 연간 목표에 기반함

통합 전략

학습 목표 5-3

통합 전략의 세 가지 유형을 알아본다.

전방 통합과 후방 통합을 통틀어 **수직적 통합**(vertical integration)이라고 부르기도 한다. 기업은 수직적 통합으로써 유통업체와 공급업체를 통제할 수 있고, **수평적 통합**(horizontal integration)으로써 경쟁자에 대한 지분을 확보하거나 통제할 수 있다. 기업의 이러한 수직적·수평적 통합을 **통합 전략**(integration strategy)이라고 한다.

과거에는 수직적 통합 전략이 기업의 핵심 역량을 넘어선 사업 확장과 상당한 고정비용을 초래하기 때문에 실행하기가 쉽지 않았다. 예를 들어 콜라 회사가 수직적 통합을 실행하려면 설탕 농장을 인수하여 공급업체를 통제하고, 자체 판매 상점을 개설하여 유통업체에 영향력을 발휘할 것이다. 이는 둘 다 비용이 너무 많이 들고, 콜라 회사가 가장 잘하는 분야인 음료 제품 생산에서 벗어나게 될 것이다. 공급업체와 유통업체에 의존하는 것이 위험할 수 있지만 해당 사업을 소유하고 운영하는 경우 더 큰 위험이 종종 도사리고 있다. 수직적 통합을 대신할 수 있는 전략은 이 장의 후반부에서 다룰 합작법인 신설과 전략적 제휴이다. 이러한 전략 대안을 실행하면 수직적 통합에 소요되는 자원과 기회비용을 더 효과적으로 절감할 수 있다.

전방 통합

전방 통합(forward integration)에는 중개업체를 배제하고 최종 고객에게 더 가까이 다가가기 위한 수단으로 유통업체나 소매업체의 지분을 소유하거나 이들에 대한 통제력을 높이는 활동이 포함된다. 점점 더 많은 제조업체(공급업체)가 자신이 생산하는 제품을 시장에 판매하기 위해 전방 통합을 추진하고 있다. 예를 들어 나이키(Nike)는 풋락커(Foot Locker)부터 JC페니(J.C. Penney)에 이르는 다양한 소매 판매업체를 통해 수많은 신발과 셔츠를 판매하는 동시에 소비자와의 직거래를 빠르게 확대하고 있다. 이러한 전방 통합 전략이 수백 개의 소매점을 혼란에 빠뜨리는 가운데 최근 웹사이트 Nike.com의 매출이 50% 증가했다. 2020년에는 소비자와의 직거래액이 연간 160억 달러를 넘어서서 전체 매출의 1/3에 달할 것으로 예상된다. 미국에서 가장 큰 운동용품 소매업체인 피니시라인(Finish Line), 풋락커, 딕스스포팅굿즈(Dick's Sporting Goods)는 나이키 제품의 비율이 각각 73%, 73%, 19%이므로 이러한 변화에 적응하지 못한다면 재앙을 겪을 것이다.

전방 통합은 미국의 레스토랑 체인 기업이 점점 더 많이 채택하고 있는 전략이다. 다수의 주요 레스토랑 체인은 배달까지 연결되는 음식 주문 온라인 앱을 사용 중이거나 개발 중이다. 예를 들어 파네라브레드(Panera Bread)는 점포 절반에 온라인 주문 및 배달 서비스를 구축하고 1만 명 이상의 자체 배송 기사를 두고 있다. 던킨브랜즈(Dunkin' Brands)는 현재 댈러스, 애틀랜타, 시카고, 로스앤젤레스 등에서 도넛과 커피를 배달한다. 치폴레멕시칸그릴(Chipotle Mexican Grill)은 온라인 주문 및 배달 서비스를 제공하기 위해 점포에 메뉴 조리 라인을 추가로 구축했다. 타코벨(Taco Bell)은 1,000개에 달하는 점포에서 온라인 주문 및 배달 서비스를 제공한다. 레스토랑 체인 기업의 온라인 주문 및 배달은 곧 피자의 규모를 능가할 것으로 예상된다.

프랜차이즈(franchise)는 전방 통합을 구현하는 효과적인 수단 중 하나이다. 미국의 50여 개 산업에 속한 2,000여 개 기업은 제품 및 서비스 유통을 위해 프랜차이즈를 활용한다. 프랜차이즈를 통해 많은 개인이 비용과 기회를 나누어 분담하기 때문에 사업이 빠른 속도로 확장될 수 있다. 미국 내 프랜차이즈 사업의 매출 총액은 연간 1조 달러가 넘는다. 미국 서브웨이(Subway)의 경우 프랜차이즈 가맹점이 약 80만 개에 달하는데, 100% 프랜차이즈 기업인 서브웨이는 현재 대부분의 가맹점이 기업의 비전과 사명에 대해 경영진과 의견이 일치하지 않아 혼란을 겪고 있다. 2017년 서브웨이는 4년 연속으로 매출 감소를 기록했다. 서브웨이 경영진은 현재 운영 중인 2만 5,000여 개 매장에 더하여 계속 매장을 늘리려 하지만, 가맹점은 이로 인해 기존 매장의 수익이 악화되는 것을 받아들일 수 없다. 서브웨이 가맹점은 공급업체를 선택할 수 있는 권한, 본사의 더 많은 광고, 참여할 프로모션을 선택할 수 있는 권한, 지난 10년 동안 거의 변하지 않은 메뉴 개선을 위한 연구개발, 드라이브스루 시설을 구축할 수 있는 권한을 원한다.

전방 통합이 효과적인 전략이 되는 경우는 다음과 같다.[4]

- 현재 유통업체의 비용이 너무 비싸거나, 신뢰할 수 없거나, 기업의 요구 수준을 충족하지 못하는 경우
- 거래할 만한 유통업체가 충분치 않은 상황에서 경쟁기업이 독점 계약을 체결하여 경쟁우위를 차지할 가능성이 높은 경우
- 기업이 속한 산업이 빠르게 성장하는 경우 유통 부문이 이를 받쳐주지 못할 수 있는데, 이를 직접 담당함으로써 안정적으로 사업을 확대할 수 있음
- 기업이 금융 자원과 인적 자원을 모두 보유한 경우 유통까지 직접 관리하는 것이 용이함
- 안정적인 생산량 유지가 특히 중요한 경우, 기업은 전방 통합을 통해 수요의 예측 가능성을 높임으로써 생산량을 안정적으로 유지할 유인을 가짐
- 현재 유통업체 또는 소매업체가 높은 이윤을 올리고 있는 경우, 기업은 전방 통합을 통해 제품을 직접 유통·판매함으로써 경쟁력 있게 가격을 책정하고 더 큰 수익을 확보할 수 있음

후방 통합

후방 통합(backward integration)은 공급업체의 지분을 소유하거나 공급업체에 대한 통제력을 확대하는 전략이다. 이 전략은 현재 공급업체를 신뢰할 수 없거나 공급업체가 비용을 지나치게 많이 요구할 때 또는 기업의 요구를 충족할 수 없을 때 특히 적합할 수 있다. 스타벅스(Starbucks)는 최근 코스타리카에서 600에이커(약 243만 m^2) 규모의 첫 커피 농장을 구입했다. 이 전략은 새로운 커피 품종 개발과 곰팡이 질병 퇴치 연구를 위한 것이었다. 소매업체뿐만 아니라 제조업체도 공급업체로부터 필요한 물품과 자재를 구매한다.

항공기 부품 산업에서 기업 간 통합으로 부품 가격이 인상되자 보잉(Boeing)과 에어버스(Airbus)는 많은 부품을 자체적으로 생산하기 시작했다. 보잉은 날개 덮개 모터를 생산할 공장을 영국에 건설 중이다. 에어버스의 CEO인 파브리스 브레지에(Fabrice Brégier)는 항공기 제작에 필요한 부품 대부분에 대해 자사가 어떻게 '개발 또는 구매(make-or-buy)' 결정을 지속적으로 검토하고 있는지를 언급했다.

자동차 및 알루미늄 생산업체 등은 그동안 추구해왔던 후방 통합 전략을 점차 축소하고 있는데, 이는 **통합의 해제**(de-integration)라고 할 수 있다. 공급업체를 소유하는 대신 외부 공급업체와 거래 계약을 체결한다. 포드(Ford)와 크라이슬러(Chrysler)는 TRW, 이턴(Eaton), 제너럴일렉트릭(General Electric), 존슨컨트롤스(Johnson Controls)와 같은 외부 공급업체로부터 필요한 부품의 절반 이상을 구매한다. 이러한 전략은 글로벌 공급 체계가 구축된 산업에서 실행하기가 더욱 용

이하다. 오늘날 기업은 주위를 둘러보고 경쟁하는 공급업체들 중에서 선택하여 최고의 거래 계약을 체결하려 한다. 글로벌 경쟁으로 인해 기업은 공급업체의 수는 줄이는 대신 거래하는 공급업체에 더 높은 수준의 품질과 서비스를 요구하게 되었다. 전에는 차질 없는 공급을 저렴한 가격에 확보하기 위해 다수의 공급업체에 의존했으나, 오늘날 많은 미국 기업은 소수의 공급업체와 긴밀한 관계를 유지하는 일본 기업의 전략을 따르고 있다. 제록스(Xerox)에 몸담았던 마크 시멜로니스(Mark Shimelonis)는 "너무 많은 공급업체를 추적하는 것은 매우 어려운 일"이라고 말했다.

미국의 4개 병원 기업(Intermountain Healthcare, Ascension, SSM Health, Trinity Health)은 최근 의약품 가격이 치솟자 복제 의약품을 생산하는 비영리 기업을 설립했다. 이들이 운영하는 병원은 수백 개에 이른다.

후방 통합이 효과적인 전략이 되는 경우는 다음과 같다.[5]

- 현재 공급업체의 가격이 너무 비싸거나, 신뢰할 수 없거나, 품질이나 물량이 기업의 요구 수준을 충족하지 못하는 경우
- 공급업체의 수가 너무 적고 경쟁기업의 수는 많은 경우
- 기업이 속한 산업이 빠르게 성장하는 경우 공급업체가 이를 받쳐주지 못할 수 있는데, 이를 직접 담당함으로써 안정적으로 사업을 확대할 수 있음
- 기업이 금융 자원과 인적 자원을 모두 보유한 경우 부품과 원재료 공급까지 직접 관리하는 것이 용이함
- 안정적인 원재료 공급 및 공급 가격이 특히 중요한 경우
- 현재 공급업체가 높은 이윤을 올리고 있는 경우, 기업은 후방 통합을 통해 공급을 직접 담당함으로써 더 큰 수익을 확보할 수 있음
- 다양한 부품과 원재료를 신속하게 공급받아야 하는 경우

수평적 통합

가장 널리 활용되는 성장 전략인 수평적 통합은 경쟁기업을 통제하기 위한 전략이다. 경쟁기업 간의 인수합병 거래가 매년 수천 건 이루어지는데, 대부분은 규모의 경제 확보, 자원과 역량 이전, 경쟁 강도 축소, 가격 경쟁 지양을 목표로 한다. 케네스 데이비드슨(Kenneth Davidson)은 수평적 통합에 대해 다음과 같이 설명한다.

> 수평적 통합 추세는 비관련 사업 운영에 대한 전략가들의 우려를 반영하는 것으로 보인다. 직접적인 경쟁자 간 합병은 비관련 기업 간 합병보다 시너지를 창출할 가능성이 크다. 이는 중복 시설을 제거할 여지가 많고, 인수 기업의 경영진이 피인수 기업을 더 잘 이해할 수 있기 때문이다.[6]

월그린스부츠얼라이언스(Walgreens Boots Alliance)는 최근 라이트에이드(Rite Aid) 매장 2,000개를 인수했다. 나머지 라이트에이드 매장 2,000개는 앨버트슨스(Albertsons Companies LLC)가 인수하는 과정 중에 있다. 수평적 통합은 반독점 규제에 저촉될 수도 있으며, 월그린스와 라이트에이드 간 거래의 경우 연방거래위원회(Federal Trade Commission)의 최종 승인을 받기까지 18개월이 소요되었다.

2018년 레나(Lennar Corporation)는 칼애틀랜틱그룹(CalAtlantic Group)을 인수하여 매출 규

모가 170억 달러인 통합 회사를 만들었는데, 이는 최근 10년간 가장 큰 주택 건설 기업 간 합병이었다. 미국 주택 건설 시장은 DR호턴(D.R. Horton), 풀트그룹(PulteGroup), NVR, 톨브러더스(Toll Brothers), KB홈(KB Home) 등이 그 뒤를 잇고 있다.

2018년 영국의 시네월드그룹(Cineworld Group PLC)은 미국의 리걸엔터테인먼트그룹(Regal Entertainment Group)을 36억 달러에 인수하여 세계에서 두 번째로 큰 영화관 운영업체가 되었다. 이 통합 기업은 현재 9,000개 이상의 영화 스크린을 운영하고 있다. 업계에서 선두는 중국의 다롄완다그룹(Dalian Wanda Group)이 소유한 AMC엔터테인먼트홀딩스(AMC Entertainment Holdings)이고, 미국의 시네마크홀딩스(Cinemark Holdings)가 세 번째이다.

수평적 통합이 효과적인 전략이 되는 경우는 다음과 같다.[7]

- 기업이 경쟁 강도를 줄이려는 경우, 일부 구역이나 지역에서는 연방정부의 실질적 간섭 없이 독점적인 지위를 확보할 수 있음
- 기업이 속한 산업이 성장하는 경우
- 규모의 경제가 경쟁우위 확보에 매우 중요한 요인인 경우
- 기업이 금융 자원과 인적 자원을 모두 보유한 경우, 규모를 확장하고 확장된 조직을 운영할 수 있음
- 경쟁기업이 어려움을 겪어 인수합병 거래를 저렴하게 실행할 수 있는 경우
- 기업이 지리적으로 새로운 시장에 신속하게 진입하고자 하는 경우

학습 목표 5-4

시장 침투, 시장 개척, 제품 개발이 효과적인 전략이 될 수 있는 조건을 이해한다.

집중 전략

시장 침투, 시장 개척, 제품 개발은 기업의 경쟁우위 확보를 위한 집중적인 노력이 필요하므로 **집중 전략**(intensive strategy)이라고 부르기도 한다. 집중 전략은 기업이 현재 가장 잘하는 것에 우선적으로 바탕을 두면서 ① 시장 침투(노력을 2배로 늘리는 것), ② 시장 개척(가장 잘하는 것을 가지고 새로운 곳으로 진출하는 것), ③ 제품 개발(가장 잘하는 것을 개선하는 것)을 추가하기 때문에 일반적으로 좋은 선택이라고 할 수 있다. 반대로 전방 및 후방 통합과 다각화 전략은 기업을 현재 핵심 제품, 서비스와 역량에서 멀어지게 한다.

시장 침투

시장 침투(market penetration)는 현재 제품 또는 서비스를 가지고 마케팅에 힘써 현재 시장에서의 점유율을 늘리는 전략이다. 이 전략은 단독으로 또는 다른 전략과 함께 채택한다. 시장 침투를 위한 노력에는 영업사원 증대, 광고 지출 확대, 판매 판촉 강화, 홍보 등이 포함된다. 예를 들어 버라이즌(Verizon)은 자사 제품이 교통 정체를 완화하고, 생선을 신선하게 운송하며, 원격 수술 및 건강관리를 돕는 이야기를 전하는 새 광고 'Humanability'에 수백만 달러를 지출하고 있다. 이는 그 전 광고인 'Can You Hear Me Now?'를 대체하는 새로운 주제이다.

시장 침투가 효과적인 전략이 되는 경우는 다음과 같다.[8]

- 현재 시장이 특정 제품이나 서비스로 포화 상태가 아닌 경우

- 현재 고객의 제품 이용률이 크게 증가할 수 있는 경우
- 주요 경쟁기업의 시장점유율이 하락하고 있지만 전체 시장 규모는 증가하는 경우
- 매출과 마케팅 지출의 상관관계가 높은 경우
- 규모의 경제가 경쟁우위 확보에서 중요한 경우

시장 개척

시장 개척(market development)은 현재의 제품이나 서비스를 새로운 지역에 출시하는 것을 의미다. 테슬라(Tesla)는 현지 기업과의 합작이 필수인 현 규제를 완화하려는 중국 정부의 계획에 따라 곧 중국에서 자동차를 제조하여 판매할 예정이다. 수많은 기업의 경우 시장 개척은 시설 및 운영을 전 세계적으로 확장하는 것을 의미한다. 글로벌 캡슐 5는 새로운 사업을 어디에 집중할 것인가에 관한 핵심적인 결정 요인을 보여준다.

수백만 소규모 사업체가 매년 두 번째, 세 번째, 네 번째 상점, 사무실, 식당을 새로운 곳에 내는데, 이것이 바로 시장 개척이다. 달러제너럴(Dollar General)은 미국 전역에서 주로 가난한 시골에 매년 1,000개의 매장을 새로이 내고 있다. 현재 미국에는 평범한 일층짜리 달러제너럴 매장이 1만 4,000개 이상 있는데, 이는 스타벅스 매장 수보다도 많은 것이다.

글로벌 캡슐 5 GLOBAL CAPSULE

새로운 사업을 어디서 시작할지 결정할 때 GDP를 참조하라

수많은 기업과 조직은 글로벌 확장을 원하지만 전 세계의 200개가 넘는 국가 중에서 어디로 진출해야 할지 확신하지 못한다. 기업을 시작하거나 확장할 국가를 결정하는 중요한 지표 중 하나는 국가별 국내총생산(gross domestic product, GDP)이다. GDP는 한 국가의 연간 전체 산출물, 성장, 경제 활동을 아우르는 양적 척도이다. 《블룸버그 비즈니스위크(Bloomberg Businessweek)》 최근 호에 따르면 대부분의 국가는 GDP가 전년 대비 감소할 것으로 추정되며, 황홀한 4% 성장률은 표본 국가 중에서도 인도와 중국만 달성할 것으로 예상된다.

국가	GDP 성장률	
	2017	2018
미국	2.1	2.5
영국	1.5	1.4
멕시코	2.3	2.3
일본	1.5	0.9
독일	2.1	1.6
캐나다	3.0	1.9
중국	6.8	6.4
인도	7.1	7.0

Madrugada Verde/Shutterstock

주의 사항: GPD도 중요하지만 소비 습관이 더 중요하다. 해외 시장이 자사 제품을 가치 있게 여기지 않는다면 GDP를 신경 쓸 필요가 없다. 시장 개척의 경우 기업이 새로운 사업에 진입하기보다 현재의 핵심 역량에 계속 집중하기 때문에 목표 시장의 소비 습관이 유사할 때는 다른 전략 유형에 비해 유리하다. 뿐만 아니라 소비 습관이 유사하다면 브랜드 명성과 인지도가 새로운 시장으로 쉽게 이전될 수 있다.

출처: Peter Coy, "The World Economy Should Grow Nicely Again in 2018. (Unless Someone Does Something Dumb.)" *Bloomberg Businessweek* (November 6, 2017 to January 8, 2018):17.

시장 개척이 효과적인 전략이 되는 경우는 다음과 같다.[9]

- 신뢰할 수 있고 저렴하며 품질이 좋은 새 유통 경로를 이용할 수 있는 경우
- 기업이 새로운 것을 해낼 능력이 있는 경우
- 새로운 미개척 시장 또는 포화되지 않은 시장이 존재하는 경우
- 기업이 확장된 사업을 관리할 수 있는 금융 자원과 인적 자원을 보유한 경우
- 기업이 초과 생산 능력을 갖춘 경우
- 기업이 속한 산업이 빠르게 글로벌화하는 경우
- 제품의 소비 성향이 다른 지역에서도 유사한 경우

제품 개발

제품 개발(product development)은 현재의 제품과 서비스를 개선하거나 변경하여 매출 증대를 추구하는 전략이며, 일반적으로 대규모 연구개발(R&D) 비용이 수반된다. 예를 들어 포드는 최근 내연기관 연구개발에 배정되었던 예산의 최대 1/3을 전기자동차와 배터리 연구에 투입할 것이라고 발표했다. 또한 70억 달러 규모의 투자를 예정했던 소형차 부문이 아니라 트럭과 SUV 부문에 단행할 계획이다.

켈로그(Kellogg)는 고객이 더 건강한 식품을 선택하면서 최근 매출이 감소하고 있는 프로스티드 플레이크스(Frosted Flakes)와 팝타르츠(Pop-Tarts)같이 달콤한 아침 식사 제품의 비중을 축소하고, 그 연장선상에서 알엑스바(RXBAR)를 인수했다. 알엑스바 제품은 설탕이 아닌 대추로 달콤한 맛을 낸다. 이와 마찬가지로 캠벨수프(Campbell Soup)는 최근 유기농 수프 전문 회사인 퍼시픽푸즈(Pacific Foods)를 인수했다.

자동차 제조사는 제품 개발을 광범위하게 활용한다. 미국인이 트럭과 SUV를 더 많이 구매함에 따라 오래된 일부 트럭 브랜드 제품이 다시 등장하고 있다. 예를 들면 지프 스크램블러(Jeep Scrambler), 지프 왜거니어(Jeep Wagoneer), 쉐비 블레이저(Chevy Blazer), 포드 브롱코(Ford Bronco), 포드 레인저(Ford Ranger), 랜드로버 디펜더(Land Rover Defender) 등이 최근 재출시되었다. 오늘날 포드, GM, 피아트크라이슬러(Fiat Chrysler)는 이익의 대부분을 트럭과 SUV에서 창출하고 있다.

기업이 가장 잘하는 것에서 크게 벗어나지 않기 때문에 제품 개발은 전반적으로 훌륭한 선택이다. 제품 개발이 효과적인 전략이 되는 경우는 다음과 같다.[10]

- 기업이 제품 수명주기 중 성숙 단계에 있으나 성공적인 제품을 보유한 경우, 현 제품에 만족한 고객이 긍정적인 경험을 토대로 새롭게 개선된 제품을 시도할 수 있음
- 기업이 속한 산업의 기술 개발 주기가 빠른 경우
- 주요 경쟁기업이 더 나은 품질의 제품을 비슷한 가격에 제공하는 경우
- 기업이 속한 산업이 빠르게 성장하는 경우
- 기업의 연구개발 역량이 탁월한 경우

다각화 전략

학습 목표 5-5

다각화가 효과적인 사업 전략인 경우를 이해한다.

다각화 전략(diversification strategy)의 일반적인 두 가지 유형은 **관련 다각화**(related diversification)와 **비관련 다각화**(unrelated diversification)이다. 두 사업의 가치사슬이 서로 연결되어 전략적 적합성(strategic fit)을 유지할 때는 **관련되었다고** 여긴다. 반면 두 사업의 가치사슬이 서로 상이하고 전략적 적합성을 찾기 어려울 때는 **관련되지 않았다고** 할 수 있다.[11] 대부분의 기업은 다음과 같은 시너지를 확보하기 위해 관련 다각화 전략을 선호한다.

- 경쟁력 있는 전문 지식, 기술 노하우나 기타 역량을 한 사업에서 다른 사업으로 이전
- 각각의 사업 관련 활동을 단일 작업으로 결합하여 비용 절감
- 잘 알려진 브랜드명 공유
- 사업 간 협력을 통해 경쟁력 있는 자원과 역량 창출[12]

기업이 다양한 사업을 관리하기가 더욱 어려워지면서 다각화 전략에 대한 선호가 줄어들고 있다. 1960년대와 1970년대에는 단일 산업에 의존하기보다는 다각화하는 추세였으나 1980년대에는 전반적으로 역전되었다. 다각화는 지금도 인기가 없다. 하버드경영대학원의 마이클 포터(Michael Porter)가 말하길, "경영진은 야수를 관리할 수 없다는 사실을 깨달았다." 여전히 기업은 핵심 사업에 집중하기 위해 수익성이 낮거나 다각화된 사업부를 매각·폐쇄·분사하고 있다. 예를 들어 ITT는 최근 3개의 개별적 전문 기업으로 분할되었다. 한때 ITT는 셰러턴호텔(Sheraton Hotels), 하트퍼드보험(Hartford Insurance), 원더브레드(Wonder Bread), 호스티스트윙키스(Hostess Twinkies) 등 모든 것을 가지고 있었다. ITT 분할에 대해 분석가 배리 냅(Barry Knap)은 다음과 같이 말했다. "일반적으로 기업은 효율적인 다각화 주체가 되지 못한다. 투자자들은 다양한 기업의 주식을 매수하여 훨씬 더 나은 성과를 거둘 수 있다." 속속 나오는 신기술, 신제품, 급변하는 구매자 선호는 다각화를 어렵게 만든다. 고도로 다각화된 기업인 제너럴일렉트릭은 다양한 사업부를 매각하고 있다.

다각화는 단순히 여러 산업에 걸쳐 사업 위험을 분산하는 것 이상을 수행해야 한다. 결국 주주들은 다양한 산업에 걸친 여러 기업의 지분을 매입하거나 뮤추얼펀드에 투자하여 이를 달성할 수 있다. 따라서 다각화 전략은 주주들이 개별적으로 달성할 수 있는 것보다 더 많은 성과를 이루어낼 수 있을 때만 의미가 있다. 다각화를 위해 선택된 산업은 지속적으로 높은 투자 수익을 낼 수 있을 만큼 충분히 매력적이어야 하며, 운영되는 전체 사업에 걸쳐 각각 단독으로 이룰 수 있는 경우보다 더 큰 시너지를 창출해야 한다. 많은 전략가는 기업이 현재 하는 일에 충실하고 기본 역량 영역에서 너무 벗어나지 않아야 한다고 주장한다.

그러나 펜테어(Pentair Inc.), 블런트인터내셔널(Blount International)과 같은 소규모 기업부터 텍스트론(Textron), 버크셔해서웨이(Berkshire Hathaway), 얼라이드시그널(Allied Signal), 에머슨일렉트릭(Emerson Electric), 제너럴일렉트릭, 바이어컴(Viacom), 아마존(Amazon), 구글(Google), 월트디즈니(Walt Disney), 삼성과 같은 거대 기업에 이르기까지 다양한 사업부를 운영하는 기업의 사례는 여전히 많다. 이처럼 다각화된 기업은 집중화와 다각화가 항상 상호 배타적이지는 않다는 것을 보여준다. 매력적이지 않은 산업에 속해 있는 경우 필립모리스(Philip Morris)와 같은 다각화 전략이 필요하다. 담배 소비가 감소하고 제조물 책임 소송의 위험을 안고 있으며 일부 투자자는 원칙적으로 담배 회사의 주식을 거부하기 때문이다.

관련 다각화

관련 다각화의 한 예로 월트디즈니는 최근 5,200만 달러 이상을 들여 21세기 폭스(21st Century Fox)의 영화 및 TV 스튜디오 사업부를 인수했다. 이 거래에는 FX, 내셔널지오그래픽(National Geographic) 등 폭스 소유 케이블 네트워크와 스타TV(Star TV), 스카이(Sky), 훌루(Hulu) 등 해외 네트워크에 대한 폭스의 지분이 포함되어 있다.

관련 다각화가 효과적인 전략이 되는 경우는 다음과 같다.[13]

- 기업이 속한 산업이 정체되었거나 저성장인 경우
- 새롭지만 관련성 있는 제품을 출시하면 현재 제품의 판매가 크게 향상되는 경우
- 새롭지만 관련성 있는 제품을 상당히 경쟁력 있는 가격으로 제공할 수 있는 경우
- 새롭지만 관련성 있는 제품이 한 기업의 판매 실적이 가장 높을 때와 가장 낮을 때 사이에서 균형을 보정해줄 수 있는 경우
- 기업의 관리 능력이 탁월한 경우

비관련 다각화

비관련 다각화 전략은 사업 간 전략적 적합성을 활용하기 위해 노력하기보다는 각 산업에서 우수한 재무 성과를 달성할 수 있는 사업을 운영하려 한다. 비관련 다각화 전략을 추진하는 기업은 인수 가능하면서 높은 투자 수익을 제공할 잠재력이 있는 기업을 다양한 산업 전반에 걸쳐 지속적으로 탐색한다. 구체적으로는 자산이 저평가된 기업, 재정적으로 어려움을 겪는 기업, 성장 전망이 크지만 자금이 부족한 기업이 피인수 대상으로 고려된다.

비관련 다각화의 예로 아마존은 4,120억 달러 규모의 의약품 사업에 진출할 계획이다. 지금은 환자 10명 중 9명이 소매 약국에서 처방전을 수령하고 약을 구매하지만, 아마존은 의약품 가정 배송이 곧 업계의 표준이 될 것이라고 전망한다. 부분적으로 이러한 외부 위협을 고려하면서 CVS는 최근 매출과 이익이 불안정한 소매 약국 운영에 대한 의존도를 낮추기 위해 보험 회사인 애트나(Aetna Inc.)를 인수했다.

비관련 다각화가 효과적인 전략이 되는 경우는 다음과 같다.[14]

- 기업의 현재 제품 시장이 포화 상태인 경우
- 기업이 속한 산업이 정체되었거나 경쟁이 치열하고, 낮은 매출과 이익으로 어려움을 겪는 경우
- 기업의 현재 유통 경로를 신제품 출시에 활용할 수 있는 경우
- 신제품의 판매 주기가 현재 제품의 판매 주기와 서로 보완될 수 있는 경우
- 기업이 금융 자원과 인적 자원을 충분히 보유하고 있어 새로운 산업에서도 성과를 낼 것으로 예상되는 경우

학습 목표 5-6

사업 축소, 사업 매각, 청산이 효과적인 전략이 될 수 있는 조건을 이해한다.

방어형 전략

통합 전략, 집중 전략, 다각화 전략뿐만 아니라 기업은 사업 축소, 사업 매각, 청산과 같은 방어형 전략을 추구할 수 있다. 사업 축소는 사업 매각과 청산을 포괄할 수 있는 광범위한 용어이다.

사업 축소

사업 축소(retrenchment)는 기업이 매출과 이익 감소 추세를 역전하기 위해 비용 절감과 자산 축소를 통해 조직을 재편성하는 것을 의미한다. **전환 전략**(turnaround strategy)이라고도 불리는 사업 축소 전략은 조직의 기초적이고 고유한 역량을 강화하기 위해 실행된다. 실행 기간 동안 전략가들은 제한된 자원으로 사업을 운영하면서 주주, 직원, 언론의 압력을 받는다. 사업 축소에는 필요한 현금을 마련하기 위한 토지·건물 매각, 제품 라인 정리 및 효율화, 한계 사업 폐쇄, 노후 공장 폐쇄, 프로세스 자동화, 인력 감축, 비용 통제 시스템 도입 등이 포함된다.

엘리릴리(Eli Lilly)는 복제 의약품과의 경쟁이 치열해질 것을 예상하고, 특허 만료가 임박한 기존 의약품의 생산과 마케팅을 담당하는 전 세계 인력의 8%를 감원했다. 그리고 절감된 인건비의 대부분을 신약 연구개발에 배정했다.

세계 최대 복제 의약품 판매업체인 테바(Teva Pharmaceutical Industries)는 글로벌 인력의 25%인 약 1만 4,000명을 해고하고 공장과 연구 센터를 폐쇄했으며, 배당금 지급을 중단하여 비용을 절감하고 있다. 이스라엘 텔아비브에 본사를 둔 테바는 2018~2019년에 30억 달러의 비용을 절감할 수 있는 사업 축소 전략을 수립했다.

액션카메라 제조사인 고프로(GoPro Inc.)는 2018년에 전체 인력의 1/5을 해고하고, 축소 전략의 일환으로 드론 시장에서 철수했다. 스마트폰의 카메라와 동영상 촬영 기능이 개선되면서 고프로의 사업은 어려움을 겪고 있다.

때로는 **파산**(bankruptcy)을 선언하는 것이 효과적인 사업 축소 전략이 될 수 있다. 파산을 통해 기업은 주요 채무로부터 자유로워지고 노동조합과의 계약이 무효화된다. 미국의 파산법 체계 중 Chapter 7 파산은 기업이 성공적으로 운영할 수 없거나 필요한 채권자의 동의를 얻을 가능성이 없다고 판단될 때만 채택되는 청산 절차이다. 이러한 경우 유형 가치를 확보하기 위해 기업의 모든 자산이 분리되어 매각된다. 수많은 기업이 매년 Chapter 7 파산을 선언하는데, 대부분은 소규모 기업이다.

Chapter 11 파산은 보호 신청서를 제출한 후 기업이 사업 축소, 재조직, 복귀를 할 수 있도록 허용한다. 미국에서는 2017~2018년에 약 40개의 대형 소매 기업이 Chapter 11 파산을 선언했는데, 이는 2016년의 18개보다 증가한 수치이다. 2017년에 파산을 선언한 기업은 라디오섁(RadioShack), 페일리스슈즈(Payless Shoes), 더리미티드(The Limited), HH그레그(HHGregg), 루21(Rue 21), 갠더마운틴(Gander Mountain), 토이저러스(Toys R Us) 등이고, 현재 빠르게 매장을 폐쇄하여 향후 파산할 가능성이 있는 소매 기업은 짐보리(Gymboree), 베베(Bebe), 크록스(Crocs), 게임스톱(Gamestop), 시어스/케이마트(Sears/Kmart), JC페니, 마이클코어스(Michael Kors), 스테이플스(Staples), 메이시스(Macy's), 치코스(Chico's) 등이다. 소매 기업의 주요 문제는 고객의 가격 인하 요구로, 이는 아마존의 탁월한 능력과 함께 끝없는 가격 인하, 가격 전쟁을 유발하는 스마트폰 쇼핑 도구와 앱에 의해 비롯된 것이다. 온라인 구매로 급격히 옮겨 감으로써 모든 종류의 오프라인 매장은 수요가 크게 줄어들었다.

사업 축소가 효과적인 전략적 선택이 되는 경우는 다음과 같다.[15]

- 비효율, 저수익, 직원 사기 저하, 실적 개선에 대한 주주의 압력 등으로 기업이 어려움을 겪는

경우

- 기업이 외부 기회를 활용하지 못하고 외부 위협을 최소화하지 못하는 경우, 내부의 강점 활용과 약점 극복에 실패한 경우(대개는 기업의 전략가가 실패하여 교체되었을 것임)
- 기업이 너무 빠르게 성장하여 내부 조직 개편이 필요한 경우

사업 매각

사업 매각(divestiture)은 사업부 또는 조직의 일부를 외부에 매각하는 것으로, 향후 전략적 인수합병이나 투자 기회를 확보하기 위한 자본 조달에 종종 활용된다. 사업 매각은 수익성이 없거나, 너무 많은 자본이 필요하거나, 기업의 다른 활동에 적합하지 않은 사업부를 조직에서 제거하는, 전반적인 사업 축소 전략의 일부가 될 수 있다. 또한 사업 매각은 핵심 사업에 다시금 집중하고 다각화 수준을 줄이고자 하는 기업에 인기 있는 전략이다.

폭스바겐(Volkswagen AG)은 최근 오토바이 브랜드 두카티(Ducati)의 잠재적 매각을 포함하여 핵심 사업이 아닌 자산의 20% 이상을 매각했다. 커먼웰스뱅크(Commonwealth Bank)는 최근 호주와 뉴질랜드에서 총 30억 달러가 넘는 생명보험 사업부를 매각했는데, 이는 부분적으로 규제 기관의 압력에 대한 대응이었다. 또한 네슬레(Nestlé SA)는 최근에 미국 초콜릿 사업을 이탈리아의 페레로(Ferrero International SA)에 28억 달러에 매각했다. 가족 소유 기업인 페레로는 이로써 미국에서 세 번째로 큰 초콜릿 판매자가 되었다.

'divestiture'라는 용어는 분할이라는 의미로도 사용된다. 사업 분할은 기업이 둘 이상으로 쪼개지는 것으로, 대부분의 경우 분할된 각 부문은 별도의 상장기업이 된다. 다각화된 대기업은 이러한 전략을 활용한다. 때때로 이 전략은 기업이 분할된 부문을 경쟁사에 매각하기 위한 서곡이라고 할 수 있다. 기업은 연간 약 2조 달러 상당의 자회사를 분할한다. 다각화된 기업을 분할하는 이유 중 일부는 잠재적 구매자가 동질적인 사업부를 훨씬 더 선호하기 때문이다. 대부분의 경우 인수하는 기업은 이질성보다는 기존 사업을 보완할 수 있는 동질성을 기대하며, 그러한 동질성에 기꺼이 돈을 지불한다. 예를 들어 나코인더스트리스(Nacco Industries)는 핵심인 석탄 및 광산 사업에 다시 집중하기 위해 해밀턴비치브랜즈(Hamilton Beach Brands)의 가전제품 사업과 주방 액세서리 매장 체인 사업을 분할하고 있다. 나코의 연 매출은 약 9억 달러인데, 그중 해밀턴비치가 6억 500만 달러, 키친컬렉션(Kitchen Collection)이 1억 4,400만 달러를 차지한다. 이와 마찬가지로 2018년 영국의 GKN은 항공우주 사업과 자동차 사업을 분리하여 두 기업으로 분할되었다. 영국 레디치에 본사를 둔 GKN은 영국에서 가장 오래된 기업(250년 역사) 중 하나이며, 현재 약 5만 8,000명의 직원을 고용하고 있다.

또 다른 예로, 독일의 다임러(Daimler AG)는 2018년에 5개 사업 부문을 개별 등록된 완전 소유 자회사 3개로 재편했다. 분석가들은 다임러의 구조조정이 세 부문, 즉 메르세데스-벤츠 자동차와 밴, 다임러 트럭과 버스, 다임러 금융 서비스를 별도의 공개 상장기업으로 분할하기 위한 서곡이라고 예상한다. 화이자(Pfizer Inc.)와 허니웰(Honeywell International Inc.)은 최근 주요 사업부 중 일부를 분할하여 별도의 상장기업으로 재구성했다.

사업 매각이 효과적인 전략적 선택이 되는 경우는 다음과 같다.[16]

- 기업이 사업 축소 전략을 추진했으나 기대했던 결과를 얻지 못한 경우

- 특성 사업부 때문에 기업 전체의 성과가 저조한 경우
- 특정 사업부가 기업의 나머지 사업부와 함께하기 어려운 경우(시장, 고객, 관리자, 직원, 가치 또는 필요 등이 극단적으로 다른 경우)
- 많은 현금이 급히 필요한데 이를 확보할 수 있는 방안이 없는 경우
- 정부의 반독점 규제가 기업 전체에 위협이 되는 경우

청산

유형 가치를 확보하기 위해 기업의 모든 자산을 매각하는 것을 **청산**(liquidation)이라고 한다. 패배를 인정하는 것인 청산은 감정적으로 견디기 힘든 전략이기도 하다. 그러나 계속해서 손실을 입는 것보다는 사업을 중단하는 것이 더 나을 수 있다. Chapter 7 파산은 기업이 성공적으로 운영할 수 없거나 필요한 채권자의 동의를 얻을 가망이 없다고 판단되는 경우에 사용되는 청산 절차로, 유형 가치를 확보하기 위해 기업의 모든 자산을 분리하여 매각한다.

세계적으로 유명한 링링브러더스 앤드 바넘 & 베일리(Ringling Bros. and Barnum & Bailey) 서커스는 146년 동안 운영되었으나 티켓 판매 감소와 높은 운영 비용 때문에 2017년 청산되었다. 마지막 공연이 2017년 5월 7일 로드아일랜드 프로비던스, 5월 21일 뉴욕 유니언데일에서 이루어졌으나 코끼리 공연은 동물보호 활동가들의 소송으로 2016년 5월에 이미 중단되었다. 동물보호 단체인 PETA는 "우리는 지구상에서 가장 슬픈 야생동물 쇼의 종식을 예고하며, 다른 모든 동물 서커스단도 시대가 바뀌었다는 것을 깨닫고 이에 따를 것을 촉구한다"고 밝혔다. PETA 회장인 잉그리드 뉴커크(Ingrid Newkirk)는 "우리의 항의가 전 세계를 일깨워서 갇힌 동물의 고통을 알게 했다"고 말한다. 링링브러더스 앤드 바넘 & 베일리가 내건 '지상 최대의 쇼(The greatest show on earth)'라는 슬로건은 아주 유명하여 찰턴 헤스턴(Charlton Heston)과 베티 허턴(Betty Hutton)이 주연을 맡고 1952년 아카데미 작품상을 수상한 세실 B. 드밀(Cecil B. DeMille) 감독의 영화 제목으로도 쓰였다. 링링브러더스 앤드 바넘 & 베일리가 마을과 도시에 찾아가면 학교가 문을 닫던 시절이 있었지만 이제는 다 지난 일이다.

미국의 장난감 소매 체인인 토이저러스는 2018년 청산하면서 미국 내 885개의 매장을 모두 매각하거나 폐쇄하고 약 3만 3,000개의 일자리를 정리했다. 이 기업은 프랑스, 스페인, 폴란드, 호주에서도 청산될 가능성이 높으며 캐나다, 중유럽, 아시아의 사업부를 매각하려고 한다.

청산이 효과적인 전략적 선택이 되는 경우는 다음과 같다.[17]

- 조직이 사업 축소 및 매각 전략을 추진했으나 둘 다 성공하지 못한 경우
- 기업의 자산을 매각하는 것이 주주의 손실을 최소화할 수 있는 방안인 경우

가치사슬 분석과 벤치마킹

학습 목표 5-7

전략경영에서의 가치사슬 분석과 벤치마킹을 이해한다.

고객이 제품을 구매하는 것은 지불한 가격 대비 얻는 혜택에서 해당 제품이 가져다주는 가치가 충분하다고 느끼기 때문이다. 그런데 고객이 제품에 대해 지불하는 궁극적인 가격은 원자재부터 공급, 생산, 유통 등 해당 제품을 생산하기 위한 다양한 활동에 따라 결정되며, 제품의 최종 가격으로 이어지는 이러한 활동의 조합을 기업의 **가치사슬**(value chain)이라고 한다.[18] 기업은 가치사슬의 모든

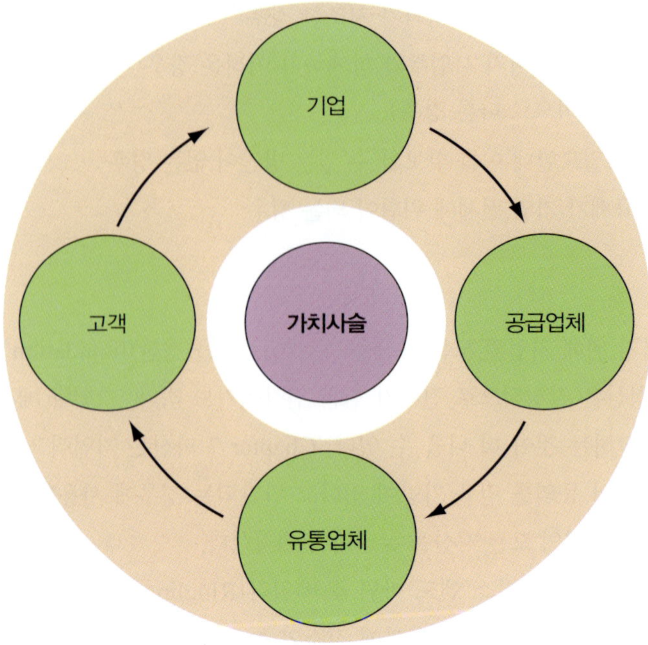

그림 5-3 가치사슬 도식

측면에서 경쟁우위를 추구하면서 궁극적으로 고객이 구매할 만한 가치가 있다고 여기는 제품을 적절한 가격에 제공하고자 한다. 그림 5-3에서 보듯이 가치사슬 개념은 전략적 경영에서 중요하다.

가치사슬 분석(value chain analysis, VCA)은 기업이 원자재 구매, 제조, 유통, 마케팅 등 제품과 관련된 모든 활동과 각각의 가치(가격에서 비용을 뺀 값)를 결정하는 과정으로 정의할 수 있다. VCA는 외부 기회와 위협, 내부 강점과 약점을 발견하는 데 유용한 도구이다. 기업은 가치사슬의 전 과정에 걸쳐 경쟁우위를 확보하기 위해 노력하는데, 이처럼 가치를 더하는 활동은 경쟁기업이 쉽게 복제하거나 모방하지 못하기 때문이다. 반면에 최종 제품의 가격을 낮추거나 최종 제품을 홍보하기 위해 유명인을 쓰는 것은 쉽게 모방할 수 있으며, 이러한 활동으로는 지속가능한 경쟁우위를 확보하지 못한다. 즉 가치사슬의 모든 단계에서 기업은 최종 사용자(고객)에게 이전될 수 있는 가치를 창출하기 위해 노력하고, 고객은 지각된 가치를 얻기 위해 가격을 지불하고 제품을 구입하는 것이다.

가치사슬을 따라 한 항목이 다른 항목에 긍정적 또는 부정적 영향을 미치고 때로 복잡한 상호작용이 일어나기 때문에 VCA 수행 중 실질적인 판단이 필요할 때도 있다. 예를 들어 탁월한 고객 서비스는 비용이 많이 들지만 반품 처리 비용을 줄이고 매출을 늘릴 수 있다. 경쟁기업 간의 비용 및 가격 차이는 공급업체, 유통업체, 채권자 또는 주주의 활동에 따라 결정된다.

VCA 수행의 첫 단계는 기업의 활동을 각 단계로 구분하는 것이다. 그런 다음 각 활동에 대해 발생하는 비용과 지불하는 가격을 결부한다. 이때 시간 측면과 금전 측면에서 비용이 발생할 수 있다. 마지막 단계에서는 경쟁우위와 경쟁열위에 영향을 미치는 외부 기회와 위협, 내부 강점과 약점을 도출된 가치사슬에 반영하여 의미 있는 정보로 활용하게 된다. VCA는 각 기업이 보유한 자원과 역량이 경쟁우위의 원천이라고 보는 연구와 같은 맥락이다.

주요 경쟁자나 새로운 시장 진입자가 제품 또는 서비스를 저렴한 가격에 제공한다면, 이는 해당

기업의 가치사슬 비용이 상당히 낮거나, 그렇지 않다면 판매를 늘려 시장점유율을 확보하기 위해 필사적으로 노력하는 상황일 것이다. 기업은 VCA를 통해 가치사슬 전반에 걸쳐 가격과 비용이 얼마나 경쟁력 있는지를 파악하고 점검해볼 수 있다. 그러한 각각의 가치가 누적됨으로써 고객이 최종 제품에 대해 가격을 지불하는 지각된 가치가 된다.

그림 5-4는 가치사슬을 보여준다. 제품 또는 서비스를 생산하고 마케팅하는 과정에서 100개 이상의 가치 창출 활동이 개입될 수 있고, 각 활동은 기업에 지속가능한 경쟁우위 또는 경쟁열위를 가져다준다. 가치사슬에 걸친 모든 활동의 비용을 더하면 그 기업의 전체 비용이 된다. 기업은 경쟁기업의 가치사슬을 분석하여 자사의 비용우위 또는 비용열위가 가치사슬의 어떤 부분에서 발생하는지 파악해야 한다.

가치사슬은 산업과 기업에 따라 뚜렷하게 구분된다. 스톤컨테이너(Stone Container)와 같은 종이 제품 회사는 가치사슬에 목재 농장, 벌목, 펄프 처리, 제지 공정이 포함되지만 휴렛팩커드(Hewlett-Packard)와 같은 회사는 프로그래밍, 보조 장치, 금속 채굴, 라이선스, 소프트웨어, 하드웨어, 노트북과 관련된 항목으로 구성되어 있을 것이다. 숙박업체라면 음식, 청소 및 정리, 체크인·체크아웃, 웹사이트, 예약 시스템 등의 요소가 가치사슬에 포함된다.

모든 기업은 VCA를 통해 핵심 역량을 기르고 이를 기업 고유의 역량으로 발전시켜야 한다. 가치사슬 중에서 기업이 탁월하게 수행하는 요소인 **핵심 역량**(core competence)은 높은 가치를 창출한다. 핵심 역량이 작용하여 의미 있는 경쟁우위를 확보하게 되면 이는 기업의 **고유한 역량**이라고 할 수 있다. 그림 5-5는 이러한 과정을 보여준다.

점점 더 많은 기업이 가치사슬의 각 항목을 효율적·효과적으로 정비함으로써 VCA를 통해 지속가능한 경쟁우위를 얻고자 한다. 예를 들어 월마트(Walmart)는 매우 엄격한 재고 관리와 대량 구매로 강력한 우위를 구축했다. 반면에 컴퓨터 회사는 가치사슬 중 유통 단계에서 공격적으로 경쟁한다. 가격 경쟁력은 대량 소매업체나 컴퓨터 회사의 경쟁력에 핵심적인 요소이다.

경쟁우위를 확보하고 유지하려면 기업은 경쟁자가 제공하는 가치를 능가하는 가치를 창출하여 제공해야 한다.[19] 이는 보통 최저 비용으로 운영하거나 높은 프리미엄 가격을 부과하는 방식을 통해 이루어지며, 일부 기업은 이 두 가지를 동시에 수행하기도 한다. 그러나 결론은 기업이 가치사슬을 따라 많은 측면에서 경쟁자보다 뛰어나야 한다는 것이다. 이러한 측면은 쉽게 모방할 수 없으므로 지속가능하다. 경쟁기업들은 '어떻게 그것을 달성하는지' 궁금해하며, 많은 성공적 기업은 '효과적인 VCA'를 통해 가능하다고 답한다.

VCA는 경쟁기업 간 활동에서 품질의 차이에 초점을 맞춘다. 산업 내 모든 기업이 다양한 가치사

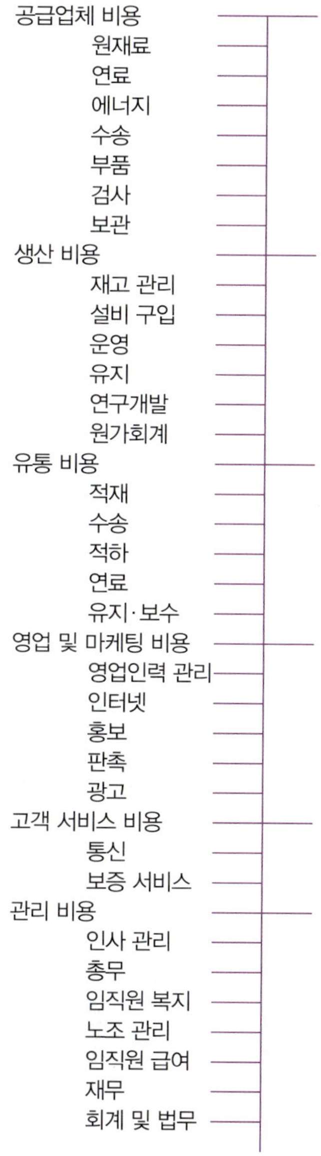

그림 5-4 일반적인 제조 기업의 가치사슬

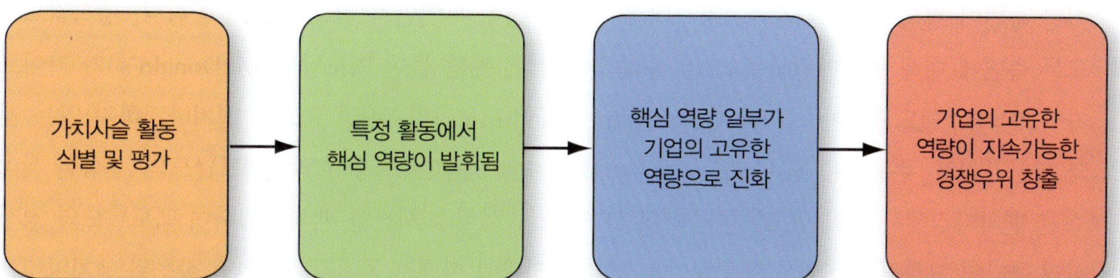

그림 5-5 가치사슬 활동이 지속가능한 경쟁우위로 전환되는 과정

슬 항목에 동일한 가중치를 부여하지는 않는다. 예를 들어 롤렉스(Rolex)와 타이멕스(Timex)는 둘 다 시계를 생산하지만 가치사슬의 핵심 영역이 상당히 다른 양상일 것이다. 롤렉스는 품격과 우아함을 통해 고객을 위한 가치를 창출하는 반면, 타이멕스는 가격과 실용성을 중시한다. 각 기업은 고객이 제품과 서비스에 지불한 가격에 대해 충분한 가치를 얻는다고 느끼는 한 가치를 창출하는 것이고, 각각 시계 산업에서 고유한 경쟁우위를 확보한다. 다양한 가치사슬 항목에 대한 가중치는 같은 산업 내에서도 다를 수 있지만, 기업이 자신의 가치사슬뿐만 아니라 산업, 경쟁기업, 공급업체, 유통업체의 가치사슬을 이해하는 것이 중요하다.

VCA는 공급자와 같은 상방 운영(upstream/backward), 고객에게 제품을 제공하는 하방 운영(downstream/forward) 등 가치 창출 경로에 따라 각 단계를 분석하는 도구이다. VCA의 주요 이점 중 하나는 처음부터 마칠 때까지의 모든 활동이 개선될 수 있는 가치 요소를 포함하고 있다는 것이다. 가치사슬에서 더 높은 품질 확보나 더 낮은 비용 적용이 가능한 항목에 주의를 기울여야 한다. 또한 단순하게 가치사슬하의 모든 항목에서 경쟁하는 것보다는 특정한 항목에 집중하여 경쟁기업과 차별화하는 것이 일반적으로 더 낫다. 보석 회사인 티파니(Tiffany)와 블루나일(Blue Nile)은 고객을 위한 가치를 창출하는 방식으로 차별화를 선택한 적절한 사례이다.

벤치마킹

벤치마킹(benchmarking)은 기업의 가치사슬이 경쟁기업에 비해 경쟁력이 있는지, 그리하여 승리에 도움이 되는지 여부를 분석할 수 있는 도구이다. 벤치마킹은 경쟁기업의 모범 사례를 파악하기 위해 산업 전반에 걸친 가치사슬 활동을 조사한다. 기업은 모범 사례를 그대로 모방하거나, 개선하여 도입할 목적으로 벤치마킹을 시행한다. VCA와 마찬가지로 벤치마킹은 중요한 외부 기회와 위협, 내부 강점과 약점을 식별하는 데 사용된다. 벤치마킹은 비용, 서비스, 명성, 운영 등의 측면에서 비교우위를 가진 경쟁기업의 가치사슬 활동을 식별함으로써 기업이 경쟁력을 개선하기 위한 조치를 취할 수 있도록 돕는다.

벤치마킹에서 어려운 부분은 다른 기업의 VCA 및 관련 비용에 대해 접근하기 어렵다는 것이다. 그러나 벤치마킹 정보의 전형적인 출처는 출판된 보고서, 무역 간행물, 공급업체, 유통업체, 고객, 협력업체 채권자, 주주, 로비스트, 그리고 기꺼이 정보를 제공하는 경쟁기업 등이다. 일부 경쟁기업은 벤치마킹을 위한 정보를 공유한다. 국제벤치마킹정보센터(International Benchmarking Clearinghouse)는 참여 기업들 사이에서 거래 제한, 가격 담합, 입찰 담합, 뇌물 수수 및 기타 부적절한 행위가 발생하지 않도록 돕는 지침을 제공한다.

벤치마킹은 유용한 도구이지만, 전략가는 가치사슬을 따라 벤치마킹할 요소를 선택할 때 자사의 어떤 측면이 경쟁기업과 다른지, 자사의 고유한 특성이 무엇인지 염두에 두어야 한다. 맹목적으로 모든 측면에 대해 벤치마킹하는 것은 적절하지 않다. 예를 들면 맥도날드(McDonald's)가 파이브가이스버거스앤드프라이스(Five Guys Burgers and Fries)의 '품질' 요소를 벤치마킹하지 않는 것과 마찬가지로, 주문받은 햄버거를 고품질 재료로 만드는 파이브가이스는 맥도날드의 '신속한 서비스'를 벤치마킹해서는 안 될 것이다. 파이브가이스가 서비스 시간을 벤치마킹하여 맥도날드와 경쟁하려 한다면 고품질 햄버거를 제공한다는 고유의 전략이 실패로 돌아갈 수 있다. 잘못된 벤치마킹은 기업을 성공으로 이끌었던 바로 그 요인으로부터 멀어지는 결과를 초래할 수 있다. '서비스 시간 개선'이 중요하지 않다는 것이 아니다. 파이브가이스는 단순히 맥도날드의 서비스 시간을 벤치마킹하기 위해 '주문 조리 햄버거' 대신 '미리 만든 햄버거'를 제공하면 안 된다는 것이다. 전략경영에서 독창성의 중요성을 되새기고 벤치마킹을 현명하게 활용해야 한다.

마이클 포터의 두 가지 본원적 전략

학습 목표 5-8

포터의 본원적 전략인 비용우위와 차별화의 차이를 이해한다.

마이클 포터에 따르면 기업은 전략을 통해 비용우위와 차별화라는 두 가지 기반으로 경쟁우위를 확보할 수 있다. 기업의 제품 경쟁에서 가장 기본적인 유형은 비용에 기반한 경쟁과 차별화된 가치에 기반한 경쟁이므로 포터는 이를 **본원적 전략**(generic strategy)이라고 일컫는다. 그러나 둘 다 동시에 추구하면서 우위를 확보하기란 쉽지 않다. **비용우위**(cost leadership)는 가격에 민감한 고객을 대상으로 표준화된 제품과 서비스를 낮은 비용으로 만들어낼 것을 강조한다. 한편 **차별화**(differentiation)는 시장에 고유한 제품과 서비스를 제공하고자 하며, 상대적으로 가격에 둔감한 고객을 겨냥하는 전략이다. 비용우위를 추구하는 기업은 가치사슬 전체에서 비용을 최소화하는 반면, 차별화 전략을 채택한 기업은 가치사슬 전체에서 가치를 극대화하려고 한다.

비용우위

표 5-5와 같이 비용우위 전략에는 두 가지 유형이 있다. 유형 1은 **광범위한 저비용 전략**(broad low cost strategy)으로, 시장에서 가장 저렴한 가격대의 제품과 서비스를 광범위한 고객에게 제공한다. 유형 2는 시장에서 가장 저렴한 가격대의 제품과 서비스를 소수의 고객에게 제공하는 **집중적 저비용 전략**(focused low cost strategy)이다. 비용우위 전략은 유사한 속성을 가진 경쟁기업의 제품에 비해 가장 저렴한 가격으로 제품과 서비스를 제공하는 것을 목표로 한다.

월마트는 다양한 사회경제적 배경을 가진 광범위한 고객층을 대상으로 서비스를 제공하기 때문에 유형 1에 해당하는 비용우위 전략을 추구한다고 볼 수 있다. 달러제너럴은 주로 농촌 지역에서 제한된 제품군, 상점 장식 최소화, 서비스 감축에 중점을 두고 제한된 고객층을 대상으로 하기 때문에 유형 2에 해당할 것이다. 유형 1과 유형 2 전략은 모두 큰 규모의 시장을 대상으로 하는데, 큰 규모는 비용우위 전략이 목표로 하는 시장의 중요한 특징이다. 규모의 경제를 달성하려면 충분한 시장 잠재력이 있어야 하기 때문이다. 달러제너럴은 훨씬 더 제한된 고객층을 대상으로 삼고 있으나 월마트와 달러제너럴 둘 다 목표로 하는 시장의 잠재력이 충분하다. 아마존은 잠재적으로 유형 1에 속한다고 볼 수 있으며, 유형 2에 해당하는 기업인 지피루브(Jiffy Lube), 리틀시저스(Little Caesars), 스피릿항공(Spirit Airlines)은 전체를 목표로 하기보다는 상충 관계를 인정하고 일부에 집중함으로써 성과를 내고 있다.

표 5-5 본원적 전략의 네 가지 유형

시장 범위	본원적 전략	
	비용우위	차별화
넓음	유형 1	유형 3
좁음	유형 2	유형 4

저비용 생산자가 되기 위한 노력은 특히 가격에 민감한 고객이 대다수인 시장일 때, 제품 차별화를 달성할 수 있는 여지가 거의 없을 때, 고객이 브랜드 간 차이에 크게 신경 쓰지 않을 때, 상당한 교섭력을 가진 고객이 많을 때 효과적인 선택이 된다. 핵심은 경쟁기업보다 낮은 가격에 판매하여 시장점유율과 매출을 증가시키고, 때로는 경쟁기업을 시장에서 몰아내는 것이다. 비용우위 전략을 추진하는 기업은 경쟁기업이 모방하거나 대응하기 어려운 방식으로 경쟁우위를 달성해야 한다. 경쟁기업이 비용우위 전략을 모방하기가 상대적으로 쉽거나 저렴하다면 기업이 충분한 성과를 얻기도 전에 그 우위가 사라져버릴 것이다. 다시 말해 기업이 가치사슬 전반에 걸쳐 경쟁우위를 확보하려고 노력하는 경우, 궁극적으로 고객에게 매력적인 가치를 제공할 수 있을 만큼 충분히 낮은 가격으로 제품을 공급할 수 있을 것이다.

자원이 가치 있으려면 희귀하거나, 모방하기 어렵거나, 쉽게 대체할 수 없어야 한다. 비용우위 전략을 성공적으로 실행하기 위해 기업은 전체 가치사슬에 걸친 총비용을 경쟁기업보다 낮게 유지해야 한다. 비용우위를 유지하는 데 핵심은 가치사슬의 모든 단계를 정기적으로 점검하여 경쟁기업보다 비용을 절감할 수 있는 영역을 찾아내는 것이다. 성공적인 비용우위 전략은 기업 전체를 아우르면서 높은 효율성, 낮은 간접비용, 제한된 특전, 낭비 최소화, 엄밀한 예산 심사, 광범위한 통제, 비용 감축에 대한 보상, 광범위한 직원 참여 등을 통해 달성된다.

비용우위를 추구하는 과정에서 발생하는 위험은 다수의 경쟁기업이 해당 전략을 성공적으로 모방하여 산업의 전체 이익이 축소될 수 있다는 것이다. 또한 기술 혁신이 가속화되어 비용우위 전략이 무위로 돌아갈 수도 있고, 고객의 관심이 가격 이외의 요소에 집중되면서 가격 인하가 판매 증대로 이어지지 않을 수도 있다.

차별화

표 5-5에 나타냈듯이 차별화 전략에는 두 가지 유형이 있다. 유형 3은 목표 시장이 넓은 차별화 전략이고, 유형 4는 좁은 범주의 시장에 집중한다. 차별화 전략의 경우 기업이 규모의 경제에 그리 의존하지 않기 때문에, 제공하는 제품과 서비스에 대해 기꺼이 프리미엄 가격을 지불할 의향이 있는 소규모 고객층을 대상으로 하는 것이 유리할 수 있다. 차별화 전략은 구매자의 필요와 선호도를 주의 깊게 조사하여 바람직한 특성을 제품에 고유하게 통합하는 조치가 타당성이 있다는 결론이 내려졌을 때만 추진해야 한다. 성공적인 차별화 전략을 통해 기업은 제품에 더 높은 가격을 부과하고 고객 충성도를 얻을 수 있다. 이는 고객이 우수한 서비스, 예비 부품 확보, 공학적 설계, 제품 성능, 사용 수명, 연비, 사용의 편의성 등 차별화된 속성에 충분히 만족하고 경쟁제품보다 더 선호하는 경우에 한하여 가능하다.

유형 3에 해당하는 차별화 전략의 예로 몬스터베버리지(Monster Beverage), 애플, BMW 등을 들 수 있다. 이러한 기업은 코카콜라, LG 스마트폰, 포드 에스코트보다 뛰어난 지각 가치를 담아냄으로써 훨씬 더 높은 가격을 매기는 전략을 채택하고 있다. 세 기업 모두 유형 4에 해당하는 전략을 실행하는 롤렉스, 루이뷔통(Louis Vuitton), 마세라티(Maserati)와 같은 기업보다 더 광범위한 고객층을 목표로 삼는다. 기업이 유형 4의 차별화 전략을 사용하기 위해 제품을 아주 높은 가격에 판매할 필요는 없지만, 가치사슬의 전 단계에 걸쳐 가치를 향상하는 데 비용이 많이 들고 제한된 고객층은 규모의 경제를 축소시키는 경향이 있기 때문에 대개는 상당히 높은 가격의 제품과 서비스를 제공하게 된다.

일반적으로 차별화에 유리한 환경은 고객이 다양한 취향과 요구 사항을 가지고 있는 경우이다. 예컨대 고객이 원하는 음식의 품질과 종류가 매우 다양하기 때문에 여러 가지 유형의 식당이 운영되고 있다. 기술이 빠르게 변하는 환경에서는 기업이 신제품을 출시하고, 흔히 고객이 최신의 고사양 제품을 구매하도록 유도할 수 있다. 애플은 자체 운영체제인 IOS 소프트웨어를 통해 차별화된다. 그 밖의 주요 스마트폰 제조업체는 안드로이드, 윈도 또는 다른 기업이 제작한 운영체제를 사용한다. 고객이 제품을 품질에 차이가 없는 상품(commodity)처럼 여기는 경우에도 차별화가 필요하다. 우유와 같은 제품도 마케팅, 매력적인 포장 등의 노력을 통해 경쟁기업보다 2배 높은 가격으로 판매될 수 있다.

표준적인 제품이 고객의 요구를 충분히 충족하거나 경쟁기업의 빠른 모방이 가능한 경우에는 차별화 전략이 경쟁우위를 보장하지 못한다. 경쟁기업의 빠른 모방을 제한하는 일종의 장벽으로 보호되는 제품이 가장 유리하다. 성공적인 차별화는 제품의 유연성 향상, 호환성 제고, 비용 절감, 서비스 개선, 유지 비용 절감, 편의성 향상 등으로 이어지게 된다. 제품 개발은 차별화의 이점을 가져다주는 전략 중 하나이다.

차별화 전략의 위험은 차별화되어 고유한 제품이 더 높은 가격을 정당화할 만큼 높게 평가되지 않을 수 있다는 것이다. 이러한 경우에는 비용우위 전략에 의해 차별화 전략이 쉽게 무너질 것이다. 차별화 전략에 내포된 또 다른 위험은 경쟁자가 차별화된 속성을 쉽게 모방할 수 있다는 것이다. 기업은 경쟁자가 신속하게 또는 저렴하게 모방할 수 없는 지속적 원천을 찾아야 한다.

성공적인 차별화 전략을 위해 조직 관리 측면에서 유의할 사항은 R&D와 마케팅 기능의 효과적인 조율, 과학자와 창의적 인재를 유치하기 위한 실질적 보상 유인 제공이다. 기업은 다양한 측면에서 차별화 전략을 추구할 수 있다. 차별화 기회는 공급망 관리, 제품 R&D, 기술 개발, 제조, 인적 자원 관리, 유통, 마케팅 등 기업의 가치사슬을 따라 어디에나 존재하고 잠재적으로 개발될 수 있다.

가장 효과적인 차별화의 기반은 경쟁기업이 모방하기 어렵거나 비용이 많이 소요되는 원천이라고 할 수 있다. 기업은 경쟁우위를 안겨주는 차별화 요인에 대해 경쟁기업을 모방하고, 복제하고, 능가하기 위해 지속적으로 노력한다. 기업은 차별화 전략을 실행할 때 주의를 기울여야 한다. 고객은 차별화된 제품의 지각된 가치가 가격을 초과하지 않으면 더 높은 가격을 지불하지 않을 것이기 때문이다.[20]

전략 달성을 위한 수단

학습 목표 5-9

전략적 목표 달성을 위해 자원과 역량을 개발하거나, 차용하거나, 구매해야 하는 상황에 대해 알아본다.

많은 기업은 주주로부터 매출과 순이익의 성장(보통 4% 이상)을 유지하면서 더 높은 배당금을 지급하라는 압력을 받는다. 이 목표를 달성하기 위해 기업은 종종 개발, 차용, 구매 가운데 결정해야 하는 상황에 처한다. 개발은 내부적으로(유기적으로) 성장하는 것이고, 차입은 합작투자와 제휴 같은 수단을 사용하여 성장하는 것이며, 구매는 다른 기업에 대한 인수합병을 의미한다. 개발, 차용, 구매 옵션에 대해 자세히 살펴보자.

내부에서 개발하여 성장

기업이 **유기적 성장**(organic growth)이라고도 불리는 내부 개발을 전략 달성의 수단으로 선택한 경우, 전략가는 현재 보유한 내부 자원과 역량을 통해 성장을 이룰 수 있을지 고민해야 한다. 내부 개발에는 새로운 교육훈련 프로그램, 새로운 직원 고용, 매장 구축, 블루오션 전략 실행이 포함될 수 있다. 많은 기업이 가격 경쟁에 뛰어든 가운데 다른 기업의 희생을 기반으로 이익을 얻는 레드오션과 달리 **블루오션 전략**(blue ocean strategy)은 경쟁이 아직 존재하지 않는 새로운 시장인 블루오션을 창출하는 것이다. 블루오션 전략은 경쟁자가 아직 점유하지 않은 시장 공간을 찾는 최초 진입자가 되는 것과 유사하다.

김위찬과 러네이 모본(Renée Mauborgne)의 블루오션 연구에 따르면 기존 제품 라인의 확장이 신제품의 86%를 차지한다. 새로운 제품의 14%만이 새로운 시장이나 산업을 목표로 하는 것이다.[21] 새로운 시장 및 제품 개발 과정에서 블루오션의 관점은 기존 시장에서의 경쟁보다 훨씬 더 큰 이점을 제공할 것이다. 애플의 PC와 스마트폰 개발은 제품을 출시하기 전까지는 고객이 제품에 대해 아는 바가 전혀 없었던, 따라서 경쟁이 존재하지 않는 블루오션을 만들어낸 사례였다. 그러나 두 블루오션 모두 경쟁기업이 빠르게 진입하면서 그리 오래 지속되지 않았고, 애플은 차별화 전략을 바탕으로 사업을 운영하게 되었다.

넷플릭스(Netflix), 사우스웨스트항공(Southwest Airlines), 이베이(eBay), 아마존 역시 부분적으로 블루오션을 창출해낸 사례라고 할 수 있다. 이는 모두 기존에 정의된 산업이나 시장이 없었던 블루오션이 창출된 경우이지만, 김위찬과 러네이 모본은 이미 확립된 산업에서도 블루오션이 탄생할 수 있다고 밝혔다. 산업 내에서 파생된 블루오션은 오래 지속되지 않을 것이며, 기업을 사명에서 멀어지게 하고 핵심 역량을 약화시킬 수도 있다. 그러므로 산업 내에서 블루오션 전략을 추진할 때는 더욱 주의를 기울여야 한다. 한편 기업이 항상 블루오션을 구축해야만 하는 것은 아니다.

성장을 위해 외부로부터 차용

기업은 내부적으로 필요한 자원과 역량을 개발할 수 없다고 생각하거나 인수합병의 비용과 위험이 너무 높을 때 **합작투자**(joint venture) 또는 전략적 제휴(strategic alliance)를 통해 자원과 역량을 차용하게 된다. 합작투자는 둘 이상의 기업이 특정 기회를 활용할 목적으로 기업을 신설하고 새로운 지분을 공유하는 것이다. 기업은 커뮤니케이션과 네트워크를 강화하고 글로벌 경영을 추진하며 위험을 분담하고자 하기 때문에 합작투자를 점점 더 많이 채택하고 있다. 특히 주어진 기회가 복잡하거나, 단일 기업이 단독으로 추구하기에는 위험할 때, 한 기업이 보유한 것보다 더 광범위한 역량과 노하우가 필요할 때 합작투자를 추진한다. 합작투자는 전략적 제휴보다 드물지만 인수합병보다는 더 흔하다.

퀄컴(Qualcomm)은 중국에서 서버 칩을 생산하기 위해 구이저우성 정부와 합작투자를 단행했다. 신설된 기업의 지분은 구이저우성 당국이 55%, 퀄컴이 45%를 보유하고 있다. 코카콜라와 네슬레는 차 생산 및 판매를 위해 설립했던 합작투자 기업인 베버리지파트너스월드와이드(Beverage Partners Worldwide)를 최근 해산하기로 합의했다. 캐스린 루디 해리건(Kathryn Rudie Harrigan)은 합작투자 증가 추세를 이렇게 요약했다. "자원이 희소하고 기술이 급변하며 자본 비용이 증가하는 오늘날의 글로벌 비즈니스 환경에서 중요한 질문은 '합작투자를 구성할까?'가 아니다. 문제는 '어떤 합작투자와 역할 조율이 우리의 필요와 기대에 가장 적합한가?'이다. 다음 질문은 '신설된 기업을 가장 효과적으로 관리하는 방법은 무엇인가?'가 되어야 한다."[22] 합작투자가 어려움을 겪는 상황은 다음과 같다.

- 합작투자 기업을 운영하는 과정에서 매일 협력해야 하는 관리자들이, 실제 기업을 구성하는 과정에는 참여하지 않은 경우
- 신설 기업이 실제 고객보다는 합작투자에 참여한 모기업 지원에 집중하여 고객이 제공받는 제품과 서비스에 불평하고, 그 영향이 신설 기업과 모기업 모두에 미치는 경우
- 합작투자에 참여하는 기업들의 신설 기업에 대한 지원 수준이 실질적으로 차이가 나는 경우
- 신설 기업이 다른 기업보다 합작투자에 참여한 모기업 중 하나와 경쟁하기 시작하는 경우[23]

한편 합작투자가 전략 실행에서 특히 효과적인 선택이 되는 경우는 다음과 같다.[24]

- 비상장기업과 상장기업이 합작투자를 실행하는 경우, 폐쇄된 지분 구조와 같은 비상장기업의 장점과 자본 확보를 위한 주식시장 활용 등 상장기업의 장점을 모두 활용할 수 있음
- 기업이 진출한 국가에 속한 기업과 합작투자를 실행하면 해당 기업은 현지 기업의 역량을 활용하여 현지 위험에 더 적절하게 대처할 수 있음
- 참여 기업들의 고유한 역량이 서로 보완 관계인 경우
- 목표로 하는 프로젝트가 잠재적으로 수익성이 있지만 막대한 자원이 필요하고 위험 수준이 높은 경우
- 둘 이상의 소규모 기업이 대기업과 경쟁하는 데 어려움을 겪는 경우
- 신기술을 신속하게 도입해야 하는 경우

경쟁기업 간의 협력은 인기 있는 차용 전략이다. 마이크로소프트(Microsoft)와 사업용 소프트웨어 공급업체인 SAP SE는 연간 230억 달러 규모인 웹 기반 주문형 컴퓨팅 리소스 시장에서 아마존닷컴의 지배력에 도전하기 위해 최근 전략적 제휴를 체결했다. 그 일환으로 SAP은 현재 마이크로소프트의 애저(Azure) 클라우드 컴퓨팅 서비스를 이용한다. 마이크로소프트와 SAP의 제휴는 마이크로소프트와 어도비시스템스(Adobe Systems)가 서로의 제품을 교차 홍보하기로 합의했던 협약과 유사하다.

경쟁기업 간의 협력은 점점 보편화되고 있다. 성공적인 협업을 위해 두 기업은 기술, 유통, 기초연구, 제조 능력과 같은 차별화된 측면에 기여해야 한다. 그러나 중요한 기술이 의도치 않게 이전될 수 있다는 것이 위험하다.[25] 공식 계약에서 다루지 않은 정보가 엔지니어, 마케팅 담당자, 제품 개발자의 일상적인 상호작용과 협력에서 이전되는 경우가 많다. 때로 기업은 협력 과정에서 지나치게 많은 정보를 경쟁기업에 제공하게 된다. 따라서 이를 조율할 수 있는 보다 긴밀한 협의가 필요하다.

업계에서 경쟁기업이 제휴를 맺고 또 서로 경쟁하는 가장 좋은 예는 아마도 항공 산업일 것이다. 현재 주요 항공 동맹은 스타얼라이언스(Star Alliance), 스카이팀(SkyTeam), 원월드(Oneworld)이다. 다른 기업이 자사에 피해를 입히는지에 대해 고민하고 걱정하지 않으려면 경쟁업체 간 합작투자 및 제휴에 어느 수준 이상의 신뢰가 필요하다. 점점 더 많은 국내 기업이 경쟁력 있는 해외 기업과 협력하여 상호 이익을 거두고 있다. 캐스린 루디 해리건은 "10년 이내에 대부분의 기업은 서로 경쟁하는 동시에 협력하는 팀을 구성하게 될 것"이라고 주장한다.

미국 기업은 주로 새로운 사업이나 시장에 진입하는 비용과 위험을 줄이기 위해 제휴를 맺는다.

반면에 아시아 및 유럽 기업은 파트너에게 배우는 것이 제휴를 체결하는 주요 목적이다. 미국 기업도 경쟁기업과 협력하는 목적으로 학습을 우선순위에 놓아야 한다. 미국 기업은 종종 아시아 기업과 제휴를 맺고 탁월한 제조 역량의 노하우를 얻는 경우가 많다. 그러나 이러한 역량은 쉽게 이전되지 않는다. 제조 역량은 직원 교육 및 참여, 공급업체와의 통합, 통계에 따른 프로세스 관리, 가치 공학, 설계를 포괄하는 복잡한 체계를 기반으로 한다. 이에 반해 미국의 기술 및 관련 분야 노하우는 보다 쉽게 모방할 수 있다. 따라서 미국 기업은 아시아 경쟁기업과의 협력 계약에서 얻은 정보보다 더 많은 정보를 제공하지 않도록 주의해야 한다.

성장을 위해 외부에서 구매

인수합병은 기업이 다른 기업을 매수하여 결합하는 것을 의미한다. **합병**(merger)은 유사한 규모의 두 기업이 결합하여 하나의 기업이 만들어지는 것이고, **인수**(acquisition)는 한 기업이 다른 기업을 매수하는 것 또는 반대로 한 기업이 다른 기업에 매각되는 것을 말한다. 피인수 기업이 인수합병을 원하지 않을 때는 **우호적 합병**(friendly merger)이 아닌 **적대적 인수**(hostile takeover)라고 일컫는다. 대부분의 합병은 우호적으로 진행되지만 적대적 인수합병의 수가 증가하고 있다. 적대적 인수라 하더라도 적법하게 수행되는 한 비윤리적이라고 볼 수는 없다. 윤리 캡슐 5에서 보듯이 오늘날 많은 CEO는 윤리적이지 않기 때문에 때로 주주들은 인수합병에 회의적이다.

모든 인수합병이 효과적이고 성공적인 것은 아니다. 예를 들어 베이커휴스(Baker Hughes)를 인수한 직후 핼리버튼(Halliburton)의 주가는 11% 하락했다. 따라서 인수합병으로 이익을 얻을 수도

윤리 캡슐 5 ETHICS CAPSULE

오늘날 CEO는 과거보다 윤리적이지 않은가?

최근 연구는 위의 질문에 대해 '그렇다'는 답을 내놓는다. 북미와 서유럽의 경우 윤리적 부정행위로 인한 CEO 해고 비율이 2007~2011년 4.6%에서 2012~2016년 7.8%로 증가했는데, 이는 68%가 증가한 수치이다. 2017년 에델먼 신뢰도 지수(Edelman Trust Barometer)에 따르면 오늘날 CEO를 신뢰할 수 있고 윤리적이라고 생각하는 사람은 37%에 불과한데, 이는 전년도의 59%보다 크게 감소한 것으로 해당 설문 조사 사상 최저 수준이다. 대기업과 CEO에 대한 믿음과 신뢰는 계속 낮아지고 있다. 윤리적 부정행위는 2010년 도드-프랭크법(Dodd-Frank Act) 통과의 주된 이유였으며, 이 법안은 기업의 부정행위를 감지·억제·처벌하기 위한 추가 조치를 포함하여 최고경영진과 이사회에 대한 새로운 규정과 기준을 부과한다. 스펜서 스튜어트 이사회 지수(Spencer Stuart Board Index)에 따르면 부정행위를 근절하기 위해 S&P 500대 기업의 모든 이사회 구성원 중 85%는 사외이사로 임명되며, 이사회의 27%는 사외이사가 의장직을 수행한다. 따라서 지인과 내부 구성원으로 구성된 이사회를 주재하는 강력한 CEO의 시대는 본질적으로 지나갔다. 전 세계 2,500대 기업에서 새로이 선임된 CEO가 이사회 의장직을 동시에 수행하는 비율은 2002년에 48%였으나 지금은 10% 미만으로 꾸준히 감소하고 있다.

Wavebreakmedia/Shutterstock

새로운 정책은 합법적이다. 그렇지만 윤리적인가?

출처: Per-Ola Karlsson, DeAnne Aguirre, and Kristin Rivera, "Are CEOs Less Ethical Than in the Past?" *Strategy & Leadership* (Summer 2017): 57–65.

표 5-6 인수합병이 실패하는 이유

1. 두 가치사슬 간 통합의 어려움
2. 피인수 기업의 부채가 너무 많거나 인수를 위해 너무 많은 자금을 차입함
3. 시너지를 창출할 능력이 없음
4. 지나친 다각화
5. 서로 다른 조직 문화 간 통합의 어려움
6. 정리해고와 재배치로 인한 직원의 사기 저하

표 5-7 인수합병의 잠재적 이점

1. 보유 시설 및 설비의 활용도 제고
2. 기존 영업 인력을 더 효과적으로 활용할 수 있음
3. 관리 인력 감축
4. 규모의 경제 실현
5. 계절에 따른 판매량 변동 완화
6. 새로운 공급업체, 유통업체, 고객, 협력업체, 채권자에게 접근할 수 있음
7. 신기술 확보
8. 시장점유율 확보
9. 글로벌 시장 진출
10. 가격 결정력 제고
11. 세액 경감
12. 경쟁자 제거

있지만 가격과 예측이 적절해야 한다. 미국에서는 매년 1만 건 이상의 인수합병이 이루어지는데, 주로 동일 산업에 속한 기업끼리의 결합이며 이는 대부분의 산업에서 일어나고 있다.

표 5-6에 인수합병이 실패하는 이유를 정리했으며, 표 5-7은 다른 기업과의 인수합병이 가진 잠재적 이점을 보여준다.

차입 매수(leveraged buyout, LBO)는 인수 기업이 차입한 자금을 활용하여 다른 기업을 인수하는 것을 말한다. 이때 자금을 차입하면서 피인수 기업의 자산과 미래 수익을 담보로 설정하는 경우가 많다. 충분치 않은 자기자본으로 인수합병을 실행할 수도 있으나, 인수 후 기대했던 성과를 얻지 못하는 경우에는 이자 비용으로 어려움을 겪을지도 모를 위험이 도사리고 있다.

기업이 성장하기 위해 선택하는 또 다른 방식으로 사모펀드 기업이 다른 기업을 인수하는 경우도 있다. 예를 들어 패밀리 레스토랑인 루비튜즈데이(Ruby Tuesday)는 사모펀드 기업인 NRD캐피털매니지먼트(NRD Capital Management)가 2017년 인수하면서 비상장기업으로 전환되었으며, 인수 금액은 21%의 프리미엄이 붙은 1억 4,600만 달러였다. 당시 루비튜즈데이는 미국의 41개 주와 14개국에서 599개의 매장을 운영하고 있었다.

거의 모든 사모펀드 인수의 목적은 기업을 낮은 가격에 인수하여 추후에 높은 가격에 매각하는 것이며, 보통은 상당히 큰 수익을 챙길 수 있다. 버펄로와일드윙스(Buffalo Wild Wings)는 최근 사모펀드회사인 로아크캐피털그룹(Roark Capital Group)으로부터 23억 달러의 인수 제안을 받았다.

이는 주당 151달러를 제안한 것으로, 버펄로와일드윙스의 주가보다 최소 28%의 프리미엄을 더한 가격이었다. 로아크는 결국 버펄로와일드윙스를 주당 157달러에 인수했는데, 그 사이 버펄로와일드윙스의 주가가 올라 결과적으로 프리미엄이 7.2%였다.

최근 콜버그앤드컴퍼니(Kohlberg & Company)가 애리조나주 위켄버그에 있는 메도스(Meadows)를 1억 8,000만 달러에 인수한 것처럼 사모펀드 기업은 합성 진통마취제(opioid) 중독 치료 센터를 인수하고 있다. 미국의 마약 및 알코올 중독 치료 센터는 3,000개 이상의 시설을 통해 연간 100억 달러 이상의 수익을 창출하고 있으며, 이는 빠르게 성장 중이다.

학습 목표 5-10

최초 진입자가 누리는 장점과 단점을 파악한다.

최초 진입자의 우위

최초 진입자의 우위(first-mover advantage)는 경쟁기업보다 먼저 새로운 시장에 진입하거나, 먼저 새로운 제품 또는 서비스를 출시함으로써 기업이 얻을 수 있는 이점을 의미한다. 표 5-8에 제시했듯이 최초 진입자가 됨으로써 얻는 이점은 희소 자원에 대한 접근 확보, 주요 요인과 이슈에 관한 새로운 지식 획득, 경쟁기업이 따라잡기 어려운 시장점유율과 지위 개척 등이다. 최초 진입자의 이점은 고지를 먼저 차지하는 것과 마찬가지로, 공격적인 캠페인을 시작하고 영토를 방어할 수 있는 탁월한 전략적 위치를 확보하는 셈이다. 최초 진입자가 되는 것은 ① 고객에게 기업의 이미지와 평판을 구축하는 경우, ② 새로운 기술, 부품, 유통 경로 측면에서 경쟁자보다 비용우위를 차지하는 경우, ③ 충성도가 높은 고객을 확보하는 경우, ④ 경쟁자의 모방이나 복제가 어려운 경우에 탁월한 전략이라고 할 수 있다.

최초 진입자가 되기로 결정하는 과정에서 핵심은 새로운 기술, 제품, 서비스가 목표 시장을 재빨리 차지할 수 있는지 여부이다. 많은 고객이 신속하게 채택하는 경우 최초 진입자가 되려는 동기가 강화된다. 특허 보호가 최초 진입자 이외의 기업을 실질적으로 배제하는 제약 산업과 같은 경우에는 고객이 최초 진입자의 제품 또는 서비스를 신속하게 채택한다.

기업이 최초 진입자로서 얻은 경쟁우위를 유지하려면 빠른 학습자가 되어야 한다. 그러나 최초 진입자가 되는 과정에는 위험이 따르며, 여기에는 새로운 시장에서 발생하는 예상치 못한 문제와 비용이 포함된다. 따라서 초기 비용이 특히 많이 드는 상황에서 선도 기업의 제품 또는 서비스를 쉽게 모방할 수 있을 때는 **신속한 추종자**(fast follower) 전략이 효과적일 수 있다. 기술이 빠르게 발전하는 경우에는 더 개선된 차세대 제품으로 최초 진입자를 뛰어넘을 수 있기 때문에 신속한 추종자가 잠재적인 이점을 가지게 된다.

일부 산업에서는 신속한 추종자가 되는 것이 더 나은 전략일 수 있다. 예를 들어 전기자동차 사업

표 5-8 최초 진입자인 기업이 누리는 이점

1. 희소 자원 확보
2. 필수적인 성공 요인과 이슈에 관한 지식 획득
3. 최고의 입지에서 시장점유율과 지위 확보
4. 고객, 공급업체, 유통업체, 투자자와의 장기적 관계 형성
5. 충성도 높은 고객 확보
6. 초기에 특허 보호 가능

의 경우 대부분의 고객이 높은 전환 비용, 충전소 인프라 부족과 불편 때문에 신기술을 신속하게 채택하지 않고 있으므로 신속한 추종자 전략이 더 나은 선택일 수 있다. 애플은 PC 시장의 최초 진입자였으나 시장이 PC를 채택할 준비가 되지 않았기 때문에 초기에는 어려움을 겪었다. 그러나 아이팟(iPod)과 아이폰(iPhone)의 경우 애플의 고유한 운영체제를 전환함으로써 고객이 부담해야 하는 높은 전환 비용으로 인해 최초 진입자로서의 이점을 계속해서 누리고 있다.

비영리 기관과 중소기업의 전략경영

학습 목표 5-11

영리 기업, 비영리 기관, 중소기업의 전략기획을 알아본다.

비영리 기관은 세금을 내지 않고 자본을 제공하는 주주가 없다는 점을 제외하고는 영리 기업과 거의 유사하다. 비영리 기관 역시 직원, 고객, 채권자, 공급업체, 유통업체가 있고 예산 계획서, 손익계산서, 재무상태표, 현금 흐름표 등을 작성한다. 비영리 기관은 영리 기업만큼 전략기획에 의지하며, 비영리 기관과 영리 기업 둘 다 경쟁자에 둘러싸여 있다.

걸스카우트, 보이스카우트, 적십자, 상공회의소, 교육 기관, 의료 기관, 시설관리공단, 도서관, 정부 기관, 동물원, 지방정부 기관, 교회 등 셀 수 없이 많은 비영리 기관과 정부 조직이 전략경영 프로세스를 효과적으로 활용하고 있다. 많은 비영리 기관과 정부 조직은 혁신, 동기부여, 생산성, 전략경영에서 영리 기업보다 더 나은 성과를 달성하고 있다.

영리 기업에 비해 비영리 기관과 정부 조직은 전적으로 외부의 자금 지원에 의존한다. 전략경영은 필요한 재정 지원을 확보하고 정당화하기 위한 훌륭한 근거를 제공한다. 비영리 기관과 정부 조직은 재정을 지원하는 주체로부터 받은 자금을 적절하게 사용해야 할 의무가 있으므로 탁월한 전략 수립, 실행, 평가가 필요하다.

교육 기관

대학을 평가하는 인증 기관은 지속적인 전략기획이 필요하다. 국제교육연구소(Institute of International Education)는 2017년 미국 대학의 유학생 수가 전년 대비 7% 감소했다고 보고했는데, 이는 최근 가장 큰 폭의 감소였다. 아이오와대학교, 웨이크포레스트대학교, 버지니아폴리테크닉주립대학교, 위스콘신대학교 등 미국 대학의 경영학 석사(MBA) 과정 일부가 등록 감소로 폐쇄되고 있다. 전반적으로 대학 재학생 수가 감소하는 추세이다. 미국 고등교육 기관에 제공되는 주정부와 연방정부의 지원은 매년 5% 이상 삭감되고 있다. 상황이 이러한지라 고등교육 기관에는 전략기획이 필수적이다.

미국 북동부, 중서부에서 서부, 남동부로의 인구 이동은 또 다른 위협일 수 있다. 심각한 외부 위협에 대처하기 위해 교육 기관은 전략경영의 개념, 도구, 기법을 더 자주 사용하고 있다. 카네기멜론대학교의 총장을 지낸 바 있는 리처드 사이어트(Richard Cyert)는 "내가 아는 그 어떤 기업보다 우리 대학이 전략경영을 더 탁월하게 수행하고 있다고 믿는다"고 말했다. MBA 프로그램이 어려움을 겪고 있기 때문에 대학은 MBA 과정을 분할하여 제공하고, 추가적으로 1~3개의 온라인 과정으로 구성된 다양한 유형의 경영 자격증을 부여한다. 예를 들어 훠턴스쿨에는 25만 달러를 내고 MBA 학위를 취득하는 900명의 학생도 있고, 여러 개의 600달러짜리 과정으로 구성된 디지털 마케팅 전문 자격증을 취득하는 사람들도 있다.[26] 하버드경영대학원은 '더 나은 관리자 되기'와 같은 8주 온라인 코스(1,500달러)를 운영한다.

미국 북동부에 위치한 아이비리그 대학들은 남동부와 서부에서 더 많은 학생을 모집하고 있다. 이러한 추세는 매년 최고의 고등학교 졸업생을 유치하기 위한 경쟁의 의미 있는 변화를 나타낸다. 온라인 학위는 전통적인 대학에 위협이 되고 있다. 워싱턴포스트(Washington Post Company)의 자회사인 캐플런교육센터(Kaplan Education Centers)에서 센터장을 맡고 있는 앤드루 로즌(Andrew Rosen)은 "아이들을 재우고 로스쿨에 갈 수 있다"고 말한다. 미국 주정부와 연방정부의 고등교육 지원 축소는 대학 차원에서의 더욱 공격적인 기금 마련으로 이어지고 있다.

정부 기관 및 부서

경찰서, 상공회의소, 산림협회, 보건 부서와 같은 연방, 주, 지방 자치단체 및 부서는 세금을 사용하여 가장 효율적인 방식으로 서비스와 프로그램을 제공해야 하며, 이를 위한 전략을 수립·실행·평가할 책임이 있다. 따라서 전략경영 개념이 전반적으로 필요하며, 이는 정부 조직을 보다 효과적·효율적으로 운영하는 과정에서 널리 활용된다.

정부 조직에 속한 전략가는 민간 기업의 경우보다 전략적 자율성을 충분히 누리지 못한다. 일반적으로 공기업은 관련 없는 사업으로의 다각화 또는 다른 기업과의 합병이 허용되지 않는다. 정부 조직의 전략가는 조직의 사명이나 목표를 변경할 수 있는 권한이 거의 없으며, 정치인이 주요 결정과 자원을 직간접적으로 통제하게 마련이다. 언론과 입법부에서 전략적 이슈를 논의하지만 이슈가 정치화되면서 선택할 수 있는 대안이 줄어든다. 그러나 정부 기관 및 부서는 구성원이 전략경영 프로세스에 참여할 수 있는 기회에 대해 즐거워하고, 그 과정에서 핵심 가치, 비전, 사명, 목표, 전략, 정책에도 영향을 미친다는 사실을 알게 되었다. 또한 정부 기관은 추가 예산 확보를 위한 공식적인 요청을 준비하고 그 필요성을 입증하는 데 전략경영의 접근 방식을 활용한다.

중소기업

사장이 되는 것은 수많은 사람의 희망이자 현실이다. 창업 과정에 등록하는 젊은이부터 노인에 이르기까지 사업을 직접 운영하고 싶어 하는 사람이 점점 늘어나고 있다. 그러나 미국에서는 30세 미만인 사람이 사업체를 소유 및 운영하는 비율이 1989년 10.6%에서 2013년 3.6%로 하락하여 최저치를 기록했다. 수많은 젊은이가 가정을 지키기 위해 저임금 직업에서 고군분투하는 현실을 감안한다면, 20대가 창업의 위험을 감수한다는 고정관념은 잘못된 것이다. 그 이유는 다양하지만, 중소기업을 위한 은행 대출 감소, 청년층의 부채 증가, 인터넷으로 인한 경쟁자 증가 등이 20대의 위험 회피 성향을 키우는 데 영향을 미친다.

전략경영 프로세스는 대기업과 마찬가지로 중소기업에도 매우 중요하다. 설립할 때부터 모든 기업은 전략을 가지고 있다. 전략이 일상의 운영에서 진화한 결과라 하더라도 마찬가지이다. 비공식적으로 추진되더라도 또는 일인 기업이라 할지라도 전략경영 프로세스는 중소기업에 성장과 번영을 가져다줄 수 있다. 그러나 전략적 관리 지식의 부족은 외부 기회 활용을 위한 자본의 부족이나 일관되지 못한 인식 체계와 마찬가지로 중소기업에 치명적인 약점이 된다. 연구에 따르면 대기업에 비해 중소기업에서는 전략경영이 공식적으로 활용되지는 않지만, 전략경영을 활용하는 경우 더 나은 성과를 달성한다.

전략가를 위한 시사점

그림 5-6은 기업이 경쟁우위를 확보하고 유지하려면 적절한 의사결정을 위해 많은 양의 정보를 수집·분석하고 우선순위를 지정하여 선별해야 함을 보여준다. 기업의 '전략계획'은 스포츠 팀의 '경기 계획'과 매우 닮았다. 두 경우 모두 경쟁기업(상대 팀)을 주의 깊게 연구한 다음 수립되고, 경쟁기업(상대 팀)의 계획보다 뛰어나야 성공하기 때문이다. 모든 기업 전략가(감독)는 상대 전략가(감독)가 더 나은 전략계획을 가지고 있다면 큰 어려움에 빠지게 된다.

가치사슬 분석과 벤치마킹은 지속적 경쟁우위를 창출·식별·육성·활용하는 데 필요하다. 사업과 스포츠 모두에서 경쟁자 간 역량이 균등화됨으로써 전략계획 또는 경기계획의 중요성이 기하급수적으로 증가하고 있다. 예를 들어 오번대학교, 앨라배마대학교, 오하이오주립대학교, 플로리다주립대학교, 캔자스주립대학교, 오리건대학교, 애리조나주립대학교, 미시간주립대학교, 미시간대학교 등의 풋볼 팀은 전력이 거의 비슷하기 때문에 경기계획이 승패의 결정적 요인으로 작용한다.

이 장에서 설명한 대부분의 전략은 각각 기업에 상당한 이점을 안겨주지만, 모든 기업은 다수의 전략을 동시에 추구할 만큼 충분한 자원을 가지고 있지 않다. 따라서 전략가는 우수한 대안 중에서 선택하고 그 밖의 우수한 옵션을 제거하며 위험, 상충 관계, 비용 등과 같은 주요 요소를 고려해야 한다. 상대 전략가(감독)가 더 우월한 전략을 실행한다면 기업(팀)의 전략가(감독)는 자사(팀)를 경쟁열위 상황에 처하게 만든다. 그러므로 6장에서는 성공적인 전략계획을 개발하기 위해 전략가들이 널리 사용하는 여섯 가지 분석 도구를 살펴볼 것이다.

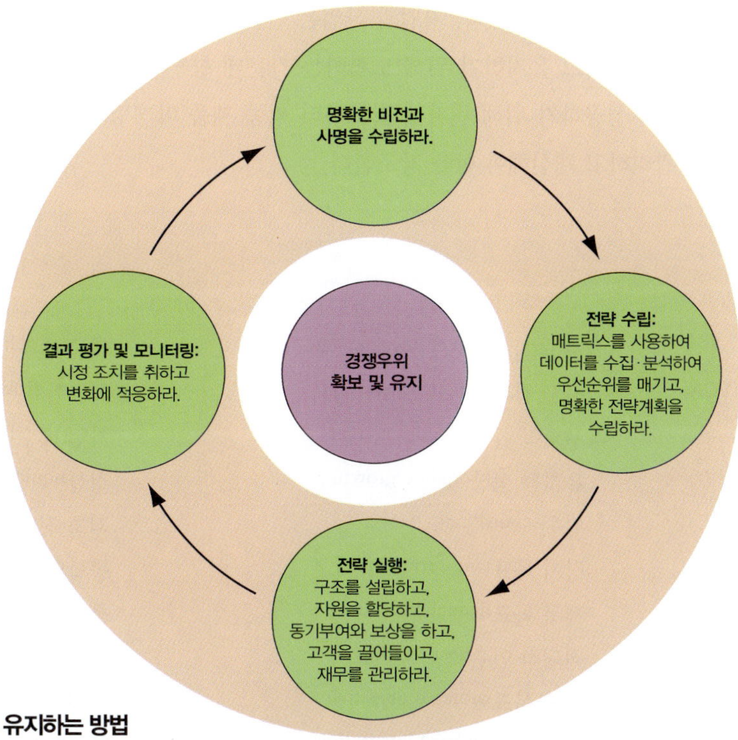

그림 5-6 경쟁우위를 확보하고 유지하는 방법

학생을 위한 시사점

이 장에서 다룬 많은 전략과 그 전략을 달성하기 위한 수단은 어떤 기업에도 유용하겠지만, 전략경영 사례 분석은 기업이 경쟁우위를 확보하기 위해 어떤 조치를 취해야 하는지 제시해야 한다. 결국 이 장에서 설명한 전략은 예상되는 비용이 포함된 특정 권고안으로 전환되어야 한다. 비용이 포함된 권고안은 사례 프로젝트에서 가장 중요한 부분이므로 6장에서는 이 주제에 대해 더 자세히 설명할 것이다. 그런데 프레젠테이션을 하거나 보고서를 제출할 때는 권고안으로 말미에 제시할 내용에 대해 약간의 내용을 미리 소개하는 것이 바람직하다. 권고안이 담긴 부분은 그 자체가 전체 발표나 보고서의 요약이어야 하며, 청중이나 독자를 놀라게 하는 내용이어서는 안 된다. 다른 전략 및 달성 수단을 왜 선택하지 않았는지에 대한 설명을 권고안에 담을 수도 있다. 그러한 정보 역시 지각된 비용과 혜택을 토대로 경쟁우위와 경쟁열위에 중점을 두어 제시해야 한다. 권고안과 전략의 차이는, 권고안은 수립된 후 실행을 위해 선택된 전략이라는 것이다.

요약

모든 경영관리적 접근의 핵심은 조직 성과를 향상할 것이라는 기대이다. 이는 특히 전략경영에 해당된다. 관리자와 종업원은 전략경영 활동에 참여함으로써 조직이 설정한 우선순위와 운영에 대해 더 잘 이해할 수 있다. 전략경영은 조직의 효율을 높일 수 있으나 더 중요한 것은 효과적인 조직이 되게 한다는 것이다. 전략경영이 조직의 성공을 보장해줄 수는 없지만, 프로세스를 통해 수동적으로 반응하는 것이 아니라 상황에 앞서 적극적으로 주도하는 의사결정이 가능해진다. 일부 조직에서 전략경영은 기업 철학의 근본적 변화를 의미할 수도 있기 때문에, 전략가는 제기될 의문과 발생할 쟁점을 미리 예상하고 건설적으로 대응할 수 있도록 훈련을 받아야 한다. 특히 조직의 관리자와 종업원이 실행 계획을 이해하고 지원하는 경우에는 이 장에서 다룬 전략이 많은 기업에 새로운 시작을 의미할 수 있다.

이 장에서는 기업이 내부적으로(유기적으로) 또는 다른 기업을 인수하거나 함께 협력함으로써 성장할 수 있음을 보여주었다. 또한 기업이 어떤 전략을 어떤 방법으로 언제 가장 성공적으로 추구했는지에 대해 설명했다. 기업과 산업은 변화하지만 이 장에 제시된 내용은 기업이 계속해서 경쟁우위를 확보하고 유지하기 위해 노력하는 가운데 향후 수십 년간 유용할 것이다. 결론적으로 이 장은 기업이 성공하기 위해 원자재 확보부터 최종 제품 마케팅에 이르기까지 가치사슬 활동을 지속적으로 관리하고 개선해야 함을 강조한다.

핵심 용어 및 개념

가치사슬value chain
가치사슬 분석value chain analysis(VCA)
관련 다각화related diversification
다각화 전략diversification strategy
벤치마킹benchmarking
본원적 전략generic strategy
블루오션 전략blue ocean strategy
비관련 다각화unrelated diversification
비용우위cost leadership
사업 매각divestiture
사업 축소retrenchment
수직적 통합vertical integration
수평적 통합horizontal integration
시장 개척market development
시장 침투market penetration
우호적 합병friendly merger
유기적 성장organic growth
인수acquisition
장기 목표long-term objective
재무 목표financial objective
적대적 인수hostile takeover
전략 목표strategic objective
전방 통합forward integration
전환 전략turnaround strategy
제품 개발product development
조합 전략combination strategy
집중 전략intensive strategy
차별화differentiation
차입 매수leveraged buyout(LBO)
청산liquidation
최초 진입자의 우위first-mover advantage
통합의 해제de-integration
통합 전략integration strategy
파산bankruptcy
프랜차이즈franchise
합병merger
합작투자joint venture
핵심 역량core competence
후방 통합backward integration

복습 및 토론 문제

5-1 수직적 통합을 정의하고 설명하라.
5-2 수직적 통합의 장점과 단점을 설명하라.
5-3 블루오션 전략을 정의하고 예를 들라.
5-4 내부 역량을 구축하는 세 가지 일반적인 방법을 설명하라.
5-5 특정 산업에서 최초 진입자가 되는 경우의 이점은 무엇인가?
5-6 영리 조직은 이익을 추구하고 비영리 조직은 그렇지 않다는 것 외에 두 조직의 두 가지 중요한 차이점은 무엇인가?
5-7 소규모 기업의 성장에서 개발, 차용, 구매 중 무엇이 최선의 전

략인지 설명하라.

5-8 많은 기업이 주요 부문이나 사업부를 매각하고 분할하는 이유를 설명하라.

5-9 차입 매수는 언제 적절한 전략이 될 수 있는가?

5-10 아마존이 어떻게 전방 통합과 다각화를 동시에 추진하고 있는지 실례를 들라.

5-11 "가치사슬을 따라 비용 절감을 추구하는 비용우위 전략과 달리, 차별화 전략을 추진하는 기업은 가치사슬의 각 요소에서 가치 극대화를 모색한다." 이 말의 의미를 설명하라.

5-12 벤치마킹을 정의하고 설명하라.

5-13 적대적 인수합병의 거래 건수와 금액이 증가하는 이유를 두 가지 제시하라.

5-14 사업 측면에서 영리 기업은 비영리 기관과 어떤 차이가 있는가? 영리 기업과 비영리 기관에서 전략기획은 각각 어떤 영향을 미치는가?

5-15 닥터페퍼스내플(Dr. Pepper Snapple)과 같은 음료 회사의 CEO가 전방 통합과 후방 통합 중에서 무엇을 선택해야 할지 조언을 구한다면 어떻게 설명하겠는가?

5-16 목표의 특성을 중요한 순서대로 열거하라.

5-17 목표의 이점을 중요한 순서대로 열거하라.

5-18 최근 들어 기업이 전방 통합의 정도를 줄여나가는 경향을 통합의 해제라고도 일컫는다. 이러한 경향의 이유를 설명하라.

5-19 최근 들어 기업이 후방 통합의 정도를 줄여나가는 경향 또한 통합의 해제라고 할 수 있다. 이러한 경향의 이유를 설명하라.

5-20 기업이 다각화하는 데 필요한 외부 조건과 내부 조건은 무엇인가?

5-21 경쟁기업 간 협력이 증가하는 추세인데, 이러한 전략의 장점과 단점은 무엇인가?

5-22 원하는 목표를 달성하기 위한 합작투자의 주요 이점을 열거하라.

5-23 원하는 목표를 달성하기 위해 다른 기업을 인수하는 경우의 주요 이점을 열거하라.

5-24 역사적으로 많은 인수합병이 실패한 이유를 열거하라.

5-25 비영리 기관이 전략기획을 통해 얻는 이점이 영리 기업보다 적은 이유는 무엇인가?

5-26 대학 풋볼 팀이나 농구 팀이 이번 주말의 경기를 위해 효과적인 경기계획을 세우는 것이 얼마나 중요한지 설명하라. 감독이 경기계획의 개발에 얼마나 많은 시간과 노력을 들인다고 생각하는가? 그러한 시간과 노력이 필요한 이유는 무엇인가?

5-27 소규모 조직과 대규모 조직의 전략 수립은 어떤 차이가 있는가? 영리 기업과 비영리 기관의 전략 수립은 어떤 차이가 있는가?

5-28 시장 침투, 시장 개척, 제품 개발에 대해 각각 가상의 사례를 제시하라.

5-29 전방 통합, 후방 통합, 수평적 통합에 대해 각각 가상의 사례를 제시하라.

5-30 관련 다각화와 비관련 다각화에 대해 각각 가상의 사례를 제시하라.

5-31 합작투자, 사업 축소, 사업 매각, 청산에 대해 각각 가상의 사례를 제시하라.

5-32 적대적 인수는 비윤리적인가? 왜 그렇게 생각하는지 이유를 설명하라.

5-33 다각화 전략의 주요 장점과 단점은 무엇인가?

5-34 통합 전략의 주요 장점과 단점은 무엇인가?

5-35 영리 기업과 비영리 기관의 전략경영은 어떤 차이가 있는가?

5-36 한 번에 너무 많은 전략을 추구하는 것이 바람직하지 않은 이유는 무엇인가?

5-37 재무 목표를 전략 목표와 비교하고 설명하라. 어떤 전략이 더 중요하다고 생각하는가? 그 이유는 무엇인가?

5-38 대기업과 중소기업의 전략 단계는 어떤 차이가 있는가?

5-39 열한 가지 유형의 전략을 열거하고 각각 가상의 사례를 제시하라.

5-40 최초 진입자의 우위를 정의하고 설명하라.

5-41 협력 전략과 경쟁 전략의 장점과 단점은 무엇인가?

5-42 영리 기업과 비영리 기관의 두 가지 주요 차이점은 무엇인가?

5-43 전방 통합이 훌륭한 전략적 선택이 될 수 있는 조건을 제시하라.

5-44 후방 통합이 훌륭한 전략적 선택이 될 수 있는 조건을 제시하라.

5-45 수평적 통합이 훌륭한 전략적 선택이 될 수 있는 조건을 제시하라.

5-46 시장 침투가 훌륭한 전략적 선택이 될 수 있는 조건을 제시하라.

5-47 시장 개척이 훌륭한 전략적 선택이 될 수 있는 조건을 제시하라.

5-48 제품 개발이 훌륭한 전략적 선택이 될 수 있는 조건을 제시하라.

5-49 사업 매각이 훌륭한 전략적 선택이 될 수 있는 조건을 제시하라.

5-50 사업 축소가 훌륭한 전략적 선택이 될 수 있는 조건을 제시하라.

5-51 청산이 훌륭한 전략적 선택이 될 수 있는 조건을 제시하라.

5-52 관련 다각화가 훌륭한 전략적 선택이 될 수 있는 조건을 제시하라.

5-53 비관련 다각화가 훌륭한 전략적 선택이 될 수 있는 조건을 제시하라.

5-54 권고안과 전략의 차이는 무엇인가?

5-55 연례 보고서에 종종 '훌륭한 인재 고용'이나 '유행보다 앞서 나감'과 같은 모호한 용어로 목표를 기술하는 이유는 무엇인가? 전략가가 전략계획을 수립할 때 그러한 모호함을 피해야 하는 이유는 무엇인가?

확인 학습

SET 1 코카콜라의 전략기획

연습 5A

코카콜라의 가상 전략 개발하기

목적

기업이 사용할 수 있는 열한 가지 주요 전략 유형을 알아보고 사례를 제시한다. 이 연습을 통해 각 유형별로 실행 가능한 전략을 수립할 수 있을 것이다.

설명

1단계 1장에 제시된 코카콜라 사례와 관련 '확인 학습'에서 자신이 답한 내용을 검토하라.

2단계 표 5-3의 열한 가지 전략 중에서 코카콜라에 실제로 도움이 되고 실행 가능한 대안 전략을 밝혀라.

연습 5B

2020~2021년 코카콜라는 개발, 차용, 구매 중 무엇을 선택해야 하는가?

목적

'계획된 것'과 '권고안'을 비교하는 과정은 사례 분석에서 매우 중요하다. 만약 상황에 대한 심층 분석으로 모든 실행 가능한 대안 중에서 최적의 전략이 밝혀지지 않는다면 기업의 실제 계획과 동일한 내용의 권고는 피해야 한다. 이 연습을 통해 기업이 2018~2019년에 무엇을 하고 있고 2020~2021년에는 무엇을 해야 할지 결정하기 위한 분석을 해볼 수 있다.

설명

1단계 코카콜라 웹사이트에서 'Press Center'를 클릭하여 최근의 보도 자료 10개를 읽어보라.

2단계 코카콜라가 실제로 추구하고 있는 두 가지 전략을 골라 이 장의 내용을 바탕으로 두 전략의 장점과 단점을 제시하라.

3단계 코카콜라가 추진하지 않는 두 가지 전략을 골라 이 장의 내용을 바탕으로 두 전략의 장점과 단점을 제시하라.

SET 2 모교의 전략기획

연습 5C

모교의 전략 대안 개발하기

목적

대학의 경우 모든 영역의 대표자들이 교수진, 학생, 동문, 직원 및 기타 구성원들에게 도움이 될 수 있는 대안 전략을 식별하고 논의하는 것이 중요하다. 이 연습을 통해 사람들이 의견 차이를 표명할 때 일어나는 깨달음과 이해를 확인할 수 있을 것이다. 그리고 계획 과정 자체가 문서보다 더 중요하다는 것을 기억해야 한다.

설명

1단계 연습 1A에서 알게 된 외부 기회와 위협, 내부 강점과 약점 요인을 다시 확인하라. 연습 1A를 수행하지 않았다면 모교가 직면한 중요한 외부 및 내부 요인에 대해 논의하라.

2단계 대학에 도움이 될 수 있다고 생각하는 대안 전략을 열 가지 제시하라. 이러한 전략은 대학이 장점을 극대화하고 약점을 개선하며, 외부의 위협을 피하면서도 기회를 활용하도록 이끌어야 한다.

10개의 대안 전략에 1부터 10까지 번호를 매겨라. 각 전략은 '시장 침투를 수행하라'와 같은 모호한 용어가 아니라 '2개의 기숙사를 신설하라'와 같은 구체적인 용어로 기술되어야 한다.

3단계 연습에 참여하는 모든 사람이 개별적으로 별도의 종이에 1부터 10까지 번호를 적은 뒤 10개의 대안 전략에 대해 1~3의 척도(1: 실행을 지지하지 않음, 2: 실행에 대해 중립, 3: 실행을 적극 지지함)로 평가하라. 평가할 때 원하는 작업 모두 또는 잠재적으로 유익한 작업 모두를 수행할 수 있을 만큼 충분한 자금을 보유한 기관이 없다는 것을 염두에 두어야 한다.

4단계 강사는 평가지를 모두 모아서 각 전략에 대해 학생들이 평가한 점수를 합산한다. 즉 합산한 점수로 전략의 우선순위를 파악할 수 있으며 점수가 높을수록 매력적인 전략이다. 이 우선순위 목록은 참여자의 집단 지성이 반영된 결과이다.

5단계 추가로 기관이 각 구성원의 이해를 제고하고 헌신을 확보할 수 있는 방법에 대해 논의하라.

SET 3 취업 역량 제고를 위한 전략기획

연습 5D

개인 전략계획의 핵심: 개발과 차용 병행하기

목적

다양한 전략을 달성하기 위한 수단으로 기업은 보통 '개발, 차용, 구매' 중 하나를 선택하여 성장을 추구한다. 그러나 각 개인은 개발과 차용을 선택해야 한다. 이 연습은 성공적인 경력을 구축하기 위한 개발 및 차용의 활용법과 관련된 통찰력을 제공한다.

설명

1단계 경력 기회를 향상하기 위해 개발할 수 있는, 즉 내부적으로 성장할 수 있는 네 가지 방법을 제시하라.

2단계 경력 기회를 향상하기 위해 차용할 수 있는, 즉 다른 사람들을 활용하여 성장할 수 있는 네 가지 방법을 제시하라.

3단계 작성한 목록을 다른 참여자들의 목록과 비교·대조하라. 목표 달성에 가장 효과적이라고 생각되는 네 가지 개발 방안과 네 가지 차용 방안을 논의하여 선정하라.

SET 4 개인과 집단의 전략기획

연습 5E

코카콜라를 위한 최상의 전략 조합은 무엇인가?

목적

전략경영 수업은 일반적으로 사례 분석을 수행하는 학생들이 모인 팀으로 구성된다. 이 연습의 목적은 개인의 의사결정과 집단의 의사결정을 비교해보는 것이다. 학술 연구에 따르면 집단이 개인보다 더 나은 결정을 내릴 확률이 80% 이상이다. 어떤 기업도 유용한 모든 전략을 실행할 수 있는 충분한 자원을 가지고 있지 않기 때문에 어려운 선택을 해야 한다. 상대적인 매력에 순위를 부여하는 것은 실제로 자금 투입 결정을 내리는 과정에서 흔히 사용되는 방법이다. 종종 관리자 집단은 전략의 상대적 순위를 부여하고 그 순위를 다른 집단의 평가와 비교한다. 이 순위 지정 과정은 실행 가능한 대안 전략의 상대적 매력도를 결정하는 데 사용할 수 있다. 이 연습의 목적은 이 장에서 다룬 전략적 옵션을 추구하는 기업의 장점과 단점을 제대로 이해했는지 확인하는 것이다. 또한 기업을 위해 실행 가능한 대안 전략 중에서 선택해보는 경험을 제공한다.

상황

코카콜라는 상당히 잘하고 있지만 더 잘하고 싶다. 앞으로 나아가고 있는 자사에 어떤 전략이 가장 최선일지 결정하려고 노력한다. 이 장에서 다룬 일곱 가지 전략을 다음과 같이 추진하고 있다.

생산운영 전략

1. 전방 통합: 코카콜라 매장 100개 구축
2. 후방 통합: 전 세계 코카콜라 매장에 필요한 원재료를 확보하기 위해 1만 에이커의 사탕수수 농장 구입
3. 수평적 통합: 닥터페퍼스내플의 음료 브랜드 4개 인수
4. 시장 개척: 아프리카 대륙을 효과적으로 공략하기 위해 생산 시설 구축
5. 시장 침투: 코카콜라에 대한 전반적인 인식이 해로움에서 건강함으로 바뀔 수 있도록 전 세계적으로 광고, 판촉, 홍보 캠페인 시작
6. 제품 개발: 유기농 주스 제품군 개발, 생산, 출시
7. 비관련 다각화: 건설 회사를 인수하여 전 세계적으로 매장, 공장, 유통 센터 신설을 맡김

작업

코카콜라에 대한 상대적 매력도에 따라 일곱 가지 전략의 상대적 순위를 매긴다(1: 가장 매력적인 전략, 7: 가장 덜 매력적인 전략). 먼저 개인별로 전략의 순위를 매긴 뒤 집단 차원에서 논의를 통해 순위를 매긴다. 그런 다음 강사가 부여한 순위와 그 근거를 확인한다. 논의를 거쳐 가장 적절하게 순위를 부여한 개인 또는 집단을 선정한다.

단계

1. 전략의 상대적 매력도에 부여하는 점수를 표 5-9의 (1)열에 기입하라. 예를 들어 후방 통합의 매력도가 일곱 번째라고 생각한다면 7을 기입한다.
2. 집단 차원에서 전략의 상대적 매력도에 부여하는 점수를 표 5-9의 (2)열에 기입하라. 예를 들어 후방 통합이 세 번째로 좋은 방안이라고 생각한다면 3을 기입한다.
3. 강사가 전략의 상대적 매력도에 부여한 점수를 표 5-9의 (3)열에 기입하라.
4. 각 전략에 대해 (1)열과 (3)의 차이(절댓값)를 표 5-9의 (4)열에 기입하라. 이는 각 참여자가 얼마나 적절하게 상대적 매력도를 평가했는지를 나타낸다.
5. 각 전략에 대해 (2)열과 (3)열의 차이(절댓값)를 표 5-9의 (5)열에 기입하라. 이는 집단이 얼마나 적절하게 상대적 매력도를 평가했는지를 나타낸다.

표 5-9 코카콜라의 전략기획: 개인 대 집단

전략	(1) 개인 평가	(2) 집단 평가	(3) 강사 평가	(4) (1)과 (3)의 차이	(5) (2)와 (3)의 차이
1. 후방 통합 사탕수수 농장 구입					
2. 전방 통합 100개 매장 신설					
3. 수평적 통합 닥터페퍼 브랜드 인수					
4. 시장 개척 아프리카에 제조 공장 건설					
5. 시장 침투 마케팅 캠페인 시작					
6. 제품 개발 유기농 캔디주스 출시					
7. 비관련 다각화 건설 회사 인수					

6. (4)열의 합계와 (5)열의 합계를 각각 구하라.
7. (4)열의 합계와 (5)열의 합계를 비교하라. (4)열의 합계가 (5)열의 합계보다 적으면 집단보다 개인이 더 적절하게 평가한 것으로 볼 수 있다.
8. (4)열의 합계가 가장 낮은 개인이 최고의 성과를 거둔 것이다.
9. 여러 집단이 참여했다면 (5)열의 합계가 가장 낮은 집단이 최고의 성과를 거둔 것이다.

페이스북 MINI-CASE

페이스북은 링크드인을 인수해야 하는가? 협력해야 하는가? 치열한 경쟁 관계를 유지해야 하는가?

이 장에서는 경쟁기업 간 합병, 협력, 또는 단순한 경쟁 관계 유지에 대해 논의했다. 미국 캘리포니아주 멘로파크에 본사를 둔 페이스북(Facebook)은 세계 최대의 온라인 소셜네트워킹 기업이다. 한편 캘리포니아주 마운틴뷰에 본사를 둔 링크드인(LinkedIn)은 회원들이 일자리를 찾고 다른 전문가와 연결되며 사업 기회를 찾을 수 있도록 설계된 최대 규모의 직장인 온라인 네트워킹 기업이다. 두 기업은 사업 모델이 점점 더 비슷해지면서 더욱 치열하게 경쟁하고 있다. 둘 다 회원 가입이 무료이고 공간에 광고를 유치하여 수익을 창출한다. 또한 링크드인은 구인 정보 서비스를 통해 수익을 얻는다. 많은 기업이 링크드인에 채용 공고를 올리고 링크드인에서 후보자를 검색하므로 특히 졸업을 앞둔 학생에게 유용하다. 페이스북도 이러한 서비스를 운영하고 싶어 한다. 링크드인의 회원은 사무직 종사자가 많고 교육 수준이 높으며, 45%는 연간 7만 5,000달러 이상의 소득을 얻고 있다. 페이스북은 약 30억 명의 회원을 보유하고 있으나 소득 측면에서 전체 구간에 퍼져 있다.

두 기업은 제품과 서비스 측면에서 서로에게 끌리고 있다. 링크드인은 최근 페이스북처럼 동영상 업로드 기능을 추가했으며, 페이스북은 링크드인의 시장에 진출하기 위해 소셜이 아닌 직장인을 위한 새로운 기능을 점검하고 있다. 두 기업의 주요 전략은 제품 개발이다. 페이스북과 링크드인은 지속적으로 개선된 가시적·비가시적 사업 분석 모델을 개발하여 데이터를 수집하고 흡수한 뒤 판매한다. 링크드인은 소셜네트워크가 수많은 데이터를 수집하고 하둡(Hadoop) 기반 데이터 저장소에서 분석될 수 있도록 지원하는 빅데이터 프레임워크인 고블린(Gobblin)을 개발했다. 또한 에스프레소(Espresso)와 같은 데이터베이스, 카프카(Kafka)와 같은 이벤트 로깅 시스템에 다양한 내부 데이터(회원 프로필, 댓글과 클릭 등 사용자 활동과 관련된 정보)를 보관하고 있다. 세일즈포스(Salesforce)와 트위터(Twitter) 같은 외부에서 데이터를 가져오기도 한다. 페이스북은 회원이 공통 관심사를 기반으로 전문가를 확인하고 함께 시간을 보낼 수 있는 멘토링 기능을 시범적으로 운영하고 있으며, 링크드인과 유사한 이력서 기능도 점검 중이다. 많은 사람은 소셜 활동(페이스북)과 직장 활동(링크드인)의 분리를 선호하지만 이 두 기업은 점점 더 닮아가면서 경계가 모호해지고 있다.

문제

1. 페이스북은 이력서 게시와 같이 사람들이 효율적으로 구직 활동을 할 수 있도록 돕는 기능을 개발해야 하는가?
2. 페이스북은 직무 기술서 또는 구인 공고 게시와 같이 구인 활동을 돕는 기능을 개발해야 하는가?
3. 링크드인은 회원이 개인적인 사진과 동영상을 업로드할 수 있는 기능을 개발해야 하는가?
4. 링크드인과 페이스북은 합병해야 하는가? 두 기업의 합병은 어떤 장단점이 있는가?
5. 링크드인과 페이스북은 합병하기보다 협력해야 하는가? 두 기업이 상호 이익을 얻을 수 있는 세 가지 협력 방안을 제시하고 설명하라.

출처: 기업 문서와 다양한 자료원

웹 참고 자료

1. www.strategyclub.com
   저자의 웹사이트는 이 장에 대해 학술논문과 언론 자료를 기반으로 꾸준히 업데이트한 내용을 제공한다.

참고 문헌

Arkadiy, V. Sakhartov. "Economies of Scope, Resource Relatedness, and the Dynamics of Corporate Diversification." *Strategic Management Journal* 38, no. 11 (November 2017): 2168–2188.

Greve, Henrich R., and Cyndi Man Zhang. "Institutional Logics and Power Sources: Merger and Acquisition Decisions." *Academy of Management Journal* 60, no. 2 (April 2017): 671–694.

Huang, Zhi, Hong (Susan) Zhu, and Daniel J. Brass. "Cross-Border Acquisitions and the Asymmetric Effect of Power Distance Value Difference on Long-Term Post-Acquisition Performance." *Strategic Management Journal* 38, no. 4 (April 2017): 972–991.

Jap, Sandy, A. Noel Gould, and Annie H. Liu. "Managing Mergers: Why People First Can Improve Brand and IT Consolidations." *Business Horizons* 60, no. 1 (January 2017): 123–134.

Jiang, Han, Jun Xia, Albert Cannella, and Ting Xiao. "Do Ongoing Networks Block Out New Friends? Reconciling the Embeddedness Constraint Dilemma on New Alliance Partner Addition." *Strategic Management Journal* 39, Issue 1 (January 2018): 217–241.

Kistruck, Geoffrey M., Robert B. Lount Jr., Brett R Smith, Brian J. Bergman Jr., and Todd W. Moss. "Cooperation vs. Competition: Alternative Goal Structures for Motivating Groups in a Resource Scarce Environment." *Academy of Management Journal* 59, no. 4 (August 2016): 1174–1198.

Kuusela, Pasi, Thomas Keil, and Markku Maula. "Driven by Aspirations, But in What Direction? Performance Shortfalls, Slack Resources, and Resource-Consuming vs. Resource-Freeing Organizational Change." *Strategic Management Journal* 38, no. 5 (May 2017): 1101–1120.

Li, Jing, Jun Xia, and Zhouyu Lin. "Cross-Border Acquisitions by State-Owned Firms: How do Legitimacy Concerns Affect the Completion and Duration of Their Acquisitions?" *Strategic Management Journal* 38, no. 9 (September 2017): 1915–1934.

Lieberman, Marvine B., Roberto Garcia-Castro, and Natarajan Balasubramanian. "Measuring Value Creation and Appropriation in Firms: The VCA Model." *Strategic Management Journal* 38, no. 6 (June 2017): 1193–1211.

Lyons, Elizabeth, and Laurina Zhang. "Who Does (Not) Benefit from Entrepreneurship Programs?" *Strategic Management Journal* 39, no. 1 (January 2018): 85–112.

Mackey, Tyson B., Jay B. Barney, and Jeffrey P. Dotson. "Corporate Diversification and the Value of Individual Firms: A Bayesian Approach." *Strategic Management Journal* 38, no. 2 (February 2017): 322–341.

Marks, Mitchell Lee, Philip Mirvis, and Ron Ashkenas. "Surviving M&A." *Harvard Business Review* 95, Issue 2 (March–April 2017): 145–149.

McCann, Brian T., and Mona Bahl. "The Influence of Competition from Informal Firms on New Product Development." *Strategic Management Journal* 38, no. 7 (July 2017): 1518–1535.

Mellewigt, Thomas, Adeline Thomas, Ingo Weller, and Edward Zajac. "Alliance or Acquisition? A Mechanisms-Based, Policy-Capturing Analysis." *Strategic Management Journal* 38, no. 12 (December 2017): 235–2369.

Moeen, Mahka. "Entry into Nascent Industries: Disentangling a Firm's Capability Portfolio at the Time of Investment Versus Market Entry." *Strategic Management Journal* 38, no. 10 (October 2017): 1986–2004.

Panico, Claudio. "Strategic Interaction in Alliances." *Strategic Management Journal* 38, Issue 8 (August 2017): 1646–1667.

Rabier, Maryiane. "Acquisition Motives and the Distribution of Acquisition Performance." *Strategic Management Journal* 38, no. 13 (December 2017): 2666–2681.

Vidal, Elena, and Will Mitchell. "Virtuous or Vicious Cycles? The Role of Divestitures as a Complementary Penrose Effect within Resource-Based Theory." *Strategic Management Journal* 39, no. 1 (January 2018): 131–154.

Wassmer, Ulrich, Sali Li, and Anoop Madhok. "Resource Ambidexterity Through Alliance Portfolios and Firm Performance." *Strategic Management Journal* 38, no. 2 (February 2017): 384–394.

Zhou, Yue M., and Xiang Wan. "Product Variety, Sourcing Complexity, and the Bottleneck of Coordination." *Strategic Management Journal* 38, no. 8 (August 2017): 1569–1587.

Zhou, Yue Maggie, and Xiang Wan. "Product Variety and Vertical Integration." *Strategic Management Journal* 38, no. 5 (May 2017): 1134–1150.

미주

1. John Byrne, "Strategic Planning—It's Back," *BusinessWeek* (August 26, 1996): 46.
2. Steven C. Brandt, *Strategic Planning in Emerging Companies* (Reading, MA: Addison-Wesley, 1981). Reprinted with permission of the publisher.
3. F. Hansen and M. Smith, "Crisis in Corporate America: The Role of Strategy," *Business Horizons* (January–February 2003): 9.
4. Based on F. R. David, "How Do We Choose among Alternative Growth Strategies?" *Managerial Planning* 33, no. 4 (January–February 1985): 14–17, 22.
5. Ibid.
6. Kenneth Davidson, "Do Megamergers Make Sense?" *Journal of Business Strategy* 7, no. 3 (Winter 1987): 45.
7. David, "How Do We Choose."
8. Ibid.
9. Ibid.
10. Ibid.
11. Arthur Thompson Jr., A. J. Strickland III, and John Gamble, *Crafting and Executing Strategy: Text and Readings* (New York: McGraw-Hill/Irwin, 2005), 241.
12. Michael E. Porter, *Competitive Strategy: Techniques for Analyzing Industries and Competitors* (New York: Free Press, 1980), 53–57, 318–319.
13. David, "How Do We Choose."
14. Ibid.
15. Ibid.
16. Ibid.
17. Ibid
18. Porter, *Competitive Advantage*, 34–44.
19. Porter, *Competitive Advantage,* 160–162.

20. Porter, *Competitive Advantage,* 160–162.
21. https://www.audible.com/pd/Business/Summary-of-Blue-Ocean-Strategy-by-W-Chan-Kim-and-Renee-A-Mauborgne-Audiobook/B01L06M29Y?gclid=Cj0KCQiA_5_QBRC9ARIsADVww-15mWwiWvtZ5ci2wnBjmZlXczGUkKktkDjWHt9wQ7pzw-DYIi_R3UxSkaAt7QEALw_wcB&pcrid=158258695641&cvo_pid=5075902449&mkwid=DSATitle_dc&pmt=b&cvosrc=ppc+-dynamic+search.google.97175169&cvo_crid=158258695641&pkw=&source_code=GO1GB907OSH060513
22. Kathryn Rudie Harrigan, "Joint Ventures: Linking for a Leap Forward," *Planning Review* 14, no. 4 (July–August 1986): 10.
23. Matthew Schifrin, "Partner or Perish," *Forbes* (May 21, 2001): 32.
24. David, "How Do We Choose."
25. Gary Hamel, Yves Doz, and C. K. Prahalad, "Collaborate with Your Competitors—and Win," *Harvard Business Review* 67, no. 1 (January–February 1989): 133.
26. Kelsey Gee, "Do Free Business Courses Pay Off?" *Wall Street Journal*, September 7, 2017, B6.

6

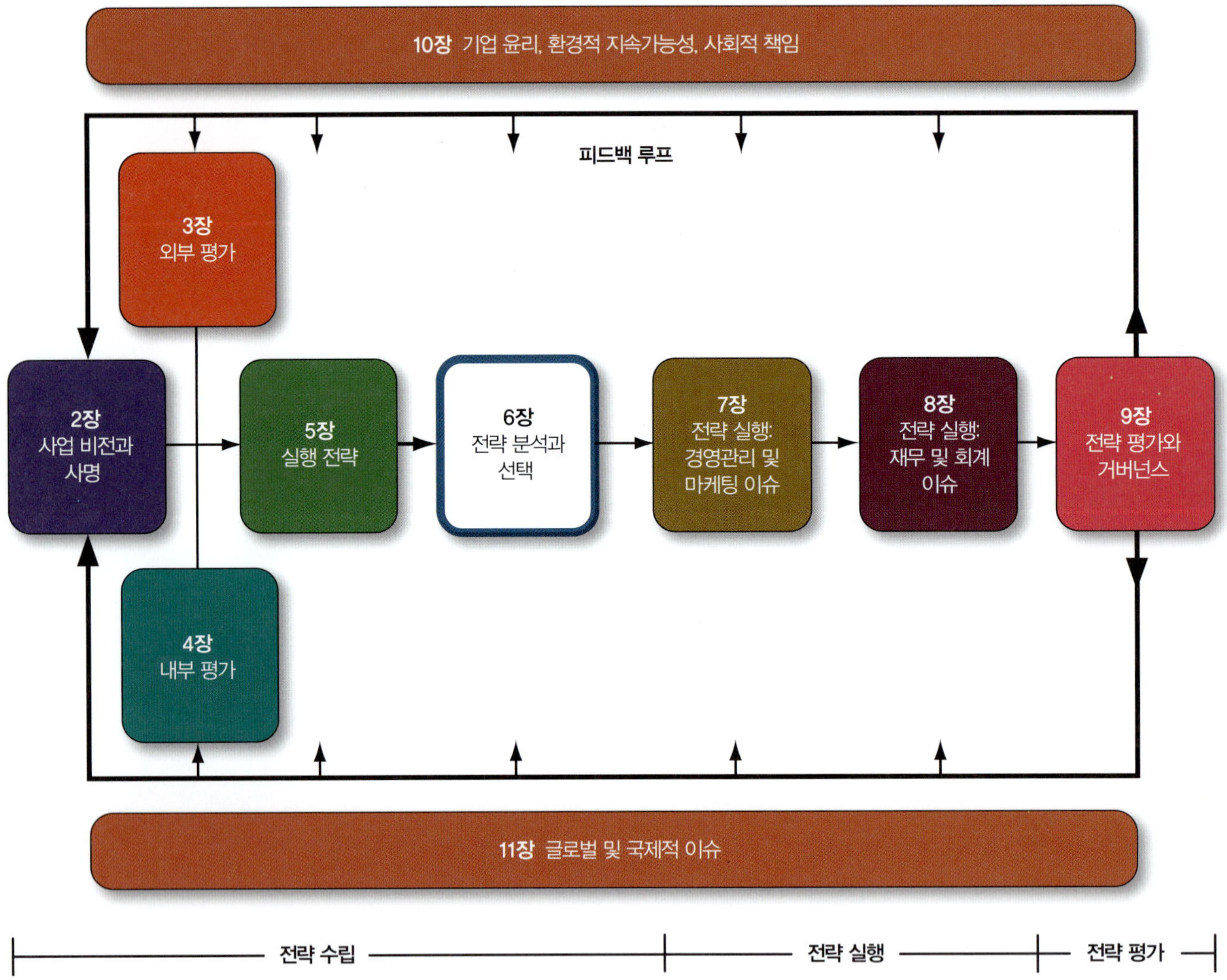

그림 6-1 포괄적·통합적 전략경영 모델

출처: Fred R. David, "How Companies Define Their Mission," *Long Range Planning* 22, no. 1 (February 1989): 91. Anik Ratnaningsih, Nadjadji Anwar, Patdono Suwignjo, and Putu Artama Wiguna, "Balance Scorecard of David's Strategic Modeling at Industrial Business for National Construction Contractor of Indonesia," *Journal of Mathematics and Technology*, no. 4 (October 2010): 20.

전략 분석과 선택

학습 목표

6-1 전략 분석과 선택 과정을 이해한다.
6-2 3단계로 이루어진 전략 수립 분석 프레임워크를 파악한다.
6-3 강점-약점-기회-위협(SWOT) 매트릭스를 구성하고 적용한다.
6-4 전략적 위치 및 행동 평가(SPACE) 매트릭스를 구성하고 적용한다.
6-5 보스턴컨설팅그룹(BCG) 매트릭스를 구성하고 적용한다.
6-6 내부-외부(IE) 매트릭스를 구성하고 적용한다.
6-7 대전략 매트릭스를 구성하고 적용한다.
6-8 정량적 전략기획 매트릭스(QSPM)를 구성하고 적용한다.
6-9 권고안과 관련된 비용 추정 방법을 알아본다.
6-10 전략 분석과 선택에 대한 조직 문화의 역할을 이해한다.
6-11 전략 분석과 선택에서 중요한 정치적 고려 요인을 파악한다.

확인 학습

SET 1 코카콜라의 전략기획
연습 6A 코카콜라의 SWOT 분석 실행하기
연습 6B 코카콜라의 SPACE 매트릭스 개발하기
연습 6C 코카콜라의 BCG 매트릭스 개발하기
연습 6D 코카콜라의 QSPM 개발하기

SET 2 모교의 전략기획
연습 6E 모교의 BCG 매트릭스 개발하기

SET 3 취업 역량 제고를 위한 전략기획
연습 6F 자신의 QSPM 개발하기
연습 6G 양식 역량 테스트

SET 4 개인과 집단의 전략기획
연습 6H 전략기획에서 다양한 위협은 얼마나 큰 영향을 미치는가?

전략 분석과 선택은 객관적인 정보를 토대로 주관적인 결정을 내리는 것과 주로 관련이 있다. 앞선 장들에서는 객관적인 정보 획득에 중점을 두었으며, 이러한 정보는 전략을 수립하는 과정과 실행할 전략을 선택하는 과정에서 활용된다. 이 장에서는 전략가가 실행 가능한 대안을 만들고, 그러한 대안을 평가하며, 특정한 행동을 선택할 수 있게 하는 중요한 개념을 소개할 것이다. 또한 정치, 문화, 윤리, 사회적 책임 등을 포함하여 전략 수립의 행동 측면을 다룬다. 특히 전략 수립을 위한 최신 도구를 설명할 것이다. 이 장의 자료 또한 www.strategyclub.com에서 무료로 내려받을 수 있는 엑셀 전략기획 양식을 기반으로 한다.

하비로비(Hobby Lobby)의 CEO인 데이비드 그린(David Green)은 '바로 그 책을 통해(right by the book)'라는 전략기획을 수행하는 모범적인 전략가이다.

학습 목표 6-1

전략 분석과 선택 과정을 이해한다.

전략 분석과 선택

그림 6-1에 나타냈듯이 이 장에서는 대안이 될 수 있는 전략 수립 및 평가, 추진할 전략 선택에 대해 설명한다. 전략 분석과 선택을 통해 기업은 사명과 목표를 가장 잘 달성할 수 있는 일련의 전략 행동을 결정하게 된다. 기업의 현재 전략, 목표, 비전, 사명, 외부 및 내부 정보는 타당성 있는 전략적 대안을 수립하고 평가하기 위한 기반을 제공한다. 이러한 체계적 접근은 기업이 위기를 피하는 데 효과적인 수단이다. 루딘(Rudin)의 법칙에 따르면 "위기로 인해 대안 중에서 선택할 수밖에 없는 상황에서 대부분의 사람들은 실행 가능한 것 중에서 최악의 것을 고른다."

입력 단계에서의 매트릭스가 지나치게 낮은 점수를 생성해내지 않는 한, 대안이 될 전략은 기업을

귀감이 되는 전략가

하비로비의 CEO 데이비드 그린

ArchiVIZ/Shutterstock

세계에서 가장 큰 공예품 기반의 가정 장식품 기업인 하비로비는 750개 매장에서 연 매출 43억 달러를 올리는 비상장기업이다. 하비로비를 이끄는 CEO 데이비드 그린은 "훌륭한 관리자가 되는 비결은 책으로 관리하는 것"이라고 말한다. 직원들이 가족과 함께 교회 예배에 참석할 수 있도록 일요일에 매장을 닫는 것을 통해서도 알 수 있듯이 그린이 언급하는 책은 바로 성경이다. 하비로비의 모든 직원은 미국 연방 최저임금의 2배 이상을 받는다. 또한 하비로비는 직원에게 후한 복지를 제공하고 모든 매장이 오후 8시에 문을 닫는다. 그린은 "성경에는 좋은 리더십에 대해 알아야 할 모든 것이 있다"고 말한다. 하비로비의 직원은 항상 긍정적이 되도록 훈련을 받으며 이직이 거의 없다. 일반적인 소매업체 시간제 직원의 이직률이 약 65%라는 것을 감안하면 이는 대단한 일이다. 그린이 "성경은 빚의 노예가 되지 말라고 경고한다"고 말한 이후로 하비로비는 장기부채가 없다. 그린이 최근에 출간한 《모든 것을 바치고 다시 돌려받기(Giving It All Away … And Getting It Back Again)》에서 밝힌 것처럼 하비로비는 세전 수익 중 절반을 자선 단체에 기부한다. 그린의 리더십 지침에는 "진실함을 언제나 사업의 중심에 두어라, 더 많은 돈을 벌기 위해 원칙에서 물러서지 말라, 늘 고객의 관점에서 생각하라"가 포함되어 있다. 그린은 미국의 우상이자 모범적인 전략가이다.

출처: Scott Smith, "Why Retail's David Green Manages By 'The Book,' *Investor's Business Daily* (May 22, 2017): A4.

현재 위치에서 원하는 미래 위치로 데려다줄 점진적인 걸음이 될 것이다. 그 전략은 현실과 동떨어진 것을 토대로 하면 안 되고 기업의 비전, 사명, 목표, 외부 감사 및 내부 조사 결과에 따른 것이어야 한다. 또한 잘 작동했던 과거의 전략과 일맥상통하거나 그 기반 위에 구축된 것이어야 한다.

전략 생성 및 선택 프로세스

전략가가 실행 가능한 모든 전략을 고려하는 것은 아니다. 가능한 행동의 개수뿐만 아니라 각 행동을 실행하는 방법의 개수도 무한하기 때문이다. 따라서 가장 매력적인 대안으로 구성된 전략 묶음을 개발하고 검토하고 우선순위를 지정한 뒤 선택해야 한다. 그 과정에서 각각의 장점, 단점, 상충 관계, 비용, 이점을 파악해야 한다.

전략을 식별하고 평가하는 과정에는 기업의 비전과 사명 선언문을 모으고 외부 감사를 수행하며 내부 조사를 수행한 경험이 있는 많은 관리자와 직원이 참여해야 한다. 기존의 전략 수립 활동과 마찬가지로 여기에는 각 부문과 부서의 대표가 포함되어야 한다. 이러한 참여는 기업이 무엇을 하고 있고 왜 하는지를 관리자와 직원이 이해하고 목표 달성을 위해 전념하는 최고의 기회가 된다.

전략 분석 및 선택 활동에 참여하는 모든 이는 기업의 외부 감사 및 내부 조사 정보를 사용할 수 있어야 한다. 이 정보는 기업의 비전, 사명 선언문과 함께 참여자가 최고의 선택이라고 믿는 특정 전략을 구체화하는 데 도움이 될 것이다. 이러한 과정에는 창의성이 중요하다. 최소한 SWOT 분석은 참여자가 직접 수행해야 한다. 추가적으로 BCG, IE, SPACE, GRAND, QSPM 분석은 전략기획에 언제나 유용한 기법이다.

전략 수립 분석 프레임워크

학습 목표 6-2

3단계로 이루어진 전략 수립 분석 프레임워크를 파악한다.

중요한 전략 수립 기법은 그림 6-2와 같이 3단계 의사결정 프레임워크에 통합될 수 있다. 이 프레임워크에 포함된 도구는 모든 규모와 유형의 조직에 적용할 수 있으며, 전략가의 전략 식별, 평가, 선택 과정에서 도움을 준다. 이러한 도구를 통해 기업은 복잡한 데이터를 분석하고 궁극적으로는 효과적인 전략 계획을 수립할 수 있다. 또한 이러한 도구는 이 책에서 제시하는 분석적 전략기획 과정에 대해 중심을 잡아주는 역할을 한다.

1단계: 입력 단계

외부 요인 평가(EFE) 매트릭스	경쟁 프로파일 매트릭스 (CPM)	내부 요인 평가(IFE) 매트릭스

2단계: 매칭 단계

강점-약점-기회-위협 (SWOT) 매트릭스	전략적 위치 및 행동 평가(SPACE) 매트릭스	보스턴컨설팅그룹(BCG) 매트릭스	내부-외부(EE) 매트릭스	대전략 매트릭스

3단계: 결정 단계

정량적 전략기획 매트릭스(QSPM)

그림 6-2 전략 수립 분석 프레임워크

전략 수립 분석 프레임워크(strategy-formulation analytical framework)에 포함된 아홉 가지 기법 모두 직관과 분석의 통합이 필요하다. 기업의 각 부문은 대부분 전략 수립 기법을 사용하여 전략과 목표를 개발한다. 부문별 분석 결과는 다시 기업 수준의 대안 전략을 식별·평가·선택하기 위한 기반으로 활용된다.

전략적 결정에 대해서는 언제나 기법이 아닌 전략가 자신이 책임을 지게 된다. R. T. 렌츠(R. T. Lenz)는 전략기획 프로세스가 언어 중심에서 수치 중심으로 이동함에 따라 가능성과 확실성에 대해 잘못된 인식을 가지게 되었고, 이해를 탐색하고 가정을 검증하며 조직적 학습을 촉진하기 위한 수단인 대화, 토론, 논쟁에 대한 의존도가 줄어들었다고 강조했다.[1] 따라서 전략가는 이러한 가능성을 경계하고 분석 도구를 현명하게 사용하면서 의사소통을 더욱 촉진해야 한다. 그러나 객관적인 정보와 분석이 없다면 개인적 편견, 정치, 선입관, 감정, 성격, 후광 효과 등이 전략 수립 과정에서 지배적으로 영향을 미쳐 효과가 떨어지게 된다. 따라서 분석적 접근 방식은 효과적인 전략기획에 필수적이다.

1단계: 입력 단계

전략 수립 분석 프레임워크의 첫 단계는 외부 요인 평가(External Factor Evaluation, EFE) 매트릭스, 내부 요인 평가(Internal Factor Evaluation, IFE) 매트릭스, 경쟁 프로파일 매트릭스(Competitive Profile Matrix, CPM)로 구성된다. **입력 단계**(input stage)로 불리는 1단계에서는 전략 수립에 필요한 기본 입력 정보를 요약한다. EFE, CPM, IFE 매트릭스 개발 절차는 각각 3장과 4장에서 설명한다. 이러한 분석 도구를 통해 얻은 정보는 다음 단계인 매칭 단계와 결정 단계를 위한 기본 입력 정보를 제공한다. 입력 단계 도구는 전략가가 전략 수립의 초기 단계에서 주관성을 정량화하도록 한다. 외부 및 내부 요인의 상대적 중요성과 관련하여 입력 매트릭스를 통해 몇몇 결정을 내리는 것은 전략가가 더욱 효과적으로 전략 수립, 평가, 우선순위 적용, 선택을 수행할 수 있도록 돕는다. 적절한 가중치와 점수를 결정하는 데에는 항상 직관적인 판단이 필요하지만, 예컨대 3점은 2점보다 수학적으로 50% 더 크다는 것에서 알 수 있듯이 작은 차이도 중요하다는 것을 잊지 말아야 한다.

2단계: 매칭 단계

매칭 단계(matching stage)라고 불리는 2단계는 주요 외부 및 내부 요인을 조율하여 실행 가능한 대안 전략을 만들어내는 것에 초점을 맞춘다. 2단계 기법에는 강점-약점-기회-위협(SWOT) 매트릭스, 전략적 위치 및 행동 평가(SPACE) 매트릭스, 보스턴컨설팅그룹(BCG) 매트릭스, 내부-외부(IE) 매트릭스, 대전략 매트릭스가 포함된다.

전략은 내부 자원 및 역량과 기업이 직면한 외부 기회 및 위협 간에 기업이 수행하는 매칭으로 정의되기도 한다.[2] 전략 수립 프레임워크의 매칭 단계는 위의 다섯 가지 기법으로 구성되며, 순서대로 적용할 필요는 없다. 이러한 기법은 입력 단계에서 파생된 정보에 의존하여 외부 기회 및 위협을 내부 강점 및 약점과 매칭한다. 외부 및 내부 요인 간 **매칭**(matching)은 실행 가능한 대안 전략을 효과적으로 생성하는 데 필수적이다. 그런데 대부분의 상황에서 외부 및 내부 관계는 매우 복잡하게 얽혀 있고, 매칭을 하려면 수립된 각 전략에 대해 정치한 정렬이 필요하다. 성공적인 매칭은 연관되는 핵심 요인이 실행 가능하고, 정량적으로 나타낼 수 있으며, 비교할 수 있고, 구분할 수 있느냐(actionable, quantitative, comparative, divisional, AQCD)에 달려 있다. (매칭의 기본 개념은 1장에서 설명했다.)

3단계: 결정 단계

3단계인 **결정 단계**(decision stage)에는 QSPM(Quantitative Strategic Planning Matrix)의 단일 기법이 사용된다. QSPM은 1단계에서 입력된 정보를 사용하여 2단계에서 제시된 실행 가능한 대안 전략을 객관적으로 평가한다. 이는 대안 전략의 상대적 매력도를 나타내므로 특정 전략을 선택하는 데 객관적인 기반을 제공하는 것이다. QSPM은 앞에서 설명한 합산 순위 방법보다 전략의 상대적 매력도를 제시하는 더욱 효과적인 기법이다.

SWOT, BCG, IE, SPACE, GRAND 분석을 통해 제시된 대안 전략은 회의에서 논의하고, 서면상으로 설명해야 한다. 실행 가능한 대안 전략이 특정한 용어로 기술되어 평가자들이 이해했을 때 각각의 전략을 매력도에 따라 평가해야 한다(1: 실행하지 말아야 함, 2: 실행 가능함, 3: 실행해야 함, 4: 반드시 실행해야 함). 그런 다음 각 평가를 수집하여 합산하고 각 전략의 순위를 파악한다. 이렇게 하면 합계가 가장 큰 전략이 가장 매력적이라는 식으로 집단적 지성을 반영한 전략의 우선순위 목록이 생성된다. 뒤에서 설명하는 QSPM은 이러한 방식을 기반으로 하되 대안 전략의 상대적 매력을 결정하는 보다 체계적인 절차가 추가된다.

강점-약점-기회-위협(SWOT) 매트릭스

학습 목표 6-3

강점-약점-기회-위협(SWOT) 매트릭스를 구성하고 적용한다.

SWOT 분석은 1장에서 이미 소개했다. SWOT 분석을 통해 네 가지 묶음 전략, 즉 SO, WO, ST, WT가 만들어진다. **SO 전략**(SO strategy)은 외부 기회를 활용하기 위해 기업의 내부 강점을 활용한다. 모든 관리자는 자사가 외부 동향과 변화를 활용하는 과정에서 내부 강점을 사용할 수 있기를 희망한다. 그렇지만 기업은 대체로 WO, ST 또는 WT 전략을 추진함으로써 SO 전략을 채택할 수 있는 위치에 놓이는 경우가 많다.

WO 전략(WO strategy)은 외부 기회를 이용하여 내부 약점을 개선하는 것을 목표로 한다. 중요한 기회가 주어지지만 때때로 기업은 그러한 기회를 활용하지 못하게 막는 내부적인 약점을 가지고 있다. 예를 들어 자동차 부품 제조업체의 경우 전기자동차 수요 증가라는 외부 기회와 전기자동차 부품 생산에 필요한 자원과 역량이 부족하다는 내부 약점이 새로운 부품 개발과 생산을 추진하는 전략으로 이어지게 된다.

ST 전략(ST strategy)은 외부 위협에서 벗어나기 위해 기업의 강점을 사용한다. 기업의 내부 강점인 탁월한 법무 부서를 통해 경쟁기업의 특허 침해라는 위협에 대해 배상금을 청구하는 경우를 예로 들 수 있다. 아이디어, 혁신, 특허 제품을 모방하는 경쟁기업은 많은 산업 분야에서 큰 위협 요인으로 작용한다. 기업은 심각한 위협을 맞닥뜨렸을 때 기회에 집중하면서 위협을 피하려고 할 것이다. 예를 들어 기업이 자체 제품을 배포하는 데 필요한 자본과 인적 자원이 모두 있는데, 즉 내부적인 강점을 가지고 있는데 유통업체를 신뢰할 수 없거나, 유통업체가 비용을 지나치게 많이 청구하거나, 요구 사항을 충족하지 못하는 등 위협이 되는 상황에서는 유통업체에 대한 통제력 강화와 같은 전방 통합이 매력적인 ST 전략이 될 수 있다.

WT 전략(WT strategy)은 내부 약점을 줄이고 외부 위협을 피하기 위한 방어 노력이다. 외부 위협과 내부 약점에 직면한 기업은 실제로 위태로운 처지에 처한 경우가 많다. 이러한 기업은 생존을 위해 투쟁하거나 합병, 사업 축소, 파산 선언, 청산을 선택해야 할지도 모른다. 예를 들어 일부 레스토랑 체인 기업은 가축을 비인간적으로 대우하는 공급업체와 거래를 하다(내부 약점) 야생동물을 보호하고 동물을 존중해야 한다는 소비자의 인식이 널리 퍼짐에 따라(외부 위협) 특정 공급업체와의 계약을 파기하는 WT 전략을 도출한다. 또 다른 예로, 기업이 과잉 생산 용량을 유지하는 상황(내부 약점)에서 해당 산업의 연간 매출 및 이익이 떨어질 때(외부 위협) 관련 다각화는 효과적인 WT 전략이 될 수 있다.

결국 어떤 전략을 선택하여 실행하든 윤리 문제를 고려해야 한다. 윤리 캡슐 6에서 보듯이 소비자는 그 어느 때보다 동물을 대하는 방식에 큰 관심을 가지고 있다.

그림 6-3은 **강점-약점-기회-위협(SWOT) 매트릭스**(Strengths-Weaknesses-Opportunities-Threats Matrix)의 예이다. 핵심 요인 공간 4개, 전략 공간 4개, 왼쪽 상단의 공란 등 모두 9개의 공간이 있다. 먼저 S, W, O, T로 표시된 4개의 핵심 요인 공간을 채운 다음 SO, WO, ST, WT로 표시된 4개의 전략 공간을 채운다. SWOT 매트릭스를 구성하는 과정은 다음과 같이 8단계로 요약할 수 있다.

1. 기업의 핵심적인 내부 강점을 나열하라.
2. 기업의 핵심적인 내부 약점을 나열하라.
3. 기업의 핵심적인 외부 기회를 나열하라.
4. 기업의 핵심적인 외부 위협을 나열하라.

윤리 캡슐 6 ETHICS CAPSULE

전략을 수립하고 실행할 때 동물 복지를 위태롭게 하면 안 된다

소비자는 야생동물을 해치거나 동물을 잔혹하게 대하는 기업에 점점 더 분개하고 있다. 세계자연기금(World Wildlife Fund, WWF)의 보고서에 따르면 전 세계의 동물종들이 죽어가는 데 가장 큰 영향을 미치는 것은 인간이다. 지난 45년 동안 야생 포유류, 어류, 조류, 양서류, 파충류 개체군이 평균 58% 감소했다. 구체적으로는 육지 동물 38%, 해양 생물 36%, 민물 생물 81%가 감소했다. 1970년을 기준으로 2020년까지 세계 야생동물의 약 66%가 사라질 것으로 추정된다. 이로 인해 전문가들은 이 시기를 '인류세(Anthropocene)'라고 부르게 되었다. 그러한 종의 감소는 겪어본 바 없는 영역이기 때문이다. 동부 및 서부 고릴라와 같은 종은 거의 멸종되었으며 밀렵으로 코끼리와 북부 흰코뿔소의 개체 수 역시 감소했다. 독수리 개체군과 꿀벌도 그 수가 급감하고 있다. 야생동물 멸종의 다른 원인으로는 도시 개발, 남획, 오염, 질병, 기후 변화가 지목되는데, 이는 모두 인간과 관련이 있다. 많은 측면에서 지구는 동물과 인간이 살기 어려운 곳이 되어가고 있다. SWOT 요소와 전략은 종종 이러한 경영 윤리 문제를 다룬다.

Travel Stock/Shutterstock

엄마, 여기는 안전한가요?

출처: http://www.aol.com/article/news/2016/10/27/were-on-track-to-losea-huge-chunk-of-the-worlds-animal-popula/21593252/

	강점(S)	약점(W)
	1. 재고 회전율이 5.8에서 6.7로 증가 2. 고객당 매출이 97달러에서 128달러로 증가 3. 종업원의 높은 의욕 4. 매장 자체 판촉을 통한 매출 20% 증대 5. 신문 광고 지출 10% 확대 6. 매장 수리 및 서비스 수익 16% 증가 7. 경영정보시스템 학사 학위를 가진 매장 기술 인력 8. 매장의 자산 대비 부채 비율 34% 감소 9. 종업원당 매출 19% 증가	1. 매장의 소프트웨어 매출 12% 하락 2. 고속도로 신설로 방문 고객 감소 3. 매장 인테리어의 노후화 4. 매장 화장실의 노후화 5. 사업체 대상 매출 8% 하락 6. 웹사이트의 부재 7. 공급업체의 배송 시간이 2.4일로 증가 8. 고객의 지불 대기 시간 증가
기회(O)	**SO 전략**	**WO 전략**
1. 도시의 인구 10% 증가 2. 1.6km 떨어진 지점에 경쟁 매장 신설 3. 매장 주변 차량 통행량 12% 증가 4. 공급업체가 매년 평균 6개의 신제품 출시 5. 컴퓨터 사용 고령층 8% 증가 6. 주변 중소기업 10% 증가 7. 부동산 중개인의 웹사이트 운영 희망 비율 18% 증가 8. 소규모 기업의 웹사이트 운영 희망 비율 12% 증가	1. 매달 판촉행사 4회 시행(S4, O3) 2. 수리 및 서비스 직원 2명 고용(S6, O5) 3. 55세 이상 잠재 고객층에게 전단지 발송(S5, O5)	1. 신규 매장을 건립할 부지 매입(W2, O2) 2. 페인트칠 등 매장 및 화장실 보수 확대(W3, W4, O1) 3. 웹사이트 개설 및 서비스 제공(W6, O7, O8) 4. 지역 부동산 중개인에게 홍보 메일 발송(W5, O7)
위협(T)	**ST 전략**	**WT 전략**
1. 1년 내 베스트바이(Best Buy) 매장이 개장할 예정 2. 지역 대학의 컴퓨터 수리 확대 3. 고속도로 신설로 주변 통행량이 분산될 예정 4. 인근에 새로운 쇼핑몰이 들어설 예정 5. 휘발유 가격 14% 상승 6. 공급업체의 8% 가격 인상	1. 수리 인력 2명 고용 및 이에 대한 홍보(S6, S7, T1) 2. 신규 매장을 건립할 부지 매입(S8, T3) 3. 방문 수리 최소 금액을 60달러에서 80달러로 인상(S6, T5)	1. 계산 담당 인력 2명 고용(W8, T1, T4) 2. 페인트칠 등 매장 및 화장실 보수 확대(W3, W4, T1)

그림 6-3 컴퓨터 소매점의 SWOT 매트릭스

5. SO 전략을 개발하기 위해 내부 강점을 외부 기회와 연결하라.
6. WO 전략을 개발하기 위해 내부 약점을 외부 기회와 연결하라.
7. ST 전략을 개발하기 위해 내부 강점을 외부 위협과 연결하라.
8. WT 전략을 개발하기 위해 내부 약점을 외부 위협과 연결하라.

SWOT 매트릭스의 몇 가지 중요한 측면을 그림 6-3에서 볼 수 있다. 내부 및 외부 요인과 SO, ST, WO, WT 전략이 특정 용어로 명시되어 있는데 이것이 중요하다. 예를 들어 두 번째 SO 전략에 대해 분석가가 단순히 '수리 및 서비스 인력 추가'라고 언급한다면 수리 및 서비스 인력이 2명만 필요한 상황인데도 혹자는 20명이 필요하다고 결론을 내릴 수도 있을 것이다. 따라서 전략을 기술할 때는 되도록 구체적이면서 정량적으로 표현해야 한다. 또한 기업의 비전과 사명 선언문을 참조해야 하며, 가치사슬 분석을 토대로 기업이 어떤 측면을 경쟁우위 또는 핵심 역량으로 간주하는지 확인해야 한다. 이와 함께 EFE, IFE 매트릭스에서 가장 높은 가중치를 받는 요인을 기반으로 SO, WO, ST, WT 전략을 구성해야 한다.

구체적으로는 매트릭스에 포함된 각 SWOT 전략에 대해 "실행을 위해 전략이 선택된 경우, 비용(또는 절감액)을 추정하기에 충분히 구체적으로 기술되어 있는가?"라고 자문해보아야 한다. 그렇지 않다면 전술한 바와 같이 전략이 너무 모호한 것이다. 따라서 SWOT 매트릭스에 '확장, 증가, 감소, 감축' 등과 같은 말이 등장할 때마다 제시되는 내용을 백분율이나 숫자로 명확하게 나타내야 한다. SWOT 매트릭스에 예상 비용을 제공할 필요는 없지만, 실행하기 위해 특정 전략을 선택했다면 이러한 수치를 추정할 수 있을 만큼 정보가 구체적이어야 한다. 전략 계획에서, 특히 SWOT 매트릭스에서 모호함은 치명적으로 작용할 수 있다.

그림 6–3에서 보듯이 SWOT 매트릭스의 각 전략 뒤에는 'S1, O2' 등과 같이 표기해야 한다. 이 표기법은 바람직한 전략 선택의 근거로, 연결된 내부 및 외부 요인의 관점을 보여준다. 예를 들어 그림 6–3의 컴퓨터 소매점은 고속도로가 신설되면 매장을 찾는 고객이 줄어들 수 있기 때문에 '신규 매장을 건립할 부지를 매입해야' 할 수도 있다. SWOT 매트릭스의 각 전략 뒤에 붙은 'S4, T5'와 같은 표기는 해당 전략이 기업이 처한 상황과 동떨어진 것에 기반하지 않았음을 나타낸다.

SWOT 매트릭스를 비롯해 2단계 매칭을 위한 다른 기법의 목적은 어떤 전략이 가장 적절한지 선택하는 것이 아니라, 실현 가능한 구체적 대안 전략을 다수 만들어내는 것이다. SWOT 매트릭스에서 개발된 모든 전략이 실행을 위해 선택되는 것은 아니다. 어떤 기업도 모든 전략을 실행하기에 충분한 자본이나 자원을 가지고 있지 않다. 기업의 모든 측면을 포괄하는 SO, ST, WO, WT 각 사분면에 보통 4개 이상의 전략을 만들기 때문에 SWOT 매트릭스에는 16개의 전략이 포함된다.

SWOT 매트릭스는 전략기획에 널리 사용되지만 분석에는 한계가 있다.[3] 첫째, SWOT 분석은 경쟁우위를 달성하는 방법을 제시하지 않으므로 그 자체가 목적이 되어서는 안 된다. 그보다는 제시된 전략을 실행하는 방법과 결국 경쟁우위로 이어질 수 있는 비용–편익, 고유성, 상충 관계 등에 관한 논의의 출발점이 되어야 한다. 둘째, SWOT 분석은 특정 시점의 분석을 수행하는 정적인 기법이다. 하지만 환경, 역량, 위협, 전략 변경 등의 영향을 받는 경쟁의 역학이 한 번의 분석으로 드러나지 않게 마련이다. 셋째, SWOT 분석의 경우 드러나지는 않지만 각 요인이 서로 영향을 주고받는다. 넷째, SWOT 분석은 가중치나 점수를 부여하지 않으며, 이로 인해 대안 전략의 상대적인 매력도를 제공하지 않는다.

학습 목표 6-4

전략적 위치 및 행동 평가(SPACE) 매트릭스를 구성하고 적용한다.

전략적 위치 및 행동 평가(SPACE) 매트릭스

전략적 위치 및 행동 평가(SPACE) 매트릭스(Strategic Position and Action Evaluation Matrix)는 2단계 매칭을 위한 기법으로, 2개의 축과 4개의 사분면을 사용하여 공격적·보수적·방어적·경쟁적 전략이 기업에 적합한지 여부를 알려준다. 그림 6–4와 같이 SPACE 매트릭스의 축은 기업 차원의 전략적 위치인 **재무적 위치**(financial position, FP)와 **경쟁적 위치**(competitive position, CP), 기업이 속한 산업 차원의 전략적 위치인 **안정성 위치**(stability position, SP)와 **산업 위치**

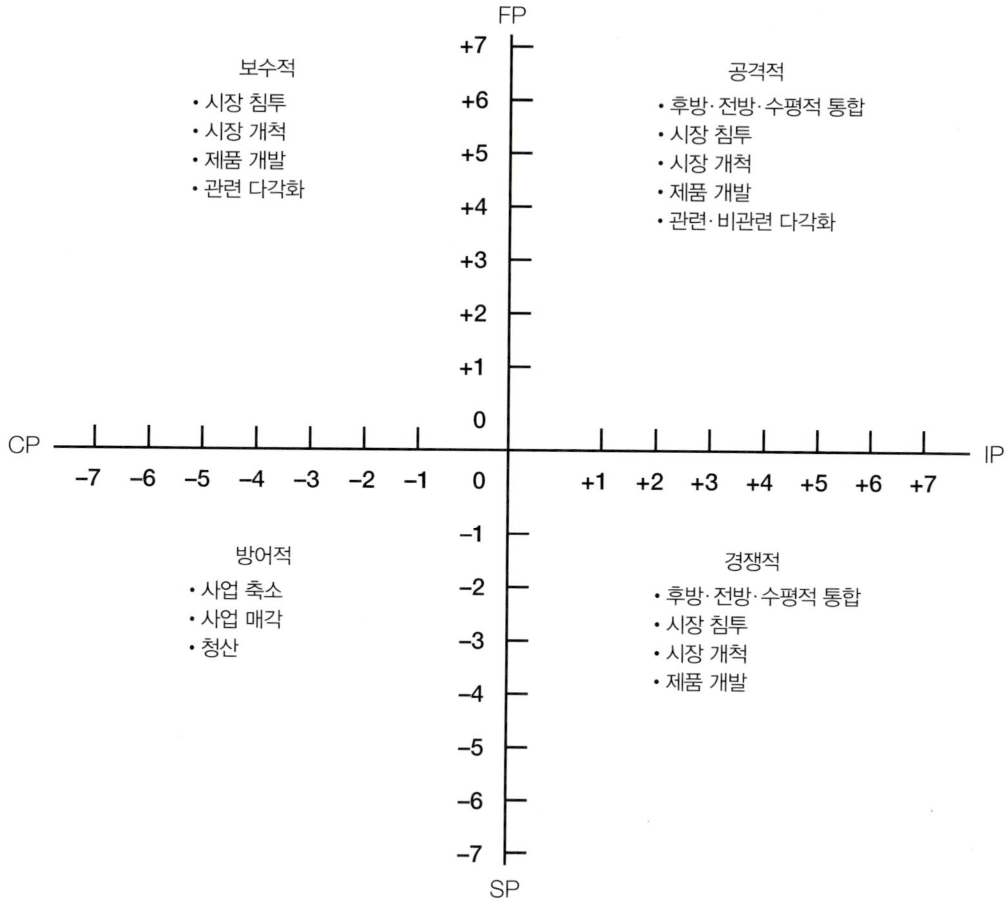

그림 6-4 SPACE 매트릭스

출처: H. Rowe, R. Mason, and K. Dickel, *Strategic Management and Business Policy: A Methodological Approach* (Reading, MA: Addison-Wesley Publishing Co. Inc., © 1982), 155.

(industry position, IP)를 나타낸다. SPACE 분석을 수행하려면 이 네 가지 차원 각각에 대해 기업을 평가해야 한다.[4]

기업의 유형에 따라 수많은 변수가 SPACE 매트릭스의 축에 표시된 각 차원을 구성할 수 있다. SPACE 매트릭스를 구성할 때는 기업의 EFE, IFE 매트릭스에 포함된 요소를 고려해야 한다. SPACE 분석에 일반적으로 포함되는 항목은 표 6-1에 나와 있다. 예를 들어 투자 수익률, 부채 비율, 유동성, 운전 자본, 현금 흐름은 일반적으로 기업의 재무적 위치(FP)를 결정하는 요인으로 간주된다.

SPACE 분석 수행 단계

SPACE 매트릭스 개발 과정은 다음과 같이 6단계로 요약할 수 있다.

1단계: 재무적 위치(FP), 경쟁적 위치(CP), 안정성 위치(SP), 산업 위치(IP)를 정의하는 변수의 집합을 선택한다.

먼저 SP 축과 IP 축의 차이점은 다음과 같다. SP는 주어진 산업에서 기업이 얻는 수익의 변동성을 의미한다. 그러므로 SP 축에서의 변화는 기술, 경제, 인구통계, 계절성 등과 같

표 6-1 SPACE 매트릭스 축을 구성하는 요인의 예

기업 차원의 전략적 위치	기업이 속한 산업 차원의 전략적 위치
재무적 위치(FP)	**안정성 위치(SP)**
투자 대비 수익	기술적 변화
부채 비율	인플레이션 증가율
유동성	수요 변동 폭
운전 자본	경쟁제품의 가격대
현금 흐름	시장 진입 장벽
재고회전율	경쟁 강도
주당 순이익	시장 철수의 용이성
주가 수익률	사업이 지닌 위험
경쟁적 위치(CP)	**산업 위치(IP)**
시장점유율	성장 잠재력
제품 품질	이익 창출 잠재력
제품 수명 주기	재무적 안정성
고객 충성도	부채 비율
설비 가동률	자원 이용률
기술적 지식과 경험	시장 진입의 용이성
협력기업에 대한 영향력	생산성, 설비 가동률

출처: H. Rowe, R. Mason, & K. Dickel, *Strategic Management and Business Policy: A Methodological Approach* (Reading, MA: Addison-Wesley Publishing Co. Inc., 1982); 155–156.

은 핵심 외부 요인의 변동에 따라 영향을 받는 수익의 변화이다. 이때 특정 산업에서 수익성 변화의 빈도와 강도가 클수록 SP는 더 불안정해진다. 특정 산업이 SP 측면에서 안정적이거나 불안정할 수 있으며, 그와 상관없이 IP 측면에서는 높거나 낮은 수치일 수 있다. 예를 들어 로봇 산업은 지속적인 개발과 변화로 인해 SP 축에서 불안정하지만(−7) IP 축에서는 높은 성장성(+7)을 보이는 반면, 통조림 산업은 SP 축에서 안정적이지만(−1) IP 축에서는 낮은 성장성(+1)을 보일 것이다.

FP 축의 경우 재무적으로 가장 튼튼할 때 +7, 반대로 가장 취약할 때 +1이 부여된다. 마찬가지로 CP 축의 경우 경쟁기업에 비해 강력한 우위일 때 −1, 반대일 때 −7이 부여된다.

2단계: FP와 IP 측면을 구성하는 각 변수에 대해 가장 낮은 +1, 가장 높은 +7의 구간에서 해당하는 수치를 부여한다. 다음으로는 SP 측면과 CP 측면의 각 변수에 대해 가장 높은 −1, 가장 낮은 −7의 구간 중에서 적절한 수치를 부여한다. FP와 CP 변수의 경우 경쟁기업과의 비교를 통해 수치가 부여된다. 예를 들어 FP 요인에 +7이 부여된다면 경쟁기업에 비해 월등하게 뛰어난 요인이고, +1이 부여된다면 상당히 취약한 요인이다. IP와 SP 측면의 변수는 기업이 속한 산업과 그 밖의 산업을 비교하는 것으로, 같은 산업에 속한 기업의 IP와 SP 요인 점수는 동일하다. SP 요인에 −7이 부여된다면 상당히 불안정한 사업에 속해 있다는 의미이고, −1이 부여된다면 매우 안정적인 산업이다.

3단계: FP, CP, IP, SP에 대한 평균 점수는 각 차원의 변수에 부여된 값을 합산한 뒤 해당 측면에 포함된 변수의 개수로 나누어 계산한다.

4단계: 도출된 평균 점수를 SPACE 매트릭스의 4개 측면에 각각 표기한다.

5단계: x 축에 해당하는 두 점수를 더한 수치를 x 좌표로 하고, y 축에 해당하는 두 점수를 더한 수치를 y 좌표로 하여 새로운 (x, y) 좌표를 표기한다.

6단계: SPACE 매트릭스의 원점(0, 0)에서 표기된 새로운 (x, y) 좌표를 향해 **방향 벡터**(directional vector)를 그린다. 특정 사분면에 그려진 방향 벡터는 그 기업이 고려해야 할 특정한 전략을 나타낸다. 전략기획 양식을 활용한다면 벡터가 그려지는 것이 아니라 새로운 (x, y) 좌표가 찍힐 것이다. 또한 이 양식을 통해 SP, CP, IP, FP의 평균값을 구할 필요 없이 경쟁기업의 (x, y) 좌표를 구할 수 있다.

SPACE 매트릭스 사분면

그림 6-5는 SPACE 분석을 통해 도출되는 전략의 유형을 보여준다. 각 사분면에 놓인, 도출된 방향 벡터는 추구할 전략 유형(공격적, 보수적, 방어적, 경쟁적)을 제시한다. 특히 기업의 방향 벡터가 SPACE 매트릭스의 오른쪽 상단인 **공격적 사분면**(aggressive quadrant)에 있는 경우, 기업은 외부 기회를 활용하고 내부 약점을 극복하며 외부 위협을 회피하기 위해 내부 강점을 사용할 수 있는 절호의 자리에 위치한 것이다. 그림 6-4에 나타냈듯이 기업이 처한 상황에 따라 시장 침투, 시장 개척, 제품 개발, 후방 통합, 전방 통합, 수평적 통합, 다각화 전략을 모두 추진할 수 있다.

특정 기업에 대한 SPACE 분석을 수행할 때는 권고하는 전략 측면에서 구체적이어야 한다. 예컨대 도출된 방향 벡터가 공격적 사분면에 있는 경우에는 시장 침투가 권장된다고 하는 대신 '인도에 34개 매장을 신설하는 것이 제안된 전략'이라고 해야 한다. 이는 사례 분석을 수행하는 학생들에게 매우 중요한 사항이다. 어떤 기업의 경우 5장에서 학습한 '시장 개척'과 같은 용어를 정량화함으로써 권고안이 구체적으로 제안된다. 단순히 '시장 개척'이라는 용어는 태국이나 멕시코, 케냐에 제조 공장을 추가하는 것을 의미할 수도 있다. 따라서 이 장에 제시된 모든 매트릭스에 대해 가능한 한 **구체적으로** 정량화된 수치가 함께 제시되어야 한다. 모호함은 전략경영에서 치명적인 실수가 될 수 있다. 수치가 함께 제시되지 않는다면 **확장, 증가, 감소, 성장**과 같은 용어의 사용을 지양해야 한다.

SPACE 분석을 통해 도출된 방향 벡터가 왼쪽 상단인 **보수적 사분면**(conservative quadrant)에 있다면 이는 기업이 기본 역량을 어느 정도 확보한 상황에서 위험을 과도하게 감수하지 않는다는 것을 의미한다. 그림 6-4에서 보듯이 보수적 전략에는 시장 침투, 시장 개척, 제품 개발, 관련 다각화가 종종 포함된다. 방향 벡터가 왼쪽 하단인 **방어적 사분면**(defensive quadrant)에 있는 경우는 기업이 내부 약점을 개선하고 외부 위협을 회피하는 것에 집중해야 함을 나타내며 사업 축소, 사업 매각, 청산, 관련 다각화가 방어적 전략에 해당된다. 마지막으로 기업의 방향 벡터가 오른쪽 하단인 **경쟁적 사분면**(competitive quadrant)에 위치할 때는 경쟁적 전략이 제시되고, 후방·전방·수평적 통합과 함께 시장 침투, 시장 개척, 제품 개발 등이 채택될 수 있다.

SWOT 매트릭스와 마찬가지로 SPACE 매트릭스는 대상으로 하는 기업에 초점을 맞추고, 사실 정보를 기반으로 하면서 구체적인 요인을 포함해야 한다. 예를 들어 델타항공(Delta Airlines)은 SP 측면에서 '유가의 변동성'을 요인으로 포함하여 −6점을 부여할 수 있다. 특정한 기업과 산업에 초점을 맞춘 요인일수록 SPACE 분석 결과는 실행 가능한 전략을 더욱 효과적으로 제시할 수 있을 것이다.

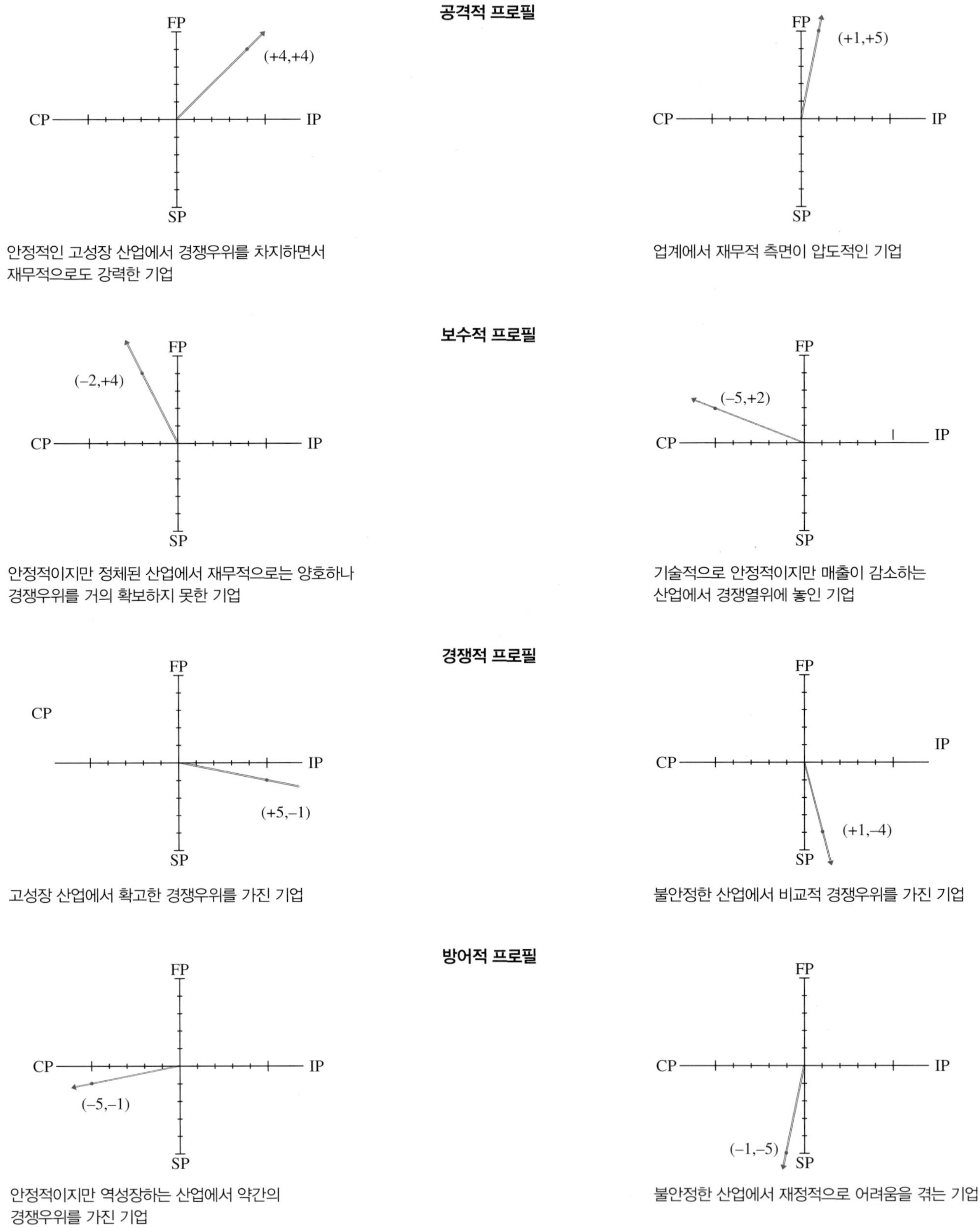

그림 6-5 전략 프로필의 예

출처: H. Rowe, R. Mason, and K. Dickel, *Strategic Management and Business Policy: A Methodological Approach* (Reading, MA: Addison-Wesley Publishing Co. Inc., © 1982), 155.

SPACE 분석은 복잡한 정보 실행을 고려할 대안 전략으로 전환하는 데 탁월한 기법이다. 특히 기업이 얼마나 공격적이거나 방어적이어야 하는지 결정하는 과정에서 유용하므로 전략기획에서 중요한 비중을 차지한다.

그러나 SPACE 매트릭스 분석에는 다음과 같은 한계가 있다.

1. 특정 시점에 고정되어 분석이 이루어지는 정적인 기법이다.
2. 기업을 평가해야 하는 네 가지 이상의 측면이 있다.

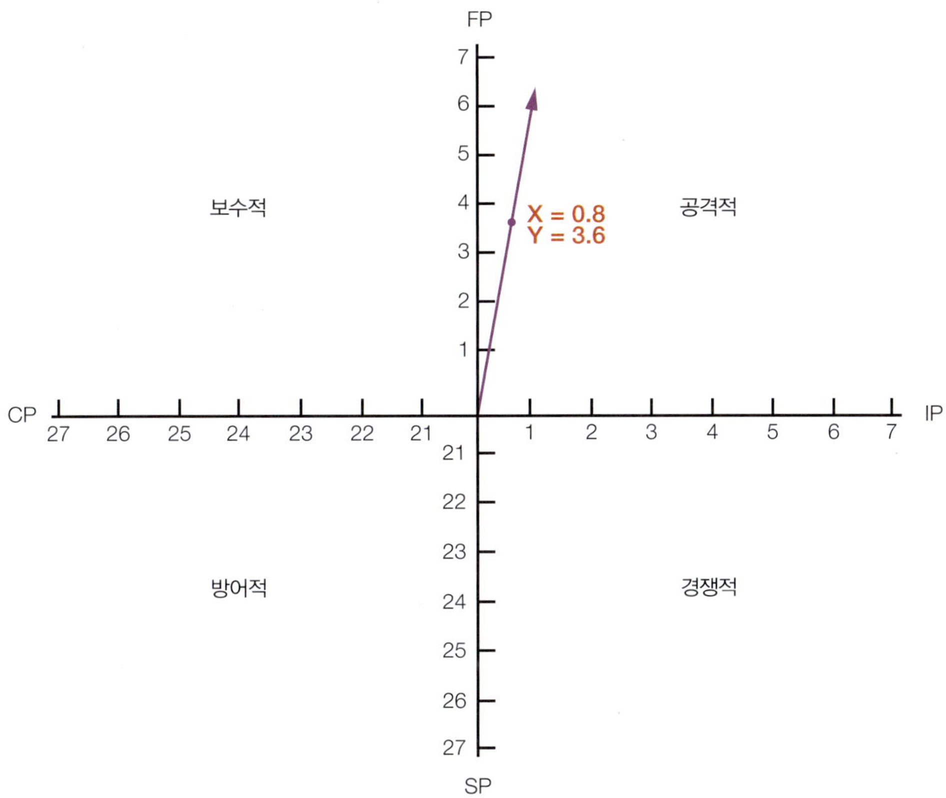

내부 분석		외부 분석	
재무적 위치(FP)		**안정성 위치(SP)**	
부채 비율	7	경쟁 강도	–4
유동성	7	가격 비교	–2
현재 비율	7	제품 수요	–2
주당 순이익	7	소셜미디어 콘텐츠의 다양성	–3
총자산 순이익률	4	휴면계좌의 수	–3
재무적 위치 평균	**6.4**	**안정성 위치 평균**	**–2.8**

내부 분석		외부 분석	
경쟁적 위치(CP)		**산업 위치(IP)**	
현금 흐름	–2	성장 잠재력	6
소셜네트워크 시장점유율	–1	사이버 보안에 대한 관심	2
직장인 네트워크 시장점유율	–6	시장 진입의 용이성	2
제품의 다양성	–5	이익 창출 잠재력	5
기술 활용	–2	대체제품	5
경쟁적 위치 평균	**–3.2**	**산업 위치 평균**	**4.0**

그림 6–6 페이스북을 분석한 SPACE 매트릭스

3. 도출된 방향 벡터가 두 축과 정확히 일치할 수도 있고, 방향 벡터를 도출하기 위해 표기한 좌표가 원점(0, 0)을 지날 수도 있다. 이럴 때는 네 측면 중 적절한 것을 선택하여 기존의 요인 외에 추가적으로 몇 개의 요인을 추가하여 좌표와 방향 벡터를 다시 도출해야 한다.
4. 도출된 방향 벡터를 통해 나타나는 각도의 의미가 명확하지 않다.
5. 생성된 대안 전략의 상대적 매력이 도출되지 않는다.

SPACE 매트릭스는 그림 6-6과 같이 페이스북(Facebook)의 전반적인 전략적 위치를 식별하는 데 사용되었다. 페이스북은 공격적 사분면에 속하며, SPACE 매트릭스를 구성하는 데 사용된 요인은 페이스북과 소셜미디어 산업에 한정하여 선택된 것이다. 이 분석은 경쟁기업인 링크드인(LinkedIn)과 유사하게 직장인 네트워킹 서비스를 보다 적극적으로 제공하거나 링크드인을 인수해야 함을 시사한다.

학습 목표 6-5

보스턴컨설팅그룹(BCG) 매트릭스를 구성하고 적용한다.

보스턴컨설팅그룹(BCG) 매트릭스

보스턴컨설팅그룹(Boston Consulting Group, BCG)은 전략기획을 전문으로 하는 경영 컨설팅 기업이다. 미국 매사추세츠주 보스턴에 본사를 두고 전 세계적으로 6,200명의 컨설턴트를 거느린 이 기업은 45개국에서 90여 개의 사무소를 운영하고 있으며, 매년 《포천》의 '일하기 좋은 100대 기업'에서 다섯 손가락 안에 꼽힌다.

부문 또는 이익 센터라고도 불리는 사업부는 기업의 **사업 포트폴리오**(business portfolio)를 구성한다. 기업의 사업부가 다른 산업에서 경쟁할 때는 사업부 각각에 대해 별도의 전략을 수립해야 한다. **보스턴컨설팅그룹(BCG) 매트릭스**(Boston Consulting Group Matrix)는 여러 사업부를 거느린 기업의 전략 수립을 위해 고안되었다. 다수의 사업부에 자원을 할당하는 것은 기업이 직면하는 가장 중요한 전략적 결정일 것이다. 다수의 사업부를 거느린 기업의 규모는 소규모 점포 3개를 운영하는 레스토랑이나 영세 기업부터 월트디즈니컴퍼니(Walt Disney Company)와 같은 거대 기업, 다양한 단과대학이 있는 종합대학에 이르기까지 매우 다양하다. 이들은 모두 사업부를 비교하여 자원 배분을 결정할 수 있는 **포트폴리오 분석**(portfolio analysis)을 수행할 필요가 있다.

대부분의 기업은 재무제표나 연례 보고서, 분기별 보고서를 통해 수익과 영업이익을 사업부별로 공개한다. BCG 포트폴리오 분석은 기업의 매장 위치 등과 같이 제공되는 모든 정보를 기반으로 수행할 수 있다. BCG 매트릭스에서 원의 크기는 사업부의 매출(또는 매장 수)에 해당하고 원 안의 조각은 사업부의 영업이익을 나타낸다. 어떤 경우에는 BCG 매트릭스의 원이 지역을 나타내기도 한

표 6-2 사업부별 재무 정보 공개 및 비공개의 이유

공개하는 이유	공개하지 않는 이유
• 이해관계자가 기업을 더 잘 이해하고 지원하게 된다. • 관리자와 종업원이 기업을 더 잘 이해하고 헌신하게 된다. • 기업 내부와 외부 간 의사소통을 향상한다.	• 경쟁기업이 정보를 얻는 것을 막는다. • 실패가 공개되는 것을 막는다. • 부문 간 경쟁이 지나치게 과열되는 것을 차단한다. • 매력적인 시장이 경쟁기업에 노출되는 것을 방지한다.

표 6-3 미국 사탕 시장의 시장점유율

기업	시장점유율(%)	BCG: 상대적 시장점유율 위치
Hershey	25.9	25.9/25.9 = 1.000
Mars	25.2	25.2/25.9 = 0.973
Ferrara	05.8	05.8/25.9 = 0.232
Mondelez	05.6	05.6/25.9 = 0.216
Nestlé	02.9	02.9/25.9 = 0.039
Lindt & Sprungli	02.0	02.0/25.9 = 0.077
Perfetti Van Melle	02.0	02.0/25.9 = 0.077
Russell Stover	01.6	01.6/25.9 = 0.062

출처: Brian Blackstone and Annie Gasparro, "Nestle to Sell U.S. Candy Business," *Wall Street Journal* (June 16, 2017): A1 and A4.

다. 사업부별 재무 정보를 재무제표로 공개하는 이유는 때때로 공개하지 않는 이유를 상쇄한다(표 6-2 참조).

BCG 매트릭스는 x 축(상대적 시장점유율)과 y 축(산업 매출 증가율)에 기반하여 사업부 간의 차이를 보여준다. BCG 매트릭스를 사용하면 여러 사업부를 운영하는 기업이 이 두 가지 측면에 초점을 맞추어 특정 사업부와 다른 사업부를 비교하면서 사업 포트폴리오를 관리할 수 있다. **상대적 시장점유율 위치**(relative market share position, RMSP)는 특정 산업에서 가장 큰 경쟁기업(선도자)이 보유한 시장점유율(또는 매출, 매장 수)에 대한 사업부 자체 시장점유율(또는 매출, 매장 수)의 비율로 정의된다. 예를 들어 미국 사탕 시장에서 러셀스토버(Russell Stover)의 상대적 시장점유율 위치는 러셀스토버의 시장점유율을 허쉬(Hershey)의 시장점유율로 나눈 값, 즉 1.6/25.9 = 0.062이다. 마찬가지로 마스(Mars)의 상대적 시장점유율 위치는 25.2/25.9 = 0.973이다.

상대적 시장점유율 위치는 BCG 매트릭스의 x 축에 표시된다. x 축의 중간점은 일반적으로 업계 선두 기업 점유율의 절반에 해당하는 0.50이다. y 축은 백분율로 측정된 **산업 매출 증가율**(industry growth rate, IGR)을 나타내며, 이는 산업에 속한 모든 기업의 매출 증가율 평균값이다. y 축은 −20%에서 +20% 또는 −10%에서 +10%로 설정되고 중간점은 0이다. 산업 내 주요 기업의 매출 증가율 평균값은 IGR 수치에 대해 적절한 추정치가 될 수 있다. 또한 S&P Industry Surveys, www.finance.yahoo.com과 같은 출처를 통해 이 값을 얻을 수 있다.

(x, y) 좌표를 기반으로 각 사업부는 BCG 매트릭스에 적절히 배치된다. 사업부가 BCG 매트릭스의 1사분면에 있으면 '물음표', 2사분면에 있으면 '스타', 3사분면에 있으면 '캐시카우', 4사분면에 있으면 '개'라고 불린다.

- **물음표**(question mark): 1사분면(오른쪽 상단)의 사업부는 상대적 시장점유율이 낮지만 해당 산업이 고성장을 구가한다는 특징이 있다. 여기에 속한 사업부는 일반적으로 현금 수요가 크지만 현금 창출이 떨어진다. 물음표라고 불리는 것은 기업이 집중 전략(시장 진출, 시장 개척, 제품 개발)을 통해 사업부를 강화할지, 아니면 사업부를 매각할지 결정해야 하기 때문이다. 물음표의 예로는 스냅(Snap)의 가상현실 기술 장치 사업을 들 수 있다. 가상현실은 고성장 산업이지만 스냅의 상대적 시장점유율은 낮기 때문이다.

- **스타**(star): 2사분면(왼쪽 상단)의 사업부는 성장과 수익 측면 모두에서 기업에 최고의 기회를 제공하며, 이는 장기적으로 지속된다. 따라서 해당 사업부는 스타로 간주된다. 상대적 시장점유율이 높고 산업 성장률이 높은 사업부는 지배적 위치를 유지 또는 강화하기 위해 상당한 투자를 받아야 한다. 전방·후방·수평적 통합, 시장 침투, 시장 개척, 제품 개발은 이 사업부가 고려해야 할 적절한 전략이다. 스타의 대표적인 예로는 가상현실 장치 사업 분야의 선도 기업 중 하나인 페이스북을 꼽을 수 있다.
- **캐시카우**(cash cow): 3사분면(왼쪽 하단)의 사업부는 상대적으로 높은 시장점유율을 차지하고 있지만 저성장 산업에서 경쟁한다. 보통은 필요 이상으로 현금을 창출하기 때문에 잉여 현금이 다른 사업부로 가는 경우가 많다. 현재 여기에 속한 사업부는 대부분이 과거에 스타 사업부였다. 캐시카우 사업부는 강력한 위치를 되도록 오랫동안 유지할 수 있게 관리해야 한다. 제품 개발 또는 다각화는 캐시카우 사업부에 매력적인 전략이 될 수 있다. 그러나 사업부가 흔들린다면 사업 축소나 매각이 더 적절할 것이다. 캐시카우의 예로는 데스크톱 컴퓨터를 판매하는 휴렛팩커드(Hewlett-Packard)를 들 수 있다. 휴렛팩커드는 수익 측면에서 업계의 선도 기업이지만 데스크톱 컴퓨터 사업은 대표적인 저성장 분야이기 때문이다.
- **개**(dog): 4사분면(오른쪽 하단)의 사업부는 상대적 시장점유율이 낮으며, 성장이 느리거나 정체된 산업에서 경쟁한다. 이러한 사업부는 내부 측면이든 외부 측면이든 전략적으로 취약하기 때문에 흔히 사업 축소 및 매각, 청산을 통해 정리된다. 사업부가 이제 막 4사분면에 속하게 되었다면 사업 축소가 최선의 전략일 수 있다. 경쟁력을 확보하여 이익을 창출하기 위해 사업부가 자산 재배치와 비용 감축을 실행했을 때 반등하여 재기하는 경우가 많기 때문이다.

그림 6-7은 기본적인 BCG 매트릭스로, 각각의 원은 별도의 사업부를 나타낸다. 원의 크기는 해당 사업부에서 발생하는 매출의 크기에 해당하고, 원에서 음영으로 표시된 부분은 해당 사업부에서 발생하는 이익이 기업 전체에서 차지하는 비중을 나타낸다.

BCG 매트릭스의 주요 이점은 기업에 속한 다양한 사업부의 현금 흐름, 투자의 특성과 각종 필요

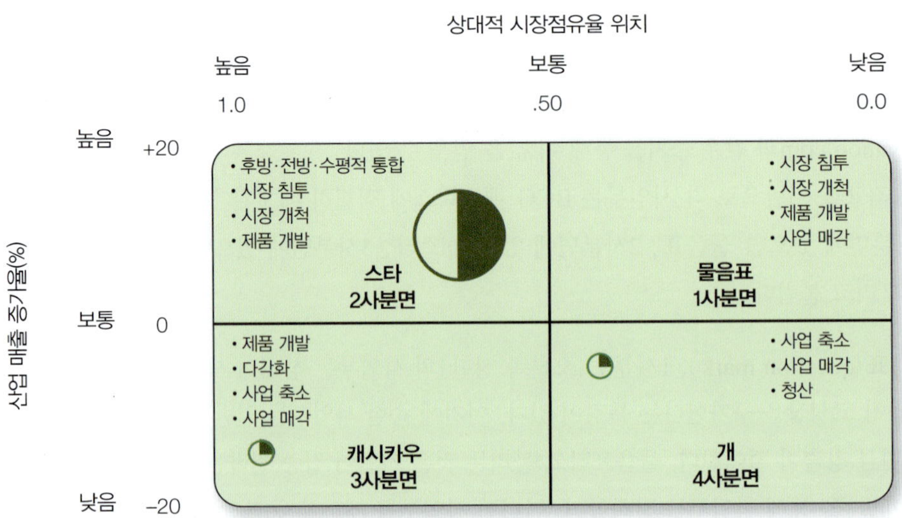

그림 6-7 BCG 매트릭스

출처: The BCG Portfolio Matrix from the Product Portfolio Matrix, © 1970, The Boston Consulting Group.

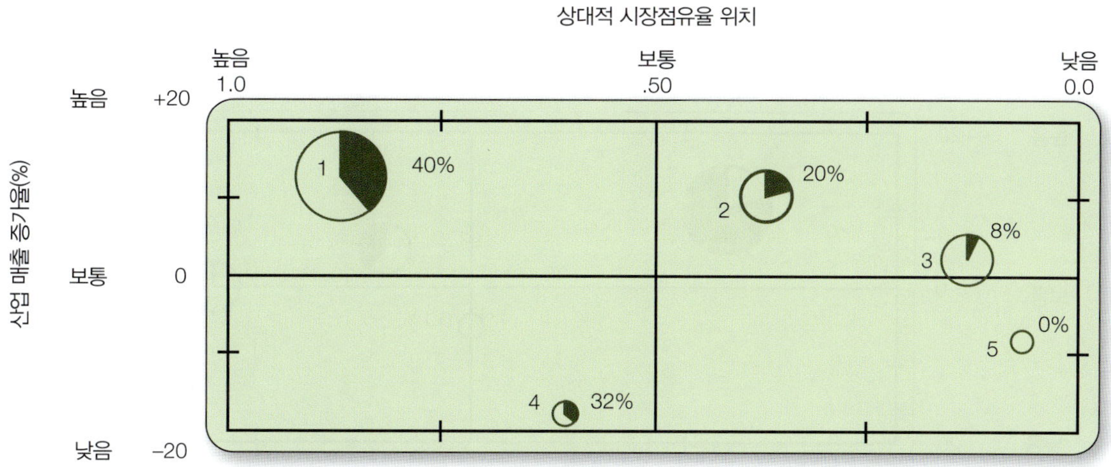

사업부	매출액($)	매출 비중(%)	영업이익($)	영업이익 비중(%)	상대적 시장점유율	산업 매출 증가율(%)
1	60,000	37	10,000	40	.80	+15
2	40,000	24	5,000	20	.40	+10
3	40,000	24	2,000	8	.10	+1
4	20,000	12	8,000	32	.60	−20
5	5,000	3	−500	0	.05	−10
총합	**165,000**	**100**	**24,500**	**100**		

그림 6-8 BCG 매트릭스의 예 1

에 관심을 가지도록 한다는 것이다. 기업의 사업부는 시간이 갈수록 진화한다. 시계 반대 방향으로 개가 물음표가 되기도 하고, 물음표가 스타가 되기도 하며, 스타가 캐시카우가 되거나 캐시카우가 개가 될 수도 있다. 반대로 스타가 물음표가 되거나, 물음표가 개가 되거나, 개가 캐시카우가 되거나, 캐시카우가 스타가 되는 시계 방향으로의 변화가 발생하기도 하는데 흔한 일은 아니다. 일부 기업에서는 특정한 패턴 없이 사업부의 사분면이 변동할 수도 있다. 시간이 지남에 따라 기업은 스타 사업부를 확보하기 위해 계속 노력해야 한다.

그림 6-8은 BCG 매트릭스의 예로, 연간 매출이 5,000~60,000달러인 5개 사업부로 구성된 기업을 보여준다. 매출이 가장 큰 사업부 1에 해당하는 원이 매트릭스에서 가장 크고, 사업부 5는 매출이 가장 작기 때문에 원의 크기도 가장 작다. 원에서 음영으로 표시된 부분은 각 사업부가 기업 전체 영업이익에서 차지하는 비율을 나타낸다. 예컨대 사업부 1은 기업 전체 영업이익의 40%를 창출하므로 원의 40%가 음영으로 처리되었다. 이 기업의 경우 사업부 1은 스타, 사업부 2와 3은 물음표, 사업부 4는 캐시카우, 사업부 5는 개에 해당한다.

다른 분석 기법과 마찬가지로 BCG 매트릭스에도 몇 가지 한계가 있다. 예컨대 모든 사업부를 스타, 캐시카우, 개, 물음표로 보는 것은 지나친 단순화일 수 있다. 많은 사업부가 BCG 매트릭스 사분면의 경계선 바로 위에 위치하며, 이러한 경우 분류하기가 어렵다. 또한 BCG 매트릭스는 다양한 사업부 또는 산업이 시간이 지남에 따라 성장하는지, 정체되는지를 고려하지 않는다. 다시 말해 매트릭스에 시간적 측면이 반영되지 않으며 주어진 특정 시점의 상태만을 분석한다. 그리고 시장의 규모나 경쟁우위와 같은 요인도 상대적 시장점유율 위치와 산업 매출 증가율만큼이나 중요하고 전략적 의사결정을 내리는 과정에 필수적이지만 이러한 변수를 다루지 않는다.

그림 6-9는 BCG 매트릭스의 또 다른 예이다. 사업부 5는 빨간색으로 표기된 것처럼 1억 8,800만

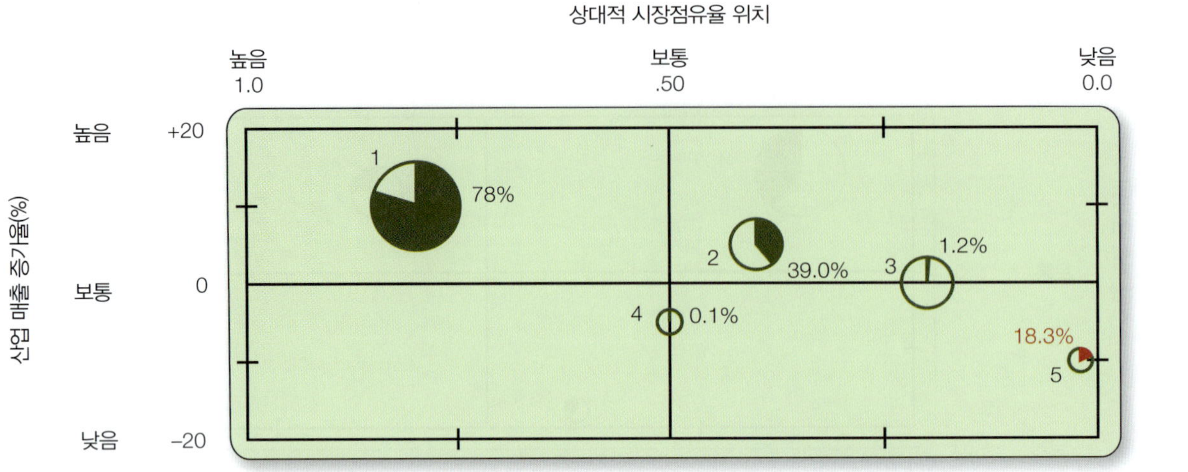

사업부	매출액(100만 $)	매출 비중(%)	영업이익(100만 $)	영업이익 비중(%)	상대적 시장점유율	산업 매출 증가율(%)
1	5,139	51.5	799	78.0	0.8	10
2	2,556	25.6	400	39.0	0.4	5
3	1,749	17.5	12	1.2	0.2	00
4	493	4.9	4	0.1	0.5	−05
5	42	0.5	−188	(18.3)	0.02	−10
총합	**9,979**	**100.0**	**1,027**	**100.0**		

그림 6-9 BCG 매트릭스의 예 2

달러의 순손실을 기록했다. 나머지 사업부에 해당하는 원에서 음영으로 표시된 부분의 총합은 이러한 순손실을 반영하기 위해 118.3%에 달한다(BCG 매트릭스 분석은 이러한 방식으로 사업부의 손실을 나타낸다).

학습 목표 6-6

내부-외부(IE) 매트릭스를 구성하고 적용한다.

내부-외부(IE) 매트릭스

내부-외부(IE) 매트릭스(Internal-External Matrix)는 그림 6-10과 같이 기업의 다양한 사업부를 9개의 공간에 배치한다. IE 매트릭스는 도표에 기업의 사업부를 배치한다는 점에서 BCG 매트릭스와 유사하다. 이러한 측면 때문에 두 기법 모두 포트폴리오 분석의 일종으로 볼 수 있다. BCG 매트릭스와 IE 매트릭스에서 각 원의 크기는 각 사업부의 매출 또는 매장 수의 비중을 나타내고, 원에서 음영으로 표기된 부분은 각 사업부가 기여하는 영업이익의 비중을 의미한다. 그러나 BCG 매트릭스와 IE 매트릭스는 다음과 같은 중요한 차이점이 있다.

1. x 축과 y 축이 의미하는 바가 각기 다르다.
2. IE 매트릭스는 BCG 매트릭스보다 사업부에 대한 더 많은 정보를 필요로 한다.
3. 각 매트릭스의 전략적 의미와 시사점이 다르다.
4. IE 매트릭스는 9개의 공간으로 구성되고, BCG 매트릭스는 4개의 사분면으로 구성된다.

이러한 이유로 다수의 사업부를 운영하는 기업의 전략가는 대안 전략을 수립하는 과정에서 BCG 매트릭스와 IE 매트릭스를 모두 작성하는 경우가 많다. 일반적으로 현재에 대한 BCG 매트릭스와 IE 매트릭스를 개발한 뒤 미래에 대한 전망을 반영하여 추가적으로 각각의 매트릭스를 개발한다.

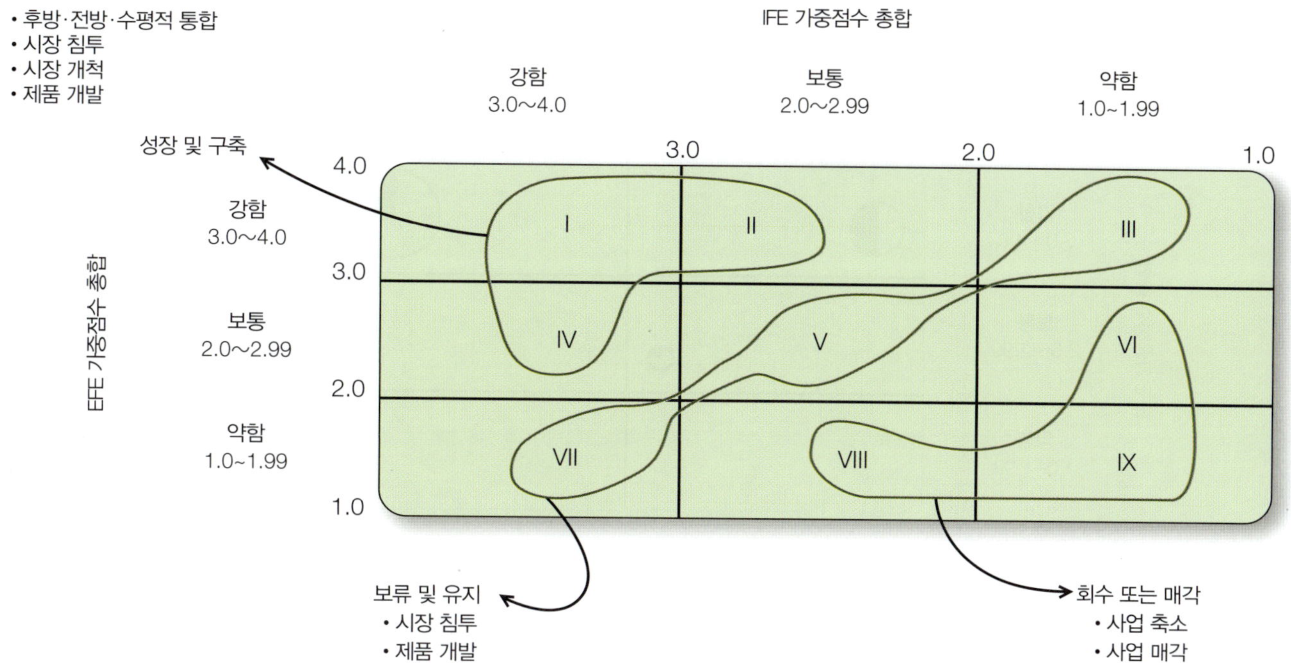

그림 6-10 IE 매트릭스

출처: The IE Matrix was developed from the General Electric (GE) Business Screen Matrix. For a description of the GE Matrix, see Michael Allen, "Diagramming GE's Planning for What's WATT," in R. Allio and M. Pennington, eds., *Corporate Planning: Techniques and Applications* l par; New York: AMACOM, 1979.

이러한 비교 분석은 발표에서 매우 효과적이므로 학생(또는 전략가)이 기업의 여러 사업부를 위한 권고안을 제시하는 과정에서 정당화의 근거로 제시될 수 있다. 또한 BCG 매트릭스와 IE 매트릭스 모두 제품별 또는 지역별로 개발되기도 한다.

IE 매트릭스는 x 축의 IFE 가중점수 총합과 y 축의 EFE 가중점수 총합, 이 두 가지 차원을 기반으로 한다. 기업의 각 사업부는 IFE 매트릭스와 EFE 매트릭스를 구성해야 하지만, 전략 사례 분석을 수행하는 학생들의 경우 실제 매트릭스를 구성하기보다는 각 사업부의 IFE, EFE 점수를 추정하여 사용하게 된다. 물론 기업 수준의 IE 매트릭스를 구성하려면 각 사업부에서 도출한 가중점수 총합이 필요하다. IE 매트릭스에서 x 축의 IFE 가중점수 총합과 y 축의 EFE 가중점수 총합은 1.0~1.99라면 약한 상태, 2.0~2.99라면 평균, 3.0~4.0이라면 강한 상태를 의미한다. 사업부를 나타내는 원은 부여된 점수에 따라 연결되는 (x, y) 좌표를 중심으로 도표에 배치된다.

9개의 공간으로 나뉨에도 불구하고 IE 매트릭스는 다음과 같은 세 가지 주요 영역으로 다시 구분되며, 각각에 대해 차별화된 전략적 시사점이 제시된다.

- **영역 1**: 공간 I, II, IV에 속하는 사업부의 경우 **성장 및 구축** 전략이 적절하다. 구체적으로는 집중 전략(시장 침투, 시장 개발, 제품 개발)이나 통합(후방·전방·수평적) 전략이 효과적일 것이다. 높은 IFE, EFE 점수를 감안할 때 이 영역은 사업부에 가장 바람직한 영역이라고 할 수 있다. 성공적인 기업은 이 영역에 속한 사업들로 사업 포트폴리오를 구성할 수 있다.
- **영역 2**: 공간 III, V, VII에 속하는 사업부에는 **보류 및 유지** 전략이 제시된다. 해당 사업부가 통상 채택하는 전략은 시장 침투와 제품 개발이다.

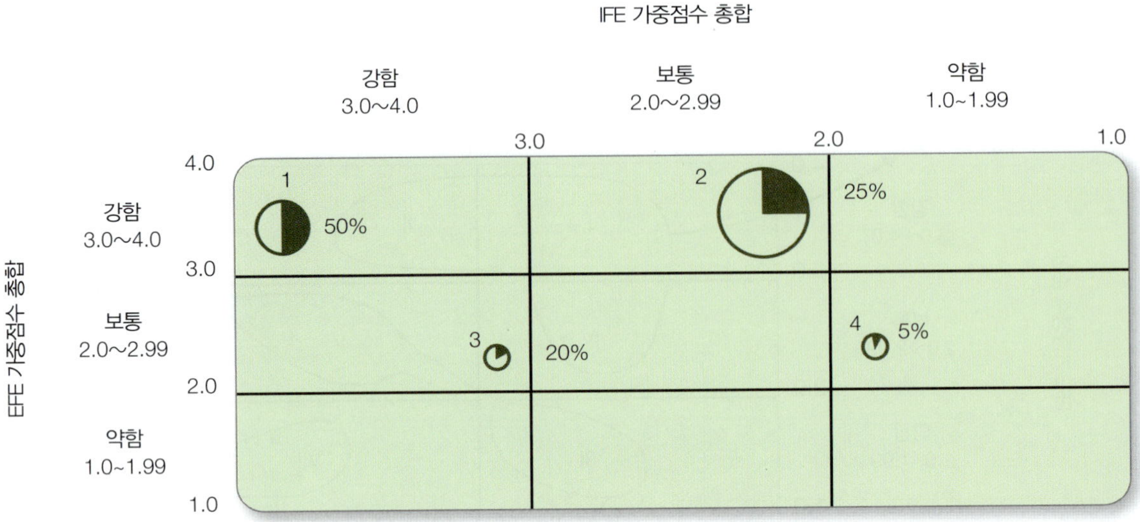

사업부	매출액($)	매출 비중(%)	영업이익($)	영업이익 비중(%)	IFE 점수	EFE 점수
1	100	25.0	10	50	3.6	3.2
2	200	50.0	5	25	2.1	3.5
3	50	12.5	4	20	3.1	2.1
4	50	12.5	1	5	1.8	2.5
총합	**400**	**100.0**	**20**	**100**		

그림 6-11 IE 매트릭스의 예 1

- **영역 3**: 공간 VI, VIII, IX에 속하는 사업부를 위한 제안은 **회수** 또는 **매각**이다.

그림 6-11은 4개 사업부에 대한 IE 매트릭스의 예이다. 네 원의 위치에서 알 수 있듯이 사업부 1, 2, 3에는 **성장** 및 **구축** 전략이 적합하나 사업부 4는 **회수** 또는 **매각** 대상이다. 사업부 2는 기업의 매출에서 가장 큰 비중을 차지하므로 가장 큰 원으로 나타냈으며, 사업부 1은 영업이익에 가장 크게 기여하므로 음영 부분의 비중이 가장 크다.

그림 6-12는 5개 사업부에 대한 IE 매트릭스의 예이다. 사업부 1은 매트릭스에서 가장 큰 매출(가장 큰 원), 가장 큰 영업이익(가장 큰 음영 비율)을 기록하고 있다. 기업은 전략을 보다 효과적으로 수립하고 사업부 간에 자원을 적절히 할당하기 위해 지역 기반, 제품 기반 IE 매트릭스를 모두 개발하는 것이 일반적이다. 지역별·제품별 매트릭스 개발은 IE 매트릭스가 시점에 고정되어 분석이 이루어지는 정적인 기법이라는 한계를 최소화한다.

중요 참고 사항: 사례 분석이든 실무든 특정 기업을 위한 전략을 수립하고 제시하는 과정에서 전략을 기초적인 용어로만 설명하기보다는 더욱 구체적이고 명확하게 표현해야 한다. 그리고 정량적 수치와 함께 각 사업부에 적합한 용어로 전략을 제시하기 위해 노력해야 한다. 이는 BCG, SPACE, GRAND, SWOT 분석을 통해 도출되는 전략의 경우도 마찬가지이다. 구체적이고 명확한 설명은 황금률이므로 모호함을 피해야 한다.

학습 목표 6-7

대전략 매트릭스를 구성하고 적용한다.

대전략 매트릭스

대전략 매트릭스(Grand Strategy Matrix)도 대안 전략을 수립하는 과정에서 널리 사용되는 기법이

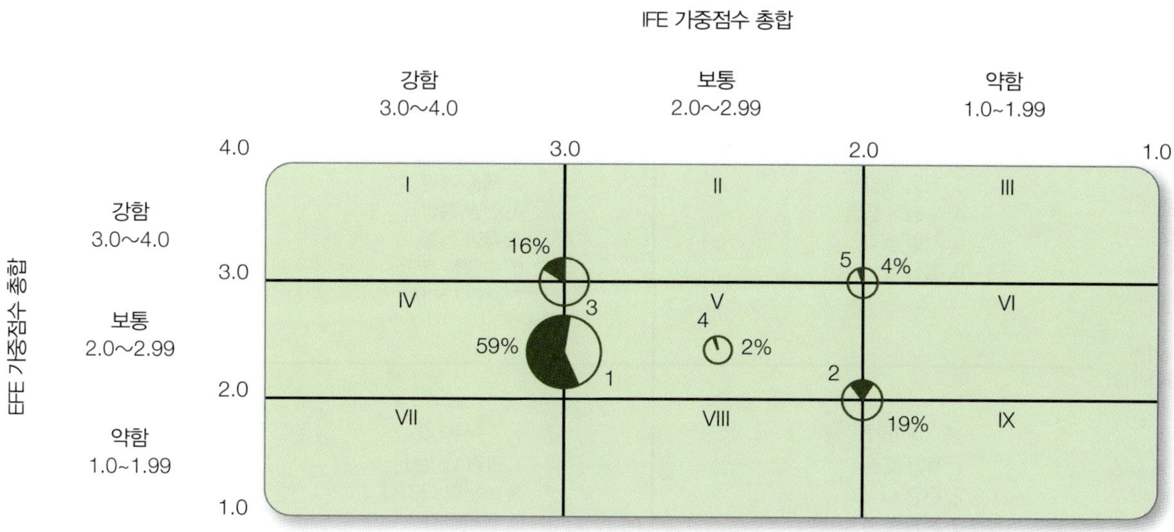

성장 및 구축

사업부	매출액($)	매출 비중(%)	영업이익($)	영업이익 비중(%)	IFE 점수	EFE 점수
1	7,868	71.5	3,000	59	2.5	3
2	1,241	11.3	1,000	19	2	2
3	1,578	14.3	800	16	3	3
4	90	0.8	100	2	2.5	2.5
5	223	2.1	200	4	3	2
총합	11,000	**100**	**5,100**	**100**		

그림 6-12 IE 매트릭스의 예 2

다. 모든 기업은 대전략 매트릭스의 네 가지 전략 사분면 중 하나에 위치하게 된다. 기업의 사업부 또한 도표에 배치할 수 있다. 그림 6-13에서 보듯이 대전략 매트릭스는 x 축의 경쟁적 위치와 y 축의 산업 성장이라는 두 가지 차원을 기반으로 한다. 예를 들면 연간 매출 성장률이 5%를 초과하는 모든 산업은 고성장 산업으로 간주할 수 있다. 기업이 고려할 수 있는 적절한 전략은 대전략 매트릭스의 각 사분면에 매력도 순으로 나열된다.

대전략 매트릭스의 1사분면에 자리한 기업은 탁월한 전략적 위치를 차지하고 있다. 이러한 기업의 경우 현재 시장(시장 침투, 시장 개척)과 제품(제품 개발)에 계속 집중하는 것이 적절한 전략이다. 이미 확보한 경쟁우위에서 현저히 벗어나는 것은 현명하지 못하지만, 기업은 지속적인 개선을 추구하는 경향이 있으므로 만약 충분한 자원을 보유하고 있다면 후방·전방·수평적 통합을 고려할 수 있을 것이다. 단일 제품에 너무 많이 의존하는 기업의 경우에는 좁은 제품군에서 비롯되는 위험을 막기 위해 관련 다각화를 시도할 수도 있다. 또한 1사분면에 있는 기업은 다수의 영역에 걸쳐 외부 기회를 활용할 수 있으며, 필요시 공격적으로 위험을 감수하는 것도 가능하다.

2사분면에 위치한 기업은 시장에 대한 현재의 접근 방식을 진지하게 고민해보아야 한다. 해당 산업이 성장하고 있지만 정작 기업은 효과적으로 경쟁하지 못하고 있기 때문이다. 따라서 현재의 접근 방식이 왜 비효율적인지 파악하고, 경쟁력을 향상하기 위해 어떻게 기업을 변화시킬 것인지 결정해야 한다. 여기에 해당하는 기업은 고성장 산업에 속해 있기 때문에 보통 통합이나 다각화보다는 집중 전략을 우선적으로 고려하게 된다. 그러나 기업이 고유한 역량이나 경쟁우위를 가지고 있지 않다면 수평적 통합이 바람직한 대안이 되기도 한다. 최후의 방안으로는 사업 매각이나 청산도 고려한

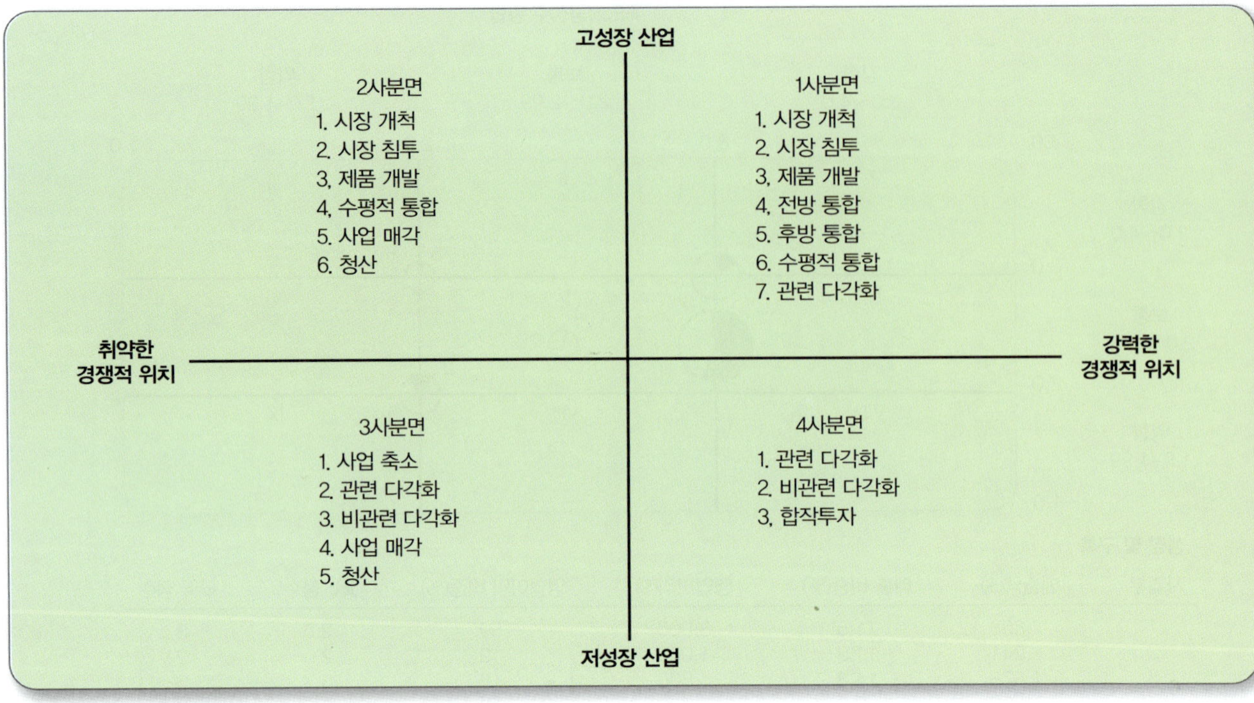

그림 6-13 대전략 매트릭스

출처: Roland Christensen, Norman Berg, and Malcolm Salter, *Policy Formulation and Administration* (Homewood, IL:Richard D. Irwin, 1976), 16–18.

다. 매각으로 자금을 확보하여 다른 사업을 인수할 수 있다.

3사분면에 위치한 기업은 저성장 산업에 속해 있을 뿐만 아니라 경쟁력도 취약하다. 이러한 기업은 추가적인 경쟁력 저하, 더 나아가 청산될 가능성까지 있으므로 과감하고 신속한 변화가 필요하다. 우선 대대적인 비용 절감과 사업 축소를 추진해야 한다. 대안이 될 수 있는 또 다른 전략은 자원을 현재와 다른 사업 분야로 이동하는 것, 바로 다각화이다. 이러한 노력이 모두 실패로 돌아간다면 해당 사업부를 매각하거나 청산에 이르게 된다.

마지막으로 4사분면에 속한 기업은 경쟁우위를 확보했으나 저성장 산업에서 활동하고 있다. 이러한 기업은 더 유망한 성장 영역으로 다각화할 수 있는 역량을 지녔다. 즉 넉넉한 현금을 보유하고 있고, 내부적으로 성장에 대한 압력이 높지 않으며, 관련 또는 비관련 다각화를 성공적으로 추진할 수 있다. 또한 합작투자를 추진하는 것도 좋은 대안이다.

대전략 매트릭스를 사용하더라도 되도록 적절한 용어를 사용하여 대안 전략을 설명하는 것이 중요하다. 예를 들어 단순히 사업 매각과 같은 용어를 사용하기보다는 매각할 사업부가 무엇인지 지정해야 한다. 학생들에게 www.strategyclub.com에서 전략기획 매트릭스를 쉽게 구성할 수 있는 무료 엑셀 양식을 내려받아 활용하도록 권장한다.

www.strategyclub.com의 전략기획 양식을 가지고 대전략 분석을 수행하는 경우에는 1~9의 척도를 사용할 수 있다. 1은 가장 약한 경쟁적 위치이면서 가장 낮은 산업 성장률을, 9는 가장 강력한 위치이면서 가장 빠른 성장률을 나타낸다. 이러한 양식으로 최대 6개의 좌표를 표기할 수 있으며, 이를 통해 기업 또는 경쟁기업의 다양한 사업부나 제안된 권고안에 대한 연도별 추이와 전망 등을 나타낼 수 있다.

결정 단계: QSPM

학습 목표 6-8

정량적 전략기획 매트릭스(QSPM)를 구성하고 적용한다.

우선적으로 추진할 수 있는 대안 전략을 수립하기 위한 기법뿐만 아니라 상대적인 매력을 토대로 실행할 전략의 결정을 돕는 기법도 한 가지 소개하겠다. 전략 수립 분석 프레임워크의 3단계에 사용하는 **정량적 전략기획 매트릭스**(Quantitative Strategic Planning Matrix, QSPM)는 어떤 대안 전략이 최선인지를 객관적인 방법으로 알려준다.[5] QSPM은 1단계 분석을 통해 입력된 정보와 2단계 분석의 매칭 결과를 활용하여 대안 전략 중에서의 선택을 지원한다. 즉 1단계에 사용되는 EFE 매트릭스, IFE 매트릭스, CPM과 2단계에 사용되는 SWOT 매트릭스, SPACE 매트릭스, BCG 매트릭스, IE 매트릭스, 대전략 매트릭스는 3단계인 QSPM 수행에 필요한 정보를 제공한다. QSPM은 기존에 확인했던 외부 및 내부의 핵심 성공 요인을 기반으로 전략가가 대안 전략을 객관적으로 평가할 수 있도록 돕는 기법이다. 다른 전략 수립 분석 도구와 마찬가지로 QSPM은 매력도라고 불리는 점수 부여가 필요하지만, 사소해 보이는 점수 부여를 통해 전략가는 '판매 신장을 위해 어떤 국가에 수십억 달러를 지출할 것인가'와 같이 큰 결과를 가져오는 결정을 효과적으로 내릴 수 있다.

QSPM의 기본 형식은 표 6-4와 같다. QSPM의 맨 왼쪽 열은 핵심 외부 요인과 내부 요인(1단계 분석 결과)으로 구성되고, 맨 윗행에는 실행 가능한 대안 전략(2단계 분석 결과)이 자리한다. 왼쪽 열의 핵심 요인에는 EFE 매트릭스와 IFE 매트릭스에서 도출된 결과를 그대로 표기하고, 그다음 열에는 EFE 매트릭스와 IFE 매트릭스에서 각 요인에 할당되었던 가중치를 기록한다.

QSPM의 첫 행은 SWOT, SPACE, BCG, IE, 대전략 매트릭스에서 도출된 대안 전략으로 구성된다. 2단계에서의 기법을 통해 실행 가능한 대안 전략을 얻을 수 있지만 QSPM에서 모든 대안 전략을 평가해야 하는 것은 아니다. 전략가는 실행 가능한 여러 대안 전략을 QSPM으로 비교하는데, 만약 SWOT 전략을 고려한다면 SO4, WT3 등과 같이 표기하여 QSPM 전략을 설명할 수 있을 것

표 6-4 정량적 전략기획 매트릭스(QSPM)

	전략적 대안			
핵심 요인	가중치	전략 1	전략 2	전략 3
핵심 외부 요인				
경제				
정치, 법, 정책				
사회, 문화, 인구통계학				
환경				
기술				
경쟁				
핵심 내부 요인				
경영관리				
마케팅				
재무회계				
생산 및 운영				
연구개발				
경영정보시스템				

이다. 앞서 여러 차례 강조했듯이 제시된 전략은 '전 세계적 확장', '아프리카에 매장 신설'과 같은 표현이 아니라 '인도네시아에 275개 매장 신설'과 같이 구체적으로 명시되어야 한다. 권고된 각 전략에는 결국 비용 대비 편익이 담겨야 하기 때문에 구체성은 특히 중요하다. '전 세계적 확장'의 경우 비용 대비 편익을 추정하기가 불가능하다. QSPM(또는 SWOT) 전략에 대해 비용 대비 편익을 합리적으로 추정할 수 없다면 그 전략은 지나치게 모호한 것이다. 모호함은 실제로 무엇을 제안하는지 아무도 알 수 없게 하므로 전략기획에 치명적이다.

개념적으로 QSPM은 주요 외부 및 내부 요인을 활용하거나 개선하는 정도에 따라 다양한 전략의 상대적 매력도를 결정한다. 각 전략의 상대적 매력도는 외부 및 내부 요인의 영향을 누적하여 계산한다. 한편 QSPM이 다루는 전략의 개수에는 제한이 없다.

표 6-5는 컴퓨터 소매점에 적용한 QSPM의 예로, QSPM의 모든 구성 요소인 전략적 대안, 핵심 요인, 가중치, 매력도 점수, 최종 매력도 점수, 최종 매력도 점수 총합을 보여준다. 매력도 점수, 최종 매력도 점수, 최종 매력도 점수 총합은 다음의 QSPM 개발에 필요한 6단계를 통해 정의되고 설명될 것이다.

1단계: QSPM의 맨 왼쪽 열에 기업이 직면한 주요 외부 기회와 위협, 보유한 내부 강점과 약점을 열거한다. 이를 위해서는 EFE 매트릭스와 IFE 매트릭스의 분석 결과를 직접적으로 참조해야 한다. (www.strategyclub.com의 엑셀 양식을 사용하면 이 과정을 손쉽게 수행할 수 있다.)

2단계: 핵심 외부 요인과 내부 요인 각각에 가중치를 할당한다. EFE 매트릭스를 통해 도출한 외부 요인의 가중치 총합이 1이 되고, 마찬가지로 IFE 매트릭스를 통해 도출한 내부 요인의 가중치 총합이 1이 되도록 부여해야 한다. 핵심 외부 요인과 내부 요인의 바로 오른쪽 열에 가중치를 기록한다.

3단계: 전략 수립 분석 프레임워크의 2단계인 매칭 단계에서 개발된 매트릭스를 모두 검토하여 기업이 실행을 고려해야 하는 대안 전략을 결정한다. 이러한 대안 전략은 QSPM의 첫 행에 기록한다. SO, WO, ST, WT 전략 중 2개 이상을 선별하는 것이 무난한 선택이 될 수 있다.

4단계: **매력도 점수**(attractiveness score, AS)를 산정한다. 핵심 외부 요인과 내부 요인 각각에 대한 대안 전략의 상대적 매력도를 점수화해야 한다. 핵심 외부 요인과 내부 요인을 한 번에 하나씩 검토한 뒤 '이 요인이 전략 선택에 영향을 미치는가?'라는 질문을 통해 AS 부여 여부를 결정한다. 질문에 대한 대답이 '아니요'라면 AS를 부여하지 않는다. 표 6-5에는 '—'로 표기되었으나 엑셀 양식에는 0이 부여되어 있다. 반대로 질문에 대한 대답이 '예'인 경우에는 핵심 요인으로 인한 대안 전략의 상대적 매력을 비교하여 AS를 부여한다. AS의 범위는 다음과 같다. 1: 매력적이지 않음, 2: 약간 매력적, 3: 적당히 매력적, 4: 매우 매력적. '매력적'이라는 용어는 어떤 전략을 다른 전략과 비교했을 때 강점 활용, 약점 개선, 기회 활용, 위협 회피가 더 용이하다는 것을 뜻한다. QSPM을 개발할 때는 각 행(요인)별로 작업하는 것이 효과적이다. 중요한 점은 한 요인에 대해 한 대안 전략에 AS를 부여한 경우 그 요인에 대해서는 나머지 대안 전략에도 점수를 부여해야 한다는 것이다. 마찬가지로 AS를 부여하지 않은 경우 그 요인에 대해서는 나머지 대안 전략에도 점수를 부여하면 안 된다.

표 6-5 컴퓨터 소매점의 QSPM

		전략적 대안			
		1 부지 매입 후 대규모 매장 신설		2 현재 매장 전면 보수	
핵심 요인	가중치	매력도 점수	최종 매력도 점수	매력도 점수	최종 매력도 점수
기회					
1. 도시의 인구 10% 증가	0.10	4	0.40	2	0.20
2. 1.6km 떨어진 지점에 경쟁 매장 신설	0.10	2	0.20	4	0.40
3. 매장 주변 차량 통행량 12% 증가	0.08	1	0.08	4	0.32
4. 공급업체가 매년 평균 6개의 신제품 출시	0.05	—		—	
5. 컴퓨터 사용 고령층 8% 증가	0.05	—		—	
6. 주변 중소기업 10% 증가	0.05	—		—	
7. 부동산 중개인의 웹사이트 운영 희망 비율 18% 증가	0.04	—		—	
8. 소규모 기업의 웹사이트 운영 희망 비율 12% 증가	0.03	—		—	
위협					
1. 1년 내 베스트바이 매장이 개장할 예정	0.15	4	0.60	3	0.45
2. 고속도로 신설로 주변 통행량이 분산될 예정	0.12	4	0.48	1	0.12
3. 지역 대학의 컴퓨터 수리 확대	0.08	—		—	
4. 인근에 새로운 쇼핑몰이 들어설 예정	0.08	2	0.16	4	0.32
5. 휘발유 가격 14% 상승	0.04	—		—	
6. 공급업체의 8% 가격 인상	0.03	—		—	
총합	**1.00**				
강점					
1. 매장 수리 및 서비스 수익 16% 증가	0.15	4	0.60	3	0.45
2. 종업원의 높은 의욕	0.10	—		—	
3. 고객당 매출이 97달러에서 128달러로 증가	0.07	2	0.14	4	0.28
4. 재고 회전율이 5.8에서 6.7로 증가	0.05	—		—	
5. 매장 자체 판촉을 통한 매출 20% 증대	0.05	—		—	
6. 경영정보시스템 학사 학위를 가진 매장 기술 인력	0.05	—		—	
7. 매장의 자산 대비 부채 비율 34% 감소	0.03	4	0.12	2	0.06
8. 신문 광고 지출 10% 확대	0.02	—		—	
9. 종업원당 매출 19% 증가	0.02	—		—	
약점					
1. 고속도로 신설로 방문 고객 감소	0.15	4	0.60	1	0.15
2. 매장의 소프트웨어 매출 12% 하락	0.10	—		—	
3. 고객의 지불 대기 시간 증가	0.05	2	0.10	4	0.20
4. 웹사이트의 부재	0.05	—		—	
5. 사업체 대상 매출 8% 하락	0.04	3	0.12	4	0.16
6. 공급업체의 배송 시간이 2.4일로 증가	0.03	—		—	
7. 매장 인테리어의 노후화	0.02	1	0.02	4	0.08
8. 매장 화장실의 노후화	0.02	1	0.02	4	0.08
총합	**1.00**		**3.64**		**3.27**

5단계: 최종 매력도 점수(total attractiveness score, TAS)를 계산한다. 이는 2단계에서 도출한 각 행의 가중치에 4단계에서 얻은 AS를 곱하여 산출한다. TAS는 내외부의 관련된 핵심 성공 요인만을 고려했을 때 각 대안 전략이 지닌 상대적 매력도를 나타낸다. TAS가 높을수록 더욱 매력적인 대안 전략이다.

6단계: 최종 매력도 점수 총합(sum total attractiveness scores, STAS)을 계산한다. 이는 각 요인에 대해 도출된 대안 전략의 TAS를 모두 합하여 얻는다. 한 대안 전략의 TAS 개수는 전체 요인의 개수와 동일할 것이다. STAS를 비교해보면 대안 전략 중에서 어떤 것이 가장 매력적인지를 알 수 있다. 점수가 높다는 것은, 전략적 결정에 영향을 미칠 수 있는 모든 외부 및 내부 요인을 고려할 때 더 매력적인 전략임을 뜻한다. STAS 간 차이의 크기는 한 전략이 다른 대안 전략에 비해 상대적으로 바람직한 정도를 나타낸다.

표 6–5에서 컴퓨터 소매점은 두 가지 대안 전략, 즉 부지 매입 후 대규모 매장 신설과 현재 매장 전면 보수를 고려하고 있다. 분석 결과 STAS가 각각 3.64, 3.27이며, 이는 부지를 매입하여 더 큰 매장을 세우는 것이 보다 바람직한 전략임을 알려준다. 가중치가 '—'인 요인은 고려 중인 대안 전략에 유의미한 영향을 미치지 않는다는 것을 나타낸다. 어떤 요인이 한 대안 전략에 영향을 미치고 다른 전략에는 영향을 미치지 않는다고 해도 그 요인은 두 대안 중에서의 선택에 영향을 미치므로 두 대안 전략 모두에 대해 AS가 부여되어야 한다. 동일한 요인에 대해 한 전략에는 AS를 부여하고 다른 전략에는 부여하지 않는다면 편향된 분석 결과가 도출될 것이다. 또한 표 6–5의 모든 행에서 연속적으로 AS가 부여되지 않은 것처럼, 항상 상대적 매력도를 평가하여 동일하지 않은 AS를 각 대안 전략에 부여해야 한다. 만약 QSPM에서 4개 이상의 대안 전략을 분석하는 경우에는 AS의 범위를 1부터 대안 전략의 개수로 설정하면 된다. 이렇게 함으로써 각 대안 전략에 대해 서로 다른 AS가 부여될 수 있다. 상기 사항은 모두 QSPM을 개발할 때 따라야 할 중요한 지침이다. 분석 대상이었던 컴퓨터 소매점은 실제로 부지를 매입하고 신규 매장을 개설했다. 또한 신규 매장이 개점하기 전에 기존 매장의 소규모 보수 공사도 단행했다.

할당된 각 AS에는 그 점수를 부여한 근거가 있어야 한다. 표 6–5에서 '도시의 인구 10% 증가'라는 첫 번째 기회는 1번 대안 전략인 '부지 매입 후 대규모 매장 신설'을 통해 가장 잘 활용될 수 있으므로 AS에 4가 부여되었다. AS는 단순한 추측으로 산정하면 안 된다. 합리적이고, 비판에 대응할 수 있어야 하며, 타당해야 한다. 수학적으로 첫 행에서 1번 대안 전략의 AS가 4라는 것은 AS가 2인 두 번째 전략보다 100% 더 매력적임을 의미한다.

QSPM의 장점과 한계

QSPM의 장점은 일련의 전략을 순차적으로 또는 동시에 검토할 수 있다는 것이다. 예를 들면 기업 차원의 전략을 먼저 평가한 뒤 사업부 차원의 전략을, 그다음에는 부서 차원의 전략을 평가할 수 있다. QSPM을 이용하여 평가할 수 있는 전략의 개수 또는 한 번의 실행으로 검토할 수 있는 전략의 개수에는 제한이 없다.

QSPM의 또 다른 장점은 전략가가 적절한 외부 및 내부 요인을 의사결정 프로세스에 통합하게 된다는 것이다. QSPM을 개발하는 과정을 통해 핵심 요인을 간과하거나 적절치 않은 가중치가 부여될 가능성이 줄어든다. QSPM 개발 과정은 전략적 결정에 영향을 미치는 중요한 관계에 주의를 기울이게 한다. QSPM 개발 과정에는 매력도 점수(AS)를 부여하는 결정이 포함되는데, 이러한 결정은 최종 전략적 결정이 기업에 가장 적합한 선택일 가능성을 높여준다. QSPM은 크고 작은 영리·비영리 기관에서 사용할 수 있고 개인도 직업 선택 등에 활용할 수 있다.[6]

한편 QSPM에는 두 가지 한계가 있다. 첫째, AS를 부여할 때 정보를 바탕으로 판단을 내려야 한다. 그럼에도 불구하고 이러한 정량화는 후광 효과(halo error)와 다양한 편향을 최소화한다는 측면에서 전략기획 프로세스 전반에 걸쳐 도움이 된다. 단순히 추측으로 AS를 부여하면 안 된다. AS 4는 AS 3보다 33% 더 중요하다. 다양한 대안 중에서 실행할 전략을 결정하는 것처럼 중대한 사항을 효과적으로 결정하는 데에는 AS와 같이 정보를 바탕으로 작은 결정을 내리는 것이 큰 역할을 한다. QSPM의 두 번째 한계는 QSPM의 분석 대상이 되는 요인과 대안 전략이 전략 수립 분석 프레임워크의 이전 단계인 입력 및 매칭 과정에 사용되는 기법의 결과를 기반으로 한다는 것이다.

권고안과 관련된 비용을 추정하는 방법

학습 목표 6-9

권고안과 관련된 비용 추정 방법을 알아본다.

SWOT, BCG, IE, SPACE, 대전략 매트릭스는 기업의 실행 가능한 대안 전략을 수립하는 전략기획에 사용된다. '실행을 위해 선택된 전략'을 나타내는 데에는 **권고안**(recommendation)이라는 용어가 쓰인다. 금전적 또는 비금전적 제약으로 기업은 매칭 단계의 매트릭스에서 제안된 모든 대안 전략을 구현할 수 없기 때문에 QSPM과 전문가의 판단에 따라 특정 전략을 선택하게 된다. 학생의 전략기획 사례 프로젝트에서 가장 중요한 부분은 아마도 **권고안이 담긴 페이지**(recommendations

글로벌 캡슐 6 GLOBAL CAPSULE

경제 호황을 누리는 인도

2017~2018 회계연도에 인도의 국내총생산(GDP)은 7.2% 증가했는데, 이는 전 세계에서 가장 높은 성장률에 속한다. 최근에 인도는 기업 친화적인 많은 개혁을 추진하고 있으며, 한 예로 2017년 7월에는 상품과 서비스에 부과되었던 다양한 세금을 단일한 과세 체계로 통합했다. 세계에서 가장 인구가 많은 민주주의 국가인 인도는 13억 2,400만 명(참고로 미국은 2억 9,550만 명)에 달하는 인구 중 돈을 쓸 의향이 있는 중산층의 비중이 상당히 높다. 경제가 호황인 인도의 실업률은 4.02%(2017년 8월)이며, 5,100만 개 이상의 중소기업(미국 중소기업 수의 거의 2배)이 운영되고 있다. 수십 개의 기업이 인도에 제조 공장을 세우고 있다. 페덱스(FedEx)는 인도에서 6,000명 이상의 직원을 고용하고 차량 1,000대, 매일 항공편 22편을 운행 중이다. 성장에 박차를 가하기 위해 인도는 여성이 기업인이 될 수 있도록 급속한 변화를 추진하고 있다. 예를 들어 2017년 10월 대법원은 18세 미만 소녀와의 성관계는 혼인 여부에 상관없이 강간이라는 판결을 내렸다. 이러한 판결은 인도에 만연한 13~16세 소녀와의 결혼을 방지하기 위한 것이다. 2017년에 인도 기업에서 일하는 여성 직원의 수는 전년 대비 5% 증가하여 전체 고용에서 여성이 차지하는 비율이 30.55%로 높아졌다.

Hywards/Shutterstock

기업은 인도에서 사업을 해야 하는가?

출처: Philip Cheng, "Opportunities Abound in India's Booming Economy," *Fortune* (October 1, 2017): 30. https://www.nytimes.com/2017/10/11/world/asita/india-child-marriage-rape.html?rref=collection%2Ftimestopic%2FIndia&action=click&contentCollection=world&region=stream&module=stream_unit&version=latest&contentPlacement=4&pgtype=collection, http://www.hindustantimes.com/business-news/women-representation-in-india-inc-up-5-this-year-study/story-6hx60yoKBAfCNorGWKzuil.html page)일 것이다. 여기에는 각각의 권고안을 향후 3년간 예상 비용(또는 절감액)과 함께 제시한다. 3년간 필요한 신규 자금 총액을 나타내려면 각 비용을 모두 합산해야 한다.

글로벌 캡슐 6에서 보듯이 경제가 호황인 인도에 많은 기업이 새로운 제조 공장을 짓고 있다. 그렇다면 제조 공장을 건설하는 비용은 얼마인가? 표 6-6은 다양한 권고안의 예상 비용(또는 절감액)을 산정하기 위한 지침이다. 기업에 권고할 만한 여섯 가지 전략 사례를 예상 비용 추정에 반영된 근거와 함께 제시했다. 표에서 보듯이 제곱피트당 비용 접근 방식은 제조 공장, 소매점, 유통 센터, 창고 등의 총비용 추정에 사용할 수 있다. 다양한 비용을 추정하는 또 다른 방법은 유사한 지출에 대해 다른 기업이 부담한 비용을 참조하는 것이다. 기업의 재무제표를 살펴보면 종종 특정한 비

표 6-6 권고안 및 관련 비용

비용 추정에 대한 근거가 포함된 권고안
1. 제조 공장을 새로 건설한다. 4,000만 달러 = 제곱피트당 400달러 : 10만 제곱피트 = 4,000만 달러 공장의 규모, 토지 비용, 시설의 복잡도에 따라 금액이 조정될 수 있다. 재무제표를 통해 최근에 지어진 유사한 공장의 실제 비용을 파악할 수 있다. 이러한 비용을 추정하는 또 다른 방법은, 재무상태표에 나타난 전체 공장 및 장비 가액을 공장 수로 나누어 평균을 구한 뒤 이를 공장 신설 비용의 기초로 사용하는 것이다. 공장 신설 비용은 보통 2년에 걸쳐 분산하여 계상한다.
2. 신규 소매점 200개를 개장한다. 3억 달러 = 소매점 200개 × 소매점당 1만 제곱피트 : 제곱피트당 150달러 = 3억 달러 매장의 평균 규모와 토지 비용에 따라 금액이 조정될 수 있다. 이러한 비용을 추정하는 또 다른 방법은, 재무상태표에 나타난 매장 및 시설 가액을 기존 매장 수로 나누어 평균을 구한 뒤 이를 신규 매장 개설 비용의 기초로 사용하는 것이다. 기업이 매장을 운영하는 과정에서 직영 모델 대신 프랜차이즈 방식을 선택하는 경우도 많은데, 이때는 가맹점이 대부분의 비용을 부담한다. 또한 많은 기업은 직접 매장을 소유하는 것이 아니라 임대로 확보하기도 한다. 신규 소매점 200개를 3년에 걸쳐 개장한다면 전체 비용을 3년에 걸쳐 분산하여 계상한다.
3. 영업사원 100명을 새로 고용한다. 750만 달러 = 100 × 연봉 7만 5,000달러 = 750만 달러 해당 산업의 영업사원에게 지불하는 평균 급여와 성과급, 편의 용품 등에 따라 금액이 조정될 수 있다.
4. 향수 사업부를 매각한다. 향수 부문은 기업 매출의 27%를 차지한다. 기업의 총가치가 6억 4,000만 달러이므로 향수 부문의 가치는 27% × 6억 4,000만 달러 = 5,940만 달러로 추정된다. 부채를 지거나, 주식을 발행하거나, 순이익을 사용하는 것 외에 필요한 자금을 조달하는 방법은 사업부를 매각하는 것이다. 해당 사업부의 실적이 저조하거나, 기업의 다각화 수준을 낮추려 하거나, 사업 포트폴리오를 재조정해야 하는 경우에는 사업 매각을 추진할 수 있다.
5. 연구개발(R&D)을 위한 지출을 증가시킨다. 현재 R&D 비용이 2억 달러이고 연간 10%씩 증가시킨다면 3년간 추가로 지출되는 R&D 비용은 2,000만 달러 + 2,200만 달러 + 2,420만 달러 = 6,620만 달러이다. R&D 지출이 매출에서 차지하는 비중은 범용 기술 기업의 경우 0에서 하이테크 기업의 경우 20% 이상까지 다양하다.
6. 보석 부문 사업을 인수한다. 보석 부문이 인수 대상 기업의 15%를 차지하고 그 기업의 총가치가 15억 달러라면 보석 부문의 가치는 15억 달러 × 15% = 2억 2,500만 달러로 추정된다. 주주들은 기업의 연간 매출 성장률이 5% 이상이기를 바란다. 특히 내부(유기적) 성장이 충분하지 않은 경우 이러한 요구에 부응하기 위해 인수합병이 널리 사용된다.

용이 이전 지출 금액을 통해 제공되는데, 그 수치는 새로운 권고안과 관련된 비용을 추정하는 데 참고가 된다. 성급하게 비용을 추측하지 말고 필요시 해당 분야의 전문가에게 조언을 구하는 것이 바람직하다.

전략 분석과 선택의 문화적 측면

학습 목표 6-10

전략 분석과 선택에 대한 조직 문화의 역할을 이해한다.

4장에서 언급했듯이 기업 문화는 기업을 설명하는 공유 가치, 신념, 태도, 관습, 규범, 의례, 의식, 성격, 구성원 등 모든 것을 포괄하는 전체 집합을 의미한다. 문화는 기업이 사업을 수행하는 고유한 방식이다. 결속과 의미를 만드는 것은 사람의 영역이며, 전략적 변화에 처했을 때 기업에 대한 몰입과 생산성에 영향을 미친다. 모든 사람은 세상을 이해하고 통제하고 의미를 만들어내려는 기본적인 욕구를 가지고 있다. 발생하는 사건이 의미를 위협할 때 사람들은 방어적으로 반응한다. 예를 들어 관리자와 종업원 모두 현상 유지를 위해 새로운 전략을 방해할 수도 있다. 이러한 이유로 전략 분석과 선택을 문화적 관점에서 바라보는 것은 유익하다. 많은 경우 전략의 성공은 기업 문화로부터 얻는 지지의 정도에 달려 있기 때문이다. 전략이 기업 문화의 뒷받침을 받는다면 관리자는 그 전략을 빠르고 쉽게 이행할 수 있다. 그러나 그러한 문화가 존재하지 않고 육성되지도 않았다면 전략적 변화를 실행하기가 어려울 수 있다.

광범위한 변화에는 더 많은 시간과 노력이 따르기 때문에 문화 측면에서의 변화가 그리 필요치 않은 전략은 더 매력적일 수 있다. 두 기업이 인수합병을 시도할 때 문화와 전략 간 연계성을 평가하고 고려하는 것은 특히 중요하다. 다음 문장에서 드러나듯이 기업 문화는 전략적 변화를 이끌어내고자 할 때 큰 장해물이 되기도 한다.

> 훌륭한 기업 문화는 탁월한 기업의 본질이자 기반이며, 기업 개혁의 성공 여부는 전략 변화에 맞추어 적시에 기업 문화의 변화를 이끌어내는 경영진의 현명함과 능력에 달려 있다.[7]

전략 분석과 선택의 정치

학습 목표 6-11

전략 분석과 선택에서 중요한 정치적 고려 요인을 파악한다.

모든 조직은 정치적이다. 적절하게 관리되지 않는 정치적 책동은 사람들의 에너지와 시간을 소비하고, 조직의 목표를 무너뜨리며, 유능한 직원이 떠나가게 만든다. 때로 정치적 편견과 개인적 선호가 전략 선택 결정에 과도하게 개입되는 등 내부 정치는 모든 기업의 전략 선택에 영향을 미치는 요인이다. 기업의 조직 체계는 희소한 자원 배분의 필요성, 다양한 사람들의 경력에 대한 열망과 결합하여 사람들이 연합하고 자신의 이익을 조직보다 우선순위에 두게 만든다. 흔히 사람들의 연합은 기업이 직면한 주요 전략적 이슈를 중심으로 형성되게 마련이다. 따라서 전략가의 중요한 역할은 사람들의 연합을 이끌면서 조직 전체에 대한 의식을 고취하고 핵심 인력 및 집단의 지원을 얻어내는 것이다.

객관적인 분석이 없는 상황에서는 전략 결정이 그 순간의 정치에 기초하는 경우가 많다. 개선된 전략 수립 분석 도구가 개발되면서 전략 결정 과정에서 정치적 요인의 중요성이 축소되었다. 객관성이 결여된 상태에서 정치적 요인이 전략을 결정하는 것은 안타까운 일이다. 정치적 관계를 관리하는 것은 기업이 열정과 소속감을 구축하는 과정에서 필수 불가결한 부분이다.

9개 대기업의 전략경영에 대한 고전적인 연구는 성공적인 전략가들의 정치적 전술을 분석하여, 이들이 약한 지지를 얻는 아이디어는 단순히 실행하지 않음으로써 사라지게 만들고, 받아들일 수 없음에도 조직 내에서 강력한 지지를 받는 아이디어는 그에 대한 추가적인 장해물을 설정한다는 것을 발견했다.[8] 성공적인 전략가는 받아들일 수 없는 제안에 대해 정치적 의사 표명을 자제하고, 대부분의 부정적인 결정이 부하 직원이나 집단 차원에서 이루어지도록 노력함으로써 향후 커다란 이슈와 중요한 순간에 사용하기 위해 개인적 거부권을 유보한다고 할 수 있다. 또한 상황이 어떻게 진행되는지 파악하고 언제 개입해야 할지 알기 위해 많은 대화를 나누고 비공식적 질문을 한다. 이들은 전략경영을 이끌어가지만 무턱대고 지시하지는 않는다. 명령과 결정을 거의 내리지 않고, 비공식적 질문에 크게 의존하며, 의견 일치를 이룰 때까지 조사하면서 상황을 명확히 하려고 한다.

성공적인 전략가는 성공적인 핵심 추진에 대해 가시적으로 관대하게 보상을 한다. 이들은 아이디어나 제품과 가장 뚜렷하게 연결되고 미래가 그 성공과 결부된 사람, 즉 **챔피언**(champion)에게 새로운 주요 추진의 책임을 부여한다. 또한 원치 않는 방향으로의 움직임을 자극할 수도 있는 잘못된 신호를 보내지 않기 위해 자기 행동과 말의 상징적 영향에 주의를 기울인다.

전략은 시장에서 효과적이고 내부적으로 지지를 얻을 수 있어야 하기 때문에 지난 몇 세기 동안 정치가들이 사용한 다음 전술은 전략가에게 도움이 될 것이다.

1. 원하는 결과를 얻는 것이 특정한 방법을 강요하는 것보다 더 중요하다. 따라서 다양한 방법을 고려하고 가능하면 관리자와 종업원이 가장 몰입할 수 있는 방안을 선택하라.
2. 대중적인 전략으로 만족스러운 결과를 얻는 것이, 지지를 얻지 못하는 전략으로 최적의 결과를 달성하는 것보다 더 바람직하다.
3. 종종 헌신을 확보하고 원하는 결과를 달성하는 효과적인 방법은 단기적 관점 대신 장기적 관점을 가지고 기업을 운영하는 것이다.
4. 중간 관리자는 전략적 결정 과정에 충분히 참여하면서 그 결정을 지원해야 한다. 성공적인 실행은 이들의 지지에 달려 있기 때문이다.[9]

요약

전략 수립의 본질은 기업이 올바른 일을 하고 있는지 평가하고, 현재 하는 일을 어떻게 더 효과적으로 해낼 수 있는지 제시하는 것이다. 모든 기업은 전략 자체의 포로가 되는 것을 경계해야 한다. 최고의 전략도 조만간 쓸모없어지기 때문이다. 전략에 대한 정기적인 재평가는 경영진의 자기만족과 현 상황에 대한 안주에서 벗어나게 해준다. 목표와 전략은 의식적으로 개발되고 조정되어야 하며, 단순하게 일상적인 운영과 그 변화에 기반해서는 안 된다.

방향 감각과 일관된 전략이 없는 기업은 몰락할 수밖에 없다. 어디로 가고 싶은지 모르는 기업은 보통 원치 않는 지점에 가서 멈추게 된다. 모든 기업은 의식적으로 목표와 전략을 수립하고 명확하게 전달해야 한다. 군대, 제품 지향 기업, 서비스 지향 기업, 정부, 심지어 스포츠 팀까지 모든 조직은 승리하기 위해 효과적인 전략을 개발하고 실행해야 한다. 탁월한 수비가 없는 탁월한 공격은 대개 패배로 이어진다. 기회를 활용하기 위해 강점을 사용하는 전략은 공격적인 셈이고, 위협을 피하면서 약점을 개선하도록 설계된 전략은 방어적인 셈이다. 모든 기업은 실현 가능한 대안 전략을 수

전략가를 위한 시사점

이 장에서는 전략기획의 핵심 목적인 기업의 경쟁우위를 확보하고 유지하기 위해 전략가들이 널리 사용하는 여섯 가지 매트릭스에 대해 설명했다. 6개 중 5개는 전략 수립 분석 프레임워크의 2단계인 매칭 단계를 통해 대안 전략을 만들어내는 SWOT, SPACE, BCG, IE, 대전략 매트릭스이고, 나머지 하나는 3단계인 결정 단계에서 실행을 위한 최적의 전략을 선택하도록 돕는 QSPM이다. 일부 교재나 컨설팅 기업은 전략기획에서 1~2개의 매트릭스만을 권장하지만, 이 장에서 다룬 여섯 가지 기법은 모두 고유한 가치가 있다. 앞 장에서 다룬 EFE, CPM, IFE 매트릭스를 포함하여 아홉 가지 도구를 함께 활용한다면 기업이 성공에 이르는 좁은 길을 헤쳐 나가는 데 적절한 길잡이가 될 것이다. 경쟁으로 인한 품질 균등화, 모방, 복제, 대체 상품, 글로벌 경쟁, 새로운 제품을 선택하려는 소비자의 의지와 능력 등으로 인해 기업이 성공에 이르는 길은 험난하기만 하다. 직원들은 전략가가 탁월한 계획을 수립하기를 기대하므로 전략계획을 실행하려는 노력은 전략가에게 고용의 안정과 넉넉한 보상을 가져다줄 것이며, 궁극적으로는 직원들을 행복하게 해줄 것이다.

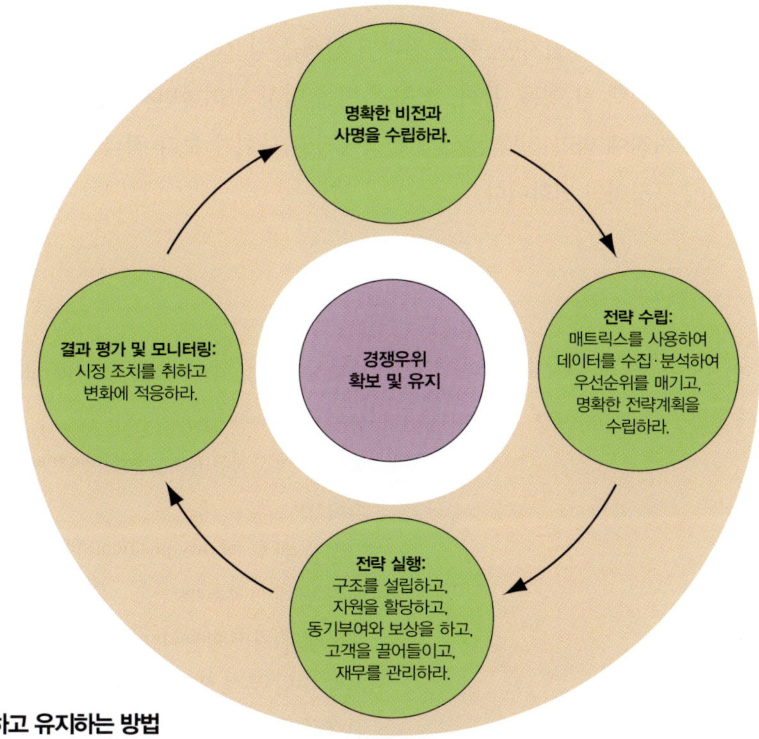

그림 6-14 경쟁우위를 확보하고 유지하는 방법

학생을 위한 시사점

전략 수립 매트릭스를 준비하는 과정에서 성급한 추측을 피하고 연구를 토대로 필요에 따라 적절한 매트릭스를 개발하려면 '탁월한 추정'에 익숙해져야 한다. 때로 학생들은 (특히 회계 및 재무를 배워) 답이 조금이라도 차이가 나면 오답으로 판정하는 데 익숙하기 때문에, 전략경영 수업에서 기업이 연구를 토대로 탁월하게 추정치를 제시한다는 사실을 깨닫는 데 시간이 걸리기도 한다. 어떤 기업도 내일을 확신할 수 없으니 추정치를 얻기까지 연구와 조사를 기반으로 하는 것이다. 합리적으로 추정하기 어려운 경우에는 특정한 매트릭스를 선택하여 진행할 것을 권장한다. 예를 들어 BCG 매트릭스에 사업부의 재무 성과 정보를 포함할 수 없다면 사업부를 나타내는 여러 개의 원 대신에 하나의 원으로 기업 전체를 나타내야 한다. 다음 단계에서 금액 기반 정보가 아닌 가용 정보, 즉 매장 수나 고객 수 등을 기반으로 사업부의 특성을 포착하여 매트릭스에 포함할 수 있을 것이다. 따라서 사업부별 정보를 사용할 수 없다고 성급하게 결론짓는 것은 바람직하지 않다. 또한 단순하게 미래 시점에 대해 분석을 수행하는 것도 의미가 없다. 분석 시점을 중심으로 모든 매트릭스를 준비한 다음 미래 시점에 대해 예상되는 BCG 매트릭스 배치와 비교하여 분석 결과를 제시해야 한다.

경쟁우위를 가장 잘 확보하고 유지할 수 있는 대안 전략을 생성하고 실행 전략을 결정하려면 SWOT, SPACE, BCG, IE, 대전략 매트릭스와 QSPM을 정확하게 개발해야 한다. 그러나 구두 발표로 이러한 기법과 분석 결과를 제시하는 경우에는 수리적 계산보다 그 분석의 의미에 더 중점을 두고 전달해야 한다. 즉 발표에서 행렬을 다루는 것의 목적은 계산을 정확하게 수행했음을 청중에게 증명하기 위함이 아니다. 물론 청중은 정확성과 명확성을 기대하고 당연히 그 기대에 부응해야 한다. 그러나 청중이 가장 관심을 두는 부분은 각 매트릭스가 가진 의미이다. 따라서 매트릭스에 대한 설명은 사례 프로젝트에서 조금 깊이 들어가는 부분인 비용과 권고안을 제시하기 위한 사전 준비 단계로 활용해야 한다. 각 매트릭스의 수식과 계산을 제시할 때는 최소한 같은 시간 또는 그 이상을 매트릭스의 의미를 전달하는 데 사용하는 것이 좋다. 이렇게 하면 청중의 더 큰 관심을 유지하면서 보다 효과적으로 전달될 것이다. 매트릭스의 의미에 더욱 집중하는 발표는 말미에 청중의 질문을 이끌어낼 것이다. 청중의 침묵은 잠들었거나, 관심이 없거나, 확신이 없거나, 감동을 받지 못했다는 것을 나타낸다. 필요하다면 www.strategyclub.com에서 엑셀 양식을 내려받아 사용하라.

립하기 위해 조율할 수 있는 수많은 외부 기회와 위협, 내부 강점과 약점을 가지고 있다.

이 장에서 설명한 최신 전략 수립 도구와 개념은 3단계로 이루어진 전략 수립 분석 프레임워크에 통합된다. SWOT, SPACE, BCG, IE, 대전략 매트릭스와 QSPM 같은 도구는 전략적 결정의 품질을 향상할 수 있지만, 특정 전략의 선택을 강요하는 수단으로 사용하는 것은 적절하지 않다. 전략 수립과 선택 시 행동, 문화, 정치 측면을 항상 고려하면서 관리하는 것이 중요하다. 외부의 법적 압력이 커짐에 따라 전략 분석과 선택에서 이사회가 보다 적극적인 역할을 담당하고 있는데, 이는 기업에 긍정적인 변화이다.

핵심 용어 및 개념

강점-약점-기회-위협(SWOT) 매트릭스Strengths-Weaknesses-Opportunities-Threats Matrix
개dog
결정 단계decision stage
경쟁적 사분면competitive quadrant
경쟁적 위치competitive position(CP)
공격적 사분면aggressive quadrant
권고안recommendation
권고안이 담긴 페이지recommendations page
내부-외부(IE) 매트릭스Internal-External Matrix
대전략 매트릭스Grand Strategy Matrix
매력도 점수attractiveness score(AS)
매칭matching
매칭 단계matching stage
물음표question mark
방어적 사분면defensive quadrant
방향 벡터directional vector
보수적 사분면conservative quadrant
보스턴컨설팅그룹(BCG) 매트릭스Boston Consulting Group Matrix
사업 포트폴리오business portfolio
산업 매출 증가율industry growth rate(IGR)
산업 위치industry position(IP)
상대적 시장점유율 위치relative market share position(RMSP)
스타star
안정성 위치stability position(SP)
입력 단계input stage
재무적 위치financial position(FP)
전략 수립 분석 프레임워크strategy-formulation analytical framework
전략적 위치 및 행동 평가(SPACE) 매트릭스Strategic Position and Action Evaluation Matrix
정량적 전략기획 매트릭스Quantitative Strategic Planning Matrix(QSPM)
챔피언champion
최종 매력도 점수total attractivenessscore(TAS)
최종 매력도 점수 총합sum total attractiveness scores(STAS)
캐시카우cash cow
포트폴리오 분석portfolio analysis
SO 전략SO strategy
ST 전략ST strategy
WO 전략WO strategy
WT 전략WT strategy

복습 및 토론 문제

6-1 전략과 권고안의 차이점을 설명하라.

6-2 권고안에 관련된 비용을 추정하는 방법을 설명하라.

6-3 비용(또는 절감액)을 추정하는 과정에서 SWOT 전략을 설명해야 하는 이유는 무엇인가?

6-4 소, 돼지, 가금류 등 모든 동물을 존중하는 것은 왜 중요한가?

6-5 2014년 7월 12일 《월스트리트저널(Wall Street Journal)》의 기사는 중국에서 애플 스마트폰의 시장점유율이 6.0%로 삼성(17.8%)과 레노버(11.4%)에 이어 세 번째라고 밝혔다. BCG 매트릭스에서 세 기업의 상대적 시장점유율 위치(RMSP)는 어떠한가?

6-6 SPACE 매트릭스의 다섯 가지 한계는 무엇인가?

6-7 재무제표에 사업부별 정보를 공개하는 기업의 장점과 단점은 무엇인가?

6-8 BCG 매트릭스와 IE 매트릭스의 주요 차이점은 무엇인가?

6-9 QSPM을 개발할 때 열 가지 전략을 동시에 고려한다면 적당한 AS 척도는 얼마인가? 그 이유는 무엇인가?

6-10 BCG 매트릭스 또는 IE 매트릭스를 개발할 때 타깃(Target Corp.), 버거킹(Burger King), 뱅크오브아메리카(Bank of America), 스피릿항공(Spirit Airlines)의 매출을 대신할 수 있는 지표는 무엇인가?

6-11 SPACE 매트릭스를 개발할 때 애플, 하인즈(Heinz), 버라이즌(Verizon), 아마존(Amazon), 크로거(Kroger)의 SP 평균은 얼마가 적절하겠는가? 도표를 그리고 설명하라.

6-12 QSPM을 제외하고 전략의 상대적 매력도에 따라 우선순위를 선정하기 위한 기법은 무엇인가?

6-13 BCG 매트릭스와 대전략 매트릭스를 중첩하여 나타내고, 형식과 시사점 측면에서 두 기법의 유사점에 대해 설명하라. 도표를 그리고 설명하라.

6-14 후광 효과를 정의하라. 후광 효과는 최선의 전략 선택을 어떻게 방해하는가?

6-15 전략 수립 시 주관적인 정보만을 사용하는 경우의 여섯 가지 단점은 무엇인가?

6-16 잘 알고 있는 기업을 선택하여 그 기업의 SO 전략 사례를 제시하라. 내부 강점이 어떻게 외부 기회와 연결되어 전략 수립으로 이어지는지 설명하라.

6-17 잘 알고 있는 기업을 선택하여 그 기업의 WT 전략 사례를 제시하라. 내부 약점이 어떻게 외부 위협과 연결되어 전략 수립으로 이어지는지 설명하라.

6-18 SWOT 매트릭스와 분석의 세 가지 한계는 무엇인가?

6-19 위너베이고(Winnebago), 애플, USPS(U.S. Postal Service)에 대해 주어진 요인을 가지고 해당 산업을 고려하여 SPACE 매트릭스의 축을 따라 이동하는 적절한 안정성 위치(SP)를 계산하라.

요인	위너베이고	애플	USPS
시장 진입 장벽			
사업의 계절적 특성			
기술적 측면에서의 SP 점수 변화			

6-20 SPACE 매트릭스에서 방향 벡터의 각도는 대안 전략을 생성하는 데 중요한 역할을 하는가? 도표를 그리고 설명하라.

6-21 SPACE 매트릭스의 경쟁적 위치(CP) 축상에서 기업에 −1 또는 −7을 부여하기 위해 어느 정도의 용량 활용도가 필요한가? 도표를 그리고 설명하라.

6-22 기업의 재정 상태가 취약하고 불안정한 산업에서 경쟁한다면 SPACE 매트릭스의 방향 벡터는 어느 사분면에 위치하는가? 도표를 그리고 설명하라.

6-23 SPACE 매트릭스 분석에 방향 벡터가 존재하지 않는 상황은 생각해보라. 다시 말해 분석 좌표가 (0, 0)인 상황일 때 분석가는 어떤 작업을 수행해야 하는가?

6-24 모교의 BCG 매트릭스를 개발하라. 대학은 수익을 창출하지 않는다는 것을 고려한다면 각 사업부가 기여하는 전체 영업이익에서의 비중에 대한 대체 지표로 무엇이 적절하겠는가? 전체적으로 몇 개의 원인지, 또한 그 크기는 어느 정도인지 설명하라.

6-25 BCG 매트릭스에서 물음표 사분면과 캐시카우 사분면 중 어느 것이 더 바람직한가? 도표를 그리고 설명하라.

6-26 각 사업부의 수익을 모르는 경우 BCG 매트릭스 분석을 수행할 가치가 있는가? 그 이유는 무엇인가?

6-27 IE 매트릭스는 어떤 측면에서 BCG 매트릭스의 단점을 보완할 수 있는가? 도표를 그리고 설명하라.

6-28 IE 매트릭스에서 2사분면과 4사분면 중 어느 것이 더 바람직한가? 도표를 그리고 설명하라.

6-29 기업을 선택하여 강점, 약점, 기회, 위협, 전략이 각각 2개인 QSPM을 개발하되, 이 장에서 설명한 지침을 모두 반영하라.

6-30 소규모 조직과 대규모 조직은 전략 수립 분석 프레임워크의 적용에 어떤 차이가 있는가?

6-31 가중치가 반영된 최종 점수로 IFE 매트릭스에서 3.6, EFE 매트릭스에서 1.2를 얻은 조직에 어떤 유형의 전략을 권고하겠는가? 도표를 그리고 설명하라.

6-32 FP는 +2, SP는 −6, CP는 −2, IP는 +4인 XYZ 기업의 SPACE 매트릭스를 개발하라. 도표를 그리고 설명하라.

6-33 다음 표의 정보를 바탕으로 BCG 매트릭스와 IE 매트릭스를 작성하라.

사업부	1	2	3
이익	$10	$15	$25
매출	$100	$50	$100
상대적 시장점유율	0.2	0.5	0.8
산업 매출 증가율	+.20	+.10	−.10
가중치가 반영된 IFE 최종 점수	1.6	3.1	2.2
가중치가 반영된 EFE 최종 점수	2.5	1.8	3.3

6-34 모교 경영대학의 포트폴리오 매트릭스를 어떻게 개발하겠는가?

6-35 기업이 제조 공장 하나를 신설하는 비용을 어떻게 추정할 수 있는지 설명하라.

6-36 다양한 전략 수립 기법의 한계에 대해 설명하라.

6-37 대안 전략을 분석하고 선택하는 과정에서 문화적 측면을 중요하게 고려해야 하는 이유는 무엇인가?

6-38 영리 기업과 비영리 기관은 전략 수립 분석 프레임워크의 적용에 어떤 차이가 있는가?

6-39 재정적으로 취약하고 경쟁력도 약한 기업의 SPACE 매트릭스를 개발하라. 이 기업이 속한 산업은 매우 안정적이지만 매출과 이익 측면에서의 산업 매출 증가율이 낮다. 모든 축과 사분면에 대해 명칭을 지정하여 도표를 그리고 설명하라.

6-40 BCG 매트릭스의 네 가지 한계는 무엇인가? 도표를 그리고 설명하라.

6-41 각 사업부의 매출이 10달러, 20달러, 40달러이고 순이익이 2달러, 4달러, 1달러인 기업의 IE 매트릭스를 개발하고, 필요한 가정이 있다면 추가하라. 모든 축과 사분면에 대해 명칭을 지정하여 도표를 그리고 설명하라.

6-42 SPACE 매트릭스의 방향 벡터가 경쟁적 사분면과 방어적 사분면 사이의 축 위에 위치할 때 분석을 위해 어떤 절차가 필요한가? 도표를 그리고 설명하라.

6-43 BCG 매트릭스 또는 대전략 매트릭스에서 급격한 산업 매출 증가율은 무엇을 의미하는가?

6-44 QSPM을 준비할 때 열이 아닌 행을 기반으로 작성하는 것이 중요한 이유는 무엇인가?

6-45 QSPM을 준비할 때 한 열에 4점을 연속으로 부여하지 말아야 하는 이유는 무엇인가?

6-46 가중치 열이 없는 QSPM은 여전히 유용한 분석이 될 수 있는가? 왜 그렇게 생각하는지 이유를 설명하라. 가중치 열을 삭제하면 잃어버리는 것은 무엇인가?

6-47 두 사업부의 매출이 5달러, 8달러이고 순이익이 3달러, 1달러인 기업의 BCG 매트릭스를 구성하라. 도표로 나타내기 위해 RMSP 축과 IGR 축에 대해 설정해야 하는 가정은 무엇인가?

6-48 제시할 전략 실행 전후의 모습을 나타내기 위해 BCG 매트릭스 또는 IE 매트릭스를 2개 개발한다고 하자. 이는 BCG 매트릭스 또는 IE 매트릭스를 1개만 개발하는 경우에 비해 어떤 장점이 있는가? 다시 말해 어떤 약점이 개선되는가?

6-49 기업이 특정 산업에서 최대의 시장점유율을 기록한다면 이 기업에 해당하는 원은 BCG 매트릭스에서 어디에 위치하는가? 도표를 그리고 설명하라.

6-50 기업이 이동통신 산업과 같이 변동이 심한 산업에서 경쟁할 때 SPACE 매트릭스의 SP 축 위에서 적절한 지점은 어디인가? 도표를 그리고 설명하라.

6-51 모든 전략 분석 기법 중에서 SWOT 매트릭스가 가장 널리 사용되는 이유는 무엇인가?

6-52 QSPM의 두 가지 한계는 무엇인가?

6-53 2017년 9월 금융 관련 정보 웹사이트의 방문객 수(단위: 100만 명)는 야후파이낸스(Yahoo! Finance)가 59.7, 비즈니스인사이더(Business Insider)가 53.4, CNBC가 49.2, 포브스디지털(Forbes Digital)이 48.6, 블룸버그(Bloomberg)가 36.6, CNN머니(CNN Money)가 36.2, 다우존스(Dow Jones)가 34.7, 로이터(Reuters)가 24.7, 포천닷컴(Fortune.com)이 19.2를 기록했다. 이 9개 기업의 BCG 매트릭스를 구성할 때 각각의 RSMP 수치는 얼마인가?

6-54 AT&T와 경쟁자인 타임워너(Time Warner)가 합병할 가능성이 있다. 다음 표는 AT&T와 타임워너의 2017년 9개월간 사업부별 매출과 영업이익을 보여주는데, 이러한 정보를 가지고 원과 파이 조각 형태의 포트폴리오 매트릭스를 구성할 수 있다. 주어진 정보를 활용하여 BCG 매트릭스를 개발하라.

기업	매출(10억 달러)	영업이익(10억 달러)
AT&T 사업부		
1. Business Solutions	51.0	13.3
2. Entertainment	38.0	4.6
3. Consumer Mobility	23.2	7.1
4. International	6.1	−0.3
타임워너 사업부		
1. Turner	9.0	3.5
2. HBO	4.7	1.7
3. Warner Bros.	9.8	1.3

확인 학습

SET 1 코카콜라의 전략기획

연습 6A

코카콜라의 SWOT 분석 실행하기

목적

SWOT 매트릭스는 개념적으로 간단하고 경영진과 관리자 간의 토론에 용이하기 때문에 모든 전략기획 도구와 기법 중에서 가장 널리 사용된다. SWOT 매트릭스는 실행을 고려할 수 있는 대안 전략을 만들어내는 과정에서 기업의 내부 강점 및 약점과 외부 기회 및 위협을 연결하므로 전략 수립에 효과적인 기법이다. 이 연습을 통해 대기업의 SWOT 분석을 해볼 수 있다.

설명

1단계 다른 두 학생과 함께 코카콜라의 SWOT 매트릭스를 개발하라. 이때 각 전략의 뒤에 적절히 표기하고(예: S4, T3) 본문에 제시된 지침을 준수해야 한다. 즉 4개의 사분면(SO, ST, WT, WO) 각각에 두 가지 전략을 포함하고, '전방 통합'과 같은 모호한 용어를 피하며, 구체적으로 전략을 작성해야 한다. 1장에 제시된 코카콜라 사례와 관련 '확인 학습'에서 자신이 답한 내용, 코카콜라 웹사이트에 공개되어 있는 가장 최근의 분기 보고서를 활용하라.

2단계 팀이 개발한 SWOT 매트릭스를 강사에게 제출하여 평가를 받으라. 9개의 구획으로 구성된 배열에 맞출 필요 없이 요인과 전략을 나열하는 방식으로 작성하는 것이 바람직하다.

연습 6B

코카콜라의 SPACE 매트릭스 개발하기

목적

SPACE 매트릭스는 실현 가능한 전략을 수립하는 데 널리 사용되는 다섯 가지 전략경영 매칭 기법 중 하나이다. SWOT, BCG, IE, 대전략 매트릭스와 함께 사용되는 SPACE 매트릭스는 보통 매력적인 다수의 대안 전략 중에서 어려운 선택을 해야 하기 때문에 전략 계획 수립에 도움이 된다. 이 연습을 통해 SPACE 매트릭스를 개발할 수 있다.

설명

1단계 1장의 연결 사례에서 설명된 코카콜라의 사업과 최근의 재무제표, 분기 보고서를 검토하라.

2단계 코카콜라가 속한 산업과 경쟁 관련 정보를 검토하라.

3단계 코카콜라의 SPACE 매트릭스를 개발하라. SPACE 분석 결과에 따르면 코카콜라에 어떤 전략을 권고해야 하는가? '시장 개척'과 같은 일반적이고 모호한 용어를 피하라.

연습 6C

코카콜라의 BCG 매트릭스 개발하기

목적

포트폴리오 매트릭스는 여러 사업부를 운영하는 기업이 추진할 전략을 찾고 선택하는 과정에서 널리 사용된다. BCG 분석은 다른 사업부보다 더 적은 자원을 투입해야 할 사업부, 더 나아가 매각해야 할 사업부를 찾아낼 수 있다. 이 연습을 통해 BCG 매트릭스를 개발할 수 있다.

설명

1단계 분석지의 맨 위에 5개 열 제목(사업부, 매출, 이익, 상대적 시장점유율 위치, 산업 매출 증가율)을 표기하라. 사업부에는 1장의 연속 사례에 나온 코카콜라의 사업부를 기입하고, 나머지 칸도 연속 사례의 정보를 보고 채워 넣어라.

2단계 1장의 연속 사례에 제시된 2017년 사업부 데이터를 기반으로 코카콜라의 BCG 매트릭스를 작성하라.

3단계 자신의 BCG 매트릭스를 다른 학생들의 것과 비교해보고 주요 차이점에 대해 토론하라.

연습 6D

코카콜라의 QSPM 개발하기

목적

이 연습을 통해 다양한 전략 대안의 상대적 매력을 결정하는 QSPM을 개발할 수 있다.

설명

1단계 다른 두 학생과 함께 코카콜라의 QSPM을 개발하라.

2단계 함께 만든 QSPM을 다른 팀의 QSPM과 비교해보라.

3단계 주요 차이점에 대해 토론하라.

SET 2 모교의 전략기획

연습 6E

모교의 BCG 매트릭스 개발하기

목적

대학 등 비영리 기관의 BCG 매트릭스를 개발해보는 것은 유용한 연습이 된다. 물론 각 본부나 부서에 귀속되는 이익이 없고 경우에 따라서는 매출 자체가 없다. 따라서 BCG 매트릭스를 개발할 때 더욱 창의적이어야 한다. 예를 들면 졸업 시 취업에 성공한 학과 소속 학생의 수, 해당 학과 교수의 수, 기타 중요하다고 여겨지는 변수를 원의 음영으로 나타낼 수 있다. 또한 특정 학과를 전공하는 학생의 수를 원의 크기로 나타내면 적절할 것이다.

설명

1단계 모교의 BCG 매트릭스를 개발하라. 모든 단과 대학과 학부, 학과를 포함하라.

2단계 BCG 매트릭스를 도표로 나타내라.

3단계 수업에서 작성된 BCG 매트릭스들의 차이점에 대해 토론하라.

SET 3 취업 역량 제고를 위한 전략기획

연습 6F

자신의 QSPM 개발하기

목적

QSPM 분석은 실행 가능한 대안 전략의 상대적 매력을 평가하도록 고안되었다. 주로 기업이 사용하지만 개인도 QSPM 분석을 통해 어떤 대안 전략을 추구하는 것이 최선인지 객관적으로 결정할 수 있다. 이 연습을 통해 개인이 진로 선택을 위해 QSPM 분석을 사용하는 방법을 알 수 있다.

설명

1단계 본문에 제시된 QSPM 개발 단계를 따르되 기업이 아니라 자기 자신을 위한 분석을 실행하라. 1장의 연습 1D에서 개발한 자신의 외부 및 내부 요인 정보를 참고하라.

2단계 QSPM의 맨 위에는 두 가지 전략으로 대학원 진학과 정규직 취업을 배치하라.

3단계 이 연습을 단순하게 수행하려면 가중치 열을 포함하지 않으면 된다. 일부 기업은 최적의 전략을 얻기 위해 가중치를 곱하여 얻는 TAS를 더하는 방식보다 AS 자체의 합산을 선호한다.

4단계 대학원 진학과 정규직 취업 중에서 TAS가 더 높은 대안 전략을 확인한 뒤 다른 학생들과 비교하고 공유하라.

연습 6G

양식 역량 테스트

목적

www.strategyclub.com에서 무료로 제공되는 엑셀 전략기획 양식은 소규모 기업과 학생의 전략기획 과정에 널리 사용된다. 이 연습의 목표는 엑셀 양식에 익숙해지는 것이다. 양식을 기반으로 역량을 개발하면 해당 기업에 대한 포괄적인 전략 계획을 개발할 수 있으며, 추가로 이 능력을 이력서에 적절히 포함하는 것도 가능하다.

설명

양식에 대한 다음 질문에 답하고, 이슈나 우려 사항을 확인하기 위해 다른 학생들과 토론하라.

1. 엑셀 양식을 사용하여 SPACE 분석을 수행할 때 기업과 함께 경쟁기업을 표시할 수 있는가? 그렇다면 정보를 구성하기 위해 범례를 만드는 것이 적절한가? 그 이유는 무엇인가?
2. 엑셀 양식을 사용하여 BCG 분석을 수행할 때 해당 산업의 IGR이 20% 이상인 경우와 20% 미만인 경우 각각 어떻게 기업을 처리하는가?
3. 엑셀 양식을 사용할 때 제시할 전략 실행 전후의 BCG 매트릭스 분석 결과를 보여주는 적절한 방법은 무엇인가?
4. 엑셀 양식을 사용하여 IE 포트폴리오 분석을 수행할 때 EFE, IFE 매트릭스의 가중치가 반영된 점수 총합은 매트릭스가 완성되면 자동적으로 도표에 표시되는가? 사업부의 경우 엑셀 양식이 모든 사업부의 EFE, IFE 매트릭스를 요구하는가?
5. BCG, IE 매트릭스의 경우 사업부의 원래 명칭보다 1, 2, 3 등으로 표기하고 범례를 넣는 것이 좋은 이유는 무엇인가?
6. 엑셀 양식을 사용하여 대전략 분석을 수행할 때 허용되는 기업/사업부/시나리오의 개수는 몇 개인가? 이것은 왜 유용한 기능인가? 고려할 수 있는 몇 가지 시나리오는 무엇인가?
7. 엑셀 양식을 사용하여 QSPM 분석을 수행할 때 가중치를 다시 입력할 필요가 없는 이유는 무엇인가?

SET 4 개인과 집단의 전략기획

연습 6H

전략기획에서 다양한 위협은 얼마나 큰 영향을 미치는가?

목적

본문에서 설명했듯이 객관적인 정보와 분석이 부족할 때는 종종 여섯 가지 주관적 위협(개인적 편견, 정치, 선입관, 감정, 성격, 후광 효과)이 전략 수립 과정에서 지배적인 역할을 하여 효율성을 훼손한다. 후광 효과는 단일 요인에 너무 많은 가중치를 두는 경향을 말한다.

이 연습의 목적은, 첫째, 전략 수립 시 주관성에 너무 많이 의존하는 경우 부각되는 다양한 위협을 보다 면밀히 조사하고, 둘째, 개인의 의사결정이 집단의 의사결정보다 나은지 여부를 확인하는 것이다. 학술 연구에 따르면 집단이 개인보다 더 나은 결정을 내릴 확률이 80% 이상이다.

설명

상대적 심각도에 따라 여섯 가지 주관적 위협에 순위를 부여하라(1: 가장 심각함, 6: 가장 심각하지 않음). 먼저 각 개인이 개별적으로 위협의 순위를 지정한 뒤 3명으로 구성된 집단별로 위협의 순위를 지정한다. 따라서 강사가 지정한 위협의 순위와 가장 유사한 순위를 만들어낸 개인과 집단을 확인할 수 있다. 이 연습을 통해 전략기획에서의 의사결정에 대해 개인과 집단의 상대적 효율성을 비교할 수 있다.

단계

1. 여섯 가지 주관적 위협의 상대적 심각도에 대한 순위를 표 6-7의 1열에 기입하라(1: 가장 심각함, 6: 가장 심각하지 않음). 예를 들어 개인적 편견이 세 번째로 심각한 위협이라고 생각한다면 3을 기입한다.
2. 집단 차원에서 여섯 가지 주관적 위협의 상대적 심각도에 부여하는 순위를 표 6-7의 2열에 기입하라(1: 가장 심각함, 6: 가장 심각하지 않음).
3. 강사가 여섯 가지 주관적 위협의 상대적 심각도에 부여하는 순위를 표 6-7의 3열에 기입하라. 이는 실증적 연구의 결과가 아니라 강사의 경험을 기반으로 한다.
4. 1열과 3열의 차이를 표 6-7의 4열에 기입하라. 이는 개인적 순위 평가가 얼마나 잘 수행되었는지를 나타낸다. (절댓값이므로 마이너스 부호는 무시해도 된다.)
5. 2열과 3열의 차이를 표 6-7의 5열에 기입하라. 이는 집단의 순위 평가가 얼마나 잘 수행되었는지를 나타낸다.
6. 4열의 합계와 5열의 합계를 구하라.
7. 4열의 합계와 5열의 합계를 비교하라. 4열의 합계가 5열의 합계보다 적으면 집단보다 개인이 더 적절하게 평가한 것으로 볼 수 있다. 일반적으로는 개인의 의사결정보다 집단의 의사결정이 우월하다.
8. 4열의 합계가 가장 낮은 개인이 최고의 성과를 거둔 것이다.
9. 여러 집단이 참여했다면 5열의 합계가 가장 낮은 집단이 최고의 성과를 거둔 것이다.

표 6-7 전략 수립 시 너무 주관적인 경우의 심각성 평가: 개인 대 집단

너무 주관적인 경우의 위협	1열	2열	3열	4열	5열
1. 개인적 편견					
2. 정치					
3. 선입관					
4. 감정					
5. 성격					
6. 후광 효과					
총합					

보스턴컨설팅그룹

MINI-CASE

어떤 미국 기업이 가장 많은 기업의 전략기획 수립을 지원하는가?

Pressmaster/Shutterstock

이 아이디어에 대해 어떻게 생각하십니까?

미국에서 가장 많은 기업의 전략기획을 수립하는 것은 보스턴컨설팅그룹(BCG)일 것이다. 1963년 설립된 글로벌 경영 컨설팅 기업인 보스턴컨설팅그룹은 2017년에 63억 달러의 매출을 기록했으며, 임직원 수가 1만 6,000명에 이른다. 보스턴컨설팅그룹의 회장 겸 CEO는 리치 레서(Rich Lesser)이다. 보스턴컨설팅그룹은 《포천》의 2017년 '일하기 좋은 100대 기업'에서 3위를 차지하고, 《컨설팅 매거진(Consulting Magazine)》의 2016년 '일하기 좋은 최고 기업'에는 1위에 이름을 올렸다.

일부 기업은 전략을 수립할 때 보스턴컨설팅그룹의 어드밴티지 매트릭스(Advantage Matrix)를 사용한다. 이 매트릭스의 x 축은 '경쟁우위의 크기'이고 y 축은 '경쟁우위를 확보하기 위해 기업이 사용할 수 있는 전략의 수'이다. 또한 이 두 축을 기반으로 나뉘는 4개 사분면에 위치하는 경우의 전략적 의미를 다음과 같이 단편화, 전문화, 물량 공세, 교착 상태로 구분한다.

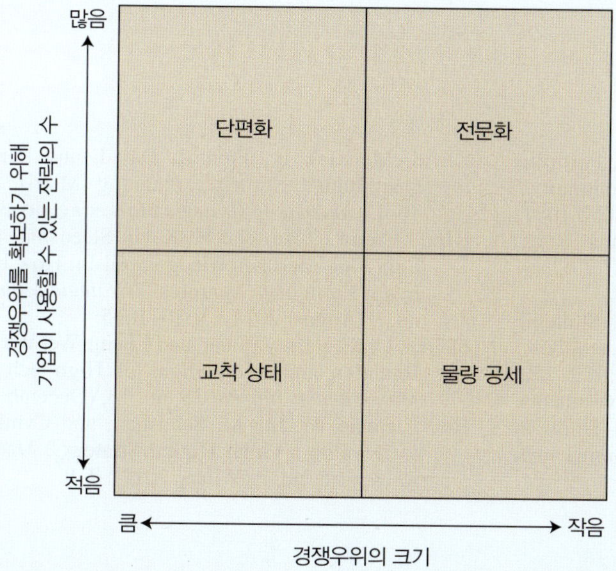

보스턴컨설팅그룹의 어드밴티지 매트릭스에 대한 다음 질문에 답하기 위해 인터넷에서 조사를 해보기 바란다.

문제

1. 어드밴티지 매트릭스에서의 위치가 기업에 미치는 영향을 어떻게 설명할지 각 사분면에 대해 한두 문장으로 표현하라. 보스턴컨설팅그룹이 제안한 단어인 단편화, 전문화, 물량 공세, 교착 상태가 적절하다고 생각하는가? 더 나은 단어가 있다면 제시하라.
2. 어드밴티지 매트릭스의 주요 장점은 무엇인가?
3. 어드밴티지 매트릭스의 한계는 무엇인가?
4. 어드밴티지 매트릭스를 어떻게 개선할 수 있겠는가?

출처: http://www.differentiateyourbusiness.co.uk/competitive-advantage-matrix

웹 참고 자료

1. https://www.google.com/search?source=hp&q=bcg+matrix+images&oq=bcg+matrix+im&gs_l=psy-ab.1.0.0l2j0i22i30k1l2.94589.100985.0.103449.15.13.0.0.0.0.109.1230.9j4.13.0.foo%2Ccfro%3D1%2Cnso-ehuqi%3D1%2Cnso-ehuui%3D1%2Cewh%3D0%2Cnso-mplt%3D2%2Cnso-enksa%3D0%2Cnso-enfk%3D1%2Cnso-usnt%3D1%2Cnso-qnt-npqp%3D0-1633%2Cnso-qnt-npdq%3D0-5608%2Cnso-qnt-npt%3D0-1229%2Cnso-qnt-ndc%3D2051%2Ccspa-dspm-nm-mnp%3D0-06145%2Ccspa-dspm-nm-mxp%3D0-153625%2Cnso-unt-npqp%3D0-1506%2Cnso-unt-npdq%3D0-4694%2Cnso-unt-npt%3D0-061%2Cnso-unt-ndc%3D300%2Ccspa-uipm-nm-mnp%3D0-007625%2Ccspa-uipm-nm-mxp%3D0-053375...0...1.1.64.psy-ab..2.13.1229.0..35i39k1j0i131k1j0i20k1.pk-zD4sqIjQ
   이 웹사이트는 사례 연구나 전략기획 보고서에 활용할 수 있는 BCG 매트릭스의 이미지를 100개 이상 제공한다.
2. https://scholar.google.com/scholar?q=quantitative+strategic+planning+matrix&hl=en&as_sdt=0&as_vis=1&oi=scholart&sa=X&ved=0ahUKEwihptaiwonWAhWK5yYKHYYMBZ4QgQMINDAA
   이 웹사이트는 QSPM 매트릭스에 대해 더욱 세부적으로 설명하고 사례가 담긴 PDF 파일을 다수 제공한다.
3. http://www.strategyclub.com
   이 웹사이트는 3년 단위 전략계획 수립에 활용할 수 있는 최고의 전략기획 양식을 제공한다. 6장에서 소개한 SWOT, SPACE, BCG, IE, 대전략, QSPM 매트릭스가 양식에 포함되어 있다.

참고 문헌

Asgari, Navid, Kulwant Singh, and Will Mitchell. "Alliance Portfolio Reconfiguration Following a Technological Discontinuity." *Strategic Management Journal* 38, no. 5 (May 2017): 1062-1081.

Aversa, Paolo, Stefan Haefliger, and Danielle Giuliana Reza. "Building a Winning Business Model Portfolio." *MIT Sloan Management Review* 58, no. 4 (Summer 2017): 49–54.

Blake, Daniel J. and Caterina Moschieri. "Policy Risk, Strategic Decisions and Contagion Effects: Firm-Specific Considerations." *Strategic Management Journal* 38, no. 3 (March 2017): 732–750.

Chatterjee, Joydeep. "Strategy, Human Capital Investments, Business-Domain Capabilities, and Performance: a Study in the Global Software Services Industry." *Strategic Management Journal* 38, no. 3 (March 2017): 588–608.

David, Meredith E., Fred R. David, and Forest R. David. "The Quantitative Strategic Planning Matrix: A New Marketing Tool." *Journal of Strategic Marketing*, no. 3, (April 2016): 1–11.

Kim, Ji Youn (Rose) and H. Kevin Steensma. "Employee Mobility, Spin-Outs, and Knowledge Spill-In: How Incumbent Firms Can Learn From New Ventures." *Strategic Management Journal* 38, no. 8 (August 2017): 1626–1645.

Ozmel, Umit, Jeffrey Reuer, and Cheng-Wei Wu. "Interorganizational Imitation and Acquisitions of High-tech Ventures." *Strategic Management Journal* 38, no. 13, (December 2017): 2647–2665.

Ross, Jeanne W., Ina M. Sebastian, and Cynthia M. Beath. "How to Develop a Great Digital Strategy." *MIT Sloan Management Review* 58, no. 2 (Winter 2017): 7–9.

미주

1. R. T. Lenz, "Managing the Evolution of the Strategic Planning Process," *Business Horizons* 30, no. 1 (January–February 1987): 37.
2. Robert Grant, "The Resource-Based Theory of Competitive Advantage: Implications for Strategy Formulation," *California Management Review* (Spring 1991): 114.
3. Greg Dess, G. T. Lumpkin, and Alan Eisner, *Strategic Management: Text and Cases* (New York: McGraw-Hill/Irwin, 2006), 72.
4. Adapted from H. Rowe, R. Mason, and K. Dickel, *Strategic Management and Business Policy: A Methodological Approach* (Reading, MA: Addison-Wesley, 1982), 155–156.
5. Fred David, "The Strategic Planning Matrix—A Quantitative Approach," *Long Range Planning* 19, no. 5 (October 1986): 102; Andre Gib and Robert Margulies, "Making Competitive Intelligence Relevant to the User," *Planning Review* 19, no. 3 (May–June 1991): 21.
6. Meredith E. David, Forest R. David, and Fred R. David, "The QSPM: A New Marketing Tool," Presented at the International Academy of Business and Public Administration Disciplines (IABPAD) Meeting in Dallas, Texas, April 2015. Also, Meredith E. David, & Fred R. David. "Strategic Planning for Individuals: A Proposed Framework and Method?" 2017 Academy of Business Research (ABR) Conference in Atlantic City, New Jersey, September 20, 2017.
7. Y. Allarie and M. Firsirotu, "How to Implement Radical Strategies in Large Organizations," *Sloan Management Review* 26, no. 3 (Spring 1985): 19. Another excellent article is P. Shrivastava, "Integrating Strategy Formulation with Organizational Culture," *Journal of Business Strategy* 5, no. 3 (Winter 1985): 103–111.
8. James Brian Quinn, *Strategies for Changes: Logical Incrementalism* (Homewood, IL: Irwin, 1980), 128–145. These political tactics are listed in A. Thompson and A. Strickland, *Strategic Management: Concepts and Cases* (Plano, TX: Business Publications, 1984), 261.
9. William Guth and Ian Macmillan, "Strategy Implementation versus Middle Management Self-Interest," *Strategic Management Journal* 7, no. 4 (July–August 1986): 321.

PART 3

전략 실행

7

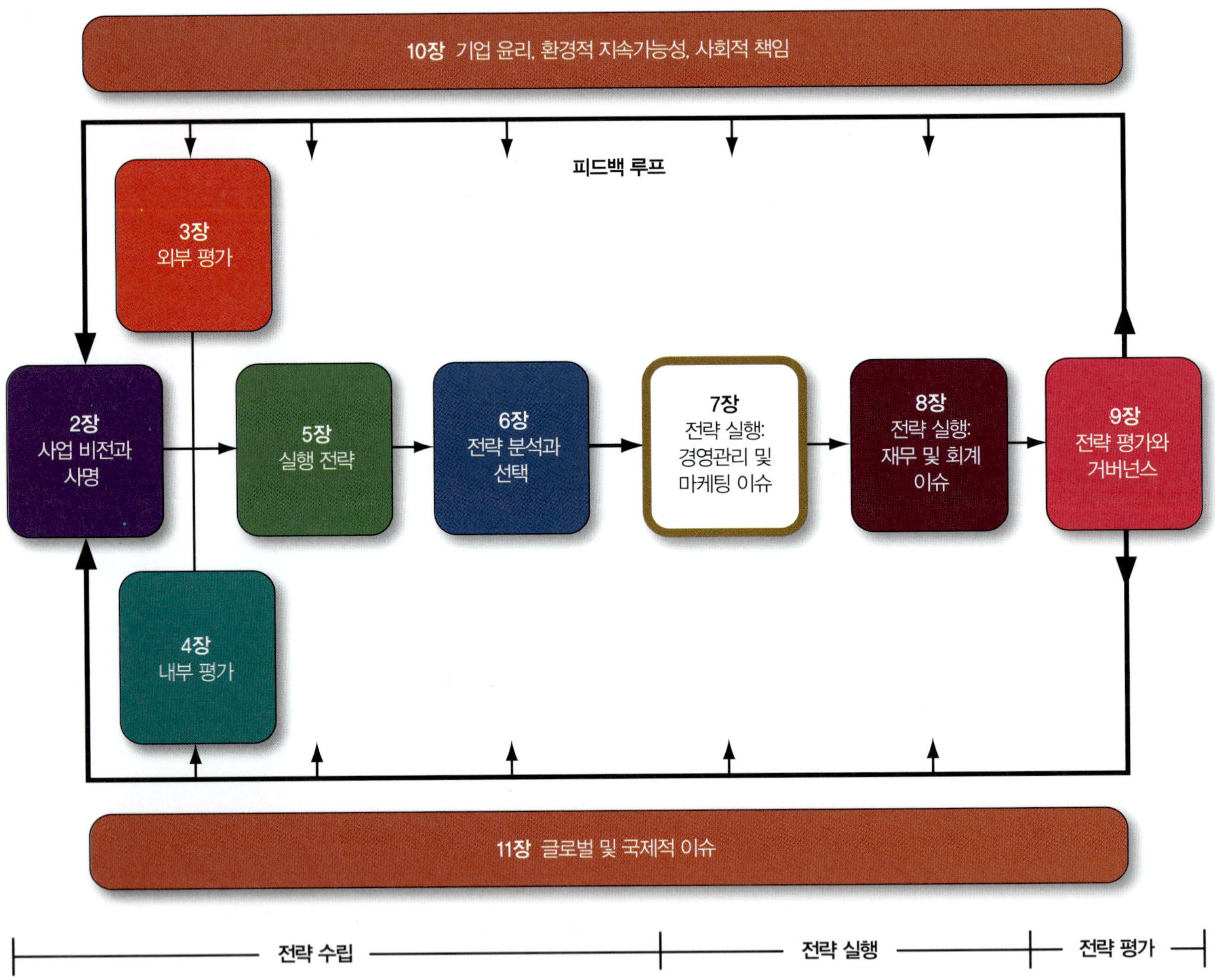

그림 7-1 포괄적·통합적 전략경영 모델

출처: Fred R. David, "How Companies Define Their Mission," *Long Range Planning* 22, no. 1 (February 1989): 91. Anik Ratnaningsih, Nadjadji Anwar, Patdono Suwignjo, and Putu Artama Wiguna, "Balance Scorecard of David's Strategic Modeling at Industrial Business for National Construction Contractor of Indonesia," *Journal of Mathematics and Technology,* no. 4 (October 2010): 20.

전략 실행: 경영관리 및 마케팅 이슈

학습 목표

7-1 전략 수립에서 실행으로의 이행을 살펴본다.

7-2 연간 목표가 효과적인 전략 실행에 필수적인 이유를 알아본다.

7-3 전략 실행에서 정책의 특성과 역할을 이해한다.

7-4 전략 실행에서 자원 배분과 갈등 관리의 역할을 이해한다.

7-5 기업의 구조와 전략을 일치시켜야 할 필요성을 알아본다.

7-6 다양한 유형의 조직 구조를 살펴본다.

7-7 조직도를 구성할 때 해야 할 것과 하지 말아야 할 것을 파악한다.

7-8 전략 실행에 필수적인 네 가지 전략적 생산/운영 문제를 이해한다.

7-9 전략 실행에 필수적인 일곱 가지 전략적 인적 자원 문제를 이해한다.

7-10 전략 실행에 필수적인 주요 전략적 마케팅 문제를 이해한다.

확인 학습

SET 1 코카콜라의 전략기획

연습 7A 코카콜라와 경쟁기업의 마케팅 비용 비교·대조하기

연습 7B 코카콜라의 현재 조직도와 제안된 조직도 구성하기

SET 2 모교의 전략기획

연습 7C 모교의 지각지도 개발하기

SET 3 취업 역량 제고를 위한 전략기획

연습 7D 경력 목표를 가장 잘 달성하기 위해 마케팅하기

SET 4 개인과 집단의 전략기획

연습 7E 다양한 인력을 보유하는 것의 가장 중요한 이점은 무엇인가?

전략경영 프로세스는 어떤 전략을 추진할지를 결정한다고 해서 마무리되는 것이 아니다. 전략적 사고를 행동으로 옮겨야 한다. 이렇게 행동으로 옮기는 것은 기업의 관리자와 직원이 사업을 이해하고, 자신을 기업의 일부로 느끼면서 전략 수립 참여를 통해 기업의 성공을 기대하고 몰입할 때 더욱 용이해진다. 이해와 몰입이 없다면 전략 실행 노력은 문제를 겪을 것이다. 빈스 롬바디(Vince Lombardi)는 "세계 최고의 경기 계획은 누구도 가로막거나 넘어뜨린 적이 없다"고 말한 바 있다.

> 기술적으로 가장 완벽한 전략계획이라도 실행하지 않으면 소용이 없다. 많은 기업이 전략을 수립하는 과정에는 상당한 시간, 돈, 노력을 투자하지만 전략계획을 실행할 수단과 환경은 뒷전인 경향이 있다. 변화는 계획 수립이 아니라 실행과 평가를 통해 이루어진다. 기술적으로 불완전할지라도 제대로 실행된 계획은 제대로 실행되지 않은 완벽한 계획보다 더 많은 성과를 달성하게 마련이다.[1]

전략 실행은 모든 기능과 부서 영역을 포함하여 가장 고위층부터 말단 계층에 이르기까지 기업 전체에 영향을 미친다. 이 장에서는 성공적인 전략 실행에 가장 결정적으로 영향을 미치는 경영관리 및 마케팅 이슈를 다루며, 다음 장에서는 재무 및 회계 이슈에 초점을 맞춘다. 펩시코(PepsiCo)의

귀감이 되는 전략가

펩시코의 전 CEO 인드라 누이

Nenov Brothers Images/Shutterstock

펩시코의 전 CEO인 인드라 누이는 2017년 《포천》이 선정한 미국에서 두 번째로 영향력 있는 여성이다. 또한 지난 20년간 《포천》이 선정한 미국에서 가장 존경받는 여성 사업가 50인에 열여덟 번이나 이름을 올렸다. 누이가 몸담고 있는 동안 펩시코는 연 매출이 10억 달러를 넘는 브랜드를 22개나 보유하게 되었다. 새로운 3개 브랜드(Naked Juice, Pure Leaf, Sabra)도 곧 이 목록에 합류할 것으로 예상된다. 최근 인터뷰에서 누이는 전략 실행에 대한 질문에 다음과 같이 답했다.

1. **질문**: 당신은 대통령 선거에서 힐러리 클린턴을 지지했습니다. 그러나 도널드 트럼프가 당선되자 트럼프의 기업자문위원회에 합류하여 트럼프 지지자가 되었습니다. 전략 실행 측면에서 정치적 이슈에 대해 어떻게 생각하십니까?
   대답: 대선 전에는 마음에 드는 후보 누구든 지지할 수 있지만 선거 뒤에는 당선된 사람이 누구든 지지하세요. 트럼프는 나의 대통령이자 우리의 대통령이고 CEO 기업자문위원회는 훌륭한 아이디어였습니다.
2. **질문**: 오늘날 직장에서 경력을 시작하는 여성(및 남성)에게 어떤 조언을 하시겠습니까?
   대답: 한 번에 다양한 업무를 수행할 수 있는 능력을 기르기 위해 노력하세요. 조직적으로 업무를 수행하고 시간을 효율적으로 관리해야 합니다. 예를 들면 매일 달성해야 할 50개 항목을 작성하고 완료한 항목은 지우세요. 추가 작업이 필요한 경우에는 내일의 항목으로 재설정하면 됩니다. 수행해야 할 작업의 우선순위를 설정하고 경영 기술을 지속적으로 익혀나가야 합니다. 저는 개인적으로 이 모든 것을 매일 하고 있습니다. 저는 펩시코의 경영관리와 마케팅을 이끌고 전략을 성공적으로 실행하기 위해 개인적으로 매일 이 모든 것을 하고 있습니다.

출처: Beth Kowitt, "The Queen of Pop," *Fortune*, October 1, 2017, 70–74.

CEO였던 인드라 누이(Indra Nooyi)는 주요 기업의 경영관리 및 마케팅 전략 실행을 이끌었던 전략가 중에서 가장 성공적으로 평가되는 인물 중 한 사람이다.

전략 수립에서 실행으로의 전환

학습 목표 7-1

전략 수립에서 실행으로의 이행을 살펴본다.

그림 7-1에서 보듯이 전략경영 프로세스의 전략 실행 단계는 6장에서 다루었던 전략 분석과 선택의 다음에 위치한다. 성공적인 전략 수립이 성공적인 전략 실행을 보장하지는 않는다. 무언가를 하는 것(전략 실행)은 그것을 하겠다고 말하는 것(전략 수립)보다 언제나 더 어렵다. 서로 불가분의 관계이지만 전략 실행은 전략 수립과 근본적으로 다르다.

기업을 제외하고 모든 기업은 전략 수립에서 실행으로의 전환에 전략가로부터 사업 부서 및 기능 관리자로의 책임 이동이 수반된다. 이러한 책임 이동으로 인해 실행 과정에서 문제가 발생할 수 있다. 특히 결정된 전략이 중간 및 하위 관리자에게 놀라운 결과일 때 그렇다. 기업의 구성원은 서로 마음이 맞지 않는 경우 기업의 이익보다는 지각된 이기심에 의해 더욱 동기부여가 되게 마련이다. 이것이 부서 및 기능 관리자가 전략 수립과 전략 실행 과정에 가능한 한 많이 참여해야 하는 주된 이유이다. 전략 수립과 전략 실행은 그림 7-2와 같이 대조적인 특성을 띤다.

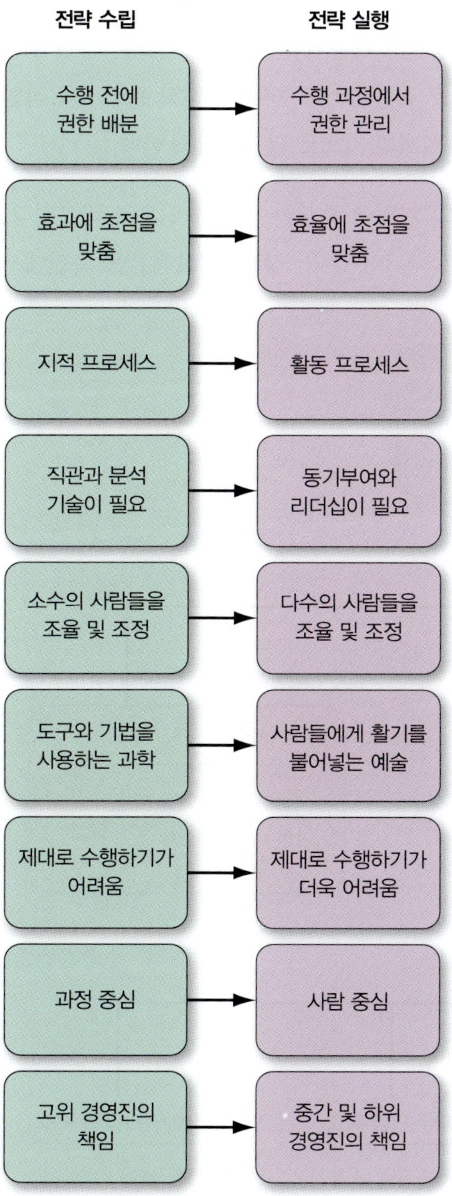

그림 7-2 전략 수립과 전략 실행

전략 수립의 개념과 기법은 기업의 규모나 영리 또는 비영리 추구 여부에 따라 크게 달라지지 않는다. 반면 전략 실행은 조직의 유형과 규모에 따라 크게 달라진다. 전략 실행은 매우 다양한 활동을 수행하는 것으로 판매 지역 변경, 부서 신설, 시설 폐쇄, 직원 고용, 가격 변경, 예산 기획, 직원 복지 제공, 비용 관리 프로그램 시행, 광고 전략 수정, 신규 매장 구축, 직원 훈련, 부서 간 관리자 이동, 경영정보시스템 구축 등을 예로 들 수 있다. 이러한 활동은 제조업체인지, 서비스업체인지, 아니면 정부 기관인지에 따라 크게 달라진다.

명확한 연간 목표의 중요성

학습 목표 7-2

연간 목표가 효과적인 전략 실행에 필수적인 이유를 알아본다.

연간 목표(annual objective)는 성공적으로 전략을 실행하기 위해 기업이 달성해야 하는 바람직한 이정표이다. 연간 목표는 다음과 같은 이유로 전략 실행에 필수적인 요소가 된다.

- 자원 배분에 기초 자료로 사용된다.
- 관리자 평가에 기초 자료로 사용된다.
- 장기적인 목표 달성을 향한 진행 상황을 효과적으로 점검할 수 있게 한다.
- 기업, 사업부, 부서의 우선순위를 설정해준다.
- 전략계획 프로세스 관리에 필수적인 요소이다.

연간 목표가 적절하게 설정되어 장기적인 목표와 연결되고, 실행할 전략을 지원할 수 있으려면 상당한 시간과 노력을 투자해야 한다. 위에 열거한 이유를 깨닫고 연간 목표 설정에 적극적으로 참여하는 것이 중요하다. 연간 목표의 승인, 수정, 거부가 단순히 기계적으로 결정하는 작업이 되어서는 안 된다. 연간 목표의 목적은 다음과 같이 요약할 수 있다.

> 연간 목표는 기업 구성원의 활동에서 지시하고 전달하며 실행하는 것에 대해 지침 역할을 한다. 또한 이해관계자에게 활동을 정당화하는 동시에 성과 평가의 기준이 된다. 연간 목표는 직원의 동기부여와 정체성 인식을 가능하게 하는 중요한 원천으로 작용하기도 한다. 그리고 관리자와 직원이 업무 수행을 통해 인센티브를 얻게 하며, 기업 조직 설계의 기초로 활용되기도 한다.[2]

명확하게 명시되어 전달된 목표는 모든 유형 및 규모의 기업에 중요한 성공 요인으로 작용한다. 흔히 연간 목표는 사업 부문, 지역, 고객 집단, 제품별로 나뉘어 수익, 성장, 시장점유율 측면에서

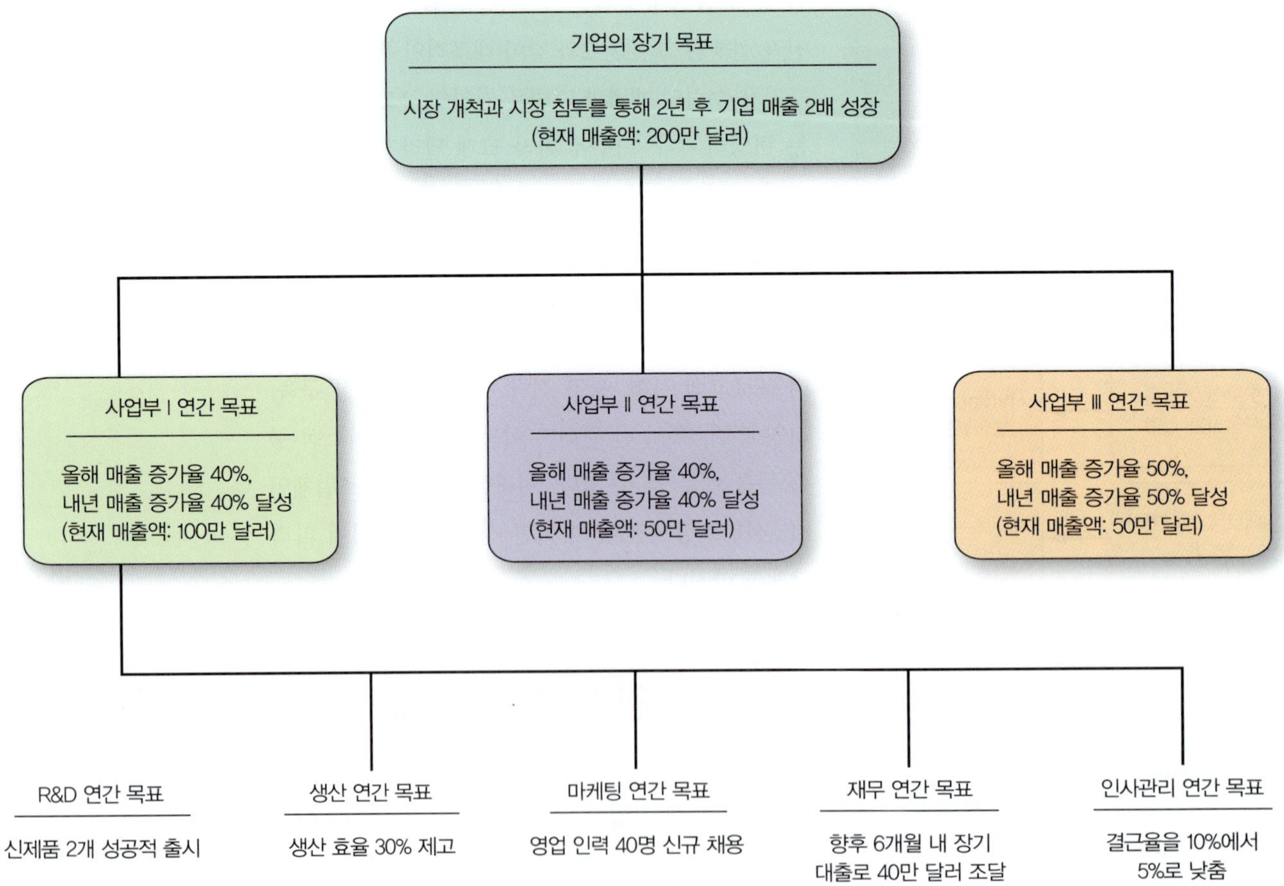

그림 7-3 스타무스컴퍼니의 목표 계층

표 7-1 스타무스컴퍼니의 예상 매출액(단위: 100만 달러)

	2020년	2021년	2022년
사업부 I 매출액	1.00	1.40	1.96
사업부 II 매출액	0.50	0.70	0.98
사업부 III 매출액	0.50	0.75	1.12
기업 매출 총액	**2.00**	**2.85**	**4.06**

명시된다. 그림 7-3은 스타무스컴퍼니(Stamus Company)가 장기 목표를 토대로 설정한 연간 목표이고, 표 7-1은 그림 7-3에 요약된 목표에 해당하는 관련 수익 수치이다. 스타무스컴퍼니의 계획에 따르면 2020~2022년 동안 매출을 2배로 늘린다는 장기 목표를 초과 달성할 것으로 전망된다. 또한 그림 7-3은 조직 구조를 기반으로 하여 연간 목표의 계층 구조가 설정되는 연결 관계를 담고 있다.

목표는 수평적(기능, 부서) 조직 구조와 수직적(상위에서 하위 관리자) 조직 구조하에서 모두 일관적으로 유지되어야 한다. CFO, CMO, CIO, CSO 간 **목표의 수평적 일관성**(horizontal consistency of objectives) 확보는 이사회 의장, CEO, 사업부 사장, 공장 관리자 간 **목표의 수직적 일관성**(vertical consistency of objectives)을 유지하는 것만큼이나 중요하다.

연간 목표는 측정 가능하고, 일관되며, 합리적이어야 한다. 또한 도전적이고, 명확하고, 조직 전체에 전달되며, 적절한 시점이 결부되어야 한다. 그리고 목표 달성에 상응하는 보상이나 제재가 수반되어야 한다. 이러한 요소를 **목표의 특성**이라고 부른다. 목표를 너무 일반적인 내용으로만 기술하곤 하는데, 이러한 목표는 아무런 기능을 하지 못한다. '의사소통 개선', '성과 개선' 같은 연간 목표는 불명확하고 구체적이지 않으며 측정할 수도 없다. 목표는 수량, 품질, 비용, 시간을 명시하고 검증이 가능해야 한다. 따라서 '최대화', '최소화', '가능한 한 빨리', '적절한' 같은 표현은 적절하지 않다. 'ABC 브랜드 제품 판매량을 1,000개로 증가시켜서 연간 매출 2만 달러를 달성하는 것'은 연간 목표의 적절한 예이다.

표 7-2 세계에서 가장 존경받는 기업

순위	기업	설명
1	Apple	지구상에서 가장 가치 있는 브랜드
2	Amazon.com	전 세계적으로 사용되는 전자책의 80% 제공
3	Starbucks	커피, 차, 맥주, 와인, 점심식사와 저녁식사 제공
4	Berkshire Hathaway	다각화된 많은 기업을 자회사로 보유
5	Walt Disney	영화 제작 및 ESPN, ABC스포츠 운영
6	Alphabet	최고의 검색엔진 구글 제공
7	General Electric	다각화된 여러 산업 분야에서 활동
8	Southwest Airlines	40년 연속으로 흑자 기록
9	Facebook	가장 인기 있는 소셜미디어 웹사이트 제공
9	Microsoft	가장 유명한 소프트웨어 기업
10	FedEx	온라인 구매가 늘어나면서 물품 배송 증가

출처: http://fortune.com/worlds-most-admired-companies/list/

명확하게 기술된 정책이 연간 목표를 뒷받침해야 한다. 목표 달성이 성공적인 전략 실행에 중요하다는 것을 관리자와 직원이 이해할 수 있도록 보상과 제재를 연간 목표 달성 여부와 연결 짓는 것이 중요하다. 명확하게 설정된 연간 목표가 성공적인 전략 실행을 보장하지는 않지만 각 개인과 함께 기업 전체의 목표를 달성할 가능성을 높인다. 그러나 목표 달성을 지나치게 강조하는 경우 숫자 위조, 기록 왜곡, 목표 달성 자체의 목적화 등 바람직하지 않은 현상이 발생할 수 있다. 웰스파고(Wells Fargo)는 몇 년 전 직원이 신규 계정을 임의로 개설한 사건으로 조사를 받은 바 있다.

《포천》은 명확한 연간 목표 설정을 비롯해 각종 경영 활동을 토대로 세계에서 가장 존경받는 기업을 매년 선정한다. 최근 순위는 표 7-2와 같다. 상위 10개는 미국 기업이지만 다른 지역에 본사를 둔 세 기업도 상위에 포진해 있다(BMW 14위, 싱가포르항공 33위, 토요타 34위).

학습 목표 7-3

전략 실행에서 정책의 특성과 역할을 이해한다.

정책 수립

정책(policy)이란 명시된 목표를 향해 업무를 장려하고 지원하기 위해 수립된 특정한 지침, 방법, 절차, 규칙, 형식, 관리 관행을 의미한다. 기업의 전략적 방향은 자동적으로 변하지 않는다. 날마다 전략이 작동하게 하려면 정책이 필요하다. 정책은 반복되는 문제의 해결을 돕고 전략 실행을 안내한다. 정책은 다음과 같은 이유로 전략 실행에 필수적인 도구라고 할 수 있다.

- 정책은 행동에 대한 보상과 제재를 적용하는 각종 관리 조치에 대해 경계 및 제한 사항을 설정한다.
- 정책은 관리자와 직원 모두가 어떤 결과를 기대할 수 있는지 알려주므로 전략이 성공적으로 실행되도록 돕는다.
- 정책은 관리와 통제의 기반을 제공하고 조직 전반에 걸쳐 조정과 조율이 이루어지게 한다.
- 정책은 관리자가 결정을 내리는 데 들이는 시간을 줄여주고, 누가 어떤 작업을 수행해야 하는지를 명확히 한다.
- 정책은 적절한 계층의 관리자에게 의사결정이 위임되게 한다.
- 정책은 조직의 목표 추구 시 할 수 있는 것과 할 수 없는 것을 명확히 한다.

정책 사례로 IBM, 애트나(Aetna), 뱅크오브아메리카(Bank of America), 베스트바이(Best Buy), 레딧(Reddit) 등 점점 더 많은 기업이 직원의 재택근무를 허용하던 관행을 금지하고 있다. 기업은 업무 현장에서 더 많은 공동 작업, 고객과의 긴밀한 접촉, 더 많은 근무 시간 통제가 필요하다고 느낀다. 연구에 따르면 2017년에 집에서 일을 전부 또는 일부 수행한 미국 근로자의 비율이 20% 미만으로 줄어들었는데, 전년도에는 그 비율이 24%였다.[3] 출퇴근, 협업, 칸막이로 나뉜 업무 공간이 증가하는 반면에 재택근무와 원격근무는 점점 줄어들고 있다.

많은 기업에는 행동을 안내하고 유도하는 정책 규정이 있다. 정책은 '우리는 평등한 기회를 제공하는 기업이다'와 같이 모든 사업부와 부서에 적용될 수도 있고, '본 부서의 직원은 매년 1개 이상의 교육훈련 과정을 이수해야 한다'와 같이 단일 부서에만 적용될 수도 있다. 어느 정도의 범위에서 어떤 형태를 갖추고 있든 정책은 전략을 실행하고 목표를 달성하기 위한 메커니즘으로 기능한다. 정책은 전략적 결정을 내리기 위한 수단이기 때문에 되도록 서면으로 명시되어야 한다.

표 7-3 정책의 계층 구조

기업 전략

판매 신장 및 수익성 목표를 달성하기 위해 소매점 체인을 인수한다.

지원 정책

1. 모든 매장은 월요일부터 토요일까지 오전 8시부터 오후 8시까지 개장한다.
2. 모든 매장은 기업 광고에 월 매출 총액의 5%를 지원해야 한다.

사업부의 목표

사업부의 매출을 2020년 1,000만 달러에서 2021년 1,500만 달러로 증가시킨다.

지원 정책

1. 2021년 1월부터 본 부서의 영업사원은 통화 건수, 주행 마일 수, 판매 개수, 판매 금액, 신규 구좌 개설 건수가 포함된 주간 활동 보고서를 제출해야 한다.
2. 2021년 1월부터 본 부서는 크리스마스 보너스의 형태로 총매출의 5%를 직원들에게 지급할 것이다.

생산 부서의 목표

생산량을 2020년 2만 개에서 2021년 3만 개로 증가시킨다.

지원 정책

1. 2021년 1월부터 직원은 1주일에 최대 20시간까지 추가 근무를 선택할 수 있다.
2. 2021년 1월부터 연간 근무 일수를 모두 채운 직원에게는 포상금 100달러를 지급한다.

표 7-4 관리 정책이 필요한 이슈

- 광범위한 또는 제한된 경영 개발 워크숍 및 세미나 제공
- 채용 대행 기업, 대학 캠퍼스 채용 설명회, 신문 광고를 통한 채용
- 내부 승진, 외부 채용
- 실제 기여에 따른 승진, 근무 기간에 따른 승진
- 임원 보상 시 장기 목표 또는 연간 목표와의 연계
- 과중한 초과 근무, 적당한 초과 근무, 허용되지 않는 초과 근무
- 상당한 안전 재고량 유지, 미미한 안전 재고량 유지

표 7-3은 기업의 전략과 사업부 및 부서의 목표를 지원하는 정책 사례이고, 표 7-4는 경영관리 정책이 필요할 수 있는 몇 가지 이슈를 보여준다. 윤리 캡슐 7에서 다루었듯이 직장에서의 스마트폰 사용에 대한 정책을 수립해야 할 필요성이 증가하고 있다. 그러한 행동은 직원의 주의를 흐트러뜨리고 사기를 떨어뜨릴 수 있기 때문이다.

자원 배분과 갈등 관리

학습 목표 7-4

전략 실행에서 자원 배분과 갈등 관리의 역할을 이해한다.

자원 배분

모든 기업은 금융 자원, 물리적 자원, 인적 자원, 기술 자원과 같이 원하는 목표를 달성하는 데 사용할 수 있는 최소한 네 가지 유형의 자원(또는 자산)을 가지고 있다. **자원 배분**(resource allocation)

윤리 캡슐 7 ETHICS CAPSULE

기업은 직장에서의 퍼빙에 대한 정책을 마련해야 하는가?

최근 연구에 따르면 상사의 퍼빙(phubbing, 'phone'과 'snubbing'의 합성어로 스마트폰에 빠져서 주변 사람들을 무시하는 행동을 말함)에 대해 조사한 결과, 부하 직원의 업무 성과에 부정적인 영향을 미치는 것으로 나타났다. 상사가 부하 직원과 함께 있을 때 휴대전화를 사용하면 상사에 대한 신뢰에 영향을 미치고, 이는 다시 부하 직원의 직무 만족도와 성과를 떨어뜨린다. 전 세계적으로 70억 개의 휴대전화가 있다. 관리자는 자신과 직원이 휴대전화를 사용하면서 의도치 않게 다른 직원이나 고객을 무시할 수 있다는 것을 인식해야 한다.

기업은 휴대전화 사용에 관한 명확한 규칙과 위반 시의 결과를 설명하는 공식적인 '휴대전화 정책'의 수립을 고려해야 한다. 직장에서의 휴대전화 사용에 대해 구체적인 지침을 설정하면 관리자와 직원은 언제 어디서 휴대전화 사용이 허용되는지를 일관되게 이해할 수 있다. 그러나 이러한 정책은 어떤 모습이어야 하고, 얼마나 제한적이어야 할까? 어떤 모임에서든 퍼빙은 타인을 존중하는 기업 문화를 훼손하는 해로운 행위이다.

Edhar Yuralaits/123RF

저 사람은 왜 이 회의에 참석했을까?

출처: James A. Roberts and Meredith E. David (2017), "Put Down Your Phone and Listen to Me: How Boss Phubbing Undermines the Psychological Conditions Necessary for Employee Engagement," *Computers in Human Behavior*, 75 (October), 206–217.

은 연간 목표에 의해 설정된 우선순위에 따라 제품, 지역, 부문에 걸쳐 조직의 자산을 할당하는 것이라고 정의할 수 있다. 자원 배분은 전략 실행을 위한 중요한 활동이다. 종종 전략경영 자체를 자원 배분 프로세스라고 부르기도 한다. 실제로 **사업 부문에 걸쳐 자원을 할당하는 것은 대기업이 매년 직면하는 가장 중요한 전략적 결정일 수 있다.**

전략기획이 없는 기업에서의 자원 배분은 명확한 분석과 사고보다는 정치적 또는 개인적 요인과 편향된 시각을 기반으로 하는 경우가 많다. 전략가는 효과적인 자원 배분을 어렵게 하는 요소에 대해 확실하게 인식하고 있어야 한다. 지나친 자원 보호, 단기적인 재무 성과에 대한 과도한 집중, 사내 정치, 모호한 전략 목표, 지나친 위험 회피, 충분한 지식 부재 등이 그러한 예에 해당한다. 기업에 속한 하위 집단 수준에서는 자원 배분과 기업 전략에 대한 체계적인 사고와 이해가 부족한 경우가 많다. 효과적인 자원 배분에 더하여 적절한 프로그램, 인력, 통제, 헌신이 제공된 자원을 활성화해야 하기 때문에 배분 자체가 성공적인 전략 실행을 보장하지는 않는다.

갈등 관리

솔직한 의견 차이, 영역 보호, 제한된 자원을 두고 벌이는 경쟁은 갈등으로 이어질 수밖에 없다. **갈등**(conflict)은 하나 이상의 이슈에 대해 둘 이상의 당사자 간 의견 불일치로 정의할 수 있다. 사람마다 기대, 지각, 일정, 압력, 의무, 성격이 다르기 때문에 연간 목표 설정 시 갈등이 발생할 수 있다. 예컨대 생산 감독자와 인사노무 관리자 사이에 오해가 발생하기도 한다. 특정 연도에 부실한 대출 규모를 절반으로 줄이려는 추심 관리자의 목표는 매출을 20% 증가시키려는 부서의 목표와 충돌할 것이다. 전략 실행이 성공하려면 갈등을 관리해야 한다. 갈등 관리가 전부는 아니라 하더라도 대

표 7-5 전략 실행을 위해 경영진이 결정을 내려야 할 상충 관계

• 단기적 이익과 장기적 성장	• 사회적 책임과 수익
• 이익률과 시장점유율	• 아웃소싱과 직접 고용
• 시장 침투와 시장 개척	• 외부 인수와 내부 개발
• 해고와 일시 해고	• 자금 조달을 위한 타인 자본과 자기 자본
• 성장과 안정	• 비정규직 채용과 정규직 채용

부분의 기업에 중요한 전략적 과제이다.

목표 설정 과정에서 전략가와 관리자는 단기적 이익과 장기적 성장, 이익률과 시장점유율, 시장 침투와 시장 개척, 성장과 안정, 위험 감수와 위험 회피, 사회적 책임과 수익 등 상충되는 목표 사이에서 균형을 모색해야 하는데, 이때 갈등이 생길 수 있다. 어떤 기업도 원하는 모든 전략을 추구할 수 있는 충분한 자원을 가지고 있지 않기 때문에 상충 관계에서 균형점을 찾아야 한다. 표 7-5는 전략 실행 시 마주하게 되는 중요한 상충 관계를 보여준다. 전략기획은 그 가운데 적절한 선택을 해야 한다.

갈등이 항상 나쁜 것은 아니다. 갈등이 없다는 것은 무관심을 나타내기도 한다. 갈등은 서로 대치하는 당사자에게 활력을 불어넣으며, 관리자가 문제를 식별하는 데 도움이 될 수 있다. 조지 패튼(George Patton) 장군은 "모든 사람이 똑같이 생각하고 있다면 누군가는 생각하고 있지 않은 것"이라고 말했다.

갈등을 관리하고 해결하는 접근 방식은 저절로 해결되기를 바라며 문제를 무시하는 것, 갈등을 일으키는 당사자들을 분리하는 것, 타협하는 것, 상대방의 관점을 이해할 수 있도록 구성원을 맞바꾸는 것, 당사자들이 견해를 제시하고 차이점을 해결하기 위해 만남을 가지는 것 등 다양하다.

전략과 구조의 일치

학습 목표 7-5

기업의 구조와 전략을 일치시켜야 할 필요성을 알아본다.

월트디즈니(Walt Disney)는 2018년 구조조정을 통해 D2C(direct-to-consumer) 사업부와 해외 사업부를 추가하고 소비재 사업부와 테마파크 사업부를 통합했다. 앨프리드 챈들러(Alfred Chandler)는 "전략의 변화는 조직 구조의 변화로 이어진다"고 강조했다. 구조는 기업의 전략경영을 지원하고 전략을 따르도록 설계되어야 한다. 전략이나 사명 없이 기업이 효과적인 구조를 설계하기는 어렵다.

전략의 변화는 흔히 두 가지 이유로 구조의 변화를 필요로 한다. 첫째, 구조는 목표와 정책이 수립되는 방식을 좌우한다. 예를 들어 지리적으로 구분된 조직 구조에서 수립된 목표와 정책은 지리적 용어로 설명된다. 제품군에 기반한 조직 구조의 경우에는 목표와 정책이 주로 제품 측면에서 기술된다. 목표와 정책 개발을 위해 설계된 조직 구조는 다른 모든 전략 실행 활동에 상당한 영향을 미친다.

전략의 변화가 구조의 변화를 필요로 하는 두 번째 주요 이유는 구조가 자원 배분에 영향을 미치기 때문이다. 조직 구조가 고객군을 기반으로 구성되어 있다면 자원이 고객군을 기반으로 할당되고, 조직 구조가 기능을 기반으로 확립되었다면 자원이 기능 영역별로 할당되게 마련이다. 새 전략

표 7-6 비효율적인 조직 구조의 증상

- 과도하게 많은 결재 단계
- 과도하게 많은 사람이 참석하는 회의가 너무 많음
- 부서 간 갈등 해결에 너무 많은 관심이 집중됨
- 지나치게 넓은 통제 범위
- 달성하지 못한 목표가 너무 많음
- 기업 또는 사업부의 실적 저하
- 경쟁기업에 의해 시장에서 밀려남
- 매출이나 수익을 직원 또는 관리자 수로 나눈 값이 경쟁기업에 비해 지나치게 낮음

이나 수정된 전략이 과거의 전략과 동일한 영역에 중점을 두지 않는다면 조직 구조의 변화는 일반적으로 전략 실행의 일부가 된다.

기업이 전략을 변경하면 기존의 조직 구조가 비효율적일 수 있다. 표 7-6에서 보듯이 결재 단계, 회의, 부서 간 갈등 해결에 대한 관심, 통제 범위, 달성하지 못한 목표 등이 지나치게 많다면 비효율적인 조직 구조를 유지한다는 신호일 것이다. 조직 구조의 변화가 전략 실행을 위한 노력을 촉진할 수는 있지만 구조의 변화 자체가 나쁜 전략이나 나쁜 관리자, 나쁜 제품을 나아지게 만들 수는 없다는 것을 기억해야 한다.

구조는 분명히 전략에 영향을 미칠 수 있고 실제로도 영향을 미친다. 수립된 전략은 실행 가능해야 하므로 새로운 전략을 위해 대규모 구조적 변화가 필요하다면 매력적인 선택이 아닐 수 있다. 이처럼 구조는 전략의 선택에 영향을 미친다. 그러나 더욱 중요한 측면은 특정한 전략을 실행하는 데 어떤 유형의 구조가 적합한지, 구조의 변화가 필요할 경우 어떻게 그 변화를 이끌어낼 것인지 답을 구하는 것이다. 주어진 전략이나 조직의 유형에 따른 최적의 조직 구조는 존재하지 않는다. 한 조직에 적합한 것이 유사한 다른 조직에는 적합하지 않을 수 있으나, 그럼에도 불구하고 특정 산업에서 성공한 기업들은 유사한 방식으로 조직 구조를 운영하는 경향이 있다. 예를 들어 많은 소비재 기업은 제품별 사업부제 조직 구조를 유지하고 있다. 소규모 기업은 기능별로 구분하여 중앙집중화된 구조를 선택하는 경우가 많고, 중견 기업은 사업부별로 구성하여 분권화된 구조를 구축하는 경향이 있다. 대기업은 보통 전략적 사업단위(SBU) 구조를 선택한다. 이제 이러한 조직 구조의 유형에 대해 좀 더 자세히 살펴보자.

학습 목표 7-6

다양한 유형의 조직 구조를 살펴본다.

조직 구조의 유형

구조는 중요하다. 조직 구조에는 기능적, 지역별, 제품별, 고객별, 프로세스별, 전략적 사업단위, 매트릭스 등 일곱 가지 기본 유형이 있다. 사람이나 군대와 마찬가지로 기업도 더 나은 조직 구조가 엄청난 경쟁우위를 가져올 수 있기 때문에 경쟁기업보다 더 효과적인 구조를 갖추기 위해 노력한다. 사건, 전투, 기업의 역사를 살펴보면 조직화된 개체가 큰 역경을 극복한 사례가 많다.

기능적 구조

가장 널리 사용되는 구조는 일곱 가지 구조의 유형 중 가장 간단하고 비용이 저렴한 기능적 또는 중

표 7-7 기능적 구조의 장점과 단점

장점	단점
• 간단하고 저렴하다. • 마케팅, 재무 등 경영 활동의 전문화가 가능하다. • 복잡한 통제 시스템의 구축이 불필요하다. • 신속한 의사결정이 가능하다.	• 최상층에 책임이 집중된다. • 권한과 책임의 위임이 이루어지지 않는다. • 다양한 경력 개발이 어렵다. • 직원의 사기가 떨어진다. • 제품과 시장에 대한 부적절한 계획을 수립한다. • 단기적이고 편협한 사고로 이어진다. • 의사소통 문제가 발생한다.

앙집중적 구조이다. **기능적 구조**(functional structure)는 작업과 활동을 마케팅이나 재무와 같이 사업의 기능에 따라 구분한다. 예를 들면 대학은 교무, 입학, 학생 관리, 대외 협력, 스포츠 팀 운영, 재무회계, 시설 유지·보수 등의 주요 기능별로 활동을 구분하여 조직될 수 있다.

기능적 구조로 이루어진 기업의 사업부는 매출이나 이익에 대한 권한과 책임을 위임받지 않으며, 주요 결정이 중앙에서 이루어진다. 예를 들어 인접한 세 지역에 있는 세 레스토랑으로 구성된 소규모 기업의 모든 고용, 해고, 승진, 광고 결정이 중앙에서 이루어진다면 이 기업은 기능적 구조로 운영되는 것이다. 반대로 그러한 결정을 각 지점 관리자에게 위임한 기업은 사업부 중심 구조이다. 기능적 구조는 단순하고 비용이 많이 들지 않으며 인력의 전문화, 관리자와 기술자의 효율적 활용, 통제 체계의 간소화, 신속한 의사결정 등이 가능하다.

한편 기능적 구조의 단점은 책임이 최상위 계층에 집중되고 다양한 경력 개발 기회가 축소되며, 때로 직원의 사기 저하, 직원 간의 갈등, 부적합한 권한 위임, 제품과 시장에 대한 부적절한 계획 수립 등을 야기한다는 것이다. 이러한 이유로 많은 대기업은 분권화와 책임 배분을 위해 기능적 구조를 포기했다. 기능적 구조의 장점과 단점을 표 7-7에 요약했다.

기능적 구조는 기업 전체 차원에서의 가장 좋은 대안을 채택하지 못하는 단기적이고 편협한 사고로 이어지곤 한다. 예를 들어 연구개발 부문은 기술적 우아함을 달성하기 위해 제품과 구성 부품을 과도하게 설계하려는 반면, 제조 부문은 더 쉽게 대량 생산할 수 있도록 핵심 기능만 갖춘 제품을 주장할 수 있다. 따라서 기능적 구조에서는 의사소통이 잘되지 않는 경우가 많다. 에드거 샤인(Edgar Schein)은 기능적 구조에서 발생하는 의사소통 문제의 사례를 다음과 같이 제시했다.

> '마케팅'이라는 용어에 대해 부서마다 가진 생각이 달라서 엔지니어에게는 제품 개발, 제품 관리자에게는 시장 조사를 통한 고객 연구, 판매원에게는 제품 판매, 제조 관리자에게는 끊임없는 디자인 변경을 의미한다. 이들은 함께 작업할 때 합의에 이르지 못하는 것을 흔히 성격 탓으로 돌리며, 더 깊은 곳에 있는 가정이 서로 다르고 각 기능이 서로 다른 방식으로 생각하도록 만든다는 사실을 알아차리지 못한다.[4]

사업부제 구조

사업부제(분권) 구조[divisional (decentralized) structure]는 두 번째로 널리 채택되는 조직 구조로, 사업부를 부문, 수익 센터, 사업 단위라고 부르기도 한다. 소규모 조직은 규모가 커지면서 다양한 시장에서 다양한 제품을 판매하게 되며, 이를 적절히 관리하는 데 어려움을 겪는다. 직원들에게 동기를 부여하고, 운영을 통제하며, 다양한 지점에서 성공적으로 경쟁하기 위해서는 적절한 조직 구조가 필요하다. 사업부제 구조는 지리적 영역별, 제품별, 고객별, 프로세스별로 구성할 수 있다. 사업부제 구조에서는 기능적 활동이 중앙 및 개별 사업부에서 수행된다.

최근에 코닥(Kodak)은 7개의 고객별 사업부에서 5개의 제품별 사업부로 전환했다. 전 세계적으로 소비 성향이 유사해지면서 제품별 사업부제 구조가 고객별 또는 지역별 구조보다 더 효과적이 되었다. 코닥은 구조조정을 통해 글로벌 운영 사업부를 해체하고 그 업무와 책임을 신설된 여러 개의 제품별 사업부에 분산했다.

사업부제 구조는 명확한 장점이 있다. 무엇보다도 책임이 명확하다는 것을 꼽을 수 있다. 즉 사업부 책임자가 매출과 이익을 책임질 수 있다. 사업부제 구조는 광범위한 권한 위임을 기반으로 하기 때문에 관리자와 직원이 성과의 변화와 그 결과를 쉽게 확인할 수 있으며, 결과적으로 직원의 사기가 중앙집중 구조보다 높은 경향이 있다. 사업부제 구조의 또 다른 장점은 관리자에게 경력 개발의 기회가 주어지고, 상황을 현지에서 통제할 수 있으며, 조직 내에 경쟁 분위기가 조성되고, 신규 사업과 제품을 손쉽게 추가할 수 있다는 것이다.

하지만 몇 가지 단점도 있다. 가장 결정적인 단점은 여러 가지 이유로 비용이 많이 발생한다는 것이다. 첫째, 각 부서마다 기능 전문가가 필요하다. 둘째, 직원 서비스, 시설, 인력 측면에서 중복이 발생한다. 예를 들면 사업부 간 활동을 조정하기 위해 본부에도 각 기능 전문가가 있어야 한다. 셋째, 권한이 위임되기 때문에 각 사업부를 맡은 관리자의 자질이 더욱 뛰어나야 하며, 이러한 자질을 갖춘 인력은 더 높은 급여 비용으로 연결된다. 본부 역시 정교한 통제 체계가 필요하기 때문에 이로 인한 비용이 들게 된다. 넷째, 사업부 간 경쟁이 격화되어 각 기능이 제대로 작동하지 않고, 기업 전체를 위한 아이디어와 자원의 공유가 어려워질 수도 있다. 사업부제 구조의 장점과 단점을 표 7-8에 요약했다.

지역별 사업부제(divisional-by-region) 구조는 다양한 지리적 영역에 있는 고객의 특정한 요구와 특성에 맞춤화된 전략을 수립하고 실행해야 하는 조직에 적합하다. 이 유형은 광범위하게 분산된 지역에 유사한 시설을 둔 조직에 가장 적합할 수 있다. 또한 의사결정 과정에 대한 지역적 참여가 가능하고, 지역 내 활동의 조율이 개선될 수 있다.

제품별(서비스별) 사업부제[divisional-by-product(service)] 구조는 특정 제품(서비스)을 특별하게 취급하고 강조해야 하는 전략 실행에 가장 효과적이다. 또한 이 유형은 조직에서 제공하는 제품

표 7-8 사업부제 구조의 장점과 단점

장점	단점
• 책임이 명확하다.	• 비용이 많이 들 수 있다.
• 지역 상황을 지역 차원에서 대응한다.	• 기능적 활동이 중복된다.
• 경력 개발의 기회를 제공한다.	• 숙련된 관리자가 필요하다.
• 권한을 위임한다.	• 정교한 통제 체계를 구축해야 한다.
• 내부적으로 경쟁 분위기가 조성된다.	• 부서 간 경쟁으로 인해 역효과가 나타날 수 있다.
• 제품 및 지역 사업부의 신설이 용이하다.	• 아이디어의 공유가 제한될 수 있다
• 제품, 고객, 지역에 대한 엄격한 통제와 관심이 부여된다.	• 일부 사업부에 추가 지원이 필요한 경우도 있다.

의 수가 제한적일 때 또는 제품이나 서비스가 군별로 큰 차이를 보일 때 널리 사용된다. 제품별 사업부제 구조하에서는 제품군에 대해 엄격한 통제와 관심이 부여되지만 사업부별로 더 숙련된 관리 인력이 필요하고 최고경영진의 통제가 줄어든다.

고객별 사업부제(divisional-by-customer) 구조는 소수의 주요 고객이 특별히 중요하고 이들에게 차별화된 서비스를 제공해야 하는 경우의 전략 실행에 가장 효과적인 대안이다. 이 구조를 통해 조직은 명확하게 정의된 고객군의 요구 사항을 효과적으로 충족할 수 있다. 예를 들면 출판사는 흔히 대학교, 고등학교, 사립학교와 같은 고객군을 중심으로 활동을 조직한다. 또한 항공사의 주요 고객군은 크게 승객과 화물로 구분되고, 전력 기업은 고객군을 흔히 상업, 주거, 산업으로 구분한다.

프로세스별 사업부제(divisional-by-process) 구조는 작업이 실제로 수행되는 방식에 따라 조직된다는 측면에서 기능적 구조와 유사하다. 그러나 기능적 구조에서 각 부서는 매출과 이익에 대해 책임을 지지 않지만 프로세스별로 구분된 사업부는 매출과 이익에 따라 평가된다는 것이 핵심적인 차이점이다. 프로세스별 사업부제 구조의 예로 전기 작업, 유리 절단, 용접, 연마, 페인팅, 주조 프로세스의 6개 사업부로 구성된 제조 기업을 들 수 있다. 이러한 경우 각 프로세스와 관련된 모든 작업은 별도의 사업부로 묶이고, 각 사업부는 매출과 이익 창출에 책임을 진다. 프로세스별 사업부제 구조는 각 생산 프로세스가 산업 내에서 경쟁력의 핵심 요인으로 작용할 때 목표 달성에 특히 효과적이다.

전략적 사업단위 구조

조직 내에서 사업부의 수, 규모, 다양성이 증가함에 따라 전략가가 사업부 운영을 통제하고 평가하기가 점점 더 어려워진다. 매출 신장이 항상 수익 증가로 이어지는 것은 아니다. 통제 범위가 지나치게 확대되어 기업의 최고경영진에 집중되기도 한다. 예를 들어 콘아그라(ConAgra)와 같이 90개 사업부로 구성된 대기업의 CEO는 사업부 대표의 이름조차 기억하기 어려울 것이다. 많은 사업부로 이루어진 조직에서 **전략적 사업단위(SBU) 구조**(strategic business unit structure)는 원활한 전략 실행에 도움이 될 수 있다.

SBU 구조는 유사한 사업부들을 SBU로 묶고 각 사업단위에 대한 권한과 책임을 CEO에게 직접 보고하는 대표에게 위임한다. 이 구조는 유사한 사업부 간의 조정이 용이하며, 각 사업단위가 책임을 전담함으로써 전략을 효과적으로 실행할 수 있다. 100개 사업부로 구성된 대기업은 동일한 산업에서 경쟁하거나, 동일한 지역에 위치하거나, 동일한 고객군을 대상으로 하는 등의 공통적인 특성에 따라 10개의 SBU로 재구성될 수 있다.

SBU 구조의 단점은 추가 관리 계층이 필요하여 급여 비용이 증가한다는 것이다. 그러나 조정 및 책임 위임의 장점으로 이러한 단점이 상쇄된다. SBU 구조의 또 다른 장점은 본사에서 계획 및 통제 업무를 보다 쉽게 관리할 수 있다는 것이다. 핼리버튼(Halliburton)은 www.halliburton.com에 소개했듯이 프로세스 기반 사업부로 묶인 SBU 구조를 가지고 있다. 최근에 마이크로소프트(Microsoft)는 조직 구조를 Windows and Devices Group, Cloud and Enterprise, Applications and Services Group 등 세 가지 제품별 SBU로 변경했다.

표 7-9 매트릭스 구조의 장점과 단점

장점	단점
• 프로젝트의 목표가 명확하다.	• 수직 및 수평 간 탁월한 의사소통이 필요하다.
• 직원들이 업무 성과를 명확하게 인식한다.	• 관리 직책이 많기 때문에 많은 비용이 발생한다.
• 프로젝트의 종료가 용이하다.	• 일원화된 지휘 통제가 가능하지 않다.
• 전문 인력, 장비, 시설의 사용이 용이하다.	• 예산 수립 권한이 중복 설정된다.
• 기능적 자원을 공유한다.	• 보상과 제재 권한이 중복 설정된다.
	• 권한과 보고 체계가 공유된다.
	• 상호 신뢰와 이해가 필요하다.

매트릭스 구조

매트릭스 구조(matrix structure)는 권한과 의사소통의 수직 및 수평 흐름이 생성되어 기능은 수평으로 배열되고 사업부, 제품 또는 프로젝트는 수직으로 배열되는, 즉 **매트릭스**를 구성하는 구조이다. 이와 달리 기능적 구조나 사업부제 구조는 주로 수직적 명령 및 권한 체계에 의존한다. 매트릭스 구조는 더 많은 관리 직책을 필요로 하기 때문에 비용이 증가할 수 있다. 상당히 복잡한 체계라는 것에 더하여 예산 수립, 보상 및 제재, 보고 체계 등이 중복 설정됨으로써 권한이 분산된다는 것, 이 모두를 상쇄하기 위해 광범위하고 효과적인 의사소통 체계를 구축해야 한다는 것 등이 매트릭스 구조의 단점으로 꼽힌다.

매트릭스 구조는 건설 및 의료관리 산업에서 종종 채택된다. 예컨대 건설 산업에서는 베크텔(Bechtel Corporation)과 플루오르(Fluor Corporation)에 매트릭스 구조가 적합할 것이다. 모든 건설 프로젝트에는 프로젝트 책임자가 있는데, 플루오르의 800마일 트랜스 알래스카 파이프라인 시스템과 같은 대형 프로젝트의 HR 책임자는 해당 프로젝트 책임자와 기업 전체의 HR 책임자 모두에게 보고할 것이다.

매트릭스 구조의 장점은 프로젝트의 목표가 명확하고, 의사소통을 위한 경로가 많으며, 작업자가 작업의 가시적 결과를 볼 수 있다는 것이다. 또한 프로젝트의 종료가 비교적 쉽고 전문 인력, 장비, 시설의 사용이 용이하다. 매트릭스 구조에서는 기능적 자원이 사업부제 구조에서처럼 중복되는 것이 아니라 서로 공유된다. 높은 수준의 전문성을 가진 인력이 필요에 따라 프로젝트 간 참여 시간을 분배할 수 있으며, 다른 구조보다 기술과 역량을 개발하기가 수월하다. 매트릭스 구조의 장점과 단점을 표 7-9에 요약했다.

그림 7-4는 전형적인 임원 직위와 함께 전형적인 매트릭스 구조를 보여준다. A부터 Z4는 관리자를 나타낸다. 예를 들어 관리자 A는 프로젝트 1의 재정 부분을 책임지면서 상사 2명의 지휘를 받는다. 또한 프로젝트 1 관리자는 프로젝트 현장에 있고 CFO는 본사에 있다.

학습 목표 7-7

조직도를 구성할 때 해야 할 것과 하지 말아야 할 것을 파악한다.

조직도 개발 시 해야 할 일과 하지 말아야 할 일

전략경영 사례를 분석하는 학생과 실제 경영자는 종종 기업의 조직 구조를 변경하고 보완한다. 여기서는 중견 기업과 대기업이 조직도를 개발할 때 적용해야 할 기본 지침과 함께 해야 할 일, 하지 말

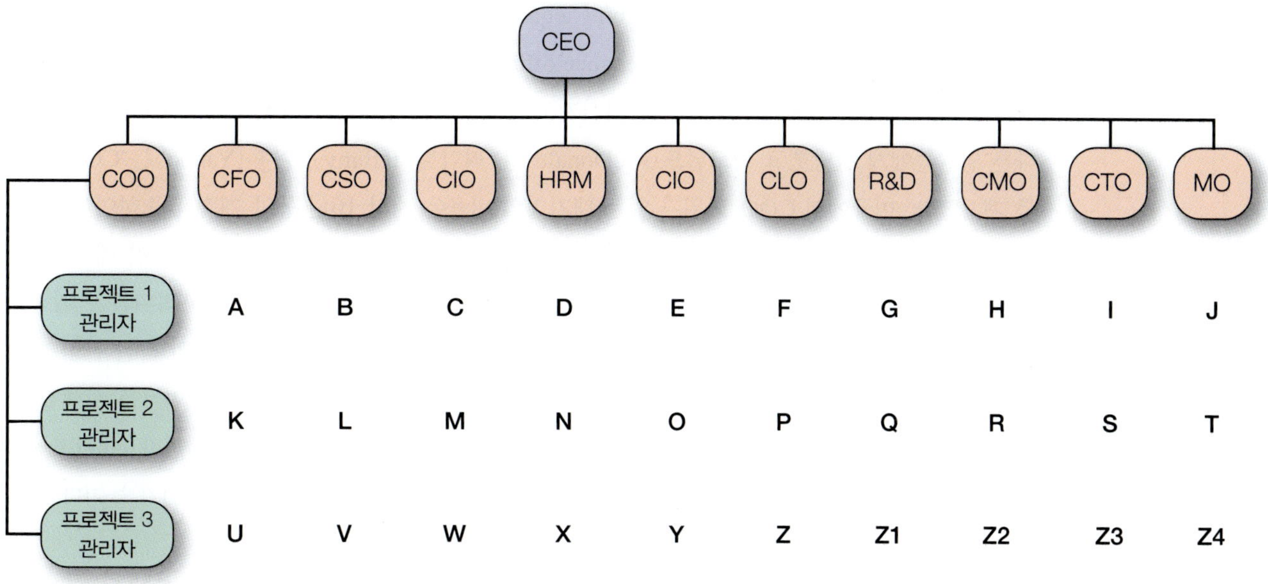

chief executive officer(CEO): 최고경영자
chief operating officer(COO): 최고운영책임자
chief finance officer(CFO): 최고재무책임자
chief strategy officer(CSO): 최고전략책임자
chief information officer(CIO): 최고정보책임자
human resources manager(HRM): 인사관리책임자
competitive intelligence officer(CIO): 경쟁정보책임자
chief legal officer(CLO): 최고법무책임자
research & development officer(R&D): 연구개발책임자
chief marketing officer(CMO): 최고마케팅책임자
chief technology officer(CTO): 최고기술책임자
maintenance officer(MO): 유지보수책임자

그림 7-4 대기업의 일반적인 임원 직함으로 이루어진 일반적인 매트릭스 구조

아야 할 일을 살펴보자. 우선 기업의 최고경영자에게는 CEO 직위를 부여한다. 사장(president)이라는 직함은 최고경영자보다는 기업 내에 사업부가 있을 때 최고관리자에게 사용하며, 기능별 임원에게 사용하는 것은 적절하지 않다. 기능별 임원에게는 최고(chief), 부사장(vice-president), 관리자(manager), 책임자(officer) 등과 같은 직함을 부여해야 한다(예: chief information officer, vice-president of human resources). 또한 한 임원에게 여러 개의 직함을 부여하는 것 역시 권장하지 않는다.

한 사람이 기업 이사회 의장이자 CEO를 맡는 것도 바람직하지 않다. 참고로 이사회 의장에게는 chairman보다 chairperson이나 chair가 적합하다. 미국 기업은 특히 상장기업의 경우 이사회 의장과 CEO를 분리하고 있다. 뉴욕증권거래소와 나스닥은 이러한 분리를 상장의 필수 요건에 포함하라는 요청을 받고 있다. S&P 500 주가지수에 속한 기업의 약 50%는 두 직위를 분리했는데, 이는 2002년의 22%에서 상당히 증가한 수치이다. 유럽과 아시아에서는 점점 더 많은 기업이 두 직위를 분리하고 있으며, 영국 기업의 경우 80%가, 독일과 네덜란드에서는 거의 모든 기업이 두 직위를 별도로 운영한다. 삼성전자는 2018년부터 이사회 의장과 CEO를 분리했다.

CEO 바로 아래에 최고운영책임자(chief operating officer, COO)를 편성하는 것이 가장 좋으며, 모든 사업부의 대표, 즉 사장은 COO에게 직접 보고한다. COO와 동일한 지위이면서 CEO에게 직접 보고하는 기능별 임원은 최고재무책임자(chief financial officer, CFO), 인사 담당 부사장(VP of human resources), 최고전략책임자(chief strategy officer, CSO), 최고정보책임자(chief information officer, CIO), 최고마케팅책임자(chief marketing officer, CMO), 연구개발책

임자(R&D officer), 최고법무책임자(chief legal officer, CLO), 최고디자인책임자(chief design officer, CDO), 유지보수책임자(maintenance officer) 등이 포함된다.

미국 기업에서는 COO 자리가 점점 사라지고 있다. 최근에 트위터(Twitter)는 COO의 임무를 다른 임원들에게 할당했고 맥도날드(McDonald's), 티파니(Tiffany), 야휴(Yahoo)는 COO 직위를 폐지했다. 미국에서 COO 직위가 있는 대기업의 비율은 지난 10년 동안 계속 감소하여 현재 약 35%에 불과하다. 예를 들어 의료관리 분야의 기업이라면 COO 직위가 있을 가능성이 매우 낮다. 회계법인 프라이스워터하우스쿠퍼스(PricewaterhouseCoopers)는 기업이 COO 직위를 단계적으로 폐지하는 이유로 수평적 조직으로의 전환, 관리 계층의 축소, 비용 절감, CEO의 직접 관리 범위 확대를 제시했다. 디지털 커뮤니케이션과 소셜미디어를 통해 종종 CEO가 COO 업무를 수행할 수 있게 되었다. 많은 기업은 COO의 전통적인 업무를 CEO나 CFO, 최고브랜드책임자(chief brand officer, CBO)에게 위임하고 있다. 그러나 COO 직위가 폐지되면 CEO의 통제 범위가 늘어나고 집중적으로 몰두할 수 있는 분야가 축소되므로 대부분은 바람직하다고 보기 어렵다.

매트릭스 구조를 제외하고, 조직도를 개발하는 과정에서 한 사람이 지휘 계통을 통해 2명 이상의 상사에게 보고하는 상황은 피해야 한다. 그것은 '모든 직원에게는 1명의 상사만 있어야 한다'는 명령 일원화 원칙(unity-of-command principle)을 위반하는 것이다. 또한 CFO, CIO, CSO 등과 같은 기능적 임원은 COO가 아닌 CEO에게 직접 보고하도록 구성되어야 한다.

COO 직위와 대조적으로 미국 기업에서 최고회계책임자(chief accounting officer, CAO)의 수가 증가하고 있다. CAO는 단순히 기업 장부를 관리하고 재무제표를 작성하는 것 이상의 일을 한다. 이들은 재무상태표의 균형, 매출 인식 시기와 방법, 미국 회계표준(GAAP)과 국제회계표준(IFRS)의 반영 등과 관련된 기업의 전략적 이슈에 관여한다. 일반적으로 CAO는 기업의 재무 문서와 보고서에 서명을 하므로 실수나 부적절한 행위에 대해서도 CFO, CEO와 함께 개인적으로 책임을 지는 위치에 있다.

제록스(Xerox)의 전 CAO인 게리 카부렉(Gary Kabureck)은 다음과 같이 말했다. "미국에서 지난 15년 동안 일어난 일은 회계 업무와 컨트롤러 업무가 분리된 것이라고 생각한다." 일반적으로 컨트롤러는 예산 수립과 결산, 리스크 관리 등에 집중하는 반면, CAO는 글로벌 재무제표 작성 및 관리를 담당한다. 또한 CAO는 이사회의 감사위원회와 함께 기업의 외부 회계감사 법인과 긴밀하게 상호작용한다.

비교적 새롭지만 점점 더 인기를 얻고 있는 최고 관리직은 CDO이다. 예를 들어 존슨앤드존슨(Johnson & Johnson)은 CDO인 에르네스토 퀸테로스(Ernesto Quinteros)를 CMO와 R&D 책임자 사이의 연결 담당자로 앉혔다. CDO는 존슨앤드존슨, 펩시코, 필립스(Philips Electronics NV)에서 CMO와 동일한 직급으로 간주된다. CDO 직위를 신설한 존슨앤드존슨의 샌디 피터슨(Sandi Peterson)은 "뛰어나게 디자인된 제품은 저절로 팔리게 마련이고, 마케팅 측면에서 상당한 이점이 있기 때문"이라고 밝혔다.

제안된 조직 구조 또는 실제 구조가 정말로 특정 기업에 가장 효과적인 구조인지 확실히 알 수는 없다. 재무 성과가 하락한다면 구조 변경이 필요한 시점이라는 것을 알려준다고 할 수 있다. 기업의 조직도를 작성할 때 따라야 할 중요한 지침을 표 7–10에 정리했다.

표 7-10 조직도 개발 지침

1. 이사회 의장의 직함을 chairman 대신 chairperson으로 하라.
2. 이사회가 인종, 민족, 성별, 연령의 다양성을 공개하는지 확인하라.
3. 이사회 의장이 기업의 CEO 또는 사장 직위를 겸하고 있는지 확인하라.
4. 기업의 CEO가 사장 직위를 겸하고 있는지 확인하라.
5. 기업의 사업부 대표에게 사장 직위를 부여하라.
6. 사업부가 많거나 지리적으로 분산되어 있는 경우 COO 직위를 운영하라.
7. 사업부의 대표가 COO에게 보고하도록 조직하라.
8. CFO, CIO, CMO, CSO, CLO, CTO, R&D, HRM과 같은 기능별 임원은 COO가 아닌 CEO에게 보고하도록 조직하라.
9. 모든 임원이 한 상사에게 보고하게 함으로써 명령 일원화 원칙이 지켜지도록 하라.
10. 통제 범위가 합리적인지 확인하고 10명 이상이 1명에게 보고하는 구성이 되지 않도록 하라.
11. 인종, 민족, 성별, 연령의 다양성이 임원들 사이에 잘 구현되도록 하라.
12. 가장 작은 규모의 기업이 아니라면 기능적 구조를 지양하라.
13. 가능한 한 사업부제 구조를 선택하여 권한을 분산하라.
14. 10개 이상의 사업부가 있는 대기업이라면 SBU 구조가 적절하다.
15. 제품별 사업부제 구조나 SBU 구조의 경우 임원의 직함이 제품의 명칭을 적절히 반영하도록 하라.

조직도를 작성하는 방법

이유를 불문하고 기업이 조직 구조가 담긴 도표를 재무제표나 웹사이트에 제공하는 경우는 거의 없다. 따라서 학생들은 기존의 조직도를 그리거나 새롭게 제안된 조직도를 고안하는 데 어려움을 겪는다. 그러나 많은 기업은 최고경영자와 임원의 직함을 제공하며, 조직도를 작성하는 데 이러한 정보를 사용할 수 있다. 조직도를 작성하려면 다음 단계를 참고하라.

1단계: 직위와 번호별로 임원의 직위를 나열한다. 직위에 번호를 부여하면 조직도에서 네모나 동그라미가 아닌 숫자로 보고 관계를 표기할 수 있어서 좋다.

2단계: 숫자로 직위를 표시한 뒤 표 7-10의 지침을 반영하여 임원 간 보고 관계를 파악한다.

3단계: 숫자를 연결하는 선을 그려서 보고 관계를 나타낸다.

그림 7-5와 그림 7-6은 각각 ABC(ABC Company)의 현재 조직도와 제안된 조직도로, 위의

1. 이사회 의장(chairman of the board)
2. 최고경영자 겸 사장(CEO and president)
3. 인사관리 담당 부사장(VP of HRM)
4. 재무 담당 부사장(VP of finance)
5. 기술 담당 부사장(VP of technology)
6. 마케팅 담당 부사장(VP of marketing)
7. 디자인·연구개발 담당 부사장 (VP of design and R&D)
8. 미국 담당 관리자(manager of USA)
9. 유럽 담당 관리자(manager of Europe)
10. 아시아 담당 관리자(manager of Asia)

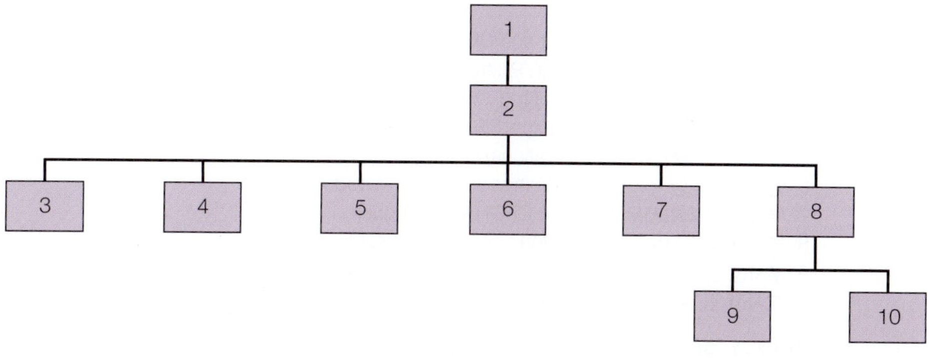

그림 7-5 현재(적절하지 않은) ABC의 조직도

1. 이사회 의장(chairperson of the board)
2. 최고경영자(CEO)
3. 최고인사관리책임자(Chief HRM Officer)
4. 최고재무책임자(CFO)
5. 최고기술책임자(CTO)
6. 최고마케팅책임자(CMO)
7. 최고디자인책임자(CDO)
8. 미국사업부 사장(president of USA)
9. 유럽사업부 사장(president of Europe)
10. 아시아사업부 사장(president of Asia)
11. 최고운영책임자(COO)

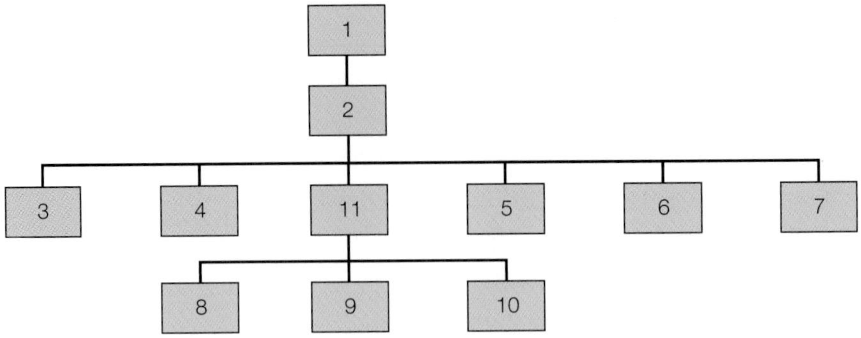

그림 7-6 제안된(적절한) ABC의 조직도

세 단계를 적용하는 방법을 보여준다. 직위에 해당하는 사람들은 계속 바뀌게 마련이므로 조직도를 그릴 때 사람들의 이름은 크게 신경 쓸 필요가 없다. 그러나 직위와 명칭은 비교적 일정하게 유지된다. 현재의 조직도와 보고 관계는 기업 내부 관계자에게만 공개되기 때문에 그보다는 표 7-10의 지침을 반영하여 개선한 조직도가 중요하고 의미가 있다.

또한 조직도에 20명 이상의 임원을 포함하는 것은 바람직하지 않으며, 중간 및 하위 관리자도 제외해야 한다. 마찬가지로 의장을 제외하면 이사회 구성원도 제외되어야 하는데, 이는 이들이 중요하지 않기 때문이 아니라 조직도는 최고경영진 간 보고 관계를 통해 구조의 유형과 보고 체계를 확인하는 수단이기 때문이다. 기업은 전략을 효과적으로 실행하기 위해 이 두 가지 측면을 적절하게 유지해야 한다.

그림 7-7과 7-8은 각각 위너베이고인더스트리스(Winnebago Industries, Inc.)의 현재 조직도와 제안된 조직도로, 역시나 위의 세 단계를 적용하는 방법을 보여준다. 미국 아이오와주 포리스트시티에 본사를 둔 위너베이고는 자체 브랜드 제품으로 캠핑카, 이동 주택, 트레일러 등을 제조하여 판매한다. 또한 다인승 경찰차, 이동 의료 클리닉, 이동 사무실 등에 부착되는 차체와 각종 구성 부품을 다른 제조업체에 제공하기도 한다. 위너베이고는 주로 미국과 캐나다의 독립 딜러를 통해 제품을 판매하고 있다.

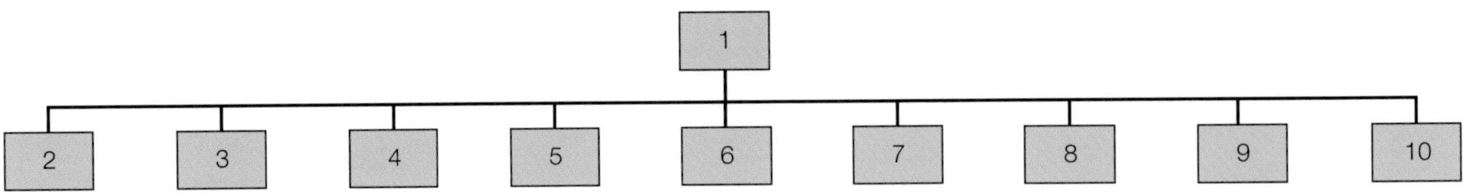

1. 최고경영자 겸 사장(president and CEO) Michael Happe
2. 전략기획 및 개발 담당 부사장(VP, strategic planning and development) Ashis Bhattacharya
3. 위너베이고인더스트리스 부사장 겸 그랜드디자인RV 사장(president, Grand Design RV; VP, Winnebago Industries) Donald Clark
4. 정보기술 담당 부사장 겸 최고정보책임자(VP, information technology, CIO) Jeff Kubacki
5. 운영 담당 부사장(VP of operations) Chris West
6. 경영관리 담당 부사장(VP, administration) Bret Woodson
7. 부사장 겸 최고재무책임자(VP, CFO) Bryan Hughes
8. 부사장, 법률자문 겸 비서실장(VP, general counsel and secretary) Scott Folkers
9. 부사장 겸 견인차량사업부 책임자(VP, general manager, towables business) Scott Degnan
10. 부사장 겸 캠핑카사업부 책임자(VP, general manager, motor home business) Brian Hazelton

그림 7-7 현재(적절하지 않은) 위너베이고의 조직도

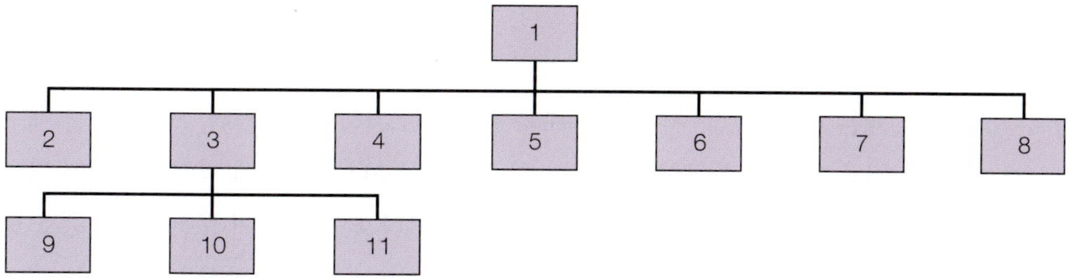

1. 최고경영자(CEO) Michael Happe
2. 전략기획 및 개발 담당 부사장(VP, strategic planning and development) Ashis Bhattacharya
3. 최고운영책임자(COO) Donald Clark
4. 정보기술 담당 부사장 겸 최고정보책임자(VP, information technology, CIO) Jeff Kubacki
5. 운영 담당 부사장(VP of operations) Chris West
6. 경영관리 담당 부사장(VP, administration) Bret Woodson
7. 부사장 겸 최고재무책임자(VP, CFO) Bryan Hughes
8. 부사장, 법률자문 겸 비서실장(VP, general counsel and secretary) Scott Folkers
9. 견인차량사업부 사장(president of towables) Scott Degnan
10. 캠핑카사업부 사장(president of motor homes) Brian Hazelton
11. 구성품사업부 사장(president of ancillary products) Jane Doe

그림 7-8 제안된(적절한) 위너베이고의 조직도

전략적 생산/운영 문제

학습 목표 7-8

전략 실행에 필수적인 네 가지 전략적 생산/운영 문제를 이해한다.

생산/운영 분야의 역량, 약점, 정책은 목표 달성을 좌우할 수 있다. 생산 과정은 보통 기업 전체 자산의 70% 이상을 활용한다. 따라서 전략 실행 프로세스의 상당 부분이 생산 현장과 관련된다. 공장의 크기, 공장의 위치, 제품 설계, 장비 선택, 금형의 종류, 재고의 규모, 재고관리, 품질관리, 비용관리, 표준 적용, 직무 전문화, 임직원 훈련, 장비와 자원 활용, 선적과 포장, 기술 혁신 등 생산 과정에 대한 전략적 결정은 결국 전략 실행의 성공에 결정적인 요인으로 작용한다.

세 가지 생산/운영 문제, 즉 구조조정과 재설계, 변화에 대한 저항 관리, 제품 생산 방법 및 위치 결정은, 성공적인 전략 실행에 특히 중요하므로 조금 더 구체적으로 설명한다.

구조조정과 재설계

구조조정과 재설계는 5장에서 다루었던 사업 축소에 포함된다. 다운사이징(downsizing)이라고도 불리는 **구조조정**(restructuring)은 직원 수, 사업부 또는 사업단위의 수, 기업 조직 구조의 계층 수 측면에서 기업 규모의 축소를 수반한다. 이러한 축소는 효율과 효과를 모두 향상하기 위한 것으로, 직원보다 주주의 복지를 위한 것이라고 볼 수 있다.

구조조정의 가장 큰 장점은 비용 절감이다. 지나치게 관료주의적인 특성을 가진 기업의 경우 구조조정은 실제로 글로벌 경쟁과 몰락으로부터 기업을 구출할 수 있다. 그러나 보류 중인 구조조정이나 실제 해고로 인해 직원 몰입, 창의성, 혁신이 저하될 수 있다는 것이 단점이다. 2018년에 제너럴일렉트릭(General Electric)은 구조조정을 통해 6개 사업단위를 3개로 축소했다.

고용 안정성 측면에서 유럽 기업은 기업이 거의 마음대로 해고 결정을 내릴 수 있는 미국 방식으로 서서히 옮겨 가고 있다. 밀라노의 은행부터 만하임의 공장에 이르기까지 유럽 기업은 미국 기업과 경쟁하기 위해 마찬가지로 운영을 간소화하고 효율성을 제고하는 차원에서 직원을 내보내고 있다. 그럼에도 불구하고 유럽 기업은 문화와 법률, 노동조합 때문에 전면적인 정리해고보다는 인력 감소와 퇴직을 통한 사업 규모 축소를 여전히 선호한다.

구조조정과 달리 **재설계**(reengineering)는 주주보다 직원과 고객의 복지에 더 관심이 있는 조치라고 할 수 있다. 재설계는 비용, 품질, 서비스, 속도를 향상하기 위해 작업, 직위, 프로세스를 재구성하거나 재설계하는 것을 말한다. 일반적으로 재설계는 조직 구조나 조직도에 영향을 미치지 않으며, 실직이나 직원 해고를 의미하지 않는다. 구조조정이 사업부나 부서의 제거 또는 신설, 축소 또는 확대, 재배치와 관련되는 반면, 재설계의 초점은 작업이 실제로 수행되는 방식을 변경하는 것이다. 전자는 장기적으로 모든 사업과 기능에 영향을 미치는 전략적 결정이지만, 후자는 단기적이고 특정 사업 및 기능하고만 연결되는 전술적 결정이라고 할 수 있다.

변화에 대한 저항 관리

어떤 조직이나 개인도 변화를 피해 갈 수 없다. 그러나 사람들은 경제적 손실, 불편, 불확실성, 일상적 사회 활동의 단절을 두려워하기 때문에 변화에 대한 생각은 불안을 불러일으킨다. 모든 조직 구조, 기술, 사람 또는 전략의 변화는 익숙한 상호작용 습관을 방해할 가능성이 있어 사람들은 변화에 저항한다. 전략경영 프로세스는 구성원과 프로세스에 큰 변화를 가하게 된다. 사람들이 전략적으로 생각하고 행동하도록 조직을 구축해나가는 것은 쉬운 일이 아니다. 때로 전략 실행은 많은 관리자와 직원에게 위협이 될 수도 있다. 권력관계와 지위의 변화가 예상되고 또 실현되기 때문이다. 또한 새로운 공식·비공식 모임의 가치, 신념, 우선순위가 거의 알려지지 않는다. 관리자와 직원은 자신들의 역할, 특권, 권력 변화에 저항하는 행동을 선택할 수도 있다. 전략 실행에 수반되는 사회적·정치적 구조의 변화는 전략 수립 단계에서 충분히 예상하고 고려하여 전략 실행 단계에서 적절하게 관리해야 한다.

변화에 대한 저항(resistance to change)은 성공적인 전략 실행에 가장 큰 위협이 될 수도 있다. 기업에서 저항은 생산 기계 파괴, 결근, 근거 없는 불만 제기, 협력 거부 등의 형태로 발생한다. 직원들은 무슨 일이 일어나고 있는지 또는 왜 변화가 일어나는지 이해하지 못하기 때문에 전략 실행에 저항하곤 한다. 이러한 경우에는 직원들에게 정확한 정보가 필요할 것이다. 성공적인 전략 실행은 변화를 추진하기 위한 조직 분위기를 만들어나가는 관리자의 능력에 달려 있다. 관리자와 직원 모두 변화를 자신의 일상에 대한 위협으로 보기보다는 기업이 더 효과적으로 경쟁할 수 있는 기회로 보아야 한다.

전략가는 변화에 대한 관리자와 직원의 저항을 최소화하기 위해 여러 가지 조치를 취할 수 있다. 예를 들면 변화의 영향을 받게 될 사람이 변화 자체에 대한 결정과 그 실행 방법의 결정에 참여하는 것이다. 전략가는 변화를 예상하고 관리자와 직원이 이러한 변화에 적응할 수 있도록 돕는 교육 및 훈련 워크숍을 개발하여 제공해야 한다. 또한 전략가는 변화의 필요성을 효과적으로 전달해야 한다. 전략 실행은 기본적으로 변화를 관리하는 과정이기 때문이다.

제품 생산 방법 및 위치 결정

중국에서는 폭스콘(Foxconn)과 같은 계약 제조업체에 속한 약 70만 명의 작업자가 애플 제품을 조립했다. 적어도 다음과 같은 이유로 이러한 일자리를 미국으로 가져오기가 사실상 불가능하다. 첫째, 중국 최대의 민간 고용주이자 세계 소비자 전자 기기의 약 40%를 제조하는 폭스콘은 미국 노동

표 7-11 생산 관리와 전략 실행

조직 유형	실행 중인 전략	생산 시스템 조정
병원	암센터 추가(제품 개발)	전문 장비 구매, 전문 인력 채용
은행	10개 지점 신설(시장 개척)	입지 분석 수행
맥주 양조장	보리 농장 매입 후 운영(후방 통합)	재고관리 시스템 보완
철강 제조업체	패스트푸드점 인수(비관련 다각화)	품질관리 시스템 개선
컴퓨터 회사	소매유통망 인수(전방 통합)	배송, 포장, 운송 시스템 변경

법이 허용하는 것보다 훨씬 낮은 급여를 조립 노동자에게 지급한다. 일반적인 일당이 약 18달러이다. 둘째, 폭스콘과 그 밖의 중국 제조업체는 직원들을 기숙사에 수용하고 필요시 수십만 명을 즉시 조립 라인에 보낼 수 있다. 이들은 대부분의 미국인이 견디지 못하는 긴 시간 동안 열악한 노동 환경에서 일한다. 이러한 생산 시스템은 기술 기업이 제품 경쟁에서 확보해야 하는 효율성을 제공하므로 신속함은 낮은 급여보다 더 중요한 경쟁 역량이다. 셋째, 애플을 비롯한 기술 기업에 부품을 공급하는 업체는 대부분이 중국 또는 기타 아시아 국가에 있다. 지리적 측면에서 집적된 기업은 마지막 순간에 제품 디자인을 변경하더라도 정시에 배송할 수 있는 유연성을 확보하게 된다.

다양한 전략 실행에 요구되는 생산 시스템 조정에 대해 영리·비영리 기관을 아우르는 사례를 표 7-11에 제시했다. 미국에서 가장 큰 자전거 회사인 허피(Huffy)는 자체 생산을 중단하고 현재 아시아 및 멕시코 제조업체에 생산을 위탁하고 있으며, 그 대신 자전거의 디자인, 마케팅, 유통에 중점을 둔다. 미국 오하이오주 데이턴에 본사를 둔 허피는 오하이오, 미주리, 미시시피의 공장을 폐쇄했다.

생산 시설을 두기 전에 조사해야 하는 사항은 주요 자원의 가용성, 해당 지역의 일반적인 임금, 배송 및 수령과 관련된 운송 비용, 주요 시장의 위치, 지역과 국가에 존재하는 정치적 위험 등이다. 또한 화폐, 세금, 언어, 법적 문제, 직원 훈련이 가능한지 등도 고려해야 한다. 이러한 요인은 중국에서 제조 공장을 운영하는 기업들이 최근 시설을 멕시코, 베트남 또는 미국으로 다시 이전하는 이유를 드러내기도 한다. 트럼프 대통령은 기업이 제조 시설을 미국으로 다시 이전할 수 있도록 기업 친화적 환경을 조성하겠다고 공언한 바 있다.

전략적 인적 자원 문제

학습 목표 7-9

전략 실행에 필수적인 일곱 가지 전략적 인적 자원 문제를 이해한다.

어떤 조직도 거기에 속한 사람보다 뛰어날 수는 없다. 따라서 인적 자원 문제는 전략 실행을 성공시킬 수도 있고 중단시킬 수도 있다. 이와 관련하여 전략과 성과 및 보상의 연결, 직장생활과 가정생활의 균형, 다양한 인력 개발, 경쟁기업의 직원 채용 시 주의 사항, 전략 지원 문화 조성, 직원의 소셜미디어 점검 시 주의 사항, 기업 웰빙 프로그램 개발에 대해 살펴보자.

전략과 성과 및 보상의 연결

조직의 보상 체계는 전략 측면의 결과와 일치해야 한다. 급여 인상, 승진, 성과급, 보너스에 대한 결정은 기업의 장기 목표와 연간 목표를 뒷받침해야 한다. 그 두 가지 목표를 기반으로 하는 보너스 체계는 성과와 보상을 전략에 연결하는 데 도움이 될 수 있다. 단기 성과와 장기 성과에 따른 관리자의 연간 성과급 비율은 조직의 계층 단계에 따라 달라져야 한다. 단기 성과에만 기반한 보상 체계는 장기적인 기업의 전략과 목표가 등한시되는 결과를 초래하기 때문에 단기 성과와 장기 성과 둘 다에 연동하는 것이 중요하다.

뱅크오브아메리카의 2018년 보상 계획에는 자산관리 팀의 중개인이 특정한 성장 목표를 달성했을 때 최대 2%의 추가 급여를 받게 되는 보너스 지급이 포함되어 있다. 메릴린치(Merrill Lynch) 소속 중개인은 비슷한 보너스를 받지만 최소 성장 목표를 달성하지 못하면 급여가 2% 삭감된다. 반면에 뱅크오브아메리카에는 그러한 제재 조항이 없다.

매출, 이익, 생산 효율성, 품질, 안전과 같은 기준도 효과적인 보너스 체계의 기반이 될 수 있다. 구성원들이 합의한 성과 목표를 기업이 달성했을 때 모든 구성원은 수확을 공유해야 한다. 보너스 체계는 각 개인이 전략 실행 노력에 동참하도록 동기를 부여하는 효과적인 도구가 될 수 있다. 예를 들어 뱅크오브아메리카는 최근에 가장 수익성이 높은 제품 및 서비스의 판매를 급여와 연결하기 위해 성과급 체계를 개편했다. 지점 관리자는 신규 고객 수와 은행 상품 판매를 토대로 기본 급여와 보너스를 받는다. 또한 지점 차원에서 목표를 달성했을 때는 해당 지점의 모든 직원이 보너스를 받는다. 뱅크오브아메리카의 최고경영자인 토머스 피터슨(Thomas Peterson)은 이렇게 말한다. "우리는 사람들이 목표 달성에 대한 책임을 지길 바란다. 이를 위해 비용 절감을 강조하거나 주차장을 청결하게 관리하는지 확인하는 것이 아니라 매출액에 따라 성과급을 지급한다."

급여 인상, 스톡옵션, 직원 혜택, 승진, 칭찬, 인정, 비판, 두려움, 직무 자율성, 포상과 같은 전략적 보상 장려 정책의 조합은 관리자와 직원이 성공적인 전략 실행을 위해 열심히 노력하도록 이끌어 낼 수 있다. 사람, 부서, 사업부가 기업의 전략 실행에 적극적으로 동참하게 하는 보상책 조합의 범위는 거의 무한하다. 예를 들어 직원은 10년 후에 현 시가보다 낮은 가격으로 최대 1,000주까지 자사의 주식을 매입할 수 있는 권리를 제공받기도 한다.

미국의 상장기업은 2018년에 처음으로 CEO의 연봉, 직원 연봉의 중간값과 두 수치 간의 비율을 공개해야 했다. 예를 들어 월풀코퍼레이션(Whirlpool Corporation)은 직원의 중위 연봉이 1만 9,906달러, CEO의 연봉이 708만 달러로 두 수치 간의 비율이 356배라고 밝혔다. 또한 인튜이티브서지컬(Intuitive Surgical)은 직원의 중위 연봉이 15만 7,000달러를 조금 넘고 CEO는 510만 달러를 받아 두 수치 간의 비율이 32배이며, 매러선페트롤리엄(Marathon Petroleum)은 직원의 중위 연봉이 2만 1,034달러, CEO의 연봉이 1,970만 달러로 그 비율이 935배에 달했다.

직장생활과 가정생활의 균형

일과 가정 양립 전략은 이제 노인 돌봄 지원, 유연한 근무 일정, 근무 시간 축소, 입양 혜택, 현장 여름 캠프, 직원 상담 전화, 반려동물 돌봄 지원과 같은 혜택을 제공하는 기업이 가진 경쟁우위를 의미하게 되었다. 이에 일과 삶 균형 담당자(work and life coordinator), 다양성 책임자(director of diversity)와 같은 새로운 직함이 생겨나고 있다. 전 세계적으로 여성이 일하기에 가장 좋은 나라는 아이슬란드, 노르웨이, 스웨덴, 핀란드, 덴마크로 알려져 있다. 세계경제포럼(World Economic Forum)의 글로벌 성격차지수 보고서(Global Gender Gap Index Report)에 따르면 미국은 45위를 기록했다.

표 7-12 일하는 여성을 위한 10대 기업

기업	직원 수	여성 비율(%)	본사 위치
1. Bank of America	175,400	55	미국 노스캐롤라이나주 샬럿
2. Deloitte	53,500	43	미국 뉴욕주 뉴욕
3. McKinsey & Company	7,110	44	미국 뉴욕주 뉴욕
4. Ernst & Young LLP	41,600	45	미국 뉴욕주 뉴욕
5. Unilever	10,150	44	영국 런던
6. IBM	380,000	31	미국 뉴욕주 아몽크
7. Prudential Financial	20,314	49	미국 뉴저지주 뉴어크
8. PwC	36,500	45	미국 뉴욕주 뉴욕
9. Johnson & Johnson	39,370	45	미국 뉴저지주 뉴브런즈윅
10. Zoetis	3,960	41	미국 뉴저지주 플로럼파크

출처: 《워킹머더》 웹사이트(2018년 1월 1일)

잡지 《워킹머더(Working Mother)》는 매년 '워킹맘을 위한 100대 기업'을 발표한다(www.workingmother.com). 이를 선정할 때 특히 중요한 측면은 유연근무제, 승진 기회, 공평한 복지 혜택 제공이며, 그 밖의 기준은 주당 근무 일수 축소, 재택근무, 일자리 나누기, 보육 시설, 부모 모두를 위한 출산 휴가, 멘토링, 경력 개발 지원 등이다. 《워킹머더》가 선정한 2017년 일하는 여성을 위한 10대 기업은 표 7-12와 같다. 이 잡지는 유색인종 여성을 위한 최고의 기업도 선정하여 발표한다.

행복한 가정생활은 직장생활에 큰 영향을 미친다. 일과 가정 이슈는 더 이상 여성만의 문제가 아니다. 기업이 이 문제를 해결하기 위해 취하고 있는 몇 가지 구체적인 조치는 배우자 정착 및 적응을 직원 혜택의 일환으로 지원하는 것, 가족의 여가와 교육을 위해 기업의 자원을 사용하는 것 등이다. 예를 들어 IBM이나 베슬리헴스틸(Bethlehem Steel)은 직원 가족을 위한 골프장을 운영하며, 직장과 가정 간 상호작용의 기회를 제공하려고 노력한다. 휘턴대학의 조지프 플렉(Joseph Pleck)이 수행한 연구에 따르면 아버지의 육아 휴직을 복지 혜택으로 제공하지 않는 기업의 남성 직원은 대부분이 휴가와 병가를 끌어모아 비공식적으로 육아에 사용한다.

일부 기업은 가족의 날을 도입하여 직원 가족을 직장으로 초대한다. 이날 직원 가족은 공장이나 사무실을 견학하고, 관리자들과 식사를 하며, 해당 직원이 매일 어떤 일을 하는지 정확히 알게 된다. 가족의 날은 비용을 많이 들이지 않고도 직원들의 자부심을 높여준다. 탄력근무제는 직장생활과 가정생활 간 균형의 필요성에 대응하는 인적 자원 관리 전략이라고 할 수 있다.

다양한 인력 개발

유리 천장(glass ceiling)은 여성과 소수자를 최고경영진에서 배제하는 보이지 않는 장벽을 의미한다. 미국은 아직 이러한 측면에서 세계를 선도한다고 할 수 없다. 미셸 벅(Michele Buck)은 2017년에 허쉬(Hershey)의 CEO로 취임하면서 《포천》 500대 기업을 이끄는 28번째 여성이 되었다. 그러나 2013년에 그 수가 21명이었던 것을 감안하면 현재 개선되는 중이라고 할 수 있다.

기업의 인력 구성이 고객의 다양성을 반영할 때 가장 효과적일 수 있다. 글로벌 기업의 경우 이 목표가 지나치게 낙관적으로 여겨질 수도 있으나, 그럼에도 불구하고 여전히 가치 있는 목표일 것이다. 다양한 인력을 보유함으로써 얻을 수 있는 이점은 다음과 같다.

- 여성과 소수자는 차별화된 통찰력, 의견, 관점을 가지고 있으며 기업은 이를 충분히 고려해야 한다.
- 다양한 인력 구성은 차별 금지를 위해 노력하는 기업이라는 것을 나타낸다.
- 고객 기반을 반영하는 인력 구성은 고객의 필요와 욕구를 충족하는 제품과 서비스의 설계 및 제공에 도움이 되며, 그 결과 고객 유치와 충성도 구축에 기여할 수 있다.
- 다양한 인력 구성은 차별로 인해 제기되는 소송으로부터 기업을 보호할 수 있다.
- 여성과 소수자 우대는 차후 자격을 갖춘 수많은 인재의 지원으로 이어질 수 있다.
- 다양한 인력 구성은 기업의 사회적 책임과 윤리적 지위를 강화한다.

《포천》 2018년 1월 호는 급여를 분석한 결과 소수자에게 지급되는 비율이 높은 기업은 하얏트(Hyatt Hotels, 65%), 메리어트인터내셔널(Marriott International, 65%), 퍼블릭스슈퍼마켓(Publix Super Markets, 42%), 캐피털원파이낸셜(Capital One Financial, 49%), 킴프턴호텔앤드레스토랑(Kimpton Hotels and Restaurants, 60%) 등이라고 밝혔다.

경쟁기업의 직원 채용 시 주의 사항

《인베스터스 비즈니스 데일리(Investor's Business Daily)》에 실린 '밀렵 노동자가 해야 할 일과 하지 말아야 할 일'이라는 제목의 기사는 경쟁기업의 직원을 채용하기 전에 고려해야 할 지침을 제공한다.[5] 경쟁기업의 직원을 채용하는 관행은 오래전부터 있었던 일이지만, 관련 소송이 증가하는 오늘날에는 채용될 사람이 경쟁기업의 '비밀 공식, 고객 목록, 프로그래밍 알고리즘, 독점 또는 기밀 정보'에 접근할 수 있는지 여부를 고려해야 한다. 그러한 정보를 확보한 사람을 기업에 영입하는 경우, 특히 그 사람이 경쟁기업과 해당 행위를 하지 않을 것이라는 계약을 맺었었다면 소송이 제기될 수 있다. 앞서 언급한 기사는 이러한 잠재적인 문제로부터 기업을 보호하려면 관련 이슈를 다루는 '잘 작성된 직원 요람'이 필요하다고 말한다. 해당 기사는 휴렛팩커드(Hewlett-Packard)가 최근 IBM의 전 총괄 관리자를 고용했으며 IBM이 이 때문에 휴렛팩커드를 고소한 내용을 다루었다. 비록 IBM이 소송에서 패했지만 이러한 유형의 법적 분쟁이 늘어나고 있다.

미국 일리노이주 로스코에 있는 컴앱(ComAp)의 인적 자원 관리자인 웨인 페럿(Wayne Perrett)은 다음과 같이 말한다. "기업은 경쟁기업의 직원을 '훔치는' 기업으로 알려지고 싶어 하지 않는다. 그것은 윤리적 측면에서 적절치 않고 사업에도 좋지 않다." 경쟁기업의 직원을 대상으로 면접을 실시하고 채용 결정을 내리는 것은 불법이 아니며 오랫동안 행해져왔지만, 점차 소송을 피하기 위해 관리해야 할 전략적 문제가 되고 있다.

전략 지원 문화 조성

모든 조직에는 고유한 **문화**(culture)가 있다. 예를 들어 페이스북(Facebook)의 직원들에게는 부여되는 작업을 선택하고 변경할 수 있는 흔치 않은 자유가 주어진다. 하위 직급 직원이라도 관리자에게 질문하고 필요시 비판을 제기하는 것이 권장된다. 페이스북의 직원은 성과에 대해 정규분포 곡선

표 7-13 조직의 문화를 바꾸는 방법과 수단

• 채용	• 훈련
• 부서 이동	• 승진
• 구조조정	• 재설계
• 역할 모델링	• 긍정적 강화
• 멘토링	• 비전 또는 사명에 대한 보완
• 보상 시스템 변경	• 조직의 정책, 절차 및 관행의 변경
• 물리적 공간 또는 기업 건물 정면의 재설계	

에 따라 평가를 받는다. 이러한 방식에서는 과거의 성취보다 최근의 업무 성과가 중시되며, 분주하면서도 집중적인 업무 환경이 조성된다. 페이스북의 관리자는 상사로서 인정받기보다는 도움을 주는 사람으로 인식된다.

전략가는 제안된 신규 전략을 지원할 수 있도록 기존의 기업 문화를 보존하고 강화하면서 새로운 문화를 구축하기 위해 노력해야 한다. 새로이 제안된 전략에 대해 부정적으로 작용하는 기존 문화가 있다면 이를 식별하고 변경해야 한다. 기존 문화를 그대로 둔 채 그에 적합한 전략을 선택하는 것보다 새로운 전략에 걸맞도록 기업 문화를 바꾸는 것이 더 효과적인 경우가 많다. 표 7-13에서 보듯이 채용, 훈련, 부서 이동, 승진, 구조조정, 역할 모델링, 긍정적 강화, 멘토링 등 조직의 문화를 변화시키는 데 사용할 수 있는 다양한 방법이 있다.

삶의 개인적·종교적 측면에서 상실과 변화의 영향은 쉽게 발견할 수 있다.[6] 상실과 변화의 기억은 개인이나 조직을 수년 동안 괴롭히기도 한다. 헨리크 입센(Henrik Ibsen)은 자신의 희곡에서 "평범한 사람에게서 인생의 환상을 앗아 가는 것은 그의 행복을 한 번에 빼앗아 가는 것"이라고 언급했다.[7] 기업이 전략적 방향을 바꾸려고 시도하는 가운데 직원과 관리자가 가진 문화에 대한 애착이 끊어진다면 그들은 슬픔을 느낄 것이다. 이러한 현상은 특히 외부 상황이 새로운 전략의 필요성을 강요할 때 주로 발생한다. 직원과 관리자는 몇 년 전 변해버린 상황에서 의미를 찾기 위해 고군분투하기도 한다. 어떤 사람들은 기억 속에서 편안함을 발견하고, 또 어떤 사람들은 현재에서 위안을 찾아낸다. 전략경영과 조직 문화 간의 부조화는 종종 기업의 성과를 망치는 결과로 이어진다. 테런스 딜(Terrence Deal)과 앨런 케네디(Allan Kennedy)는 기업의 전략적 변화는 늘 문화를 위협한다고 강조했다.

> 사람들은 영웅, 전설, 일상생활의 의례, 호화로운 행사와 예식, 직장의 모든 상징에 강한 애착을 가진다. 변화는 관계를 단절시키고 직원들을 혼란스럽고 불안하게 하며 종종 화나게 만든다. 과거에서 새것으로의 전환을 지원하기 위해 무언가를 할 수 없다면 문화의 힘은 전략적 변화를 약화시키고, 더 나아가 무력화할 수 있다.[8]

최근에 웰스파고는 기존 은행 고객에게 점점 더 많은 제품을 판매하는 기업 문화를 개선하려고 노력하고 있다. 시장 침투 전략의 일종인 **교차판매**(cross-selling)는 현재 통제 불능 상태에 다다른 것으로 보인다. 연방 수사관은 웰스파고가 고객이 요청하지 않았거나 아예 모르는 상태에서 최대 200만 개의 예금 및 신용카드 계좌를 개설한 것을 적발했다. 교차판매는 전국 6,000개 지점과 모든 금융 상품에 걸쳐 체계적으로 이루어졌다. 웰스파고의 대변인은 이러한 문제에 대해 다음과 같이 밝혔다. "우리는 이 문제를 해결하기 위해 노력하고 있다. 고객의 신뢰를 다시 회복하기 위해 필요한 조치를 시행하고 우리의 기업 문화를 개선하고 있다." 웰스파고에서 근무했던 스티븐 슈로트(Steven Schrodt)는 신규 요구불예금 계좌 2개 개설과 8개 상품 판매가 그가 다녔던 지점의 일일 목표라고 폭로했다. 결국 그는 영업 압박으로 퇴사했다. 웰스파고는 기업 문화의 문제 때문에 매출 저하, 소송 및 벌금으로 수십억 달러를 날렸다.

직원의 소셜미디어 점검 시 주의 사항

많은 기업은 직원과 예비 직원의 소셜미디어 활동을 점검하고 있으며, 또한 그렇게 할 수 있는 법적 권리를 가지고 있으나 여기에는 장단점이 있다. 그러한 점검을 지지하는 사람들은 불만을 품은 직원이 소셜미디어에서 하는 험담으로 기업의 평판이 쉽게 손상될 수 있으며, 소셜미디어상의 기록이 이메일처럼 활용되어 기업에 타격을 주는 증거가 될 수 있음을 강조한다. 또한 이들은 기업이 고객, 환자, 공급업체, 유통업체, 동료, 경영진, 기술, 특허, 절차, 정책 등과 관련된 직원의 의사소통 특성을 소셜미디어를 통해 확인해야 할 책임이 있다고 주장한다. 이들의 의견에 따르면 직원의 소셜미디어 커뮤니케이션을 무시하는 것은 무책임한 일이고 기업을 위험에 빠뜨릴 수 있다. 일부 기업은 소셜미디어를 사용하여 채용 지원자를 조사하고 선별하며, 때로는 편견, 고정관념, 선입관, 음주, 약물 등과 관련된 부적절한 사진과 정보를 찾아내기도 한다. 그러나 기업이 연령, 인종, 민족, 종교, 성별, 장애 등에 따라 차별하기 위해 소셜미디어를 사용하는 것은 부적절하다.

직원의 소셜미디어 활동을 점검하는 관행을 반대하는 입장은 그것이 사생활 침해이며, 기업과 무관한 개인 정보를 샅샅이 뒤지는 표적 검열이 되는 경우가 많다는 점을 강조한다. 정치적 이슈, 총기 권리나 이민에 대한 입장은 기업의 점검 수행 주체가 자신과 신념 체계가 다른 직원에게 반감을 가질 수 있는 주제의 한 예이다. 최근 연구에서는 고용주의 77%가 유력한 구직자에 대한 인터넷 검색을 수행하고, 35%는 발견한 정보로 인해 채용을 하지 않았다고 답변했다.[9] 업무와 관련 없는 개인적 행동을 이유로 구직자를 거부하는 것은 불공정하다. 기업이 소셜미디어를 통해 직원과 구직자가 무슬림, 장애인, 동성애자 또는 40세 이상이라는 것을 알게 된 후 승진에서 탈락시키거나 채용하지 않기로 결정을 내린다면 '발견된 소셜미디어 정보'는 기업에 대한 차별 소송의 근거가 될 수 있는 것이다. 경찰이나 군부대 같은 기관은 구성원이 마약, 아동 포르노, 조직폭력 등에 연루되지 않았는지 확인하기 위해 소셜미디어의 검열이 필요한 경우도 있다.

결론적으로 기업은 불법적이거나 비윤리적인 행위에 연루되었다고 믿을 만한 이유가 있을 때마다 직원이나 구직자의 소셜미디어 활동을 점검해야 하지만, 모든 직원과 구직자를 광범위하게 조사하는 것은 역효과를 낳을 수 있다. 기업은 그렇게 할 수 있는 **법적 권리**를 가지고 있기는 하나, 우려할 만한 충분한 이유가 있을 때만 그렇게 할 **법적 의무** 또한 있다.

기업 웰빙 프로그램 개발

기업의 웰빙이 기업의 주요 전략적 문제로 떠올랐다. 기업을 소유하고 직원의 건강보험을 지불한다면 직원이 건강하기를 바랄 것이다. 우선 건강하지 못한 직원의 건강보험료는 더 비쌀뿐더러, 건강한 직원은 생산성이 더 높고 기업 성과에 더 많이 기여한다.

기업의 웰빙에 대한 개념은 기존의 건강 진단, 체중 감량, 생체 검사에서 재정적 건강함, 관계의 건강함, 일과 삶의 균형 등을 포함하는 통합적인 웰빙으로 빠르게 변화하고 있다. 따라서 이제는 콜레스테롤 관리보다 생활 습관 관리에 초점을 둔다. 이러한 변화에는 업무 공간에의 전동식 높낮이 조절 책상 도입, 산책 등을 즐길 수 있는 야외 공간에 대한 접근 등이 포함된다. **기업 건강**(corporate wellness)이라는 용어는 대부분 **기업 웰빙**(corporate well-being)으로 대체되었으며, 새로 도입되는 관련 프로그램은 채용 및 인력 유지에 활용되고 있다. 이러한 관련 프로그램은 기업의 사명, 연간 목표와도 연결된다. 루앤 하이넨(LuAnn Heinen)은 "고객의 행복은 직원이 얼마나 행복하고 어느 정도로 기업 활동에 관여하는지를 직접적으로 반영한다"고 말한다. 마이클 소콜(Michael Sokol)은 "기업 웰빙 프로그램은 명확한 목표치를 가지고 여러 해 동안 추진되어야 하며, 의료 부문 전체를 포괄해야 한다"고 제시한다. 최근 연구에 따르면 건강한 직원이 훨씬 더 높은 생산성을 발휘하기 때문에 웰빙 프로그램은 효과가 있는 것으로 나타났다.[10]

전략적 마케팅 문제

학습 목표 7-10

전략 실행에 필수적인 주요 전략적 마케팅 문제를 이해한다.

다음과 같이 마케팅과 관련된 수많은 고려 사항은 전략 실행 노력의 성공 여부에 영향을 끼친다.

- 더욱 효과적인 광고를 위해 상호작용이 더 많이 일어나도록 제작하는 방법
- 기업과 업계에 대한 소셜미디어 대화를 활용하는 방법
- 독점적인 대리점 이용 또는 복수의 유통 경로 이용
- 온라인 광고 또는 전통적 채널을 통한 광고
- 단일 공급업체 또는 유통업체가 사업의 비중을 제한함(또는 제한하지 않음)
- 가격 선도자 또는 가격 추종자
- 완벽한 보증 또는 제한적인 보증
- 기존 제품의 생산 규모 확대 또는 새로운 제품 개발

시장 세분화, 목표 분야 선정, 제품 포지셔닝은 전략경영에서 마케팅의 가장 중요한 기여이다. 시장 개척, 제품 개발, 시장 침투, 다각화와 같은 전략은 새로운 시장이나 제품을 통한 매출 증대가 수반되어야 한다. 아래에서 설명하듯이 전략을 성공적으로 실행하려면 효과적인 시장 세분화, 목표 선정, 포지셔닝이 필요하다.

효과적인 시장 세분화와 목표 시장 선정

그림 7–9에 나타냈듯이 기업은 먼저 시장을 세분화하고, 그중에서 목표로 하는 분야를 결정한 뒤, 해당 분야의 경쟁제품과 차별화될 수 있도록 자사 제품을 포지셔닝한다. 고객의 필요와 욕구는 다양하기 때문에 모든 고객을 대상으로 하는 마케팅에는 높은 비용이 따르며, 효과적인 전략이라고 보기 어렵다. 따라서 기업은 **시장 세분화**(market segmentation)를 시행하는데, 이는 제품에 대한 필요와 구매 습관에 따라 뚜렷하게 구별되는 고객군을 기준으로 시장을 여러 분야(segment)로 구분하는 것을 말한다. 구분되는 각 분야는 고객의 고유한 인구통계학적·지리적·심리적·행동적 특성을 기반으로 한다. 성공적인 전략 실행에는 효과적이고 효율적인 마케팅이 필요하다.

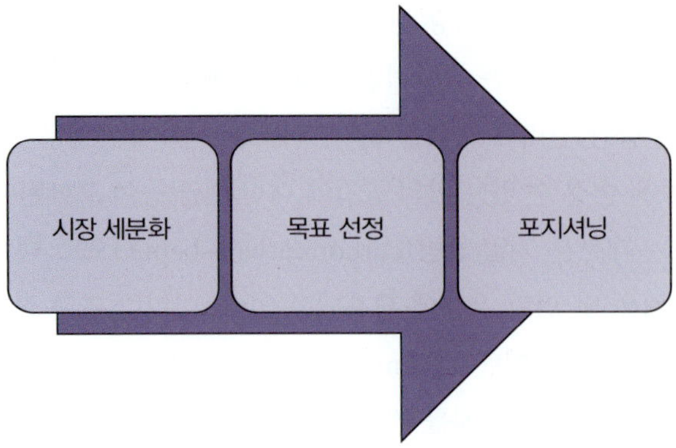

그림 7-9 분야, 목표, 포지션: 핵심 마케팅 전략

출처: 다양한 자료원

시장 세분화를 위해서는 전략가가 고객의 특성과 필요를 파악하고 고객 간 유사점과 차이점을 분석하여 각 고객군의 특성을 정리해야 한다. 시장을 세분화한 다음 기업은 목표로 삼을 특정 분야를 선택(targeting)한다. 각 분야는 고객의 필요와 구매 습관이 다르기 때문에 목표 분야를 신중하게 선택해야 한다. 메리어트, 인터콘티넨털(InterContinental), 윈덤(Wyndham)과 같은 기업은 다양한 브랜드의 호텔을 보유하고 있으므로 특정 분야에 맞춤화된 다양한 서비스를 제공할 수 있다.

이 장의 미니 사례에서 다루는 드비어스(De Beers)는 세계적으로 유명한 다이아몬드 기업으로서 최근 젊은 고객을 대상으로 새롭게 포지셔닝했다. 이러한 세분화, 목표 선정, 포지셔닝은 최근 미국에서 베이비붐 세대의 수를 넘어선 밀레니얼 세대(18~34세)를 고객군으로 유치하기 위한 새로운 전략의 실행에 필수적인 절차였다. 시장 세분화와 목표 분야 선정은 4장에서 다룬 **마케팅 믹스 변수**(marketing mix variable)에 직접적으로 영향을 끼친다.

제품 포지셔닝

기업은 시장을 세분화하고 하나 이상의 분야를 목표로 선정한 뒤 **포지셔닝**(positioning)을 수행한다. 포지셔닝은 목표로 하는 고객에게 고유한 가치를 제공하는 마케팅 믹스 설계를 의미한다. 제품 제안, 가격, 판매 촉진 또는 광고, 판매 채널이 모두 서로를 보완하며 특정한 목표 고객을 확보하도록 설계된다. 그림 7-10과 같이 제품, 가격, 판매 촉진, 장소 측면은 종합적으로 가치를 제공하며, 이로 인해 고객 수요가 결정된다.

P&G는 마케팅을 통해 제품 개발 및 시장 침투 전략을 효과적으로 실행했다. 예를 들면 에라(Era)는 얼룩을 효과적으로 제거하고, 치어(Cheer)는 색상 보호에 탁월하며, 아이보리(Ivory)는 아기 옷을 안전하게 세탁한다. 이처럼 각각의 브랜드가 각기 다른 고객을 대상으로 포지셔닝된다.

마케팅 담당자는 제품을 다시 포지셔닝하기 위해 브랜드 이름을 변경하기도 한다. 월마트(Walmart)는 최근 온라인 시장과 매출의 확대를 목표로 하는 전략을 실행하면서 기업의 공식 명칭을 Wal-Mart Stores Inc.에서 Walmart, Inc.로 바꾸었다.

잠재적인 고객이라고 할 수 있는 전 세계 인구 중에서 95%는 미국이 아닌 지역에 거주하고 있기 때문에 기업이 제품과 서비스를 해외에 제공하는 것이 보편화되고 있는 추세이다. 마케팅 담당자는 종종 글로벌 진출을 주도해야 하는 책임이 있지만, 특정 국가에 맞게 기업의 웹사이트와 소셜미디어

그림 7-10 목표 분야의 필요를 충족하기 위한 제품 포지셔닝

출처: 다양한 자료원

플랫폼을 맞춤화하는 것과 같이 글로벌 마케팅에는 따라야 할 많은 지침이 있다. 글로벌 캡슐 7은 글로벌 마케팅을 위한 중요한 지침을 제시한다.

지각지도 작성

기업은 고객이 자사에 대해 지각하는 브랜드 이미지를 지속적으로 점검한다. 마케팅에서 널리 사용되는 제품 포지셔닝 기법 중 하나는 **지각지도 작성**(perceptual mapping)으로, 이는 고객이 자사의 제품 또는 서비스를 경쟁기업에 비해 어떻게 지각하고 있는지를 파악하여 지도로 작성하는 것이다.

글로벌 캡슐 7 GLOBAL CAPSULE

글로벌 마케팅 시 따라야 할 지침

제품과 서비스를 해외에 출시할 때 고려해야 할 네 가지 주요 지침은 다음과 같다.

1. 대륙 또는 지역적 접근이 아닌 국가별 접근 방식을 취해야 한다. 각국은 문화, 기술, 통화, 경제, 법률과 같은 다양한 측면이 매우 다르다. 고객 역시 각 국가마다 각 지방마다 고유한 특성을 보인다. 따라서 시장 조사를 수행하고, 지각지도를 개발하며, 지방 수준에서의 규범, 경쟁기업, 고객이 직면한 어려움을 바탕으로 국가별 목표를 수립해야 한다. 외부 기관은 기업 정보, 브랜드, 고객에 대해 제대로 모르기 때문에 주요 정보 수집은 직접 수행할 필요가 있다. 이때 현지의 영업사원, 공급업체, 유통업체의 지원을 활용할 수 있을 것이다.
2. 일본처럼 인적 네트워크를 중요시하는 국가의 경우 직접판매 방식보다는 현지의 대리점이나 협력업체를 활용해야 한다.
3. 가격 이슈를 주의 깊게 분석해야 한다. 필요에 따라 가격을 조정하고, 구매와 지불이 쉽게 이루어질 수 있도록 체계를 구축해야 한다. 일부 국가에서는 대부분의 거래가 현금으로 이루어지며, 또 어떤 국가에서는 페이팔(PayPal) 등이 허용되지 않는다.

어디에나 잠재 고객이 있다.

4. 해당 국가의 언어, 규범, 기술을 충분히 반영하여 웨비나, 채팅 세션 등을 위한 소프트웨어와 기업 웹사이트 등을 적절하게 구축해야 한다.

출처: https://hbr.org/2015/09/the-most-common-mistakes-companies-make-with-global-marketing

지각지도는 특정 고객군의 필요와 욕구를 효과적으로 충족하는 방법을 결정하는 데 사용된다. 이 기법은 다음과 같이 5단계로 요약할 수 있다.

1. 업계에서 제품을 차별화하는 핵심 기준을 선택한다. 특히 목표 고객에게 고유한 가치를 제공하는, 자사 브랜드가 가진 주요 특성을 고려해야 한다.
2. 가로축과 세로축을 그린 다음 선택된 기준 2개를 각각의 축에 부여한다.
3. 각 기준의 특성을 바탕으로 도출된 4개의 사분면에 주요 경쟁업체의 브랜드를 배치한다.
4. 지도에서 자사 브랜드의 위치가 경쟁 브랜드에 비해 이상적인지 평가한다. 즉 고객이 지각하는 브랜드의 위치가 고유한 가치를 제공하는지 확인해야 한다.
5. 자사 브랜드에 대한 고객의 지각이 경쟁 브랜드보다 우위를 제공하는 지점에 놓이도록 필요에 따라 브랜드의 위치를 재배치한다.

효과적인 제품 포지셔닝 전략을 통해 기업은 효과적으로 경쟁기업과 차별화할 수 있다. 기업은 경쟁기업, 경쟁제품 또는 자사의 다른 제품과 비교하여 경쟁우위와 경쟁열위를 명료하게 파악하기 위해 다양한 지각지도를 활용한다. 그림 7-11은 미국 주요 자동차 보험 회사의 지각지도를 나타낸 것이다. 가령 올스테이트(Allstate)가 매출 신장을 목표로 시장 침투 전략을 실행하고 있는 상황이라면 이 지각지도는 기업이 고객 서비스를 개선하거나 가격 인하에 집중해야 함을 보여준다. 다각화 또는 상품 개발 전략의 일환으로 자동차 보험 사업에 진출하려는 기업의 경우 이 지각지도는 그러한 전략 실행에 도움이 될 수 있다.

그림 7-11은 여러 기업의 가격과 고객 서비스 수준이 이미 평균 수준을 유지하고 있음을 보여주면서도, 약간의 가격 인상을 단행하고 더욱 향상된 고객 서비스를 제공함으로써 차별화할 여지도 있다는 것을 알려준다. 또한 지각지도는 기존 기업이 간과하고 있기에 새로운 목표로 삼을 수 있는 공

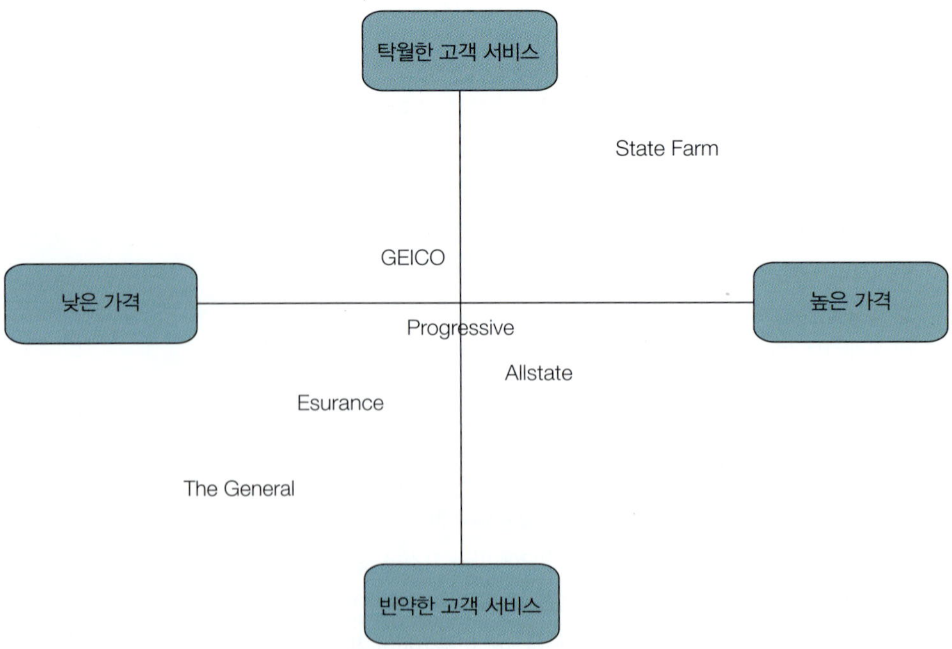

그림 7-11 자동차 보험 회사가 포함된 지각지도

출처: 다양한 자료원

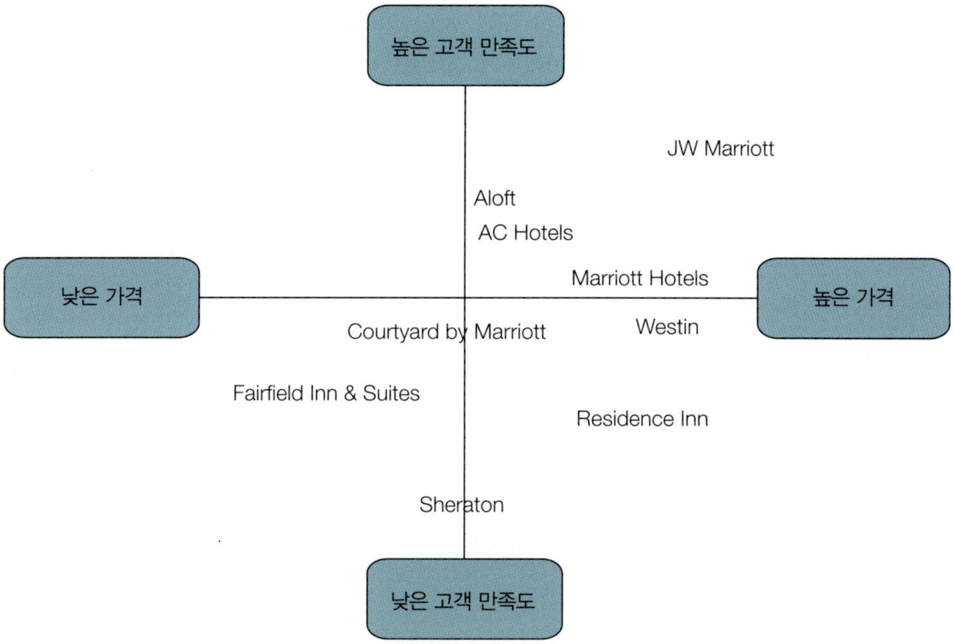

그림 7-12 메리어트 호텔 브랜드에 대한 지각지도

출처: 다양한 자료원

간을 보여주기도 한다. 마케팅 담당자는 경쟁기업의 위치로 구성된 점들의 집합을 파악한 뒤 이를 기반으로 대다수 기업을 포괄하는 '최적선'을 하나 그릴 수 있다. 그리고 그 선상에서 경쟁기업이 점유하지 않은 부분을 찾아낸다. 그 선보다 높은 지점에 있는 기업은 고객에 대해 경쟁기업을 상회하는 서비스를 제공하고, 낮은 지점에 있는 기업은 경쟁기업보다 열악한 서비스를 제공하는 셈이다. 그림 7-11에서 올스테이트는 언뜻 보기에 좋은 위치를 차지한 것 같지만, 동일한 서비스를 제공하면서 가격을 인하하거나 동일한 가격을 유지하면서 서비스를 향상해야만 경쟁기업보다 우위를 확보할 수 있을 것이다. 가이코(GEICO)는 경쟁기업을 상회하는 서비스를 제공하는 것으로 보이는데, 고객은 물론 기뻐하겠지만 기업 입장에서는 서비스 수준을 약간 낮춘다고 해도 최적선보다 위에 위치하므로 고객이 크게 이탈하지는 않을 것으로 예상된다.

그림 7-12는 메리어트에 대한 지각지도로, 산하 호텔 브랜드가 가격 및 고객 만족도 측면에서 어떻게 비교되고 차별화되는지를 보여준다. 전략을 실행할 때 메리어트는 그림 7-12와 같은 지각지도를 통해 브랜드 중에서 어떤 것이 가장 나은 성과를 내고 있는지 알아내고, 저조한 브랜드의 잠재적 문제를 파악하며, 새로운 브랜드를 도입하는 경우 가장 적절할 시장을 나타낼 수 있다. 예를 들어 중간 수준의 브랜드를 신설하면 기존 메리어트 산하 브랜드의 매출을 잠식할 수 있지만, 저렴한 가격대의 브랜드를 신설한다면 성장 전략의 실행 수단으로서 효과적인 선택이 될 것이다.

소셜미디어에서의 고객 참여

소셜미디어 마케팅은 중요한 전략적 이슈이자 브랜드에 대한 고객의 인식을 이해하는 효과적인 수단이 되었다. 마케팅은 단순히 제품이나 서비스에 대해 고객에게 알리는 것보다는 고객과의 양방향 관계 구축에 대한 것으로 진화했다. 마케팅 담당자는 고객에게 제품 개발이나 고객 서비스, 아이디어를 제안해달라고 요청하는 등 점점 더 많은 고객이 기업 웹사이트와 소셜미디어 공간에 참여하도록 노력하고 있다. 기업은 페이스북, 트위터, 구글 플러스(Google Plus), 링크드인(LinkedIn), 인스타그램(Instagram), 핀터레스트(Pinterest), 포스퀘어(Foursquare)와 같은 소셜미디어 네트워크에서 고객과의 상호작용이 확대되길 바란다. 이에 많은 대기업은 소셜미디어 관리자를 두어 이들이 소셜미디어 및 디지털미디어 사이트에서 기업을 대변하고 있다. 소셜미디어 관리자는 의견과 문제에 대응하고, 부정적이거나 오해의 소지가 있는 표현을 추적하며, 기업에 대한 온라인 토론 관리, 의견과 요구를 포함한 정보 수집을 담당한다. 이 모든 것은 전략 실행의 점검에서 중요한 역할을 한다.

고객의 온라인 커뮤니티는 점점 더 오프라인 커뮤니티를 반영하고 있다. 온라인 참여는 시장 조사 데이터를 수집하는 데 기존 방법보다 훨씬 빠르고 저렴하며 효과적인 수단이 될 수 있다. 성공적인 전략 실행을 위해서는 기업과 제품에 대해 사람들이 이야기하는 것을 알아야 한다. 소셜미디어 게시물, 블로그 토론, 트윗, 이메일, 가족과 친구 사이의 대화는 브랜드 관리에서 중요한 콘텐츠가 된다. 오늘날 최고의 기업들은 고객의 의견, 욕구, 감정을 수용하고 그들이 만들어낸 콘텐츠를 배우고 활용함으로써 마케팅 수단의 효율성을 제고한다.

기업은 고객이 생각, 의견, 경험을 기업 웹사이트에서 공유할 수 있도록 유인을 제공함으로써 상당한 이득을 볼 수 있다. 따라서 고객이 기업 웹사이트에서 직접 선택한 주제에 대해 네트워크를 형성하도록 장려해야 한다. 또한 기업 웹사이트는 기업에 관한 것만이 아니라 고객에 관한 것이어야 한다. 아이디어를 제공하거나 제안 또는 응답을 하는 고객에게 포인트, 할인, 쿠폰 등을 주면 도움이 될 수도 있다. 기업 웹사이트에 접속하게 하고 매일 새로운 자료와 갱신, 재미와 제안을 통해 되도록 오래 접속을 유지하게 하는 것은 상당히 효과적인 마케팅이다.

고객은 기업의 마케팅 자료보다 다른 고객의 의견을 더 신뢰하며, 그들이 자유롭게 이야기할수록 기업은 마케팅 믹스의 개선 방법에 대해 더 많이 배울 수 있다. 마케팅 담당자는 매일 블로그를 확인하여 고객이 형성하는 의견을 평가하고 영향을 미치면서 추가적 조치 여부를 결정해야 한다. 또한 고객이 기업 웹사이트의 광고에 사로잡혔다는 느낌을 받지 않도록 노력해야 한다. 마케팅 의사소통을 위한 주요 원칙을 표 7–14에 정리했다.

밀레니얼 세대는 TV 시청, 라디오 청취, 영화 감상을 합친 것보다 더 많은 시간을 인터넷에서 보낸다. 따라서 소셜미디어 광고는 전화, TV, 잡지, 라디오, 신문과 같은 전통적 광고 매체보다 젊은 고객에게 도달하는 데 더 나은 수단이기도 하다. 그러나 인터넷의 모든 통신량 중 약 35%가 가짜라

표 7–14 마케팅 의사소통의 주요 원칙

1. 고객에게 이야기만 할 것이 아니라 마케팅 프로세스 전반에 걸쳐 고객과 협력해야 한다.
2. 고객에게 참여해야 하는 이유를 제공하라.
3. 기업 웹사이트 밖에서 대화를 듣고 참여하라.
4. 팔고 싶다는 유혹을 물리치고 대신 끊임없이 끌어당겨라.
5. 온라인 대화를 통제하지 말고 자유롭게 진행되도록 하라.
6. 마케팅, 기술, 사회적 관계 관리에 뛰어난 마케팅 전문가를 확보하라.
7. 인스턴트 메시징과 채팅을 통해 고객과 소통하라.

출처: Salvatore Parise, Patricia Guinan, and Bruce Weinberg, "The Secrets of Marketing in a Web 2.0 World," *Wall Street Journal*, December 15, 2008, R1.

전략가를 위한 시사점

그림 7-13은 경쟁우위를 확보하고 유지하려면 기업이 잘 조직되고 제품, 서비스, 지역에 걸쳐 자원을 적절하게 배분해야 한다는 것을 보여준다. 직원은 기업이 좋은 성과를 달성했을 때 어떤 보상과 혜택을 받게 되는지 명확하게 알고 있어야 한다. 이러한 인식은 직원이 열심히 일하도록 동기부여를 하는 데 도움이 될 것이다. 본문에서 설명했듯이 효과적인 전략 실행을 위해서는 다양한 정책과 절차가 필요하며, 여기에는 여성과 소수자에 대한 존중, 기업 성과와 보상 간 연결, 기업 웰빙 장려, 존중하는 기업 문화 육성 등이 포함된다. 전략가가 전략 실행과 연결되는 경영관리 및 마케팅 이슈를 훌륭하게 처리한다면 기업은 성공을 향해 나아가고 있다고 할 수 있다.

지각지도와 시장 세분화는 특히 전략가가 광고, 판매 촉진, 홍보, 판매를 위한 자금을 현명하게 사용하도록 돕는 매우 중요한 도구이다. 명확한 제품 포지셔닝 및 목표 분야 선정에 기반하지 않는 경우에는 마케팅 비용이 불필요하게 과도할 수 있다.

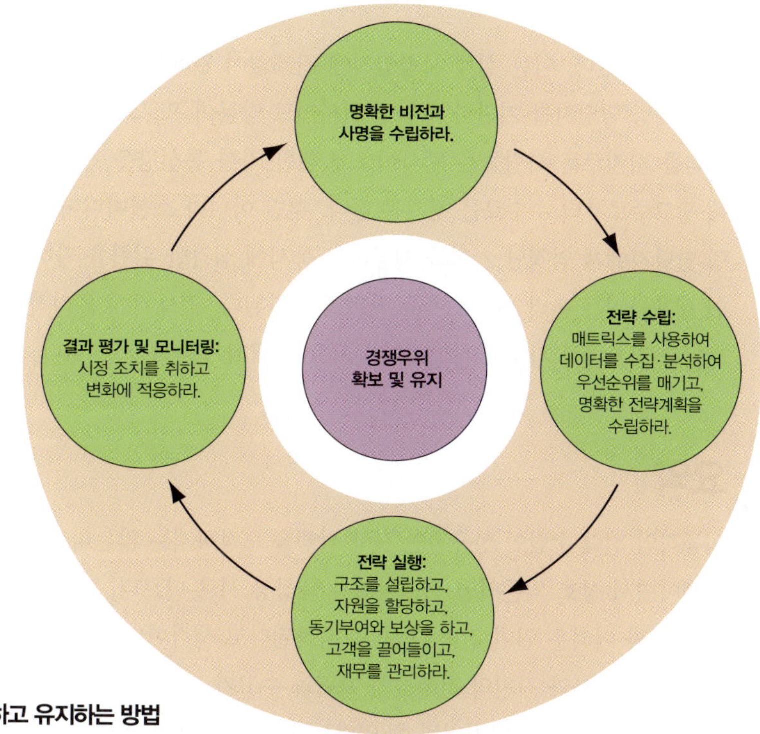

그림 7-13 경쟁우위를 확보하고 유지하는 방법

학생을 위한 시사점

기업 경영의 핵심은 효과적인 계획 수립, 조직화, 동기부여, 통제를 통해 경쟁우위를 확보하고 유지하도록 지속적·체계적으로 노력하는 것이다. 경쟁기업도 이와 동일한 노력을 경주하므로 전략경영 사례 분석을 통해 권고안을 가장 잘 실행할 수 있는 방법을 발견해야 할 것이다. 단순히 운영에 대해 설명하기보다는 분석적이고 통찰력이 있으면서도 미래를 전망하는 내용으로 프로젝트를 구성해야 한다. 기업을 설명하는 것은 쉽지만 분석하는 것은 어려운 일이다. 전략경영 사례 분석은 기업과 그 산업을 조사하여 기업이 경쟁우위를 확보하고 유지할 수 있는 최선의 방법과 수단을 찾아내는 것이다. 따라서 프로젝트 전반에 걸쳐 당신의 기업이 특히 당신의 권고안을 통해 경쟁기업보다 성장성과 수익성을 확보할 수 있는 방법을 전달해야 한다. 발표를 듣는 청중이나 보고서를 읽는 독자는 정치한 분석으로 뒷받침되는 매력적인 아이디어를 찾기 때문에 프로젝트 전반에 걸쳐 모호하고 구체적이지 않은 설명은 피해야 한다. 결론적으로 모든 부분을 모호한 설명보다는 분석을 토대로 한 처방으로 채우는 것이 좋다.

조직 구조를 고안할 때 핵심적으로 고려해야 할 것은 사업부이다. 기업의 현 사업부가 지역, 고객, 제품, 프로세스 중에서 무엇을 기반으로 구축되어 있는지 확인해야 한다. 기업의 조직도를 구하지 못했다면 임원의 직함을 바탕으로 직접 고안해낼 수 있다. 중요한 점은 최대의 효과를 발휘하기 위해 기업의 사업부가 어떻게 구성되어야 하는지 판단해야 한다는 것이다. 현재 사업부가 구성되어 있지 않다 하더라도 사업부제 구조가 더 효과적일지 여부를 직접 판단해야 한다. 자원 배분, 목표 설정, 보상 유인 제공에 있어 기업에 가장 적합하다고 생각하는 조직 구조는 무엇인가? 이 질문에 대한 답은 중요한 전략적 결정 사항인 동시에 수많은 중견 기업과 대기업, 그리고 전략경영 사례 분석을 수행하는 당신이 직면한 과제이다.

모든 기업에는 최고경영자 아래에서 기능적 역할을 수행하는 담당자가 있고 이 정보를 제공하는 기업이 많기 때문에, 특정 기업이 기능적 구조를 채택하고 있다는 결론을 섣불리 내리지 말아야 한다. 제품별 또는 지역별로 구분된 임원의 직함에 사장이라는 표현이 나온다면, 그리고 재무 성과가 각 분야별로 보고된다면 그 기업은 현재 사업부제 조직 구조로 운영된다는 것을 알 수 있다.

효과적인 전략 실행의 일환으로 기업 제품의 세분화, 목표 선정, 포지셔닝을 위한 최선의 방법을 제시하기 위해서는 마케팅 전문 지식을 기반으로 해야 한다. 경쟁우위 확보와 유지의 일환으로 제품을 최적 위치에 포지셔닝하려면 적절한 자원을 투입해야 하며, 이를 위해 지각지도를 활용할 수 있다. 인터넷 검색으로 얻을 수 있는 기업 및 제품에 대한 정보, 그리고 경쟁기업 및 제품에 대한 정보는 지각지도를 만드는 데 참고 자료가 된다.

는 보고가 있다. 이는 실제 사람인지에 관계없이 웹페이지 방문이 기록될 때마다 광고비를 지불하는 마케팅 담당자를 기만하기 위해 웹사이트 방문이 프로그래밍된 컴퓨터로 인한 결과이다. 이러한 범죄를 저지르는 사람들은 웹사이트에 대한 가짜 통신량을 전달하고 제3세계 국가의 중개인을 통해 광고주로부터 수수료를 챙기곤 한다. 뿐만 아니라 소셜미디어 사용자의 기하급수적 증가는 마케팅 담당자에게 엄청난 기회를 제공하는 동시에 심각한 위협을 가하고 있다. 즉 어떤 종류의 부정적인 내용물이든 온라인에서 아주 빠르게 전파된다. 겉보기에 윤리적이면서도 의심스러운 행동이 온라인을 거치면서 기업에 치명적인 문제로 확대되어 나타날 수 있다.

요약

성공적인 전략 수립이 성공적인 전략 실행을 보장하지는 않는다. 전략 수립과 전략 실행은 불가분의 관계이면서 상호 의존적인 관계이지만 특성상 서로 다르다. 전략 실행은 변화를 의미한다. 많은 사람은 진짜 어려운 일이 전략 수립 후 시작된다고 생각한다. 성공적인 전략 실행을 위해서는 동기부여가 된 관리자와 직원의 전폭적인 지원과 수고가 필요하다. 그리고 한 사람이 전략 실행 노력을 돌이킬 수 없을 정도로 망쳐버릴 수 있다는 것 또한 기억해야 한다.

관리자와 직원이 전략을 실행하도록 동기부여를 해야 하기 때문에 올바른 전략을 수립하는 것만으로는 충분치 않다. 전략 실행의 핵심으로 간주되는 경영관리 이슈에는 조직 구조와 전략의 일치, 전력과 성과 및 보상의 연결, 변화를 수용하는 조직 분위기 조성, 정치적 측면 관리, 전략 지원 문화 조성, 생산 및 운영 프로세스 조율, 인적 자원 관리가 포함된다. 연간 목표를 설정하고, 정책을 수립하며, 자원을 할당하는 것은 모든 기업의 핵심적인 전략 실행 활동이다. 기업의 규모와 유형에 따라서는 기타 경영관리 이슈도 성공적인 전략 실행에 똑같이 중요할 수 있다. 마찬가지로 기업의 규모와 유형에 따라 마케팅 측면의 이슈, 실행, 정책이 다를 수 있으나 기업의 성공을 위해서는 세분화, 목표 선정, 포지셔닝을 효과적으로 수행하는 것이 공통적으로 필요하다.

핵심 용어 및 개념

갈등conflict
구조조정restructuring
기능적 구조functional structure
마케팅 믹스 변수marketing mix variable
매트릭스 구조matrix structure
목표의 수직적 일관성vertical consistency of objectives
목표의 수평적 일관성horizontal consistency of objectives
문화culture
변화에 대한 저항resistance to change
사업부제(분권) 구조divisional(decentralized) structure
시장 세분화market segmentation
연간 목표annual objective
유리 천장glass ceiling
자원 배분resource allocation
재설계reengineering
전략적 사업단위(SBU) 구조strategic business unit structure
정책policy
지각지도 작성perceptual mapping
포지셔닝positioning

복습 및 토론 문제

7-1 직원의 재택근무를 금지하는 기업의 정책은 장단점이 무엇인가? 결론적으로 장점이 단점을 상쇄한다고 생각하는가?

7-2 조직 문화 측면에서 교차판매 관행이 웰스파고에 막대한 손실을 초래한 이유를 설명하라.

7-3 인적 자원 관리 관점에서 기업 건강과 기업 웰빙의 차이점을 설명하라.

7-4 본문에서 설명했듯이 직장에서의 웰빙이 점점 더 주목을 받고 있다. 기업 웰빙을 정의하고 세 가지 예를 들라.

7-5 포지셔닝, 세분화, 목표 선정을 적절한 순서대로 열거하라.

7-6 시장 세분화가 중요한 세 가지 이유를 제시하고 설명하라.

7-7 '마케팅 믹스'가 무엇인지, 그리고 전략 실행에서 왜 중요한지 설명하라.

7-8 TV와 소셜미디어 플랫폼에서 광고가 점점 더 길어져 시청자를 불편하게 만들고 있다. 예컨대 잠깐의 TV 광고 시간에 광고 8개가 나오기도 한다. 채널을 돌리지 않고 얼마나 오랫동안 상업 광고를 볼 수 있는가? 1분, 3분, 5분, 10분? 점점 인상되는 광고 비용에도 불구하고 광고로 기대할 수 있는 효과가 광고의 약점을 상쇄할 수 있는가? 기업은 전략 실행 시 이러한 문제에 어떻게 대처해야 하는가?

7-9 직원이 페이스북 등 개인적 소셜미디어 계정에서 시간을 보내는 것과 관련하여 기업에 어떤 정책을 권장하겠는가? 그 정책은 실행 가능한가? 어떻게 실행해야 하는가? 왜 실행해야 하는가?

7-10 다양한 인력을 보유한 기업 또는 조직의 중요한 다섯 가지 이점을 열거하라.

7-11 여성이 기업의 최고 전략가로서 남성과 동등한 성과 또는 남성보다 더 나은 성과를 내지 못하는 이유가 있는가? 이에 대해 설명하라.

7-12 경쟁업체의 인력을 채용할 때 '해야 할 일과 하지 말아야 할 일'에 대해 설명하라.

7-13 미국의 기업 웰빙 프로그램과 관련한 최신 동향과 사례를 설명하라.

7-14 기업은 직원의 소셜미디어를 점검해야 하는가, 방임해야 하는가? 왜 그렇게 생각하는지 이유를 설명하라. 만약 직원의 소셜미디어를 점검해야 한다면 어떤 방식으로 할 수 있겠는가?

7-15 기업이 최고운영책임자(COO) 직위를 단계적으로 폐지하는 네 가지 이유를 열거하라.

7-16 성과와 보상을 전략에 연결하는 세 가지 방안에 대해 설명하라.

7-17 다양한 유형의 조직 구조를 열거하라. 그중에서 가장 복잡하다고 생각되는 것을 도표로 그리고 각 명칭을 명확하게 기입하라.

7-18 기능적 구조와 사업부제 구조의 장점과 단점을 열거하라.

7-19 전략 실행에서 지각지도 작성이 중요한 마케팅 도구인 이유가 무엇인가?

7-20 탄산음료 산업의 지각지도를 그릴 때 어떤 요인을 포함해야 하는가? 두 가지 요인을 제시하고 그 이유를 설명하라.

7-21 조직도를 작성할 때 준수해야 할 일곱 가지 지침을 열거하라.

7-22 기업 이사회에서 여성이 차지하는 비율은 20% 미만이다. 이러한 현실이 많은 기업과 국가 등 전 세계적으로 문제가 되는 이유는 무엇인가?

7-23 미국 대학의 일부 풋볼 감독은 연봉이 수백만 달러인데, 이는 대학 풋볼의 상품성이 막대하고 승리가 매우 중요하기 때문일 것이다. 하지만 경기 결과가 좋지 않으면 종종 감독을 해고하며, 이러한 경우에도 기존 계약에 따라 막대한 보수를 지급한

다. 감독에 대한 보상 계획이 우승을 독려하면서도 대학에는 잠재적인 비용 부담이 되지 않도록 하려면 계약을 어떻게 구성해야 하는가?

7-24 《비즈니스위크》는 "기업의 주가가 아니라 실제 실적에 따라 경영진에게 보상해야 한다"고 말한다. 예를 들어 타깃(Target)은 주가가 아닌 매장 매출에 따라 임원에게 급여를 지급한다. 이에 대해 설명하라.

7-25 기업이 직장 내 퍼빙을 제재하는 정책을 마련해야 하는 이유를 설명하라.

7-26 이 장에서는 전략 수립이 효과성에 초점을 맞춘다면 전략 실행은 효율성에 집중하는 것이라고 설명했다. 효과성과 효율성 중에서 무엇이 더 중요한가? 각각의 예를 들라.

7-27 목표를 기술할 때 '증가시킨다, 최소화한다, 최대화한다, 가능한 한 빨리, 적당한, 감소시킨다'와 같은 말을 피해야 하는 이유는 무엇인가?

7-28 세 가지 마케팅 활동(제품 포지셔닝, 목표 선정, 세분화) 중에서 무엇이 가장 먼저 실행되는가? 그다음으로 실행되는 활동은 무엇인가?

7-29 앨프리드 챈들러의 전략–구조 관계가 기업에서 흔히 구현되는 이유를 설명하라.

7-30 만약 자신이 졸업 후 레스토랑 3개를 소유하고 직접 운영한다면 기능적 구조와 사업부제 구조 중에서 무엇을 선택하겠는가? 그 이유는 무엇인가?

7-31 사업부를 구분할 때 제품별 구분이 적절한 경우와 지역별 구분이 적절한 경우를 설명하라.

7-32 서비스별 사업부제가 가장 적절한 조직 구조인 기업의 예를 들고 설명하라.

7-33 기업이 최고운영책임자(COO) 직위를 유지하는 경우의 장점과 단점을 설명하라.

7-34 매트릭스 조직 구조의 여섯 가지 장점을 중요한 순서대로 열거하라.

7-35 사업부의 대표가 '부사장'이 아닌 '사장' 직함을 사용해야 하는 이유는 무엇인가?

7-36 조직의 문화를 바꾸는 데 널리 사용되는 여섯 가지 기법이나 행동을 중요한 순서대로 열거하라.

7-37 전략경영을 활용하지 않는 기업의 경우 자원 배분이 정치적이고 임시적인 활동이 될 수도 있는 이유는 무엇인가? 전략경영을 활용하면 자원 배분이 더 용이해지는가? 왜 그렇게 생각하는지 이유를 설명하라.

7-38 연간 목표와 정책의 관계를 설명하라.

7-39 현재 전략관리 수업에서 적용하는 세 가지 정책을 확인하고 설명하라.

7-40 "목표의 수평적 일관성은 수직적 일관성만큼 중요하다." 이 말의 의미를 설명하라.

7-41 어떤 영업사원의 해고를 두고 인사 관리자와 영업 관리자 사이에 의견 충돌이 있다면 어떻게 해결하겠는가? 그 이유는 무엇인가?

7-42 모교의 조직 문화에 대해 설명하라.

7-43 전략 실행에서 조직 구조가 왜 중요한지 설명하라.

7-44 SBU 유형의 조직 구조를 사용하지 않는다면 기업이 적절하게 관리할 수 있는 사업부의 수는 몇 개라고 생각하는가? 그 이유는 무엇인가?

7-45 보육 또는 운동 프로그램을 위한 지출이 비용과 편익 관점에서 적절한 선택이라고 생각하는가? 왜 그렇게 생각하는지 이유를 설명하라.

7-46 전략 수립 과정을 통해 관리자와 직원에게 권한을 적절히 위임했는지 여부에 따라 종종 성공적인 전략 실행이 좌우되는 이유를 설명하라.

7-47 효과적인 전략 실행을 위해 연간 목표가 매우 중요한 네 가지 이유를 제시하고 설명하라.

7-48 목표의 여덟 가지 특성에 대해 설명하라.

7-49 기업이 시장을 세분화하고 특정 고객 집단을 목표로 선정하는 것이 필수적인 이유는 무엇인가?

7-50 월마트가 2018년에 공식 명칭을 변경한 이유는 무엇인가?

7-51 주변에 있는 5개 대학교에 대한 지각지도를 작성하라. 그 지각지도의 잠재적 가치를 설명하라.

7-52 마케팅 믹스 요인 중에서 가격에 대해 많은 기업이 직면하는 네 가지 고려 사항 또는 결정 사항은 무엇인가?

7-53 마케팅 믹스 요인 중에서 판매 촉진에 대해 많은 기업이 직면하는 네 가지 고려 사항 또는 결정 사항은 무엇인가?

확인 학습

SET 1 코카콜라의 전략기획

연습 7A

코카콜라와 경쟁기업의 마케팅 비용 비교·대조하기

목적

마케팅에는 많은 비용이 들어간다. 예를 들어 NFL 슈퍼볼의 30초짜리 광고는 약 500만 달러이다. 그러나 기업은 마케팅을 해야 하고, 마케팅 없이는 세계 최고의 제품이라도 눈에 띄지 않을 수 있다. 한편 기업은 마케팅을 하다 파산하기도 한다. 마케팅이 사업의 핵심 기능이자 전략 실행의 중요한 이슈인 이유가 바로 이것이다. 이 연습을 통해 코카콜라의 마케팅 비용을 주요 경쟁자인 펩시코, 닥터페퍼스내플과 비교 · 대조한다. 분석 결과에 따라 코카콜라의 마케팅 비용을 증가시켜야 하는지, 감소시켜야 하는지 제언할 수 있다.

설명

1단계 코카콜라, 펩시코, 닥터페퍼스내플 웹사이트의 'Investor Relations' 페이지에서 세 기업의 재무제표를 구하라.

2단계 재무제표에서 각 기업의 마케팅 또는 광고 지출을 나타내는 페이지를 찾으라.

3단계 이 정보를 통합하고 비교하기 위한 데이터 표를 작성하라.

4단계 전략 실행을 위한 마케팅 또는 광고 지출 측면에서 코카콜라에 대한 시사점을 제시하는 보고서를 만들라.

연습 7B

코카콜라의 현재 조직도와 제안된 조직도 구성하기

목적

적절한 조직 구조는 사업과 개인 노력의 모든 측면에서 성공하는 데 필수적인 요인이다. 이 연습을 통해 기업의 현재 조직도를 파악한 뒤 본문에 제시된 지침을 따라 개선된 조직도를 개발할 수 있다. 기업이 조직도를 공개적으로 제공하는 경우는 많지 않지만, 거의 모든 상장기업은 코카콜라와 마찬가지로 매년 연례 보고서에 최고경영자의 명단을 싣는다. 해당 문서에 따르면 코카콜라의 최고경영진은 다음과 같다.

1. 이사회 의장 겸 최고경영자(chairman of the board of directors and chief executive officer) Muhtar Kent
2. 부사장 겸 코카콜라 북미 사장(EVP and president of Coca-Cola North America) Alexander M. Douglas, Jr.
3. 부사장 겸 보틀링투자그룹 사장(EVP and president, Bottling Investments Group) Irial Finan
4. 아시아·태평양그룹 사장(president of the Asia Pacific Group) John Murphy
5. 사장 겸 최고운영책임자(president and chief operating officer) James Quincey
6. 라틴아메리카그룹 사장(president of the Latin America Group) Alfredo Rivera
7. 유럽·중동·아프리카그룹 사장(president of the Europe, Middle East and Africa Group) Brian Smith
8. 전무 겸 최고홍보·커뮤니케이션책임자(SVP and chief public affairs and communications officer) Clyde C. Tuggle
9. 부사장 겸 최고재무책임자(EVP and chief financial officer) Kathy N. Waller

10. 부사장 겸 최고마케팅책임자(EVP and chief marketing officer) Marcos de Quinto
11. 전무 겸 최고인사책임자(SVP and chief people officer) Ceree Eberly
12. 전무, 법률자문 겸 최고법률고문(SVP, general counsel and chief legal counsel) Bernhard Goepelt
13. 전무 겸 최고고객·커머셜리더십책임자(SVP and chief customer and commercial leadership officer) Julie Hamilton
14. 전략 및 기획 담당 전무(SVP, strategy and planning) Brent Hastie
15. 전무 겸 최고기술책임자(SVP and chief technical officer) Ed Hays
16. 전무 겸 최고정보책임자(SVP and chief information officer of the company) Barry Simpson

설명

1단계 코카콜라의 현재 조직도를 작성하라. 본문에서 설명했듯이 명칭을 기입한 네모나 동그라미 대신 숫자를 사용하라. 각 임원의 위치에 숫자를 기입하고, 보고 관계를 나타내기 위해 숫자를 연결한다.

2단계 코카콜라의 개선된 조직도를 개발하라. 주어진 목록을 변경하고, 필요하다면 직위를 추가하거나 삭제할 수 있다. 이때 본문에 제시된 지침, 해야 할 일과 하지 말아야 할 일을 반영하고 직함의 명칭을 변경할 수도 있다.

SET 2 모교의 전략기획

연습 7C

모교의 지각지도 개발하기

목적

이 연습을 통해 제품 포지셔닝 지도를 개발할 수 있다. 대학과 같은 비영리 기관은 전략을 실행하는 효과적인 방법을 결정하기 위해 제품 포지셔닝 지도를 점점 더 많이 활용하고 있다.

설명

1단계 다른 두 학생과 함께 3명이 집단을 구성하라.

2단계 모교와 주변의 4개 대학교를 포함하여 제품 포지셔닝 지도를 개발하라.

3단계 작성한 지도를 다른 집단의 지도와 비교해보고 차이점에 대해 토론하라.

4단계 대학교는 지도에 나타난 정보를 어떻게 가장 잘 활용할 수 있는가?

SET 3 취업 역량 제고를 위한 전략기획

연습 7D

경력 목표를 가장 잘 달성하기 위해 마케팅하기

목적

연간 목표를 설정하고 제품과 서비스를 마케팅하는 것은 기업의 성공적인 전략 실행에 필수적이지만, 이 두 가지 활동은 개인의 경력 관리에서도 마찬가지로 중요하다. 이 연습은 경력 목표 달성을 위해 스스로를 더욱 효과적으로 마케팅하는 지침(영문 이력서를 작성하는 방법)을 제공한다.

1. 오타가 없는지, 쉼표가 누락되지는 않았는지 꼼꼼히 확인한다.
2. 'my' 또는 'I'와 같은 인칭 대명사, 'Rd.' 또는 'St.'와 같은 약어를 사용하지 않는 것이 좋다.
3. 보기 좋게 전체적으로 12포인트를 사용하고 공백과 여백을 적절히 둔다. 제목 다음 행을 비우고 글머리 기호를 사용하여 요점을 강조하되 단어와 표현을 반복하지 않는다.

4. 전공 수업 학점, 단과대학 수업 학점, 전체 학점, 최근 4학기 학점 중 가장 높은 수치가 2.75 이상이면 포함한다.
5. '큰 제조 회사 회계 부서에 입사하기 위해'와 같은 목표로 시작하되 문구를 지원하는 기업에 맞게 고친다.
6. 실무 경험이 없다면 실무 경험 앞에 교육 내용을 열거한다.
7. 학위, 전공, 학위 수여 예정 시기를 반드시 기입한다.
8. 수강한 과목을 열거하지 말고 수업을 통해 얻은 역량을 기술한다. 예를 들어 이 책을 교재로 사용한 과목의 경우 다음과 같이 설명하면 된다. "엑셀 기반 전략기획 양식을 활용하는 방법을 익혔습니다" "다양한 범주의 기업을 위한 전략기획을 수립해본 경험이 있습니다."
9. 실무 경험을 설명할 때는 업계에서 사용되는 용어를 활용한다. 예를 들면 다음과 같다. "업무에의 몰입을 통해 신뢰라는 가치를 배웠습니다." "고객 서비스, 가격 책정, 재고관리에 대한 경험을 얻게 되었습니다."
10. 특별한 제한이 없다면 추천인 3명을 소속, 직위, 연락처 정보와 함께 기입하되 직업 측면에서의 연관 관계를 명시하면 좋다. 간격에 따라 수평 또는 수직으로 배치하고, 별도의 페이지에 추천인만 표시하지 않는다.

설명

1단계 상기 지침에 따라 이력서를 보완하라.

2단계 강사에게 이력서를 제출하여 의견을 구하라.

SET 4 개인과 집단의 전략기획

연습 7E

다양한 인력을 보유하는 것의 가장 중요한 이점은 무엇인가?

목적

학생뿐 아니라 심지어 관리자와 경영진도 다양한 인력을 유지하는 것이 왜 중요한지 모르는 경우가 많다. 본문에서 설명했듯이 다양한 인력을 보유하는 것은 다음과 같은 이점이 있다.

1. 여성과 소수자는 차별화된 통찰력, 의견, 관점을 가지고 있으며 기업은 이를 충분히 고려해야 한다.
2. 다양한 인력 구성은 차별 금지를 위해 노력하는 기업이라는 것을 나타낸다.
3. 고객 기반을 반영하는 인력 구성은 고객의 필요와 욕구를 충족하는 제품과 서비스의 설계 및 제공에 도움이 되며, 그 결과 고객 유치와 충성도 구축에 기여할 수 있다.
4. 다양한 인력 구성은 차별로 인해 제기되는 소송으로부터 기업을 보호할 수 있다.
5. 여성과 소수자 우대는 차후 자격을 갖춘 수많은 인재의 지원으로 이어질 수 있다.
6. 다양한 인력 구성은 기업의 사회적 책임과 윤리적 지위를 강화한다.

이 연습을 통해 다양한 인력 구성을 보유하는 것의 이점을 확인할 수 있다. 또한 개인의 의사결정이 집단의 의사결정보다 더 나은지 여부를 확인할 수 있다. 학술 연구에 따르면 집단이 개인보다 더 나은 결정을 내릴 확률이 80% 이상이다.

설명

다양한 인력 구성을 보유함으로써 얻는 여섯 가지 이점에 상대적 순위를 부여하라(1: 가장 중요함, 6: 가장 덜 중요함). 먼저 각 개인이 개별적으로 이점의 중요도에 따라 순위를 지정한 뒤 3명으로 구성된 집단별로 순위를 지정한다. 따라서 강사가 지정한 이점의 순위와 가장 유사한 순위를 만들어낸 개인과 집단을 확인할 수 있다. 이 연습을 통해 전략기획에서의 의사결정에 대해 개인과 집단의 상대적 효율성을 비교할 수 있다.

단계

1. 표 7-15의 1열을 채우면 여섯 가지 이점의 중요도에 따른 상대적 순위를 알 수 있다(1: 가장 중요함, 6: 가장 덜 중요함). 예를 들어 첫 번째 이점(여성과 소수자는 차별화된 통찰력, 의견, 관점을 가지고 있음)이 두 번째로 중요하다고 생각한다면 2를 기입한다.
2. 집단 차원에서 여섯 가지 이점의 상대적 중요도에 부여하는 순위를 표 7-15의 2열에 기입하라(1: 가장 중요함, 6: 가장 덜 중요함).
3. 강사가 여섯 가지 이점의 상대적 중요도에 부여하는 순위를 표 7-15의 3열에 기입하라.
4. 1열과 3열의 차이를 표 7-15의 4열에 기입하라. 이는 개인적 순위 평가가 얼마나 잘 수행되었는지를 나타낸다. (절댓값이므로 마이너스 부호는 무시해도 된다.)
5. 2열과 3열의 차이를 표 7-15의 5열에 기입하라. 이는 집단의 순위 평가가 얼마나 잘 수행되었는지를 나타낸다.
6. 4열의 합계와 5열의 합계를 구하라.
7. 4열의 합계와 5열의 합계를 비교하라. 4열의 합계가 5열의 합계보다 적으면 집단보다 개인이 더 적절하게 평가한 것으로 볼 수 있다. 일반적으로는 개인의 의사결정보다 집단의 의사결정이 우월하다.
8. 4열의 합계가 가장 낮은 개인이 최고의 성과를 거둔 것이다.
9. 여러 집단이 참여했다면 5열의 합계가 가장 낮은 집단이 최고의 성과를 거둔 것이다.

표 7-15 다양한 인력 구성의 이점에 대한 평가: 개인 대 집단

다양한 인력 구성의 이점	1열	2열	3열	4열	5열
1. 여성과 소수자는 차별화된 통찰력, 의견, 관점을 가지고 있음					
2. 차별 금지를 위해 노력하는 기업으로 인식됨					
3. 고객 기반을 반영하는 인력 구성은 고객의 필요와 욕구를 충족하는 제품과 서비스의 설계 및 제공, 고객 유치, 충성도 구축에 기여함					
4. 차별로 인해 제기되는 소송으로부터 기업을 보호함					
5. 여성과 소수자 우대는 차후 자격을 갖춘 수많은 인재의 지원으로 이어짐					
6. 기업의 사회적 책임과 윤리적 지위를 강화함					
총합					

드비어스 MINI-CASE

드비어스의 시장 세분화 전략 변경

Ed Rooney/Alamy Stock Photo

어떤 다이아몬드를 선호하세요?

남아프리카공화국의 요하네스버그에 본사를 둔 드비어스는 다이아몬드 탐사, 채굴, 판매에 집중하는 기업으로 130년의 역사를 자랑한다. 드비어스는 결혼과 약혼이 다이아몬드 반지와 연관되는 전 세계적 풍조에 어느 정도 일조한 기업으로, 기업의 좌우명이 '다이아몬드는 영원히(A Diamond is Forever)'이다. 드비어스는 주력 소비 세대의 변화에 대응하여 시장 세분화 전략을 변경하고 밀레니얼 고객에 초점을 맞추고 있다. 미국의 경우 밀레니얼 세대(18~34세인 7,600만 명)가 베이비붐 세대(51~69세인 7,500만 명)를 넘어섰다는 것을 인식한 드비어스는 이 젊은 고객층이 다이아몬드를 매력적으로 여기길 바란다. 드비어스의 CFO인 니메시 파텔(Nimesh Patel)은 다음에 요약된 인터뷰를 통해 밀레니얼 세대에게 다이아몬드를 마케팅하는 것이 드비어스의 미래에 매우 중요하다는 사실을 설명한다. (마케팅 담당자들은 35~50세 소비자를 X세대라고 부른다. 2028년에 이르면 X세대의 수가 베이비붐 세대보다 많아질 것이다.)

Q: 드비어스의 재무 구조는 우수한데 CFO로서 중점을 두는 부분은 무엇인가?

A: 광업 부문은 우리 사업의 75%를 차지하지만, 실제로는 나머지 사업이 고객 수요를 견인하고 광업 부문의 가치가 유지되게 한다. 소비자가 다이아몬드를 이해하는 것은 제품과의 친밀감을 유지하는 데 도움이 된다.

Q: 마케팅 지출을 늘리고 다이아몬드 광고를 강화한 이유는 무엇인가?

A: 우리의 마케팅은 소매점 사업인 포에버마크(Forevermark)와 드비어스다이아몬드주얼러(De Beers Diamonds Jewelers)를 통해 제품 수요를 견인하면서 원석 가공업체에 다이아몬드 원석을 판매하는 데 초점을 맞춘다. 사람들의 '바람(desirability)'은 명품 구입으로 이어진다. 디자이너 핸드백과 신발 같은 다른 명품과의 경쟁이 치열해지면서 다이아몬드에 대한 '바람'을 높이기 위해 광고를 이용한다. 드비어스는 아시아, 미국, 유럽, 중동 전역에 30개의 매장을 운영하고 있다.

Q: 드비어스 브랜드의 전통을 밀레니얼 세대에게 어떻게 전달하고 있는가?

A: 우리는 밀레니얼 세대가 온라인상의 관계와 가상의 관계를 많이 맺지만 사람들과 실제로 맺는 관계가 적고 그 관계를 유지하기가 더 어렵다는 것을 알고 있다. 다이아몬드는 두 사람 사이에서 오래 지속되는 소중한 관계를 상징한다. 또한 희귀하고 시대를 초월하며 가치가 있다.

Q: 밀레니얼 세대는 경험을 중시하며, 재미있고 진실된 스토리가 담긴 제품을 선호한다. 이러한 특성에 어떻게 대응하는가?

A: 우리는 다이아몬드 구매가 경험이라는 것을 알고 있다. 우리는 다이아몬드가 어디서 오고 어떻게 형성되는지, 다이아몬드 채굴이 나미비아와 보츠와나의 지역 경제를 어떻게 활성화하는지, 어린 소녀들의 교육과 깨끗한 식수 확보, 흰코뿔소 보존에 어떻게 기여하는지에 대해 고객과 이야기한다.

Q: 여성이 다이아몬드를 직접 구매하는 경향에 대해 어떻게 보는가?

A: 드비어스다이아몬드주얼러는 강하고 독립적인 직장 여성에게 맞춤화된 제품을 제공한다. 이 시장은 성장하고 있다. 약혼반지를 제외하고 반지, 목걸이, 팔찌 등의 다이아몬드 장신구는 실제 사용자가 직접 구매하는 경우가 많다. 미국 전체 여성의 43%를 차지하는 미혼 여성이 이러한 구매를 주도하고 있다.

Q: 전자상거래에 어떻게 접근하고 있는가?

A: 디지털 플랫폼은 소비자에게 다이아몬드에 대해 알려줄 수 있는 유용한 경로이다. 다이아몬드 장신구는 상당한 가치를 지닌 만큼 구매 경험이 중요하다. 사람들은 언제, 어디서, 어떻게, 왜 다이아몬드를 구입했는지 기억하기 때문에 우리는 그 과정이 멋진 경험이 되도록 노력하고 있다.

문제

1. 드비어스가 밀레니얼 세대에게 가장 효과적이고 효율적으로 광고할 수 있는 방법은 무엇이라고 생각하는가?
2. 드비어스가 베이비붐 세대에게 가장 효과적이고 효율적으로 광고할 수 있는 방법은 무엇이라고 생각하는가?
3. 드비어스가 미혼 여성에게 가장 효과적이고 효율적으로 광고할 수 있는 방법은 무엇이라고 생각하는가? 이러한 시장 세분화 전략은 미혼 남성에 초점을 맞추는 경우와 어떤 차이가 있는가?

출처: Tatyana Shumsky, "The Tricky Task of Selling Diamonds to Millennials," *Wall Street Journal* (October 30, 2017): B7.

주: 1947년에 드비어스는 다이아몬드의 영원한 약속을 전하는 상징적인 좌우명 '다이아몬드는 영원히'를 소개했다. http://www.debeers.com/the-world-of-de-beers/about-de-beers/story

웹 참고 자료

1. https://www.google.com/search?q=organizational+chart+template&tbm=isch&tbo=u&source=univ&sa=X&ved=0ahUKEwjG1rfNoaHYAhXjc98KHWX7AKoQsAQIeA&biw=1295&bih=720
이 웹사이트는 다양한 기관에서 채택한 100개 이상의 조직도 이미지를 무료로 제공한다.

2. https://www.google.com/search?q=positioning+map+images&tbm=isch&tbo=u&source=univ&sa=X&ved=0ahUKEwiQvveooqHYAhWwlOAKHdDJAl8QsAQIKA&biw=1295&bih=743
이 웹사이트는 다양한 기관에서 사용하는 100개 이상의 지각지도를 무료로 제공한다.

참고 문헌

Bennett, Victor M., and Daniel A. Levinthal. "Firm Lifecycles: Linking Employee Incentives and Firm Growth Dynamics." *Strategic Management Journal* 38, no. 10 (October 2017): 2005–2018.

Bos, Brenda, Dries Faems, and Florian Noseleit. "Alliance Concentration in Multinational Companies: Examining Alliance Portfolios, Firm Structure, and Firm Performance." *Strategic Management Journal* 38, no. 11 (November 2017): 2298–2309.

Bowers, Melissa R., Reggie J. Hall, and Mandyam M. Srinivasan. "Organizational Culture and Leadership Style: The Missing Combination for Selecting the Right Leader for Effective Crisis Management." *Business Horizons* 60, Issue 4 (July 2017): 551–563.

Bromiley, Philip, Devaki Rau, and Yu Zhang. "Is R&D Risky?" *Strategic Management Journal* 38, no. 4 (April 2017): 876–891.

Carnahan, Seth. "Blocked But Not Tackled: Who Founds New Firms When Rivals Dissolve?" *Strategic Management Journal* 38, no. 11 (November 2017): 2189–2212.

Detjen, Jodi, and Sheila Simsarian Webber. "Strategic Shifts That Build Executive Leadership." *Business Horizons* 60, no. 3 (May 2017): 335–343.

Girod, Stéphane J. G., and Richard Whittington. "Reconfiguration, Restructuring and Firm Performance: Dynamic Capabilities and Environmental Dynamism." *Strategic Management Journal* 38, no. 5 (May 2017): 1121–1133.

Girod, Stéphane J. G., and Samina Karim. "Restructure or Reconfigure?" *Harvard Business Review* 95, no. 2 (March–April 2017): 128–132.

Han Jiang, Albert A. Cannella Jr., Jun Xia, and Matthew Semadeni. "Choose to Fight or Choose to Flee? A Network Embeddedness Perspective of Executive Ship Jumping in Declining Firms." *Strategic Management Journal* 38, no. 10 (October 2017): 2061–2079.

Hill, Aaron D., Federico Aime, and Jason W. Ridge."The Performance Implications of Resource and Pay Dispersion: The Case of Major League Baseball." *Strategic Management Journal* 38, no. 9 (September 2017): 1935–1947.

Julian, Scott D., and Joseph C. Ofori-Dankwa. "Context Matters: Diversity's Short- and Long-Term Effects in *Fortune*'s "Best Companies to Work For." *Strategic Management Journal* 38, no. 7 (July 2017): 1557–1565.

Key, Thomas Martin, and Andrew J. Czaplewski. "Upstream Social Marketing Strategy: An Integrated Marketing Communications Approach." *Business Horizons* 60, no. 3 (May 2017): 325–333.

Kim, Eun-Hee, and Yoo No Youm. "How Do Social Media Affect Analyst Stock Recommendations? Evidence from S&P 500 Electric Power Companies' Twitter Accounts." *Strategic Management Journal* 38, no. 13 (December 2017): 2599–2622.

Lee, Sunkee, and Phanish Puranam. "Incentive Redesign and Collaboration in Organizations: Evidence from a Natural Experiment." *Strategic Management Journal* 38, no. 12 (December 2017): 2333–2552.

Lieberman, Marvin B., Gwendolyn K. Lee, and Timothy B. Folta. "Entry, Exit, and the Potential for Resource Redeployment." *Strategic Management Journal* 38, no. 3 (March 2017): 526–544.

Lindsey-Mullikin, Joan, and Norm Borin, "Why Strategy Is Key for Successful Social Media Sales." *Business Horizons* 60, no. 4 (July 2017): 473–448.

Lyngsie, Jacob, and Nicolai J. Foss. "The More, the Merrier? Women in Top-Management Teams and Entrepreneurship in Established Firms." *Strategic Management Journal* 38, no. 3 (March 2017): 487–505.

Michelman, Paul. "The End of Corporate Culture As We Know It." *MIT Sloan Management Review* 58, no. 4 (Summer 2017): 1.

Posner, Bruce. "Don't Give Up on Corporate Culture." *MIT Sloan Management Review* 58, no. 4 (Summer 2017): 96.

Seung-Hwan, Jeong, and David A. Harrison. "Glass Breaking, Strategy Making, and Value Creating: Meta-Analytic Outcomes of Women as CEOs and TMT Members." *Academy of Management Journal* 60, no. 4 (August 2017): 1219–1252.

Shan, Liwei, Shihe Fu, and Lu Zheng. "Corporate Sexual Equality and Firm Performance." *Strategic Management Journal* 38, no. 9 (September 2017): 1812–1826.

Stan, Mihaela, and Phanish Puranam. "Organizational Adaptation to Interdependence Shifts: The Role of Integrator Structures." *Strategic Management Journal* 38, no. 5 (May 2017): 1041–1061.

Steinbach, Adam L., Tim R. Holcomb, R. Michael Holmes Jr., Cynthia E. Devers, and Albert A. Cannella Jr. "Top Management Team Incentive Heterogeneity, Strategic Investment Behavior, and Performance: A Contingency Theory of Incentive Alignment." *Strategic Management Journal* 38, no. 8 (August 2017): 1701–1720.

Wang, Heli, Shan Zhao, and Guoli Chen. "Firm-Specific Knowledge Assets and Employment Arrangements: Evidence from CEO Compensation Design and CEO Dismissal." *Strategic Management Journal* 38, no. 9 (September 2017): 1875–1894.

Werner, Timothy. "Investor Reaction to Covert Corporate Political Activity" *Strategic Management Journal* 38, no. 12 (December 2017): 2424–2443.

Whitler, Kimberly A., Eric D. Boyd, and Neil A. Morgan. "The Criticality of CMO-CIO Alignment." *Business Horizons* 60, no. 3 (May 2017): 313–324.

Wiedner, Rene, Michael Barrett, and Eivor Oborn. "The Emergence of Change in Unexpected Places: Resourcing Across Organizational Practices in Strategic Change." *Academy of Management Journal* 60, no. 3 (June 2017): 823–854.

미주

1. Dale McConkey, "Planning in a Changing Environment," *Business Horizons* (September–October 1988): 66.
2. A. G. Bedeian and W. F. Glueck, *Management,* 3rd ed. (Chicago: Dryden, 1983), 212. Boris Yavitz and William Newman, *Strategy in Action: The Execution, Politics, and Payoff of Business Planning* (New York: The Free Press, 1982), 195.
3. Based on John Simons, "Employers Pull Plug on Remote Work," *Wall Street Journal*, July 26, 2017, B1.
4. E. H. Schein, "Three Cultures of Management: The Key to Organizational Learning," *Sloan Management Review* 38, 1 (1996): 9–20. Joann Lublin, "Chairman-CEO Split Gains Allies," *Wall Street Journal*, March 30, 2009, B4.
5. Sheila Riley, "The Dos and Don'ts of Poaching Workers," *Investor's Business Daily*, March 31, 2014, A10.
6. T. Deal and A. Kennedy, "Culture: A New Look Through Old Lenses," *Journal of Applied Behavioral Science* 19, no. 4 (1983): 498–504.
7. H. Ibsen, "The Wild Duck," in O. G. Brochett and L. Brochett (Eds.), *Plays for the Theater* (New York: Holt, Rinehart and Winston, 1967); R. Pascale, "The Paradox of 'Corporate Culture': Reconciling Ourselves to Socialization," *California Management Review* 28, no. 2 (1985): 26, 37–40.
8. T. Deal and A. Kennedy, *Corporate Cultures: The Rites and Rituals of Corporate Life* (Reading, MA: Addison-Wesley, 1982), 256.
9. Nancy Flynn and Lewis Maltby, "Should Companies Monitor Their Employees' Social Media?" *Wall Street Journal*, May 12, 2014, R1.
10. Michael Sokol, "Worksite Wellness 2.0—Beyond Blood Pressure and Cholesterol: A New Definition of Wellness," *Fortune*, January 1, 2017, 69. Also, based on Lauren Weber, "Wellness Programs Pay Off, Study Says," *Wall Street Journal*, August 9, 2017, p. B5.

8

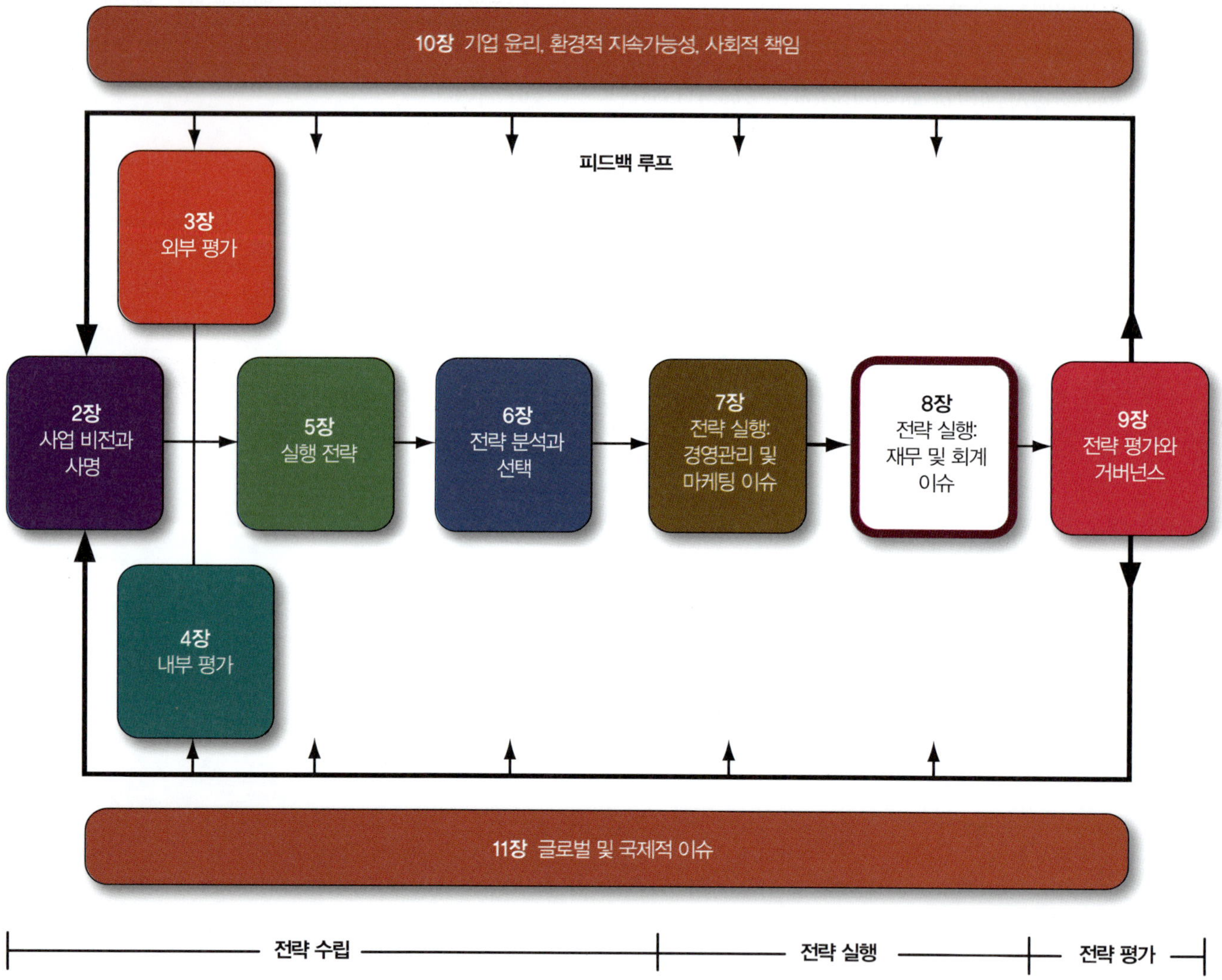

그림 8-1 포괄적·통합적 전략경영 모델

출처: Fred R. David, "How Companies Define Their Mission," *Long Range Planning* 22, no. 1 (February 1989): 91. Anik Ratnaningsih, Nadjadji Anwar, Patdono Suwignjo, and Putu Artama Wiguna, "Balance Scorecard of David's Strategic Modeling at Industrial Business for National Construction Contractor of Indonesia," *Journal of Mathematics and Technology,* no. 4 (October 2010): 20.

전략 실행: 재무 및 회계 이슈

학습 목표

8-1 EPS/EBIT 분석을 수행하여 전략을 실행하기 위한 자본의 원천으로서 부채와 주식의 상대적 매력을 비교함으로써 기업에 적합한 자본 구조를 결정한다.

8-2 관련 비용이 포함된 전략 대안의 영향을 나타내기 위해 추정 재무제표를 개발한다.

8-3 네 가지 기업 평가 방법을 사용하여 기업 또는 사업부의 현금 가치를 결정한다.

8-4 전략적 결정인 재무비율, 기업 공개(IPO), 채권 발행을 살펴본다.

확인 학습

SET 1 코카콜라의 전략기획
연습 8A 코카콜라의 EPS/EBIT 분석 수행하기
연습 8B 코카콜라의 추정 재무제표 작성하기
연습 8C 코카콜라의 현금 가치 결정하기
연습 8D 코카콜라의 추정 재무비율 분석하기

SET 2 모교의 전략기획
연습 8E 모교의 현금 가치 결정하기

SET 3 취업 역량 제고를 위한 전략기획
연습 8F 개인 재무제표 개발하기
연습 8G 양식 역량 테스트

SET 4 개인과 집단의 전략기획
연습 8H EPS/EBIT 분석의 일곱 가지 제약 사항은 얼마나 심각한가?

전략은 그림 8-1과 같이 조직이 재무를 효과적으로 관리할 때만 성공적으로 실행될 수 있다. 이 장에서는 전략 실행과 관련된 중요한 재무 및 회계 이슈를 다룬다. 프록터앤드갬블(P&G)의 실제 사례를 통해 주요 재무 및 회계 관련 내용을 제시하고 설명한다. 관련 비용과 함께 제안된 P&G 권고안을 제시한 후, 자본 조달을 위한 가장 적절한 수단, 권고안의 예상 영향을 보여주는 추정 재무제표 및 추정 재무비율을 결정하기 위한 EPS/EBIT 분석을 다룰 것이다. 때로 기업은 다른 기업을 인수하거나 인수 대상이 될 수 있기 때문에 기업 가치 평가도 살펴본다.

전략 실행은 일반적으로 조직 내 모든 사람의 삶에 영향을 준다. 따라서 모든 직원은 수많은 경쟁자가 반격하는 가운데 성공하려는 기업의 노력에 동의하고 지원해야 한다. 직원은 전략 수립에 투입된 생각을 이해하고 자신의 역할을 이해할 때 전략 실행에 필요한 업무를 더 받아들이게 된다.

풋볼의 쿼터백은 허들*에서 가능한 최고의 플레이를 지시할 수 있으나 그것이 터치다운으로 연결되지 않기도 한다. 심지어 팀이 후퇴하기도 하는데, 이는 플레이를 확실히 실행(구현)하기 위해 모

귀감이 되는 전략가

JP모건체이스의 CEO 제이미 다이먼

Create jobs 51/Shutterstock

제이미 다이먼은 돈을 정말 잘 관리한다.

제이미 다이먼은 세계에서 가장 뛰어난 CEO 중 한 사람으로 널리 알려져 있다. 그가 이끄는 JP모건체이스는 규제가 심하고 법적으로 어려운 환경 속에서도 2010~2016년 동안 기록적인 수익을 기록했다. 뱅크원(Bank One)의 CEO를 역임한 바 있는 다이먼은 금융 산업이 직면한 문제에 대해 논의하는 것을 일상적으로 듣지만, 그가 지속적으로 언급하는 두 가지 핵심 전략적 이슈는 모든 산업의 기업에 적용된다. 그것은 바로 의사결정에 다른 사람들을 참여시키는 것의 중요성과 규모의 경제의 중요성이다.

사람들이 함께 일하는 법을 배우는 것의 중요성과 관련하여 다이먼은 성공적인 전략기획이 생각(mind)보다 마음(heart)과 더 연관된다고 주장한다. 이는 사람들을 인식하고, 자신이 모든 답을 가지고 있지 않다는 것을 인정하고, 다른 사람들의 전문 지식과 경험을 소중히 여기고, 기여할 수 있는 플랫폼을 사람들에게 제공하고, 그들의 기여에 박수를 보내고, 기본적으로 자신이 관심을 두고 있음을 사람들에게 알리는 것을 의미한다. 다이먼은 비난이나 희생양을 피하고 관계 개선과 협력에 집중하라고 말한다. 그는 대부분의 비즈니스 의사결정이 세부적인 분석을 수행하고 다양한 부서(재무, 경영정보시스템, 회계, 마케팅 등)의 사람들이 의사결정 과정에 참여할 때 더 나은 결과로 이어진다고 주장한다.

또한 다이먼은 성장을 위한 성장이 잘못된 전략이라고 주장하면서 규모의 경제를 강조한다. 그는 기업이 기업 전략 밖의 영역에 뛰어드는 모험을 하지 말고 규모의 경제를 구축할 영역에 자원을 배치해야 한다고 제안한다. 이는 종종 고객, 주주 및 궁극적으로 전체 경제에 더 유리하기 때문이다. 다이먼은 규모의 경제가 없다면 우리는 텐트에서 살면서 먹을 것을 구하러 다닐 것이라고 농담을 하기도 했다. 이것은 그가 다양한 산업에 걸쳐 모든 사업에서 규모의 경제를 위해 노력하는 것을 얼마나 중요하게 생각하는지를 드러낸다.

JP모건체이스는 《포천》이 선정한 가장 존경받는 기업 중 하나이며, 이 기업을 이끄는 다이먼은 특히 비즈니스계의 재무 및 회계 분야에서 가장 존경받는 전략가 중 하나이다.

출처: 다양한 자료원

---

* 역자 주: 풋볼에서 다음 플레이를 하기까지 40초 동안 하는 작전 회의를 말한다.

든 사람이 함께 일하는 것이 중요함을 드러낸다. 미국 뉴욕에 본사를 둔 JP모건체이스(JPMorgan Chase)는 모범적인 전략가인 제이미 다이먼(Jamie Dimon)이 이끄는 전략을 특히 잘 실행하고 있다. 다이먼은 의사결정 과정에 여러 사람을 참여시켜야 한다고 주장한다.

전략 실행에서 재무 및 회계와 관련된 정책, 의사결정, 분석, 조치가 필요할 수 있는 이슈의 예는 다음과 같다.

- 단기·장기 차입금, 채권 발행, 매각, 우선주 또는 보통주 발행 등으로의 자본 조달
- 고정자산의 임대 또는 구매
- 적정한 배당률 결정
- 후입선출(LIFO), 선입선출(FIFO) 또는 시장 가치 회계 접근 방식 사용
- 외상매출금 시한 연장 여부
- 일정 기간 이내 계정에 대한 일정 비율의 할인 설정 여부
- 보유할 현금의 양 결정
- 자사주 추가 매수 여부
- 합병 제안 수락 여부 결정
- 매각할 사업부에 대해 얼마를 요구(또는 지불)할지 결정

이 장에서는 전략 실행에 핵심적인 다섯 가지 재무 및 회계 활동을 차례대로 살펴볼 것이다.

- 자본 구조 결정: 전략을 실행하는 데 필요한 자본 확보, EPS/EBIT 분석 수행
- 추정 재무제표 개발: 권고안의 예상 영향을 보여줌
- 기업 가치 평가 수행: 제안을 받거나 경쟁업체를 인수하려는 경우
- 재무비율 분석
- 기업 공개(IPO), 현금 수준, 회사채 관리

자본 구조

학습 목표 8-1

EPS/EBIT 분석을 수행하여 전략을 실행하기 위한 자본의 원천으로서 부채와 주식의 상대적 매력을 비교함으로써 기업에 적합한 자본 구조를 결정한다.

관련 비용이 포함된 일련의 권고안을 개발한 후(7장에서 설명함) 기업은 필요한 자본을 조달하기 위한 가장 수익성 있는 수단을 결정해야 한다. 간혹 보유 현금은 소규모 프로젝트에 자금을 조달할 수 있지만, 기업의 재무상태표에 있는 현금의 대부분은 현금이 어느 나라에 있느냐에 따라 세금을 내지 않고는 쉽게 접근할 수 없는 경우도 있다. 신규 사업에 자본을 조달하는 또 다른 방법은 기존 사업을 매각하는 것이다. 제너럴일렉트릭(General Electric)의 전 CEO인 잭 웰치(Jack Welch)는 업계 1, 2위가 아닌 사업을 매각하는 것으로 유명했다. 최근에 P&G는 비용을 절감하고, 자본을 조달하며, 실적이 저조한 브랜드에서 기업의 핵심 역량으로 초점을 옮기기 위해 100개 이상의 부실 브랜드를 매각했다. 전략을 실행하기 위해 당기순이익을 사용할 수 있지만, 일반적으로 일련의 권고안을 구현하려면 모든 부채, 모든 주식 또는 부채와 주식의 일부 조합이 필요하다. 재무상태표에서 자기자본 대비 부채의 비율을 흔히 기업의 **자본 구조**(capital structure)라고 한다. EPS/EBIT 분석을 수행하는 것은 필요에 따른 적절한 자본 구조를 결정하는 일반적인 방법이다.

EPS/EBIT 분석을 설명하기 전에 몇 가지 회계 용어를 명확히 알고 넘어가자.

- **주당 순이익**(earnings per share, EPS): 순이익을 발행 주식 수로 나눈 값이다.
- **이자 및 세전이익**(earnings before interest and taxes, EBIT): 이자 및 세금 차감 전 이익 또는 영업이익이라고도 한다.
- **유통 주식 수**(shares outstanding): 발행 주식 수(shares issued)와 유사하나 발행 주식 수에는 기업이 매입한 주식[**자사주**(treasury stock)]도 포함된다는 점에서 차이가 있다. 주당 순이익의 분모는 유통 주식 수이다. 기업이 자사 주식의 일부를 환매하면 유통 주식 수가 줄어듦으로써 전체 주당 순이익 값이 높아진다. 대부분의 대기업은 자사주가 있지만 스타벅스와 같은 일부 기업은 자사주가 없다.
- **수권 주식 수**(shares authorized): 기업이 발행하도록 승인한 주식의 총수이며, 일반적으로 유통 주식 수보다 훨씬 많다.
- **법인세 차감 전 순이익**(earnings before tax, EBT), **세후 순이익**(earnings after tax, EAT): 이익(earnings)은 수익(profits) 또는 순수익(net income)과 같은 용어이다.

성공적인 전략 실행에는 종종 운영이나 자산 매각으로 인한 순이익 외에 추가적인 자본이 필요하다. 자본의 주요 원천은 부채와 자기자본이다. 기업의 자본 구조에서 부채와 자기자본의 적절한 조합을 결정하는 것은 중요한 전략 실행 의사결정이다. **EPS/EBIT 분석**(EPS/EBIT analysis)은 부채, 주식 또는 이 둘의 조합이 전략 실행의 자본 조달을 위한 최선의 대안인지 여부를 결정하는 데 널리 사용되는 기법이다. 이 기법에는 특정 권고안(실행할 전략)이 주어지면 EBIT에 대한 다양한 조건하에 부채 대 주식 금융 조달이 EPS에 미치는 영향을 검토하는 것이 포함된다.

이론적으로 기업은 부채 비용보다 더 많은 수익을 올리는 프로젝트에 대한 투자 수익률을 높일 수 있도록 자본 구조에 충분한 부채를 보유해야 한다. 저수익기에는 기업의 자본 구조에서 과도한 부채가 주주의 수익률을 위협하고 기업의 생존을 위태롭게 할 수 있다. 채무 불이행(default)을 피하려면 상황에 관계없이 고정부채 의무가 충족되어야 한다. 그러나 부채 의무를 피한다고 해서 자동적으로 자기자본을 통한 조달이 더 매력적인 수단이 되는 것은 아니다. 자본 비용(금리)이 낮을 때 자본을 얻기 위해서는 부채가 주식보다 나을 수 있지만, 높은 주가는 대개 저금리와 동행하고 주식 발행이 자본 확보에 매력적이 되기 때문에 반드시 분석이 이루어져야 한다. 주식 발행과 관련된 특별한 우려 사항은 소유권 희석, 인수 위험 증가, 주가에 미치는 영향, 기업이 배당을 하는 경우 추가 주식에 대한 배당금의 필요성, 낮은 EPS 등이다.

EPS는 아마도 기업의 성공을 측정하는 가장 좋은 척도일 것이므로 자본 인수 결정을 내리는 데 널리 사용된다. EPS는 단기적으로 이익을 극대화하는 것과 대조적으로 기업의 가장 중요한 공통 목표인 '주주의 부 극대화'를 반영한다. 이윤 극대화가 기업의 주요 목표라면 EPS/EBIT 분석을 수행할 때 EPS보다 EAT에 더 집중할 수 있다.

EPS/EBIT 분석

EPS/EBIT 분석을 하려면 다음 4단계를 수행해야 한다.

1단계: 필요한 데이터를 수집하고 다음 숫자를 결정한다.

a. 기업이 조달해야 하는 자본 금액 = 제안된 전략안과 관련된 총비용

b. 유통 주식 수(보통은 기업의 재무상태표에 제시되어 있다.)

c. 자금을 빌릴 수 있는 이자율(%)(3~5% 사용)

d. 기업이 납부하는 세율(%)(기업의 손익계산서를 가지고 계산한다. 즉 세금 또는 세금에 대한 충당금을 EBT로 나눈 값이다.)

e. EBIT 범위의 달러 금액(범위를 결정하기 위해 가장 최근 연도의 EBIT에 제안된 전략안의 영향을 더하거나 뺀 값을 사용한다. 다음 해에 대한 비관적·현실적·낙관적 값을 시뮬레이션하기 위해 낮은 금액, 중간 금액, 높은 금액의 EBIT를 선택한다.)

2단계: 다음과 같이 계산표를 설정한다.

	모두 주식으로 조달			모두 부채로 조달			주식과 부채 50:50으로 조달		
	비관적	현실적	낙관적	비관적	현실적	낙관적	비관적	현실적	낙관적
EBIT($)									
이자($)									
EBT($)									
세금($)									
EAT($)									
발행 주식 수									
EPS($)									

3단계: 다음 각 행에 대한 지침에 따라 표에 숫자를 기입한다.

a. EBIT($) 행에서는 전년도 EBIT와 제안된 전략안이 산출할 것으로 예상되는 금액을 기반으로 EBIT에 대해 비관적(낮음), 현실적(중간), 낙관적(높음) 금액을 선택한다. 큰 범위를 사용하여 변동을 구한다. 각 자본 구조 시나리오의 EBIT($) 행에 이 세 숫자가 들어가므로 첫 번째 행에 세 숫자를 세 번 기입한다.

b. 이자($) 행에서는 '모두 주식으로 조달'의 경우 기업이 주식으로 자금을 조달하면 새로운 이자가 지급되지 않으므로 세 열에 0을 기입한다. '모두 부채로 조달'의 경우 이자($) 행에서 필요한 자본에 이자율을 곱한 결과 금액을 세 열에 기입한다. 마찬가지로 '주식과 부채 50:50으로 조달' 열의 경우 필요한 자본(총금액의 50%)에 이자율을 곱한 결과 금액을 세 열에 기입한다(주식과 부채의 비율이 70:30 등으로 다르다면 백분율을 변경한다).

c. EBT($) 행에서는 각 열의 1행에서 2행을 뺀다.

d. 세금($) 행에서는 각 열의 3행에 세율을 곱한다.

e. EAT($) 행에서는 각 해당 열의 3행에서 4행을 뺀다.

f. 발행 주식 수 행에서는 '모두 주식으로 조달'의 경우 필요한 자본을 주가로 나눈 뒤 이를 기존 발행 주식 수에 더한 결과를 기입한다. '모두 부채로 조달'의 경우 새로운 주식이 추가되지 않기 때문에 기존 발행 주식 수를 기입한다. '주식과 부채 50:50으로 조달'의 경우 필요한 자본에 50%를 곱한 뒤 이를 주가로 나눈 결과를 기존 발행 주식 수에 더하여 기입한다(주식과 부채의 비율이 다르다면 백분율을 변경한다).

g. EPS($) 행에서는 각 열의 5행을 6행으로 나눈다. 가장 높은 EPS 값은 최상의 자금 조달 결정을 의미하므로 각 자본 구조 시나리오에서 가장 높은 EPS 값을 확인한다. 동일

한 수준의 EBIT에 대해 맨 아래 행의 EPS가 동일하거나 거의 동일한 경우, 현재의 이자율이나 주가에 기반하여 유의미한 차이를 드러내기에는 조달하려는 금액이 너무 적거나 EBIT의 범위가 너무 좁을 수도 있다. 많은 자본이 필요한 전략을 제안한다면 같은 EBIT 수준에 대해 '모두 부채로 조달'과 '모두 주식으로 조달' 간의 EPS 값이 꽤 달라질 것이다.

4단계: EPS/EBIT 분석 그래프를 그린다.

x 축에 EBIT($), y 축에 EPS($)를 배치하고 '모두 주식으로 조달', '모두 부채로 조달', '주식과 부채 50:50으로 조달'의 세 결과의 선을 각각 그린다. 그래프에서 가장 높은 선은 주주가치를 극대화하는 가장 높은 EPS를 나타낸다. 표 8-3의 제약 사항에 따라 이 결정을 번복해야 할 뚜렷한 이유가 없는 한 가장 높은 EPS 자금 조달 옵션을 선택한다.

EPS/EBIT 분석의 예

EPS/EBIT 분석을 설명하는 가장 좋은 방법은 P&G의 사례를 통해 '모두 주식으로 조달', '모두 부채로 조달', '주식과 부채 60:40으로 조달' 대안을 검토하는 것이다. 1~3단계에 필요한 입력 데이터와 계산은 각각 표 8-1, 8-2와 같다.

EBIT가 비관적일 것으로 예상되는 경우에는 주식으로 조달할 때의 EPS가 2.96달러, 부채로 조달할 때의 EPS가 2.94달러이므로 주식으로 조달하는 것이 부채로 조달하는 것보다 더 낫다. 그러나 경제 또는 추정 EBIT가 낙관적이면 부채로 조달할 때의 EPS가 5.36달러, 주식으로 조달할 때의 EPS가 5.32달러이므로 부채로 조달하는 것이 P&G의 EPS를 극대화한다. 따라서 P&G의 경우 경

표 8-1 P&G의 EPS/EBIT 분석에 필요한 입력 데이터

입력 데이터	값
필요한 자본 금액	50억 달러
EBIT 범위	100억~180억 달러
이자율	5%
세율	23%
주가	94.17달러
유통 주식 수	25억 5,000만 주

표 8-2 P&G의 EPS/EBIT 분석 수행 시 계산

	모두 주식으로 조달			모두 부채로 조달			주식과 부채 60:40으로 조달		
	비관적	현실적	낙관적	비관적	현실적	낙관적	비관적	현실적	낙관적
EBIT(100만 $)	10,000	15,000	18,000	10,000	15,000	18,000	10,000	15,000	18,000
이자(100만 $)	0	0	0	250	250	250	100	100	100
EBT(100만 $)	10,000	15,000	18,000	9,750	14,750	17,750	9,900	14,900	17,900
세금(100만 $)	2,300	3,450	4,140	2,243	3,393	4,083	2,277	3,427	4,117
EAT(100만 $)	7,700	11,550	13,860	7,508	11,358	13,668	7,623	11,473	13,783
발행 주식 수	2,603	2,603	2,603	2,550	2,550	2,550	2,582	2,582	2,582
EPS($)	2.96	4.44	5.32	2.94	4.45	5.36	2.95	4.44	5.34

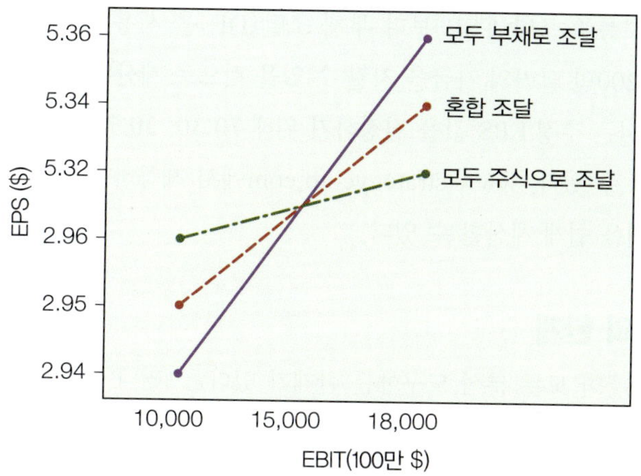

그림 8-2 P&G의 EPS/EBIT 그래프

제가 비관적일 것으로 예측된다면 자본을 조달하기 위해 주식을 사용해야 하지만, 경제가 현실적이거나 낙관적일 것으로 예측된다면 부채가 가장 매력적인 자금 조달 대안이라고 결론 내릴 수 있다.

그림 8-2는 4단계 이후 P&G의 EPS/EBIT 분석을 나타낸 그래프이다. 150억 달러 수준의 EBIT에 가까운 교차점은 더 매력적인 자금 조달 방법의 손익분기점이다. 100억 달러 수준의 EBIT에서 '모두 주식으로 조달'의 EPS가 가장 높고, 180억 달러 수준의 EBIT에서 '모두 부채로 조달'의 EPS가 가장 높다. 따라서 분석가는 EBIT 범위에 대한 신뢰 수준과 표 8-3의 제약 사항을 토대로 무엇을 추천할지 결정해야 한다.

대기업은 수백만 주의 유통 주식을 보유하기도 하므로 위의 예와 같이 다양한 자금 조달 옵션에서 EPS의 작은 차이라 하더라도 가장 높은 EPS 값 대안을 사용하여 얻은 금액이 매우 클 수 있다. 예를 들어 P&G의 유통 주식은 25억 5,000만 주이므로 EBIT 180억 달러 수준에서 볼 수 있는 EPS

표 8-3 EPS/EBIT 분석과 관련된 제약(고려) 사항

1. **유연성**: 기업의 자본 구조가 변화함에 따라 미래의 자본 수요를 고려할 때의 유연성도 변화한다. 오늘날 부채나 주식으로 자본을 조달하는 것은 미래 기업의 추가 자본 조달 능력을 감소시키거나 향상할 수도 있는 확정 의무, 구속적인 계약 또는 기타 제약을 부과할 수도 있다.
2. **소유권 희석**: 전략 실행을 위한 자금을 조달하기 위해 주식을 추가로 발행하면 기업의 소유권과 지배력이 희석된다. 이는 적대적 인수, 인수합병(M&A)과 같은 오늘날의 비즈니스 환경에서 심각한 문제가 될 수 있다. 소유권 희석이 우려된다면, EPS 값이 주식의 경우 더 높더라도 부채가 주식보다 더 나을 수도 있다.
3. **타이밍**: 이자율이 오를 것으로 예상된다면, EPS 값이 주식의 경우 더 높더라도 부채가 주식보다 더 나을 수도 있다. 주가가 높을 때는 부채보다 주식이 더 나을 수도 있다.
4. **레버리지 상황**: 현재 산업 평균 대비 기업의 레버리지 비율이 너무 높으면, EPS 값이 부채의 경우 더 높더라도 주식을 통한 자금 조달이 부채보다 더 나을 수도 있다.
5. **연속성**: 분석을 할 때는 주가, 세율, 금리가 비관적·현실적·낙관적 상황에서 일정하게 유지된다고 가정한다.
6. **EBIT 범위**: EBIT 값은 전년도 및 실행할 전략의 영향을 기반으로 추정한다.
7. **배당금**: 모두 주식으로 조달하는 경우의 EPS 값이 가장 높고 또 기업이 배당금을 지급한다면, '모두 주식으로 조달'을 선택했을 때 배당금 지급 시 더 많은 자금이 기업을 떠날 것이다.

0.04달러의 차이는, 보통주 조달(CSF)보다 부채 조달(DF)을 사용할 때 잠재적으로 25억 5,000만 × 0.04달러 = 1억 200만 달러의 자금을 지킬 수 있을 것으로 계산된다.

EPS/EBIT 분석에서는 추정 EPS 값을 결정하기 위해 70:30, 30:70 등 주식과 부채의 다양한 조합 시나리오를 검토할 수 있다. www.strategyclub.com에서 제공하는 무료 엑셀 양식을 사용하면 다양한 자금 조달 옵션을 쉽게 계산할 수 있다.

EPS/EBIT 분석의 한계

EPS/EBIT 분석을 비롯한 모든 분석 도구에는 한계가 있다. 그러나 최상의 자금 조달 옵션을 의미하는 마지막 행의 가장 높은 EPS 값을 뒤집을 만한 뚜렷한 이유가 없는 한, 맨 아래 행에 있는 가장 높은 값을 기반으로 금융 의사결정을 내려야 한다. EPS는 조직의 성과를 측정하는 훌륭한 지표이므로 자금 조달 옵션을 결정할 때는 이를 검토해야 하기 때문이다. EPS/EBIT 분석 자체는 분석가에게 표 8-3의 잠재적 한계에 대해 경고하지 않는다.

학습 목표 8-2

관련 비용이 포함된 전략 대안의 영향을 나타내기 위해 추정 재무제표를 개발한다.

추정 재무제표

추정 재무제표(projected financial statement)는 제안된 다양한 전략 대안의 잠재적 영향을 예측하기 위한 향후 몇 년간의 손익계산서와 재무상태표이다. 모든 전략 대안에는 예상 비용과 가치가 수반된다고 6장에서 언급한 바 있다. 대부분의 금융 기관은 기업이 자본을 조달하려고 할 때마다 3년간의 추정 재무제표를 요구한다. 재무제표에는 기업마다 다양한 항목에 대해 다른 용어가 사용된다. 예를 들면 **수익** 또는 **매출**이 같은 항목을 가리키거나, **순이익** 또는 **이익**이 같은 항목을 가리키거나, **자본잉여금** 또는 **주식발행초과금** 같은 항목을 가리킬 수 있다. 때로는 **이익잉여금**에 **누적자본** 또는 **누적적자**(손실이 있는 경우)라는 용어가 사용되기도 한다.

www.strategyclub.com의 무료 엑셀 전략기획 양식

전략기획 실무자와 학생은 이 엑셀 양식을 활용하여 기존 및 추정 재무제표를 개발함으로써 기업에 대한 제안된 전략 대안의 예상되는 영향을 알 수 있다. 엑셀 양식이 손익계산서와 재무상태표 모든 행을 추정할 때 사용자의 생각을 대신해줄 것이라고 기대하지 말라. 엑셀 양식은 자동으로 계산을 수행하지만, 사용자는 전략 대안의 예상되는 영향을 고려하여 각 행의 변경할 수치에 대한 생각을 제공해야 한다. 엑셀 양식을 이용하여 실제 및 추정 재무제표를 작성하는 모든 사용자를 위한 저자의 의견을 표 8-4에 제시했다.

추정 재무제표 작성 단계

무료 엑셀 전략기획 양식 사용 여부에 관계없이 추정 재무제표 분석은 다음과 같은 7단계로 설명될 수 있다.

1단계: 재무상태표보다 먼저 추정 손익계산서를 작성한다. 전략 대안이 실행될 때 예상되는 영향을 밝히기 위해 가능한 한 정확한 매출(수익) 예측으로 시작한다. 수익을 예측할 때는 기업이 그 결과를 달성하기 위해 전년도에 시도했던 모험을 고려하지 않고 과거의 수익 증가율을

표 8-4 엑셀 양식으로 재무제표를 작성할 때의 고려 사항

사용자는 추정 재무제표의 거의 모든 행을 추정하여 전략 대안의 예상되는 영향을 밝혀야 한다. 그러나 추정 재무제표 양식의 일부 행은 다음 설명과 같이 (추정되지 않고) 자동으로 계산된다.

1. 변환하기: 기업의 가장 최근 연례 보고서 중 실제 손익계산서와 재무상태표를 양식상의 항목대로 변환(입력)하라. 이렇게 하면 추정 재무제표 및 재무비율 개발에 도움이 될 것이다. 이 변환을 수행할 때는 **비반복적 항목** 행을 사용하여 손익계산서의 예외적인 항목을 처리한다. 재무상태표에서는 **기타 유동자산** 또는 **장기자산**, **기타 유동부채** 또는 **장기부채** 행을 사용한다.
2. 손익계산서: 연례 보고서의 수익, 매출 원가, 영업 비용, 당기순이익이 양식상의 항목과 완벽하게 일치하도록 비반복적 항목 행을 사용하여 사업부 매각 또는 기타 예외적인 항목을 조정한다. 연례 보고서와 완벽하게 일치시킬 때 EBIT에 문제가 생길 경우, 연례 보고서의 총이익에서 EBIT를 뺀 것을 영업 비용에 입력하면 된다. 이렇게 함으로써 양식의 EBIT가 연례 보고서의 EBIT와 일치될 수 있다. 영업 비용 행을 완벽하게 전환하기 어려운 경우가 있기 때문이다. EBIT가 일치하는 한 양식의 영업 비용이 연례 보고서와 완벽하게 일치하지 않아도 괜찮다. 순이익은 다른 손익계산서 예측으로부터 자동으로 계산되므로 순이익 행은 예측되지 않는다.
3. 이익잉여금 행: 추정 재무상태표 양식의 이익잉여금 행은 손익계산서의 연간 순이익에서 배당금을 차감한 금액을 재무상태표 하단의 이익잉여금 행으로 이월하여 결정되기 때문에 자동으로 계산된다.
4. 재무상태표: 제안된 전략 대안이 각 행에 미치는 영향을 반영하기 위해 필요에 따라 변경하면서 아래에서 위로 행별로 작업한다. 전략 대안에 의해 해당 행에 변경 사항이 없을 것으로 예상되는 경우 예측 항목과 행을 전년도와 동일하게 유지한다. 양식의 각 행 오른쪽에는 숫자를 입력하는 방법에 대한 메모가 있다. 총부채와 주주의 자기자본 수를 더하여 이를 총자산 행으로 옮긴 다음, 자신의 권고안에 따른 각 현금 항목과 행을 예측하면서 현금 행을 향해 위쪽으로 이동한다.
5. 현금: 재무상태표의 현금 행을 조정 수치로 사용하여 추정 재무상태표의 균형을 만들기 때문에 이 행은 자동으로 계산된다. 종종 다른 모든 행을 예측한 후 현금 수치가 비정상적으로 높은 경우가 있는데, 이럴 때는 일반적으로 장기차입금 또는 주식발행초과금 행을 이용하여 부채 또는 자본 부분을 적절히 조정함으로써 현금 행을 늘리거나 줄여서 유동성을 업계 평균에 맞춘다. 재무상태표의 다른 항목에 대해서도 조정하는 것은 좋은 실무이며 모든 회계사가 일상적으로 하는 일이므로, 합리적인 수치를 얻을 때까지 시스템을 속이고 있다고 생각하지 말라. 추정 제표는 선의의 추정치이며 높은 현금 수치는 다른 추정치를 재고할 필요가 있음을 나타낼 뿐이다. 또한 추정 손익계산서와 재무상태표에 오타나 계산 실수가 없는지 확인하라. 예를 들어 전략 대안의 매출 영향 또는 전략 대안을 실행하는 데 필요한 자본 금액을 과대평가하거나 과소평가할 수도 있다. 또한 외상매입금이나 외상매출금과 같은 자산 및 부채 항목 모두에 대해 과거 비율을 조정하는 실험을 해보라. 기업이 더 효율적으로 운영되고 있는 경우에는 자산 항목에서 과거 수치를 늘리거나 부채 항목에서 과거 수치를 줄여야 할 수 있으며, 그 결과 현금이 감소하기도 한다. 높은 현금 수치는 이러한 자산의 비용을 과소평가했음을 나타낼 수 있으므로 부동산 및 설비를 다시 확인하라. 한 가지 변경 사항을 적용한 후에는 새로운 추정 재무상태표에서 현금 수치를 재평가하고 현금 수치가 합당하다고 판단될 때까지 계속하라. 회계사는 우수하고 합리적이며 진실된 추정 재무제표를 만들기 위해 항상 이러한 작업을 한다. 윤리 캡슐 8과 글로벌 캡슐 8에서는 추정 재무제표의 진실성 또는 합리성 측면을 다룬다.
6. 재무비율: 손익계산서와 재무상태표의 데이터를 입력하면 실제 및 예측 재무비율이 자동으로 계산된다. 전년도 및 업계 평균과 비교할 때 재무비율은 전략 실행에 유용한 통찰력을 제공한다(재무비율은 4장에서 설명했다).

윤리 캡슐 8 ETHICS CAPSULE

추정 재무제표 조작

투자자, 주주 및 기타 관계자는 최고경영진이 예상 결과를 부풀리거나 축소하기 위해 합법적으로 재무제표를 조작할 수 있으며, 실제로 그렇게 하는 경우가 종종 있다는 것을 알아야 한다. 기업은 다양한 이유로 광범위한 고객의 지지를 얻기 위해 추정 재무제표를 지나치게 부풀리거나 장밋빛으로 제시할 수도 있다. 그런데 경영진은 왜 미래에 대해 축소하거나 불리한 그림을 제시하는 것일까? 여기에는 잠재적 인수자를 억제하려는 목적이나 특정 회계 기간에 나쁜 재무 정보를 제시하여 그 이후의 기간이 더 나아 보이게 하려는 목적이 담겨 있다. 하워드 실릿(Howard Schilit) 박사는 유명한 책 《재무제표에 숨어 있는 회계 속임수(Financial Shenanigans)》(2002)에서 최고경영진이 재무제표를 조작하는 다섯 가지 방법을 밝혔다.

1. 수익을 예상보다 일찍 기록한다.
2. 가공의 수익을 기록한다.
3. 일회성 이익으로 순이익을 늘린다.
4. 현재 비용을 이전 또는 이후 기간으로 전환한다.
5. 특정 부채를 기록하지 않는다.

이 숫자는 얼마나 실제적인가?

미국증권거래위원회(U.S. Securities and Exchange Commission, SEC)는 추정 재무제표 조작을 줄이려는 조치를 취했으나 아직 미국 (및 전 세계적) 기업의 윤리적 이슈로 남아 있다.

출처: https://www.investopedia.com/articles/fundamental-analysis/financial-statement-manipulation.asp, http://www.understand-accounting.net/TheReliabilityandAccuracyoffinancialstatements.html

무작정 미래에 적용하지 말라. 과거에 매출 증가를 위해 기업이 한 일은 전략 대안이 유사한 조치를 취하는지(예: 비슷한 수의 매장을 여는 것)에 따라 미래에 적절할 수도 있고 그렇지 않을 수도 있다. 제조업체를 다루는 경우, 만약 그 업체가 하루 3교대 8시간 일하면서 100%의 용량으로 운영된다면 판매를 더 늘리기 위해서는 아마도 새로운 제조 시설(토지, 공장, 설비)이 필요하리라는 것도 명심해야 한다.

2단계: 매출 비율 방법을 사용하여 손익계산서의 매출 원가(COGS)와 영업 비용을 추정한다. 예를 들어 원가가 (표 8-6과 같이) 전년도 매출의 50%라면, 다른 비율을 사용할 이유가 없는 한 유사한 비율을 사용하여 미래 연도의 원가를 계산한다. 이자, 배당금, 세금과 같은 항목은 독립적으로 처리해야 하며 매출 비율 방법을 사용하여 예측할 수 없다.

3단계: 추정 순이익(NI)을 계산한다.

4단계: 추정 순이익에서 지급할 배당금을 공제한다. 나머지 추정 순이익은 이익잉여금(RE)이다. 이익잉여금 금액을 재무상태표의 전년도 이익잉여금 금액에 추가하여 재무상태표로 가져온다. 다시 말해 매년 기업은 재무상태표의 과거 이익잉여금 합계에 이익잉여금(추정 순이익 – 해당 연도의 배당금)을 추가한다. 따라서 재무상태표의 이익잉여금 금액은 전략 실행에 사용할 수 있는 돈이 아니라 누적 수치이다. 이익잉여금은 첫 번째로 입력되는 추정 재무상태표 항목임을 유의하라. 추정 재무제표를 작성할 때 이러한 회계 절차의 결과로 재무상태표의 이익잉여금은 일반적으로 큰 금액이 된다. 이는 수년에 걸쳐 기업에 재투자된 누적 금액이지, 은행에 있는 현금이 아니다. 기업이 손실을 입거나 순이익을 초과하는 배당금을

글로벌 캡슐 8 GLOBAL CAPSULE

사업하기에 가장 부패한 국가와 가장 깨끗한 국가

국제투명성기구(Transparency International)는 부패 방지 글로벌 연합(Global Coalition Against Corruption)의 일환으로 각국의 상대적 부패 수준에 따라 순위를 매기는 부패 인식 지수를 매년 발표한다. 2016년 부패 인식 점수는 평균 43점이었으며, 176개국 중 2/3 이상이 50점(0: 매우 부패하고 비윤리적, 100: 매우 깨끗하고 윤리적) 이하로 떨어졌다. 상위권 국가는 시민의 일상생활에 부정적인 영향을 미치는 가장 명백한 형태의 부패를 방지하는 반면, 하위권 국가는 흔히 법이 무시되고 시민이 뇌물, 갈취 등의 부패에 시달린다. 표 8–5는 상위(가장 부패하지 않은) 20개국과 하위(가장 부패한) 10개국의 순위를 보여준다.

Ruslan Olinchuk/123RF

뉴질랜드가 가장 부패하지 않았다.

출처: https://www.transparency.org/news/feature/corruption_perceptions_index_2016

표 8–5 2016년 부패 인식 지수

2016년 순위	국가	2016년 점수
1	덴마크	90
1	뉴질랜드	90
3	핀란드	89
4	스웨덴	88
5	스위스	86
6	노르웨이	85
7	싱가포르	84
8	네덜란드	83
9	캐나다	82
10	독일	81
10	룩셈부르크	81
10	영국	81
13	호주	79
14	아이슬란드	78
15	벨기에	77
15	홍콩	77
17	오스트리아	75
18	미국	74
19	아일랜드	73
20	일본	72
166	베네수엘라	17
168	기니비사우	16
169	아프가니스탄	15
170	리비아	14
170	수단	14
170	예멘	14
173	시리아	13
174	북한	12
175	남수단	11
176	소말리아	10

지급해왔다면 금액이 적거나 심지어 음수일 수도 있다. 실제로 재무상태표에서 이익잉여금이 어느 해로부터 다음 해에 감소하는 가장 일반적인 경우는 해당 연도에 순손실이 발생했거나, 해당 연도에 순이익을 기록했지만 그보다 많은 배당금을 지급한 경우이다. 이익잉여

금은 추정 손익계산서와 추정 재무상태표 사이의 핵심 연결 고리이므로 주의를 기울여 올바르게 계산해야 한다.

5단계: 재무상태표 항목을 아래에서부터 위로 추정한다. 이익잉여금 행에서부터 시작한다. 엑셀 양식을 사용하는 경우 지급된 배당금에 따라 이익잉여금이 자동으로 계산된다. 그런 다음 나머지 자본 항목을 예측한 후 아래에서 위로 작업하여 장기부채, 유동부채, 장기자산, 유동자산을 예측한다.

6단계: 현금을 조정 수치(plug figure)로 사용한다. 즉 열에서 현금(및 이익잉여금)을 제외한 모든 항목에 대해 예상 잔액을 추정하고, 현금 계정을 조정하여 자산을 부채와 자기자본의 합계와 동일하게 만든다. 예를 들어 재무제표의 대변과 차변을 맞추는 데 필요한 현금이 너무 작다면(너무 크다면) 계획한 것보다 더 많이(더 조금) 돈을 차입하기 위해 적절한 변경을 고려하면서 재고, 매출채권, 비유동자산, 그 밖의 자산과 같은 항목을 재평가한다. 만약 현금이 너무 많으면 장기차입금 상환을 고려하거나, 기업이 더 효율적으로 운영되거나 규모의 경제가 더 커질 수 있기 때문에 다양한 부채의 추정 증가율을 재평가하거나, 자사주를 늘릴 수 있다. 현금 계정 수치는 첫 번째 과정에서 완벽한 경우가 거의 없으므로 조정이 필요하다.

7단계: 특정 항목이나 행이 전년도에 비해 다음 해에 크게 변경된 이유를 명확히 하기 위해 추정 재무제표 아래에 주석이나 메모를 작성한다. 메모는 특정 행의 변경 사항을 이해하는 데 필수적이다. 메모는 전략 대안 및 관련 비용의 영향에 대한 생각을 반영하는 것이므로 엑셀 양식이 메모를 제공하지는 않는다.

비영리 조직

추정 재무제표 작성 단계는 비영리 조직에도 적용할 수 있다. 먼저 추정 손익계산서를 작성한 다음 추정 재무상태표를 작성한다. 비영리 조직은 배당금을 지급하지 않으므로 비영리 조직의 순이익(보통은 순자산이라고 함)을 재무상태표 이익잉여금 행(보통은 순자산이라고 함)에 추가만 하면 된다. 만약 현금 계정이 너무 높거나 낮으면 자본 계정(순자산 제외)이 없으니 재무상태표의 자산 또는 부채 계정을 필요에 따라 조정한다. 따라서 추정 재무제표 단계/프로세스(및 양식 단계/프로세스)는 영리 기업과 비영리 조직에 모두 동일하게 적용된다. 물론 비영리 조직이 내는 세금은 0이고 주식발행초과금, 자사주, 보통주도 0이다.

P&G의 실제 재무제표

P&G의 실례를 통해 추정 재무제표 분석을 더 자세히 살펴보자. 표 8-6과 8-7은 2016~2017년 P&G의 실제 손익계산서와 재무상태표이다. P&G의 실제 연례 보고서는 엑셀 양식 포맷으로 변환되거나 압축된다. (이 책을 교재로 사용하는 학생들 중 약 95%와 수많은 기업 실무자는 전략기획을 수행하고 추정 재무제표를 개발할 때 이 엑셀 양식을 사용한다. 이 엑셀 양식을 사용하는 경우 '전략기획 소프트웨어 사용 경험'을 이력서에 기재할 수 있다.)

표 8-6과 8-7을 보면 P&G의 매출이 2017년에 감소하고 유동 비율(유동자산을 유동부채로 나눈 값)이 1.0 미만임을 알 수 있다. 따라서 P&G가 관련 비용 및 의견과 함께 다음 네 가지 전략 대안을 채택할 것을 제안한다. 그런 다음 기업의 추정 재무제표에 대한 비용의 영향을 고려한다.

표 8-6 2016~2017년 P&G의 실제 손익계산서(단위: 100만 달러)

계정과목	2016년 6월 30일	2017년 6월 30일		변화율(%)
매출	65,299	65,058	↓	−0.37
매출 원가	32,909	32,535	↓	−1.14
매출 총이익	32,390	32,523	↑	0.41
영업 비용	18,442	18,801	↑	1.95
이자 및 세전이익	13,948	13,722	↓	−1.62
이자 비용	579	465	↓	−19.69
법인세 차감 전 순이익	13,369	13,257	↓	−0.84
세액	3,342	3,063	↓	−8.35
비반복적 항목	481	5,132	↑	966.94
당기순이익	10,508	15,326	↑	45.85

표 8-7 2016~2017년 P&G의 실제 재무상태표(단위: 100만 달러)

계정과목	2016년 6월 30일	2017년 6월 30일		변화율(%)
자산				
현금 및 단기투자자산	7,102	5,569	↓	−22
외상매출금	5,880	4,594	↓	−22
재고자산	4,716	4,624	↓	−2
기타 유동자산	16,084	11,707	↓	−27
총유동자산	33,782	26,494	↓	−22
부동산 및 설비	19,385	19,893	↑	3
영업권	44,350	44,699	↑	1
무형자산	24,527	24,187	↓	−1
기타 장기자산	5,092	5,133	↑	1
자산 계	127,136	120,406	↓	−5
부채				
외상매입금	16,774	16,656	↓	−1
기타 유동부채	13,996	13,554	↓	−3
총유동부채	30,770	30,210	↓	−2
장기차입금	18,945	18,038	↓	−5
기타 장기부채	19,438	16,380	↓	−16
부채 계	69,153	64,628	↓	−7
자본				
보통주	4,009	4,009	→	0
이익잉여금	87,953	96,124	↑	9
자사주	(82,176)	(93,715)	↑	14
주식발행초과금 및 기타	48,197	49,360	↑	2
자본 계	57,983	55,778	↓	−4
부채 및 자본 계	**127,136**	**120,406**	↓	**−5**

1. 아래 4번에서 설명하듯이 장기차입금 및 주식발행초과금에 대한 조정을 통해 예측 3개 연도(2018년, 2019년, 2020년)에 각각 2억 5,000만 달러(공장, 재산, 설비에 연간 12억 5,000만 달러)를 들여 신규 공장 5개씩을 세울 것이다.
2. 연구개발(R&D) 및 신규 광고 자금으로 12억 5,000만 달러를 추가로 조달한다. 조달된 자본의 총액은 50억 달러이다.
3. 각 예측 연도에 배당금을 1%씩 늘린다(이 자금은 순이익에서 파생되므로 추가 자본을 조달할 필요가 없다).
4. 필요한 자본의 40%는 2018년에 부채(20억 달러)로 조달되고 60%(30억 달러)는 2019년에 자기자본으로 조달될 예정이다. 20억 달러 + 30억 달러 = 50억 달러이며, 이는 배당금을 고려하지 않고, 제안된 전략을 실행하기 위한 총비용이다.

표 8-6의 손익계산서에서 2017년에 비반복적 항목이 크게 증가했는데, 이는 기업을 합리화하고 활동을 사명에 더 잘 맞추기 위해 다양한 사업을 매각했기 때문이다. 매각은 2017 회계연도에 순이익이 크게 증가한 것과 재무상태표상 이익잉여금이 크게 증가한 것을 설명해준다. 향후 유사한 매각이 진행되지 않으면 다음 해에 순이익이 감소하지만 실제로는 수익이 증가한다. 이 사례는 현재 재무제표의 변경 원인을 파악하기 위해 연례 보고서를 연구하는 것의 중요성을 보여준다. 또한 전략 대안이 추정 재무제표에 미치는 영향을 신중하게 고려하는 것의 중요성을 보여준다. 단순히 모든 항목에 대해 과거의 수치를 적용하는 것은 추정 재무제표 개발에서 흔히 저지르는 실수이다.

표 8-7의 재무상태표에서 2016~2017년에 자사주가 115억 달러 증가한 것은 P&G가 상당한 자사주를 매입했음을 드러낸다. 최근 많은 기업이 미래 낙관론을 반영하여 자사주를 공격적으로 매입하고 있다. 그러나 이에 대해 일부 분석가는 기업의 성장에 더 잘 활용할 수 있는 현금을 쓰는 것이라고 주장한다. 그러나 자사주 매입은 기업의 유통 주식 수를 줄여 주당 순이익을 증가시킨다. 따라서 기업은 자사주를 매입함으로써 이러한 '무형의 이익'을 얻는다. 때때로 기업은 주당 순이익을 '인공적'으로 부풀려 주가 하락을 피하고 주당 순이익 예상치를 충족/초과하기 위해 분기 말이나 연말 무렵 자사주 매입을 늘린다. 2017~2018년에 홈디포(Home Depot)가 150억 달러의 자사주를 매입하고, 허니웰(Honeywell)이 80억 달러의 자사주를 매입하고, 뱅크오브아메리카(Bank of America)가 170억 달러의 자사주를 매입하고, 마스터카드(Mastercard)가 보통주 40억 달러를 환매하고, T모바일(T-Mobile)이 15억 달러의 자사주를 매입한 이유가 이것일 것이다.

표 8-7의 재무상태표에서는 총자산의 50% 이상이 **영업권**(goodwill)과 무형자산이다. 일부 금융 전문가는 이러한 항목이 현금으로 쉽게 전환할 수 있는 물리적 자산이 아니기 때문에 단순히 '연기(smoke)'라고 한다. P&G의 영업권 가치가 큰 것은 장부 가치(시가 총액)를 초과하여 기업을 인수한 이력 덕분이다.

P&G의 추정 재무제표

표 8-8과 8-9는 앞서 제시된 관련 비용이 포함된 네 가지 권고안과 추정 재무상태표에 이월된 연간 이익잉여금을 고려한 P&G의 추정 손익계산서와 재무상태표이다. 표 8-8의 추정 손익계산서를 보면 추정 매출과 순이익은 모두 증가하지만, (앞서 언급한 바와 같이) 주요 매각(손익계산서에 비반복적 항목으로 기록됨)이 없기 때문에 추정 순이익이 전년도에 비해 크게 감소했다.

표 8-8 2018~2020년 P&G의 추정 손익계산서(단위: 100만 달러)

계정과목	2018년 6월 30일	2019년 6월 30일	2020년 6월 30일
매출	66,359	68,350	72,451
매출 원가	33,180	34,175	36,225
매출 총이익	33,180	34,175	36,225
영업 비용	20,571	21,188	22,460
이자 및 세전이익	12,608	12,986	13,766
이자 비용	565	562	559
법인세 차감 전 순이익	12,043	12,424	13,207
세액	2,770	2,858	3,302
비반복적 항목	0	0	0
당기순이익	9,273	9,567	9,905

표 8-9 2018~2020년 P&G의 추정 재무상태표(단위: 100만 달러)

계정과목	2018년 12월 31일	2019년 12월 31일	2020년 12월 31일
자산			
현금 및 단기투자자산	3,015	7,409	9,552
외상매출금	4,645	4,784	5,072
재고자산	4,645	4,784	5,072
기타 유동자산	11,945	12,303	13,041
총유동자산	24,250	29,281	32,736
부동산 및 설비	21,143	22,393	23,643
영업권	44,699	44,699	44,699
무형자산	24,187	24,187	24,187
기타 장기자산	5,309	5,468	5,796
자산 계	119,588	126,028	131,061
부채			
외상매입금	15,926	16,404	17,388
기타 유동부채	11,281	11,619	12,317
총유동부채	27,207	28,023	29,705
장기차입금	20,038	20,038	20,038
기타 장기부채	14,599	15,037	15,939
부채 계	61,844	63,098	65,682
자본			
보통주	4,009	4,009	4,009
이익잉여금	98,089	100,275	102,725
자사주	(93,715)	(93,715)	(93,715)
주식발행초과금 및 기타	49,360	52,360	52,360
자본 계	57,743	62,929	65,379
부채 및 자본 계	**119,588**	**126,028**	**131,061**

표 8-10 P&G의 재무제표에 대한 저자의 의견(단위: 100만 달러)

추정 손익계산서	설명	2018 회계연도	2019 회계연도	2020 회계연도
매출	2016~2017 회계연도의 매출은 부분적으로 매출 이익을 상쇄하는 총 50억 달러 이상의 매각 및 기타 비반복적 항목으로 인해 변동이 없음	현재 운영 및 광고 증가에 따른 새로운 매출을 기반으로 2% 증가	현재 운영 및 광고 증가에 따른 새로운 매출을 기반으로 3% 증가	현재 운영 및 광고 증가, 새로운 제품을 제공하는 신규 공장에 의해 창출되는 신규 매출로 6% 증가
매출 원가	역사적으로 매출의 50%	50%	50%	50%
영업 비용	연구개발 지출 및 광고 증가를 설명하기 위해 역사적으로 매출의 29%를 31%로 조정	31%	31%	31%
이자 비용	2018 회계연도에 부채 20억 달러를 5% 이자율로 조달. 2019, 2020 회계연도에 부채 상환으로 약간의 이자 공제가 있지만, 이 부채를 빌리지 않은 2017 회계연도보다 이자 비용이 훨씬 높음	$2,000 × 0.05 = $100	−$3	−$3
세액	2020 회계연도까지 23%의 세율이 일정하게 유지되며, 이때 수익 증가로 결국 일부 시장에서 PG가 더 높은 세율로 이동. 일부 국가의 세율은 미국 법인세율인 21%보다 높음	23%	23%	23%
비반복적 항목	자산 매각 또는 매각과 같은 기타 주요 변경 사항 없음	0	0	0
추정 재무상태표	**설명**	**2018 회계연도**	**2019 회계연도**	**2020 회계연도**
현금	현금은 추정 재무상태표의 균형을 맞추는 데 사용되는 조정 수치이며 엑셀 양식에서 자동으로 계산됨. 엑셀 양식을 사용하든 수작업으로 하든 현금에 대한 입력이나 추정이 필요 없음. 총자산 = 총부채 + 자기자본을 만족하는 현금의 수치 입력			
외상매출금	역사적으로 매출의 7%	7%	7%	7%
재고자산	역사적으로 매출의 7%	7%	7%	7%
기타 유동자산	역사적으로 매출의 18%	18%	18%	18%
부동산 및 설비	매년 2억 5,000만 달러로 신규 공장 5개를 추가. P&G는 2020 회계연도에 공장이 완공될 때까지 신규 공장에서 상당한 수익을 얻지 못할 것임	$1,250	$1,250	$1,250
영업권	새로운 취득이 없음	0	0	0
무형자산	새로운 특허가 없음	0	0	0
기타 장기자산	역사적으로 매출의 8%	8%	8%	8%
부채				
외상매입금	역사적으로 매출의 26%. 2016, 2017 회계연도의 구조조정 후 기업이 더 효율적으로 운영될 것으로 예측됨	24%	24%	24%

추정 재무상태표	설명	2018 회계연도	2019 회계연도	2020 회계연도
기타 유동부채	역사적으로 매출의 21%. 2016, 2017 회계연도의 구조조정 후 기업이 더 효율적으로 운영될 것으로 기대됨	17%	17%	17%
장기차입금	부채 자금 조달을 고려하여 2018 회계연도를 조정. 2019 또는 2020 회계연도에 부채 자금 조달이 없음	$2,000	0	0
기타 장기부채	역사적으로 매출의 25%. 2016, 2017 회계연도의 구조조정 후 기업이 더 효율적으로 운영될 것으로 기대됨	22%	22%	22%
자본				
보통주	주식 발행 시점의 액면가 함수×발행 주식 수. 0으로 유지	0	0	0
자사주	자사주 매입 없음	0	0	0
주식발행초과금 및 기타	2019 회계연도에 자본을 통해 30억 달러 조달	0	$3,000	0
초과 이익잉여금	당기순이익 현재 연도(또는 가장 최근 추정 연도) − 지급될 현재 배당금 = 새로운 추가 이익잉여금	$1,965	$2,186	$2,450
지급할 총배당금	매년 1%씩 배당금 증가	$7,308	$7,381	$7,455

표 8-9의 추정 재무상태표에서 2017~2018 회계연도에 장기차입금이 증가한 것은 2018~2019 회계연도의 보통주 자본 조달 비율(60%)과 전략 대안에 따른 부채를 통한 자본 조달 비율(40%)의 결과임을 주목하라. 표 8-10은 추정 손익계산서 및 재무상태표 변경에 대한 저자의 의견으로, 재무제표의 다양한 변경에 대한 이유를 보여준다.

P&G의 이익잉여금 데이터 표

앞에서 살펴보았듯이 추정 손익계산서와 재무상태표 사이의 핵심 연결은 기업의 연간 순이익에서 배당금을 뺀 금액 = 이익잉여금을 기업의 재무상태표로 이전하는 것이다. 이 거래의 중요성을 고려하여 표 8-11에 제시한 P&G의 이익잉여금 데이터 표는 연간 자금 이전이 어떻게 이루어지는지를 구체적으로 보여준다.

표 8-11 P&G의 이익잉여금 데이터 표(단위: 100만 달러)

	1	2	3	4	5
	순수익	− 배당금 지급	= 이익잉여금	+ 전년도 재무상태표 이익잉여금	= 현재 연도 재무상태표 이익잉여금
2018년	9,273	7,308	1,965	96,124	98,089
2019년	9,567	7,381	2,186	98,089	100,275
2020년	9,905	7,455	2,450	100,275	102,725

학습 목표 8-3

네 가지 기업 평가 방법을 사용하여 기업 또는 사업부의 현금 가치를 결정한다.

기업 가치 평가

기업은 다른 기업 또는 다른 기업의 사업부를 인수하거나 자사의 일부를 매각하기 때문에 기업의 가치를 평가하는 것은 전략 실행의 핵심이다. 따라서 미국과 전 세계에서는 기업이 일정 금액에 매매되는 거래가 매년 수천 건 발생한다. 실제로 미국에서는 매년 약 1조 5,000억 달러 규모의 합병이 이루어진다. 예를 들어 CVS헬스(CVS Health)는 애트나(Aetna Inc.)를 인수하려고 하며, 월트디즈니(Walt Disney)는 21세기 폭스(21st Century Fox)의 일부를 인수하려고 한다. 이러한 모든 경우에 전략을 성공적으로 실행하려면 사업의 재무적 가치 또는 현금 가치를 설정해야 한다.

기업 가치 평가는 정확한 과학이 아니다. 때때로 가치는 보는 사람의 눈에 따라 다르다. 기업은 비싸게 팔고 싸게 사고 싶어 하는데, 일반적으로 이 두 상황 모두에서 협상이 이루어진다. 기업 가치 평가는 재무적 사실을 근거로 하지만 충성도 높은 고객 기반, 성장 이력, 소송 진행, 헌신적인 직원, 유리한 임대, 나쁜 신용 등급, 귀중한 특허 등 금전적 가치를 부여하기 어려운 요소(이는 기업의 재무제표에 완전히 반영되지 않음)로 인해 상식과 현명한 판단이 그 과정에 포함된다. 또한 다른 평가 방법은 기업 가치에 대해 다른 결과를 제공한다. 사업의 가치를 평가하려면 정성적 기술과 정량적 기술이 둘 다 필요하다.

최근에 인수합병 붐 덕분에 S&P 500대 기업의 영업권이 2007년 1조 7,000억 달러에서 2017년 3조 달러 이상으로 70% 증가했다. 예를 들어 앤하이저부시인베브(Anheuser-Busch InBev)는 SAB밀러(SAB Miller)를 인수함으로써 영업권이 650억 달러에서 1,410억 달러로 증가했는데, 이는 현재 총자산의 50% 이상을 차지한다. 기업이 필요한 기술이나 특허 또는 원하는 규모의 경제를 보유하고 있거나, 유통을 더 잘 장악하거나, 앤하이저부시인베브의 경우와 같이 경쟁적인 가격 압박을 줄이기 위해 장부 가치(시가총액 = 발행 주식 수 × 주가)보다 기업에 더 많은 비용을 지불하는 것이 괜찮을 때도 있다. 그러나 기업을 인수하는 것은 집을 사는 것과 비슷해서, **프리미엄**(premium, 시가 총액을 초과하는 인수의 경우 초과되는 금액)을 지불하는 것은 일반적으로 재무적으로 신중하지 못하다.

기업 가치 분석은 기업 매수 또는 매각을 준비할 때뿐만 아니라 은행 대출, 세금 계산, 퇴직 패키지, 소유주의 사망, 파트너십 계약, 국세청 감사와 같은 재무 및 회계 문제를 다룰 때도 흔히 수행된다. 실질적으로 자사의 가치를 아는 것은 좋은 일이다. 이 지식은 관련된 모든 당사자의 이익을 보호한다. 기업 내 한 사업부나 부문의 가치를 추정하기 위해 일부 분석가는 기업의 총가치를 계산하고 여기에 해당 사업부나 부문이 기업에 기여하는 수익의 비율을 곱한다.

기업 가치 평가 방법

기업의 가치를 결정하는 방법은 다양하지만 그중에서도 다음 네 가지 방법이 가장 많이 사용된다.

순가치를 이용하는 방법: 자기자본 − (영업권 + 무형자산)

주주자본, 총자본, 순가치라고도 하는 자기자본은 재무상태표의 하단에 위치하며 보통주, 추가 주식발행초과금, 이익잉여금, 자사주, 기타 자본 항목의 합계를 나타낸다. 총자기자본을 계산한 후, 영업권과 무형자산이 기업의 재무상태표에 자산으로 표시되는 경우 이를 차감한다. 무형자산에는 저작권, 특허, 상표가 포함되며, 영업권은 기업이 다른 기업을 인수하면서 장부 가치보다 더 많은

표 8-12 P&G의 기업 가치 분석(단위: 100만 달러)

입력 데이터	
자기자본	\$55,778
당기순이익	\$15,326
주가	\$94.17
주당 순이익	\$6.01019
발행 주식 수	2,550
영업권	\$44,699
무형자산	\$24,187
기업 가치 평가 방법	
순가치법: 자기자본 − (영업권 + 무형자산)	(\$13,108)
당기순이익법: 당기순이익 × 5	\$76,630
주가수익률법: (주가 ÷ 주당 순이익) × 순이익	\$240,134
발행주식수법: 발행 주식 수 × 주가	\$240,134
네 가지 방법의 평균	**\$135,947**

금액을 지불할 때 발생한다. 표 8-12를 보면 P&G의 영업권 + 무형자산이 기업의 자기자본을 초과하여 부정적인 평가를 초래한다. 결과적으로 이 방법은 P&G의 시장 가치를 나타내는 좋은 지표가 아니다. 그러나 P&G를 인수하려는 주주, 경영자, 잠재적 기업은 기업 자산의 대부분이 본질적으로 무형이라는 점을 고려해야 한다.

당기순이익을 이용하는 방법: 당기순이익 × 5

기업의 금전적 가치를 측정하는 두 번째 방법은 기업의 가치가 소유자가 순이익을 통해 얻을 수 있는 미래의 이익에 주로 기반을 두어야 한다는 믿음에서 비롯된다. 보수적인 경험칙은 현재 연 이익의 5배를 기업 가치로 설정하는 것이다. 5년간의 평균 이익 수준도 사용할 수 있는데, 이러한 접근법을 사용할 때는 기업이 세금을 최소화하기 위해 재무제표에서 수입을 줄일 수도 있다는 것을 유념하라. 표 8-12에서 두 번째 방법은 기업 가치가 낮게 나타난다는 점을 유의하라. 사업을 인수하는 경우에는 이 방법이 좋은 제안일 수 있지만, 사업을 매각하는 경우라면 협상을 시작하고자 하는 가치를 도출하지 못할 수도 있다. 기업의 순이익이 마이너스라면 이론적으로 이 방법은 매각하는 기업이 돈을 준다는 것임을 의미한다. 다른 기업을 인수하는 경우라면 그 기업의 모든 채무와 부채를 떠안게 되므로 이론적으로는 가능하다. 일반적으로 이 방법은 중소기업을 평가하는 데 더 적합하다.

주가 수익률을 이용하는 방법: (주가 ÷ 주당 순이익) × 순이익

이 방법은 보통주의 시장가격을 연간 주당 순이익으로 나눈 다음 지난 5년간 기업의 평균 순이익을 곱한다. 표 8-12에서 세 번째 방법은 네 번째 방법과 결과가 같다. 대수적으로 만약 같은 시점의 수익과 주식 수를 선택한다면 이 방법은 네 번째 방법과 동일하다. 표 8-12에서는 P&G의 2017 회계연도 당기순이익이 5년 평균 대신 사용되었다.

발행 주식 수를 이용하는 방법: 발행 주식 수 × 주가

발행 주식 수에 주당 시장가격을 곱하여 기업 가치를 얻을 수도 있다. 이 금액이 구매 가격보다 높은

표 8-13 미국 상위 20개 대학 풋볼 프로그램(단위: 100만 달러)

순위	대학	가치	순위	대학	가치
1	오하이오주립	1,511	11	플로리다, SEC	682
2	텍사스	1,243	12	펜실베이니아주립	550
3	오클라호마	1,002	13	텍사스A&M, SEC	523
4	앨라배마, SEC	930	14	네브래스카	508
5	루이지애나주립, SEC	911	15	사우스캐롤라이나, SEC	484
6	미시간	893	16	아이오와	484
7	노터데임	857	17	아칸소, SEC	456
8	조지아, SEC	822	18	위스콘신	439
9	테네시, SEC	756	19	워싱턴	434
10	오번, SEC	724	20	플로리다주립	385

출처: *Wall Street Journal*, September 23, 2017, www.sportingnews.com, 기타 자료원.

경우 초과되는 금액을 프리미엄이라고 한다. 이 방법은 기업의 **시장 가치**(market value), **시가 총액**(market capitalization), **장부 가치**(book value)라고도 일컫는다. 프리미엄은 개인이나 기업이 다른 기업을 인수하기 위해 장부 가치보다 더 지불할 의사가 있는 금액이다. 반대로 시가 총액보다 덜 주고 기업을 인수하는 경우 구매 가격과 시가 총액의 차이를 **할인**(discount)이라고 한다.

《베터홈스앤드가든스(Better Home & Gardens)》를 소유한 메러디스코퍼레이션(Meredith Corporation)은 최근 《포천》, 《피플(People)》, 《스포츠일러스트레이티드(Sports Illustrated)》를 소유한 타임(Time Inc.)을 인수하기 위해 46%의 프리미엄을 얹어 18억 5,000만 달러를 지불했다.

라이언 브루어(Ryan Brewer)가 수행한 기업 가치 분석은 미국 상위 20개 대학 풋볼 프로그램의 금전적 가치를 밝혀 최근 몇몇 언론에 보도되었다. 표 8-13은 그 결과를 요약한 것이다. 현재 가치를 얻기 위해 미래 수익 흐름을 현재 가치로 할인함으로써 도출되었을 수 있는데, 이는 간혹 사용되는 또 다른 기업 가치 평가 방법이다. 표 8-13에서 SEC(Southeastern Conference)가 상위 20개 팀 중 9개 팀이나 포함하면서 모든 컨퍼런스를 앞서고 있음을 주목하라.

학습 목표 8-4

전략적 결정인 재무비율, 기업 공개(IPO), 채권 발행을 살펴본다.

재무비율, 기업 공개, 채권 관리

재무비율 분석

4장에서 이미 살펴본 재무비율은 한 시점에서 기업의 재무 상황에 접근하는 데 사용되는 중요한 도구이다. 재무비율은 시간에 따른 변화, 업계 표준과의 비교, 주요 경쟁기업과의 비교 등을 기준으로 한다. 실제 재무제표를 기초로 한 재무비율은 기업의 강점과 약점을 나타내고, 추정 재무제표를 기초로 한 재무비율은 전략 대안을 실행했을 때 발생할 수 있는 잠재적인 문제와 성공을 나타낸다. 예컨대 유동 비율이 업계 평균보다 급등하거나 급락하는 경우에는 현금(및 기타 단기자산)을 관리해야 한다.

표 8-14와 8-15는 엑셀 양식을 사용하여 계산한 P&G의 실제(과거) 재무비율과 추정 재무비율이다. 실제와 추정 레버리지 및 활동성 비율을 비교해볼 때 심각한 이상이나 변화가 드러나지 않으

표 8-14 P&G의 실제 재무비율

계정과목	2016년 6월 30일	2017년 6월 30일
유동 비율	1.10	0.88
당좌 비율	0.94	0.72
총부채 비율	0.54	0.54
부채자본 비율	1.19	1.16
이자보상 비율	24	30
재고 회전율	6.98	7.04
고정자산 회전율	3.37	3.27
총자산 회전율	0.51	0.54
매출채권 회전율	11	14
평균 회수 기간	32.87	25.77
매출 총이익률	50%	50%
영업이익률	21%	21%
총자산 이익률	8%	13%
자기자본 이익률	18%	27%

주: 엑셀 양식에서 P&G의 실제 재무제표를 기반으로 계산한 실제 P&G 재무비율

표 8-15 P&G의 추정 재무비율

계정과목	2018년 6월 30일	2019년 6월 30일	2020년 6월 30일
유동 비율	0.89	1.04	1.10
당좌 비율	0.71	0.86	0.91
총부채 비율	0.52	0.50	0.50
부채자본 비율	1.07	1.00	1.00
이자보상 비율	22	23	25
재고 회전율	6.71	6.46	6.40
고정자산 회전율	3.14	3.05	3.06
총자산 회전율	0.55	0.54	0.55
매출채권 회전율	14	14	14
평균 회수 기간	25.55	25.55	25.55
매출 총이익률	50%	50%	50%
영업이익률	19%	19%	19%
총자산 이익률	8%	8%	8%
자기자본 이익률	16%	15%	15%

주: 엑셀 양식에서 P&G의 추정 재무제표를 기반으로 계산한 예상 P&G 재무비율

므로, 이는 실행할 네 가지 전략 대안이 현실적이고 실행 가능함을 보여준다. 2017~2020년에 P&G의 자산 매각이 중단되었기 때문에 2017년부터의 추정 연도에 P&G의 자기자본 이익률과 총자산 이익률이 크게 하락했음을 주목하라. 표 8-15의 추정 비율은 추정 손익계산서 및 추정 재무상태표 작성을 위한 첫 번째 시도에서 바로 도출된 것이 아니다. 이는 추정 비율이 합리적이 되도록 추정 재

무제표에 대해 여러 가지 상호작용과 조정을 한 결과이다. 해당 추정 재무제표를 필요에 따라 조정하여 실현 가능한 추정 재무제표와 그에 따른 추정 비율을 산출해야 한다.

기업 공개를 통한 상장?

수많은 기업이 상장을 하기 위해 매년 **기업 공개**(initial public offering, IPO)를 한다. '상장'은 자본을 조달하기 위해 기업의 일정 비율을 다른 사람에게 매각하는 것으로, 이는 기업에 대한 소유주의 통제를 약화시킨다. 매출이 1,000만 달러 미만인 기업의 경우 상장할 가치가 있을 정도로 충분한 현금 흐름을 창출하기에는 초기 비용이 너무 높을 수 있기 때문에 상장을 권장하지 않는다. 초기 주식 발행 규모가 100만 달러 미만인 경우 4달러 중 1달러는 변호사, 회계사, 보험 회사에 평균 총비용으로 지불된다. 주식 발행 규모가 2,000만 달러 이상이면 20달러 중 1달러가 그러한 비용을 지불하는 데 사용된다. 주식 공모와 관련된 초기 비용뿐만 아니라 보고 및 관리와 관련된 비용과 의무도 있다. 기업 공개에서 조달된 새로운 자기자본을 통해 기업은 신제품을 개발하고, 공장을 짓고, 매장을 리모델링하고, 해외에 진출하고, 제품 또는 서비스 마케팅을 보다 적극적으로 수행할 수 있다. 도시락 배달 회사인 블루에이프런(Blue Apron)은 최근 아마존이 홀푸즈마켓(Whole Foods Market)을 인수한 후 IPO 가격을 17달러에서 10달러로 인하했다.

딜로직(Dealogic)의 데이터에 따르면 2017년에 전 세계적으로 약 1,600건의 기업 공개가 이루어졌으며, 이는 10년 중 가장 높은 수치이다. 2016년에는 기업 공개가 950건이었다.

자본 조달을 위한 채권 발행?

기업이 자본을 조달하는 방법 중 인기 있는 또 다른 방법은 회사채를 발행하는 것이다. 이는 은행에 가서 돈을 빌리는 것과 유사하지만, 채권을 사용하는 경우 은행이 아닌 투자자로부터 자금을 조달하게 된다. 재무상태표에서 채권은 장기차입금에 포함된다. 특히 기업의 재무상태표가 튼튼하고 신용등급이 우수할 때 채권 발행은 필요한 자금을 조달하는 효과적인 방법이 될 수 있다. 회사채 가격은 주가에 비해 일별 또는 분기별 기업 운영에 덜 민감하다. 예를 들어 잠재적인 전략 대안에 자금을 조달하기 위해 예측되는 예상 주가는 실제로는 CEO 승계, 새로운 경쟁자 부상, 실적 악화 등과 같은 예상치 못한 사건 때문에 예상보다 훨씬 높거나 낮을 수 있지만, 채권 가격과 금리는 예측과 더 부합할 것이다. 소규모 기업 또는 수익이 마이너스인 기업은 채권과 관련된 이자율이 높아질 가능성이 크기 때문에 채권(부채) 발행이 주식보다 더 비싼 대안이 될 수 있다. 또한 채권은 때때로 은행이 장기간 돈을 빌려주려 하지 않기 때문에 사용되기도 한다.

2017년은 7년 연속으로 미국에서 기록적인 달러 가치의 채권이 1조 5,000억 달러 이상 판매된 해였다. 최근의 대규모 거래는 앤하이저부시인베브가 SAB밀러를 인수하기 위해 460억 달러 규모의 채권을 발행한 것이다. 기업은 인수 자금 조달, 자사주 매입, 오래된 부채 재융자, 전략적 이니셔티브에 필요한 현금 조달을 위해 채권을 발행한다. 미국 연방준비제도이사회가 금리를 천천히 올림으로써 채권 발행이 안정될 수도 있다.

기업이 자사주를 매입하고 주주들에게 배당금을 지급하기 위해 채권을 발행하는 관행은 건전한 재무 구조 측면에서 우려스러운 일이다. 따라서 기업이 당면한 전략적 결정은 현금 배당을 통해 주주들을 진정시키고 자사주 매입을 위한 자본을 조달하기 위해 채권을 발행할 것인지, 아니면 더 많

전략가를 위한 시사점

그림 8-3은 기업이 경쟁우위를 확보하고 유지하기 위해 EPS/EBIT 분석, 추정 재무제표 분석, 기업 가치 분석과 같은 도구를 사용하여 경쟁기업보다 더 효율적으로 재무를 관리해야 함을 보여준다. 알다시피 1달러의 이익을 내기는 어렵다. 즉 1달러를 절약하는 것은 1달러를 버는 셈이다. 성공적인 전략 실행은 우수한 '자금 관리'에 달려 있다. 이 장에서 제시한 개념, 도구, 기법은 많은 기업과 조직에서 전략 실행의 성패를 가를 수 있다.

미국에서 많은 기업은 23%에서 21%로 낮아진 2018년 법인세의 결과로 이리보험회사(Erie Insurance)처럼 직원들에게 보너스를 주고 있다. 또한 기업은 배당금으로도 더 많은 돈을 쓰고 있다. 2018년 1월 1일부터 3월 1일에 S&P 500대 기업 중 단 한 곳도 배당금 지급액을 줄이지 않았는데, 이는 2011년 이후 처음 있는 일이다. 그리고 같은 기간 동안 배당금의 평균 증가율은 14%로, 이는 2014년 이후 가장 큰 증가 수치였다. 기본적으로 기업은 대규모 법인세 감면을 주주들과 공유하며, 일부는 다른 기업보다 더 많이 공유하고 있다. 2018년 시스코시스템스(Cisco Systems)는 해외에 보유하고 있던 현금 670억 달러를 미국으로 이전했다. 시스코시스템스는 그중 440억 달러를 주주들에게 배당금으로 지급하고 자사주를 매입하는 데 사용할 계획이다. 애플은 해외에 보유하고 있던 현금 2,523억 달러 중 대부분을 미국으로 가져오고 미국에서 새로운 일자리 2만 개를 창출할 것이라고 밝혔다. 이와 달리 마이크로소프트(Microsoft), 알파벳(Alphabet Inc.), 아마존닷컴(Amazon.com)은 해외 현금을 그대로 유지할 계획이다.

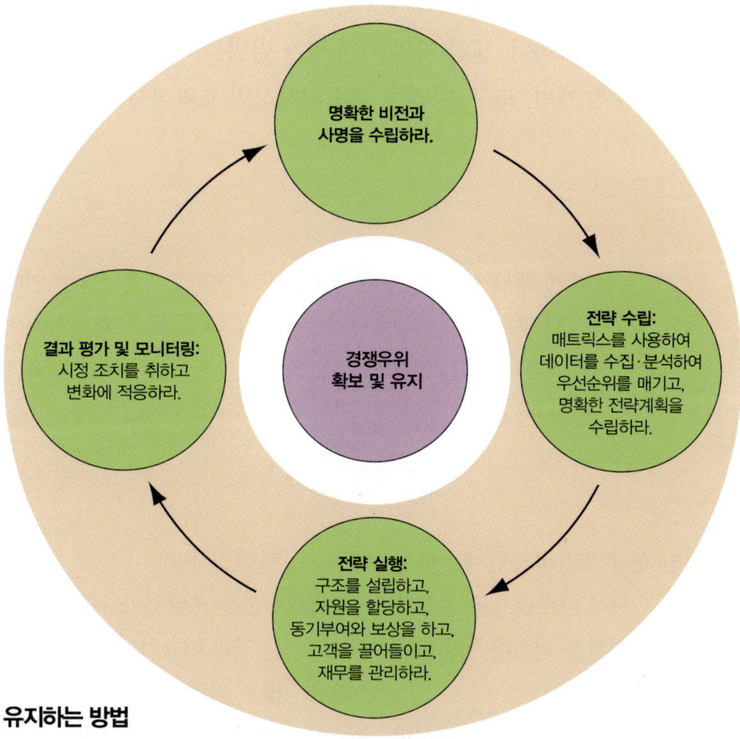

그림 8-3 경쟁우위를 확보하고 유지하는 방법

학생을 위한 시사점

이 장을 공부한 학생들이 대견스럽다. 이 책의 저자들은 학생 국제 사례 경진대회에서 많은 학생 팀이 우승하는 것을 목격했다. 그들은 재정적으로 실현 가능하고 합리적이며 기업에 탁월한 재정적 수익을 안겨줄 수 있다는 것을 입증했다. 이 장의 내용은 다소 어렵지만 학생들이 명확히 이해하기를 바란다. 이 장에서 설명하는 기술을 습득하면 다른 학생들에 비해 경쟁우위를 확보하고, 비즈니스 경력 및 개인 생활에서 사용할 수 있는 재무적 지식 기반을 얻게 될 것이다.

구두 및 서면 프로젝트 시 기회가 있을 때마다 이 장에 제시된 재무 및 회계 개념과 분석을 기업이 어떻게 사용하여 경쟁우위를 얻고 유지할 수 있는지를 밝힌다. 지속적으로 경쟁기업과 비교하고 통찰과 결론을 이끌어내어 자신의 권고안이 잘 구상된 것임을 이해시킨다. 권고안이 재무적으로 실현 가능하고 지출되는 비용이 허투루 쓰이지 않는다는 것을 청중이 확신해야 하기 때문에 EPS/EBIT 분석, 추정 재무제표 분석, 기업 가치 평가 분석을 마다하지 말라. 이에 대한 세밀한 분석에 충분한 시간을 들여 다른 학생들과 교수가 그 분석이 정확하고 합리적임을 인정하게 하라. 학생들은 구두 발표를 서둘러 마치곤 하는데, 이는 제시한 재무제표가 허구이거나 부적합하게 개발된 것임을 의미하므로 그 이슈를 회피하지 말라. www.strategyclub.com의 무료 엑셀 양식을 사용하고 이력서에 '전략기획 소프트웨어 사용 경험'을 포함하라.

은 수익과 이익을 얻기 위해 신중하게 세운 전략에 자금을 조달하기 위해 채권을 발행할 것인지 여부이다.

요약

재무 및 회계 관리자는 기업의 위험을 최소화하고 비용이 저렴하면서도 효과적인 전략 실행 방법을 고안해야 한다. 재무 및 회계 활동의 성격과 역할은 앞 장에서 설명한 경영관리 및 마케팅 활동과 함께 조직의 성공을 크게 좌우한다. 우수한 자본 구조는 경쟁우위가 될 수 있다. 자본 구조에 대한 결정을 내리기 위해서는 EPS/EBIT 분석이 필요하며, 추정 재무제표는 다양한 전략 대안의 영향을 예측하는 데 중요하다. 또한 기업 가치 평가 방법은 기업의 인수합병, 매각, 관리에 항상 사용된다. 이러한 재무적 개념, 도구, 기법을 함께 사용하면 효과적이고 효율적인 전략 실행이 가능하다.

핵심 용어 및 개념

기업공개initial public offering(IPO)
시가 총액market capitalization
시장 가치market value
영업권goodwill
추정 재무제표projected financial statement
자본 구조capital structure
자사주treasury stock
장부 가치book value
프리미엄premium
할인discount
EPS/EBIT 분석EPS/EBIT analysis

복습 및 토론 문제

8-1 "인수 프리미엄은 지난 몇 년 동안 평균 25~40%였지만 때로는 100%를 초과한 적도 있다. 이전 연구에 따르면 높은 보험료는 일반적으로 인수 성과에 부정적인 영향을 미친다." 이 말이 참인지 거짓인지 밝히고 그 이유를 설명하라.

8-2 모든 기업에서 자사주를 늘리면 EPS가 증가하는 이유를 설명하라.

8-3 중국에 본사가 있는 알리바바(Alibaba)와 같은 기업의 대규모 뉴욕증권거래소 IPO가 미국에서 불법이어야 한다는 분석도 있는데, 이는 공산주의 정부하에서 금융 거래에 대한 충분한 안전장치가 마련되어 있지 않기 때문이다. 이에 동의하는지 동의하지 않는지 밝히고 그 이유를 설명하라.

8-4 "미국의 연방법은 기업이 직원을 감시하기 위해 GPS 장치를 사용하는 것을 금지하지 않으며, 기업이 직원에게 그러한 기술을 사용하는지 여부를 공개하도록 요구하지도 않는다." 이 말이 참인지 거짓인지 밝히고, 직원과 기업에 어떤 영향을 미치는지 설명하라.

8-5 자본을 조달하기 위해 주식을 발행하거나 은행에서 돈을 빌리는 것과 비교하여 채권을 판매하는 것의 장단점은 무엇인가?

8-6 많은 기업이 적극적으로 자사주를 매입하는데, 이러한 관행이 권장되거나 특히 유익한 상황은 언제인가? 재무상태표에서 자사주를 늘리는 것의 장단점은 무엇인가?

8-7 휴렛팩커드(Hewlett-Packard)는 기업의 장부 가치보다 영업권이 더 많다. 이것이 의미하는 바는 무엇인지, 어떻게 발생할 수 있는지, 그러한 상황에 대해 무엇을 할 수 있는지 설명하라.

8-8 기업 A가 기업 B를 15% 프리미엄을 주고 인수하는 가상의 예를 들라.

8-9 기업 A가 기업 B를 15% 할인된 가격에 인수하는 가상의 예를 들라.

8-10 자사주란 무엇인가? 기업은 언제 자사주를 매입해야 하는가?

8-11 기업 공개(IPO)란 무엇인가? IPO는 언제 기업에 유리한가?

2018년에 드롭박스(Dropbox)가 IPO를 한 이유는 무엇인가? 현명한 전략적이었는가? 그 이유를 설명하라.

8-12 일반적으로 기업이 IPO를 하는 것을 정당화하려면 기업의 규모가 어느 정도여야 하는가? IPO의 절차를 설명하라.

8-13 배당금은 EPS/EBIT 분석에 어떤 영향을 미치는가? 특정 연도의 이익잉여금으로 '세금, 이자, 배당금 차감 후 이익'을 언급하는 것이 맞는가?

8-14 EPS/EBIT 분석을 수행할 때 첫 번째 행(EBIT)의 수치는 어떻게 얻는가?

8-15 EPS/EBIT 분석을 수행할 때 세율은 어떻게 얻는가?

8-16 주가 수익률 공식이 발행 주식 수에 주가를 곱한 것과 같다는 것을 대수적으로 증명하라. 이 두 가지 방법의 값이 간혹 다른 이유는 무엇인가?

8-17 회계 용어로 재무상태표의 무형자산과 영업권의 차이를 설명하라. 이 두 항목이 추정 재무제표에서 일반적으로 동일하게 유지되는 이유는 무엇인가?

8-18 기업의 총가치를 계산하는 데 자주 사용되는 네 가지 방법을 설명하라.

8-19 최고경영자가 예상 결과를 부풀리거나 축소하기 위해 재무제표를 합법적으로 조작할 수 있는 방법과 그 이유를 설명하라.

8-20 EPS/EBIT 분석은 왜 핵심적인 전략 실행 기법인가?

8-21 EPS/EBIT 분석의 한계를 밝히고 설명하라.

8-22 "재무상태표의 이익잉여금은 전략 실행에 사용할 수 있는 자금이 아니다." 이 말이 참인지 거짓인지 밝히고 그 이유를 설명하라.

8-23 추정 재무제표 분석이 전략 수립 및 실행 도구로 간주되는 이유를 설명하라.

8-24 주가가 20달러, 펀드 이자율이 5%, 세율이 20%, 발행 주식 수가 5억 주이고 EBIT 범위가 1억~3억 달러인 기업의 EPS/EBIT 분석을 수행하라. 이 기업은 2억 달러의 자본을 조달해야 한다. 다음 표를 이용하라.

	모두 주식으로 조달	모두 부채로 조달	주식과 부채 80:20으로 조달
EBIT			
이자율			
EBT			
세금			
EAT			
발행 주식 수			
EPS			

8-25 어떤 조건에서 재무상태표의 이익잉여금이 다음 해로 넘어갈 때 감소하는가?

8-26 추정 재무제표를 개발하는 모든 단계를 열거하라.

8-27 코카콜라의 재무제표에 따르면 2016년, 2017년에 코카콜라가 지불한 배당금은 각각 얼마인가?

8-28 추정 재무제표를 작성할 때 역사적 백분율을 맹목적으로 사용하지 않도록 주의해야 하는 이유는 무엇인가?

확인 학습

SET 1 코카콜라의 전략기획

연습 8A

코카콜라의 EPS/EBIT 분석 수행하기

목적

EPS/EBIT 분석은 실행될 자금 조달 전략에 부채나 주식을 얼마나 이용해야 하는지를 결정하는 데 가장 널리 사용되는 기술 중 하나이다. 이 연습을 통해 EPS/EBIT 분석을 실습해볼 수 있다.

설명

코카콜라는 미국 외 지역에 새로운 제조 공장 4개를 짓기 위해 50억 달러가 필요하다.

이자율: 5%

세율: 21%

주가: 2018년 1월 2일 현재 45.54달러

주식 발행 수: 42억 5,500만 주

EBIT: 비관적(70억 달러), 현실적(90억 달러), 낙관적(110억 달러)

단계

1. 코카콜라의 EPS/EBIT 분석을 수행하라. 코카콜라가 시장 개발 전략에 필요한 자금을 모두 부채로 조달해야 할지, 모든 주식으로 조달해야 할지, 부채와 주식 50:50으로 조달해야 할지 결정하라.
2. EPS/EBIT 표를 완성한 후 EPS/EBIT 차트를 작성하라.
3. 코카콜라의 CFO에게 전할 제안을 세 문장으로 작성하라.

연습 8B
코카콜라의 추정 재무제표 작성하기

목적

이 연습을 통해 추정 재무제표를 작성해볼 수 있다. 이는 다양한 전략 실행 접근 방식의 예상 결과를 예상하고 평가할 수 있으므로 전략적 재무 및 회계 문제이다.

설명

1단계 다른 학생과 함께 작업하라. 가능한 한 엑셀 양식을 사용하여 코카콜라의 예상 손익계산서 및 재무상태표를 작성하라. 코카콜라가 시장점유율을 높이기 위해 10억 달러를 조달해야 하는데, 은행을 통해 50%의 자금을 조달하고 주식 발행으로 50%의 자금을 조달할 계획이라고 가정한다. 필요에 따라 가정을 추가하고 서면으로 명확히 기술한다.

2단계 추정 재무제표에 대해 토론하라.

3단계 추정 재무제표를 다른 학생들의 재무제표와 비교하라. 자신의 분석과 다른 학생의 분석에 어떤 차이가 있는가?

연습 8C
코카콜라의 현금 가치 결정하기

목적

자사의 현금 가치(기업 가치)를 지속적으로 아는 것이 바람직하다. 이 연습에서는 여러 가지 방법으로 기업의 총가치를 결정하며, 이를 위해 연결 사례에 제시된 코카콜라의 재무제표를 이용한다.

설명

1단계 코카콜라의 재무적 가치를 순가치를 이용하는 방법, 당기순이익을 이용하는 방법, 주가 수익률을 이용하는 방법, 발행 주식 수를 이용하는 방법으로 계산하라.

2단계 네 가지 방법의 평균을 구하라. 코카콜라의 가치는 얼마인가?

3단계 자신의 분석 및 결론을 다른 학생들의 분석 및 결론과 비교하라.

연습 8D
코카콜라의 추정 재무비율 분석하기

목적

재무비율은 학생들이 수행해야 하는 단순한 연습 그 이상의 것이다. 기업의 재무비율이 산업 평균을 벗어나거나 시간이 지남에 따라 하락하는 경우 투자자는 하루아침에 지원을 철회하기도 한다. 추정 재무비율은 하룻밤 사이에 일어나는 재난을 피하기 위해 재무 결과를 예측하는 훌륭한 수단이다. 엑셀 양식을 이용하여 기업의 재무제표를 가지고 제안 전략에 따라 추정 재무제표를 작성한 후 추정 재무비율을 생성할 수 있다.

설명

1단계 연습 8B의 결과를 검토하라.

2단계 코카콜라의 예상 유동 비율, 부채 비율, 투자 수익률을 계산하라. 전년도 비율과 비교하여 예상 비율이 어떠한가? 이렇게 비교하는 것이 중요한 이유는 무엇인가?

SET 2 모교의 전략기획

연습 8E

모교의 현금 가치 결정하기

목적

대학을 비롯해 모든 조직의 현금 가치(기업 가치)를 지속적으로 아는 것이 바람직하다. 학부생 수를 기준으로 했을 때 미국의 4대 사립대학은 브리검영대학교(3만 500명), 뉴욕대학교(2만 8,500명), 서던캘리포니아대학교(1만 9,000명), 노스이스턴대학교(1만 7,500명)이다. 이 연습에서는 두 가지 방법을 사용하여 조직의 총가치를 결정한다.

설명

1단계 모교의 가장 최근 손익계산서와 재무상태표를 구하라.

2단계 순가치를 이용하는 방법과 당기순이익을 이용하는 방법으로 모교의 재무적 가치를 계산하라.

3단계 두 가지 방법의 평균을 구하라. 모교의 가치는 얼마인가?

4단계 자신의 분석 및 결론을 다른 학생들의 분석 및 결론과 비교하라.

SET 3 취업 역량 제고를 위한 전략기획

연습 8F

개인 재무제표 개발하기

목적

은행은 개인이 주택담보대출 등의 대출을 요청할 때마다 개인 재무제표를 요구한다. 정규직에 취업하기 전후에 자신의 재정을 관리하는 것은 중요하다. 이 연습을 통해 자기 자신을 위한 손익계산서와 재무상태표를 작성하는 과정을 알 수 있다.

설명

1단계 www.strategyclub.com에서 제공하는 무료 엑셀 양식을 이용하여 본문에서 설명한 단계에 따라 자기 자신을 위한 손익계산서와 재무상태표를 작성하라.

2단계 순자산 = 총자산 − 총부채를 구하라.

3단계 개인의 재무 관리가 고용 가능성을 높이는 데 중요한 이유를 설명하라.

연습 8G

양식 역량 테스트

목적

www.strategyclub.com에 있는 무료 엑셀 전략기획 양식은 학생들과 중소기업의 전략기획에 데 널리 사용되는데, 이 연습을 통해 엑셀 양식에 익숙해질 수 있을 것이다. 엑셀 양식으로 역량을 개발하면 사례 기업의 포괄적인 전략계획을 쉽게 개발할 수 있을 뿐만 아니라 이력서에 그러한 경험을 덧붙일 수도 있다.

설명

엑셀 양식에 대한 다음 질문에 답하고, 문제 또는 고려 사항을 결정하기 위해 다른 학생들과 토론하라.

1. 양식을 종이로 출력하여 재무제표를 붙여넣는 것보다 엑셀 양식에 재무제표를 입력하는 것이 중요한 이유는 무엇인가?
2. 이 장은 양식의 Part I 또는 Part II에 초점을 맞추고 있는가?
3. 특정 수준의 EBIT에 대한 자기자본과 부채의 EPS 범위가 동일하다면 ① 필요한 자본의 양을 25% 조정하는 것, ② 이자율을 1%(100bp) 인상하는 것, ③ 세율을 5%(500bp) 인상하는 것 중 무엇이 가장 큰 차이를 가져오는가? 그 이유는 무엇인가?
4. ① 모두 주식으로 조달, ② 모두 부채로 조달, ③ 주식과 부채를 혼합하여 조달 중 EPS를 최대화하지 않는 방법은 무엇인가? 그 이유는 무엇인가?
5. 엑셀 양식으로 생성된 추정 재무비율을 분석하는 것이 추정 재무제표 추정치를 조정하는 데 어떻게 도움이 되는지 설명하라.
6. 엑셀 양식을 사용할 때 추정 제표의 수치를 물리적으로 계산해야 하는가?
7. 엑셀 양식은 대차를 조정하기 위해 어떤 항목을 사용하여 추정 재무상태표의 대차를 확인하는가?
8. 현재 비율이 과거 1.0에서 예상 5.0으로 변경된 경우 취해야 할 조치는 무엇인가?
9. 자사주를 엑셀 양식에 입력할 때 음수를 입력하는 이유는 무엇인가?
10. 예상 연도에 배당금 지급을 중단하려면 이 계산을 위해 엑셀 양식에 어떤 항목이 필요한가?
11. 현재 공장 부동산 및 설비가 5억 달러이고 첫 회계연도에 이를 5,000만 달러 규모만큼 늘리려는 경우, 첫 예상 회계연도에 공장 부동산 및 설비별로 엑셀 양식의 Part II에 몇 퍼센트를 입력하겠는가?
12. 1억 달러의 보통주를 매각했다면 엑셀 양식의 Part II에 있는 추정 재무상태표에서 어떤 항목에 이를 입력하겠는가?
13. 추정 손익계산서 및 재무상태표의 Part II에 있는 각 항목 오른쪽의 양식은 어떤 유형의 힌트를 제공하는가?
14. 엑셀 양식을 사용하면 원하는 순서대로 날짜를 입력할 수 있고 공시된 재무제표에서 데이터를 역순으로 입력할 수도 있다. 그럼에도 불구하고 가장 오래된 연도부터 가장 최근 연도까지 기존 및 추정 재무 데이터를 입력해야 하는 이유는 무엇인가?

SET 4 개인과 집단의 전략기획

연습 8H

EPS/EBIT 분석의 일곱 가지 제약 사항은 얼마나 심각한가?

목적

EPS/EBIT 분석은 필요한 자본을 조달하는 데 부채가 더 나은지, 자기자본이 더 나은지를 결정하기 위해 가장 널리 사용하는 재무 도구이다. 그러나 모든 분석 도구에는 몇 가지 제한 사항이 있는데, 본문에서는 EPS/EBIT 분석의 다음과 같은 한계를 다루었다.

1. 유연성
2. 소유권 희석
3. 타이밍
4. 레버리지 상황
5. 연속성
6. EBIT 범위

7. 배당금

이 연습의 목적은 상대적 심각성 측면에서 EPS/EBIT 분석의 한계를 보다 면밀히 살펴보고, 개인의 의사결정이 집단의 의사결정보다 더 나은지 확인하는 것이다. 학술 연구에 따르면 집단은 개인보다 약 80% 확률로 더 나은 의사결정을 내릴 수 있다.

설명

표 8-16을 이용하여 EPS/EBIT 분석의 일곱 가지 한계를 심각도에 따라 평가하라(1: 가장 심각함, 7: 가장 덜 심각함). 먼저 각 개인이 개별적으로 한계의 순위를 지정한 뒤 3명으로 구성된 집단별로 순위를 지정한다. 따라서 강사가 지정한 순위와 가장 유사한 순위를 만들어낸 개인과 집단을 확인할 수 있다. 이 연습을 통해 전략기획에서의 의사결정에 대해 개인과 집단의 상대적 효율성을 비교할 수 있다.

단계

1. 표 8-16의 1열을 채우면 일곱 가지 제한 사항의 심각도에 따른 상대적 순위를 알 수 있다(1: 가장 심각함, 7: 가장 덜 심각함). 예를 들어 유연성이 네 번째로 심각하다고 생각한다면 4를 기입한다. EPS/EBIT 표를 완성한 후 EPS/EBIT 차트를 작성하라.
2. 집단 차원에서 일곱 가지 제한 사항의 심각도에 부여하는 순위를 표 8-16의 2열에 기입하라(1: 가장 심각함, 7: 가장 덜 심각함).
3. 강사가 일곱 가지 제한 사항의 심각도에 부여하는 순위를 표 8-16의 3열에 기입하라.
4. 1열과 3열의 차이를 표 8-16의 4열에 기입하라. 이는 개인적 순위 평가가 얼마나 잘 수행되었는지를 나타낸다. (절댓값이므로 마이너스 부호는 무시해도 된다.)
5. 2열과 3열의 차이를 표 8-16의 5열에 기입하라. 이는 집단의 순위 평가가 얼마나 잘 수행되었는지를 나타낸다.
6. 4열의 합계와 5열의 합계를 구하라.
7. 4열의 합계와 5열의 합계를 비교하라. 4열의 합계가 5열의 합계보다 적으면 집단보다 개인이 더 적절하게 평가한 것으로 볼 수 있다. 일반적으로는 개인의 의사결정보다 집단의 의사결정이 우월하다.
8. 4열의 합계가 가장 낮은 개인이 최고의 성과를 거둔 것이다.
9. 여러 집단이 참여했다면 5열의 합계가 가장 낮은 집단이 최고의 성과를 거둔 것이다.

표 8-16 EPS/EBIT 분석의 제약 사항 평가: 개인 대 집단

제약 사항	1열	2열	3열	4열	5열
유연성					
소유권 희석					
타이밍					
레버리지 상황					
연속성					
EBIT 범위					
배당금					
총합					

해즈브로 MINI-CASE

바비 인형을 손에 넣으려는 해즈브로

집을 짓자.

미국 로드아일랜드주 포터킷에 본사를 둔 미국 최대 장난감 제조업체 해즈브로(Hasbro Inc.)는 두 번째로 큰 장난감 제조업체 마텔(Mattel Inc.)의 적대적인 인수 시도에 참여하고 있다. 마텔은 바비(Barbie) 인형, 아메리칸걸(American Girl) 인형, 피셔프라이스(Fisher-Price), 핫휠스(Hot Wheels)를 만들지만 적자를 내고 시장 가치가 50억 달러 아래로 떨어진 반면 해즈브로는 약 110억 달러로 평가된다. 해즈브로에는 너프(Nerf), 트랜스포머스(Transformers), 마이리틀포니(My Little Pony)와 같은 브랜드가 있다.

해즈브로의 주가는 전년 대비 18% 증가한 92달러를 기록하고, 마텔의 주가는 47% 하락한 14달러를 기록했다. 해즈브로는 장난감 공장을 소유하고 있지 않지만 마텔은 장난감 공장을 소유하고 있다. 해즈브로는 영화를 제작하고 영화와 관련된 장난감을 만들어 할리우드와 긴밀한 관계를 구축했으며, 현재는 월트디즈니(Walt Disney)의 〈스타워즈(Star Wars)〉와 프린세스 캐릭터 관련 장난감도 있다. 장난감 제조업체의 문제는 토이저러스(Toys R Us)가 모든 매장을 폐쇄하고 레고(Lego AS)가 전 세계 직원의 8%를 감원했다는 것이다. 몇 년 전 마텔은 해즈브로를 인수하려고 했지만 기업의 운명이 바뀌었다.

해즈브로와 마텔이 합병한다면 합병된 기업은 미국 시장의 약 35%, 전 세계 장난감 판매의 약 22%를 장악할 것이다. 그러나 마텔의 핫휠스 등 모형 자동차와 같은 일부 범주에서는 합병된 기업이 미국 시장의 62%를 장악하게 된다. 마텔은 최근 재정적 안정을 유지하기 위해 주주에 대한 배당금 지급을 중단했다. 마텔이 더 많은 부채 융자를 확보하기 위해 노력하고 있음에도 신용 평가 회사는 마텔의 등급을 낮추었다.

문제

1. 2017년 말 110억 달러였던 것에 비해 현재 해즈브로의 가치는 얼마인가?
2. 2017년 말 50억 달러였던 것에 비해 현재 마텔의 가치는 얼마인가?
3. 해즈브로와 마텔을 합병하면 어떤 장단점이 있는가?
4. 반독점 규제 당국이 업계 최대 두 기업의 합병을 승인할 수 있는 정도를 평가하라.

출처: Dana Mattioli, "Hasbro Sets Its Sights on Mattel," *Wall Street Journal, November* 11–12, 2017, p. A1–A2. Paul Ziobro, "For Toy Makers, a New Game," *Wall Street Journal, November* 15, 2017, B7.

웹 참고 자료

1. https://www.accountingtools.com/articles/what-is-the-retained-earnings-formula.html
이 웹사이트는 이익잉여금과 기타 회계 도구 및 기법에 대한 설명을 제공한다.
2. http://www.understand-accounting.net/TheReliabilityandAccuracyoffinancialstatements.html
이 웹사이트는 추정 재무제표와 기타 회계 도구 및 기법에 대한 설명을 제공한다.

참고 문헌

Arts, Sam, Bruno Cassiman, and Juan Gomez. "Text Matching to Measure Patent Similarity." *Strategic Management Journal* 39, no. 1 (January 2018): 62–84.

Caner, Turanay, Susan K. Cohen, and Frits Pil. "Firm Heterogeneity in Complex Problem Solving: A Knowledge-Based Look at Invention." *Strategic Management Journal* 38, Issue 9 (September 2017): 1791–1811.

Castellaneta, Francesco, Raffaele Conti, and Aleksandra Kacperczyk. "Money Secrets: How Does Trade Secret Legal Protection Affect Firm Market Value? Evidence from the Uniform Trade Secret Act." *Strategic Management Journal* 38, no. 4 (April 2017): 834–853.

Cuypers, Ilya R. P., Youtha Cuypers, and Xavier Martin. "When the Target May Know Better: Effects of Experience and Information

Asymmetries on Value From Mergers and Acquisitions." *Strategic Management Journal* 38, no. 3 (March 2017): 609–625.

Dallemule, Leandro, and Thomas H. Davenport. "What's Your Data Strategy?" *Harvard Business Review* 95, no. 3 (May–June 2017): 112–121.

Deb, Palash, Parthiban David, and Jonathan O'Brien."When Is Cash Good or Bad for Firm Performance?" *Strategic Management Journal* 38, no. 2 (February 2017): 436–454.

Dorobantu, Sinziana, and Kate Odziemkowska. "Valuing Stakeholder Governance: Property Rights, Community Mobilization, and Firm Value." *Strategic Management Journal* 38, no. 13 (December 2017): 2682–2703.

Elfenbein, Daniel W., Anne Marie Knott, and Rachel Croson. "Equity Stakes and Exit: An Experimental Approach to Decomposing Exit Delay." *Strategic Management Journal* 38, no. 2 (February 2017): 278–299.

Fitza, Markus, and Laszio Tihanyi. "How Much Does Ownership Form Matter?" *Strategic Management Journal* 38, no. 13 (December 2017): 2726–2743.

Greer, Charles R., Robert F. Lusch, and Michael A. Hitt. "A Service Perspective for Human Capital Resources: A Critical Base for Strategy Implementation." *Academy of Management Perspectives* 31, no. 2 (May 2017): 137–158.

Kiss, Andreea N., and Pamela S. Barr. "New Product Development Strategy Implementation Duration and New Venture Performance: A Contingency-Based Perspective." *Journal of Management* 43, no. 4 (April 2017): 1185–1210.

Mankins, Michael, Karen Harris, and David Harding. "Strategy in the Age of Superabundant Capital." *Harvard Business Review* 95, no. 2 (March–April 2017): 66–75.

Martin, Roger L., and Tony Golsby-Smith. "Management Is Much More than A Science: The Limits of Data-Driven Decision Making." *Harvard Business Review* 95, no. 5 (September–October 2017): 128–135.

Miles, Sandra Jeanquart, and Mark Van Clieaf. "Strategic Fit: Key to Growing Enterprise Value Through Organizational Capital." *Business Horizons* 60, no. 1 (January 2017): 55–65.

Ragozzino, Roberto, Jeffrey J. Reuer, and Lenos Trigeorgis. "Real Options in Strategy and Finance: Current Gaps and Future Linkages." *Academy of Management Perspectives* 30, no. 2 (November 2016): 428–440.

Riley, Shawn M., Steven C. Michael, and Joseph T. Mahoney. "Human Capital Matters: Market Valuation of Firm Investments in Training and the Role of Complementary Assets." *Strategic Management Journal* 38, no. 9 (September 2017): 1895–1914.

Sadun, Raffaella, Nicholas Bloom, and John Van Reenen. "Why Do We Undervalue Competent Management? Neither Great Leadership Nor Brilliant Strategy Matters Without Operational Excellence." *Harvard Business Review* 95, no. 5 (September–October 2017): 120–127.

Wei, Jiuchang, Zhe Ouyang, and Haipeng (Allan) Chen. "Well Known or Well Liked? The Effects of Corporate Reputation on Firm Value at the Onset of a Corporate Crisis." *Strategic Management Journal* 38, no. 10 (October 2017): 2103–2120.

PART 4

전략 평가와 거버넌스

9

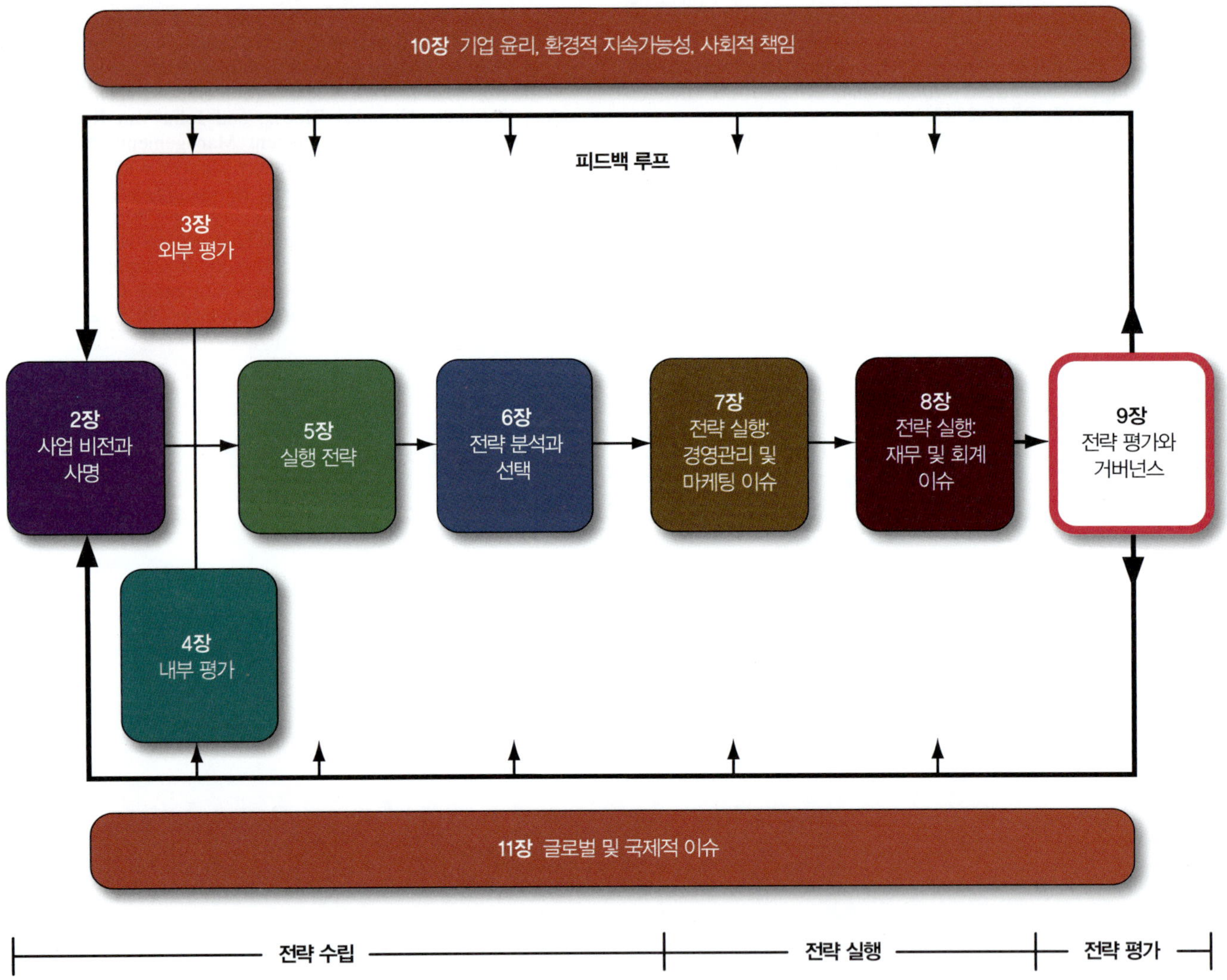

그림 9-1 포괄적·통합적 전략경영 모델

출처: Fred R. David, "How Companies Define Their Mission," *Long Range Planning* 22, no. 1 (February 1989): 91. Anik Ratnaningsih, Nadjadji Anwar, Patdono Suwignjo, and Putu Artama Wiguna, "Balance Scorecard of David's Strategic Modeling at Industrial Business for National Construction Contractor of Indonesia," *Journal of Mathematics and Technology,* no. 4 (October 2010): 20.

전략 평가와 거버넌스

학습 목표

9-1 전략 평가 프로세스를 이해한다.

9-2 전략 평가를 구성하는 세 가지 활동을 알아본다.

9-3 균형성과표를 이해하고 개발한다.

9-4 전략기획에서 거버넌스의 역할을 이해한다.

9-5 전략적 과제의 네 가지 도전을 알아본다.

9-6 효과적인 전략경영을 위한 지침을 알아본다.

확인 학습

SET 1 코카콜라의 전략기획

연습 9A 코카콜라의 균형성과표 개발하기

SET 2 모교의 전략기획

연습 9B 모교의 전략 평가 보고서 작성하기

SET 3 취업 역량 제고를 위한 전략기획

연습 9C 자신의 직업과 개인 목표를 평가하는 균형성과표 개발하기

SET 4 개인과 집단의 전략기획

연습 9D 효과적인 전략경영을 위한 다양한 지침은 얼마나 중요한가?

기업의 외부 및 내부 환경이 변화하면 최적으로 수립 및 실행되던 전략이 쓸모없어지므로 전략가는 그림 9-1에 나타낸 것과 같이 전략의 실행을 체계적으로 평가해야 한다. 이 장에서는 전략을 평가하고, 전략이 제대로 작동하는지 확인하며, 적시에 전략을 변경하려는 경영자의 노력을 도울 수 있는 틀을 제공한다.

이사회는 직무 명세서의 일부로 전략을 평가하므로 거버넌스와 관련된 문제도 다룰 것이다. 이사회 구성원은 최고경영진과 함께 프로세스에 점점 더 많이 참여하기 때문에 실제 전략기획을 수립하기 위한 지침을 제시한다. 또한 전략기획 활동에 영향을 미치는 특별한 도전도 살펴본다.

이 장에서 소개하는 귀감이 되는 전략가는 로쿠(Roku)의 설립자이자 CEO인 앤서니 우드(Anthony Wood)이다. 로쿠는 급성장하는 비디오 스트리밍, TV 제조, 마케팅 기업이다.

학습 목표 9-1

전략 평가 프로세스를 이해한다.

전략 평가 프로세스

전략경영 프로세스에서는 중요하면서도 오랫동안 지속적인 결과를 가져올 수 있는 결정을 내린다. 잘못된 전략적 결정은 되돌리기 매우 힘든 심각한 결과를 초래할 수 있다. 따라서 대부분의 전략가는 전략 평가가 필수적이라는 데 동의하며, 시기적절한 평가를 통해 경영진은 문제가 심각해지기 전

귀감이 되는 전략가

로쿠 CEO 겸 창립자 앤서니 우드

Andriy Popov/123RF

2002년에 로쿠를 세운 앤서니 우드는 스티브 잡스(Steve Jobs) 또는 마크 저커버그(Mark Zuckerberg)의 뒤를 잇는 인물이라고 감히 말할 수 있다. 미국 캘리포니아주 로스가토스에 본사를 둔 로쿠는 미디어 플레이어, TV, 액세서리를 제공하는 TV 스트리밍 회사로서 자체 특수 운영체제로 TV를 제조 및 판매한다. 미국에서 판매되는 TV 중 약 20%가 로쿠 운영체제로 구동되고 있으며, 로쿠의 시장점유율은 매년 거의 30% 이상 증가하고 있다. 거대 경쟁기업들과 달리 로쿠는 외부 콘텐츠 제작자와의 거래에만 의존한다. 로쿠는 아마존의 파이어TV, 구글의 유튜브와 크롬캐스트, 애플TV와 달리 자체 프로그램을 만들지 않는다. 이러한 경쟁우위는 로쿠가 스트리밍 앱과 사용자에게 마케팅하는 콘텐츠를 전달할 때 중립을 유지할 수 있음을 의미한다. 로쿠의 기기는 월마트(Walmart)에서 29.95달러로 가장 저렴하며 확실히 최고로 꼽을 만하다.

로쿠는 우드가 세운 여섯 번째 회사로, 로쿠라는 이름은 '6'을 의미하는 일본어에서 따온 것이다. 로쿠를 설립하기 전에 우드는 인터넷 소프트웨어 회사인 아이밴드(iband, Inc.)를 설립했다. 또한 디지털 영상 저장 장치(DVR)를 발명하고 리플레이TV(ReplayTV)를 설립했는데, 리플레이TV는 훗날 다이렉TV(DirecTV)에 인수되었다. 텍사스A&M대학교에서 전기공학을 전공한 우드는 대학 3학년 때 첫 회사를 세웠으며, 경력 초기에는 비선형 오디오 녹음·편집 하드웨어 및 소프트웨어 도구를 공급하는 선두 업체인 선라이즈인더스트리스(SunRize Industries)를 설립하기도 했다.

집안이 부유하지 않았던 우드의 처음 목표는 돈을 많이 버는 것이었다. 그는 다양한 사람들이 사업을 시작하여 부자가 되는 것을 보고 자신도 그렇게 하기로 결심했다. 모범적인 전략가이자 뛰어난 기업가인 우드는 돈이 동기부여가 되었다고 말하면서 이렇게 덧붙였다. "돈은 명예로운 동기가 아니지만 효과가 있다."

출처: 다양한 자료원

에 이를 파악할 수 있다. 전략 평가 프로세스의 기본적인 활동은 다음과 같다.

1. 기업 전략의 기본 토대를 조사한다.
2. 예상 결과와 실제 결과를 비교한다.
3. 성과가 계획에 부합하도록 시정 조치를 한다.

때맞춘 적절한 피드백은 효과적인 전략 평가의 초석이다. 전략 평가는 그 기반이 되는 정보보다 나을 수 없다. 상위 관리자의 과도한 압박은 하위 관리자가 만족할 만하다고 생각하는 수치를 억지로 만들어내는 결과를 초래할 수 있다. 전략 평가는 복잡하고 민감한 작업으로, 이를 너무 강조하면 비용이 많이 들고 비생산적일 수도 있다. 아주 정밀하게 평가받는 것을 좋아하는 사람은 없다. 그러나 평가가 너무 부족하거나 아예 이루어지지 않는다면 더 심각한 문제가 발생할 수 있다. 전략 평가는 명시된 목표가 달성되고 있는지 확인하는 데 필수적이다. 전략가는 전략 평가를 더 나은 기업을 만들 수 있는 기회로 간주하여 기업이 더 잘 경쟁하고 모든 구성원이 기업의 수익성 향상을 공유할 수 있는 조직 문화를 조성해야 한다. 이에 이 장에서는 전략을 평가하는 방법을 설명하려 한다.

많은 기업에서 전략 평가는 단순히 기업이 얼마나 잘 수행했는지에 대한 평가를 의미한다. 기업의 자산이 증가했는가? 수익성 증가가 있었는가? 매출이 증가했는가? 생산성 수준이 높아졌는가? 이익률, 투자 수익률, 주당 순이익률이 증가했는가? 일부 기업은 이러한 질문에 대한 답변이 긍정적이라면 전략이 맞다고 주장한다. 전략이 맞을 수도 있지만 전략 평가는 장기와 단기 둘 다에 초점을 맞추어야 하므로 그러한 추론은 오해의 소지가 있다. 변경하기 뒤늦을 때까지 잘못된 전략이 단기 운영 결과에 영향을 미치지 않을 수도 있고, 우수한 전략이 좋은 결과를 내는 데 몇 달, 아니 몇 년이 걸릴 수도 있다.

기업은 주요 외부 및 내부 요인이 급변하는 역동적인 환경에 놓여 있기 때문에 전략 평가가 중요하다. 오늘의 성공이 내일의 성공을 보장하지 않는다. 1953년 사망할 때까지 소련의 무자비한 지도자(1928년부터)이자 총리(1941년부터)였던 이오시프 스탈린(Iosif Stalin)이 했던 유명한 말이 있다. "역사는 무적의 군대가 없다는 것을 보여준다." 이 말은 가장 막강하고 성공적인 기업이라도 전략을 지속적으로 평가하고 경쟁자들을 경계해야 한다는 것을 시사한다. 기업은 절대 성공에 안주하면 안 된다. 한 해 동안 번성했다가 그다음 해에는 생존을 위해 분투했던 기업이 수없이 많다. 피터 드러커(Peter Drucker)가 말하길, "전략 평가를 진지하고 체계적으로 수행하지 않는 한, 그리고 전략가가 기꺼이 결과에 따라 행동하지 않는 한 어제를 방어하는 데 에너지가 소모될 것이다."

특정 전략이 최적이라는 것을 확실히 입증하거나 그 전략이 작동할 것이라고 보장하는 것은 불가능하다. 그러나 모든 전략은 선택된 활동 영역에서 경쟁우위를 창출하거나 유지해야 한다. 일반적으로 경쟁우위는 자원, 기술, 포지션, 이 세 영역 중 하나에서 우월한 결과이다. 군사 이론가, 체스 선수, 외교관은 자원의 배치가 결합되어 효과성을 향상할 수 있다는 생각이 낯설지 않을 것이다. 포지션 역시 조직의 전략에서 중요한 역할을 할 수 있다. 일단 좋은 포지션을 획득하면 방어가 가능하다. 즉 경쟁자가 전면 공격을 하려면 너무 많은 비용이 들기 때문에 그러기가 어렵다. 포지션의 우위는 그것을 기반으로 하는 주요 외부 및 내부 요인이 안정적으로 유지되는 한 자체적으로 유지되는 경향이 있다. 그래서 기존 기업은 원천 기술 수준이 평균에 불과하더라도 쉽게 퇴출되지 않는다.[1]

전략 평가는 점점 더 어려워지고 있다. 오늘날 국내 및 세계 경제가 상호 연관성이 높아지고, 제품 수명주기가 더 짧아지고, 기술 발전이 더 빠르고, 변화가 빠르게 일어나고, 세계적으로 경쟁자가 많고, 계획 주기가 더 짧아지고, 소셜미디어와 스마트폰이 모든 것을 변화시켰기 때문이다. 오늘날 관리자가 직면하는 근본적인 문제는 점점 더 공정성, 개방성, 투명성, 유연성 및 참여를 요구하는 인력을 효과적으로 관리하는 것이다. 관리자에게는 책임감 있게 행동하는 권한 있는 직원이 필요하다. 그렇지 않으면 평판 훼손, 벌금, 기회 상실, 경영진의 주의 분산 등으로 막대한 비용이 들기도 한다. 나쁜 소식은 소셜미디어를 통해 들불처럼 퍼진다. 웰스파고(Wells Fargo)가 몇 년 전 은행 직원들에게 새로운 계좌를 유치하도록 엄청난 압력을 가했다는 것을 알았듯이, 특정 목표를 달성하기 위해 너무 많은 압력을 가하는 것은 역효과로 이어질 수 있다.

전략을 주기적으로 평가하는 것이 아니라 지속적으로 평가하면 진행 상황에 대한 기준점을 수립하고 보다 효과적으로 모니터링할 수 있다. 어떤 전략은 실행하는 데 몇 년이 걸리기 때문에 관련 결과가 몇 년 동안 분명하지 않기도 한다. 성공적인 전략은 인내심과 필요시 시정 조치를 즉시 취하려는 의지를 결합한다. 조직은 시정 조치가 필요한 때가 있게 마련이다. 변화를 모니터링하고 관리하는 것은 매우 중요하다. 몇 세기 전 한 작가(아마도 솔로몬)는 변화에 대해 다음과 같이 말했다.

> 모든 일에는 때가 있다.
> 태어날 때가 있고 죽을 때가 있고,
> 심을 때가 있고 뿌리를 뽑을 때가 있고,
> 죽일 때가 있고 고칠 때가 있고,
> 허물 때가 있고 세울 때가 있고,
> 울 때가 있고 웃을 때가 있고,
> 슬플 때가 있고 춤출 때가 있고,
> 돌을 던질 때가 있고 돌을 모을 때가 있고,
> 포용할 때가 있고 자제할 때가 있고,
> 찾을 때가 있고 포기할 때가 있고,
> 지킬 때가 있고 버릴 때가 있고,
> 찢을 때가 있고 고칠 때가 있고,
> 침묵할 때가 있고 말할 때가 있고,
> 사랑할 때가 있고 미워할 때가 있고,
> 전쟁의 때가 있고 평화의 때가 있다.[2]

기업의 관리자와 직원은 기업의 목표 달성을 위한 진행 상황과 관련하여 최신 정보를 알고 있어야 한다. 만약 가정, 기대나 결과가 예측과 크게 다르다면 전략에 대한 평가가 필요하다. 전략을 평가하는 것은 사람들이 차이를 만들어낸다는 의미에서 전략을 수립하고 실행하는 것과 마찬가지이다. 전략 평가 프로세스에 참여함으로써 관리자와 직원은 기업이 목표를 향해 꾸준히 나아갈 수 있도록 최선을 다하게 된다.

글로벌 캡슐 9에서 보듯이 심지어 국가도 이 장에 제시된 세 가지 전략 평가 활동에 참여한다.

글로벌 캡슐 9 GLOBAL CAPSULE

어떤 국가의 새로운 전략이 '비전 2030'인가?

새로운 전략을 '비전 2030'이라고 일컫는 국가는 바로 사우디아라비아이다. 세계에서 자국의 위상을 검토하고 많은 변수의 성과를 측정한 후 사우디아라비아는 '비전 2030'이라는 새로운 전략에 따라 시정 조치를 취하고 있다. 무함마드 빈 살만(Mohammed bin Salman) 왕세자가 이끄는 사우디아라비아는 반부패 조치로의 변화를 기반으로 대대적인 진보적 개혁을 추진하고 있다. 2017년 말에 국가 재정을 검토한 결과 수십 년에 걸쳐 조직적인 부패와 횡령으로 1,000억 달러 이상이 유용된 것으로 밝혀졌다. 그래서 최근에 17명의 왕자를 포함하여 208명 이상이 체포되고 그들의 개인 은행 계좌가 폐쇄되었다.

사우디아라비아는 여성에 대한 규제를 완화하고 관광과 무역을 활성화함으로써 석유를 벗어나 경제를 다각화하려는 움직임을 보이고 있다. 이제 여성도 차를 운전하고 스포츠 행사에 참석할 수 있다. 자동차 회사는 매년 새로운 사우디아라비아 여성 15만 명이 운전하는 것을 목표로 하고 있으며, 그들 중 다수는 자기 차를 가지고 싶어 한다. 예를 들어 포드(Ford)는 최근 사우디아라비아에서 여성들에게 운전하는 법을 보여주기 위해 운전 강습을 주최했다. 사우디아라비아는 투자자를 위한 투명한 사업 환경, 번영하는 경제, 활기찬 사회, 책임 있는 국가를 만들고 있다. 또한 사우디아라비아는 자국과 요르단, 이집트를 포함하는 5,000억 달러 규모의 독립 경제 구역을 출범했다. 왕세자는 정부가 소유한 석유 회사인 사우디아람코(Saudi Aramco)가 뉴욕증권거래소에 상장되기를 바란다. 그는 '세계와 모든 종교에 개방하는' 방향으로 사우디아라비아를 움직이고 있다. 그러나 사우디아라비아의 여성은 해외여행이나 결혼을 하려면 법적으로 남성 보호자의 허락을 받아야 한다. 사우디아라비아의 경기장과 대부분의 공공장소에서는 여성과 남성이 같이 있을 수 없다. 여성은 '가족 구역(family section)'에만 있어야 하고 남성과 분리된 경기장 입구로 다녀야 한다. (이란에서는 여성이 스포츠 행사에 참석하는 것을 아직도 금지하고 있다.)

나는 지금 행복해요.

2018년에 사우디아라비아는 수십 년간 할리우드식 오락을 금지해왔던 것을 해제하면서 영화관 건설을 허용했다. 영화 속 콘텐츠는 검열되며, 남녀가 함께 새로운 극장에 갈 수 있는지는 명확하지 않다. 성별 분리는 전국적으로 널리 행해지지만 '비전 2030'에 따라 변화하고 있다. 한편 사우디아라비아의 많은 식당과 카페는 여전히 남성에게만 개방되어 있고, 모든 여성은 집 밖에 나갈 때 아바야라는 긴 가운을 입어야 한다.

출처: Majid Al Qasabi, "Riyadh Is Delivering on Vision 2030," *Wall Street Journal*, November 13, 2017, A17.

세 가지 전략 평가 활동

학습 목표 9-2
전략 평가를 구성하는 세 가지 활동을 알아본다.

표 9-1은 해결해야 할 핵심 질문, 해당 질문에 대한 대안적 답변, 조직이 취해야 할 적절한 조치의 관점에서 세 가지 전략 평가 활동을 요약한 것이다. 외부 및 내부 요인이 크게 변하지 않고, 기업이 명시된 목표를 달성하기 위해 만족스럽게 진전되는 경우를 제외하고는 거의 항상 시정 조치가 필요하다.

전략의 기반 검토

전략 평가 활동 간의 관계를 나타낸 그림 9-2에서 보듯이 **조직 전략의 기본 기반 검토**(reviewing the underlying bases of an organization's strategy)는 수정된 외부 요인 평가(EFE) 매트릭스 및 내부 요인 평가(IFE) 매트릭스를 개발하여 접근할 수 있다. **수정된 IFE 매트릭스**(revised IFE Matrix)는 기업의 경영관리, 마케팅, 재무, 회계, 생산, MIS의 강점과 약점 변화에 초점을 맞추어

표 9-1 전략 평가 사정 매트릭스

기업 내부의 전략적 입장에 중요한 변화가 있었는가?	기업 외부의 전략적 입장에 중요한 변화가 있었는가?	기업은 명시된 목표를 달성하는 데 만족스럽게 진전했는가?	결과
아니요	아니요	아니요	시정 조치
예	예	예	시정 조치
예	예	아니요	시정 조치
예	아니요	예	시정 조치
예	아니요	아니요	시정 조치
아니요	예	예	시정 조치
아니요	예	아니요	시정 조치
아니요	아니요	예	현재 전략 유지

야 한다. **수정된 EFE 매트릭스**(revised EFE Matrix)는 기업의 전략이 주요 기회와 위협에 얼마나 효과적이었는지를 나타내야 한다. 이 분석은 다음과 같은 질문도 다룰 수 있다.

- 경쟁자들은 우리의 전략에 어떻게 반응했는가?
- 경쟁자들의 전략은 어떻게 변화되었는가?
- 주요 경쟁자들의 강점과 약점이 변화되었는가?
- 경쟁자들이 특정 전략을 변경한 이유는 무엇인가?
- 일부 경쟁자들의 전략이 다른 경쟁자들의 전략보다 더 성공적인 이유는 무엇인가?
- 경쟁자들은 현재의 시장 지위와 수익성에 얼마나 만족하고 있는가?
- 주요 경쟁자들은 보복을 하기 전에 어디까지 밀어붙일 수 있는가?
- 어떻게 하면 경쟁자들과 보다 효과적으로 협력할 수 있는가?

다양한 외부 및 내부 요인으로 인해 기업은 장기 및 연간 목표를 달성하지 못할 수도 있다. 외부적으로는 경쟁자의 행동, 수요 변화, 기술 변화, 경제 변화, 인구통계학적 변화, 정부의 행동이 목표 달성을 방해할 수도 있고, 내부적으로는 비효율적인 전략을 선택했거나 실행 활동이 좋지 못했을 수도 있다. 목표가 너무 낙관적이었을 수도 있다. 따라서 목표 달성의 실패는 관리자와 직원의 불만족스러운 업무 수행으로 인한 결과가 아닐 수도 있다. 모든 조직 구성원은 전략 평가 활동에 대한 지원을 장려하기 위해 이것을 알아야 한다. 조직은 전략이 효과적이지 않을 때 가능한 한 빨리 알아야 한다. 때로는 최전선에 있는 관리자와 직원이 전략가보다 훨씬 먼저 이를 발견한다. 근본적인 핵심 외부 및 내부 요인이 변경될 것인지 여부가 아니라 언제 어떤 방식으로 변경될 것인지의 문제이다. 다음은 전략을 평가할 때 다루어야 할 몇 가지 주요 질문이다.

- 우리의 내부 강점은 여전히 강점인가?
- 다른 내부 강점이 추가되었는가? 그렇다면 그것은 무엇인가?
- 우리의 내부 약점은 여전히 약점인가?
- 다른 내부 약점이 추가되었는가? 그렇다면 그것은 무엇인가?
- 우리의 외부 기회는 여전히 기회인가?
- 다른 외부 기회가 추가되었는가? 그렇다면 그것은 무엇인가?

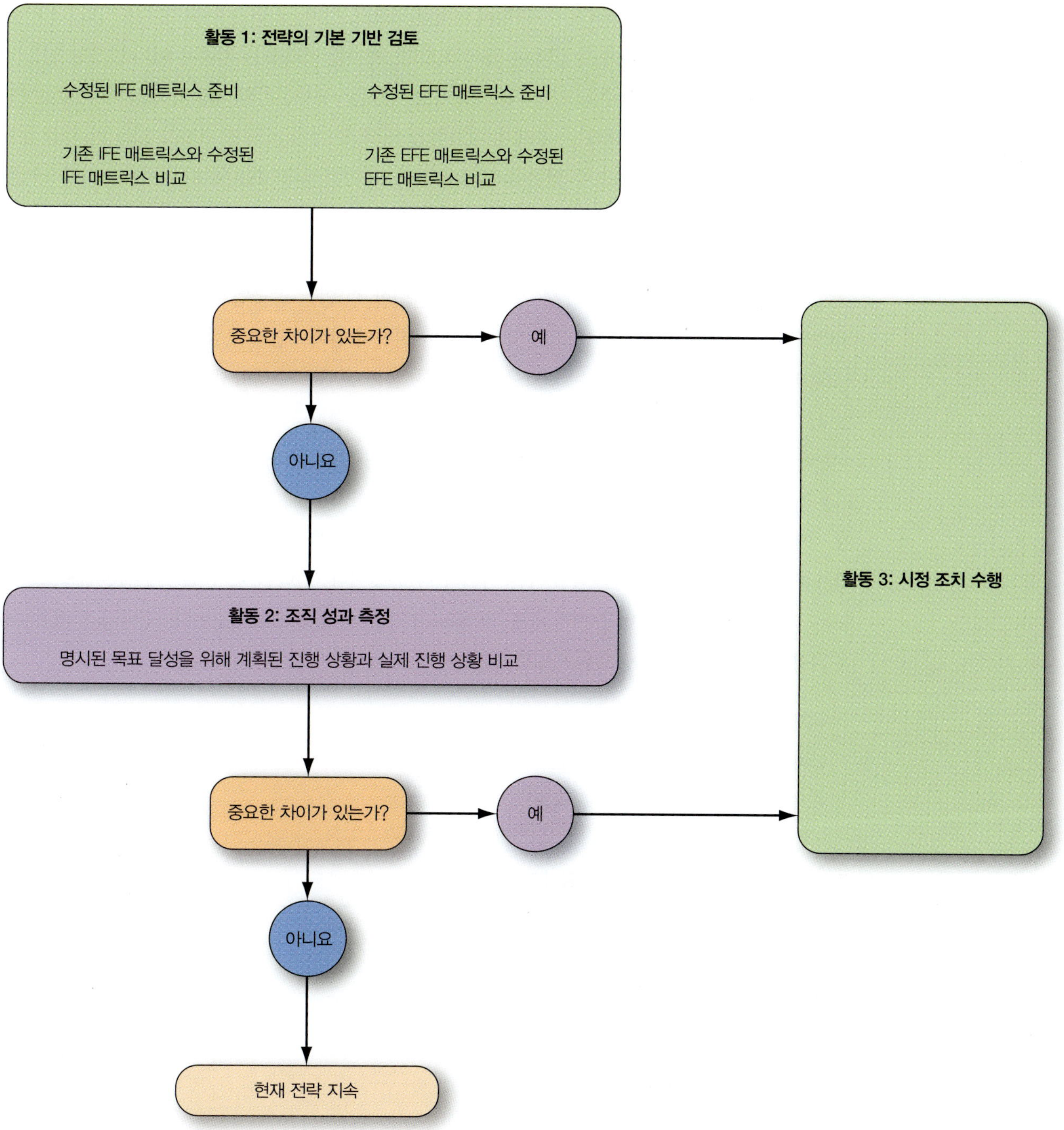

그림 9-2 전략 평가 프레임워크

- 우리의 외부 위협은 여전히 위협인가?
- 다른 외부 위협이 추가되었는가? 그렇다면 그것은 무엇인가?
- 우리는 적대적 인수에 취약한가?

조직 성과 측정

또 다른 중요한 전략 평가 활동은 **조직 성과 측정**(measuring organizational performance)이다. 이 활동에는 예상 결과와 실제 결과 비교, 계획과의 차이 조사, 개인별 성과 평가, 명시된 목표 달성을 위한 진행 상황 검토가 포함된다. 이 과정에서 일반적으로 장기 및 연간 목표가 사용된다. 전략 평가 기준은 측정 가능하고 쉽게 확인할 수 있어야 한다. 결과를 예측하는 기준은 이미 발생한 일을 나타내는 기준보다 더 중요할 수도 있다. 예를 들어 전략가는 지난 분기의 매출이 예상보다 20% 낮다는 사실을 단순히 보고하기보다는, 추세에 대응하기 위해 몇 가지 조치를 취하지 않는 한 다음 분기의 매출이 기준보다 20% 낮을 수 있음을 알아야 한다. 효과적인 통제를 위해서는 정확한 예측이 필요하다.

장기 목표나 연간 목표를 달성하는 데 만족스러운 진전이 없다면 이는 시정 조치가 필요하다는 신호이다. 불합리한 정책, 예상치 못한 경제 변화, 신뢰할 수 없는 공급업체나 유통업체, 비효율적인 전략과 같은 많은 요인으로 인해 목표 달성을 위한 진전이 만족스럽지 못할 수 있다. 문제는 비효과성(올바른 일을 하지 않음) 또는 비효율성(올바른 일을 제대로 수행하지 못함) 때문에 발생할 수 있다.

전략 평가에서 어떤 목표가 가장 중요한지를 결정하는 것은 어려울 수 있다. 전략 평가는 정량적 기준과 정성적 기준 모두를 기반으로 한다. 전략을 평가하기 위해 정확한 기준을 선택하는 것은 특정 기업의 규모, 산업, 전략, 경영 철학에 따라 달라진다. 예를 들어 축소 전략을 추구하는 기업의 평가 기준은 시장 개발 전략을 추구하는 기업과 다를 것이다. 전략을 평가하는 데 일반적으로 사용되는 정량적 기준은 재무비율이며, 종종 기업의 각 부문에 대해 모니터링된다. 전략가는 재무비율을 사용하여 다음과 같은 중요한 비교를 수행한다.

- 각기 다른 기간의 성과 비교
- 자사의 성과를 경쟁기업과 비교
- 자사의 성과를 업계 평균과 비교

표 9-2 조직 성과 평가를 위한 프레임워크의 예

요소	실제 결과	예상 결과	편차	조치 필요
기업 매출				
기업 이익				
기업 투자 수익률				
지역 1 매출				
지역 1 이익				
지역 1 투자 수익률				
지역 2 매출				
지역 2 이익				
지역 2 투자 수익률				
제품 1 매출				
제품 1 이익				
제품 1 투자 수익률				
제품 2 매출				
제품 2 이익				
제품 2 투자 수익률				

조직 성과 측정에는 많은 변수가 포함될 수 있고 또 포함되어야 한다. 표 9-2와 같이 일반적으로 유리하거나 불리한 편차가 월별, 분기별, 매년 기록되고, 그에 따라 필요한 조치가 결정된다.

잠재적 문제는 전략을 평가하기 위해 정량적 기준만을 사용하는 것과 관련이 있다. 첫째, 대부분의 정량적 기준은 장기 목표가 아닌 연간 목표에 맞추어져 있다. 둘째, 다양한 회계 방법이 많은 정량적 기준에 대해 다른 결과를 제공할 수 있다. 셋째, 직관적인 판단이 정량적 기준을 도출하는 데 거의 항상 관여한다. 따라서 전략을 평가할 때는 정성적 기준도 중요하다. 높은 결근율과 이직률, 낮은 생산 품질 및 수량 비율, 낮은 직원 만족도와 같은 인적 요소는 성과 저하의 근본 원인이 될 수 있다. 마케팅, 재무, 회계, MIS 요인도 재무적 문제를 일으킬 수 있다. 전략을 평가할 때 '균형 잡힌' 양적/질적 접근법이 필요하므로 균형성과표에 대한 논의가 필요해진다.

전략 평가에서 질적 판단의 필요성을 나타내는 몇 가지 추가 질문은 다음과 같다.

- 고위험 프로젝트와 저위험 프로젝트 간의 투자 균형이 얼마나 좋은가?
- 장기 프로젝트와 단기 프로젝트 간의 투자 균형이 얼마나 좋은가?
- 느리게 성장하는 시장과 빠르게 성장하는 시장 간의 투자 균형이 얼마나 좋은가?
- 여러 부서 간의 투자 균형이 얼마나 좋은가?
- 기업의 전략 대안은 어느 정도까지 사회적 책임이 있는가?
- 기업의 주요 내부 및 외부 전략 요소 간의 관계는 어떠한가?
- 주요 경쟁자들은 특정 전략에 어떻게 대응할 가능성이 있는가?

시정 조치 수행

시정 조치 수행(taking corrective action)이라는 최종 전략 평가 활동은 미래를 위해 경쟁적으로 기업을 재배치하는 변화를 요구한다. 표 9-3에서 보듯이 필요한 시정 조치의 예로는 조직 구조 변경, 한 명 이상의 핵심 인력 교체, 사업부 매각, 비전 또는 사명 수정 등이 있다. 이 밖에도 목표 설정 또는 수정, 새로운 정책 고안, 주식 발행으로 자본 조달, 영업사원 증원, 자원을 다르게 할당, 새로운 성과 인센티브 도입 등이 포함될 수 있다. 시정 조치가 반드시 기존 전략을 포기하거나 새로운 전략을 수립해야 함을 의미하는 것은 아니다.

직원, 사업부 또는 부문의 조치나 결과가 사전에 형성된 또는 계획된 성과와 일치하지 않을 때 시정 조치가 필요하다. 예를 들어 미국의 상징적인 기업인 제너럴일렉트릭(General Electric)은 지난 몇 년간의 심각한 매출 및 이익 감소를 되돌리기 위해 2018년에 대규모 시정 조치(표 9-3의 12개 모두)를 취했다. 제너럴일렉트릭은 2018년 연말까지 연간 10억 달러의 비용을 절감할 계획이다.

표 9-3 바람직하지 않은 편차를 수정하는 데 필요한 시정 조치

1. 조직 구조 변경	7. 새로운 정책 고안
2. 한 명 이상의 핵심 인력 교체	8. 새로운 성과 인센티브 도입
3. 사업부 매각	9. 주식이나 부채로 자본 조달
4. 기업의 비전 또는 사명 수정	10. 영업사원, 직원, 관리자 증원 또는 해고
5. 목표 수정	11. 자원을 다르게 할당
6. 전략 변경	12. 비즈니스 기능 아웃소싱(또는 리쇼어링)

어떤 조직도 섬으로서 살아남을 수 없고, 어떤 조직도 변화를 피할 수 없다. 조직은 명시된 목표를 달성하기 위해 궤도를 유지하려면 적절한 조치를 취해야 한다. 앨빈 토플러(Alvin Toffler)는 사고를 자극하는 저서 《미래의 충격(Future Shock)》과 《제3의 물결(The Third Wave)》에서 비즈니스 환경이 매우 역동적이고 복잡해져서 변화의 본질, 유형, 속도가 사람이나 조직의 적응 능력과 역량을 압도할 때 발생하는 **미래의 충격**(future shock)이 사람과 조직을 위협하고 있다고 주장했다. 전략 평가는 변화하는 환경에 잘 적응할 수 있는 조직의 능력을 향상한다.

시정 조치를 취하는 것은 직원과 관리자의 불안감을 증가시킨다. 전략 평가 활동에 참여하는 것이 변화에 대한 개인의 저항을 극복하는 가장 좋은 방법 중 하나라는 연구 결과가 있다. 미리암 에레즈(Miriam Erez)와 프레더릭 칸퍼(Frederick Kanfer)에 따르면 사람들은 변화에 대한 인지적 이해, 상황에 대한 통제력, 변화를 실행하는 데 필요한 조치가 이루어질 것이라고 인식할 때 변화를 가장 잘 받아들인다.[3] 오늘날 가장 성공적인 조직은 경쟁 환경의 변화에 지속적으로 적응한다. 단순히 변화에 대응하는 것은 오늘날 충분치 않다. 관리자는 변화를 예측하고 변화의 창조자가 되어야 한다.

전략 평가는 전략 수립 또는 전략 실행의 변화로 이어질 수도 있지만 전혀 변화가 없을 수도 있다. 전략가는 조만간 전략과 실행 접근법을 수정해야 하는 상황을 피할 수 없다. 데이비드 허시(David Hussey)와 M. J. 랭엄(M. J. Langham)은 시정 조치를 취하는 것에 대해 다음과 같이 밝혔다.

> 변화에 대한 저항은 종종 감정에 근거하며 이성적인 논쟁으로 쉽게 극복되지 않는다. 저항은 지위 상실, 현재 역량에 대한 묵시적 비판, 새로운 상황에서의 실패에 대한 두려움, 의견 조회받지 못하는 것에 대한 짜증, 변화의 필요성에 대한 이해 부족, 익숙하고 정해진 방법의 변화에 대한 불안감과 같은 감정을 기반으로 할 수도 있다. 따라서 변화가 예상될 때 참여와 충분한 설명을 통해 그러한 저항을 극복할 필요가 있다.[4]

시정 조치를 통해 조직은 내부 강점을 활용하고, 주요 외부 기회를 활용하고, 외부 위협을 피하거나 줄이거나 완화하고, 내부 약점을 개선할 수 있는 더 나은 위치에 자리해야 한다. 시정 조치는 기간과 위험도가 적절해야 한다. 시정 조치는 내적으로 일관되고 사회적으로 책임을 져야 한다. 아마도 가장 중요한 시정 조치는 기본 산업에서 조직의 경쟁력을 강화하는 것일 것이다. 지속적인 전략 평가는 전략가를 조직의 실체에 가깝게 유지하고 효과적인 전략경영 시스템에 필요한 정보를 제공한다. 카터 베일스(Carter Bayles)는 전략 평가의 이점을 다음과 같이 설명했다.

> 평가 활동은 현재 사업 전략에 대한 자신감을 새롭게 하거나, 제품 우월성 또는 기술 우위의 침식과 같은 일부 약점을 해결하기 위한 조치가 필요하다는 점을 지적할 수 있다. 많은 경우에 전략 평가의 이점은 훨씬 더 광범위하다. 이미 상당한 수익을 올리고 있는 사업에서도 수익을 증가시키는 새로운 전략이 그 프로세스의 결과일 수 있기 때문이다. 보상이 매우 클지도 모를 때 전략 평가를 정당화하는 것은 바로 그 가능성이다.[5]

학습 목표 9-3

균형성과표를 이해하고 개발한다.

균형성과표

구글에서 '균형성과표 이미지'를 검색하면 현재 사용되는 수많은 균형성과표가 나타난다. 이미지를 통해 발견되는 다양한 형식의 변화에 주목하라. 하버드경영대학원 교수인 로버트 캐플런(Robert

Kaplan)과 데이비드 노턴(David Norton)이 1990년대 초에 개발하여 오늘날까지 지속적으로 개선한 **균형성과표**(balanced scorecard)는 전략 평가 및 통제 기법이다. 이 기법은 기업이 전략 평가에 배타적으로 사용했던 재무적 측정을 제품 품질, 기업 윤리, 환경적 지속가능성, 직원의 사기, 공해 방지, 지역사회 참여, 고객 서비스 등 비재무적인 기준과 '균형'을 맞추어야 한다는 필요성에 따른 것이다. 균형성과표의 근거는 재무적 측정이 이미 발생한 일을 보고하는 반면 비재무적 지표는 미래에 일어날 일을 더 잘 예측하는 경향이 있다는 것이다. 효과적인 균형성과표에는 기업의 사업에 맞게 조정된 전략 및 재무 목표의 신중한 조합이 포함되어 있다.

균형성과표는 전략을 관리하고 평가하는 도구로서 현재 UPS(United Parcel Service), 3M, 하

표 9-4 균형성과표의 예

목표 영역	측정값 또는 대상	예상 시점	주요 책임
고객			
1.			
2.			
3.			
4.			
관리자/직원			
1.			
2.			
3.			
4.			
운영/프로세스			
1.			
2.			
3.			
4.			
지역사회/사회적 책임			
1.			
2.			
3.			
4.			
기업 윤리/자연환경			
1.			
2.			
3.			
4.			
재무			
1.			
2.			
3.			
4.			

인즈(Heinz) 등 수많은 기업에서 사용되고 있다. 예를 들어 3M은 연간 10% 이상의 주당 이익 성장을 달성한다는 재무 목표, 지난 4년간 출시된 제품에서 매출의 최소 30%를 창출한다는 전략적 목표를 가지고 있다. 균형성과표의 전반적인 목표는 주주 목표와 고객 및 운영 목표의 '균형'을 맞추는 것이다. 이러한 일련의 목표는 서로 관련이 있으며 많은 목표가 충돌하기도 한다. 예를 들어 고객은 낮은 가격과 높은 서비스를 원하지만, 이는 높은 투자 수익률을 원하는 주주의 욕구와 상충될 수 있다.

표 9–4는 균형성과표의 예이다. 전략을 평가할 때는 고객, 관리자/직원, 운영/프로세스, 지역사회/사회적 책임, 기업 윤리/자연환경, 재무 등 여섯 가지 핵심 이슈를 검토한다는 것에 유의하라. 전략 평가에 대한 균형성과표 접근 방식은 장기 관심사와 단기 관심사의 균형을 맞추고, 재무적 문제와 비재무적 문제의 균형을 맞추고, 내부 관심사와 외부 관심사의 균형을 맞추는 것을 목표로 한다. 균형성과표는 다르게 구성될 수 있다. 즉 근본적인 주제 또는 추진력이 동일한 여러 산업에서도 특정 기업에 맞게 조정할 수 있는데, 이는 핵심적인 양적·질적 측정을 기반으로 기업의 전략을 평가하는 것이다. 5장에서 설명했듯이 기업은 최종 사용자부터 원자재에 이르기까지 가치사슬 전반에 걸쳐 양적·질적 목표를 달성하기 위해 노력해야 한다.

학습 목표 9–4

전략기획에서 거버넌스의 역할을 이해한다.

이사회: 거버넌스 이슈

이사회(board of directors)는 기업의 최상위에 있는 사람들의 집합으로, 경영진에 대한 감독과 지침을 제공하고 주주의 이익을 보호한다. 감독 및 지시 행위를 **거버넌스**(governance)라고 한다. 전미기업이사협회(National Association of Corporate Directors)는 거버넌스를 "장기적인 전략적 목표와 계획을 수립하고, 이러한 목표를 달성하기 위한 적절한 경영 구조를 마련하며, 기업의 청렴성, 평판, 다양한 이해관계자에 대한 책임을 유지하기 위해 구조가 기능하도록 하는 특성"으로 정의한다. 이사회는 조직의 전체 성과에 대한 책임을 진다. 주주의 이익을 보호하지 못했다는 이유로 이사회가 주주들로부터 소송을 당하는 경우가 점점 증가하고 있다. 미국과 유럽의 새로운 회계 규칙은 이제 기업 거버넌스 코드를 강화하고 훨씬 더 광범위한 재무 공개를 요구한다. 이사회의 역할과 의무는 표 9–5와 같이 크게 네 가지 범주로 구분할 수 있다.

이사회에 대한 주주의 경각심이 점점 더 커지고 있다. 전 세계 대부분의 이사는 CEO의 친구 거수기라는 이미지를 벗어던졌다. 이사회는 그 어느 때보다도 자율적이며, 법률 및 기관 투자자의 정밀 조사를 계속 염두에 두고 대응한다. 이사회는 감사 및 규정 준수 문제를 더 잘 인식하고 과도한 보상과 특전을 승인하는 것을 꺼린다. 이사회는 오늘날 주주와 언론의 관심을 끄는 공개 스캔들에 대해 더 잘 알고 있다. 이사회가 CEO가 아닌 주주를 대표하여 경영진을 편애하지 않으면서 경영 성과를 세심하게 모니터링하고 검토하는 사례가 늘어나고 있다. 오늘날 이사회는 능동적인 반면 지난 몇 년간은 종종 사후 대응적이었다. 이사회 의장이 CEO를 겸해서는 안 되는 이유가 바로 이것이다. 북미에서 이사회 의장을 겸임하는 신임 CEO의 수는 15년 전 약 50%에서 지금은 약 10%로 감소했다.

최근까지 이사회에 속한 사람들은 대부분 세련된 마호가니 테이블을 둘러싸고 앉아서 일을 했다. 그러나 휴렛팩커드(Hewlett-Packard)의 이사는 이제 1주일에 두 번 특별 이사회 웹사이트에 접속하여 최고경영진이 게시한 광범위한 기밀 브리핑 정보를 기반으로 업무를 수행한다. 그리고 이사회

표 9-5 이사회의 의무와 책임

1. **경영 통제 및 감독**
   a. CEO 선출
   b. CEO 팀 제재
   c. CEO에게 포럼 제공
   d. 관리 역량 보장
   e. 경영진의 성과 평가
   f. 복리후생을 포함한 경영진의 급여 수준 결정
   g. 지속적인 감사를 통해 경영의 청렴성 보장
   h. 기업 전략 평가
   i. 경영진이 실행할 정책 고안 및 수정
2. **법 규정 준수**
   a. 새로운 법 준수
   b. 기업 전체의 법 규정 준수 확인
   c. 세칙 및 관련 결의안 통과
   d. 새로운 이사 선출
   e. 예산 승인
   f. 차입, 신주 발행, 채권 등 승인
3. **이해관계자의 관심 고려**
   a. 제품 품질 모니터링
   b. 직원 직장 생활의 질 향상 촉진
   c. 노동 정책 및 실제 검토
   d. 고객 인식 개선
   e. 최상의 커뮤니티 관계 유지
   f. 더 나은 정부·전문협회·교육계 접촉을 위한 영향력 행사
   g. 좋은 대중 이미지 유지
4. **주주의 권리 증진**
   a. 주주의 지분 가치 보호
   b. 기업이 생존하고 번성할 수 있도록 성장 자극
   c. 지분 희석 방지
   d. 공정한 주주 대표성 보장
   e. 서신, 보고서, 모임을 통해 주주에게 정보 공유
   f. 적절한 배당금 선언
   g. 기업의 생존 보장
   h. 재무제표의 실현 가능성과 정확성 보장

구성원은 기업이 직면한 가장 큰 문제에 대해 논의하기 위해 2개월마다 직접 만난다. 새로운 이사회 참여 정책은 이사회 구성원에 대한 소송을 줄이는 것을 목표로 한다.

연구에 따르면 이사회 구성원의 수가 적은 기업은 그 수가 많은 기업보다 더 우수한 성과를 내는데, 이는 이사회 구성원의 수가 적으면 더 깊은 토론, 더 신속한 의사결정, 더 큰 책임 부여가 가능

하기 때문이다.[6] 또한 시가 총액이 100억 달러 이상인 기업 중 이사회의 규모가 작은 기업이 더 많은 주주 이익을 창출했다. 구체적으로 예를 들면 9명으로 구성된 이사회는 14~15명으로 구성된 이사회보다 성과가 훨씬 더 좋았다. 따라서 많은 기업이 이사회 구성원의 수를 줄이고 있다. 주요 구조조정의 일환으로 제너럴일렉트릭은 최근에 이사회 규모를 18명에서 12명으로 줄였다. 이러한 변화로 제너럴일렉트릭은 시가 총액이 100억 달러 이상인 미국 기업의 이사회 평균 인원인 10.9명에 더 근접했다.

이사회 구성원의 수가 적은 경우의 또 다른 이점은 필요시 CEO가 더 자주 문책(또는 해임)을 받는다는 것이다. 뉴욕대학교 경영대학원의 데이비드 예맥(David Yermack) 교수는 규모가 작은 이사회가 일반적으로 더 결단력과 결속력이 있고, 실무에 충실하고, 많은 비공식 회의를 가지며, 위원회가 더 적다고 밝혔다. 잘 운영되는 넷플릭스(Netflix)는 중요한 경영 조치를 승인하기 전에 광범위하게 토론하는 7명으로 구성된 소규모 이사회를 두고 있다. 이와 달리 엘리릴리(Eli Lilly)의 이사회는 14명으로 이루어져 있어 "원하는 종류의 토론을 장려하기에는 너무 크다. 다양한 문제를 자세히 살펴보려면 시간이 너무 오래 걸리기 때문이다. 이사회 구성원이 두세 번 질문하는 데 제약이 있다." 뱅크오브아메리카(Bank of America)의 이사회는 15명으로, 인원이 너무 많아서 효율적이지 못하다. 또한 앞서 언급했듯이 이사회 의장이 CEO를 겸직하지 않는 것이 바람직하다. 요약하자면 기업은 가능한 한 이사회를 10명 미만으로 축소해야 하며, 학생들은 사례 기업의 이 문제를 검토해야 한다.

오늘날 이사회는 기업의 전략경영에 점점 더 많이 관여하는 외부 인사로 대부분 구성된다. 미국 기업은 이사회의 규모가 작아지고, 이사회 구성원의 책임이 훨씬 더 커지며, 평균 11명이 추세이다. 임원 채용 회사인 스펜서스튜어트(Spencer Stuart)는 2017년 말 S&P 500대 기업의 최신 이사회 구성원 397명 중 여성과 소수민족이 절반을 차지했으며, 현재 S&P 500대 기업 중 절반 이상이 이사회 의장과 CEO의 역할을 분리했다고 보고했다.

《비즈니스위크(BusinessWeek)》는 다음과 같은 '훌륭한 거버넌스 원칙'을 제시했다.

1. 기업의 (현재 또는 과거) 임원 중 2명 이상을 이사회에 두지 말라.
2. 기업의 임원이 이사회의 감사, 보상, 임명 위원회에서 일하는 것을 절대 허용하지 말라.
3. 모든 이사회 구성원이 기업 지분의 상당분을 소유하도록 요구하라.
4. 모든 이사회 구성원이 전체 회의의 75% 이상에 참석하도록 요구하라.
5. CEO, COO 또는 최고경영진 없이 이사회가 매년 회의를 통해 자체 성과 평가를 하도록 요구하라.
6. CEO가 이사회 의장이 되는 것을 절대 허용하지 말라.
7. 겸임 이사(이사 또는 CEO가 다른 이사회의 구성원으로 있는 경우)를 허용하지 말라.[7]

예일대학교 경영대학원 부학장인 제프리 소넨필드(Jeffrey Sonnenfeld)는 "이제 이사회가 팔을 걷어붙이고 경영 의사결정에 훨씬 더 긴밀하게 관여하고 있다"고 평한다. 기업의 CEO와 이사회는 재무제표를 직접 인증해야 하고, 임원과 이사에 대한 기업 대출은 불법이며, 내부자 주식 거래에 대한 보고가 더 빠르다. 이사들이 기업의 건강 및 운영에 대한 정보를 지속적으로 제공하는 데 중점을 두듯이, 공개적으로 발행된 문서가 기업의 지위를 정확하게 표현하도록 하는 데 보다 적극적인 역할을 수행하고 있다. 기업의 전략을 감사하거나 평가하는 책임을 인정하지 않는 것은 이사의 직무를 심각하게 위반하는 것으로 간주된다. 사기, 누락, 부정확한 공개, 실사 부족, 기업 운영에 대한 무지로 인해 이사에 대한 소송이 점점 더 보편화되고 있다.

전략경영의 당면 과제

학습 목표 9-5

전략적 과제의 네 가지 도전을 알아본다.

오늘날 모든 전략가가 직면한 특별한 과제는 ① 프로세스가 예술이어야 하는지, 과학이어야 하는지의 결정, ② 전략을 이해관계자에게 알려야 하는지, 숨겨야 하는지의 결정, ③ 비상계획, ④ 감사이다.

예술 혹은 과학 이슈

이 책은 전략경영이 예술이 아니라 과학으로 간주되어야 한다고 주장하는 대부분의 전략 문헌과 뜻을 같이한다. 이러한 관점은 기업이 외부 및 내부 환경을 체계적으로 평가하고, 연구를 수행하고, 다양한 대안의 장단점을 신중하게 평가하고, 분석을 수행한 다음 특정 행동 방침을 결정해야 한다고 주장한다. 반대로 헨리 민츠버그(Henry Mintzberg)의 '공예(crafting)' 전략 개념은 전략적 의사결정이 주로 전체론적 사고, 직관, 창의성, 상상력에 기초한다는 것을 암시하는 예술적 모델을 구현한다.[8] 민츠버그와 추종자들은 객관적인 분석에 따른 전략을 거부하고 주관적인 상상력을 선호한다. 이와 달리 '전략 과학자'는 감정, 직감, 창의성, 정치에서 비롯되는 전략을 거부한다. 예술적 관점을 지지하는 사람들은 전략적인 계획 연습이 시간을 제대로 소비하지 않는다고 흔히 생각한다. 민츠버그의 철학은 비공식성을 주장하는 반면 (이 책의 저자를 포함한) 전략 과학자는 보다 형식적인 것을 주장한다. 민츠버그는 전략기획을 '긴급' 프로세스라고 부르는 반면 전략 과학자는 의도적 프로세스라는 용어를 사용한다.[9]

예술 대 과학 논쟁에 대한 답은 전략가가 스스로 결정해야 하는 것이고, 두 가지 접근법이 상호 배타적이지 않다. 최근에 윌리엄스서노마(Williams-Sonoma)의 CEO인 로라 앨버(Laura Alber)는 이렇게 말했다. "나는 최고의 해결책이 예술과 과학을, 아이디어와 데이터를, 본능과 분석을 혼합하려는 의지에서 나온다는 것을 발견했다." 그러나 어떤 접근 방식이 더 효과적인지 결정할 때는 오늘날의 비즈니스 세계가 점점 더 복잡해지고 경쟁이 치열해지고 있다는 점을 고려해야 한다. 전략적인 계획하에서는 실수할 여지가 적다. 1장에서는 전략기획에서 직관, 경험, 주관성의 중요성을 살펴보았으며, 3장·4장·6장에서 다룬 가중치와 평가치조차도 확실히 좋은 판단이 필요하다는 것을 상기하라. 하지만 철저한 연구와 분석 없이 기업의 전략을 결정한다는 생각은 적어도 이 책의 저자들이 보기에는 현명하지 않다. 확실히 소규모 기업은 대기업에 비해 프로세스가 더 비공식적일 수 있지만, 소규모 기업이라도 인터넷 등을 통해 풍부한 경쟁 정보를 사용할 수 있으므로, 기업의 생존이 좌우될 만한 행동 방침을 결정하기 전에 수집·통합·평가해야 한다. 수많은 직원과 주주의 생계는 선택된 전략의 효과성에 달려 있다. 전략 수립을 철저하게 하지 않으면 너무 많은 위험이 따른다. 전략가가 전략을 수립할 때 연구 데이터, 경쟁 정보, 분석 대신 직감과 의견에 지나치게 의존하는 것은 바람직하지 않다.

알리기 혹은 숨기기 이슈

경쟁 분석에 대한 논의에서 흥미로운 측면은 전략 자체가 기업 내에서 비밀이어야 하는지, 아니면 공개해야 하는지에 관한 것이다. 이 장 끝부분의 미니 사례에서는 비밀스러운 기업인 TJX컴퍼니스(TJX Companies)를 다룬다. 중국의 전략가 손자(孫子)와 마찬가지로 오늘날의 군사 지도자들은 전략을 비밀로 하려고 노력한다. 전쟁은 속임수를 바탕으로 하기 때문이다. 그러나 기업 조직의 경우 비밀이 최선책이 아닐 수도 있다. 직원과 이해관계자에게 전략을 비밀로 하는 것은 직원과 이해관계자의 의사소통, 이해, 헌신을 심각하게 저해할 수 있을 뿐만 아니라, 이들이 전략 수립 또는 실행과 관련하여 알게 되는 귀중한 정보를 놓칠 수도 있다. 윤리 캡슐 9에서 보듯이 루브릭(Rubrik)의 CEO인 비플 신하(Bipul Sinha)는 기업이 성공하는 열쇠가 투명성이라고 생각한다.

전략가는 경쟁기업이 자사의 전략을 쉽게 알고 활용할 위험이 직원과 이해관계자의 동기부여 및 투입 개선의 이익 대비 클지 작을지 여부를 스스로 결정해야 한다. 대부분의 임원은 일부 전략적 정보를 최고경영진만의 비밀로 유지해야 하며, 그러한 정보가 핵심층을 벗어나지 않도록 조치를 취해야 한다는 데 동의한다. 만약 자신이 소유하거나 경영할 수 있는 회사라면 전략 수립 및 실행과 관련하여 더 개방적이어야 한다고 생각하는가, 아니면 비밀스러워야 한다고 생각하는가?

전략 프로세스와 전략 자체를 숨기고 비밀로 하기보다 가시적이고 개방적이어야 할 중요한 이유가 있다. 또한 최고경영진을 제외한 모두에게 전략을 숨겨야 할 중요한 이유도 있다. 전략가는 기업에 가장 적합한 것이 무엇인지 스스로 결정해야 한다. 이 책은 전략을 공개해야 한다는 측면을 주로 지지하지만, 그것이 모든 전략가와 모든 기업에 최선인 것은 아니다. 1장에서 언급했듯이 손자는 모

윤리 캡슐 9 ETHICS CAPSULE

모범적인 투명성을 통한 모범적인 기업 윤리 달성

루브릭은 미국 캘리포니아주 팰로앨토에 본사를 둔 데이터 관리 회사로, CEO인 비플 신하는 탁월한 기업 윤리 달성 수단으로 완전한 개방 문화를 구축했다. 신하는 극도의 정직이 기업가 정신, 혁신성, 동기부여, 헌신, 성실성을 촉진하는 강력한 기업 문화를 만드는 데 도움이 된다고 믿는다. 직원 모두에게 이사회가 완전히 공개되어 있으며, 대부분의 직원은 직접 또는 원격으로 회의에 참석하여 듣고, 보고, 질문한다. 기업 운영과 관련하여 유일한 비밀은 기밀 고객에 관한 정보이다. 루브릭의 투명성과 대조적으로 제너럴일렉트릭의 이사회는 2017년 《월스트리트저널(Wall Street Journal)》이 제프 이멜트(Jeff Immelt)가 CEO로 재직한 16년 동안 수많은 해외 출장에 법인 전용기 말고도 비행기 한 대를 더 따라붙게 했다는 사실을 보도하기 전까지는 이를 알지 못했다. 이러한 폭로가 있은 지 며칠 뒤 이멜트는 사임했다.

실제로 점점 더 많은 기업은 직원들에게 기업이 재정적으로 어떻게 하고 있는지, 무엇을 어디서 언제 왜 하는지를 정기적으로 업데이트하여 제공하고 있다. 오늘날 모든 민간 기업 중 43%가 모든 직원에게 재무 정보를 공유하는데, 2012년에는 그 비율이 거의 절반인 24%에 불과했다. 의사소통이 향상되면 더 잘 이해함으로써 더 높은 성과를 달성할 수 있다.

Pressmaster/Shutterstock

우리 모두 함께합니다.

출처: John Simons, "A Startup Where Board Meetings Are Open to All," *Wall Street Journal*, October 30, 2017, R11. Thomas Gryta, Joann Lublin, and Mark Maremont, "GE Board in Dark on CEO's Use of Extra Jet," *Wall Street Journal*, October 30, 2017, B1.

든 전쟁이 속임수를 기반으로 하며, 최고의 전술은 상대방이 쉽게 예측할 수 없는 전술이라고 주장했다. 경영과 전쟁은 여러 면에서 유사하다.

전략 프로세스 및 귀결된 결정에 대해 주로 공개해야 하는 이유는 다음과 같다.

- 관리자, 직원 및 기타 이해관계자는 프로세스에 즉시 기여할 수 있으며, 이들은 종종 훌륭한 아이디어를 가지고 있다. 비밀이 있다면 훌륭한 아이디어를 잃게 된다.
- 투자자, 채권자 및 기타 이해관계자는 기업이 무엇을 하고 있는지, 기업이 어디로 가고 있는지 알고 있을 때 더욱 기업을 지원하게 된다.
- 가시성은 민주주의를 촉진하고 비밀은 독재 정치를 촉진한다. 국내 기업과 대부분의 외국 기업은 경영 스타일로 독재보다 민주주의를 선호한다.
- 참여와 개방성은 기업 내에서 이해, 헌신, 의사소통을 향상한다.

일부 기업이 비밀리에 전략계획을 수행하고 최고경영진을 제외한 모두에게 전략을 숨기는 것을 선호하는 이유는 다음과 같다.

- 기업의 전략을 자유롭게 배포하는 것은 해당 정보를 고려하여 그 기업을 물리치고자 하는 경쟁사의 경쟁 정보로 쉽게 전환될 수 있다.
- 비밀은 비판, 추측, 사후 인식을 제약한다.
- 가시적인 전략 프로세스의 참여자는 경쟁기업에 더 매력적인 스카우트 대상이 된다.
- 비밀주의는 경쟁기업이 기업의 전략을 모방하거나 복제하여 기업에 해를 끼치는 것을 막는다.

공개와 비공개 극단의 분명한 이익은 명백한 모순 사이에서 균형을 추구해야 함을 시사한다. 존 파넬(John Parnell)은 이상적인 세상에서는 기업 안팎의 모든 핵심 인재가 전략기획에 참여해야 하지만, 실제로는 특히 민감하고 기밀인 정보는 항상 최고경영자만의 비밀로 철저히 유지되어야 한다고 말한다.[10] 이러한 균형 조정은 어렵지만 기업의 생존에 필수적이다.

직장 민주주의 증진

점점 더 많은 기업의 직원들이 점점 더 많은 사안에 대해 투표하고 있다. 예를 들어 인콘텍스트설루션스(InContext Solutions)의 직원들은 최근 사무실 공용 공간에서 음악을 틀지에 대해 투표했다. 홀푸즈마켓(Whole Foods Market)과 미디어매스(MediaMath Inc.)의 직원들도 이슈에 대해 투표하곤 한다. 연구에 따르면 휴일 파티와 같은 사소한 문제의 경우에도 직원들에게 발언권을 주거나 투표를 하면 기업에 대한 충성심을 높이는 데 도움이 된다. 최근에 인콘텍스트설루션스의 직원들은 칸막이를 할 것인지, 개방형 테이블을 쓸 것인지, 심지어 어떤 맥주를 놔둘 것인지를 놓고 투표했다. 또한 미디어매스의 직원들은 최근 본사를 이전할 위치를 놓고 투표했다.

홀푸즈마켓의 직원들은 신입사원의 인턴 기간을 최대 90일 이상으로 유지할지 여부에 대해 투표한다. 멘로이노베이션스(Menlo Innovations)의 직원들은 수습 기간 동안 후보자가 어떻게 일하는지 관찰한 후 구직자에게 투표한다. 원세일닷컴(1Sale.com)의 직원들은 최근 투표를 거쳐 건강보험료를 낮추기 위해 무료 점심을 없애기로 했다. 소셜테이블스(Social Tables Inc.)의 직원들은 최근 기업의 핵심 가치, 회의실 테마, 기업 행사에서 연주되는 기업 주제가를 놓고 투표했다. 많은 기업이 당면한 전략적 결정은 생산성과 사기에 영향을 미치는 크고 작은 이슈에 대해 직원의 투표를 얼마나 허용하거나 장려해야 하는지이다.

2017년에 《월스트리트저널》에 실린 '밀레니얼 세대 직원의 급여는 덜 비밀스럽다'라는 제목의 기사에 따르면 사회적 접촉, 사진과 동영상을 공유하는 시대인 오늘날 밀레니얼 세대는 보상 시스템에서조차 민주주의와 개방성이라는 새로운 기업 문화를 추구하고 있다. 연구에 따르면 급여를 비밀로 하고 싶어 하는 베이비붐 세대(53~71세)와 달리 18~36세 미국 노동자 중 약 1/3은 동료들과 편안하게 임금 문제를 논의한다고 밝혔다. 밀레니얼 세대의 절반 이상은 급여가 비밀인지 아닌지에 관계없이 친구와 급여에 대해 이야기를 나눈다.

비상계획

우수한 전략경영의 기본 전제는 기업이 불리하거나 유리한 사건이 발생하기 전에 대처할 방법을 세우면서 능동적으로 대처하기 위해 노력하는 것이다. 단지 불리한 상황에 대비한 **비상계획**(contingency plan)만을 준비하는 기업이 너무 많다. 그러나 이는 잘못된 일이다. 위협을 최소화하고 기회를 활용하면 기업의 경쟁우위를 향상할 수 있기 때문이다.

전략을 얼마나 신중하게 공식화하고 실행하고 평가하느냐에 관계없이 파업, 불매 운동, 자연 재해, 해외 경쟁자의 진입, 정부 정책과 같은 예상치 못한 사건이 전략을 쓸모없게 만들기도 한다. 잠재적 위협의 영향을 최소화하기 위해 조직은 전략 평가 프로세스의 일부로 비상계획을 세워야 한다. 비상계획은 특정 사건이 예상대로 발생하지 않았을 때 시행할 수 있는 대체 계획으로 정의할 수 있으며, 우선순위가 높은 곳에서만 비상계획이 필요하다. 전략가는 모든 비상사태에 대한 계획을 세워서 모든 측면을 다루려고 할 수도 없고 그렇게 해서도 안 된다. 어떤 경우든 비상계획은 가능한 한 단순해야 한다.

기업이 일반적으로 수립하는 비상계획에는 다음이 포함된다.

- 정보 보고서가 말해주듯이 주요 경쟁업체가 특정 시장에서 철수한다면 우리는 어떤 조치를 취해야 하는가?
- 판매 목표를 달성하지 못한다면 우리는 어떤 조치를 취해야만 이윤 손실을 피할 수 있는가?
- 신제품의 수요가 계획을 넘어선다면 그 수요를 충족하기 위해 우리는 어떤 조치를 취해야 하는가?
- 컴퓨터 고장, 적대적 인수 시도, 특허 보호 상실, 지진이나 태풍으로 인한 공장 파손과 같은 특정 재해가 발생하면 어떤 조치를 취해야 하는가?
- 새로운 기술 발전으로 인해 신제품이 예상보다 빨리 구식이 된다면 우리는 어떤 조치를 취해야 하는가?

이러한 옵션을 분석하면 가치 있는 정보를 얻을 수 있지만 상당히 많은 조직이 실행을 위해 선택되지 않은 대체 전략을 폐기해버린다. 실행을 위해 선택되지 않은 대체 전략은 선택한 전략이 작동하지 않는 경우 비상계획으로 사용될 수 있다. 전략 평가 활동이 중대한 변화의 필요성을 신속하게 드러내면 적절한 비상계획을 적시에 실행할 수 있다. 비상계획은 현재 전략의 안팎에서 발생하는 주요 변화에 신속하게 대응하는 전략가의 능력을 촉진할 수 있다. 예를 들어 경제에 대한 기본적 가정이 잘못된 것으로 판명 나고 비상계획이 준비되어 있다면 경영자는 즉시 적절한 변경을 할 수 있다. 때로는 외부 또는 내부 조건이 예상치 못한 기회를 안겨주기도 한다. 이러한 기회가 발생하면 조직은 비상계획을 통해 재빨리 그 기회를 활용할 수 있다. 로버트 린네만(Robert Linneman)과 라잔 찬드란(Rajan Chandran)은 듀퐁(DuPont), 다우케미컬(Dow Chemical), 컨솔리데이티드푸즈(Consolidated Foods), 에머슨일렉트릭(Emerson Electric) 등 비상계획을 활용하는 기업에 다음과 같은 주요 강점이 있다고 말한다.

- 변화가 있을 때 재빨리 대응할 수 있다.
- 위기가 닥쳤을 때 공황 상태가 되지 않는다.
- 미래가 얼마나 변동적인지 경영자가 인식하도록 함으로써 적응력이 높아진다.

또한 린네만과 찬드란은 효과적인 비상계획에는 다음과 같은 5단계 프로세스가 포함되어야 한다고 제안한다.

1. 전략을 위태롭게 만들 수 있는 좋은 사건과 나쁜 사건을 모두 찾아본다.
2. 좋은 사건과 나쁜 사건이 발생할 가능성이 있는 시기를 확인한다.
3. 각 비상사태의 예상 장단점을 파악한다.
4. 주요 비상사태에 대한 비상계획을 개발한다.
5. 주요 비상사태에 대한 조기 경보 유발점을 결정한다.[11]

감사

전략 평가에서 자주 사용되는 도구는 **감사**(auditing)이다. 미국회계협회(American Accounting Association, AAA)의 정의에 따르면 감사는 "경제적 행동 및 사건에 대한 주장에 관한 증거를 객관적으로 획득하고 평가하여 이러한 주장과 확립된 기준 간의 일치 정도를 확인하고 그 결과를 관심 있는 사용자에게 전달하는 체계적인 과정"이다.[12]

감사인은 기업의 재무제표를 검토하여 **일반적으로 인정된 회계원칙**(generally accepted accounting principles, GAAP)에 따라 작성되었는지, 기업의 활동을 공정하게 대표하는지를 결정한다. 독립 감사인은 **일반적으로 인정된 감사표준**(generally accepted auditing standards, GAAS)을 사용한다. 상장 회계법인은 흔히 전략 평가 서비스를 제공하는 컨설팅 부서를 두고 있다.

미국에서는 **국제회계기준**(International Financial Reporting Standards, IFRS)의 새로운 시대가 다가오고 있어 기업은 IFRS를 사용할 준비를 해야 한다. 현재 많은 미국 기업은 이전의 GAAP과 새로운 IFRS를 둘 다 사용하여 재무 보고를 한다. 데이턴대학교 경영학과 교수인 도나 스트리트(Donna Street)는 "기업이 준비하지 않으면, 3년 미리 시작하지 않으면 큰 곤경에 처할 것"이라고 경고했다. GAAP 표준은 2만 5,000쪽으로 구성된 반면 IFRS는 5,000쪽에 불과한데, 이러한 의미에서 IFRS는 덜 번거롭다.

대부분의 대형 회계법인과 다국적 기업은 IFRS가 회계를 단순화하고, 투자자가 국가 간 기업을 더 쉽게 비교할 수 있으며, 전 세계적으로 자본 조달을 더 용이하게 해줄 것이라며 IFRS로의 전환을 선호한다. 그러나 미국의 많은 소규모 기업은 다가오는 변화로 인해 큰 비용이 들 것이라며 반대한다. 일부 기업은 국제기구에 미국의 회계규칙을 제정할 권한을 부여한다는 것에 대해 불편해

한다. 또한 IFRS에서는 후입선출(LIFO) 재고 방식이 허용되지 않기 때문에 일부 기업은 더 많은 세금을 납부하게 될 것이다. 국제회계기준위원회(International Accounting Standards Board, IASB)는 미국의 IFRS 채택이 늦어진 것에 대해 공개적으로 '유감'을 표명했다.

이러한 변화를 지지하는 미국 상공회의소는 국경을 넘나드는 상거래가 더욱 활발해지고 미국이 세계 경제에서 경쟁하는 데 도움이 될 것이라고 말한다. 유럽연합과 호주, 중국, 인도, 멕시코, 캐나다 등 113개국은 IFRS를 채택했거나 곧 사용할 예정이다. 따라서 미국도 IFRS를 채택할 가능성이 있지만, 이러한 전환은 법적·규제적 악몽을 불러일으킬 수 있다. 매출의 60% 이상을 해외에서 창출하고 있는 유나이티드테크놀로지스(United Technologies)와 같은 일부 다국적 기업은 이미 해외 자회사에서 IFRS를 사용하고 있으며, 전체 직원에게 IFRS를 사용하도록 교육한다.

학습 목표 9-6

효과적인 전략경영을 위한 지침을 알아본다.

효과적인 전략경영을 위한 지침

전략경영을 수행할 때 특정 지침을 따르지 않으면 프로세스에 대한 비판이 제기되고 조직에 문제가 발생할 수 있다. '우리의 전략경영은 인력 프로세스인가, 서류 프로세스인가?'와 같은 문제를 논의해야 한다. 일부 기업은 전략계획을 개발하는 데 너무 많은 시간을 허비하지만 효과적으로 이를 실행하지 못한다. 효과적인 전략 수립이 성공적인 실행에 중요하기는 하지만 기업의 변화와 결과는 전략 수립이 아닌 실행을 통해 이루어진다. 세상이 너무 빠르게 변화하여 기존 전략을 자주 수정해야 할 수도 있기 때문에 전략에 대한 지속적인 평가도 필수적이다.

전략경영이 자기 영속적인 관료적 메커니즘이 되어서는 안 된다. 오히려 경영자와 직원이 주요 전략적 문제와 이러한 문제를 해결하기 위한 실행 가능한 대안에 익숙해지는 자기 성찰적 학습 프로세스가 되어야 한다. 전략경영은 의식적이거나 경직되거나 은밀히 조직되면 안 되고, 너무 형식적이거나 예측 가능하거나 엄격해서도 안 된다. 단어로 뒷받침되는 숫자보다는 숫자로 뒷받침되는 단어가 전략적 문제와 조직의 대응을 설명하는 매개체여야 한다. 전략가의 핵심 역할은 조직의 지속적인 학습과 변화를 촉진하는 것이다.

R. T. 렌츠(R. T. Lenz)는 효과적인 전략경영을 위한 여섯 가지 지침을 제시했다.

1. 프로세스를 간단하고 쉽게 이해할 수 있도록 유지하라.
2. 모호한 계획 용어를 제거하라.
3. 과제, 팀 구성원, 회의 형식, 환경, 심지어 계획 일정에 이르기까지 변화를 주고 프로세스를 비일상적으로 유지하라.
4. 나쁜 소식을 환영하고 '악마의 변호인(devil's advocate)' 사고를 장려하라.
5. 기술자가 기획 프로세스를 독점하는 것을 허용하지 말라.
6. 가능한 한 기업 전 영역의 경영자를 참여시켜라.[13]

효과적인 전략경영을 위한 중요한 지침은 열린 마음이다. 새로운 정보, 새로운 관점, 새로운 아이디어, 새로운 가능성을 고려하려는 의지와 열망이 반드시 필요하다. 모든 조직 구성원은 탐구 및 학습 정신을 공유해야 한다. 최고경영자, 대표, 중소기업 사장, 정부 기관 책임자와 같은 전략가는 관리자들이 만족할 수 있도록 그 입장을 다시 진술할 수 있을 만큼 그들의 입장을 잘 듣고 이해하기 위해 노력해야 한다. 또한 기업의 모든 관리자와 직원은 전략가가 만족할 수 있도록 기업의 전략을 설명할 수 있어야 한다. 이 정도의 훈련은 이해와 학습을 촉진할 것이다.

전략 평가 활동은 경제적이어야 한다. 너무 많은 정보는 정보가 너무 적은 것만큼이나 나쁠 수 있으며, 통제가 너무 많으면 득보다 실이 많을 수 있다. 또한 전략 평가 활동은 의미가 있어야 한다. 특히 기업의 목표와 관련되어야 한다. 또한 관리자가 통제력과 영향력을 행사하는 직무에 대한 유용한 정보를 제공해야 한다. 전략 평가 활동은 적시에 정보를 제공해야 한다. 경우에 따라 그리고 일부 영역에서는 관리자가 매일 또는 심지어 지속적으로 정보를 필요로 할 수도 있다. 예를 들어 다른 기업을 인수하여 다각화된 경우에는 평가 정보가 자주 필요할 수 있다. 반대로 연구개발(R&D) 부서에서는 일일 평가나 주간 평가 정보가 필요하지 않을 수 있다. 일반적으로는 현재를 나타내지 않는 정확한 정보보다 시기적절한 대략적인 정보가 전략 평가의 근거로 더 바람직하다. 빈번한 측정과 신속한 보고는 더 나은 통제력을 가져오는 것이 아니라 통제를 무너뜨릴 수 있다. 제어의 시간 차원은 측정되는 이벤트의 시간 범위와 일치해야 한다.

전략 평가 프로세스는 현재 일어나고 있는 일의 실제 모습을 제공하도록 설계되어야 한다. 예를 들어 실제로는 관리자와 직원들이 더 열심히 일하고 있지만 심각한 경기 침체로 인해 생산성과 수익률이 매우 떨어질 수 있다. 전략 평가는 이러한 상황을 정확하게 묘사해야 한다. 전략 평가 프로세스에서 도출된 정보는 조치를 촉진해야 하며, 이를 바탕으로 조치를 취하는 조직 구성원에게 전달되어야 한다. 일반적으로 관리자는 정보 제공 목적의 평가 보고서를 무시한다. 모든 관리자가 모든 보고서를 받을 필요는 없다.

통제는 정보 지향적이 아니라 행동 지향적이어야 한다. 전략 평가 프로세스가 결정을 지배해서는 안 되며 상호 이해, 신뢰, 상식을 촉진해야 한다. 전략을 평가할 때 어떤 부서도 다른 부서와 협력하는 데 실패하지 말아야 한다. 전략 평가는 단순해야 하며 너무 번거로워도, 너무 제한적이어도 안 된다. 복잡한 전략 평가 시스템은 사람들을 혼란스럽게만 하고 목적을 별로 성취하지 못한다. 효과적인 평가 시스템의 척도는 복잡성이 아니라 유용성이다.

대기업은 다양한 사업부와 기능 영역 간의 노력을 조율하기가 더 어렵기 때문에 보다 정교하고 상세한 전략 평가 시스템이 필요하다. 소규모 기업의 경영자는 서로 간에 그리고 직원들과 소통할 수 있어 광범위한 평가 보고 시스템이 필요하지 않다. 지역 환경에 익숙한 경우 보통은 대기업보다 소규모 기업이 훨씬 쉽게 정보를 수집하고 평가할 수 있다. 그러나 효과적인 전략 평가 시스템의 핵심은 참가자들이 정해진 시간 내에 특정 목표를 달성하지 못하는 것이 반드시 그들의 성과를 반영하는 것은 아님을 확신시키는 능력일 것이다.

이상적인 전략 평가 시스템은 없다. 규모, 경영 스타일, 목표, 문제, 강점 등 조직의 고유한 측면은 전략 평가 및 통제 시스템의 설계에 영향을 미칠 수 있다. 로버트 워터먼(Robert Waterman)은 성공적인 조직의 전략 평가 및 통제 시스템에 대해 다음과 같이 말했다.

> 성공한 기업은 사실을 친구로, 통제를 해방으로 여긴다. 모건개런티(Morgan Guaranty)와 웰스파고는 전략 평가 및 통제 시스템이 건전하고 위험이 포함되어 있으며 자신과 경쟁 상황을 잘 알고 있기 때문에 은행 규제 완화라는 어려움 속에서도 살아남았을 뿐만 아니라 번창한다. 성공한 기업은 사실에 대한 열망을 가지고 있으며, 다른 이들이 데이터만 보는 곳에서 정보를 본다. 성공한 기업은 엄격하고 정확한 재무 통제를 유지한다. 성공한 기업의 구성원은 통제를 독재의 강요로

표 9-6 전략기획 과정의 효과를 위한 지침

1. 서류 프로세스가 아니라 인력 프로세스여야 한다.
2. 모든 관리자와 직원을 위한 학습 과정이어야 한다.
3. 단어로 뒷받침되는 숫자가 아니라 숫자로 뒷받침되는 단어여야 한다.
4. 단순하고 비일상적이고, 경제적이고, 적시에 정보를 제공해야 한다.
5. 과제, 팀 구성원, 회의 형식, 계획 일정 등에 변화가 있어야 한다.
6. 현재 기업 전략의 기초가 되는 가정에 도전해야 한다.
7. 나쁜 소식을 환영하고 무슨 일이 일어나고 있는지에 대한 정보를 제공해야 한다.
8. 열린 마음, 탐구 및 학습 정신을 환영해야 한다.
9. 관료적 메커니즘이 되면 안 된다.
10. 의식적이거나 경직되거나 은밀히 조직되면 안 된다.
11. 너무 형식적이거나 예측 가능하거나 엄격하면 안 된다.
12. 전문 용어나 불가사의한 기획 언어를 포함하면 안 된다.
13. 통제를 위한 공식적인 시스템이 아니어야 하고 결정을 지배하면 안 된다.
14. 질적 정보를 무시하면 안 된다.
15. '기술자'가 관리하면 안 된다.
16. 한 번에 너무 많은 전략을 추구하면 안 된다.
17. '좋은 윤리는 좋은 사업'이라는 정책을 지속적으로 강화해야 한다.

보지 않고 자신이 창조적이고 자유로울 수 있게 해주는 온화한 견제와 균형으로 여긴다.[14]

자원을 무제한으로 가지고 있는 기업은 없다. 어떤 기업도 자본을 조달하기 위해 무제한으로 빚을 내거나 주식을 발행할 수 없다. 따라서 어떤 기업도 잠재적으로 도움이 될 수 있는 모든 전략을 추구하지 못한다. 일부 행동 대안을 제거하고 조직 자원을 다른 곳에 할당하기 위해 항상 전략적 결정을 내려야 한다. 대부분의 조직은 주어진 시간에 몇 가지 기업 수준의 전략만을 추구할 수 있다. 경영자가 너무 많은 전략을 동시에 추구하여 기업의 자원이 너무 분산됨으로써 모든 전략이 위태로워지는 것은 심각한 실수이다.

전략적 결정에는 장기와 단기 고려 사항 또는 이익 극대화와 주주의 부 극대화 같은 절충안이 필요하다. 윤리적 문제도 있다. 전략 절충안에는 주관적인 판단과 선호도가 필요하다. 대부분의 경우 전략 수립에 객관성이 부족하면 경쟁적 지위와 수익성이 떨어진다. 오늘날 대부분의 조직은 전략경영의 개념과 기술이 의사결정의 효과를 향상할 수 있다는 것을 알고 있다. 위험에 대한 태도, 사회적 책임에 대한 관심, 조직 문화와 같은 주관적인 요소는 항상 전략 수립 결정에 영향을 미치지만, 조직은 질적 요인을 고려할 때 가능한 한 객관적이어야 한다. 전략기획 과정이 효과적이기 위한 중요한 지침을 표 9-6에 정리했다.

요약

효과적인 전략 평가를 통해 조직은 개발 과정에서 내부 강점을 활용하고, 외부 기회가 나타났을 때 활용하고, 위협을 인식하고 방어하며, 취약점이 해를 끼치기 전에 완화 또는 개선할 수 있다.

전략가를 위한 시사점

그림 9-3은 전략가가 조직적이고 지속적으로 결과를 제품, 지역, 영역, 부문, 매장, 부서, 심지어 개인별로 신중하게 평가하고 모니터링해야 하며, 이를 통해 기업이 궤도에 오를 수 있도록 적시에 시정 조치를 취할 수 있음을 보여준다. 기업은 분기별, 주별, 심지어 매일 안팎에서 발생하는 변화에 적응해야 한다. 경쟁기업들이 새로운 영역에서 새로운 이니셔티브와 제품을 조절하고 출시함에 따라 최상의 전략계획이라도 주기적인 조정이 필요하기 때문이다. 이 장에서 설명했듯이 균형성과표는 전략가가 전략 평가 과정을 관리하는 데 널리 사용된다.

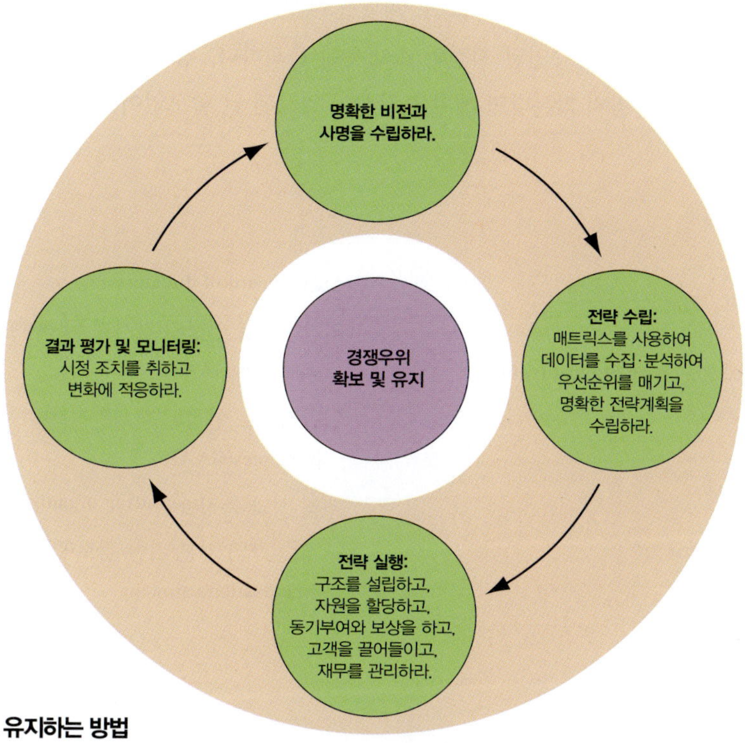

그림 9-3 경쟁우위를 확보하고 유지하는 방법

학생을 위한 시사점

사례 분석을 수행할 때 기업이 명시된 목표를 향한 진행 상황을 모니터링하고 평가하는 데 도움이 되도록 균형성과표를 개발하고 제시하라. 전략을 효과적으로 적시에 평가함으로써 기업은 변화하는 상황에 빠르게 적응할 수 있으며, 균형성과표는 이러한 노력을 지원할 수 있다. 경쟁기업과의 경쟁우위 측면에서 균형성과표에 대해 논의하라.

성공적인 조직의 전략가는 시간을 들여 전략을 신중하게 체계적으로 수립·실행·평가한다. 훌륭한 전략가는 목적과 방향에 따라 조직을 발전시켜 외부 및 내부의 전략적 위치를 지속적으로 평가하고 개선한다. 전략 평가를 통해 조직은 이해관계에 대한 기득권이 거의 또는 전혀 없는 원격 세력에 의해 지속적으로 형성되는 것이 아니라 자신의 미래를 만들어갈 수 있다.

성공을 보장하지는 않더라도 전략경영을 통해 조직은 효과적인 장기 결정을 내리고, 이러한 결정을 효율적으로 실행하며, 성공을 보장하기 위해 필요에 따라 시정 조치를 취할 수 있다. 컴퓨터 네트워크와 인터넷은 전략적 경영 활동을 조정하고 올바른 정보를 기반으로 의사결정을 내리는 데 도움이 된다. 효과적인 전략 평가와 성공적인 전략경영의 핵심은 직관과 분석의 통합이다.

잠재적으로 치명적인 문제는 분석적이고 직관적인 이슈가 양극화되는 경향이다. 이러한 양극화는 분석이나 직관에 의해 지배되는 전략 평가 또는 분석적 이슈와 직관적 이슈 간의 조정 부족과 함께 불연속적인 전략 평가로 이어진다. 성공적인 조직의 전략가는 전략경영이 무엇보다도 인력 프로세스라는 것을 알고 있다. 전략경영은 조직의 의사소통을 촉진하는 훌륭한 수단이다. 조직에서 차이를 만들어내는 것은 사람이다.

효과적인 전략경영의 진정한 핵심은 계획서 작성보다 계획 프로세스가 더 중요하고, 계획서가 완성되면 경영자가 지속적으로 계획을 세우고 계획을 멈추지 않는다는 전제를 받아들이는 것이다. 작성된 계획은 승인된 시점의 스냅숏에 불과하다. 경영자가 계획 수립, 측정, 수정과 같이 지속적인 과정을 밟지 않는다면 계획은 작성이 완료된 날 쓸모없어질 수 있다.

핵심 용어 및 개념

감사auditing

거버넌스governance

국제회계기준International Financial Reporting Standards(IFRS)

균형성과표balanced scorecard

미래의 충격future shock

비상계획contingency plan

수정된 EFE 매트릭스revised EFE Matrix

수정된 IFE 매트릭스revised IFE Matrix

시정 조치 수행taking corrective action

이사회board of directors

일반적으로 인정된 감사표준generally accepted auditing standards(GAAS)

일반적으로 인정된 회계원칙generally accepted accounting principles(GAAP)

조직 성과 측정measuring organizational performance

조직 전략의 기본 기반 검토reviewing the underlying bases of an organization's strategy

복습 및 토론 문제

9-1 구글에서 '균형성과표 이미지'를 검색하라. 현재 조직에서 사용 중인 균형성과표의 다양한 형식을 검토하라. 특히 효과적이라고 생각하는 세 가지 형식은 무엇인가?

9-2 구글에서 '균형성과표 채택자'라는 용어를 검색하라. 현재 전략 기획의 일부로 균형성과표를 사용하는 다양한 조직을 검토하라. 세 기업 또는 조직을 선택하여 균형성과표 기법의 사용을 비교하라.

9-3 기업이 비상계획을 수립해야 하는 몇 가지 가상 상황을 제시하라.

9-4 기업이 세 가지 핵심 전략 평가 활동에 참여하기 위해 분기 또는 회계연도가 끝날 때까지 기다리지 않고 계속해서 전략을 평가하는 이유를 설명하라.

9-5 세 가지 핵심 전략 평가 활동 중 잘 수행되기 위해 가장 중요한 것이 무엇이라고 생각하는가? 그 이유를 설명하라.

9-6 기업에 두 지역과 두 제품이 있을 때 조직 성과를 측정하기 위한 프레임워크를 개발하라.

9-7 예술 또는 과학이라는 측면에서 전략 수립과 전략 실행을 비교하라.

9-8 사우디아라비아는 자국의 전략을 평가한 후 무엇을 하고 있는가?

9-9 조직이 '최적의' 전략을 추구하고 있는지 어떻게 알 수 있는가?

9-10 미국에서 일어나는 GAAP에서 IFRS로의 회계 전환이 의미하는 바와 그 성격을 설명하라.

9-11 IFRS 기준을 배우는 것이 취업 시장에서 얼마나 경쟁우위가 될 것인지 모교의 회계학 교수에게 물어본 다음 수업에서 보고하라.

9-12 "주기적으로보다는 지속적으로 전략을 평가하는 것이 바람직하다." 이 말의 장단점을 설명하라.

9-13 오늘날 사업에서 전략 평가가 중요한 이유는 무엇인가?

9-14 기업의 전략을 평가하기 위해 어떤 유형의 정량적·정성적 기준을 사용해야 하는가?

9-15 동네 고깃집 사장이라면 식당의 전략을 어떻게 평가할 것인지 설명하라.

9-16 전략 평가 과정에서 시정 조치가 필요하지 않은 조건은 무엇인가?

9-17 다른 조직보다 더 자주 전략을 평가해야 하는 조직의 유형은 무엇인가? 왜 그렇게 생각하는지 이유를 설명하라.

9-18 지역 상공회의소 상임이사라면 조직의 전략을 어떤 방식으로 얼마나 자주 평가하겠는가?

9-19 은행 전략을 평가하는 데 중요한 몇 가지 주요 재무비율은 무엇인가?

9-20 "전략 평가를 통해 조직은 자신의 미래를 형성하기 위해 능동적인 자세를 취할 수 있다." 이 말의 의미를 설명하라.

9-21 균형성과표를 도표로 만들고 설명하라.

9-22 지역 영화관 단지를 위한 균형성과표를 개발하라.

9-23 전략경영은 예술과 과학 중 어디에 가깝다고 생각하는가?

9-24 전략기획 과정과 관련하여 해야 할 지침 4개와 하면 안 되는 지침 4개는 무엇인가?

9-25 연구자들은 비상계획이 5단계 프로세스라고 하는데, 이 5단계를 설명하라.

9-26 효과적인 전략 평가의 다섯 가지 특성을 설명하라.

9-27 전략기획 과정 및 결과와 관련하여 공개해야 하는 네 가지 이유를 설명하라.

9-28 전략기획 과정 및 결과와 관련하여 비밀로 해야 하는 네 가지 이유를 설명하라.

확인 학습

SET 1 코카콜라의 전략기획

연습 9A

코카콜라의 균형성과표 개발하기

목적

균형성과표는 기업에서 재무적 목표와 비재무적 목표의 균형을 맞추는 데 널리 사용된다. 구글에서 '코카콜라 균형성과표', '균형성과표 이미지', '균형성과표 예시' 등을 검색하여 예를 살펴보라.

설명

1단계 코카콜라의 개선된 새로운 균형성과표를 개발하라.

2단계 자신이 제안하는 균형성과표가 코카콜라에 적합한 이유를 설명하라.

SET 2 모교의 전략기획

연습 9B 모교의 전략 평가 보고서 작성하기

목적

거의 모든 고등교육 기관은 다음과 같은 재정 및 기타 운영 비율을 모니터링하고 불리한 편차를 해결하기 위해 필요시 적절한 시정 조치를 취한다. 모든 기업과 조직, 심지어 대학에서도 성과를 측정하기 위해 고유한 비율 집합을 개발한다는 점에 유의하라.

설명

1단계 모교의 웹사이트와 연례 보고서를 검토하여 다음 표를 채우는 데 필요한 정보를 구하라. 대학알리미(www.academyinfo.go.kr) 공시 정보를 검토하라.

2단계 다음 표를 완성하기 위해 추가 정보를 수집하려면 경영대학 사무실에 문의하라.

3단계 수집된 정보를 바탕으로 모교의 전략 평가 보고서를 작성하라.

대학의 모니터링 비율	실제 값	예상 값	편차
1. 학생 일인당 받는 등록금			
2. 교원당 학생 수			
3. 교부금당 교직원 수			
4. 기여자당 기여도			
5. 전체 학생당 남학생 수			
6. 전체 학생당 여학생 수			
7. 전체 학생당 소수민족 학생 수			
8. 전체 학생당 유학생 수			
9. 학생 증감률			
10. 타 지역 학생 증감률			
11. 유학생 증감률			
12. 소수민족 학생 증감률			
13. 총자산 대비 장기부채			
14. 유동자산 대비 유동부채			
15. 전체 학생당 경영대학 학생 수			
16. 전체 학생당 타 지역 학생 수			
17. MBA 학생 증감률			
18. BBA 학생 증감률			
19. BBA 학생당 회계학 전공자 수			
20. BBA 학생당 경영학 전공자 수			
21. BBA 학생당 재무 전공자 수			
22. BBA 학생당 마케팅 전공자 수			

SET 3 취업 역량 제고를 위한 전략기획

연습 9C

자신의 직업과 개인 목표를 평가하는 균형성과표 개발하기

목적

균형성과표는 개인이 직업 및 개인 목표와 삶의 균형을 맞추는 데에도 사용할 수 있다. 표 9-7은 일반적으로 포함되는 변수의 예를 보여준다.

설명

1단계 자신의 직업 및 개인 목표와 이러한 목표를 달성하기 위한 현재까지의 진행 상황을 표 9-7에 표시하라.

2단계 각 항목의 상태를 표 9-7의 편차 열에 매우 호의적(VF), 호의적(F), 비호의적(U), 매우 비호의적(VU)으로 표시하라.

3단계 각 항목에 대해 앞으로 계획하고 있는 시정 조치를 표 9-7에 제시하라.

표 9-7 개인 평가를 위한 균형성과표

목표 영역	예상 목표	실제 목표	편차	조치 필요
직업				
A. 현재 고용주				
1. 급여				
2. 복지 혜택				
3. 성장 가능성				
B. 미래의 잠재적 고용주				
1. 급여				
2. 복지 혜택				
3. 성장 가능성				
개인				
A. 사회적				
1. 결혼 여부				
2. 친구 상태				
3. 온라인 활동				
4. 오프라인 활동				
B. 건강				
1. 체중				
2. 영양 섭취				
3. 운동 지수				
4. 스트레스 수준				

SET 4 개인과 집단의 전략기획

연습 9D

효과적인 전략경영을 위한 다양한 지침은 얼마나 중요한가?

목적

이 장에서는 전략을 수립·실행·평가할 때 지켜야 할 지침에 대해 설명했다. 전략기획 과정과 관련된 열 가지 지침은 다음과 같다.

1. 서류 프로세스가 아니라 인력 프로세스여야 한다.
2. 모든 관리자와 직원을 위한 학습 과정이어야 한다.
3. 단어로 뒷받침되는 숫자가 아니라 숫자로 뒷받침되는 단어여야 한다.
4. 과제, 팀 구성원, 회의 형식, 계획 일정 등에 변화가 있어야 한다.
5. 현재 기업 전략의 기초가 되는 가정에 도전하고 나쁜 소식을 환영해야 한다.
6. 열린 마음, 탐구 및 학습 정신을 환영해야 한다.
7. 의식적이거나 경직되거나 은밀히 조직되면 안 된다.
8. 통제를 위한 공식적인 시스템이 아니어야 한다.
9. '기술자'가 관리하면 안 된다.
10. 한 번에 너무 많은 전략을 추구하면 안 된다.

이 연습의 목적은 가장 효과적인 전략기획 과정에 대한 지침을 보다 면밀히 검토하고, 개인의 의사결정이 집단의 의사결정보다 더 나은지 확인하는 것이다. 학술 연구에 따르면 집단은 개인보다 약 80% 확률로 더 나은 의사결정을 내릴 수 있다.

설명

전략기획 과정이 효과적이기 위한 상대적 중요도에 따라 열 가지 지침에 순위를 부여하라(1: 가장 중요함, 10: 가장 덜 중요함). 먼저 각 개인이 개별적으로 순위를 지정한 뒤 3명으로 구성된 집단별로 순위를 지정한다. 따라서 강사가 지정한 순위와 가장 유사한 순위를 만들어낸 개인과 집단을 확인할 수 있다. 이 연습을 통해 전략기획에서의 의사결정에 대해 개인과 집단의 상대적 효율성을 비교할 수 있다.

단계

1. 표 9-8의 1열에 개인별로 열 가지 지침의 상대적 중요도에 따라 순위를 기입하라(1: 가장 중요함, 10: 가장 덜 중요함). 예를 들어 1번 지침이 여덟 번째로 중요하다고 생각한다면 8을 기입한다.
2. 집단 차원에서 열 가지 지침의 상대적 중요도에 부여하는 순위를 표 9-8의 2열에 기입하라(1: 가장 중요함, 10: 가장 덜 중요함).
3. 강사가 열 가지 지침의 상대적 중요도에 부여하는 순위를 표 9-8의 3열에 기입하라.
4. 1열과 3열의 차이를 표 9-8의 4열에 기입하라. 이는 개인적 순위 평가가 얼마나 잘 수행되었는지를 나타낸다. (절댓값이므로 마이너스 부호는 무시해도 된다.)
5. 2열과 3열의 차이를 표 9-8의 5열에 기입하라. 이는 집단의 순위 평가가 얼마나 잘 수행되었는지를 나타낸다.
6. 4열의 합계와 5열의 합계를 구하라.
7. 4열의 합계와 5열의 합계를 비교하라. 4열의 합계가 5열의 합계보다 적으면 집단보다 개인이 더 적절하게 평가한 것으로 볼 수 있다. 일반적으로는 개인의 의사결정보다 집단의 의사결정이 우월하다.
8. 4열의 합계가 가장 낮은 개인이 최고의 성과를 거둔 것이다.
9. 여러 집단이 참여했다면 5열의 합계가 가장 낮은 집단이 최고의 성과를 거둔 것이다.

표 9-8 전략기획 지침 분석: 개인 대 집단

전략기획 지침	1열	2열	3열	4열	5열
1					
2					
3					
4					
5					
6					
7					
8					
9					
10					
총합					

TJX컴퍼니스

MINI-CASE

TJX의 비밀 전략기획

Gordon Bell/Shutterstock

나는 TJ맥스에서 쇼핑하여 돈을 절약한다.

미국 매사추세츠주 프레이밍햄에 본사를 둔 TJX컴퍼니스는 미국 및 해외에서 의류 및 홈패션 할인 소매점을 운영하는 기업이다. TJX컴퍼니스는 TJ맥스(TJ Maxx), 마맥스(Marmaxx), 홈굿즈(HomeGoods), TJX캐나다(TJX Canada), TJX유럽(TJX Europe), 시에라트레이딩포스트(Sierra Trading Post)를 소유하고 있으며, 미국·캐나다·영국·아일랜드·독일·폴란드·오스트리아·네덜란드·호주 등 9개국에 총 4,000개 이상의 매장이 있다. TJX의 연간 매출과 이익은 순조롭게 증가하고 있다. 현재 영업 중인 매장은 TJ맥스 1,219개, 마셜스(Marshalls) 1,057개, 홈굿즈 660개, 시에라트레이딩포스트 26개, 홈센스(HomeSense) 3개이고, 미국에 tjmaxx.com과 sierratradingpost.com이 있다. 캐나다에 있는 매장은 위너스(Winners) 265개, 홈센스 117개, 마셜스 72개이고, 유럽에는 TJ맥스 540개, 홈센스 55개와 tjmaxx.com, 호주에는 TJ맥스 38개가 있다.

2018년 1월, TJX는 TRC캐피털(TRC Capital Corporation)로부터 TJX의 보통주 최대 200만 주를 현금으로 주당 70.95달러에 구매하겠다는 제안을 받았다. 공모 가격은 2017년 12월 15일 TJX 보통주의 종가인 74.17달러보다 4.34% 낮았다. TJX의 최고경영진은 모든 TJX 주주에게 제안을 거부해달라고 요청했다.

기업 전략기획 및 평가 프로세스와 관련하여 TJX는 모든 상장 소매업체 중 가장 비밀스러운 기업에 속한다. 본문에서 설명했듯이 기업 전략을 공개하는 것보다 비밀을 유지하는 것은 많은 장단점이 있다. TJX의 CEO인 캐럴 마이로비츠(Carol Meyrowitz)와 최고경영진은 인터뷰를 거의 하지 않고 기업 전략에 대해 논의하지 않는다. 경쟁기업이 복제 및 모방하기 위해 정보를 알려고 하기 때문에 TJX는 기업 전략에 대해 이야기하지 않는다. 그러나 《포천》은 다음과 같은 실무를 포함한 '탁월한 재고 관리'가 TJX의 전략적 성공 비밀이라고 밝혔다.

1. 재고를 빨리 처리한다. 모닝스타(Morningstar)에 따르면 TJX는 55일마다 재고를 처리하지만 동종 그룹의 경우 85일이다. TJX는 상품을 빠르게 구매하고 판매하는 구조이다. TJX가 공급업체에 대금을 지불하기 전에 상품이 판매되곤 된다. 빠른 재고 회전율로 인해 새로운 상품이 진열되기 때문에 고객이 다시 매장을 찾았을 때는 같은 상품을 거의 볼 수 없다. TJX는 직원들에게 이렇게 교육한다. "눈에 띄면 바로 구매하세요. 그렇지 않으면 팔려서 없을 것입니다."
2. '싸고 남은 상품'이 아니라 '가치 있는 트렌디한 상품'을 제공한다.
3. 저소득층 고객을 대상으로 하기보다 '보물찾기' 체험을 장려한다. 고소득층 고객도 TJX 매장에서의 보물찾기 경험을 좋아한다.
4. 구매 담당자를 대대적으로 교육한 다음 구매 담당자에게 공급업체로부터 수백만 달러의 구매를 협상할 수 있는 자율권을 부여한다. 계절이 아닌 연중 내내 지속적으로 재고를 구매하며, 필요한 시기에 최대한 임박해서 구매하여 더 나은 가격으로 협상하고 최신 패션 트렌드를 확보한다. 카테고리별 모든 품목을 구매하더라도 저렴한 가격으로 협상한다.

문제

1. 기업의 전략계획을 웹사이트에 게시하고 전략과 계획을 공개적으로 논의하는 것에 비하여 전략기획 과정을 비밀로 유지하는 것의 장단점은 무엇인가?
2. 비밀이 타당한 세 가지 산업 유형과 비밀이 타당하지 않은 세 가지 산업 유형은 무엇인가?
3. 많은 대학이 웹사이트에 전략계획을 게시하고 있다. 이것의 장단점은 무엇인가?

4. 위에 나열된 네 가지 '비밀' 실무가 TJX의 전반적인 성공에 얼마나 중요하다고 생각하는지 순위를 매겨라(1: 가장 중요함, 4: 가장 덜 중요함).

출처: http://fortune.com/2014/07/24/t-j-maxx-the-best-retailstore/?icid=maing-grid7%7Chtmlws-main-bb%7Cdl30%7Csec1_lnk3%26pLid%3D508272

웹 참고 자료

1. https://www.google.com/search?source=hp&ei=A8wJWty6LIbqjwSXlocI&q=-balanced+scorecard+images&oq=balanced+score-card+images&gs_l=psyab.1.0.0j0i22i30k1.1719.9368.0.11358.29.25.1.0.0.0.355.3755.0j18j3j1.22.0....0...1.1.64.psy-ab..6.23.3762.0..35i39k1j0i131k1j0i20i264k1.0.Iip-5WN7tEk4
이 웹사이트는 100개의 균형성과표 이미지를 제공한다.
2. https://bscdesigner.com/real-bsc-examples.htm
이 웹사이트는 17개의 균형성과표 사례와 양식을 제공한다.

참고 문헌

Almandoz, Juan, and András Tilcsik. "When Experts Become Liabilities: Domain Experts on Boards and Organizational Failure." *Academy of Management Journal* 59, Issue 4 (August 2016): 1124–1149.

Brahm, Francisco, Jorge Tarzijan, and Marcos Singe. "The Impact of Frictions in Routine Execution on Economies of Scope." *Strategic Management Journal* 38, Issue 10 (October 2017): 2121–2142.

Christensen, Lisa Jones, Enno Siemsen, Oana Branzei, and Madhu Viswanathan. "Response Pattern Analysis: Assuring Data Integrity in Extreme Research Settings." *Strategic Management Journal* 38, Issue 2 (February 2017): 471–482.

Cliffe, Sarah. "The Board View: Directors Must Balance All Interests." *Harvard Business Review* 95, Issue 3 (May–June 2017): 64–66.

Connelly, Brain L., Laszlo Tihanyi, David J. Ketchen Jr, Christina Matz Carnes, and Walter J. Ferrier. "Competitive Repertoire Complexity: Governance Antecedents and Performance Outcomes." *Strategic Management Journal* 38, Issue 5 (May 2017): 1151–1173.

Crittenden, Victoria L., William F. Crittenden, Joseph M. Giglio, and Andrew B. Crittenden. "Making the Cut: Surgery on the Board." *Business Horizons* 60, Issue 1 (January 2017): 67–75.

Cuypers, Ilya R. P., Gokhan Ertug, Jeffrey J. Reuer, and Ben Bensaou. "Board Representation in International Joint Ventures." *Strategic Management Journal* 38, Issue 4 (April 2017): 920–938.

Faleye, Olubunmi. "The Downside to Full Board Independence." *MIT Sloan Management Review* 58, Issue 2 (Winter 2017): 87–88.

Feldman, Emilie R. "Dual Directors and the Governance of Corporate Spinoffs." *Academy of Management Journal* 59, Issue 5 (October 2016): 1754–1776.

Goranova, Maria, Rahi Abouk, Paul C. Nystrom, and Ehsan S. Soofi. "Corporate Governance Antecedents to Shareholder Activism: A Zero-Inflated Process." *Strategic Management Journal* 38, Issue 2 (February 2017): 415–435.

Goranova, Maria, Richard Priem, Hermann Ndofor, and Cheryl Trahms. "Is There a Dark Side to Monitoring? Board and Shareholder Monitoring Effects on M&A Performance Extremeness." *Strategic Management Journal* 38, Issue 11 (November 2017): 2285–2297.

Guo, Guangrui. "Demystifying Variance in Performance: A Longitudinal Multilevel Perspective." *Strategic Management Journal* 38, Issue 6 (June 2017): 1327–1342.

Heyden, Mariano L. M., Nikolaos Kavadis, and Qiomy Neuman "External Corporate Governance and Strategic Investment Behaviors of Target CEOs." *Journal of Management* 43, Issue 7 (September 2017): 2065–2089.

Krause, Ryan. "Being the CEO's Boss: An Examination of Board Chair Orientations." *Strategic Management Journal* 38, Issue 3 (March 2017): 697–713.

Marcel, Jeremy J., Amanda P. Cowen, and Gary A. Ballinger. "Are Disruptive CEO Successions Viewed as a Governance Lapse? Evidence from Board Turnover." *Journal of Management* 43, Issue 5 (May 2017): 1313–1334.

Oliver, Abbie, Ryan Krause, John Busenbark, and Matias Kalm. "BS in the Boardroom: Benevolent Sexism and Board Chair Orientations." *Strategic Management Journal* 39, Issue 1 (January 2018): 113–130.

Puay, Khoon Toh, and Cameron D. Miller. "Pawn to Save a Chariot, or Drawbridge Into the Fort? Firms' Disclosure During Standard Setting and Complementary Technologies Within Ecosystems." *Strategic Management Journal* 38, Issue 11 (November 2017): 2213–2236.

Ramírez, Rafael, Steve Churchhouse, Alejandra Palermo, and Jonas Hoffmann. "Using Scenario Planning to Reshape Strategy." *MIT Sloan Management Review* 58, Issue 4 (Summer 2017): 31–37.

Shi, Wei, Brian L. Connelly, and Robert E. Hoskisson. "External Corporate Governance and Financial Fraud: Cognitive Evaluation Theory Insights on Agency Theory Prescriptions." *Strategic Management Journal* 38, Issue 6 (June 2017): 1268–1286.

Shi, Wei, Robert E. Hoskisson, and Yan Anthea Zhang. "Independent Director Death and CEO Acquisitiveness: Build an Empire or Pursue a Quiet Life?" *Strategic Management Journal* 38, Issue 3 (March 2017): 780–792.

Vaara, Eero, and Juha-Antti Lamberg. "Taking Historical Embeddedness Seriously: Three Historical Approaches to Advance Strategy Process and Practice Research." *Academy of Management Review* 41, Issue 4 (October 2016): 633–657.

Withers, Michael C., and Markus A. Fitza. "Do Board Chairs Matter? The Influence of Board Chairs on Firm Performance." *Strategic Management Journal* 38, Issue 6 (June 2017): 1343–1355.

Wolf, Carola, and Steven W. Floyd. "Strategic Planning Research: Toward a Theory-Driven Agenda." *Journal of Management* 43, Issue 6 (July 2017): 1754–1788.

Zorn, Michellle, Christine Shropshire, John Martin, James Combs, and David Ketchen Jr. "Home Alone: The Effects of Lone-Insider Boards on CEO Pay, Financial Misconduct, and Firm Performance." *Strategic Management Journal* 38, Issue 13 (December 2017): 2623–2646.

미주

1. Richard Rumelt, "The Evaluation of Business Strategy," in W. F. Glueck (ed.), *Business Policy and Strategic Management* (New York: McGraw-Hill, 1980), 359–367.
2. Ecclesiastes. 3:1–8.
3. M. Erez and F. Kanfer, "The Role of Goal Acceptance in Goal Setting and Task Performance," *Academy of Management Review* 8, no. 3 (July 1983): 457.
4. D. Hussey and M. Langham, *Corporate Planning: The Human Factor* (Oxford, England: Pergamon, 1979), 138.
5. Carter Bayles, "Strategic Control: The President's Paradox," *Business Horizons* 20, no. 4 (August 1977): 18.
6. Joann Lublin, "Are Smaller Boards Better for Investors?" *Wall Street Journal*, August 27, 2014. Also based on Den Favaro, Per-Ola Karlsson, and Gary Neilson, "The $112 Billion CEO Succession Problem," *Strategy + Business*, PwC Strategy (May 4, 2015).
7. Louis Lavelle, "The Best and Worst Boards," *BusinessWeek*, October 7, 2002, 104–110.
8. Henry Mintzberg, "Crafting Strategy," *Harvard Business Review* (July–August 1987): 66–75.
9. Henry Mintzberg and J. Waters, "Of Strategies, Deliberate and Emergent," *Strategic Management Journal* 6, no. 2 (1985): 257–272.
10. John Parnell, "Five Critical Challenges in Strategy Making," *SAM Advanced Management Journal* 68, no. 2 (Spring 2003): 15–22.
11. Robert Linneman and Rajan Chandran, "Contingency Planning: A Key to Swift Managerial Action in the Uncertain Tomorrow," *Managerial Planning* 29, no. 4 (January–February 1981): 23–27.
12. American Accounting Association, *Report of Committee on Basic Auditing Concepts*, 1971, 15–74.
13. R. T. Lenz, "Managing the Evolution of the Strategic Planning Process," *Business Horizons* 30, no. 1 (January–February 1987): 39.
14. Robert Waterman, Jr., "How the Best Get Better," *BusinessWeek*, September 14, 1987, 105.

PART 5

핵심 전략경영 주제

10

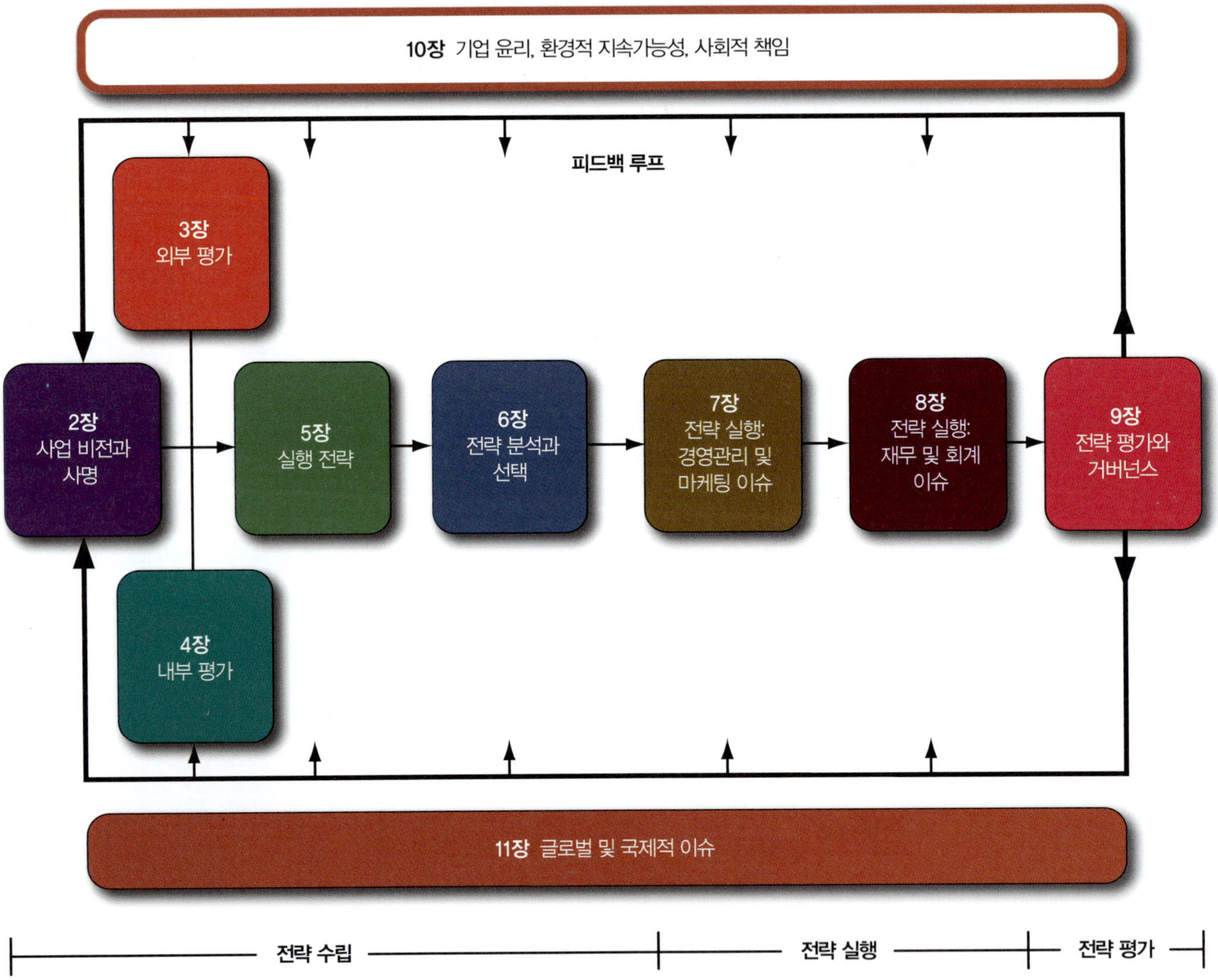

그림 10-1 포괄적·통합적 전략경영 모델

출처: Fred R. David, "How Companies Define Their Mission," *Long Range Planning* 22, no. 1 (February 1989): 91. Anik Ratnaningsih, Nadjadji Anwar, Patdono Suwignjo, and Putu Artama Wiguna, "Balance Scorecard of David's Strategic Modeling at Industrial Business for National Construction Contractor of Indonesia," *Journal of Mathematics and Technology*, no. 4 (October 2010): 20.

기업 윤리, 환경적 지속가능성, 사회적 책임

학습 목표

10-1 전략경영에서 좋은 윤리가 중요한 이유를 이해한다.

10-2 내부 고발, 뇌물 수수, 사내 연애가 전략적 이슈인 이유를 이해한다.

10-3 전략기획에서 환경적 지속가능성이 핵심 이슈인 이유를 이해한다.

10-4 전략기획에서 기업의 사회적 책임(CSR)이 핵심 이슈인 이유를 이해한다.

확인 학습

SET 1 코카콜라의 전략기획

연습 10A 코카콜라와 펩시콜라 중 지속가능성 측면의 승자는 누구인가?

SET 2 모교의 전략기획

연습 10B 모교와 타 대학의 친환경 전력 사용 비교하기

SET 3 취업 역량 제고를 위한 전략기획

연습 10C 자신의 기업 윤리 지수 알아보기

SET 4 개인과 집단의 전략기획

연습 10D 사내 연애를 단념해야 하는 다양한 이유는 잠재적으로 얼마나 심각한가?

조직의 성과는 단순한 이익 이상의 것을 수반한다. '수익(profit)', '사람(people)', '지구(planet)'는 조직의 성과를 결정하는 '3P'로 종종 간주된다. 점점 더 많은 기업이 재무적 성과, 사회적 성과, 자연환경적 성과라는 **삼중 성과**(triple-bottom-line) 접근 방식을 채택하고 있다. 삼중 성과 접근법을 따르는 기업은 환경에 끼치는 영향을 최소화하는 가운데, 주주에게 재무적 수익을 가져다주면서 자사가 속한 지역사회에 기여하기 위해 의식적이고 전략적인 노력을 기울인다.

기업 윤리(business ethics)는 '의사결정 및 행동을 이끄는 기업 내 행동 원칙'이다. 좋은 기업 윤리는 훌륭한 전략경영의 전제 조건이자 좋은 사업이다. 윤리는 성실, 정직, 공정에 관한 것이다. **사회적 책임**(social responsibility)은 직원을 포함한 모든 생명체의 복지를 보호하거나 향상하기 위해 법적으로 요구하는 것 이상으로 기업이 취하는 행동을 말한다. 사회적 책임 행동에는 직원의 자녀를 위한 어린이집 제공, 직원의 대학 수업료 지원 등이 포함된다. **지속가능성**(sustainability)은 기업의 운영 및 행동이 환경을 해치거나 파괴하지 않고 보호·개선·보존하는 정도를 말한다. 기업의 주요 에너지원을 태양광 발전으로 전환하는 것이 그 예가 될 수 있다.

그림 10-1에 나타냈듯이 기업 윤리, 사회적 책임, 환경적 지속가능성 이슈는 상호 연관되어 있으며, 전략경영 프로세스의 모든 영역에 영향을 미친다. 이 장에서 소개하는 귀감이 되는 전략가는 마이크로소프트(Microsoft)의 공동 창업자이자 전 CEO인 빌 게이츠(Bill Gates)이다. 지금은 남남이 된 게이츠 부부는 자선 단체에 가장 많은 돈을 기부한 커플일 것이다.

모든 전략 수립·실행·평가 결정에는 윤리적 영향이 관여한다. CEO와 사업주 같은 전략가는 조직 내에서 높은 윤리적 원칙을 지지하고 실행하도록 보장할 책임이 있다. 다음을 포함하여 비윤리적인 경영 활동은 수없이 많다.

- 허위 광고 또는 라벨링
- 환경 피해 유발
- 안전하지 않은 제품 또는 서비스 생산

귀감이 되는 전략가

마이크로소프트의 전 CEO 겸 회장 빌 게이츠

세상에서 가장 부유하고 가장 성공한 사업가 중 한 사람인 빌 게이츠는 기부를 가장 많이 한 사업가이기도 하다. 2000년에 게이츠는 마이크로소프트의 CEO 자리에서 물러나 빌앤드멀린다게이츠재단(Bill and Melinda Gates Foundation)을 설립하고 운영하는 데 많은 관심을 기울였다. 빌과 멀린다는 280억 달러의 기부금으로 이 재단을 시작하여 세상에서 가장 큰 민간 자선 재단으로 성장시켰다. 빌앤드멀린다게이츠재단은 교육을 지원하고, 저소득 지역사회를 도우며, 전 세계의 건강을 증진하기 위해 일한다. 약 900억 달러의 순자산을 가진 게이츠는 지난 23년 중 18년 동안 《포브스(Forbes Magazine)》의 세계 억만장자 목록에서 1위를 차지했다. 10년 이상 동안 게이츠는 수십억 달러의 개인 돈을 전 세계에서 가장 도움이 필요한 사람들에게 건넸다. 게이츠는 이렇게 말했다. "어느 정도 이상의 돈은 나에게 쓸모가 없다. 그러한 돈의 유용성은 기관을 설립하여 전 세계의 빈곤층을 위해 자원을 동원하는 데 전적으로 달려 있다." 빌앤드멀린다게이츠재단은 로터리인터내셔널(Rotary International)과 협력하여 전 세계의 소아마비를 퇴치하기 위해 노력하고 있다. 게이츠는 최근 《타임(Time Magazine)》이 선정한 20세기의 가장 영향력 있는 인물에 포함된다.

출처: https://www.forbes.com/profile/bill-gates/https://www.biography.com/people/bill-gates-9307520

- 비용 부풀리기
- 내부자 거래
- 금지된 제품이나 결함이 있는 제품을 해외 시장에 덤핑하는 행위
- 여성 및 소수 집단 차별
- 과도한 가격 책정 또는 가격 왜곡
- 성희롱, 괴롭힘, 편애
- 개인적 이익을 위한 기업 자원 유용
- 자금 세탁 또는 뇌물 수수
- 동물 학대
- 근무 중 개인 스마트폰 과다 사용
- 부적절한 폐기물 처리로 인한 오염
- 이해 상충에의 관여
- 직원 및 고객의 개인 정보 유출
- 부적절한 선물 제공
- 기업 정보 보안 사고
- 인터넷 사기 또는 절도 행위
- 회사 컴퓨터 해킹
- 퍼빙(스마트폰에 빠져서 주변 사람들을 무시하는 행동)

좋은 윤리는 왜 좋은 사업인가

학습 목표 10-1

전략경영에서 좋은 윤리가 중요한 이유를 이해한다.

기업 윤리의 중요성에 대한 의식이 전 세계적으로 높아지고 있다. 공공 및 민간 조직의 비윤리적인 행동이 웹사이트, 신문, 잡지, 소셜미디어, 언론 매체, 이메일, 문자를 통해 실시간으로 알려지고, 기업의 내부 거래와 관련된 사실과 소문이 빠르게 퍼져나간다. 예를 들어 아이워즈포이즌드닷컴(IWasPoisoned.com) 창립자인 패트릭 쿼드(Patrick Quade)에 따르면, 2017년 말 치폴레멕시칸그릴(Chipotle Mexican Grill)에서 발생한 식중독 신고 비율은 다른 모든 프랜차이즈 식당보다 최소 9배가 높았다.

점점 더 많은 임원과 경영자의 개인적·전문적 결정이 분노한 주주, 불만을 품은 직원, 심지어 이사회의 표적이 되면서, 오만한 CEO가 개인적·공적·기업 차원의 실수에 더욱 취약하게 만들어버렸다. CEO의 급여가 높은 이유 중 하나는 기업의 도덕적 위험을 감수해야 한다는 것이다. 전략가는 기업을 위한 윤리 강령을 개발하고, 전달하고, 실행할 책임이 있다. 모든 경영자의 책임 가운데 필수적인 부분은 끊임없는 모범과 예시를 통해 윤리적 리더십을 보여주는 것이다. 경영자는 많은 사람에게 영향을 미치고 교육할 수 있는 위치에 있다. 경영자는 윤리적 의사결정을 개발하고 실행할 책임이 있다. 솔 겔러먼(Saul Gellerman)은 경영자에게 몇 가지 조언을 했다.

> 기업의 요구로 인해 모든 경영자는 너무 많은 것을 주는 위험을 무릅쓴다. 하지만 옳고 그름 사이의 애매한 선을 넘으면 더 많이, 더 잘, 더 빨리, 더 저렴하게 실행하라고 계속 압박하는 윗사람들이 당신을 자극할 것이다. 그들은 지시한 것 이상을 수행하거나 경고를 무시한 것에 대해 당신을

비난할 것이다. 가장 똑똑한 경영자는 '어느 정도까지 실행해야 하는가?'라는 질문에 대한 가장 좋은 대답이 '알려고 하지 말라'임을 이미 알고 있다.[1]

윤리적인 것이 도움이 되는가

기업윤리연구소(Institute of Business Ethics, IBE)는 최근 '기업 윤리가 도움이 되는가?'라는 제목의 연구를 수행하고, 명확하게 윤리적 행동 강령을 명시하는 기업이 그렇지 않은 기업보다 지속적으로 우수한 성과를 얻는다고 결론 내렸다. 기업윤리연구소의 필리퍼 포스터 백(Philippa Foster Back)은 "비즈니스에서의 윤리적 행동은 원칙적으로 옳은 일일 뿐만 아니라 재무적 성과도 있다"고 말했다. 표 10-1은 이 연구의 일부 결과를 보여준다.

드폴대학교의 마크 프리고(Mark Frigo)와 조엘 리트먼(Joel Litman)이 수행한 연구는 윤리적인 것이 도움이 된다고 제안한다. 두 연구자는 30년간의 재무 데이터를 이용하여 1만 5,000개 이상 상장기업의 재무 성과를 연구한 결과, 일반적으로 고성과 기업의 기업 윤리가 높다는 것을 발견했다.[2] 또한 《포천》 500대 기업의 직원 8,000명과 최고경영자 84명을 7년간 추적 연구하여 《성격 수익률(Return on Character)》을 저술한 프레드 키얼(Fred Kiel)에 따르면 윤리적인 리더는 자기중심적인 리더보다 5배 많은 수익을 달성했고 직원의 근무 참여도가 26% 더 높았다. 비윤리적인 것은 골칫거리, 비효율, 낭비를 초래한다.

나쁜 윤리는 최고의 전략계획조차 탈선시킬 수 있다. 피터 드러커(Peter Drucker)는 윤리적 리더십에 대해 다음과 같이 말했다.

> 남성(또는 여성)은 아는 것이 별로 없고 실적이 떨어지며 판단력과 능력이 부족하더라도 경영자로서 너무 많은 피해를 끼치지 않을 수도 있다. 그러나 만약 그 사람이 인격과 성실성이 부족하다면, 아무리 지식이 풍부하고 똑똑하며 얼마나 성공했든 간에 파멸을 가져온다. 이런 사람은 기업의 가장 귀중한 자원인 사람을 파괴하고, 정신을 파괴하고, 성과를 파괴한다. 조직의 정신은 위에서부터 만들어지기 때문에 기업의 수뇌부에 있는 사람들이 특히 그렇다. 조직의 정신이 위대하다면 그것은 최고경영층의 정신이 위대하기 때문이다. 조직이 부패한다면 그것은 수뇌부가 그렇기 때문이다. "나무는 꼭대기에서 죽는다"라는 속담도 있지 않은가. 자신의 인격을 아랫사람들의 본보기로 삼으려 하지 않는 사람은 전략가가 되어서는 안 된다.[3]

표 10-1 훌륭한 기업 윤리의 일곱 가지 원칙

1. 신뢰할 수 있어야 한다. 어떤 개인이나 기업도 자신이 신뢰하지 않는 조직과 사업에 참여하려 하지 않는다.
2. 열린 마음으로 모든 내부 및 외부 이해관계자에게 '윤리 관련 피드백'을 지속적으로 요청하라.
3. 모든 약속과 의무를 준수하라.
4. 인쇄 자료, 행동이나 단어를 잘못 표현하거나 과장하거나 오해를 사지 말라.
5. 눈에 띄게 책임감 있는 시민이 되라.
6. 회계 관행을 이용하여 의심스러운 활동을 파악하고 제거하라.
7. "다른 사람이 나에게 행하기를 바라는 대로 행하라"라는 황금률을 따르라.

출처: http://sbinformation.about.com/od/bestpractices/a/businessethics.htm

빌리 그레이엄(Billy Graham) 목사는 이렇게 말했다. "부를 잃으면 아무것도 잃지 않은 것이고, 건강을 잃으면 조금 잃은 것이고, 인격을 잃으면 모든 것을 잃은 것이다." 윤리 '문화'가 조직에 스며들어야 한다. 구성원들이 서로의 것을 훔치고 서로 신뢰하지 않으며 모든 정보에 공증이 필요한 사회, 의견 충돌이 소송으로 이어지고 정부가 기업을 믿지 못하여 규제에 의존하는 사회는 결국 무너질 수밖에 없다. 나쁜 기업 문화의 최근 예로는 특히 기업 문화에 소송이 집중된 우버테크놀로지스(Uber Technologies)와 웰스파고(Wells Fargo)를 들 수 있다.

윤리 문화를 확립하는 방법

윤리 문화를 확립하기 위한 핵심 요소는 명확한 **기업 윤리 강령**(code of business ethics)을 개발하는 것이지만, 단순히 윤리 강령을 마련하는 것만으로는 윤리적인 기업 행동을 보장하기에 충분치 않다. 관리자는 강령의 내용에 관한 구체적인 세부 사항, 강령 구현 방법, 강령 준수 여부를 모니터링하는 데 주의를 기울여야 한다. 그렇지 않으면 윤리 강령을 직원들이 읽지 않거나, 직원들이 이해하지 못하거나, 믿지 못할 수도 있으며, 윤리 강령 자체가 홍보용이나 장식용이 될 수도 있다. 일단 실행되면 직원들에게 강령 위반의 처벌 사례를 보여줌으로써 윤리 강령을 강화해야 한다. www.ethicsweb.ca/codes는 효과적인 윤리 강령을 작성하는 방법에 대한 지침을 제공한다.

기업은 직원들이 윤리 강령을 읽고, 이해하고, 믿고, 기억하도록 적극적인 조치를 취해야 한다. 기업은 윤리적인 실수를 최소화하고 방지하기 위해 도널드 파머(Donald Palmer)가 권고한 다음 네 가지 관행을 실행하는 것을 고려해야 한다.[4]

1. 불법 행위를 적발하면 신속하고 엄중하게 처벌한다.
2. 높은 윤리적 기준을 가진 직원을 채용한다.
3. 원하는 문화적 가치를 강화하는 사회화 프로그램을 개발한다.
4. 상사의 의심스러운 명령에 부하가 이의를 제기하도록 격려한다.

기업은 점점 더 조직 내에서 문화적 감독을 공식화하고 있다. 예를 들어 월풀(Whirlpool)의 이사진은 연례 직원 설문 조사, 임원 성과 평가, 내부 고발자 활동 분석을 통해 기업 문화를 면밀히 모니터링한다. 시티그룹(Citigroup)과 CACI인터내셔널(CACI International) 등의 많은 기업도 기업 문화를 모니터링하기 위해 공식적인 위원회를 설립했다. 윤리 문화를 조성하기 위해 시티그룹은 전 세계의 수많은 직원이 참여하는 대화형 기업 윤리 보드게임 'The World Ethic'을 개발했다. 이 게임은 참여자에게 '축구 티켓을 제시하면서 새로운 개인 퇴직연금 계좌를 소급 적용해달라는 고객을 어떻게 상대하겠습니까?'와 같은 기업 윤리 관련 질문을 던진다.

기관이나 사회의 윤리에 대한 사람들의 신뢰와 확신이 클수록 경제적인 힘이 더 크다는 것은 역사를 통해 증명되었다. 비즈니스 관계는 대부분 상호 신뢰와 평판을 기반으로 한다. 탐욕과 의심스러운 윤리에 근거한 단기적인 결정은 다른 사람들의 신뢰를 얻는 데 필요한 자존심을 잃어버리게 할 것이다. 윤리 교육과 윤리적 문화가 전략적인 이점을 창출할 수 있다고 믿는 기업이 점점 더 많아지고 있다. 맥스 킬런(Max Killan)에 따르면 "윤리적 근거에 기반을 두지 않은 사업은 사회에 도움이 되지 않으며, 다른 모든 비윤리적 결합과 마찬가지로 망각에 빠질 것이다." 이 장에서는 몇 가지 주요 윤리적 문제를 자세하게 살펴볼 것이다.

비윤리적인 것은 비정상이거나 드문 일이 아니다. 부정행위는 일반적인 현상으로서 '바른 행동'만큼 만연해 있으며, 주로 선하고 윤리적이며 사회적 책임이 있는 사람들이 가장 자주 부정행위를 저지른다고 도널드 파머는 보고한다.[5] 파머에 따르면 사람들은 조직의 기능에 내재된 과도한 구조, 과정, 메커니즘 때문에 비윤리적인 행동을 하며, 중요한 점은 우리 모두가 조직의 올바른 상황에서 비윤리적인 행동을 할 수 있는 후보자라는 것이다. 이 연구는 관리자에게 시사하는 바가 크다.

학습 목표 10-2

내부 고발, 뇌물 수수, 사내 연애가 전략적 이슈인 이유를 이해한다.

내부 고발, 뇌물 수수, 사내 연애

소셜미디어와 기술이 세계적으로 보편화됨에 따라 내부 고발, 뇌물 수수, 사내 연애라는 기업 윤리 주제는 기업이 직면하는 중요한 전략적 이슈가 되었다. 이 세 가지 중 하나라도 문제가 발생하면 조직은 심각한 피해를 입을 수 있다.

내부 고발

내부 고발(whistle-blowing)은 직원이 사내에서 발견하거나 목격한 비윤리적인 위반을 신고하는 것을 말한다. 직원은 내부 고발을 실천해야 하고 기업은 내부 고발을 장려하는 정책을 마련해야 한다. 대출 부동산의 가치를 부풀리고 투자자에게 결함이 있는 대출을 판매한 혐의로 뱅크오브아메리카(Bank of America)가 166억 5,000만 달러라는 기록적인 벌금을 물도록 도운 세 사람은 1억 7,000만 달러를 받았다. 이는 금융 기관의 내부 고발자에게 지급된 보상 중 역대 최고 수준이다. 수많은 기업은 경영자와 직원에게 다른 사람의 윤리적 위반을 신고하지 않으면 해고될 수 있다고 경고한다.

미국증권거래위원회(U.S. Securities and Exchange Commission, SEC)의 내부 고발 정책은 비윤리적인 행동을 목격한 사람은 누구나 신고를 해야 한다고 의무화하고 있다. www.whistleblower.org에는 최근 내부 고발자 사례와 개인에 대한 보상이 게시되어 있다. 미국의 내부 고발자는 사베인스-옥슬리법(Sarbanes-Oxley Act)과 도드-프랭크법(Dodd-Frank Act)의 보호를 받는다.

미국에서 기업의 내부 고발자는 불법 행위에 대해 기업을 상대로 한 법적 소송의 수익 중 최대 25%를 받는다. 이러한 지급은 점점 더 보편화되고 있다. 미국증권거래위원회는 최근 진행 중인 사기 사건을 신고한, 미국 시민권자가 아닌 제보자에게 3,000만 달러를 지급했다. 미국증권거래위원회의 최고 책임자인 숀 매케시(Sean McKessy)는 이 사건에 대해 "전 세계의 내부 고발자가 미국 증권법 위반 가능성에 관한 신뢰할 수 있는 정보를 제공하도록 미국 시민권자와 유사하게 보상해주어야 한다"고 말했다. 각국의 여론 조사에 따르면 대만, 인도네시아, 미얀마, 포르투갈은 국민이 느끼기에, 목격한 부패를 신고하는 것이 사회적으로 가장 용인되는 국가이다. 반면에 아르메니아, 리투아니아, 헝가리, 크로아티아와 같은 일부 국가에서는 국민이 목격한 부패를 신고하는 것이 여전히 사회적으로 용인되지 않는다.[6]

고용주가 세금을 탈루하고 있다고 최근 미국 국세청에 제보한 한 회계사는 국세청의 첫 번째 내부 고발자 상으로 450만 달러를 받았다. 이 회계사의 제보로 국세청은 부정한 금융 서비스 회사에 2,000만 달러에 달하는 세금과 이자를 부과했다. 회계사가 받은 보상은 회사에 부과된 금액의 22%

에 달한다. 대규모 사례의 제보를 장려하기 위해 마련된 미국 국세청 프로그램은 회수금의 15~30%를 보상하도록 규정하고 있다. 에릭 영(Eric Young) 변호사는 이렇게 말했다. "정부와 납세자 모두에게 윈윈이다. 회수금은 미국 재무부에 귀속되는데, 이는 내부 고발자에 대한 보상이 없었다면 가능하지 않았을 것이다."

윤리 교육 프로그램에는 윤리적 사업 관행을 강조하고, 윤리 강령을 논의하며, 비윤리적인 행동을 신고하는 절차를 자세하게 밝히는 CEO 또는 사업주의 메시지가 포함되어야 한다. 기업은 윤리적 고려 사항을 전략기획에 도입하고, 윤리적 의사결정을 성과 평가 프로세스에 통합하고, 내부 고발을 장려하고, 윤리적 문제와 관련된 부서 및 기업의 성과를 모니터링함으로써 윤리적·전략적 의사결정을 조정할 수 있다.

뇌물 수수 방지

뇌물 수수(bribery)는 공직자 또는 법적 의무를 이행하는 다른 사람의 행동에 영향을 미칠 수 있는 가치를 제공하는 것, 받는 것, 또는 권유하는 것이라고 《블랙 법률 사전(Black's Law Dictionary)》에 정의되어 있다. **뇌물**(bribe)은 받는 사람의 행동에 영향을 주기 위해 주는 선물이다. 선물은 돈, 상품, 행위, 재산, 특혜, 가치, 이익일 수도 있고, 공직 또는 공적인 자격으로 개인의 행동이나 투표, 영향력을 유도하기 위한 단순한 약속이나 동의일 수도 있다.

뇌물 수수는 미국을 비롯한 대부분의 국가에서 범죄 행위이다. 심지어 스포츠 분야에서도 뇌물 수수는 불법이다. 2017년 말, 디비전 I(Division I)* 대학의 농구 코치 6명과 아디다스(Adidas) 고위 임원은 대학 농구의 부패에 대한 연방 조사에서 걸려 뇌물 수수 및 사기 등의 혐의로 기소되었다. 오번대학교, 오클라호마주립대학교, 애리조나대학교, 루이빌대학교, 마이애미대학교, 서던캘리포니아대학교의 코치들은 선수들에게 선호하는 재정 고문, 사업 관리자, 에이전트를 소개해주는 대가로 뇌물을 받았다. 이 사건에서 아디다스 임원 3명은 자사가 후원하는 대학에 입학하도록 고교 스타들과 그 가족들에게 금품을 제공한 혐의로 기소되었다. 또한 코치들은 아디다스 임원과 최고 농구 선수들 사이의 거래를 중개하는 데 연루되었다.

뇌물을 주고받는 비율이 가장 낮은 국가는 일본, 홍콩, 한국, 모리셔스, 보츠와나, 키프로스이고, 뇌물을 주고받는 비율이 가장 높은 국가는 인도, 라이베리아, 베트남이다.[7] 세계은행(World Bank), 국제통화기금(International Monetary Fund, IMF), 유럽연합(European Union, EU), 유럽평의회(Council of Europe), 미주기구(Organization of American States), 태평양경제협의회(Pacific Basin Economic Council), 아프리카를 위한 세계연합(Global Coalition for Africa), 국제연합(United Nations, UN) 등 많은 국제기구는 뇌물 수수 및 갈취 금지 이니셔티브를 지지하고 있다. 심지어 일부 국가에서는 팁을 주는 것을 뇌물로 보기도 한다. 한국과 중국 같은 일부 국가에서는 사업 관계자에게 고급 식사를 대접하고 값비싼 명절 선물과 심지어 현금을 주기도 했으나 이제는 거의 모든 국가에서 뇌물 방지법을 강력하게 시행하고 있다.

한편 부패율이 가장 낮은 국가는 덴마크, 뉴질랜드, 핀란드, 스웨덴, 스위스, 노르웨이, 싱가포르, 네덜란드, 캐나다, 독일, 영국이 있고 가장 부패한 국가는 소말리아이다. 이러한 정보는 전 세계 어

* 역자 주: 전미대학체육협회(National Collegiate Athletic Association, NCAA)가 승인한 최고 수준의 미국 대학 체육 대회이다.

디서 사업을 수행할지에 대한 전략적 결정에 영향을 미친다.

사내 연애

사내 연애(workplace romance)는 **성희롱**(sexual harassment)과 달리 동의한 두 직원의 친밀한 관계를 말한다. 평등고용기회위원회(Equal Employment Opportunity Commission, EEOC)는 성희롱을 상대방이 원치 않는 성적인 접근, 성상납 요구, 또는 기타 성적인 말이나 육체적 희롱으로 광범위하게 정의하고 있다. 성희롱(및 성차별)은 불법적이고 비윤리적이고 모든 조직에 해를 끼치며 비용이 많이 드는 소송, 사기 및 생산성 저하로 이어질 수 있다. 아마존 스튜디오(Amazon Studios)의 전 책임자인 로이 프라이스(Roy Price)는 동료 성추행으로 인해 1년여 만에 기소된 것이 공개된 후 사임했다.

엔터테인먼트 및 미디어 산업은 최근 유명 인사인 하비 와인스타인(Harvey Weinstein), 케빈 스페이시(Kevin Spacey), 루이스 C. K.(Louis C. K.), 마크 할페린(Mark Halperin), 찰리 로즈(Charlie Rose), 맷 라워(Matt Lauer), 개리슨 케일러(Garrison Keilor)의 성희롱 혐의로 흔들렸다. 이러저러한 폭로가 잇따르자 《월스트리트저널(Wall Street Journal)》은 '사내 연애는 여전히 허용되는가?'라는 제목의 기사를 실었다. 이 기사는 다음과 같은 통계를 제시했다.

- 미국 밀레니얼 세대의 33%는 직장을 데이트 풀로 생각한다.
- 미국 직장인의 20%가 직장에서 배우자 또는 파트너를 만났다.
- 미국 여성 직장인의 48%가 개인적으로 성희롱을 경험했다.
- 미국 여성 직장인의 79%와 남성 직장인의 63%는 괴롭힘 보고서가 과장되었다는 데 동의하지 않는다.

뜻이 맞는 두 직원의 사내 연애가 단순히 발생하기 때문에 일반적으로 문제는 이를 허용할지 말지, 어떻게 막을지가 아니라, 어떻게 그것을 잘 관리할 것인가이다. 캐리어빌더(CareerBuilder)의 최근 조사에 따르면 직장인의 거의 40%가 동료와 데이트를 했고, 그중 약 30%는 결혼으로 이어졌다.[8] 사내 연애를 막는 정책은 사생활 침해, 고압적이거나 불필요한 것으로 해석될 수 있기 때문에 조직은 사내 연애를 엄격하게 금지하면 안 된다. 일부 사내 연애는 업무 성과를 높여 사기, 의사소통, 창의성, 생산성을 향상하는 역동성과 에너지를 더한다.[9]

그러나 사내 연애는 다음과 같은 이유로 직장의 사기와 생산성에 해를 끼칠 수 있다.

- 편애에 대한 불만이 생길 수 있다.
- 기록의 기밀성이 침해될 수 있다.
- 작업의 질과 양이 감소하여 문제가 될 수 있다.
- 개인적인 논쟁이 업무의 논쟁으로 이어질 수 있다.
- 비밀을 속삭이는 것은 동료들 사이에 긴장감과 적대감을 불러일으킬 수 있다.
- 성희롱(또는 성차별)이 발생할 수 있다.
- 파트너의 복지를 기업의 복지보다 우선시할 경우 이해 상충이 발생할 수 있다.

캘리포니아와 같은 일부 주에서는 경영자가 사내 연애로 인해 발생하는 손해에 대해 개인적으로 책임을 지기도 한다. 조직은 최소한 다음과 같은 이유로 사내 연애를 다루는 지침과 정책을 수립해야 한다.

- 지침을 통해 성희롱이나 범죄 혐의를 더 잘 방어하고 피할 수 있다.
- 사내 연애가 바람직하지 않은 이유(예: 앞에 나열된 일곱 가지)를 지침에 명시할 수 있다.
- 문제가 발생했을 때 연애 파트너에 대한 처벌을 지침에 명시할 수 있다.
- 지침은 전문적이고 공정한 업무 분위기를 조성할 수 있다.
- 지침은 법률 준수를 보장하는 데 도움이 될 수 있다.
- 지침이 없다면 기업 전체에 불충분한 메시지가 전달된다.

《월스트리트저널》의 한 기사는 상사와 부하의 사내 연애 관계에 대한 미국의 기준을 다루었다.[10] 이 기사에 따르면 표집 기업 중 5%만이 그러한 관계에 아무런 제약이 없고, 80%는 상사와 부하의 관계를 금지하는 정책을 마련해두었다. 또한 4%는 모든 사내 연애를 엄격히 금지하고, 39%는 직원이 동료와 연애를 시작할 때마다 상사에게 알려야 하며, 24%는 두 사람이 각기 다른 부서여야 사내 연애가 허용된다.

유럽에서는 사내 연애를 대개 개인적인 문제로 간주하며 대부분의 기업에 사내 연애에 관한 정책이 없다. 그러나 성희롱 및 사내 연애에 대해 미국 방식의 규정을 채택하는 유럽 기업이 증가하고 있다. 미군은 장교가 사병과 사귀거나 성적인 관계를 갖는 것을 엄격히 금지한다. 세계은행은 상사와 부하의 성적인 관계를 '편애를 피하기 위해 반드시 해결해야 할 사실상의 이해 상충'으로 간주한다. 폴 울포위츠(Paul Wolfowitz) 전 세계은행 총재는 은행 직원과의 관계로 결국 사임했다.

일반적으로 '기업의 하락 위험이 상승 이익을 초과하기 때문에' 기업은 지침이나 정책을 통해 사내 연애를 억제해야 한다. 사내 연애 지침은 상사와 부하 사이처럼 연애가 장려되지 않는 특정 상황을 명시하고, 경력이 구분되는 타 부서 동료 간의 연애와 같이 허용되는 관계의 유형도 충분히 포함해야 한다. 사내 연애 지침은 기업의 모든 직원에게 적용되어야 하며, 직원이 이를 어길 경우 경영진이 취할 조치를 명확하게 명시하는 것이 중요하다.

기업 전반에 걸쳐 성적 위법 행위가 증가함에 따라 점점 더 많은 기업이 직원에게 성희롱 교육을 실시하고 있다. 대형 광고 회사인 인터퍼블릭그룹(The Interpublic Group of Companies)은 그동안 법적인 문제를 겪지 않았음에도 불구하고 모든 미국 직원 2만 명이 성희롱 교육을 이수하게 했다. 델(Dell), 록웰오토메이션(Rockwell Automation), 21세기 폭스(21st Century Fox), ESPN, 페이스북(Facebook)도 직원들에게 성희롱 교육을 하고 있다. 대부분의 대학은 모든 교수진을 대상으로 학생이 다른 학생이나 교수, 교직원에게 어떤 형태의 성희롱을 당했다고 밝히는 상황에 대처하는 방법에 관해 교육을 실시한다. 미국 법에 따르면 교수는 학생과 관련된 성희롱을 인지하거나, 학생이 성희롱을 당했다고 주장하거나 암시하기만 해도 대학 관리자에게 보고해야 한다.

환경적 지속가능성

학습 목표 10-3

전략기획에서 환경적 지속가능성이 핵심 이슈인 이유를 이해한다.

모든 기업이 직면한 환경 문제로 인해 경영자는 천연자원을 보존·보호하고 환경오염을 통제하는 전략을 수립해야 한다. 특히 중요한 자연환경 문제는 지구 온난화, 열대우림 파괴, 동물 서식지 파

글로벌 캡슐 10 GLOBAL CAPSULE

쓰레기를 돈으로 바꾸는 인도

인도 카르나타카주의 남부에 위치한 마이수루(옛 이름은 마이소르)는 쓰레기를 퇴비와 에너지로 바꾸는 데 앞장서고 있다. 인도에서는 매년 약 6,200만 톤의 고형 폐기물이 발생하며 2051년까지 그 양이 5배 증가할 것으로 예상되기 때문에 쓰레기 처리 방식을 개선하고 있다. 현재 인도의 쓰레기는 실제로 수거되는 82% 중에서 약 28%만이 처리된다. 수거되지 않은 나머지 18%는 강과 바다로 흘러 들어가거나, 땅에 묻히거나, 동물에 의해 처리된다. 하지만 마이수루에서는 쓰레기의 50%가 퇴비로 쓰이고 나머지 25%는 재활용된다. 인도의 모디(Modi) 행정부는 현재 56개의 폐기물 에너지 발전소를 건설 중이며, 인도의 모든 지방 자치단체가 쓰레기를 더 효과적·효율적으로 처리할 수 있도록 인센티브와 요구 사항을 마련했다. 마이수루뿐만 아니라 수리아페트, 와랑갈, 콜라르, 벵구를라도 쓰레기를 돈으로 바꾸는 데 앞장서고 있다.

Muan simte/123RF

출처: "Can India Turn Garbage Into Cash?" *Bloomberg Businessweek*, January 15, 2018, p. 33.

괴, 멸종 위기종 보호, 폐기물 관리 등이다. 기업은 재활용품을 이용하여 만들거나 생분해되는 친환경 제품을 점점 더 많이 개발하고 있다. 지구의 건강을 지키려면 국제 무역, 경쟁력, 글로벌 자원이 어떻게 연결되어 있는지 이해해야 한다. 예를 들어 환경 문제를 관리하는 것은 단순히 기업의 전문가가 수행하는 기술적 기능이 아니며, 기업의 모든 직원과 관리자의 환경적 관점을 개발하는 데 더욱 중점을 두어야 한다. 글로벌 캡슐 10에서 보듯이 인도의 많은 기업은 이와 관련하여 문제를 겪고 있다.

기업은 자연환경을 착취하거나 파괴해서는 안 된다. 조지워싱턴대학교의 마크 스타릭(Mark Starik)은 "전 세계 생태계의 파괴와 악화를 중단하고 되돌리는 것은 모든 기업과 경영자의 즉각적이고 실질적인 관심이 필요한 전략적 문제"라고 믿는다. 국제표준화기구(International Organization for Standardization, ISO)에 따르면 **환경**(environment)은 공기, 물, 토지, 천연자원, 동식물, 인간 및 그 상호 관계를 포함하여 조직이 운영되는 환경으로 정의된다. 자연환경을 잘 관리하여 경쟁우위를 확보한 기업이 많으며, 친환경 제품이 잘 팔린다.

직원, 소비자, 정부, 사회는 자연환경을 보호하기보다는 해를 끼치는 기업에 분노하곤 한다. 반대로 자연환경을 보수·보호·보존하는 방식으로 사업을 운영하는 기업에 고마워한다. 자연의 생태적 균형을 유지하며 깨끗하고 건강한 환경을 조성하는 기업에 대한 소비자의 관심이 매우 뜨겁다.

지속가능성 보고서와 미국 환경보호청

지속가능성 보고서(sustainability report)는 기업의 운영이 자연환경에 어떤 영향을 미치는지를 보여준다. 이 보고서는 기업의 노동 관행, 제품 구매, 에너지 효율성, 환경 영향, 기업 윤리 관행에 대한 정보를 주주에게 공개한다. 예를 들어 코카콜라의 연례 지속가능성 보고서는 http://www.coca-colacompany.com/stories/sustainability-reports에서 확인할 수 있다.

환경오염자라는 오명을 쓰고 싶은 기업은 없다. 미국에서는 사상 처음으로 자동차, 트럭, 비행기,

기차가 발전소를 제치고 가장 심각한 오염 유발원으로 등극했다. 국가 전력망이 운송 수단보다 더 빠르게 청정에너지 기반으로 전환되면서 이러한 추세가 가속화되고 있다.

나쁜 지속가능성이라는 낙인은 어떤 시장의 어떤 기업에든 해가 되고, 기업의 입지를 위태롭게 만들며, 규제 기관·투자자·환경 운동가의 정밀 조사를 유발할 것이다. 공장에서 발생하는 오염 물질과 폐기물을 공개적으로 보고하도록 요구하는 등 정부는 기업이 책임감 있게 행동하도록 점점 더 요구하고 있다. 해마다 대중에게 지속가능성 보고서를 제공하는 것은 좋은 사업이다. 글로벌리포팅이니셔티브(Global Reporting Initiative)는 지속가능성 보고서에 포함해야 할 정보를 명시한 일련의 세부 보고 지침을 제공한다(https://www.globalreporting.org/information/sustainability-reporting/Pages/default.aspx).

의결권 행사 자문 기관인 ISS(Institutional Shareholder Services)는 지속가능성 관련 정보를 매년 제공하도록 기업에 압력을 가하는 이해관계자 집단이 증가하고 있다고 밝혔다. 6만 개의 공급업체를 보유하고 연 매출이 3,500억 달러 이상인 월마트(Walmart)는 공급업체와 협력하여 이러한 보고서를 제공한다. 많은 기업이 자체 보고서를 준비할 때 월마트의 지속가능성 보고서를 벤치마킹하거나 모델로 활용하고 있다.

전 세계의 정치 지도자와 기업의 최고경영자는 이제 '친환경 경영'이라는 주제가 빠르게 자리 잡고 있음을 깨닫고 있다. 몇 년 전에는 법적 또는 공식적으로 인정되는 정의가 없었기 때문에 기업은 '유기농, 녹색, 안전, 지구 친화적, 무독성, 자연적'과 같은 용어를 사용함으로써 제품과 라벨에 '친환경'이라는 용어를 사용하는 것을 피할 수 있었다. 그러나 오늘날 이러한 용어는 훨씬 더 구체적인 의미와 기대를 담고 있다. 환경적으로 책임 있는 기업의 행동을 정의하는 통일된 표준이 법률 환경에 빠르게 통합되고 있다. 기업은 친환경 노력이 실질적이며 경쟁우위의 기반이 된다는 측면을 그 어느 때보다도 고객과 이해관계자에게 더욱 전략적으로 입증해야 하는 상황이다. 기업의 사회적 성과(사실과 수치)는 미사여구를 뒷받침하고 지속가능성 표준과 일치해야 한다.

많은 기업은 환경 담당 부서가 CEO에게 직접 보고하도록 체계를 갖추고 있다. 환경 문제를 관리하는 기업은 소비자, 규제 기관, 공급업체 및 기타 업계 관계자와의 관계를 강화하여 성공 가능성을 크게 높일 것이다. 환경 전략에는 다음과 같은 것이 포함될 수 있다.

- 친환경 사업 개발 또는 인수
- 환경에 피해를 주는 사업체 매각 또는 변경
- 폐기물 최소화 및 에너지 절약을 통한 저비용 생산
- 친환경 제품 기능을 통한 차별화 전략 추구
- 환경 또는 지속가능성 담당자를 이사회에 포함
- 정기적인 환경 감사 수행
- 환경 친화적이고 환경 보존에 기여하는 결과에 대한 보상 시행
- 환경적 이슈와 프로그램에의 참여
- 사명 선언문에 환경 가치 통합
- 환경 지향적 목표 수립
- 친환경 기술 습득

표 10-2 친환경 전력 사용량 상위 15개 소매업체(2017년)

소매업체	연간 친환경 전력 사용량 (kWh)	총전력 사용량에서 차지하는 비율(%)	친환경 발전 에너지원
1. Kohl's Department Stores	1,429,423,791	115	태양광, 풍력
2. Starbucks(기업 소유 매장)	975,575,000	105	풍력
3. IKEA	776,143,808	310	바이오가스, 태양광, 풍력
4. Walmart Inc.	747,587,534	4	태양광, 풍력
5. Ahold USA	358,867,165	19	태양광
6. Best Buy	282,103,000	31	다양함
7. H&M	276,291,000	100	다양함
8. REI	87,146,830	117	태양광, 풍력
9. H-E-B Grocery Company	85,104,333	5	태양광, 풍력
10. The Estee Lauder Companies Inc./Operations and Selected Retail Brands	60,685,392	88	태양광, 풍력
11. Sundance Square	30,334,826	46	풍력
12. The North Face	21,778,186	115	태양광, 풍력
13. Giant Eagle, Inc.	20,000,000	3	풍력
14. Panera Bread/Maryland Locations	15,212,943	100	풍력
15. Staples	15,064,852	3	바이오가스, 태양광, 풍력

출처: https://www.epa.gov/greenpower/green-power-partnership-top-30-retail

• 직원과 경영자를 위한 환경 교육 프로그램 제공

미국 환경보호청(Environmental Protection Agency, EPA)은 친환경 전력 파트너십(Green Power Partnership)을 통해 조직과 협력하여 총전력 사용량에서 차지하는 친환경 전력의 비율을 높인다. 표 10-2와 10-3은 연간 친환경 전력 사용량을 기준으로 상위 15개 소매업체와 대학을 보여주는데(친환경 전력은 재생 불가능한 석유, 가스, 석탄과 같은 화석 연료와 달리 풍력, 태양열, 수력과 같이 재생 가능한 전력), 각각 콜스(Kohl's)와 테네시대학교가 1위를 차지했다. 오늘날 많은 상업용·주거용 건축업자는 가정과 사무실에 태양 전지판을 표준 설비로 제공하고 있다. 태양 전지판은 비용 효율성이 상당히 높아졌으며 나쁜 연기를 내뿜지 않는다. 콜스는 캘리포니아에 있는 80개 매장을 거의 태양광 발전으로 전환했다.

ISO 인증

스위스 제네바에 본사가 있는 국제표준화기구(ISO)는 162개국의 국가 표준 기관으로 구성된 네트워크로, 국가당 한 기관이 회원으로 참여하고 있다. ISO는 지속가능성 표준을 세계에서 가장 많이 개발했다. ISO는 의료, 농업, 식품 안전, 기술 등 거의 모든 산업을 포괄하는 약 2만 2,000개의 국제 표준을 발표했다. 품질, 안전, 효율성을 보장하기 위해 제품, 서비스, 시스템에 대한 '필수' 사양을 밝히는 ISO 표준은 국제 무역 및 상업을 촉진한다.

전 세계적으로 널리 받아들여지는 ISO 표준은 ISO가 규제나 법률을 제정하지 않기 때문에 자발적으로 수립 및 적용된다. 미국 EPA와 같은 다양한 국가의 정부 기관은 규제 체계의 일부로 ISO 표

표 10-3 친환경 전력 사용량 상위 15개 대학(2017년)

대학	연간 친환경 전력 사용량(kWh)	총전력 사용량에서 차지하는 비율(%)	친환경 발전 에너지원	소속된 체육협회
1. 테네시대학교	250,070,000	94	태양광, 풍력	Southeastern Conference
2. 뉴욕주립대학교 버펄로캠퍼스	211,977,208	97	태양광, 풍력	Mid-American Conference
3. 펜실베이니아대학교	200,000,000	52	풍력	Ivy League
4. 조지타운대학교	159,640,000	129	풍력	Big East Conference
5. 스탠퍼드대학교	154,190,253	53	태양광	Pac-12 Conference
6. 오클라호마대학교	128,895,000	69	풍력	Big 12 Conference
7. 카네기멜론대학교	128,593,388	100	태양광, 풍력	University Athletic Association
8. 캘리포니아대학교	128,084,650	11	바이오가스, 바이오매스, 태양광, 풍력	다양함
9. 노스웨스턴대학교	122,014,800	50	태양광, 풍력	Big Ten Conference
10. 오하이오주립대학교	107,499,814	17	풍력	Big Ten Conference
11. 노스텍사스대학교	107,250,000	100	태양광, 풍력	Conference USA
12. 오클라호마주립대학교	101,559,806	71	풍력	Big 12 Conference
13. 미주리대학교	97,892,973	37	바이오매스, 태양광, 풍력	Southeastern Conference
14. 메릴랜드대학교	96,927,825	34	바이오가스, 소형 수력, 태양광, 풍력	Big Ten Conference
15. 드렉셀대학교	96,509,000	100	태양광, 풍력	Colonial Athletic Association

출처: https://www.epa.gov/greenpower/green-power-partnership-top-30-college-university

준을 채택했으며, 이는 많은 법률의 기초가 된다. 채택은 규제 당국, 정부, 관련 기업이 자율적으로 결정한다. 기업과 지방 자치단체는 기업 유치를 돕기 위해 ISO 인증을 받을지 고려해야 한다.

ISO 14000은 환경 분야의 자발적 표준을 말한다. ISO 14000 표준 제품군은 기업이 환경에 미치는 유해한 영향을 최소화하며 지속적으로 자체 환경 성과를 모니터링하고 개선하는 정도에 관한 것이다. 환경 친화적인 방식으로 사업을 수행하고 있음을 입증하기 위해 전 세계 수많은 기업과 지방 자치단체가 이 표준을 채택했다. 이러한 표준은 점점 더 많은 기업이 자체적으로뿐만 아니라 공급업체와 유통업체에도 요구하는 환경 준수를 위한 보편적인 기술 벤치마크를 제공한다. ISO 14000 시리즈에는 환경 감사, 환경 성능 평가, 오염 방지, 환경 라벨링, 수명주기 평가와 같은 분야의 ISO 14001 표준이 포함되어 있다. ISO 14001 표준에 따르면 지방 자치단체나 기업은 일련의 관행과 절차를 마련하고 구현해야 하며, 이를 종합하면 **환경 관리 시스템**(environmental management system, EMS)이 된다. ISO 14001 인증을 받지 못한 도시, 마을, 기업은 전략적 불이익을 당할 수 있다. 오늘날 사람들은 조직이 환경 피해를 최소화하거나 더 나아가 제거하기를 기대하기 때문이다.

다음과 같은 이유로 환경 보존은 사업 수행의 영구적인 부분이 되어야 한다.

- 환경적으로 안전한 제품 및 패키지에 대한 소비자의 수요가 높다.
- 기업이 자연환경을 보존하는 방식으로 사업을 수행해야 한다는 여론이 강하다.
- 환경보호 단체는 현재 2,000만 명 이상의 미국인을 회원으로 두고 있다.

표 10-4 도움이 필요한 명금류와 산호초

명금류

자연환경을 잘 관리하면 명금류를 구하는 데 도움이 될 수 있다. 파랑새는 지난 20년 동안 미국에서 그 수가 급감한 76종 중 하나이다. 모든 새가 명금류에 속하는 것은 아니며, 새가 노래하는 이유는 명확하지 않다. 일부 과학자는 짝짓기를 하거나 위험을 경고할 때 새가 노래한다고 말한다. 또 어떤 과학자들은 순전히 즐거움을 위해 노래한다고 주장한다. 명금류에는 박새, 꾀꼬리, 제비, 앵무새, 휘파람새, 참새, 딱새, 개똥지빠귀가 포함된다. 국립오듀본협회(National Audubon Society)의 조류 보호 책임자인 제프 웰스(Jeff Wells)는 다음과 같이 말한다. "명금류는 우리 환경에 문제가 있고 뭔가 균형이 맞지 않는다는 것을 말하고 있다." 명금류는 공기나 물이 너무 더럽거나 인간이 서식지를 너무 많이 파괴한다고 말하는지도 모른다. 사람들은 피카소 그림을 수집하고 역사적인 건축물을 보존한다. 웰스는 이렇게 묻는다. "명금류는 우리 자연유산의 일부이다. 왜 우리는 명금류 보존보다 위대한 예술 작품 보존에 더 많은 노력을 기울이는가?" 명금류가 자연환경에 대해 지금 우리에게 전하는 메시지가 무엇이든 그 메시지가 점점 더 들리지 않는다. 오늘 집 밖에 나가거든 잘 들어보라. 개인, 기업, 지역사회, 국가는 명금류의 자연환경을 개선하는 데 도움이 되도록 합리적으로 할 수 있는 일을 해야 한다.[11] 이제 많은 기업은 자사의 토지에 녹지를 조성하고 유지하는 것을 중요하게 생각한다.

산호초

자연환경을 잘 관리하면 산호초를 구하는 데 도움이 될 수 있다. 바다는 지구의 71% 이상을 차지한다. 산호초는 세계 해양 시스템의 1%에 불과하지만 희귀 어류, 거북, 해조류 등 해양 생물의 1/4 이상이 산호초에 서식하고 있다. 지구 온난화뿐만 아니라 해양 오염의 증가, 해양 서식지를 파괴하는 어업으로 전 세계의 해양 생물과 산호초가 멸종되고 있다. 지난 세기 동안 정치와 탐욕으로 남획이 이루어졌다. 바다를 훑는 저인망 어획은 산호초를 파괴하기 때문에 숲을 베어 다람쥐를 잡는 격이다. 이산화탄소 배출로 인한 바다의 온난화로 매년 수천 에이커의 산호초가 죽는다. 미국의 보호 해양 서식지는 총면적이 약 130km^{2}에 불과한 데 비해 미국 육지의 야생동물 보호구역과 국립공원은 약 37만 km^{2}이다.[12]

- 정부의 환경 규제가 빠르게 변화하고 점점 더 복잡해지고 있다.
- 점점 더 많은 대출 기관이 대출을 받으려는 기업의 환경 부채를 조사하고 있다.
- 많은 소비자, 공급업체, 유통업체, 투자자는 환경 문제에 취약한 기업과의 거래를 기피한다.
- 환경 문제가 있는 기업에 대한 배상 책임 소송과 벌금이 증가하고 있다.

표 10-4는 나쁜 환경 정책이 자연의 명금류와 산호초에 미치는 영향을 보여준다.

학습 목표 10-4

전략기획에서 기업의 사회적 책임(CSR)이 핵심 이슈인 이유를 이해한다.

기업의 사회적 책임

사회적 책임은 직원, 고객, 지역사회, 그리고 기업이 속한 사회를 돌보아야 하는 기업의 의무를 의미한다. 예를 들어 식품 조미료 회사인 매코믹앤드컴퍼니(McCormick & Company)는 2025년 기업의 사회적 책임(corporate social responsibility, CSR) 목표에 "모든 사람의 건강과 웰빙을 향상하고, 전 세계 지역사회의 회복력을 키우며, 환경에 긍정적인 영향을 미치는 것"이 포함된다고 밝혔다. 일부 전략가는 기업에 엄청난 사회적 의무가 있다는 랠프 네이더(Ralph Nader)의 의견에 동의한다. 예컨대 네이더는 엑손모빌(ExxonMobil)이 대부분의 국가보다 더 많은 자산을 가지고 있기 때문에 이러한 기업은 사회가 많은 질병을 치료하도록 도울 의무가 있다고 지적한다. 그러나 경제학자인 밀턴 프리드먼(Milton Friedman)의 의견에 동의하는 사람들도 있다. 프리드먼은 기업이 법적으로 요구되는 것 이상으로 사회를 위한 일을 할 의무가 없다고 주장한다. 또한 그는 기업이 자선 단체에 돈을 기부하는 것이 무책임하다고 주장한다.

당신은 네이더와 프리드먼 중 누구의 의견에 동의하는가? 사람들은 모든 사업의 첫 번째 사회적 책임이 기업의 미래 비용을 충당할 수 있을 만큼 충분한 이익을 내는 것이어야 한다는 데 동의할 것이다. 그것을 달성하지 못한다면 다른 사회적 책임을 충족할 수 없기 때문이다. 사실 기업이 망한다면 어떤 사회적 요구도 충족될 수 없다. 많은 경제학자는 기업이 이익을 내기가 어렵고 주주가 높은 투자 수익을 기대하기 때문에 자선 사업에 많이 관여하지 말아야 한다고 제안한다. 그러나 실증 연구에 따르면 CSR와 기업의 재무 실적은 U자형 관계로 밝혀졌다. 즉 CSR가 가장 높은 기업은 일반적으로 재무 실적이 가장 높고, CSR가 가장 낮은 기업은 CSR가 중간 정도인 기업보다 더 높은 성과를 내는 경향이 있다.

전략가는 기업의 잠재적인 비용과 편익 측면에서 사회 문제를 검토하고 기업에 가장 이익이 될 수 있는 사회 문제에 집중해야 한다. 예를 들어 한 기업이 직원의 생계를 보호하기 위해 감원하지 않았는데 그로 인해 기업이 청산을 해야 한다면 모든 직원이 일자리를 잃게 된다. 월마트는 비즈니스 이니셔티브를 직접적으로 보완하는 사회적 책임 노력에 선택적으로 참여하고 있다. 예를 들어 2017~2021년에 월마트는 재난 구조 및 예방 노력에 2,000만 달러 이상을 기부할 것이라고 알려졌다. 윤리 캡슐 10에서 보듯이 사회적 책임에 관한 한 탐스슈즈(TOMS Shoes)는 모범적인 기업으로, 이 사례는 기업이 사회적으로 책임질 수 있는 수백 가지 방법이 있음을 보여준다.

윤리 캡슐 10 ETHICS CAPSULE

지구상의 모든 아이에게 마법 같은 신발을 신겨주세요

Yongju Kwon/Shutterstock

미국 캘리포니아주 샌타모니카에 본사를 둔 탐스슈즈는 높은 사회적 책임, 우수한 기업 윤리, 공정 노동 관행, 환경적으로 지속가능한 디자인 및 제조를 위한 끊임없는 노력을 보여준다. 블레이크 마이코스키(Blake Mycoskie)가 설립한 탐스슈즈는 '원포원(One for One)' 프로그램을 통해 신발 한 켤레를 팔 때마다 저개발 국가에 신발 한 켤레를 기부하거나, 선글라스를 판매하면 저개발 국가 사람들에게 시력 관리를 제공하는 방식으로 자선 기부가 사업 모델의 필수 요소로 자리매김되었다. 이러한 사업 모델의 또 다른 핵심 구성 요소는 비영리 재단인 프렌즈오브탐스(Friends of TOMS)로, 신발을 신지 않는 것과 관련된 건강 위험에 대한 세계적인 인식을 높이는 것을 목표로 하는 '신발 없는 하루(One Day Without Shoes)' 이니셔티브를 포함하여 여러 가지 의미 있는 서비스 활동을 조직 및 선도하고 있다. 탐스슈즈 서포터스는 기업의 기부금을 분배받을 국가로의 봉사 여행에 자원할 수 있다. www.tomscampusprograms.com에서 탐스슈즈는 학생들에게 자사의 자선 활동에 참여하는 방법에 관한 정보를 제공한다. 탐스슈즈는 재무 실적이 우수할 뿐 아니라 삼중 성과(수익, 사람, 지구)에서 모두 눈에 띄게 좋은 결과를 내어 윤리, 지속가능성, 사회적 책임이 얼마나 좋은 사업인지를 보여준다.

출처: http://www.toms.com/about-toms#companyInfo, https://www.privco.com/private-company/toms-shoes#

식품 공급업체와 축산 복지

CSR는 미국에서 식용으로 사육되는 연간 90억 마리 이상의 육상 동물로 확장된다. 이러한 동물 중 대다수는 열악한 공장 같은 환경에서 짧은 삶을 산다. 소비자들 사이에서 동물 복지 문제가 퍼지는 것에 대응하여 소매업체는 식품 공급업체에 동물을 인도적으로 대우할 것을 점점 더 요구하고 있다. 시장 조사 회사인 패키지드팩츠(Packaged Facts)의 최근 연구에 따르면 미국 소비자의 절반 이상은 몇 년 전보다 더 가축 복지에 상당히 관심을 가지고 있는 것으로 드러났다. 이 보고서는 동물 복지 및 식용으로 사육되는 동물에 대한 인도적 처우가 어떻게 차세대 소비자의 기대에 의해 형성될 새로운 기준이 될 것인지에 대해 설명했다.

미국동물학대방지협회(American Society for the Prevention of Cruelty to Animals, ASPCA)의 대규모 설문 조사에 따르면 미국 소비자(정확하게는 67%)는 더 비싸더라도 복지 기준이 더 높은 육류, 달걀, 유제품을 원한다. "동물은 인간에게 친절하고 정중한 대우를 받을 자격이 있으며 법에 따라 보호되어야 한다"고 ASPCA는 믿는다. 미국 플로리다에 본사를 둔 라슨데리(Larson Dairy)의 최근 동영상은 일꾼들이 소를 발로 차고 쇠막대로 때리는 것을 보여주어 오키초비카운티 보안관 사무실이 조사를 시작했고, 퍼블릭스슈퍼마켓(Publix Super Markets)은 라슨데리가 생산하는 우유 판매를 중단했다.

가축 복지 개선을 목표로 하는 정책이 점점 더 개발되고 전 세계 의원이 이를 승인하고 있다. 가축 복지와 관련된 보다 엄격한 규정과 더불어 실질적인 과학적 연구는 강화된 동물 복지 지침의 재무적 이점이 상당하다는 것을 밝혀냈다. 적절하지 않은 온도와 거친 취급으로 상처를 입히고 성장과 번식을 억제함으로써 가축의 품질, 안전, 가치가 떨어진다. 이에 홀푸즈마켓(Whole Foods Market), 보나페티(Bon Appetit), 소덱소(Sodexo), 아라마크(Aramark) 등 대형 식품업체들은 보다 동물 친화적인 정책을 펼치고 있다.

미국 최대의 방목형 달걀 생산업체인 피트앤드게리스오가닉에그스(Pete & Gerry's Organic Eggs)를 설립한 피트 스탠턴(Pete Stanton)과 게리 라플램(Gerry LaFlamme)은 지속가능한 인도적 관행을 키우려는 기업에 다음과 같이 제안했다.

> 당신이 전적으로 믿고, 직원들이 믿고, 가장 중요하게는 고객이 믿을 수 있는 사명을 바탕으로 브랜드와 기업을 구축하라. 사업의 사명은 사람들이 당신의 제품을 구매하는 이유가 아니라 사람들이 당신과 당신의 브랜드를 믿을 수 있는 이유가 되어야 한다. 직원들에게는 강력한 사명이 매우 중요하다. 누구나 직장에서 일할 수 있지만, 모든 사람이 자신감과 성취감을 얻는 의미 있는 일을 할 수 있는 것은 아니다. 사업의 사명은 어려운 시기에도 계속 전진하게 해주는 엔진과 연료가 되어야 한다.[13]

야생동물 복지

CSR는 야생동물로도 확장된다. 전 세계의 소비자는 직간접적으로 야생동물, 특히 호랑이, 코끼리, 고래, 명금류, 산호초 등 멸종 위기에 처한 야생동물을 파괴하는 사업이나 국가를 점점 더 용납하지 않는다. 이로 인해 영향을 받은 업체는 상아로 만든 체스 말을 판매하는 소매업체부터 고래 고기를 파는 레스토랑에 이르기까지 다양하다. 호주인의 지원을 받는 많은 뉴질랜드인은 남극에서 이루어지는 일본의 대규모 고래잡이에 격분하고 있다. 매년 열리는 남극 사냥에서 최근 일본 포경선단은 '남극해와 북서태평양 생태계 연구 프로젝트'의 일환으로 거의 500마리의 고래를 잡아 죽였다. 아이러니하게도 일본은 남극해 고래 보호구역으로 알려진 남극 주변 1억 3,000만 km^2에서의 상업적 포경을 금지하는 국제포경위원회(International Whaling Commission)의 회원이다. 노르웨이, 아이슬란드, 일본과 같은 몇몇 국가만이 상업적인 고래잡이에 찬성하고 참여한다. 노르웨이는 최근 몇 년간 매년 700여 마리의 밍크고래를 죽였고 이 중 상당수가 임신한 암컷이라 전 세계적으로 비난을 받고 있다. 국가, 자치단체, 기업은 야생동물을 직간접적으로 위험에 빠뜨리는 관행으로 인해 보이콧을 당할 위험에 처해 있다.

매년 거의 1억 마리의 상어가 지느러미를 잘려 죽임을 당한다.[14] 2000년에 미국 해역에서의 상어 지느러미 자르기가 금지되었지만 이 법에는 상어 지느러미 수입 금지가 포함되지 않았기 때문에 연간 약 6만 5,000kg의 상어 지느러미가 미국에 수입되고 있다. 미국의 경우 8개 주(하와이, 오리건, 워싱턴, 일리노이, 캘리포니아, 메릴랜드, 뉴욕, 델라웨어)에만 상어 지느러미를 음식으로 판매하는 것을 금지하는 법이 있다. 이 문제는 일부 국가, 특히 세계 최대 상어 지느러미 소비국인 중국에서 훨씬 더 심각하다. 대부분의 상어 지느러미는 별미인 상어 지느러미 수프를 만드는 데 사용되는데, 이 수프는 한 그릇에 거의 100달러에 팔린다. 상어 지느러미 한 쌍은 아시아에서 킬로그램당 700달러에 팔린다. 국제자연보전연맹(International Union for Conservation of Nature)에 따르면 상어의 번식 속도보다 대략 30% 더 빨리 죽임을 당하기 때문에 현재 세계 상어종의 30% 이상이 멸종 위기에 처해 있다.

호주의 국립공원 및 야생동물재단(Foundation for National Parks and Wildlife) 대변인은 코알라 개체수가 몇 년 전 10만 마리에서 현재 4만 마리로 줄었다고 밝혔다. 산불, 스트레스로 인한 질병, 서식지 개발은 코알라의 수를 감소시켰다. 코알라는 다른 숲으로 이동하다 종종 포식자에게 잡아먹히거나 차에 치여 죽는다. 전문가들은 지금 조치를 취하지 않으면 2040년에는 코알라가 멸종될 것이라고 말한다.

최고의 CSR 기업

《코퍼레이트리스폰서빌러티매거진(Corporate Responsibility Magazine)》은 매년 최고의 기업 시민 100인에 대한 연구를 수행하여 발표한다. 환경, 기후 변화, 노사 관계, 인권, 기업 거버넌스, 재무성과, 자선 및 지역사회 지원 등 7개의 범주에서 기업의 순위를 매기는데, 2017년 최고의 기업 시민 10인은 다음과 같다.

1. 해즈브로(Hasbro)
2. 인텔(Intel)
3. 마이크로소프트(Microsoft)
4. 알트리아그룹(Altria Group)
5. 캠벨수프(Campbell Soup)
6. 시스코시스템스(Cisco Systems)
7. 액센추어(Accenture)
8. 호멜푸즈(Hormel Foods)

표 10-5 소비자가 뽑은 CSR 평판 상위 10개 기업

1. The Lego Group	6. Intel
2. Microsoft	7. Robert Bosch
3. Google	8. Cisco Systems
4. Walt Disney Company	9. Rolls-Royce Aerospace
5. BMW Group	10. Colgate-Palmolive

출처: https://www.forbes.com/sites/karstenstrauss/2017/09/13/the-10-companies-with-the-best-csr-reputations-in-2017/#3bf7894b546b

9. 록히드마틴(Lockheed Martin)
10. 이콜랩(Ecolab)

출처: https://www.forbes.com/sites/karstenstrauss/2017/05/11/americas-100-best-corporate-citizens-in-2017/#1c309d752b68

기업은 경제적 이익이 있는 사회 활동을 하기 위해 노력해야 한다. 머크앤드코(Merck & Co.)는 아프리카, 중동, 라틴아메리카의 열악한 열대 지역에서 파리 매개 기생충에 의해 발병하는 회선사상충증을 치료하기 위해 이버멕틴(ivermectin)을 개발했다. 그리고 이 약을 전 세계 의료진에게 무료로 제공했는데, 이는 사회적 책임에 대한 기업의 헌신이 담긴 전례 없는 일이었다. 이 사례는 제약 회사에게는 돈벌이가 되지 않는 희귀 약품의 딜레마를 보여준다. 그러나 머크앤드코는 그로 인해 이해관계자에게 큰 호감을 얻었다. 기업은 환경을 보존하고 지역사회를 돕는 전략을 개발 및 실행하기 위해 최소한의 노력 이상을 함으로써 보다 능동적으로 변하고 있다.

표 10-5는 사회적 책임에 대한 소비자의 인식과 관련하여 《포브스》가 선정한 최고의 글로벌 기업 목록이다. 1위 기업인 덴마크 장난감 회사 레고그룹(The Lego Group)은 CSR에 대한 하향식 접근 방식으로 '변화 및 지속가능한 재원 센터 구축(Build Change and Sustainable Materials Center)' 이니셔티브를 이끌고, 또한 세계자연기금(World Wildlife Fund)과의 파트너십을 활용하면서 사회적 책임을 다하고 있다.

요약

윤리적 기준은 역사와 유산에서 비롯된다. 전임자들은 우리에게 구축해야 할 윤리적 기반을 남겨주었다. 전설적인 풋볼 감독인 빈스 롬바디(Vince Lombardi)조차도 승리보다 가치 있는 것이 있음을 알고 선수들에게 세 종류의 충성(첫 번째로 신, 두 번째로 가족, 세 번째로 그린베이 패커스에 대한 충성)을 요구했다. 직원, 소비자, 주주는 기업의 윤리적 위반에 대해 점점 더 엄격해지고, 모범적인 윤리 기업을 점점 더 높이 평가하고 있다. 인터넷을 통한 정보 공유로 모범적인 기업과 무책임한 기업이 여실히 드러나고 있다.

미국을 비롯해 전 세계의 소비자는 법적으로 요구하는 사회적 책임보다 더 많은 일을 하는 기업을 높이 평가한다. 그러나 모든 법률과 규정을 준수하면서 사업을 지속하는 것이 모든 사업의 주요 목표여야 한다. 사회적 책임을 다하는 가장 좋은 방법 중 하나는 기업이 자연환경을 적극적으로 보전 및 보존하는 것이다. 예를 들어 매년 기업의 지속가능성 보고서를 작성하는 것이 법적인 요구 사항

전략가를 위한 시사점

그림 10-2는 전체 전략경영 프로세스가 경쟁우위를 확보하고 유지하도록 설계되었더라도 뇌물 수수, 성희롱, 고래 고기 판매 등 윤리적 문제로 모든 것을 잃을 수 있음을 보여준다. 나무는 꼭대기에서 죽는다는 것을 고려하라. 전략가는 기업의 꼭대기에 있으며, 기업의 꼭대기에 있는 윤리적 문제는 아래쪽에 심각한 결과를 초래한다. 전략가는 '올바른 일을 하는' 조직 문화를 확립하고 지속적으로 강화하기 위해 개인적으로나 업무적으로나 모범을 보여야 한다. 사회적 책임 및 환경적 지속가능성 정책, 관행, 절차는 '좋은 윤리는 좋은 비즈니스'이고 '좋은 윤리는 우리가 하고 말하는 모든 것의 기초'임을 강조하는 '삼중 성과' 접근 방식을 강화해야 한다.

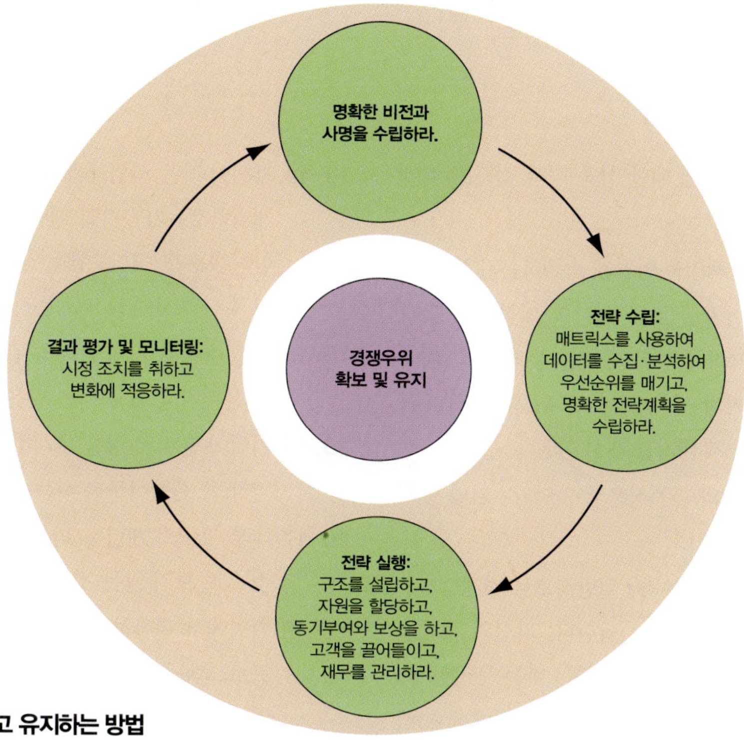

그림 10-2 경쟁우위를 확보하고 유지하는 방법

학생을 위한 시사점

어떤 기업 또는 사람도 비윤리적이거나 자연환경 문제에 둔감한 기업 또는 사람과 사업을 하고 싶어 하지 않는다. 생존을 위해 기업은 환경 문제에 적극적이어야 하는데, 이는 예상 가능하며 많은 측면에서 법이다. 매일 기업은 지속가능성과 윤리 행동을 경쟁기업과 비교당하며 지속적으로 소셜미디어를 사용한다. 따라서 이 장에서 다룬 문제는 모든 조직의 경쟁우위 또는 단점이 되므로 사례 분석에 윤리, 지속가능성, 사회적 책임에 대한 이해관계자의 기대치를 넘어서는 기업의 권고안을 포함해야 한다. 경쟁기업과 비교하여 이러한 문제에서 경쟁우위를 확보하거나 유지할 수 있는 방법을 보여준다. 훌륭한 기업 시민이 될 수 있도록 재정적으로 건전한 제안을 공개하고 경쟁우위를 위해 홍보하라. 모든 사업의 첫 번째 책임은 사업을 유지하는 것이므로 삼중 성과 접근 방식은 전체 프로젝트를 구성하는 효과적인 수단이 될 수 있다.

은 아니지만, 구체적인 행동을 기반으로 하는 지속가능성 보고서는 기업이 지원을 받을 가치가 있음을 이해관계자가 확신하는 데 큰 도움이 된다. 기업 윤리, 사회적 책임, 환경적 지속가능성은 상호 연관되어 있으며, 이는 모든 기업이 직면한 주요 전략적 문제이다.

핵심 용어 및 개념

기업 윤리business ethics
기업 윤리 강령code of business ethics
내부 고발whistle-blowing
뇌물bribe
뇌물 수수bribery
사내 연애workplace romance
사회적 책임social responsibility
삼중 성과triple-bottom-line
성희롱sexual harassment
지속가능성sustainability
지속가능성 보고서sustainability report
환경environment
환경 관리 시스템environmental management system(EMS)
ISO 14000
ISO 14001

복습 및 토론 문제

10-1 모든 경영관리 또는 조직관리에 대한 삼중 성과 접근 방식에 대해 설명하라.

10-2 탐스슈즈는 고유한 사회적 책임을 어떻게 수행하는가?

10-3 국제투명성기구는 부패 방지 글로벌 연합의 일환으로 각국의 상대적 부패 수준에 따라 순위를 매기는 부패 인식 지수를 매년 발표한다. 상위(가장 덜 부패함) 20위 중 세 국가와 하위(가장 부패함) 20위 중 세 국가를 제시하라.

10-4 고래, 상어, 명금류, 산호초의 공통점은 무엇인가? 기업에 시사하는 바는 무엇인가?

10-5 사회적 책임에는 비용이 들어가는가? 일반적으로 경제학자는 아니라고 답하고 자선가는 그렇다고 답한다. 자신의 생각을 밝히고 그 이유를 설명하라. 기업에 시사하는 바는 무엇인가?

10-6 '사업에서 비윤리적인 경향이 있는 사람은 누구인가?'에 관한 도널드 파머의 연구를 요약하라. 기업에 시사하는 바는 무엇인가?

10-7 칙필레(Chick-fil-A)는 일요일에 문을 닫는다. 이는 현명한 경영인가, 무책임한 행동인가? 이에 대해 설명하라.

10-8 사내 연애가 직장의 사기와 생산성에 부정적인 영향을 미칠 수 있는 다섯 가지 이유를 열거하라.

10-9 사내 연애 지침을 마련하는 것의 다섯 가지 이점을 나열하라.

10-10 사내 연애의 윤리에 대해 설명하라.

10-11 야생동물에 관심을 가지는 것이 기업의 전략적 이슈인 이유를 설명하라.

10-12 미국 연방정부가 내부 고발자에게 보상금을 지급하는 것이 점점 더 보편화되고 있는 이유를 설명하라.

10-13 AOL은 100명의 로비스트를 고용하여 워싱턴 DC에서 연간 약 2,000만 달러를 로비 활동에 쓰고 있다. 이는 윤리적인가?

10-14 자신이 작은 사업체를 운영하는 사장이라면 기업 행동 강령을 개발하겠는가? 기업 행동 강령을 개발한다면 어떤 변수를 포함하겠는가? 기업 행동 강령을 개발하지 않는다면 직원이 윤리적 사업 표준을 따르는지 어떻게 알 수 있는가?

10-15 개인 윤리와 기업 윤리의 관계에 대해 어떻게 생각하는가? 개인 윤리와 기업 윤리는 같은가, 같아야 하는가?

10-16 기업이 윤리 강령을 무시하지 않고, 읽고, 이해하고, 믿고, 기억하고, 실행하도록 하는 최선의 방법은 무엇인가?

10-17 내부 고발의 개념을 '다른 직원을 고자질하는 짓' 또는 '비열한 짓'으로 보지 않는 것이 중요한 이유는 무엇인가?

10-18 기업에서 권장하는 윤리 경영 정책과 절차에 따른 '윤리 교육 프로그램'을 통해 얻을 수 있는 여섯 가지 바람직한 결과를 열거하라.

10-19 뇌물 수수에 대해 설명하라. 정치인이 법안에 투표하거나 의약품 영업사원이 의사에게 약을 제공하는 행위는 뇌물에 해당하는가? 뇌물에 해당하는 사업 활동과 그렇지 않은 사업 활동을 각각 세 가지씩 제시하라.

10-20 사회적 책임에 대한 전략가의 태도는 기업의 전략에 어떤 영향을 미칠 수 있는가? 네이더의 관점을 1, 프리드먼의 관점을 10이라고 할 때 사회적 책임에 대한 자신의 태도는 어떠한가?

10-21 국제표준화기구(ISO)란 무엇인가? ISO 14001 표준의 목적은 무엇이며, 어떤 유형의 기관이 이러한 인증을 받을 수 있는가?

10-22 식용 가축 사육에 관한 정책 및 절차는 어떻게 바뀌고 있는가?

10-23 무거운 벌금이나 처벌 때문에 기업이 직원의 내부 고발을 장려하는 것은 이해 상충에 해당하는가? 이에 대해 설명하라.

확인 학습

SET 1 코카콜라의 전략기획

연습 10A

코카콜라와 펩시콜라 중 지속가능성 측면의 승자는 누구인가?

목적

더 많은 기업이 지속가능성 보고서를 작성하려 한다. 이 연습을 통해 지속가능성 보고서를 비교하고 평가할 수 있다.

설명

1단계 코카콜라 웹사이트에서 'Sustainability'를 클릭하여 가장 최근의 지속가능성 보고서를 살펴보고 가장 좋은 점을 여섯 가지 제시하라.

2단계 펩시콜라 웹사이트에서 'Sustainability'를 클릭하여 가장 최근의 지속가능성 보고서를 살펴보고 가장 좋은 점을 여섯 가지 제시하라.

3단계 기업 윤리, 사회적 책임, 환경적 지속가능성과 관련하여 두 기업의 지속가능성 보고서를 비교·대조하는 보고서를 작성하라. 코카콜라의 기업 윤리, 사회적 책임, 지속가능성 노력이 A 등급이라고 생각하는가? 세 가지 차원에서 두 기업의 등급을 매기고 전체 등급을 정한 뒤 이에 대해 설명하라.

SET 2 모교의 전략기획

연습 10B

모교와 타 대학의 친환경 전력 사용 비교하기

목적

친환경 에너지원은 풍력, 지열, 수력, 태양 에너지 등이다. 풍력과 수력의 경우 공기와 물의 이동을 이용하여 에너지를 만들어내고, 지열과 태양광의 경우 열을 이용하여 에너지를 만들어낸다. 이는 모두 재생 가능하고 신뢰할 수 있는 에너지를 제공하며 환경을 보호한다. 반면에 석유, 가스, 석탄과 같은 화석 연료 에너지원은 재생 가능하지 않으며 환경을 오염시킨다. 이 연습에서는 모교와 다른 대학의 친환경 전력 사용을 비교해본다.

설명

1단계 모교와 경쟁대학이 친환경 전력을 얼마나 사용하는지 조사하라.

2단계 친환경 전력 의존도를 높일 수 있는 실행 계획을 개발하라.

SET 3 취업 역량 제고를 위한 전략기획

연습 10C

자신의 기업 윤리 지수 알아보기

목적

이 장은 비윤리적인 것이 비정상이거나 드문 일이 아님을 보여준다. 부정행위는 일반적인 현상으로서 '바른 행동'만큼 널리 퍼져 있다. 부정행위는 주로 선하고 윤리적이며 사회적 책임이 있는 사람들이 저지르는 경우가 많다. 도널드 파머에 따르면 사람들은 조직의 기능에 내재된 과도한 구조, 과정, 메커니즘 때문에 비윤리적인 행동을 하며, 중요한 점은 우리 모두가 조직의 올바른 상황에서 비윤리적인 행동을 할 수 있는 후보자라는 것이다. 이 연구는 관리자에게 시사하는 바가 크다.

이 연습의 목적은 자신의 기업 윤리 지수를 확인하는 것이다. 자신의 행동과 태도를 다른 학생과 비교하여 좋거나 나쁜 정도를 나타내는 데 '지수'라는 말을 사용할 수 있으며, 이 연습에서는 기업 윤리 지수를 '매우 나쁨(16점)~매우 좋음(80점)'으로 나타낸다. [Donald Palmer, "The New Perspective on Organizational Wrongdoing," *California Management Review*, 56, no. 1 (2013): 5-23]

설명

1단계 자신의 개인적인 행동과 태도를 1~5의 척도(1: 매우 나쁨, 2: 나쁨, 3: 괜찮음, 4: 좋음, 5: 매우 좋음)로 나타내라. 다음 각 단어에 대해 자기 자신과 다른 학생을 비교하여 점수를 매겨라.

1. 믿음
2. 신뢰
3. 믿음직스러움
4. 주의 깊음
5. 겸손
6. 배려심
7. 자비
8. 너그러움
9. 사랑
10. 예의 바름
11. 존중
12. 경건
13. 지원
14. 격려
15. 도움
16. 기부

2단계 점수를 합산하면 기업 윤리 지수가 된다. 자신의 기업 윤리 지수에 만족하는가? 기업 윤리 지수를 높여야 하는가? 어떻게 높일 수 있는가? 당신을 채용하려고 하는 기업이 당신의 기업 윤리 지수에 만족하겠는가?

SET 4 개인과 집단의 전략기획

연습 10D

사내 연애를 단념해야 하는 다양한 이유는 잠재적으로 얼마나 심각한가?

목적

이 장에서는 다음과 같은 이유로 사내 연애가 직장의 사기와 생산성에 잠재적으로 해로울 수 있다는 점을 설명했다.

- 편애에 대한 불만이 생길 수 있다.
- 기록의 기밀성이 침해될 수 있다.
- 작업의 질과 양이 감소하여 문제가 될 수 있다.
- 개인적인 논쟁이 업무의 논쟁으로 이어질 수 있다.
- 비밀을 속삭이는 것은 동료들 사이에 긴장감과 적대감을 불러일으킬 수 있다.
- 성희롱(또는 성차별)이 발생할 수 있다.
- 파트너의 복지를 기업의 복지보다 우선시할 경우 이해 상충이 발생할 수 있다.

이 연습의 목적은 사내 연애가 문제를 일으킬 수 있는 이유를 더 자세히 살펴보고, 개인의 의사결정이 집단의 의사결정보다 더 나은지 확인하는 것이다. 학술 연구에 따르면 집단은 개인보다 약 80% 확률로 더 나은 의사결정을 내릴 수 있다.

설명

표 10-6을 이용하여 사내 연애가 문제를 일으킬 수 있는 일곱 가지 이유를 상대적 중요도(잠재적 심각도)에 따라 평가하라(1: 가장 중요함, 7: 가장 덜 중요함). 먼저 각 개인이 개별적으로 중요도에 따라 순위를 지정한 뒤 3명으로 구성된 집단별로 순위를 지정한다. 따라서 강사가 지정한 순위와 가장 유사한 순위를 만들

어낸 개인과 집단을 확인할 수 있다. 이 연습을 통해 전략기획에서의 의사결정에 대해 개인과 집단의 상대적 효율성을 비교할 수 있다.

단계

1. 표 10-6의 1열에 개인별로 일곱 가지 이유의 상대적 중요도에 따라 순위를 기입하라(1: 가장 중요함, 7: 가장 덜 중요함). 예를 들어 1번 이유가 다섯 번째로 중요하다고 생각한다면 5를 기입한다.
2. 집단 차원에서 일곱 가지 이유의 상대적 중요도에 부여하는 순위를 표 10-6의 2열에 기입하라(1: 가장 중요함, 7: 가장 덜 중요함).
3. 강사가 일곱 가지 이유의 상대적 중요도에 부여하는 순위를 표 10-6의 3열에 기입하라.
4. 1열과 3열의 차이를 표 10-6의 4열에 기입하라. 이는 개인적 순위 평가가 얼마나 잘 수행되었는지를 나타낸다. (절댓값이므로 마이너스 부호는 무시해도 된다.)
5. 2열과 3열의 차이를 표 10-6의 5열에 기입하라. 이는 집단의 순위 평가가 얼마나 잘 수행되었는지를 나타낸다.
6. 4열의 합계와 5열의 합계를 구하라.
7. 4열의 합계와 5열의 합계를 비교하라. 4열의 합계가 5열의 합계보다 적으면 집단보다 개인이 더 적절하게 평가한 것으로 볼 수 있다. 일반적으로는 개인의 의사결정보다 집단의 의사결정이 우월하다.
8. 4열의 합계가 가장 낮은 개인이 최고의 성과를 거둔 것이다.
9. 여러 집단이 참여했다면 5열의 합계가 가장 낮은 집단이 최고의 성과를 거둔 것이다.

표 10-6 사내 연애 분석: 개인 대 집단

사내 연애를 권장하지 않는 이유	1열	2열	3열	4열	5열
1. 편애에 대한 불만이 생길 수 있다.					
2. 기록의 기밀성이 침해될 수 있다.					
3. 작업의 질과 양이 감소하여 문제가 될 수 있다.					
4. 개인적인 논쟁이 업무의 논쟁으로 이어질 수 있다.					
5. 비밀을 속삭이는 것은 동료들 사이에 긴장감과 적대감을 불러일으킬 수 있다.					
6. 성희롱(또는 성차별)이 발생할 수 있다.					
7. 파트너의 복지를 기업의 복지보다 우선시할 경우 이해 상충이 발생할 수 있다.					
총합					

칙필레 MINI-CASE

가장 윤리적인 기업 문화를 가진 미국 기업은?

Jurgenfr/Shutterstock

정답은 칙필레(Chick-fil-A)이다. 미국 조지아주 애틀랜타에 본사를 둔 칙필레는 높은 기업 윤리를 자랑스럽게 여기는 비상장기업으로서 직원이 가족, 친구와 시간을 보낼 수 있도록 일요일에 문을 닫는다. 1주일에 한 번 문을 닫지만 칙필레는 매출 기준으로 KFC를 제치고 미국 최대의 치킨 퀵서비스 레스토랑이 되었다. 이것은 매우 놀라운 일이다. 미국 내 KFC 매장이 4,500개인 데 비해 칙필레 매장은 2,200개 정도이기 때문이다. 칙필레의 연 매출은 약 50억 달러이다.

칙필레 매장의 연 매출은 평균 440만 달러 이상으로 KFC보다 3배 이상 높다. 실제로 칙필레 매장당 평균 매출은 미국의 모든 레스토랑 중 가장 높은데, 그다음인 왓어버거(Whataburger)는 매장당 평균 매출이 270만 달러로 칙필레의 61%에 불과하다. 치킨 레스토랑 경쟁기업인 잭스비스(Zaxby's) 230만 달러, 엘폴로로코(El Pollo Loco) 190만 달러, 보쟁글스(Bojangles) 180만 달러, 파파이스(Popeyes) 140만 달러, 보스턴마켓(Boston Market) 140만 달러, 윙스톱(Wingstop) 110만 달러를 제치고 칙필레는 매장당 연 매출 1위를 차지했다.

칙필레의 사업 중 약 65%는 직원이 식당 밖에서 태블릿으로 주문을 받는 드라이브스루를 통해 이루어진다. 조사에 따르면 칙필레의 직원은 근무 시간 중 97% 동안 "감사합니다"라고 말한다. 고객은 칙필레에 열 번 갔을 때 아홉 번은 직원의 유쾌한 태도와 미소를 보았다고 보고했다. 기업의 직원 유지율은 유난히 높다. 최근의 조사에 따르면 칙필레는 드라이브스루에서 모든 레스토랑 중 두 번째로 높은 정확도(95%)로 주문을 처리한다. 1위인 칼스주니어(Carl's Jr.)는 정확도가 97%이다.

칙필레가 높은 순위에 오르지 못한 유일한 부분은 서비스 속도이다. 칙필레의 드라이브스루 평균 대기 시간은 4분 16초로, 평균 대기 시간보다 31초가량 길다. 하지만 칙필레는 모범적인 삼중 성과 기업이다.

문제

1. 칙필레의 기업 문화에 대해 설명하라.
2. 칙필레의 문화는 칙필레의 성과를 얼마나 설명하는가?
3. 칙필레의 삼중 성과를 어떻게 평가하겠는가? 그 이유는 무엇인가?
4. 모든 주요 경쟁업체가 일요일에 영업을 하므로 칙필레도 정책을 변경하여 일요일에 영업을 해야 하는가? 왜 그렇게 생각하는지 이유를 설명하라.

출처: http://dailycaller.com/2017/08/02/chick-fil-a-generates-most-revenue-per-restaurant-in-us/, http://www.businessinsider.com/why-chick-fil-a-is-so-successful-2016-10

웹 참고 자료

1. https://www.forbes.com/sites/karstenstrauss/2017/09/13/the-10-companies-with-the-best-csr-reputations-in-2017/#3bf7894b546b
   이 웹사이트는 기업의 사회적 책임 측면에서 최고 수준의 기업 목록을 제공한다.
2. https://www.epa.gov/greenpower/green-power-partnership-top-30-college-university
   이 웹사이트는 태양력, 풍력 기반 전력 등 친환경 전력을 운영하는 최고 수준의 대학 목록을 제공한다.
3. https://www.epa.gov/greenpower/green-power-partnership-top-30-retail
   이 웹사이트는 태양력, 풍력 기반 전력 등 친환경 전력을 운영하는 최고 수준의 소매 기업 목록을 제공한다.
4. https://www.transparency.org/news/feature/corruption_perceptions_index_2016
   이 웹사이트는 전 세계에서 가장 깨끗한 국가와 가장 부패한 국가의 목록을 제공한다.
5. https://www.globalreporting.org/information/sustainability-reporting/Pages/default.aspx
   이 웹사이트는 지속가능성 보고서에 포함해야 할 내용에 관한 지침을 제공한다.
6. https://www.fws.gov/endangered/esa-library/pdf/what_you_can.pdf
   이 웹사이트는 일상생활에서 동식물을 보호할 수 있는 손쉬운 방법을 알려준다.

참고 문헌

Ansiti, Marco and Karim R. Lakhani. "Managing Our Hub Economy: Strategy, Ethics, and Network Competition in the Age of Digital Superpowers." *Harvard Business Review* 95, no. 5 (September–October 2017): 84–92.

Berchicci, Luca, Glen Dowell, and Andrew King. "Environmental Performance and the Market for Corporate Assets." *Strategic Management Journal* 38, no. 12, (December 2017): 2444–2464.

Bhattacharya, C. B. and Paul Polman. "Sustainability Lessons From the Front Lines." *MIT Sloan Management Review* 58, no. 2 (Winter 2017): 71–78.

Flammer, Caroline and Jiao Luo. "Corporate Social Responsibility as an Employee Governance Tool: Evidence from a Quasi-

Experiment." *Strategic Management Journal* 38, no. 2 (February 2017): 163–183.

Gupta, Abhinay, Forrest Briscoe, and Donald C. Hambrick. "Red, Blue, and Purple Firms: Organizational Political Ideology and Corporate Social Responsibility." *Strategic Management Journal* 38, no. 5 (May 2017): 1018–1040.

Huang, Lei and Ted A. Paterson. "Group Ethical Voice Influence of Ethical Leadership and Impact on Ethical Performance." *Journal of Management* 43, no. 4 (April 2017): 1157–1184.

Kilduff, Gavin J., Adam D. Galinsky, Edoardo Gallo, and J. James Reade. "Whatever It Takes to Win: Rivalry Increases Unethical Behavior." *Academy of Management Journal* 59, no. 5 (October 2016): 1508–1534.

Kiron, David, Gregory Unruh, Nina Kruschwitz, Martin Reeves, Holger Rubel, Alexander Meyer, and Zum Felde. "Corporate Sustainability at a Crossroads: Progress Toward Our Common Future in Uncertain Times." *MIT Sloan Management Review* 58, no. 4 (Summer 2017): 86–96.

Li, Xiaoyang, and Yue M. Zhou. "Offshoring Pollution while Offshoring Production?" *Strategic Management Journal* 38, no. 11 (November 2017): 2310–2329.

Love, Geoffrey E., Jaegoo Lim, and Michael K. Bednar. "The Face of the Firm: The Influence of CEOs on Corporate Reputation." *Academy of Management Journal* 60, no. 4 (August 2017): 1462–1481.

Schrempf-Stirling, Judith, Guido Palazzo, and Robert A. Phillips. "Historic Corporate Social Responsibility." *Academy of Management Review* 41, no. 4 (October 2016): 700–719.

Shiu, Yung-Ming and Shou-Lin Yang. "Does Engagement in Corporate Social Responsibility Provide Strategic Insurance-Like Effects?" *Strategic Management Journal* 38, no. 2 (February 2017): 455–470.

Waldman, David A., Danni Wang, Sean T. Hannah, and Pierre A. Balthazard. "A Neurological and Ideological Perspective of Ethical Leadership." *Academy of Management Journal* 60, no. 4 (August 2017): 1285–1306.

Wassmer, Ulrich, Guillaume Pain, and Raymond L. Paquin, "Taking Environmental Partnerships Seriously." *Business Horizons* 60, Issue 1 (January 2017): 135–142.

Yao, Fiona K. and Song Chang. "Do Individual Employees' Learning Goal Orientation and Civic Virtue Matter? A Micro-Foundations Perspective on Firm Absorptive Capacity." *Strategic Management Journal* 38, no. 10 (October 2017): 2041–2060.

미주

1. Saul Gellerman, "Why 'Good' Managers Make Bad Ethical Choices," *Harvard Business Review* 64, no. 4 (July–August 1986): 88.
2. Based on Mark L. Frigo and Joel Litman, *DRIVEN: Business Strategy, Human Actions and the Creation of Wealth, Strategy and Execution* (Chicago: Strategy & Execution LLC, 2008).
3. Peter Drucker, *Management: Tasks, Responsibilities, and Practices* (New York: Harper & Row, 1974): 462, 463.
4. Donald Palmer, "The New Perspective on Organizational Wrongdoing," *California Management Review*, 56, no. 1 (2013): 5–23.
5. Ibid, 5–23.
6. https://www.transparency.org/news/feature/global_corruption_barometer_citizens_voices_from_around_the_world
7. https://www.transparency.org/news/feature/global_corruption_barometer_citizens_voices_from_around_the_world
8. http://www.usatoday.com/money/companies/management/stry/2012-05-14/ceo-firings/54964476/1
9. http://www.businessknowhow.com/manage/romance.htm
10. Phred Dvorak, Bob Davis, and Louise Radnofsky, "Firms Confront Boss-Subordinate Love Affairs," *Wall Street Journal*, October 27, 2008, B5.
11. Tom Brook, "Declining Numbers Mute Many Birds' Songs," *USA Today*, September 11, 2001, 4A.
12. John Ogden, "Maintaining Diversity in the Oceans," *Environment*, April 2001, 29–36.
13. http://www.organicauthority.com/foodie-buzz/jesse-laflamme-advocate-farms-farmers-organic-eggs.html
14. http://www.wildaid.org/sharks

11

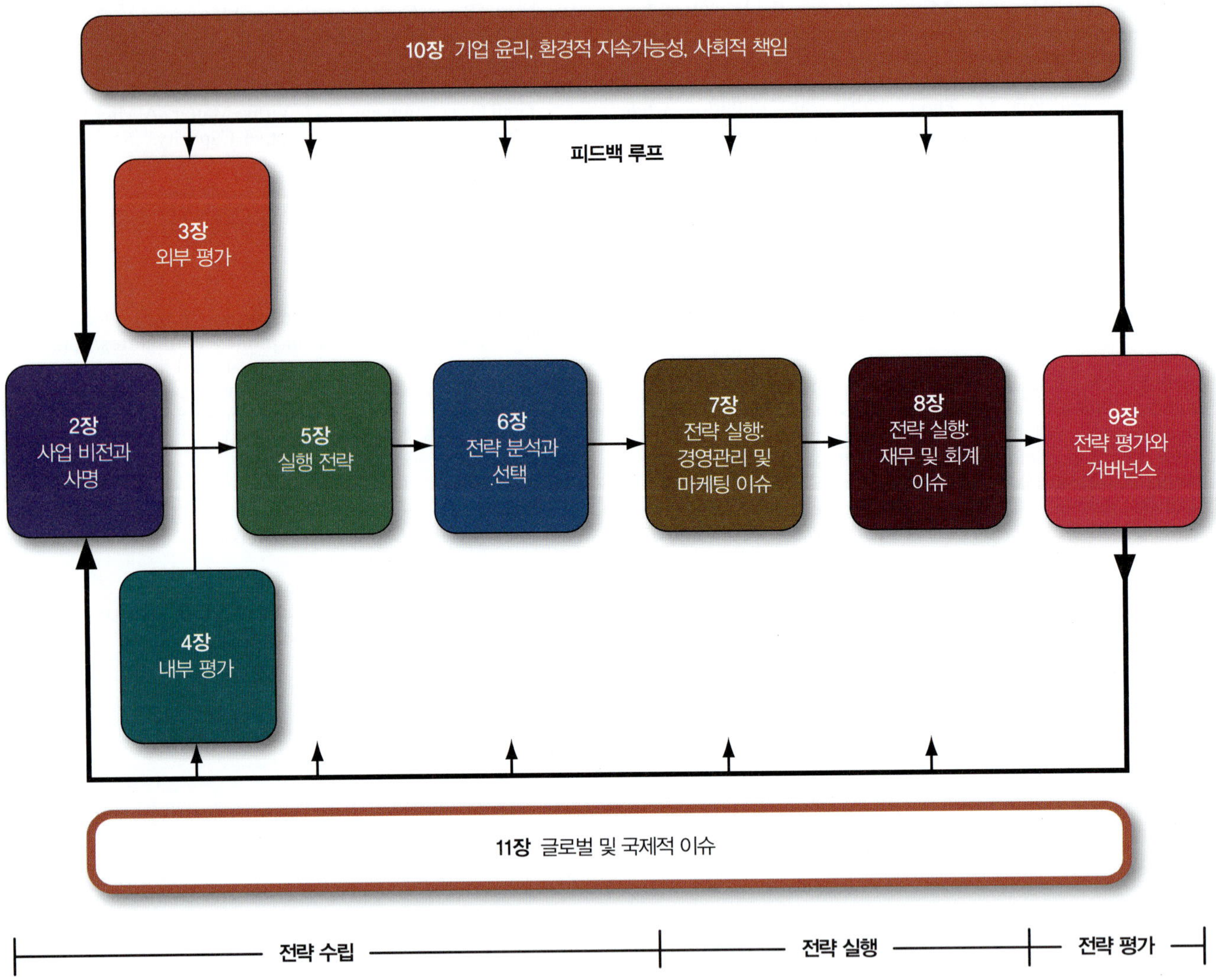

그림 11-1 포괄적·통합적 전략경영 모델

출처: Fred R. David, "How Companies Define Their Mission," *Long Range Planning* 22, no. 1 (February 1989): 91. Anik Ratnaningsih, Nadjadji Anwar, Patdono Suwignjo, and Putu Artama Wiguna, "Balance Scorecard of David's Strategic Modeling at Industrial Business for National Construction Contractor of Indonesia," *Journal of Mathematics and Technology,* no. 4 (October 2010): 20.

글로벌 및 국제적 이슈

학습 목표

11-1 노동조합 이슈와 세율 등 글로벌 비즈니스의 특성을 이해한다.

11-2 글로벌 비즈니스의 장단점을 알아본다.

11-3 아웃소싱과 리쇼어링 등 기업이 직면한 글로벌 도전을 파악한다.

11-4 미국의 비즈니스 문화와 다른 국가의 비즈니스 문화를 비교하고, 이것이 전략적 이슈인 이유를 이해한다.

11-5 멕시코, 일본, 중국, 인도의 비즈니스 문화를 이해한다.

11-6 아프리카, 중국, 인도네시아, 인도, 멕시코의 비즈니스 환경을 이해한다.

확인 학습

SET 1 코카콜라의 전략기획

연습 11A 국가별 비즈니스 문화의 차이: 코카콜라를 위한 보고서

연습 11B 아프리카에 더욱 침투하려는 코카콜라를 도울 수 있는가?

SET 2 모교의 전략기획

연습 11C 모교의 해외 유학생 유치

SET 3 취업 역량 제고를 위한 전략기획

연습 11D 다른 학생들에 비해 여행을 얼마나 잘하고 있는가?

SET 4 개인과 집단의 전략기획

연습 11E 기업이 글로벌 비즈니스를 시작하거나 지속하거나 확장할 때 다양한 잠재적 이점이 얼마나 중요한가?

그림 11-1에서 보듯이 글로벌 고려 사항은 모든 전략적 결정에 영향을 미친다. 국가의 경계는 더 이상 우리 상상력의 한계를 정의할 수 없다. 다른 사람들의 관점에서 세상을 바라보는 것은 많은 기업의 생존 문제가 되었다. 생존과 성장을 위해 점점 더 많은 기업이 경쟁기업, 시장, 가격, 공급업체, 유통업체, 정부, 채권자, 주주, 전 세계 고객의 변화를 모니터링하여 활용하고 있다.

기업의 제품 가격과 품질은 현지뿐만 아니라 전 세계적으로 경쟁력이 있어야 한다. 주주는 상당한 수익 성장을 기대하며, 전 세계적으로 사업을 하는 것은 이러한 목적을 달성하는 데 탁월한 방법이다. 점점 더 많은 국가가 세계 시장에서 공격적으로 경쟁할 능력과 의지를 개발하고 있다. 외국 기업과 국가는 세계적 규모로 잘 경쟁하기 위해 배우고, 적응하고, 혁신하고, 발명하려 한다. 귀감이 되는 전략가인 안드레 칼란조풀로스(Andre Calantzopoulos)는 필립모리스인터내셔널(Philip Morris International)이 세계적으로 성공할 수 있도록 이끌고 있다.

글로벌 비즈니스의 본질

학습 목표 11-1

노동조합 이슈와 세율 등 글로벌 비즈니스의 특성을 이해한다.

미국은 제품 및 서비스 수출이 국내총생산(GDP)에서 차지하는 비율이 고작 13%이므로 내수 경제라고 할 수 있다. 반면에 독일은 이 비율이 46%, 중국은 20%이고 싱가포르는 172%에 달한다. 싱가포르는 석유 및 기타 제품을 수입하여 전 세계로 재수출하기 때문에 이 비율이 매우 높다. 여기서 중요한 점은, 미국은 수출이 GDP의 13%에 불과하기 때문에 사업을 하는 데 상당한 개선의 여지가 있다는 것이다.

귀감이 되는 전략가

필립모리스인터내셔널의 CEO 안드레 칼란조풀로스

필립모리스인터내셔널의 CEO인 안드레 칼란조풀로스는 열을 가해도 타지 않아 연기가 없는 담배 제품을 출시하여 전 세계 흡연자들을 끌어모으고 있다. 이 제품은 기존 담배나 전자 담배보다 덜 해롭다고 알려져 있다. 칼란조풀로스는 모든 흡연자가 필립모리스의 금연 대체품으로 전환하도록 장려하는 재단을 만드는 데 10억 달러를 쾌척하기로 약속했다. 필립모리스에서 칼란조풀로스의 새로운 무연 전략계획은 대부분의 흡연자가 두 가지 욕구(자신에게 해롭지 않고, 다른 사람에게 피해를 주지 않는 것)를 가지고 있음을 전제로 한다. 필립모리스는 새로운 무연 담배 유사 제품을 개발하여 전 세계적으로 판매하기 위해 연구개발(R&D)에 수십억 달러를 투자할 계획이다. 무연 담배 스타터 키트의 가격은 100달러가 조금 넘지만 아주 잘 팔리고 있다. 경쟁업체인 전통적 담배 회사들이 주춤하는 중에도 필립모리스의 매출과 이익은 칼란조풀로스의 주도하에 순조롭게 성장하고 있다. 일부 분석가는 칼란조풀로스의 전략계획이 계속 성공한다면 수백만 명의 생명과 수조 달러(의료 비용)를 절약할 수 있다고 말한다. 이 모범적인 전략가에게 행운이 있기를 기원한다.

Stockfotocz/123RF

대안이 있다!

출처: Saabira Chaudhuri, "Behind Philip Morris International's Smokeless Bet," *Wall Street Journal* (October 30, 2017): R3 and R10.

세계 시장은 여러 국가 시장에서 출발했으며, 오늘날 국제 비즈니스 환경은 과거보다 더 우호적이다. 매스 커뮤니케이션과 첨단 기술은 전 세계의 다양한 문화 전반에 걸쳐 유사한 소비 패턴을 만들어내어, 결과적으로 기업은 국내 시장에만 의존해서는 살아남기 어려울 수도 있다.

세계화(globalization)는 단순히 내수만을 고려하는 것이 아니라, 글로벌 수익성을 기반으로 기업의 전략적 결정이 이루어지도록 전 세계적으로 사업을 수행하는 과정을 의미한다. 글로벌 전략은 가장 저렴한 비용으로 최고의 가치를 제공하여 전 세계 고객의 요구를 충족하는 것을 추구한다. 이는 인건비가 낮거나 천연자원이 풍부한 국가에 생산을 배치하고, 숙련된 과학자와 엔지니어를 찾을 수 있는 연구 및 복잡한 엔지니어링 센터를 배치하며, 서비스를 제공할 시장과 가까운 곳에 마케팅 활동을 배치하는 것을 의미하기도 한다.

글로벌 전략(global strategy)에는 본국만을 고려하는 것이 아니라 글로벌 니즈를 염두에 두고 제품을 설계·생산·마케팅하는 것이 포함된다. 글로벌 전략은 경쟁자에 대한 조치를 글로벌 계획에 통합한다. 오늘날 전 세계의 많은 구매자와 판매자는 대륙을 가로질러 돈과 정보를 즉시 전송할 수 있는 능력을 가지고 있다.

더 공격적인 경쟁자가 규모의 경제와 학습을 포착하기 위해 글로벌 성장을 이용할 수 있기 때문에 글로벌 산업에서 국내 경쟁자로 머무르는 것은 위험할 수도 있다. 국내 기업은 다른(어쩌면 더 뛰어난) 기술, 제품 디자인, 제조, 마케팅 접근 방식 및 규모의 경제에 기반한 국내 시장에서의 공격에 직면할 수 있다. 표 11-1은 글로벌 시장에서의 매출, 이익, 자산, 시장 가치에 대해 동일한 가중치

표 11-1 9개국의 5대 기업(2018년)

영국	인도	일본
1. HSBC Holdings	1. Reliance Industries	1. Toyota Motor
2. Prudential	2. State Bank of India	2. Mitsubishi UFJ Financial
3. Lloyds Banking Group	3. Oil and Natural Gas	3. Nippon TeleG & TeleP
4. Barclays	4. HDFC Bank	4. Softbank
5. Rio Tinto	5. Indian Oil	5. Japan Post Holdings
호주	**멕시코**	**중국**
1. Commonwealth Bank	1. America Movil	1. Ind. & Com. Bank of China
2. Westpac Banking	2. FEMSA	2. China Construction Bank
3. ANZ	3. GFNorte	3. Agricultural Bank of China
4. National Australia Bank	4. Grupo Mexico	4. Bank of China
5. BHP Billiton	5. Cemex	5. Ping An Insurance Group
미국	**캐나다**	**인도네시아**
1. Berkshire Hathaway	1. Royal Bank of Canada	1. Bank Rakyat Indonesia
2. JPMorgan Chase	2. TD Bank Group	2. Bank Mandiri
3. Wells Fargo	3. Bank of Nova Scotia	3. Bank Central Asia
4. Bank of America	4. Bank of Montreal	4. Telkom Indonesia
5. Apple	5. Manulife	5. Bank Negara Indonesia

출처: forbes.com/global2000/list/

를 적용하여 합산한 결과로 도출된 9개국의 5대 기업을 보여준다.

다국적 기업

국경을 넘어 사업을 운영하는 기업을 **국제 기업**(international firm) 또는 **다국적 기업**(multinational firm)이라고 한다. 다국적 기업의 전략경영 프로세스는 순수 국내 기업의 경우와 개념적으로 동일하나 더 많은 변수와 관계로 인해 더욱 복잡하다. 다국적 기업이 직면하는 외부 기회 및 위협은 거의 무한하며, 이러한 요인의 수와 복잡성은 생산되는 제품의 수와 서비스를 제공하는 지리적 영역의 수에 따라 크게 증가한다. 수많은 소규모 기업이 웹사이트, 스마트폰, 소셜미디어를 통해 고객과 상호작용하면서 자국 밖에서 매일 사업을 수행한다.

다국적 기업의 외부 추세와 사건을 파악하고 평가하는 데에는 더 많은 시간과 노력이 필요하다. 지리적 거리, 문화적·국가적 차이, 사업 관행의 다양성으로 인해 국내 본사와 해외 지사 간의 의사소통이 어려운 경우가 많다. 문화마다 규범, 가치관, 직업 윤리가 다르기 때문에 전략 실행이 더 어려울 수 있다. 다국적 기업은 자산 몰수, 환율 변동으로 인한 손실, 계약과 협정에 대한 외국 법원의 불리한 해석, 사회적·정치적 혼란, 수출입 제한, 관세, 무역장벽과 같은 독특하고 다양한 위험에 직면해 있다. 글로벌 기업의 전략가는 종종 글로벌 경쟁력을 갖추는 동시에 국가적으로 대응해야 할 일을 겪는다. 세계 상거래가 증가함에 따라 정부와 규제 기관은 외국 기업의 사업 관행을 더욱 면밀히 감시하고 있다. 예를 들어 미국의 해외 부패 방지법(Foreign Corrupt Practices Act)은 많은 분야의 기업 관행을 감시한다.

국제 시장에 진출하기 전에 기업은 관련 저널과 특허 보고서를 잘 살펴보고, 학계와 연구 기관의 조언을 구하고, 국제 무역 박람회에 참가하고, 파트너십을 형성하고, 새로운 시장에서 사업을 하다 겪게 될 위험을 줄이기 위해 광범위한 연구를 수행한다. 또한 미국 기업의 경우 미국 정부 산하 해외민간투자공사(Overseas Private Investment Corporation, OPIC)의 보험에 가입함으로써 국제적인 사업의 일부 위험을 상쇄할 수 있다.

해외 시장으로의 사업 확장, 즉 세계화는 기업이 내리는 가장 중요한 전략적 결정 중 하나이다. 학술지는 세계화의 방법, 시기, 장소, 이유에 영향을 미치는 변수에 많은 관심을 두고 있다. 최근 연구에 따르면 국가는 그 자체로서 진출 대상이 된다는 점뿐만 아니라, 다른 지역으로 진출하기 위한 교두보로서의 역할을 한다는 측면에서도 매력적이다.[1] 따라서 다국적 기업은 특정 지역이나 국가가 다른 지역이나 국가로의 추가적인 세계화를 어떻게 촉진할 것인지를 특별히 염두에 두고 세계화에 대한 결정을 내린다. 또한 기업의 비전과 사명을 전략과 일치시키는 것, 그리고 경쟁우위를 확보하고 유지하기 위한 기업의 잠재력을 평가하는 것이 중요하다.

미국에 본사를 둔 다국적 기업은 역사적으로 높은 미국 법인세를 피하기 위해 해외에서 벌어들인 돈을 해외 자회사와 은행에 보관해왔다. 그러나 2018년 미국 연방 법인세의 개편으로 상황이 바뀌었다. 2018년부터 시행된 새로운 미국 연방 세법은 기업이 현금을 미국으로 가져오든 말든 역외 현금 계좌에 보관된 해외 소득에 대해 15.5%의 일회성 세금을 부과한다. 이는 기업이 현금을 미국으로 가져오도록 장려하기 위해 마련된 법이다. 애플 등 수많은 기업은 수십억 달러를 해외에 보유 중이며, 대부분의 기업이 이를 미국으로 들여오고 있다. 그렇다면 이러한 기업은 그 돈으로 무엇을 하고 있을까? 기업이 본국으로 송금한 현금의 약 70%는 자사주 매입 및 배당금으로 사용되고, 나머지

금액은 기업 인프라와 직원에 대한 투자로 사용되었다. 예를 들어 최근 몇 년 동안 애플은 자사주의 5%를 사들였으나 2018년 초에는 그 비율이 연간 7%로 증가했다. 2018~2022년에 기업의 외부 금고에서 미국 내부 투자로 막대한 현금이 이전됨으로써 미국 경제가 활기를 띠고 주식시장이 활성화되며 직원의 임금과 복리후생이 증가할 것으로 전망된다.

유럽의 노동조합

흔히 기업은 노동조합이 없는 것을 좋아하기 때문에 노동조합의 존재는 매장이나 공장의 위치와 같은 많은 전략적 결정에서 중요한 요소가 될 수 있다. 노동조합이 있으면 기업의 임금이 오른다. 유럽의 노동조합 가입률은 핀란드 74%, 스웨덴 70%, 덴마크 67%, 리투아니아와 프랑스 8% 등 나라마다 제각각이다. 유럽 전역에서는 일반적으로 노동조합의 인기가 감소하고 있으며 이러한 추세가 10년 동안 이어졌는데, 반면에 이탈리아는 노동조합 가입자가 서서히 증가하고 있다.

유럽연합(EU)의 평균 노동조합 가입률은 다른 회원국에 고용된 인원을 반영할 경우 23%에 달하는데, 이는 미국의 11%와 대비된다. 회원국 중에서 규모가 큰 독일, 프랑스, 스페인, 폴란드의 노동조합 가입률이 각각 18%, 8%, 19%, 12%에 머물러 전체 평균 가입률을 끌어내린다.

세율

국가의 세율은 제조 시설 건설이나 소매점 위치 결정, 다른 기업을 인수할 장소와 관련하여 중요한 전략적 고려 사항이 될 수 있다. 높은 법인세율은 기업이 새로운 공장에 대한 투자를 억제하고 세금을 회피하게 만드는 강력한 동기가 된다. 법인세율은 국가와 기업에 따라 상당히 다르다. 전 세계 190개국의 평균 법인세율은 약 22%이고 유럽의 평균 법인세율은 18%이다. 전 세계 평균 법인세율은 38%였던 1980년 이래로 매년 하락하고 있다. 2017년에 헝가리는 법인세율을 19%에서 9%로 인하했다. 2018년에 미국은 법인세율을 G7 국가(캐나다, 프랑스, 독일, 이탈리아, 일본, 영국, 미국) 중 가장 낮은 21%로 인하했다.

표 11-2 다양한 국가의 법인세율(2018년)

국가	법인세율(%)	국가	법인세율(%)
아랍에미리트	55	튀르키예	20
아르헨티나	35	폴란드	19
프랑스	33.33	싱가포르	17
인도	34	루마니아	16
독일	30	아일랜드	12
멕시코	30	불가리아	10
캐나다	26.5	버뮤다	00
이탈리아	24	케이맨 제도	00
중국	25	앵귈라	00
미국	21	터크스 케이커스 제도	00
핀란드	20		

출처: https://taxfoundation.org/corporate-income-tax-rates-around-the-world-2017/, https://home.kpmg.com/xx/en/home/services/tax/tax-tools-and-resources/tax-rates-online/corporate-tax-rates-table.html

표 11–2와 같이 2018년의 국가별 법인세율은 버뮤다 0%부터 아랍에미리트 55%까지 다양하다. 케이스주얼러스(Kay's Jewelers), 제일코퍼레이션(Zale Corporation), 재러드더갤러리아오브주얼리(Jared the Galleria of Jewelry)를 소유한 시그넷주얼러스(Signet Jewelers Ltd.)는 법인세가 없다는 중요한 전략적 이유로 버뮤다에 본사를 두고 있다.

학습 목표 11–2

글로벌 비즈니스의 장단점을 알아본다.

글로벌 비즈니스의 장단점

기업이 국경을 넘어 사업을 시작하거나 지속하거나 확장하는 전략을 수립하고 실행해야 하는 많은 이유가 있다. 기업이 제품과 서비스의 새로운 고객을 확보하여 수익을 늘릴 수 있다는 것이 아마도 가장 큰 장점일 것이다. 매출과 이익의 성장은 기업의 공통적인 목표이자 기업의 성공을 판단하는 기준이기 때문에 흔히 주주는 이를 기대한다. 국제적인 사업을 시작하거나 지속하거나 확장할 때의 잠재적인 이점은 다음과 같다.

- 새로운 고객을 확보할 수 있다.
- 해외 사업은 초과 생산 능력을 흡수하고, 단위 비용을 줄이며, 더 많은 시장에 경제적 위험을 분산할 수 있다.
- 해외 사업을 통해 원자재나 저렴한 노동력과 인접한 위치에 저비용 생산 시설을 세울 수 있다.
- 해외 시장에 경쟁자가 존재하지 않을 수도 있고, 국내 시장보다 경쟁이 덜 치열할 수도 있다.
- 해외 사업은 관세 인하, 낮은 세율, 정치적 우대를 받을 수 있다.
- 다국적 합작투자를 통해 다른 사람들의 기술, 문화, 사업 관행을 배우고 외국의 잠재적인 고객, 공급업체, 채권자, 유통업체와 접촉할 수 있다.
- 내수에만 집중할 때보다 해외 진출 시 규모의 경제를 달성하기가 용이하다. 규모의 경제와 효율 제고를 통해 더 저렴한 제품과 서비스를 더 많이 판매할 수 있다.
- 기업이 세계적으로 경쟁하면 국내 시장에서 기업의 힘과 위상이 크게 향상되어 채권자, 공급업체, 유통업체, 기타 중요한 조직과의 협상력 강화로 이어질 수 있다.

국가마다 경제 및 마케팅 정보의 가용성, 깊이, 신뢰성은 산업 구조, 사업 관행, 지역 조직의 수 및 특성과 마찬가지로 매우 다양하다. 또한 국경을 넘어 사업을 시작하거나 지속하거나 확장할 때 다음과 같은 잠재적 단점이 발생할 수 있다.

- 민족주의가 득세하는 경우 해외에 진출한 사업부가 몰수될 수 있다.
- 국제적으로 사업을 하다 보면 다양한 사회적·문화적·인구통계적·환경적·정치적·법적·기술적·경제적·경쟁적·정부 관련 힘에 직면하게 된다.
- 해외에서는 흔히 경쟁자들의 약점이 과대평가되고 강점이 과소평가된다. 국제적으로 사업을 할 때는 경쟁자의 수와 성격에 대한 정보를 지속적으로 파악하기가 어렵다.
- 국가마다 언어, 문화, 가치 체계가 다르기 때문에 의사소통의 장벽과 인력 관리상 문제가 발생할 수 있다.
- 국제적으로 사업을 할 때는 유럽경제공동체(European Economic Community, EEC), 남미자유무역지역(Latin American Free Trade Area), 국제부흥개발은행(International

Bank for Reconstruction and Development, IBRD), 국제금융공사(International Finance Corporation, IFC)와 같은 조직에 대해 알고 있어야 한다.

- 두 가지 이상의 통화 시스템을 다룸으로써 국제적인 사업 운영이 복잡해질 수 있다.

글로벌 도전

학습 목표 11-3

아웃소싱과 리쇼어링 등 기업이 직면한 글로벌 도전을 파악한다.

국제적 경쟁을 무시할 수 있는 기업은 거의 없다. 오늘은 안정적으로 보이는 기업이라도 내일은 불안해질 수 있다. 예컨대 외국 은행은 아직 미국 대부분의 지역에서 경쟁하거나 운영하지 않지만 이는 빠르게 변화하고 있다. 톰슨로이터스(Thomson Reuters)는 매년 특허 활동, 연구개발 투자, 성공률, 세계화, 영향력 등의 지표를 기준으로 세계에서 가장 혁신적인 기업의 목록을 내놓는다. 2017년의 연구개발 총지출액은 미국의 아마존(Amazon), 알파벳(Alphabet), 인텔(Intel)이 각각 161억 달러, 139억 달러, 127억 달러로 1~3위를 기록했으며, 한국의 삼성(127억 달러), 독일의 폭스바겐(Volkswagen, 121억 달러), 스위스의 로슈홀딩(Roche Holding AG, 114억 달러), 스위스의 노바티스(Novartis, 96억 달러), 일본의 토요타(Toyota Motor, 93억 달러)가 상위 11위권에 이름을 올렸다. 50억 달러 이상을 연구개발에 지출하는 미국 외 국가의 기업은 다임러(Daimler AG, 독일), 혼다(Honda Motor, 일본), 아스트라제네카(Astrazeneca, 영국), 지멘스(Siemens, 독일), 사노피(Sanofi, 프랑스) 등이다.

미국 경제는 훨씬 덜 미국적이 되는 동시에 점점 더 세계화하고 있다. 세계화된 경제와 통화 시스템이 부상하고 있다. 전 세계 각지의 기업은 전 세계의 고객을 확보할 수 있는 기회를 활용하고 있다. 시장은 빠르게 변화하고 많은 경우 취향, 트렌드, 가격 측면에서 수렴하고 있다. 혁신적인 운송 시스템은 기술 이전을 가속화하고 있다. 생산 시스템의 특성 변화와 입지 이동, 특히 중국과 인도로의 이동으로 인해 변화하는 시장 상황에 대응할 수 있는 시간이 줄어들었다. 중국에서는 제품과 서비스를 구매하려는 열망이 큰 중산층이 급성장하고 있다.

많은 국가는 상당히 보호주의적이며, 이는 기업의 전략계획에 영향을 미칠 수 있다. **보호무역주의**(protectionism)는 국가가 자국 기업과 국민에 유리하게 해외 기업에 관세, 세금, 규제를 부과하는 것을 말한다. 2018년 초에 미국과 중국은 서로 수입품에 각종 관세를 부과했다. 대부분의 경제학자는 보호무역주의가 국가 간 무역을 억제하고 보복을 불러오기 때문에 세계 경제에 해를 끼친다고 주장한다.

통신의 발전으로 전 세계의 국가, 문화, 조직이 더욱 가까워지고 있다. 엑손모빌(ExxonMobil), 질레트(Gillette), 다우케미컬(Dow Chemical), 시티그룹(Citigroup), 콜게이트파몰리브(Colgate-Palmolive), 텍사코(Texaco) 등 수많은 미국 기업의 경우 전체 수익 중 해외 수익이 차지하는 비율이 이미 50%를 넘어섰다. 대부분의 미국 기업이 세계적으로 사업을 하는 주된 이유는 미국 내보다 미국 밖에서의 수요 증가가 훨씬 더 크기 때문이다. 예를 들어 네슬레(Nestlé)에 이어 세계 2위인 식품 기업 크래프트푸즈(Kraft Foods)는 미국 식품 산업의 연간 성장률이 3%밖에 되지 않기 때문에 해외 인수에 집중하고 있다. 거의 모든 기업의 주주와 투자자는 매출의 지속적인 성장(5% 이상)을 기대하며, 많은 기업은 해외 시장 진출을 통해서만 이를 달성할 수 있다. 따라서 국내외 기업의 합작과 파트너십이 대세를 이루고 있다.

세계 인구의 95%가 미국 이외의 지역에 살고 있으며 미국 인구보다 70% 더 빠르게 성장하고 있다. 글로벌 시장에는 경쟁기업이 존재하게 마련이고, 이는 거의 모든 산업에 해당된다. 제너럴모터스(General Motors)와 포드(Ford)는 토요타, 현대와 경쟁한다. 제너럴일렉트릭(General Electric)과 웨스팅하우스일렉트릭(Westinghouse Electric)은 지멘스, 미쓰비시(Mitsubishi)와 격돌한다. 캐터필러(Caterpillar)와 존디어(John Deere)는 고마쓰(Komatsu)와 경쟁한다. 굿이어(Goodyear)는 미쉐린(Michelin), 브리지스톤/파이어스톤(Bridgestone/Firestone), 피렐리(Pirelli)와 대결한다. 보잉(Boeing)은 에어버스(Airbus)와 경쟁한다. 가구, 인쇄, 소매점, 소비재, 소매 금융과 같은 일부 미국 산업만이 아직 외국 경쟁자의 큰 도전을 겪지 않고 있다. 그러나 이러한 산업의 많은 제품과 부품은 이제 외국에서 제조된다. 국제적인 사업 운영은 한 국가로 제품을 수출하는 것처럼 간단할 수도 있고, 여러 국가에서 제조, 유통, 마케팅 시설을 운영하는 것처럼 복잡할 수도 있다.

다양한 산업은 다양한 이유로 세계화된다. 항공기 제조 산업이 세계화한 주된 이유는 많은 시장에서 막대한 연구개발 투자 비용을 거둬들여야 했기 때문이다. 자신이 속한 산업의 세계화를 확인하는 것은 중요한 전략경영 활동이다. 자신의 경쟁우위를 위해 해당 정보를 사용하는 방법을 아는 것은 훨씬 더 중요하다. 예를 들어 기업은 최고의 기술을 찾기 위해 전 세계를 둘러보고, 가장 많은 시장에서 활용 가능한 가장 유망한 기술을 선택할 수 있다. 그리고 가능한 한 많은 국가에서 판매할 수 있도록 제품을 설계한다. 또한 기업은 제품을 생산할 때 가장 저렴한 공급원을 선택하는데, 가령 반도체는 일본, 섬유는 스리랑카, 단순 전자제품은 말레이시아, 정밀 기계는 유럽일 것이다.

아웃소싱과 리쇼어링

기업이 인사, 정보 시스템, 급여, 회계, 고객 서비스, 마케팅 등 다양한 기능을 운영하기 위해 다른 기업을 고용하는 것을 **아웃소싱**(outsourcing)이라고 한다. 이러한 아웃소싱 사업이 급성장하고 있다. S&P글로벌마켓인텔리전스(S&P Global Market Intelligence)의 분석에 따르면 2017년 상위 20개 글로벌 사업자 중 5개는 컴퍼스그룹(Compass Group PLC)과 액센추어(Accenture PLC)가 이끄는 아웃소싱 회사였다. 연구 조사 및 자문 회사인 인포메이션서비시스그룹(Information Services Group Inc.)은 아웃소싱 계약의 연간 가치가 2000년 125억 달러에서 2017년 400억 달러 이상으로 증가했다고 밝혔다. 2017년 액센추어의 매출 중 아웃소싱이 46%를 차지했다.

미국 및 유럽 기업은 제조, 기술 지원, 백오피스 업무를 10년 이상 아웃소싱했지만, 연구개발은 내부에서 해야 한다고 대부분이 주장했다. 그러나 오늘날 점점 더 많은 기업이 제품 설계를 아시아 개발자에게 아웃소싱하고 있다. 중국과 인도는 지식재산의 중요한 공급자이다. 가장 크고 세심한 기업이라도 누구에게, 어디서, 얼마나, 어떤 작업을 아웃소싱해야 할지와 같은 세부 사항은 어려운 문제이다. 인도는 아웃소싱 분야에서 호황을 누리고 있다. 중국은 자국에서 사업을 수행하는 조건으로 많은 기업에 기술 지식 공유를 요구하는데, 이는 미국 기업과 미국 전체에 점점 더 문제가 되고 있다.

기업이 아웃소싱을 통해 달성하고자 하는 잠재적인 이점을 표 11-3에 정리했다. 외국의 낮은 임금 때문에 흔히 아웃소싱을 이용한다는 것이 첫 번째 이점이라는 것은 주목할 만하다.

리쇼어링(reshoring)은 미국 기업이 제조업의 일부를 다시 미국으로 이전하는 것을 말한다. 트럼

표 11-3 아웃소싱의 잠재적 이점

1. 비용 절감: 외국의 더 낮은 임금을 활용한다.
2. 핵심 사업에의 집중: 다른 기능에 자원을 분산하기보다 핵심 사업 개발에 자원을 집중한다.
3. 비용 구조조정: 기업은 아웃소싱을 통해 고정비용의 비중을 줄이고 변동비용의 비중을 늘릴 수 있다.
4. 품질 향상: 다양한 업무 기능을 전문가에게 맡겨 품질을 향상한다.
5. 지식: 지식재산과 광범위한 경험, 지식을 얻을 수 있다.
6. 계약: 재정적 불이익과 법적 구제 등 법적 구속력이 있는 계약 내에서 서비스에 대한 접근 권한을 얻는다. 내부적으로 수행되는 서비스의 경우에는 그렇지 않다.
7. 인재에의 접근: 더 넓은 인재 풀, 특히 과학과 공학 분야의 지속가능한 기술 원천에 접근할 수 있다.
8. 변화를 위한 촉매제: 혼자서는 달성할 수 없는 주요 변화를 위한 촉매제로 아웃소싱 계약을 이용한다.
9. 출시 기간 단축: 공급업체가 제공하는 추가 기능을 통해 제품 개발 또는 생산을 가속화한다.
10. 위험 관리: 외부 업체와 제휴하여 위험을 관리한다.
11. 세금 혜택: 높은 세금을 회피하고 세금 혜택을 받기 위해 제조 공장을 다양한 국가로 이전함으로써 자금을 확보한다.

프 행정부는 리쇼어링에 박차를 가하고 있다. 많은 미국 기업은 2018~2020년에 새로운 미국 세법을 활용하고, 제품을 더 빨리 시장에 출시하고, 고객 주문에 신속하게 대응하고, 운송 및 창고 보관 비용을 절감하고, 품질을 향상하고, 지식재산권을 보호하기 위해 리쇼어링을 할 계획이다. 예를 들어 이탈리아 기업인 피아트크라이슬러(Fiat Chrysler)는 2018년에 대형 트럭인 램헤비듀티(Ram Heavy Duty)의 생산을 멕시코 살티요에서 미국 미시간주 워런으로 이전했다. 덕분에 워런에는 2,500개의 새로운 일자리가 창출되었다.

그러나 달러의 강세로 인해 일부 미국 기업은 제품을 생산하기 위해 미국 밖으로 눈을 돌리고 있다. 달러의 가치가 높으면 해외에서 미국 제품이 더 비싸지고 미국으로의 수입이 더 저렴해진다. 그러나 리쇼어링의 전반적인 이점은 다음과 같다.

- 미국 법은 여성과 소수 민족 직원을 보호한다.
- 저렴한 비용으로 에너지를 안정적으로 제공한다.
- 해외 모방자로부터 디자인을 안전하게 보호한다.
- 품질관리와 공급망을 긴밀하게 관리한다.
- 구매력이 높은 소비자로 구성된 미국 경제 체제에 편승한다.
- 소비자가 가까이에 있어 배송비가 저렴하다.
- 국민의 자유와 기회를 증진하는 우수한 인권·교육·법률·정치 제도를 갖추고 있다.
- 미국의 새로운 법인세율(21%)을 활용할 수 있다.

미국과 외국의 비즈니스 문화

학습 목표 11-4

미국의 비즈니스 문화와 다른 국가의 비즈니스 문화를 비교하고, 이것이 전략적 이슈인 이유를 이해한다.

세계 시장에서 성공하려면 경영자는 다른 국가 사람들에게 동기부여를 하고 그들을 이끄는 역사적·문화적·종교적 힘을 더 잘 이해해야 한다. 다국적 기업의 경우 국가 간 비즈니스 문화의 차이에 관한 지식은 경쟁우위를 확보하고 유지하는 데 필수적일 수 있다. www.worldbusinessculture.com

은 이러한 주제를 다루는 훌륭한 웹사이트로, 전 세계 국가의 비즈니스 문화가 어떻게 다른지 확인할 수 있다. 일본에서 비즈니스 관계는 집단 내 화합과 사회적 결속을 강조하는 **와**(和)의 맥락에서 작동하고, 중국에서는 비즈니스 활동이 개인적 관계인 **꽌시**(關係)를 중심으로 이루어진다. 또한 한국에서는 **인화**(人和), 즉 위계 관계에서 권위에 대한 복종을 포함하는 화합을 염두에 두고 비즈니스 활동이 수행된다.

환태평양 지역의 기업과 경쟁하는 일부 미국 기업의 약점은 아시아인이 어떻게 생각하고 행동하는지 등 아시아 문화에 대한 이해가 부족하다는 것이다. 예를 들어 일본어 또는 한국어 구어체보다 중국어 구어체는 영어 구어체와 공통점이 더 많다. 미국 경영자는 우호적이고 호감을 얻는 데 꾸준히 치중하는 반면, 아시아와 유럽 경영자는 이러한 걱정 없이 권위를 행사하곤 한다. 미국인은 외국인과의 사업 거래에서 즉시 이름을 사용하는 경향이 있지만 외국인은 이를 주제넘는 행동으로 생각한다. 예를 들어 일본에서는 가족과 친한 친구 사이에서만 이름을 사용하고, 오랜 비즈니스 관계나 동료 직원끼리도 이름 부르기를 꺼린다. 표 11-4는 미국 경영자가 고려해야 할 문화적 차이 또는 함정이다.

미국 경영자는 외국 경영자보다 단기 성과에 더 중점을 둔다. 예를 들어 일본의 마케팅 관리자는 평생 고객을 확보하려 하지만 미국의 마케팅 관리자는 일회성 판매에 초점을 둔다. 일본의 마케팅 관리자는 판매를 판매 과정의 끝이 아니라 시작으로 생각한다. 이는 중요한 차이이다. 일본 경영자는 미국 경영자가 함께 일하는 직원보다 알지도 못하는 주주를 더 신경 쓴다고 비판하곤 한다. 미국인은 '시간제 직원'을 언급하지만 많은 일본 기업은 여전히 '평생 직원'을 언급한다.

로즈 노츠(Rose Knotts)는 미국 경영자와 외국 경영자의 몇 가지 중요한 문화적 차이를 요약했

표 11-4 더 나은 경영자가 되기 위해 활용할 수 있는 문화적 지식

- 그리스와 나이지리아에서 손을 흔드는 것(특히 손이 누군가의 얼굴 근처에 있을 때)은 심각한 모욕이다.
- 유럽에서 작별의 손짓은 '아니요'를 의미하지만 페루에서는 '이리 오세요'를 의미한다.
- 중국에서는 성(姓)을 먼저 쓴다.
- Carlos Lopez-Garcia라는 남자는 라틴아메리카에서는 Mr. Lopez로, 브라질에서는 Mr. Garcia로 불러야 한다.
- 대부분의 국가에서는 조찬 모임을 무례하게 여긴다.
- 라틴아메리카 사람들은 평균적으로 업무 관련 약속에 20분 늦는다.
- 일본에서는 눈을 똑바로 쳐다보는 것이 예의에 어긋난다.
- 아랍이나 많은 아시아 국가에서는 신발 밑창을 보이는 것을 무례하게 여기기 때문에 다리를 꼬면 안 된다.
- 엄지와 검지를 이용한 미국식 '오케이' 표시가 브라질에서는 가운데 손가락을 올리는 것과 같다.
- 이탈리아 남부, 몰타, 그리스, 튀니지에서 고개를 끄덕이거나 고개를 뒤로 젖히는 것은 '아니요'를 의미한다. 반면에 인도에서는 이 몸짓이 '예'를 의미한다.
- 프랑스와 벨기에에서는 손가락질을 하는 것이 저속한 행동이다.
- 핀란드에서는 팔짱을 끼고 가슴을 감싸는 것이 짜증을 나타낸다.
- 중국에서는 초청자에게 매우 융숭한 대접을 받았다는 의미로 음식을 조금 남겨야 한다.
- 말레이시아 또는 인도 고객과 식사할 때는 왼손을 사용하면 안 된다.
- 전 세계적으로 통용되는 커뮤니케이션 수단은 바로 미소이다. 어디서든 미소를 활용하라.

다.[2] 이러한 차이를 인식하고 고려한다면 경영자는 자신의 국적에 관계없이 보다 효과적으로 업무를 수행할 수 있을 것이다.

1. 미국인은 시간을 돈으로 보고 시간 엄수를 매우 중요하게 생각하여 시간에 높은 우선순위를 둔다. 반면에 많은 외국인은 가족과의 관계에 더 큰 가치를 부여한다. 이러한 차이로 인해 외국 경영자는 미국 경영자가 '사람보다 비즈니스에 더 관심이 있다고' 흔히 생각한다.
2. 개인적인 접촉과 거리 규범은 전 세계적으로 다르다. 일반적으로 미국인은 사업상 대화를 나눌 때 90cm 정도 거리를 두지만 아랍인과 아프리카인은 30cm 정도 거리를 둔다. 어떤 나라에서는 사업 거래 시 왼손으로 다른 사람을 만지는 것을 금기시한다.
3. 나라마다 가족의 역할과 관계가 다르다. 예를 들어 일부 문화권에서는 여성보다 남성을 더 우월하게 여기며 동료의 압력, 업무 상황, 비즈니스 상호작용이 이러한 현상을 강화한다.
4. 일부 사회의 사업과 일상생활은 종교적 요인의 영향을 받는다. 예를 들어 경영자는 자신의 국적이나 문화적 규범과 관계없이 기도 시간, 휴일, 일일 행사, 식사 제한 등은 존중해야 한다.
5. 전 세계의 많은 문화권에서는 미국에서 매우 중요하게 여기는 경쟁력과 개인주의보다 겸손, 팀 정신, 집단성, 인내심을 훨씬 더 중요하게 생각한다.
6. 문화에 따라 식습관도 크게 다르다. 예를 들어 어떤 나라에서는 트림을 대접한 음식에 대한 만족의 증거로 허용하고, 중국에서는 차려진 각각의 음식을 맛보는 것을 좋은 예절로 여긴다.
7. 다른 나라의 경영자와 만났을 때 실수를 하지 않으려면 그 나라의 에티켓을 배우고 존중해야 한다. 어떤 나라에서는 변기에 앉는 것을 비위생적으로 여기지만 미국에서는 그렇지 않다. 식사 후 음식이나 음료를 남기는 것을 어떤 나라에서는 무례하게 생각하지만 중국에서는 그렇지 않다. 악수 대신 절을 하는 것이 관례인 나라도 많다. 일부 문화권에서는 미국인이 화장실과 목욕 시설을 같은 곳에 배치하는 것을 비위생적으로 보는 반면, 미국인은 일부 문화권의 사람들이 목욕이나 샤워를 매일 하지 않는 것을 비위생적으로 본다.
8. 많은 문화권의 사업가와 달리 미국인은 모르는 사람들과도 종종 거래를 한다. 예를 들어 멕시코와 일본에서는 사업을 하기 전에 우호적인 관계를 맺는 경우가 많다.

많은 국가에서 효과적인 경영자는 직원에게 영감을 주는 사람이라기보다는 정부 관료와 협상을 가장 잘하는 사람이다. 미국은 성희롱으로부터 여성을 보호하고 차별로부터 소수 민족을 보호하며 동성 간의 결혼을 허용하지만 모든 국가가 동일한 가치를 받아들이는 것은 아니다. 중국 노동자는 자연의 힘을 이용하는 관습인 **풍수**(風水)를 믿기 때문에 중국에 있는 미국 경영자는 사무용 가구를 배치할 때 신중해야 한다. 한편 일본 노동자는 상사가 회의에서 변경 사항을 공지하는 것보다는 개인적으로 변경 사항을 알려주기를 바라기 때문에 일본에 있는 미국 경영자는 **네마와시**(根回し)* 에 주의해야 한다. 일본 경영자는 모든 구성원이 동일할 것으로 기대하면서 다양성에 대해 거의 중요하게 생각하지 않는다. 윌슨러닝(Wilson Learning)의 국제 컨설턴트인 브래드 래시브룩(Brad Lashbrook)이 말하길, "일본에서는 못이 튀어나오면 벽에 박는다."

* 역자 주: '뿌리'라는 뜻의 '네(根)'와 '돌리다'라는 뜻의 '마와스(回す)'가 합쳐진 말로, 나무를 옮겨 심기 전에 미리 나무 주변을 파서 굵은 뿌리만 남겨두고 잔뿌리를 잘라내는 사전 작업을 일컫는다. 네마와시는 이처럼 의사결정을 하기 전에 비공개적으로 관계자들과 의견을 조정하는 것을 의미한다.

미국 경영자나 다른 나라에서 일하는 경영자의 효율성에 가장 걸림돌은 아마도 외국인 노동자의 태도를 바꾸는 것이 거의 불가능하다는 사실일 것이다. 필립스페트롤리엄(Phillips Petroleum)의 빌 파커(Bill Parker) 사장은 이렇게 말한다. "시스템이 당신을 움직인다. 시스템이나 문화와 싸울 수는 없다." 예컨대 중동에서는 많은 이슬람교도가 돼지고기와 술을 먹지 않기 때문에 술과 돼지고기를 조심해야 한다. 인도에서는 소를 숭배하므로 가죽 제품을 선물하지 않는다.

국가 간 커뮤니케이션의 차이

커뮤니케이션은 전략경영에서 가장 중요한 말일 것이다. 다른 국가의 경영자와 상호작용하는 경우가 점점 더 많아지기 때문에 국가 간 커뮤니케이션의 차이를 이해하는 것은 중요하다. 미국인은 때로 다른 사람의 일에 개입하기를 좋아하고, 상황을 통제하고 싶어 하며, 말을 많이 하는 것으로 보이는데, 이러한 인상은 커뮤니케이션의 효율성을 떨어뜨릴 수 있다. 아시아계 경영자는 장시간의 침묵을 생각을 정리하고 평가하는 데 중요하게 여기지만, 미국 경영자는 침묵을 좋아하지 않는다. 미국에서 회의 시간에 말없이 앉아 있는 것은 비생산적인 일이지만, 일본에서는 침묵이 단결을 유지하는 데 도움이 되기 때문에 긍정적으로 간주될 수 있다. 미국 경영자는 전 세계의 경영자보다 훨씬 더 행동 지향적이라 약속, 회의, 미팅을 하기 위해 서두르고는 그날 하루가 생산적이라고 느낀다. 그러나 많은 외국인 경영자는 휴식하고, 경청하고, 명상하고, 생각하는 것을 생산적인 일로 여긴다.

대부분의 일본 경영자는 속마음을 잘 드러내지 않고, 조용하고, 거리를 두고, 내성적이고, 타인 지향적인 반면, 대부분의 미국 경영자는 수다스럽고, 둔감하고, 충동적이고, 단도직입적이고, 개인 지향적이다. 일본 경영자와 달리 미국 경영자는 종종 무뚝뚝하게 비판을 하고, 예리한 질문을 하며, 급히 결정을 내린다. 이러한 커뮤니케이션의 차이는 잠재적으로 생산적인 일본과 미국 간의 사업상 노력을 방해했다. 일본의 커뮤니케이션 스타일을 모든 아시아 문화의 표본으로 보는 것은 피해야 할 고정관념이다.

다양한 아시아 및 아프리카 문화와 마찬가지로 일본인은 대립적이지 않다. 일본인은 "아니요"라고 말하는 것을 어려워하므로 이들의 비언어적 의사소통을 주의 깊게 관찰해야 한다. 아무리 어렵고 수익성이 없어 보여도 요청을 거절하는 경우가 드물다. 일본어로 의사소통을 할 때는 "예"라고 대답할 수 있는 질문(예: 당신은 이것에 동의하지 않습니까?)으로 표현하라. 집단의 의사결정과 합의가 매우 중요하다. 일본인은 회의 중 오랜 시간 침묵하는 경우가 많으며, 집중하여 듣고 싶을 때는 눈을 감기도 한다.

학습 목표 11-5

멕시코, 일본, 중국, 인도의 비즈니스 문화를 이해한다.

국가별 비즈니스 문화[3]

경영자, 마케터, 영업사원과 대부분의 사업가가 국가 간 비즈니스 문화의 다양성을 이해하고 공감한다면 다른 국가의 개인이나 기업과 사업을 하는 데 더 효과적일 수 있다. 세계적으로 공통적인 비즈니스 문화 중 하나는 우수한 고객 서비스에 대한 감사이다. 항공사는 전 세계 사람들을 여기저기로 실어 나른다. 윤리 캡슐 11에서는 항공사의 고객 서비스 등급 및 '나쁜 고객 서비스가 나쁜 기업 윤리와 동일한지'에 대해 다룬다.

대륙에 따라 비즈니스 문화가 어떻게 다른지 알아보기 위해 멕시코, 일본, 중국, 인도를 좀 더 자

윤리 캡슐 11 **ETHICS CAPSULE**

고객 서비스가 가장 나쁜 미국 항공사는?

최근 《월스트리트저널(Wall Street Journal)》의 기사는 8개 미국 항공사의 고객 서비스에 대해 순위를 매겼다. 1위는 델타항공(Delta Air Lines)이고 알래스카항공(Alaska Airlines), 사우스웨스트항공(Southwest Airlines), 유나이티드항공(United Airlines), 프런티어항공(Frontier Airlines), 아메리칸항공(American Airlines), 스피릿항공(Spirit Airlines), 제트블루항공(JetBlue Airways)이 그 뒤를 이었다. 이 순위는 일곱 가지 고객 서비스 변수(정시 도착, 항공편 취소, 극심한 지연, 활주로에서의 2시간 지연, 수하물 취급 실수, 의도치 않은 초과 판매, 고객 불만)를 기반으로 한 것이다. 제트블루항공과 스피릿항공은 7개 변수 중 5개 항목에서 7위 또는 8위를 기록했다. 이와 대조적으로 델타항공은 7개 변수 중 5개 항목에서 1위 또는 2위를 기록했다. 스피릿항공은 조사 대상인 8개 항공사 중 고객 불만이 가장 많았다. 나쁜 고객 서비스는 나쁜 기업 윤리와 동일한가? 이는 논란의 여지가 있는 질문이지만, 나쁜 고객 서비스는 나쁜 사업이며 일반적으로 나쁜 수익성으로 이어진다.

Best images/Shutterstock

다른 나라로 가는 길

출처: Scott McCartney, "Which Airlines Soared in 2017?" *Wall Street Journal* (January 11, 2018): A9.

세히 살펴보자.

멕시코

멕시코는 학교, 교회, 기업, 가족 측면에서 권위주의적인 사회이다. 일반적으로 고용주는 혁신적이고 창의적이며 독립적인 직원보다는 사근사근하고 공손하며 순종적인 직원을 찾는다. 멕시코 사업체에 들어서면 화기애애하고 친근한 분위기를 느낄 수 있다. 멕시코인은 갈등보다 조화를 원하기 때문이다. 조화에 대한 열망은 노사 관계의 사회적 구조 중 일부이다. 멕시코는 직장 내에서의 적대적 관계나 마찰에 대한 관용이 미국보다 훨씬 낮다.

멕시코 고용주는 가부장적이어서 직원에게 급여 이상을 제공하지만 그 대가로 충성을 기대한다. 매주 음식 바구니를 주거나 무료 식사, 무료 버스, 무료 탁아 서비스를 제공하는 것은 흔히 볼 수 있는 보상이다. 멕시코 노동자에게 이상적인 근무 조건은 가족 모델로, 모든 사람이 주어진 역할에 따라 자기 몫을 수행하면서 함께 일한다. 멕시코 노동자는 자기표현과 주도권이 장려되는 근무 환경을 기대하거나 바라지 않는다.

미국 기업에는 개인주의, 성취, 경쟁, 호기심, 실용주의, 비공식성, 자발성이 있고 직장에서 예상보다 많은 일을 하는 반면, 멕시코 기업은 집단주의, 연속성, 협력, 소속감, 형식, 지시대로의 정확한 수행을 강조한다. 또한 멕시코에서는 회의 시간을 엄격히 지키지 않는다. 어디서나 지각이 흔한 일이다. 멕시코에서 효과적으로 사업을 하려면 멕시코의 생활 방식, 문화, 신념, 관습에 대한 지식이 필요하다. 멕시코에서는 시간을 지키지 않는다고 짜증을 내면 안 된다.

일본

일본은 15~64세 노동 인구가 매년 약 50만 명씩 감소하고 있어 40년 만에 공급이 가장 부족한 노동 시장에 직면해 있다. 인구 고령화로 인해 일본은 이주 노동자를 점점 더 받아들임으로써 주택과 국제 상품의 수요가 증가하게 되었다. 세계 3위 경제 대국인 일본은 경기 회복세를 보이고 있으며 기업 신뢰가 수십 년 만에 최고점을 찍었다.

일본에서는 노동력 감소와 인구 고령화로 여성이 관리직에 오르고 있다. 아베 총리는 2020년까지 일본 지도부의 30%를 여성으로 채우겠다는 목표를 선언했다. 최근 아베 총리는 내각의 5개 공석에 여성을 앉혔다. 일본 여성이 역사적으로 관리직에 진출하지 못한 주요 원인은 악명 높은 장시간 노동 문화 때문이다.

일본인은 집단 충성심과 공감대를 매우 중요하게 생각하는데, 이는 '와(和)', 즉 조화라는 개념이다. 일본에서의 기업 활동은 경영자와 직원 사이의 조화를 권장한다. 조화는 집단의 모든 구성원이 동의하고 협력하며 지속적으로 토론하고 타협할 것을 요구한다. 일본 경영자는 의사결정 방안에 대한 잠재 매력도를 평가할 때 장기적으로 와(和)에 끼칠 영향을 중시한다. 그래서 대안을 숙고하는 침묵은 공식적인 회의에서 플러스 요인이 될 수 있다. 잠재적으로 조화에 방해가 되는 토론은 일반적으로 술집과 같은 비공식적인 환경에서 이루어지며, 이는 집단의 조화를 망가뜨리는 피해를 최소화한다. 오락은 조화를 강화하기 때문에 일본에서는 오락이 중요한 비즈니스 활동이다. 공식적인 회의가 비공식적인 환경에서 진행되곤 한다. 난감한 질문이나 의견이 있을 때 일본 경영자는 침묵하지만 미국 경영자는 설명과 논쟁을 통해 스스로를 방어하면서 직접적으로 반응하는 경향이 있다.

일본에서는 가족이든 사회적 상황이든 비즈니스 상황이든 개인의 나이와 지위가 가장 중요하다. 학생들은 집단에서 가장 나이가 많은 사람이 존경을 받아야 한다는 것을 일찍부터 배운다. 나이 든 사람에게 먼저 음식을 나누어주고 음료를 따라 준다. 일본에서는 인사가 의례적이므로 큰 모임에서라도 자기소개를 하는 것이 무례하게 보일 수 있기 때문에 다른 사람이 소개해줄 때까지 기다려야 한다. 외국인은 악수를 할 수도 있으나 일본의 전통적인 인사는 절이다. 고개를 깊이 숙일수록 더 큰 존경심을 나타내지만, 인사할 때는 고개를 살짝 숙이는 정도로 해야 한다.

일본에서는 인사 카드, 감사 카드, 생일 카드, 계절 카드를 보내 관계를 쌓고 유지하라. 일본인과 효과적으로 거래하려면 좋은 '특파원'이 필요하다. 시간 엄수가 중요하므로 회의에 늦지 않도록 하고, 좋은 관계를 맺기 위해 여러 회의가 필요할 수도 있음을 염두에 두어라. 일본인은 장기적인 관계를 원한다. 항상 감사의 표시로 작은 선물을 준비하고, 회의가 끝났을 때 가장 나이 많은 사람에게 선물을 주어라.

일본에서는 끊임없이 명함을 주고받는다. 따라서 고품질 명함을 마련하고 깨끗한 상태로 유지해야 한다. 명함에 낙서를 하지 말라. 명함의 한 면을 일본어로 번역하여 일본어로 적힌 면이 상대방에게 보이도록 건넨다. 보통은 가볍게 절을 하면서 두 손으로 명함을 주고받는다. 또한 받은 명함은 주의 깊게 살펴보라.

중국

중국에서는 인사가 형식적이며 항상 나이 많은 사람이 먼저 인사를 한다. 미국과 마찬가지로 악수가 가장 일반적인 인사법이다. 많은 중국인은 누군가와 인사할 때 땅을 쳐다본다. 중국인은 유머 감각이 뛰어나서 다른 사람과 편안한 관계를 유지하기 위해 자신을 낮추는 유머를 구사하곤 한다. 시계, 손수건, 꽃, 짚신은 장례식과 관련되므로 절대 선물하면 안 된다. 또한 흰색, 파란색, 검은색 종이로 선물을 포장하지 말라. 중국에서는 4가 불길한 숫자이므로 무엇이든 4개를 선물하면 안 되며, 8은 가장 길한 숫자이므로 8개를 주는 것은 바람직하다.

중국인은 모르는 회사나 사람과는 웬만하면 거래를 하지 않는다. 또한 조직도에서 차지하는 위치가 사업 관계에서 매우 중요하다. 일반적으로 성별은 문제가 되지 않는다. 식사와 사교 행사에서는 사업 이야기를 나누지 않는다. 중국에서는 사업과 사교 활동이 구분되므로 두 가지가 얽히지 않도록 주의하라. 미국이나 독일과 마찬가지로 중국에서도 시간 엄수가 중요하다. 회의에 늦는 것은 모욕을 주고 관계에 부정적인 영향을 미칠 수 있다. 중국에서 회의를 할 때는 휴대전화 벨이 자주 울리고 대화가 시끄럽기 때문에 인내심이 필요하다. 얼굴 붉힐 일이 생길지도 모르니 중국인에게는 휴대전화 전원을 꺼달라고 요청하지 말라.

인도

인도 여성의 노동시장 참여율은 약 35%로, 특히 대졸자의 약 42%가 여성임을 감안하면 이는 상당히 낮은 수준이다. 인도 여성은 대학을 졸업했더라도 남편, 자녀, 연로한 부모를 돌보느라 경력을 쌓기 어렵다. 최근 인도 여성이 직장에서 겪는 도전을 연구한 일과 삶 정책센터(Center for Work-Life Policy)의 실비아 앤 휼렛(Sylvia Ann Hewlett) 센터장은 "인도 여성의 경우 딸로서의 죄책감 척도가 다른 나라 여성보다 훨씬 더 높다"고 밝히면서[4] "나이 든 부모를 돌봐야 하는 시점이 보통은 경력 후반부이기 때문에 여성은 최고경영진에 오를 무렵 직장을 떠나게 된다"고 덧붙였다. 따라서 인도 기업의 성별 격차는 고위 경영진에서 더욱 두드러지게 나타난다.

많은 아시아 문화와 마찬가지로 인도인은 언어적으로나 비언어적으로나 '아니요'라고 하는 것을 좋아하지 않는다. 상대방을 실망시키지 않으려고 인도인은 어떤 것을 사용할 수 없다고 말하거나, 상대방이 듣고 싶어 한다고 생각하는 대답을 하거나, 상대방이 듣기에 모호한 대답을 하기도 한다. 이러한 행동을 부정직하다고 생각하면 안 된다. 인도에서 악수는 서양인을 대하는 데 익숙한, 교육 수준이 높은 대도시에서는 일반적이다. 남성은 다른 남성과, 여성은 다른 여성과 악수할 수 있지만 종교적인 이유로 남성과 여성이 악수하는 경우는 드물다.

힌두교도와 시크교도는 쇠고기를 먹지 않으며 많은 인도인이 채식주의자라는 사실을 명심하라. 가장 일반적으로 제공되는 메인 코스 요리는 양고기, 닭고기, 생선이며 인도 음식은 대부분 손가락으로 집어 먹는다. 대부분의 나라에서 그렇듯이 인도에서도 저녁 식사 때 어디에 언제 앉아야 하는지 알려줄 때까지 기다려라. 일반적으로 인도 여성은 남성의 식사 시중을 들고 나중에 먹는다. 인도에서는 식사를 하기 전후에 손을 씻으라는 요청을 받을 수도 있다. 식기를 사용하든 손가락을 사용하든 항상 오른손을 사용하라. 그리고 식사가 만족스럽다는 것을 나타내기 위해 음식을 조금 남겨두어라. 이집트, 중국, 멕시코 등에서 그렇듯이 그릇을 싹 비우는 것은 여전히 배가 고프다는 것을 의미한다.

인도인은 상호 신뢰와 존중을 바탕으로 관계를 맺은 사람들과 사업하는 것을 선호한다. 인도에서는 시간을 지키는 것이 중요하다. 일반적으로 인도인은 법을 신뢰하지 않으며 누군가의 말만으로도 합의에 도달할 수 있다. 인도에서는 누구에게든 공개적으로 반대하지 말라. 인도에서는 교수, 의사, 엔지니어와 같은 직함이 나이, 대학 학위, 카스트, 직업과 마찬가지로 중요하다. 명함을 주고받을 때는 오른손을 사용하라. 명함을 힌두어로 번역할 필요는 없지만, 받는 사람이 바로 읽을 수 있는 방향으로 하여 명함을 건네라. 이는 전 세계 대부분의 국가에서 통용되는 예의범절이다.

학습 목표 11-6

아프리카, 중국, 인도네시아, 인도, 멕시코의 비즈니스 환경을 이해한다.

국가 간 비즈니스 환경

2017년 12월에 팩트셋(FactSet)은 전 세계 증권거래소에 상장된 2만 개 기업의 평균 EPS가 2017년 평균 9.69달러로 전년 대비 19% 증가하여 사상 최고 수준이며, 이는 전 세계적으로 경제가 호황을 누리고 있다는 증거라고 보고했다.[5] 마찬가지로 기업이 분석가의 기대치를 상회하거나 미달되는 정도를 측정하는 시티그룹 글로벌 경제 서프라이즈 지수(Citigroup Global Economic Surprise Index)는 신흥국과 개발도상국에서 분석가의 기대치를 뛰어넘는 수익을 올린 기업이 10년 전보다 증가했다는 것을 보여준다. 국제통화기금(International Monetary Fund, IMF)은 2017년의 국제 무역 성장률이 전년도의 2.4%에서 4%로 증가했다고 보고했다. 2017년에 중국 텐센트홀딩스(Tencent Holdings Ltd.)의 EPS는 55% 증가하고 한국 삼성전자의 EPS는 95% 증가했다. 분석가들은 2018~2020년에 세계적인 갈등이나 외부 사건이 발생하지 않는 한 기업이 계속 번영할 것으로 예상하고 있다.

세계은행(World Bank)과 국제금융공사(IFC)는 매년 189개국을 대상으로 사업하기 용이한지에 대한 순위를 매긴다(http://www.doingbusiness.org/rankings). 이 순위는 창업, 건설 허가 승인, 재산 등록, 신용 확보, 투자자 보호, 세금 납부, 무역, 계약 집행, 지급 불능 상태 해결, 전력 공급 등 10개 항목에 대한 용이성을 평가한 뒤 각 백분위 순위의 평균 수치로 도출된다.

2018년에 세계 6개 지역에서 사업하기 좋은 상위 10개국은 표 11-5와 같다. 예를 들어 노르웨이는 6위이고 미국은 8위인데, 이러한 정보는 전략가와 학생이 새로이 사업을 벌일 곳과 노력을 집중할 곳을 결정하는 데 도움이 될 것이다.

표 11-5 세계에서 가장 사업하기 좋은 상위 10개국

전체 순위	동아시아/태평양	동유럽/중앙아시아	라틴아메리카/카리브해	중동/북아프리카	사하라 사막 이남 아프리카	남아시아
1. 뉴질랜드	싱가포르	마케도니아	멕시코	아랍에미리트	모리셔스	부탄
2. 싱가포르	홍콩	라트비아	콜롬비아	바레인	르완다	네팔
3. 덴마크	대만	조지아	페루	오만	보츠와나	스리랑카
4. 홍콩	말레이시아	리투아니아	푸에르토리코	모로코	남아프리카공화국	인도
5. 한국	태국	카자흐스탄	코스타리카	몰타	케냐	몰디브
6. 노르웨이	몽골	루마니아	자메이카	튀니지	세이셸	파키스탄
7. 영국	브루나이	벨라루스	세인트루시아	카타르	잠비아	방글라데시
8. 미국	중국	아르메니아	과테말라	사우디아라비아	레소토	아프가니스탄
9. 스웨덴	베트남	불가리아	우루과이	쿠웨이트	나미비아	
10. 마케도니아	바누아투	러시아	엘살바도르	요르단	가나	

출처: http://www.doingbusiness.org/rankings, January 1, 2018.

2018년에 미국 경제는 10여 년 만에 가장 강세를 보였다. 실업률이 사상 최저 수준(4% 미만)을 기록하고, 인플레이션이 떨어지고, 유가가 낮고, 금리가 오르고, 주식시장이 호황이며, 낙관론이 뜨겁다. 유로를 사용하는 유럽의 19개국은 2017년 말에 유럽의 경제가 17년 만에 더 나아지고 있다고 보고했다. 유럽연합집행위원회(European Commission)의 경제심리지수는 2017년 10월 114.0까지 올라 8년 만에 최고치를 기록했다. 점점 더 많은 기업이 직원과 시설을 전 세계적으로 배치하고 있으니 비즈니스 환경이 전 세계적으로 어떻게 변화하고 있는지 알아보자.

아프리카

아프리카에 있는 국가 중 약 30개국은 민주주의 국가라고 볼 수 있다. 아프리카의 통화는 안정화되고 있으며 많은 국가가 현대적인 고속도로, 항구, 전력망을 건설하기 위해 자금을 모으는 중이다. 중산층이 빠르게 성장하고 2020년까지 아프리카 대륙의 평균 GDP 성장률이 5%이기 때문에 아프리카 외 지역의 많은 기업이 아프리카에서 사업을 시작하고 있다. 모로코는 아프리카의 모든 국가 중에서 인터넷 보급률이 50% 이상으로 가장 높다. 그러나 평균적으로는 아프리카인의 20% 미만이 인터넷에 접속할 수 있다. 매킨지(McKinsey)는 2025년까지 아프리카인의 50%가 온라인에 접속할 것으로 예측하며, 아프리카 대륙은 세계 비즈니스 커뮤니티에 빠르게 합류하고 있다.

현재 많은 다국적 기업은 아프리카에 진출하여 거의 모든 분야에 걸쳐 최초 진입자의 이점을 얻고 있다. 오늘날 아프리카인의 40% 이상이 도시에 살고 있는데, 이 비율은 중국이나 인도와 비슷하다. 아프리카에 대한 일반적인 고정관념은 사자를 피하는 생계형 농부에서 스마트폰으로 쇼핑을 하는 도시의 소비자로 빠르게 변화하고 있다. 아프리카는 세계 최대의 백금, 크롬, 다이아몬드 매장지이며, 특히 많은 중국 기업이 투자하고 있다.

중국

세계에서 가장 인구가 많은 국가인 중국의 경제 생산량은 매년 미국을 넘어선다. 수많은 기업이 중국에서 앞다투어 사업을 벌이고 있다. 중국의 31개 성(省)과 지역은 최근 3년 연속 최저임금을 인상했다. 현재 중국 노동자에 대한 수요가 공급을 초과하며, 이는 급등하는 임금률과 전 세계적인 인플레이션에 영향을 미치고 있다. 중국 서부의 상업 및 산업 발전으로 충칭과 같은 내륙 도시는 동부 해안 지역의 공장과 노동력을 놓고 경쟁하는 생산 중심지로 변모했다. 중국은 비즈니스 측면에서 190개국 중 약 90위를 차지하는데, 이는 인권 문제와 저작권, 특허, 상표법 무시 등 다양한 이유로 인해 상대적으로 낮은 순위이다.

중국의 새로운 사이버 보안법은 해외 기술 기업이 데이터를 중국 내에 저장할 것을 요구하고, 정부가 기업의 기술 사용 방식을 감시하는 것을 허용한다. 또한 중국 법은 에너지와 통신 같은 다양한 산업에 진출하려는 외국 기업이 합작법인을 통하도록 요구한다. 이를 통해 중국은 선진 국가의 기술을 습득하곤 한다. 중국은 구글의 인공지능센터(Artificial Intelligence Center)를 비롯해 애플, 아마존, 마이크로소프트가 그랬듯이 자국에서 R&D 기능을 수행하도록 전 세계의 기업을 독려하고 있다. 글로벌 캡슐 11에서 보듯이 중국은 향후 10년 안에 양자 컴퓨팅, 인공지능, 로봇 공학, 사이버 보안을 통해 모든 국가 중에서 기술 우위를 확보하려고 한다.

중국은 세계 자동차 시장의 1/3가량을 차지하고 있어 전기자동차 시장을 주도하기에 좋은 위치이

글로벌 캡슐 11 GLOBAL CAPSULE

양자 컴퓨팅의 우위를 노리는 중국

양자 컴퓨팅 또는 양자 역학은 원자가 중첩이라고 하는 두 가지 상태로 동시에 존재할 수 있다고 설명하는, 물리학의 한 개념이다. 모든 것은 원자로 이루어져 있기 때문에 모든 물체는 평행 우주의 가능성을 허용하면서 여러 차원에서 존재할 수 있다. 오늘날의 거의 모든 컴퓨터와 기술은 1 또는 0의 값인 비트를 사용하여 작동하지만, 양자 비트 또는 큐비트는 동시에 1과 0이 될 수 있다. 큐비트는 비트보다 훨씬 강력하므로 양자 컴퓨터는 상상할 수 없을 정도로 복잡한 문제를 해결할 수 있다. 구글, IBM, 인텔, 디웨이브시스템스(D-Wave Systems), 마이크로소프트는 양자 컴퓨팅에 수백만 달러를 지출하는 대표적인 기업이다. 이미 22큐비트 칩을 보유한 구글은 49큐비트 칩을 개발 중이다. 미국 국가안전보장국(National Security Agency, NSA)은 양자 컴퓨터의 위협을 막기 위해 모든 미국 국가안보 직원과 공급업체가 암호화를 철저히 조사해야 한다고 명령을 내렸다. 암호 해독 양자 컴퓨터는 지구상의 모든 컴퓨터 시스템을 해킹하여 모든 기업의 파일과 국가 안보를 통제할 수 있다. 이는 오늘날 모든 컴퓨터 시스템을 보호하는 모든 암호화를 기존 컴퓨터로는 풀 수 없지만 양자 컴퓨터는 쉽게 풀 수 있는 복잡한 수학 문제에 의존하기 때문에 가능한 일이다. 미국 정부는 국가안전보장국과 에너지부 등 다양한 기관에 분산되어 있는 모든 종류의 양자 연구에 연간 2억 달러를 지출하고 있는데, 이것으로는 충분치 않다.

중국의 전략계획은 양자 컴퓨터를 개발 및 이용하여 정보 기술, 금융 시스템, 전력망, 군사 무기에서 세계적인 우위를 확보하는 것이다. 중국은 여기에 수십억 달러를 투자하고 있으며, 해킹하고 정보를 캐내며 어디서든 모든 컴퓨터를 비활성화할 수 있는 컴퓨터를 개발하는 것을 목표로 세계 최대의 양자 연구 시설을 건설 중이다. 중국의 최신 양자 시설인 양자정보과학국립연구소(National Laboratory for Quantum Information Science)는 안후이성 허페이에 있다. 판젠웨이(潘建伟)는 군사적 응용이 주요 목표인 중국의 양자 연구를 이끌고 있다. 판젠웨이는 "우리의 계획은 2020년까지 전 세계에 존재하는 모든 컴퓨터를 합친 것의 100만 배 계산 능력으로 양자 우위를 달성하는 것"이라고 말했다. 916억 달러를 쏟아부은 중국의 새로운 양자 컴퓨터 시설은 2020년에 완공될 예정이다. 중국은 최근 양자 위성을 발사하고 우주에서 양자 얽힘, 순간 이동 등의 첨단 실험을 진행했다. 전 세계의 모든 기업과 국가는 곧 다가올 정보 기술의 비약적 도약을 인식하고 대비해야 한다.

Schankz/Shutterstock

916억 달러의 비용은?

출처: Hartmut Neven, "The Future of Everything–Quantum Leap," *Wall Street Journal* (November/December 2017): 62–67. http://www.scmp.com/news/china/society/article/2110563/china-building-worlds-biggestquantum-research-facility. Arthur Herman, "The Computer That Could Rule the World," *Wall Street Journal* (October 28–29, 2017): A13.

다. 2016년에 중국에서 35만 1,000대 이상의 전기자동차가 판매되었는데, 이는 전 세계 판매량의 거의 절반에 해당한다. 최근에 포드는 2025년까지 자사의 중국 내 자동차 판매 중 70%를 전기자동차로 전환하겠다는 목표를 세웠다.

인도네시아

중국과 필리핀에 이어 아시아에서 경제 성장이 가장 빠른 국가 중 하나인 인도네시아는 수천 개의 섬으로 이루어진 민주적 태평양 군도이다. 인도네시아의 통화는 루피아이고, 2017년 GDP 성장률은 5%를 기록했으며, 수출이 급증하고 있다. 인도네시아는 인구가 많으며, 인구밀도가 높은 지역이 있다. 또한 드넓은 광야와 풍부한 천연자원을 가진 인도네시아는 생물 다양성 수준이 세계에서 두 번째로 높다.

2018~2019년에 인도네시아는 경제적·사회적으로 광범위한 측면에서 놀라운 발전을 이루었다.

건강, 교육, 생활 수준 및 기타 사회적 상황이 매우 향상되었고, 인도네시아 정부는 그 어느 때보다 국민과 가까이 있다. 인도네시아는 G20 회원국으로서 세계정세에 적극 나서고 있으며, 동남아시아 국가연합(Association of Southeast Asian Nations, ASEAN) 회원국과의 경제 통합을 추진 중이다. 인도네시아의 경제 전망은 매우 밝다. 인구가 젊고, 내수 시장이 크고, 천연자원이 풍부하고, 공공 부채가 적으며, 정치 시스템이 광범위하고 안정적이다.

인도

세계은행의 연례 보고서 〈Doing Business 2017: Equal Opportunity for All〉에 따르면 인도는 사업의 용이성을 기준으로 한 순위에서 전년도의 131위에서 130위로 한 단계 상승하는 데 그쳤다. BRICS에 속한 국가(브라질 123위, 러시아 40위, 중국 78위, 남아프리카공화국 74위) 중에서 인도가 가장 낮았다. 한편 인도는 전력 연결과 같은 일부 영역에서는 상당한 진전을 이루었으나 세금 납부, 계약 이행과 같은 영역에서는 하락했다.

인도에서는 낮은 비용(월 5달러)을 내고 스마트폰으로 초고속 인터넷에 무제한 접속할 수 있어 온라인 활동이 가속화되고 있다. 2017년에 인도는 구글 플레이스토어에서 앱을 가장 많이 다운로드한 국가로 자리매김했다. 구글은 인도에서의 사업이 급성장하고 있지만 중국에서는 사업이 허용되지 않는다.

멕시코

한국의 기아자동차는 마쓰다, 혼다, 아우디, BMW, 르노, 닛산, 다임러 등이 자동차 조립 공장을 두고 있는 멕시코 몬테레이 인근에 10억 달러 규모의 조립 공장을 세웠다. 세계에서 네 번째로 큰 자동차 수출국인 멕시코는 자동차 생산국으로서는 7위를 달리고 있다. 현재 멕시코의 자동차 산업은 멕시코 공장 근로자 6명 중 1명을 고용하고 있으며 멕시코 전체 수출량의 1/3을 차지한다. 멕시코는 세계 최대 평면 TV 수출국이기도 하다. 멕시코의 자동차 수출 및 생산은 2017년 1~11월 동안 전년 대비 각각 12%, 9.4% 증가했다. 2020년에는 멕시코 쿠아우티틀란에 포드의 신규 전기자동차 제조 공장이 완공되었다.

멕시코의 외국인 직접투자(FDI)는 새 공장을 짓는 폭스바겐과 같은 자동차 제조업체와 델파이오토모티브(Delphi Automotive PLC)와 같은 자동차 부품 공급업체를 중심으로 연간 300억 달러를 넘어섰다. 홈디포(Home Depot)는 멕시코에 150개 이상의 매장을 가지고 있다.

멕시코는 특히 자동차와 같이 부피가 크거나 운송비가 많이 드는 제품을 제조하기에 매력적이다. 그러나 마약 관련 범죄가 문제이다. 10만 명당 살인율이 미국은 5.0명, 중국은 1.1명인 데 비해 멕시코는 15명 이상이다. 멕시코가 의도대로 치안 상황을 개선할 수만 있다면 수많은 기업이 중국과 인도에서 멕시코로 돌아설 것이다.

빈곤한 가정이 많고, 불안정성이 크며, 보육 시설이 미흡하고, 장애인과 소외계층 차별 문제가 있기 때문에 멕시코는 여전히 소득 불평등이 심각하다. GDP 비율로 볼 때 멕시코의 석유 산업 활동은 2007~2017년에 13개에서 7개로 감소하여 오늘날 석유와 가스 의존도가 훨씬 낮아졌다.

전략가를 위한 시사점

그림 11-2는 소규모 기업이라도 전 세계적으로 사업을 수행하는 것이 성공을 위한 전제 조건임을 보여준다. 기업은 전 세계의 고객에게 제품과 서비스를 제공함으로써 성장하고 규모의 경제를 달성할 수 있다. 기업이 제공하는 제품이 무엇이든 많은 국가에서 좋은 평가를 받을 것이다. 기업이 국내에서 경쟁우위를 확보하고 유지하기 위해 사업 운영을 아웃소싱하고, 자원을 조달하며, 외부 인력을 사용하는 것이 최선의 전략일 수도 있다.

점점 더 많은 국가가 해외 투자와 자본을 환영하고 있으며, 그 결과 노동 시장이 꾸준히 세계화되었다. 국제적인 사업 운영의 효율성을 개선하려는 움직임은 더욱더 기능적 전문화로 이어지고 있다. 이는 라틴 아메리카나 아시아에서 저렴한 노동력을 찾는 것에 국한되지 않는다. 에너지 비용, 자원 가용성, 인플레이션율, 세율, 무역 규제의 성격 등도 고려해야 한다.

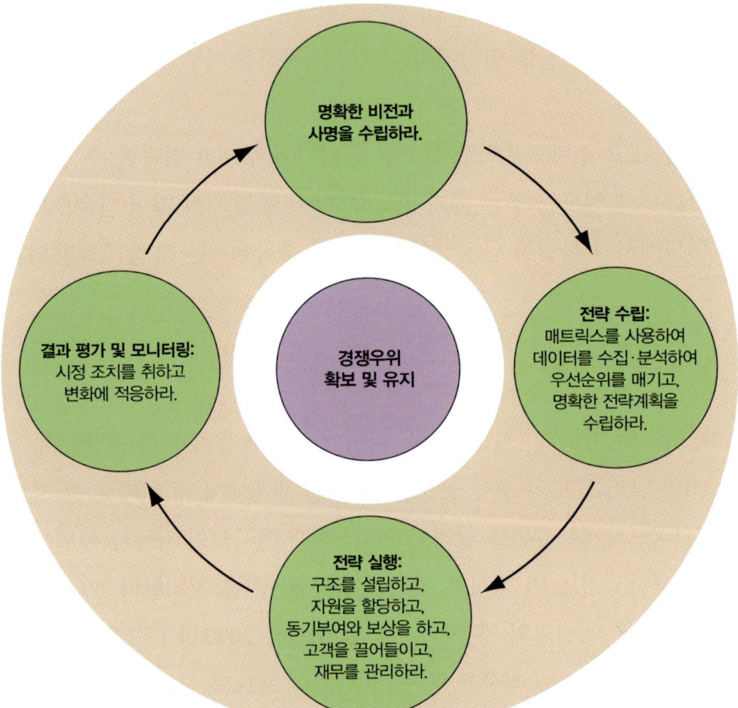

그림 11-2 경쟁우위를 확보하고 유지하는 방법

학생을 위한 시사점

오늘날에는 아주 작은 기업도 전 세계의 고객을 상대로 제품과 서비스를 제공함으로써 경쟁우위와 규모의 경제를 확보한다. 타파웨어(Tupperware)와 같은 상징적인 기업을 포함하여 많은 미국 기업은 매출의 80% 이상을 미국 밖에서 올린다. 따라서 전략경영 사례 분석을 수행할 때 해당 기업이 전 세계적으로 수행하는 사업의 범위, 규모, 특성을 경쟁기업과 비교하여 평가한 다음, 글로벌 비즈니스를 위해 무엇을 해야 하는지 결정해야 한다. 구두 발표나 보고서 작성 전반에 걸쳐 지속적으로 글로벌 비즈니스 측면에서 해당 기업을 경쟁기업과 비교하고 신중한 분석을 바탕으로 권고안을 제시하라. 해당 기업의 글로벌 사업 관련 비용에 대한 구체적 제언을 효과적으로 전달하려면 따분하게 단순한 설명으로 채우기보다는 통찰력 있게 방향을 제시하는 슬라이드를 만들어야 한다. 자신이 제안하는 것을 기업이 실제로 하고 있거나 계획 중인 것과 지속적으로 비교하라.

요약

세계 인구가 70억 명을 넘어선 지금, 기업은 국경을 넘어 새로운 기회를 모색하고 있다. 오늘날은 국제화되고 경제적으로 경쟁적인 사회이다. 섬유, 철강, 가전제품과 같은 일부 미국 산업은 세계화라는 국제적 도전의 결과로 혼란에 빠져 있다.

비즈니스의 성공은 지역 차원보다는 점점 더 글로벌 차원에서의 경쟁력 확보 여부에 따라 결정되고 있다. 만약 기업의 제품 또는 서비스의 가격과 품질이 다른 국가에서 구할 수 있는 것만 못하다면 그 기업은 곧 망할지도 모른다. 오늘날 글로벌 시장은 가장 고립된 지역을 제외하고는 세계 전역에서 현실이 되었다. 미국의 경우 작은 마을에서도 기업이 글로벌 경쟁자들과 맞붙고 있다.

이 장에서는 모든 조직의 전략계획을 개발할 때 고려해야 할 몇 가지 기본적인 글로벌 정보를 제시했다. 국가별 비즈니스 문화와 기후는 전략계획에서 특히 중요한 주제이다. 글로벌 비즈니스에 참여하는 것의 장점은 거의 모든 기업의 단점을 충분히 상쇄할 수 있다. 전략기획에서는 효과적이 되는 것이 중요하며, 국제적 사업 운영의 특성은 계획의 전반적인 효율성의 핵심 요소 중 하나이다.

핵심 용어 및 개념

국제 기업international firm
글로벌 전략global strategy
꽌시關係
네마와시根回し
다국적 기업multinational firm
리쇼어링reshoring
보호무역주의protectionism
세계화globalization
아웃소싱outsourcing
와和
인화人和
풍수風水

복습 및 토론 문제

11-1 애플과 같은 기업이 2018년 이전에는 역외 은행에 보관하던 자금을 다시 미국으로 들여오는 이유는 무엇인가? 이는 미국 경제에 어떤 영향을 미치는가?

11-2 인도의 비즈니스 환경은 어떠한가? 기업에 적용할 수 있는 시사점은 무엇인가?

11-3 2017~2018년의 글로벌 비즈니스 환경은 어떠한가? 기업에 적용할 수 있는 시사점은 무엇인가?

11-4 기업은 역외에 보유한 자금을 어떻게 투자하거나 사용하는가?

11-5 리쇼어링의 네 가지 이점과 네 가지 단점을 각각 열거하라.

11-6 인도네시아의 경제 전망에 대해 설명하라.

11-7 아프리카의 국가 중 인터넷 보급률이 가장 높은 국가는 어디인가?

11-8 중국은 10년 안에 어떤 사업 분야에서 우위를 점할 것으로 예상되는가?

11-9 인도의 비즈니스 문화와 관련하여 '딸의 죄책감'이라는 개념은 무엇을 의미하는가?

11-10 유럽 전역에 걸친 노동조합 가입률의 성격과 역할에 대해 구체적으로 설명하라. 이러한 사실과 수치의 전략적 의미는 무엇인가?

11-11 국가별 소득세율과 기업의 대응에 대해 설명하라. 이와 관련한 전략적 의미는 무엇인가?

11-12 미국의 수출은 GDP의 약 13%를 차지하고 독일의 경우 이 비율이 약 46%이다. 이는 세계적으로 사업을 하는 미국 기업에 어떤 영향을 미치는가?

11-13 한 기업이 스위스에서 사업을 시작하려고 한다. 이 기업의 EFE 매트릭스에는 20가지 요소가 포함되어 있는데, 그중 법인세율 요소에 얼마의 가중치(1.0~0.01)를 적용하겠는가? 이에 대해 설명하라.

11-14 국가별 비즈니스 문화에 대한 인식이 어떻게 전략 실행을 향

상할 수 있는지에 대해 설명하라.

11-15 중국의 비즈니스 문화에 대해 설명하라.

11-16 인도의 비즈니스 문화에 대해 설명하라.

11-17 멕시코의 비즈니스 문화에 대해 설명하라.

11-18 일본의 비즈니스 문화에 대해 설명하라.

11-19 사업을 하기에 좋은 국가로 뉴질랜드가 세계 1~2위를 차지할 만한지 확인하기 위해 뉴질랜드에 대해 조사하라.

11-20 벨기에 인구의 약 53%는 노동조합에 가입되어 있다. 유럽 국가의 노동조합 상황을 비교하고, 이것이 해당 국가의 기업 투자 유치에 미치는 긍정적 또는 부정적 영향에 대해 설명하라.

11-21 전 세계적으로 소비 패턴이 유사해지고 있는 이유를 설명하라. 이러한 추세의 전략적 의미는 무엇인가?

11-22 전략경영에 영향을 미치는 국내 사업과 다국적 사업의 주요 차이점은 무엇인가?

11-23 오늘날 산업의 세계화가 일반적인 요인인 이유는 무엇인가?

11-24 사업을 하는 측면에서 미국과 외국의 문화를 비교하라.

11-25 다국적 기업의 전략경영이 더 복잡한 여섯 가지 이유를 제시하라.

11-26 보호무역주의가 세계 경제에 좋다고 생각하는가, 나쁘다고 생각하는가? 왜 그렇게 생각하는지 이유를 설명하라.

11-27 일부 산업이 다른 산업보다 세계화되는 이유는 무엇인가?

11-28 '와(和)', '꽌시(關係)', '인화(人和)'는 각각 일본, 중국, 한국에서 중요한 경영 용어이다. 이와 유사한 의미를 지닌 미국의 용어는 무엇인가?

11-29 많은 유럽인이 업무 환경에서 '팀 정신'이라는 개념을 이해하기 어려워하는 이유는 무엇인가?

11-30 중국에서는 사업을 할 때 '풍수'가 중요하지만 일본에서는 '네마와시'가 중요하다. 이와 유사한 의미를 지닌 미국의 용어는 무엇인가?

11-31 미국의 세율을 다른 국가와 비교하라. 세율의 차이는 국내 일자리 유지에 어떤 영향을 미칠 수 있는가?

확인 학습

SET 1 코카콜라의 전략기획

연습 11A

국가별 비즈니스 문화의 차이: 코카콜라를 위한 보고서

목적

이 연습에서는 국가마다 다른 비즈니스 문화에 대한 지식을 넓힐 수 있다. 다양한 국가의 비즈니스 문화를 이해함으로써 보다 효과적인 경영자가 될 수 있다. 국가별 비즈니스 문화와 관련된 지식은 전 세계적으로 성장하고자 하는 기업에 특히 유용하다. 비즈니스 문화는 글로벌 확장을 결정하는 데 중요한 변수이다.

설명

1단계 국가별 비즈니스 문화에 대한 자세한 정보를 제공하는 웹사이트에 접속하여 각기 다른 대륙의 세 국가를 선택한다.

2단계 세 국가의 비즈니스 문화를 비교해보고, 이 세 국가에 진출하는 것에 대해 코카콜라의 최고경영자에게 조언하기 위한 보고서를 작성하라.

연습 11B

아프리카에 더욱 침투하려는 코카콜라를 도울 수 있는가?

목적

점점 더 많은 기업이 아프리카에서 사업을 벌이려고 한다. 코카콜라는 아프리카에 수백만 명의 잠재 고객이 있다고 본다. 아프리카의 많은 국가에서 선발자가 되기 위한 최선의 전략을 결정하려면 연구가 필요하다.

설명

1단계 아프리카 지도를 살펴보라.

2단계 아프리카에 있는 8개국의 인구통계 데이터를 비교하라.

3단계 아프리카에서의 펩시콜라에 대한 경쟁 정보를 수집하라.

4단계 코카콜라의 유통 창고를 짓기 위해 아프리카 8개국의 우선순위 목록을 작성하라. 코카콜라가 유통 및 소매에 집중해야 한다고 생각하는 아프리카 8개국 각각의 도시 두 곳을 우선순위에 따라 열거하고 그 이유를 설명하라.

SET 2 모교의 전략기획

연습 11C

모교의 해외 유학생 유치

목적

전 세계의 대학이 경쟁하고 있다. 유럽과 일본의 대학은 자국 등록자가 감소하는 것을 상쇄하기 위해 외국 학생을 끌어모으고 있다. 이 연습을 통해 우리나라 학생을 모집하는 외국의 특정 대학을 알아본다.

설명

1단계 우리나라를 제외하고 한 국가를 선택하여 대학의 수와 특성을 조사하라. 해당 국가의 대학은 어떤 프로그램을 제공하는가? 해당 국가의 대학에 다니는 학부생과 대학원생 중 몇 퍼센트가 우리나라 학생인가? 해당 국가의 대학은 우리나라 학생을 적극적으로 모집하는가? 다양한 대학의 경영대학원 중 AACSB 인증을 받은 곳이 있는가?

2단계 조사 결과를 요약한 보고서를 작성하여 발표하라.

SET 3 취업 역량 제고를 위한 전략기획

연습 11D

다른 학생들에 비해 여행을 얼마나 잘하고 있는가?

목적

모교의 학생들은 얼마나 여행을 잘하고 있는가? 학생들은 여행이 유능한 사업가가 되는 데 어느 정도 도움이 된다고 생각하는가? 보통은 해외여행을 많이 다닐수록 다양성에 대해 더 잘 이해할 수 있다. 많은 학생은 자신의 여행 경험을 이력서에 포함한다.

설명

1단계 최소 30명의 학생을 대상으로 다음 설문 조사를 실시하라.

2단계 자신과 다른 학생들을 비교하는 데 중점을 두고 결과를 분석하라. 발견한 내용과 의미에 대해 설명하라.

설문 조사

1. 우리나라의 몇 개 도시를 여행했는가?
2. 최소 3개월 이상 거주한 도시는 몇 개인가?
3. 우리나라를 제외하고 몇 개국을 여행했는가?
4. 여행한 나라를 제시하라.
5. 외국에서 3개월 이상 거주한 적이 있는가?
6. 최소 3개월 이상 거주한 나라를 제시하라.

7. 우리나라 전역을 여행하는 것이 더욱 효과적인 사업가가 되는 데 영향을 미친다고 생각하는가? (1: 영향이 없음, 10: 영향이 매우 큼)
8. 해외여행을 하는 것이 더욱 효과적인 사업가가 되는 데 영향을 미친다고 생각하는가? (1: 영향이 없음, 10: 영향이 매우 큼)
9. 외국에서 거주한 경험이 더욱 효과적인 사업가가 되는 데 영향을 미친다고 생각하는가? (1: 영향이 없음, 10: 영향이 매우 큼)
10. 해외여행을 하거나 외국에서 거주하는 것이 더욱 효과적인 사업가가 되는 데 도움이 된다고 생각하는 이유를 세 가지 제시하라.

SET 4 개인과 집단의 전략기획

연습 11E

기업이 글로벌 비즈니스를 시작하거나 지속하거나 확장할 때 다양한 잠재적 이점이 얼마나 중요한가?

목적

이 장에서는 글로벌 비즈니스를 시작하거나 지속하거나 확장할 때의 잠재적인 장단점을 살펴보았다. 몇 가지 중요한 이점은 다음과 같다.

1. 새로운 고객을 확보할 수 있다.
2. 해외 사업은 초과 생산 능력을 흡수하고, 단위 비용을 줄이며, 더 많은 시장에 경제적 위험을 분산할 수 있다.
3. 해외 사업을 통해 원자재나 저렴한 노동력과 인접한 위치에 저비용 생산 시설을 세울 수 있다.
4. 해외 시장에 경쟁자가 존재하지 않을 수도 있고, 국내 시장보다 경쟁이 덜 치열할 수도 있다.
5. 해외 사업은 관세 인하, 낮은 세율, 정치적 우대를 받을 수 있다.
6. 다국적 합작투자를 통해 다른 사람들의 기술, 문화, 사업 관행을 배우고 외국의 잠재적인 고객, 공급업체, 채권자, 유통업체와 접촉할 수 있다.
7. 규모의 경제는 국내 시장보다 국제 시장에서 더 잘 달성할 수 있다. 더 큰 규모의 생산과 더 나은 효율성을 통해 가격을 더 낮추고 더 많이 판매할 수 있다.
8. 기업이 세계적으로 경쟁하면 국내 시장에서 기업의 힘과 위상이 크게 향상되어 채권자, 공급업체, 유통업체, 기타 중요한 조직과의 협상력 강화로 이어질 수 있다.

이 연습의 목적은 글로벌 비즈니스를 시작하거나 지속하거나 확장하기 위한 여덟 가지 잠재적 이점을 자세히 살펴보고, 개인의 의사결정이 집단의 의사결정보다 더 나은지 확인하는 것이다. 학술 연구에 따르면 집단은 개인보다 약 80% 확률로 더 나은 의사결정을 내릴 수 있다.

설명

기업이 글로벌 비즈니스를 시작하거나 지속하거나 확장하기 위한 여덟 가지 잠재적 이점의 상대적 중요성에 대해 순위를 부여하라(1: 가장 중요함, 8: 가장 덜 중요함). 먼저 각 개인이 개별적으로 순위를 지정한 뒤 3명으로 구성된 집단별로 순위를 지정한다. 따라서 강사가 지정한 순위와 가장 유사한 순위를 만들어낸 개인과 집단을 확인할 수 있다. 그 결과를 통해 전략기획에서의 의사결정에 대해 개인과 집단의 상대적 효율성을 비교할 수 있다.

단계

1. 여덟 가지 이유의 상대적 중요성에 대해 자신이 부여한 순위를 표 11-6의 1열에 기입하라(1: 가장 중요

함, 8: 가장 덜 중요함). 예를 들어 새로운 시장을 확보하는 것이 두 번째로 중요하다고 생각한다면 2를 기입한다.

2. 집단 차원에서 여덟 가지 이유의 상대적 중요성에 부여한 순위를 표 11–6의 2열에 기입하라(1: 가장 중요함, 8: 가장 덜 중요함).
3. 강사가 여덟 가지 이유의 상대적 중요성에 부여한 순위를 표 11–6의 3열에 기입하라.
4. 1열과 3열의 차이를 표 11–6의 4열에 기입하라. 이는 개인적 순위 평가가 얼마나 잘 수행되었는지를 나타낸다. (절댓값이므로 마이너스 부호는 무시해도 된다.)
5. 2열과 3열의 차이를 표 11–6의 5열에 기입하라. 이는 집단의 순위 평가가 얼마나 잘 수행되었는지를 나타낸다.
6. 4열의 합계와 5열의 합계를 구하라.
7. 4열의 합계와 5열의 합계를 비교하라. 4열의 합계가 5열의 합계보다 적으면 집단보다 개인이 더 적절하게 평가한 것으로 볼 수 있다. 일반적으로는 개인의 의사결정보다 집단의 의사결정이 우월하다.
8. 4열의 합계가 가장 낮은 개인이 최고의 성과를 거둔 것이다.
9. 여러 집단이 참여했다면 5열의 합계가 가장 낮은 집단이 최고의 성과를 거둔 것이다.

표 11–6 기업이 글로벌 비즈니스를 시작하거나 지속하거나 확장할 때의 잠재적 이점 분석: 개인 대 집단

글로벌 비즈니스의 이점	1열	2열	3열	4열	5열
1. 새로운 고객을 확보할 수 있다.					
2. 해외 사업은 초과 생산 능력을 흡수하고, 단위 비용을 줄이며, 더 많은 시장에 경제적 위험을 분산할 수 있다.					
3. 해외 사업을 통해 원자재나 저렴한 노동력과 인접한 위치에 저비용 생산 시설을 세울 수 있다.					
4. 해외 시장에 경쟁자가 존재하지 않을 수도 있고, 국내 시장보다 경쟁이 덜 치열할 수도 있다.					
5. 해외 사업은 관세 인하, 낮은 세율, 정치적 우대를 받을 수 있다.					
6. 다국적 합작투자를 통해 다른 사람들의 기술, 문화, 사업 관행을 배우고 외국의 잠재적인 고객, 공급업체, 채권자, 유통업체와 접촉할 수 있다.					
7. 규모의 경제는 국내 시장보다 글로벌 시장에서 더 잘 달성할 수 있다. 더 큰 규모의 생산과 더 나은 효율성을 통해 가격을 더 낮추고 더 많이 판매할 수 있다.					
8. 기업이 세계적으로 경쟁하면 국내 시장에서 기업의 힘과 위상이 크게 향상되어 채권자, 공급업체, 유통업체, 기타 중요한 집단과의 협상력 강화로 이어질 수 있다.					
총합					

링크앤드코 MINI-CASE

Maksim Toome/123RF

누구나 곧 링크를 몰 수 있다

2017년 11월, 중국의 링크앤드코(Lynk & Co)가 자동차 판매를 시작하자마자 2분 만에 3,000대가 온라인상에서 판매되었다. 링크앤드코의 모회사는 중국 항저우에 본사를 둔 저장지리홀딩그룹(Zhejiang Geely Holding Group)이다. 링크 01(Link 01)은 휘발유 SUV로 무료 인터넷 연결, 음성 작동 음악 스트리밍, 차량 공유 서비스를 제공한다. 링크앤드코는 유럽과 미국에서도 자동차를 판매할 계획이다. 링크 전기자동차도 곧 출시될 예정이다. 중국산 차량이 중국 시골을 점유하면서 2017년에 링크앤드코의 자동차 판매가 63% 증가했다. 중국의 또 다른 대형 자동차 회사는 인기 있는 룽웨이 RX5(Roewe RX5)를 만든 상하이자동차(SAIC Motor)이다. 중국에서 가장 많이 팔리는 SUV는 창청자동차(Great Wall Motors Company)의 웨이(Wey)이다. 또한 중타이자동차(Zotye Auto)도 중국에서 전기자동차를 만들어 판매하고 있다.

미국, 독일, 한국 기업이 중국에서의 자동차 제조 및 판매를 2배로 늘리고 위에서 언급한 중국 기업이 자국 시장점유율을 3배로 늘리면서 중국에서의 자동차 마케팅 경쟁이 더욱 치열해졌다. 볼보는 중국에서 폴스타(Polestar) 프리미엄 전기자동차를 출시했으며, 테슬라는 이미 중국에서 전기자동차를 생산 및 판매하고 있다. 2017년에 중국의 자동차 판매 성장률은 15년 만에 가장 낮은 수치인 1.4%에 머물렀지만 전기자동차 판매는 72% 증가한 57만 8,000대를 기록했다.

중국의 자동차 시장은 기업들이 추격자보다는 가능한 한 최초 진입자가 되기 위해 시장에 진입한다는 측면에서 산업이나 제품과 상관없이 급성장하는 지역과 공통점이 있다. 모든 기업이 승리할 수 없는 데다 중국 시장의 대규모 변화도 불가피하지만 링크앤드코는 전 세계에 브랜드를 출시하여 곧 규모의 경제를 얻을 계획이다.

문제

1. 중국과 같은 국가에서 성공하려면 자동차 산업에서의 규모의 경제가 얼마나 중요한가?
2. (3장에서 포터가 설명했듯이) 성장률이 낮고 경쟁이 치열하지 않은 지역을 공략하는 것에 비해 경쟁이 매우 치열한 시장이나 국가에 진출하는 것의 장단점은 무엇인가?
3. 기업의 경쟁(낮음, 중간, 높음)을 x 축에, 수익의 잠재적 성장률(낮음, 중간, 높음)을 y 축에 놓는다. 자금과 자원을 어디에 투입해야 하는지, 왜 거기에 투입해야 하는지 결정하는 과정에서 자동차 산업에 속한 기업이 직면하는 상충 관계를 고려하여 중국과 미국의 그래프를 그려라. 각 그래프의 전략적 함의는 무엇인가?

출처: Trefor Moss, "Chinese Cars Close In on Rivals," *Wall Street Journal* (November 29, 2017): B5, 기업의 다양한 자료원

웹 참고 자료

1. http://www.doingbusiness.org/reports/global-reports/doing-business-2017
   이 웹사이트는 건설 허가 승인, 신용 확보, 전력 공급 등 10개 항목에 대한 용이성을 반영하여 전 세계 국가의 사업 용이성을 매년 평가하는 보고서를 보여준다.
2. https://www.forbes.com/forbes/welcome/?toURL=https://www.forbes.com/sites/corinnejurney/2017/05/24/the-worlds-largest-public-companies-2017/&refURL=https://www.google.com/&referrer=https://www.google.com/
   이 웹사이트는 국가별 최대 기업과 관련 인구통계 정보가 담긴 연간 보고서로, 2017년의 경우 전체 2,000개 글로벌 기업 중 미국에 본사를 둔 기업이 565개, 중국과 홍콩에 본사를 둔 기업이 263개였다. 전년에는 62개 국가가 포함되었으나 사이프러스, 카자흐스탄, 루마니아, 몰타가 제외되어 58개국이 2017년 목록에 포함되었다.

3. https://taxfoundation.org/corporate-income-tax-rates-around-the-world-2017/

이 웹사이트는 전 세계 국가의 법인세율 변화를 알려주는 연간 보고서이다.

참고 문헌

Armanios, Daniel Erian, Charles E. Eesley, Jizhen Li, and Kathleen M. Eisenhardt. "How Entrepreneurs Leverage Institutional Intermediaries in Emerging Economies to Acquire Public Resources." *Strategic Management Journal* 38, no. 7 (July 2017): 1373–1390.

Dai, Li, Lorraine Eden, and Paul W. Beamish. "Caught in the Crossfire: Dimensions of Vulnerability and Foreign Multinationals' Exit From War-Afflicted Countries." *Strategic Management Journal* 38, no. 7 (July 2017): 1478–1498.

Hu, Songcui, Zi-Lin He, Daniela P. Blettner, and Richard A. Bettis. "Conflict Inside and Outside: Social Comparisons and Attention Shifts in Multidivisional Firms." *Strategic Management Journal* 38, no. 7 (July 2017): 1435–1454.

Humphery-Jenner, Mark, Zacharias Sautner, and Jo-Ann Suchard. "Cross-Border Mergers and Acquisitions: The Role of Private Equity Firms." *Strategic Management Journal* 38, no. 8 (August 2017): 1688–1700.

Ignatius, Adi. "The Truth About Globalization." *Harvard Business Review* 95, no. 4 (July–August 2017): 10.

Kulchina, Elena. "Do Foreign Entrepreneurs Benefit Their Firms as Managers?" *Strategic Management Journal* 38, no. 8 (August 2017): 1588–1607.

Li, Chengguang, Felix C. Brodbeck, Oded Shenkar, Leonard J. Ponzi, and Jan Hendrik Fisch. "Embracing the Foreign: Cultural Attractiveness and International Strategy." *Strategic Management Journal* 38, no. 4 (April 2017): 950–971.

Li, Haiyang, Xiwei Yi, and Geng Cui. "Emerging Market Firms' Internationalization: How Do Firms' Inward Activities Affect Their Outward Activities?" *Strategic Management Journal* 38, no. 13, (December 2017): 2704–2725.

Monteiro, Felipe and Julian Birkinshaw. "The External Knowledge Sourcing Process in Multinational Corporations." *Strategic Management Journal* 38, no. 2 (February 2017): 342–362.

Oh, Chang Hoon, and Jennifer Oetzel. "Once Bitten Twice Shy? Experience Managing Violent Conflict Risk and MNC Subsidiary-Level Investment and Expansion." *Strategic Management Journal* 38, no. 3 (March 2017): 714–731.

미주

1. Based on Jean-Luc Arregle, Tuyah Miller, Michael Hitt, and Paul Beamish, "Do Regions Matter?" An Integrated Institutional and Semi-Globalization Perspective on the Internationalization of MNEs," *Strategic Management Journal* 34 (2013): 910–934.
2. Rose Knotts, "Cross-Cultural Management: Transformations and Adaptations," *Business Horizons* (January–February 1989): 29–33.
3. Some of the narrative in this section is based on information at http://kwintessential.co.uk/resources/country-profiles.html and http://www.kwintessential.co.uk/resources/global-etiquette/
4. Mehul Srivastava, "Keeping Women on the Job in India," *Bloomberg Businessweek,* March 7–13, 2011, 11–12.
5. Mike Bird, "Record Earnings Mark Global Recovery," *Wall Street Journal*," December 6, 2017, B16.

PART 6

전략경영 사례 분석

사례 분석 작성 및 발표 방법

학습 목표

1. 수업 시간의 사례 토론을 준비하기 위한 가이드라인에 대해 알아본다.
2. 종합 사례 분석 보고서를 작성하기 위한 가이드라인에 대해 알아본다.
3. 사례 분석을 효과적으로 발표하기 위한 가이드라인에 대해 알아본다.
4. 사례 분석을 수행하는 데 도움이 되는 팁에 대해 알아본다.

확인 학습

취업 역량 제고를 위한 전략기획: www.strategyclub.com의 무료 엑셀 전략기획 양식을 사용하는 다양한 이유는 얼마나 중요한가?

6부는 전략경영 사례를 분석하는 데 도움이 되는 가이드라인과 제안으로 구성되었다. 사례 분석 및 구두 발표 샘플, 저자의 동영상, 업데이트된 사례와 본문 내용, 무료 엑셀 전략기획 양식을 제공하는 웹사이트(www.strategyclub.com)를 반드시 이용하라.

전략경영 사례에서는 조직의 외부 및 내부 상황을 설명하고 기업의 비전, 사명, 전략, 목표, 정책과 관련된 문제를 제기한다. 사례에 담긴 대부분의 정보는 확정된 사실이지만 일부는 의견, 판단, 신념 등일 수도 있다. 전략경영 사례는 다른 과목에서 다루었을 수도 있는 사례보다 더 포괄적이다. 예를 들어 마케팅 사례는 기업이 마케팅을 수행하는 방법에 초점을 맞추지만, 전략경영 사례는 기업이 어떻게 지속가능한 경쟁우위를 창출할 수 있는지에 초점을 두기 때문에 비즈니스의 모든 기능적 영역과 외부의 우발적 상황도 고려한다.

사례에서는 특정 시점의 기업 상황을 설명하고 효과적인 향후 경로와 계획을 제안하게 함으로써 독자를 기업 현장으로 이끈다. 전략경영 사례는 전략경영 개념을 적용하는 연습을 할 수 있도록 작성되었다. 전략경영을 배우기 위한 사례 활용 방식은 **실천을 통해 배우는 것**으로, 이를 통해 학습자는 기업의 최고경영자나 프로젝트를 맡은 컨설턴트처럼 기업을 위한 3개년 전략계획을 수립하는 작업을 수행해볼 수 있다.

수업 시간의 사례 분석 토론 가이드라인

사례 활용 수업은 강사가 아이디어, 분석, 권고안에 대해 질문하고 학생들의 상호작용을 장려함으로써 토론을 촉진하는 것이다. '무엇을 할 것인가, 왜 할 것인가, 언제 할 것인가, 어떻게 할 것인가'에 따라 토론을 준비하라. 다음과 같은 유형의 질문에 대한 답변을 준비하라.

- 기업의 가장 중요한 외부 기회 및 위협은 무엇인가?
- 기업의 주요 강점과 약점은 무엇인가?
- 기업의 재정 상태는 어떠한가?
- 기업의 기존 전략과 목표는 무엇인가?
- 경쟁자는 누구이며 경쟁자의 전략은 무엇인가?
- 당신이 기업에 제안하는 목표와 전략은 무엇인가? 그 이유를 설명하라. 당신이 제안하는 전략은 기업의 계획과 어떻게 다른가?
- 당신의 제안을 기업이 가장 잘 실행할 수 있는 방법은 무엇인가? 어떤 문제가 예상되는가? 기업은 어떻게 이러한 문제를 피하거나 해결할 수 있는가?
- 기업은 경쟁에서 어떻게 자신을 차별화하는가? 어떤 제품과 서비스가 차별화되었는가? 기업은 가치사슬의 어느 부분에서 독창성과 경쟁우위를 확보했는가? 제안된 전략은 어떻게 기업의 경쟁력을 향상할 수 있는가?
- 기업의 전략계획을 고려할 때 수정된 비전과 사명 선언문이 필요한가?

강사가 토론을 위한 사례를 준비하도록 학급 전체에 요청할 수도 있다. 토론을 위한 사례 준비는 수업 전에 사례를 읽고, 기업의 외부 기회 및 위협뿐만 아니라 내부 강점 및 약점을 정리하고, 적절한 분석을 수행하고, 구체적인 몇 가지 대안을 제안하고 변호할 준비가 되어 있어야 한다는 것을 의미한다. 기업의 생존과 많은 사람의 일자리가 당신의 결정에 달려 있기 때문에 전략경영에 흥미를 가져야 한다. 다음은 사례 분석 수업의 토론에 참여하는 데 도움이 되는 가이드라인이다.

실용적이어야 한다

완벽한 사례는 없다. 분석을 수행하고 새로운 전략을 만드는 데 필요한 모든 정보를 제공하는 사례도 없다. 마찬가지로 비즈니스 세계에서 전략가는 결정을 내리는 데 필요한 모든 정보를 가지고 있지 않다. 정보를 사용할 수 없거나 정보를 얻는 데 너무 많은 비용이 들거나 너무 오랜 시간이 걸릴 수도 있다. 따라서 사례를 분석할 때는 전략가가 매일 하던 대로 하고, 미지수에 대해 합리적인 가정을 하고, 적절한 분석을 수행하고, 결정을 내려야 한다. 실용적이어야 한다. 예를 들어 예상 재무 분석을 수행할 때는 합리적인 가정을 하고 권고안이 기업의 재무 상태에 어떤 영향을 미칠 것으로 예상되는지를 보여준다. 정보가 부족하다고 말하지 말라. 인터넷과 도서관에서 정보를 보완하라.

철두철미해야 한다

전략경영 사례에 대한 최상의 해법이나 정답이 없으니 권고안에 대한 충분한 근거를 제시하는 것이 중요하다. 현실의 비즈니스 세계에서 흔히 전략가는 자원이 할당되어 사용될 때까지 자신의 결정이 옳은지 알지 못하고, 결정을 번복하기에는 너무 늦은 경우가 많다. 따라서 보고서나 구두 발표의 시작부터 끝까지 자신의 생각과 권고안을 합리화하기 위해 철두철미해야 한다.

현실적이어야 한다

기업이 할 수 있는 범위를 넘어서는 전략을 제안하지 말라. 현실적이어야 한다. 어떤 기업도 잠재적으로 이득이 되는 모든 전략을 추구할 수 없다. 제안된 전략을 실행하는 데 필요한 자본을 추정하라. 부채, 주식 또는 부채와 주식의 조합으로 자본을 확보할 수 있는지 확인하라. 당신의 제안이 실현 가능한지 확인하라. 당신의 제안을 뒷받침하지 않는 모든 주장과 정보를 생략하면서 사례 분석을 작성하지 말라. 실현 가능한 몇 가지 대안의 주요 장점과 단점을 제시하라. 과장하거나 고정관념과 편견을 갖지 않도록 노력하라. 증거에 대한 해석이 합리적이고 객관적이라는 것을 입증하라.

구체적이어야 한다

'기업이 시장 침투 전략을 추구해야 한다'와 같은 광범위한 일반화를 피하라. 무엇을, 왜, 언제, 어떻게, 어디서, 누가 해야 하는지 구체적으로 언급하라. 세부 사항을 포함하지 않는 것은 대부분의 사례 분석 보고서와 구두 발표의 중요한 단점이다. 전략경영 사례 분석에서 요인을 설명하고 분석을 수행할 때 모호함은 치명적이다. 예를 들어 내부 감사의 경우 '기업의 재무 상태가 나쁘다'가 아니라 '기업의 유동 비율이 2018년 2.2에서 2019년 1.3으로 떨어진 것은 주요 약점으로 간주된다'라고 언급해야 한다. 외부 및 내부 요인은 되도록 '실행 가능하고 정량적이며 비교 가능하고 부문적이어야 함(AQCD)'을 상기하라. 기업이 방어적이어야 한다고 SPACE 매트릭스에서 결론을 내리기보다는 '2020년에 2,020만 달러의 순절감을 위해 공장 3개를 폐쇄하고, 직원 280명을 해고하고, 화학 부문을 매각하는 것을 고려해야 한다'고 구체적으로 말해야 한다. 비율, 백분율, 숫자, 예상 금액을 사용하라. 사업을 하는 사람들은 일반론과 모호함을 싫어한다.

독창적이어야 한다

기업이 실행할 계획을 반드시 추천할 필요는 없다. 사례 분석의 목표는 해당 시점에 기업과 관련된 모든 사실과 정보를 고려하여 실행 가능한 대안 전략을 수립하고, 이러한 전략 중에서 선택하며, 자신의 권고안을 옹호하는 것이다. 차트, 그래프, 비율, 분석 등을 이용하여 자신의 권고안을 뒷받침하라. 독창적이어야 한다. 당신이 제안하는 것과 기업이 계획 중이거나 실행하고 있는 것을 비교하라.

경청과 참여

일반적으로 전략은 한 사람이 아닌 팀이 결정한다. 수업 시간에 강사는 3~4명이 팀을 이루어 사례 분석 보고서와 발표를 준비하라고 요청할 것이다. 수업에서나 현실의 비즈니스 세계에서 팀 구성원은 위험 회피, 단기적·장기적 이익에 대한 관심, 사회적 책임에 대한 태도, 세계화에 관한 견해가 제각각이다. 다른 사람들의 견해에 대해 열린 마음을 가져야 한다.

사례 분석 작성 및 제공

학생들에게 여러 사례를 분석하는 대신 저자의 웹사이트(www.strategyclub.com)에 있는 사례 분석 샘플과 유사한 종합 사례 분석을 작성하라고 요청하는 강사도 있다. ① 기업의 기존 비전, 사명, 목표, 전략을 파악하고 평가하기 위해, ② 기업을 위한 구체적인 권고안을 제안하고 채택되도록 하기 위해, ③ 해당 산업의 경쟁자, 제품, 판매 기술, 시장 상황을 설명함으로써 산업 분석을 하기 위해 전략경영 프로세스의 특정 측면에 대한 사례 분석 보고서에 집중하라고 하는 강사도 있다.

종합 사례 분석을 작성할 때는 표 1의 목차에 따라 분석 순서를 정할 수 있다. 목차의 순서는 이 책의 전략경영 프로세스, 단계, 장과 일치한다. 전략계획 보고서 파일에서 해당 기업에 대한 특정 도구나 기법의 구체적인 의미를 밝히기 위해 각 분석 또는 매트릭스 뒤에 충분한 설명을 덧붙여라. 보고서의 어느 부분이든 모호함을 피하라. 기업의 종합 사례 분석을 효과적으로 개발하고 제공하는 방법에 대한 추가 정보는 표 1에 제시한 저자의 의견을 참고하라.

구두 발표

수업 시간에 강사가 사례 분석 결과를 발표하라고 요청할 수도 있다. 구두 발표는 보통 내용과 전달, 두 부분을 평가한다. **내용**은 제시되는 분석의 질, 양, 정확성, 적절성을 의미하며, 여기에는 발표를 통한 논리적 흐름, 주요 이슈의 포함 여부, 일반적인 내용보다는 세부 사항으로 구성, 실수 없음, 제안의 타당성과 같은 측면이 포함된다. **전달**에는 청중의 주의력, 시각 자료의 명확성, 적절한 복장, 주장의 설득력, 목소리 톤, 눈 맞춤, 자세와 같은 측면이 해당된다. 훌륭한 아이디어라도 커뮤니케이션을 통해 다른 사람들이 그 장점을 인정하게 할 수 없다면 아무 소용이 없다.

표 1 목차 샘플(저자의 의견 포함)

1. 서론: 기업에 대해 1쪽 분량의 개요를 작성한다.
2. 비전 선언문: 현재 기업의 비전 선언문과 자신이 제안하는 선언문을 제시한다.
3. 사명 선언문: 현재 기업의 사명 선언문과 자신이 제안하는 선언문을 제시한다.
4. EFE 매트릭스: 외부 기회 및 위협을 각각 10개씩 포함한다.
5. CPM: 분석 대상 기업과 두 경쟁기업에 대해 10~20개의 주요 변수를 비교한다(엑셀 양식에는 12개 요소를 포함할 수 있다).
6. 가장 최근의 손익계산서와 재무상태표: 이어지는 비율 분석을 수행할 수 있도록 준비한다(실제 연례 보고서를 엑셀 양식의 보고서로 변환하여 재무비율을 분석하고 추정 재무제표를 개발할 수 있다).
7. 재무비율 분석: 엑셀 양식으로 계산하거나 인터넷에서 얻은 비율을 기록하고 주요 비율에 대해 설명한다. 이때 비율의 정의를 제공하지 않으며 모든 비율을 강조하지 않는다.
8. IFE 메트릭스: 강점과 약점을 각각 10개씩 포함한다.
9. SWOT 분석: SO 전략, WO 전략, ST 전략, WT 전략을 각각 4개씩 포함하고, 권고하는 어떤 전략이라도 합리적으로 비용을 추정할 수 있을 만큼 구체적으로 제시한다.
10. BCG: 가능하면 BCG 매트릭스를 지역별·제품별로 준비한다. 숫자나 매트릭스의 구성 요소보다는 시사점에 초점을 맞춘다. 시장 침투와 같은 모호한 용어를 피하는 등 전략이 구체적이어야 한다.
11. IE 매트릭스: 가능하면 IE 매트릭스를 하나는 지역별로, 또 하나는 제품별로 준비한다. 숫자보다는 시사점에 초점을 맞춘다. 예를 들어 보류 및 유지 사분면에 있는 사업부가 전략이 실행된 후 성장 및 구축 사분면으로 이동하는 방법을 설명한다. 이는 단순히 사업부가 구축 사분면에 있다고 말하는 것보다 효과적이다. 보고서를 작성하거나 발표할 때는 자신의 권고안을 천천히 소개하여 청중이 당신의 생각을 따라올 수 있게 한다. 마지막 슬라이드까지 권고안을 밝히지 않는다면 청중이 외면할지도 모른다.
12. SPACE 매트릭스: 대상 기업을 위한 상세한 분석을 준비한다. 두 경쟁기업에 대한 분석 결과를 표시한다. 숫자나 메커니즘보다는 시사점에 초점을 맞춘다. 예를 들어 당신의 권고안을 실행한 후 기업이 SPACE 그래프나 매트릭스에서 어떻게 이동할 것인지를 설명한다. 각각의 축이 나타내는 특성을 설명하고, 권고안을 실행함으로써 어떻게 그 특성이 개선되는지, 그 결과 SPACE에서 기업의 위치가 어떻게 향상되는지를 밝힌다.
13. 대전략 매트릭스: 대상 기업과 두 경쟁기업을 매트릭스에 포함한다.
14. QSPM: QSPM의 맨 윗줄에 들어갈 가장 매력적인 SWOT 전략 2개를 선택한다.
15. 지각지도: 2개의 지각지도를 포함하고, 각각의 측면에서 모두 창의적이어야 한다. 제안된 전략계획에 대해 분석 대상 기업과 경쟁기업의 경쟁우위에 초점을 맞추어 설명한다. 경쟁기업이 아직 진입하지 않은 시장 공간 및 그 공간에 진입하는 것의 장점과 단점에 대해 설명한다. 경쟁기업이 어떤 방향으로 새롭게 포지셔닝하고 있는지, 그리고 권고안에 따라 분석 대상 기업은 어떻게 포지셔닝하게 되는지 제시한다.
16. 조직도: 임원의 직함을 토대로 작성한 현재 조직도와 7장에서 제시한 지침에 따라 개발한 조직도를 포함한다.
17. 기업 가치 평가: 대상 기업, 경쟁기업, 인수 대상 기업을 포함한다.
18. 권고안: 주어진 비용과 합산된 비용을 최소 10개 이상 포함하고, 계속할 기존 전략과 새로이 시작할 전략으로 구분한다.
19. EPS/EBIT 분석: '모두 주식으로 조달', '모두 부채로 조달', '주식과 부채로 조달'을 포함한다.
20. 추정 재무제표: 제안의 예상 효과를 보여주기 위해 3년간의 추정 재무제표를 제공한다.
21. 추정 재무비율: 엑셀 양식으로 계산된 비율을 제시하고 주요 비율에 대해 설명한다.
22. 이익잉여금 표: 맨 오른쪽 열이 추정 재무상태표의 이익잉여금 행과 일치하는지 확인한다(8장 참조).
23. 요약: 기업의 전략계획에 대해 1쪽 분량의 개요를 작성한다.

여기에 제시된 가이드라인은 효과적인 구두 발표를 하는 데 도움이 될 것이다. 팀으로 발표할 때는 일관적인 팀 차원이어야 한다. '나는 …을 수행했다', '나는 …을 추천한다'보다는 '우리는 …을 수행했다', '우리는 …을 추천한다'라고 말한다. 가벼운 유머로 발표를 시작하면 효과적일 수 있다.

목소리 조절하기

효과적인 말하기 속도는 분당 100~125단어이다. 너무 빨리 말하는지 알아보기 위해 큰 목소리로 발표를 연습하라. 사람들은 대개 긴장했을 때 빨리 말한다. 발표 전과 도중에 심호흡을 하여 속도를 늦추어라. 마실 물을 준비하라. 목을 축이기 위해 잠시 멈추면 생각을 정리하고, 긴장을 조절하고, 속도를 늦추고, 청중에게 주제의 변화를 알릴 수 있다.

단어나 문장을 강조함으로써 목소리에 변화를 주어라. 크고 분명하게 말하되 소리를 지르지 말라. 침묵을 효과적으로 사용하면 단조로운 목소리에서 벗어날 수 있다. '그리고', '음'과 같은 말로 문장을 이어나가지 말고, 한 문장을 발표한 뒤 잠시 멈춤으로써 각각을 구분하라.

몸짓 언어 관리하기

팔짱을 끼거나, 연단에 기대거나, 주머니에 손을 넣거나, 뒷짐을 지지 말라. 한쪽 발을 약간 내밀고 곧은 자세를 유지하라. 절대 청중에게 등을 돌리지 말라. 이는 무례할 뿐만 아니라 목소리가 잘 들리지 않는다. 손을 사용한 제스처를 너무 많이 하지 말라. 경우에 따라서는 연단을 벗어나 청중을 향해 걸어가되 너무 돌아다니지는 말라. 시각 자료를 보는 청중의 시야를 가로막지 말라.

발표 내내 눈 맞춤을 하는 것은 청중을 설득하는 가장 좋은 방법이다. 청중이 고개를 끄덕이는 것만큼 발표자를 안심시키는 것도 없다. 발표하는 동안 모든 사람과 적어도 한 번은 눈 맞춤을 하려고 노력하되, 지루해 보이는 사람보다 관심 있어 보이는 사람에게 더 집중하라. 청중과 계속 소통하려면 발표 전반에 걸쳐 유머를 적절히 섞고 미소를 지어라. 지루한 발표는 금물이다.

슬라이드를 통해 말하기

발표 자료를 읽지 말라. 이는 청중에게 자장가를 불러주는 것과 마찬가지이고, 솔직히 말해서 청중에게 자료를 읽어주는 것은 부끄러운 행동이다. 12장 정도의 파워포인트 슬라이드를 가지고 프로젝트를 발표할 수 있을 만큼 프로젝트에 대해 잘 알고 있어야 한다. 일반적으로 각 슬라이드의 텍스트는 4~6행을 넘지 않도록 한다. 명확한 제목과 부제목을 넣고 유인물을 많이 사용하지 말라. 유인물이 많으면 발표 중에 청중이 유인물에만 집중할 수 있다. 메모 자료를 읽지 말라.

질문에 대답하기

발표 도중보다는 마지막에 질문을 받는 것이 가장 좋다. 발표를 마친 후 갑자기 자리를 떠나거나 마지막 슬라이드를 닫지 말라. 진심으로 질문에 답하라. 질문을 독려하고 시간을 내어 각각의 질문에 답하라. 질의응답을 통해 청중과 관계를 맺음으로써 발표의 설득력이 커진다. 질의응답 시간 동안 공손하며 자신감 있고 예의 바른 태도를 취하라. 장황하게 응답하지 말라. 적대적이거나 대립적인 질문을 받더라도 방어적으로 대답하지 말라. 계산 착오와 같이 혼란스러운 상황에서 침착함을 유지하는 것은 자신감, 내적 성숙, 침착성, 기업과 해당 산업에 대한 전문성을 보여준다.

사례 분석 구두 발표하기

강사가 10~30분의 사례 발표 시간을 줄 수 있다. 자신의 권고안 및 그와 관련된 비용이 가장 중요한 부분임을 알고 구두 발표 시간을 조절하라. 보고서는 MS워드로 작성하고, 발표를 하는 경우 12장 이상의 파워포인트 슬라이드를 준비하라.

www.strategyclub.com에서 10분 또는 15분 구두 사례 발표에 대한 세부 정보를 제공하니 필요한 파일을 다운로드하라. 주어진 시간이 얼마이든 시간을 효율적으로 사용하기 위해 발표 전에 연습을 하라.

성공적인 사례 분석을 위한 팁

다음은 학생들이 사례 분석을 성공적으로 수행하는 데 도움이 되는 팁이다.

표 2 전략경영 사례 분석을 성공적으로 개발하고 발표하기 위한 팁

1. www.strategyclub.com의 자료를 사용한다. 무료 엑셀 양식과 사례 분석 샘플 파워포인트는 특히 유용하다.
2. 외부 평가를 준비할 때 3장과 4장에서 제시한 온라인 데이터베이스를 이용한다.
3. 자신의 사례 분석과 발표를 다른 학생들의 사례 분석과 긍정적으로 차별화되는 몇 가지 경쟁 요소(대상 기업을 나타내는 옷을 입거나 흥미로운 동영상을 30초 정도 보여주는 등)가 포함된 제품으로 생각하면서 준비한다.
4. 필요시 다른 전문 분야의 교수에게 도움을 요청하고 발표할 때 이름을 언급한다.
5. 사례 분석의 목표는 불확실한 상황에서 명확하게 생각하는 능력을 향상하는 것이다. 유일한 최선의 답이 없다고 좌절하지 말라.
6. 정량적 분석 도구를 사용하는 것에 대한 자신감을 키운다. 경영학도로서 정량적 분석을 피하지 말라. 발표할 때 자신감을 드러낸다.
7. 글쓰기 능력을 향상하기 위해 노력하라. 글이 엉성하지 않은지, 오타가 없는지 확인하고 깔끔하게 작성한다.
8. 세부 사항에 주의를 기울인다. 고용주는 신중하고 꼼꼼한 직원을 좋아한다.
9. 단순히 비율을 열거하거나 수치를 제시하지 말고, 가능한 추세에 관한 아이디어와 결론을 개발한다. 팀의 권고안을 뒷받침하기 위해 수치를 사용하라.
10. 대안 제안과 전략 실행 부분을 강조한다. 보고서를 작성하고 발표할 때 외부 또는 내부 분석 부분에 너무 많은 시간을 할애하는 것은 일반적인 실수이다. 대안 제안과 전략 실행이 가장 중요한 부분이다.
11. 사례 분석에서 어떻게 기업이 제안된 전략을 통해 경쟁우위를 확보하고 유지할 수 있는지를 강조한다.
12. 팀을 이루어 작업할 때는 대부분의 작업을 개별적으로 수행하고 주로 팀 회의를 통해 내용을 통합한다. 이러한 접근 방식이 가장 효율적이다.
13. 발표하는 동안 바른 자세와 눈 맞춤, 목소리 톤을 유지하고 자신감을 드러낸다. 어떤 상황이나 질문에도 방어적으로 행동하지 말라. 발견한 실수나 불분명한 작업을 지적해달라고 청중에게 요청한다.
14. 팀 구성원 각각의 장점을 활용한다. 자신이 잘하는 분야에 자원한다.
15. 기업을 위해 실제로 작업을 수행하는 것처럼 사례 분석을 생각한다. 예컨대 기업이 무엇을 하고 있는지 설명하는 데 시간을 들이지 말고, 무엇을 해야 하는지 설명하는 데 시간을 쏟아라. 이것이 바로 기업이 돈을 주고 일을 맡기는 이유이며, 기업은 자신이 무엇을 하고 있는지 이미 알고 있을 것이다.

(계속)

표 2 전략경영 사례 분석을 성공적으로 개발하고 발표하기 위한 팁(계속)

16. 직접적이고, 단호하고, 열정적이고, 설득력 있는 사례 발표 스타일을 개발한다. 간결하고, 정확하고, 유창하고, 명확하게 하라.
17. 할 수 있는 한 전략경영과 프로젝트를 즐겨라. CEO 역할을 다시 하려면 몇 년이 걸릴 수도 있다.
18. 프로젝트 보고서를 제출하거나 구두로 발표하기 전에 다른 사람에게 여러 차례 보여주고 피드백을 받는다.
19. 이력서에 이 프로젝트를 포함하고 '비즈니스 전략기획 소프트웨어를 사용한 경험'이 있다고 작성하라.
20. 사례 분석 대상 기업의 정규직 채용에 지원한다.
21. 구두 발표를 할 때 제시하는 모든 슬라이드의 정보가 기업에 대한 권고안을 어떻게 뒷받침하는지 밝힌다.
22. 주요 외부 및 내부 요인이 가능한 범위 내에서 실행 가능하고 정량적이며 비교 가능하고 부문적인지 (AQCD) 확인한다.

확인 학습

www.strategyclub.com의 무료 엑셀 전략기획 양식을 사용하는 다양한 이유는 얼마나 중요한가?

목적

전략기획을 수행할 때 무료 엑셀 전략기획 양식을 전 세계적으로 사용하는 데에는 여러 가지 이유가 있다. 이 연습의 목표는 엑셀 양식에 익숙해지는 것이므로 비즈니스 경력을 쌓을 때 이를 잘 활용할 수 있을 것이다.

설명

학생과 기업이 www.strategyclub.com의 엑셀 양식을 사용하는 것을 좋아하는 이유에 순위를 부여하라(1: 가장 중요한 이유, 12: 가장 덜 중요한 이유). 자신의 순위를 강사, 다른 학생들의 순위와 비교하라.

____ 1. 전략경영 사례 분석을 준비하는 시간을 절약하고, 매트릭스 개발 및 분석 수행의 메커니즘보다는 사고에 중점을 둔다.
____ 2. 전략을 수립하고 실행하는 올바른 과정을 따른다.
____ 3. 수학 계산, 점 그리기, 그래프 그리기에서 실수를 피할 수 있다.
____ 4. 전문가 수준의 차트, 그래프, 행렬을 만들 수 있다.
____ 5. 기존 재무비율과 추정 재무비율을 개발할 수 있다.
____ 6. BCG 및 IE 포트폴리오 매트릭스에 기업을 올바르게 배치할 수 있다.
____ 7. EPS/EBIT 분석을 이용하여 필요한 자본을 조달하기 위해 부채와 주식을 사용하는 다양한 시나리오를 검토할 수 있다.
____ 8. 행렬의 가중치와 등급을 변경함으로써 총가중치 점수에 미치는 영향을 확인할 수 있다.
____ 9. 팀원, 동료, 강사와 보다 쉽게 정보를 공유할 수 있다.
____ 10. 다양한 전략의 예상되는 영향을 나타내기 위해 추정 재무제표를 보다 쉽게 개발할 수 있다.
____ 11. 지각지도 작성 또는 제품 포지셔닝 기술을 개발할 수 있다.
____ 12. 기업 전략기획 소프트웨어 사용 경험을 쌓을 수 있다. 많은 기업 업무에서는 엑셀을 능숙하게 다루는 능력을 요구하는데, 본 양식을 사용하면 이러한 능력이 향상되어 입사 지원 시 엑셀 및 전략기획 소프트웨어 활용 능력을 강조할 수 있다.

Macy's, Inc.–2018

www.macys.com

2018년 3월 기준으로 메이시스는 미국 45개 주와 워싱턴 DC, 그리고 제삼자 라이선스 계약으로 콜롬비아, 괌, 푸에르토리코, 중국, 아랍에미리트, 쿠웨이트 등에서 690개의 백화점을 운영하고 있다. 미국 오하이오주 신시내티에 본사를 둔 메이시스에 속한 브랜드는 메이시스, 블루밍데일스(Bloomingdale's), 백스테이지(Backstage), 디아웃렛(The Outlet), 라스트액트(Last Act), 블루머큐리(Bluemercury)이다. 대부분의 매장이 도회지 또는 교외에 자리하고 있으며 의류, 액세서리, 화장품, 가구 및 다양한 소비재를 판매한다. 메이시스는 2017년 1월 마감된 회계연도에 382개 직영 매장과 나머지 임차 매장에서 250억 달러를 넘어서는 매출을 올렸다.

약 710개의 매장은 메이시스와 블루밍데일스 간판을 단 백화점이고 블루밍데일스디아웃렛, 블루머큐리, 메이시스 백스테이지, 라스트액트를 포함한 나머지는 전문점이다. 메이시스는 2016년 1월 마감된 회계연도에 43개 매장을, 2017년 1월 마감된 회계연도에 66개 매장을 폐점했고, 임대가 만료되는 대로 약 30개 매장을 추가적으로 줄여나갈 계획이다.

메이시스는 정규직 및 시간제 직원을 14만 8,300명 고용하고 있으며, 그중 10%가 노조에 가입되어 있다. 매년 점점 더 많은 매장을 닫고 있는 메이시스는 재무적으로 어려움을 겪고 있어 명확한 전략계획이 필요하다. 메이시스는 2017년 12월 한 달간 TV 광고에 3,200만 달러를 지출한 데 반해 JC페니컴퍼니(J.C. Penny Company)는 같은 기간에 2,700만 달러를 지출했다.

역사

메이시스는 150년 전에 롤런드 허시 메이시(Rowland Hussey Macy)가 설립했다. 그는 선원이었던 시절 자신을 인도했던 북극성에 영감을 받아 팔뚝에 문신을 했고, 그 빨간 별이 메이시스의 로고가 되었다. 그는 소매점을 차렸다 실패하는 등 여러 번의 시도 끝에 1858년 뉴욕에 포목점으로 메이시스의 문을 열었다. 첫날의 매출은 11달러 6센트에 불과했지만 첫해의 총매출은 8만 5,000달러에 달했다. 사업의 여러 측면에서 선구자였던 메이시는 처음으로 여성을 경영진에 앉히고, 처음으로 동일 품목을 모든 고객에게 동일 가격에 팔았다. 10만 2,193m^2인 원래의 메이시스 매장은 1902년 이래로 같은 곳에서, 1924년 이래로 같은 규모로 유지되고 있다.

메이시스는 1922년에 상장한 직후 미국 전역으로 확장했다. 메이시스는 추수감사절 행진으로 유명한데, 이는 1920년에 이민 노동자들이 새로운 미국 국적을 얻은 데 감사하면서 크리스마스 행진을 벌였던 것에서 비롯되었다. 메이시스는 1929년에 페더레이티드백화점(Federated Department Stores, Inc.)에 인수되어 그 이름으로 운영되다 2007년에 기업명을 Macy's, Inc.로 바꾸었다. 메이시스의 매출과 이익은 2015년 이후 매해 감소하고 있다.

비전과 사명

메이시스의 웹사이트에는 꽤 긴 비전 선언문이 게시되어 있으나 사명 선언문은 없다. 사명의 부재와 현재의 비전에 불만을 품은 누군가가 메이시스의 사명 선언문을 다음과 같이 제안했다.

> 메이시스에서 우리는 전 세계 고객에게 가장 좋은 버전이라는 확신을 주는 경험을 제공하기를 열망한다. 매장에서 우리 직원의 탁월한 전문성을 활용하든 온라인으로 쇼핑을 하든 우리는 고객이 우리 가족의 평

생회원이 되어 옷과 액세서리를 구매하는 동안 정직하고 열린 의사소통을 제공하기를 원한다.

내부 이슈

조직 구조

메이시스의 조직 구조는 자료 1과 같다. 현재 19명의 최고경영진 중 7명이 여성인데, 설립자인 메이시가 살아 있다면 이를 큰 자랑으로 여길 것이다. 그는 1920년대에 미국 소매점 역사상 처음으로 여성 경영진을 선임한 바 있다.

자료 1 메이시스의 최고경영진과 조직 구조

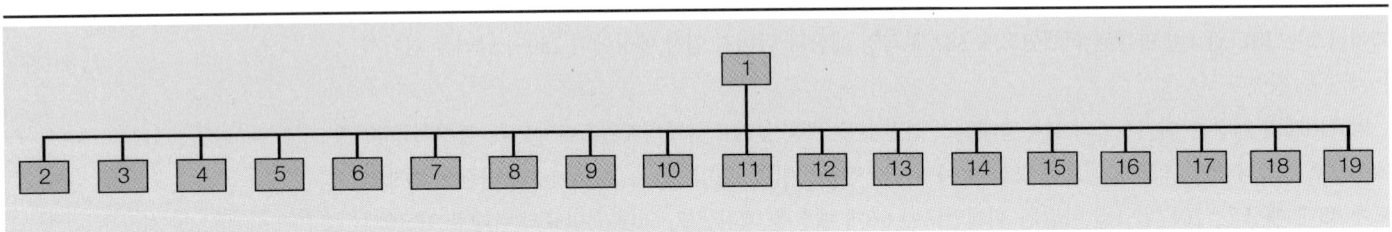

1. 사장, 최고경영자 겸 이사(president, CEO, director) Jeff Gennette
2. 부동산 담당 부사장(EVP, real estate) Douglas Sesler
3. 최고기술책임자(chief technology officer) Naveen Krishna
4. 기업 커뮤니케이션 담당 부사장(EVP, corporate communications) Cheryl Heinonen
5. 최고전략·분석·혁신책임자(chief strategy, analytics and innovation officer) Justin MacFarlane
6. 최고법무책임자(chief legal officer) Elisa D. Garcia
7. 브랜드경험책임자 겸 STORY 창업자(brand experience officer, founder of STORY) Rachel Shechtman
8. 최고제품·디지털수익책임자(chief product and digital revenue officer) Jill Ramsey
9. 최고재무책임자(chief financial officer) Paula Price
10. 최고판촉책임자(chief merchandising officer) Jeffrey A. Kantor
11. 최고마케팅책임자(chief marketing officer) Richard A. Lennox
12. 전략고문(strategic advisor) Karen Hoguet
13. 최고운영책임자(chief operating officer) Robert Harrison
14. 최고인사책임자(chief human resources officer) Danielle Kirgan
15. 회장 겸 블루밍데일스 최고경영자(chairman and CEO Bloomingdale's) Tony Spring
16. 블루머큐리 최고경영자 겸 공동 창업자(CEO, co-founder of Bluemercury, Inc.) Maria Beck
17. 메이시스 회장(president of Macy's) Hal Lawson
18. 최고매장책임자(chief stores officer) John Harper
19. 블루머큐리 최고운영책임자 겸 공동 창업자(chief operating officer, co-founder of Bluemercury, Inc.) Barry Beck

출처: 기업 문서

지속가능성

메이시스는 지속가능성에 열성적이며, 소유한 건물에 180만 개의 LED 등을 달아서 2,600만 kW의 전기를 절약하는 등 자사가 취한 지속가능 조치의 상세한 상황을 웹사이트에 게재하고 있다. 메이시스는 2016년에 미국에서 네 번째로 태양광 발전 시설 용량이 큰 기업으로 평가되었다. 메이시스는 태양광 전기의 대부분을 다른 곳에 판매한다. 메이시스는 2005년부터 다우존스 지속가능지수(Dow Jones Sustainability Index)의 구성원이다.

현재 전략

메이시스는 2017 회계연도의 매출과 이익이 각각 4.8%, 42.9% 감소했으며 매장 중 약 7%의 문을 닫았다. 메이시스는 고객 쇼핑 습관의 변화를 그 이유로 지적하고 미래를 위해 몇 가지 새로운 전략을 수립했지만, 대부분의 센터는 메이시스가 창업자를 기리기 위해 '북극성(North Star Strategy)'이라고 이름 붙인 것에서 크게 벗어나지 않고 있다. 북극성 전략에는 다섯 가지 핵심 사항이 있는데, 연례 보고서에서 밝힌 바와 같이 모두 막연하지만 소개할 필요가 있다. 핵심 사항은 ① 메이시스 충성 프로그램 및 가격 전략을 개선하기 위한 마케팅 조사 확대, ② 메이시스 매장에서만 찾을 수 있는 프라이빗 라벨 브랜드와 메이시스 백스테이지, 라스트액트의 고객 만족도 제고에의 집중, ③ 고객이 기존 매장보다 더 다양한 방식으로 구매할 수 있음을 의미하는, 메이시스가 옴니채널(Omnichannel)이라 부르는 모바일 앱 추가 개발 및 판매사원 훈련 강화에의 집중, ④ 비용 절감, 재투자, 더 신중한 부동산 의사결정에의 집중, ⑤ 불만족한 고객 요구 조사 및 마케팅 조사 확대를 통한 인수 기회 모색 등이다.

메이시스는 기존 메이시스 매장 안에 메이시스 백스테이지 매장을 추가하고 있다. 메이시스의 라스트액트 프로그램은 메이시스 매장에서 보다 효과적으로 염가 처분 판매를 촉진하는 것을 목표로 한다. 메이시스는 긴축 전략을 채택하여 최근 100개의 매장을 폐점했으며, 2018년 말까지 30개의 매장을 더 줄을 예정이다. 메이시스는 블루밍데일스와 블루머큐리 매장을 추가하면서 기존 메이시스 매장 안에 블루머큐리 부티크를 추가하고 있다. 최근에는 메이시스 매장 안에 약 20개의 블루머큐리 매장을 열었다.

메이시스는 자사의 부동산 투자 가치를 높일 효과적인 의사결정을 하기 위해 브룩필드에셋매니지먼트(Brookfield Asset Management)와 제휴를 맺었다. 2019년 1월까지 브룩필드에셋매니지먼트는 메이시스의 부동산 자산 각각에 대한 전략을 수립했다.

메이시스는 2015년 뉴욕에 메이시스 백스테이지 매장 6개를 개점한 이후 계속 확대하고 있는데, 각각 2,787m^2 규모이며 할인 제품을 판매한다. 현재는 백스테이지를 기존 메이시스 매장 안에 추가하는 데 중점을 두고 있으며, 이를 통해 가격에 예민한 고객을 메이시스 매장으로 끌어들이려 한다. 중국에서 더욱 확장하기 위해 메이시스는 합작 회사인 메이시스차이나(Macy's China Limited)를 설립하여 펑리테일(Fung Retailing Limited)이 지분의 35%를, 메이시스가 나머지를 보유하고 있다. 현재 중국에서의 사업은 알리바바그룹(Alibaba Group)의 티몰글로벌(Tmall Global) 웹사이트에서 전자상거래로 이루어지고 있다.

공급업체

메이시스는 다양한 공급업체로부터 제품을 구매하는데, 단일 공급업체와의 거래가 전체 구매의 5%를 초과하지 않고 어느 공급업체와도 공식적인 장기 계약을 체결하지 않는다. 메이시스는 공급업체와의 관계가 양호하다고 본다. 메이시스의 제품은 주로 아시아에서 생산된다.

프라이빗 라벨 브랜드

메이시스는 아메리칸래그(American Rag), 아쿠아(Aqua), 차터클럽(Charter Club), 에픽스레즈(Epic Threads), 퍼스트임프레션스(first impressions), 그레그노먼포타소엘바(Greg Norman for Tasso Elba), 허드슨파크(Hudson Park), 존애슈퍼드(John Ashford), 마사스튜어드컬렉션(Martha Steward Collection), 모건테일러(Morgan Taylor) 등 많은 프라이빗 라벨 브랜드를 가지고 있다. 이 중 일부는 제삼자 상표로서 향후 수십 년간 메이시스에 라이선싱이 연장되어 있다.

재무

손익계산서(자료 2)의 매출 감소와 재무상태표(자료 3)의 빨간 화살표를 통해 알 수 있듯이 메이시스는 재무적으로 고전 중이다. 재정이 악화되는 가운데에도 메이시스는 2016년에 자사주를 약 800만 주 매입하고 배당금을 주당 1.51달러로 늘렸는데, 이는 주주가 주식을 팔지 않게 하려는 대책으로 추정된다. 이는 지난 5년 동안 여섯 번째 배당금 인상이었다. 2015년부터 2017년 말까지 메이시스의 주식은 주당 70달러에서 18달러로 떨어졌다. 그런데도 2017년에 배당금을 지급한 것은 이익잉여금 감소를 초래했다. 메이시스는 2017년에 배당금으로 거의 8억 5,000만 달러를 지급했고 당기순이익이 6억 1,100만 달러에 머물렀다.

자료 2 메이시스의 손익계산서(단위: 100만 달러)

계정과목	2017년 1월 28일	2018년 2월 3일		변화율(%)
매출	25,778	24,837	↓	−3.65
매출 원가	15,621	15,152	↓	−3.00
매출 총이익	10,157	9,685	↓	−4.65
영업 비용	8,842	7,857	↓	−11.14
이자 및 세전이익	1,315	1,828	↑	39.01
이자 비용	363	321	↓	−11.57
법인세 차감 전 순이익	952	1,507	↑	58.30
세액	341	(29)	↓	−108.50
비반복적 항목	8	11	↑	37.50
당기순이익	691	1,547	↑	149.92

출처: 기업 문서

자료 3 메이시스의 재무상태표(단위: 100만 달러)

계정과목	2017년 1월 28일	2018년 2월 3일		변화율(%)
자산				
현금 및 단기투자자산	1,297	1,455	↑	12
외상매출금	522	363	↓	−30
재고자산	5,399	5,178	↓	−4
기타 유동자산	408	448	↑	10
총유동자산	7,626	7,444	↓	−2
부동산 및 설비	7,017	6,672	↓	−5
영업권	3,897	3,897	→	0
무형자산	498	488	↓	−2
기타 장기자산	813	880	↑	8
자산 계	19,851	19,381	↓	−2
부채				
외상매입금	5,338	5,053	↓	−5
기타 유동부채	309	22	↓	−93
총유동부채	5,647	5,075	↓	−10
장기차입금	6,562	5,861	↓	−11
기타 장기부채	3,319	2,772	↓	−16
부채 계	15,528	13,708	↓	−12
자본				
보통주	3	2	↓	−33
이익잉여금	6,088	7,174	↑	18
자사주	(1,489)	(1,456)	↓	−2
주식발행초과금 및 기타	(279)	(48)	↑	83
자본 계	4,323	5,673	↑	31
부채 및 자본 계	**19,851**	**19,381**	↓	**−2**

출처: 기업 문서

부문별 정보

자료 4를 보면 메이시스는 미국 전역에 걸쳐 잘 자리 잡고 있으나 실상은 동서 해안에 집중되어 있다. 많은 백화점 및 소매점과 마찬가지로 여성 고객이 대부분이라 매출의 60% 이상이 여성 전용 상품에서 발생한다. 백화점은 일반적으로 남성의 구미를 맞추는 데 적극적이지 않다.

자료 4 미국의 메이시스 매장 수

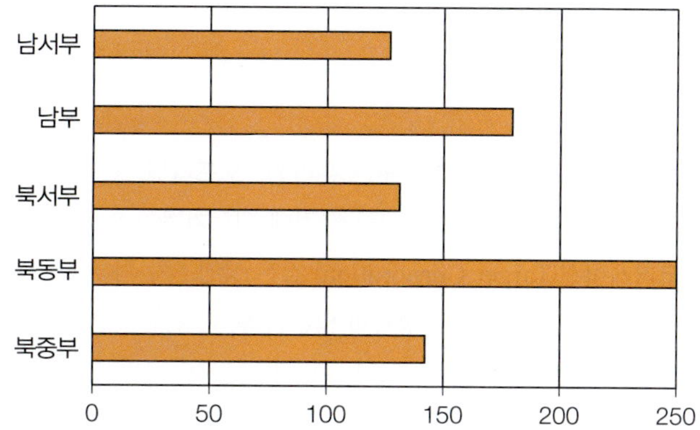

출처: 기업 문서

자료 5는 메이시스의 브랜드별 매장 수를 보여준다. 주력인 메이시스 백화점이 꾸준히 감소하고 있음에 주목하라. 자료 6은 메이시스의 상품 범주별 매출 비중으로, 여성 상품이 전체 매출의 61%를 차지하고 있다.

자료 5 메이시스의 매장 총수

브랜드	2018년 1월	2017년 1월	2016년 1월	2015년 1월
메이시스	660	673	737	773
블루밍데일스	55	55	54	50
블루머큐리	137	101	77	0

출처: 기업 문서

자료 6 메이시스의 부문별 매출 비중(2017년 2월)

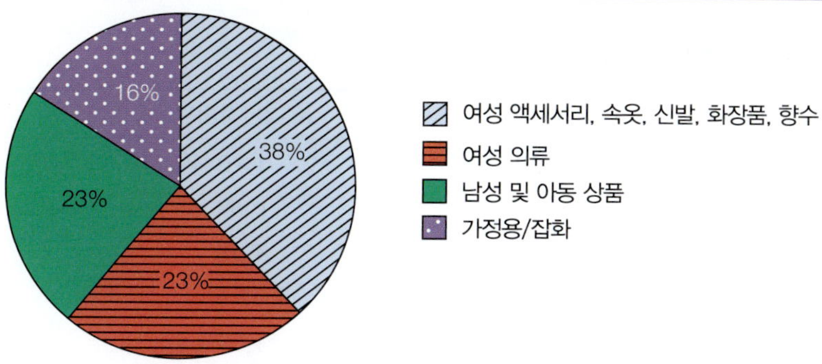

출처: 기업 문서

2018년 1월 기준으로 메이시스의 매장은 852개인데, 이 중 약 400개가 직영이고 나머지는 임대이다. 852개 매장 중 258개는 미국 북동부에, 188개는 남부에, 144개는 북중부에, 131개는 북부와 남부에 위치해 있다. 자료 5를 보면 매장의 절대다수가 메이시스 브랜드이고 이어서 블루머큐리, 블루밍데일스 순임을 알 수 있다. 블루머큐리 매장의 면적은 블루밍데일스보다 상당히 작다. 메이시스는 부문별 매출이나 이익을 발표하지 않는데, 저성과를 보이는 메이시스 매장을 닫는 한편 블루머큐리 부문을 확대하는 조치를 통해 최소한 블루머큐리가 더 효율적이라는 것을 유추할 수 있다. 고급 스파인 블루머큐리는 스파 서비스와 미용, 메이크업, 기타 미용 제품을 제공한다. 울타뷰티(Ulta Beauty)는 프로필과 목표 고객이 블루머큐리와 비슷하지만 훨씬 더 큰 경쟁업체이다. 메이시스는 블루머큐리를 이용하는 고객이 스파 서비스를 받으러 온 김에 메이시스 백화점에서 쇼핑도 하기를 바란다.

경쟁기업

백화점 사업의 경쟁은 극도로 치열하고 고객에게는 온라인, 오프라인 상점 등 많은 선택지가 있다. 입점 매장은 가정용품, 의류, 잡화 및 할인점에서 고급 상점에 이르기까지 다양하게 특화되어 있다. 월마트(Walmart Inc.)와 타깃코퍼레이션(Target Corporation) 같은 상점조차 의류, 가정용품, 보석 등 백화점이 주력으로 삼는 모든 품목을 팔고 있다. 고객은 상당히 많은 선택지 중에서 고를 수 있다. 백화점 산업 전체는 1,500억 달러 이상 규모의 시장으로 이익이 40억 달러가 넘는다. 그러나 지난 몇 년 동안 연간 성장률이 5% 내외로 하락했으며, 2023년까지 매년 약 3% 하락할 것으로 예상된다. 이러한 수치로 볼 때 백화점은 BCG 매트릭스의 하반부에 위치함으로써 산업 내 이윤 창출에서 기업의 상대적 포지션에 따라 캐시카우(cash cow) 또는 개(dog)에 해당될 것이다.

유사한 제품을 제공하는 온라인 백화점의 경우 메이시스 같은 전통적 상점의 간접비, 즉 뉴욕시 같은 지역에서의 비싼 임대료, 세금, 에너지, 고용 비용 등이 발생하지 않는다. 해당 산업에서 앞으로 나아가기 위해 메이시스와 같은 상점은 우수한 매장 서비스 등을 통해 경쟁업체나 온라인 상점과 필히 차별화해야 한다. 현재까지 메이시스의 전략은 (적어도 연례 보고서에서 밝힌 바로는) 옴니채널과 우수한 서비스를 제공하는 것이다. 이처럼 막연한 전략은 유사한 품질의 제품을 제공하는 온라인 공급자와 경쟁하기에 충분하지 않을 가능성이 크다.

온라인 공급자와의 가격 전쟁은 모든 오프라인 공급자가 겪는 심각한 위협이며, 패배할 가능성이 크다. 오프라인 공급자의 경우 단순히 온라인으로 제품을 제공하는 것이 가능한 하나의 전략이지만, 매장 가격을 낮추는 것은 현명하지 않을 수 있다. 고객이 매장에서 둘러만 보고 온라인으로 주문하는 것을 쇼루밍이라고 한다. 신발 상점이나 운동복 상점 등 백화점과 유사한 제품을 파는 모든 전문 상점은 메이시스의 경쟁자가 될 수 있다. 자료 7은 메이시스와 경쟁기업인 JC페니컴퍼니, 노드스트롬(Nordstrom, Inc.)의 재무 상태를 비교한 것이다.

자료 7 메이시스와 두 경쟁기업의 비교

	메이시스	JC페니컴퍼니	노드스트롬
시가 총액(달러)	7.5B	1.1B	8.0B
종업원 수(명)	148K	106K	78K
매출(달러)	25.8B	4.5B	14.7B
매출 총이익률(%)	39.1	35.6	35.8
순이익(달러)	619M	1.0B	354M
주당 순이익(달러)	2.28	−0.57	2.87
주가 수익률	10.80	—	16.77

출처: 다양한 자료원

JC페니컴퍼니

미국 텍사스주 플레이노에 본사를 둔 JC페니는 미국과 푸에르토리코에서 1,013개의 소매점을 운영 중이며, 2017년 1월 마감된 회계연도에 45억 달러의 매출을 올렸다. JC페니는 최근 전략 및 제품 제공을 이리저리 전환하면서 몸부림을 쳤고 고객에게 혼란을 주기도 했다. 2012년 무렵 JC페니는 새 CEO를 선임하고, '하나의 공정가격'을 사용하면서 고객이 기대하는 할인 쿠폰을 없애고 판매사원을 위한 수수료도 없앴다. CEO가 세 번 바뀐 뒤 이러한 프로그램을 다시 도입하여 영업이익이 3년간의 적자 끝에 흑자로 돌아섰다. 그러나 JC페니는 특히 기업 본사 수준에서 계속 직원을 감축하고 있다. JC페니 브랜드의 약 45%는 프라이빗 라벨 브랜드이고, 이는 리바이스(Levi's) 같은 내셔널 브랜드보다 더 나은 이익을 가져다준다.

JC페니는 2017년 11월 기준으로 정규직 직원이 10만 6,000명이고 매장이 875개이다. 1902년에 설립된 JC페니는 오늘날 그렇게 잘나가는 편이 아니다. 2017년 결산 때 JC페니의 BBB(Better Business Bureau) 등급은 F로, 47개 항목의 고객 평가를 토대로 별 5개 중 1.08개를 받았다. 또한 전년도에 제출된 259개의 평가를 기반으로 한 컨슈머어페어스닷컴(ConsumerAffairs.com)의 평점은 별 5개 중 1개였다. 이러한 낮은 등급은 주로 열악한 고객 서비스 때문이다.

노드스트롬

1901년에 미국 워싱턴주 시애틀에서 신발 가게로 문을 연 노드스트롬은 본사도 시애틀에 있다. 노드스트롬은 고급 제품을 구매하는 상류층과 중류층 고객을 겨냥한다. 노드스트롬은 일반적으로 루이뷔통(Louis Vuitton) 같은 진짜 명품보다 한 단계 아래에 초점을 맞추어 고객에게 더 나은 가격으로 우수한 품질과 평판을 제공한다. 미국, 푸에르토리코, 캐나다에서 사업을 운영 중인 노드스트롬은 의류, 액세서리, 핸드백, 보석, 화장품, 향수, 혼수, 가구를 판매하고 있다.

노드스트롬의 120개 백화점과 226개 할인 매장인 노드스트롬랙(Nordstrom Rack)에서는 7만 8,000명의 직원이 근무하고 있다. 현재는 명품에 한층 더 초점을 맞추는 소형 매장을 테스트하고 있는데, 시장 차별화의 방법으로 또는 더 수익성 높은 고객층에 중점을 두는 방법으로 가격에 덜 민감한 고객에게 초점을 맞춘다. 캐나다에서의 첫 번째 노드스트롬랙 매장이 2018년 토론토에 개점했다.

타깃코퍼레이션

미국 미네소타주 미니애폴리스에 본사를 둔 타깃은 미국에서 월마트에 이어 두 번째로 큰 종합 잡화 소매업체이다. 타깃은 월마트와 비슷하지만, 단골손님에 따르면 보다 고품질의 제품을 제공한다. 미국에서 1,834개 이상의 매장을 운영하면서 32만 명 이상을 고용하고 있는 타깃은 2017년 1월 마감된 회계연도에 695억 달러의 매출을 보고했다.

최근 타깃은 팀 스포츠를 장려하는, 소매업 역사상 최대의 전국, 지역 및 자선 이니셔티브에 착수했다. 타깃은 메이저리그 축구(MLS)의 공식 파트너로서 유니비전(Univision), 폭스스포츠(FOX Sports), ESPN의 MLS 방송 중 송출 시간, 경기장 내 체험 기회, 선수 출연, 일부 MLS 플랫폼 소유권 등을 포함한 다년 계약을 체결했다. 또한 지역 축구 지원 프로그램에 800만 달러를 쾌척하고, 미국축구협회와 파트너십을 체결하여 2020년까지 100개의 축구 경기장을 신설하는 데 600만 달러를 지원하는 등 새로운 전국 이니셔티브를 통해 지역 청소년 축구에 이바지하고 있다.

온라인

소비자는 점점 더 경매 및 온라인 전용 상점에서 옷을 사고 있다. 노드스트롬 같은 전통적인 소매업체는 대부분 자체 온라인 쇼핑몰을 만들어 대응하고 있으나 오프라인 매장과 같은 높은 가격으로 판매한다. 오프라인 매장은 고객이 구매 전에 만져보고, 느끼고, 입어보고, 고급스러운 매장에서 상품에 대해 잘 아는 판매사원과 이야기할 수 있다는 특별한 우위를 가지고 있다.

일부 분석가는 주로 여성을 겨냥하면서 메이시스와 경쟁하는 '온라인 전용' 의류 상점 중 가장 인기 있는 15개를 다음과 같이 제시했다.

1. Boohoo: 영국 회사로, 가장 저렴한 옷이 6달러이고 60달러 이상을 주문하면 무료로 배송해준다.
2. Cotton On: 호주 회사로, 가장 저렴한 옷이 10달러이고 55달러 이상을 주문하면 무료로 배송해준다.
3. One Loved Babe: 여성을 위한 온라인 부티크로, 가장 저렴한 옷이 20달러이고 배송료가 무료이다.
4. Yes Style: 홍콩 회사로, 가장 저렴한 옷이 3.95달러이고 35달러 이상을 주문하면 무료로 배송해준다.
5. Amazon.com: 프라임 회원은 배송 및 반품이 무료이다.
6. Missguided: 영국 회사로, 가장 저렴한 옷이 6달러이고 모든 주문의 배송료가 5달러이다.
7. ASOS: 매우 빠르고 안정적인 온라인 상점으로, 가장 저렴한 옷이 12.50달러이고 40달러 이상을 주문하면 무료로 배송해준다.
8. Adore Me: 보통 및 대형 치수의 속옷 전문 상점으로, 배송료가 무료이다.
9. Save by the Dress: 미국 마이애미 기반의 회사로, 가장 저렴한 옷이 25달러이고 60달러 이상을 주문하면 무료로 배송해준다.
10. Dog Dog: 가장 저렴한 옷이 17.95달러이고 배송료가 무료이다.
11. Lulu's: 가장 저렴한 옷이 14달러이고 50달러 이상을 주문하면 무료로 배송해준다.
12. Dress Up: 가장 저렴한 옷이 16달러이고 50달러 이상을 주문하면 무료로 배송해준다.
13. Thred Up: 새것 같은 중고 의류를 취급하는 재판매점으로, 79달러 이상을 주문하면 무료로 배송해준다.
14. Blame Betty: 빈티지나 복고풍 의류를 취급하는 온라인 상점으로, 가장 저렴한 옷이 27.60달러이고 배송료가 다양하다.
15. 6pm: 컬럼비아(Columbia), 언더아머(Under Armour), 프라나(Prana) 등 많은 브랜드를 취급하며 남성용·여성용 의류를 판매한다.

외부 이슈

경제 상황

백화점은 경제 상황과 고객의 가처분소득에 크게 의존한다. 미국의 경제 전망은 2020년까지는 양호하다. 고객은 점점 더 온라인으로 구매하며, 2023년에는 이 구매 수단의 비중이 10%를 넘을 것으로 예상된다. 낮은 이익률에도 불구하고 백화점은 고객을 매장으로 유인하기 위한 마케팅 노력을 늘릴 것으로 예상된다.

메이시스의 고객은 메이시스가 공급하는 가격대의 제품을 점점 더 온라인으로 구매하고 있다. 자기도 모르는 새 백화점은 가격에 민감해진 고객이 세일을 기다리거나 좋은 조건을 찾도록 만들고 말았다. 기업은 통신량이 적은 시간대에 할인을 해주거나 일부 품목의 경우 예고 없이 깜짝 세일을 하기도 한다.

비용

경쟁우위로 이어지지는 않겠지만 백화점이 파산을 면하고 앞으로 나아가기 위해서는 여전히 비용 통제가 중요하다. 구매는 산업 매출의 50% 이상을 차지하며, 메이시스의 매출 원가는 약 60%이다. 가능하다면 비용 절감을 위해 공급자와의 합작투자나 전략적 제휴를 모색해야 한다. 후방 통합도 선택 가능한 사항이지만 대부분의 백화점은 이 전략을 실행하기에는 너무 다양한 제품을 제공한다. 노동은 상대적으로 높은 지출 항목으로 매출의 약 14%를 차지하나 대부분의 근로자는 시간제로서 충분히 지급받지 못하고 있다. 미국 연방정부의 최저임금은 그대로이지만 2018년 1월 1일에 미국의 18개 주는 최저임금을 인상했다.

매장 각 코너에 경험이 풍부한 판매사원을 배치하여 더 많은 고객 서비스를 제공하고 싶다면 직원을 추가로 고용하는 전진 전략을 결정해야 한다. 임대료와 에너지 비용은 매출의 8% 내외에 불과하겠지만 이러한 비용이 상당히 낮은 온라인 공급자와 경쟁하려 할 때는 매우 중요하다. 많은 사람이 알고 있는 바와 달리 마케팅 비용은 매출의 1% 정도로 낮다. 그러나 고객을 매장으로 끌어모으기 위해 마케팅을 확대한다면 이 비율이 증가할 것이다.

미래

다른 백화점과 마찬가지로 온라인 쇼핑, 틈새시장 소매점과의 경쟁에서 고전 중인 메이시스는 고객 서비스 또는 하이엔드 고객의 매우 작은 집단에 엄청나게 집중하고 있다. 이 때문에 자사의 인기 있는 블루머큐리 매장을 메이시스 백화점 안으로 옮겨 고객을 유치하려고 한다. 메이시스는 판촉과 기타 전술로 신규 고객을 매장으로 끌어들이고자 한다.

최근 몇 년간 메이시스의 매출이 감소하자 경영진은 종종 부동산 매각이 손익계산서에서 상당한 일회성 이익으로 이어진다는 점을 인식하고 높은 가치의 일부 부동산을 현금화하는 쪽으로 주의를 돌렸다. 소매점 업계에서 더 낮아진 미국 법인세법의 가장 큰 수혜자는 메이시스일지도 모른다. 메이시스는 고가의 부동산을 매각하여 부채를 상환하고 매우 높은 배당금을 계속 지급했으며(2018년 중반을 기준으로 배당 수익률이 가장 높은 기업 중 하나), 2018년 말이나 2019년에 주식 재매입을 다시 시작할 수 있기 때문이다. 2016~2017년에 메이시스는 주식 재매입이 아닌 채무 상환에 중점을 두었다. 메이시스는 실제로 잉여 부동산을 매각하기 시작했고 일부 부동산은 가치가 높다.

메이시스의 일부 매장은 수익성이 있기는 하지만, 매각할 경우의 부동산 가치에 해당하는 기회비용을 충당할 만큼을 벌어들이지는 못하고 있다. 예를 들어 메이시스는 뉴욕, 샌프란시스코, 시카고 등 부동산 시장에서 아주 인기 있는 번화가 매장을 다수 보유하고 있다. 이러한 '50년 된' 매장 중 하나를 매각할 때마다 자산 매각 이익이 높은 탓에 세금을 꽤 많이 내야 한다. 그러나 법인세가 낮아져 매각에 더 많은 인센티브가 있다. 이에 메이시스는 부동산 매각을 관리하기 위해 사모펀드 및 부동산 관리 회사인 브룩필드에셋매니지먼트와 전략적 파트너십을 맺었다. 브룩필드에셋매니지먼트는 메이시스 매장 부지를 살펴보고 매장 재개발이나 주차장 부지 개발 등의 아이디어를 모색하고 있다.

메이시스는 거대한 매장의 위층을 현금화하고자 한다. 자사의 부동산이 현재 기업의 총가치보다 가치가 더 크다는 것도 이유 중 하나이다. 일부 부동산을 매각하면 필요한 현금을 조달하고, 부채를 상환하고, 주주에게 배당금을 지급하고, 생존을 위한 혁신을 꾀할 수 있을 것이다.

2018~2019 회계연도

2019년 초에 메이시스는 워싱턴주 레드먼드에 있는 레드먼드타운센터의 매장을 폐점했다. 2016년 8월에 발표한 약 100개 매장 폐점 계획의 83번째를 단행한 것이다. 지난 3년간 메이시스는 총 13억 달러의 현금 거래를 완료했다. 2018 회계연도에 들어서면서 메이시스는 보유 부동산 재개발의 가치가 비전략적인 영업장의 가치를 넘어서는 기회를 파악하기 위해 부동산 포트폴리오를 평가했다. 예컨대 2018년 2월에는 시카고에 있는 스테이트스트리트 매장의 8~14층을 브룩필드에셋매니지먼트가 주관하는 부동산 사모펀드에 매각하는 계약을 체결했다. 브룩필드는 거의 사용하지 않는 이 공간을 역동적이고 창의적인 사무실로 탈바꿈할 계획이다. 이 거래의 일부로 메이시스는 총 3,000만 달러(대금으로 2,700만 달러, 일부 개선 기여금으로 300만 달러)를 받고, 사무실 공간으로의 전환에 따른 가치 창출의 긍정적 혜택도 얻게 될 것이다. 또한 2018 회계연도 전반기에 마무리되는 이 거래로 인해 스테이트스트리트 매장은 더욱 활기찬 쇼핑 장소가 될 것이다.

메이시스는 2019 회계연도에 캘리포니아주 새너제이와 코네티컷주 노워크에 블루밍데일스 매장을 추가로 개점할 예정이다. 할인 매장 브랜드인 메이시스 백스테이지와 그 재고 판매 전략을 실행하는 라스트액트는 성장하는 중이다. 2018년 2월 3일 기준으로 메이시스 백스테이지 매장은 총 52개(독립 매장 7개, 메이시스 내 매장 45개)이다. 또한 메이시스는 스파 및 고급 미용 제품 판매점인 블루머큐리를 키우기 위해 블루머큐리 독립 매장을 추가로 개점하고, 메이시스 매장 안에 블루머큐리 제품과 부티크를 들여놓고 있다. 2018년 2월 3일 현재 블루머큐리 매장은 총 157개(독립 매장 137개, 메이시스 내 매장 20개)이다.

메이시스는 전진을 위한 세부적인 전략계획이 필요하며, 해당 산업에서 어떤 포지션을 취할지 결정해야 한다. 현재 전통적인 백화점 형식으로 중간 가격대의 상품을 판매하는 것은 할인 백화점, 전문점, 순수한 온라인 쇼핑몰에 비해 그리 효과적이지 않다.

The Gap Inc.–2018

www.gapinc.com

갭은 남성용·여성용·아동용·유아용 의류, 액세서리, 개인 위생용품을 제공하는 유명 소매업체로 갭(Gap), 올드네이비(Old Navy), 바나나리퍼블릭(Banana Republic), 인터믹스(Intermix), 웨딩턴웨이(Weddington Way), 파이퍼라임(Piperlime), 애슬레타(Athleta) 브랜드를 보유하고 있다. 미국, 캐나다, 중국, 영국, 프랑스, 아일랜드, 이탈리아, 대만, 멕시코, 일본에 매장이 있으며, 가맹점 계약을 통해 아시아, 호주, 유럽, 라틴아메리카, 아프리카, 중동으로 영업을 확장했다. 갭은 대부분 임차한 3,200개 직영 매장에서 약 13만 5,000명의 정규직 및 시간제 직원이 근무하고 있다. 고객은 gap.com, oldnavy.com, bananarepublic.com, athleta.com에서도 쇼핑을 할 수 있다. 갭이 소유한 기타 소매 아웃렛으로는 갭보디(GapBody), 갭키즈(GapKids), 베이비갭(BabyGap) 등이 있다. 한편 웨딩턴웨이는 갭의 재무제표에 의미 있는 영향을 미치지 않는다.

갭은 데님, 티셔츠, 패션 의류, 신발, 액세서리, 속옷, 개인 위생용품 등 다양한 범주의 가족 의류를 제공한다. 갭의 모든 의류는 특별히 제작한 프라이빗 라벨 상품이다. 디자인 보드부터 매장 진열까지 갭은 자사의 트레이드마크인 캐주얼 룩의 모든 측면을 관리하고 있다.

다음 수치가 나타내듯이 갭은 미래를 위한 명확한 전략계획이 필요하다. 2016 회계연도에는 매출이 2% 감소했으나 2017 회계연도에는 3% 증가했으며 브랜드별 매출은 다음과 같다.

- **올드네이비 글로벌**: 2016년 1% 감소, 2017년 6% 증가
- **갭 글로벌**: 2016년 3% 감소, 2017년 1% 감소
- **바나나리퍼블릭 글로벌**: 2016년 7% 감소, 2017년 2% 감소

역사

1969년에 도리스 피셔(Doris Fisher)와 돈 피셔(Don Fisher)는 다양한 스타일을 제공하는 독특한 쇼핑 경험을 창조한다는 비전을 가지고 의류 소매 사업에 뛰어들었다. 미국 샌프란시스코에 문을 연 첫 번째 갭 매장에 담긴 아이디어는 신선하고 격식 없는 아메리카 스타일 의류를 제공하는 것이었다. 1970년까지 매출은 200만 달러를 기록했고 갭은 캘리포니아주 새너제이에 두 번째 매장을 열었다. 6년 뒤인 1976년에 갭은 큰 변화를 겪었으며 뉴욕 및 퍼시픽 증권거래소에 120만 주를 상장했다.

1980년대는 성장과 확장의 시기였다. 1980년에 갭은 리바이스(Levi's) 등의 브랜드를 떼어내고 자체적인 프라이빗 라벨에 중점을 두기 시작했다. 1983년에 갭은 바나나리퍼블릭을 인수하여 제품 라인을 수평적으로 확장하고, 갭키즈를 출시하여 캘리포니아주 샌마테오에 첫 매장을 개점했다. 1년 뒤 갭은 세계 시장에 뛰어들어 영국 런던과 캐나다 밴쿠버에 근거지를 확보하고 유럽 시장에 진출했으며, 연 매출이 10억 달러에 이르렀다.

2005년 갭은 온라인 매장을 개편하여 상호작용하는 보다 편리한 쇼핑을 제공했다. 다음 해에는 온라인 브랜드에 파이퍼라임을 추가했다. 2008년 갭은 캘리포니아주 페탈루마에 본사를 둔 여성용 스포츠 및 활동성 의류 회사인 애슬레타를 1억 4,800만 달러에 인수했다. 갭은 의류 체인의 범위를 동유럽으로 확대하여 2011년 세르비아와 우크라이나에 개점하고, 2018년 초에는 베오그라드와 키이우에 개점했다. 갭의 국제 회장인 스티븐 선넉스(Stephen Sunnucks)는 우크라이나는 동유럽에서 가장 빨리 성장하는 소매 시장이고, 세르비아에는 쇼핑을 즐기는 젊은 고객이 많다고 말했다.

비전과 사명

갭은 지속가능성을 제고하고 직원을 소중히 여기기 위한 노력과 관련하여 많은 문헌과 논의를 자사 웹사이트에 게시하고 있다. 그러나 정리된 비전 선언문이나 사명 선언문이 공개되지는 않았다. 현재와 과거의 연례 보고서를 살펴보건대 사명은 다음과 같은 모습일 것이다.

> 갭은 북미, 아시아, 유럽에서 합리적인 가격에 품질 좋은 제품을 판매함으로써 고객에게 우수한 가치를 제공하는 전문 가족 의류 산업의 리더가 되기 위해 노력한다. 갭은 자사 직원과 공급망에 고용된 모든 사람에게 특별한 관심을 기울여 원자재의 환경적 영향을 최소화하기 위해 노력한다. 갭은 상호작용하는 모든 커뮤니티와 지속적이고 긍정적인 관계를 일구는 데 전념한다.

내부 이슈

조직 구조

갭의 조직 구조를 보여주는 자료 1에서 15명 중 6명은 여성이다. 갭은 상품별 부문 구조로 운영되지만 여러 지위에 회장과 CEO 직위가 중복되고 COO는 없다. 모든 최고경영진은 회장 겸 CEO인 아트 펙(Art Peck)에게 보고하는 것으로 보인다.

자료 1 갭의 최고경영진과 조직 구조

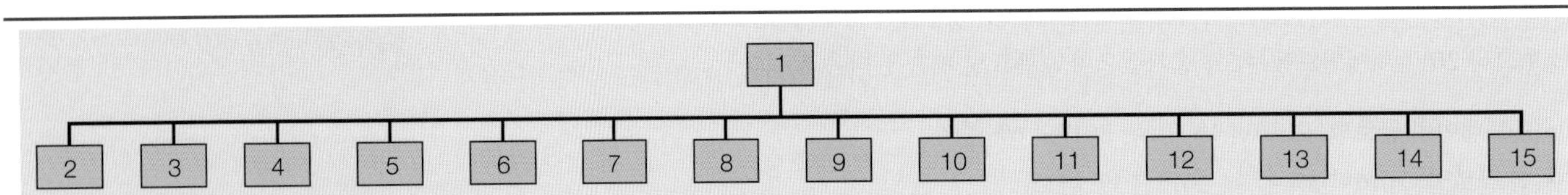

1. 회장 겸 최고경영자(president and CEO) Art Peck
2. 글로벌 인재 및 지속가능성 담당 부사장(EVP global talent and sustainability) Brent Hyder
3. 부사장, 글로벌 법률자문, 비서실장 겸 최고준법감시책임자(EVP, global general counsel, corporate secretary and chief compliance officer) Julie Gruber
4. 부사장 겸 최고정보책임자(EVP and chief information officer) Paul Chapman
5. 전략 담당 부사장 겸 및 최고고객책임자(EVP strategy and chief customer officer) Sebastian Digrande
6. 글로벌 공급망: 구매 생산 담당 부사장(EVP global supply chain: sourcing and production) Michael Yee
7. 글로벌 공급망 및 운영 담당 부사장(EVP global supply chain and operations) Shawn Curran
8. 글로벌 구매 및 생산운영 담당 부사장(EVP global sourcing and product operations) Christophe Roussel
9. 부사장 겸 최고재무책임자(EVP and chief financial officer) Teri List-Stoll
10. 회장 겸 갭 최고경영자(president and CEO Gap) Jeff Kirwan
11. 회장 겸 올드네이비 최고경영자(president and CEO Old Navy) Sonia Syngal
12. 회장 겸 애슬레타 최고경영자(president and CEO Athleta) Nancy Green
13. 회장 겸 바나나리퍼블릭 최고경영자(president and CEO Banana Republic) Mark Breitbrad
14. 부사장 겸 중국사업부 사장(EVP and general manager, greater China) Abinta Malik
15. 회장 겸 인터믹스 사장(president and general manager, Intermix) Jyothi Rao

출처: 기업 문서

지속가능성

갭의 지속가능성 전략은 인권에 초점을 둔 유엔 글로벌 지속가능 발전 어젠다(United Nations Global Sustainable Development Agenda)와 기후에 초점을 둔 파리 협정(Paris Agreement), 기타 지속가능 프로그램과 일치한다. 갭은 자사의 5대 핵심 지속가능성 집중 영역에 쓰여 있는 바와 같이 13만 5,000명의 직원과 공급망 내의 수백만 명이 공정하게 보수를 받고 안전하게 근무하도록 노력을 기울이고 있다. 다섯 가지 핵심 영역에는 물 관리, 제품 지속가능성, 운영상 환경 효율성 등도 포함된다. 모든 영역은 직원을 소중히 여기고 생산되는 모든 제품의 환경 발자국을 줄이는 데 중점을 두고 있다.

부문별 정보

갭의 주요 브랜드는 갭, 올드네이비, 바나나리퍼블릭, 애슬레타, 인터믹스이고 모든 사업 부문은 의류에 집중한다. 갭은 모든 매장의 배치, 마케팅, 브랜드 개발 및 기타 대부분의 중요 요소를 통제한다. 갭은 유행을 따르면서도 캐주얼한 아메리카 스타일 의류에 특화되어 있고 중간 가격대의 제품을 제공하는 데 중점을 둔다. 갭키즈, 베이비갭, 갭보디, 갭피트(GapFit), 갭머터니티(GapMaternity)는 갭이 활용하는 대중 마케팅 이름이다. 고객은 소매점, 아웃렛, 직영 할인점, 갭 웹사이트 등에서 제품을 구매할 수 있다. 갭 매장은 갭이 소유한 모든 매장의 41%를 차지한다.

갭은 연례 보고서에 지역별·브랜드별 매출을 제공하며, 지역별·브랜드별 매장 수는 자료 2와 같다. 북미에는 갭 매장보다 올드네이비 매장이 약 25% 더 많지만 세계적으로는 갭 매장이 88%, 올드네이비 매장이 단 2%임을 주목하라. 또한 모든 갭 브랜드 매장의 약 12.5%가 가맹점 소유인데, 이는 대부분이 북미 이외 지역에 있다. 자료 3은 모든 갭 브랜드 매장의 83%가 북미에 위치해 있음을 보여주고, 자료 4는 갭, 올드네

자료 2 갭의 매장 통계(2017년)

브랜드	지역	매장 수
갭	북미	844
올드네이비	북미	1,043
바나나리퍼블릭	북미	601
애슬레타	북미	132
인터믹스	북미	43
북미 매장 총합		**2,663**
갭	아시아	311
올드네이비	아시아	13
바나나리퍼블릭	아시아	48
아시아 매장 총합		**372**
갭	유럽	164
바나나리퍼블릭	유럽	1
유럽 매장 총합		**165**
회사 매장 총합	**세계**	**3,200**
가맹점 매장 총합	**세계**	**459**
전체 매장 총합		**3,659**

출처: 기업 웹사이트

자료 3 갭의 지역별 매장 수(2017년)

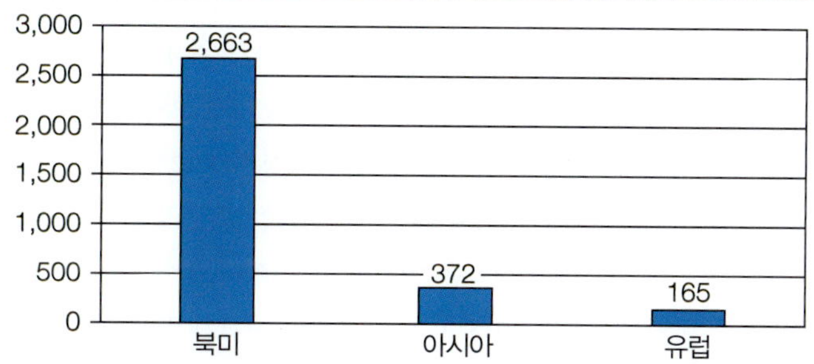

출처: 기업 웹사이트

자료 4 갭의 전 세계 매장 비중(2017년)

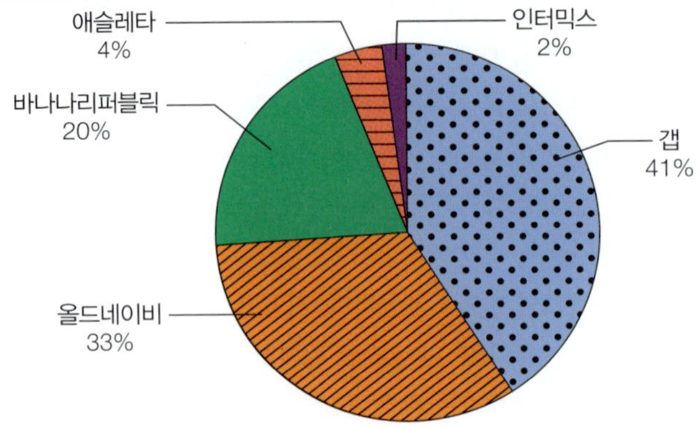

출처: 기업 웹사이트

이비, 바나나리퍼블릭이 세계 전체 갭 브랜드 매장의 94%를 차지한다는 것을 보여준다.

갭은 향후 멕시코와 중국에 올드네이비 매장을 추가로 열 계획이지만, 일본에서는 2016년에 올드네이비 매장을 모두 철수하고 갭, 바나나리퍼블릭 매장 200개로 일본 시장에서의 영업을 유지했다. 2016년에 갭은 세계적으로 67개의 매장을 폐점했는데, 이는 나라별로 각기 다른 브랜드가 얼마나 중요한지를 보여준다. 누구에게나 맞는 규모란 없다. 예컨대 전체 올드네이비 매장 1,056개 중 13개를 제외하고 나머지가 모두 북미에 있다.

자료 5와 6은 각각 지역별 매출, 부문별 매장 수를 보여준다. 2018년 2월 3일에 마감된 2017 회계연도의 실적은 미국, 캐나다, 유럽, 아시아에서 모든 브랜드에 걸쳐 상당한 감소세를 보였고, 기타 지역과 기타 브랜드에서만 약간 증가했다. 미국 지역에는 푸에르토리코와 괌이 포함된다.

자료 5 2017 회계연도 갭의 지역별 매출(단위: 100만 달러)

지역	갭	올드네이비	바나나리퍼블릭	기타	총합
미국과 캐나다	3,463	7,117	2,242	919	13,741
아시아	1,117	50	96	0	1,263
유럽	626	0	15	0	641
기타 지역	112	71	27	0	210
총합	5,318	7,238	2,380	919	15,855

출처: 기업 문서

현재 전략

비용 절감과 가치사슬상의 효율성은 갭의 단기 수익성을 개선하지만, 이러한 시도는 향후 지속가능한 경쟁우위를 보장할 수 없다. 갭은 무엇을 어디서 팔아야 할지 결정하기 위해 고심해야 한다. 미래를 위한 갭의 전략적 이슈는 '미국에 매장을 계속 추가해야 하는가', '그렇다면 어떤 브랜드를 추가해야 하는가'이다. 역사적으로 가족 의류 사업은 본질상 이중 방식이었다. 침체기나 경기가 보통 수준일 때는 TJX컴퍼니스(TJX Companies, Inc.)나 로스스토어스(Ross Stores, Inc.) 같은 할인 매장의 성과가 좋고, 경기가 호황일 때는 고급 매장이 더 좋은 실적을 거둔다. 갭의 전략은 이러한 두 가지 상황에 대처하기 위해 얼마나 잘 조절할 수 있는가? 2002년의 시장 바닥에서부터 2018년 초까지 갭의 주가가 220% 오른 데 비해 TJX컴퍼니스와 로스스토어스는 각각 760%, 2,100% 올랐다. 갭은 이를테면 바나나리퍼블릭을 처분하고 로스스토어스나 TJX컴퍼니스와 유사한 매장을 추가하는 제품 개발 전략을 고려해야 할 것인가?

자료 6 갭의 부문별 매장 수

부문	2017년 11월 1일	2018년 2월 1일
북미 갭	835	810
아시아 갭	309	313
유럽 갭	157	155
북미 올드네이비	1,057	1,066
아시아 올드네이비	13	14
북미 바나나리퍼블릭	596	576
아시아 바나나리퍼블릭	48	45
북미 애슬레타	140	148
북미 인터믹스	38	38
직영 매장 총합	3,193	3,165
가맹점 매장 총합	446	429
총합	3,636	3,594

출처: 기업 문서

생산 및 계절성

갭은 40개 이상 국가의 약 800개 거래처로부터 제품을 구매하며, 그중 최대 거래처인 두 곳은 각각 연 구매액의 5% 내외를 공급한다. 구매의 절반 이상이 미국 밖에서 이루어지는데, 베트남과 중국에서 50% 정도를 구매한다. 갭의 매출은 크리스마스 휴가 기간에 최고점을 찍는다.

재무

갭의 매출은 2017년 1월에 마감된 2016 회계연도에 약 2%가 줄어들었다. 이 감소의 대부분은 갭과 바나나리퍼블릭의 순매출 감소에 기인한 것이며, 환율 손실이 2,000만 달러에 불과했다. 하지만 더 놀라운 사실은 운영비의 현저한 증가로 당기순이익이 지난해 같은 기간보다 26% 떨어졌다는 것이다. 2015 회계연도의 총순매출은 6억 3,800만 달러가 감소했다. 갭은 2018년 1월에 마감된 2017 회계연도에 0.92달러의 배당금을 지급하고 10억 달러의 주식 재매입을 재개할 계획이다. '재개'라는 용어를 사용한 것은, 갭이 재무상태표에 자사주를 0달러로 기재했지만 2014 회계연도에는 대량의 자사주가 있었기 때문이다. 갭은 12억 5,000만 달러의 장기부채를 2021년 4월까지 높은 고정이자율(5.95%)로 가지고 있다. 최근에 갭은 애슬레타와 인터믹스를 인수하면서 재무상태표에 명목금액의 영업권을 보고했다.

자료 7과 8은 각각 2016, 2017 회계연도의 손익계산서와 재무상태표이다. 2018년 2월 3일에 마감된 2017 회계연도에 갭의 매출은 전년 대비 소폭 증가한 159억 달러였다. 갭은 3,594개의 매장으로 2017 회계연도를 마감했는데, 그중 3,165개가 직영이고 나머지가 가맹점이었다.

경쟁기업

미국의 가족 의류 산업은 매우 세분되어 있으며, 가족 기업부터 총매출 기준 최대인 TJX컴퍼니스에 이르기까지 2만 개 이상의 기업이 있다. 또한 이익률이 낮고, 연 매출이 1,000억 달러 규모이며, 이익이 30억 달러를 약간 넘고, 성장률이 2.5%에 못 미친다. 해당 산업의 상위 경쟁사는 TJX컴퍼니스, 로스스토어스, 엘브랜즈(L Brands), 갭, 케이토(Cato), 스테인마트(Stein Mart) 등이고, 월마트(Walmart), 타깃(Target), 벨크(Belk), 케네스콜(Kenneth Cole), 아베크롬비앤드피츠(Abercrombie & Fitch), JC페니(J.C. Penny)를 포함하면 훨씬 더 많다. 주목할 만한 미국 시장의 신규 참여자는 스웨덴 회사인 H&M으로, H&M은 저렴

자료 7 갭의 손익계산서(단위: 100만 달러)

계정과목	2017년 1월 28일	2018년 2월 3일		변화율(%)
매출	15,516	15,855	↑	2.18
매출 원가	9,876	9,789	↓	−0.88
매출 총이익	5,640	6,066	↑	7.55
영업 비용	4,441	4,568	↑	2.86
이자 및 세전이익	1,199	1,498	↑	24.94
이자 비용	75	74	↓	−1.33
법인세 차감 전 순이익	1,124	1,424	↑	26.69
세액	448	576	↑	28.57
비반복적 항목	0	0	NA	NA
당기순이익	676	848	↑	25.44

출처: 기업 문서

자료 8 갭의 재무상태표(단위: 100만 달러)

계정과목	2017년 1월 28일	2018년 2월 3일		변화율(%)
자산				
현금 및 단기투자자산	1,783	1,783	→	0
외상매출금	0	0	NA	NA
재고자산	1,830	1,997	↑	9
기타 유동자산	702	788	↑	12
총유동자산	4,315	4,568	↑	6
부동산 및 설비	2,616	2,805	↑	7
영업권	0	0	NA	NA
무형자산	0	0	NA	NA
기타 장기자산	679	616	↓	−9
자산 계	7,610	7,989	↑	5
부채				
외상매입금	2,388	2,461	↑	3
기타 유동부채	65	0	↓	−100
총유동부채	2,453	2,461	↑	0
장기차입금	1,248	1,249	↑	0
기타 장기부채	1,005	1,135	↑	13
부채 계	4,706	4,845	↑	3
자본				
보통주	20	19	↓	−5
이익잉여금	2,749	3,081	↑	12
자사주	0	0	NA	NA
주식발행초과금 및 기타	135	44	↓	−67
자본 계	2,904	3,144	↑	8
부채 및 자본 계	**7,610**	**7,989**	↑	**5**

출처: 기업 문서

하지만 품질 좋은 의류에 특화하여 유럽 전역에서 인기를 끌고 있다. 또한 스페인 회사인 자라(Zara)는 저렴한 가격의 유행 의류 브랜드로 미국에 매장을 두고 있다.

자료 9는 가족 의류 산업의 경쟁을 선도하는 세 기업의 재무 비교 자료이다. 또한 가족 의류 기업의 미국 시장점유율을 나타낸 자료 10을 보면 TJX컴퍼니스, 로스스토어스, 갭이 가장 큰 비중을 차지하고 있다.

자료 9 갭과 두 경쟁기업의 비교(2017년 7월 1일)

	갭	TJX컴퍼니스	로스스토어스
시가 총액(달러)	13.4B	48.3B	30.6B
종업원 수(명)	135K	235K	79K
매출(달러)	15.5B	33.2B	12.8B
매출 총이익률(%)	36.3	30.0	28.7
순이익(달러)	676M	2,247M	1,118M
주당 순이익(달러)	2.17	3.70	3.13
주가 수익률	15.88	20.60	25.60

출처: 다양한 자료원

자료 10 가족 의류 기업의 시장점유율

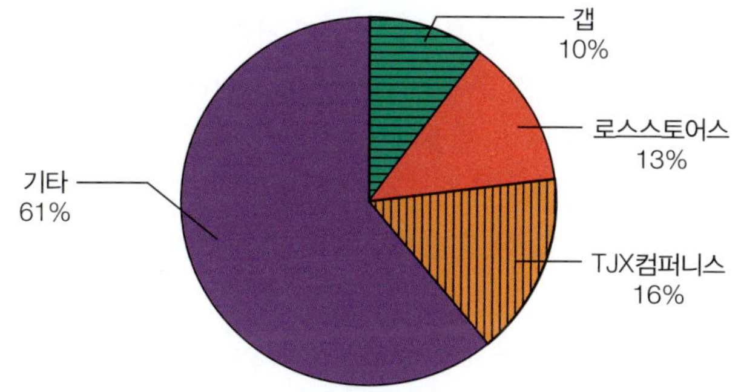

출처: 다양한 자료원

TJX컴퍼니스

미국 매사추세츠주 프레이밍햄에 본사를 둔 TJX컴퍼니스의 CEO인 캐럴 마이로비츠(Carol Meyrowitz)는 미국, 캐나다, 유럽의 자사 매장 어디서든 고객이 보물찾기를 할 수 있기를 바란다. TJX컴퍼니스는 TJ 맥스(TJ Maxx), 마셜스(Marshalls), 홈굿즈(HomeGoods) 등의 할인가 브랜드를 보유한 거대 소매 기업으로, 미국 50개 주 전역과 캐나다 10개 지역, 영국, 아일랜드, 독일, 폴란드, 유럽에 매장이 있다. 수익의 약 75%는 미국 시장에서 발생하고, 매출의 약 25%는 가정용품에서 얻는다. TJX컴퍼니스의 매출은 2015 회계연도에 310억 달러에서 소폭 상승하여 2016 회계연도에 330억 달러를 기록했고, 당기순이익은 23억 달러를 유지했다. 흥미롭게도 TJX컴퍼니스의 당기순이익은 지난 4년 동안 실질적 성장 없이 안정적으로 유지되었다. 전체 3,812개 매장에서는 약 23만 5,000명의 직원이 근무하고 있는데, 이들 중에는 로스스토어스, 스테인마트, 갭, 케이토와 같은 인근 경쟁 매장에서 자리를 옮긴 경우도 흔히 있다. TJX컴퍼니스의 가장 큰 고객층은 여성이고, 경쟁업체인 갭과 마찬가지로 CEO도 여성이다.

로스스토어스

미국 캘리포니아주 더블린에 본사를 둔 로스스토어스는 할인 의류 및 홈패션 기업으로, 일반 백화점 가격에서 20~60% 할인된 가격으로 제품을 제공한다. 로스스토어스의 주요 슬로건은 '로스, 더 싸게 드레스를

(Ross, Dress for Less)'이다. 로스스토어스는 '로스, 더 싸게 드레스를'과 'dd의 할인', 두 부문으로 운영되고 있으며 7만 8,000명 이상을 고용 중이다. 2017년 1월에 마감된 회계연도에는 128억 달러 이상의 매출을 보고했다. 로스스토어스는 미국 37개 주의 1,412개 매장에서 여성 의류, 속옷, 임부복, 신발, 액세서리, 핸드백, 시계, 보석, 여행 가방 등을 판매하고 있다. 꼭 필요한 요소만 사용하는 정책을 채택한 로스스토어스는 쇼윈도 진열을 하지 않고 마네킹 등의 흥미 유발 마케팅 및 홍보용 전시도 하지 않는다. 매장을 찾는 주요 연령층은 25~54세이다. 로스스토어스는 최근 회계연도에 87개 매장을 늘렸는데, 이는 6%의 증가율로 지난 몇 년간의 증가 추세와 비슷하다.

온라인

소비자는 점점 더 경매 및 온라인 전용 상점에서 옷을 사고 있다. 전통적인 소매업체는 대부분 자체 온라인 쇼핑몰을 만들어 대응하고 있으나 오프라인 매장과 같은 높은 가격으로 판매한다. 오프라인 매장은 고객이 구매 전에 만져보고, 느끼고, 입어보고, 고급스러운 매장에서 상품에 대해 잘 아는 판매사원과 이야기할 수 있다는 특별한 우위를 가지고 있다.

주로 여성에게 저렴한 의류를 판매하면서 갭과 경쟁하는 온라인 의류 상점 중 가장 인기 있는 20개는 다음과 같다.

1. Boohoo: 영국 회사로, 가장 저렴한 옷이 6달러이고 60달러 이상을 주문하면 무료로 배송해준다.
2. Cotton On: 호주 회사로, 가장 저렴한 옷이 10달러이고 55달러 이상을 주문하면 무료로 배송해준다.
3. One Loved Babe: 여성을 위한 온라인 부티크로, 가장 저렴한 옷이 20달러이고 배송료가 무료이다.
4. Yes Style: 홍콩 회사로, 가장 저렴한 옷이 3.95달러이고 35달러 이상을 주문하면 무료로 배송해준다.
5. Amazon.com: 프라임 회원은 배송 및 반품이 무료이다.
6. Missguided: 영국 회사로, 가장 저렴한 옷이 6달러이고 모든 주문의 배송료가 5달러이다.
7. ASOS: 매우 빠르고 안정적인 온라인 상점으로, 가장 저렴한 옷이 12.50달러이고 40달러 이상을 주문하면 무료로 배송해준다.
8. Adore Me: 보통 및 대형 치수의 속옷 전문 상점으로, 배송료가 무료이다.
9. Save by the Dress: 미국 마이애미 기반의 회사로, 가장 저렴한 옷이 25달러이고 60달러 이상을 주문하면 무료로 배송해준다.
10. Dog Dog: 가장 저렴한 옷이 17.95달러이고 배송료가 무료이다.
11. Lulu's: 가장 저렴한 옷이 14달러이고 50달러 이상을 주문하면 무료로 배송해준다.
12. Dress Up: 가장 저렴한 옷이 16달러이고 50달러 이상을 주문하면 무료로 배송해준다.
13. Thred Up: 새것 같은 중고 의류를 취급하는 재판매점으로, 79달러 이상을 주문하면 무료로 배송해준다.
14. Blame Betty: 빈티지나 복고풍 의류를 취급하는 온라인 상점으로, 가장 저렴한 옷이 27.60달러이고 배송료가 다양하다.
15. 6pm: 컬럼비아(Columbia), 언더아머(Under Armour), 프라나(Prana) 등 많은 브랜드를 취급하며 남성용·여성용 의류를 판매한다.
16. Nordstrom Rack: 가장 저렴한 옷이 6.08달러이고 90달러 이상을 주문하면 무료로 배송해준다.
17. Charming Charlie: 가장 저렴한 옷이 19달러이고 50달러 이상을 주문하면 무료로 배송해준다.
18. Old Navy: 가장 저렴한 옷이 12달러이고 50달러 이상을 주문하면 무료로 배송해준다.
19. Hollister: 주로 10대를 겨냥하며, 가장 저렴한 옷이 20달러이고 50달러 이상을 주문하면 무료로 배송해준다.
20. TJ Maxx: 가장 저렴한 옷이 7.99달러이고 89달러 이상을 주문하면 무료로 배송해준다.

외부 이슈

고객의 선택지가 점점 더 많아지고 구매 수단도 더 늘어남에 따라 가족 의류 사업은 경쟁이 매우 치열하다. 많은 고객이 할인 판매를 기다림으로써 소매상은 재고 회전율이 낮아지고 순이익률도 감소하게 되었다. 자동차, 전자제품, 식당과 같은 사업과 달리 소매 의류 사업은 성격상 스타일, 색깔, 날씨 등 계절 요인이 크게 작용하여 재고, 배분, 마케팅 활동에 지대한 영향을 미친다. 고객의 취향 또한 빨리 변하여 한 해에 유행했던 색깔이나 스타일이 다음 해에는 촌스러워지기도 한다. 미국의 가족 의류 상점은 매출 규모가 1,000억 달러 이상이지만 순이익이 50억 달러에 못 미치고 성장률이 1% 내외로 정체되어 있다. 간단히 말해 가족 의류 사업은 사정이 어렵다. 산업 매출에서 여성용 의류가 52%, 남성용 의류가 28%, 아동용 의류가 20%를 차지한다.

리쇼어링

지난 50년간 의류 생산(섬유 산업)은 미국 북부에서 남부로, 그다음에는 멕시코에 이어 중국과 베트남 등지의 아시아로 옮겨 갔다. 그러나 보스턴컨설팅그룹(Boston Consulting Group)에 따르면 미국 내에서 제품을 생산하는 경향이 커지고 있다. 운송 비용의 증가, 정부의 우대 조치, 최종 소비자와의 근접성, 해외 노동 비용의 증가, 최근 세법의 변화, 제품에 '메이드인 USA'를 찍을 수 있다는 이유 등으로 기업은 미국에서 다시 생산하고 있다. 현재 미국에서 브랜드의 일부를 생산하는 의류 기업은 아베크롬비앤피츠, J크루그룹(J. Crew) 등이며, 과거에 노동력 착취로 지탄을 받았던 나이키(Nike)마저도 일부 제품의 리쇼어링을 심각하게 고려 중이다.

비용

가족 의류 기업의 순이익률은 5% 이내이며, 매입비가 총비용의 60% 이상을 차지하므로 더 싼 의류 제조업체를 찾아야 한다는 압박이 크다. 2017년에 미국 가족 의류 소매점에서 판매된 의류의 80% 이상은 해외에서 수입되었다. 한편 매입가에서 높은 비중을 차지하는 것은 해마다 급격히 변하는 면화 가격이다. 매장 직원에게 지급되는 임금은 산업 매출의 10% 정도에 불과하며, 임금 인상에 대한 압력이 끊이지 않는다. 매출에서 임대료와 에너지 비용은 6%를, 광고와 마케팅은 2% 정도를 차지한다.

의류 소재의 지속가능성

옷을 만드는 데에는 다양한 재료가 사용된다. 면과 리넨은 식물에서 얻고 모직, 가죽, 캐시미어는 동물에서 얻는다. 오늘날에는 폴리에스터, 스판덱스, 인조견, 모달, 기타 목재 추출물 등의 합성섬유도 많다. 면화를 키우려면 적절한 물을 주고 해충과 잡초 방제 조치를 해야 하므로 면화 재배 과정에서 상당한 환경 발자국이 발생할 수 있다. 면화는 헌 옷을 재활용할 수 있다는 것과 재생 가능한 자원(해마다 재배 가능)이라는 것이 큰 이점이다. 일반적으로 합성섬유는 재생 불가능하고, 석유 부산물에서 추출되며, 생분해 시간이 면화보다 훨씬 더 길다. 인조견과 모달 같은 셀룰로스 섬유는 보통 어떤 목재에서 추출되었는지 추적하기 어렵고, 간혹 멸종 위기의 숲에서 목재 펄프가 추출되기도 한다.

미래

2018 회계연도에 갭은 폐쇄 및 이전을 포함하여 약 25개의 직영점을 추가로 열 계획이다. 특히 애슬레타와 올드네이비 매장의 신규 개점에 초점을 두고, 실적이 저조한 갭과 바나나리퍼블릭 매장은 폐점할 예정이다. 급증하는 온라인 선호에 직면한 갭은 수천 개의 오프라인 매장을 최적 관리할 수 있는 명확한 전략계획이 필요하다. 갭은 2016 회계연도의 7.7% 대비 2017 회계연도의 영업이익을 유지하거나 9.3%로 증가시키려 한다. 갭의 제품은 직영점, 가맹점, 전자상거래 사이트를 통해 90개국 이상에서 구매할 수 있다. 갭을 위한 효과적인 3개년 전략계획을 수립하라.

Lowe's Companies, Inc.–2018

www.lowes.com

미국 노스캐롤라이나주 무어스빌에 본사를 둔 로우스는 《포천(Fortune)》이 꼽은 미국 상위 50대 기업에 속한다. 조지아주 애틀랜타에 본사를 둔 홈디포(The Home Depot, Inc.)에 이어 세계 2위의 주택 수리 용품점인 로우스는 미국, 캐나다, 멕시코에서 2,365개의 매장을 운영하고 있다. 로우스는 1,900m^2 이상의 매장 공간에서 매주 1,700만 명의 고객에게 서비스를 제공하며, 지분의 1/3을 소유한 호주의 울워스(Woolworths Limited)와 호주에서 로우스의 분위기를 살린 매장을 개발하기로 합의했다.

로우스는 가정용 기기, 잔디와 정원, 목재, 배관, 전기, 전동 공구, 바닥 등 다양한 주택 수리 및 건축 용품을 판매한다. 로우스의 원칙은 '고객을 위해 경쟁사보다 더 잘 실행하고, 주택 개선 과정을 가능한 한 끊김 없이 매끄럽고 쉽게 이루어지도록 하는 것'이다. 로우스의 고객은 주로 주택 소유자, 임대자, 주택 건축 업체, 상업적 건설 회사 등이다. 로우스는 19만 명의 정규직을 포함하여 29만 명 이상을 고용하고 있으며, CEO인 로버트 니블록(Robert Niblock)이 모두를 지휘한다.

로우스의 CEO 자리를 25년간 지킨 니블록은 후계자를 임명할 수 있다면 곧바로 은퇴하겠다고 발표했다. 그는 로우스 이사회 의장 자리에서도 물러날 예정이다. 2018년 가을, 마빈 엘리슨(Marvin Ellison)이 니블록에 이어 회장 겸 CEO 자리에 올랐다.

역사

최초의 로우스는 1921년 노스캐롤라이나주 노스윌크스버러에 루셔스 로우(Lucius Lowe)가 개점한 로우스 노스윌크스버러하드웨어(Lowe's North Wilkesboro Hardware)이다. 이 상점은 시작부터 철물 제품뿐만 아니라 농산물, 잡화, 담배, 건조 제품을 팔았다. 1940년에 루셔스 로우가 세상을 뜬 뒤 딸 루스 버컨(Ruth Buchan)이 사업을 이어받았으나 같은 해에 남동생 짐 로우(Jim Lowe)에게 팔아넘겼다. 1946년, 로우스가 정식으로 설립되었다. 제2차 세계대전 후 로우는 매형인 칼 버컨(Carl Buchan)을 고용하여 두 사람은 1952년까지 함께 상점을 운영했다. 둘이 헤어지면서 버컨은 철물 사업을 가져갔고, 로우는 1954년에 로우스푸즈(Lowes Foods)를 개점하여 오늘날까지 운영하고 있다.

분할 이후 버컨은 1950년대 내내 로우스를 확장하여 노스캐롤라이나의 여러 시장에 매장을 열었다. 그러나 1960년에 버컨이 44세의 나이에 심장마비로 사망하자 로우스의 경영진은 1961년에 회사를 상장했다. 이듬해 21개 로우스 매장의 연 매출은 3,200만 달러를 넘어섰다.

1960~1970년대에 미국 주택 시장이 급속히 확대되어 전문 건축업자가 로우스의 주요 고객이 되었다. 1982년에 로우스는 처음으로 10억 달러의 매출을 올리고 2,500만 달러의 기록적 순이익을 보고했다. 하지만 1980년대 이후 로우스는 전문 건축업자 시장과 더불어 주택 자가 수리 시장에 집중하기 시작했는데, 이는 주말에 자기 집을 개량하거나 수리하여 가치를 더하고자 하는 고객의 수요를 충족하기 위함이었다.

1994년에 '현대적' 로우스는 7,800m^2 이상 대형 매장으로의 확장을 시작했다. 2007년에는 캐나다에서 첫 번째 매장을 열었고 현재 20개의 매장을 운영 중이다. 2010년에는 멕시코에서 첫 번째 매장을 열었다. 2012년부터 로우스는 두 가지 스타일로 개점하고 있다. 즉 큰 시장에서는 1만 800m^{2}의 매장을, 작은 시장에서는 상대적으로 작은 8,700m^{2}의 매장을 열고 있다.

2018년에 플로리다주 올랜도의 오렌지카운티컨벤션센터에서 열린 전국주택건축업자협회(National Association of Home Builders, NAHB) 주최 세계 최대 연례 조명·건축 박람회에는 100개국의 6만 명이

다녀갔다. 이 박람회의 주요 명소는 수많은 도급업자, 수리·리모델링 업자, 전문 중개상, 자산 관리 및 시설 유지·보수 전문가 등을 매료시킨 로우스의 'ProServices' 부스였다. 1950년대 이래로 로우스와 NAHB는 파트너로서 지역 수준인 노스캐롤라이나주택건축업자협회로 시작하여 전국적인 NAHB 후원자로 발전했다.

비전과 사명

로우스의 비전 선언문은 "우리는 고객이 가치를 느끼는 주택 개선 설루션을 최저 가격으로 제공한다"이고, 사명 선언문은 다음과 같다.

> 로우스는 지난 60년 이상 해왔던 것처럼 모범적인 고객 서비스와 커뮤니티 서비스를 제공하기 위해 노력한다. 우리는 직원과 고객이 집이라고 부르는 장소를 개선하기 위해 노력한다. 우리는 주택 개선을 우리의 미래에 대한 투자로 보고, 고객에게 가장 나은 선택이 되도록 최선을 다한다.

내부 이슈

조직 구조

자료 1은 로우스의 조직도이다. 최고경영자가 이사회 의장이자 회장임에 주목하라. 로우스는 국제회장이 있기는 하나 기능별 구조로 운영되는 것으로 보인다.

자료 1 로우스의 최고경영진과 조직 구조

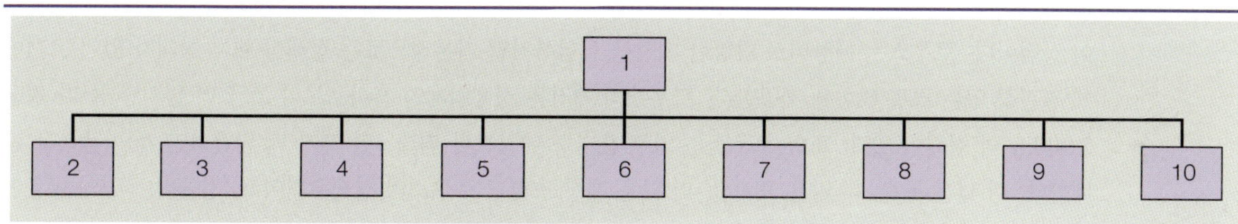

1. 회장 겸 최고경영자(president and CEO) Marvin Ellison
2. 최고재무책임자(CFO) Marshall Croom
3. 최고운영책임자(COO) Rick Damron
4. 전무 겸 최고회계책임자(senior VP and chief accounting officer) Matthew Hollifield
5. 최고개발책임자 겸 국제회장(chief development officer and president of international) Richard Maltsbarger
6. 최고법무책임자, 비서실장 겸 최고준법감시책임자(chief legal officer, secretary and chief compliance officer) Ross McCanless
7. 최고고객책임자(chief customer officer) Michael McDermott
8. 기업행정이사(corporate administration executive) N. Brian Peace
9. 최고정보책임자(chief information officer) Paul Ramsay
10. 최고인사책임자(chief human resources officer) Jennifer Weber

출처: 기업 문서

공급망

로우스가 거래하는 공급업체는 7,000개 이상이며, 최대 공급업체로부터 총구매의 약 7%를 공급받고 있다. 로우스는 미국 내에서 고도로 자동화된 14개의 배송 센터를 운영 중인데, 각각은 120개 내외의 매장에 서비스를 제공한다. 또한 로우스는 비닐 벽판자, 사다리, 목재 등 특별히 취급해야 하는 품목을 위해 평상형 배송 센터 15개를 운영하고 있다.

로우스는 자사의 공급망 금융(SCF)을 홈디포, 에이스하드웨어코퍼레이션(Ace Hardware Corporation), 트루밸류컴퍼니(True Value Company) 같은 경쟁기업에 대한 경쟁우위를 확보할 수 있는 최상의 방법 중 하나로 본다. 대부분의 경쟁기업은 동일하거나 유사한 제품을 제공하므로 SCF의 효율성을 극대화하는 것이 매우 중요할 수 있다. 로우스는 SCF 전략의 주요 영역을 결제 조건의 표준화, 구매 기관을 위한 인센티브, 공급업체의 손익분기점이라고 생각한다.

지속가능성

로우스는 지속가능성을 중시한다. 2012년에 3년 연속으로 에너지스타(Energy Star) 지속성 우수상을 수상하고, 4년 연속으로 EPA의 워터센스(WaterSense) 상을 수상했다. 이러한 수상은 에너지스타와 워터센스 인증을 받은 제품을 지속적으로 확대하고 다양한 태양광 동력 대안을 제공함으로써 자연환경을 보호하려는 로우스의 사명에서 비롯된 것이라 할 수 있다.

로우스는 미국 전역의 1,700개가 넘는 매장에 재활용 센터를 설치하여 고객이 재충전 배터리, 휴대전화, 형광등, 플라스틱 쇼핑백 등을 재활용하도록 지원한다. 최근에는 가전제품 재활용 프로그램을 확대하고, 매장에 300만 개 이상의 에너지 효율적인 형광등을 설치하여 탄소 배출량을 줄였다. 또한 로우스는 34개 배송 시설의 조명을 최신화하고 있다.

로우스의 직원은 '로우스의 영웅들(Lowe's Heroes)'이라는 프로그램을 통해 지역사회를 지원하는데, 2017년에는 자원봉사를 약 8만 7,000시간 했다. 로우스의 모든 직원은 기본적으로 소년·소녀 클럽, K-12 공교육, 공원과 레크리에이션, 미화 구상을 돕는 프로그램에 참여한다.

전략

로우스의 전략은 건축업자 시장과 주택 자가 수리 시장에 중점을 둔다. 로우스는 항상 시장 개척 및 시장 침투를 추구해왔으며, 미국 전역에 매장을 추가하는 한편 캐나다, 멕시코, 호주에도 매장을 추가로 열고 있다. 매장 면적을 두 가지로 운영하는 것은 특정 시장의 크기에 따라 매장 규모를 맞출 수 있다는 것이 장점이다. 로우스는 매장별로 다양한 배치를 실험하지만 기본적으로는 정해진 배치 형태가 있어 고객에게 일관성 있는 쇼핑 경험을 제공한다. 로우스의 매장은 경쟁업체인 홈디포보다 조금 더 넓지만 둘 다 평균 2,900m^2의 정원이 있다. 또한 로우스는 일부 홈디포 매장보다 최대 1만 개가 더 많은 4만 개의 품목을 판매한다. 더 넓은 통로, 더 많은 표지판, 더 나은 매장 조명도 로우스의 경쟁우위이고, 정규직 직원의 비율이 홈디포는 59%인 데 반해 로우스는 69~89%라는 사실 또한 중요하다.

로우스는 여성 고객을 더 많이 유치하겠다는 새로운 전략을 세웠다. 로우스는 19만 개 이상의 제품을 온라인으로 판매하여 서비스 매장과 지역 배송 센터에서 고객에게 발송하는데, 과거에는 온라인으로 판매한 제품을 인터넷 전용 창고에서만 출하했다. CEO인 니블록은 새로운 전략을 통해 로우스가 더 빨리 배달하고 주문 처리 비용을 낮추며 전반적인 수익성을 향상할 것으로 기대한다.

로우스가 향상할 수 있는 중요한 분야 중 하나는 주택 개선 시장의 50%를 차지하는, '프로'로 알려진 도급업자를 끌어모으는 것이다. 현재 로우스 고객의 30%만이 프로로 추정된다.

재무

자료 2는 로우스의 최근 손익계산서이다. 2017년에 매출이 5.5% 증가했는데, 당기순이익은 주로 효율적인 운영 덕분에 11.5% 증가했다. 영업 비용은 1.23%만 증가했음을 주목하라.

자료 3은 로우스의 재무상태표이다. 유동 비율은 1.0이고, 당좌 비율은 로우스의 거의 모든 유동자산을 차지하는 재고자산을 기반으로 0.13에 불과하다. 11억 6,900만 달러의 배당금 지급과 32억 7,400만 달러의 보통주 환매로 2017년의 이익잉여금이 감소했다. 대부분의 기업 및 회계 관행과 달리 로우스는 주식 환매 비용을 자사주 계정에 추가하지 않고 이익잉여금에서 제한다. 로우스의 영업권이 21% 이상 증가한 것에 주목하라. 로우스는 1961년 이후 매년 배당금을 높였다. 로우스의 상품 평균 가격은 69달러에 조금 못 미친다.

자료 2 로우스의 손익계산서(단위: 100만 달러)

계정과목	2017년 2월 3일	2018년 2월 2일		변화율(%)
매출	65,017	68,619	↑	5.54
매출 원가	42,553	45,210	↑	6.24
매출 총이익	22,464	23,409	↑	4.21
영업 비용	16,618	16,823	↑	1.23
이자 및 세전이익	5,846	6,586	↑	12.66
이자 비용	645	1,097	↑	70.08
법인세 차감 전 순이익	5,201	5,489	↑	5.54
세액	2,108	2,042	↓	−3.13
비반복적 항목	0	0	NA	NA
당기순이익	3,093	3,447	↑	11.45

출처: 기업 문서

자료 3 로우스의 재무상태표(단위: 100만 달러)

계정과목	2017년 2월 3일	2018년 2월 2일		변화율(%)
자산				
현금 및 단기투자자산	658	690	↑	5
외상매출금	0	0	NA	NA
재고자산	10,458	11,393	↑	9
기타 유동자산	884	689	↓	−22
총유동자산	12,000	12,772	↑	6
부동산 및 설비	19,949	19,721	↓	−1
영업권	1,082	1,307	↑	21
무형자산	0	0	NA	NA
기타 장기자산	1,377	1,491	↑	8
자산 계	34,408	35,291	↑	3
부채				
외상매입금	7,441	7,337	↓	−1
기타 유동부채	4,533	4,759	↑	5
총유동부채	11,974	12,096	↑	1
장기차입금	14,394	15,564	↑	8
기타 장기부채	1,606	1,758	↑	9
부채 계	27,974	29,418	↑	5
자본				
보통주	433	415	↓	−4
이익잉여금	6,241	5,425	↓	−13
자사주	0	0	NA	NA
주식발행초과금 및 기타	(240)	33	NA	NA
자본 계	6,434	5,873	↓	−9
부채 및 자본 계	**34,408**	**35,291**	↑	**3**

출처: 기업 문서

자료 4 로우스의 제품 범주별 매출(단위: 100만 달러)

제품 범주	2016년 1월 29일	2017년 2월 3일	변화율(%)
계절 생활용품, 잔디 및 정원	7,830	8,445	8
목재 및 건축 자재	6,891	8,399	22
도구 및 철물	6,500	7,220	11
바닥 및 부엌	6,604	7,186	9
가전제품	6,477	7,037	9
인기 세간	5,809	6,307	9
배관 및 전기 용품	5,211	5,744	10
페인트	3,712	4,053	9
목공 제품, 야외 전력 장비, 홈 패션 및 기타	10,040	10,626	6
매출 총합	59,074	65,017	10

출처: 기업 문서

부문별 정보

자료 5는 미국, 캐나다, 멕시코에 있는 로우스의 매장 수를 보여준다. 전체 매장 중 77%가 미국에 있는데, 그중 일부인 오처드서플라이하드웨어(Orchard Supply Hardware) 매장 87개는 모두 캘리포니아주, 오리건주, 플로리다주에 자리하고 있다(로우스는 캘리포니아주 새너제이에 본사를 둔 오처드서플라이하드웨어를 소유하고 있다). 캐나다 매장에는 2016년에 로나(RONA)를 인수함으로써 추가된 235개의 매장이 포함되어 있다. 한편 로우스는 호주에도 매장을 추가하고 있다.

자료 5 로우스의 국가별 매장 수

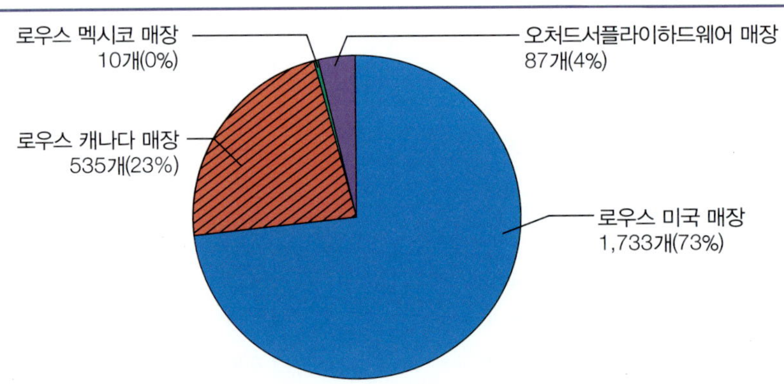

출처: 기업 문서

경쟁기업

경제 상황, 특히 주택 시장에 따라 크게 좌우되는 주택 개선 산업은 경쟁이 치열하다. 로우스와 홈디포의 시장점유율이 가장 크지만 트루밸류컴퍼니, 에이스하드웨어코퍼레이션, 월마트(Walmart)와 같은 많은 기업이 서로 고객을 차지하려고 한다. 예를 들어 에이스하드웨어코퍼레이션은 고객이 'GPS를 사용하지 않고도' 원하는 모든 것을 찾을 수 있는 적당한 규모의 매장에서 친절한 도움을 받을 수 있는 원스톱 장소로 사업을 전개하고 있다. 이 마케팅 전략은 분명히 거대 기업 로우스와 홈디포를 겨냥한 것으로, 거대한 창고 매장은 에이스하드웨어코퍼레이션과 같은 개인적 관심을 제공하지 못한다는 것을 드러낸다. 트루밸류컴퍼니는 독립적으로 소유 및 운영되는 각 매장을 중심으로 사업 모델을 전개하여 고객에게 지역별 맞춤형 제품을 제공하고 있다. 브랜드명이 알려진 매장 외에도 고객이 믿고 찾는 수많은 자영업 매장이 있다.

로우스와 홈디포는 유사한 제품을 제공하는 많은 매장을 가지고 경쟁을 벌인다. 월마트는 조명, 페인트, 도구 및 기타 다양한 주택 개선 제품뿐만 아니라 잔디와 정원 제품도 많이 제공한다. 시어스(Sears), 빅랏츠(Big Lots), 샘스클럽(Sam's Club), 코스트코(Costco) 및 조명과 바닥에 특화된 수많은 전문 매장도 매서운 경쟁자이다. 많은 건축 도급업자가 로우스나 홈디포의 자재 구매 프로그램을 이용하지만 상당수는 지역 회사의 충성 고객이기도 하다. 인터넷 역시 주택 개선 산업에서 점점 더 경쟁자로 자리 잡고 있다.

자료 6은 로우스의 경쟁기업인 홈디포와 럼버리퀴데이터스(Lumber Liquidators)의 재무 상태를 비교한 것이다. 홈디포가 로우스보다 훨씬 크고, 럼버리퀴데이터스는 로우스와 홈디포에 비하면 꽤 작은 편이다.

자료 6 로우스와 두 경쟁기업의 비교(2017년 7월)

	로우스	홈디포	럼버리퀴데이터스
시가 총액(달러)	78.6B	224.8B	0.91B
종업원 수(명)	190,000	406,000	2,016
매출(달러)	65,017M	94,595M	960M
매출 총이익률(%)	35	34	32
순이익(달러)	3,093	7,957	(68.6M)
주당 순이익(달러)	4.15	7.20	(1.64)
주가 수익률	22.8	26.7	N/A

출처: 기업 문서

홈디포

1978년 미국 조지아주 애틀랜타에 설립된 홈디포는 미국 50개 주와 푸에르토리코, 괌, 캐나다, 멕시코에 2,280개 이상의 매장을 둔 세계 최대의 주택 개선 체인이다. 로우스보다 훨씬 큰 홈디포는 미국에서 네 번째, 세계에서 다섯 번째로 큰 소매업체이기도 하다. 홈디포는 다양한 주택 개선 제품을 적정 가격에 제공한다. 홈디포에서 고객은 바닥, 배관, 전기, 정원 등 다양한 분야의 경험 많은 판매사원을 만날 수 있다. 홈디포는 바닥, 싱크대 및 기타 제품을 직접 설치하지 못하는 고객에게는 설치 서비스를 제공한다. 홈디포에서 독점적으로 판매되는 주요 브랜드에는 베어페인트(Behr Paint), 켐드라이(Chem-Dry), 홈라이트(Homelite), 마사스튜어트리빙(Martha Stewart Living), 토머스빌(Thomasville) 등이 있다. 최근에 홈디포는 오랜 슬로건인 '당신은 할 수 있어요. 우리가 도울 수 있어요.'를 '더 많이 절약하세요. 더 많이 실행하세요.'로 바꾸었다.

홈디포의 CEO인 프랭크 블레이크(Frank Blake)에 따르면 홈디포는 해외 사업보다 인터넷 사업을 확장하려 한다. 블레이크의 이 언급은 홈디포의 확장 시도가 실패로 끝난 2012년 10월, 중국의 7개 매장을 모두 폐점한 직후에 나왔다. 또한 블레이크는 홈디포는 어느 나라에서든 현지 오프라인 매장이 없어도 홈디포의 제품을 구매할 수 있다고 덧붙였다. 홈디포는 자사가 세계 최고의 주택 개선 회사가 아니라는 것을 용납할 수 없다. 홈디포는 360buy.com을 통해 여전히 중국 고객에게 제품을 판매하면서 다른 전자상거래 사이트와의 파트너십을 계속 모색하고 있다. 홈디포는 인터넷, 특히 모바일 애플리케이션을 통한 쇼핑 트렌드를 적극적으로 활용하려 한다. 2018년 초 기준으로 홈디포는 2012년 이후 매장 수를 늘리지 않았다.

트루밸류컴퍼니

미국 시카고주 일리노이에 본사를 둔 트루밸류는 비상장기업이지만 전 세계 60개국 이상에 5,000개가 넘는 철물 소매점을 가지고 있다. 모든 매장은 독립적으로 소유 및 운영된다. 트루밸류는 지역 물류 센터를 13개 소유하고 2,500곳 이상과 제휴를 맺고 있다. 트루밸류는 트루밸류하드웨어(True Value Hardware),

홈센터스토어스(Home Center Stores), 그랜드렌털스테이션(Grand Rental Station), 파티센트럴(Party Central), 테일러렌털(Taylor Rental), 인더서브서플라이(Induserve Supply), 홈앤드가든쇼플레이스(Home & Garden Showplace) 등을 지원한다.

홈앤드가든쇼플레이스는 트루밸류에서 정원 부문의 주역이다. 미국 전역에는 260개 이상의 홈앤드가든쇼플레이스 매장이 있다. 트루밸류와 마찬가지로 독자적 소유인 각 매장은 트루밸류의 물류 센터와 다양한 트루밸류 구매 프로그램을 통해 제품을 구매한다. 트루밸류의 다른 부문은 미국 전역에 총 400개 이상의 매장을 두고 있으며 모두 독자적으로 소유 및 운영된다.

트루밸류 매장은 작은 마을부터 대도시까지 곳곳에 위치하며 매장의 크기도 다양하다. 독자적인 각각의 매장은 지역별 니즈를 충족할 수 있도록 해당 지역의 고객에게 맞춘 제품 범주를 제공한다. 잘 선정된 제품을 갖춘 트루밸류 매장은 우수한 고객 서비스와 강렬한 쇼핑 경험을 선사한다.

트루밸류는 2016년에 15억 1,400만 달러의 매출을, 2017년에는 약간 감소한 14억 8,700만 달러의 매출을 보고했다. 2016년에 트루밸류는 101개의 매장을 리모델링하고 68개의 매장을 신설했다. 로우스와 비교하여 트루밸류의 주요한 차이점은 모든 매장이 독자적으로 운영되고 보통은 매장 소유자가 매장 근처에 거주한다는 것이다. 소유자는 어떤 품목을 구비하여 판매할지 재량권을 가지고 있다.

에이스하드웨어코퍼레이션

"에이스는 도움이 되는 장소이다." 1924년에 미국 일리노이주 오크브룩에 설립된 에이스하드웨어는 아직 상장하지 않았다. 회사명은 연합군에 불리했던 제1차 세계대전을 승리로 이끈 에이스 전투기 조종사에서 따왔다. 에이스하드웨어는 미국 전역에 4,400개 이상의 매장을 두고 있으며, 60개국 이상에서 5,000개 이상의 매장을 운영 중이다. 에이스하드웨어는 자사가 세계 최대의 주택 수리용품점이라고 주장한다. 모든 매장이 독립적으로 소유 및 운영되는 에이스하드웨어는 트루밸류와 상당히 유사한 방식으로 경쟁하고 있다. 트루밸류와 마찬가지로 에이스하드웨어는 매장 소유자가 지역별 고객의 니즈를 더 효과적으로 충족하는 제품 구색을 갖출 수 있다고 홍보한다. 에이스하드웨어는 초기 자본 위험의 상당 부분을 가맹점에 부과하고 에이스하드웨어 브랜드의 많은 제품을 공급한다. 이러한 브랜드 매장은 일반적으로 브랜드명 품목을 파는 것보다 더 많은 이익을 창출한다.

《프랜차이즈타임스(Franchise Times)》에 따르면 2017년에 에이스하드웨어는 맥도날드(McDonald's), 세븐일레븐(7-Eleven), KFC, 서브웨이(Subway), 버거킹(Burger King)에 이어 3년 연속 세계 6위의 프랜차이즈 기업으로 기록되었다. 에이스하드웨어는 고객 만족 관련 상을 여러 차례 수상했다. JD파워앤드어소시에이츠(J. D. Power and Associates)는 2006~2017년간 11년 연속으로 에이스하드웨어를 주택 수리용품점 중 고객 만족이 가장 우수한 상점으로 평가했다.

2017년에 에이스하드웨어는 모험적인 기업가가 내놓은 혁신적인 신제품을 판매하는 전자상거래 회사인 그로밋(Grommet)의 지분을 과반수 인수했다. 주목할 만한 그로밋의 제품으로는 핏빗(FitBit), 오터박스(OtterBox), 소다스트림(SodaStream) 등이 있다. 지금까지 그로밋은 2,500개가 넘는 제품을 출시했다.

외부 이슈

주택 개선 산업

주택 개선 산업은 미국에서 약 5,000개의 기업이 어떤 형태로든 경쟁하고 있는 극도로 세분된 산업이다. 거대 기업인 로우스와 홈디포가 시장의 80%를 장악하고 나머지 20%를 수많은 기업이 차지하고 있다. 미국에서 이 산업의 매출은 1,800억 달러 이상이고 순이익은 160억 달러 이상이다. 최근 성장률은 연평균 5%이지만 2023년까지 둔화될 것으로 예상된다.

자료 7에서 보듯이 목재 및 기타 건축 자재가 산업 매출의 33%를, 가전 기기 및 가정용품이 29%를 차지한다. 로우스와 홈디포는 배관 용품, 잔디 의자, 농약 등 목재 이외의 제품을 판매하면서 급변하는 목재 시장의 활황과 불황을 피해 가고 있다. 전구, 배관 용품, 잔디 깎는 기계, 가스 그릴과 같은 품목은 집을 짓는 목재나 10년 이상 쓰는 경향이 있는 세탁기와 건조기보다 더 소모적이기 때문에 보통의 가정에서는 이를 계속 구매한다. 산업 매출의 71%가 가전 기기, 가정용품, 목재, 건축 자재에서 발생하고 그 밖의 제품이 나머지를 차지한다.

자료 7 주택 개선 산업의 제품별 매출 비중

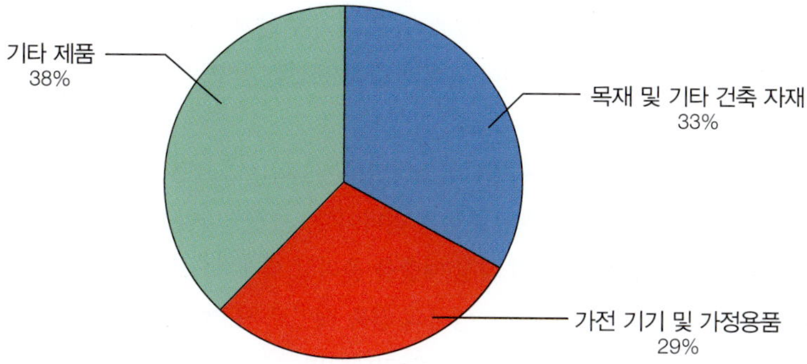

출처: 기업 문서

고객

일반적으로 주택 수리용품점의 고객은 산업 매출의 20%를 차지하는 자가 수리자와 80%를 차지하는 전문 건축업자로 분류된다. 자가 수리자(do-it-yourself, DIY)에 빗대어 대리 수리자(do-it-for-me)로 불리는 전문 건축업자 중 약 절반은 주택 소유자를 위한 소규모 프로젝트를 맡고, 나머지 절반은 주택 건축업자처럼 더 큰 프로젝트를 맡는 대규모 도급업자이다. 로우스는 전문 건축업자로부터 매출의 30%를 얻고 있으므로 시장의 큰 기회가 아직 남아 있다. 선택적인 주택 개선의 수요는 경제 상황에 따라 좌우되는데, 고객은 2017~2018년처럼 경기가 낙관적일 때 더 지출한다.

주택 건축

미국의 주택 건축은 2013년 90만 호에서 2016년 120만 호로 계속 증가했다. 그러나 2017년에는 상대적으로 성장이 정체되었으며, 2018년에 130만 호까지 성장이 가능하고 그 이후 2023년까지 해마다 10만 호씩 착공될 것으로 예상된다. 신규 주택 건축을 가로막는 것 중 하나는 대출이다. 2017년에 모든 대출 자금의 약 60%를 에퀴팩스 위험 점수(Equifax Risk Score)가 760점 이상인 사람들이 받았고 5%만이 620~659점인 사람들에게 돌아갔다. 은행은 신용 점수가 낮은 고객에 대한 대출을 꺼림으로써 전반적인 주택 시장에 타격을 주고 있다.

가구와 스마트홈

성장할 것으로 예상되는 분야 중 하나는 가전 기기와 가구이다. 경제가 호황을 이어간다면 고객은 USB 충전 단자, 스마트폰과 연동되는 스마트 가전 기기를 더 많이 구매할 것이다. 가전 기기는 2022년까지 4~7% 정도 성장하고, 조명·난방 등 '스마트홈'과 연동되는 기기도 가전 기기와 비슷한 성장률을 보일 것으로 예상된다.

스마트홈 가전 기기 마케팅은 향후 주택 수리용품점의 새로운 주요 범주이다. 스마트홈 가전 기기는 2016년에 전년보다 64% 증가한 약 8,000만 대가 출하되었고, 2017년에는 전년보다 62% 증가한 1억 3,000만 대가 출하되었다. 스마트홈 가전 기기는 2014년에 100만 대에 불과했으나 2020년까지 2억 2,000만 대를 넘어설 것으로 예상된다.

미래

2018년 2월, 로우스와 셔윈윌리엄스컴퍼니(Sherwin-Williams Company)는 파트너십 확장을 발표했다. 이에 따라 로우스는 가장 잘 팔리는 착색제 민왁스(Minwax), 캐벗(Cabot), 톰프슨스(Thompson's), 워터실(Water Seal) 등과 최고의 페인트 붓 퍼디(Purdy), 산업을 선도하는 스프레이 페인트 크라일론(Krylon)을 제공하는 유일의 전국적 홈 센터가 되었다. 로우스는 2018 회계연도 1분기에 크라일론을 출시했다. 또한 새로운 파트너십의 일부로 셔윈윌리엄스컴퍼니는 발스파(Valspar)와 HGTV홈(HGTV Home)을 포함한 내외부 도장용 페인트를 로우스 미국 소매 아웃렛에 공급하는 유일한 전국적 공급자가 되었다.

가장 손꼽히는 자가 수리 품목인 페인트는 로우스에 큰 이익을 안겨준다. 이에 로우스는 2018년 모든 매장에 새 페인트 데스크 경험을 도입하여 직원이 고객과 함께 색깔을 찾고 페인트나 착색제를 선택하도록 함으로써 고객의 페인트 작업을 도왔다.

오하이오주 클리블랜드에 본사를 둔 셔윈윌리엄스컴퍼니는 페인트, 코팅 및 관련 제품을 제조·개발·유통하고 전문 업체와 소매 고객에게 판매하는 글로벌 리더이다. 셔윈윌리엄스컴퍼니는 2017년에 발스파를 인수했다. 발스파는 2016년에 158억 달러의 잠정 매출을 올리고 세계적으로 약 6만 명의 직원을 고용했다. 셔윈윌리엄스컴퍼니는 북미, 남미, 중국, 호주, 영국의 건축 페인트 시장에서 우월한 위치에 있다.

로우스의 주주는 매출과 순이익의 연 5% 성장률을 기대하며, 로우스는 이러한 기대를 충족하거나 넘어서기 위해 미래의 명확한 전략계획이 필요하다.

Office Depot, Inc., 2018

www.officedepot.com

미국 플로리다주 보카러톤에 본사를 둔 오피스디포는 북미에서 두 영업 부문, 즉 북미 소매 판매와 북미 비즈니스 설루션을 통해 사무용품과 서비스를 공급한다. 오피스디포는 개인과 기업에 복사 및 인쇄 서비스뿐만 아니라 사무용 소모품, 기술 제품 및 설루션, 사무용 기계 및 관련 소모품, 시설 제품, 사무용 가구 등을 판매한다. 오피스디포는 사무용품점, 계약 판매원, 웹사이트, 아웃바운드 전화 영업사원, 다이렉트 마케팅 카탈로그, 콜센터 등을 통해 제품과 서비스를 판매하고 있다. 2017년 말 기준으로 오피스디포는 미국, 푸에르토리코, 미국령 버진아일랜드에서 1,378개의 매장을 운영 중이며, 오피스디포, 오피스맥스(OfficeMax), 포레이(Foray), 아티바(Ativa), TUL, 리얼스페이스(Realspace), 워크프로(WorkPro), 브렌턴스튜디오(Brenton Studio), 하이마크(Highmark), 그랜드앤드토이(Grand & Toy), 바이킹오피스프로덕츠(Viking Office Products) 등 다양한 브랜드로 사업을 전개하고 있다.

오피스디포는 제품 판매에 중점을 둔 소매점에서 서비스 유형의 사업을 늘리는 방향으로 전환하고 있다. 그러나 현재 전형적인 오피스디포 매장은 1,800m^2 정도의 임대 건물에서 월마트(Walmart)나 다른 소매점이 더 싸게 판매하는 많은 제품을 제공하고 있다. 서비스 및 온라인으로의 전환이 느리게 진행되었지만 인터넷리테일러(Internet Retailer)에 따르면 오피스디포는 북미에서 여덟 번째로 큰 온라인 소매점이다.

오피스디포는 스테이플스(Staples), 에센던트(Essendant), 월마트, 베스트바이(Best Buy), 타깃(Target) 및 많은 중소 소매점과 경쟁하고 있다. 오피스디포는 2017년에 전년도의 110억 2,000만 달러보다 감소한 102억 4,000만 달러의 매출을 보고했다. 오피스디포의 직영점, 가맹점, 제휴 파트너 등은 모두 오피스디포, 오피스맥스, 캐나다의 그랜드앤드토이 같은 유명한 브랜드로 영업하고 있다. 2017년 2월 27일, 게리 스미스(Gerry Smith)가 오피스디포의 CEO 자리에 앉았다. 오피스디포의 사업은 매우 낮은 가격, 낮은 이익, 치열한 경쟁에 시달리고 있기 때문에 뛰어난 전략계획이 필요하다.

역사

1986년에 설립된 오피스디포는 미국 플로리다주 포트로더데일에 첫 번째 매장은 열었다. 오피스디포는 2014년에 오피스맥스와 합병하고 북미에서 400개 매장의 폐점을 발표했는데, 이는 새 '부동산 전략'의 일환으로 2016년에 마무리되었다. 2015년 2월에 스테이플스가 오피스디포를 인수하려고 시도했으나 연방거래위원회(Federal Trade Commission, FTC)가 이를 막았고, 그 결과 스테이플스는 조건에 따라 오피스디포에 2억 5,000만 달러의 부담금을 지불해야 했다. 2017년 11월, 오피스디포는 인권운동기금(Human Rights Campaign Foundation)의 2018년 기업 평등성 지수(Corporate Equality Index, CEI)에서 100점 만점을 받아 동성애자의 권리 및 전반적인 직장 평등성 관련 정책과 실제의 우수성을 입증했다.

최근 오피스디포는 유럽 부문을 아우렐리우스그룹(Aurelius Group)에 매각했다. 이와 더불어 오피스디포는 한국, 중국, 호주, 뉴질랜드의 사업체 매각을 적극적으로 추진하고 있다. 이러한 사업체로 이루어진 국제 사업부는 더 이상 운영되지 않으며 '폐지된 사업'으로 기록되어 있다. 국제 사업부의 철수, 경쟁 격화, 매출 감소 등으로 사무용품 산업의 단기적인 미래는 밝지 않다. 그러나 고객의 요구가 끊임없이 변하는 세상에서는 기회를 기다려야 한다. 다음은 오피스디포의 미래 전략계획에 대한 이사회의 권고이다.

비전과 사명

오피스디포의 비전 선언문은 '직장 생활'에 한정된 핵심 고객 기반에 초점을 맞추지 않는다. 가계는 해당 산업의 가장 큰 시장이며 매출의 45%를 차지한다. 오피스디포의 비전은 "모든 개인과 기업을 위한 직장 생활 설루션을 제공하는 것"이다.

오피스디포는 공식적인 사명 선언문이 없지만 윤리적 행위와 가치에 대한 문헌을 제공한다. 오피스디포의 핵심 가치 선언문은 다음과 같다.

> 진실성, 책임성, 혁신, 팀워크, 존중이라는 오피스디포의 핵심 가치는 우리가 누구이고, 우리가 고객, 지역사회, 주주, 공급업체, 직원과 어떻게 상호작용하는지에 관한 토대로서의 역할을 한다.

내부 이슈

조직 구조

오피스디포는 제품별 사업부 조직 구조로 운영되는 것으로 보인다. 자료 1에 나타냈듯이 스티브 컬킨스(Steve Calkins)와 케빈 모핏(Kevin Moffitt)이 오피스디포의 두 부문, 즉 북미 소매 판매와 북미 비즈니스 설루션을 각각 책임지고 있다. 최고운영책임자나 최고관리책임자가 없고, 따라서 모든 경영진이 CEO인 게리 스미스에게 보고한다.

자료 1 오피스디포의 최고경영진과 조직 구조

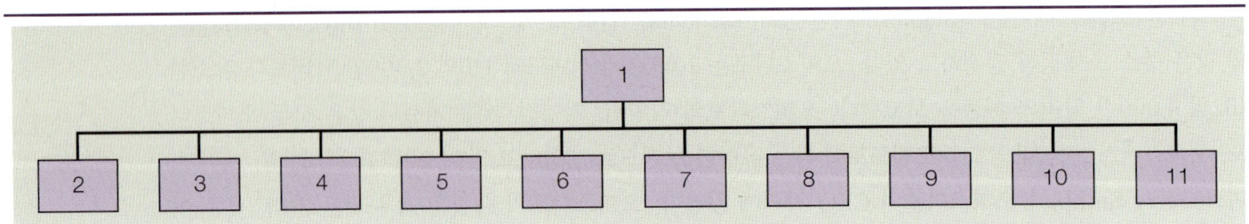

1. 최고경영자(CEO) Gerry Smith
2. 부사장, 최고법무책임자 겸 비서실장(EVP, chief legal officer, and corporate secretary) N. David Bleisch
3. 비즈니스 설루션 사업부 회장(president, business solutions division) Steve Calkins
4. 전무 겸 최고소매판매책임자(SVP and chief retail officer) Kevin Moffitt
5. 부사장 겸 최고고객책임자(EVP and chief customer officer) Jerri DeVard
6. 운송, 전략적 조달 및 공급망 담당 부사장(EVP, transformation, strategic sourcing and supply chain) John Gannfors
7. 부사장 겸 최고정보책임자(EVP and chief information officer) Todd Hale
8. 부사장 겸 최고재무책임자(EVP and CFO) Joseph Lower
9. 부사장 겸 최고제품·서비스책임자(EVP and chief merchandising and services officer) Janet Schijns
10. 부사장 겸 최고마케팅책임자(EVP and CMO) Jerri Devard
11. 전무 및 최고회계책임자(SVP and chief accounting officer) Scott Driss

출처: 기업 문서

전략

오피스디포는 2017년 11월에 9억 4,000만 달러의 현금 및 주식을 주고 컴퓨컴시스템스(CompuCom Systems)를 인수했다. 이 인수는 컴퓨컴시스템스가 기술 지원 시스템에 추가한 사업이 해당 산업에서 매출 성장 전망이 밝은 유일한 사업이라는 것이 주요 이점이다. 2017년 3분기까지 오피스디포는 75개 매장의 문을 닫았고, 폐점과 고객 감소의 결과로 매출이 8% 감소했다. 2008년 이래 오피스디포는 오피스맥스를 인수했음에도 불구하고 지속적으로 매장을 줄여나갔는데, 2016년에 50개 매장을 폐점했고 2019년까지 300개 이상을 더 폐점할 예정이다.

2013~2017년에 오피스디포는 유럽의 모든 사업을 아우렐리우스그룹에 매각하고 한국, 중국, 호주, 뉴질랜드의 사업도 매각했다. 온라인 사업을 촉진하기 위해 오피스디포는 수천 마일 떨어진 창고에서 배송하

던 과거와 달리 지금은 그 절반 위치에서 제품을 배송할 수 있으며, 고객은 온라인으로 구매하고 어느 매장에서나 제품을 수령할 수 있다.

오피스디포가 '미래의 매장' 전략에 중점을 둠에 따라 매장 규모는 기존의 1,800m^2보다 25% 작은 1,400m^2가 될 것이다. 또한 매장에서 확장된 서비스를 제공할 텐데, 아마도 컴퓨컴시스템스 인수와 관련된 서비스일 것이다. 그런데 2017년 말 기준으로 1,400개 매장 중 약 125개만이 더 작은 형태로 전환했다.

2017년 후반에 오피스디포는 MyBizBox.com을 통해 이용 가능한 비즈박스(BizBox)를 출시했다. 중소기업의 운영과 의사결정 지원을 목표로 하는 이 서비스는 최소 월 사용료가 99달러이다. 비즈박스는 고객에게 특히 필요한 회계, 급여, 소셜 마케팅, 법무 서비스 등의 사업 프로그램을 잘 알려줄 수 있는 전문가를 연결해준다. 많은 소기업 사장이 이러한 서비스를 이용하지 않거나 이러한 서비스가 있는지조차 모른다는 것이 비즈박스를 출시한 이유 중 하나이다. 오피스디포는 비즈박스가 그 공백을 메워줄 것으로 기대한다. 이 새로운 서비스는 오피스디포가 전통적인 사무용품에서 더 많은 서비스 제공으로 전환하고 있다는 증거이기도 하다.

2017년 8월, 오피스디포는 전략적 파트너십 프로그램을 확대했는데, 이는 학교가 자원을 보다 효율적으로 사용하고 전략기획에 참여하는 것을 돕는다. 더 포괄적인 '학습 공헌 프로그램'에 포함된 이 프로그램에서 오피스디포는 많은 전직 교사와 관리자를 컨설턴트로 고용하여 교육자와 해당 학구에 대한 명확한 비전, 사명, 목표, 전략, 정책을 개발하기 위해 노력한다. 또한 오피스디포는 자격을 충족하는 학교에 구매액의 5%를 되돌려준다.

2017년에 오피스디포는 고객을 유치하고 유지하기 위해 VIP 프로그램을 시작했다. 이는 연간 500달러어치를 구매하는 고객에게 특정 품목을 무료 배송하고 5% 캐시백을 제공한다.

공급업체

오피스디포는 미국과 캐나다 전역에 걸쳐 36개의 배송 및 크로스도킹 시설을 운영하고 있다. 모든 아웃바운드 제품은 UPS, 페덱스(FedEx), USPS(United States Postal Service)를 통해 고객에게 배송되고, 많은 수입 제품은 제삼의 운송업체가 맡는다. 오피스디포는 제품을 운송하기 위해 자체 차량을 늘리고 있으며, 일부 제품은 제조업체에서 직접 고객에게 배송한다.

재무

2018년 1월, 오피스디포는 조지프 로어(Joseph Lower)를 최고재무책임자(CFO)로 임명했다. 오피스디포

자료 2 오피스디포의 손익계산서(단위: 100만 달러)

계정과목	2016년 12월 31일	2017년 12월 30일		변화율(%)
매출	11,021	10,240	⬇	−7.09
매출 원가	8,313	7,779	⬇	−6.42
매출 총이익	2,708	2,461	⬇	−9.12
영업 비용	2,169	2,120	⬇	−2.26
이자 및 세전이익	539	341	⬇	−36.73
이자 비용	80	42	⬇	−47.50
법인세 차감 전 순이익	459	299	⬇	−34.86
세액	(220)	153	⬆	NA
비반복적 항목	(150)	35	⬆	NA
당기순이익	529	181	⬇	−65.78

출처: 기업 문서

는 연 배당금으로 주당 0.1달러(분기에 2.5센트)를 지급한다. 자료 2와 3은 손익계산서와 재무상태표인데, 손익계산서에 나타난 심각한 감소에 주목하라.

자료 3 오피스디포의 재무상태표(단위: 100만 달러)

계정과목	2016년 12월 31일	2017년 12월 30일		변화율(%)
자산				
현금 및 단기투자자산	763	622	↓	−18
외상매출금	687	931	↑	36
재고자산	1,279	1,093	↓	−15
기타 유동자산	244	225	↓	−8
총유동자산	2,973	2,871	↓	−3
부동산 및 설비	601	725	↑	21
영업권	363	851	↑	134
무형자산	33	448	↑	1,258
기타 장기자산	1,570	1,428	↓	−9
자산 계	5,540	6,323	↑	14
부채				
외상매입금	1,898	892	↓	−53
기타 유동부채	133	1,154	↑	768
총유동부채	2,031	2,046	↑	1
장기차입금	1,156	936	↓	−19
기타 장기부채	501	1,203	↑	140
부채 계	3,688	4,185	↑	13
자본				
보통주	6	6	→	0
이익잉여금	(453)	(273)	↑	40
자사주	(190)	(246)	↑	29
주식발행초과금 및 기타	2,489	2,651	↑	7
자본 계	1,852	2,138	↑	15
부채 및 자본 계	**5,540**	**6,323**	↑	**14**

출처: 기업 문서

부문별 정보

북미 비즈니스 설루션이 매출의 51%를 차지하며, 카탈로그와 자사 웹사이트 및 기업, 학교, 지역·주·연방 정부 기관을 상대로 영업하는 판매 인력이 대부분의 매출을 올린다. 북미 소매 판매 부문은 매출의 49%를 차지하는데, 개인적인 용도로 매장 또는 온라인에서 구매하는 고객에 초점을 맞추고 있다. '미래의 매장' 전략은 이 부문에서 서비스를 제공하는 것을 목표로 한다.

자료 4는 제품 범주별 매출 비율을 보여준다. 소모품이 가장 큰 범주라는 것에 주목하라. 그리고 2016~2017년에 오피스디포 매장이 가장 많은 미국 6개 주의 매장 수는 자료 5와 같다. 텍사스주에 매장이 가장 많고, 오피스디포의 본거지인 플로리다주를 제외한 모든 주에서 매장이 줄어들고 있다. 전체 매장 수는 2017년에 1,441개에서 1,394개로 약 3%가 줄어들었다.

자료 4 오피스디포의 제품 범주별 매출 비중

제품	2017년	2016년	2015년
소모품	44.9%	45%	44%
기술	38.8%	39%	40%
가구 및 기타	16.3%	16%	16%

출처: 기업 문서

자료 5 오피스디포 매장이 가장 많은 미국 6개 주

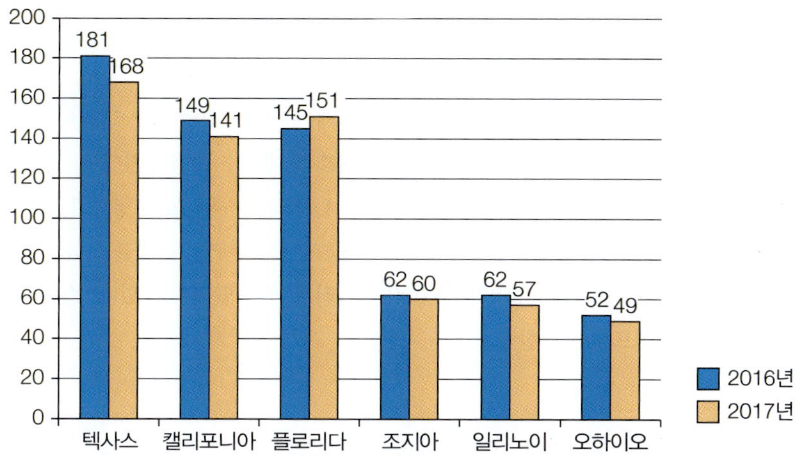

출처: 기업 문서

경쟁기업

사무용품 산업에서는 오피스디포, 비상장기업인 스테이플스, 베스트바이, 월마트, 에센던트 등이 두드러진다. 베스트바이와 월마트는 사무용품으로 분류되지 않는 많은 제품을 취급하므로 전반적인 비교에서 제외된다. 약국, 다이렉트 마케팅 기업, 인터넷 또한 사무용품점과 격렬히 경쟁하고 있다. 진정한 사무용품점만 놓고 본다면 오피스디포와 스테이플스가 전체 산업 매출의 80% 이상을 차지하고, 나머지 20%는 미국 내 7,000개 이상의 소규모 자영업자가 차지한다. 베스트바이의 연례 보고서에 따르면 2017 회계연도의 매출 394억 달러 중 약 20%인 78억 달러가 사무용품에서 발생했다. 월마트는 2017년 1월에 마감된 회계연도에 4,850억 달러의 매출을 보고했는데, 그중 약 2%인 97억 달러를 사무용품에서 얻었다. 오피스디포의 제품은 명확히 사무용품에 한정되는 데 반해 월마트와 베스트바이는 원스톱 상점이라는 점에서 오피스디포보다 유리한 점이 있을 것이다.

에센던트

예전에는 유나이티드스테이셔너스(United Stationers)로 알려졌던 에센던트는 사무용품, 제품, 가구, 잡역용·산업용·자동차용 소모품 도매 유통 기업이다. 에센던트는 오피스디포와 경쟁하는 많은 사무용품을 비롯해 16만 개가 넘는 품목의 다양한 제품을 구비하고 있다. 거대한 온라인 소매업체인 에센던트는 아랍에미리트의 두바이에서도 사업을 전개하고 있다. 자료 6은 오피스디포와 에센던트를 비교한 것이다.

스테이플스

1985년에 톰 스템버그(Tom Stemberg)가 설립한 스테이플스는 최초의 사무용품 슈퍼마켓이다. 2017 회계연도의 매출 180억 달러를 근거로 하면 세계 최대의 사무용품점이지만 2017년 9월에 시카모어파트너스매

자료 6 오피스디포와 에센던트의 비교

	오피스디포	에센던트
시가 총액(달러)	1.8B	385M
종업원 수(명)	38K	6,600
매출(달러)	11.0B	5.4B
매출 총이익률(%)	25	14.1
순이익(달러)	529M	63.9M
주당 순이익(달러)	0.59	1.70
주가 수익률	6.06	6.03

출처: 다양한 자료원

니지먼트(Sycamore Partners Management)에 인수되어 현재는 비상장기업이다. 그러나 스테이플스는 경쟁업체 분석을 위한 광범위한 웹사이트를 보유하고 있는 세계 최대의 사무용품점이자 오피스디포의 주요 경쟁자이다. 2017년을 기준으로 미국 47개 주와 24개국에서 1,255개의 매장을 운영하고 있다. 최근에는 프라이빗 라벨 제품을 늘려 내셔널 브랜드보다 비용을 최대 15%까지 낮추면서 이익률을 높이고 있다. 스테이플스의 영업이익은 2012년 6억 달러에서 2017년 6,000만 달러로 계속 떨어지고 있다. 스테이플스는 2,000개 이상의 프라이빗 라벨 브랜드를 제공한다.

월마트

2017년 1월에 월마트가 보고한 4,850억 달러의 매출 중 약 2%인 97억 달러는 사무용품에서 발생했다. 2017년 11월 1일 기준으로 월마트는 28개국에서 1만 1,703개의 매장과 클럽을 운영 중이며, 이는 영국의 아스다(Asda), 일본의 세이유그룹(Seiyu Group), 인도의 베스트프라이스(Best Price) 등 59개의 이름으로 영업하고 있다. 세계 최대의 소매업체인 월마트는 가격과 쇼핑 편의 면에서 많은 경쟁자보다 우위가 뚜렷하다. 월마트는 신학기에 공격적인 마케팅을 하며, 잡화 및 기타 소모품의 원스톱 상점이라는 점에서 큰 혜택을 누리고 있다.

베스트바이

미국 미네소타주 리치필드에 본사를 둔 베스트바이는 2017 회계연도에 390억 달러 이상의 매출을 보고했는데, 그중 약 78억 달러를 사무용품에서 얻었다. 매출의 약 45%는 컴퓨터와 휴대전화에서, 34%는 가전제품에서 발생했다. 베스트바이는 현재 '베스트바이 2020: 새로운 청색 건설' 성장 전략을 통해 온라인 영업을 강화하고 있으며, 그 결과 2017년의 미국 매출이 전년도의 11% 대비 13% 내외로 증가했다. 베스트바이는 미국에서 약 1,500개, 캐나다에서 약 200개, 멕시코에서 약 30개의 매장을 운영하고 있다. 최근에 베스트바이는 다음과 같은 전략을 포함한 뛰어난 전략으로 새로이 거듭나고 있다.

1. 고객이 다른 곳에서 구매할 필요가 없도록 경쟁업체의 가격 최저가 보장
2. 온라인 구매의 배송 시간 단축
3. 삼성, 마이크로소프트(Microsoft), 버라이즌(Verizon) 등 타 기업의 '매장 내 매장' 설치 허용
4. 직원에 대한 제품 교육 확대

아마존닷컴

1995년에 제프 베이조스(Jeff Bezos)는 오늘날 세계 최대의 소매업체 중 하나인 아마존닷컴의 문을 열었다. 온라인 서점으로 시작한 아마존은 이제 전 세계 사람들과 기업에 다양한 제품을 제공한다. 2016년 미국 내 모든 온라인 매출의 43%를 아마존이 가져갔으며 그 비율이 증가하고 있다. 아마존의 2016년 매출은

2014년 대비 35% 증가한 947억 달러였다. 아마존은 글로벌 자원의 광범위한 네트워크를 이용하여 전 세계의 수백만 명에게 어디서는 당일 배송으로 제품을 공급한다. 일반적으로 아마존은 사무용품 산업 분석에 포함되지 않지만, 온라인 판매와 2017년 '아마존 비즈니스 프라임(Amazon Business Prime)' 출시로 단기간에 사무용품 산업의 주요 기업이 될 가능성이 있다.

외부 이슈

사무용품점 사업은 130억 달러의 매출을 올렸으나 2012~2017년의 연간 성장률이 −7%이고 2022년까지 5% 더 마이너스 성장할 것으로 예상된다. 온라인 판매가 급증하고 월마트와 베스트바이 같은 상점이 사무용품 제공을 늘리고 있다는 것이 가장 큰 원인이다. 고객은 이제 프린터, 펜, 문구류, 심지어 명함 및 기타 서비스 제품을 더 저렴한 가격에 구매하여 무료로 배송받을 수 있다.

앞으로 오피스디포와 같은 기업은 대형 할인점, 온라인 업체와 더욱 차별화해야만 한다. 단순히 규모의 경제를 통한 가격 경쟁에 나서는 것이 적절하지 않을 수도 있지만 확실히 출발점은 된다. 사무용품점의 한 가지 긍정적인 기회는 기업 고객의 경우 여전히 사무용품점에서 개인 고객보다 높은 가격에 자주 구매한다는 것이다. 기업 고객은 매출의 44%를 차지하며 중소기업이 28%, 대기업이 16%이다. 매출 중 신학기와 교육 시장 고객이 23%, 일반적인 용도의 생활용품이 15%, 나머지가 18%를 차지한다.

사무용품 산업에서 매출의 40% 이상은 폴더, 펜, 컴퓨터 용지, 수첩, 기타 유사 제품에서 발생한다. 이 부문은 개학철에 호황을 누리지만 장기 전망이 밝지는 않다. 고객이 월마트나 온라인에서 더 저렴하게 구매할 수 있는 제품과 차별화할 수 있는 실질적인 방법이 별로 없다.

산업 매출의 25% 이상을 차지하는 사무용 기계에는 기술 제품으로 간주되지 않는 계산기, 현금 등록기, 시계, 파쇄기 등이 포함된다. 오피스디포는 이러한 제품에 매장 공간을 얼마나 할당해야 할지 고민될 것이다. 컴퓨터, 소프트웨어, 태블릿, 기타 유사 기기 등의 기술 제품은 산업 매출의 13%를 차지한다. 이 부문의 흥미로운 역설은, 전반적으로 기술이 성장하고 있지만 사무용품점에서 이 부문은 고객이 더 저렴한 옵션을 이용할 수 있기 때문에 성장하지 못하고 있다는 것이다.

산업 매출의 10% 미만을 차지하는 서비스(복사·인쇄 서비스, 기술 지원, 교재 대여 등)는 그나마 매출이 증가하고 있다. 향후 사무용품점은 매장 공간의 몇 퍼센트를 서비스에 할당할지 결정할 필요가 있는데, 아마도 서비스를 더 많이 제시하면서도 더 작은 공간을 할당하게 될 것이다.

사무용품 산업에서 자주 평가되는 마지막 주요 매출 범주는 매출의 5%를 차지하는 사무용 가구이다. 일반적으로 기업 및 개인 고객 모두 사무용 가구를 다른 경로를 통해 구매한다.

전반적으로 핵심 사무용품의 수요는 줄어들 것으로 예상된다. 또한 오프라인 매장이 매출의 약 86%를 이루지만 고객은 온라인 매장을 선호한다. 온라인 서비스의 비율은 향후 5년간 약 25%로 증가할 것으로 예상된다. 2016년의 제품 매출액은 947억 달러로, 미국의 1위 소매업체인 아마존은 이 추세를 재빨리 이용하여 시장점유율을 점차 늘리고 있다. 인구통계적 구성의 변화에 따라 고객 기반의 요구도 변해가고 있다.

산업의 문구류 제품 측면은 경쟁이 치열하고 전통적인 소매점의 수익은 해마다 떨어지고 있다. 오피스디포만 해도 2016~2017년에 문구류 제품의 영업이익이 51.3% 감소했다. 진입이 쉬운 까닭에 월마트 같은 대형 할인점뿐만 아니라 독립 소매점과의 경쟁도 치열하다. 오피스디포와 스테이플스의 시장점유율을 합하면 27.5%에 불과하다.

매장 내 매장

비용 지급에 도움이 되고 고객의 매장 출입을 증가시킬 수 있어 백화점은 점점 더 매장의 공간을 다른 기업에 빌려주고 있다. 베스트바이는 매장 내 매장 전략의 성공에 어느 정도 힘입어 최근 다시 인기를 얻었다. 매장 내 매장 모델은 10년 전부터 있었지만 미국 내 소매 공간의 4% 미만을 차지하고 있다. 그러나 2016년에 매장 내 매장의 수가 전년 대비 50% 증가했다. 매장 내 매장 전략은 모(母)매장의 제품을 구매할지도 모를 다양한 유형의 고객을 유치하기 위해 주로 사용된다. 예를 들어 JC페니(J.C. Penny)는 매장 내에 세포라(Sephora) 매장을 들여 젊은 고객을 유치하고 기존 고객에게 새로운 옵션을 제공한다. 또 다른 예로 메이시스(Macy's)는 매장 내에 자회사인 블루머큐리(Bluemercury) 매장을 열고, 크로거(Kroger)와 서점은 스타벅스(Starbucks)를 들이며, 주유소에는 흔히 서브웨이(Subway)가 있다. 서브웨이의 경우 고객이 차에 기름을 넣다가 충동적으로 점심을 먹기를 바라고, 서브웨이로부터 임대료를 받는 주유소는 고객이 서브웨이보다는 주유소에서 주전부리나 음료수를 구매하기를 바란다. 이처럼 오피스디포는 가구 및 기타 제품을 매장 내 매장으로 대체할 수 있을 것이다.

미래

오피스디포의 2017년 매출은 102억 달러로 전년 대비 7% 감소했는데, 이는 4분기의 26개 매장 폐점을 포함하여 총 63개 매장을 폐점한 탓이 크다. 2017년의 영업이익은 전년도의 5억 3,100만 달러에서 3억 4,100만 달러로 감소하고, 2017년의 당기순이익은 전년도의 6억 7,900만 달러에서 1억 4,600만 달러로 감소했다. 오피스디포는 2017년 4분기에 컴퓨컴시스템스의 인수를 완료했다. 이 부문의 실적은 현재 개별적으로 보고되고 기업 전체 실적에 포함된다. 4분기에 컴퓨컴시스템스 부문은 매출 1억 5,600만 달러, 영업이익 800만 달러(매출의 4.8%)를 보고했다.

2018년 2월, 오피스디포는 호주에서의 사업을 성공적으로 종료했다. 뉴질랜드에 남은 '폐지된 사업'의 매각은 보류 중이며 관련 규제 당국의 승인이 필요한 상태이다. '기타' 부문으로 보고된, 아시아에서 유지 중인 조달 및 거래는 2017년 4분기에 400만 달러의 매출을 올렸지만 영업손실이 100만 달러에 달했다. 오피스디포는 플로리다주를 제외한 모든 지역 및 제품의 손실을 만회하기 위해 미래에 대한 명확한 전략계획이 필요하다.

Bank of America Corporation – 2018

www.bankofamerica.com

미국 노스캐롤라이나주 샬럿에 본사를 둔 뱅크오브아메리카는 전 세계의 개인, 기업, 기관 투자자, 대기업, 은행에 다양한 금융 서비스를 제공한다. 뱅크오브아메리카에서는 20만 9,000명 이상의 직원이 근무하고 있다. 2017년에 870억 달러 이상의 수익을 보고한 뱅크오브아메리카는 미국 50개 주와 40개국 이상에서 영업 중이며, 미국 인구의 80% 이상이 사용한 적이 있다. 뱅크오브아메리카는 5,500개의 지점, 1만 6,000대 이상의 ATM을 보유하고 있으며, 모바일 사용자 2,500만 명을 포함하여 3,400만 명의 계좌가 있다. 300만 명 이상의 중소기업 소유주에게 서비스를 제공하는 뱅크오브아메리카는 투자 금융과 거래의 글로벌 리더로 여겨진다. 몇 가지 척도에 따르면 뱅크오브아메리카는 미국에서 두 번째로 큰 은행이다.

이 조직은 뱅크오브아메리카, 메릴린치(Merrill Lynch), US트러스트(US Trust), 뱅크오브아메리카메릴린치(Bank of America Merrill Lynch)로 구성되었으며 여덟 가지 사업을 벌이고 있다. 여기에는 소매, 법인 및 소기업, 메릴린치 자산 운용, 개인 고객을 위한 US 신탁 등이 있다. 뱅크오브아메리카는 기업에 상업, 기업 및 투자 금융 서비스를 제공하고, 기관 투자자에게는 중개, 금융, 신탁, 은퇴 상품 등을 제공한다.

〈뱅크오브아메리카 비즈니스 어드밴티지 소기업 소유주 보고서(Bank of America Business Advantage Small Business Owner Report)〉에 따르면 미국 기업인은 미래를 매우 낙관적으로 보고 경제, 수익, 장기 성장에 대한 신뢰도가 2015년 이후 최고 수준이다. 이 보고서는 미국 전역의 소기업 소유주 1,000명을 반기별로 조사한 것으로, 조사 대상의 54%는 2018년에 미국 경제가 향상될 것으로 확신한다고 밝혔는데, 이는 전년 대비 2% 증가, 2년 전 대비 25% 증가한 수치이다. 조사 대상의 56%는 지역 경제가 2018년에 향상될 것으로 확신했는데, 이 수치는 2017년 봄에 50%, 2016년 봄에 38%였다. 또한 60%는 2018년에 수익이 증가할 것으로 믿었는데, 이 수치는 2017년 봄에 48%, 2016년 봄에 51%였다. 그리고 향후 5년간 사업을 확장할 계획이 있는 소기업 소유주는 60%였으며, 이 수치가 2017년 봄에는 56%, 2016년 봄에는 55%였다.

역사

뱅크오브아메리카의 뿌리는 1904년 샌프란시스코의 뱅크오브이탈리(Bank of Italy)까지 거슬러 올라간다. 뱅크오브이탈리는 피에트로 잔니니(Pietro Giannini)가 이민자와 부유하지 않은 사람들이 대출을 받는 데 도움을 주기 위해 설립한 은행이다. 뱅크오브이탈리는 캘리포니아 밖으로 확장하지 않다가 1983년에 처음으로 시애틀퍼스트내셔널뱅크(Seattle-First National Bank)를 인수했다. 1980년대에 뱅크오브아메리카는 라틴아메리카에서의 부실 대출 때문에 큰 손실을 입었다. 뱅크오브아메리카는 가지고 있던 중개 회사 찰스슈와브코퍼레이션(Charles Schwab Corporation)을 찰스슈와브에 되파는 등 많은 자산을 매각하지 않을 수 없었다. 1998년에 뱅크오브아메리카는 샬럿에 기반을 둔 네이션스뱅크(NationsBank)에 인수되었는데, 네이션스뱅크는 자사명으로 바꾸지 않고 뱅크오브아메리카라는 이름을 유지하기로 했다.

뱅크오브아메리카는 많은 은행과 국내외 신용카드 회사를 인수했는데, 현재는 뱅크오브아메리카홈론스(Bank of America Home Loans)로 알려진 컨트리와이드파이낸셜코퍼레이션(Countrywide Financial Corporation)도 그중 하나였다. 또한 2008년에 메릴린치앤드컴퍼니(Merrill Lynch & Company)의 지분 100%를 500억 달러에 인수하여 메릴린치의 파산을 막았다. 2009년에 뱅크오브아메리카는 메릴린치와의 합병을 이루기 위해 200억 달러의 연방 구제 금융을 받고, 연방정부로부터 250억 달러를 추가로 받았다. 뱅크오브아메리카는 450억 달러 전액과 이자를 그해 12월에 상환했다.

최근에 뱅크오브아메리카는 수천 개의 일자리 감축, 지점 폐쇄, 모바일 뱅킹에의 집중을 통해 규모를 축소하고 있다. 그리고 무료 주식 거래나 뱅크오브아메리카와 메릴에지(Merrill Edge) 양쪽에 연결된 계정을 가진 고객에게 2만 5,000달러, 5만 달러, 10만 달러 혹은 그 이상 금액의 매력적인 캐시백 신용카드를 제공하는 등 고객을 유치하기 위해 힘쓰고 있다.

가치, 비전, 사명

뱅크오브아메리카의 비전 선언문은 "개인과 기업이 재정적으로 성공하도록 돕는 연결을 창출하고 발전시키는 것"이며, 사명 선언문은 다음과 같다.

> 우리는 고객과 지역사회가 필요로 하는 재정 자원을 연결하여 그들의 재정적 삶이 향상되도록 노력한다. 우리는 일자리를 창출하고, 지역사회를 발전시키며, 경제 발전을 촉진하는 한편, 환경적·사회적·거버넌스(ESG) 리더십을 성취하기 위해 노력한다. 우리는 위험을 관리하고 고객과 주주에게 모범적인 수익을 제공한다. 우리의 성공은 우리가 서비스를 제공하는 개인, 기업, 지역사회, 직원의 성공에 달려 있다.

뱅크오브아메리카의 가치는 고객 또는 직원의 총합에 초점을 맞추기보다 중요한 개인인 각각의 고객 또는 직원에 초점을 맞추는 것, 모든 고객에게 공정한 결정을 내리기 위해 노력하는 것, 직원의 다양성을 유지하면서 모든 직원을 소중히 여기는 것, 팀 분위기를 유지하는 것 등이다.

내부 이슈

조직 구조

자료 1은 뱅크오브아메리카의 최고경영진과 조직 구조를 보여준다. 뱅크오브아메리카는 상품별 부문 구조로 운영되고, 두 부문의 회장과 글로벌 자산 및 투자 운용 책임자가 최고관리책임자에게 보고한다.

자료 1 뱅크오브아메리카의 최고경영진과 조직 구조

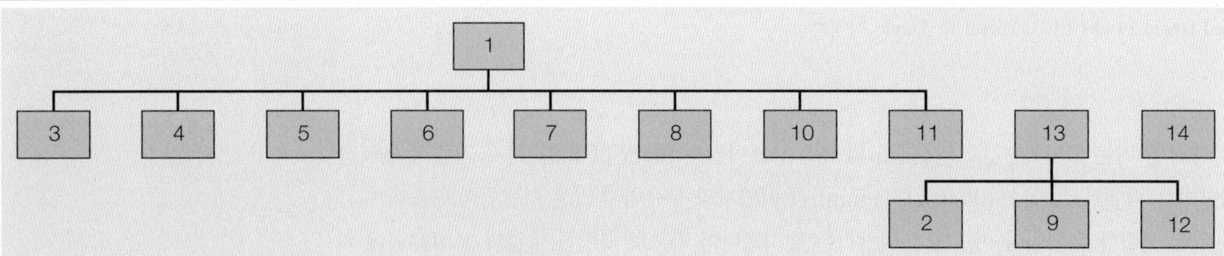

1. 이사회 의장 겸 최고경영자(chairman of the board and CEO) Brian Moynihan
2. 회장, 우대 및 소기업 금융, 소비자 금융 공동책임자(president, preferred and small business banking, and co-head, consumer banking) Dean Athanasia
3. 최고운영·기술책임자(chief operations and technology officer) Catherine Bessant
4. 글로벌 인사책임자(global HR executive) Sheri Bronstein
5. 최고재무책임자(CFO) Paul Donofrio
6. 부회장(vice chairman) Anne Finucane
7. 최고위험책임자(chief risk officer) Geoffrey Greener
8. 기업 총괄 감사(corporate general auditor) Christine Katziff
9. 부회장, 글로벌 자산 및 투자 운용 책임자(vice chairman, head of global wealth and investment management) Terry Laughlin
10. 글로벌 법률자문(global general counsel) David Leitch
11. 최고운영책임자(chief operating officer) Thomas Montag
12. 소매 금융 회장 겸 소비자 금융 공동책임자(president of retail banking and co-head of consumer banking) Thong Nguyen
13. 최고관리책임자(chief administrative officer) Andrea Smith
14. 부회장(vice chairman) Bruce Thompson

출처: 기업 문서

현재 전략

2016년에 뱅크오브아메리카의 전략을 논의할 때 CEO인 브라이언 모이니핸(Brian Moynihan)은 자사가 2006년에 어떤 위치였는지를 상기시켰다. 당시에 뱅크오브아메리카는 210억 달러의 기록적인 수익을 올렸고(2017년에 182억 달러), 발행 주식 46억 주의 배당금이 주당 2.12달러로 이익의 46%를 차지했다. 2016년에 뱅크오브아메리카는 주당 0.25달러의 배당금을 지급했는데, 결과적으로 이익의 17%만을 배당금으로 지급한 셈이었다. 요컨대 뱅크오브아메리카는 오늘날 인수보다는 주식을 재매입하고 배당금을 증가시켜서 내부로부터 성장하고 있다. 2016년에만도 51억 달러의 보통주를 재매입했고, 2017년에도 거의 20억 달러의 주식을 추가로 매입할 계획이다. 사실 모이니핸은 2016년 주주에게 띄우는 편지에서 인수는 더 이상 뱅크오브아메리카의 전략이 아님을 힘주어 썼다. 또한 뱅크오브아메리카는 핵심 사업에 속하지 않는 확장이나 수익을 좇는 것이 일반적으로 기업에 바람직하지 못하다는 사실을 인식하고 비핵심 사업의 매각을 추진 중이다.

재무

자료 2에서 보듯이 뱅크오브아메리카는 2017년에 전년보다 1.8% 많은 182억 달러를 벌어들였고, 매출은 4.4% 오른 873억 달러를 기록했다. 총자산 이익률은 2016년이나 2017년이나 1% 정도였는데, 이는 일반적으로 경영관리가 자산을 기반으로 한 수익 창출에 효과적이지 못했음을 나타낸다. 그러나 JP모건체이스(JP Morgan Chase)와 웰스파고(Wells Fargo) 둘 다 총자산 이익률이 비슷한 것을 보면 현재의 낮은 이자율과 비교적 좁은 수익률 곡선을 보이는 환경 때문일 수 있다. 총자산 이익률은 은행 수익의 상당 부분을 구성한다. 사실 뱅크오브아메리카는 1%의 총자산 이익률과 12%의 자기자본 이익률을 유지하는 것이 목표이다. 자기자본 이익률은 2016년과 2017년에 단 7%였다. 뱅크오브아메리카는 2016년에 배당금을 증가시켜 66억 달러를 지급하고 주식을 재매입했는데, 특히 이례적인 것은 재무상태표상의 주식발행초과금 항목에 표시하지 않았다는 것이다. 자료 3을 보면 향후 인수를 줄이겠다는 CEO 모이니핸의 약속에 걸맞게 2017년에 영업권이 증가하지 않았고, 전체 자산의 3%만을 차지한다.

자료 2 뱅크오브아메리카의 손익계산서(단위: 100만 달러)

계정과목	2016년 12월 31일	2017년 12월 31일		변화율(%)
매출	83,701	87,352	⬆	4.36
매출 원가	0	0	NA	NA
매출 총이익	83,701	87,352	⬆	4.36
영업 비용	54,951	54,743	⬇	−0.38
이자 및 세전이익	28,750	32,609	⬆	13.42
이자 비용	0	0	NA	NA
법인세 차감 전 순이익	28,750	32,609	⬆	13.42
세액	7,247	10,981	⬆	51.52
비반복적 항목	(3,597)	(3,396)	⬆	5.59
당기순이익	17,906	18,232	⬆	1.82

출처: 2017년 4분기 보고서 및 기타 기업 정보

부문별 정보

뱅크오브아메리카는 소비자 금융, 글로벌 자산 및 투자 운용, 글로벌 금융, 글로벌 시장 등 4개의 주요 부문으로 운영된다. 기타 여러 활동이 포함된 다섯 번째 부문이 있지만 지난 3년간 손실을 보고했다.

자료 4에 나타냈듯이 최대 수익과 순이익을 내는 것은 소비자 금융이다. 소비자 금융의 주요 영역은 예금

자료 3 뱅크오브아메리카의 재무상태표(단위: 100만 달러)

계정과목	2016년 12월 31일	2017년 12월 31일		변화율(%)
자산				
현금 및 단기투자자산	653,103	597,564	↓	-9
외상매출금	58,759	61,623	↑	5
재고자산	0	0	NA	NA
기타 유동자산	1,251,618	1,397,376	↑	12
총유동자산	1,963,480	2,056,563	↑	5
부동산 및 설비	9,139	9,247	↑	1
영업권	68,969	68,951	↓	0
무형자산	2,922	2,302	↓	-21
기타 장기자산	143,192	144,171	↑	1
자산 계	2,187,702	2,281,234	↑	4
부채				
외상매입금	146,359	176,865	↑	21
기타 유동부채	1,455,169	1,457,698	↑	0
총유동부채	1,601,528	1,634,563	↑	2
장기차입금	102,511	227,402	↑	122
기타 장기부채	216,823	152,123	↓	-30
부채 계	1,920,862	2,014,088	↑	5
자본				
보통주	147,038	138,089	↓	-6
이익잉여금	101,870	113,816	↑	12
자사주	0	0	NA	NA
주식발행초과금 및 기타	17,932	15,241	↓	-15
자본 계	266,840	267,146	↑	0
부채 및 자본 계	**2,187,702**	**2,281,234**	↑	**4**

출처: 2017년 4분기 보고서 및 기타 기업 정보

자료 4 뱅크오브아메리카의 부문별 수익과 순이익(단위: 100만 달러)

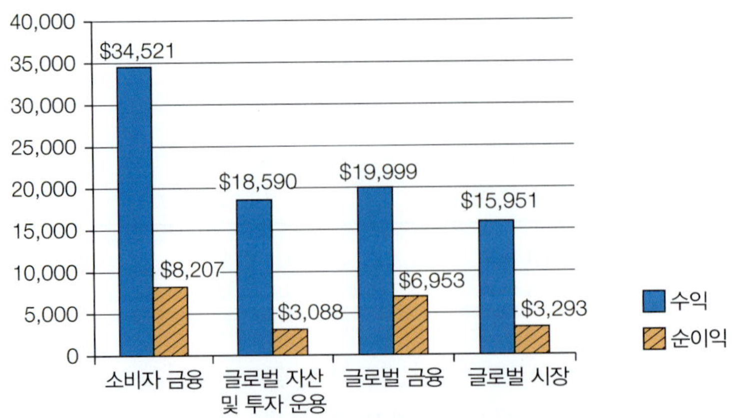

출처: 2017년 4분기 보고서

과 소비자 대출이다. 이 부문은 이례적으로 뛰어나 2016년에 7% 이상, 2017년에 거의 14%의 순이익이 증가했다. 예금 영역에는 메릴에지, 소기업 고객 관리, 양도성 예금증서, 개인 퇴직연금, 은행 계좌 등이 포함된다. 예금 수익의 대부분은 양도성 예금증서, 개인 퇴직연금, 당좌예금 이자, 메릴에지 거래와 마이너스 통장으로부터 징수된 수수료, 기타 은행 업무와 관련된 일반 수수료 등에서 발생한다. 신용카드 수수료, 자동차 대출, 주택담보대출과 같은 다른 수익은 소비자 대출 영역에 포함되는데, 주택담보대출 수입의 감소로 인해 2016년에는 순이익이 2억 8,700만 달러 감소했다.

글로벌 자산 및 투자 운용 부문은 순이익/수익(순이익률)이 16%라는 점에서 보았을 때는 네 부문 중 가장 효율적이지 못하다. 2017년에 이 부문의 이익은 30억 달러가 조금 넘어 네 부문 중 가장 낮은 순이익을 보고했다. 투자 가능 자산이 25만 달러 이하인 고객에게 집중하는 소비자 금융 부문과 달리 글로벌 자산 및 투자 운용 부문은 투자 가능 자산이 25만 달러를 넘는 고객에게 집중한다. 투자 운용, 거래, 금융, 은퇴 상품을 제공하는 이 부문의 순이익은 2016년에 2억 400만 달러 증가하고 2017년에는 2억 8,800만 달러 더 증가했다. 이 부문의 이익률이 낮은 이유 중 일부는 자산이 많은 고객의 경우 더 매력적인 가격에 투자 서비스를 이용할 수 있기 때문인 듯하다. 전체 정규 직원 20만 9,000명 중 26%인 5만 5,000명이 글로벌 자산 및 투자 운용 부문에서 일하고 있지만 2017년에 순이익의 16%만을 창출했다.

글로벌 금융 부문은 2017년에 35%의 순이익률을 보고했는데, 이는 뱅크오브아메리카의 네 부문 중 최고로서 매출과 순이익도 소비자 금융에만 약간 뒤진 실적이었다. 이 부문은 상업 대출, 임대, 무역 금융, 외환 거래, 사채 및 지분증권 인수, 합병 관련 활동, 기타 고급 프로필 금융 거래에 중점을 둔다. 2017년의 수익은 전년의 184억 달러보다 증가한 200억 달러였고, 순이익은 전년의 57억 달러보다 증가한 70억 달러였다.

2017년의 총수익로 따져보았을 때 글로벌 시장은 가장 작은 부문이지만 20%가 넘는 높은 이익률을 실현하고 있다. 이 부문은 통화, 원자재, 주식 지분 비즈니스의 고객에게 중점을 두며, 고객에게 위험 관리 관련 서비스를 제공하기도 한다. 이 부문의 순이익은 2016년에 14억 달러가 증가한 38억 달러였으나 2017년에는 5억 달러가 감소하여 33억 달러를 기록했다. 그 결과 자료 4에서 2017년에 순이익 감소를 겪은 유일한 부문이다. 한편 자료 4에 표시되지 않은 기타 모든 활동은 2015년, 2016년, 2017년에 각각 12억 달러, 13억 달러, 32억 달러의 손실을 보았다.

자료 5는 2016년에 총자산이 최소 100억 달러 이상인 7개국에서의 글로벌 익스포저를 보여준다. 자산이 가장 많은 영국은 470억 달러 이상으로, 그다음인 독일의 2배가 넘는다. 상위 7개국의 익스포저는 모두 합

자료 5 2016년 뱅크오브아메리카의 7개국 익스포저(단위: 100만 달러)

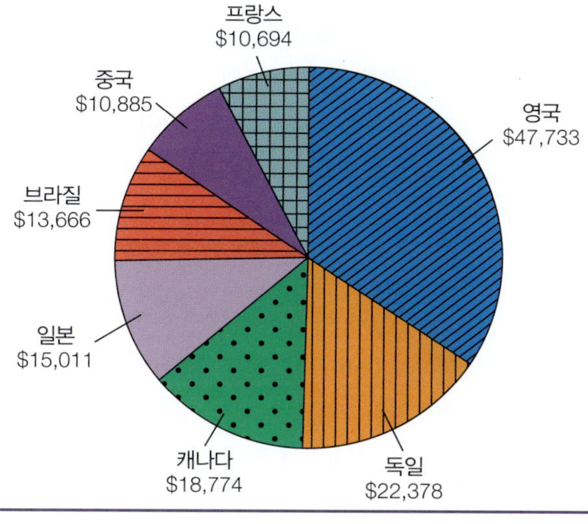

출처: 2016년 연례 보고서

하여 1,390억 달러인데, 이는 미국 외 상위 20개국 익스포저의 65%이다. 세계 상위 20개국은 2016년 뱅크오브아메리카의 모든 익스포저 중 88%를 차지한다. 2017년과 그 이후 미국 달러는 2016년처럼 강세가 아닐 것이고, 이에 뱅크오브아메리카는 통화 변동에 따라 외환시장에 투자된 달러 총계의 증가를 경험할 수도 있다. 이러한 수치가 높게 보일 수도 있으나 2016년 영국에 배분한 470억 달러의 자산은 은행 총자산의 2.3%에 불과하다는 점에 주목해야 한다. 미국 외 기반의 자산 총액은 2016년 은행 총자산의 11%만을 차지한다. 이 은행의 이름이 뱅크오브아메리카인 것은 꽤 적절한 듯하다.

경쟁기업

뱅크오브아메리카의 경쟁기업은 소규모 지역 은행에서 다국적 기업까지 5,000개가 넘지만 주요 경쟁자는 JP모건체이스와 웰스파고이다. 자료 6에서 보듯이 세 기업은 대부분의 지표가 비슷하나 순이익 및 그 결과에 따른 주당 순이익에는 현저한 차이가 있다. 이를 볼 때 뱅크오브아메리카는 JP모건체이스와 웰스파고보다 훨씬 더 많은 주식을 발행했다고 결론지을 수 있다. 그러나 뱅크오브아메리카는 주식을 재매입하고 있으며, 순이익이 안정적이거나 증가한다고 가정하면 주당 순이익이 증가될 것이다. 뱅크오브아메리카의 배당금은 1.5%로 웰스파고의 2.5%, JP모건체이스의 2.0%에 비해 훨씬 낮다.

자료 6 뱅크오브아메리카와 두 경쟁기업의 비교

	뱅크오브아메리카	JP모건체이스	웰스파고
시가 총액(달러)	331B	398B	322B
종업원 수(명)	209K	253K	263K
매출(달러)	87.4B	90.3B	94.1B
순이익(달러)	18.2B	24.7B	21.9B
주당 순이익(달러)	1.56	6.31	4.10
주가 수익률	20.63	18.39	16.08

출처: 다양한 자료원

JP모건체이스컴퍼니

미국 뉴욕에 본사가 있는 JP모건체이스는 세계에서 가장 오래된 금융 기관 중 하나이자, 총자산이 2조 6,000억 달러로 세계에서 여섯 번째로 큰 은행이다. 시가 총액으로 따지자면 JP모건체이스는 두 번째로 가치가 높은 은행이다. JP모건체이스는 24만 명의 직원을 두고 60개국에서 운영하면서 개인과 소기업을 위한 투자 금융 및 재무 서비스, 상업 금융, 금융 거래 처리, 자산 운용 영역의 다양한 상품을 제공하고 있다. 2016년의 총자산을 기준으로 미국의 모든 은행 중 14.04%의 시장점유율로 1위를 차지했으며, 미국 내 예금 총계는 1조 1,551억 9,000만 달러로 2위이다. JP모건체이스는 2013~2016년에 이익이 170억 달러에서 240억 달러로 증가하는 등 견고한 재무 실적을 올렸다. 한편 JP모건체이스는 미국 전역과 40개국의 비영리 기관에 2억 5,000만 달러 이상을 기부했다.

웰스파고앤드컴퍼니

1852년에 설립된 웰스파고는 총자산이 1조 9,000억 달러 이상이며 금융, 보험, 투자, 모기지, 개인 및 상업 재무 서비스를 제공한다. 웰스파고는 28만 6,000명의 직원을 두고 42개국에서 운영하면서 8,400개 지역에서 1만 3,000개 ATM, 온라인 및 모바일 지원을 통해 7,000만 명의 고객에게 서비스를 제공하고 있다. 세계에서 총예금 3위, 총자산 3위인 웰스파고는 상장기업 중 다섯 번째로 크고, 미국에서 수익 규모로는 스물다섯 번째이다. 또한 전반적인 모바일 성능, 기능성, 용이성, 품질 및 가용성, 최고의 앱·모바일 웹 경험에서 1위로 선정되는 등 다수의 상을 받았으며, 8년 연속으로 미국 최대의 직장 및 직원 기부 캠페인을 벌이고 있다. 한편 웰스파고는 1위로 손꼽히는 소매 모기지 대출 기관이다.

금융업계 역사상 최대의 인수 중 하나는 2008년에 웰스파고가 와코비아코퍼레이션(Wachovia Corporation)을 인수한 것이다. 뱅크오브아메리카가 네이션스뱅크에 인수될 때 그랬듯이, 캘리포니아에 기반을 두었던 웰스파고는 이로 인해 동부 해안으로 입지를 확장할 수 있었다.

외부 이슈

금융 산업

지난 10년간 금융 산업에서는 각 은행의 지점 수가 감소했다. 자료 7과 같이 미국에 지점을 둔 상업은행의 수는 1975~1985년에 1만 4,000개 이상이었으나 2014년에는 6,000개 이하, 2017년에는 5,000개를 간신히 넘는 수준으로 떨어졌다. 본사만 있는 은행은 1966년에 1만 개에서 2014년에 2,000개 이하로 줄어들었다. 이는 급격한 기술 발전, 특히 온라인 뱅킹이 그 원인으로, 은행에 직접 갈 필요가 없는 모바일 예금과 이체의 용이성 때문에 고객은 더 많은 온라인 뱅킹 서비스를 요구하고 있다. 오늘날 많은 은행은 고객이 더 편리하게 이용할 수 있는 시간대에 서비스를 제공한다. 한편 모바일 및 온라인 뱅킹의 증가로 사이버 범죄도 증가했다. 금융 기관이 보유한 개인 정보와 돈을 훔치려고 시도하는 사이버 범죄자가 점점 더 많아지고 있다.

자료 7 미국의 상업은행 수

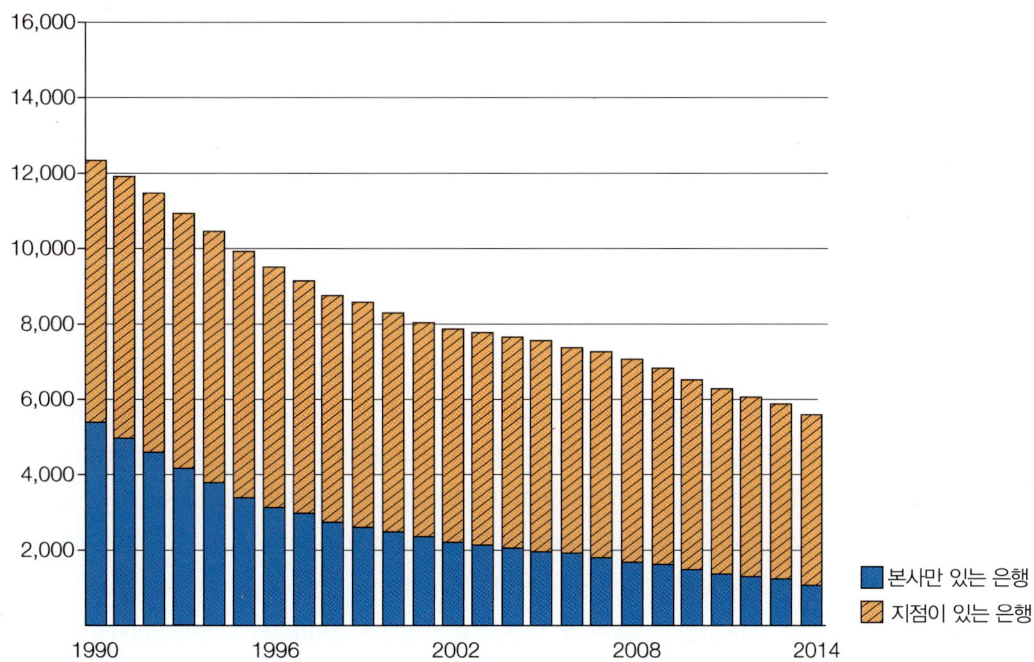

출처: 다양한 자료원

금융업계의 서비스

금융 산업은 뱅크오브아메리카의 네 부문을 반영하는 몇 가지 영역으로 구분된다. 미국 금융 산업 내 상위 부문으로는 상업은행, 신용카드 발급, 투자은행, 증권 중개, 재무 설계 등이 있다. 상업은행 산업은 미국에서만 5,000개 이상의 경쟁자가 있는 대규모 산업으로, 수익이 5,750억 달러 이상, 이익이 1,200억 달러 이상이다. 성장률은 1% 내외로 완만했으나 수익률 곡선의 확대로 2023년까지 2% 이상이 될 것으로 예상된다. 2008~2015년의 완만한 성장 끝에 수익이 다시 성장하기 시작했다.

이러한 은행 산업은 부동산 대출, 예금 서비스, 상업 대출, 신용카드 대출, 기타 상품을 포함한 서비스를 제공한다. 산업의 수익 5,750억 달러 중 예금이 약 2,000억 달러이고 부동산 대출이 1,000억 달러를 조금 넘는다. 예금 부문에는 전통적인 은행 계좌와 퇴직 계좌가 포함된다. 은행은 다양한 수수료로 돈을 벌고, 예금자에게 지급하는 것보다 더 높은 이율로 돈을 빌려준다. 많은 현장 전문가는 고객 예금을 통한 수입과 수백 가지의 다양한 수수료가 전반적인 은행 산업의 생명선이라는 데 동의한다. 이 산업에서 수익을 기준으로 상위 3사는 웰스파고, JP모건체이스, 뱅크오브아메리카로, 시장점유율은 각각 13%, 9%, 7%이다.

놀랍게도 뱅크오브아메리카는 신용카드 발급 시장의 선두 주자로서 아메리칸익스프레스(American Express), 캐피털원(Capital One), JP모건체이스, 디스커버리(Discovery) 등을 앞지른다. 신용카드 사업은 최근에 연간 1.5% 내외로 성장해왔고, 2023년까지 3% 가까이 성장할 것으로 추정된다. 이 산업에서는 이익의 단 7%만이 카드 소지자에게 부과되는 연회비, 지연 상환 수수료, 비사용 수수료 등의 수수료에서 발생한다. 경쟁이 심화되면서 향후에는 연회비가 옛 수익원이 될지도 모른다. 신용카드 회사 수익의 최대 부문은 단연코 이자 수익으로, 이는 전체 수익의 60% 내외를 차지한다. 나머지 33%는 고객이 카드를 사용할 때 상인에게 부과되는 수수료에서 주로 발생한다. 경쟁이 치열해짐에 따라 신용카드 회사는 더 많이 소비할수록 포인트나 보너스를 되돌려주는 카드로 신규 고객을 유치하고, 그러한 포인트보다 더 많은 수수료를 상인에게 징수하고 있다. 월마트(Walmart)와 같은 대형 상점은 엄청난 협상력을 가지고 있으며, 신용카드 수수료가 너무 비싸지면 자체 신용카드를 발급하거나 아예 스스로가 '은행'이 되어버릴 수도 있다. 하지만 이러한 협상력이 있음에도 여전히 보상 포인트가 높은 카드 사용을 원하는 최종 사용자 때문에 제약이 있다. 그래서 아직은 뱅크오브아메리카 같은 기업이 고객을 유치하기 위한 수단으로 매력적인 보상을 제공하는 카드를 발급하고 상인에게 부과하는 수수료로 수익을 늘리고 있다. 뱅크오브아메리카는 심지어 예금액에 따라 여러 수준의 포인트를 제공하기도 하는데, 이는 고객이 더 많은 금액을 예금하도록 장려하고 은행은 그 돈으로 예금에 지급되는 쥐꼬리만 한 이자보다 더 높은 이익을 얻기 위해 투자할 수 있기 때문이다. 신용카드 산업은 뱅크오브아메리카의 소비자 금융 부문으로 분류되어 있다.

미국에서 투자은행과 증권 비즈니스는 1,300억 달러 규모의 산업으로, 이익이 380억 달러이고 2023년까지 2.8% 내외로 성장할 것으로 예상된다. 채권과 주식 인수 서비스가 산업 수익의 35%를 차지한다. 대형 투자은행은 그 두 가지 수단으로 자금을 조달하려는 기업에 중간자로서 서비스를 제공하곤 한다. 합병, 매각, 구조조정 및 기타 유사 활동에 대한 자문 수수료는 산업 수익의 22%를 차지하고, 거래 관련 서비스 역시 22%를 차지한다. 거래 서비스에는 일반적으로 고액 고객에 대한 고정 수익 서비스, 선물 거래, 주식 거래, 기타 활동이 포함된다. 뱅크오브아메리카의 글로벌 금융, 글로벌 시장 부문이 이 분야에 포함될 것이다. 이 산업에서 뱅크오브아메리카의 경쟁자는 JP모건체이스, 모건스탠리(Morgan Stanley), 시티그룹(Citigroup), 골드만삭스(Goldman Sachs) 등이며, 이들 모두 시장점유율이 9~11%이다. 시장점유율이 12%인 JP모건체이스가 업계의 선두이고 뱅크오브아메리카는 10%의 시장점유율을 차지하고 있다.

증권 중개와 재무 설계는 금융 산업에 속하는 또 다른 주요 산업으로, 2016년의 수익이 2,000억 달러 이상이다. 뱅크오브아메리카의 소비자 금융과 글로벌 자산 및 투자 운용 부문의 상당 부분이 여기에 포함된다. 주요 경쟁기업은 JP모건체이스와 웰스파고이다.

병합의 증가

인수합병을 통한 병합은 금융 위기(2007~2009년) 즈음에 빈발했다 다시 한번 증가하고 있다. 그러나 CEO인 브라이언 모이니핸은 향후 뱅크오브아메리카가 단지 확장을 위한 확장을 하지는 않을 것이라고 거듭 내비쳤다. 2015~2017년 중반에 미국에서 23건의 은행 합병이 발표되었고 그중 10건은 2017년 상반기에 발표되었는데, 자산 규모로는 3,000억 달러에 해당한다. 은행들은 소규모 지역 은행만을 매입하는 것이 아니라 온라인 은행을 매입하기 위해 찾아나서고 있다. JP모건체이스는 월드페이(Worldpay)를 100억 달러에 인수하기 위한 입찰 경쟁에서 반티브(Vantiv)에 무릎을 꿇었다. 미국의 상위 4개 은행이 미국연방예금보험공사(Federal Deposit Insurance Corporation, FDIC)의 예금 한도에 근접함에 따라 중·소규모 은행 사이에서 많은 인수가 일어날 것으로 예상된다. 그러나 이는 상위 4개 은행이 예금에 직접적으로 연계되지 않은 서비스를 제공하는 금융 회사를 인수하는 데 심각한 영향을 미치지 않을 것이다.

규제

2007~2009년의 금융 위기 이후 2010년에 오바마 대통령은 금융 산업의 모든 측면에 영향을 미치는 도드-프랭크 월가 개혁 및 소비자 보호법(Dodd-Frank Wall Street Reform and Consumer Protection Act)에 서명했다. 법 조항에는 독점적 거래 금지, 헤지펀드를 소유할 수 있는 주체 제한, 금융안정성감독위원회 신설, 저축기관감독청 폐지 등이 포함된다. 이 새로운 규제는 금융 기관이 납부해야 하는 비용을 크게 증가시켰다. 도드-프랭크법은 (AIG나 시티그룹 같은) 대형 은행이 '망하기에는 너무 크기' 때문에 정부로부터 긴급 구제를 받는 상황을 방지하는 것을 목적으로 한다. 도드-프랭크법의 통과는 또 다른 금융 위기에 대한 대중의 인식과 두려움을 완화했다. 그러나 최근의 연구는 대형 기관이 세계적으로 너무 상호 연결되어 있어, 만약 유사한 금융 상황이 다시 일어난다면 각국 정부는 거대 기업을 또다시 구제하지 않을 수 없을 것이라고 밝혔다.

트럼프 대통령이 성장을 가속하기 위해 산업에 대한 규제를 완화할 것이라는 기대가 금융 산업에 팽배해 있다. 그러나 2018년 초 기준으로 아직 주요한 규제 완화가 입법되지 않았다. 스티븐 므누신(Steven Mnuchin) 재무장관과 재닛 옐런(Janet Yellen) 연방준비제도이사회 의장은 은행에 부과된 현재의 규제 중 상당수를 조정하는 것을 지지한다. 은행에 대한 주요 규제 당국은 연방준비제도(Federal Reserve System, Fed), 미국연방예금보험공사(FDIC), 통화감독청(Officer of the Comptroller of the Currency, OCC), 소비자금융보호국(Consumer Financial Protection Bureau, CFPB), 주 규제 당국 등이다.

연례 스트레스 테스트

미국의 대형 은행은 2009년의 경기 침체기에 겪었던 것과 같은 부정적인 시장 환경을 은행이 잘 대처할 수 있는지 확인하기 위해 연방준비제도가 시행하는 연례 스트레스 테스트를 받아야 한다. 검사 항목은 배당금 지급, 대출 활동, 주식 환매에 대한 검증 등이다. 2016년에 스트레스 테스트를 받은 34개 은행이 모두 통과했고, 글로벌 침체기에도 대출하고 영업할 수 있음을 확인받았다. 모든 은행의 통과에 따른 부대 혜택으로 연방준비제도는 은행이 배당금 지급과 주식 환매를 증가시킬 수 있도록 허용했다. 뱅크오브아메리카는 이 정책을 이용하여 배당금을 늘리는 한편 주식을 재매입하고 있다.

미래

2018년을 기준으로 뱅크오브아메리카는 4,500개의 소매 금융 센터와 1만 6,000개의 ATM을 통해 4,700만 개인 및 소기업에 서비스를 제공하고 있다. 뱅크오브아메리카의 활성 사용자는 3,500만 명이며, 이 중 모바일 사용자는 2,400만 명이다. 자산 운용, 기업 및 투자 금융, 광범위한 자산 종류 간 거래의 글로벌 리더인 뱅크오브아메리카는 세계 전역의 기업, 정부, 기관, 개인에게 서비스를 제공한다. 또한 300만 명의 소기업 소유주에게 산업 최고의 지원을 제공하며, 미국 50개 주, 워싱턴 DC, 미국령 버진아일랜드, 푸에르토리코 및 35개국 이상에서 사업을 운영하고 있다.

뱅크오브아메리카메릴린치는 뱅크오브아메리카코퍼레이션의 글로벌 금융 및 글로벌 시장 비즈니스를 위한 마케팅 이름이다. 2017년은 뱅크오브아메리카메릴린치 커뮤니티 개발 금융이 대출, 세액 공제 자본 투자, 기타 부동산 개발 사업에 45억 3,000만 달러를 제공한 기록적인 해였다. 또한 미국 전역의 적정 가격 주택 건축, 공립학교, 건강관리, 경제 발전을 돕기 위해 채권 인수로 30억 4,000만 달러, 신규 지분 투자로

14억 9,000만 달러를 투입했다. 2017년에 커뮤니티 개발 금융이 자금을 투자한 개발로 1만 2,000채의 적정 가격 주택 등 1만 3,500채가 지어졌는데, 여기에는 환경 친화 주택 2,468채, 고령자 주택 3,063채, 퇴역 군인·장애인·노숙자를 위한 주택 1,688채가 포함되어 있다.

대출을 결정할 때 이를 정당화할 수 있는 추정 재무제표와 고객의 명확한 전략계획이 필요한 것처럼 뱅크오브아메리카도 미국과 해외에서의 성장을 이끌 명확한 전략계획이 필요하다.

JPMorgan & Chase Co.–2018

www.jpmorgan.com

미국 뉴욕에 본사를 둔 JP모건체이스는 세계에서 가장 오래된 금융 기관 중 하나이다. 또한 총자산이 2조 6,000억 달러를 넘어서는 세계에서 여섯 번째로 큰 은행이자, 시가 총액으로는 두 번째로 가치가 높은 은행이다. JP모건체이스는 투자 금융, 개인 및 소기업 금융 서비스, 상업 금융, 금융거래 처리, 자산 관리 등의 서비스를 제공한다. 세계 60개국에서 사업을 전개 중인 JP모건체이스에서는 24만 명 이상의 직원이 근무하고 있다. 총자산을 기준으로 JP모건체이스는 은행업계의 1위로서 약 14%의 시장점유율을 차지하며, 미국 내 예금 총액은 약 18억 달러로 2위이다. JP모건체이스의 수익은 해마다 증가하여 2017년에 거의 1,000억 달러에 달했다. JP모건체이스의 주식은 다우존스 산업 평균을 구성하는 30종목 중 하나이고, JP모건체이스의 헤지펀드 부서는 미국 내 최대 헤지펀드 중 하나이다.

JP모건체이스는 주요 브랜드인 JP모건과 체이스로 운영된다. JP모건은 대규모 다국적 기업, 정부, 부유층, 기관 투자자에 중점을 두고, 체이스는 소비자 비즈니스와 상업 금융 비즈니스로 세분된다. 체이스의 소비자 비즈니스에는 전통적인 은행 지점, ATM, 신용카드, 주택담보대출, 은퇴, 투자, 가맹점 서비스 등이 포함되고, 상업 금융 비즈니스에는 기업 신용, 기업 고객 금융, 상업 조건 대출, 지역사회 개발 등이 포함된다. 이 두 브랜드는 지역과 상품이 너무 많이 겹치기 때문에 JP모건체이스는 브랜드별 수익과 이익을 따로 보고하지 않는다.

역사

JP모건체이스의 역사는 1799년까지 거슬러 올라간다. 모건가의 유산은 그 뿌리가 드렉설모건앤드컴퍼니(Drexel Morgan & Co.) 파트너십으로, 드렉설 사후 1895년에 JP모건앤드컴퍼니로 이름을 바꾸었다. 아마도 그 시대에 가장 영향력 있는 금융 기관이었던 JP모건체이스는 US스틸(US Steel)이 형성되는 데 자금을 제공했다. US스틸은 앤드루 카네기(Andrew Carnegie) 등의 사업을 인수하여 세계 최초로 10억 달러 규모 기업이 되었다. 1895년에 JP모건체이스는 미국 정부에 6,200만 달러의 금을 공급하여 채권을 발행하고 1억 달러의 국고 흑자를 복원할 수 있게 했다. 1892년에는 뉴욕·뉴헤이븐·하트퍼드철도(New York, New Haven, and Hartford Railroad)에 자금을 제공하기 시작하여, 이 기업이 일련의 인수를 통해 뉴잉글랜드에서 지배적인 철도 운송사가 되도록 이끌었다.

2004년에 JP모건체이스는 시카고 기반의 뱅크원(Bank One)을 합병하고 뱅크원의 회장 겸 CEO였던 제이미 다이먼(Jamie Dimon)을 자사 경영진에 회장 겸 최고운영책임자로 합류시켰으며, 그를 당시의 CEO인 윌리엄 해리슨 주니어(William Harrison Jr.)의 후계자로 지명했다. 다이먼의 급여는 해리슨이 받던 급여의 90%로 책정되었다. 다이먼은 비용 절감 전략에 착수하면서 신속히 영향력을 확대하고, 요직에 있던 JP모건체이스 임원진을 뱅크원 임원진으로 교체했다. 그중에는 시티그룹(Citigroup)에서 다이먼과 함께 일했던 이들도 있었다. 2006년에 다이먼은 JP모건체이스의 CEO 겸 의장 자리에 올랐다.

JP모건체이스는 그동안 1,200개가 넘는 금융 기관을 인수했다. 현재의 기업명은 2000년에 JP모건앤드컴퍼니가 더체이스맨해튼코퍼레이션(The Chase Manhattan Corporation)을 인수하면서 지어졌다. 2010년에 JP모건체이스는 영국에서 2004년에 설립된 자문 및 증권 인수 합작투자 회사인 카제노브(Cazenove)를 인수했다. 2010년 이후 JP모건체이스는 트레이드마크였던 인수를 자제하고 있다.

비전과 사명

JP모건체이스의 실제 비전 선언문은 "우리는 지구상에서 최선의 금융 서비스 회사가 되기 위해 노력한다"이다. 또한 실제 사명 선언문은 다음과 같다. "우리는 상품의 완전한 플랫폼을 제공하여 금융 서비스에서 세계적 리더가 되기 위해 노력한다. 우리의 고객에는 100개국 이상의 개인, 기업, 기관 투자자, 헤지펀드, 정부, 지방 자치단체가 포함된다."

내부 이슈

조직 구조

2018년 1월, JP모건체이스는 기업 및 투자 금융의 CEO인 대니얼 핀토(Daniel Pinto)와 소비자 및 커뮤니티 금융의 CEO인 고든 스미스(Gordon Smith)를 공동 회장 겸 공동 최고운영책임자로 임명하고, 의장 겸 CEO인 제이미 다이먼에게 보고하게 했다. 이러한 임명은 JP모건체이스 내부에서 일어난 전략적 사업단위(상품별 또는 지역별 임원이 핀토와 스미스에게 보고하는 조직 구조)로의 광범위한 전환 중 하나일 것이다.

자료 1 JP모건체이스의 최고경영진과 조직 구조

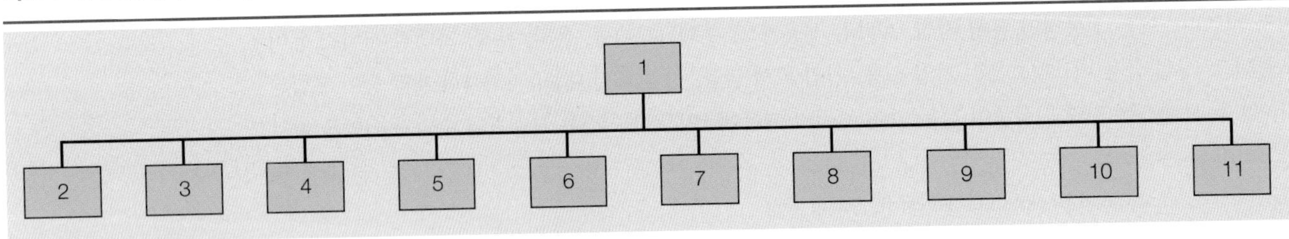

1. 이사회 의장 겸 CEO(chairman of the board and CEO) Jamie Dimon
2. 에르도스 자산 및 재산 관리 CEO(Erdoes asset and wealth management CEO) Mary Callahan
3. 상업 금융 CEO(eommercial banking CEO) Douglas Petno
4. 기업 및 투자 금융 CEO(corporate and investment bank CEO) Daniel Pinto
5. 소비자 및 커뮤니티 금융(consumer and community banking CEO) Gordon Smith
6. 최고위험책임자(chief risk officer) Ashley Bacon
7. 최고정보책임자(chief information officer) Lori Beer
8. 법률자문(general counsel) Stacey Friedman
9. 최고재무책임자(CFO) Marianne Lake
10. 인사책임자(head of human resources) Robin Leopold
11. 기업책임성책임자(head of corporate responsibility) Peter Scher

출처: 기업 문서

현재 전략

JP모건체이스는 성장 전략을 활용하면서 자사주를 적극적으로 사들이고 있다. 2017년에는 약 140억 달러의 자사주를 재매입했다. 기술에 아낌없이 투자하고 있는 JP모건체이스는 2016년에 거의 100억 달러를 지출했는데, 그중 30억 달러가 모바일 계좌 개설 및 투자 자문, 온라인 주식 매매 역량 향상과 같은 새로운 시도를 위해 투입되었다. JP모건체이스는 2017년 통과된 새로운 세법에 따라 200억 달러를 투자했으며, 이 돈의 상당 부분을 미국 전역에 400개의 신규 지점을 개설하는 데 사용했다. 2018년 2월, JP모건체이스는 소매 금융 직원(창구 직원 및 유사한 직무)의 임금을 평균 시급 14.25달러에서 16.50달러로 16% 인상했다. 또한 저소득 및 중간 소득 고객에 대한 가계 대출을 77억 달러에서 500억 달러로 확대했다. 한편 JP모건체이스는 자선 기부금을 2022년까지 17억 5,000만 달러로 40% 늘릴 계획이다.

재무

자료 2와 3은 JP모건체이스의 최근 손익계산서와 재무상태표이다. 2017년에 수익이 4.14% 증가했지만 순

자료 2 JP모건체이스의 손익계산서(단위: 100만 달러)

계정과목	2016년 12월 31일	2017년 12월 31일		변화율(%)
매출	95,668	99,624	↑	4.14
매출 원가	0	0	NA	NA
매출 총이익	95,668	99,624	↑	4.14
영업 비용	61,132	63,724	↑	4.24
이자 및 세전이익	34,536	35,900	↑	3.95
이자 비용	0	0	NA	NA
법인세 차감 전 순이익	34,536	35,900	↑	3.95
세액	9,803	11,459	↑	16.89
비반복적 항목	0	0	NA	NA
당기순이익	24,733	24,441	↓	0.01

출처: 기업 문서

자료 3 JP모건체이스의 재무상태표(단위: 100만 달러)

계정과목	2016년 12월 31일	2017년 12월 31일		변화율(%)
자산				
현금 및 단기투자자산	880,989	917,093	↑	4
외상매출금	52,330	67,729	↑	29
재고자산	0	0	NA	NA
기타 유동자산	0	0	NA	NA
총유동자산	933,319	984,822	↑	6
부동산 및 설비	14,131	14,159	↑	0
영업권	7,288	47,288	➡	0
무형자산	6,958	7,164	↑	3
기타 장기자산	1,489,276	1,480,167	↓	−1
자산 계	2,490,972	2,533,600	↑	2
부채				
외상매입금	190,543	189,383	↓	−1
기타 유동부채	1,575,288	1,654,720	↑	5
총유동부채	1,765,831	1,844,103	↑	4
장기차입금	295,245	284,080	↓	−4
기타 장기부채	175,706	149,724	↓	−15
부채 계	2,236,782	2,277,907	↑	2
자본				
보통주	4,105	4,105	➡	0
이익잉여금	162,440	177,676	↑	9
자사주	(28,854)	(42,595)	↑	48
주식발행초과금 및 기타	116,499	116,507	↑	0
자본 계	254,190	255,693	↑	1
부채 및 자본 계	**2,490,972**	**2,533,600**	↑	2

출처: 기업 문서

이익이 약간 감소했다. 또한 자료 3을 보면 2017년에 JP모건체이스는 자금을 조달하기 위해 주식을 추가로 팔거나 장기부채를 늘리지도 않았다. 그래서 기본적으로 모든 자금 조달이 내부에서 창출된 순이익을 통해 이루어졌다.

부문별 정보

JP모건체이스는 네 가지 사업 부문, 즉 소비자 및 커뮤니티 금융, 기업 및 투자 금융, 상업 금융, 자산 및 재산 관리 부문으로 운영된다. 자료 4에서 보듯이 2017년 말 데이터에 따르면 소비자 및 커뮤니티 금융이 최대 수익을 보고하고 기업 및 투자 금융이 최대 이익을 창출했다. 또한 상업 금융은 최대 이익률이 40%이다.

자료 4 JP모건체이스의 부문별 수익과 순이익(단위: 100만 달러)

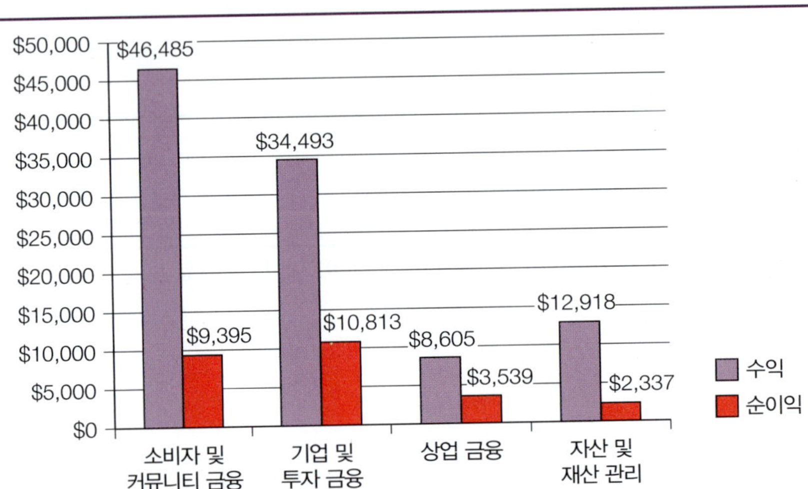

출처: 기업의 2017년 4분기 보고서 및 기타 자료원

소비자 및 커뮤니티 금융

JP모건체이스의 최대 부문인 소비자 및 커뮤니티 금융의 수익은 전년도의 450억 달러에서 조금 증가하여 2017년에 460억 달러를 약간 넘었다. 그러나 당기순이익은 3억 달러가 감소한 94억 달러를 기록했다. 소비자 및 커뮤니티 금융은 미국 가구의 거의 절반과 관계를 맺고 있으며, 그 가구 중 70%는 주거래 은행으로 이용하고 있다. 체이스 담보 대출이 있는 가구의 약 80%는 처음에 다른 은행에서 담보 대출을 받았다. 하지만 이자율이 오르고 있으므로 향후 그 수치가 줄어들지도 모른다. 기존의 담보 대출을 더 낮은 이자율로 사들일 필요가 약해진 것이다. 이 부문은 미국에서 최상급의 모바일 금융 앱, ATM 네트워크, 가장 많이 방문한 금융 포털을 가지고 있다고 주장한다. 이 부문의 2016년 활성 모바일 고객은 2,600만 명으로, 이들은 모바일 금융을 이용하지 않는 고객보다 90% 더 지출했다. 모바일 옵션을 통한 고객 유치를 더욱 추구함에 따라 2016년에는 모바일 고객이 16% 증가했다. 또한 소비자 및 커뮤니티 금융은 5,000개가 넘는 지점을 크게 확장하여 향후 몇 년 동안 대략 10%를 증가시킬 계획이다. 이 부문이 제공하는 서비스는 전통적인 은행 업무, 비즈니스 금융, 담보 대출, 신용카드, 자동차 대출, 신용카드 가맹점 처리 서비스 등이다. 한편 체이스의 신용카드 사업은 2016년에 새로운 계정이 20% 증가했으나 매출액은 10%만 증가했다. 이는 아마도 새로운 체이스 프리덤 언리미디트(Chase Freedom Unlimited) 카드와 아마존 프라임(Amazon Prime) 카드 때문일 것이다. 체이스의 새로운 사파이어 리저브(Sapphire Reserve) 신용카드는 단 2주 만에 연간 고객 목표를 초과했지만, 평균적인 고객은 FICO 점수가 785점 이상이고 주식 투자를 포함한 예금이 80만 달러 이상인 사람들이다. 2016년에 자동차 대출과 담보 대출은 각각 16%, 14% 증가하고 담보권 행사는 36% 감소했다.

기업 및 투자 금융

JP모건체이스의 두 번째로 큰 부문인 기업 및 투자 금융은 2017년 수익이 340억 달러를 넘었다. 이 부문은 2016년에 전년보다 34% 증가한 108억 달러의 기록적인 이익을 보고했다. 2017년에는 이익이 증가하지 않고 108억 달러를 유지했지만 수익이 7억 달러 감소했다. 이 부문의 상대적으로 저조한 수익과 이익 증가에는 2016년의 저조한 인수합병 탓도 일부 있는데, JP모건체이스에 따르면 2015년보다도 더 부진했다. 그래도 여전히 미국의 어느 은행보다도 더 많은 인수합병 거래를 완료했으며, 세계적으로는 두 번째로 큰 거래 규모였다. 기업 및 투자 금융은 신흥국 시장이 현재는 세계 GDP 성장의 40%이지만 앞으로 70% 이상을 차지할 것으로 예측한다. 한편 이 부문은 미국 비영리 기관, 정부, 주, 대학, 지방 자치단체에 대한 부채 자금의 선두 주자로서 2016년에 이러한 고객에게 900억 달러를 공급했다. 기업 및 투자 금융은 2016년에 340개 이상의 IPO를 위한 지분 인수 거래를 주관했고, 그 어려운 시기에 시장점유율을 증가시킨 유일한 글로벌 은행이다.

상업 금융

상업 금융 부문은 2017년에 전년의 75억 달러 대비 86억 달러의 기록적인 수익을 실현하는 동시에, 전년보다 29% 증가한 35억 달러의 기록적인 순이익을 실현했다. 이 부문은 2016년에 기술, 데이터, 기타 주요 역량에 그 어느 때보다 많은 돈을 투자했고, 앞으로도 대규모 결제 플랫폼, 데이터, 기술에 더 많은 자본을 쏟아부을 계획이다. JP모건체이스에서 상업 금융 부문은 기업 및 투자 금융 부문과 파트너십을 맺고 다양한 이슈에 대해 함께 노력하고 있다. 2016년에는 중소기업을 지원하기 위해 설계된 새로운 디지털 플랫폼을 출시하기 위해 작업했다. 상업 금융은 새로운 8개 시장에 사무소를 열고 시장 침투에 집중할 계획이다. 중소기업을 위한 기업 금융에 중점을 두는 이 부문은 소비자 및 커뮤니티 금융 부문이 제공하는 서비스와 같되 주로 기업을 대상으로 서비스를 제공하고 있다.

자산 및 재산 관리

2017년에 자산 및 재산 관리 부문은 9억 달러의 수익 성장을 실현하고, 이익률이 7.5%인 23억 달러의 이익을 거두었다. 전 세계의 최대 규모 연금기금, 자산 펀드, 중앙은행의 60%, 최고로 부유한 자산가의 50%와 직접적으로 관계를 맺고 있는 이 부문은 대형 고객에게 서비스를 제공할 수 있는 뛰어난 위상을 정립했다. 한편 이 부문은 체이스 재산 관리를 통해 100만 이상의 미국 가정에 자문을 해주는 등 광범위한 고객에게 균형 잡힌 서비스를 제공하고 있다. 이 부문은 사무실에 14%를 지출하고 최고로 유능한 인력의 95% 이상을 유지하면서 성장해왔다.

경쟁기업

JP모건체이스는 수많은 소규모 현지 은행부터 뱅크오프아메리카(Bank of America), 웰스파고(Wells

자료 5 JP모건체이스와 두 경쟁기업의 비교

	JP모건체이스	뱅크오프아메리카	웰스파고
시가 총액(달러)	398B	331B	322B
종업원 수(명)	253K	209K	263K
매출(달러)	99.6B	87.4B	94.1B
순이익(달러)	24.4B	18.2B	21.9B
주당 순이익(달러)	6.31	1.56	4.10
주가 수익률	18.39	20.63	16.08

출처: 다양한 자료원

Fargo)와 같은 다국적 기업에 이르기까지 5,000개 이상의 경쟁자와 각축을 벌이고 있다. 자료 5는 JP모건체이스와 두 경쟁기업을 비교하여 보여준다. JP모건체이스는 두 경쟁기업보다 더 큰 시가 총액, 더 많은 수익과 순이익, 현저히 높은 주당 순이익을 시현하고 있다.

뱅크오프아메리카코퍼레이션

뱅크오프아메리카는 전 세계 개인, 기업, 기관 투자자, 대기업, 정부에 다양한 재무 서비스를 제공한다. 미국 노스캐롤라이나주 샬럿에 본사를 둔 이 은행의 뿌리는 1904년으로 거슬러 올라간다. 2017년에 870억 달러 이상의 수익을 보고한 뱅크오프아메리카는 미국 50개 주, 35개국 이상에서 영업 중이며 20만 9,000명 이상의 직원이 근무하고 있다. 뱅크오브아메리카는 5,500개의 지점, 1만 6,000대 이상의 ATM을 보유하고 있으며, 미국 인구의 80% 이상이 이를 사용한 적이 있다.

300만 명 이상의 중소기업 소유주에게 서비스를 제공하는 뱅크오브아메리카는 투자 금융과 거래의 글로벌 리더로 여겨진다. 몇 가지 척도에 따르면 뱅크오브아메리카는 미국에서 두 번째로 큰 은행이다. 이 조직은 뱅크오브아메리카, 메릴린치(Merrill Lynch), US트러스트(US Trust), 뱅크오브아메리카메릴린치(Bank of America Merrill Lynch)로 구성되었으며 여덟 가지 사업을 벌이고 있다. 여기에는 소매, 우대 및 소기업, 메릴린치 자산 운용, 개인 고객을 위한 US 신탁 등이 포함된다. 뱅크오브아메리카는 기업에 비즈니스 금융, 글로벌 상업 금융, 글로벌 기업 및 투자 금융 등의 서비스를 제공하고, 기관 투자자에게는 글로벌 시장을 제공한다. 고객에게 제공하는 서비스 중 투자 관리, 중개, 금융, 신탁, 은퇴 상품 등이 많은 부분을 차지한다.

웰스파고앤드컴퍼니

1852년에 설립된 웰스파고는 총자산이 1조 9,000억 달러 이상이며 금융, 보험, 투자, 모기지, 개인 및 상업 재무 서비스를 제공한다. 웰스파고는 28만 6,000명의 직원을 두고 42개국에서 운영하면서 8,400개 지역에서 1만 3,000개 ATM, 온라인 및 모바일 지원을 통해 7,000만 명의 고객에게 서비스를 제공하고 있다. 세계에서 총예금 3위, 총자산 3위인 웰스파고는 상장기업 중 다섯 번째로 크고, 미국에서 수익 규모로는 스물다섯 번째이다. 또한 전반적인 모바일 성능, 기능성, 용이성, 품질 및 가용성, 최고의 앱·모바일 웹 경험에서 1위로 선정되는 등 다수의 상을 받았으며, 8년 연속으로 미국 최대의 직장 및 직원 기부 캠페인을 벌이고 있다. 한편 웰스파고는 1위로 손꼽히는 소매 모기지 대출 기관이다.

금융업계 역사상 최대의 인수 중 하나는 2008년에 웰스파고가 와코비아코퍼레이션(Wachovia Corporation)을 인수한 것이다. 뱅크오브아메리카가 네이션스뱅크(NationsBank)에 인수될 때 그랬듯이, 캘리포니아에 기반을 두었던 웰스파고는 이로 인해 동부 해안으로 입지를 확장할 수 있었다.

외부 이슈

금융 산업

지난 10년간 금융 산업에서는 각 은행의 지점 수가 감소했다. 자료 6과 같이 미국에 지점을 둔 상업은행의 수는 1975~1985년에 1만 4,000개 이상이었으나 2014년에는 6,000개 이하, 2017년에는 5,000개를 간신히 넘는 수준으로 떨어졌다. 본사만 있는 은행은 1966년에 1만 개에서 2014년에 2,000개 이하로 줄어들었다. 이는 급격한 기술 발전, 특히 온라인 뱅킹이 그 원인으로, 은행에 직접 갈 필요가 없는 모바일 예금과 이체의 용이성 때문에 고객은 더 많은 온라인 뱅킹 서비스를 요구하고 있다. 오늘날 많은 은행은 고객이 더 편리하게 이용할 수 있는 시간대에 서비스를 제공한다. 한편 모바일 및 온라인 뱅킹의 증가로 사이버 범죄도 증가했다. 금융 기관이 보유한 개인 정보와 돈을 훔치려고 시도하는 사이버 범죄자가 점점 더 많아지고 있다.

자료 6 미국의 상업 은행 수

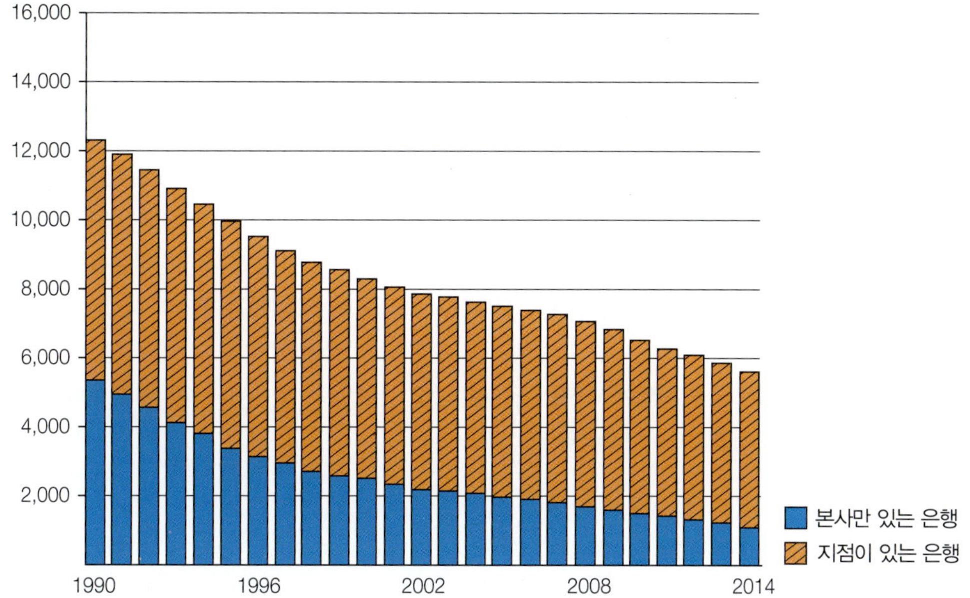

출처: 다양한 자료원

금융업계의 서비스

금융 산업은 JP모건체이스의 네 부문을 반영하는 몇 가지 영역으로 구분된다. 미국 금융 산업 내 상위 부문으로는 상업은행, 신용카드 발급, 투자은행, 증권 중개, 재무 설계 등이 있다. 상업은행 산업은 미국에서만 5,000개 이상의 경쟁자가 있는 대규모 산업으로, 수익이 5,750억 달러 이상, 이익이 1,200억 달러 이상이다. 성장률은 1% 내외로 완만했으나 수익률 곡선의 확대로 2023년까지 2% 이상이 될 것으로 예상된다. 이러한 은행 산업은 부동산 대출, 예금 서비스, 상업 대출, 신용카드 대출, 기타 상품을 포함한 서비스를 제공한다. 산업의 수익 5,750억 달러 중 예금이 약 2,000억 달러이고 부동산 대출이 1,000억 달러를 조금 넘는다. 예금 부문에는 전통적인 은행 계좌와 퇴직 계좌가 포함된다.

은행은 다양한 수수료로 돈을 벌고, 예금자에게 지급하는 것보다 더 높은 이율로 돈을 빌려준다. 고객 예금을 통한 수입과 여기저기에 붙는 수수료는 전반적인 은행 산업의 생명선이다. 이 산업은 JP모건체이스의 소비자 및 커뮤니티 금융 부문과 가장 밀접하게 연계되어 있다.

JP모건체이스는 신용카드 사업을 활발히 벌이고 있으며, 2016년에 체이스 사파이어 리저브, 체이스 프리덤 등의 새로운 카드를 내놓았다. 신용카드 사업은 최근에 연간 1.5% 내외로 성장해왔고, 2023년까지 3% 가까이 성장할 것으로 추정된다. 이 산업에서는 이익의 단 7%만이 카드 소지자에게 부과되는 연회비, 지연 상환 수수료, 비사용 수수료 등의 수수료에서 발생한다. 경쟁이 심화되면서 향후에는 연회비가 옛 수익원이 될지도 모른다. 신용카드 회사 수익의 최대 부문은 단연코 이자 수익으로, 이는 전체 수익의 60% 내외를 차지한다. 나머지 33%는 고객이 카드를 사용할 때 상인에게 부과되는 수수료에서 주로 발생한다. 경쟁이 치열해짐에 따라 신용카드 회사는 더 많이 소비할수록 포인트나 보너스를 되돌려주는 카드로 신규 고객을 유치하고, 그러한 포인트보다 더 많은 수수료를 상인에게 징수하고 있다. 아직까지는 이 전략이 잘 먹히고 있으나, 월마트(Walmart)와 같은 대형 상점은 엄청난 협상력을 가지고 있으며, 신용카드 수수료가 너무 비싸지면 자체 신용카드를 발급하거나 아예 스스로가 '은행'이 되어버릴 수도 있다. 예를 들어 2018년에 스타벅스(Starbucks)와 체이스는 스타벅스 비자카드를 출시했다. 그러나 지금 당장은 JP모건체이스 같은 기업이 고객을 유치하기 위한 수단으로 매력적인 보상을 제공하는 카드를 발급하고 상인에게 부과하는 수수료로 수익을 늘리고 있다.

미국에서 투자은행과 증권 비즈니스는 1,300억 달러 규모의 산업으로, 이익이 380억 달러이고 2023년까지 2.8% 내외로 성장할 것으로 예상된다. 채권과 주식 인수 서비스가 산업 수익의 35%를 차지한다. 대형 투자은행은 그 두 가지 수단으로 자금을 조달하려는 기업에 중간자로서 서비스를 제공하곤 한다. 합병, 매각, 구조조정 및 기타 유사 활동에 대한 자문 수수료는 산업 수익의 22%를 차지하고, 거래 관련 서비스 역시 22%를 차지한다. 거래 서비스에는 일반적으로 고액 고객에 대한 고정 수익 서비스, 선물 거래, 주식 거래, 기타 활동이 포함된다. 이 산업에서 JP모건체이스의 경쟁자는 뱅크오브아메리카, 모건스탠리(Morgan Stanley), 시티그룹(Citigroup), 골드만삭스(Goldman Sachs) 등이며, 이들 모두 시장점유율이 9~11%이다. 시장점유율이 12%인 JP모건체이스가 업계의 선두이고 뱅크오브아메리카는 10%의 시장점유율을 차지하고 있다.

증권 중개와 재무 설계는 금융 산업에 속하는 또 다른 주요 산업으로, 2016년의 수익이 2,000억 달러 이상이다. 주요 경쟁기업은 뱅크오브아메리카와 웰스파고이다.

병합의 증가

2015~2017년 중반에 미국에서 23건의 은행 합병이 발표되었고 그중 10건은 2017년 상반기에 발표되었는데, 자산 규모로는 3,000억 달러에 해당한다. 은행들은 소규모 지역 은행만을 매입하는 것이 아니라 온라인 은행을 매입하기 위해 찾아나서고 있다. JP모건체이스는 월드페이(Worldpay)를 100억 달러에 인수하기 위한 입찰 경쟁에서 반티브(Vantiv)에 무릎을 꿇었다. 미국의 상위 4개 은행이 미국연방예금보험공사(Federal Deposit Insurance Corporation, FDIC)의 예금 한도에 근접함에 따라 중·소규모 은행 사이에서 많은 인수가 일어날 것으로 예상된다. 그러나 이는 상위 4개 은행이 예금에 직접적으로 연계되지 않은 서비스를 제공하는 금융 회사를 인수하는 데 심각한 영향을 미치지 않을 것이다.

규제

2007~2009년의 금융 위기 이후 2010년에 오바마 대통령은 금융 산업의 모든 측면에 영향을 미치는 도드-프랭크 월가 개혁 및 소비자 보호법(Dodd-Frank Wall Street Reform and Consumer Protection Act)에 서명했다. 법 조항에는 독점적 거래 금지, 헤지펀드를 소유할 수 있는 주체 제한, 금융안정성감독위원회 신설, 저축기관감독청 폐지 등이 포함된다. 이 새로운 규제는 금융 기관이 납부해야 하는 비용을 크게 증가시켰다. 도드-프랭크법은 (AIG나 시티그룹 같은) 대형 은행이 '망하기에는 너무 크기' 때문에 정부로부터 긴급 구제를 받는 상황을 방지하는 것을 목적으로 한다. 도드-프랭크법의 통과는 또 다른 금융 위기에 대한 대중의 인식과 두려움을 완화했다. 그러나 최근의 연구는 대형 기관이 세계적으로 너무 상호 연결되어 있어, 만약 유사한 금융 상황이 다시 일어난다면 각국 정부는 거대 기업을 또다시 구제하지 않을 수 없을 것이라고 밝혔다.

트럼프 대통령이 성장을 가속하기 위해 산업에 대한 규제를 완화할 것이라는 기대가 금융 산업에 팽배해 있다. 그러나 2018년 초 기준으로 아직 주요한 규제 완화가 입법되지 않았다. 스티븐 므누신(Steven Mnuchin) 재무장관과 재닛 옐런(Janet Yellen) 연방준비제도이사회 의장은 은행에 부과된 현재의 규제 중 상당수를 조정하는 것을 지지한다. 은행에 대한 주요 규제 당국은 연방준비제도(Federal Reserve System, Fed), 미국연방예금보험공사(FDIC), 통화감독청(Office of the Comptroller of the Currency, OCC), 소비자금융보호국(Consumer Financial Protection Bureau, CFPB), 주 규제 당국 등이다.

연례 스트레스 테스트

미국의 대형 은행은 2009년의 경기 침체기에 겪었던 것과 같은 부정적인 시장 환경을 은행이 잘 대처할 수 있는지 확인하기 위해 연방준비제도가 시행하는 연례 스트레스 테스트를 받아야 한다. 검사 항목은 배당금 지급, 대출 활동, 주식 환매에 대한 검증 등이다. 2016년에 스트레스 테스트를 받은 34개 은행이 모두 통과했고, 글로벌 침체기에도 대출하고 영업할 수 있음을 확인받았다. 모든 은행의 통과에 따른 부대 혜택으로 연방준비제도는 은행이 배당금 지급과 주식 환매를 증가시킬 수 있도록 허용했다.

미래

웰스파고가 휘청거리자 JP모건체이스는 이를 기회로 삼고 있다. 2018년 1분기에 JP모건체이스는 2017년 1분기의 257억 5,400만 달러보다 증가한 285억 2,000만 달러의 순수익을 보고했다. 2018년 1분기의 순이익은 전년 동기의 64억 4,800만 달러보다 높은 87억 1,200만 달러였다. 또한 2018년 1분기에 JP모건체이스의 고객 투자 자산은 이전 분기보다 13% 증가한 2,760억 달러였으며, 신용카드 매출 규모는 12%, 신용카드 가맹점 처리 규모는 15% 증가했다.

2018년 2월 28일 자 《월스트리트저널(Wall Street Journal)》은 JP모건체이스가 향후 5년간에 400개의 신규 지점을 개설하고, 15~20개의 새로운 시장(도시)에 진출할 계획이라고 보도했다. 2017년 내내 JP모건체이스는 전체 상업은행의 1% 성장 대비 자사의 상업 및 산업 대출 잔고를 8% 증가시켰다. CFO인 메리앤 레이크(Marianne Lake)는 2017년에 모든 나스닥 은행의 주가가 20% 상승한 데 비해 JP모건체이스는 31% 상승했음에도 자사주를 계속 재매입할 것이라고 밝혔다.

JP모건체이스와 뱅크오브아메리카는 불만을 품은 웰스파고 고객을 유치하려면 신규 지점이 필요하다고 생각한다. JP모건체이스는 이미 23개 주에 지점을 가지고 있으나 필라델피아, 보스턴, 워싱턴 DC 등 몇몇 핵심 지역은 지점이 부족하다. 마찬가지로 뱅크오브아메리카는 오하이오주 신시내티, 클리블랜드, 콜럼버스 등에서의 상당한 성장에 힘입어 2018~2021년에 500개 이상의 지점을 개설할 계획이다. 한편 JP모건체이스와 뱅크오브아메리카는 일부 지역의 지점을 폐쇄하고 있기 때문에 새 오프라인 지점의 순 영향은 향후 몇 년간 그대로 유지될 것이다.

JP모건체이스는 2017년과 같은 우수한 재무 실적을 유지하거나 향상하기 위해 명확한 전략계획이 필요하다.

Cracker Barrel Old Country Store Inc.–2018

www.crackerbarrel.com

미국 테네시주 레버넌에 본사를 둔 크래커배럴올드컨트리스토어는 레스토랑과 소매점이 결합된 미국 기반 레스토랑 체인 기업으로 남부 스타일 내부 장식과 음식을 고수한다. 크래커배럴 매장은 대부분 미국 남동부와 중서부 고속도로 출구 근처에 있으나 전국으로 매장을 확장하고 있다. 나무 흔들의자가 늘어서 있는 현관, 돌 벽난로, 각 주립대학 풋볼 유니폼과 같은 지역 맞춤형 장식품으로 꾸며져 있는 크래커배럴은 컨트리 음악 연주자들과의 협력으로도 유명하다.

레스토랑 체인에서 흔히 볼 수 있는 프랜차이즈 사업 모델과 달리 모든 크래커배럴 매장은 본사가 직접 소유하고 운영한다. 칼로리, 지방, 설탕, 소금이 많이 함유된 컨트리 요리(country cooking)라고도 알려진 전통적인 남부 요리(Southern cooking)를 대부분 주문 즉시 만들며 아침, 점심, 저녁 식사를 모두 제공한다. 인기 있는 메뉴는 프라이드치킨, 덤플링, 스테이크, 햄버거 스테이크, 칠면조구이, 열 가지 이상의 다양한 채소, 옥수수빵, 비스킷, 하루 종일 파는 아침 식사 메뉴, 호두파이와 브라우니 같은 디저트 등이다.

알코올음료의 경우 크래커배럴 매장에서는 판매되지 않지만 이 기업의 비교적 새로운 브랜드인 홀러앤드대시비스킷하우스(Holler & Dash Biscuit House) 레스토랑에서 판매한다. 크래커배럴은 모든 레스토랑에 상품 판매처가 있다는 점이 독특하다. 상품 판매는 수익의 약 20%를 차지하는데 흔들의자, 명절 및 계절 선물, 장난감, 의류, 음악 CD, 조리 기구 등 다양한 장식 아이템과 함께 사탕, 잼, 파이, 옥수수빵 가루, 커피, 시럽, 팬케이크 가루 등을 판매한다. 2018년을 기준으로 크래커배럴은 45개 주에서 649개 매장을 운영하고 있다.

크래커배럴은 2017 회계연도에 매출이 30억 달러에 달했으며 70%의 매출 총이익률을 기록했다. 또한 《포브스(Forbes Magazine)》가 선정한 가장 평판이 좋은 100대 기업에 포함되었고, 고객 만족도 지수(American Customer Satisfaction Index)에서 풀서비스 레스토랑 부문 기업 중 가장 높은 평점을 얻었다.

컨트리음악협회의 컨트리로즈 스테이지(Country Roads Stage) 축제를 2년 연속으로 후원한 크래커배럴은 2018년 6월에 테네시주 내슈빌의 어센드 극장에서 컨트리 음악 가수들의 멋진 공연을 지원했다. 추첨으로 선정된 행운의 고객 2명에게는 항공료와 VIP 축제 관람을 제공했다.

역사

1969년에 댄 에빈스(Dan Evins)가 설립한 크래커배럴은 테네시주 레버넌에 위치한 단일 레스토랑이었다. 에빈스는 2012년에 세상을 떠났지만 크래커배럴은 1977년까지 13개 지점으로 확장하고 1981년에 상장기업이 되었으며, 2000년에는 420개 지점으로 성장했다. 1990년대에 크래커배럴은 동성애자와 소수자에 대한 입장으로 법적 문제를 겪고 여러 건의 인종차별 및 성차별 소송을 당했다. 이후 모든 인종, 성적 취향, 종교를 가진 사람들을 위한 장학금과 기타 기부금을 출연하고 있다. 2013년에 크래커배럴은 스미스필드(Smithfield)와의 파트너십을 통해 베이컨, 햄, 제빵 제품 등을 크래커배럴 브랜드 식품으로 슈퍼마켓에 제공하기 시작했다. 2016년에는 홀러앤드대시비스킷하우스를 선보이며 패스트 캐주얼 레스토랑 분야에 진출했다. 또한 2017년에는 라스베이거스와 오리건주 포틀랜드에, 2018년에는 캘리포니아에 매장을 여는 등 계속 확장하고 있다.

비전과 사명

크래커배럴의 비전 선언문은 "모든 직원의 고유한 특성을 활용하여 효율적인 조직을 만드는 것"이고, 사명 선언문은 "직장에서 다양성과 포용성 및 참여를 증진하고, 시장에서 승리하며, 지역사회에 환원하는 것"이다. 다양성이라는 용어가 사명 선언문에 포함된 것은 의미가 있다. 크래커배럴은 10년 동안 다양성 문제로 어려움을 겪은 이후 회복되었는데, 직간접적으로 해당 용어를 사명 선언문에 포함함으로써 사내에서 다양성을 존중·격려·보상하는 분위기를 정착한 결과라고 볼 수 있다.

내부 이슈

조직 구조

자료 1 크래커배럴의 최고경영진과 조직 구조

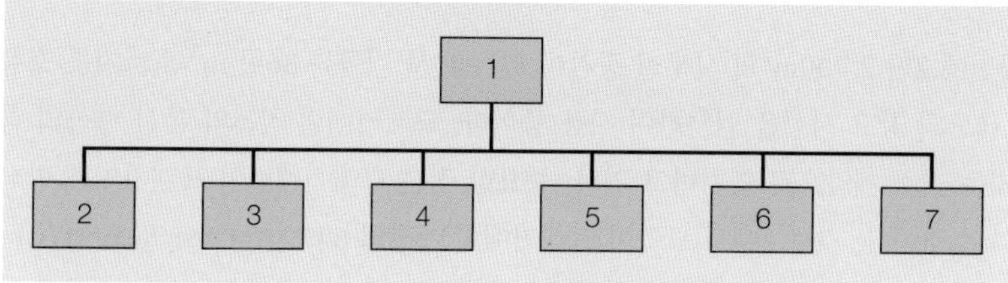

1. 사장 겸 최고경영자(president and CEO) Sandra Cochran
2. 물류관리 담당 전무(senior VP sourcing and supply chain) Doug Couvillion
3. 소매 담당 전무(senior VP, retail) Laura Daily
4. 레스토랑 및 소매 운영관리 담당 전무(senior VP restaurant and retail operations) Nicholas Flanagan
5. 전무 겸 최고재무책임자(senior VP and CFO) Jill Golder
6. 마케팅 담당 전무(senior VP, marketing) Don Hoffman
7. 전무, 법률자문 겸 비서실장(senior VP, general counsel and corporate secretary) Rich Wolfson

출처: 기업 문서

현재 전략

크래커배럴의 CEO인 샌드라 코크런(Sandra Cochran)이 밝힌 전략계획의 기초는 '핵심 강화, 영향력 확장, 브랜드 확대'이며, 여기에는 제품 개발, 시장 창출 및 진입 등이 포함된다. 2017년 연례 보고서에 따르면 매출 및 고객 수로 캐주얼 레스토랑 업계를 선도하면서 확장하고 있으며, 상품 매출 측면에서 소매 전문점 업계보다 더 높은 성과를 올리고 있다. 그러나 정확하게 어떤 지표에서 이러한 성과를 달성했는지 구체적인 정보를 제공하지는 않았다.

크래커배럴은 2017 회계연도에 프렌치소스와 버섯구이를 곁들인 통후추 스테이크를 메뉴에 포함했다. 또한 집에서 간편하게 데워 먹을 수 있는 휴일용 가족 식사 패키지의 포장 판매를 확대했다. 2017년 라스베이거스와 포틀랜드에, 2018년 캘리포니아에 지점을 개설하고, '브랜드 확대' 전략의 일환으로 홀러앤드대시 비스킷하우스 매장 2개를 새로이 열었다.

매장은 식사 공간 26%, 물품 판매 공간 22%, 주방·보관·교육 공간 52%로 구성된다. 모든 매장에는 수십 년 전 시골 상점에서 볼 수 있었던 고풍스럽고 향수를 불러일으키는 스타일로 장식된 대형 석재 벽난로가 있다. 또한 고객은 기다릴 때 앉을 수 있고 원한다면 구입할 수도 있는 흔들의자가 구비된 대형 현관에서 상품 매장을 둘러보며 시간을 보내거나 간식을 구입한다.

크래커배럴은 일률적인 보상 체계보다는 매장 성과에 연계된 관리자 보너스를 제공하여 매장의 이익을 공유함으로써 관리자에게 동기를 부여한다. 관리자는 운영 측면에서의 목표 달성으로도 보너스를 받을 수 있다. 크래커배럴의 여러 매장에서 만나본 관리자와 직원은 매우 의욕적이고 유쾌했으며, 고객에게 빠르게 효율적으로 반응했다.

마케팅 및 매장 배치

크래커배럴은 다양한 방식으로 광고하는데, 그중에서도 야외 광고판은 광고비 지출에서 상당 부분을 차지한다. 전체 1,600개 광고판은 매장 하나당 2.5개꼴이며, 많은 광고판이 둘 이상의 매장 정보를 담고 있다. 예를 들면 광고판 하나에 앞으로의 고속도로 출구를 따라 2~3개의 매장 정보를 담는다. 또 다른 광고 채널은 TV, 라디오, 소셜미디어 등이며, 전체 매출액의 약 3%를 광고 비용으로 지출하고 있다.

크래커배럴 매장의 80% 이상은 고속도로 출구에 가까운 곳에 위치하고 나머지 매장은 대부분 관광지 근처에 있다. 이 기업은 여행자 고객에게 크게 의존하고 있다. 즉 사람들이 여행할 만한 여유를 누리는 튼튼한 경제에 의존한다고 할 수 있다. 실제로 여름휴가와 추수감사절, 크리스마스 기간에 해당하는 2분기, 4분기의 매출이 더 높게 나타난다. 매장은 보통 836m^{2}이고 180명 정도의 고객을 수용할 수 있다.

부동산

크래커배럴은 테네시주 레버넌에 2만 2,700m^{2}의 사무실 공간이 있는 본사 건물과 36만 m^{2}의 토지를 소유하고 있으며, 3만 4,000m^2 규모의 창고 시설을 임차하여 사용 중이다. 크래커배럴 창고와 본사 자산의 약 65%는 기업 소유이고 나머지는 리스 계약으로 임차하고 있다. 중요한 점은 크래커배럴이 프랜차이즈 방식으로 매장을 운영하지 않는다는 것이다. 자료 2에서 보듯이 크래커배럴 매장의 64%가 남부에 있고(아칸소, 루이지애나 매장은 남부 매장으로 간주) 8%만이 미시시피강 서쪽에 위치한다. 이 기업은 서쪽으로 확장하고 있지만 본질과 요리 방식은 남부에 뿌리를 두고 있다. 관광객에 크게 의존하는 플로리다주에는 가장 많은 59개의 매장이 있고 본거지인 테네시주에 52개, 텍사스주와 조지아주에 각각 51개, 48개의 매장이 있다.

자료 2 크래커배럴 매장의 위치

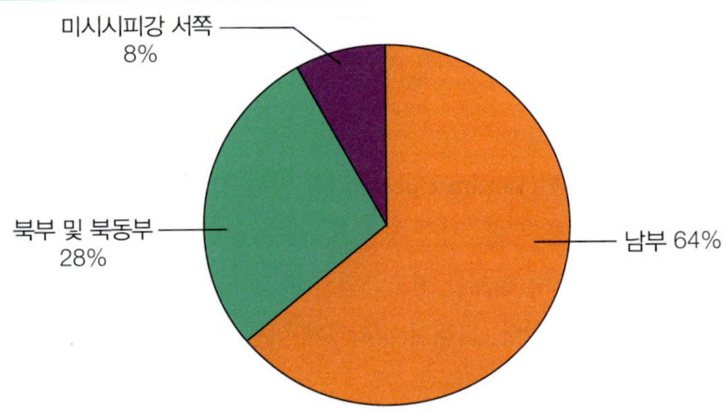

출처: 기업 문서

재무

2017 회계연도에 크래커배럴은 배당금을 주당 1.20달러로 인상했는데, 이는 지난 6년간 여덟 번째 인상이며 전체적으로는 450%가 증가한 것이다. 매출 원가는 상품 판매 부문에서도 상대적으로 낮다. 이 부문은 2017년 매출 원가 중 2억 9,600만 달러를 차지했으며, 나머지 5억 9,500만 달러는 레스토랑 부문에서 발생했다. 결과적으로는 레스토랑 부문이 75%, 상품 판매 부문이 49%의 매출 총이익률을 기록했다.

자료 3에서 보듯이 2017년 크래커배럴의 매출 총이익률은 70%이다. 이에 비해 경쟁기업이지만 상품 판매 사업을 운영하지 않는 다든(Darden)과 다인에퀴티(Dine Equity)의 비율은 각각 22%, 60%이다. 자료 4의 2017년 재무상태표를 통해 볼 때 크래커배럴은 재무 상태가 양호하고 영업권도 보유하고 있지 않다. 또한 2017년에 장기부채를 빌리거나 상환하지 않았다는 사실도 알 수 있다.

자료 3 크래커배럴의 손익계산서(단위: 1,000달러)

계정과목	2016년 7월 29일	2017년 7월 28일		변화율(%)
매출	2,912,351	2,926,289	↑	0.48
매출 원가	928,176	891,293	↓	−3.97
매출 총이익	1,984,175	2,034,996	↑	2.56
영업 비용	1,703,704	1,721,838	↑	1.06
이자 및 세전이익	280,471	313,158	↑	11.65
이자 비용	14,052	14,271	↑	1.56
법인세 차감 전 순이익	266,419	298,887	↑	12.19
세액	77,120	96,988	↑	25.76
비반복적 항목	0	0	NA	NA
당기순이익	189,299	201,899	↑	6.66

출처: 기업 문서

자료 4 크래커배럴의 재무상태표(단위: 1,000달러)

계정과목	2016년 7월 29일	2017년 7월 28일		변화율(%)
자산				
현금 및 단기투자자산	150,966	161,001	↑	7
외상매출금	19,389	18,116	↓	−7
재고자산	152,308	156,367	↑	3
기타 유동자산	33,077	23,373	↓	−29
총유동자산	355,740	358,857	↑	1
부동산 및 설비	1,080,189	1,098,097	↑	2
영업권	0	0	NA	NA
무형자산	0	0	NA	NA
기타 장기자산	61,735	64,988	↑	5
자산 계	1,497,664	1,521,942	↑	2
부채				
외상매입금	37,561	36,725	↓	−2
기타 유동부채	331,256	339,103	↑	2
총유동부채	368,817	375,828	↑	2
장기차입금	400,000	400,000	→	0
기타 장기부채	202,404	201,607	↓	0
부채 계	971,221	977,435	↑	1
자본				
보통주	240	241	↑	0
이익잉여금	488,481	492,836	↑	1
자사주	0	0	NA	NA
주식발행초과금 및 기타	37,722	51,430	↑	36
자본 계	526,443	544,507	↑	3
부채 및 자본 계	1,497,664	1,521,942	↑	2

출처: 기업 문서

부문별 정보

크래커배럴 매출의 약 80%는 레스토랑에서, 나머지 20%는 상품 판매에서 발생한다. 자료 5는 레스토랑의 시간대별 매출 비중을 보여준다. 하루 동안 매출이 대체로 균등하게 분포된다는 것은 특정 시간대에 고객이 몰리는 식당이 아님을 나타낸다. 아침 메뉴로는 팬케이크, 과일 파르페, 베이컨, 소시지, 비스킷, 달걀, 주스 등이 제공되고, 점심과 저녁에는 동일한 가격으로 내놓는 아침 메뉴에 돼지고기구이, 생선, 스테이크, 수프, 샌드위치, 샐러드, 채소 등이 더해진다. 점심 특선 메뉴도 있다. 대부분의 채소는 육수나 고기류, 햄과 함께 조리하여 풍미를 더하고, 체중 조절 고객을 위해 저칼로리 음식도 제공한다. 가장 비용이 많이 발생하는 항목은 쇠고기, 유제품, 과일과 채소, 가금류, 돼지고기로 각각 매출의 10~14%에 달한다. 치킨텐더는 비용에서 가장 큰 비중을 차지하는 단일 품목으로 매출의 5%를 차지한다. 2017년에 크래커배럴에서 고객당 지불한 평균 수표 금액은 10.19달러인데, 전반적으로 합리적인 가격이라고 볼 수 있다.

자료 5 시간대별 레스토랑 매출 비중

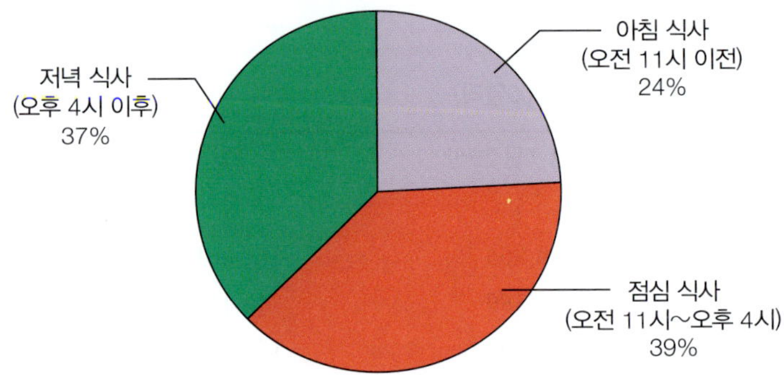

출처: 2017년 연례 보고서

자료 6은 상품 판매 부문의 품목별 매출(추정치)로, 식품은 사탕과 같이 상품으로 구입한 것을 나타내며 레스토랑의 매출과는 관계가 없다. 상품 판매는 2017년 전체 매출의 20%를 차지한다. 크래커배럴 매장 면적의 약 22%는 자료 6에 언급된 품목을 판매하는 공간으로 활용되지만, 매출 비중은 그보다 낮은 20%에 머무르고 있다. 크래커배럴이 상품 판매에 너무 많은 공간을 할당하고 있는지 의문이 제기되지만, 그 공간을 축소할 경우 레스토랑 고객 일부가 이탈할 가능성도 있다. 판매되는 상품 중 약 1/3은 중국으로부터 구매한다.

자료 6 2017년 크래커배럴 상품 부문의 품목별 매출

품목	매출
의류 및 액세서리	$175,600,000
식품	105,300,000
장식	76,000,000
장난감	64,400,000
침구 및 욕실 용품	46,800,000

출처: 2017년 연례 보고서

홀러앤드대시비스킷하우스

크래커배럴은 2017년 앨라배마, 플로리다, 테네시, 조지아에서 홀러앤드대시비스킷하우스 매장 5개를 운영했고 2018년에 4개의 매장을 개설할 예정이다. 이 레스토랑은 규모가 더 작고 상품을 판매하지 않으며 아침부터 점심까지만 영업한다. 또한 크래커배럴 레스토랑과 달리 알코올음료를 마실 수 있다는 것이 특징이다. 홀러앤드대시비스킷하우스는 크래커배럴 전체 매장의 1% 미만을 차지하지만, 기업은 현재 핵심 시장인 남부에 홀러앤드대시비스킷하우스 매장을 추가하는 방안과 서부 등 다른 지역에 크래커배럴 매장을 추가하는 방안 사이에서 최적 재원 배분을 위한 선택의 기로에 놓일 것이다.

경쟁기업

선불에다 음식을 테이블로 가져다주지 않는 맥도날드 같은 퀵서비스 레스토랑과 차별화되는 크래커배럴은 고객이 테이블 서비스를 받는 체인 레스토랑 산업에 속한다고 볼 수 있다. 미국의 체인 레스토랑 산업 매출은 1,100억 달러에 달하며, 2023년까지 2%의 성장과 50억 달러의 이익이 기대된다. 800여 개의 사업체가 경쟁하고 있으며, 여기에 더하여 셀 수 없는 소규모 바와 레스토랑과도 경쟁 관계에 놓여 있다.

퀵서비스 레스토랑 또한 크래커배럴이나 다인에퀴티, 다든 등의 중요한 경쟁자로 고려해야 하며, 실제로 점심 식사를 하는 고객을 두고 치열하게 경쟁하고 있다. 미국에서 가장 큰 레스토랑 체인 브랜드는 다인에퀴티와 다든이고, 아웃백스테이크하우스(Outback Steakhouse)의 블루밍브랜즈(Bloomin' Brands), 캐러바스이탈리안그릴(Carrabba's Italian Grill), 본피시그릴(Bonefish Grill)이 시장점유율 3.1%로 3위, 크래커배럴이 시장점유율 2.2%로 4위를 차지하고 있다. 퍼킨스앤드마리칼렌더스(Perkins & Marie Callender's)는 크래커배럴과 비슷한 메뉴를 제공하는 개인 소유 체인이며, 그 밖에 미국 남부 스타일 가정 요리를 전문으로 하는 수많은 소규모 개인 식당도 있다. 또한 데니스(Denny's), 와플하우스(Waffle House), 다인에퀴티가 소유한 IHOP(International House of Pancakes)도 강력한 경쟁자이다.

다인에퀴티

미국 캘리포니아를 본거지로 하여 1980년에 설립되었으며, 공식적으로는 International House of Pancakes(IHOP)로 알려졌다. 2007년에 애플비스(Applebee's)를 인수한 다인에퀴티는 미국 49개 주와 15개국에서 3,200개 이상의 매장을 운영하고 있으며, 점포 수를 기준으로 전체의 약 7%를 차지한다. 다인에퀴티는 크래커배럴보다 더 많은 매장을 가지고 있지만, 자료 7에서 보듯이 기업 가치가 크래커배럴과 다든보다 훨씬 낮게 평가된다. 그러나 다인에퀴티의 매출과 이익은 직영점이 아닌 프랜차이즈 지점에서 발생하고 매출이나 종업원 수 등이 모두 지점 소속으로 산정되기 때문에 이러한 지표의 수치가 경쟁기업보다 낮을 수밖에 없다. 다인에퀴티는 직영했던 애플비스 매장을 2015년에 모두 매각하고 다시금 완전한 프랜차이즈 기반 기업으로 탈바꿈했는데, 이는 크래커배럴의 직영 매장 100% 전략과 정반대의 운영 방식이다. 다인에퀴티의 메뉴는 애플비스보다 크래커배럴과 더 비슷하여 하루 종일 아침 식사 메뉴를 제공하고, 추가로 햄버거와 약간의 남부 스타일 음식을 판매한다. 반면 애플비스는 아침 식사를 제공하지 않고 미국식 바 스타일의 음식을 판매한다. 다인에퀴티는 2010~2015년에 50여 개의 매장을 새로 열었으나 애플비스는 같은

자료 7 크래커배럴과 두 경쟁기업의 비교

	크래커배럴	다인에퀴티	다든
시가 총액(달러)	4,013M	979M	11,659M
종업원 수(명)	73,000K	500	178K
매출(달러)	2,926M	634M	7,170M
매출 총이익률(%)	70	60	22
순이익(달러)	202M	96.6M	479M
주당 순이익(달러)	8.28	5.37	3.90
주가 수익률	20.20	10.14	24.19

출처: 다양한 자료원

기간에 160개의 매장을 폐쇄했다.

다든

디즈니월드가 있는 미국 플로리다주 올랜도에 본사를 둔 다든은 1996년에 상장했다. 크래커배럴과 마찬가지로 다든은 8개 매장을 제외하고 1,700개 이상이 모두 직영 매장이며, 17만 8,000명 이상의 직원을 고용하고 있다. 캐나다, 중남미, 중동, 말레이시아에 진출했으나 매출의 98% 이상은 미국에서 발생한다. 주요 레스토랑으로 미국·이탈리아 음식을 제공하는 올리브가든(Olive Garden) 매장 840개, 롱혼스테이크하우스(LongHorn Steakhouse) 매장 490개, 캐피털그릴(Capital Grille) 매장 56개, 바하마브리즈(Bahama Breeze) 매장 37개, 시즌스52(Seasons 52) 매장 41개, 에디파이브스프라임시푸드(Eddie V's Prime Seafood) 매장 18개, 와일드피시시푸드그릴(Wildfish Seafood Grille) 매장 3개를 운영 중이다. 2014년에는 21억 달러에 레드로브스터(Red Lobster)의 지분을 골든게이트캐피털(Golden Gate Capital)에 매각하고, 2017년에는 7억 8,000만 달러에 체더스크래치키친(Cheddar Scratch Kitchen)을 인수했다.

퍼킨스앤드마리칼렌더스

1958년 미국 테네시주 멤피스에서 처음 문을 연 퍼킨스앤드마리칼렌더스는 크래커배럴과 유사한 메뉴를 제공하는 직접적인 경쟁자로 2만 5,000명이 넘는 직원을 두고 있다. 미국과 캐나다에서 레스토랑과 제과점을 운영하면서 아침·점심·저녁 식사와 간식을 제공하며, 마리칼렌더스 브랜드는 미국 전역의 식료품점에서 구입할 수 있는 베이커리 디저트를 제조한다. 퍼킨스앤드마리칼렌더스는 2017년 2월에 파산 신청을 했다.

소규모 식당

수많은 식당이 남부는 물론이고 미국 전역에서 남부 요리를 기반으로 한 메뉴를 판매하고 있다. 상당수는 크래커배럴보다 훨씬 저렴한 뷔페 메뉴와 할인된 점심 식사를 제공한다. 또는 더 많은 고객을 유치하기 위해 뷔페와 함께 돼지고기 바비큐와 같은 기본적인 메뉴를 제공하기도 한다.

외부 이슈

메뉴의 종류

미국의 레스토랑은 다양한 메뉴를 제공하는데 전체의 55%는 미국 음식이고 아침 식사 메뉴가 17%를 차지한다. 이탈리아 음식을 바탕으로 한 메뉴가 9%이고 나머지 19%는 해산물, 수제 햄버거, 아시아 음식 등으로 이루어져 있다. 이 수치는 체인 레스토랑 데이터만을 대상으로 한 것이며, 맥도날드와 같은 패스트푸드 기업, 크래커배럴과 유사한 메뉴를 제공하더라도 소규모인 식당은 포함되지 않았다. 크래커배럴은 하루 종일 제공하는 아침 식사 메뉴를 비롯해 체인 레스토랑에서 내놓는 메뉴 유형의 70% 이상을 제공함으로써 이 시장에서 유리한 위치를 점하고 있다.

더 건강한 식단

크래커배럴은 몇 가지 건강한 메뉴를 제공하지만 대부분의 매출을 칼로리, 지방, 설탕, 소금이 많이 함유된 음식에서 얻는다. 채소라 하더라도 풍미를 위해 햄과 함께 조리하고 소금을 가미한 경우가 많다. 그러나 미국 및 전 세계의 고객은 건강한 식단에 더욱 관심을 기울이고 있으며, 애플비스는 550칼로리 미만의 메뉴도 홍보한다. 크래커배럴은 핵심 고객을 외면하거나 주요 메뉴의 칼로리를 줄이지는 않을 것 같지만, 건강한 메뉴를 더 추가하고 관련 마케팅을 확대해야 한다. 향후 많은 고객이 건강을 고려하여 크래커배럴을 배제할 수도 있다.

해외 성장

크래커배럴은 전통적인 미국 남부 지역 식단의 독특한 메뉴를 제공하지만, 해외 성장은 미국에서 자본을 축적한 레스토랑 기업들이 외부로 확장하도록 유인했다. 다든은 최근 롱혼스테이크하우스와 올리브가든 브랜드를 말레이시아로 확장했는데, 칠리스(Chili's), 애플비스 및 기타 유사한 매장을 중동 등지에서 어렵지 않게 볼 수 있다. 전통적인 패스트푸드 기업인 맥도날드, KFC, 버거킹(Burger King) 등은 전 세계적으로 퍼져 있다. 크래커배럴의 경우 미시시피강 서쪽 지역에 진출을 확대할 수 있는 여지가 많으며, 남부 지역에서도 홀러앤드대시비스킷하우스 브랜드를 확장하는 데 집중할 수 있다. 그럼에도 불구하고 경쟁기업은 전 세계적으로 식습관이 유사해지고 미국 시장이 포화 상태에 다다름에 따라 해외 진출을 가속화하고 있다.

인수합병

다른 산업과 마찬가지로 지난 수년간의 저금리 기조와 경쟁 심화로 인해 레스토랑 산업에서도 많은 인수합병(M&A)이 이루어졌다. 앞서 언급한 인수합병 거래 말고도 파네라브레드(Panera Bread)는 사모펀드 회사에 75억 달러에 인수되었다. 골든게이트캐피털은 아침 식사 메뉴와 남부 컨트리 요리를 제공하는 밥에번스팜스(Bob Evans Farms)를 5억 6,500만 달러에 인수했다. 버거킹을 소유한 레스토랑브랜즈인터내셔널(Restaurant Brands International)은 파파이스(Popeyes)를 18억 달러에 인수했다. 인수합병은 새로운 시장으로 신속하게 진출할 수 있는 전략으로서 크래커배럴에 적합한 선택이 될 수도 있다. 그러나 크래커배럴은 직영점 위주로 운영하면서 직원을 존중하는 문화가 정착되어 있기 때문에 적합한 인수 대상 기업을 찾기가 어려울 수 있으며, 핵심 사업에서 벗어나게 될지도 모른다는 리스크가 있다. 또한 크래커배럴의 주가는 적정하고 탄탄하게 운영되고 있다. 따라서 경쟁기업이나 사모펀드 입장에서는 더 쉽고 저렴한 인수 대상이 많기 때문에 크래커배럴이 인수 대상 기업이 될 가능성은 높지 않다.

음식 가격

크래커배럴은 상당한 이익을 내고 있으나 여전히 식품 가격은 기업의 이익에 상당한 영향을 미치는 요인이다. 2018년 이후 미국의 쇠고기, 돼지고기, 가금류 생산이 증가할 것으로 예상되기 때문에 식품 가격이 비교적 안정적으로 유지될 것으로 보인다. 미국 농무부 역시 낮은 유가와 재료 비용이 농산물 가격에 영향을 미칠 것으로 내다보고 있다. 채소와 동물 사료 가격이 안정되면 레스토랑 체인업계에 긍정적인 영향을 미칠 것이다.

미래

크래커배럴은 2018년 2분기 재무 성과를 다음과 같이 공개했다.

- 매출이 7억 8,780만 달러로 전년도 같은 분기보다 2% 증가했다.
- 순이익이 9,110만 달러로 전년도 같은 분기보다 72.9% 증가했다.
- 레스토랑 부문의 매출이 1.1% 증가했다.
- 레스토랑 부문의 고객 수가 0.9% 감소했다.
- 평균 메뉴 가격이 2.3% 인상되었다.

크래커배럴은 이러한 성과와 함께 크래커배럴 매장 8~9개, 홀러앤드대시비스킷하우스 매장 3개 신설을 감안하여 2018년 전체 매출이 31억 달러에 이를 것이라고 발표했다. 또한 2018년에 레스토랑 부문의 매출이 2% 증가하고 상품 판매 부문의 매출은 변동이 없을 것으로 보고 있다. 변동이 없을지라도 상품 판매 공간과 시설을 갖추는 것은 레스토랑에 간접적으로 이득이 된다. 크래커배럴은 홀러앤드대시비스킷하우스의 확장을 가속화해야 하는가? 사업 재편에 대해 결정하려면 명확한 전략계획을 수립해야 한다.

Domino's Pizza, Inc.—2018

www.dominos.com

미국 미시간주 앤아버에 본사를 둔 도미노피자는 하루에 100만 개 이상의 피자를 85개국에 배달하고, 매출의 절반 이상을 미국 외 지역에서 얻는다. 놀랍게도 도미노피자는 온라인 거래 규모가 가장 큰 10개 기업에 아마존, 애플과 함께 이름을 올렸으며, 미국 내 피자 판매의 60% 이상이 디지털 채널을 통해 이루어지고 있다. 도미노피자는 세계에서 두 번째로 큰 피자 레스토랑 체인으로서 1만 4,400개 이상의 지점을 두고 있는, 미국 내에서 가장 큰 규모의 피자 배달 기업이다.

도미노피자는 매출의 큰 부분을 차지하는 로열티 기반의 프랜차이즈 가맹점이 차지하는 비중이 97%에 달한다. 미국과 캐나다의 매장에 원재료와 조리 장비 및 용품을 판매하는 것 역시 수익의 큰 부분을 차지한다. 도미노피자는 전 세계적으로 26만 명 이상의 정규직과 시간제 직원을 고용하고 있으며, 2017년 글로벌 매출이 110억 달러에 달한다. 또한 도미노피자 프랜차이즈 가맹점 소유주 가운데 90% 이상의 첫 직장이 도미노피자라는 점이 특징적이다.

2018년 4월 26일 발표된 도미노피자의 2018년 1분기 재무 실적은 매우 훌륭했다. 미국 내 매장별 매출이 2017년 1분기 대비 8.3% 증가했다. 해외사업부에 따르면 2018년 1분기 매장별 매출이 5.0% 증가하여 97분기 연속 해외 매장별 매출이 증가하는 기록을 세웠고, 미국 내 매장별 매출도 28분기 연속으로 성장했다. 2018년 1분기에 해외 매장은 79개, 미국 내 매장은 31개가 새로이 문을 열었다. 이와 같은 준수한 성과를 바탕으로 도미노피자는 2018년 1분기에 약 1억 110만 달러를 들여 자사주 44만 8,008주를 매입했다. 2018년 4월 24일, 이사회는 주당 55센트의 분기 배당금을 결의하기도 했다. 2018년 1분기 도미노피자의 매출은 1억 6,120만 달러(25.8%) 증가하고 순이익은 2,640만 달러(42.2%) 증가했다. 이 기업은 분명히 좋은 성과를 달성하고 있으나 수많은 경쟁기업이 전 세계 곳곳에서 도미노피자를 뛰어넘기 위해 노력하고 있다.

역사

어린 시절을 거의 위탁 가정에서 보낸 톰 모너핸(Tom Monaghan)과 제임스 모너핸(James Monaghan) 형제는 1960년에 900달러를 빌려 미국 미시간주 입실란티에 있는 작은 피자 가게, 도미닉스(Domi-Nick's)를 사들였다. 톰은 1961년에 폭스바겐 비틀을 주는 대가로 제임스에게 지분 절반을 인수하고, 1965년에 가게 이름을 Domino's Pizza Inc.로 변경했다. 도미노피자는 1960년대에 꾸준히 성장하여 1978년에 미국 내에서 200개의 매장을 확보했다. 1998년에 미국 매장이 6,000개를 넘어서고 해외 매장도 1,500개에 달했다. 1998년에 톰 모너핸은 10억 달러를 받고 지분 93%를 베인캐피털(Bain Capital)에 매각하면서 은퇴했다. 매각 후 6년 동안 베인캐피털의 경영하에 큰 성공을 거둔 도미노피자는 2004년 기업을 공개했다. 초기 주가는 주당 16달러였고 기업 가치는 베인캐피털이 지불한 가격의 2배인 20억 달러로 증가했다.

2010년에 창립 50주년을 맞은 도미노피자는 《피자 투데이 매거진(Pizza Today Magazine)》이 선정하는 최우수 피자 체인점으로 2010년, 2011년에 걸쳐 2년 연속 뽑힌 첫 기업이 되었다. 도미노피자의 최고경영자인 패트릭 도일(Patrick Doyle)은 CNBC의 2011년 최고의 CEO로 선정되었으며, 같은 해에 도미노피자는 《포브스(Forbes Magazine)》의 '성공을 가져다주는 최고의 20개 프랜차이즈'에서 1위를 차지했다.

비전과 사명

도미노피자의 비전 선언문은 "피자를 준비하고 배달하고 먹는 데 지구상에서 최고의 장소가 되는 것"이고,

사명 선언문은 "피자를 준비하고 배달하고 먹는 데 재미를 누리는 것"이다. 이러한 선언문 외에도 도미노피자는 세계 최고의 피자 배달 회사가 되기 위한 사명 위에 우뚝 선 특별한 사람들의 회사임을 공언한다. 단어 몇 개로 표현된 도미노피자의 기조는 기회, 노력, 영감을 통한 해결책, 함께하는 승리, 커뮤니티에 대한 포용, 평범하지 않은 정직이다. 이처럼 특별한 기조가 세워진 것은 거의 모든 프랜차이즈 가맹점 소유주가 도미노피자에서 배달 기사나 다양한 직책으로 경력을 시작했기 때문이다. 실제로 관리자, 교육 담당자, 품질 검사자, 글로벌 비즈니스 컨설턴트, 마케팅 담당자 및 임원 등을 비롯한 수많은 직원은 도미노피자 매장에서 사회생활에 첫발을 내딛었다. 도미노피자의 신념은 내부 승진을 활성화하고 열심히 일하고자 하는 모든 직원에게 기회를 주는 것이다.

내부 이슈

조직 구조

도미노피자의 최고경영진에는 최고운영책임자(chief operating officer, COO)나 최고관리책임자(chief administrative officer, CAO)가 포함되어 있지 않기 때문에 매우 수평적인 지역별 사업부로 구성된 것처럼 보인다. 기업의 공식적인 구조가 연례 보고서나 홈페이지에 제시되지 않아 내부 구성원만 조직에서 누가 누구에게 보고하는지 정확히 알 수 없으나, 최소한 모든 최고경영진은 CEO에게 보고하도록 되어 있다.

자료 1 도미노피자의 최고경영진과 조직 구조

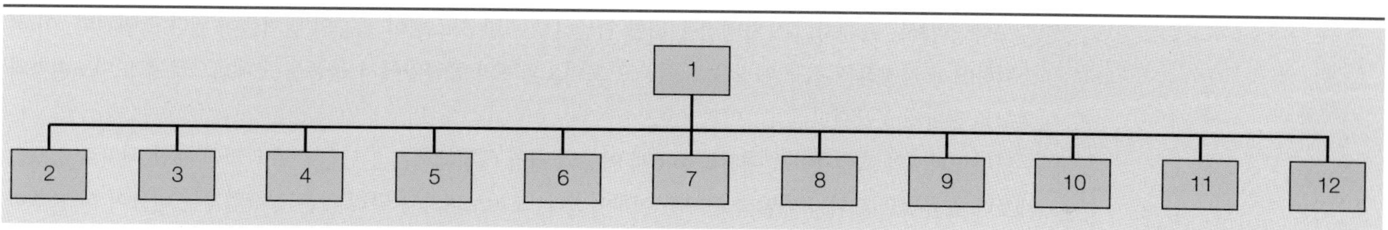

1. 회장(chairman) David Brandon
2. 사장 겸 최고경영자(president and CEO) J. Patrick Doyle
3. 공급망 관리 담당 부사장(EVP supply chain) Troy Ellis
4. 부사장 겸 최고인사책임자(EVP chief people officer) Judy Werthauser
5. 팀 USA 담당 부사장(EVP Team USA) Stanley Gage
6. 프랜차이즈 운영 및 개발 담당 부사장(EVP franchise operations and development) Scott Hinshaw
7. 부사장 겸 최고재무책임자(EVP and CFO) Jeffrey Lawrence
8. 홍보 및 법률 담당 부사장(EVP communications, legislative affairs, and investor relations) Timothy McIntyre
9. 부사장 겸 법률자문(EVP general counsel) Kevin Morris
10. 부사장 겸 최고정보책임자(EVP chief information officer) J. Kevin Vasconi
11. 도미노피자 USA 사장(president Domino's USA) Russell Weiner
12. 도미노피자 인터내셔널 사장(president Domino's International) Richard Allison

출처: 기업 홈페이지

현재 전략

아마도 도미노피자의 가장 확실한 수익 확보 전략은 수직으로 통합된 공급망일 것이다. 이를 통해 도미노피자는 식재료, 장비, 유니폼과 같은 공급 요소에 대해 상당한 수준으로 통제력을 발휘하는 동시에, 직영하는 약 400개 소매점에 대해서도 직접적으로 통제력을 발휘한다. 도미노피자가 후방 통합 전략을 확장할 수 있는 또 하나의 영역은 피자 배송 트럭 구매일 것이다. 현재 도미노피자는 리스로 트럭을 확보하여 사용한다.

얌! 브랜즈(Yum! Brands)와 같은 경쟁기업과 달리 도미노피자는 다른 음식과 레스토랑으로 다각화하는 것보다 피자에 집중하는 전략을 유지했다. 도미노피자는 치킨윙, 샌드위치, 파스타, 디저트를 제공하지만 건강식품이라곤 세 종류의 샐러드뿐이다. 이러한 접근 방식으로 도미노피자는 거의 피자에만 집중할 수 있으나, 점점 더 건강을 생각하는 고객에 대해서는 더욱 취약해진다. 뿐만 아니라 정부는 패스트푸드 레스토랑이 특정 재료와 방부제 사용을 중지하고 판매 시 모든 메뉴에 건강 정보를 표기해야 하는 규제를 실행할 수 있는데, 이러한 조치는 도미노피자에 불리하게 작용할 것이다.

도미노피자의 CEO는 미국 및 글로벌 입지를 더욱 확장하기를 희망한다. 1만 4,400개 이상의 매장 중 절반 이상이 해외에 기반을 두고 있는 도미노피자는 상당한 규모의 경제를 누리며, 브랜드 인지도를 통해 비용을 효과적으로 분산하고 있다. 많은 저개발 국가의 경제가 성장함에 따라 고위 경영진은 자사가 진출해야 하는 글로벌 시장의 절반 정도에만 진출한 상태라고 추산하며, 따라서 향후 몇 년 안에 5,000개의 해외 매장을 추가로 확보하려는 계획을 제안한다. 이러한 글로벌 확장은 마케팅 비용을 증가시킬 뿐만 아니라, 개발도상국에서는 상표와 특허 보호가 효과적으로 이루어지지 않기 때문에 기업이 부담하는 위험이 증가할 것으로 보인다.

미국과 캐나다 시장의 수익은 대부분 프랜차이즈 가맹점이 지불하는 로열티와 장비, 식품, 소모품을 가맹점에 판매하는 공급망 운영을 통해 벌어들인다. 글로벌 시장의 경우에는 '마스터 프랜차이즈 가맹점' 모델을 사용한다. 이 사업 모델에서 도미노피자가 유치한 투자자들은 마스터 프랜차이즈 가맹점이 되어 여러 지점을 인수하며, 하위 프랜차이즈 가맹점을 모집할 권리를 확보한다. 이렇게 하위 가맹점이 모집되면 로열티를 받고, 재료와 장비를 판매하여 수익을 확보하며, 추가적으로 자신의 지점을 운영하여 이익을 얻는다.

도미노피자는 프랜차이즈 가맹점을 위한 인센티브 기반 시스템이 성공의 밑거름이 된다고 여긴다. 이 시스템하에서 가맹점은 신규 매장을 개설하고 도미노피자의 공급망에서 물품을 구매함으로써 도미노피자와 수익을 활발히 공유한다.

도미노피자의 프랜차이즈 매장과 400개 이상의 직영 매장에서는 간단하고 효과적인 매장 배치로 경쟁업체보다 효율적으로 피자 배달과 판매가 이루어진다. 도미노피자와 달리 많은 경쟁업체는 비용이 더 발생하는 매장 내 식사 모델을 고수한다. 도미노피자는 이러한 경쟁우위로 간접비용과 투자비용이 경쟁업체보다 낮기 때문에 패스트푸드 시장에서 매력적인 프랜차이즈 기업이 되었다.

지속가능성과 기업 윤리

지속가능성은 조직의 운영과 활동이 자연환경을 해치거나 파괴하기보다는 보호·수정·보존하는 정도를 의미한다. 오늘날 많은 기업은 연례 보고서와 유사한 연례 지속가능성 보고서를 발간하여 이해관계자에게 지속가능성에 위한 행동과 노력을 알린다. 도미노피자는 여러 보고서를 결합하여 '기업 스튜어드십 보고서(Corporate Stewardship Report)'를 발간한다. 가맹점 소유주의 90%가 도미노피자의 일원으로서 경력을 시작했었다는 사실에서 드러나듯이 이 기업은 직원을 돌본다는 측면에 오랫동안 자부심을 느껴왔다. 2008년부터 최근까지 도미노피자는 전면적으로 메뉴를 개편한 바 있다.

오늘날 MSG와 인공 식용색소는 치즈와 일부 육류에서 자연적으로 발생하는 경우를 제외하면 미국 내 도미노피자 제품에서 찾아볼 수 없다. 채소류는 조지아주에 있는 공급망 시설에서 미국 내 곳곳으로 유통된다. 하나의 중앙 공급망 시설을 운영하는 것은 각 지점이 자체적으로 채소와 고기를 자르고 준비하는 것보다 위생적으로 훨씬 안전하다. 영양을 중시하는 사회에서 고객에게 더 나은 서비스를 제공하기 위해 도미노피자는 온라인상에서 'Cal-O-Meter' 서비스를 제공한다. 이를 통해 고객은 피자를 선택할 때 치즈나 고기같이 맛있는 옵션을 덜어내면 칼로리 수치가 내려가는 것을 볼 수 있다. 또한 도미노피자는 온라인상에서 알레르기 유발 관련 정보도 제공한다.

도미노피자는 팬피자의 도(dough) 같은 재료에 100% 지속가능하게 생산된 팜유를 사용하지만 대부분의 제품에는 팜유를 사용하지 않는다. 사용된 팜유가 지속가능한 생산지에서 얻은 것인지 확인하기 위해 2015

년에 도미노피자는 공급업체로부터 구매한 팜유 100%를 환경 친화적인 방법으로 추적한 바 있다. 팜유 공급업체와 마찬가지로 도미노피자의 포장상자 공급업체는 책임 있게 산림을 다룬다는 것을 보증하기 위해 여러 산림 위원회의 인증을 보유하고 있다. 도미노피자 포장상자의 40~70%는 재활용된다.

또한 도미노피자는 사업을 운영하는 지역사회에서 훌륭한 구성원이다. 이 기업은 50년 이상 학교, 청소년 스포츠 팀, 소방관, 경찰, 군인을 적극적으로 지원하고 있다. 비상 상황이 발생했을 때 종종 소방관, 경찰, 군인에게 피자를 무료로 제공하고, 어린이를 위한 다양한 프로그램에도 음식을 기부한다. 2016년 한 해 동안 도미노피자는 지역사회에 800만 달러 이상을 기부하고 세인트주드아동연구병원(St. Jude Children's Research Hospital)을 위해 700만 달러 이상을 모금했으며, 지역사회에 대한 수익 환원의 작은 사례로 1만 4,000개 이상의 피자를 나눠주었다.

광고와 영업

2008년까지 미국 내 도미노피자 지점은 전국 및 지역 광고 캠페인을 위해 매출의 4%를 부담했다. 그러나 2009년 5%, 2011년 5.5%, 2018년 6%로 그 비율이 인상되었다. 도미노피자는 이 비율이 당분간 변하지 않을 것으로 예상한다. 이러한 지출은 대부분 지점의 특별 판촉 행사를 홍보하는 대량 우편 광고지 제작 및 배부에 사용된다.

재무

자료 2와 3은 도미노피자의 손익계산서와 재무상태표로, 2017년에 매출이 12.75% 증가하고 당기순이익이 29.45% 증가한 것을 확인할 수 있다. 같은 해에 유형자산 역시 22% 증가했다.

자료 2 도미노피자의 손익계산서(단위: 1,000달러)

계정과목	2017년 1월 1일	2017년 12월 31일		변화율(%)
매출	2,472,628	2,787,979	⬆	12.75
매출 원가	1,704,937	1,921,988	⬆	12.73
매출 총이익	767,691	865,991	⬆	12.80
영업 비용	313,649	344,759	⬆	9.92
이자 및 세전이익	454,042	521,232	⬆	14.80
이자 비용	109,384	121,079	⬆	10.69
법인세 차감 전 순이익	344,658	400,153	⬆	16.10
세액	129,980	122,248	⬇	−5.95
비반복적 항목	0	0	NA	NA
당기순이익	214,678	277,905	⬆	29.45

출처: 기업 문서

부문별 정보

도미노피자는 주요 사업 부문, 즉 미국 직영 매장, 미국 프랜차이즈 가맹점, 미국 공급망, 해외 프랜차이즈에 대해 재무 정보를 제공한다. 자료 4에서 보듯이 전체의 60% 이상을 차지하는 미국 공급망에서 가장 큰 수익이 창출된다. 또한 미국 프랜차이즈 가맹점이 수익을 도미노피자가 아닌 자신의 재무제표에 포함하기 때문에, 그 수가 더 적은 직영 매장에서 발생하는 수익의 비중이 상대적으로 높다. 도미노피자가 프랜차이즈로부터 받는 수익은 로열티와 광고 비용으로 한정된다. 해외 공급망 센터에서 발생하는 재무 성과 수치는 미국 공급망 부문이 아닌 해외 프랜차이즈 부문에 포함된다.

자료 4는 2017년 모든 부문의 매출이 전년보다 증가했음을 보여준다. 또한 자료 4는 전체의 절반이 해외

자료 3 도미노피자의 재무상태표(단위: 1,000달러)

계정과목	2017년 1월 1일	2017년 12월 31일		변화율(%)
자산				
현금 및 단기투자자산	169,311	227,530	↑	34
외상매출금	150,369	173,677	↑	16
재고자산	40,181	39,961	↓	−1
기타 유동자산	136,012	138,621	↑	2
총유동자산	495,873	579,789	↑	17
부동산 및 설비	138,534	169,586	↑	22
영업권	16,058	15,423	↓	−4
무형자산	0	0	NA	NA
기타 장기자산	65,830	71,955	↑	9
자산 계	716,295	836,753	↑	17
부채				
외상매입금	111,510	106,894	↓	−4
기타 유동부채	292,188	291,391	↓	0
총유동부채	403,698	398,285	↓	−1
장기차입금	2,148,990	3,121,490	↑	45
기타 장기부채	46,750	52,362	↑	12
부채 계	2,599,438	3,572,137	↑	37
자본				
보통주	481	429	↓	−11
이익잉여금	(1,881,520)	(2,739,437)	↓	−46
자사주	0	0	NA	NA
주식발행초과금 및 기타	(2,104)	3,624	↑	NA
자본 계	(1,883,143)	(2,735,384)	↓	−45
부채 및 자본 계	**716,295**	**836,753**	↑	**17**

출처: 기업 문서

매장이지만 거의 모든 매출이 미국 사업에서 발생한다는 것을 보여주기도 한다. 하지만 수치가 정상적이지는 않다. 예를 들어 양쪽 모두 같은 수의 매장을 운영한다고 가정하고 자료 4의 수치를 기반으로 미국 프랜차이즈와 해외 프랜차이즈의 매출을 비교할 수 있다. 해외 프랜차이즈는 두 부문의 매출 총합에서 37%를 차지하는데, 이는 50%에 약간 못 미치지만 마스터 프랜차이즈 시스템을 통해 추가적으로 비용이 발생하는 것을 고려하면 이해할 만한 수치라고 하겠다.

한편 도미노피자의 지역별 수익을 나타낸 자료 5를 보면 미국 내 부문이 가장 크고 공급망이 그 뒤를 잇는다.

미국 공급망

도미노피자의 미국 공급망은 프랜차이즈에 식자재, 오븐, 유니폼 등을 공급함으로써 더 나은 통제, 품질 일관성, 적시 배송이 가능하다. 이러한 후방 통합 전략을 통해 도미노피자는 피자를 더 저렴한 가격에 제공할 수 있고, 매장 관리자는 반죽, 채소 준비, 재료에 대해 독립 공급업체와 협상하는 대신 매장 운영에 집중할 수 있다. 도미노피자는 18개 지역에서 도(dough) 제조 및 공급 센터를 운영하고 400대 이상의 트럭을 리스

자료 4 도미노피자의 부문별 수익(단위: 100만 달러)

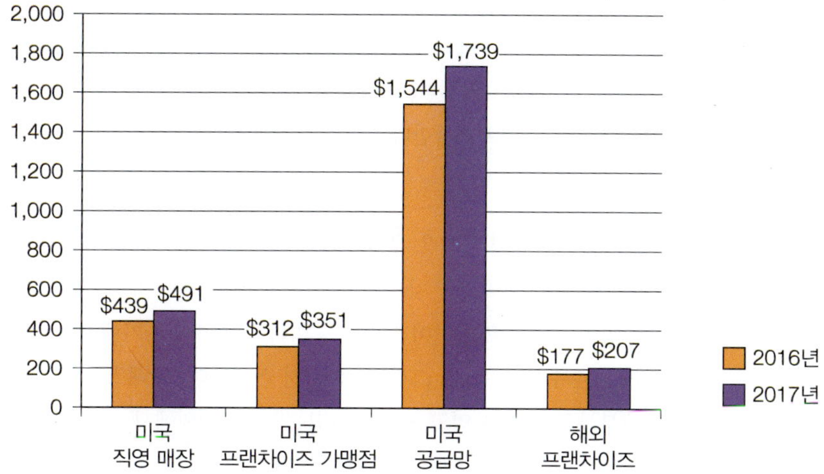

출처: 기업 정보

자료 5 도미노피자의 사업부별 이자 및 세전이익(단위: 100만 달러)

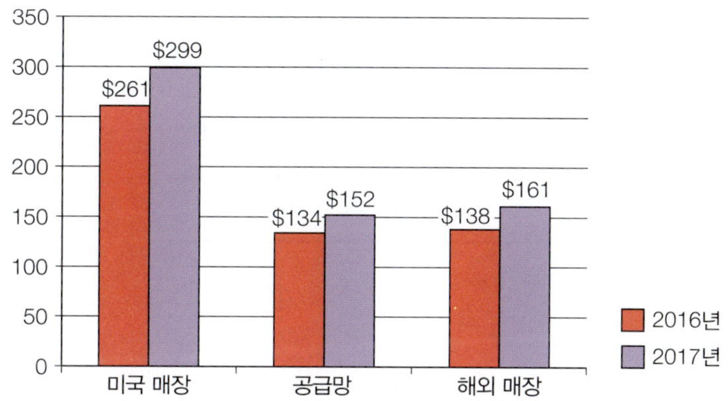

출처: 기업 정보

로 확보하여 1주일에 두 번씩 매장에 배달한다. 프랜차이즈 가맹점은 본사를 통해 물품을 구매할 의무가 없으나, 재미있는 점은 99% 이상이 본사의 공급망을 통해 모든 물품을 구매한다는 것이다. 공급망 부문이 지속적으로 활성화되도록 도미노피자는 본사를 통해 물품을 공급받는 프랜차이즈에 이익 공유 인센티브를 제공하고 있다. 도미노피자는 미국 내 18개의 도 제조 및 공급 센터와 함께 캐나다에서도 5개의 도 제조 및 공급 센터를 구축하여 운영 중이다.

미국 매장

미국 매장 사업부는 미국 내 392개 직영 매장과 5,195개 이상의 프랜차이즈 가맹점 네트워크로 구성된다. 도미노피자는 모든 매장이 가맹점으로 운영되길 희망하지만, 특정 매장의 실적이 저조할 때는 훗날 프랜차이즈 가맹점으로 전환되길 기대하면서 매장을 인수하기도 한다. 또한 도미노피자는 직영 매장을 신제품 개발, 판촉, 매장 개선, 신규 가맹점 확보를 위한 시범 장소로 활용한다.

도미노피자의 가맹점주는 보통 4개의 매장을 운영하지만, 큰 규모로 운영하는 가맹점주 14명은 50개 이상, 가장 큰 규모로 운영하는 가맹점주는 187개의 매장을 운영하고 있다. 현재 도미노피자에는 789명의 가맹점주가 소속되어 있고, 평균적으로 14년간 매장을 운영한다. 이러한 긴 운영 기간은 장기 계약을 체결하기 전에 예비 가맹점주가 1년간 매장을 관리하게 하는 도미노피자의 시스템에서 비롯된다고 볼 수 있다. 도미노피자는 이 시스템이 피자 산업에서 고유한 것이며, 경쟁기업에 대한 우위 확보에 기여한다고 여긴다.

프랜차이즈 약관에 따르면 가맹점주는 한곳에서 10년간 매장을 운영해야 하며 그 후 10년을 갱신할 수 있는 권리가 부여되는데, 갱신율이 약 99%에 달한다. 가맹점주는 매출액의 5.5%를 로열티로 지불하고, 전국 단위의 광고와 마케팅을 위해 6%를 추가로 지불한다.

해외 사업부

도미노피자는 85개국 이상 9,269개 지역에서 사업을 운영하고 있다. 상위 11개국의 매장 수를 자료 6에 제시했으며, 상위 10개국은 해외 매장의 64% 이상을 차지한다. 인도의 매장 수가 가장 많고 그다음이 영국인데, 불과 5년 전만 해도 인도는 영국과 멕시코에 이어 3위였다. 미국 프랜차이즈 가맹점과 마찬가지로 해외 사업부는 로열티, 광고 및 마케팅 수수료를 통해, 그리고 특정 시장(캐나다, 알래스카, 하와이 등)의 경우 식품 및 공급품 판매를 통해 대부분의 수익을 얻고 있다. 도미노피자는 해외에서 마스터 프랜차이즈 가맹점주를 적극적으로 확보하여 하위 프랜차이즈 가맹점을 모집시킨다.

자료 6 도미노피자의 매장 위치(2017년 말 기준)

국가	매장 수	국가	매장 수
미국	5,491	튀르키예	491
인도	1,123	캐나다	452
영국	1,002	한국	442
멕시코	679	프랑스	354
호주	658	네덜란드	230
일본	497		

출처: 기업의 2017년 연례 보고서 및 기타 정보

경쟁기업

피자 배달 및 포장 판매 분야는 미국이나 글로벌 시장이나 경쟁이 매우 거세다. 얌! 브랜즈가 소유한 피자헛(Pizza Hut)이 가장 큰 경쟁자이며, 얌! 브랜즈의 매출은 도미노피자보다 128% 이상 높다. 파파존스(Papa John's)와 리틀시저스(Little Caesars)도 업계에서 강력한 경쟁자이다. 이 세 경쟁자 외에도 도미노피자는 수많은 소규모 피자 가게, 식료품점의 냉동피자, 기타 수백 종류의 패스트푸드 메뉴와 치열하게 경쟁하고 있다.

자료 7은 도미노피자와 두 경쟁기업을 간략하게 비교·분석한 것이다. 얌! 브랜즈는 도미노피자의 3배 규모이고, 도미노피자의 시가 총액은 파파존스의 5배에 달한다.

글로벌 시장에서는 피자헛과 도미노피자가 주요 기업이지만 대부분의 국가에는 수많은 피자 가게와 이탈리아 레스토랑이 있다. 일부 고객은 동네 피자 가게가 대형 체인점보다 더 나은 품질의 피자를 제공한다고 생각하여 좀 더 높은 가격을 기꺼이 지불할 용의가 있다. 또 다른 경쟁자는 피자인(Pizza Inn)을 소유한 레이브레스토랑그룹(RAVE Restaurant Group)이다. 레이브레스토랑그룹은 전 세계적으로 300개 이상의 피자인 및 파이파이브피자(Pie Five Pizza) 매장을 직영 또는 프랜차이즈 가맹점 형태로 운영하고 있다.

피자헛

얌! 브랜즈에 속한 사업부인 피자헛은 미국 텍사스주 플레이노에 기반을 두고 있다. 2018년 초 기준으로 전 세계 100개국 이상에서 1만 6,000개 이상의 레스토랑을 운영하고 있는데, 5년 전에는 1만 2,800개에 불과했다. 도미노피자와 달리 피자헛은 거의 모든 매장 내에서 식사가 가능하다. 피자헛은 팬피자, 중간 두

자료 7 도미노피자와 두 경쟁기업의 비교

	도미노피자	얌! 브랜즈	파파존스
시가 총액(달러)	9.5B	26.6B	2.0B
종업원 수(명)	14,100	60,000	20,700
매출(달러)	2,788M	6,366M	1,713M
매출 총이익률(%)	31	45	21
순이익(달러)	278M	1,619M	103M
주당 순이익(달러)	5.25	3.77	2.90
주가 수익률	42.35	21.27	19.89

출처: 다양한 자료원

께 피자, 얇은 피자, 치즈크러스트피자, 시칠리안피자 등 다양한 피자를 제공하고 추가로 파스타, 샐러드, 샌드위치도 판매한다. 피자헛은 유명한 빨간 지붕 매장에서 식사 서비스를 제공할 뿐만 아니라 포장 판매 및 배달 서비스도 제공한다. 전체 매장의 약 15%가 직영점이고 나머지가 프랜차이즈 가맹점이다. 세계 최대 패스트푸드 기업인 얌! 브랜즈는 KFC와 타코벨(Taco Bell)을 소유하고 있다. 2018년에는 얌! 브랜즈의 CEO가 치폴레멕시칸그릴(Chipotle Mexican Grill)로 이직했다.

파파존스

1985년에 설립된 파파존스는 미국 켄터키주 루이빌에 본사를 두고 있다. 5,097개(직영점 743개, 프랜차이즈 가맹점 4,456개)의 피자 레스토랑을 운영하고 있으며, 레스토랑 수가 2012년 말부터 2017년 사이에 30% 이상 증가했다. 미국 50개 주와 해외 44개국에서 매장을 운영하는 파파존스에서는 '더 나은 재료, 더 나은 피자'라는 슬로건 아래 1만 6,500명의 정규직 직원이 근무하고 있다. 2017년 말 17억 달러 이상의 매출과 1억 200만 달러의 순이익을 기록했으며, 재무상태표상에는 8,500만 달러의 영업권이 명시되어 있다.

파파존스는 더웍스(The Works), 더미츠(The Meats)와 같은 특별한 파이뿐만 아니라 다양한 피자와 토핑을 제공하며, 일반적으로 배달 및 포장 판매만 가능하다. 2018년에 창립자이자 이사회 의장인 존 슈내터(John Schnatter)가 미국 국가가 연주될 동안 NFL 선수들이 기립하지 않은 것에 대해 비판한 이후 파파존스는 NFL과의 공식 파트너십을 축소할 것이라고 발표했다.

레이브레스토랑그룹

레이브레스토랑그룹이 소유한 피자인과 파이파이브피자는 미국과 중동에 300개 이상의 지점이 있는, 비교적 규모가 작은 프랜차이즈 피자 레스토랑 체인이다. 피자인은 샐러드, 디저트와 함께 피자, 파스타, 샌드위치를 판매한다. 대부분의 매장은 뷔페 방식이거나 직원이 테이블 서비스를 제공하지만 일부는 배달 및 포장 판매만 가능하다. 또한 피자인은 편의점, 공항 터미널, 대학 캠퍼스에서 몇 가지 메뉴만을 제공하는 신속 포장 판매 매장을 운영하고 있다. 미국 지점은 15개 이상의 남부 주에 집중되어 있고 절반 정도가 텍사스주와 노스캐롤라이나주에 있다. 레이브레스토랑그룹은 2015~2017년에 매출이 5,500만 달러에서 정체되는 어려움을 겪었다. 또한 순손실이 2015년에 120만 달러였다가 2017년에 1,200만 달러 이상으로 급증했다.

리틀시저스

비상장기업인 리틀시저스는 미국 미시간주 디트로이트에 본사를 두고 있다. 1979년에 선보인 광고 문구 '피자! 피자!'로 유명한데, 이 문구는 경쟁업체의 피자 한 판 가격에 두 판을 제공한다는 의미이다. 2010년 11월에 리틀시저스는 새로운 문구인 '피자! 피자! 판타스틱'을 선보였으며, 이는 최근 도미노피자의 성공과 아무런 관계가 없다고 부인하기도 했다. 모기업인 리틀시저스엔터프라이시스(Little Caesars Enterprises)가 운영하는 리틀시저스는 파파존스와 함께 미국에서 세 번째로 큰 피자 체인으로 추정된다. 리틀시저스는 30개국에서 사업을 운영하고 있으며, 직영 및 프랜차이즈 가맹점이 5,460개에 달한다.

리틀시저스는 급속한 글로벌 성장과 고용을 수용하기 위해 1억 5,000만 달러를 들여 기존의 2배 이상 규모인 2만 1,700m^2, 9층짜리 본사 건물을 신축하고 있다. 리틀시저스는 자사가 세계 최대의 포장 판매 전용 피자 체인이라고 주장하며, 최근 도미니카공화국, 코스타리카, 파나마에 프랜차이즈 가맹점을 개설하는 등 전 세계적인 확장을 계속하고 있다. 리틀시저스는 미국 및 해외 시장에서 새로운 기회를 찾는 유능한 프랜차이즈 가맹점 후보자를 유치하기 위해 노력 중이다.

외부 이슈

영양에 대한 관심

피자 업체를 비롯한 모든 패스트푸드점이 우려하는 점은 건강을 생각하는 고객이 늘어나고 있다는 것과 모든 제품에 영양 정보를 표시하라는 정부 기관의 압력이 커지고 있다는 것이다. 담배 산업과 마찬가지로 외식 산업과 정부 기관은 제품 정보 표시 등을 놓고 수년간 충돌해왔다. 사실상 레스토랑 기업은 패배한 것 같다. 도미노피자 웹사이트에서는 영양 정보를 항목별로 볼 수 있다. 예를 들면 피자 한 판은 여덟 조각이고, 300cal인 페퍼로니피자 한 조각에는 12g의 지방이 들어 있다. 그런데 도미노피자 같은 업체의 경우 피자의 특성상 재료 조합이 다양하기 때문에 정확한 영양 라벨을 마련하기가 쉽지 않다는 것이 문제이다. 양파와 올리브를 토핑한 소시지 피자를 주문할 수도 있고, 치즈와 토마토를 추가로 토핑할 수도 있다. 대부분 일관된 재료를 투입하는 맥도날드 빅맥의 영양 라벨과 달리 피자의 모든 조합에 대해 영양 라벨을 인쇄하는 데 상당한 비용이 발생한다.

많은 상원의원과 하원의원이 영양 정보를 판매 시점에 메뉴에 포함하도록 규제하려 하기 때문에 패스트푸드 산업은 전체적으로 더욱 어려운 상황에 봉착했다. 미국에서는 각 주가 자체적으로 영양 표기에 대한 기준을 규정할 수 있는지, 아니면 연방 정부 차원에서의 규제와 기준이 설정되어야 하는지에 대해 여전히 논쟁 중이다. 이러한 정부의 입장을 더욱 강화하게 된 사례로, 아동에 대한 광고 및 패스트푸드 섭취로 인한 아동 비만과 관련하여 금전적 손해배상을 청구한 소송이 최근 여러 건 있었다. 미국은 물론이고 전 세계적으로 건강에 대한 의식이 높아지고 소송이 더 많이 발생함에 따라 일부 제품과 메뉴에 상세한 영양 정보를 표시하고 담배와 유사한 경고 문구를 넣는 것이 불가피해 보인다. 이에 정부는 도미노피자를 비롯한 피자 업체의 치즈에 여전히 들어 있는 트랜스 지방과 기타 유해한 성분을 제거하도록 권장하고 있다.

치폴레멕시칸그릴은 성장 호르몬을 주사하지 않고 방목하여 기른 소의 고기와 유제품만을 사용한다고 주장한다. 도미노피자는 글루텐이 함유되지 않은 피자 크러스트를 제공한다는 것을 강조한다. 이는 건강을 생각하는 고객을 확보하고, 정부 규정을 준수하며, 기존 고객이 피자를 섭취하면서 느끼는 죄책감을 덜어주려는 시도라고 할 수 있다. 건강 측면에 대한 고객, 정부, 변호사, 외식업계 간의 줄다리기는 당분간 계속될 것으로 보인다.

이러한 문제에 대응하여 많은 레스토랑은 건강식 메뉴를 제공하고 있다. 예를 들면 웬디스(Wendy's)는 10g 미만의 지방이 함유된 다양한 메뉴 조합을 소개했다. 포함되는 모든 항목이 원래 메뉴에 있었지만 이러한 방식으로 홍보되지는 않았다. 웬디스는 칼로리, 지방, 나트륨을 줄이는 데 도움이 되는 샐러드와 과일 메뉴를 추가하기도 했다. 또한 서브웨이(Subway)는 다른 패스트푸드에 대한 건강한 대안으로 자사 제품을 마케팅하는 것으로 유명하다. 한편 도미노피자를 포함한 피자 업체는 건강에 관심이 있는 고객을 위한 메뉴를 거의 또는 전혀 제공하지 않는 것이 현실이다.

인구통계적 이슈

일부 분석가들은 미국 인구에 비해 식당이 너무 많다고 본다. 현재 미국에는 약 100만 개의 패스트푸드 매장이 있는데, 이는 약 330명당 1개꼴이다. 더 저렴하고 더 건강한 음식을 찾는 사람들을 고려하자면 얼마나 많은 식당이 적절한지를 판단하기는 어렵다. 잠재적인 식당 위치를 더 잘 포착하기 위해 사업 분석 기법을 점점 더 많이 사용하기 때문에 향후 몇 년 동안 미국 전체 식당 수의 증감을 확인하는 것은 흥미로울 것이다. 예를 들어 도미노피자는 매장을 계속 추가할 계획이지만 주로 대학 캠퍼스, 쇼핑몰과 핵심 고객군의 통행이 많은 지역을 대상으로 하며, 반대로 성과가 낮은 지역의 매장은 폐쇄하고 해외 진출을 더욱 확대하려 한다.

진입 장벽

외식 산업은 진입 장벽이 상대적으로 낮지만 기업 간 경쟁 수준이 상당히 높다. 낮은 진입 장벽의 한 가지 중요한 요인은 많은 소상공인이 프랜차이즈 매장 개설 시 소요되는 가입비, 로열티, 어려운 선정 절차 등을 우회하고 건물도 비교적 저렴하게 임대하여 영세 매장을 열 수 있다는 것이다. 그러나 높은 고정비용을 회피하더라도 종종 가변비용이 상당하고, 소규모 업주는 식품, 포장 및 기타 공급품의 가격 협상을 더 잘할 수 있는 대형 프랜차이즈 매장과 경쟁하기가 어렵다. 패스트푸드 산업의 경우 고객의 협상력이 꽤 강력하고, 대부분의 장소에서 이용할 수 있는 매장의 종류가 많으며, 결과적으로 경쟁업체 간 가격 경쟁이 치열하다. 게다가 한 끼 식사로 피자를 먹기로 결심하더라도 선택할 수 있는 옵션이 많다.

경제적 요인

패스트푸드 사업의 현재 지형은 가격에 민감하고 저렴한 음식을 찾는 다수 고객과 중간 또는 그 이상의 수준을 기대하는 보다 부유한 고객으로 구성된 이중 인구 분포라고 할 수 있다. 도미노피자는 다수를 차지하는 전자를 대상으로 하는, 전략적으로 유리한 위치에 놓여 있으며, 이 집단을 대상으로 상당한 할인 판매를 시행하곤 한다.

가치에 기반한 소비를 하는 고객 중 일부는 품질을 중시하며, 더 나은 음식을 먹기 위해 좀 더 오래 줄을 서거나 더 많은 비용을 지불할 용의가 있다. 도미노피자는 최근 크러스트, 소스, 치즈로 새로운 레시피의 고품질 피자를 만들어 이러한 고객군을 효과적으로 공략하고 있다. 또한 다양한 포장 판매 프로모션을 제공하는데, 포장 구매는 배달보다 불편하지만 많은 고객은 더 나은 조건이라면 어느 정도의 불편을 기꺼이 감수한다.

도미노피자와 마찬가지로 패스트푸드 업계의 많은 기업은 미국 시장보다 해외 시장에서 더욱 성장하고 있다. 이러한 추세는 특히 중국과 여러 개발도상국에서 지속될 것으로 예상된다. 많은 미국식 패스트푸드는 심지어 유럽에서도 새로운 음식이기 때문이다.

글로벌 이슈

패스트푸드 산업은 지난 20년간 빠르게 해외로 확장했으며 앞으로도 그럴 것으로 예상된다. 예컨대 도미노피자는 매장의 절반 이상이 해외에 있고, 얌! 브랜즈는 해외 시장 매출이 전체의 60% 이상을 차지한다.

그러나 글로벌 시장으로의 확장에는 여러 가지 문제가 뒤따른다. 환율 변동, 현지 고객의 식습관, 사업 허가 획득, 외국 기업 배척, 해외 사업자로부터의 로열티 징수, 공급 및 유통 문제, 환차손 문제, 언어 장벽 등이 잠재적 위협으로 작용한다. 또한 미국에 거점을 둔 대부분의 프랜차이즈 기업은 더 나은 통제가 가능한 후방 통합 공급망을 기반으로 하기 때문에 적시에 신선한 식품을 확보하고 사용하기가 어려울 수 있다.

해외 확장은 지식재산권을 보호받지 못할 위험도 증가시킨다. 상표 보호 및 등록, 특허, 희석 행위, 불공정 경쟁은 모두 선진국 시장이 아니라 개발도상국 시장에서 직면하는 위험이다. 미국에서 대부분의 패스트푸드 레스토랑은 드라이브스루 방식을 비롯해 빠르고 간편한 식사를 원하는 저소득층을 주요 고객으로 삼는다. 그러나 많은 개발도상국의 경우, 미국과 거의 동일한 메뉴를 제공하지만 버펄로와일드윙스(Buffalo Wild Wings), 모스사우스웨스트그릴(Moe's Southwest Grill), TGI프라이데이스(TGI Fridays)처럼 테이블에서 식사하는 중산층을 목표 고객으로 삼고 있다. 해외에 있는 패스트푸드 매장은 전반적인 인테리어와 분위기가 미국의 매장보다 약간 더 나은 경향이 있다.

미래

2018년 2월, 도미노피자는 오븐에서 구운 샌드위치를 호주에서만 출시했다. 호주 및 뉴질랜드 지사의 CEO는 아보카도와 케일슬로 등 최신 트렌드를 반영한 재료를 포함했다고 밝혔다. 샌드위치의 종류는 네 가지이고 가격은 5달러 95센트이다.

파파존스가 신념의 차이를 이유로 NFL과의 후원 계약을 종료한 직후 피자헛이 NFL의 공식 피자 후원사가 되었고, 2018년 NFL 드래프트부터 스폰서십이 공식적으로 발효되었다. 파파존스는 현재 리그 전체를 대상으로 마케팅하기보다는 22개 NFL 팀에 개별적으로 후원하고 있다.

전 세계에서 매일 피자를 판매하는 100만 개 이상의 레스토랑을 감안했을 때 도미노피자는 앞으로 나아가는 명확한 전략계획이 필요하다. 지금 잘하고 있더라도 내일이 보장되지는 않기 때문에 끊임없이 노력해야 할 것이다.

PetMed Express, Inc.–2018

www.1800petmeds.com

미국 플로리다주 델레이비치에 본사를 둔 펫메드익스프레스는 수의사가 작성한 처방전을 조제하는, 인가받은 온라인 약국이다. 현재까지 900만 명이 넘는 고객이 이 약국을 이용했다. 미국에서만 운영되는 펫메드익스프레스는 반려동물 의약품을 판매하여 수익을 얻는 수의사들과 경쟁하며, 동물병원에서 판매되는 모든 의약품을 취급하고 있다. 이 기업은 세계에서 가장 많은 수의약사를 고용하고 있다고 말한다. 그러나 지나친 가격 인하와 기타 문제로 법적 분쟁을 겪었다. 펫메드익스프레스는 반려동물 의약품을 어디서 조달하는지 공개하지 않는데, 이는 많은 수의사의 불만을 사고 있다.

펫메드익스프레스는 미국 최대의 반려동물 약국으로서, 1-800-PetMeds 무료 전화번호와 기업 웹사이트를 통해 처방·비처방 반려동물 의약품과 소동물용 건강 제품을 경쟁력 있는 가격에 제공한다. 2018년 3분기에는 신규 주문 판매가 15.5%, 영업이익이 88%, 매출이 13.7% 증가하는 등 좋은 성과를 거두었다. 2018년 1월, 이사회는 배당금을 0.20달러에서 0.25달러로 25% 인상하기로 결의하고 같은 해 2월 16일에 지급했다.

펫메드익스프레스는 처방·비처방 반려동물 의약품과 소동물을 위한 건강 제품 및 용품을 소매 고객에게 판매한다. 벼룩·진드기 퇴치 제품, 뼈·관절 관리 제품, 비타민, 간식, 영양제, 위생 용품은 물론이고 심장사상충·벼룩·진드기 예방약, 관절염·당뇨병·갑상선 질환 치료제, 진통제, 항생제, 기타 특수 약물 등의 처방 의약품도 판매한다. 또한 인터넷 웹사이트, 무료 콜센터, 1-800-PetMeds 카탈로그, 브로슈어 등 다양한 경로를 통해 음식, 침대, 상자, 계단, 유모차 및 기타 반려동물 용품을 제공한다.

역사

1996년에 마크 풀레오(Marc Puleo)가 설립한 펫메드익스프레스는 출발이 험난했다. 1999년에 플로리다약국위원회(Florida Pharmacy Board)가 처방전 없는 의약품 판매, 허위 광고, 부정확한 기록 관리 및 표기 혐의로 펫메드익스프레스에 소송을 제기했다가 합의했다. 합의의 일환으로 펫메드익스프레스는 벌금을 내고 소속 약사의 추가 교육 및 훈련, 무작위 조사, 정기적인 보고서 제출에 동의했다.

유럽과 호주에서 판매하기 위해 노바티스(Novartis)가 제조한, 미터법 용량으로 표시된 약물을 미국에서 판매한 혐의로 2002년에 미국 환경보호청(Environmental Protection Agency, EPA)은 펫메드익스프레스에 벌금을 부과했다. 미국 기업인 펫메드익스프레스는 복용량과 표기에 대해 미국 식품의약국(Food and Drug Administration, FDA)의 승인을 받지 않았고, 노바티스는 펫메드익스프레스에 손해배상을 청구했다. 같은 해에 플로리다약국위원회는 펫메드익스프레스가 수의사와 계약을 맺고 그들이 한 번도 진찰하지 않은 동물의 처방전을 작성하게 하고, FDA의 승인을 받지 않은 동물 의약품을 판매한 혐의에 대해 재차 소송을 제기했다. 또한 그해에 오하이오에서 제기된 유사한 소송이 해결되었으며, 처방전 없이 동물 의약품을 조제한 혐의에 대해 텍사스약국위원회가 제기한 소송은 2006년 종결되었다.

2017년 8월, 펫메드익스프레스는 위험하고 중독성 있는 동물 의약품을 마케팅한다고 주장하는 로즌법률회사(Rosen Law Firm)가 제기한 소송에 대응했다. 판결 결과에 따라 구글은 광고 등 펫메드익스프레스와의 각종 협력을 중단할 수도 있다.

비전과 사명

펫메드익스프레스는 웹사이트나 연례 보고서를 통해 비전 선언문이나 사명 선언문을 공개하지 않는다.

내부 이슈

고객 및 광고

펫메드익스프레스는 2016, 2017 회계연도에 230만 명의 고객이 자사 제품을 구매했으며, 고객의 약 50%가 캘리포니아, 뉴욕, 펜실베이니아, 노스캐롤라이나, 버지니아, 조지아에 거주하고 있다고 발표했다. 그러나 펫메드익스프레스는 미국 전역에 의약품을 유통하고 있다. 2016 회계연도에는 신규 고객을 48만 9,000명 확보하고 2017 회계연도에는 51만 4,000명을 확보했다.

2016, 2017 회계연도의 매출 대비 광고 지출 비율은 각각 7.1%, 9.3%였으나 2017 회계연도에는 모든 TV 광고를 중단했다.

직원

마케팅 105명, 의약품 조제 43명, 정보 기술 3명, 관리직 3명, 최고경영진 5명 등 정규 직원이 190여 명이다.

조직 구조

경영진의 직함으로 미루어 볼 때 펫메드익스프레스는 기능에 따라 조직이 구성되어 있다. 최고경영진이 많지 않으며, 처방·비처방 의약품, 온라인·오프라인, 제약 및 기타 상품 등과 같은 잠재적인 부문을 총괄하는 직책도 마련되지 않은 것으로 보인다.

자료 1 펫메드익스프레스의 최고경영진과 조직 구조

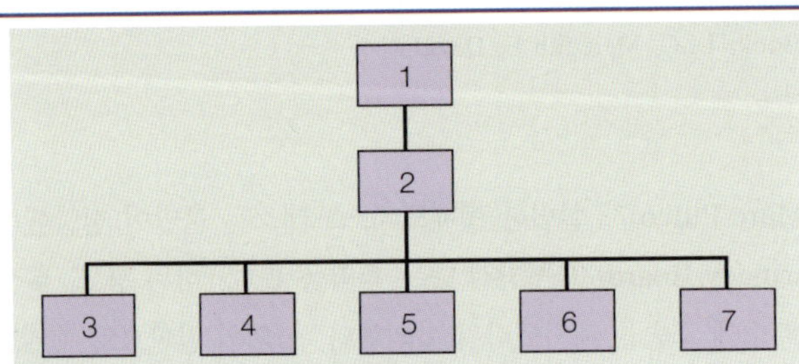

1. 이사회 의장(director, chairman of the board) Robert Schweitzer
2. 사장 겸 최고경영자(director, CEO and president) Menderes Akdag
3. 법률 담당 이사(director and legal consultant) Frank Formica
4. 이사 겸 Ronald Korn Consulting 사장(director, president of Ronald Korn Consulting) Ronald Korn
5. 이사 겸 comScore, Inc. 최고경영자, 공동 창업자(director, CEO and co-founder of comScore, Inc.) Gian Fulgoni
6. 최고재무책임자(CFO and treasurer) Bruce Rosenbloom
7. 비서실장 겸 법률자문(corporate secretary and general counsel) Allison Berges

출처: 기업 문서

부문별 정보

펫메드익스프레스는 자료 2에 요약된 정보를 제외하고는 각 부문에 대해 충분한 정보를 제공하지 않는다. 재주문 매출이 전체의 83% 정도를 차지하고 인터넷 매출도 대략 83%를 차지한다.

재무

펫메드익스프레스의 회계연도는 3월 31일에 종료된다. 2017년 12월 31일 마감된 분기 매출은 6,010만 달러로, 직전 분기의 5,290만 달러에 비해 13.7% 증가했다. 또한 신규 주문 매출과 재주문 매출 모두 각각 15.5%, 13.4% 증가한 것이 특징적이다. 같은 기간에 순이익은 910만 달러로, 전년 동기의 480만 달러에

자료 2 펫메드익스프레스의 부문별 매출 정보(단위: 1,000달러)

부문	2017년	비율(%)	2016년	비율(%)	매출 변화율(%)
재주문	206,299	82.8	195,569	83.3	+5.5
신규 주문	42,877	17.2	39,115	16.7	+9.6
총매출	249,176	100	234,684	100	+6.2
인터넷 기반	205,643	82.5	190,781	81.3	+8.8
전화 기반	43,533	17.5	43,903	18.7	−0.8
총매출	249,176	100	234,684	100	6.2

출처: 2017년 연례 보고서

비해 88% 증가했고, 평균 주문 규모는 86달러로, 역시나 전년 동기의 81달러보다 증가한 수치이다. 온라인 매출은 전년 동기의 4,380만 달러에서 15% 증가한 5,040만 달러로, 전체 매출의 약 84%를 차지하여 전년 동기보다 1% 상승했다. 그리고 신규 주문과 재주문 매출 모두 4분기 연속 증가하는 추세를 보이고 있다. 2017년 4월 1일부터 12월 31일까지 9개월간의 매출은 2억 650만 달러로, 직전 9개월의 1억 8610만 달러에 비해 10.9% 증가했으며, 같은 기간에 순이익은 2,710만 달러로, 전년 동기의 1,630만 달러에 비해 66% 증가했다.

2018년 1월, 이사회는 보통주의 분기 배당금을 주당 0.20달러에서 0.25달러로 25% 인상한다고 선언하고 2월 16일에 배당금을 지급했다.

2018년 3월 31일 마감된 분기 매출은 추정치를 다시 상회했다. 순이익은 전년 동기의 750만 달러에서 증가한 1,020만 달러를 달성했고, 매출은 6,300만 달러에서 6,730만 달러로 증가했다. 매출 총이익률은 35.1%에서 37%로 상승했는데, 이는 이익률이 더 높은 품목으로 제품 구성을 전환한 결과이다. 평균 주문 금액은 전년 동기의 86달러보다 상승하여 89달러를 기록했다.

자료 3과 4는 펫메드익스프레스의 손익계산서와 재무상태표이다.

자료 3 펫메드익스프레스의 손익계산서(단위: 1,000달러)

계정과목	2016년 3월 31일	2017년 3월 31일		변화율(%)
매출	234,684	249,176	↑	6.18
매출 원가	158,388	169,862	↑	7.24
매출 총이익	76,296	79,314	↑	3.96
영업 비용	43,908	41,831	↓	−4.73
이자 및 세전이익	32,388	37,483	↑	15.73
이자 비용	(190)	(141)	↓	−25.79
법인세 차감 전 순이익	32,578	37,624	↑	15.49
세액	12,000	14,105	↑	17.54
비반복적 항목	(11)	300	↑	NA
당기순이익	20,567	23,819	↑	15.81

출처: 기업 문서

경쟁기업

조에티스(Zoetis), 머크애니멀헬스(Merck Animal Health), 메리얼(Merial), 엘랑코애니멀헬스(Elanco Animal Health), 바이엘헬스케어애니멀헬스(Bayer HealthCare Animal Health), 베링거잉겔하임애니

자료 4 펫메드익스프레스의 재무상태표(단위: 1,000달러)

계정과목	2016년 3월 31일	2017년 3월 31일		변화율(%)
자산				
현금 및 단기투자자산	37,639	58,730	↑	56
외상매출금	1,724	1,808	↑	5
재고자산	25,586	20,228	↓	21
기타 유동자산	2,678	1,019	↓	−62
총유동자산	67,627	81,785	↑	21
부동산 및 설비	20,929	30,164	↑	44
영업권	0	0	NA	NA
무형자산	860	860	→	0
기타 장기자산	863	0	↓	−100
자산 계	90,279	112,809	↑	25
부채				
외상매입금	5,004	15,221	↑	204
기타 유동부채	2,080	3,134	↑	51
총유동부채	7,084	18,355	↑	159
장기차입금	0	0	NA	NA
기타 장기부채	0	1,088	NA	NA
부채 계	7,084	19,443	↑	174
자본				
보통주	20	21	↑	5
이익잉여금	78,295	86,530	↑	11
자사주	0	0	NA	NA
주식발행초과금 및 기타	4,880	6,815	↑	40
자본 계	83,195	93,366	↑	12
부채 및 자본 계	**90,279**	**112,809**	↑	**25**

출처: 기업 문서

멀헬스(Boehringer Ingelheim Animal Health), 노바티스애니멀헬스(Novartis Animal Health), 버박(Virbac)은 동물 의약품 분야에서 매년 수십억 달러의 매출을 올리고 있다. 그러나 펫메드익스프레스의 중요한 경쟁기업은 동물 처방약을 조제하는 크로거(Kroger)와 월마트(Walmart)이다.

미국 뉴저지주 파시패니트로이힐스에 본사를 둔 조에티스는 반려동물과 가축용 백신, 구충제, 항감염제, 약용 사료 첨가제, 진통제, 진정제, 암 치료제를 개발하며, 연간 매출은 50억 달러이다. 회사명은 'zoo(동물원)', 'zoology(동물학)' 등의 단어에 포함된 'zo'에 기반하면서, '생명과 연결된'이라는 의미인 'zoetic'에서 파생된 것이다. 조에티스는 매출의 약 60%가 가축 의약품에서, 40%가 의약품과 백신 등 반려동물 의약품에서 발생한다.

미국 뉴저지주 케닐워스에 본사를 둔 머크애니멀헬스는 백신, 항감염제, 항기생충제, 생식력 조절제, 반려동물과 가축용 기타 특수 의약품을 제조한다.

미국 인디애나주 인디애나폴리스에 본사를 둔 엘랑코애니멀헬스는 엘리릴리(Eli Lilly)가 소유한 기업으로, 동물 건강을 관리하고 단백질 생산을 증가시키는 의약품을 개발 및 판매한다. 여기에는 개와 고양이용

벼룩 퇴치제, 가금류용 기생충 퇴치제, 가축과 가금류용 백신, 사료 첨가제 등이 포함된다.

독일 잉겔하임암라인에 본사를 둔 베링거잉겔하임애니멀헬스는 반려동물과 가축용 생물학적 제제, 백신, 의약품 및 기타 관리 제품을 판매하고, 가축·가금류·반려동물용 백신을 생산한다. 또한 베링거잉겔하임은 동물용 마취제, 구충제, 항균제, 소화기·호흡기·심혈관 의약품을 개발 및 판매하는 메리얼을 소유하고 있다.

독일 레버쿠젠에 본사를 둔 바이엘헬스케어애니멀헬스는 개·고양이·말용 항균제, 구충제, 진정제, 진통제, 영양 보조제, 사료 첨가제를 제조하고, 식용 가축용 제품으로 항감염제, 백신, 구충제, 진정제, 진통제를 제공한다.

스위스 바젤에 본사를 둔 노바티스애니멀헬스는 반려동물, 가축, 수산 양식 생물용 의약품을 개발 및 판매한다. 인기 있는 제품으로는 피부염 치료제, 벼룩 퇴치제, 반려동물의 통증 및 심장사상충 예방약, 가축 항생제 및 구충제 등이 있다. 또한 노바티스애니멀헬스는 어류의 바이러스, 기생충 감염을 퇴치하는 백신을 가장 먼저 개발한 기업 중 하나였으나, 2015년 엘리릴리에 54억 달러에 인수되었다.

프랑스 카로스에 본사를 둔 버박은 반려동물과 가축의 치료 및 관리를 위한 항생제, 백신, 구충제, 피부 및 치아 치료약을 제조한다.

위의 기업과 크로거, 월마트는 펫메드익스프레스의 경쟁기업이다. 그런데 펫아이큐(PetIQ)와 헤스카코퍼레이션(Heska Corporation) 역시 동물 의약품 업계의 중요한 경쟁자이다. 현재로서는 소비자에게 직접 의약품을 판매하지 않고 수의사나 사업체에만 판매하지만 이는 언제든지 변경될 수 있다.

펫아이큐

미국 아이다호주 이글에 본사를 둔 펫아이큐는 2010년에 설립되었으며, 수의사가 처방하는 전문 의약품 및 일반 의약품을 포함한 반려동물 의약품을 제조 및 유통한다. 개와 고양이용 의약품과 건강 및 웰빙 제품을 개발하여 미국, 캐나다, 유럽에서 판매하고 있다. 펫아이큐는 관절염·당뇨병·갑상선 질환 치료제, 통증 완화제, 심장사상충 예방약, 항생제, 기타 전문 의약품 등 반려동물 처방약을 제공하고, 벼룩·진드기 방제 제품과 같은 비처방 의약품, 치아 관리 제품과 영양 보조제 등의 기타 반려동물 제품도 제공한다는 점에서 펫메드익스프레스와 매우 유사하다. 펫아이큐는 PetAction, Advecta, PetLock, Heart Shield, TruProfen, Betsy Farms, Minties, Vera, Delightibles, vetGuard, Mimi's Market, PAWS IQ, VET + CHOICE, VET WORKS, TEX RANCH, VetIQ 등의 다양한 상표를 사용한다.

펫아이큐는 도매 유통업체와 소매점, 식료품점, 약국, 온라인을 통해 처방전이 필요한 반려동물 의약품과 처방전이 필요치 않은 반려동물용 일반 의약품, 건강관리 제품을 판매한다. 2018년 1월, 펫아이큐는 미국의 주요 소매업체에서 수의 진료소 및 서비스를 제공하는 선도업체였던 Community Veterinary Clinics, LLC d/b/a VIP Petcare(VIP)를 인수했다. 이제 펫아이큐가 전액 출자한 자회사인 VIP는 수의사 진료 서비스 및 제품 업계에서 전국적으로 상당한 영향력을 가지고 있다. 이러한 인수를 통해 알 수 있듯이 펫아이큐는 "수의사가 권고하는 반려동물 제품 및 서비스와 관리에 대해 반려동물 부모에게 알려주면서 반려동물의 삶을 향상한다"라는 사명을 실행하면서 빠르게 성장하고 있다. VIP는 전국적인 커뮤니티 클리닉 및 진료 센터 네트워크를 보유하고 있으며, 모든 반려동물 보호자에게 고품질의 서비스를 제공한다.

헤스카코퍼레이션

미국 콜로라도주 러브랜드에 본사를 둔 헤스카코퍼레이션은 알레르기 테스트 기기, 혈액 테스트 기기, 진단 테스트, 디지털 영상 장비, 보충제 등 수의학 진단 제품 및 의약품을 미국, 캐나다, 유럽 등지에서 개발 및 제조하여 판매한다. Core Companion Animal Health 부문과 Other Vaccines, Pharmaceuticals and Products 부문을 운영하는데, Core Companion Animal Health 부문은 혈액·전해질 분석이 가능한 Element DC, DRI-CHEM 7000과 같은 수의학용 화학 분석기와 동물의 백혈구·적혈구·혈소판 수,

헤모글로빈 수치를 측정할 수 있는 HT5, HEMATRUE와 같은 동물 혈액 분석기를 제공한다. 다른 인기 제품으로는 Element POC 혈액가스·전해질 분석기, Element i 면역 진단 분석기, 모바일 디지털 방사선 촬영 기기, 개와 고양이의 심장사상충 진단 기기, 심장사상충 예방과 회충·십이지장충 치료를 위한 TRI-HEART Plus 정제 등이 있다.

Other Vaccines, Pharmaceuticals and Products 부문은 소를 위한 백신과 다른 동물 건강관리 기업을 위한 생물학 제품 및 의약품, 그리고 연구개발, 라이선싱, 생산, 제품 포장이 하나로 결합된 서비스를 제공한다. 또한 독립 유통업체, 박람회, 인쇄 광고 등을 적극적으로 활용하는 한편 현장 방문 영업과 전화 영업으로 수의사에게 제품을 판매하고 있다.

자료 5는 펫메드익스프레스와 펫아이큐, 헤스카코퍼레이션의 재무 상태를 비교한 것으로, 펫메드익스프레스는 그중 규모가 가장 크고 이윤도 가장 많이 내고 있다.

자료 5 펫메드익스프레스와 두 경쟁기업의 비교

	펫메드익스프레스	펫아이큐	헤스카코퍼레이션
시가 총액(달러)	873M	475M	445M
순이익률(%)	13	−1.39	10.67
매출(달러)	270M	260M	135M
순이익(달러)	35M	−3.6M	14.5M
발행 주식 수	20.5M	13.2M	7.2M
주당 순이익(달러)	1.70	−0.28	1.91

출처: 다양한 자료원

외부 이슈

2018년에 이르러 동물용 백신, 의약품, 의료 기기 매출이 전 세계적으로 연간 80억 달러를 넘어섰고 가축용 백신, 의약품 매출은 140억 달러에 달했다. 동물건강연구소(Animal Health Institute)라는 이름을 달고 있는 산업 협회는 동물 의약품의 세계 시장 규모가 인간 의약품에 비해 약 1/40이라고 밝혔다. 이 협회는 전 세계적으로 닭 240억 마리, 소와 양 10억 마리 이상, 돼지와 염소 7억 5,000만 마리, 개 5억 마리, 고양이 4억 마리가 의약품 및 건강관리 분야의 혁신을 통해 혜택을 받고 있다고 추정했다.

미국에서 유통되는 동물 의약품은 FDA의 승인을 받아야 한다. 동물건강연구소에 따르면 새로운 동물 의약품은 개발부터 승인까지 최대 10년이 걸리고 최대 1억 달러가 소요될 수 있다. 새로운 백신은 개발하는 데 3~5년이 걸리고 8,000만 달러 정도의 비용이 소요된다. 미국의 동물 의약품 제조업체는 동물 의약품 사용자 수수료 법과 동물 복제 의약품 사용자 수수료 법에 명시된 사용자 수수료를 지불하여 FDA 승인 프로세스를 지원한다.

미국반려동물제품제조업체협회(American Pet Products Manufacturers Association)에 따르면 2016년 미국의 반려동물 관련 지출은 10.7% 증가한 669억 달러를 기록했고, 반려동물 용품과 의약품은 전체의 22%인 147억 달러를 차지했다. 펫메드익스프레스는 목표로 삼는 반려동물 의약품 시장이 연간 43억 달러 규모라고 밝혔다. 펫메드익스프레스의 2017년 재무제표에 따르면 미국의 개와 고양이 개체 수는 1억 8,400만 마리에 달하며, 전체 가구의 약 68%가 반려동물을 키우고 있다.

전 세계적으로 반려동물과 관련된 많은 자료가 있지만 자료 6은 미국에 초점을 맞춘 것이다. 자료 6은 전략 수립 및 실행 시 외부 환경 분석에 필요한 정보를 보여준다.

자료 6 펫메드익스프레스의 외부 환경 분석을 위한 각종 정보

- 미국 가정의 55%가 반려동물을 기른다.
- 다른 반려동물보다 개를 기르는 경우가 빠르게 증가하고 있다.
- 고령화되는 베이비붐 세대는 이전 세대보다 반려동물을 기를 가능성이 더 높다.
- 고령화되는 베이비붐 세대는 보안상의 이유로 대형견을 선호한다.
- 지난 10년 동안 개를 기르는 경우가 29% 증가했다.
- 모든 범주 중에서 여러 마리의 개를 기르는 가구가 가장 빠르게 증가하고 있다.
- 밀레니얼 세대는 이전 세대보다 반려동물을 기를 가능성이 더 높다.
- 히스패닉계가 아닌 백인은 개를 기르는 집단 중에서 종종 과도하게 대표된다.
- 개를 기르는 사람들 중 절반은 미국에서 가장 큰 25개 도시에 거주한다.
- 여러 마리의 개를 기르는 사람은 반려동물을 과시할 가능성이 더 높다.
- 5,900만 명의 미국인이 고양이를 기르고 있다.
- 지난 10년 동안 반려동물로 기르는 고양이의 개체 수가 거의 증가하지 않았다.
- 고양이를 기르는 사람들 중 대부분은 여성이다.
- 지난 10년 동안 노인층이 고양이를 기르는 경우가 43% 증가했다.
- 히스패닉계 사람들이 고양이를 기르는 경우가 빠르게 증가하고 있다.
- 반려동물로 기르는 고양이의 24%는 과체중이다.
- 여러 마리의 고양이를 기르는 사람은 할인 매장에서 반려동물 제품을 구매할 가능성이 더 높다.
- 미국에서 1,500만 가구는 개나 고양이가 아닌 새, 물고기 등의 반려동물을 기르고 있다.
- 반려동물을 기르는 사람들 중 23%는 개나 고양이가 아닌 다른 반려동물을 기른다.
- 미국에서 개와 고양이를 제외한 반려동물의 개체 수는 8,600만 마리에 이른다.
- 베이비붐 세대는 개와 고양이 이외의 반려동물에 대한 관심이 적다.
- 히스패닉계 사람들은 애완용 새를 기를 가능성이 가장 높다.
- 고소득 가구는 보통 개나 고양이가 아닌 반려동물을 기른다.
- 개와 고양이 이외의 반려동물을 기르게 되는 주요 요인은 자녀이다.

출처: https://globenewswire.com/news-release/2017/07/17/1047437/0/en/United-States-Pet-Population-and-Ownership-Trends-Report-2017-Focus-on-Dogs-Cats-and-Other-Pets.html

미래

2018년 1~2월에 펫메드익스프레스의 주가는 10% 하락했지만 주당 순이익은 2018 회계연도 3분기에 0.44달러를 기록하여 전년 동기의 0.24달러보다 83.3% 증가했다. 이와 더불어 매출이 전년 대비 13.7% 증가하여 6,010만 달러를 기록했다. 그중에서 재주문 매출은 13.4% 증가한 5,090만 달러, 신규 주문 매출은 15.5% 증가한 920만 달러였다. 평균 주문 금액은 전년 동기의 81달러에서 증가한 86달러였다. 제품 구성에서 벼룩, 진드기, 심장사상충 의약품이 차지하는 비중으로 인해 펫메드익스프레스의 사업에는 계절성이 존재하여 봄과 여름은 성수기, 가을과 겨울은 비수기로 간주된다. 2018년 3분기 동안 펫메드익스프레스는 10만 6,000명의 신규 고객을 확보했는데, 이는 전년 대비 9만 9,000명에서 증가한 수치이다. 또한 전체 주문의 약 84%가 웹사이트를 통해 발생했다(2017년에는 83%). 광고 비용은 30.2% 증가한 410만 달러를 기록했다. 높은 성과를 반영하여 펫메드익스프레스는 주주에게 지급할 분기 배당금을 25% 인상하여 주당 0.25달러를 지급했다.

펫메드익스프레스는 현재 사업을 잘 수행하고 있으나, 이러한 성공은 반려동물 의약품 제조업체들이 펫메드익스프레스의 가치사슬로 수직적 통합을 단행할 유인을 제공하며, 어쩌면 이 기업을 무너뜨릴 수도 있다. 펫메드익스프레스는 미래에 대한 명확한 전략계획 수립 및 실행이 필요하다.

CVS Health Corporation – 2018

www.cvshealth.com

미국 로드아일랜드주 운소컷에 본사를 둔 CVS는 의약품 및 건강관리 서비스를 통합적으로 제공하며, Pharmacy Services 부문과 Retail/LTC 부문을 운영한다. CVS는 9,800개 이상의 매장과 1,100개 이상의 일상 질환 치료 의원을 운영하며, 9,400만 명의 멤버십 회원을 기반으로 매일 100만 명 이상의 환자에게 서비스를 제공하고 있다.

CVS는 전문 의약품 제공업체로 확장하고 있으며, 독립적으로 메디케어 파트 D 처방 플랜을 제공한다. CVS 매장은 주로 미국에 있으나 푸에르토리코와 브라질에도 지점이 있다. CVS는 간식부터 미용·가정·건강관리 제품, 의약품에 이르는 다양한 제품을 판매하며 일일 고객이 500만 명에 달한다. 원스톱 상점으로 간주되는 CVS의 주요 브랜드는 CVSHealth, ExtraCare, Accordant, CVS.com, CarePlus이다.

2018년 3월, CVS 주주의 98%는 애트나(Aetna Inc.) 인수를 승인했다. 미국 최대의 다양한 의료 보험 회사 중 하나인 애트나 인수는 규제 당국의 승인에 따라 2018년 말에 완료될 것으로 예상된다. 계약 조건에 따라 애트나 주주는 애트나 주당 현금 145달러와 CVS 주식 0.8378주를 받게 된다. 2017년 12월 31일 애트나의 주가는 74.21달러였으나, 이번 거래를 통해 인정받게 된 가치는 주당 약 207달러, 시가 총액으로는 약 690억 달러이다. 애트나의 예상 부채를 포함하여 거래의 총가치는 약 770억 달러이다. 최종 가격은 거래 종료일의 주가를 기준으로 결정되며, 애트나 인수는 CVS의 시가 총액 규모를 2배로 늘릴 것으로 보인다.

역사

스탠리 골드스타인(Stanley Goldstein), 시드니 골드스타인(Sidney Goldstein) 형제와 랠프 호그랜드(Ralph Hoagland)가 설립한 CVS는 1963년 미국 매사추세츠주 로웰에 첫 매장을 열었다. CVS는 'Consumer Value Stores'의 약자로, 당시에는 건강 및 미용 제품만 판매했다. CVS는 1년 만에 매장이 17개로 늘어났고, 방패 안에 CVS가 표기된 로고도 만들어졌다. 1967년에는 로드아일랜드주의 워릭과 컴벌랜드에 약국 부서가 개설된 매장을 열었다. 1990년 연매출 10억 달러를 달성한 CVS는 피플스드러그(People's Drug)로부터 500개의 매장을 인수했다.

1994년 업계에 PharmaCare를 도입한 CVS는 보험사와 고용주에게 많은 서비스를 제공한다. 1997년 CVS는 레브코(Revco)로부터 2,500개 이상의 매장을 인수했다. 2001년에는 PharmaCare와 함께 충성도 높은 고객을 대상으로 하는 ExtraCare 프로그램을 도입했다. 2010년부터 지금까지 CVS는 Urban Initiative, CVS Finance Center, Print Shop과 같은 많은 프로젝트와 프로그램을 운영하고 있다.

2018년 5월, CVS는 DiversityInc의 '다양성을 존중하는 50개 기업'에 2년 연속 선정되었다. 전년보다 열 계단 오른 40위를 차지했는데, 이는 기업 전체에 걸쳐 더 많은 여성과 소수자를 중급 관리자 또는 고위급 관리자로 채용하거나 승진시켰기 때문이다.

애트나

1853년에 설립된 애트나는 Health Care, Group Insurance, Large Case Pensions 부문을 운영하면서 의료 혜택을 제공하는 미국 기업이다. Health Care 부문은 생명보험을 제외하고 의료, 보험 약제 관리(pharmacy benefit management, PBM) 서비스, 행동 건강, 치과·시력 관리를 포함한 모든 종류의 보험을 제공한다. 이 부문은 건강 저축계좌 및 고객 중심 건강 플랜과 같은 모든 종류의 보험 혜택 상품을 포함하여 메디케어(Medicare) 및 메디케이드(Medicaid) 제품과 서비스, 의료 관리, 데이터 분석 서비스도 제공한다. 그리고 Group Insurance 부문은 모든 종류의 생명보험 상품과 사고·사망·신체 상해 보험, 장애 보험, 장기 요양보험 상품을 판매한다. Large Case Pensions 부문은 주로 세제 혜택을 받는 상품으로 구성된 다양한 퇴직 대비 연금 플랜을 개인, 정부, 기업 등 다양한 고객에게 제공한다.

비전과 사명

CVS의 비전 선언문은 "우리는 삶의 질을 향상하기 위해 최선을 다하고 있습니다"로, 이는 개인의 건강에 대한 관심을 드러내지만 삶의 질 향상을 달성하는 방법을 제시하지는 않는다. 또한 비전을 달성하기 위해 기업이 수행하는 사업의 유형에 대한 설명도 부족하다. 한편 CVS의 사명 선언문은 다음과 같다. "우리의 사명은 고품질의 건강 및 의약품 서비스를 안전하고 저렴하며 접근하기 쉽게 제공함으로써 모든 사람의 삶을 개선하는 것입니다."

거버넌스

CVS의 웹사이트에는 1명의 소수자를 포함하여 남성 8명, 여성 4명으로 구성된 이사회에 대한 정보가 나타나 있다. 또한 기업 거버넌스 가이드라인을 위원회 할당, 의제, 보상, 주식 소유권, 다양성 가이드라인, 회수 정책 등과 함께 제공한다. CVS의 거버넌스는 매우 투명하다. 예를 들면 주식 소유권과 관련하여 CVS는 이사회 구성원이 상당량의 보통주를 소유하도록 요구한다. 이사는 선출된 후 5년 이내에 최소 보통주 1만 주를 보유해야 하며, 이사직을 그만둔 후에도 최소 6개월 동안 그 소유권을 유지해야 한다. 또한 연봉의 3배에 해당하는 주식을 소유해야 하는 CEO를 제외하고 최고경영진은 연봉의 5배 가치에 해당하는 주식을 소유해야 한다.

내부 이슈

조직 구조

2018년 3월, 데리카 라이스(Derica W. Rice)는 PBM 사업부인 CVS Caremark의 사장으로 CVS에 합류했다. 이는 CVS가 조직 구조를 보완하면서 본질적으로 더욱 세분화할 것임을 의미한다. CVS에는 지역별 또는 제품별 사업부 사장이 없었으나 라이스를 임명한 것이 그 첫 사례였다. CVS는 보다 공식적으로 전략적 사업 부문을 중심으로 조직을 재설계해야 한다. 자료 1은 CVS의 조직 구조에 대한 일례를 보여준다.

부문별 정보

CVS는 Pharmacy Services 부문과 Retail/LTC 부문으로 조직되어 있다. Pharmacy Services 부문은 메디케어 파트 D 서비스, 우편 주문, 전문 의약품, 주사 서비스, 소매 의약품 네트워크 관리 서비스, 처방 관리 시스템, 임상 서비스, 질병 관리 프로그램과 같은 보험 약제 관리 설루션을 제공한다. 또한 이 부문은 개인, 고용주, 보험 회사, 노동조합, 공무원 단체, 메디케어 파트 D 플랜, 메디케이드 플랜, 공공 및 민간 거래에서 제공되는 플랜에 서비스를 제공하고 있다. 이 부문은 CVS Caremark Pharmacy Services, Caremark, CVS Specialty, AccordantCare, SilverScript, Wellpartner, NovoLogix, Coram, Navarro Health Services, ACS Pharmacy 등 다양한 명칭으로 운영된다. 2017년에 CVS는 PBM을 통해 30일마다 약 18억 개의 처방전을 처리했다.

CVS의 Retail/LTC 부문은 기본적으로 처방 의약품, 일반 의약품, 미용 제품 및 화장품, 간편 식품, 계절상품 등을 판매하는 오프라인 소매점으로 사진 출력 서비스도 제공하고 있다. 미국 49개 주와 워싱턴 DC, 푸에르토리코, 브라질에 약 9,800개의 CVS 소매점이 있으며, 이 중 1,700개의 약국이 타깃(Target) 매장에 있다. 이러한 매장은 CVS Pharmacy, CVS, CVS Pharmacy y más, Longs Drugs, Navarro Discount Pharmacy, Drogaria Onofre라는 명칭으로 운영된다. 또한 CVS는 온라인 의약품 소매 웹사이

자료 1 CVS의 최고경영진과 조직 구조

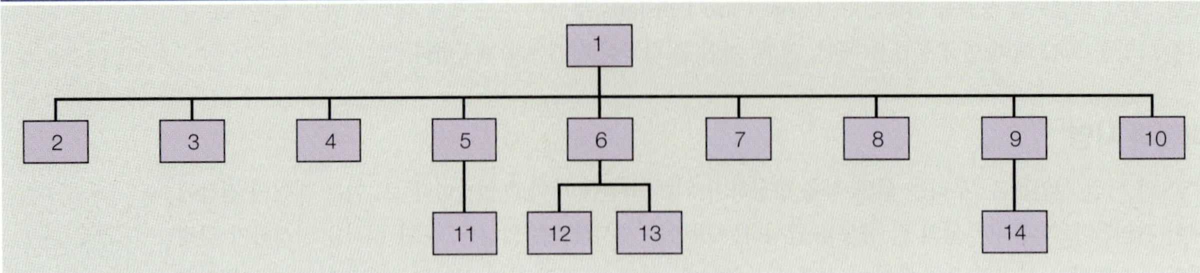

1. 사장 겸 CEO(president and CEO) Larry Merlo
2. 부사장 겸 최고인사책임자(EVP and chief human resources officer) Lisa Bisaccia
3. 전무 겸 비서실장(SVP and corporate secretary) Colleen Mcintosh
4. 의학박사, 부사장 겸 최고의료책임자(M.D. EVP and chief medical officer) Troyen Brennan
5. 부사장 겸 최고재무책임자(EVP and CFO) David Denton
6. 부사장, 감사 겸 최고회계책임자(EVP, controller, and chief accounting officer) Eva Boratto
7. CVS Caremark 판매 및 회계 담당 부사장(EVP, sales and account services, CVS Caremark) David Joyner
8. 부사장, 법률자문 겸 최고정책·대외관계책임자(EVP, chief policy and external affairs officer and general counsel) Thomas Moriarty
9. 부사장 겸 최고운영책임자(EVP and COO) Jonathan Roberts
10. 전무 겸 최고준법감시책임자(SVP and chief compliance officer) David Falkowski
11. 투자자 관리 담당 전무(SVP of investor relations) Michael McGuire
12. 재무관리 담당 전무(SVP and treasurer) Carol DeNale
13. 전무 겸 최고세무책임자(SVP and chief tax officer) John Kennedy
14. CVS Caremark 사장(president of CVS Caremark) Derica Rice

출처: 기업 웹사이트

트, 구내 약국 37개, 장기 치료 약국, 건강관리 클리닉도 운영하고 있다.

CVS 매장이 가장 많은 캘리포니아, 플로리다, 텍사스에는 각각 886개, 754개, 695개의 매장이 있다. 자료 2는 Retail/LTC 부문의 수익을 의약품과 기타 제품으로 분류한 것으로, CVS는 식품, 미용 제품, 사무용품, 선물과 같은 일반 상품 및 서비스로도 상당한 수익을 올리고 있음을 보여준다.

자료 2 2017년 CVS의 Retial/LTC 부문 품목별 매출 비중

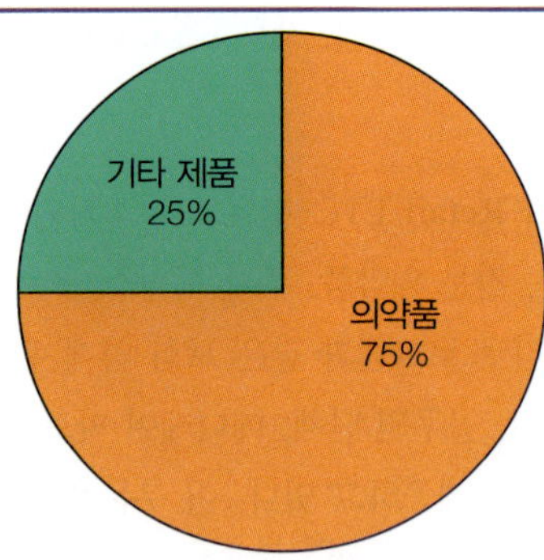

출처: 2017년 재무제표와 기타 자료

재무

2018년 3월, CVS는 보류 중인 애트나 인수 비용을 충당하기 위해 400억 달러의 채권을 매각했다. CVS는 인수가 공식적으로 승인되는 2018년 말까지는 자금이 필요하지 않지만 금리 인상에 대한 부담을 가지고 있다.

자료 3과 4는 CVS의 손익계산서와 재무상태표이다. 자료 3에서 2017년 순이익이 24% 증가했다는 것, 자료 4에서 CVS 자산의 50% 이상이 영업권과 무형자산이라는 것은 주목할 만하다.

자료 3 CVS의 손익계산서(단위: 100만 달러)

계정과목	2016년 12월 31일	2017년 12월 31일		변화율(%)
매출	177,526	184,765	↑	4.08
매출 원가	148,669	156,220	↑	5.08
매출 총이익	28,857	28,545	↓	−1.08
영업 비용	18,491	19,028	↑	2.90
이자 및 세전이익	10,366	9,517	↓	−8.19
이자 비용	1,729	1,249	↓	−27.76
법인세 차감 전 순이익	8,637	8,268	↓	−4.27
세액	3,317	1,637	↓	−50.65
비반복적 항목	(1)	(8)	↓	−700.00
당기순이익	5,319	6,623	↑	24.52

출처: 2017년 재무제표와 기타 자료

자료 4 CVS의 재무상태표(단위: 100만 달러)

계정과목	2016년 12월 31일	2017년 12월 31일		변화율(%)
자산				
현금 및 단기투자자산	3,458	1,807	↓	−48
외상매출금	12,164	13,181	↑	8
재고자산	14,760	15,296	↑	4
기타 유동자산	660	945	↑	43
총유동자산	31,042	31,229	↑	1
부동산 및 설비	10,175	10,292	↑	1
영업권	38,249	38,451	↑	1
무형자산	13,511	13,630	↑	1
기타 장기자산	1,485	1,529	↑	3
자산 계	94,462	95,131	↑	1
부채				
외상매입금	7,946	8,863	↑	12
기타 유동부채	18,304	21,785	↑	19
총유동부채	26,250	30,648	↑	17
장기차입금	25,615	22,181	↓	−13
기타 장기부채	5,763	4,607	↓	−20
부채 계	57,628	57,436	↓	0
자본				
보통주	17	17	→	0
이익잉여금	38,983	43,556	↑	12
자사주	(33,452)	(37,765)	↑	13
주식발행초과금 및 기타	31,286	31,887	↑	2
자본 계	36,834	37,695	↑	2
부채 및 자본 계	**94,462**	**95,131**	↑	**1**

출처: 2017년 재무제표와 기타 자료

CVS는 2018년 3월 31일 마감된 1분기 매출이 전년 동기 대비 2.6% 증가한 457억 달러를 기록했으며, 동일 매장에서의 재처방 물량이 8.5% 증가했다고 발표했다. CVS는 규제에 대비하고 통합을 완료하기 위해 계속 노력하며, 2018년 하반기에 애트나 인수가 완료되기를 기대하고 있다. 특히 2018년 1분기에 Pharmacy Services 부문의 매출은 전분기 대비 3.2% 증가한 322억 달러를 기록했다. Retail/LTC 부문의 매출은 동일 매장에서의 재처방 물량이 8.5% 증가한 덕분에 같은 기간 동안 5.6% 증가하여 204억 달러를 기록했다. 또한 동일 매장 매출이 전년 대비 5.8% 증가하고 의약품의 동일 매장 매출은 7.3%, 기타 제품의 동일 매장 매출은 1.6% 증가했다.

CVS의 2018년 1분기 순이익은 전분기 대비 4,500만 달러가 늘어난 9억 9,800만 달러로, 이는 4.7%가 증가한 수치이다. 이러한 순이익은 미국 연방 법인세율을 35%에서 21%로 낮춰주는 세금 감면 및 고용법(Tax Cuts and Jobs Act)의 혜택을 받은 결과이다.

경쟁기업

약국 산업의 경쟁자는 수많은 식료품점, 편의점, 소규모 약국, 월마트(Walmart), 코스트코(Costco), 타깃과 그 밖의 기업이며, 그중에서도 CVS의 입장에서 가장 중요한 경쟁기업은 월그린스(Walgreens)와 라이트에이드(Rite Aid)이다. 자료 5를 보면 CVS의 시가 총액과 종업원 수는 월그린스보다 적지만 더 높은 성과를 올리고 있음을 매출과 순이익을 통해 알 수 있다. CVS가 애트나를 인수하는 중이므로 비교를 위해 애트나의 정보도 포함되었는데, 애트나의 매출과 종업원 수는 CVS의 절반에도 미치지 못하는 수준이다.

자료 5 CVS와 두 경쟁기업 및 애트나의 비교(2018년 4월)

	CVS	월그린스	라이트에이드	애트나
시가 총액(달러)	61B	64B	1.6B	55B
종업원 수(명)	160,000	235,000	53,000	48,000
매출(달러)	185B	119B	32B	60B
순이익(달러)	6.6B	3.8B	109M	2B
부채(달러)	27B	14B	3B	9.2B
순이익률(%)	3.6	3.2	0.5	3.14
총자산 수익률(%)	6.6	5.2	2.0	5.00
자기자본 이익률(%)	17.8	13.7	14.8	11.3
주당 순이익(달러)	6.44	3.6	0.15	5.7

출처: 다양한 자료원

미국의 약국 산업에서 5.7%를 차지하는 라이트에이드는 미국 전역에 걸쳐 약 4,500개의 약국을 운영하고 있다. 그러나 월그린스가 최근 라이트에이드 매장의 43%를 인수함으로써 2017~2018년 라이트에이드의 매출이 43%가량 감소할 것으로 예상된다. 매장 이전은 점진적으로 이루어질 것이나 월그린스는 라이트에이드 인수를 통해 2018년 시장점유율이 2.5% 증가하고 CVS와의 격차도 커질 것이라고 예상한다. 라이트에이드 매장의 나머지 57%는 식료품 기업인 앨버트슨스(Albertsons)에 매각되는 과정에 있다. 앨버트슨스가 인수할 당시 라이트에이드의 시장 가치는 약 23억 달러였고 4,600개의 매장 중 2,000개가 월그린스로 전환되던 시기였다. 월그린스는 라이트에이드 매장 2,000개를 인수하는 것 말고도 대형 의약품 유통업체인 아메리소스버겐(AmerisourceBergen)을 인수하기 위한 협상을 진행 중이다.

월그린스

미국 일리노이주 디어필드에 본사가 있는 월그린스의 공식 웹사이트는 walgreensbootsalliance.com이다. 찰스 랜돌프 월그린(Charles Randolph Walgreen)은 1901년 일리노이주 시카고에 최초의 월그린스를 열었다. 현재 약국 산업에서 32.3%를 점유하고 있는 월그린스는 2017년 1,182억 달러의 매출을 올렸는데, 이는 지난 3년간 연평균 4.6%가 증가한 수치이다. CVS의 연간 매출 증가율은 이보다 약간 낮은 4.1%를 기록했다. 월그린스는 미국에서 두 번째로 큰 약국 체인 기업으로 의약품 처방, 건강 및 웰빙 제품, 건강 정보, 식품, 식료품, 사진 서비스 등을 제공한다.

라이트에이드

미국 펜실베이니아주 캠프힐에 본사가 있는 라이트에이드의 첫 번째 매장은 앨릭스 그래스(Alex Grass)가 펜실베이니아주 스크랜턴에 열었다. 라이트에이드는 6년 동안 다른 5개 주로 확장한 이후 기업 공개를 단행했으며, 1968년에 현재의 기업명으로 변경했다. 2017년 6월을 기준으로 라이트에이드는 미국 31개 주와 워싱턴 DC에 4,621개 지점을 운영했으나 현재 모든 매장을 월그린스와 앨버트슨스에 매각하는 과정에 놓여 있다.

약국 산업

약국 산업은 매년 50억 달러의 수익을 창출하며, 이 수치는 향후 5년 동안 2.2% 성장할 것으로 예상된다. 이러한 성장률은 2022년 2.5%로 정점에 다다를 것으로 예상되며, 이는 투자자들이 보통 기대하는 4~5%보다 낮은 수치이다. 유명 제약 회사가 제조한 의약품 처방이 업계 전체 매출의 51.4%를 차지하고, 처방이 필요 없는 일반 의약품, 주류와 담배, 식품 및 음료, 화장품 등 일반 상품 부문이 21%를 차지한다.

약국 매장 수는 지난 5년 동안 증가했지만 산업계의 이익은 변동이 없었다. 아마존(Amazon)과 같은 기업이 약국 서비스를 제공하면서 가격이 내려가 업계의 전체적인 이익이 줄어들고 있다. 또한 약국 산업 자체가 매우 성숙된 산업이다. 미국약국체인협회(National Association of Chain Drug Stores)는 모든 미국인이 약국에서 5마일 이내에 살고 있다고 발표했는데, 이는 약국을 이용하지 못하는 사람이 거의 없음을, 즉 신규 시장 확대 가능성이 거의 없음을 의미한다. 온라인 판매와 우편 처방 회사도 이 산업에 큰 위협이 된다.

아마존과 다수의 온라인 건강관리 기업은 약국 산업에 진출하여 사업을 통합하기 시작했다. 메디케어 파트 D의 우선 비용 분담 네트워크는 처방약 플랜의 99%를 차지하므로, 참여하여 더 낮은 환급을 받을 수 있는 소매 약국의 수를 제한한다. 직접 및 간접 보수(direct and indirect remuneration, DIR) 수수료 평가는 약국 환급 사업에서 계속 이익을 감소시키는 가장 중요한 요소로 작용한다. 네트워크 참여 역량에 대한 규정과 참여 의향이 있는 약국에 대한 규제 등 2019년 메디케어 파트 D 플랜에 대해 약국이 혜택을 얻게 해 줄 정책적 변화가 예상된다.

업계 분석가들은 약국 산업에 가장 강력한 파괴 요인이 CVS의 애트나 인수일 수 있다고 주장한다. 거래가 승인되면 CVS는 약국, PBM, 보험사를 모두 통제하게 되고, 강력하게 수직적으로 통합됨으로써 제약 회사에서 소비자에 이르는 모든 단계를 포괄하는 기업이 탄생한다. 미국 최대 약국 체인인 CVS가 소유한 가장 큰 PBM 중 하나와 세 번째로 큰 건강 보험사의 결합을 통해 약국 산업의 지형이 변화할 것이다.

약국 산업 매출의 중심은 기존의 유명 의약품에서 전문 의약품으로 매우 빠르게 이동하고 있다. 2018~2022년에 전문 의약품은 약국 산업 매출의 42%를 차지할 것이다. 또 다른 중요한 변화는 유전자 검사에 기반한 개인 맞춤형 의료 서비스를 소매 약국에서 곧 제공하게 될 것이라는 점이다. 유전체 염기서열 분석 비용은 현재 1,000달러 미만이며, 분석 결과는 개인의 유전자 정보를 전반적인 건강 개선을 위한 맞춤화된 특정 치료에 활용할 수 있다. 3~5년 안에 환자는 약사의 도움을 받아 자신의 DNA 정보를 기반으로 최상의 약물을 선택하게 될 것이다.

연구에 따르면 가정에서 건강관리를 위해 첨단 기술을 사용하는 소비자의 수가 2014년 전 세계적으로 1,430만 명에서 2020년에는 7,850만 명으로 증가할 것으로 보인다. 이러한 기술 혁명 중 하나는 웨어러블 추적 기기이다. 의료 산업은 웨어러블 기술 시장에서 중요한 비중을 차지한다. 웨어러블 센서가 있는 스마트폰과 시계, 이식 의료 기기, 가정 기반 원격 의료 기기는 환자의 건강을 점검하고 관리하는 데 도움이 될 수 있다. 인공지능(AI)은 의료 제공자와 환자의 관계를 점점 더 강화하고 있다.

미래

자료 6은 CVS의 Pharmacy Services 부문은 좋은 성과를 거두고 있으나 Retail/LTC 부문의 실적이 저조하다는 것을 보여준다. 2016년에 비해 2017년 Retail/LTC 부문의 매출, 매출 총이익, 영업이익이 감소했다. 2017년 12월 31일에 마감된 4분기 동안 CVS는 매장을 65개 개장하고, 13개를 폐쇄하고, 5개를 이전했다. 2017년 한 해 동안에는 175개를 개장하고, 81개를 폐쇄하고, 30개를 이전했다. 이러한 매장 수 증가에도 불구하고 2017년 Retail/LTC 부문의 성과는 그리 좋지 못했다.

자료 6 CVS의 부문별 매출과 이익(단위: 100만 달러)

	Pharmacy Services		Retail/LTC	
	2016년	2017년	2016년	2017년
매출	119,963	130,596	81,100	79,398
매출 총이익	5,901	6,040	23,738	23,317
영업이익	4,676	4,755	7,302	6,469

출처: 2017년 재무제표

애트나 인수가 승인되면 CVS는 조직을 재구성할 것이다. 아마 기업의 명칭도 바뀌야 할 것이다. 물론 비전과 사명도 수정해야 한다. 또한 경영진의 직함과 책임 범위는 제품별·지역별 부서와 연동하여 보다 효과적으로 조정해야 할 것이다.

월그린스는 대형 의약품 유통업체인 아메리소스버겐을 인수하기 위해 협상 중이다. 약국 체인 기업이 향후 의료 서비스 제공 분야가 고성장하리라는 것을 인식하고 있기 때문에 전체 약국 산업은 전방 및 후방으로 수직적 통합이 이루어지고 있다.

CVS와 월그린스는 자사의 가치사슬을 최대한 통제하려 한다. CVS는 인수 승인 여부를 결정하는 당국에 명확한 전략계획을 제시해야 할 것이다. 분명히 CVS 경영진과 주주들은 인수를 희망하지만, 규제 당국은 CVS가 애트나를 인수하는 경우와 그렇지 못한 경우에 대한 전략계획을 각각 살펴볼 필요가 있다.

The Walt Disney Company – 2018

www.disney.com

미국 캘리포니아주 버뱅크에 본사를 둔 월트디즈니는 전 세계에서 미디어 네트워크(Media Networks), 공원 및 리조트(Parks and Resorts), 스튜디오 엔터테인먼트(Studio Entertainment), 소비재 및 인터랙티브 미디어(Consumer Products and Interactive Media) 부문의 사업을 운영하는 다각화된 엔터테인먼트 기업이다. 많은 사람에게 월트디즈니라는 말은 미키마우스 관련 제품을 의미하지만 월트디즈니는 ESPN, ABC, 마블(Marvel), 픽사(Pixar), 크루즈 선박과 기타 다양한 제품 및 서비스를 제공한다. 월트디즈니는 2017년에 매출 550억 달러, 순이익 90억 달러를 기록했는데, 두 수치 모두 2016년보다 약간 감소한 것이다.

2018년 2분기에는 전년 동기에 비해 9% 증가한 145억 달러의 매출, 23% 증가한 29억 달러의 순이익을 달성했다. 이처럼 뛰어난 성과는 공원 및 리조트 부문과 스튜디오 엔터테인먼트 부문이 주도적으로 창출했으며, 특히 스튜디오 엔터테인먼트 부문에서는 〈블랙 팬서〉, 〈어벤져스: 인피니티 워〉와 같은 영화가 크게 기여했다. 공원 및 리조트 부문에서는 디즈니랜드 파리, 홍콩 디즈니랜드리조트, 월드디즈니리조트가 상당한 성과를 올렸으나 상하이 디즈니리조트는 입장객 수와 수익이 감소했다.

월트디즈니는 2018~2020년 사업부 전체에 대한 자원 배분을 위해 포괄적인 3개년 전략계획이 필요하다.

역사

창업자 월트 디즈니(Walt Disney)와 그의 형 로이 디즈니(Roy Disney)는 1923년 여름에 만화 〈이상한 나라의 앨리스(Alice's Wonderland)〉를 판매하기 위해 캘리포니아주에 왔다. 1923년 10월 16일, M. J. 윙클러(M. J. Winkler)라는 배급사가 〈앨리스 코미디(Alice Comedies)〉 배급 계약을 체결하여 디즈니브러더스카툰스튜디오(Disney Brothers Cartoon Studio)가 설립되었다. 이 회사는 수년 동안 〈운 좋은 토끼 오즈월드(Oswald the Lucky Rabbit)〉(1927), 〈실리 심포니(Silly Symphony)〉(1932), 〈백설 공주와 일곱 난쟁이(Snow White and the Seven Dwarfs)〉(1937), 〈피노키오(Pinocchio)〉(1940), 〈판타지아(Fantasia)〉(1940) 등 많은 만화를 제작했으며, 1925년에 회사명을 월트디즈니스튜디오(Walt Disney Studio)로 변경했다. 1928년에 선보인 〈미키마우스(Mickey Mouse)〉는 최초로 소리가 들어간 만화이다. 1950년에는 첫 실사 영화인 〈보물섬(Treasure Island)〉을 완성했고, 1954년에는 디즈니랜드 작품집 시리즈로 TV 방송을 시작했다. 1955년에는 월트디즈니의 가장 성공적인 시리즈인 〈미키마우스 클럽(The Mickey Mouse Club)〉이 시작되었고, 같은 해 캘리포니아주 애너하임에서 디즈니랜드파크가 문을 열었다.

월트디즈니는 1950~1970년대에 〈섀기 도그(The Shaggy Dog)〉, 〈조로(Zorro)〉, 〈메리 포핀스(Mary Poppins)〉, 〈러브 버그(Love Bug)〉 등의 시리즈를 내놓았다. 창업자 월트 디즈니는 1966년에 세상을 떠났다. 1969년에 월트디즈니는 교육용 영화와 자료를 만들기 시작했다. 월트디즈니의 역사에서 중요한 사건 중 하나는 1971년 플로리다주 올랜도에 월트디즈니월드를 개장한 것이다. 1982년에는 에프코트센터(Epcot Center)가 월트디즈니월드의 일부로 문을 열었고, 이듬해에는 도쿄 디즈니랜드가 개장했다.

월트디즈니는 1983년에 TV 네트워크를 떠나 케이블 네트워크인 디즈니 채널을 도입했다. 1985년 월트디즈니의 터치스톤(Touchstone) 사업부는 성공을 거둔 〈더 골든 걸스(The Golden Girls)〉와 디즈니 일요일 영화(Disney Sunday Movie)를 방송하기 시작했다. 1988년에는 월트디즈니월드에 그랜드플로리디언비치(Grand Floridian Beach)와 캐러비언비치리조트(Caribbean Beach Resort)를 새로운 놀이 기구인

Disney/MGM Studios Theme Park, Pleasure Island, Typhoon Lagoon과 함께 개장했다. 영화 제작 분야에서는 할리우드 스튜디오 중 입장 수익 총액 1위를 처음으로 기록했다.

2000~2007년 월트디즈니는 테마파크에 새로운 명소와 놀이 기구를 만들고, 성공적인 영화를 다수 제작했으며, 많은 호텔과 홍콩 디즈니랜드를 개장했다. 2006년에는 픽사를 인수했다. 2015년에는 상하이 디즈니리조트를 개장하고 〈스타워즈: 깨어난 포스〉를 개봉했다.

비전과 사명

월트디즈니의 비전은 “사람들을 기분 좋게 만드는 것”이고, 사명은 “창의적이고 혁신적이며 수익성 있는 즐거움과 정보를 생산하고 제공하는 글로벌 선도업체가 되는 것”이다.

내부 이슈

조직 구조

전략적 사업단위(SBU)로 조직된 월트디즈니는 의장이라는 직함을 가진 네 임원이 이끌고 있다. 예컨대 각 테마파크 대표가 밥 차펙(Bob Chapek)에게 보고하듯이 각 부서 대표가 의장에게 보고할 것이다. 실제 보고 관계는 공개되지 않았지만 자료 1이 조금 변형된 형태일 것이다.

자료 1 월트디즈니의 최고경영진과 조직 구조

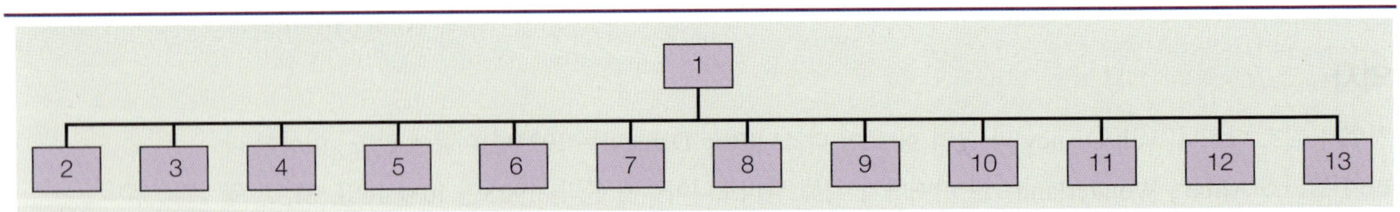

1. 회장 겸 최고경영자(chairman and CEO) Robert Iger
2. 부사장, 법률자문 겸 비서실장(EVP, general counsel, and secretary) Alan Braverman
3. 글로벌 보안 담당 전무(SVP, global security) Ronald Iden
4. 부사장 겸 최고전략책임자(EVP and chief strategy officer) Kevin Mayer
5. 부사장 겸 최고재무책임자(EVP and CFO) Christine McCarthy
6. 부사장 겸 최고커뮤니케이션책임자(EVP and chief communications officer) Zenia Mucha
7. 부사장 겸 최고인사책임자(EVP and chief HR officer) Jayne Parker
8. 감사 겸 재무회계 및 세무 담당 부사장(EVP, controllership, financial planning, and tax) Brent Woodford
9. 월트디즈니인터내셔널 부문 회장(chairman, Walt Disney International) Andy Bird
10. 공원 및 리조트 부문 회장(chairman, Walt Disney Parks and Resorts) Bob Chapek
11. 디즈니스튜디오 부문 회장(chairman, Walt Disney Studios) Alan Horn
12. 소비재 및 인터랙티브 미디어 부문 회장(chairman, Disney Consumer Products and Interactive Media) James Pitaro
13. 미디어 네트워크 부문 공동회장 겸 디즈니ABC텔레비전그룹 대표(co-chair, Disney Media Networks, and president, Disney ABC Television Group) Ben Sherwood

출처: 기업 문서

부문별 정보

자료 2와 3에서 보듯이 월트디즈니는 전략적 사업단위(미디어 네트워크, 공원 및 리조트, 스튜디오 엔터테인먼트, 소비재 및 인터랙티브 미디어) 각각에 대해 매출액과 영업이익을 공개한다. 공원 및 리조트 부문만 매출액과 영업이익이 모두 증가했으며, 미디어 네트워크 부문과 공원 및 리조트 부문이 수익의 대부분을 차지하고 있다.

특히 2018년 2분기에 월트디즈니는 미디어 네트워크, 공원 및 리조트, 스튜디오 엔터테인먼트, 소비재 및 인터랙티브 미디어 부문의 매출이 각각 3%, 13%, 21%, 2% 증가했다. 그러나 2분기에는 4개 부문 중 미디어 네트워크와 소비재 및 인터랙티브 미디어 부문의 영업이익이 각각 6%, 4% 감소했다. 2018년 2분기에

자료 2 월트디즈니의 사업 부문별 매출(단위: 100만 달러)

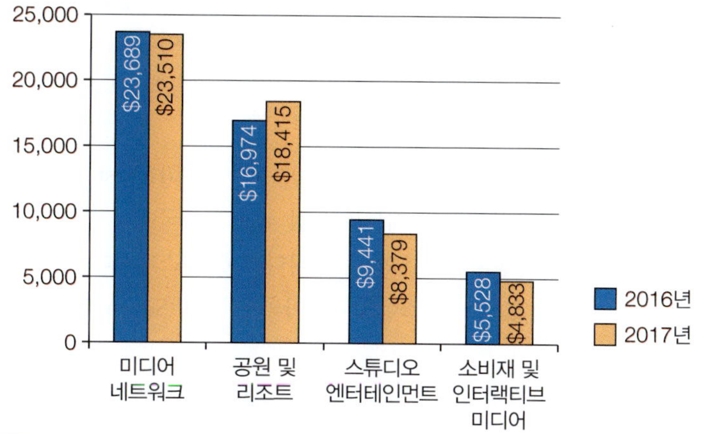

출처: 2017년 연례 보고서

자료 3 월트디즈니의 사업 부문별 영업이익(단위: 100만 달러)

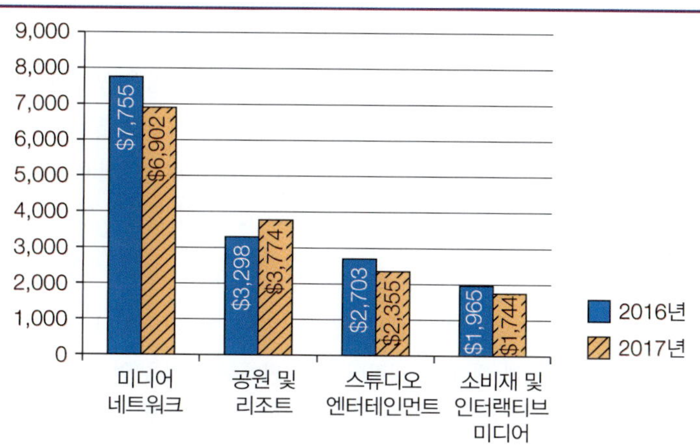

출처: 2017년 연례 보고서

미디어 네트워크 부문에서 케이블 네트워크 사업의 매출은 5% 증가한 42억 달러였으나 영업이익은 4% 감소한 17억 달러를 기록했으며, 같은 부문에 속한 방송 사업은 매출 19억 달러, 영업이익 3억 4,300만 달러를 달성했다.

미디어 네트워크

미디어 네트워크는 월트디즈니에서 매출과 영업이익이 가장 큰 전략적 사업단위로, 2017년 전체 매출에서 43%인 230억 달러를 차지했다. 이 비중은 2012년 이후 지속적으로 유지되었다. 월트디즈니는 미디어 네트워크 부문 내에서 미국 전체 가구의 거의 100%가 연결되어 있는 ABC 텔레비전 네트워크를 운영한다. 미디어 네트워크 부문에는 ABC 소속의 텔레비전스테이션스그룹(Television Stations Group), ABC스튜디오(ABC Studios), 디즈니채널스월드와이드(Disney Channels Worldwide), ABC패밀리(ABC Family), A&E, 히스토리(History), 라이프라인(Lifeline), 디즈니ABC도메스틱텔레비전(Disney ABC Domestic Television), 디즈니미디어디스트리뷰션(Disney Media Distribution), 하이페리온(Hyperion), 라디오디즈니(Radio Disney) 네트워크 등이 포함된다. ABC 텔레비전 네트워크는 미국 전역에 244개 이상의 제휴 방송국을 운영하고, 디즈니채널스월드와이드는 162개국에 34개 언어로 제공되는 어린이 및 가족 엔터테인먼트 채널 94개로 구성되어 있다. ABC패밀리의 경우 드라마 시리즈와 영화가 혼합되어 있고, 디즈니ABC 도메스틱텔레비전은 미국 기반 미디어 플랫폼에 영화와 TV 프로그램을 제공한다. 디즈니미디어디스트리뷰션은 브랜드 및 비브랜드 콘텐츠를 모든 해외 플랫폼에 배급하며, 하이페리온은 성인을 위한 픽션 및 논픽션을 출판한다. 라디오디즈니는 40개 이상의 미국 라디오 시장과 위성 라디오, 모바일 앱, 웹에서 이용할 수 있다.

디즈니는 ESPN의 지분 중 80%를 소유하고 나머지 20%는 허스트(Hearst)가 소유하고 있다. ESPN 네트워크는 8개의 스포츠 채널을 운영하는데, 대부분이 전 세계 61개국에서 매일 24시간 동안 영어, 스페인어, 포르투갈어, 프랑스어로 방송된다. ESPN은 캐나다의 CTV스페셜티텔레비전(CTV Specialty Television) 지분 30%를 소유하고 있으며, 디즈니는 러시아의 세븐TV(Seven TV) 지분 20%를 소유하고 있다.

미디어 네트워크 부문의 영업이익은 2017년에 11% 감소했는데, 이는 대학 스포츠와 NFL, MLB, NBA, 마스터스, US 오픈 테니스, 윔블던과의 중계권 협상에서 더 많은 비용을 지불했기 때문이다. 특히 2017년 NBA와의 새로운 TV 계약으로 더 많은 중계비를 지불함으로써 수치가 많이 하락했다. 부문 매출의 약 54%는 케이블, 위성, 통신 제공자가 지급한 수수료에서, 35%는 광고에서 파생된다. 오늘날 TV 시청자가 감소하면서 월트디즈니가 광고주 및 케이블 프로그램 제공업체와 가격을 협상할 수 있는 협상력 역시 줄어들고 있다.

월트디즈니는 뉴욕, 로스앤젤레스, 시카고, 필라델피아의 상위 4개 시장을 포함한 8개 지역에서 TV 방송국을 소유함으로써 수직적으로 통합되어 있다. 라이브 스트리밍 서비스인 훌루(Hulu)는 흥미롭게도 월트디즈니와 경쟁업체인 21세기 폭스(21st Century Fox), 컴캐스트코퍼레이션(Comcast Corporation)이 각각 지분 30%를 소유하고 나머지 10%를 타임워너(Time Warner)가 소유하고 있다.

공원 및 리조트

월트디즈니라고 하면 가장 먼저 떠오르는 것이 테마파크와 리조트일 것이다. 공원 및 리조트 부문은 테마파크 입장권, 음식, 호텔, 크루즈 여행 패키지, 캐릭터 제품 판매로 수익을 얻으며, 2017년 매출의 80%는 미국에서, 20%는 해외에서 발생했다. 2016년 미국 매출이 84%였으니 해외 매출의 성장세가 두드러지다는 것을 알 수 있다. 2017년에 공원 및 리조트 부문이 미국에서 올린 수익은 6억 달러 정도 증가하여 4% 성장에 그쳤으나 해외 수익은 32% 증가한 9억 달러에 달했다.

공원 및 리조트 부문에서 미국 사업 대비 28% 높은 성장률을 보인 해외 사업의 성장은 평균 4% 더 높은 고객당 지출을 통해 이루어졌다고 할 수 있다. 월트디즈니는 테마파크 입장객을 추가로 확보하는 데에는 탁월한 성과를 거두었지만, 입장객이 테마파크나 유람선에서 더 많은 시간을 보내도록 개선할 수 있다. 자료 2와 3에 따르면 공원 및 리조트 부문의 미국 매출액은 2016년 169억 달러에서 2017년 184억 달러로 8.5% 증가했고, 영업이익은 2016~2017년에 14.4%가 증가하여 5억 5,000만 달러가 증가했다. 전년 대비 2017년 매출액이나 영업이익 중 하나라도 증가한 부문은 공원 및 리조트가 유일하며, 두 지표 모두 성공적으로 증가되었다.

공원 및 리조트 부문에는 11개 사업이 포함되는데, 이는 캘리포니아의 디즈니랜드리조트, 도쿄 디즈니리조트, 디즈니랜드리조트 파리, 홍콩 디즈니랜드, 플로리다의 월트디즈니월드리조트, 디즈니크루즈라인, 어드벤처바이디즈니, 디즈니베케이션클럽, 월트디즈니이매지니어링, 하와이의 디즈니리조트앤드스파 올라니, 상하이 디즈니이다. 월트디즈니는 해외 테마파크와 리조트를 온전히 소유하고 있지는 않다. 예를 들면 파리 유로디즈니의 지분은 77% 소유하고 있고, 도쿄 디즈니랜드로부터는 로열티만 받으며, 홍콩 디즈니의 지분은 43% 소유하고 있다.

공원 및 리조트 부문에는 크루즈 선박 4척(디즈니 매직, 디즈니 원더, 디즈니 드림, 디즈니 판타지)이 속해 있다. 디즈니 매직과 디즈니 원더보다 더 큰 디즈니 드림과 디즈니 판타지는 13만 톤 선박으로 1,250개의 선실과 14개의 갑판을 갖추고 있다.

스튜디오 엔터테인먼트

스튜디오 엔터테인먼트 부문에서는 실사 및 애니메이션 영화, 비디오 프로그래밍, 음악 녹음, 라이브 무대 연극을 제작한다. 디즈니의 실사 영화는 Theatrical Market, Home Entertainment Market, Television Market, Disney Music Group, Disney Theatrical Productions라는 이름으로 배포된다. 월트디즈니는 〈스파이더맨〉, 〈판타스틱 4〉, 〈엑스맨〉과 같은 장편 영화를 외부 스튜디오가 제작하고 배포할 수 있는 라이선스 권한을 부여했다. 월트디즈니는 〈스타워즈〉도 제작한다. 월트디즈니는 이러한 영화의 라이선스 비용을 얻는 반면 외부 스튜디오는 영화를 제작·배포하는 과정에서 소요되는 비용을 부담한다. 현재 스튜디오 엔터테인먼트 부문은 마블, 터치스톤, 픽사, 디즈니네이처(Disneynature), 디즈니스튜디오모션픽처스(Disney Studios Motion Pictures) 등 다양한 사업 라인을 관리하고 있다. 2017년의 부문 매출은 전년 대비 11% 감소한 84억 달러였고, 영업이익은 전년 대비 13% 감소했다. 스튜디오 엔터테인먼트 부문은 극장 배급, 홈 엔터테인먼트, TV/SVOD(subscription video on demand, 구독형 주문 비디오) 배급으로 구성된다. 2017년 TV/SVOD 매출에는 변동이 없었으며 부문 내에서 44%로 가장 큰 비중을 차지한다. 극장 배급과 홈 엔터테인먼트 매출은 각각 21%, 15% 하락했다.

소비재 및 인터랙티브 미디어

월트디즈니는 소비재 부문과 인터랙티브 미디어 부문을 분리하여 운영하다 통합했다. 소비재 부문은 신규 및 기존 캐릭터를 기반으로 다양한 제품을 디자인하고 홍보 및 판매하는 전 세계 라이선스 제조업체, 출판업체, 소매업체와 협력 관계를 맺고 있다. 제품에는 캐릭터 상품 및 출판물 라이선스, 서적 및 잡지, 디즈니 스토어가 포함된다. 월트디즈니는 2011년 중반에 〈캐리비안의 해적: 낯선 조류〉를 토대로 한 새로운 장난감 라인을 출시한 바 있다. 월트디즈니는 캐릭터 기반 소비재의 세계 최대 라이선스 제공업체이자 어린이 영화 관련 제품 생산 및 배급업체일 것이다. 인터랙티브 미디어 부문은 스마트폰과 태블릿용 게임 및 미디어를 제작하여 제공한다. 자료 3에서 보듯이 소비재 및 인터랙티브 미디어 부문의 매출은 월트디즈니의 사업부 중 가장 적으며, 2017년에는 매출이 13%, 영업이익이 11% 감소했다.

재무

월트디즈니는 주로 미디어 관련 사업 탓에 재정적 어려움을 겪고 있다. 자료 4와 같이 2017년에 전체 매출이 약간 감소하고 당기순이익은 4% 감소했다. 자료 5는 월트디즈니 자산의 약 1/3이 영업권 형태로 구성되어 있다는 것을 보여준다. 월트디즈니는 그동안 미디어 플랫폼 및 콘텐츠를 구매하면서 영업권을 축적해왔다. 영업권은 기업이 다른 기업에 지나치게 많은 금액을 지불할 때 기록되기 때문에 재무상태표상에서 그리 바람직한 항목은 아니다.

경쟁기업

월트디즈니는 NBC, 유니버설픽처스(Universal Pictures), 패러마운트픽처스(Paramount Pictures), 타임워너, CBS코퍼레이션(CBS Corporation), 뉴스코퍼레이션(News Corporation), 카니발코퍼레이션(Carnival Corporation), 로열캐러비언(Royal Caribbean)과 직접적으로 경쟁하고, 간접적으로는 전 세계 모든 가족 엔터테인먼트 기업과 경쟁한다. 본질적으로 월트디즈니의 14개 테마파크 근처에 있는 모든 호텔, 레스토랑, 워터파크와 명소가 경쟁자인데, 플로리다의 시월드(SeaWorld), 머린랜드(Marineland), 실버스프링스(Silver Springs) 등을 예로 들 수 있다. 중국에서는 2015년 개장한 상하이 디즈니 바로 옆에서 새로운 국영 테마파크가 문을 열고 경쟁하고 있다.

자료 4 월트디즈니의 손익계산서(단위: 100만 달러)

계정과목	2016년 10월 1일	2017년 9월 30일		변화율(%)
매출	55,632	55,137	↓	−0.89
매출 원가	29,993	30,306	↑	1.04
매출 총이익	25,639	24,831	↓	−3.15
영업 비용	10,511	10,658	↑	1.40
이자 및 세전이익	15,128	14,173	↓	−6.31
이자 비용	260	385	↑	48.08
법인세 차감 전 순이익	14,868	13,788	↓	−7.26
세액	5,078	4,422	↓	−12.92
비반복적 항목	(399)	(386)	↑	3.26
당기순이익	9,391	8,980	↓	−4.38

출처: 2017년 연례 보고서와 기타 자료

자료 5 월트디즈니의 재무상태표(단위: 100만 달러)

계정과목	2016년 10월 1일	2017년 9월 30일		변화율(%)
자산				
현금 및 단기투자자산	4,610	4,017	↓	−13
외상매출금	9,065	8,633	↓	−5
재고자산	1,390	1,373	↓	−1
기타 유동자산	1,901	1,866	↓	−2
총유동자산	16,966	15,889	↓	−6
부동산 및 설비	27,349	28,406	↑	4
영업권	27,810	31,426	↑	13
무형자산	6,949	6,995	↑	1
기타 장기자산	12,959	13,073	↑	1
자산 계	92,033	95,789	↑	4
부채				
외상매입금	9,130	8,855	↓	−3
기타 유동부채	7,712	10,740	↑	39
총유동부채	16,842	19,595	↑	16
장기차입금	16,483	19,119	↑	16
기타 장기부채	15,443	14,612	↓	−5
부채 계	48,768	53,326	↑	9
자본				
보통주	35,859	36,248	↑	1
이익잉여금	66,088	72,606	↑	10
자사주	(54,703)	(64,011)	↑	17
주식발행초과금 및 기타	(3,979)	(2,380)	↓	−40
자본 계	43,265	42,463	↓	−2
부채 및 자본 계	**92,033**	**95,789**	↑	**4**

출처: 2017년 연례 보고서와 기타 자료

자료 6은 월트디즈니와 컴캐스트, 비아컴(Viacom)의 재무 성과를 비교한 것이다. 참고로 컴캐스트는 월트디즈니보다 규모가 크다.

자료 6 월트디즈니와 두 경쟁기업의 비교

	월트디즈니	컴캐스트	비아컴
시가 총액(달러)	156.8B	180.9B	13.6B
종업원 수(명)	199,000	164,000	10,750
매출(달러)	55,137M	84,526M	13,263M
매출 총이익률(%)	45%	70%	44%
순이익(달러)	8,980M	22,714M	1,874M
주당 순이익(달러)	7.01	4.75	5.01
주가 수익률	14.85	8.20	7.79

출처: 다양한 자료원

컴캐스트코퍼레이션

올랜도에 위치한 월트디즈니월드의 주요 경쟁자는 컴캐스트 소유의 유니버셜스튜디오플로리다(Universal Studios Florida)이다. 컴캐스트는 케이블 통신, 케이블 네트워크, 방송 텔레비전, 영화 엔터테인먼트, 테마파크 부문을 운영하는 미디어 및 기술 기업이다. 케이블 통신 부문은 엑스피니티(XFINITY) 브랜드를 통해 동영상, 고속 인터넷, 음성 통화 서비스와 보안 및 자동화 서비스를 제공한다. 또한 이 부문은 이더넷 네트워크 서비스, 모바일 네트워크 운영자에게 무선통신 데이터 수집 및 전달 서비스를 제공한다. 케이블 네트워크 부문은 엔터테인먼트, 뉴스 및 정보, 스포츠 콘텐츠를 제공하는 전국 케이블 네트워크를 운영하며, 지역 스포츠 및 뉴스 네트워크, 해외 케이블 네트워크, 케이블 TV 스튜디오 제작 운영 등을 포함한다.

컴캐스트의 방송 텔레비전 부문은 NBC와 텔레문도(Telemundo)를 운영한다. NBC는 올림픽, NFL, 대학 풋볼, 주요 골프 대회 등의 스포츠 프로그램을 방송한다. 스포츠 및 기타 TV 프로그램을 포함한 NBC의 방송 사업은 2016~2017년에 의미 있는 매출 변화가 없었다. 이 업계에 속한 기업들은 월트디즈니와 마찬가지로 어려움을 겪고 있다.

컴캐스트의 영화 엔터테인먼트 부문은 유니버셜픽처스, 일루미네이션(Illumination), 포커스피처스(Focus Features), 드림웍스애니메이션(DreamWorks Animation)을 통해 영화 제작, 구매, 마케팅, 배급을 담당한다. 그리고 테마파크 부문은 플로리다 올랜도, 캘리포니아 할리우드, 일본 오사카에서 유니버셜 테마파크를 운영하면서 유니버셜스튜디오 영화를 토대로 한 놀이 기구와 즐길 거리를 제공하는데, 특히 심슨과 해리 포터 기반 시설이 유명하다. 테마파크 부문의 매출은 2012~2017년에 2배로 증가했으며, 2017년의 경우 전년 대비 8% 증가했다.

CBS코퍼레이션

미국 뉴욕시에 본사가 있는 CBS는 엔터테인먼트, 케이블 네트워크, 출판, 지역 미디어 부문을 운영하는 대규모 미디어 기업이다. 엔터테인먼트 부문은 스포츠 및 엔터테인먼트 프로그램 제작, 드라마, 특집 프로그램, 뉴스 구매 및 배급, 온라인 콘텐츠 네트워크 운영, 극장용 영화 제작 및 배급, 디지털 스트리밍 서비스를 담당한다. 케이블 네트워크 부문은 드라마, 장편 영화, 다큐멘터리, 스포츠 관련 프로그램 등의 구독 프로그램 서비스를 제공한다. 또한 대학 스포츠 및 관련 콘텐츠를 제공하는 24시간 케이블 프로그램 서비스인 CBS 스포츠 네트워크(CBS Sports Network), 문화·역사·과학·교육 프로그램 채널을 운영하는 스미스소니언 네트워크(Smithsonian Networks)도 운영하고 있다. 출판 부문은 성인·아동 도서 및 콘텐츠를 출판하여 공급한다. 지역 미디어 부문은 TV 방송국 30개를 소유하고 있으며, 뉴스 및 스포츠 라디오 방송국의 콘텐츠를 제공하는 지역 웹사이트를 운영한다.

타임워너

미국 뉴욕시에 본사가 있는 타임워너는 월트디즈니, 뉴스코퍼레이션에 이어 세계에서 세 번째로 큰 미디어 기업으로서 TV, 영화, 출판 분야에 걸쳐 사업을 운영한다. 타임워너는 CNN, TBS, TNT를 비롯한 인기 케이블 TV 네트워크를 운영하는 터너브로드캐스팅(Turner Broadcasting)을 소유하고 있으며, 유료 TV 채널 HBO와 시네맥스(Cinemax)를 운영하면서 월트디즈니와 경쟁하고 있다. 타임워너는 워너브러더스엔터테인먼트(Warner Bros. Entertainment)를 통해 워너브러더스픽처스(Warner Bros. Pictures), 뉴라인시네마(New Line Cinema)와 같은 영화 스튜디오를 운영하며, 워너브러더스텔레비전그룹(Warner Bros. Television Group)과 만화 출판사인 DC엔터테인먼트(DC Entertainment)도 소유하고 있다. 2만 5,000명의 직원을 둔 타임워너의 2016년 매출은 약 300억 달러였다.

비아컴

미국 뉴욕시에 본사가 있는 비아컴은 니켈로디언(Nickelodeon), 닉주니어(Nick Jr.), BET, 코미디센트럴(Comedy Central), MTV, 스파이크(SPIKE), VH1, TV랜드(TV Land), CMT, 로고(Logo), 채널 5(Channel 5) 등의 TV 채널을 보유한 TV 방송업계 선도 기업이다. 비아컴은 180개국 이상에서 5억 이상의 가구에 40개 언어로 방송을 보내고 있다. 비아컴의 강점은 TV를 많이 시청하는 사람들에 특화된 프로그램 조합 능력이라고 할 수 있다. 비아컴의 모든 TV 채널은 미디어 네트워크 부문에 속한다. 또한 비아컴은 영화 엔터테인먼트 부문을 통해 영화와 TV 등의 콘텐츠를 제작·구매·배급하는데, 패러마운트픽처스, 패러마운트플레이어스(Paramount Players), 패러마운트애니메이션(Paramount Animation), 패러마운트텔레비전(Paramount Television), 니켈로디언무비스(Nickelodeon Movies), MTV필름스(MTV Films) 브랜드가 여기에 포함된다. 비아컴의 2017년 매출은 132억 달러, 영업이익은 19억 달러였다.

카니발코퍼레이션

플로리다주 마이애미에 본사를 둔 카니발은 12개의 노선을 통해 총 19만 명의 승객을 태울 수 있는 100여 척을 운항하는 세계 최대 크루즈 운항업체이다. 프린세스크루즈라인(Princess Cruise Line), 홀랜드아메리카라인(Holland America Line), 시번크루즈라인(Seabourn Cruise Line)과 대표 브랜드인 카니발크루즈라인스(Carnival Cruise Lines)를 북미에서 운항하고, 아이다크루즈(AIDA Cruises), P&O크루즈(P&O Cruises), 코스타크루즈(Costa Cruises)와 같은 브랜드는 유럽에서, 큐나드라인(Cunard Line)은 대서양 횡단 노선을 운항한다. 카니발은 또 다른 크루즈 운항업체인 로열캐러비언과 함께 월트디즈니의 크루즈 사업부와 경쟁하고 있으며, 2017년에 매출 170억 달러, 영업이익 26억 달러를 기록했다.

외부 이슈

클라우드 기반 사회와 온라인 방송으로의 이동

주문형 온라인 스트리밍 서비스가 자리 잡으면서 비디오 및 DVD의 시대가 지나갔다. 오늘날 고객은 보고 싶은 영화와 드라마를 즉시 보고자 한다. 또한 고객이 몇 개의 채널만 시청하게 되는 대규모 케이블 패키지를 선호하지 않는 경향이 점점 커지고 있다. 넷플릭스(Netflix), 아마존(Amazon), 로쿠(Roku), 그리고 월트디즈니가 일부를 소유한 훌루는 고객이 원하는 소수의 비디오 프로그램이 담긴 가벼운 패키지 콘텐츠를 제공한다. 전통적인 유료 TV와 달리 인터넷 기반 스트리밍 플랫폼 가입자는 2017년 1,100만 가구에서 2021년 1,800만 가구로 증가할 것으로 예상된다.

미국 콘텐츠의 국제적 인기

많은 미국인이 다른 나라에서 제작된 드라마와 영화를 즐기듯이 미국 밖의 사람들도 미국 프로그램을 좋아한다. 미국 시장이 점점 포화 상태가 되자 기업들은 기존 콘텐츠를 새로운 시장에 공급하기 위해 노력하고 있다. 2016년 전 세계 박스오피스 매출 약 400억 달러 중 70% 이상이 미국과 캐나다 이외의 지역에서 발생했는데, 10년 전에는 이 비율이 64%에 불과했다. 이러한 추세는 영화만이 아니라 시트콤, 리얼리티 TV 쇼 등 미국 기반 TV 프로그램도 마찬가지이다. ABC, CBS, FOX, NBC 등 미국의 4대 TV 네트워크는 해외 라이선스를 통한 프로그램 콘텐츠 판매를 급속히 늘려가고 있다. 개발도상국에서도 고속 인터넷이 급증하여 더 많은 프로그램을 인터넷 기반으로 시청하고 있다. 예를 들어 아시아의 고속 인터넷 설치 비율은 약 46%이지만 중동과 라틴아메리카는 약 60%, 유럽은 79%, 북미는 88%에 달한다. 이러한 데이터에서 기업 전략 담당자가 고려해야 할 측면은 중동이 될 수 있다. 즉 '몇 년 후 나머지 40%도 고속 인터넷을 사용하게 될 것인가?'와 같은 질문을 던져야 할 것이다. 그럼에도 불구하고 해외 시장의 성장 잠재력은 여전히 미국 네트워크 기업에 매우 매력적이며, 현재까지 개발도상국의 젊은이 중 약 2/3는 활발하게 인터넷을 사용하고 있는 것으로 추산된다.

비디오 및 미디어

비디오 및 미디어 산업의 시장 규모는 연간 400억 달러에 달하며 매년 2%씩 성장하고 있다. 월트디즈니는 약 18%의 시장점유율로 1위를 달리고 있으며, 각각 16%인 NBC유니버설미디어(NBC Universal Media)와 타임워너가 그 뒤를 잇는다. 한편 21세기 폭스와 소니코퍼레이션(Sony Corporation)의 시장점유율은 각각 약 12%이다. 비디오 및 미디어 산업에는 1만여 개의 사업체가 있으나 이 5개 기업이 전체 매출의 약 80%를 차지하고 있다. 수익의 절반 이상은 액션 및 어드벤처 프로그램에서 발생하며 나머지의 비중은 스릴러 프로그램이 약 15%, 드라마가 12%, 코미디가 8.2%이다. 비디오 및 미디어 산업의 성장률은 건강식품, 3D 스크린, 편안한 의자, 식사 통합 서비스 등을 제공하는 영화관 기업의 새로운 전략적 시도와 통폐합 추세의 영향을 받는다. 월트디즈니는 영화관 사업 분야로 수직적 통합을 이룬 상태가 아니기 때문에 극장의 관객 모집 능력에 더욱 의존한다. 티켓 가격 상승과 가정의 대형 화면은 극장의 관객 수 증가를 억누르며, 이는 결국 월트디즈니가 비디오 프로그램을 상영하는 영화관 기업에 부과하는 가격에 대한 협상력을 약화할 수 있다. 월트디즈니와 NBC유니버설미디어 등의 제작 기업은 훌루, 로쿠, 넷플릭스와 같은 콘텐츠 제공업체와 더욱 긴밀하게 협력하여 극장 개봉과 동시에 영화를 제공하거나 자체 네트워크에서 상영할 수 있게 되었다. 현재 월트디즈니는 새로운 프로그램을 상영할 때 극장과 다른 매체 간에 일정한 시간차를 두고 있다.

테마파크

미국 테마파크 산업의 전체 매출은 180억에 달러에 달하며, 테마파크는 월트디즈니에서 가장 수익성이 높은 사업부이다. 이 산업은 2008년 시작된 경기 침체기에도 2017년까지 매년 5% 이상의 성장률을 누렸고, 2023년까지 연간 성장률이 약 2%로 예상된다. 전체 매출의 거의 65%를 입장권 판매로 얻으며 식음료 및 상품 판매가 각각 12% 정도이다. 월트디즈니는 전체 업계 수익의 50%라는 엄청난 점유율을 차지한 최대 기업이며, NBC유니버설미디어, 시월드, 식스플래그스(Six Flags)가 각각 18%, 7%, 6%를 차지하고 있다. 나머지 20%는 550개 이상의 기업이 나누어 가지는데, 그중 다수는 규모가 작거나 도시에서 유일한 테마파크이다. 그러나 미래는 미국보다 훨씬 빠르게 성장하고 있는 해외 시장에 있을 것이다. 놀이 기구를 만드는 데 막대한 자본이 필요하고 고객이 점점 더 새로운 기구를 원함에 따라, 특히 재방문 고객을 유치하려는 경우 작은 테마파크는 월트디즈니나 유니버설과 같은 기업과 경쟁하기가 더욱 어려워질 것이다. 잠재적인 해외 고객을 대상으로 하는 광고는 많은 테마파크 운영자가 신규 고객을 유치하기 위해 실행하고 있는 전략이다.

TV 방송

미국의 TV 방송 사업은 연간 550억 달러 이상의 매출을 올리며 900여 개 기업이 경쟁하고 있다. 업계의 선도 기업인 비아컴이 전체 매출의 17%를 차지하고 NBC, 월트디즈니, 21세기 폭스가 그 뒤를 잇는다. 산업 매출의 절반은 나머지 기업들이 차지하고 있는데, 이처럼 분산된 경쟁 구도는 앞으로 인수합병이 빈번하게 일어날 수 있음을 의미한다. 전체 산업 매출에서 드라마의 비중이 1/3이고 뉴스 프로그램이 25%, 리얼리티 쇼가 13%, 스포츠가 10%를 차지한다. 스포츠의 성장이 계속될 것으로 예상되는데, 이는 월트디즈니가 소유한 ABC나 ESPN뿐만 아니라 경쟁기업인 NBC, CBS, 21세기 폭스에도 반가운 소식이다. 또한 시트콤이 15% 이상을 차지하며, 시청자가 언제든 원할 때마다 특정 회를 시청할 수 있다는 것이 장점이다.

미래

월트디즈니의 마블스튜디오(Marvel Studio)가 제작한 영화 〈블랙 팬서〉는 2018년 2월 첫 3일 동안 2억 180만 달러의 수익을 올림으로써, 역대 최대 박스오피스를 기록한 5개 영화 중 하나이다. 주말 연휴 동안에는 2억 4,200만 달러를 벌어들여, 개봉 후 4일 기준으로 사상 두 번째로 많은 입장 수익을 달성했고, 해외시장 개봉 당일 수익은 1억 6,900만 달러를 기록했다.

〈블랙 팬서〉는 〈스타워즈: 깨어난 포스〉, 〈스타워즈: 라스트 제다이〉, 〈어벤져스〉에 이어 개봉 수익 2억 달러를 돌파한 월트디즈니의 네 번째 영화로, 이러한 기록을 달성한 영화는 업계에서 5개뿐이다. 월트디즈니는 미국 개봉 수익이 역대 최대였던 10개 영화 중 8개를 제작했으며, 그중 5개는 마블스튜디오의 작품이다. 〈블랙 팬서〉는 몇몇 국가에서 역대 1위 개봉작으로 등극하기도 했다. 영국과 아일랜드에서는 개봉한 그 주말에 신기록을 수립하며 〈퍼스트 어벤져〉, 〈토르〉, 〈앤트맨〉, 〈아이언맨〉의 전체 상영 시간을 넘어섰다. 한국에서는 서구 영화상 다섯 번째로 높은 개봉 수익을 올렸고, 단 며칠 만에 〈가디언즈 오브 갤럭시〉, 〈앤트맨〉의 전체 상영 시간을 넘어섰다. 월트디즈니 주주들은 〈블랙 팬서〉의 성공이 향후 기업 성과의 제고로 이어지길 희망하지만, 잘 수립된 계획이라도 외부 위협으로 좌절될 수 있다.

미국에서 가장 크고 강력한 미디어 기업 가운데 월트디즈니와 타임워너는 역대 최고 흥행작 100개 중 절반인 50개를 제작했다. 두 기업은 마블스튜디오, DC엔터테인먼트와 같은 슈퍼 영웅을 다수 보유하고 있다. 한편 두 기업을 둘러싸고 거대한 인수합병에 대한 논의가 이루어지고 있다. 타임워너는 AT&T로부터 850억 달러의 피인수 제의에 대해 고려 중인 반면, 월트디즈니는 21세기 폭스를 520억 달러에 인수하고자 하나 이를 두고 컴캐스트와 경쟁하고 있다. 타임워너와 컴캐스트에 성공적으로 맞서려면 월트디즈니는 명확한 전략계획을 수립하고 실행해야 한다.

Caesars Entertainment Corporation – 2018

www.caesars.com

미국 네바다주 패러다이스에 본사를 둔 시저스엔터테인먼트는 지리적으로 세계에서 가장 넓은 범위에 걸쳐 사업을 운영하는 카지노 기업으로, 세 대륙에서 사업장을 운영하고 있다. 산하 브랜드로는 시저스(Caesars), 호스슈(Horseshoe), 밸리스(Bally's), 하라스(Harrah's)가 있다. 2018년 중반 기준, 시저스는 5,000만 명 이상의 멤버십 회원을 기반으로 5개국에서 47개의 카지노를 운영하고 있다. 라이브 엔터테인먼트 쇼를 연간 1만 회 이상 열고, 미국에서만 600개 이상의 바, 레스토랑, 클럽을 운영 중이며, 라스베이거스의 상점 등 341개 이상의 소매점을 소유하거나 관리하고 있다.

시저스는 3만 6,000개의 슬롯머신과 2,700개의 테이블 게임을 비롯해 키노, 포커, 레이스, 스포츠 베팅과 같은 게임을 운영한다. 카지노 곳곳에는 뷔페, 레스토랑, 바, 나이트클럽, 라운지가 있으며 연회와 룸서비스를 제공한다. 셀린 디옹과 같은 유명 가수는 라스베이거스 시저스 소속의 공연장인 콜로세움에서 공연을 한다. 또한 시저스는 실제 현금을 주고받는 온라인 게임 사업을 운영하고 포커 월드시리즈 대회도 주관한다.

2018년 5월, 시저스는 미국 연방의 프로 및 아마추어 스포츠 보호법(Professional and Amateur Sports Protection Act, PASPA)을 파기하고 관련 규제를 각 주에 맡기기로 한 미국 대법원의 결정을 환영했다. 새로운 규제 환경에 따라 현재 네바다주에서만 제공되는 스포츠 도박 사업을 시저스가 사업을 운영 중인 13개 주 전체로 확대할 계획이다.

역사

시저스팰리스(Caesars Palace) 호텔은 1966년 라스베이거스에서 문을 열었다. 시저스는 윌리엄 하라(William Harrah)가 네바다주 리노에 작은 빙고 게임장을 열었던 1937년에 시작되었다고 할 수 있다. 1990년 설립된 프로무스컴퍼니스(Promus Companies)가 회사명을 시저스엔터테인먼트로 변경했는데, 1971년에 상장기업이 된 하라스(Harrah's, Inc.)가 2005년에 이 회사를 100억 달러를 주고 인수했다. 2010년에는 공식적인 명칭을 Caesars Entertainment Corporation으로 변경했으나 수년 동안 시저스라는 브랜드명이 하라스라는 브랜드명과 함께 쓰였다. 시저스는 2012년에 기업 공개를 통해 새로이 상장되었다. 그러나 2015년 파산 보호를 신청했다가 2017년 10월 6일 파산에서 벗어나 시저스애퀴지션컴퍼니(Caesars Acquisition Company)와의 합병을 완료했다.

2017년 말 시저스는 하라스 라스베이거스를 VICI프로퍼티스(VICI Properties)에 매각하고 라스베이거스에 시저스포럼(Caesars Forum)이라는 새로운 컨벤션센터를 건설할 것이라고 발표했다. 시저스포럼은 라스베이거스의 시저스팰리스에 속한 상점들로 유명하다.

2018년 5월, 시저스는 밸리스 라스베이거스의 새로운 리조트타워에 있는 2,052개의 객실에 1억 2,500만 달러를 투자하여 리노베이션을 완료했다. 또한 시저스가 추진하는 코드 그린(Code Green) 이니셔티브의 일환으로 자선 단체, 허리케인 구호 단체, 라스베이거스 해비타트 등에 100만 달러의 가구를 기부했다. 밸리스는 라스베이거스의 중심가인 스트립에서도 핵심 지역에 위치하며, 스트립에 있는 대부분의 호텔보다 훨씬 더 큰 객실을 보유하고 있다. 일반 객실은 약 $41m^2$이고 스위트룸은 $280m^2$ 이상이다. 전략적 객실 리노베이션 계획의 일환으로 2018년에 라스베이거스의 객실 3,735개를 보수할 계획이며, 이것이 완료되면 1만 5,500개 이상의 객실이 2014년 이후 새로이 탈바꿈하는 셈이다.

내부 이슈

비전과 사명

시저스는 비전이나 사명이 없다. 기업 웹사이트에는 비전이나 사명으로 볼 수도 있는 표현이 있지만 목적, 철학, 비전, 사명, 가치 등에 대한 설명이 포함되지는 않았다. 다만 헌신의 대상으로 직원, 손님, 지역사회, 환경을 제시하고 있다.

조직 구조

최고경영진의 직함으로 미루어 볼 때 시저스는 기능에 따라 조직이 구성되어 있다. 예컨대 다양한 브랜드나 지역, 제품을 총괄하는 경영진이 없다. 자료 1은 시저스의 조직 구조에 대한 일례를 보여준다.

자료 1 시저스의 최고경영진과 조직 구조

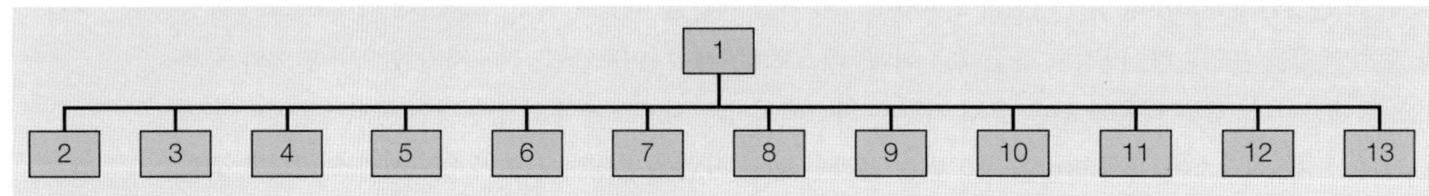

1. 사장 겸 최고경영자(CEO and president) Mark Frissora
2. 최고재무책임자(CFO) Eric Hession
3. 부사장, 법률자문 겸 최고준법감시책임자(EVP, general counsel, and chief compliance officer) Tim Donovan
4. 부사장 겸 최고마케팅책임자(EVP and CMO) Chris Holdren
5. 글로벌 사업 담당 사장(global president) Tom Jenkin
6. 글로벌 개발 담당 사장(president of global development) Marco Roca
7. 환대 사업 담당 사장(president of hospitality) Bob Morse
8. 국제 개발 담당 사장(president of international development) Steven Tight
9. 인사 담당 부사장(EVP of HR) Mary Thomas
10. 정책 및 사회적 책임 담당 부사장(EVP, public policy and corporate responsibility) Jan Jones Blackhurst
11. 대외관계 및 커뮤니케이션 담당 부사장(EVP of public affairs and communications) Richard Broome
12. 부사장 겸 최고정보책임자(EVP and chief information officer) Les Ottolenghi
13. 게임 및 상호 엔터테인먼트 담당 부사장(EVP, gaming and interactive entertainment) Christian Stuart

출처: 2017년 연례 보고서, 기업 문서와 기타 자료원

일일 객실 점검

2017년에 라스베이거스 만달레이베이(Las Vegas Mandalay Bay) 호텔 객실 안에서 밖을 향해 무고한 사람들에게 총격을 가한 비극적인 사건 이후 시저스는 문손잡이에 방해 금지 표지판을 걸어둔 객실을 포함하여 모든 객실을 24시간마다 점검할 것이라고 발표했다. 원래는 객실 청소원이 점검할 계획이었으나 노조의 반대로 경비원이 이를 담당한다. 이러한 방침을 실행하는 곳은 시저스만이 아니다. 만달레이베이를 소유한 MGM은 투숙객이 호텔 직원과 직접 또는 전화로 소통하지 않는 경우 48시간마다 객실을 확인한다.

책임성 도박

시저스는 책임성 도박을 홍보하기 위해 업계 최초로 광고 캠페인을 진행했다. 행동 수칙에 따라 직원은 고객이 사업장에서 자신의 자금 범위하에 재미와 도박을 즐길 수 있게 하는 교육을 받는다. 실제로 시저스는 책임성 도박 및 미성년자 도박을 이해하기 위해 정기적으로 도박 문제에 대한 국립위원회(National Council on Problem Gambling, Inc.)와 협력하고 있으며, 위원회가 운영하는 도박 중독자 24시간 콜센터에 초기 자금을 지원했다. 시저스의 '똑똑한 베팅: 시작 전에 멈춰야 할 때를 생각하세요(Operation Bet Smart: Know When To Stop Before You Start)' 프로그램은 한계를 벗어나 도박에 빠져 있는 사람을 식별하도록 직원을 훈련하고 책임성 도박의 중요성에 대해 교육하는 것을 목표로 한다.

자료 2 시저스의 손익계산서(단위: 100만 달러)

계정과목	2016년 12월 31일	2017년 12월 31일		변화율(%)
매출	3,877	4,852	↑	25.15
매출 원가	1,760	2,243	↑	27.44
매출 총이익	2,117	2,609	↑	23.24
영업 비용	1,890	2,077	↑	9.89
이자 및 세전이익	227	532	↑	134.36
이자 비용	599	774	↑	29.22
법인세 차감 전 순이익	(372)	(242)	↑	34.95
세액	6,457	382	↓	−94.08
비반복적 항목	3,781	249	↓	−93.41
당기순이익	(3,048)	(375)	↑	87.70

출처: 2017년 4분기 보고서와 기타 기업 정보

자료 3 시저스의 재무상태표(단위: 100만 달러)

계정과목	2016년 12월 31일	2017년 12월 31일		변화율(%)
자산				
현금 및 단기투자자산	4,626	2,674	↓	−45
외상매출금	224	507	↑	126
재고자산	20	39	↑	95
기타 유동자산	118	239	↑	103
총유동자산	4,988	3,459	↓	−31
부동산 및 설비	7,446	16,228	↑	118
영업권	1,608	3,815	↑	137
무형자산	433	1,609	↑	272
기타 장기자산	41	401	↓	−4
자산 계	14,894	25,512	↑	71
부채				
외상매입금	7,659	1,815	↓	−76
기타 유동부채	89	73	↓	−18
총유동부채	7,748	1,888	↓	−76
장기차입금	6,749	8,849	↑	31
기타 장기부채	3,574	11,550	↑	223
부채 계	18,071	22,287	↑	23
자본				
보통주	1	7	↑	600
이익잉여금	(10,753)	(10,684)	↑	1
자사주	(29)	(152)	↑	424
주식발행초과금 및 기타	7,604	14,054	↑	85
자본 계	(3,177)	3,225	NA	NA
부채 및 자본 계	**14,894**	**25,512**	↑	**71**

출처: 2017년 4분기 보고서와 기타 기업 정보

재무

모든 부문에서 매출이 증가했지만 2017년에 3억 7,500만 달러의 손실을 입었다. 자료 2와 3은 2016, 2017 회계연도의 손익계산서와 재무상태표이다.

부문별 정보

자료 4는 시저스의 2017년 매출 중 96%가 미국에서 발생했음을 보여준다. 미국 이외 지역에 있는 사업장은 캐나다 1개, 영국 8개, 이집트 2개, 남아프리카 1개인데, 2017년 매출이 1억 9,900만 달러로 7억 5,100만 달러의 막대한 손실을 입었다. 해당 사업장의 2016년 순손실이 30억 7,700만 달러였기에 조금 나아진 성과이기는 하나 여전히 큰 문제이며, 라스베이거스 사업만이 시저스에 일정 수준 이상의 이익을 가져다주고 있다.

자료 4 시저스의 지역별 매출(단위: 100만 달러)

	2016년		2017년		변화율(%)	
	매출	순이익	매출	순이익	매출	순이익
라스베이거스	2,625	506	2,897	481	10	−5
기타 미국 지역	1,205	133	1,756	112	46	−184
나머지 지역	47	−3,077	199	−751	323	76

출처: 기업 문서

자료 5를 보면 매출의 절반이 카지노 게임에서 발행하고 나머지 절반이 다른 수익원에서 발생한다는 것을 알 수 있다. 라스베이거스에서는 다른 수익원의 비중이 점점 증가하고 있지만 기타 소규모 시장에서는 여전히 도박, 특히 슬롯머신의 비중이 지배적이다.

자료 5 시저스의 품목별 매출 비중

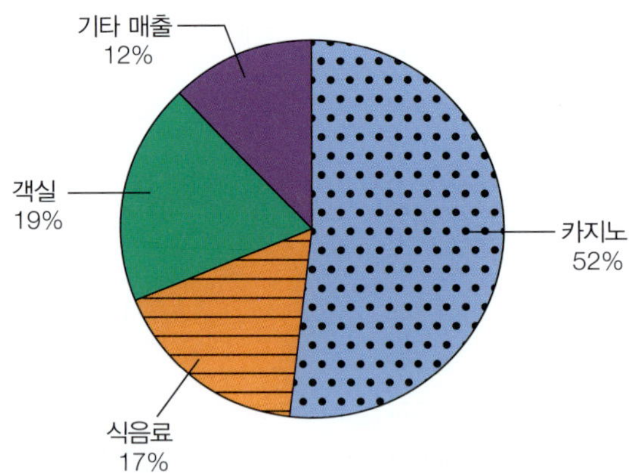

출처: 2017년 연례 보고서와 기타 기업 정보

2016년과 2017년의 품목별 매출, 운영 비용, 영업이익은 자료 6과 같다. 2016~2017년에 세 부문의 매출과 영업이익이 모두 증가했다. 2017년의 경우 많은 사람의 가처분소득이 증가했는데 그중 상당분이 도박에 쓰였다.

자료 6 2016~2017년 시저스의 품목별 재무 성과(단위: 100만 달러)

	2016년			2017년		
품목	매출	운영 비용	영업이익	매출	운영 비용	영업이익
카지노	2,177	1,128	1,049	2,865	1,521	1,344
식음료	788	383	405	936	446	490
객실	923	249	674	1,054	276	778
총합	3,888	2,760	2,128	4,855	2,243	2,612

출처: 2017년 4분기 보고서와 기타 문서

경쟁기업

시저스는 라스베이거스, 애틀랜틱시티, 미시시피에서 주요 카지노 기업과 경쟁하고 있다. 자료 7에서 보듯이 윈리조트(Wynn Resorts Limited), MGM리조트인터내셔널(MGM Resorts International), 라스베이거스 샌즈(Las Vegas Sands)는 여러 지표상으로 시저스를 능가하지만 종업원 수는 시저스가 가장 많다.

자료 7 시저스와 세 경쟁기업의 비교(2018년 3월)

	시저스	MGM리조트	윈리조트	라스베이거스 샌즈
시가 총액(달러)	8.4B	20.8B	19.2B	59.3B
종업원 수(명)	65,000	60,000	25,200	50,500
매출(달러)	4.8B	10.4B	6.3B	12.9B
매출 총이익(달러)	2.56B	4.6B	2.34B	6.4B
순이익(달러)	375M	1.9B	747M	2.81B
주당 순이익(달러)	1.34	3.36	7.28	3.54
주가 수익률	0.17	3.23	3.00	3.05
순이익률(%)	7.81	18.9	11.9	21.8
총자산 순이익률(%)	1.97	3.44	5.45	10.58

출처: 기타 자료원

2018~2023년 미국의 도박 산업은 약 2% 성장할 것으로 예상된다. 그러나 경쟁이 매우 심하며 기업 간은 물론이고 지방 정부와 주 정부 간, 온라인 게임 회사 간의 경쟁도 치열하다. 애틀랜틱시티의 카지노가 문을 닫고 있는데, 이는 부분적으로 그와 가까운 필라델피아, 볼티모어, 웨스트버지니아에 새로운 카지노가 개장한 데 따른 것이다. 실제로도 카지노를 이용하기 위해 애틀랜틱시티로 방문하던 차량이 급감했다. 전문가들은 뉴욕시에 카지노가 생긴다면 애틀랜틱시티에 결정적인 타격이 될 것이라고 전망한다. 애틀랜틱시티에 위치한 시저스의 비수기 객실 가격은 전반적으로 다른 지역보다 저렴하다.

도박을 허용하는 주 정부가 매년 늘어나고 아메리카 원주민 카지노도 증가함에 따라 카지노 기업은 다른 사업장의 매출을 잠식할 수도 있는 새로운 사업장을 세워야 하는 상황에 처해 있다. 새로이 도박을 허용하는 주가 카지노에 괜찮은 기회로 작용하던 시절이 있었지만, 이제는 한정된 고객을 상대로 여러 지역에 광범위하게 카지노 시설을 운영하는 것이 비용 면에서 큰 부담이 되고 있다.

치열한 경쟁으로 인해 카지노 기업은 끊임없이 사업장, 편의 시설, 게임을 새롭게 꾸며야 한다. 새로운 슬롯머신, 판촉 행사 증대, 더 큰 잭팟 등이 고객 유치에 활용된다. 호텔 기반 카지노 사업자는 경마장, 유람선 카지노와도 경쟁 관계에 놓여 있다. 또한 미국 정부가 온라인 도박을 금지하는 법률을 제정했지만 사업자들이 카리브해에 기반을 두고 서비스를 제공하며, 미국인은 여전히 손쉽게 온라인 도박을 즐길 수 있다. 복권 또한 업계의 경쟁자이다.

윈리조트

라스베이거스에 본사가 있는 윈리조트는 대형 고급 카지노 기업으로서 라스베이거스, 마카오, 코타이에서 사업장을 운영하며, 2019년에는 보스턴에 윈앙코르카지노(Wynn Encore Casino)를 개장할 예정이다. 윈리조트는 윈 마카오의 지분 72%와 윈 라스베이거스의 지분 100%를 소유하고 있다. 2019년에는 윈보스턴하버(Wynn Boston Harbour)가 완공될 예정이다. 윈리조트의 사업장은 높은 수준의 도박 기회와 쇼, 쇼핑, 스파, 식사 등의 엔터테인먼트를 제공하며, 라스베이거스 사업장은 나이트클럽, 해변 쉼터, 페라리·마세라티 대리점, 골프장을 갖추고 있다. 윈리조트는 라스베이거스에 객실 4,748개, 마카오에 객실 1,008개를 보유하고 있다.

2018년 1월 26일, 당시 윈리조트의 CEO인 스티브 윈(Steve Wynn)이 성추행 혐의로 기소되어 1주일 후 사임했다. 이에 대해 경쟁기업들이 윈리조트 인수합병에 나설 것이라는 관측이 많았다. 예를 들어 시저스는 자신이 진출하지 못한 마카오에서 윈리조트가 확보한 고객에 관심을 가질 것이다. 윈리조트는 경쟁기업에 비해 고소득층을 목표 고객으로 삼고 있다. 윈리조트의 사업장은 4개에 불과하지만, 50개에 가까운 사업장을 운영하는 시저스보다 2017년 매출이 30% 더 높았다.

MGM리조트인터내셔널

라스베이거스에 본사가 있는 MGM리조트인터내셔널은 세계에서 가장 큰 호텔 카지노 기업 중 하나이다. 미국 시장점유율이 12%인 MGM은 벨라조(Bellagio), 미라지(Mirage), 룩소르(Luxor), 엑스칼리버(Excalibur), 보가타(Borgata), 만달레이베이(Mandalay Bay), MGM그랜드(MGM Grand) 등 세계에서 가장 유명한 카지노 브랜드를 자랑한다. 원래 이름이 MGM미라지(MGM Mirage)였으나 해외 진출 전략을 효과적으로 반영하기 위해 2010년에 MGM Resorts International로 변경했다.

MGM은 라스베이거스 외에도 미시시피 걸프 연안, 디트로이트, 마카오에 사업장을 보유하고 있다. 최근에야 많은 리모델링을 단행한 시저스와 달리 MGM은 사업장을 최신 상태로 유지하기 위해 지속적으로 투자하는 것으로 알려져 있다. 매출은 카지노가 49%, 나머지가 51%를 차지하며, 카지노 매출 중에서 슬롯머신의 비중이 61%이다. 카지노 이외의 매출은 객실 41%, 식음료 34%, 엔터테인먼트, 쇼핑 및 기타가 25%로 이루어져 있다.

라스베이거스 샌즈

전체적으로 윈리조트와 가장 유사하고 시저스보다는 고급화 전략을 추구하는 라스베이거스 샌즈는 2017년 미국 호텔 카지노 산업 매출의 약 4%를 차지했다. 라스베이거스 샌즈의 최고 사업장은 더베니션(The Venetian), 더팔라초(The Palazzo), 라스베이거스에 있는 더샌즈(The Sands)이다. 라스베이거스에 7,100개의 객실과 2만 m^2 이상의 카지노 공간을 가지고 있으며, 마카오에서는 샌즈 마카오, 베니션 마카오, 포시즌스 마카오를 운영 중이다. 또한 싱가포르와 펜실베이니아주에도 사업장이 있다. 2017년 매출이 128억 달러, 순이익이 28억 달러이고 대부분의 매출이 미국 밖에서 발생했다.

해외 시장에서의 경쟁

도박을 할 수 있는 곳이 전 세계에서 라스베이거스가 유일했던 시절이 있으나 지금은 그렇지 않다. 오늘날에는 마카오, 싱가포르, 두바이가 도박을 위한 목적지가 되었고, 도박 산업 이익률이 미국보다 높은 국가도 많다. 예컨대 아시아에는 도박을 좋아하는 중산층 고객이 수없이 많기 때문에 많은 미국 기업이 해외 시장으로 진출을 확대하고 있다. 카지노 기업 입장에서 기쁜 소식은 도박 산업에서 고객의 행태가 지역에 상관없이 일관적이라는 것이다. MGM, 라스베이거스 샌즈, 윈리조트는 마카오에서 사업장을 운영하는 반면 시저스는 마카오에 사업장이 없다.

외부 이슈

네바다주 이외 지역에서의 스포츠 베팅을 합법화한 2018년 미국 대법원의 판결은 잠재적으로 카지노 산업에 큰 도움이 될 것이다. 그 전에는 네바다주에서만 스포츠 베팅이 허용되었다.

도박 매출 증가

더 많은 주, 도시, 아메리카 원주민 보호구역이 도박 사업장을 개장함에 따라 점점 더 많은 고객이 라스베이거스와 애틀랜틱시티를 벗어나서 도박을 하고 있다. 실제로 펜실베이니아는 뉴저지를 제치고 네바다 다음으로 도박을 많이 하는 주가 되었다. 곧 뉴욕시에도 첫 번째 카지노가 들어설 것으로 보인다. 새로운 시장에 새로운 카지노를 개장할 때 고려해야 할 중요한 요인은 인구통계이다. 인구밀도가 낮은 지역일수록 게임 비용이 저렴한 슬롯머신의 수요가 증가한다. 예를 들어 아이오와주와 사우스다코타주에서는 전체 매출의 90% 이상이 슬롯머신에서 나오고 당일 고객이 대부분이다. 그러나 라스베이거스에서는 2007년 이후 슬롯머신의 매출이 감소하고 있으며, 현재는 카지노 이외의 항목에서 창출되는 매출이 전체의 60%를 차지한다.

미국의 카지노 산업

미국 카지노 산업은 연 매출이 600억 달러가 넘고 이익은 110억 달러 이상이지만 성장률이 2%에 못 미친다. 250개 이상의 카지노 기업이 있으며, 선도 기업인 MGM이 시장점유율의 12%를 차지하고 시저스, 라스베이거스 샌즈, 윈리조트가 각각 6%, 4%, 3%를, 미국 전역의 소규모 기업이 나머지 75%를 차지하고 있다. 윈리조트의 경우 시저스보다 글로벌 매출이 더 높지만 시저스의 해외 매출이 4%에 불과하기 때문에 미국 시장에서의 점유율이 더 낮게 나타난다.

자료 8에 나타나 있듯이 미국 카지노 수익의 절반 이상은 슬롯머신에서 발생하며, 여기에는 전통적 슬롯머신과 함께 포커머신, 룰렛머신 등 고객이 도박하기 위해 돈을 투입하는 모든 유형의 기계가 포함된다. 그러나 라스베이거스 스트립에서는 두둑한 지갑을 가진 고객들이 테이블 게임에 끌리기 때문에 테이블 게임의 매출이 슬롯머신보다 많다. 슬롯머신 베팅액은 일반적으로 0.01~100달러이고, 잭팟을 얻기 위해 1회에 여러 번 베팅을 걸 수도 있다. 테이블 게임은 모든 종류의 포커, 블랙잭, 크랩스(craps), 룰렛 등을 말한다. 슬롯머신에 비해 테이블 게임의 단점은 훨씬 더 큰 면적이 필요하고 여러 명의 딜러와 직원을 고용해야 한다는 것이다. 예를 들어 크랩스 게임은 테이블당 딜러 4명이 있어야 하나 슬롯머신은 중앙 카메라로 전체를 점검 및 확인할 수 있다.

자료 8 카지노 산업의 매출 구성

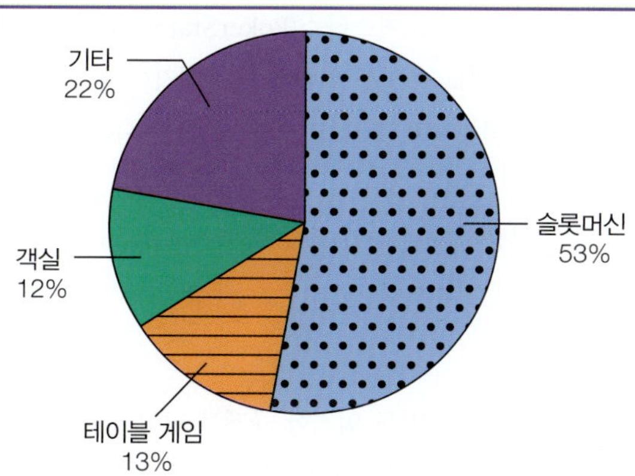

출처: 기타 자료원

테이블 게임이나 슬롯머신에 추가로 투자하려는 기업은 시장의 인구통계를 충분히 고려해야 한다. 가령 사람들의 지출이 낮을수록 슬롯머신을 추가로 설치하는 것이 더 큰 수익을 가져다줄 것이다. 객실로 얻는 매출은 전체의 12%이지만 이는 게임 수익과 직접적으로 연관된다. 관광지에 사업장이 있는 경우, 고객이 단순히 도박을 하기 위해 방문하는 사업장의 경우보다 그 연결 고리가 더욱 단단하다. 라스베이거스를 찾는 많은 고객은 도박 자체보다는 관광 등이 주된 목적이다. 또한 젊은 고객 사이에서 슬롯머신보다는 테이블 게임을 선호하는 추세가 강해지고 있다. 젊은 고객은 바, 클럽, 쇼핑, 음식 등 게임 이외의 시설도 상당히 중요하게 생각한다. 미국게임협회(American Gaming Association)에 따르면 미국인의 약 34%가 매년 카지노를 방문한다.

1990년대에 포커 붐이 일기 전에 많은 카지노는 수익성이 더 높은 슬롯머신을 들이기 위해 텍사스 홀덤(Texas holdem)과 세븐카드 스터드(seven card stud) 타입의 포커 테이블을 철수했다. 그러나 슬롯머신을 선호하는 고객이 포커 게임을 하는 사람들의 동행이라는 것을 미처 고려하지 못했다. 포커 게임이 없으면 카지노는 흔히 망하곤 한다. 이와 마찬가지로 카지노 기업은 단순히 게임이 더 높은 수익을 올린다는 이유로 객실을 없애고 게임 공간으로 전환해서는 안 되며, 전체 매출의 2%만을 차지하는 공연장을 없애고 슬롯머신을 채워 넣어서도 안 된다. 각종 공연과 권투 경기는 많은 금액을 베팅하는 고객을 끌어들이는 효과가 있다.

고액 베팅 고객

카지노 고객의 절반은 도박하는 데 하루 100달러 이하를 사용한다. 카지노 기업은 이들을 유치하기 위해 노력하는 동시에 '고래(whale)'라고 불리는 고액 베팅 고객을 유치하기 위해 힘쓴다. 고액 베팅 고객은 카지노 수익의 20% 이상을 차지하는데, 사업장의 위치에 따라 그 비중이 다르다. 라스베이거스 스트립이나 마카오 같은 곳에서는 고액 베팅 고객이 차지하는 비중이 더 클 것이다. 현재 마카오와 싱가포르는 이들에 초점을 맞추어 공격적으로 유치하고 있다. 고액 베팅 고객을 놓고 경쟁이 상당히 치열하여 카지노가 담보 없이 자금을 빌려주고 게임에 참여시키기도 하므로 이들이 돈을 다 잃고 나면 카지노가 외상 장부를 관리하는 경우도 많다. 2014년 이후 고액 베팅 고객으로부터 얻는 수익이 다른 고객으로부터 얻는 수익보다 더 빠르게 증가하고 있다

인터넷 게임 및 포커

미국의 경우 현재 온라인 도박이 네바다, 델라웨어, 뉴저지, 워싱턴 DC에서 법적으로 허용되며, 2018년까지 연간 110억 달러 규모로 성장할 것으로 예상된다. 주요 목표 고객은 25~35세의 젊은 계층이다. 이 시장에 진입하기 위해 MGM, 시저스와 같은 카지노 기업은 스마트폰, 태블릿, 컴퓨터용 앱을 제작하는 온라인 게임 회사를 인수했다. 온라인 도박 시장의 포커스타스(PokerStars), 풀틸트포커(Full Tilt Poker), 앱솔루트포커(Absolute Poker) 등은 기존 카지노 기업을 위협하는 경쟁자이다. 2011년 미국 연방 정부는 사기죄에 해당한다면서 이러한 사이트를 폐쇄했지만, 2012년 뉴욕의 한 판사는 텍사스 홀덤 포커가 운보다는 기술을 발휘하는 게임이고, 이 게임을 운영하는 것이 미국 법에 저촉되지 않는다고 판결했다. 이 판결은 해당 판사의 지역에만 적용되나 판례로 작용하여 온라인 도박업체와 소규모 카지노 매장이 재개하는 결과로 이어질 수 있다.

도박 규제

카지노 산업은 미국뿐만 아니라 다른 나라에서도 엄격한 규제를 받고 있다. 주 정부는 규제할 수 있는 관할권을 지녔으며 아예 금지할 수도 있다. 현재 전역에서 도박이 허용되는 주는 네바다와 루이지애나뿐이다. 미국의 경우 17개 주에서 유람선 카지노를 포함한 카지노 사업장이 운영되고 있다. 최근에 캔자스주에서는 캔자스 로터리(Kansas Lottery)가 운영하는 4개의 카지노를 개장했고, 매사추세츠주에서는 3개의 카지노

허가권을 두고 입찰을 실시했다. 높은 수준의 규제는 윈리조트, MGM, 시저스와 같은 기업이 사우스캐롤라이나의 머틀비치처럼 카지노가 금지된 지역으로의 사업 확장을 가로막는 부담으로 작용한다.

네바다주는 호텔 카지노 사업장 측면에서 미국 전체의 절반에 약간 못 미치는 비중이며, 전체 매출의 30% 정도를 차지하고 있다. 1930년대에 처음으로 카지노가 문을 연 라스베이거스는 1978년 애틀랜틱시티에 카지노가 개설되기까지 약 50년간 경쟁 없이 독점을 누렸다. 그러나 지난 40년간 두바이, 마카오, 싱가포르 등 해외 경쟁자가 등장하고 여러 주에서 아메리카 원주민 보호구역을 포함하여 많은 카지노 사업장이 들어서면서 경쟁이 가중되었다. 예를 들어 펜실베이니아주는 미국 전체의 카지노 매출 중 10% 이상을 차지하며, 이는 대부분 슬롯머신에서 발생한다. 향후 뉴욕과 매사추세츠도 카지노를 개장함으로써 경쟁에 동참하게 될 것으로 예상된다. 플로리다, 미시시피, 노스캐롤라이나에는 카지노가 있으나 텍사스, 조지아, 사우스캐롤라이나, 버지니아 등 많은 주에는 아직 카지노가 없다.

책임성 도박 캠페인

2017년 여름, 카지노 로비를 담당하는 가장 대표적인 단체가 고객을 보호하고 책임성 도박을 확산시키기 위한 지침을 소개했다. 이 지침은 카지노로 하여금 각종 게임의 승패 확률에 대해 더 자세히 설명하고, 미성년자 도박에 대처할 수 있도록 신입 직원을 교육하며, 고객의 사회적 지위 향상에 집중하는 마케팅을 제한하게 한다. 업계는 98% 이상의 고객이 책임성 도박을 하고 있다고 추정하지만 책임을 정량화하기란 어려운 일이다.

MGM은 도박을 언제 중단해야 하는지 사람들에게 알리는 데 초점을 맞춘 새로운 책임성 도박 프로그램을 라스베이거스 사업장에서 실행하고 있다. MGM에 따르면 도박이 더 이상 즐겁지 않다면 도박을 멈추어야 할 시점이 지난 것이다. 이는 자신의 한계를 알고 그 한계까지 나아가지 않으며, 중간에 중단해야 한다는 것을 의미한다. 이러한 노력은 진정성이 있는 듯하나 유사한 조치가 수십 년 동안 시행되었으며 대부분의 고객은 이를 무시한다. 뿐만 아니라 카지노 기업은 많은 사람이 도박을 하는 동안 알코올의 영향으로 잘못된 선택을 할 수도 있음을 고려해야 하며, 많은 고객이 새로운 프로그램을 교육받았다고 해도 적용할 수 있는 정신 상태가 아닐 수 있음을 잊지 말아야 한다. 또한 카지노 기업은 알코올의 영향에 대해 직원을 교육하고 있지만, 네바다주가 마리화나를 합법화했음에도 마리화나의 영향에 대한 내용이 교육 과정에 포함되어 있지 않다.

마카오 개발

2006년에 마카오는 라스베이거스 스트립을 제치고 세계 최대 카지노 시장으로 부상했다. 마카오의 카지노 매출은 2010년부터 2013년까지 매년 58%, 42%, 13%, 19%씩 증가했으나 2014년에는 2% 감소했다. 중국의 중산층이 증가할 것으로 예상됨에 따라 마카오에 대한 장기적인 전망은 긍정적이지만, 그러한 추세로 일부 전문가들은 마카오 대신 라스베이거스를 재평가하고 있다. 2014년 마카오 카지노의 침체는 부분적으로 본토의 부패에 대한 중국 정부의 탄압과 홍콩의 민주화 시위로 인한 정치 불안 때문이었다. 마카오는 홍콩에서 배로 1시간 거리에 있다. 중국 본토인의 마카오 여행에 대한 엄격한 비자 정책, 많은 카지노 고객이 자금을 확보하는 데 사용하는 유니온페이 신용카드에 대한 감독 강화, 새로운 흡연 제한 등으로 인한 고액 베팅 고객의 이탈 등도 또 다른 요인이라고 할 수 있다.

2014~2016년에 마카오의 카지노 산업은 월 매출이 26개월 연속 하락하고 종종 10% 이상이 하락하는 상황이 발생하면서 어려움을 겪었고, 2017년에야 증가세로 전환되었다. 마카오의 카지노는 중국 본토의 고액 베팅 고객을 유치하기 위해 일종의 사설 도박 여행 모임인 정킷(junket)에 크게 의존해왔다. 중국 정부가 본토에서 가지고 나갈 수 있는 금액을 제한하기 때문에 정킷은 고액 베팅 고객을 모집하여 마카오로 데려가 도박 자금을 빌려주었다가 본토로 돌아갈 때 상환받는다. 많은 정킷 운영자가 범죄 조직과 연관된 것으로 추측되어 라스베이거스 샌즈와 윈리조트 등의 카지노 기업은 몇몇 운영자와의 거래를 거부했는데, 범

죄 조직과 연루된 것으로 의심되는 많은 운영자에 대한 광범위한 조사가 필요하다.

홍콩과 마카오를 연결하는 160억 달러 규모의 다리 터널은 적게는 1시간, 많게는 4시간이 걸리던 이동 시간을 40분으로 단축했다. 2018년 중반에 개통한 이 교량은 홍콩-주하이-마카오 다리로 불리며 길이가 50km에 달한다. 인구 밀집 지역에서 마카오로 연결되는 고속철도나 2018년까지 여객 처리 용량을 2배로 늘릴 공항 확장 계획 등은 마카오, 특히 코타이 스트립에 위치한 카지노 사업장에 좋은 징조이다.

2017년에 반등한 이후 마카오의 카지노는 2018년 1월 기록적인 수익을 올렸다. 2018년 3월 기준으로 마카오는 중국에서 합법적으로 도박을 할 수 있는 유일한 장소이지만 고객은 싱가포르와 일본을 선택할 수도 있다.

미래

2018년 2월, 시저스는 라스베이거스 사업장의 객실 요금을 인상했다. 며칠이 지나지 않아 MGM도 룩소르와 엑스칼리버는 5달러를 올리고 8개 호텔은 2달러를 올리는 등 라스베이거스 호텔 13개 중 10개의 객실 요금을 인상했다.

2018년에 시저스의 사장 겸 CEO인 마크 프리소라(Mark Frissora)는 일본에 가서 현지 공무원과 언론 기관을 만나는 등 사업 허가를 취득하기 위해 노력했다. 첫 사업장을 세울 장소로 일본 오사카에 관심을 두고 있다. 이처럼 시저스는 해외 시장 경험이 많지 않은 데다 손실을 기록하고 있다. 수익을 올릴 수만 있다면 사실상 전 세계로 진출 가능한 시저스는 향후 전략적 의사결정을 보완해줄 명확한 계획이 필요하다.

Spirit Airlines, Inc.–2018

www.spirit.com

미국 플로리다주 미러마에 본사를 둔 스피릿항공은 초저비용 항공(ultra low cost carrier, ULCC) 산업에 속한 항공사로 미국과 중남미 지역에서 사업을 운영한다. 스피릿항공의 항공료는 경쟁기업보다 최대 100달러가 저렴하여 업계에서도 최저가이며, 때로는 모든 비용을 다 합쳐도 9달러에 불과한 항공권을 판매하기도 한다. 스피릿항공은 자사가 '묶이지 않은 개별 서비스(unbundled service)'를 제공하는 항공사임을 강조하는데, 이는 고객이 원하는 품목에만 요금을 부과한다는 것을 의미한다. 예를 들어 생수, 탄산음료, 수하물 운반 등을 원하면 그러한 항목에 대해서만 추가 요금을 지불하는 것이다. 스피릿항공의 광고 문구 중 하나는 "다른 승객의 공짜 수하물과 탄산음료를 대신 부담하는 묶음 서비스에 왜 돈을 내나요?"이다. 당연히 스피릿항공은 비즈니스 클래스 승객보다는 자신의 항공료를 자신이 지불하는 승객을 목표 고객으로 삼는다. 수하물을 지참하는 경우 개당 45달러 정도를 부과하고, 탑승권을 카운터에서 인쇄하는 승객은 5달러를 내야 한다. 2017년 12월 기준으로 수하물 중량에 따라 차등 요금을 적용하여 19~23kg은 30달러, 32~45kg은 100달러의 추가 수수료를 부과하고 있다. 그럼에도 불구하고 항공권 가격이 저렴한 탓에 스피릿항공을 애용하는 충성도 높은 고객이 수만 명에 달한다.

현재 스피릿항공은 하루에 500회 이상의 항공편을 운항하며, 핵심 공항인 시카고, 댈러스포트워스, 디트로이트, 라스베이거스를 중심으로 65개 공항을 연결한다. 그 밖의 중요한 허브 공항은 포트로더데일, 머틀비치, 애틀랜틱시티이다. 또한 스피릿항공은 북미, 중미, 남미, 카리브해 지역에 항공 서비스를 제공하고 있다.

스피릿항공은 100대가 넘는 에어버스 항공기를 운영 중인데, 40여 대는 직접 소유한 것이고 나머지 60여 대는 임대이다. 그리고 정규직 직원이 약 6,000명이며 운항 노선, 항공기, 직원, 고객을 빠르게 늘려가고 있다. 전략 목표는 빠르게 성장하여 2021년까지 항공기 177대를 운영하고 미국 시장점유율을 2%에서 4%로 늘리는 것이다. 2018년에 추가된 운항 도시는 오하이오주 콜럼버스, 버지니아주 리치먼드, 에콰도르의 과야킬, 아이티의 카프아이시앵, 미국령 버진아일랜드의 세인트크로익스 등이다. 스피릿항공은 2018년에 22.5% 이상 항공편을 늘릴 예정이며, 2021년까지 연간 15% 성장할 것으로 예상한다. 2018년 말 운항 항공기는 A319 31대, A320 67대, A321 30대로 총 128대가 될 것이다. 스피릿항공은 이 수치를 2019년 144대, 2020년 177대로 늘릴 계획이다.

역사

스피릿항공은 1964년 미시간주에서 Clipper Trucking Company라는 이름으로 설립되어 1974년에 기업명을 Ground Air Transfer, Inc.로 변경했다. 1983년부터는 Charter One이라는 이름을 달고 애틀랜틱시티, 라스베이거스, 바하마 등지를 여행하는 승객에게 항공편을 제공하기 시작했다. 1990년에는 연방항공국(Federal Aviation Administration)으로부터 항공기 전세 운항을 승인받았으며, 1992년에 기업명을 스피릿항공으로 바꾸고 포트로더데일, 디트로이트, 머틀비치, 로스앤젤레스, 뉴욕 등으로 운항을 확장했다.

델타항공(Delta Air Lines)의 경우 항공기 평균 연식이 17년인 반면 스피릿항공은 6.6년이다. 전체 기종에서 공간이 넓은 좌석을 이용할 수 있지만 추가 비용을 지불해야 하며, 나머지 서비스 수준은 이코노미 좌석과 동일하다. 일반적인 이코노미 좌석이 한 열에 6개씩 배치되는 것과 달리 4개씩 배치되어 있다.

비전과 사명

스피릿항공의 웹사이트는 비전 선언문을 더 이상 공개하지 않는다. 그러나 과거 사장 겸 CEO였던 벤 발단차(Ben Baldanza)는 다음과 같이 말한다. "우리의 비전은 모든 사람이 원할 때 여행할 수 있도록 저렴한 항공편을 제공하는 것이다. 스피릿항공은 새로운 시장이나 서비스를 추가할 때마다 기존보다 낮은 가격으로 진입함으로써, 이전에는 가격이 높아 선택할 수 없었던 사람들을 새로운 고객으로 불러들인다."

사명 선언문이 없지만 스피릿항공의 구호는 "미주를 위한 저비용 항공사"이다.

내부 이슈

조직 구조

스피릿항공은 자료 1과 같이 기능에 따라 조직이 구성되어 있다. 최고경영진 중에는 여성이 없으며, 부문별로 나뉘어 있지 않지만 제품/서비스별로 각각의 재무 성과를 제공한다.

자료 1 스피릿항공의 최고경영진과 조직 구조

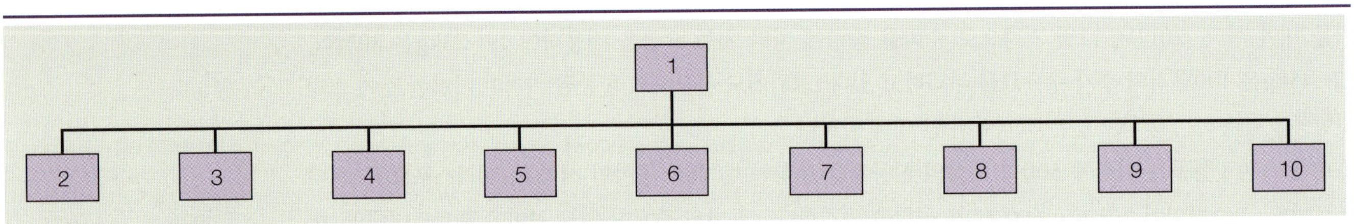

1. 사장 겸 최고경영자(president and chief executive officer) Robert Fornaro
2. 상무, 감사 겸 회계책임자(VP, controller and principle accounting officer) Edmundo Miranda
3. 전무, 법률자문 겸 비서실장(SVP and general counsel & secretary) Thomas Canfield
4. 부사장 겸 최고재무책임자(EVP and chief financial officer) Ted Christie
5. 전무 겸 최고운영책임자(SVP and chief operating officer) John Bendoraitis
6. 전무 겸 인사 담당 임원(SVP and human resources officer) M. Laurie Villa
7. 전무 겸 최고정보책임자(SVP and chief information officer) Rocky B. Wiggins
8. 상무 겸 감사(VP and controller) Edmundo Miranda
9. 재무 기획 및 분석 담당 상무(VP, financial planning and analysis) Scott M. Haralson
10. 전무 겸 최고사업책임자(SVP, chief commercial officer) Matthew H. Klein

출처: 기업 문서

기업 윤리와 거버넌스

스피릿항공의 웹사이트에는 모든 임직원에게 적용되는 자세한 윤리 강령이 제시되어 있다. 이 강령은 스피릿항공 직원에게 적용되는 기준, 위반 시 보고 방법, 문제 발생 시 대처법을 모르는 경우 취해야 할 조치 등을 알려준다. 또한 직원, 고객, 비즈니스 파트너 간 적절한 행동의 범위와 이해 상충 또는 정부와의 거래 등에 대해서도 명확하게 설명되어 있다. 또한 스피릿항공은 세부적인 기업 거버넌스 지침도 제공한다. 이사회의 규모와 독립성, 이사 선임 과정, 임기 제한, 책임, 보상, 고위 경영진에 대한 접근 등의 문제가 포함되어 있다. 그리고 감사, 재무, 윤리 위반, 보상과 같은 문제를 해결하기 위한 상임위원회가 설치되어 있다.

부문별 정보

자료 2와 같이 스피릿항공은 항공권 부문과 항공권 외 부문으로 매출을 구분한다. 항공권 외 매출은 수하물, 추가 서비스, 사전 좌석 선택, 여정 변경과 기타 항목으로 구성된다. 자료 2를 보면 모든 항목에서 증가세를 띤다는 것을 알 수 있다. 2018년 1분기의 항공권 매출은 전년 동기 2억 9,900만 달러에서 3억 4,200만 달러로 증가하고, 항공권 외 매출은 전년 동기 2억 7,300만 달러에서 3억 4,600만 달러로 증가했다. 즉 항공권 외 매출이 항공권 매출을 뛰어넘는 성과를 달성했다.

자료 2 스피릿항공의 항목별 매출(단위: 1,000달러)

	2017년	2016년	2015년
수하물	488,434	434,269	381,386
추가 서비스	411,742	358,920	298,092
사전 좌석 선택	131,821	110,966	97,786
여정 변경	NA	42,823	43,756
기타 항목	249,635	174,357	151,105
항공권 외 매출 총액	1,281,632	1,121,335	972,125
항공권 판매 매출	1,366,034	1,200,621	1,169,338
매출 총액	2,647,666	2,321,956	2,141,463

출처: 기업 문서

스피릿항공은 목적지를 세 부문, 즉 기존 대도시(시카고, 디트로이트, 댈러스, 휴스턴 등), 관광 목적지(올랜도, 포트로더데일, 라스베이거스, 뉴올리언스, 머틀비치 등), 해외 지역(카리브해, 중남미) 부문으로 분류한다.

현재 전략

스피릿항공의 원가우위 전략 또는 업계 용어인 초저비용 항공 전략은 고객이 필요하다고 생각하는 품목만 구매할 수 있게 한다. 스피릿항공은 투명한 가격 정책을 강조하면서 스스로를 군더더기 없는 항공사라기보다는 오히려 군더더기에 비용을 부과하는 항공사로 여긴다. 고객이 추가 물품을 구매하면 고비용 항공사가 항공권 가격에 포함하는 것과 동일한 물품을 제공한다. 스피릿항공의 전략은 같은 저비용 항공사인 라이언에어(Ryanair)의 유럽 전략과 다소 비슷하다.

스피릿항공은 수하물과 식음료 비용을 청구함으로써 비용을 절감하고, 해당 품목에서 추가 수익을 창출하며, 항공기 무게를 줄여 연료를 절약할 수 있다. 중량에 따라 수하물 요금을 부담해야 하기 때문에 승객은 포장을 줄이고, 위탁 수하물보다 저렴한 기내 반입 수하물을 지참하게 된다. 이로 인해 공항 카운터에서의 승객당 이용 시간이 줄어들어 회전율이 높아진다. 비용 절감 외에도 항공권 외 수익은 스피릿항공 사업모델의 중요한 구성 요소이다. 스피릿항공에 따르면 승객은 음료, 베개, 수하물 요금에 대해 탑승권 가격만큼 민감하게 반응하지는 않는다.

스피릿항공의 전략적 목표는 미국, 카리브해, 남미의 운항 노선을 확장하고 시장점유율을 더 높이는 것인데, 이는 각각 시장 개발과 시장 침투에 해당한다. 그동안 카리브해와 라틴아메리카 노선은 높은 가격을 부과하는 대형 항공사만이 취항했다. 그러나 비용에 민감한 승객이 이 지역을 많이 방문하게 됨으로써 향후 저비용 항공사의 성장 가능성이 상당히 높다.

확대 전략을 실행하기 위해 스피릿항공은 2018년까지 수령하게 될 예비 및 교체 엔진과 2021년까지 인도될 A320 106대를 주문했다. A320을 운항한다면 경쟁기업이 운항하는 A319의 승객 150명보다 많은 178명을 탑승시킬 수 있다. 한편 연료 비용은 2014년에 운영 비용 중 39%를 차지했으나 2016년에는 24%를 차지했다.

노선

스피릿항공의 항공편 중 54%는 본거지인 포트로더데일을 오가고 나머지의 대부분은 디트로이트, 라스베이거스, 애틀랜틱시티, 시카고, 올랜도, 머틀비치를 연결한다. 해외 취항 노선은 캐나다, 멕시코, 중미 전역, 콜롬비아, 페루, 카리브해 지역 대부분을 포괄한다. 그러나 많은 해외 항공편은 계절에 따라 운항이 변동되고, 연중 운항되는 노선의 경우 대부분 1주일에 한두 편만 운항한다.

마케팅

스피릿항공은 비즈니스 클래스 승객보다는 가격에 민감한 승객을 대상으로 하는 직접 마케팅에 전념한다. 특히 업계에서 가장 저렴한 요금을 적극적으로 홍보하고 있다. 스피릿항공은 스스로 여비를 지불하는 고객에 초점을 맞춘 광고에 전체 매출액의 0.2~0.5%만을 지출한다. 특히 라디오·TV 광고, 공항 키오스크, 기내 프로모션을 통해 9달러 항공 요금제를 대대적으로 홍보한다. 또한 재탑승 고객, 입소문, 500만 개 이상의 주소가 있는 이메일 발송 시스템을 중점적으로 활용하고 있다.

스피릿항공의 큰 약점 중 하나는 업계에서 마케팅 제휴가 부족하다는 것이다. 델타항공, 아메리칸항공(American Airlines), US에어웨이스(US Airways)와 같은 경쟁업체는 모두 다른 항공사와 제휴하여 운항편을 공유하고 고객 프로그램을 결합하며 환승편을 서로 지원하고 있다. 이러한 제휴의 부족 탓에 스피릿항공은 특히 해외 노선 경쟁에서 어려움을 겪고 있으며, 부분적으로는 해당 요인으로 인해 해외 노선의 성장이 국내 노선에 미치지 못하고 있다.

재무

스피릿항공은 충분한 현금을 보유한 몇 안 되는 항공사 중 하나로, 2017년 말 보유한 현금 및 현금등가물이 9억 100만 달러였다. 자료 3과 4는 스피릿항공의 손익계산서와 재무상태표이다. 2017년 매출이 전년 대비 14% 증가했으며, 전년의 증가율도 8.5%에 달했다. 스피릿항공은 재정적으로 매우 안정적이다. 2015년과 2016년에 배당금을 지급하지 않고 약 1억 달러의 자사주를 매입했으며, 자료 4에서 보듯이 2017년에 약 1억 6,000만 달러의 자사주를 매각했다.

자료 3 스피릿항공의 손익계산서(단위: 1,000달러)

계정과목	2016년 12월 31일	2017년 12월 31일		변화율(%)
매출	2,321,956	2,647,666	↑	14.03
매출 원가	0	0	NA	NA
매출 총이익	2,321,956	2,647,666	↑	14.03
영업 비용	1,878,295	2,258,875	↑	20.26
이자 및 세전이익	443,661	388,791	↓	−12.37
이자 비용	24,201	35,139	↑	45.20
법인세 차감 전 순이익	419,460	353,652	↓	−15.69
세액	154,581	(66,954)	↓	−143.31
비반복적 항목	0	0	NA	NA
당기순이익	264,879	420,606	↑	58.79

출처: 기업 문서

2018년 1분기의 매출은 전년 동기 대비 20.4% 증가한 6억 8,900만 달러였으나 순손실이 4,490만 달러로, 전년 동기의 3,120만 달러에서 243.7% 감소했다. 이러한 순손실은 부분적으로 고객이 지불한 항공권의 평균 가격이 전년 동기의 53.69달러에서 52.42달러로 하락한 데 따른 것이다. 그러나 항공사의 여객 수송 능력을 나타내는 공급 좌석 마일(available seat miles)은 전년 동기의 69억에서 84억으로 증가했으며, 항공사의 수익을 결정하는 유상 승객 마일(revenue passenger miles)은 전년 동기 대비 21.4% 증가한 68억을 기록했다.

자료 4 스피릿항공의 재무상태표(단위: 1,000달러)

계정과목	2016년 12월 31일	2017년 12월 31일		변화율(%)
자산				
현금 및 현금등가물	801,055	901,786	↑	13
외상매출금	41,136	49,323	↑	20
재고자산	0	0	NA	NA
기타 유동자산	133,654	329,151	↑	146
총유동자산	975,845	1,280,260	↑	31
부동산 및 설비	1,465,222	2,238,468	↑	53
영업권	0	0	NA	NA
무형자산	0	0	NA	NA
기타 장기자산	710,860	625,222	↓	−12
자산 계	3,151,927	4,143,950	↑	31
부채				
외상매입금	15,193	22,822	↑	50
기타 유동부채	516,757	624,204	↑	21
총유동부채	531,950	647,026	↑	22
장기차입금	897,359	1,387,498	↑	55
기타 장기부채	328,011	332,345	↑	1
부채 계	1,757,320	2,366,869	↑	35
자본				
보통주	7	7	→	0
이익잉여금	1,063,633	1,484,239	↑	40
자사주	(218,692)	(65,854)	↓	−70
주식발행초과금 및 기타	549,659	358,689	↓	−35
자본 계	1,394,607	1,777,081	↑	27
부채 및 자본 계	**3,151,927**	**4,143,950**	↑	**31**

출처: 기업 문서

경쟁기업

미국의 항공 산업은 2018~2023년에 매년 3%씩 성장할 것으로 예상된다. 총매출은 1,300억 달러 이상, 순이익은 100억 달러에 달한다. 이코노미 클래스는 업계 매출의 82%를, 퍼스트·비즈니스 클래스는 14%를 차지하고 우편 및 기타 화물에서 2%, 기타 항목에서 2%가 발생한다. 이코노미 클래스의 매출은 최근 몇 년 동안 계속 성장해왔으며, 고객이 가격에 더욱 민감해지면서 앞으로도 성장할 것으로 전망된다.

스피릿항공과 제트블루항공(JetBlue Airways) 같은 저비용 항공사는 이미 가치사슬을 따라 가격 절감에 집중할 수 있는 네트워크를 확보하고 있기 때문에 가격에 민감한 고객을 확보하는 데 유리한 위치를 점하고 있다. 그렇지만 전통적인 항공사의 가치사슬에서는 가격 절감이 그리 쉽지 않다. 예컨대 전통적인 대형 항공사가 단순히 항공권 가격을 인하한다면 저비용 항공사보다 스스로 더 큰 영향을 받게 될 것이다.

자료 5는 상위 항공사의 미국 시장점유율을 보여준다. 아메리칸항공이 업계를 선도하고 델타항공이 그 뒤를 잇고 있다.

항공 산업에서 경쟁우위를 확보하고 유지하기 위한 주요 요소는 가격, 비행 일정, 항공기의 연식과 여유

자료 5 미국 항공사의 시장점유율(2016~2017년)

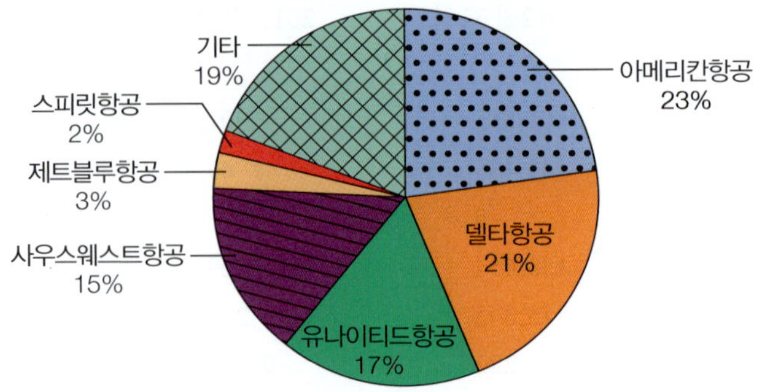

출처: 다양한 자료원

공간, 편의 용품, 마일리지 프로그램이다. 원월드(OneWorld), 스카이팀(SkyTeam), 스타얼라이언스(Star Alliance)와 같은 항공사 제휴 동맹은 가입한 항공사에 마케팅 공유, 취항지 확대, 제한적인 시장의 공동 접근, 소규모 시장의 저렴한 운항을 가능하게 한다. 한편 스피릿항공은 어떤 유형의 제휴도 체결하지 않았기 때문에 가격, 정책, 절차 등을 더욱 유연하게 조정할 수 있다. 그러나 고객이 공항에서 항공편을 변경하는 경우 다른 항공사의 항공편을 이용할 수 없기 때문에 하룻밤을 공항에서 지내게 되는 위험을 감수할 수밖에 없다.

스피릿항공과 얼리전트항공(Allegiant Air)은 업계 최저 가격임을 강조하는데, 이는 정당한 주장이다. 스피릿항공 대변인인 미스티 핀슨(Misty Pinson)은 취항한 모든 노선에 대해 다른 항공사의 가격보다 최소 25% 낮은 요금 설정을 목표로 한다고 밝혔다. 미국의 어떤 항공사도 스피릿항공보다 가격이 저렴하지 않으므로, 추가 서비스가 필요 없다면 스피릿항공이 최선의 선택일 것이다.

스피릿항공처럼 항공기를 일부 또는 전부 임대하여 운항할 수 있기 때문에 항공 산업에 진입하는 것은 그리 어렵지 않다. 후터스(Hooters)와 같은 레스토랑 회사도 항공기를 임대하고 조종사와 직원을 고용하여 업계에 진출할 수 있었다. 물론 후터스는 자산을 매각하고 결국 철수하여 지금은 치킨, 맥주, 스포츠 시청을 제공하며 틈새시장에 집중하고 있다. 최근 들어 항공 산업은 연료를 절감하고 수익률이 높은 항공사에 더욱 유리해지고 있어 많은 기업이 새로이 진입하고 있다. 2018년을 기준으로 미국에만 약 369개의 항공 서비스 회사가 있는 것으로 추정되며, 연간 약 0.3%씩 성장하고 있다.

수하물 요금을 부과함으로써 무게를 줄이고 연료를 절약하려는 노력에도 불구하고, 항공사는 좌석을 비운 채 운항하는 것과 추가 승객을 태우는 것이 전체 연료 비용에는 그리 영향을 미치지 않는다는 것을 인정한다. 스피릿항공은 종종 적색 신호 판매(red light sales)를 통해 9달러의 항공권 또는 50달러 미만의 다양

자료 6 스피릿항공과 두 경쟁기업의 비교

	스피릿항공	아메리칸항공	제트블루항공
시가 총액(달러)	3.0B	23.9B	7.0B
종업원 수(명)	5.7K	127.6K	16.9K
매출(달러)	2.3B	40.1B	6.6B
매출 총이익률(%)	63.2	32.6	46.3
순이익(달러)	265M	(2.7B)	759M
주당 순이익(달러)	3.45	4.03	1.97
주가 수익률	12.58	12.40	11.15

출처: 다양한 자료원

한 편도 항공권을 제공한다. 이렇게 할인된 금액일지라도 좌석을 판매하는 것이 공석으로 두는 것보다 연간 순이익을 크게 증가시킬 수 있다.

미국 노선에서 스피릿항공의 주요 경쟁기업은 아메리칸항공, 델타항공, 제트블루항공이다. 스피릿항공의 운항 노선 중 약 60%는 아메리칸항공, 델타항공과 중복된다. 그리고 카리브해 지역과 남미 노선에서는 아메리칸항공, 제트블루항공과 경쟁하고 있다. 자료 6은 스피릿항공이 아메리칸항공이나 제트블루항공보다 종업원 수가 적고 매출도 낮지만 매출 총이익률이 가장 높다는 것을 보여준다.

아메리칸항공

미국 텍사스주 포트워스에 본사를 둔 아메리칸항공과 그 자회사는 930여 대의 항공기로 50개국, 350개 이상의 도시를 운항하고 있다. 아메리칸항공은 영국항공(British Airways), 이베리아항공(Iberia), 콴타스항공(Quantas Airways) 등 다수의 국제 항공사가 포함된 원월드에 속한다. 대부분의 항공사가 최근 기록적인 이익을 올리는 가운데 아메리칸항공은 어려움을 겪고 있다. 2015년 매출이 전년 대비 감소했고 2016년에도 소폭 줄어들었다. 2016년 말을 기준으로 고정부채 비율이 6.0이고, 영업권과 무형자산을 제외하는 경우 자기자본 잠식이 23억 달러에 달하는 상황이다.

제트블루항공

미국 뉴욕주 롱아일랜드시티에 본사를 둔 제트블루항공은 미국 30개 주, 멕시코, 카리브해 지역, 남미에서 매일 825회의 항공편을 운항하고 있다. 스피릿항공의 주력 기종인 A320 130대, A321 37대와 브라질 엠브라에르(Embraer)의 E190 60대를 운항 중이다. 제트블루항공은 뉴욕 및 보스턴과 연결되는 노선을 운항하면서 미국 북동부에서 빠르게 성장하고 있다. 보스턴 연결편은 이익률이 가장 높은 노선에 속하며, 현재 일일 운항 회수가 150회이지만 곧 200회로 늘릴 전망이다.

제트블루항공은 서부 지역으로 확장하고 있으나 미국 동부 해안과 카리브해 이외 지역에서는 아직 존재감이 미미하다. 업계 최저 수준의 가격으로 항공권을 판매하지만 음성 통화, 위성 TV, 라디오, 무선 데이터 연결 등을 통해 최고 수준의 기내 엔터테인먼트를 제공하는 것이 특징이고, A321 노선 승객은 다이렉TV(Direc TV)의 100여 개 채널을 시청할 수 있다. 좌석 공간이 경쟁기업보다 넓은 것으로 알려져 있으나 실제로는 항공기마다 10개의 추가 좌석을 장착하여 운영하고 있다. 제트블루항공은 대부분의 항공사처럼 초과 예약을 받지 않는다고 주장하기도 한다.

또한 제트블루항공은 환경 친화적인 정책의 일환으로 하나의 엔진만 사용한 활주로 주행, 엔진 대신 외부 전원을 통한 전력 공급, 최신 GPS 기술을 통한 효율적 경로 운항, 더 가벼운 좌석과 LED 조명 장착, 종이 절약을 위한 기내 잡지 제공 중단 등을 홍보한다. 그러나 이러한 조치의 진정한 의도가 여느 항공사처럼 비용 절감이라는 비판도 있다. 재무상태표에 무형자산으로 계상된 금액이 없으며, 전년 대비 순이익이 2015년에 69%, 2016년에 12% 증가했다. 미국 시장점유율은 약 3%이다.

델타항공

1924년에 설립된 델타항공은 미국 조지아주 애틀랜타에 본사가 있으며 800여 대의 항공기로 61개국, 342개 도시를 연결한다. 핵심인 애틀랜타 외에도 앰스터댐, 신시내티, 디트로이트, 멤피스, 뉴욕-JFK, 파리, 도쿄 공항을 거점으로 삼고 있다.

델타항공은 취항 노선의 업계 최고 글로벌 네트워크를 확보하고 있다. 스카이팀 글로벌 제휴 동맹의 창립 멤버인 델타항공은 전 세계적으로 입지를 확대하고 있으며, 에어프랑스-KLM(Air France-KLM), 알리탈리아(Alitalia)와 각각 합작 기업을 운영 중이다.* 델타항공의 스카이마일스(SkyMiles)는 세계 최대의

* 역자 주: 원서가 출간되는 시점에는 알리탈리아가 운영 중이었으나 2021년에 폐업했다.

항공 마일리지 프로그램이며, 우수 고객은 비즈니스엘리트(BusinessElite) 고객 우대와 전 세계 50개 이상의 스카이클럽 라운지를 이용할 수 있다. 한편 델타항공은 버진애틀랜틱항공(Virgin Atlantic Airways)의 지분 49%를 보유하고 있으며, 수직적으로 통합하여 운영하는 유지·보수 및 기타 사업을 통해 2016년에 10억 달러 이상의 매출을 올렸다.

2014~2016년에 델타항공의 매출은 큰 변화 없이 유지되었다. 아메리칸항공과 마찬가지로 과도한 인수합병으로 인해 영업권과 무형자산으로 계상된 금액이 상당히 높은 상태이며, 무형자산 총액이 145억 달러에 달한다.

외부 이슈

고객 만족

미국 캘리포니아주 코스타메사에 본사가 있는 JD파워(J.D. Power)는 소비자와 관련된 통찰력, 자문 서비스, 데이터 및 분석의 글로벌 선도 기업이다. 2018년 5월, JD파워는 지난 14년 동안 매년 시행해온 북미 항공사 만족도 조사 결과를 발표했다. 이 조사는 중요도에 따른 7개 요소(비용 및 수수료, 기내 서비스, 항공기, 탑승/하기/수하물, 승무원, 체크인, 예약)를 토대로 북미 항공사에 대한 고객 만족도를 측정한 것이다(http://www.jdpower.com/press-releases/jd-power-2018-north-america-airline-satisfaction-study 참조). 만족도는 1,000점 만점으로 산출되었다. 결론적으로 JD파워의 2018년 보고서는 저렴한 운임, 정시 운항률 제고, 수하물 분실 감소, 운항 취소 비율 하락이 북미 항공사에 대한 고객 만족도 개선에 기여했다고 밝혔다. 또한 항공사에 대한 전반적인 고객 만족도가 역대 최고 수준에 도달했으며, 이러한 추세가 7년 연속 이어지고 있다고 언급했다. 구체적으로 전통 항공사 계열에서는 알래스카항공(Alaska Airlines)이 11년 연속 1위를 차지하고 델타항공이 그 뒤를 이었다. 저비용 항공사 중에서 2년 연속 가장 높은 순위를 차지한 사우스웨스트항공(Southwest Airlines)은 7개 요소 모두에서 높은 평점을 받았다. 제트블루항공은 7개 요소 중 6개에서 개선된 평가를 받으며 2위를 차지했다.

유가

연료는 항공 산업에서 가장 큰 비용 지출 항목 중 하나이다. 항공사의 전체 매출 중 약 26%가 연료 비용으로 소요된다. 2011~2014년에는 연료 비용이 매출에서 차지하는 비중이 30% 이상이었으나 2017년에는 그 비중이 18%로 낮아졌다. 항공사는 선물 거래를 활용하여 연료 가격의 변동 위험을 제거하려 한다. 연료 사용 시점의 가격보다 낮다고 예상되는 가격일 때 미리 구입함으로써 가격 상승 위험에 대비하는 것이다.

중동의 지속적인 충돌 사태, 석유 거래 통화인 미국 달러 가치의 변동, 인도와 중국의 수요 증가로 말미암아 2018~2020년에 유가가 상승할 것으로 전망된다. 유가와 관련된 정치적 문제 외에도 원유와 정제된 석유 제품 간 가격 차이, 즉 정제 마진(crack spread)이 커지고 변동성이 확대된다면 항공유를 구매해야 하는 항공사의 부담 역시 증가할 것이다.

종업원

항공사의 비용 항목 중 가장 큰 비중을 차지하는 인건비는 유가 변동에 따라 그 비중이 두 번째가 되기도 하는데, 현재는 연료가 차지하는 비중의 2배에 이른다. 항공 산업 종사자는 조종사, 기술자, 승무원, 지상 서비스 인력, 유지·보수 인력, 고객 서비스 인력, 운항관리사 등으로 구분된다. 항공사의 인건비는 지속적으로 상승하여 2017년에는 전체 매출의 35% 이상을 차지했는데, 부분적으로 이는 기업의 수익 분배에서 임금이 차지하는 비중을 성공적으로 늘려온 노동조합의 노력에 따른 것이다. 대부분의 항공 산업 종사자는 승무원협회, 항공사조종사협회, 기술자 및 항공근로자 협회 등 주요 노동조합 중 하나에 가입되어 있다. 항공사가 동시에 여러 노조와 협상하는 것은 드문 일이 아니며, 협상이 최대 2년까지 길어질 수 있다. 그러나 법에 따라 노동 쟁의를 미국조정위원회(National Mediation Board)에 제출하고, 파업 실행 전에 의무적으로 갖는 조정 기간을 거쳐야 하기 때문에 실제로는 파업이 자주 일어나지 않는다.

2016년을 기준으로 스피릿항공의 전체 종업원 중 약 73%가 4대 노동조합에 가입되어 있다. 지상 담당 인력을 대표하는 노동조합은 2015년에, 승무원 노동조합은 2016년에 향후 계약 기간 동안 파업하지 않겠다는 계약을 체결했다. 현재 이와 유사한 협상이 스피릿항공과 1,400여 명의 조종사 사이에서 진행 중이다.

부가 수수료

스피릿항공은 군더더기에 비용을 부과하는 전략(frill-for-a-fee strategy)을 고객 친화적이라고 생각하지만 많은 고객은 불편한 심경을 드러내기도 한다. 그러나 스피릿항공만 부가 수수료를 부과하는 것은 아니며, 이러한 수수료는 앞으로도 계속 유지될 것으로 보인다. 2016년 미국 항공 산업은 항공권 판매와 별개로 수하물, 식음료 및 기타 서비스에 대한 수수료로 70억 달러 이상을 벌어들였는데, 이는 2012년보다 100% 증가한 수치이다. 많은 고객이 부가 수수료에 불만을 품지만 대부분은 이를 지불할 의향이 있으며, 고급 서비스로 차별화를 시도한 항공사도 그러한 노력에 대한 고객 충성도가 거의 증가하지 않았다. 유일한 예외는 더 높은 가격의 좌석을 구매하는 비즈니스 클래스 승객으로, 이들은 항공사에 더 많은 이익을 안겨주지만 그 수가 감소하는 추세이다. 일부 항공사는 비즈니스 클래스 승객에 대한 모든 추가 요금을 면제해주기도 한다.

규제 강화

미국 항공사는 정부·비정부 기관으로부터 상당한 규제를 받고 있다. 규제 기관은 연방항공청, 법무부, 환경보호청 등이며, 1990년 발효된 항공기 소음 규제법(Airport Noise and Capacity Act)도 영향을 미치고 있다. 재정 수익을 늘리기 위한 정부의 노력으로 인해 항공사가 비용을 부담하는 경우도 많다. 미국 정부는 항공권 구입 시 가격에 포함되는 세금을 부과해왔다. 스피릿항공을 비롯한 항공사들은 이 세액이 명시적으로 드러나도록 노력해왔고, 그 결과 지금은 항공권에 세액과 운임이 분리되어 표기된다. 이러한 세액은 스피릿항공의 운임을 초과하곤 한다.

저가 경쟁

저비용 항공사는 가격에 대한 교훈, 다시 말해 대부분의 고객, 출장 여행객, 관광객이 항공사를 선택하는 가장 중요한 요인이 가격이라는 것을 가르쳐준다. 출장 여행객은 가격에 덜 민감하고 출발일로부터 몇 주 전에 예약하는 경우가 많다. 그럼에도 불구하고 기업이 비용 절감을 위해 여러 항공사를 비교하여 더 저렴한 항공권을 선택함으로써 더 큰 협상력을 가지게 되었다. 또한 비즈니스 클래스 승객은 동일한 가격대의 항공편이더라도 더 넓은 좌석과 더 많은 편의 용품을 제공하는 항공사를 선택한다.

미래

글로벌 경제 성장이 항공 여행을 부흥한 덕분에 2017년 항공 승객의 수가 전 세계적으로 7.5% 증가했다. 또한 항공 운임의 하락은 그동안 유지되어온 연간 승객 증가율 5%를 6~8%로 끌어올렸다. 2018년 초반을 기준으로 스피릿항공은 미국, 중남미, 카리브해 지역의 61개 도시로 매일 500회 이상의 항공편을 운항하고 있다. 노조에 가입한 1,800명의 조종사는 평균 43%의 급여 인상이 포함된 새로운 계약을 2018년 2월 체결했다. 5년간 유지될 이 계약은 미국조정위원회의 감독을 받았던 지난 2년간의 논쟁에 종지부를 찍었다. 다른 대형 항공사의 조종사가 받는 수준의 급여를 받는 것이 스피릿항공 조종사의 최우선 목표 중 하나였다. 노동조합은 전체 조종사의 98%가 투표에 참여하여 그중 70%가 합의에 찬성했다고 밝혔다. 따라서 스피릿항공의 조종사들은 자사가 미국의 대표 저비용 항공사로서 충분한 수익을 창출하며 성장하는 데 열정적으로 노력할 준비가 되었다고 할 수 있다.

Southwest Airlines Company – 2018

www.southwest.com

미국 텍사스주 댈러스에 본사를 둔 사우스웨스트항공은 45년 연속 흑자를 내고 있다. 보잉737 706대로 미국 40개 주 이상 100여 도시를 운항하고, 국제선의 경우 미국령 푸에르토리코, 멕시코, 자메이카, 바하마, 아루바, 도미니카공화국, 코스타리카, 벨리즈, 쿠바, 케이맨 제도, 영국령 터크스 케이커스 제도 주변 10개국에 취항했다.

사우스웨스트항공은 오랫동안 보잉737 단일 기종을 운용한 덕분에 경제적 부품 조달, 효율적 조종사 훈련, 숙련된 유지·보수 기술자 채용의 이점을 활용하고 있다. 이러한 강점을 토대로 사우스웨스트항공은 고객에게 상대적으로 저렴한 가격을 제안할 수 있다. 2017년에 사우스웨스트항공은 평균 비행시간 2시간, 평균 운항 거리 754마일을 기록하면서 승객 수 기준 미국 최대의 저비용 항공사(low cost carrier, LCC)로 자리 잡았다.

2018년 5월, 사우스웨스트항공은 오클랜드 국제공항, 샌디에이고 국제공항, 새너제이 국제공항, 새크라멘토 국제공항에서 하와이로 연결되는 신규 노선을 발표했다. 세부적으로는 하와이의 4개 섬에 있는 호놀룰루 국제공항, 카훌루이 공항, 리후에 공항, 코나 국제공항에 취역할 것이라는 계획도 내놓았다.

역사

사우스웨스트항공의 역사는 롤린 킹(Rollin King)과 허브 켈러허(Herb Kelleher)가 텍사스주의 휴스턴, 댈러스, 샌안토니오를 직접 연결하는 아이디어를 냅킨에 그렸던 1967년으로 거슬러 올라간다. 당시에 킹은 대도시를 경유한 후 중소도시를 운행하는 방식으로는 가격 경쟁이 되지 않기 때문에 중소도시를 직항으로 연결하는 서비스로 어떻게 이윤을 창출할지 고민하고 있었다. 1968년 2월, 미국 연방항공국(Federal Aviation Administration, FAA)과 텍사스항공청은 기존 대형 항공사의 단거리 노선 진입을 허용하지 않는 조건으로 텍사스주 세 도시의 신규 노선을 승인했다. 최종 승인을 받은 1971년에 사우스웨스트항공은 3대의 항공기와 200명의 인력으로 텍사스주 세 도시에 취항했다.

1990년대 초반에 사우스웨스트항공은 미국 15개 주의 약 40개 도시에 취항했으며, 고객은 저렴한 운임과 편리한 운행 편수에 만족했다. 사우스웨스트항공은 2010년까지 3,200회 이상의 항공편을 운항하는 한편, 2018년 초에는 미국, 멕시코, 카리브해의 100개 이상 도시에 취항하여 매일 3,800회 이상의 항공편을 운항하고 있다.

첫 항공편을 띄운 지 48주년이 되는 2019년, 사우스웨스트항공은 직원 5만 7,000명이 매년 1억 2,000만 명 이상의 승객에게 서비스를 제공하는, 미국에서 가장 큰 저비용 항공사로 성장했다. 현재 미국에서 평일 기준 4,000회 이상의 항공편을 운항하는 사우스웨스트항공은 최근 10개국 노선을 확장했다.

비전과 사명

사우스웨스트항공의 비전 선언문은 "가장 많은 노선을 운행하고 가장 많은 이윤을 창출하여 세계적으로 사랑받는 항공사가 되는 것"이고, 사명 선언문은 다음과 같다.

> 우리는 고객과 직원이 원하는 수준으로 마음에서 우러나오는 대우를 한다는 철칙에 따라 기업을 운영한다. 우리는 고객을 사랑하는 사람들 및 비즈니스와 연결하는 서비스를 가장 저렴한 비용으로 제공하기 위해 노력한다. 한마디로 우리의 철학은 '살아 있는 사우스웨스트항공 방식'이며, 이는 고객, 직원, 주주

를 따뜻한 마음과 활기찬 태도로 끌어들여 우리 사람으로 만들기 위해 강인한 전사가 되는 것이다.

사명과 관련하여 사우스웨스트항공은 언제나 저렴한 가격으로 열과 성을 다하여 고객을 모시는 몰입과 헌신으로 '진정성'을 강조한다. 보잉 단일 기종을 운영하는 최대 항공사인 사우스웨스트항공은 모든 고객에게 '수하물 무료 서비스'를 제공하는 유일한 항공사이기도 하다. 또한 사우스웨스트항공을 이용하는 고객은 기내에서 인공위성 기반 무료 와이파이를 사용할 수 있으며, 개인 디바이스로 영화와 드라마의 온디맨드 시청이 가능하고 약 20개 생방송 TV 채널을 무료로 볼 수 있다.

내부 이슈

다양성

사우스웨스트항공 홈페이지에는 'Diversity, Equity, & Inclusion'이라는 메뉴가 있다. '경쟁우위 원천으로서 다양성을 가진 유능한 인력' 확보를 목표로 하는 사우스웨스트항공은 '독특한 기업 문화에 공헌할 개인적 경험을 가진 다양한 이력의 직원'을 자랑으로 여기고 '아이디어, 지식, 행동의 다양성'이 부각되는 비즈니스 활동을 장려한다. 또한 성적 소수자, 라틴아메리카·아프리카·아시아계 이민자를 어떻게 바라보는지 기업 홈페이지만 보아도 알 수 있다.

조직 구조

최고경영진의 명칭에서 알 수 있듯이 사우스웨스트항공에는 공식적인 사업부나 사업 부문이 존재하지 않는다. 사장 이하 모든 임원이 CEO인 게리 켈리(Gary Kelly)에게 직접 보고하는 단순한 조직 구조이다. 미국 전역을 아우르는 기존의 대형 항공사는 주로 사업부제를 채택하지만, 수익성을 중시하는 사우스웨스트항공으로서는 최고경영진과 함께 고민하며 책임감과 투명성을 강조하는 조직 구조가 당연할지 모른다. 한

자료 1 사우스웨스트항공의 최고경영진과 조직 구조

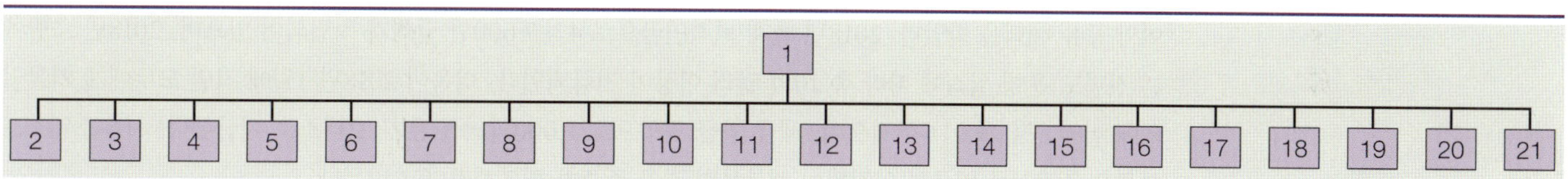

1. 이사회 의장 겸 최고경영자(chairman of the board and CEO) Gary Kelly
2. 사장(president) Tom Nealon
3. 최고운영책임자(COO) Michael Van de Ven
4. 기업 서비스 담당 부사장(EVP corporate services) Robert Jordan
5. 부사장 겸 최고재무책임자(EVP and CFO) Tammy Romo
6. 부사장 겸 최고수익책임자(EVP and chief revenue officer) Andrew Watterson
7. 운영관리 담당 부사장(EVP, daily operations) Greg Wells
8. 항공운항 담당 전무(senior VP air operations) Craig Drew
9. 고객 서비스 담당 전무(senior VP operations and hospitality) Steven Goldberg
10. 재무 담당 전무(senior VP finance) Chris Monroe
11. 전무 겸 최고커뮤니케이션책임자(senior VP, chief communications officer) Linda Rutherford
12. 전무, 법률자문 겸 비서실장(senior VP, general counsel, and corporate secretary) Mark Shaw
13. 전무 겸 최고정보책임자(senior VP and CIO) Kathleen Wayton
14. 기업전략 담당 상무(VP corporate strategy) Reid Grandle
15. 상무 겸 최고마케팅책임자(VP, CMO) Ryan Green
16. 감사 담당 상무(VP controller) Lead Koontz
17. 노사관계 담당 상무(VP labor relations) Russell McCrady
18. IT 및 인프라 기술 담당 상무(VP technology–IT & infrastructure technologies) Thomas Merritt
19. 공항관리 담당 상무(VP airport affairs) Bob Montgomery
20. 유지·보수 담당 상무(VP maintenance operations) Landon Nitschke
21. 인사 담당 상무(VP people) Julie Weber

출처: 2017년 연례 보고서 및 기업 문서, 다양한 자료원

편 사우스웨스트항공의 최고경영진 21명 중 4명이 여성이다.

현재 전략

기존의 대형 항공사는 대도시를 경유하여 중소도시를 운항하는(hub-and-spoke) 방식을 채택했으나 사우스웨스트항공은 중소도시와 중소도시를 직접 연결하는(point-to-point) 혁신적 방식으로 시작했다. 현재 중소도시 직항 노선이 675편으로 전체 항공편의 76%에 해당한다. 한 예로 사우스웨스트항공은 댈러스에서 휴스턴까지 논스톱으로 운항하는 직항 노선에 강점을 지니고 있다. 특히 라스베이거스-올랜도, 샌디에이고-볼티모어는 미국 내에서도 장거리 직항 노선으로 알려져 있다. 캘리포니아발 항공편은 목적지에 상관없이 수익성에 기여하므로 국내선 운항의 거점이 되는 황금 노선이다.

사우스웨스트항공은 벨리즈시티, 칸쿤, 그랜드케이먼, 아바나, 푼타카나 등 카리브해 국제 노선을 활성화하기 위해 포트로더데일 할리우드 국제공항에 5개의 게이트를 개설했다. 2017년을 기준으로 국내선의 수익은 3% 증가에 그친 반면 국제선은 무려 55%나 성장했다. 즉 국제선은 미래 성장을 위한 지렛대가 될 수 있다. 그럼에도 불구하고 사우스웨스트항공의 국내선은 전체 매출에서 97%를 차지하고 있다.

경영

2018년 봄에 사우스웨스트항공은 총 5억 4,300만 달러의 이익을 직원들과 공유했다. 사우스웨스트항공은 이익 공유제를 도입한 최초의 항공사로서, 이를 통해 직원들은 회사 발행 주식의 4% 이상을 소유하고 있다. 2018년 초에 11.3%의 직원이 이익 공유제라는 명목으로 5주치 급여에 해당하는 성과급을 받았다. 당시 사우스웨스트항공이 지급한 5억 4,300만 달러는 이익 분배로 지급한 규모로는 세 번째에 해당하는 금액이었다.

사우스웨스트항공은 2014~2017년에 이익 공유의 일환으로 20억 달러 이상을 지출하는 등 44년 연속으로 초과 이익 성과급을 지급하고 있으며, 총액이 45억 달러 이상에 달한다. 이익 분배 성과급의 일부는 퇴직금으로 적립되고, 또 일부는 현금으로 지급된다. 조종사는 단체 협약에 따라 퇴직연금 적립금 명목으로 이익 공유 혜택을 받았다. 2018년 현재 퇴직연금으로 4억 7,600만 달러가 적립되어 있으며, 2018년 초반에는 전년도 운행 실적에 따라 총 10억 달러 이상이 지급되었다. 더욱이 2018년 1월에 직원 모두에게 기본급 외에 이익 공유가 이루어졌으며, 세금 환급 명목으로 1,000달러를 추가 보너스로 지급했다. 사우스웨스트항공은 조종사를 비롯한 임직원이 행복하면 결국 주주가 행복해진다고 믿는다.

마케팅

사우스웨스트항공의 광고 슬로건인 '떠나고 싶나요?'는 수많은 미국인의 공감을 불러일으켰다. 이는 살면서 황당한 일을 겪었거나 나쁜 직장 상사로부터 스트레스를 받은 사람이라면 누구나 공감할 수 있다. 사우스웨스트항공의 운임 체계는 업계 최저 수준이기는 하나 구매를 망설이게 만든다. 요금이 환불되지 않을 뿐만 아니라 '노쇼 정책'에 따라 예약 후 탑승하지 않는 경우 향후 항공권 구매가 제한되기 때문이다. 한편 '애니타임(Anytime)', '비즈니스 셀렉트(Business Select)'라는 클래스는 예약 취소 시에도 환불을 해주며, '비즈니스 셀렉트'의 경우 높은 포인트 적립, 우선 탑승, 무료 음료 제공이 포함되어 있다.

구매 가능한 서비스로는 얼리버드(EarlyBird) 체크인, 반려견 또는 반려묘 동반 탑승 등이 있다. 얼리버드 체크인 서비스를 구매하면 승객은 좀 더 아늑한 좌석을 배정받으며, 단골로 불리는 우대 승객 또한 우선 탑승 혜택을 누릴 수 있다.

사우스웨스트항공을 이용하는 승객은 수하물 2개를 기내에 반입할 수 있고 탄산음료와 스낵을 무료로 제공받는다. 한때는 보편적인 서비스였으나 초저비용 항공사가 제공하기 부담스러운 수하물 2개 기내 반입은 미국 국내선 항공사로서는 흔치 않은 서비스이다.

항공 산업에서 경쟁우위를 확보하고 유지하기 위한 주요 요소는 가격, 비행 일정, 항공기의 연식과 여유

자료 2 사우스웨스트항공의 손익계산서(단위: 100만 달러)

계정과목	2016년 12월 31일	2017년 12월 31일		변화율(%)
매출	20,425	21,171	↑	3.65
매출 원가	6,132	6,431	↑	4.88
매출 총이익	14,293	14,740	↑	3.13
운영 비용	10,533	11,225	↑	6.57
이자 및 세전이익	3,760	3,515	↓	−6.52
이자 비용	213	264	↑	23.94
법인세 차감 전 순이익	3,547	3,251	↓	−8.35
세액	1,303	(237)	↓	−118.19
비반복적 항목	0	0	NA	NA
당기순이익	2,244	3,488	↑	55.44

출처: 2017년 연례 보고서 및 기업 데이터

자료 3 사우스웨스트항공의 재무상태표(단위: 100만 달러)

계정과목	2016년 12월 31일	2017년 12월 31일		변화율(%)
자산				
현금 및 단기투자자산	3,305	3,273	↓	−1
외상매출금	546	662	↑	21
재고자산	337	420	↑	25
기타 유동자산	310	460	↑	48
총유동자산	4,498	4,815	↑	7
부동산 및 설비	17,044	18,539	↑	9
영업권	970	970	→	0
무형자산	0	0	NA	NA
기타 장기자산	774	786	↑	2
자산 계	23,286	25,110	↑	8
부채				
외상매입금	1,178	1,320	↑	12
기타 유동부채	5,666	5,585	↓	−1
총유동부채	6,844	6,905	↑	1
장기차입금	2,821	3,320	↑	18
기타 장기부채	5,180	4,455	↓	−14
부채 계	14,845	14,680	↓	−1
자본				
보통주	808	808	→	0
이익잉여금	11,418	14,621	↑	28
자사주	(4,872)	(6,462)	↑	33
주식발행초과금 및 기타	1,087	1,463	↑	35
자본 계	8,441	10,430	↑	24
부채 및 자본 계	**23,286**	**25,110**	↑	**8**

출처: 2017년 연례 보고서 및 기업 데이터

공간, 편의 용품, 마일리지 프로그램이다. 원월드(OneWorld), 스카이팀(SkyTeam), 스타얼라이언스(Star Alliance)와 같은 항공사 제휴 동맹은 가입한 항공사에 마케팅 공유, 취항지 확대, 제한적인 시장의 공동 접근, 소규모 시장의 저렴한 운항을 가능하게 한다.

재무

자료 2에서 보듯이 2017년에 사우스웨스트항공의 매출은 3.65% 증가했으나 순이익은 55.44%나 증가했다. 또한 자료 3의 재무상태표를 보면 유동 비율이 1.0 미만이지만 재무 상태가 전반적으로 양호하다.

2018년 5월에 사우스웨스트항공은 분기 배당금을 28% 늘리고 20억 달러 규모의 자사주 매입을 승인했다. 이로써 사우스웨스트항공은 167분기 연속으로 배당금을 인상했다. 또한 2017년 5월 20억 달러 규모 자사주 매입 조치의 일환으로 2018년 1~5월에 약 1,980만 주를 사들였다. 실제로 2018년 4월 30일에 사우스웨스트항공은 투자은행으로부터 5억 달러의 자사주를 매입하는 가속 주식 환매를 단행했다.

경쟁기업

미국의 항공 산업은 2018~2023년에 매년 3%씩 성장할 것으로 예상된다. 총매출은 1,300억 달러 이상, 순이익은 100억 달러에 달한다. 이코노미 클래스는 업계 매출의 82%를, 퍼스트·비즈니스 클래스는 14%를 차지하고 우편 및 기타 화물에서 2%, 기타 항목에서 2%가 발생한다. 이코노미 클래스의 매출은 최근 몇 년 동안 계속 성장해왔으며, 고객이 가격에 더욱 민감해지면서 앞으로도 성장할 것으로 전망된다.

기존의 대형 항공사는 비용 절감에 따른 가격 경쟁이 그리 쉽지 않다. 그러나 스피릿항공(Spirit Airlines)과 제트블루항공(JetBlue Airways) 같은 저비용 항공사는 이미 가치사슬을 따라 가격 절감에 집중할 수 있는 네트워크를 확보하고 있기 때문에 가격에 민감한 고객을 확보하는 데 유리한 위치를 점하고 있다. 자료 4는 상위 항공사의 미국 시장점유율을 보여준다. 아메리칸항공(American Airlines)이 업계를 선도하고 델타항공(Delta Air Lines)이 그 뒤를 잇고 있다.

자료 4 미국 항공사의 시장점유율(2016~2017년)

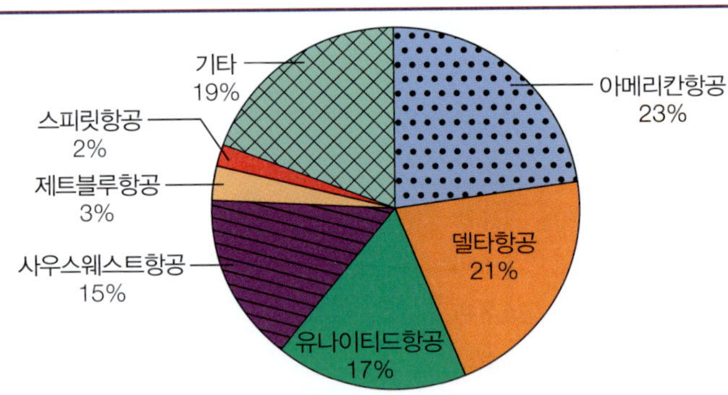

출처: 다양한 자료원

스피릿항공처럼 항공기를 일부 또는 전부 임대하여 운항할 수 있기 때문에 항공 산업에 진입하는 것은 그리 어렵지 않다. 후터스(Hooters)와 같은 레스토랑 회사도 항공기를 임대하고 조종사와 직원을 고용하여 업계에 진출할 수 있었다. 물론 후터스는 자산을 매각하고 결국 철수하여 지금은 치킨, 맥주, 스포츠 시청을 제공하며 틈새시장에 집중하고 있다.

최근 들어 항공 산업은 연료를 절감하고 수익률이 높은 항공사에 더욱 유리해지면서 많은 기업이 새로이 진입하고 있다. 2018년을 기준으로 미국에만 약 369개의 항공 서비스 회사가 있는 것으로 추정되며, 연간 약 0.3%씩 성장하고 있다. 수하물 요금을 부과함으로써 무게를 줄이고 연료를 절약하려는 노력에도 불구하고, 항공사는 좌석을 비운 채 운항하는 것과 추가 승객을 태우는 것이 전체 연료 비용에는 그리 영향을 미치지 않는다는 것을 인정한다. 스피릿항공은 종종 적색 신호 판매(red light sales)를 통해 9달러의 항공권 또는 50달러 미만의 다양한 편도 항공권을 제공한다. 이렇게 할인된 금액일지라도 좌석을 판매하는 것이 공석으로 두는 것보다 연간 순이익을 크게 증가시킬 수 있다.

미국 노선에서 사우스웨스트항공의 주요 경쟁기업은 스피릿항공, 아메리칸항공, 델타항공, 제트블루항공이며, 카리브해 지역과 남미 노선에서는 아메리칸항공, 제트블루항공과 경쟁하고 있다. 자료 5는 사우스웨스트항공의 규모가 스피릿항공보다 10배 정도 크지만 종업원 수가 절반도 되지 않는다는 것을 보여준다. 또한 2017년에 다섯 항공사 모두 자산수익률이 5.8%를 상회할 만큼 수익성이 뛰어났다.

자료 5 사우스웨스트항공과 네 경쟁기업의 비교

	사우스웨스트항공	스피릿항공	제트블루항공	아메리칸항공	델타항공
시가 총액(달러)	33.4B	2.7B	6.7B	24.2B	40B
종업원 수(명)	56,100	6,800	21,000	127,000	87,000
매출(달러)	21.2B	2.6B	7.1B	42B	41.3B
영업이익률(%)	16.3	15.3	14.3	11.3	14.2
이익률(%)	16.5	16.0	16.3	4.6	8.7
당기순이익(달러)	3.5B	420M	1.2B	1.9B	4.0B
자산수익률(%)	8.9	6.95	6.5	5.8	7.0
주당 순이익(달러)	5.9	6.06	3.5	3.9	5.0

출처: 다양한 자료원

스피릿항공

미국 플로리다주 미러마에 본사를 둔 스피릿항공은 미국, 카리브해, 중남미 지역에서 사업을 운영하고 있는 초저비용 항공사이다. 스피릿항공의 항공료는 경쟁기업보다 최대 100달러가 저렴하여 업계에서도 최저가이며, 때로는 모든 비용을 다 합쳐도 9달러에 불과한 항공권을 판매하기도 한다. 스피릿항공은 자사가 '묶이지 않은 개별 서비스(unbundled service)'를 제공하는 항공사임을 강조하는데, 이는 고객이 원하는 품목에만 요금을 부과한다는 것을 의미한다. 예를 들어 생수, 탄산음료, 수하물 운반 등을 원하면 그러한 항목에 대해서만 추가 요금을 지불하는 것이다. 스피릿항공의 광고 문구 중 하나는 "다른 승객의 공짜 수하물과 탄산음료를 대신 부담하는 묶음 서비스에 왜 돈을 내나요?"이다. 당연히 스피릿항공은 비즈니스 클래스 승객보다는 자신의 항공료를 자신이 지불하는 승객을 목표 고객으로 삼는다. 수하물을 지참하는 경우 개당 45달러 정도를 부과하고, 탑승권을 카운터에서 인쇄하는 승객은 5달러를 내야 한다. 2017년 12월 기준으로 수하물 중량에 따라 차등 요금을 적용하여 19~23kg은 30달러, 32~45kg은 100달러의 추가 수수료를 부과하고 있다. 그럼에도 불구하고 항공권 가격이 저렴한 탓에 스피릿항공을 애용하는 충성도 높은 고객이 수만 명에 달한다.

현재 스피릿항공은 하루에 500회 이상의 항공편을 운항하며, 핵심 공항인 시카고, 댈러스포트워스, 디트로이트, 라스베이거스를 중심으로 65개 공항을 연결한다. 그 밖의 중요한 허브 공항은 포트로더데일, 머틀비치, 애틀랜틱시티이다. 스피릿항공은 100대가 넘는 에어버스 항공기를 운용 중인데, 40여 대는 직접 소유한 것이고 나머지 60여 대는 임대이다. 그리고 정규직 직원이 약 6,000명이며 운항 노선, 항공기, 직원, 고객을 빠르게 늘려가고 있다. 전략 목표는 빠르게 성장하여 2021년까지 항공기 177대를 운용하고 미국 시장점유율을 2%에서 4%로 늘리는 것이다. 스피릿항공은 군더더기에 비용을 부과하는 전략(frill-for-a-fee strategy)을 고객 친화적이라고 생각하지만 많은 고객은 불편한 심경을 드러내기도 한다. 그러나 스피릿항공만 부가 수수료를 부과하는 것은 아니며, 이러한 수수료는 앞으로도 계속 유지될 것으로 보인다.

한편 스피릿항공은 어떤 유형의 제휴도 체결하지 않았기 때문에 가격, 정책, 절차 등을 더욱 유연하게 조정할 수 있다. 그러나 고객이 공항에서 항공편을 변경하는 경우 다른 항공사를 이용할 수 없기 때문에 하룻밤을 공항에서 지내게 되는 위험을 감수할 수밖에 없다.

스피릿항공과 얼리전트항공(Allegiant Air)은 업계 최저 가격임을 강조하는데, 이는 정당한 주장이다. 스피릿항공 대변인인 미스티 핀슨(Misty Pinson)은 취항한 모든 노선에 대해 다른 항공사보다 최소 25% 낮은 요금 설정을 목표로 한다고 밝혔다. 미국의 어떤 항공사도 스피릿항공보다 가격이 저렴하지 않으므로 추가 서비스가 필요 없다면 스피릿항공이 최선의 선택일 것이다.

2016년을 기준으로 스피릿항공의 전체 종업원 중 약 73%가 4대 노동조합에 가입되어 있다. 지상 담당 인력을 대표하는 노동조합은 2015년에, 승무원 노동조합은 2016년에 향후 계약 기간 동안 파업하지 않겠다는 계약을 체결했다. 현재 이와 유사한 협상이 스피릿항공과 1,400여 명의 조종사 사이에서 진행 중이다.

아메리칸항공

미국 텍사스주 포트워스에 본사를 둔 아메리칸항공은 영국항공(British Airways), 이베리아항공(Iberia), 콴타스항공(Quantas Airways) 등 다수의 국제 항공사가 포함된 원월드(OneWorld)에 속한다. 실제 아메리칸항공은 승객 및 화물 운송을 동시에 운영하는 대형 항공사이다. 2017년 12월 31일 현재 948대의 항공기로 약 50개국, 350개 도시를 운항하고 있다. 아메리칸항공은 샬럿, 시카고, 댈러스/포트워스, 로스앤젤레스, 마이애미, 뉴욕, 필라델피아, 피닉스, 워싱턴 D.C.를 경유하여 중소도시를 운항하는 전략을 고수하고 있다.

제트블루항공

미국 뉴욕주 롱아일랜드시티에 본사를 둔 제트블루항공은 미국 30개 주, 멕시코, 카리브해 지역, 남미를 무대로 매일 825회의 항공편을 운항하고 있다. 스피릿항공의 주력 기종인 A320 130대, A321 37대와 브라질 엠브라에르(Embraer)의 E190 60대를 운항 중이다. 제트블루항공은 뉴욕 및 보스턴과 연결되는 노선을 운항하면서 미국 북동부에서 빠르게 성장하고 있다. 보스턴 연결편은 이익률이 가장 높은 노선에 속하며, 현재 일일 운항 회수가 150회이지만 곧 200회로 늘릴 전망이다.

제트블루항공은 서부 지역으로 확장하고 있으나 미국 동부 해안과 카리브해 이외 지역에서는 아직 존재감이 미미하다. 업계 최저 수준의 가격으로 항공권을 판매하지만 음성 통화, 위성 TV, 라디오, 무선 데이터 연결 등을 통해 최고 수준의 기내 엔터테인먼트를 제공하는 것이 특징이고, A321 노선 승객은 다이렉TV(DirecTV)의 100여 개 채널을 시청할 수 있다. 좌석 공간이 경쟁기업보다 넓은 것으로 알려져 있으나 실제로는 항공기마다 10개의 추가 좌석을 장착하여 운영하고 있다. 제트블루항공은 대부분의 항공사처럼 초과 예약을 받지 않는다고 주장하기도 한다.

또한 제트블루항공은 환경 친화적인 정책의 일환으로 하나의 엔진만 사용한 활주로 주행, 엔진 대신 외부 전원을 통한 전력 공급, 최신 GPS 기술을 통한 효율적 경로 운항, 더 가벼운 좌석과 LED 조명 장착, 종이 절약을 위한 기내 잡지 제공 중단 등을 홍보한다. 그러나 이러한 조치의 진정한 의도가 여느 항공사처럼 비용 절감이라는 비판도 있다. 재무상태표에 무형자산으로 계상된 금액이 없으며, 전년 대비 순이익이 2015년에 69%, 2016년에 12% 증가했다. 미국 시장점유율은 약 3%이다.

델타항공

1924년에 설립된 델타항공은 미국 조지아주 애틀랜타에 본사가 있으며 800여 대의 항공기로 61개국, 342개 도시를 연결한다. 핵심인 애틀랜타 외에도 암스테르담, 신시내티, 디트로이트, 멤피스, 뉴욕-JFK, 파리, 도쿄 공항을 거점으로 삼고 있다.

스카이팀(SkyTeam) 글로벌 제휴 동맹의 창립 멤버인 델타항공은 전 세계적으로 입지를 확대하고 있으며, 에어프랑스-KLM(Air France-KLM), 알리탈리아(Alitalia)와 각각 합작 기업을 운영 중이다.* 델타항공의 스카이마일스(SkyMiles)는 세계 최대의 항공 마일리지 프로그램이며, 우수 고객은 비즈니스엘리트(BusinessElite) 고객 우대와 전 세계 50개 이상의 스카이클럽 라운지를 이용할 수 있다. 한편 델타항공은 버진애틀랜틱항공(Virgin Atlantic Airways)의 지분 49%를 보유하고 있으며, 수직적으로 통합하여 운영하는 유지·보수 및 기타 사업을 통해 2016년에 10억 달러 이상의 매출을 올렸다.

외부 이슈

경쟁 전략

항공 산업은 가격, 노선, 고객 서비스를 중심으로 경쟁이 치열하다. 대다수 기업은 간접비를 줄이거나 부가 서비스를 축소하는 비용 절감 경쟁에 치중하지만, 사우스웨스트항공 같은 저비용 항공사는 저렴한 운임과 함께 무료 수하물·식음료 서비스를 제공한다. 가격 경쟁을 하기 어려운 기업은 다양한 노선, 많은 운항편, 고객 우대 프로그램 등의 차별화된 서비스로 약점을 만회하려 한다. 항공사의 고객 우대 프로그램은 대개 우선 탑승, 무료 식음료, 무료 항공권과 같은 특전을 내놓으며 고객 유치에 나서고 있다.

저가 경쟁

사우스웨스트항공은 초저비용 항공사로 분류되지 않을 수도 있지만 가격 면에서는 상당한 경쟁력이 있다. 스피릿항공, 얼리전트항공과 같은 초저비용 항공사는 가격에 대한 교훈, 다시 말해 대부분의 고객, 출장 여행객, 관광객이 항공사를 선택하는 가장 중요한 요인이 가격이라는 것을 가르쳐준다. 출장 여행객은 가격에 덜 민감하고 출발일로부터 몇 주 전에 예약하는 경우가 많다. 그럼에도 불구하고 기업이 비용 절감을 위해 여러 항공사를 비교하여 더 저렴한 항공권을 선택함으로써 더 큰 협상력을 가지게 되었다. 또한 비즈니스 클래스 승객은 동일한 가격대의 항공편이더라도 더 넓은 좌석과 더 많은 편의 용품을 제공하는 항공사를 선택한다.

규제 및 세금

미국 항공사는 정부·비정부 기관으로부터 상당한 규제를 받고 있다. 규제 기관은 연방항공국, 법무부, 환경보호청 등이며, 1990년 발효된 항공기 소음 규제법(Airport Noise and Capacity Act)도 영향을 미치고 있다. 재정 수익을 늘리기 위한 정부의 노력으로 인해 항공사가 비용을 부담하는 경우도 많다. 미국 정부는 항공권 구입 시 가격에 포함되는 세금을 부과해왔다. 사우스웨스트항공, 스피릿항공 등의 항공사는 이 세액이 명시적으로 드러나도록 노력해왔고, 그 결과 지금은 항공권에 세액과 운임이 분리되어 표기된다. 이러한 세액은 스피릿항공의 운임을 초과하곤 한다. 실제로 탑승권 운임과 연계된 각종 수수료는 연방항공국의 세수 확보에 도움이 되었다. 한편 미국 국토안보부는 편도 항공권당 5.60달러의 수수료를 부과하고 농무부는 국제노선 탑승권당 5달러, 운항편당 225달러의 수수료를 부과하고 있다.

세금 외에도 조종사의 10시간 의무 휴식, 엄격한 유지·보수/정비 규정, 조종사 훈련, 커뮤니케이션 등 안전과 직결된 다양한 규제가 있다. 앞서 언급한 수수료 같은 세금은 항공료에 전가되고 끝나지만, 교통안전국의 보안 관련 요구 사항은 파악하기 어려울 뿐만 아니라 연착과 탑승 지연을 초래하곤 한다. 즉 항공기 안전과 보안 관련 규정도 승객이 지불해야 할 비용인 것이다. 따라서 일부 저위험 승객은 추가 수수료를 내고 교통안전국의 프리체크(PreCheck)로 보안 검색을 마치기도 한다.

---

* 역자 주: 원서가 출간되는 시점에는 알리탈리아가 운영 중이었으나 2021년에 폐업했다.

고객 만족

미국 캘리포니아주 코스타메사에 본사가 있는 JD파워(J.D. Power)는 소비자와 관련된 통찰력, 자문 서비스, 데이터 및 분석의 글로벌 선도 기업이다. 2018년 5월, JD파워는 지난 14년 동안 매년 시행해온 북미 항공사 만족도 조사 결과를 발표했다. 이 조사는 중요도에 따른 7개 요소(비용 및 수수료, 기내 서비스, 항공기, 탑승/하기/수하물, 승무원, 체크인, 예약)를 토대로 북미 항공사에 대한 고객 만족도를 측정한 것이다(http://www.jdpower.com/press-releases/jd-power-2018-north-america-airline-satisfaction-study 참조). 만족도는 1,000점 만점으로 산출되었다. 결론적으로 JD파워의 2018년 보고서는 저렴한 운임, 정시 운항률 제고, 수하물 분실 감소, 운항 취소 비율 하락이 북미 항공사에 대한 고객 만족도 개선에 기여했다고 밝혔다. 또한 항공사에 대한 전반적인 고객 만족도가 역대 최고 수준에 도달했으며, 이러한 추세가 7년 연속 이어지고 있다고 언급했다. 구체적으로 전통 항공사 계열에서는 알래스카항공(Alaska Airlines)이 11년 연속 1위를 차지하고 델타항공이 그 뒤를 이었다. 저비용 항공사 중에서 2년 연속 가장 높은 순위를 차지한 사우스웨스트항공은 7개 요소 모두에서 높은 평점을 받았다. 제트블루항공은 7개 요소 중 6개에서 개선된 평가를 받으며 2위를 차지했다.

유가

연료는 항공 산업에서 가장 큰 비용 지출 항목 중 하나이다. 항공사의 전체 매출 중 약 26%가 연료 비용으로 소요된다. 2011~2014년에는 연료 비용이 매출에서 차지하는 비중이 30% 이상이었으나 2017년에는 그 비중이 18%로 낮아졌다. 항공사는 선물 거래를 활용하여 연료 가격의 변동 위험을 제거하려 한다. 연료 사용 시점의 가격보다 낮다고 예상되는 가격일 때 미리 구입함으로써 가격 상승 위험에 대비하는 것이다.

중동의 지속적인 충돌 사태, 석유 거래 통화인 미국 달러 가치의 변동, 인도와 중국의 수요 증가로 말미암아 2018~2020년에 유가가 상승할 것으로 전망된다. 유가와 관련된 정치적 문제 외에도 원유와 정제된 석유 제품 간 가격 차이, 즉 정제 마진(crack spread)이 커지고 변동성이 확대된다면 항공유를 구매해야 하는 항공사의 부담 역시 증가할 것이다.

종업원

항공사의 비용 항목 중 가장 큰 비중을 차지하는 인건비는 유가 변동에 따라 그 비중이 두 번째가 되기도 하는데, 현재는 연료가 차지하는 비중의 2배에 이른다. 항공 산업 종사자는 조종사, 기술자, 승무원, 지상 서비스 인력, 유지·보수 인력, 고객 서비스 인력, 운항관리사 등으로 구분된다. 항공사의 인건비는 지속적으로 상승하여 2017년에는 전체 매출의 35% 이상을 차지했는데, 부분적으로 이는 기업의 수익 분배에서 임금이 차지하는 비중을 성공적으로 늘려온 노동조합의 노력에 따른 것이다. 대부분의 항공 산업 종사자는 승무원협회, 항공사조종사협회, 기술자 및 항공근로자 협회 등 주요 노동조합 중 하나에 가입되어 있다.

항공사가 동시에 여러 노조와 협상하는 것은 드문 일이 아니며, 협상이 최대 2년까지 길어질 수 있다. 그러나 법에 따라 노동 쟁의를 미국조정위원회(National Mediation Board)에 제출하고, 파업 실행 전에 의무적으로 갖는 조정 기간을 거쳐야 하기 때문에 실제로는 파업이 자주 일어나지 않는다.

부가 수수료

미국 항공 산업은 항공권 판매와 별개로 수하물, 식음료 및 기타 서비스에 대한 수수료로 80억 달러 이상을 벌어들였다. 많은 고객이 부가 수수료에 불만을 품지만 대부분은 이를 지불할 의향이 있으며, 고급 서비스로 차별화를 시도한 항공사도 그러한 노력에 대한 고객 충성도가 거의 증가하지 않았다. 유일한 예외는 더 높은 가격의 좌석을 구매하는 비즈니스 클래스 승객으로, 이들은 항공사에 더 많은 이익을 안겨주지만 그 수가 감소하는 추세이다. 일부 항공사는 비즈니스 클래스 승객에 대한 모든 추가 요금을 면제해주기도 한다.

미래

2018년 봄, 사우스웨스트카고(Southwest Cargo)가 멕시코시티, 칸쿤, 카보산루카스/로스카보스, 푸에르토 바야르타를 시작으로 국제 화물 항공편을 취항했다. 사우스웨스트카고는 앞으로 신규 노선을 계속 추가해나갈 계획이다. 비록 지금은 페덱스(FedEx)와 UPS의 시장점유율이 높지만 고도성장이 예상되는 화물 운송 시장에서 진검 승부를 펼칠 것이다. 이는 여객 중심 항공 운항 시장의 포화 상태, 치열한 가격 경쟁과 무관하지 않은 행보이다.

JD파워에 따르면 2018년 봄 사우스웨스트항공은 미국 저비용 항공사 중 2년 연속 고객 만족도 최우수 기업으로 선정되었다. 그러나 이러한 평가에 안주하지 않고 고성과 창출과 탁월한 서비스에 대한 종업원, 고객, 주주의 기대 수준을 충족할 수 있는 명확한 전략계획이 필요하다.

Microsoft Corporation – 2018

www.microsoft.com

미국 워싱턴주 레드먼드에 본사를 둔 마이크로소프트는 전 세계 190개국에서 개인과 기업에 소프트웨어 관련 제품 및 서비스를 판매하는 세계 최대의 기업이다. 대표적인 제품은 윈도 오피스(Office), 윈도 PC 운영체제, 윈도 기업용 서버 운영체제, 윈도 애저(Azure), 마이크로소프트 SQL, 비주얼 스튜디오(Visual Studio), 실버라이트(Silverlight), 엑스박스(Xbox) 콘솔 등이다. 윈도 운영체제를 내장한 PC를 판매하는 에이서(Acer), 레노보(Lenovo), 델(Dell), 휴렛팩커드(Hewlett-Packard), 도시바(Toshiba)의 PC를 만드는 많은 제조업체는 마이크로소프트의 고객이다. 또한 검색엔진 빙(Bing), MSN, 애드센터(adCenter), 아틀라스(Atlas)뿐만 아니라 교육훈련 인증, 컨설팅, 클라우드 기반 서비스를 제공하는 한편 노키아(Nokia), NIIT, 도미니언엔터프라이시스(Dominion Enterprises)와 전략적 제휴를 맺었다. 현재 스카이프(Skype), 링크드인(LinkedIn)도 소유하고 있는 마이크로소프트는 서피스(Surface) 태블릿 제품군의 확장에 주력하고 있다.

2018년 5월, 마이크로소프트는 인공지능을 활용하여 전 세계 장애인의 신체 활동을 지원하기 위한 2,500만 달러 규모의 5개년 프로그램인 '접근성을 위한 AI(AI for Accessibility)'를 발표했다. 이 프로그램은 전 세계 가정과 기업에서 확산되고 있는 스마트 기기를 활용하는 것을 목표로 한다. 오늘날 스마트 기기는 클라우드에 지속적으로 연결하지 않고도 보고, 듣고, 추론하고, 예측하는 방법을 지원한다. 마이크로소프트가 언급했듯이 이것이 바로 지능형 에지(intelligent edge)이다.

역사

1975년에 빌 게이츠(Bill Gates)와 폴 앨런(Paul Allen)은 알테어 8800에 사용할 베이직 프로그래밍 언어를 개발하기 위해 마이크로소프트를 창업했다. 1980년대 중반에 마이크로소프트는 MS-DOS를 대체하는 윈도를 출시하면서 PC 운영체제 시장을 지배하게 되었다. 1986년에는 기업 공개를 단행함으로써 세 억만장자와 1만 2,000명의 백만장자를 배출했다. 1990년에 마이크로소프트는 MS워드, MS엑셀을 결합한 마이크로소프트 오피스를 출시했다.

2011년에 마이크로소프트는 인수합병 역사상 최대 금액인 86억 달러를 들여 스카이프를 인수했다. 이어서 윈도폰7 출시를 계기로 자사 제품군의 대대적인 리브랜딩을 단행했다. 즉 메트로(Metro)의 디자인 언어 개념에 따라 로고, 제품 및 서비스, 웹사이트를 전면 개편했다. 2012년 초에 일반 PC와 태블릿 PC에 모두 사용할 수 있는 운영체제인 윈도8을 출시한 마이크로소프트는 그해 5월에 마이크로소프트 서피스를 내놓으면서 태블릿 PC 시장에 본격 진출했다. 마이크로소프트는 소셜 네트워크 회사인 야머(Yammer)를 12억 달러에 인수하고 윈도폰8을 출시함으로써 운영체제에의 의존에서 탈피하려 했다. 제품과 서비스에 대한 잠재적 수요 증가에 대응하기 위해 마이크로소프트는 미국에서 마이크로소프트 스토어(Microsoft Store) 서비스를 시작했다. 현재 빌 게이츠는 빌앤드멀린다게이츠재단(Bill and Melinda Gates Foundation)을 통해 공공의 이익에 부합하는 기부와 자선 활동을 펼치고 있다.

2018년 5월, 민간 드론 및 항공 영상 기술 분야의 세계적인 선두 주자인 DJI와 마이크로소프트는 인공지능(AI) 기반 머신러닝을 적용한 드론을 개발하기 위해 전략적 파트너십을 체결했다. 두 기업은 상업용 드론 기술과 첨단 클라우드 컴퓨팅 기술을 결합한 새로운 비즈니스를 염두에 두고 있다. 이 파트너십을 통해 DJI는 윈도용 소프트웨어 개발 키트(SDK)를 출시함으로써 상업용 드론의 기술력을 강화할 것이다. 또한

DJI는 인공지능 및 머신러닝 분야를 선도할 목적으로 마이크로소프트 애저를 활용한 클라우드 컴퓨팅 서비스를 확대하려 한다. 마이크로소프트와 DJI는 드론으로 수집한 방대한 이미지와 동영상을 활용하여 수많은 글로벌 비즈니스를 창출할 계획이다.

비전과 사명

마이크로소프트의 2017년 연례 보고서에는 '우리의 비전'이라는 제목하에 다음과 같이 쓰여 있다. "우리의 사명은 사람들과 기업이 더 많은 것을 성취할 수 있도록 힘을 실어주는 것이다." 마이크로소프트는 비전과 사명을 구분하지 않고 동일한 의미로 사용하고 있다. 그러나 연례 보고서의 후반부에서 클라우드 컴퓨팅 사업에 대해 설명할 때는 다음과 같이 언급된다. "우리의 비전은 인공지능이 접목된 지능형 클라우드를 위한 동급 최고의 플랫폼과 서비스를 개발하고 제공하는 것이다."

내부 이슈

조직 구조

마이크로소프트의 웹사이트를 보면 3개의 전략적 사업단위(SBU)를 중심으로 각 사업 부문 책임자에게 보고하는 사업부제 조직 구조임을 알 수 있다. 그러나 자료 1에서 보듯이 최고경영진의 직함이 이와 잘 맞지 않는다. 누가 누구에게 보고하는지는 내부자만 정확히 알고 있을 것이다. 그러나 전략경영을 배우는 학생들에게는 기업에 권고하기 위한 보고 관계를 고안하는 것이 중요하다. 직위를 삭제하거나 추가하여 모든 이해관계자가 지휘 계통을 보다 명확하게 알 수 있도록 해야 한다.

자료 1 마이크로소프트의 최고경영진과 조직 구조

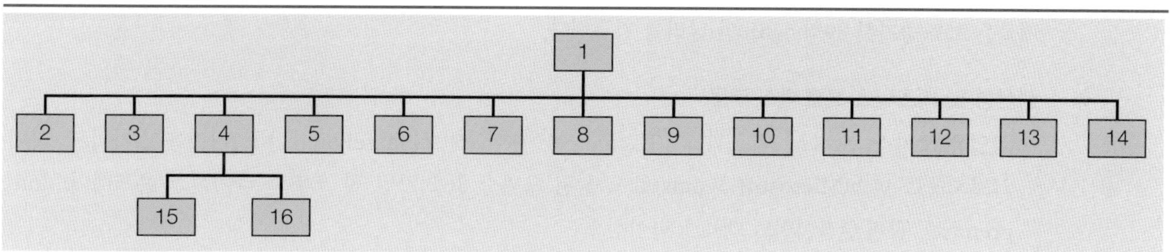

1. 최고경영자(CEO) Satya Nadella
2. 마이크로소프트 클라우드 및 기업 그룹 부사장(EVP Microsoft cloud and enterprise group) Scott Guthrie
3. 윈도 및 디바이스 그룹 부사장(EVP Windows and devices group) Terry Myerson
4. 오피스 제품 그룹 부사장(EVP officer product group) Rajesh Jha
5. 글로벌 기업 사업부 부사장(EVP worldwide commercial business) Judson Althoff
6. 최고마케팅책임자 겸 마케팅·소비자 사업부 부사장(CMO, EVP marketing and consumer business) Chris Capossela
7. 부사장 겸 글로벌 영업판매 사장(EVP and president Microsoft global sales marketing) Jean-Philippe Courtois
8. 최고디지털책임자 겸 기업전략 부사장(chief digital officer and EVP corporate strategy) Kurt DelBene
9. 인사 부사장(EVP HR) Kathleen Hogan
10. 부사장 겸 최고재무책임자(EVP and CFO) Amy Hood
11. 사업개발 부사장(EVP business development) Peggy Johnson
12. 최고기술책임자(chief technology officer) Kevin Scott
13. 인공지능 연구개발 그룹 부사장(EVP artificial intelligence and research group) Harry Shum
14. 사장 겸 최고법무책임자(president and chief legal officer) Brad Smith
15. 게임 부문 부사장(EVP gaming) Phil Spencer
16. 링크드인 최고경영자(CEO of LinkedIn) Jeff Weiner

출처: 기업 문서

연구개발

2017년에 마이크로소프트는 전년 대비 9% 증가한 130억 달러를 연구개발에 지출했다. 마이크로소프트는 인공지능부터 클라우드 인프라에 이르기까지 첨단 기술 서비스를 목표로 내부의 과학자, 연구자, 기술자를 활용하여 제품과 서비스를 개발한다.

판매 및 라이선싱

마이크로소프트는 제품과 서비스를 판매하기 위해 기업, 조직, 지방 자치단체, 개인과 30개 이상의 다양한 배포 및 라이선스 계약을 체결한다. 델, 후지쯔(Fujitsu), 레노보, 삼성, 도시바, 휴렛팩커드 등 다양한 기업이 사용할 수 있는 사이트 라이선스 옵션, 개별 라이선스, 그룹 라이선스가 있는데, 기업은 영구 라이선스를 구매하거나 라이선스에 가입할 수 있다.

종업원

2018 회계연도에 마이크로소프트의 정규직 직원은 12만 4,000명으로, 이 중 7만 3,000명은 미국에서, 5만 1,000명은 미국 외 지역에서 근무하고 있다. 이들은 제조, 유통, 제품 지원에 3만 9,000명, 연구개발에 4만 명, 영업과 마케팅에 3만 4,000명이 배치되어 있고, 나머지 1만 1,000명은 링크드인 소속이다.

사업 부문

생산성 및 비즈니스 프로세스, 지능형 클라우드, 개인용 컴퓨팅 등 세 부문으로 운영되고 있는 마이크로소프트는 클라우드 컴퓨팅을 기반으로 한 컴퓨팅 성능 및 스토리지 서비스 분야에서 아마존닷컴(Amazon.com)의 뒤를 이어 세계 2위이다. 2017년 12월 31일에 마감된 2018년 2분기에 마이크로소프트에서 가장 큰 두 가지 클라우드 컴퓨팅 비즈니스인 애저 인프라 서비스와 오피스 365 온라인 서비스는 매출이 각각 98%, 41% 증가했다. 전분기에 이 수치는 각각 90%, 42%였다. 2018년 2분기에 애저를 포함한 지능형 클라우드 부문의 매출은 15% 증가한 78억 달러를 기록하고, 오피스를 포함한 생산성 및 비즈니스 프로세스 부문의 매출은 25% 증가한 89억 5,000만 달러를 기록했다.

생산성 및 비즈니스 프로세스 부문

- 상업용 오피스: 오피스, 익스체인지(Exchange), 셰어포인트(SharePoint), 비즈니스용 스카이프, 마이크로소프트 팀스(Microsoft Teams)로 구성된 오피스 365 가입 및 오피스 라이선스 온프레미스(on-premise), 관련 클라이언트 액세스 라이선스
- 개인용 오피스: 스카이프, 아웃룩(Outlook), 원드라이브(OneDrive)를 포함한 개인용 오피스 서비스, 오피스 365 가입 및 오피스 라이선스 온프레미스
- 링크드인: 인재 설루션, 마케팅 설루션, 프리미엄 유료 서비스
- 다이내믹스 비즈니스 설루션: 다이내믹스 ERP 온프레미스, 다이내믹스 CRM 온프레미스, ERP 및 CRM 전반의 클라우드 기반 애플리케이션 세트인 다이내믹스 365

지능형 클라우드 부문

- 서버 제품과 클라우드 서비스: 마이크로소프트 SQL 서버, 윈도 서버, 비주얼 스튜디오, 시스템 센터, 관련 클라이언트 액세스 라이선스, 애저
- 기업용 서비스: 프리미어 지원 서비스, 마이크로소프트 컨설팅 서비스

개인용 컴퓨팅 부문

- 윈도: 윈도, 운영체제, 클라우드 서비스, 특허 라이선싱, 윈도 사물인터넷, MSN 화면 광고
- 디바이스: 마이크로소프트 서피스, PC 액세서리, 기타 디바이스
- 게임: 엑스박스 하드웨어, 소프트웨어 및 서비스

자료 2는 세 부문의 2015~2017년 매출과 이익을 보여준다. 개인용 컴퓨팅 부문은 가장 많은 매출과 영

업이익을 창출하지만 3년 동안 매출이 감소한 유일한 부문이기도 하다.

자료 2 마이크로소프트의 부문별 재무 성과(단위: 10억 달러)

	2017년	2016년	2015년
부문별 매출			
생산성 및 비즈니스 프로세스	30.4	26.5	26.4
지능형 클라우드	27.4	25.0	23.7
개인용 컴퓨팅	38.8	40.4	43.4
부문별 영업이익			
생산성 및 비즈니스 프로세스	11.9	12.4	13.3
지능형 클라우드	9.1	9.3	9.8
개인용 컴퓨팅	8.3	6.2	5.1

출처: 기업 문서

재무

마이크로소프트는 웹사이트를 통해 모든 부문의 매출과 영업이익을 공개하고 연례 보고서를 워드 파일로 제공한다는 점에서 투명성이 높다. 자료 3과 4는 최근 손익계산서와 재무상태표이다. 마이크로소프트의 회계연도는 6월 30일에 마감된다.

자료 3 마이크로소프트의 손익계산서(단위: 100만 달러)

계정과목	2016년 6월 30일	2017년 6월 30일		변화율(%)
매출	85,320	89,950	⬆	5.43
매출 원가	32,780	34,261	⬆	4.52
매출 총이익	52,540	55,689	⬆	5.99
운영 비용	32,789	32,540	⬇	−0.76
이자 및 세전이익	19,751	23,149	⬆	17.20
이자 비용	0	0	NA	NA
법인세 차감 전 순이익	19,751	23,149	⬆	17.20
세액	2,953	1,945	⬇	−34.13
비반복적 항목	0	0	NA	NA
당기순이익	16,798	21,204	⬆	26.23

출처: 기업 문서

2018년 2분기의 매출은 12% 증가한 289억 2,000만 달러였으나 순이익은 63억 달러의 손실을 기록했다. 한편 전분기에는 62억 7,000만 달러의 순이익을 보고했다. 2018년 2월, 마이크로소프트의 최고재무책임자인 에이미 후드(Amy Hood)는 해외 계좌에 있는 1,428억 달러의 현금을 미국으로 가져올 계획이 없다고 밝혔다.

경쟁기업

마이크로소프트처럼 다각화된 대기업은 부문별로 경쟁자가 다르다. 윈도 운영체제는 애플(Apple)·구글(Google)과, 서버 제품은 휴렛팩커드·IBM·오라클(Oracle)과, 클라우드 기반 서비스는 아마존·구글·세일즈포스닷컴(Salesforce.com)과, SQL 애저는 IBM·오라클 및 기타 여러 기업과 치열한 경쟁을 하고 있다.

자료 4 마이크로소프트의 재무상태표(단위: 100만 달러)

계정과목	2016년 6월 30일	2017년 6월 30일		변화율(%)
자산				
현금 및 단기투자자산	113,240	132,981	↑	17
외상매출금	18,277	19,792	↑	8
재고자산	2,251	2,181	↓	−3
기타 유동자산	5,892	4,897	↓	−17
총유동자산	139,660	159,851	↑	14
부동산 및 설비	18,356	23,734	↑	29
영업권	17,872	35,122	↑	97
무형자산	3,733	10,106	↑	117
기타 장기자산	13,847	12,273	↓	−11
자산 계	193,468	241,086	↑	25
부채				
외상매입금	13,036	14,024	↑	8
기타 유동부채	46,321	50,503	↑	9
총유동부채	59,357	64,527	↑	9
장기차입금	40,557	76,073	↑	88
기타 장기부채	21,557	28,092	↑	30
부채 계	121,471	168,692	↑	39
자본				
보통주	68,178	69,315	↑	2
이익잉여금	2,282	2,648	↑	16
자사주	0	0	NA	NA
주식발행초과금 및 기타	1,537	431	↓	−72
자본 계	71,997	72,394	↑	1
부채 및 자본 계	**193,468**	**241,086**	↑	**25**

출처: 기업 문서

마이크로소프트 오피스 제품군(워드, 엑셀, 액세스 등)은 어도비(Adobe), 애플, 시스코시스템스(Cisco Systems), 구글, SAP, 그리고 경쟁 상품을 출시하는 웹 서비스 사업자들과 각축을 벌이고 있다. 또한 엑스박스360을 생산하는 엔터테인먼트 및 디바이스 부문은 상당히 부담스러운 닌텐도(Nintendo)와 격돌하는데, 게임용 콘솔은 평균 수명이 5년 이상으로 길고 인기 게임이 많을수록 성공할 가능성이 커진다.

또한 마이크로소프트의 윈도폰은 시장점유율 1위인 애플의 아이폰, 안드로이드 기반인 삼성의 갤럭시와 경쟁 관계에 있다. 게다가 한때 인기를 끌었던 블랙베리(Blackberry)도 재기의 기회를 노리고 있다. 한편 마이크로소프트와 노키아의 제휴로 노키아 폰에 윈도8 운영체제가 탑재되었는데, 이를 통해 시장점유율에 지각 변동이 일어나기를 기대하고 있다.

자료 5는 마이크로소프트와 세 경쟁기업의 재무 성과를 비교하여 보여준다. 마이크로소프트의 주당 순이익이 가장 낮은데, 이는 네 기업 중 발행 주식 수가 가장 많기 때문이다.

애플

미국 캘리포니아주 쿠퍼티노에 본사를 둔 애플은 전 세계 고객에게 스마트폰, 스마트워치, PC, 디지털 음

자료 5 마이크로소프트와 세 경쟁기업의 비교

	마이크로소프트	애플	알파벳	오라클
종업원 수(명)	124,000	100,000	73,000	138,000
매출(달러)	95B	239B	111B	39B
당기순이익(달러)	9.5B	50.5	12.7B	9.9B
순이익률(%)	10	21	11.4	25.5
주당 순이익(달러)	1.23	9.7	18.2	2.33
시가 총액(달러)	703B	829B	754B	204B
발행 주식 수(주)	7.7B	5.1B	349M	4.1B

출처: 기업 문서

악 플레이어 및 기타 커뮤니케이션 미디어를 제공한다. 가장 인기 있는 제품은 아이폰, 아이패드, 맥북 프로, 아이팟이다. 애플은 자체 운영체제를 자사의 모든 제품에 적용하고 있다. 아이폰은 전체 휴대전화 시장 점유율이 세계 1위이지만, 애플과 달리 다양한 모델을 제공하는 삼성이 스마트폰 판매량에서는 세계 1위이다. 애플의 운영체제는 스마트폰 중 아이폰에만 사용되지만, 구글의 안드로이드 운영체제는 삼성을 비롯한 기타 휴대전화 제조업체가 사용하고 있다.

또한 애플은 아이라이프(iLife), 아이워크(iWork), 파이널 컷 프로(Final Cut Pro), 로직 스튜디오(Logic Studio) 등의 운영체제와 많은 소프트웨어 제품을 제공한다. 애플은 온라인뿐만 아니라 월마트(Walmart), 베스트바이(Best Buy), 애플 스토어(Apple Store) 등의 소매점을 통해 제품을 판매하며, 미국에서는 약 250개의 애플 스토어를, 미국 외 지역에서는 140개의 애플 스토어를 운영하고 있다.

오라클코퍼레이션

미국 캘리포니아주 레드우드시티에 본사를 둔 오라클은 미들웨어 소프트웨어, 응용 소프트웨어, 기업용 서버 및 클라우드 애플리케이션, 데이터 통합, 자바(Java), 그리고 전략 및 정보통신 관련 IT 컨설팅 서비스를 제공하는 다국적 기업이다. 오라클의 매출과 순이익은 각각 380억 달러, 90억 달러로 견고한 성장을 지속하고 있다.

외부 이슈

클라우드 컴퓨팅

하드웨어나 플랫폼을 활용하지 않고도 인터넷을 통해 컴퓨팅 서비스를 제공하는 클라우드 컴퓨팅은 그 수요와 공급이 계속 증가하는 추세이다. 웹 기반 공급자로부터 데이터 저장소와 컴퓨팅 용량을 임대할 수 있으므로 많은 기업이 비용을 절감하기 위해 이를 사용하고 있다. 클라우드 기술을 이용하면 장비와 소프트웨어에 들어가는 자본 투자를 줄이는 동시에 필요한 용량만 사용하고 그에 대해 지불할 수 있다. 과거에는 기업이 자체적으로 생산 능력을 갖추고 미래의 수요를 예측해야 했기 때문에 필요한 것보다 넘치게 투자하곤 했다. 이에 구글은 클라우드 기술을 이용하여 많은 제품을 지원하는 선도 기업으로 자리 잡았다. 한편 기업은 클라우드 컴퓨팅의 보안 문제와 적절한 네트워크 속도로 서비스를 끊김 없이 제공하려면 구글과 같은 공급업체에의 의존도가 높아진다는 것을 우려하고 있다. 그럼에도 불구하고 클라우드 서비스의 매출 규모는 2011년 400억 달러에서 2016년 1,000억 달러로 성장할 것으로 예상된다.

사이버 보안, 지식재산권, 독점 금지 소송, 특허 침해, 개인 정보 보호, 국가별 법률과 규정 차이, 세금 문제, 다양한 제품 라인에 걸친 급속한 기술 발전, 인공지능, 양자 컴퓨팅, 국가별 가처분소득 수준의 변화와 관련하여 마이크로소프트에 영향을 미치는 외부 기회와 위협이 수없이 많다. 마이크로소프트의 경우

세 가지 사업 부문의 경쟁자가 각기 다르기 때문에 문제가 더 복잡하다. 예컨대 링크드인의 경쟁자는 페이스북이고 클라우드 컴퓨팅에서의 경쟁자는 아마존, 오라클, 구글이다. 특히 중국의 기업이 인공지능, 양자 컴퓨팅, 로봇 공학 산업에서 빠르게 성장하고 있으므로 마이크로소프트의 경쟁기업은 미국에 국한되지 않는다.

미래

마이크로소프트는 앞으로 계속해서 인수 및 합작투자를 하고 전략적 제휴를 맺을 계획이다. 링크드인을 인수함으로써 마이크로소프트는 상당한 영업권과 무형자산을 취득했으나, 2018년 기준으로 약 50억 달러의 영업권 손실을 반영한다면 재무상태표상 영업권과 무형자산 총액이 줄어들 것으로 예상된다. 기업을 인수할 때는 시가 총액보다 훨씬 더 낮은 금액으로 성사되도록 노력해야 한다.

2018년 초에 마이크로소프트는 아시아에서 청정에너지 사업을 추진하기 위해 싱가포르의 선도적 태양광 공급업체인 선시프그룹(Sunseap Group)과 파트너십을 맺고, 싱가포르에서 단일 최대 규모의 태양광 포트폴리오를 구축하고 있다. 싱가포르 최초의 이 태양광 포트폴리오를 통해 싱가포르 전역의 옥상에 수백 개의 태양광 패널을 설치하여 60메가와트피크의 전력을 생산하고, 에너지 생산 및 소비 관련 데이터를 수집·분석하는 데이터센터를 마련할 계획이다. 마이크로소프트는 1990년에 싱가포르에서 사업을 시작했으며 현재 850명이 넘는 직원이 일하고 있다. 특히 싱가포르는 마이크로소프트 애저, 오피스 365 및 기타 클라우드 서비스를 제공하는 마이크로소프트 데이터센터 서비스의 본거지이다.

또한 2018년 초에 샤오미(Xiaomi)와 마이크로소프트는 파트너십을 강화하기 위해 전략적 프레임워크 양해각서(MOU)에 서명했다. 2010년에 설립된 샤오미는 스마트폰, 스마트 TV 및 다양한 스마트홈 제품을 제공하는, 세계에서 가장 혁신적인 기술 기업 중 하나이다. 마이크로소프트의 클라우드 컴퓨팅 및 인공지능 기술은 샤오미의 모바일·스마트 기기와 관련 서비스를 강화하고 글로벌 확장을 가속하는 데 도움이 될 것이다. 이 파트너십을 통해 마이크로소프트는 샤오미 제품을 사용하는 전 세계의 사용자에게 더욱 다가갈 수 있다. 샤오미와 마이크로소프트의 협력은 다음과 같은 측면에 중점을 둘 것이다.

1. 클라우드 지원: 세계 시장에서 샤오미의 사용자 데이터 스토리지, 대역폭, 컴퓨팅 및 기타 클라우드 서비스를 지원하기 위해 마이크로소프트 애저 클라우드 플랫폼을 활용하는 방법을 모색할 것이다.
2. 랩톱형 기기: 샤오미는 랩톱 및 랩톱형 기기의 공동 마케팅, 채널 지원, 향후 제품 개발에 대해 마이크로소프트의 지원을 받아 세계 시장에 진출할 것이다.
3. 마이크로소프트 코타나(Microsoft Cortana)와 AI 스피커 미(Mi): AI 스피커 미에 마이크로소프트 코타나를 탑재하려 한다.
4. AI 서비스 협력: 컴퓨터 비전, 음성, 자연어 처리, 텍스트 입력, 대화형 AI, 지식 그래프 및 검색과 같은 광범위한 마이크로소프트 AI 기술뿐만 아니라 빙, 에지(Edge), 코타나, 샤오아이스(XiaoIce), 스위프트키(SwiftKey), 번역기, 픽스(Pix), 인식 서비스, 스카이프와 같은 관련 마이크로소프트 AI 제품 및 서비스를 기반으로 다양한 협력 프로젝트를 추진할 것이다.

마이크로소프트는 선시프그룹, 샤오미와의 제휴뿐만 아니라 또 다른 전략적 제휴를 맺어 독창적인 제품 및 서비스로 세계 시장에 더 깊이 파고들려 한다. 예를 들어 2018년 여름에 마이크로소프트는 퀄컴테크놀러지스(Qualcomm Technologies)와 협력하여 애저 IoT 에지를 적용할 비전 AI 개발자 키트를 만들기 시작했다. 이는 머신러닝, 스트림 분석, 인지 서비스와 같은 고급 애저 서비스를 지원할 수 있는 카메라 기반 IoT 설루션을 개발하는 데 필요한 주요 하드웨어와 소프트웨어를 제공한다.

마이크로소프트는 범세계적인 입지를 다지고 확장하기 위해 명확한 전략계획이 필요하다.

Amazon.com—2018

www.amazon.com

미국 워싱턴주 시애틀에 본사를 둔 아마존은 20여 년 전 온라인 서점으로 시작하여 오늘날 거의 모든 것을 판매하는 세계적 전자상거래 기업으로 성장했다. 매출과 시가 총액을 기준으로 아마존은 세계에서 가장 큰 온라인 소매업체이며, 중국의 알리바바그룹(Alibaba Group)이 그 뒤를 잇는다. CEO인 제프 베이조스(Jeff Bezos)가 이끄는 아마존은 스마트홈 및 알렉사(Alexa) 플랫폼, 머신러닝으로 사업을 크게 확장했다. 2017년에는 아마존 프라임(Amazon Prime)에 가입한 전 세계의 유료 회원이 전년보다 증가하여 50억 개 이상의 품목을 주문했다.

2017년에 아마존은 베스트셀러인 파이어 TV 스틱(Fire TV Stick)과 에코 닷(Echo Dot) 덕분에 매출이 31%나 증가했다. 이러한 기록적인 매출을 올린 데에는 에코의 판매 증가뿐만 아니라 홀푸즈마켓(Whole Foods Market)을 인수한 영향도 일부 있다. 또한 2017년에 아마존은 미국에서만 1만 7,500명 이상의 퇴역 군인과 그 배우자를 고용하는 등 전 세계적으로 13만 명의 직원을 새로 고용했다. 같은 해에 아마존 프라임 비디오(Amazon Prime Video)는 200개국 이상에서 스마트 TV와 기타 기기로 11개의 NFL 경기를 시청한 조회 수가 1,800만 회 이상이었다. 또한 아마존은 〈반지의 제왕〉 글로벌 TV 판권도 보유하고 있으며, 2개의 가구 브랜드를 런칭하기도 했다.

아마존은 북미 시장, 해외 시장, 아마존 웹 서비스 등 세 부문으로 운영된다. 2018년 초에 아마존은 페덱스(FedEx), UPS(United Parcel Services)와 경쟁하기 위해 '아마존 특송 서비스(Shipping with Amazon)'를 시작했다. 그러나 화물기 650대, 트럭 15만 대, 직원 40만 명, 물류 센터 4,800개를 두고 하루에 약 1,200만 건의 배송을 처리하는 페덱스에 비하면 화물기 40대, 창고 300개를 운영하는 아마존은 걸음마 수준이다. 페덱스보다 더 큰 UPS는 화물기 500대 이상, 차량 10만 대로 하루에 2,000만 개의 화물을 220개국 이상에 실어 나른다. 국제 화물 운송 산업에서 페덱스와 UPS가 아마존을 경쟁자로 여길지 모르겠으나, 향후 경쟁 구도가 어떻게 바뀔지 누구도 예측하기 어렵다.

역사

1995년 7월 온라인 서점으로 문을 연 아마존은 오늘날 세계 최대의 전자상거래 기업으로 성장했다. 아마존이라는 이름은 '낯설고 이국적이며' 세계에서 가장 긴 강인 아마존강에서 따왔다. 창립자인 제프 베이조스는 자신의 서점을 세계에서 가장 큰 서점으로 만들기로 마음먹었다. 다른 웹사이트가 아마존닷컴에 게시할 수 있는 제휴 프로그램을 시작함으로써 개인도 판매용 항목을 게시할 수 있게 되었다. 인터넷의 성장과 함께 온라인 쇼핑이 대중화되면서 1995년에 인터넷 사용자는 세계 인구의 0.4%인 1,600만 명이었다.

10년 후에는 인터넷 사용자의 비율이 세계 인구의 15.7%로 증가하여 10억 1,800만 명에 달했고, 2017년 6월을 기준으로 인터넷 사용자는 38억 8,500만 명으로 세계 인구의 51.7%를 차지했다. 이처럼 인터넷 사용자가 기하급수적으로 증가함에 따라 온라인 쇼핑의 수요도 크게 늘었다.

아마존에 가입한 전 세계의 고객 계정 수는 1990년대에 150만 개에서 2018년에 5억 개 이상으로 증가했다. 2005년에 아마존은 주문한 당일 또는 다음 날 상품을 수령할 수 있는 아마존 프라임 멤버십을 출시했다. 프라임 멤버십에 가입한 회원은 아마존 인스턴트 비디오(Amazon Instant Video)의 동영상 스트리밍 서비스도 이용할 수 있다. 미국의 아마존 회원 중 약 60%는 프라임 멤버십에도 가입되어 있다.

2007년에 아마존은 전자책 사업을 위해 킨들(Kindle) 3세대 리더기를 내놓았다. 오늘날에는 무료인 킨들 앱으로 충분하기 때문에 전자책을 읽는 데 킨들이 필요하지는 않다. 무료 배송과 각종 무료 콘텐츠를 제공하는 프라임 멤버십은 큰 인기를 얻었으며, 지금은 프라임 멤버십 가입 회원이 비가입 회원보다 아마존에 더 큰 수익을 안겨주고 있다.

지난 몇 년 동안 아마존은 머신러닝, 스마트홈 및 기타 데이터 기반 애플리케이션에 중점을 둔 아마존 웹 서비스 부문의 사업을 확장하는 데 주력해왔다. 그래서 이제는 많은 사람이 아마존의 AI 기반 스피커인 알렉사의 다재다능한 기능에 익숙해졌다.

2017년 초에 아마존은 오프라인 사업에 진출하기 위해 홀푸즈마켓을 137억 달러에 인수했는데, 이는 앞으로 식료품도 배달하겠다는 것으로 풀이된다. 홀푸즈마켓은 유기농 식품 유통업체의 선두 주자로 북미와 영국에서 477개 이상의 매장을 운영하고 있다.

아마존은 인구가 100만 명 이상인 도시에 50억 달러를 투입하여 제2의 본사를 조성할 계획이다. 최소 4만 6,400m^2에서 최대 74만 3,200m^2 규모인 제2의 본사에서는 5만 명의 직원이 일하게 될 것이다. 또한 아마존은 시애틀 중심지에 본사 건물을 새로 짓고 있는데 이는 2020년에 완공될 예정이다.

조직 문화

아마존

1996년에 내놓은 첫 연례 보고서에서 제프 베이조스는 고객 중심 경영을 강조했으며, 2017년 연례 보고서에서도 '지구상에서 가장 고객 중심적인 회사'가 되는 것이 아마존의 사명이라고 밝혔다. 또한 아마존은 새로운 발명, 장기적 사고, 효율적인 운영을 장려하는 문화를 가지고 있다.

베이조스는 임직원에게 출근 첫날의 마음가짐을 지닐 것을 상기시킨다. 이에 본사 건물의 이름을 데이원(Day 1)이라고 지었으며, 최근에 새로 지은 본사 건물에도 그 이름을 그대로 사용했다. 2016년에 마침내 한 직원이 용기를 내어, 모든 직원이 궁금해한다며 둘째 날이 언제냐고 베이조스에게 물었다. 이에 베이조스는 둘째 날은 "극심한 고통과 쇠락 속에 찾아오는 죽음. 그 이상 그 이하도 아니다"라고 짧게 답했다. 아마존에서는 매일이 첫 출근일이다. 이를 위해 베이조스는 농부가 씨를 뿌리고 수확하듯이, 혁신이 실패하더라도 사업의 일부로 받아들이면서 고객 만족을 지켜보는 것이 중요하다고 말한다.

2018년 5월, 미국의 여론 조사 기관인 해리스폴(Harris Poll)이 2만 5,000명 이상을 대상으로 근무 환경, 사회적 책임, 감성적 호소, 재무 성과, 비전과 리더십, 제품 및 서비스에 대한 평가 점수를 종합하여 선정한 기업 평판에서 아마존은 3년 연속 1위 자리를 지켰다. 또한 아마존은 5만 명의 미국 소비자를 대상으로 한 설문 조사에서도 8년 연속 인터넷 소매 부문 고객 만족도 1위를 차지했고, 1만 명의 영국 소비자를 대상으로 측정한 영국 고객 만족도 지수에서는 Amazon.co.uk가 5년 연속 고객 만족도 1위를 차지했다. 최근 링크드인(LinkedIn)이 구직자가 일하고 싶어 하는 곳, 직원의 근무 기간 관련 데이터를 토대로 조사한 결과, 미국에서 가장 근무하기 좋은 직장으로 아마존이 선정되기도 했다.

홀푸즈마켓

미국 텍사스주 오스틴에 본사가 있는 홀푸즈마켓의 모든 임직원은 시간당 임금, 급여, 보너스를 포함하여 다른 사람이 얼마를 받는지 알고 있다. 현재는 아마존 소유인 홀푸즈마켓은 이처럼 직원들에게 적극적으로 정보를 제공한다. 이러한 급여 공개 방침은 직원과 부서 간의 의사소통을 장려하고 조직 내 경쟁을 유도하기 위해 고안되었다. 이는 공동 CEO인 존 매키(John Mackey)가 홀푸즈마켓을 공동 설립하고 불과 6년 후인 1986년에 도입한 것으로, 지금은 조직 문화의 하나로 자리 잡았다.

왜 어떤 직원이 다른 이들보다 더 많은 급여를 받는지, 어떤 성과를 올리면 더 많은 급여를 받는지 직원들이 이해할 때 더욱 동기부여가 되어 성공할 수 있다고 홀푸즈마켓은 믿는다. 매키는 다음과 같이 말한다. "나는 항상 곤란한 질문에 시달린다. '왜 저 계열사 사장한테는 많이 주면서 나한테는 이만큼만 주나요?'라는 질문을 받곤 하는데, 그때마다 나는 이렇게 말한다. '충분히 받을 만하니까요. 당신도 그 만한 것을 이룬다면 그에 상응하는 보상을 받게 될 거예요.'"

모든 매장 관리자는 일일 매출을, 지역 본사는 주간 매출을 공지하는 것이 홀푸즈마켓의 정책이다. 홀푸즈마켓은 이처럼 정보를 공유하는 문화가 직원들에게 운명 공동체 의식을 심어주는 데 도움이 된다고 믿는다. 매키가 강조하길, "모두를 위한 하나, 하나를 위한 모두인 조직, 즉 신뢰가 높은 조직을 만들려면 비밀이 없어야 한다." 결과적으로 홀푸즈마켓의 직원은 자사의 재무 성과를 잘 알고 있어 사업에 대한 이해도가 높으며, 이는 탁월한 고객 서비스와 큰 동기부여를 낳았다.

내부 이슈

비전과 사명

아마존의 비전 선언문은 "고객이 온라인상에서 원하는 모든 것을 찾을 수 있는 최고의 고객 친화적 기업을 지향하는 것"이고, 사명 선언문은 "최상의 선택지를 가장 편리하게 최저가로 제공하는 것"이다. 이를 위해 아마존은 네 가지 원칙, 즉 ① 경쟁자보다 고객 우선, ② 창조를 위한 열정, ③ 운영상의 효율성 추구, ④ 장기적 사고/계획을 고수한다.

조직 구조

제프 베이조스는 아마존의 사장, CEO, 이사회 의장을 동시에 맡고 있다. 아마존에는 아마존 웹 서비스 부문과 글로벌 소비자 부문이 있지만 이러한 사업 부문이 어떻게 운영되는지는 자세히 알려지지 않았다. 자료 1은 아마존의 조직 구조에 대한 일례를 보여준다. 아마존은 조직 구조를 공개하지 않으므로 내부자가 아니고서는 지휘 계통과 보고 체계를 알 수 없다.

자료 1 아마존의 최고경영진과 조직 구조

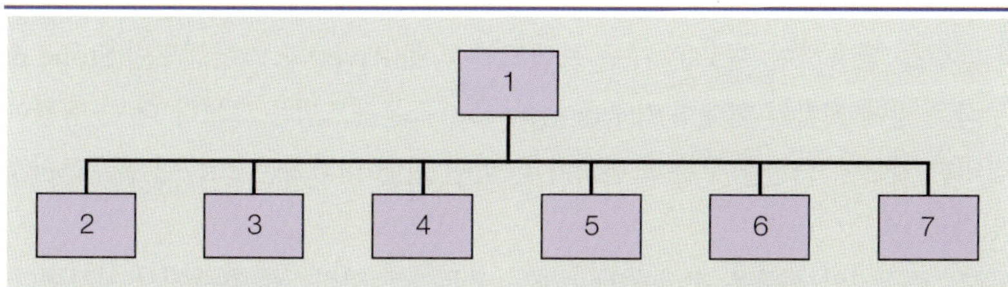

1. 사장, 이사회 의장 겸 최고경영자(president, chairman of the board, and CEO) Jeffrey Bezos
2. 전무 겸 최고재무책임자(senior VP and CFO) Brian Olsavsky
3. 사업개발 담당 전무(senior VP business development) Jeffrey Blackburn
4. 아마존 웹 서비스 부문 최고경영자(CEO Amazon web services) Andrew Jassy
5. 글로벌 감사 및 회계 담당 상무(VP, worldwide controller and principal accounting officer) Shelley Reynolds
6. 글로벌 소비자 부문 최고경영자(CEO worldwide consumer) Jeffrey Wilke
7. 전무, 법률자문 겸 비서실장(senior VP, general counsel, and secretary) David Zapolsky

출처: 2017년 연례 보고서와 기업 문서, 다양한 자료원

현재 전략

아마존은 전략을 개발할 때 고객 최우선, 프락시 거부, 외부 추세 수용, 신속한 의사결정을 고려한다. 베이조스는 진정으로 고객 중심이 되는 것이 경쟁기업, 제품, 기술 또는 사업 모델에 집중하는 것보다 더 바람직하다고 말한다. 이러한 고객 지향성을 추구해야 하는 가장 중요한 이유에 대해 그는 기업이 번창하는 동안에는 고객의 불평이나 큰 불만족이 고객 만족 보고서에 묻힌다고 주장한다. 베이조스가 강조하는 바는 생전에 스티브 잡스(Steve Jobs)가 수없이 언급한 것과 동일한 논리로, 고객은 자신이 무엇을 원하는지 모르기 때문에 더 나은 옵션을 제공하는 제품을 만나면 기존 제품에 불만족하게 된다는 것이다.

베이조스는 프라임 멤버십과 같은 서비스를 고객이 원하는지 전혀 몰랐지만 현재 프라임 멤버십 가입자가 수백만 명인 사실을 한 예로 든다. 또한 잡스는 PC를 원하거나 필요한지 깨달은 고객이 거의 없었다고 자주 언급했지만 1980년대 초에 애플 II는 큰 인기를 끌었고, 2006년의 아이폰 출시도 마찬가지였다.

프락시 거부는 베이조스가 '첫날'을 유지하는 데 중요하다고 생각하는 또 다른 원칙이다. 프락시란 어떤 도구를 다른 도구(일반적으로 가장 중요함)의 대체물로 사용하는 것을 의미한다. 베이조스는 고객에게 먼저 서비스를 제공하는 대신 공식 프로세스를 프락시로 사용한다. 실제로 그는 고객 서비스를 극도로 강조하기 때문에 고객 대신 조명을 받는 부분은 모두 프락시로 볼 수 있다. 상세한 프로세스를 마련할 때 피해야 할 것은, 주객이 전도하여 프로세스가 주인공이 되는 경우이다. 보통 베타테스트와 설문 조사를 프락시로 여기겠지만, 베이조스는 공식 프로세스라도 진심, 직관, 감성 등을 대체할 수는 없다고 말한다.

한편 외부 추세 수용은 '둘째 날'을 피하는 데 매우 중요한 원칙이다. 오늘날 머신러닝과 데이터 분석은 대표적인 외부 추세이며, 아마존은 아마존 웹 서비스 부문을 중심으로 잘 대응하고 있다.

끝으로, 베이조스에 따르면 '둘째 날'을 피하기 위해서는 신속한 의사결정이 중요하다. '첫날' 기업과 '둘째 날' 기업의 차이는 의사결정의 옳고 그름이 아니라 의사결정을 내리는 속도에서 비롯된다. '둘째 날' 기업은 모든 것이 명확해질 때까지 기다리다가 큰돈을 벌 기회를 날려버린다. 그러나 낙관적 혹은 비관적 상황에 따른 다른 선택지도 감안하여 의사결정을 내려야 한다. 빨리 행동으로 옮기려면 원하는 정보의 70%가 있을 때 결정을 내려야 한다. 정보의 90%가 수집될 때까지 기다린다면 '둘째 날'을 피할 수 없다. 70%의 정보를 토대로 한 결정이 비록 틀리더라도 90%의 정보를 모으다 시장을 놓치는 것보다는 훨씬 손해가 덜하기 때문에 궤도 수정을 빨리 하는 방법을 배우는 것이 현명하다.

아마존은 아마존 웹서비스 부문의 사업을 집중적으로 강화하고 있다. 대표적으로 알렉사 프로젝트는 2017년 예상 실적을 훨씬 초과했으며, 알렉사의 확장 및 자금 조달을 위해 2배에 달하는 공격적 투자를 감행할 전망이다. 2018년 초를 기준으로 고객은 1,200개의 브랜드가 만드는 4,000개 이상의 스마트홈 기기를 알렉사로 조작할 수 있다.

아마존은 비관련 다각화 전략을 활용하여 새로운 가구 브랜드인 리벳(Rivet)과 스톤앤드빔(Stone & Beam)을 출시했다. 리벳은 작은 방에 적합한 현대식 가구를 선보이고, 스톤앤드빔은 그보다 더 큰 공간에 놓을, 내구성과 세련미를 겸비한 가구에 중점을 두는 브랜드이다. 한편 관련 다각화는 2017년 홀푸즈마켓을 인수한 사례를 꼽을 수 있다.

국제화의 일환으로 아마존은 중소기업 제품을 적시에 배송하는 오픈마켓 서비스를 호주에서 시작했다. 또한 네덜란드, 벨기에, 룩셈부르크에서는 주문 1~2일 뒤 무료 배송 및 기타 혜택을 제공하는 프라임 서비스를 3.99유로(5달러)의 저렴한 가격에 제공한다. 2016년과 2017년에 아마존은 법인세 차감 전 순이익(EBIT)의 손실을 기록했으며, 2017년에는 적자 폭이 2배를 넘어섰다. 미국(12.99달러)보다 저렴한 해외 시장의 프라임 멤버십이 이러한 결과에 한몫을 했다.

미국에 있는 학생들은 원래 비용의 반값에 프라임 서비스를 이용할 수 있으며 싱가포르, 인도 등에서는 프라임 서비스가 저렴하게 제공된다. 아마존은 호주뿐 아니라 브라질, 인도, 유럽 등 여러 지역에서 오픈마켓 서비스를 확장하고 있다. 북미 및 세계 시장에서 아마존 프라임 회원은 무료 배송, 프라임 음악·동영상 서비스 혜택을 받을 수 있다. 특히 미국에서는 주문한 지 이틀 만에 상품을 수령할 수 있다.

무료 회원에 비해 유료 회원은 700달러 이상을 더 지출한다. 연회비가 아깝지 않을 만큼 많이 주문하는 고객이라면 프라임 멤버십이 훨씬 더 유용할 것이다. 그러나 아마존 입장에서는 주문 횟수가 많은 해외 고객이 유료 회원이라면 경영 성과에 그다지 도움이 되지 않는다. 미국에서 50달러 이상을 주문하면 무료로 배송받을 수 있지만 상품을 받기까지 7~10일이나 소요되면 일반 회원은 기다림에 지쳐버린다.

온라인 서점에서 출발한 아마존은 이제 소매 제품, 음악, 데이터 저장 및 처리, 식료품 배달, 심지어 택배 서비스까지 취급하고 있다. 불과 5년 전만 해도 미국에서는 대도시를 벗어난 지역의 경우 배달 가능한 음식이 피자밖에 없었다. 그러나 아마존이 식료품 배달을 시작하면서 일대 변화가 일어났다. 아마존이 홀푸즈마켓을 너무 비싸게 인수했을 수도 있지만, 앞에서도 말했듯이 베이조스는 빠른 행동에 자부심을 느끼며 타이밍을 놓쳤다면 더 비싼 대가를 치렀을 것이라고 생각했다. 홀푸즈마켓이 베이조스의 성향을 연구했다면(아마도 그랬을 것이다) 협상 테이블에 앉을 때 그 성향을 이미 알고 있었을 것이다. 결국 홀푸즈마켓을 인수한 아마존은 온라인 비즈니스에서 오프라인 비즈니스로 넓혀가는 계기를 마련했다. 그러나 아마존의 에코, 에코 닷, 에코 플러스 및 기타 기술을 사용하면 집에서도 손쉽게 식료품을 주문할 수 있다. 추측컨대 홀푸즈마켓 인수는 식료품 배달로 미래 성장 모멘텀을 발굴하려는 장기 계획의 일환일 것이다.

재무

2017년에 아마존은 전년 대비 31% 증가한 매출과 28% 증가한 순이익을 보고했다. 자료 2를 보면 매출 증가에 따라 늘어난 영업 비용으로 이자 및 세전이익이 감소했으나, 법인세율이 46% 인하되어 순이익이 감소하지 않았다. 또한 자료 3에 나타난 매출 증가의 일부, 영업권 증가의 상당 부분은 홀푸즈마켓 인수에서 비롯된 것이다. 자료 3에서 장기차입금이 상당히 증가한 것에 주목하라. 향후 신규 사업에의 계속적인 투자가 예상되는 상황이기 때문에 배당금을 지급하지 않은 것은 충분히 이해할 만한 일이다.

2018년 3월 31일에 마감된 2018년 1분기에 아마존의 매출은 전년 동기의 357억 달러에서 43% 증가한 510억 달러를 기록했다. 영업이익은 92% 증가한 19억 달러였고, 순이익은 전년 동기의 7억 2,400만 달러에서 16억 달러로 증가했다.

부문별 정보

아마존 스튜디오

2018년 초에 아마존 스튜디오는 드라마와 영화의 각본 및 감독을 맡기기 위해 오스카상을 수상한 바 있는 케네스 로너건(Kenneth Lonergan)과 계약을 체결했다. 아마존 스튜디오와 로너건은 2017년에 〈맨체스터 바이 더 씨(Manchester by the Sea)〉를 제작하여 아카데미 각본상을 수상하고 감독상 후보에 올랐다. 이 영화는 프라임 비디오에서 다운로드하여 볼 수 있다. 로너건은 헤일리 애트웰(Hayley Atwell) 주연의 4부작 〈하워즈 엔드(Howards End)〉, 2018년 브로드웨이 헤이즈 극장에서 공연한 연극으로 크리스 에번스(Chris Evans), 마이클 세라(Michael Cera), 벨 파울리(Bel Powley), 브라이언 타이리 헨리(Brian Tyree Henry)가 출연할 〈로비 히어로(Lobby Hero)〉를 차기작으로 검토하고 있다.

아마존 스튜디오는 전 세계 200개국 이상에서 최신 드라마와 영화를 제공한다. 오리지널 원작 중에는 수상 이력이 빛나는 에이미 셔먼-팔라디노(Amy Sherman-Palladino)의 〈더 마블러스 미세스 메이슬(The Marvelous Mrs. Maisel)〉도 있다. 영화 사업에서 아마존 스튜디오는 극장 배급과 함께 아마존 프라임 독점 방송을 위한 작품을 다수 제작하고 있다. 2017년에 아마존 스튜디오는 동영상 스트리밍(OTT) 사업자로는 처음으로 아카데미 시상식에서 각본상, 남우주연상, 외국어 영화상을 받았다. 주목할 만한 최근 작품으로는 〈빅 식(The Big Sick)〉을 꼽을 수 있다.

아마존 프라임 비디오는 유료 회원에게 다양한 장르의 드라마, 영화, 다큐멘터리 등을 제공하는 프리미엄 주문형 엔터테인먼트 서비스이다. 멤버십 등급에 따라 HBO, 쇼타임(Showtime), 스타즈(STARZ), 시네맥스(Cinemax), PBS키즈(PBS KIDS), 아콘TV(Acorn TV) 등 140개 이상의 채널을 추가할 수 있다.

아마존은 아마존 웹 서비스, 북미 시장, 해외 시장 등 세 부문으로 운영되고 있지만 북미 시장, 해외 시장 부문에 대해서는 알려진 바가 없다.

아마존 웹 서비스

머신러닝 기반의 아마존 웹 서비스는 정보 자산 보유가 부담되거나 외부 정보 자산을 활용하여 서비스를 제

자료 2 아마존의 손익계산서(단위: 100만 달러)

계정과목	2016년 12월 31일	2017년 12월 31일		변화율(%)
매출	135,987	177,866	↑	30.80
매출 원가	88,265	111,934	↑	26.82
매출 총이익	47,722	65,932	↑	38.16
영업 비용	43,536	61,826	↑	42.01
이자 및 세전이익	4,186	4,106	↓	−1.91
이자 비용	294	300	↑	2.04
법인세 차감 전 순이익	3,892	3,806	↓	−2.21
세액	1,425	769	↓	−46.04
비반복적 항목	(96)	(4)	↑	95.83
당기순이익	2,371	3,033	↑	27.92

출처: 2017년 4분기 보고서와 기타 기업 정보

자료 3 아마존의 재무상태표(단위: 100만 달러)

계정과목	2016년 12월 31일	2017년 12월 31일		변화율(%)
자산				
현금 및 단기투자자산	25,981	30,986	↑	19
외상매출금	8,339	13,164	↑	58
재고자산	11,461	16,047	↑	40
기타 유동자산	0	0	NA	NA
총유동자산	45,781	60,197	↑	31
부동산 및 설비	29,114	48,866	↑	68
영업권	3,784	13,350	↑	253
무형자산	0	0	NA	NA
기타 장기자산	4,723	8,897	↑	88
자산 계	83,402	131,310	↑	57
부채				
외상매입금	25,309	34,616	↑	37
기타 유동부채	18,507	23,267	↑	26
총유동부채	43,816	57,883	↑	32
장기차입금	7,694	24,743	↑	222
기타 장기부채	12,607	20,975	↑	66
부채 계	64,117	103,601	↑	62
자본				
보통주	5	5	↓	0
이익잉여금	4,916	8,636	↑	76
자사주	(1,837)	(1,837)	↓	0
주식발행초과금 및 기타	16,201	20,905	↑	29
자본 계	19,285	27,709	↑	44
부채 및 자본 계	**83,402**	**131,310**	↑	**57**

출처: 2017년 4분기 보고서와 기타 기업 정보

공하고자 하는 고객사를 지원한다. 아마존의 EC2 P3는 자사의 기존 GPU 기반 클라우드 컴퓨팅에 비해 최대 6배 향상된 성능을 제공한다.

2017년에 월트디즈니(Walt Disney)는 공공 클라우드 컴퓨팅 분야에서 아마존 웹 서비스를 최고의 선택으로 꼽았다. 기존 서비스의 확장이나 신규 서비스를 고려하는 시만텍(Symantec), 익스피디아(Expedia), 캐피털원(Capital One), NFL(National Football League), 다우존스(Dow Jones), 피코(FICO), 브리스톨마이어스스퀴브(Bristol-Myers Squibb) 등 수많은 기업이 아마존 웹 서비스를 최적의 대안으로 생각한다. 미국뿐만 아니라 프랑스, 바레인, 홍콩, 스웨덴, 중국에서도 아마존 웹 서비스가 제공되고 있으며, 2019년까지 미국 정부 기관을 대상으로 공공 클라우스 서비스를 개시할 예정이다.

자료 4와 5에서 보듯이 2017년에 아마존 웹 서비스의 매출은 43%, 이자 및 세전이익은 39% 증가하여 북미 시장과 해외 시장 전자상거래 부문의 성장성을 능가했다. 2017년의 매출 실적이 낮았지만 다른 부문에 비해 영업이익이 월등히 높았기 때문에 아마존 웹 서비스의 이익이 다른 사업 부문을 앞질렀다. 아마존은 아마존 웹 서비스를 전 세계로 확장하려고 한다. 실제로 아마존의 2017년 4분기 보고서에는 아마존 웹 서비스에 대한 언급이 상당히 많지만 북미 시장이나 해외 시장 부문에 대한 언급은 거의 없다.

자료 4 아마존의 부문별 매출(단위: 10억 달러)

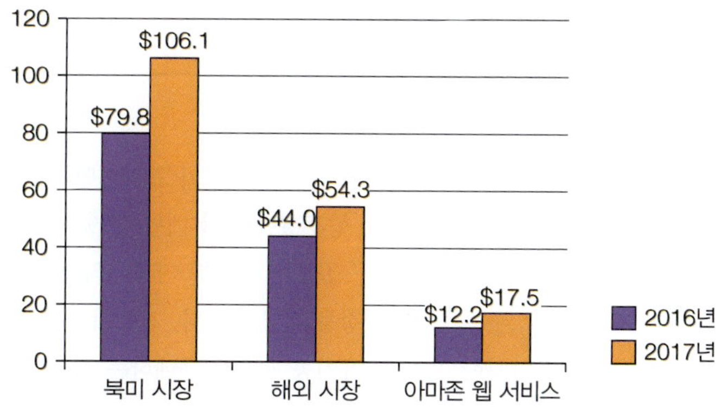

출처: 2017년 4분기 보고서와 기타 기업 정보

자료 5 아마존의 부문별 이자 및 세전이익(단위: 10억 달러)

출처: 2017년 4분기 보고서와 기타 기업 정보

경쟁기업

미국과 그 밖의 지역에서 거의 모든 유형의 제품과 서비스를 제공하는 아마존은 전 세계의 모든 기업과 경쟁한다고 해도 과언이 아니다. 아마존의 경쟁 상대는 온라인 쇼핑몰, 오프라인 소매업체, 전자상거래 서비스 제공업체, 스트리밍 콘텐츠 제공업체 등이다. 그러나 주요 경쟁기업을 꼽으라면 월마트(Walmart), 트레이더조스(Trader Joe's), 알리바바, 크로거(Kroger), 타깃(Target), 알파벳(Alphabet), 이베이(eBay)가 대표적이다.

산업에서 아마존의 경쟁우위 중 하나는 고객이 주문한 제품을 최단기간에 배송할 수 있는 주문 배송 시스템이다. 이와 함께 가격, 구색, 편의성도 아마존의 성공을 논할 때 빠지지 않는 요인이다. 아마존과 두 경쟁기업을 비교한 자료 6을 보면 월마트의 매출액이 가장 높지만 시가 총액과 현금 보유고에서는 아마존이 월마트를 한참 앞지른다.

자료 6 아마존과 두 경쟁기업의 비교

	아마존	월마트	트레이더조스
시가 총액(달러)	748B	26.6B	2.7B
종업원 수(명)	566,000	2.3M	16,600
매출(달러)	178B	500B	1,553M
순이익률(%)	1.7	1.97	39
순이익(달러)	3B	9.9B	135M
주당 순이익(달러)	6.15	3.77	3.69
총현금(달러)	31B	6.76B	24.48M

출처: 다양한 자료원

최근 몇 년 동안 일인당 가처분소득이 증가함에 따라 많은 소비자가 프리미엄 유기농 제품으로 눈을 돌려 업계의 수익을 끌어올렸다. 식료품 산업의 수익은 향후 5년 동안 매년 0.9%씩 성장하여 6,079억 달러 규모가 될 것으로 예상된다. 또한 소비자는 단순한 구색과 더 저렴한 가격대의 제품을 판매하는 매장, 즉 트레이더조스처럼 한정된 구색과 새로운 콘셉트의 매장을 더 선호한다. 건강에 대한 의식이 높아짐에 따라 건강한 식생활 지수로 따졌을 때 더 다양한 천연 및 유기농 제품을 구매하는 경향이 있다. 건강한 식생활 지수는 해마다 조금씩 상승하는 추세이다.

지난 5년 동안 식료품 산업에서는 트레이더조스처럼 한정된 구색의 프리미엄 상품을 취급하는 식료품점이 급성장했다. 기존의 식료품점에 비해 트레이더조스는 인구 밀집 지역에서 훨씬 더 작은 규모로 출점하여 효율적으로 운영하고 있다. 동일한 품목의 수십 개 브랜드를 제공하는 것이 아니라 저렴한 가격대의 PB(private brand) 제품을 판매하기 때문에 평균 이상의 수익률을 창출한다. 제곱피트당 매출액이 가장 높은 트레이더조스의 경우 PB 제품이 80% 이상이며, 이는 모두 GMO, 인공색소, 트랜스 지방, 고과당 옥수수 시럽이 함유되지 않은 유기농 제품이다. 전통적인 소매점에서는 PB 제품을 낮추어 보지만, 트레이더조스는 프리미엄 가격을 부과하지 않고 프리미엄 제품을 엄선하여 판매하는 소매점 브랜드로 포지셔닝했다.

한편 식료품 산업에서는 낮은 이윤과 치열한 경쟁이 진입 장벽으로 작용하지만 아마존은 예외였다. 2017년을 기준으로 미국 식료품 산업에 속한 기업이 약 4만 2,205개로 집계되었으나 이는 5년 전의 수치와 크게 다르지 않다. 낮은 이윤뿐만 아니라 온라인 식료품 판매의 더딘 성장도 신규 진입을 가로막는 걸림돌이었다. 전자상거래 매출은 온라인 쇼핑의 주도로 연간 7.8% 성장할 것으로 전망된다. 성장률이 둔화되고 진입 장벽이 낮다는 것을 고려하면 아마존은 홀푸즈마켓 인수에 지나치게 높은 비용을 지불했다.

월마트

월마트는 샘스클럽(Sam's Club), 슈퍼센터(Supercenter), 네이버후드마켓(Neighborhood Market)을 운영하고 있다. 매주 2억 6,000만 명 이상의 고객과 회원이 28개국의 59개 배너와 11개국의 전자상거래 사이트를 통해 월마트의 1만 1,695개 매장을 방문하고 있다. 2017 회계연도에 월마트는 4,859억 달러의 매출을 기록했다. 최근에는 회원 가입 여부에 상관없이 200만 개 이상의 품목에 대해 이틀 뒤 무료 배송 서비스를 시작했다.

식음료 산업에서 월마트는 약 17%의 시장점유율을 차지하고 있다. 2017년 봄에 미국에서만 4,515만 명이 월마트 슈퍼센터에서 식료품을 구입하고 931만 명이 네이버후드마켓을 이용했다. 월마트는 매장에서 식료품을 수령할 수 있는 편의를 제공함으로써 매출과 시장점유율을 늘릴 계획이다.

배송과 관련하여 아마존과 월마트는 둘 다 서로를 능가하려고 노력한다. 월마트는 품목별로 상이하지만 35달러 이상 주문 시 무료로 배송해주고, 아마존과 달리 회원 가입 여부에 상관없이 2일 무료 배송 서비스로 고객을 유치하려 한다. 반면 아마존은 연회비가 129달러인 프라임 회원에 한해 2일 무료 배송 서비스를 제공하고 있다. 그러나 프라임 멤버십에는 사전 구매 혜택, 일요일 배송, 무제한 사진 저장, 동영상 스트리밍, 음악 서비스가 포함되어 있다. 오프라인 소매업의 왕으로 불리는 월마트는 소매점 매출 부문에서 세계 1위 자리를 지키고 있다. 2016년에 월마트는 제트닷컴(jet.com)을 인수했으며 현재 뉴욕시까지 당일 배송 서비스를 제공한다. 2017년의 온라인 매출은 120억 달러로 아마존과의 경쟁에서 한참 뒤처져 있다. 다만 초대형 매장에서 장난감, 의류, 전자제품, 식료품 등을 판매한다는 점에서 아마존이 무시할 수 없는 경쟁 상대이다.

트레이더조스

미국 캘리포니아주 먼로비아를 거점으로 하는 트레이더조스는 독일 사모펀드 기업이 소유하고 있다. 미국 45개 주와 워싱턴 DC에서 약 500개의 매장을 운영하고 있으며, 모든 매장이 소규모이고 전체 제품 중 80%가 프리미엄 PB 제품이다. 고객은 수천 가지 브랜드가 아닌 엄선된 고품질 제품 중에서 선택할 수 있다. 트레이더조스의 주요 고객은 건강을 중요시하고 가치 소비를 지향하는 밀레니얼 세대이다. 식료품을 구매하는 밀레니얼 세대의 약 42%는 PB 제품이 브랜드 제품보다 더 혁신적이라고 생각하며, 약 70%는 최근에 PB 제품의 품질이 향상되었다고 믿는다. 2016년에 트레이더조스의 시장점유율은 1.1%에 불과했지만 매년 빠르게 성장하고 있다. 2017년 봄, 미국에서 427만 명이 넘는 소비자가 트레이더조스에서 식료품을 구입한 것으로 나타났다. 아마존 웹사이트에서도 트레이더조스의 유기농 제품을 구매할 수 있다.

알파벳

온라인 쇼핑에서 알파벳 소유인 구글과 아마존은 직접 맞부딪히는 경쟁 관계이다. 구글은 광고 수수료로 수익을 창출하고 아마존은 상품 배송 사업을 하고 있는데, 구글은 전자상거래 사업을 위해 구글 익스프레스(Google Express)를 도입했다. 구글 익스프레스는 아마존 프라임과 경쟁하기 위한 배송 서비스이지만 아마존 플랫폼을 이용하는 고객이 33%이고, 이는 구글을 이용하는 고객의 2배 이상이다. 따라서 구글은 사용자가 우회할 때마다 광고를 보여줄 기회를 잃게 되고, 이는 많은 사람이 구글보다 아마존에서 광고를 더 많이 본다는 것을 의미한다.

아마존과 마찬가지로 구글도 동영상 스트리밍 및 음악 서비스를 제공하고 있다. 구글에는 구글 플레이(Google Play), 구글 크롬캐스트(Google Chromecast), 구글 플레이 스토어(Google Play Store)가 있고 아마존에는 킨들 파이어(Kindle Fire), 파이어 TV, 자체 앱 스토어가 있다. 다각화된 두 거대 기업은 사업이 중첩되고 이해관계가 상충됨에 따라 나날이 경쟁이 격해질 것이다.

이베이

미국 캘리포니아주 새너제이에 본사를 둔 이베이는 전 세계의 구매자와 판매자를 연결하는 전자상거래 플랫폼을 운영한다. 즉 이베이를 통해 판매자는 제품을 팔고 구매자는 제품을 구입한다. 또한 ebay.com, 이베이 모바일 앱, stubhub.com, 스텁허브 모바일 앱, 온라인 티켓 플랫폼은 스포츠 경기, 공연, 아티스트와 팬을 연결해준다. 게다가 mobile.de, 키지지(Kijiji), 검트리(Gumtree), 마르크트플라츠(Marktplaats), 이베이 클라인안자이겐(eBay Kleinanzeigen) 등 다양한 로컬 브랜드 기반의 광고 플랫폼을 제공하기 때문에 지역사회에서의 노출이나 광고 효과를 기대할 수 있다. 이베이를 이용하는 사람들은 소매업자, 유통업자, 무역 회사, 경매업자, 카탈로그 및 통신 판매 회사, 광고, 검색엔진, 상거래 참여자, 쇼핑 채널 및 네트워크 등 다양한 온라인, 모바일, 오프라인 경로를 통해 물건을 찾고, 구매하고, 판매하고, 지불한다. 이베이와 아마존은 둘 다 거대 온라인 소매업체이므로 전자상거래 플랫폼을 두고 치열한 공방을 펼칠 수밖에 없다.

외부 이슈

1995년에 인터넷 사용자는 1,600만 명이었으나 2017년 6월을 기준으로 인터넷 사용자는 38억 8,500만 명으로 세계 인구의 51.7%를 차지한다. 온라인 쇼핑의 수요가 급증하는 가운데 아마존은 세계 최대의 온라인 소매업체로 성장했다. 미국의 전자상거래 시장은 매출 규모가 4,500억 달러 이상이고 2023년까지 매년 10%씩 성장할 것으로 예상된다. 미국의 경우 낚시 미끼 판매자부터 전자상거래 시장의 20% 이상을 점유한 아마존에 이르기까지 13만 5,000개 이상의 기업이 인터넷에서 사업을 벌이고 있다. 온라인 소매업체 중 2위인 월마트는 시장점유율이 약 3%에 불과하며 이베이는 1% 미만, 애플은 약 2%를 차지한다.

자료 7을 보면 아마존을 통해 판매되는 주요 품목을 확인할 수 있다. '기타'가 42%인데, 이 중 약 7%는 스포츠 용품과 의약품, 10%는 미용 제품, 나머지는 공구, 보석 등이 차지하고 있다.

자료 7 제품별 온라인 매출 비중

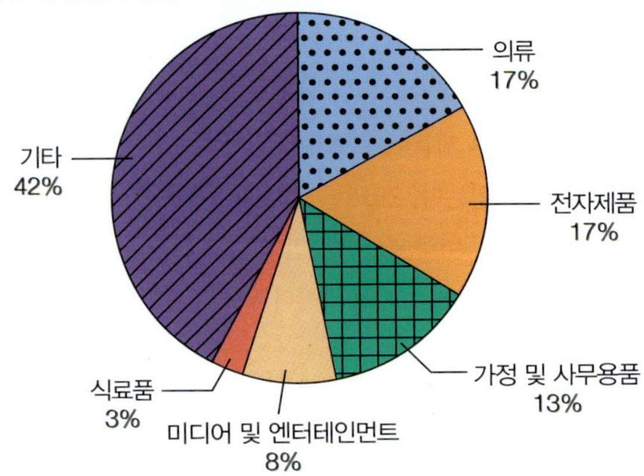

출처: 다양한 자료원

자료 7의 범주는 매우 광범위하다. 예를 들어 의류에는 신발과 액세서리가 포함되며, 2017년 기준으로 미국 의류 산업의 매출 중 17%가 전자상거래에서 발생했다. 또한 전자제품에는 컴퓨터 하드웨어, 소프트웨어, 휴대전화, 가전제품이 포함되고, 의류와 마찬가지로 산업 매출의 17%를 전자상거래에서 얻었다. 한때 아마존의 주력 품목이었던 책을 비롯해 음악, 동영상이 포함되는 미디어 및 엔터테인먼트는 전자상거래 매출의 8%를 차지했다.

전자상거래의 매출이 매장에서 발생하는 매출에 근접하거나 상회할 것이라고 생각하는 사람이 많을 수도 있지만 아직 그 정도 수준은 아니다. 2017년을 기준으로 소매업의 매출 중 약 10%가 온라인에서 발생했으며, 이는 2023년까지 15%로 증가할 전망이다. 전통적인 오프라인 채널의 입지는 여전하지만 온라인 쇼핑이 더욱 편리해지고 배송 시간이 단축됨에 따라 소비자는 점점 더 온라인 채널로 옮겨갈 것이다.

미래

2018년 2월에 아마존, 체이스(Chase), 홀푸즈마켓은 함께 아마존 리워즈 비자카드(Amazon Rewards

Visa Card)를 출시했다. 이는 홀푸즈마켓에서 동물 복지 인증이나 지속가능 인증을 받은 육류, 해산물 구입 시 추가 포인트를 지급하는 등 모든 것을 쇼핑할 때 더 많은 보상을 주는 카드이다. 특히 아마존 프라임 회원이 이 카드로 결제하는 경우 홀푸즈마켓과 아마존닷컴은 5%, 식당·주유소·약국은 2%, 기타는 1% 수준의 캐시백을 제공한다.

2018년 5월, 아마존과 베스트바이(Best Buy)는 미국과 캐나다 고객을 대상으로 차세대 파이어 스마트 TV를 독점 판매하는 장기 계약을 체결했다. 두 기업은 도시바(Toshiba), 인시그니어(Insignia)의 4K 고화질 HD 파이어 TV를 자사 매장과 웹사이트를 통해 판매하고 있다.

2018년 1분기에 아마존은 가정 보안업체인 링(Ring)을 인수했다. 링의 사명은 저렴하고 효과적인 주택 보안 제품과 서비스를 제공하여 지역사회의 범죄를 줄이는 것이다. 같은 기간에 아마존은 자녀 보호 기능이 탑재된 알렉사 프리타임(FreeTime)을 출시했다. 이는 알렉사의 기능과 프리미엄 콘텐츠를 프리타임 및 프리타임 무제한 서비스에 제공하며 에코, 에코 닷, 에코 플러스에서 모두 사용할 수 있다. 또한 아마존은 알렉사에서 프리타임과 프리타임 무제한 서비스를 시작하는 가장 간단한 방법인 에코 닷 키즈 에디션을 내놓았다.

아마존은 전 세계 모든 고객에게 거의 모든 것을 판매하는 가장 다각화된 기업이 되었다. 그러나 다각화된 기업은 관리 소홀로 말미암아 경영 성과가 저하되거나 기업 가치가 훼손될 수 있다. 2017~2020년에 제너럴일렉트릭(General Electric)처럼 다각화를 시도한 기업들은 다각화 수준을 낮추는 구조조정에 돌입했다. 그렇다면 다각화된 대기업인 아마존은 구조조정 없이 얼마나 오래 버틸 수 있을까? 아마존의 문화, 철학, 또는 이 사업 저 사업에 언제든 뛰어들려는 전략은 위험하면서도 일이 잘 풀린다면 수익성이 높겠지만, 장기적 관점에서 다각화의 실패는 치명적일 수 있다.

아마존을 위한 명확한 전략계획은 장기적 사고와 계획을 고려하라는 베이조스의 원칙과 일치하고, 무분별한 다각화를 막는 데 도움이 될 것이다.

Nike, Inc.–2018

www.nike.com

미국 오리건주 비버턴에 본사를 둔 나이키는 프로 및 대학 스포츠, 피트니스에 관심이 있는 사람들은 물론이고 그 밖의 고객에게 스포츠 의류, 신발, 용품을 제공하는 다국적 기업이다. 대부분의 제품이 특정 운동에 맞게 만들어졌지만 많은 사람이 일상적인 용도로 이용하고 있다. 나이키는 의류와 신발 외에도 가방, 선글라스, 시계, 배트, 장갑 등 다양한 스포츠 용품을 판매하며, 수상 레저 브랜드인 헐리(Hurley)와 스니커즈 브랜드인 컨버스(Converse)도 소유하고 있다. 한편 나이키는 스포츠 스타인 마이클 조던(Michael Jordan), 르브론 제임스(LeBron James), 크리스티아누 호날두(Cristiano Ronaldo)와 종신 후원 계약을 체결했다. 특히 조던은 2003년에 은퇴했지만 1993~2016년에 4억 7,500만 달러 이상을 후원받았다.

2017년의 매출과 순이익은 전년보다 크게 증가하여 각각 340억 달러, 40억 달러를 기록했다. 그러나 2018 회계연도 2분기에 북미 시장에서 부진했던 컨버스의 매출은 4% 감소한 4억 800만 달러였고, 같은 기간에 나이키의 순이익은 9% 감소한 7억 6,700만 달러였다. 북미에서 2018 회계연도 1분기와 2분기에 신발 판매는 5%, 스포츠 용품 판매는 8% 하락했다. 이는 경쟁기업이 나이키의 고객을 빼앗아간 데 따른 결과이다. 그러나 북미 이외 지역에서는 매출과 순이익 모두 두 자릿수 성장을 기록하는 등 뛰어난 성과를 거두고 있다.

2018 회계연도에 나이키의 매출은 6% 증가한 364억 달러로, 이는 전년 동기 대비 4% 성장한 수치이다. 또한 도매 유통 매출이 2% 증가한 반면 전자상거래 판매 호조, 신규 매장 개점, 유사 매장 매출의 4% 성장에 힘입은 소매 유통 매출은 12% 증가한 104억 달러를 기록했다. 그러나 컨버스의 경우 아시아에서의 성장이 북미에서의 하락으로 상쇄된 탓에 매출이 11% 감소한 19억 달러였다. 2018 회계연도에 나이키의 순이익은 54% 감소한 19억 달러를 기록했다.

나이키는 특히 북미 시장에서 사업을 부흥하기 위해 명확한 전략계획이 필요하다.

역사

1964년에 빌 바워먼(Bill Bowerman)과 필 나이트(Phil Knight)는 블루리본스포츠(Blue Ribbon Sports)를 설립했다가 1971년에 나이키로 회사명을 바꾸었다. 이 이름은 그리스 신화에 등장하는 승리의 여신 '니케(Nike)'에서 따온 것이다. 바워먼과 나이트는 스승과 제자 사이로, 나이트는 오리건대학교 육상 선수, 바워먼은 육상부 코치였다. 1981년에 상장한 나이키는 원래 미국에서 신발을 제조했으나 1984년에 제조 기반을 해외로 이전했다. 나이키를 나타내는 스우시(Swoosh) 로고와 'Just Do It'이라는 문구는 전 세계적으로 유명하다. 나이트는 2016년에 나이키 회장직을 내려놓고 경영 일선에서 물러났다.

나이키는 1988년에 콜한(Cole Haan), 1994년에 바우어하키(Bauer Hockey), 2002년에 헐리, 2003년에 컨버스, 2008년에 움브로(Umbro) 등 다수의 회사를 인수했다. 그러나 2008년에 바우어하키, 2012년에 움브로, 2013년에 콜한이 분사되었다.

오늘날 나이키는 자사의 기술, 디자인, 상표, 로고, 제품을 홍보하기 위해 스포츠 스타들에게 막대한 금액을 쏟아붓고 있다. 루마니아 출신의 테니스 선수 일리에 너스타세(Ilie Nastase)를 필두로 육상 선수 스티브 프리폰테인(Steve Prefontaine), 1984년에는 마이클 조던과 후원 계약을 맺었다. 또한 영화감독인 스파이크 리(Spike Lee), 마스 블랙몬(Mars Blackmon) 등 수많은 유명인과도 계약을 체결했다.

비전과 사명

나이키의 공식적인 비전 선언문은 찾아볼 수 없으나 사명은 "전 세계 모든 운동선수가 위대한 기록을 달성하려는 열망에 부응하는 것"이다.

내부 이슈

조직 구조

나이키는 조직도를 공개하지 않았지만 제품별(신발, 의류, 용품), 지역별(북미, 서유럽, 중국, 일본)로 수익과 영업이익을 보고하므로 제품별 또는 지역별 사업부를 운영하는 것으로 보인다. 하지만 기존 임원의 직함과 제품별 또는 지역별 사업부가 딱 맞아떨어지는 것은 아니다.

자료 1 나이키의 최고경영진과 조직 구조

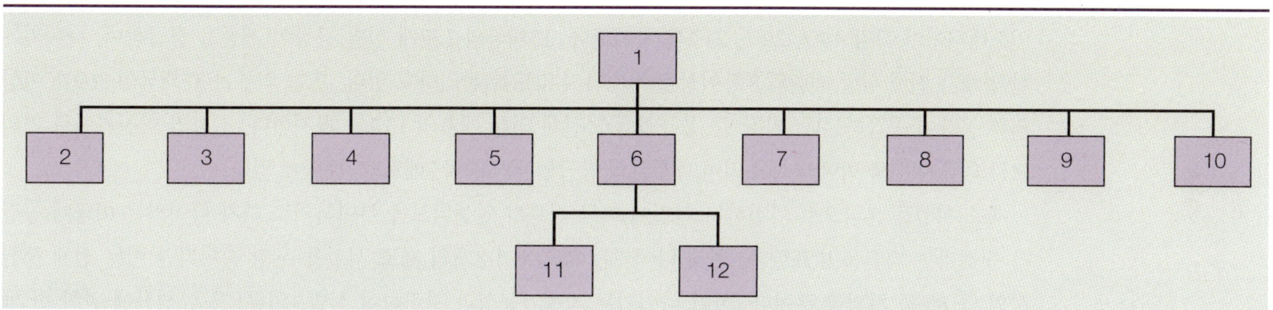

1. 나이키 회장, 사장 겸 최고경영자(chairman, president, and CEO of Nike, Inc.) Mark Parker
2. 부사장 겸 최고재무책임자(EVP, CFO) Andy Campion
3. 부사장, 최고관리책임자 겸 법률자문(EVP, chief administrative officer, and general counsel) Hilary Krane
4. 글로벌 인사 담당 부사장(EVP global HR) Monique Matheson
5. 글로벌 스포츠 마케팅 담당 부사장(EVP global sports marketing) John Slusher
6. 최고운영책임자(chief operating officer) Eric Sprunk
7. 상무 겸 비서실장(VP and corporate secretary) Ann Miller
8. IR 및 회계 담당 상무(VP investor relations and treasurer) Nitesh Sharan
9. 기업 감사 상무(VP corporate controller) Chris Abston
10. 최고정보책임자(chief information officer) Jim Scholefield
11. 품목 및 제품 담당 사장(president of categories and product) Michael Spillane
12. 브랜드 담당 사장(president, Nike brand) Trevor Edwards

출처: 기업 문서

현재 전략

나이키는 제품 개발에 이어 대대적인 마케팅을 펼치는 전략으로 스포츠 제국을 건설했다. 나이키는 세계적인 스포츠 경기에 제품을 공급하는 한편 스포츠 스타를 활용한 후원 마케팅에 주력한다. 심지어 마이클 조던, 르브론 제임스, 크리스티아누 호날두와는 종신 후원 계약을 맺기도 했다. 홍보에 대한 대가로 조던에게는 4억 7,500만 달러 이상을 지급했고 제임스, 호날두와 계약하는 데에는 10억 달러 이상이 들었다. 10억 달러가 커 보이지만 2016년에 호날두는 SNS 노출만으로 4억 7,500만 달러 이상의 가치를 창출한 것으로 추정된다. 또 다른 연구는 호날두가 나이키에 연간 1억 7,500만 달러를 안겨준다고 밝혔는데, 이는 후원사에 대한 기여도 면에서 2위인 스테픈 커리(Stephen Curry)보다 7배나 큰 수치이다. 2016년을 기준으로 기업의 후원을 받는 15명의 스포츠 스타 중 11명은 나이키와, 3명은 아디다스와, 그리고 드웨인 웨이드(Dwayne Wade)는 리닝(Li-Ning)과 계약을 체결했다. 또한 나이키는 자사 유니폼을 착용하는 조건으로 전 세계의 많은 프로 스포츠 팀과 후원 계약을 맺고 있다.

현재 나이키는 무료인 나이키플러스(NikePlus) 멤버십과 함께 SNS 마케팅을 활용하고 있다. 나이키는 모바일 기기와 애플워치를 통해 사용자의 운동을 실시간으로 추적·관리할 수 있는 나이키 런 클럽(Nike Run Club), 나이키 트레이닝 클럽(Nike Training Club) 앱을 제공한다. 또한 애플과 제휴하여 나이키 로고가 박힌 애플워치를 내놓기도 했다. 나이키는 전 세계 사용자의 운동 관련 데이터를 수집하여 사업에 이용하고 있다. 고객은 나이키 웹사이트에서 할인된 가격으로 제품을 구매하거나 매장에 출시되지 않은 신제품도 구매 가능한 나이키 퓨얼(Nike Fuel) 포인트를 적립할 수 있다.

최근에 나이키는 인조 가죽을 사용하고 안정성과 깔창의 쿠션이 향상된 더 가벼운 테니스화 에어테크챌린지(Air Tech Challenge)를 내놓았다. 그리고 양말을 신은 듯한 느낌의 프리플라이니트(Free Flyknit), 맨발로 걷는 듯한 프리하이퍼필(Free Hyperfeel) 러닝화를 출시하고, 신발 끈을 자동으로 조여주는 하이퍼어댑트 1.0(HyperAdapt 1.0)을 개발했다.

제조

나이키는 글로벌 소싱을 통해 제품을 공급받는데, 이러한 외부 조달의 비중이 97%에 달하고 베트남, 중국, 인도네시아가 각각 44%, 29%, 21%를 차지한다. 15개국의 127개 신발 공장이 제품을 공급하며, 나이키는 한 업체가 전체 신발 매출의 8% 이상을 차지하지 않도록 관리하고 있다. 또한 의류는 37개국의 369개 이상 의류 공장이 공급하는데, 가장 큰 공급업체가 전체 의류 매출의 13%를 차지한다. 신발과 마찬가지로 거의 모든 의류가 미국 밖에서 제조되며 대부분의 공급업체가 중국, 베트남, 태국에 있다.

제조 시설을 본국으로 이전하는 기업에 미국 정부가 인센티브를 부여하기로 하자 나이키는 미국에 공장을 짓겠다는 계획을 발표했다. 현재 나이키는 미국에서 8개의 제조 시설을 운영 중이지만 이는 전체 생산량의 약 8%를 차지할 뿐이다. 한편 나이키는 지속가능성과 관련하여 신발, 의류, 용품 생산에 관한 한 매우 투명한 접근을 강조한다. 나이키의 제조 공장에 대해 자세히 알고 싶다면 http://manufacturingmap.nikeinc.com/을 참조하라.

재무

나이키의 회계연도는 6월 30일에 마감되며, 자료 2에서 보듯이 2017 회계연도의 매출은 6% 증가하고 순이익은 거의 13% 증가했다. 이처럼 매출보다 순이익이 더 많이 증가한 데에는 2016년부터 세금 부담이 줄어들고 2017년에 세금 감면 혜택을 받은 것이 어느 정도 영향을 미쳤다. 나이키의 해외 매출과 이익은 양호한 증가세를 보인 반면 북미의 재무 성과는 우려할 만한 수준이다.

자료 2 나이키의 손익계산서(단위: 100만 달러)

계정과목	2016년 5월 31일	2017년 5월 31일		변화율(%)
매출	32,376	34,350	↑	6.10
매출 원가	17,405	19,038	↑	9.38
매출 총이익	14,971	15,312	↑	2.28
영업 비용	10,469	10,563	↑	0.90
이자 및 세전이익	4,502	4,749	↑	5.49
이자 비용	19	59	↑	210.53
법인세 차감 전 순이익	4,483	4,690	↑	4.62
세액	863	646	↓	−25.14
비반복적 항목	140	196	↑	40.00
당기순이익	3,760	4,240	↑	12.77

출처: 2017년 연례 보고서와 기타 기업 정보

자료 3은 나이키의 재무상태표로, 영업권이나 무형자산이 상대적으로 적고 유동 비율은 3.0 수준이다. 2017 회계연도에 순이익이 전년 대비 5억 달러 증가하여 42억 달러를 기록했음에도 이익잉여금이 4% 감소했는데, 이는 11억 달러의 배당금 지급 및 퇴직연금 '이연 보상' 처리의 영향도 일부 있다. 보통은 배당금을 줄여 이익잉여금을 늘리지만 나이키는 반대로 배당을 실시하여 이익잉여금이 감소한 경우이다.

자료 3 나이키의 재무상태표(단위: 100만 달러)

계정과목	2016년 5월 31일	2017년 5월 31일		변화율(%)
자산				
현금 및 단기투자자산	5,457	6,179	↑	13
외상매출금	3,241	3,677	↑	13
재고자산	4,838	5,055	↑	4
기타 유동자산	1,489	1,150	↓	−23
총유동자산	15,025	16,061	↑	7
부동산 및 설비	3,520	3,989	↑	13
영업권	131	139	↑	6
무형자산	281	283	↑	1
기타 장기자산	2,422	2,787	↑	15
자산 계	21,379	23,259	↑	9
부채				
외상매입금	2,191	2,048	↓	−7
기타 유동부채	3,167	3,426	↑	8
총유동부채	5,358	5,474	↑	2
장기차입금	1,993	3,471	↑	74
기타 장기부채	1,770	1,907	↑	8
부채 계	9,121	10,852	↑	19
자본				
보통주	3	3	→	0
이익잉여금	4,151	3,979	↓	−4
자사주	0	0	NA	NA
주식발행초과금 및 기타	8,104	8,425	↑	4
자본 계	12,258	12,407	↑	1
부채 및 자본 계	**21,379**	**23,259**	↑	**9**

출처: 2017년 연례 보고서와 기타 기업 정보

부문별 정보

나이키는 부문별 수익을 공개할 정도로 투명한 기업이다. 나이키의 핵심 브랜드는 나이키와 컨버스이다. 부문별 매출 비중을 살펴보면 나이키의 남성 부문이 57%, 여성 부문이 26%, 아동 부문이 17%를 차지하며 세 부문 모두 매년 약 5%씩 성장하고 있다. 반면에 컨버스의 비중은 6%에 불과하다. 제품별 매출의 경우 가장 큰 수익을 올리는 스포츠웨어, 러닝, 조던 브랜드가 각각 매출의 30%, 19%, 11%를 차지한다. 2017년에 스포츠웨어는 전년 대비 14%, 조던 브랜드는 전년 대비 13% 증가하여 두 자릿수 성장을 달성했다. 가장 낮은 수익을 창출하는 농구와 여성 트레이닝이 각각 매출의 4%, 액션 스포츠와 골프가 각각 매출의 2%를 차지한다. 2017년에 농구, 여성 트레이닝, 액션 스포츠는 매출이 6~9% 감소하고 골프는 18% 감소한 것으로 나타났다. 실적이 저조한 이 네 부문은 2015~2016년에도 매출이 하락했는데, 그중에서도 골프는 18%의 매출 감소를 보고했다. 나이키로서는 이러한 제품 라인에 자원을 어떻게 할당할지가 중요한 문제이다.

전방 통합을 통해 소매 유통 사업을 벌이는 나이키는 미국에서 384개 매장, 미국 외 지역에서 758개 매장을 운영하고 있다. 자료 4는 2017년 나이키(컨버스 제외)의 매출과 이자 및 세전이익(EBIT)을 보여준다. 캐나다가 전체 매출의 54%를 벌어들였으며, 중국이 매출액 단위당 가장 높은 이자 및 세전이익을 창출하고 미국이 그 뒤를 따랐다. 그리고 서유럽에 비해 중부·동유럽이 매출액 단위당 가장 낮은 이자 및 세전이익을 기록했는데, 2017년에 서유럽과 중부·동유럽은 이자 및 세전이익이 16% 하락했다. 자료 4를 보면 2017 회계연도에 북미 시장의 매출 성장이 3%에 그쳤으나 중국과 일본의 매출이 각각 17%, 12% 증가한 덕분에 모든 시장에서 매출의 순증가가 나타났다.

자료 4 나이키의 지역별 매출과 이자 및 세전이익(단위: 100만 달러)

지역	매출	이자 및 세전이익
북미	15,216	3,875
서유럽	6,211	1,203
중국	4,237	1,507
신흥 시장	3,995	816
중부·동유럽	1,487	244
일본	1,014	224
총합	**32,160**	**7,869**

출처: 2017년 연례 보고서

자료 5는 나이키의 제품 유형별 매출 비중을 보여준다. 가장 큰 수익 창출 부문인 신발은 2017년에 전체 매출의 66%를 차지했다. 2017년에 신발 및 의류의 매출은 각각 6% 증가했지만 용품의 매출은 5% 감소했다. 2017년의 지역별·제품 유형별 매출에서 주목할 만한 점은 서유럽의 의류 매출 15% 증가, 중국의 신발 및 의류 매출 각각 13% 증가, 일본의 신발 매출 17% 증가 및 의류 매출 21% 증가, 신흥 시장의 신발 매출 11% 증가이다. 반면에 가장 저조한 북미의 용품 매출은 10% 감소하여 고전을 면치 못하고 있다.

자료 5 나이키의 제품 유형별 매출 비중

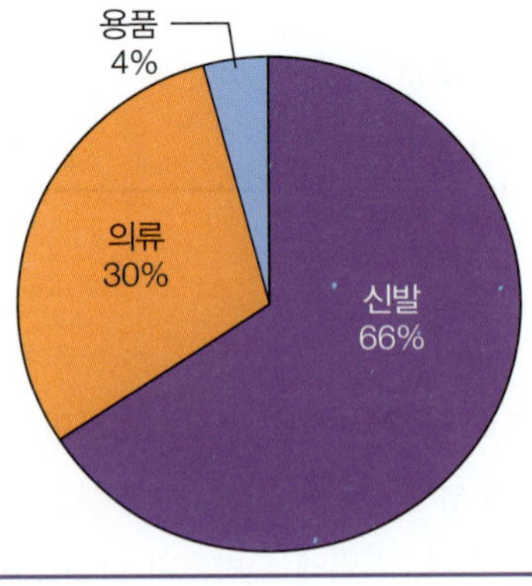

출처: 2017년 연례 보고서

자료 6은 나이키(컨버스 제외)의 고객 유형별 매출액을 보여준다. 도매 고객은 풋락커(Foot Locker), 딕스스포팅굿즈(Dick's Sporting Goods) 등 나이키 제품을 대량으로 가져다 판매하는 도매상으로, 2017년 매출의 72%를 차지했다. 나머지를 차지하는 소매 고객은 나이키 매장이나 웹사이트에서 구매하는 고객을 말한다.

자료 6 나이키의 고객 유형별 매출(단위: 100만 달러)

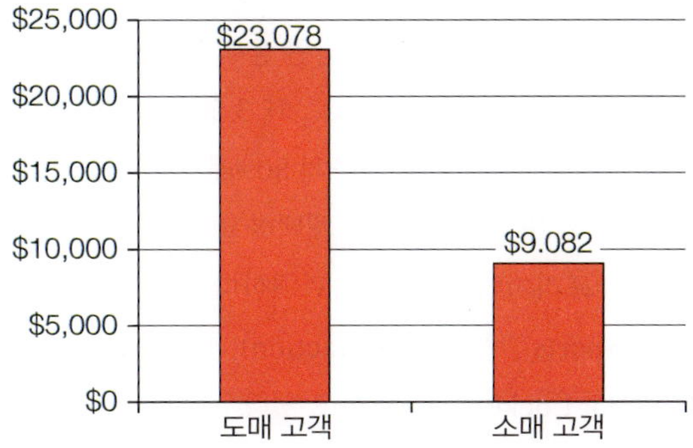

출처: 2017년 연례 보고서

경쟁기업

나이키는 스포츠 의류, 신발, 용품을 제공하는 세계 최대 업체이지만, 이 산업에는 아디다스(Adidas), 언더아머(Under Armour), 뉴발란스(New Balance), 푸마(Puma)와 같은 공격적인 경쟁자가 있다. 게다가 전방 통합 기업인 나이키는 자사 제품을 판매하는 풋락커와 같은 소매점과도 경쟁할 수밖에 없다. 시가 총액을 기준으로 나이키는 미국 스포츠웨어 산업의 약 50%를 점유하며, 그 뒤를 이어 VF코퍼레이션(VF Corporation)이 14%, 언더아머가 2.5%를 차지하고 있다.

자료 7은 나이키와 주요 경쟁기업을 비교하여 보여준다. 나이키는 아디다스와 언더아머를 합친 것보다 규모가 훨씬 더 크다는 것을 알 수 있다.

자료 7 나이키와 두 경쟁기업의 비교

	나이키	언더아머	아디다스
시가 총액(달러)	106.5B	5.7B	54.4B
종업원 수(명)	74,400	6,500	55,414
매출(달러)	34,350M	4,825M	24,113M
매출 총이익률(%)	70	46	49
순이익(달러)	4,240M	257M	1,271M
주당 순이익(달러)	2.31	0.32	4.25
주가 수익률	28.34	38.34	32.06

주: 아디다스의 경우 1유로를 1.25달러로 가정한 수치임
출처: 다양한 자료원

아디다스

1949년에 설립된 아디다스는 독일 헤르초게나우라흐에 본사가 있으며 2,800개 이상의 매장을 운영 중이다. 아디다스는 리복(Reebok), 테일러메이드(TaylorMade), CCM하키(CCM Hockey)를 소유하고 있으며 2016년에 매출 540억 달러, 순이익 13억 달러를 보고했다. 아디다스는 나이키에 이어 세계 2위의 스포츠웨어 제조업체로서 유럽만 놓고 보자면 1위이다. 2015년에 미국 프로 농구 선수 제임스 하든(James Harden)은 계약 기간 13년, 계약금 2억 달러라는 조건으로 후원사를 나이키에서 아디다스로 옮겼다. 나이키와 마찬

가지로 아디다스도 제품 개발 후 마케팅에 전력투구하는 전략을 구사하며, 종목을 가리지 않고 스포츠 선수를 활용하여 자사 제품을 홍보하고 있다.

풋락커

미국 뉴욕에 본사를 둔 풋락커는 2012~2017년에 매출이 15% 증가하고 영업이익이 12% 감소했지만 같은 기간 동안 주가가 무려 300%나 상승했다. 1879년 설립된 울워스(F.W. Woolworth)의 자회사로 출발한 풋락커는 미국, 유럽, 호주, 뉴질랜드, 캐나다를 중심으로 약 3,500개의 매장을 운영하며, 정규직 직원 1만 5,000명이 근무하고 있다. 특히 미국 시장이 전체 매출의 80%를 차지하고 재고의 70%가 나이키 제품이다.

다른 유통업체처럼 풋락커도 매장 내 매장 전략을 채택하고 있으며, 약 217개의 독립 매장인 하우스오브후프스(House of Hoops)에서 프리미엄 농구화를 판매한다. 또한 풋락커는 레이디풋락커(Lady Foot Locker), 챔스스포츠(Champs Sports), 풋액션(Footaction), 러너스포인트(Runners Point), 사이드스텝(Sidestep), 키즈풋락커(Kid's Foot Locker)도 운영하고 있다. 풋락커는 나이키와 다른 브랜드를 함께 취급하므로 자체 매장과 온라인 쇼핑몰을 운영하는 나이키는 풋락커와 경쟁 관계이다. 중동과 한국에는 풋락커 가맹점이 62개 있고, 독일에는 러너스포인트 가맹점이 15개 있다.

언더아머

미국 메릴랜드주 볼티모어에 본사를 둔 언더아머는 1996년에 메릴랜드대학교 풋볼 선수였던 케빈 플랭크(Kevin Plank)가 흡습·속건의 고기능성 티셔츠를 개발하기 위해 설립했다. 언더아머는 전 세계 운동선수들 사이에서 인기 있는 브랜드로 성장했으며, 미국의 최대 풋볼 팀과 유럽의 명문 축구 클럽에 유니폼을 후원하고 있다. 메릴랜드 테라핀스(Maryland Terrapins), 오번 타이거스(Auburn Tigers), 사우스캐롤라이나 게임콕스(South Carolina Gamecocks) 등의 대학 팀과도 후원 계약을 체결했으며, 잉글랜드의 토트넘 홋스퍼 FC(Tottenham Hotspur F.C.), 그리스의 아리스 FC(Aris F.C.), 멕시코의 데포르티보 톨루카 FC(Deportivo Toluca F.C.)와 같은 명문 축구 구단도 언더아머 유니폼을 입고 있다. 또한 톰 브래디(Tom Brady), 캠 뉴턴(Cam Newton), 브라이스 하퍼(Bryce Harper), 마이클 펠프스(Michael Phelps) 등의 슈퍼스타가 언더아머를 거쳐 갔거나 지금도 언더아머 제품을 착용하고 있다.

언더아머는 몸에 밀착되는 기능성 의류를 가장 먼저 출시했으며, 2017년에는 잠옷 라인에 수면 중 피로회복을 돕는 바이오세라믹 소재를 도입했다. 언더아머의 매출은 2015년 39억 달러에서 2016년 48억 달러로 증가했으나 주가는 2015년의 고점 대비 2017년에 75%나 하락했다. 언더아머는 최근에 본인 이름을 내건 골프화 스피스원(Spieth One)을 런칭한 PGA 골프 선수 조던 스피스(Jordan Spieth)와 파트너십을 체결하기도 했다. 또한 NBA 스타 스테픈 커리와 파트너십을 체결하여 커리 농구화 라인을 선보였다. 나이키, 아디다스와 마찬가지로 언더아머도 스포츠 스타를 활용한 제품 후원, 홍보 및 광고 위주의 마케팅 전략을 추구하고 있다.

외부 이슈

운동화 산업

미국의 운동화 산업은 연간 150억 달러 이상의 매출을 올리며 2022년까지 약 3% 성장할 것으로 예상된다. 이 산업에는 3,000개가 넘는 업체가 포진해 있으며, 그중 가장 큰 풋락커와 나이키는 각각 매출의 32%, 18%를 차지하고 있다. 전 세계의 소비자가 건강에 점점 더 관심을 기울임에 따라 운동화 산업은 견실하게 성장 중이다. 게다가 2009~2016년에 운동과 레저를 함께 즐기려는 애슬레저 트렌드가 등장하면서 직장에서나 일상생활에서나 착용 가능한 의류와 신발의 수요가 증가하고 있다. 많은 기업에는 여전히 복장 규정이 있기 때문에 애슬레저 산업이 빠른 속도로 계속 성장할지는 두고 볼 일이다.

온라인 운동화 판매점 또한 성장하고 있으며, 스포츠웨어가 대중화되면서 비즈니스 캐주얼 의류에 주력하던 백화점이 운동화 매장 공간을 늘리고 있다. 대부분의 의류 카테고리는 주 고객층이 여성인 반면 운동화 매출의 경우 남성이 약 60%, 여성과 아동이 각각 20%를 차지한다. 운동화의 수요는 전 연령대가 고르게 분포되어 있지만 특히 55세 미만 고객이 매출의 약 75%를 차지한다.

미국의 신발 시장은 650억 달러 규모이지만 그중에서 가장 빠른 성장세를 보이는 부문은 운동화이다. 중국은 미국에서 판매되는 모든 신발의 70% 이상을 공급하고 있다.

스포츠 용품

미국의 스포츠 용품 산업은 연간 80억 달러 이상 규모이지만 2010~2017년에는 약 −3% 성장률을 기록했으며, 2022년까지 1% 이상 수준으로 상승할 전망이다. 수익을 견인하는 것은 매출의 50% 정도를 차지하는 골프 용품이며, 놀이 용품과 낚시 도구가 각각 약 7%, 기타 스포츠 용품이 36%를 차지하고 있다. 풋볼·축구·농구 용품 및 기타 제품은 산업 매출에 그다지 영향을 미치지 않지만, 장비가 중요한 골프와 낚시 붐을 타고 관련 제품의 성장세가 두드러질 것이다. 용품과 별개인 골프 의류와 신발의 경우 나이키가 미국 산업 매출의 약 9%를 점유하고, 경쟁기업인 캘러웨이골프(Callaway Golf)가 5%를 차지하고 있다.

기술

1996년에 언더아머는 몸에 밀착되어 추울 때는 따뜻하게, 더울 때는 시원하게 해주는 고기능성 스포츠 의류를 출시했다. 오늘날 컴퓨터 및 IT 기술을 의류에 접목함으로써 더욱 발전하고 있으며, 대표적으로 심박수와 기타 데이터를 주치의에게 전송할 수 있는 장치가 부착된 티셔츠를 개발 중이다. 삼성의 사내 벤처 출신인 솔티드(Salted)가 내놓은 아이오핏(IOFIT)은 골퍼의 자세와 스윙을 분석하는 스마트 골프화이다. 2017년에 중국의 샤오미(Xiaomi)는 인텔 칩이 탑재된 스마트 러닝화를 출시했으며, 구글(Google)과 리바이스(Levi's)는 사이클 선수가 착용하는 스마트 의류를 공동으로 개발하고 있다. 이처럼 스포츠웨어 산업은 기술적으로 계속 발전하고 있다.

재고 문제

스포츠웨어 산업의 재고 회전율은 2006년에 4.0이었으나 2017년에는 3.0을 기록하는 등 지난 10년 동안 꾸준히 하락했다. 2017년 나이키의 재고 회전율은 3.8로, 경쟁업체보다 재고 관리를 잘한 것으로 나타났다. 많은 분석가는 고객의 거래 정보 추적이 쉽지 않아 과도한 재고를 보유할 수밖에 없는 상황을 재고율 하락의 이유로 꼽고 있다. 신발은 의류보다 재고 회전율 하락 폭이 상대적으로 작다. 인기 있는 품목이 사람들을 매장으로 끌어들이기 때문에 소매업체는 고객 수요 이상의 재고를 보유하려는 경향이 있다. 따라서 과도한 재고 비용, 품절로 말미암아 상실하게 될 판매 기회를 따져보아야 한다. 그러나 초과 재고는 고객이 할인을 기다리게 만듦으로써 결국 매출과 이익에 부정적인 영향을 미친다. 재고 관리는 나이키를 비롯한 모든 기업이 직면한 전략적 문제이다.

멀티 브랜드 선호자

의류 산업의 일부 전문가는 지난 10년 동안 브랜드 충성도가 감소한 고객을 가리켜 '멀티 브랜드 선호자(brand polygamist)'라고 일컫는다. 오늘날에는 단순히 로고나 브랜드를 보고 구매하는 것이 아니라 가격이나 제품의 기능을 꼼꼼히 살펴보고 구매하는 고객이 증가하고 있다. 이러한 경향은 총이익을 떨어뜨리고 스포츠웨어 산업의 경쟁을 부추겼으나, 한편으로는 고객이 모든 옵션을 자세히 살펴봄으로써 신생 기업에 큰 기회를 주기도 한다. 이에 나이키는 더 많은 고객을 유치하기 위해 고객이 온라인상에서 신발, 의류, 가방 등을 직접 디자인할 수 있는 나이키아이디(NikeID) 프로그램을 제공한다. 그러나 이러한 차별화에는 비용이 많이 드는 데다, 추가 비용을 상쇄하기 위해 훨씬 더 높은 가격을 매기기도 쉽지 않다. 나이키, 아디다스, 언더아머의 브랜드 영향력은 여전히 강력하지만 인터넷을 능숙하게 이용하는 고객은 브랜드만 보고 구매하지 않을 것이다.

소매 유통망

스포츠웨어 산업 또한 중간상을 통하는 대신 전자상거래를 이용하여 소비자에게 직접 판매하는 방식이 증가하고 있다. 온라인 판매는 중간상이 없을 뿐만 아니라 나이키가 도입한 나이키아이디처럼 고객의 요구를 수용한 제품을 만들 수 있다는 것이 장점이다. 2016년에 모든 산업의 전자상거래 매출은 15% 성장했지만 소매 매출은 3% 미만의 성장에 그쳤다.

기업은 D2C(direct-to-consumer) 사업 모델을 이용하여 구매 여부와 상관없이 고객의 습관에 대한 데이터를 수집하고 이에 따라 광고 및 마케팅 전략을 수립할 수 있다. 예컨대 쿠폰이 없으면 구매하지 않는 고객과 쿠폰이 있든 없든 구매하는 고객을 파악하고, 고객이 재구매하도록 유도하기 위한 인센티브 제공 시기를 결정할 수도 있다. 소매 유통망을 통해 얻은 정보는 가치를 매길 수 없을 정도로 중요하다.

미래

시장 조사 기관인 글로벌인더스트리애널리스츠(Global Industry Analysts)에 따르면 전 세계 스포츠 및 피트니스 의류 시장은 2024년까지 2,317억 달러 규모로 성장할 것으로 예상된다. 건강에 관심을 가지고 운동을 열심히 하려는 사람이 증가하는 것은 나이키에 반가운 소식이다. 스포츠웨어는 유행에 민감한 패션으로 자리 잡고 있으며, 아시아·태평양 시장이 가장 빠르게 성장할 것이다.

또 다른 시장 조사 기관인 유로모니터인터내셔널(Euromonitor International)은 요가복, 활동복 등을 포함한 스포츠웨어의 판매가 일반 의류나 신발보다 빠르게 성장하고 있다고 밝혔다. 특히 운동화와 운동복은 각각 연간 약 10%, 6% 성장하고 있다. 지역별로는 인도와 태국 등의 신흥 시장이 가장 빠르게 성장하고 있지만 미국과 같은 핵심 시장에서도 양호한 성장세를 보일 것으로 전망된다.

스포츠웨어 산업에서 나이키가 주목하는 신생 기업 중에는 2005년 설립된 류어패럴(RYU Apparel)이 있다. 어번 스타일의 스포츠웨어를 선보이는 류어패럴은 2017년 2분기에 64만 달러의 매출을 기록했는데, 이는 전년 동기의 30만 달러보다 113% 증가한 수치이다. 류어패럴은 남성복과 여성복의 매출 비중이 각각 46%, 54%로 균형 잡힌 분포이다. 또한 남성복 위주였던 업계에서 '아름다운 강인함(Beautiful Tough)'이라는 브랜드 포지셔닝으로 여성의 반향을 불러일으켰다. 류어패럴의 경우 현재 온라인 매출이 전체 매출의 17%를 차지하며, 2018년까지 30% 달성을 목표로 삼고 있다.

또한 나이키는 요가복, 러닝복, 트레이닝복에 특화한 룰루레몬애슬레티카(Lululemon Athletica)를 주목하고 있다. 룰루레몬은 사람들이 행복하고 건강하며 즐거운 삶을 살 수 있도록 혁신적인 경험을 제공한다. 나이키의 시장점유율을 빼앗아갈 신생 기업이 전 세계에서 속속 등장하고 있기 때문에 나이키는 앞으로 나아가기 위한 명확한 전략계획이 필요하다.

Under Armour, Inc.—2018

www.ua.com

미국 메릴랜드주 볼티모어에 본사를 둔 언더아머는 전 세계의 모든 운동선수와 활동적인 삶을 즐기는 고객이 애용하는 스포츠웨어 기업으로 트레이닝, 피트니스, 아웃도어용 의류와 신발, 용품을 제공한다. 히트기어(HeatGear), 콜드기어(ColdGear), 올시즌기어(AllSeasonGear) 소재를 보유한 언더아머는 날씨에 상관없이 쾌적하게 운동할 수 있도록 체온을 조절하는 기능성 의류를 선보이고 있다.

언더아머는 디지털 피트니스 플랫폼인 맵마이피트니스(MapMyFitness), 마이피트니스팔(MyFitnessPal), 엔도몬도(Endomondo) 및 자체 레코드(Record) 애플리케이션을 제공하고 있다. 언더아머는 주로 딕스스포팅굿즈(Dick's Sporting Goods)와 같은 스포츠 용품 체인점, 백화점, 기타 소매점을 통해 판매하는 한편 운동부, 대학, 프로 리그 및 프로 팀과 같은 스포츠 유통 채널을 통해서도 수익을 올린다. 또한 전 세계의 할인점과 아웃렛을 통해 고객에게 직접 제품을 판매하기도 한다.

2017년 주식시장의 호황에도 불구하고 언더아머의 주가는 2016년에 30%, 2017년에 50% 이상 하락하는 등 S&P 500대 기업 중 최악의 성과를 올리다 2018년에 조금 반등했다. 언더아머의 고질적인 문제는 주요 판매처인 딕스스포팅굿즈, 풋락커(Foot Locker)와 같은 스포츠 용품 전문 소매업체가 아마존(Amazon)과 월마트(Walmart)에 시장점유율을 빼앗기고 있다는 것이다. 게다가 스포츠어소리티(Sports Authority), 갠더마운틴(Gander Mountain), 스포츠샬렛(Sports Chalet)과 같은 유통업체가 수익성 악화로 모두 파산하고 말았다.

특히 북미에서 언더아머는 스포츠웨어 산업을 장악하고 있는 나이키(Nike), 아디다스(Adidas)와 경쟁하기 위해 고군분투 중이다. 2018년 5월, 북미의 매출이 전년 동기보다 소폭 하락했으나 그 밖의 지역에서는 양호한 실적을 거두었다. 예를 들어 2018년 1분기에 라틴아메리카의 매출이 전년 동기 대비 21% 증가하고 유럽·중동·아프리카는 23%, 아시아는 35% 증가했다. 반면에 2018년 1분기에 북미 부문은 적자를 냈다. 그러나 북미의 매출이 전체 매출의 거의 3/4을 차지하기 때문에 북미 외 지역의 호조만으로는 역부족이다.

역사

메릴랜드대학교의 풋볼 선수였던 케빈 플랭크(Kevin Plank)는 땀을 잘 배출하는 티셔츠를 만들기 위해 1996년 언더아머를 설립했다. 23세 때 플랭크는 몸에 밀착되는 반바지보다 티셔츠가 더 땀에 잘 젖어 자주 갈아입게 된다는 점에 착안하여 할머니 집의 지하실에서 흡습·속건 티셔츠를 개발했다. 그는 내셔널 풋볼 리그(NFL)에서 뛰는 친구들에게 이 티셔츠를 입어보라고 주었고, 긍정적인 평가를 받고 나서 1997년에 10만 달러어치를 주문받았다. 오클랜드 레이더스(지금의 라스베이거스 레이더스)의 쿼터백 제프 조지(Jeff George)가 언더아머 옷을 입고 있는 모습이 《USA 투데이(USA Today)》에 실렸을 때 언더아머에 기회가 찾아왔다. 1997년 말에 조지아공과대학교가 티셔츠 10벌을 주문한 데 이어 애리조나주립대학교, 노스캐롤라이나주립대학교와도 거래를 하게 되었다.

언더아머는 전 세계 운동선수들 사이에서 인기 있는 브랜드로 성장했으며, 미국의 최대 풋볼 팀과 유럽의 명문 축구 클럽에 유니폼을 후원하고 있다. 메릴랜드 테라핀스(Maryland Terrapins), 오번 타이거스(Auburn Tigers), 사우스캐롤라이나 게임콕스(South Carolina Gamecocks) 등의 대학 팀과도 후원 계약을 체결했으며, 잉글랜드의 토트넘 홋스퍼 FC(Tottenham Hotspur F.C.), 그리스의 아리스 FC(Aris F.C.) 멕시코의 데포르티보 톨루카 FC(Deportivo Toluca F.C.)와 같은 명문 축구 구단도 언더아머 유니폼을 입고 있다. 또한 톰 브래디(Tom Brady), 캠 뉴턴(Cam Newton), 브라이스 하퍼(Bryce Harper), 마이클 펠프스(Michael Phelps) 등의 슈퍼스타가 언더아머를 거쳐 갔거나 지금도 언더아머 제품을 착용하고 있다.

언더아머는 전 세계적으로 남성용·여성용·아동용 스포츠 의류, 신발, 액세서리를 판매하고 있다. 특히 몸에 달라붙는 정도에 따라 세 가지 스타일의 의류를 제공하는데, 이는 어떤 날씨에도 쾌적함을 유지하도록 설계되었다. 신발의 경우 거의 모든 스포츠 활동에 신을 수 있는 운동화, 러닝화, 농구화, 심지어 사냥용 부츠도 있고, 액세서리에는 풋볼·야구·골프 장갑, 양말, 팀 유니폼이 포함된다. 언더아머가 개발한 흡습·속건 소재는 거의 모든 날씨에 착용할 수 있도록 다양한 디자인과 스타일로 제작되며, 이러한 제품은 청소년부터 프로 선수에 이르기까지 전 세계의 운동선수들이 착용하고 있다. 언더아머의 유럽 본부는 암스테르담 올림픽 경기장에 위치하고 홍콩, 토론토, 덴버, 광저우에는 지사가 있다. 언더아머는 약 7만 6,000명의 직원을 두고 있으며 전문 소매점, 백화점, 아웃렛, 운동부 등을 통해 제품을 판매한다.

2000년대에 언더아머는 워너브러더스(Warner Brothers)의 영화 2편에 의류를 협찬한 뒤 급속도로 확장되었으며, 《ESPN 매거진(ESPN Magazine)》에 광고를 게재하여 75만 달러의 매출을 올리기도 했다. 2003년에는 당시 인기 없던 XFL 풋볼 리그의 후원사를 자처하는 한편, '홈그라운드를 지키자'라는 TV 광고를 내보냈다. 2011년에 언더아머는 3만 7,000m^2 규모의 본사 건물을 6,050만 달러에 매입했다. 언더아머는 NFL, NBA, MLB와 계약을 맺고 신발, 의류, 용품을 제공하며, 유럽의 프로 축구 구단이 언더아머 유니폼을 착용한 모습은 이제 낯설지 않다. 한편 스튜디오(Studio)와 아머브라(ArmourBra)의 판매 신장에 힘입어 여성용 의류에도 집중하고 있다.

비전과 사명

언더아머의 비전은 "전 세계 운동선수에게 혁신적인 제품으로 힘을 실어주는 것"이고, 사명은 "모범적인 디자인과 지속적인 혁신으로 운동선수의 기량을 향상하는 것"이다. CEO인 케빈 플랭크는 최근에 비전과 관련하여 다음과 같이 말했다. "우리의 장기 비전은 여성용 사업이 남성용 사업을, 신발 사업이 의류 사업을, 해외 사업이 국내 사업을 대체하는 것이다." 또한 언더아머 직원이라면 '네 가지 의지', 즉 '책임감 있게 행동할 것, 기업가처럼 생각할 것, 혁신적일 것, 훌륭한 팀원이 될 것'에 동의해야 한다. 플랭크는 언더아머의 미래에 대해 "세상에서 가장 크고 가장 끝내주는 기업"이라고 표현하곤 한다.

내부 이슈

조직 구조

언더아머는 북미, 유럽·중동·아프리카, 아시아, 라틴아메리카별로 재무를 보고한다. 그러나 최고경영진의 직함을 보면 북미 지역 책임자(제이슨 라로즈)와 북미 이외 지역 책임자(콜린 브라운)가 이끄는 지역별 사업부 구조로 운영되는 듯하다. 자료 1은 언더아머의 조직 구조에 대한 일례를 보여주는데, 최고경영진이 모두 남성이라는 점이 흥미롭다.

2017년 10월, 공동 창업자인 킵 펄크스(Kip Fulks)는 안식년을 갈 것이라고 밝혔다. 또한 언더아머가 2017년 3분기 실적 부진을 보고한 후 신발 부문 책임자, 여성 및 아동 의류 부문 책임자, 최고마케팅책임자가 사퇴한다고 발표하자 투자자들은 불안해졌다. 혼란에 빠진 언더아머는 신발 소매업체인 알도(Aldo)의 CEO였던 파트리크 프리스크(Patrik Frisk)를 사장 겸 최고운영책임자 자리에 앉혔다. 분석가들은 이러한 조치가 외부에서 경영자를 영입할 정도로 언더아머 내부의 문제가 심각하다는 사실을 인정한 것이라고 말했다. 다만 긍정적인 신호는 언더아머를 지지하는 스테픈 커리(Stephen Curry)가 속한 골든스테이트 워리어스(Golden State Warriors)가 클리블랜드 캐벌리어스(Cleveland Cavaliers)를 물리치고 NBA 챔피언십에서 우승했다는 소식이었다.

자료 1 언더아머의 최고경영진과 조직 구조

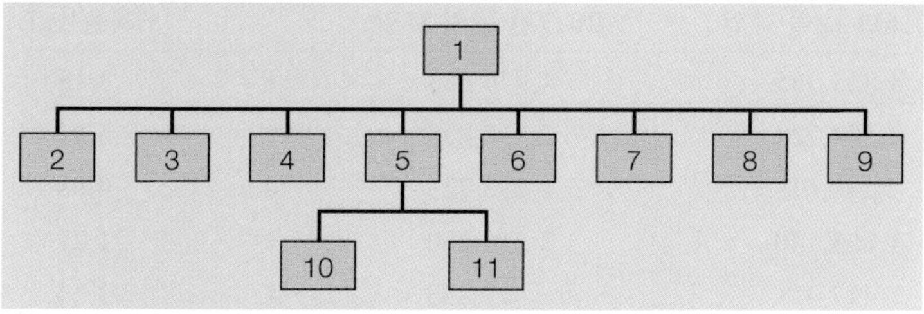

1. 이사회 의장 겸 최고경영자(chairman of the board and CEO) Kevin Plank
2. 최고재무책임자(CFO) David Bergman
3. 최고인사책임자(chief HR officer) Kerry Chandler
4. 최고기술책임자(chief technology officer) Paul Fipps
5. 사장 겸 최고운영책임자(president and COO) Patrik Frisk
6. 최고제품책임자(chief product officer) Kip Fulks
7. 최고디지털책임자(chief digital officer) Michael Lee
8. 최고수익책임자(chief revenue officer) Karl-Heinz Maurath
9. 전무, 법률자문 겸 비서실장(SVP, general counsel and corporate secretary) John Stanton
10. 글로벌 구매 담당 사장(president of global sourcing) Colin Browne
11. 북미 담당 사장(president of North America) Jason LaRose

출처: 기업 웹사이트 정보

현재 전략

나이키와 마찬가지로 언더아머는 제품 개발 후 강력한 마케팅을 전개하는 전략을 펼치고 있다. 언더아머는 NBA와 NFL 등 미국 최고의 프로 리그와 후원 계약을 체결하고 있으며, 2020년 초에는 MLB와 커넥티드 피트니스(Connected Fitness)의 파트너십을 맺었다. 커넥티드 피트니스는 맵마이피트니스, 언더아머 레코드 플랫폼을 통해 유료 디지털 피트니스 서비스를 제공한다. 언더아머는 맵마이런(MapMyRun)과 맵마이라이드(MapMyRide)가 포함된 마이피트니스팔과 엔도몬도를 인수했다. 2017년을 기준으로 매출의 약 2%를 차지하는 커넥티드 피트니스는 고객의 데이터를 보관하고, 언더아머를 고객에게 노출시키며, 사용자가 앱을 사용하고 건강을 유지하는 데 필요한 언더아머 제품 할인 혜택을 제공한다.

마케팅

스포츠, 피트니스와 기타 야외 활동을 위한 제품을 개발 및 제공하는 언더아머는 고객 수요를 창출하기 위해 자사의 브랜드 파워를 활용하거나 고기능성 제품이라는 점을 고객에게 알린다. 언더아머는 매장 내 매장을 운영하는 딕스스포팅굿즈와 풋락커의 매출에 크게 의존한다. 그러나 고객에게 직접 제품을 판매하는 소매 유통 채널이 크게 성장하여 6년 전 전체 매출의 25%였던 것이 최근 분기에는 31%로 증가했다. 한편 딕스스포팅굿즈와 같은 도매업체의 매출은 65%를 차지하며, 2016 회계연도에는 매출의 4%를 커넥티드 피트니스와 라이선싱에서 얻었다.

언더아머는 NFL, NBA, MLB 구단을 후원하는 한편, 고등학교 팀에서 두각을 나타내는 선수들에게 제품을 홍보하는 데 많은 돈을 투자하고 있다. 톰 브래디와 캠 뉴턴 같은 스포츠 스타가 언더아머 제품을 착용하고 경기에 나서면 팬들이 이들을 계속 주시함으로써 브랜드 인지도가 올라가게 마련이다. 또한 언더아머는 훈련 캠프, 클리닉, 기타 행사를 통해 젊은 선수들을 발굴하고 후원하는 식으로 풀뿌리 수준에서도 브랜드 신뢰도를 쌓고 있다.

언더아머는 북미에 162개의 아웃렛 매장과 19개의 직영 매장을 소유하고 있으며, 제품을 홍보하기 위해 TV, 인쇄 매체, 소셜미디어를 활용한다. 플랭크의 팀은 스포츠 스타 혹은 잠재력을 지닌 예비 스타를 발굴하여 광고를 제작하는 뛰어난 마케터이다. 언더아머의 과감한 광고 캠페인은 건강한 삶을 즐기려는 고객의 운동 욕구를 자극한다. 또한 플랭크의 팀은 약자 대 강자의 대결 구도에서 약자의 이미지를 잘 활용하여

자료 2 언더아머의 손익계산서(단위: 1,000달러)

계정과목	2016년 12월 31일	2017년 12월 31일		변화율(%)
매출	4,825,335	4,976,553	⬆	3.13
매출 원가	2,584,724	2,737,830	⬆	5.92
매출 총이익	2,240,611	2,238,723	⬇	−0.08
운영 비용	1,823,140	2,210,880	⬆	21.27
이자 및 세전이익	417,471	27,843	⬇	−93.33
이자 비용	29,189	38,152	⬆	30.71
법인세 차감 전 순이익	388,282	(10,309)	⬇	−102.66
세액	131,303	37,951	⬇	−71.10
비반복적 항목	0	0	NA	NA
당기순이익	256,979	(48,260)	⬇	−118.78

출처: 2017년 4분기 보고서와 기타 기업 정보

자료 3 언더아머의 재무상태표(단위: 1,000달러)

계정과목	2016년 12월 31일	2017년 12월 31일		변화율(%)
자산				
현금 및 단기투자자산	250,470	312,483	⬆	25
외상매출금	622,685	609,670	⬇	−2
재고자산	917,491	1,158,548	⬆	26
기타 유동자산	174,507	256,978	⬆	47
총유동자산	1,965,153	2,337,679	⬆	19
부동산 및 설비	804,211	885,774	⬆	10
영업권	563,591	555,674	⬇	−1
무형자산	64,310	46,995	⬇	−27
기타 장기자산	247,066	180,245	⬇	−27
자산 계	3,644,331	4,006,367	⬆	10
부채				
외상매입금	409,679	561,108	⬆	37
기타 유동부채	276,137	499,267	⬆	81
총유동부채	685,816	1,060,375	⬆	55
장기차입금	790,388	765,046	⬇	−3
기타 장기부채	137,227	162,304	⬆	18
부채 계	1,613,431	1,987,725	⬆	23
자본				
보통주	145	146	⬆	1
이익잉여금	1,259,414	1,184,441	⬇	−6
자사주	0	0	NA	NA
주식발행초과금 및 기타	771,341	834,055	⬆	8
자본 계	2,030,900	2,018,642	⬇	−1
부채 및 자본 계	**3,644,331**	**4,006,367**	⬆	**10**

출처: 2017년 4분기 보고서와 기타 기업 정보

약육강식의 틈바구니 안에서 '그들 대 우리'라는 메시지를 전달한다. 이는 언더아머의 이미지를 잘 표현하여 많은 운동선수와 팬을 사로잡았다.

계절성

언더아머는 매년 3분기와 4분기에 수익의 상당 부분을 창출한다. 실제로 1분기와 2분기에 비해 3분기와 4분기의 매출이 35% 더 높아 연 매출의 58%를 차지한다. 3분기와 4분기는 풋볼 시즌, 연말 쇼핑 특수와 겹치는 데다 추운 계절의 옷이 더 비싸기 때문이다.

재무

2017년에 언더아머의 매출은 3% 증가했으나 자료 2에서 보듯이 순이익이 2억 5,600만 달러에서 4,800만 달러로 크게 감소했다. 또한 자료 3의 재무상태표에 나타낸 현금성 자산의 약 50%가 미국 밖에 있으며, 2017년에 부동산 및 설비가 10% 증가했다.

분석가들은 2018년 1분기 장부가 기준으로 환산 시 11억 4,800만 달러에 달하는 재고자산의 급증을 우려하고 있다. 이 문제는 재고자산 회전일수(days inventory outstanding, DIO)가 159일이라는 것에서도 확인된다. 특정 분기의 재고자산 회전일수가 150일을 상회하기도 하는데, 이는 연말 특수에나 가능한 수치이다. 만약 상황이 호전되지 않는다면 2018년 2분기의 재고자산 회전일수가 170일 혹은 180일을 넘어설 것으로 예상된다. 2008~2009년의 경기 침체기 이후 이러한 일이 발생한 적이 없었기 때문에 우려할 만한 상황이다.

부문별 정보

제품

자료 4는 언더아머의 제품별 매출을 보여준다. 순매출액을 기준으로 의류가 가장 많이 성장하고 가방, 모자, 장갑과 같은 액세서리는 최근 몇 년간 높은 신장률을 보였다. 반면에 라이선스 매출은 모자와 가방의 주문 감소로 인해 하락했다. 다른 제품 라인이 더 빠른 속도로 성장함에 따라 전체 매출에서 의류가 차지하는 비중은 2010년의 80%에서 2017년에는 약 66%로 감소했다.

자료 4 언더아머의 제품별 매출(단위: 1,000달러)

	2017년	2016년	2015년
의류	3,287,121	3,229,142	2,801,062
신발	1,037,840	1,010,693	677,744
액세서리	445,838	406,614	346,885
기타	205,754	178,886	137,622
총합	**4,976,553**	**4,825,335**	**3,963,313**

출처: 2017년 4분기 보고서와 기타 기업 정보

언더아머의 의류는 첨단 기술력으로 특별히 제작된 고기능성 소재로, 더운 날씨에 적합한 히트기어, 추운 날씨에 적합한 콜드기어, 모든 계절에 적합한 올시즌기어가 있다. 아울러 모든 제품은 몸에 밀착되는 정도에 따라 타이트한 핏, 보통의 핏, 헐렁한 핏으로 출시된다. 언더아머의 의류는 어떤 환경에서도 쾌적함을 유지하기 위해 땀을 흡수하도록 설계되었다.

또한 언더아머는 러닝화부터 사냥용 부츠까지 거의 모든 스포츠화를 제공하는데, 이는 땀을 배출하고 쿠션감이 있게 제작되었다. 2016년에는 신발의 매출이 거의 50% 증가했으나 2017년에는 2.7% 증가에 그쳤다. 한편 커넥티드 피트니스와 라이선스에서 발생하는 기타 부문의 매출 비중은 2017년에 4%에 불과했다.

지역

자료 5는 언더아머가 북미 시장과 해외 시장에서 올리는 매출의 비중을 보여준다. 언더아머는 지역별 수익, 즉 북미, 유럽·중동·아프리카, 아시아, 라틴아메리카의 매출을 보고한다. 각 지역 부문은 제품 디자인, 개발, 마케팅, 유통을 동일한 방식으로 수행한다. 2017 회계연도에 해외 시장은 매출의 22%를 차지했다. 언더아머는 네 지역 부문과 커넥티드 피트니스의 매출을 구분하여 보고한다.

자료 5 언더아머의 지역별 매출 비중

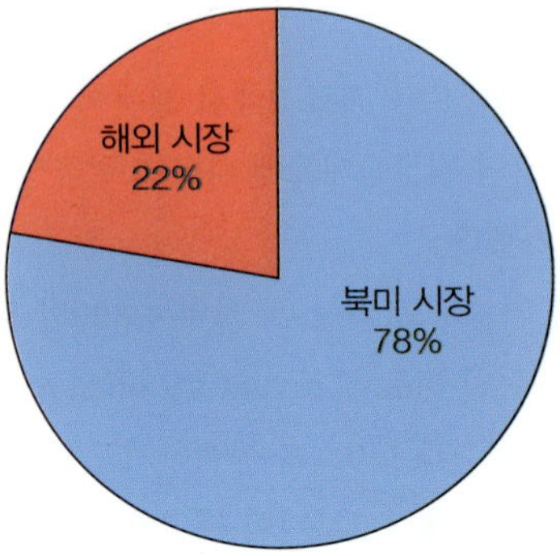

출처: 다양한 자료원

유럽·중동·아프리카, 아시아, 라틴아메리카와 커넥티드 피트니스의 매출은 자료 6과 같다. 언더아머는 전 세계적으로 고기능성 의류의 수요가 증가하고 있다는 것을 알고 있다. 2017년에 아시아·태평양 시장은 북미 시장과 달리 매출이 61%나 증가함으로써 전체 수익을 끌어올렸다. 전체 매출에서 북미 시장이 차지하는 비중이 2014년 91%에서 2017년 76%로 감소했는데, 이는 언더아머가 북미 이외의 시장으로 빠르게 확장하고 있음을 나타낸다. 또한 언더아머는 미국의 34개 주에서 아웃렛 매장 151개, 직영 매장 18개를 운영하고 있다. 언더아머의 가장 큰 고객은 매출의 약 10%를 차지하는 딕스스포팅굿즈이다. 언더아머는 일반 소비자에게 제품을 판매하는 한편 고등학교, 대학교, 프로 팀에도 유니폼과 훈련복을 판매하여 수익을

자료 6 언더아머의 해외 시장 및 커넥티드 피트니스 부문 매출(단위: 100만 달러)

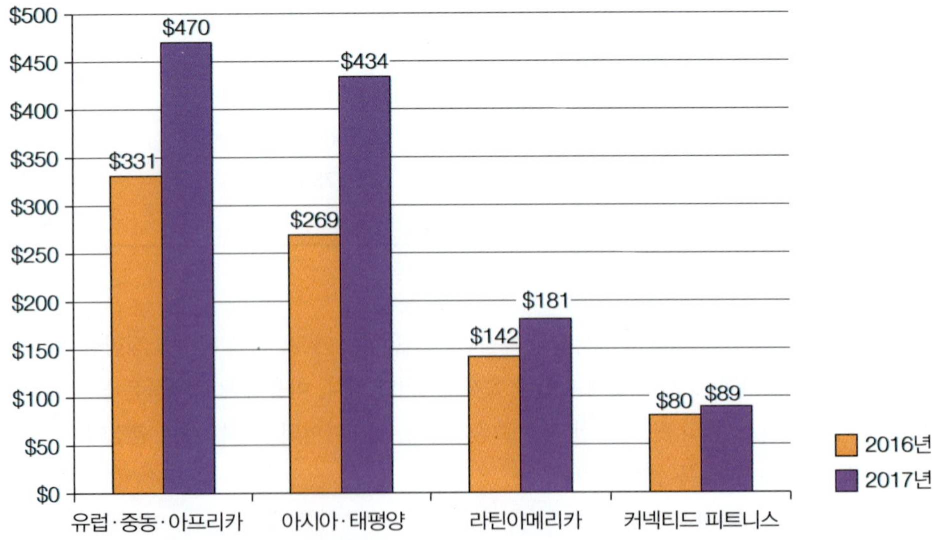

출처: 2017년 연례 보고서

얻는다.

자료 7을 보면 2017년의 영업이익이 전년 대비 95% 감소했는데, 언더아머는 구조조정 비용, 마진 감소, 매출 하락을 그 원인으로 지목한다. 그러나 같은 기간에 북미 지역의 매출은 5% 감소에 그쳤다.

자료 7 언더아머의 북미 시장 부문 매출과 영업이익(단위: 100만 달러)

	매출		영업이익	
	2016년	2017년	2016년	2017년
북미	4,005	3,802	408	20

출처: 2017년 연례 보고서

자료 8에서 보듯이 2017년에 라틴아메리카와 커넥티드 피트니스는 영업손실을 기록할 만큼 저조한 실적을 올렸다. 한편 유럽·중동·아프리카는 가장 큰 폭의 증가율인 64%를 기록하고, 아시아·태평양은 1,400만 달러라는 가장 큰 이익 상승 폭을 나타냈다.

자료 8 언더아머의 해외 시장 및 커넥티드 피트니스 부문 영업이익(단위: 100만 달러)

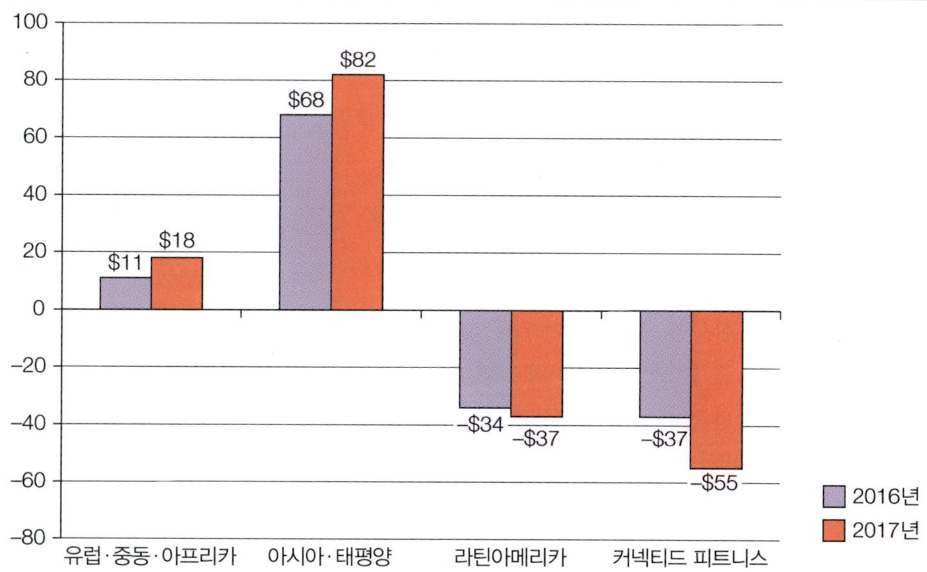

출처: 2017년 연례 보고서

2018년 3월 31일에 마감된 2018년 1분기에 언더아머의 매출은 6% 증가한 12억 달러였으나 순손실은 전년 동기의 230만 달러 대비 3,020만 달러로 확대되었다. 2018년 1분기에 북미 시장의 매출은 0.4% 감소한 반면 해외 시장의 매출은 27% 증가했으며, 현재 해외 시장의 매출이 전체 매출의 24%를 차지하고 있다. 긍정적인 점은 남성 트레이닝 제품군 덕분에 2018년 1분기의 의류 매출이 7% 증가하고 신발 매출이 1%, 액세서리 매출이 3% 증가했다는 것이다. 2018년 1분기에 가장 두드러진 해외 부문은 매출이 35% 증가한 아시아·태평양이었다.

경쟁기업

스포츠웨어 시장에서 언더아머는 아디다스, 나이키, 뉴발란스(New Balance), 리복(Reebok), 푸마(Puma)와 경쟁하고 있다. 또한 전방 통합으로 인해 풋락커, 딕스스포팅굿즈, 배스프로숍스(Bass Pro Shops) 등의 소매업체와도 경쟁 관계이다. 그동안 나이키와 아디다스는 언더아머의 디자인과 기술을 알게 모르게 모방했다. 언더아머가 사용하는 소재가 언더아머만의 것이 아니고 특허권의 보호를 받는 것도 아니라 언더아머는 그만큼 어려움을 겪고 있으며, 브랜드와 마케팅에 사활을 걸 수밖에 없다.

그러나 2015~2017년에 언더아머의 주가는 75%나 하락한 반면 S&P 500대 기업의 주가는 거의 50% 상승하고 나이키는 약 10% 상승한 것을 볼 때 언더아머의 브랜드 전략은 경쟁기업에 비해 한참 부족하다. 나이키와 아디다스는 훨씬 더 많은 자원을 보유하고 있어 장기적으로는 언더아머가 경쟁하기 어려울 수도 있다. 많은 유통업체가 PB 브랜드를 보유하고 있어 이러한 매장에서의 자리다툼도 더욱더 힘겨워지고 있다.

자료 9는 언더아머와 주요 경쟁기업을 비교하여 보여준다. 언더아머에 비해 나이키의 매출은 7배, 아디다스의 매출은 5배에 달하며, 시가 총액 또한 나이키와 아디다스가 압도적으로 크다.

자료 9 언더아머와 두 경쟁기업의 비교

	언더아머	아디다스	나이키
시가 총액(달러)	5.7B	54.4B	106.5B
종업원 수(명)	15,200	55,414	74,400
매출(달러)	4,825M	24,113M	34,350M
매출 총이익률(%)	46%	49%	70%
순이익(달러)	257M	1,271M	4,240M
주당 순이익(달러)	0.32	4.25	2.31
주가 수익률	38.34	32.06	28.34

주: 아디다스의 경우 1유로를 1.25달러로 가정한 수치임
출처: 다양한 자료원

나이키

미국 오리건주 비버턴에 본사를 둔 나이키는 7만 명의 정규직 직원을 고용하고 있으며, 2017년의 매출과 순이익이 전년보다 크게 증가하여 각각 340억 달러, 40억 달러를 기록했다. 그러나 2018 회계연도 2분기에 북미 시장에서 부진했던 컨버스의 매출은 4% 감소한 4억 800만 달러였고, 같은 기간에 나이키의 순이익은 9% 감소한 7억 6,700만 달러였다. 북미에서 2018 회계연도 1분기와 2분기에 신발 매출은 5%, 스포츠용품 매출은 8% 하락했다. 이는 경쟁기업이 나이키의 고객을 빼앗아간 데 따른 결과이다. 그러나 북미 이외 지역에서는 매출과 순이익 모두 두 자릿수 성장을 기록하는 등 뛰어난 성과를 거두고 있다.

나이키는 최근 뉴욕에 나이키 바이 유 스튜디오(Nike By You Studio)를 열고 개인 맞춤형 신발 디자인을 2배 규모로 늘렸다. 여기서는 증강현실 및 프로젝션 시스템을 활용하여 맞춤 설계한 신발을 1시간 이내에 제작할 수 있다. 1,000명의 디자이너를 보유한 나이키 바이 유 스튜디오는 맞춤형 신발과 무슬림 운동선수를 위한 프로히잡(Pro Hijab) 등의 개발·생산을 담당하고 있다.

전방 통합을 통해 소매 유통 사업을 벌이는 나이키는 미국에서 384개 매장, 미국 외 지역에서 758개 매장을 운영하고 있다. 자료 10은 2017년 나이키(컨버스 제외)의 매출과 이자 및 세전이익(EBIT)을 보여준다. 캐나다가 전체 매출의 54%를 벌어들였으며, 중국이 매출액 단위당 가장 높은 이자 및 세전이익을 창출하고 미국이 그 뒤를 따랐다. 그리고 서유럽에 비해 중부·동유럽이 매출액 단위당 가장 낮은 이자 및 세전이익을 기록했는데, 2017년에 서유럽과 중부·동유럽은 이자 및 세전이익이 16% 하락했다. 자료 10을 보면 2017 회계연도에 북미 시장의 매출 성장이 3%에 그쳤으나 중국과 일본의 매출이 각각 17%, 12% 증가한 덕분에 모든 시장에서 매출의 순증가가 나타났다.

자료 10 나이키의 지역별 매출과 이자 및 세전이익(단위: 100만 달러)

지역	매출	이자 및 세전이익
북미	15,216	3,875
서유럽	6,211	1,203
중국	4,237	1,507
신흥 시장	3,995	816
중부·동유럽	1,487	244
일본	1,014	224
총합	**32,160**	**7,869**

출처: 2017년 연례 보고서

아디다스

1949년에 설립된 아디다스는 독일 헤르초게나우라흐에 본사가 있으며 2,800개 이상의 매장을 운영 중이다. 아디다스는 리복(Reebok), 테일러메이드(TaylorMade), CCM하키(CCM Hockey)를 소유하고 있으며 2016년에 매출 540억 달러, 순이익 13억 달러를 보고했다. 아디다스는 나이키에 이어 세계 2위의 스포츠웨어 제조업체로서 유럽만 놓고 보자면 1위이다. 2015년에 미국 프로 농구 선수 제임스 하든(James Harden)은 계약 기간 13년, 계약금 2억 달러라는 조건으로 후원사를 나이키에서 아디다스로 옮겼다. 나이키와 마찬가지로 아디다스도 제품 개발 후 마케팅에 전력투구하는 전략을 구사하며, 종목을 가리지 않고 스포츠 선수를 활용하여 자사 제품을 홍보하고 있다.

풋락커

미국 뉴욕에 본사를 둔 풋락커는 2012~2017년에 매출이 15% 증가하고 영업이익이 12% 감소했지만 같은 기간 동안 주가가 무려 300%나 상승했다. 1879년 설립된 울워스(F.W. Woolworth)의 자회사로 출발한 풋락커는 미국, 유럽, 호주, 뉴질랜드, 캐나다를 중심으로 약 3,500개의 매장을 운영하며, 정규직 직원 1만 5,000명이 근무하고 있다. 특히 미국 시장이 전체 매출의 80%를 차지하고 재고의 70%가 나이키 제품이다.

다른 유통업체처럼 풋락커도 매장 내 매장 전략을 채택하고 있으며, 약 217개의 독립 매장인 하우스오브후프스(House of Hoops)에서 프리미엄 농구화를 판매한다. 또한 풋락커는 레이디풋락커(Lady Foot Locker), 챔스스포츠(Champs Sports), 풋액션(Footaction), 러너스포인트(Runners Point), 사이드스텝(Sidestep), 키즈풋락커(Kid's Foot Locker)도 운영하고 있다. 풋락커는 나이키와 다른 브랜드를 함께 취급하므로 자체 매장과 온라인 쇼핑몰을 운영하는 나이키는 풋락커와 경쟁 관계이다. 중동과 한국에는 풋락커 가맹점이 62개 있고, 독일에는 러너스포인트 가맹점이 15개 있다.

외부 이슈

운동화 산업

미국의 운동화 산업은 연간 150억 달러 이상의 매출을 올리며 2022년까지 약 3% 성장할 것으로 예상된다. 이 산업에는 3,000개가 넘는 업체가 포진해 있으며, 그중 가장 큰 풋락커와 나이키는 각각 매출의 32%, 18%를 차지하고 있다. 전 세계의 소비자가 건강에 점점 더 관심을 기울임에 따라 운동화 산업은 견실하게 성장 중이다. 게다가 2009~2016년에 운동과 레저를 함께 즐기려는 애슬레저 트렌드가 등장하면서 직장에서나 일상생활에서나 착용 가능한 의류와 신발의 수요가 증가하고 있다. 많은 기업에는 여전히 복장 규정이 있기 때문에 애슬레저 산업이 빠른 속도로 계속 성장할지는 두고 볼 일이다.

온라인 운동화 판매점 또한 성장하고 있으며, 스포츠웨어가 대중화되면서 비즈니스 캐주얼 의류에 주력하던 백화점이 운동화 매장 공간을 늘리고 있다. 대부분의 의류 카테고리는 주 고객층이 여성인 반면 운동화 매출의 경우 남성이 약 60%, 여성과 아동이 각각 20%를 차지한다. 운동화의 수요는 전 연령대가 고르게 분포되어 있지만 특히 55세 미만 고객이 매출의 약 75%를 차지한다.

미국의 신발 시장은 650억 달러 규모이지만 그중에서 가장 빠른 성장세를 보이는 부문은 운동화이다. 중국은 미국에서 판매되는 모든 신발의 70% 이상을 공급하고 있다.

기술

오늘날 컴퓨터 및 IT 기술을 의류에 접목함으로써 더욱 발전하고 있으며, 대표적으로 심박수와 기타 데이터를 주치의에게 전송할 수 있는 장치가 부착된 티셔츠를 개발 중이다. 삼성의 사내 벤처 출신인 솔티드(Salted)가 내놓은 아이오핏(IOFIT)은 골퍼의 자세와 스윙을 분석하는 스마트 골프화이다. 2017년에 중국의 샤오미(Xiaomi)는 인텔 칩이 탑재된 스마트 러닝화를 출시했으며, 구글(Google)과 리바이스(Levi's)는 사이클 선수가 착용하는 스마트 의류를 공동으로 개발하고 있다. 이처럼 스포츠웨어 산업은 기술적으로 계속 발전하고 있다.

멀티 브랜드 선호자

의류 산업의 일부 전문가는 지난 10년 동안 브랜드 충성도가 감소한 고객을 가리켜 '멀티 브랜드 선호자(brand polygamist)'라고 일컫는다. 오늘날에는 단순히 로고나 브랜드를 보고 구매하는 것이 아니라 가격이나 제품의 기능을 꼼꼼히 살펴보고 구매하는 고객이 증가하고 있다. 이러한 경향은 총이익을 떨어뜨리고 스포츠웨어 산업의 경쟁을 부추겼으나, 한편으로는 고객이 모든 옵션을 자세히 살펴봄으로써 신생 기업에 큰 기회를 주기도 한다. 이에 나이키는 더 많은 고객을 유치하기 위해 고객이 온라인상에서 신발, 의류, 가방 등을 직접 디자인할 수 있는 나이키아이디(NikeID) 프로그램을 제공한다. 그러나 이러한 차별화에는 비용이 많이 드는 데다, 추가 비용을 상쇄하기 위해 훨씬 더 높은 가격을 매기기도 쉽지 않다. 나이키, 아디다스, 언더아머의 브랜드 영향력은 여전히 강력하지만 인터넷을 능숙하게 이용하는 고객은 브랜드만 보고 구매하지 않을 것이다.

소매 유통망

스포츠웨어 산업 또한 중간상을 통하는 대신 전자상거래를 이용하여 소비자에게 직접 판매하는 방식이 증가하고 있다. 온라인 판매는 중간상이 없을 뿐만 아니라 나이키가 도입한 나이키아이디처럼 고객의 요구를 수용한 제품을 만들 수 있다는 것이 장점이다. 2016년에 모든 산업의 전자상거래 매출은 15% 성장했지만 소매 매출은 3% 미만의 성장에 그쳤다.

기업은 D2C(direct-to-consumer) 사업 모델을 이용하여 구매 여부와 상관없이 고객의 습관에 대한 데이터를 수집하고 이에 따라 광고 및 마케팅 전략을 수립할 수 있다. 예컨대 쿠폰이 없으면 구매하지 않는 고객과 쿠폰이 있든 없든 구매하는 고객을 파악하고, 고객이 재구매하도록 유도하기 위한 인센티브 제공 시기를 결정할 수도 있다. 소매 유통망을 통해 얻은 정보는 가치를 매길 수 없을 정도로 중요하다.

미래

시장 조사 기관인 글로벌인더스트리애널리스츠(Global Industry Analysts)에 따르면 전 세계 스포츠 및 피트니스 의류 시장은 2024년까지 2,317억 달러 규모로 성장할 것으로 예상된다. 건강에 관심을 가지고 운동을 열심히 하려는 사람이 증가하는 것은 언더아머에 반가운 소식이다. 스포츠웨어는 유행에 민감한 패션으로 자리 잡고 있으며, 아시아·태평양 시장이 가장 빠르게 성장할 것이다.

또 다른 시장 조사 기관인 유로모니터인터내셔널(Euromonitor International)은 요가복, 활동복 등을 포함한 스포츠웨어의 판매가 일반 의류나 신발보다 빠르게 성장하고 있다고 밝혔다. 특히 운동화와 운동복은 각각 연간 약 10%, 6% 성장하고 있다. 지역별로는 인도와 태국 등의 신흥 시장이 가장 빠르게 성장하고 있지만 미국과 같은 핵심 시장에서도 양호한 성장세를 보일 것으로 전망된다.

스포츠웨어 산업에서 언더아머가 주목하는 신생 기업 중에는 2005년 설립된 류어패럴(RYU Apparel)이 있다. 어번 스타일의 스포츠웨어를 선보이는 류어패럴은 2017년 2분기에 64만 달러의 매출을 기록했는데, 이는 전년 동기의 30만 달러보다 113% 증가한 수치이다. 류어패럴은 남성복과 여성복의 매출 비중이 각각 46%, 54%로 균형 잡힌 분포이다. 또한 남성복 위주였던 업계에서 '아름다운 강인함(Beautiful Tough)'이라는 브랜드 포지셔닝으로 여성의 반향을 불러일으켰다. 류어패럴의 경우 현재 온라인 매출이 전체 매출의 17%를 차지하며, 2018년까지 30% 달성을 목표로 삼고 있다.

또한 언더아머는 요가복, 러닝복, 트레이닝복에 특화한 룰루레몬애슬레티카(Lululemon Athletica)를 주목하고 있다. 룰루레몬은 사람들이 행복하고 건강하며 즐거운 삶을 살 수 있도록 혁신적인 경험을 제공한다. 언더아머의 시장점유율을 빼앗아갈 신생 기업이 전 세계에서 속속 등장하고 있기 때문에 언더아머는 앞으로 나아가기 위한 명확한 전략계획이 필요하다.

Estée Lauder Companies – 2018

ELcompanies.com

미국 뉴욕 맨해튼에 본사가 있는 에스티로더는 화장품에 대해 언급할 때 꼭 등장하는 유명 기업이다. 에스티로더는 스킨케어, 메이크업, 향수, 헤어케어 제품을 생산하여 백화점, 화장품 전문점, 향수 전문점, 드러그스토어, 피부 관리실, 독립 대리점, 전자상거래 웹사이트를 통해 판매하고 있다.

에스티로더의 스킨케어 제품에는 모이스처라이저, 세럼, 클렌저, 토너, 보디케어, 각질 제거제, 여드름 케어, 마스크팩, 클렌징 기기, 자외선 차단제가 있고, 메이크업 제품에는 얼굴·눈·입술·손톱 관련 제품과 콤팩트, 브러시 및 기타 메이크업 도구가 있다. 그리고 향수 제품에는 스프레이와 코롱, 로션, 파우더, 크림, 목욕/샤워 제품, 양초, 비누가 포함되며, 헤어케어 제품에는 샴푸, 컨디셔너, 스타일링 제품, 트리트먼트, 헤어스프레이 등이 있다.

에스티로더는 아라미스(Aramis), 크리니크(Clinique), 프리스크립티브스(Prescriptives), 랩시리즈(Lab Series), 오리진스(Origins), 맥(M·A·C), 바비브라운(Bobbi Brown), 라메르(La Mer), 아베다(Aveda), 조말론런던(Jo Malone London), 범블앤드범블(Bumble and bumble), 달팡(Darphin), 오존(Ojon), 스매시박스(Smashbox), 로딘올리오루소(RODIN olio lusso), 르라보(Le Labo), 에디션스드파퓸프레데리크말(Editions de Parfums Frédéric Malle), 글램글로(GLAMGLOW), 바이킬리안(By Kilian), 베카(Becca), 투페이스드(Too Faced), 굿스킨랩스(GoodSkin Labs), 오샤오(Osiao), 타미힐피거(Tommy Hilfiger), 도나카란뉴욕(Donna Karan New York), DKNY, 키톤(Kiton), 마이클코어스(Michael Kors), 톰퍼드(Tom Ford), 닥터앤드루웨일(Dr. Andrew Weil), 에르메네질도제냐(Ermenegildo Zegna), 에어린(AERIN), 토리버치(Tory Burch) 등 광범위한 브랜드 포토폴리오를 자랑한다.

2018년 6월, 에스티로더의 파브리치오 프레다(Fabrizio Freda)는 가장 탁월한 CEO로 선정되어 《배런스(Barron's)》와 인터뷰를 했다. 2009년 7월 그가 취임한 이후 에스티로더는 S&P 500대 기업의 평균 배당률이 230%인 데 비해 800%가 넘는 배당금을 지급했다.

역사

조지핀 에스터 멘처(Josephine Esther Mentzer)는 헝가리인 어머니와 체코인 아버지 사이에서 태어나 뉴욕 퀸즈에서 어린 시절을 보냈다. 그녀는 1930년에 조지프 로더(Joseph Lauder)와 결혼했으며, 에스티로더라는 회사명은 어릴 적 별명이었던 에스티(Esty)와 로더를 합친 것이다. 아름다움에 대한 그녀의 관심은 고등학교 시절 외삼촌과 함께 살면서 부업에서 스킨크림 제조업을 어깨너머로 배우며 시작되었다. 에스티는 삼촌한테서 크림을 만드는 방법뿐만 아니라 얼굴에 바르는 방법도 배웠다. 미용실에서 화장품을 팔기 시작한 에스티는 머리 손질을 받는 손님들에게 제품을 어떻게 사용하는지 시연해 보였다.

1946년에 에스티와 조지프 로더가 공동으로 창업한 에스티로더는 1년 후 삭스피프스애비뉴(Saks Fifth Avenue)로부터 800달러 상당의 주문을 받았다. 에스티는 아름다움을 추구하면서도 합리적인 가격을 제시하는 기업 이미지여야 한다고 주장했으며, 그 시대를 풍미하는 얼굴을 모델로 선정했다. 그녀는 거의 모든 매장의 개점식에 참석하여 1주일 동안 머물면서 뷰티 어드바이저에게 판매 기술과 상품 진열을 가르쳤다.

에스티의 첫 성공작은 장미, 재스민, 베티베르, 파촐리를 조향한 향수인 유스듀(Youth-Dew)였다. 그녀는 최고 품질의 재료로 제품을 만들어야 한다고 주장하면서 아라미스, 크리니크, 프리스크립티브스, 랩시리즈, 오리진스 브랜드 출시를 이끌었다. 1964년, 최음제로 사용되는 식물의 이름을 따서 명명한 남성용 향수 및 화장품 브랜드 아라미스를 출시했다. 1976년에는 크리니크 브랜드로 남성용 제품 라인을 출시하여 여성 화장품 기업으로서는 최초로 두 가지 남성용 제품 라인을 선보였다.

에스티로더는 1990년대에 기업 공개를 통해 개인기업에서 가족 소유 상장기업으로 변모하고 손녀들이 경영에 참여하게 되었으며, 에스티는 1995년에 경영 일선에서 물러났다. 에스티로더는 인수합병과 라이선스 계약을 발판으로 크게 성장했는데, 최근의 몇 가지 인수합병은 다음과 같다.

- 2000년: 아베다, 글로스닷컴(gloss.com) 인수, 범블앤드범블의 최대 주주로 등극
- 2003년: 달팡그룹과 로단 + 필즈(Rodan + Fields) 인수
- 2009년: 어플라이드제네틱스(Applied Genetics Inc.) 인수
- 2010년: 스매시박스 인수
- 2016년: 베카, 투페이스드 인수

에스티로더의 최대 인수는 투페이스드를 14억 7,600만 달러에 인수한 것이다.

핵심 가치, 비전, 사명

에스티로더는 기업을 운영하는 데 명확한 목적의식, 창의성, 혁신, 다양성의 가치, 직원에 대한 투자를 중요시한다. 에스티로더는 개인에 대한 존중, 윤리와 정직에 대한 비타협, 관용의 정신, 두려움 없는 끈기라는 로더 가족의 가치에 기반을 둔 가치 중심 조직임을 자랑스럽게 여긴다. 다음과 같은 경영 원칙은 핵심 가치에 힘을 실어준다.

1. 품질과 우수성에 대한 확고한 약속
2. 최고의 인재 육성 및 발굴
3. 포용적이고 다양성이 있는 일터 조성
4. 지역사회에 대한 책임 있는 공헌

에스티로더에는 모든 임직원에게 적용되는 광범위한 행동 강령과 최고 수준의 직업적·개인적 행동 기준이 있다. 또한 공급업체, 컨설턴트, 유통업체, 독립 판매업자도 이러한 정책을 따를 것을 기대한다. 모든 직원은 행동 강령을 이해했으며 퇴사할 때까지 이를 준수하겠다는 서약서에 서명해야 한다. 행동 강령의 일부가 수정되더라고 관리자와 경영자는 수정된 내용에 대해 알고 준수해야 한다.

에스티로더는 공식적인 비전 선언문이 없으며, 사명 선언문은 "우리가 접하는 모든 사람에게 최고를 선사하고 우리가 하는 모든 일에서 최고가 되는 것"이다.

내부 이슈

조직 구조

기업 웹사이트에 게시된 최고경영진의 직함과 설명에 따르면 에스티로더는 최고운영책임자가 없이 사업부별·지역별 조직 구조가 혼용된 형태이다. 자료 1에서 보듯이 그룹 사장 3명이 다양한 브랜드를 책임지고 있다.

해외 지사

https://www.elcompanies.com/who-we-are/global-reach/global-operations#/Offices-Manufacturing-Research/estee-lauder-companies는 현재 에스티로더의 해외 자회사, 사무실, 제조 및 연구 시설의 위치와 정보를 제공한다. 또한 추가 정보를 제시한 자료 2에서 유럽·중동·아프리카를 주목하라. 한편 미국은 사무소와 직원 수가 가장 적지만 전체 매출의 41%를 차지하고 있다.

자료 1 에스티로더의 최고경영진과 조직 구조

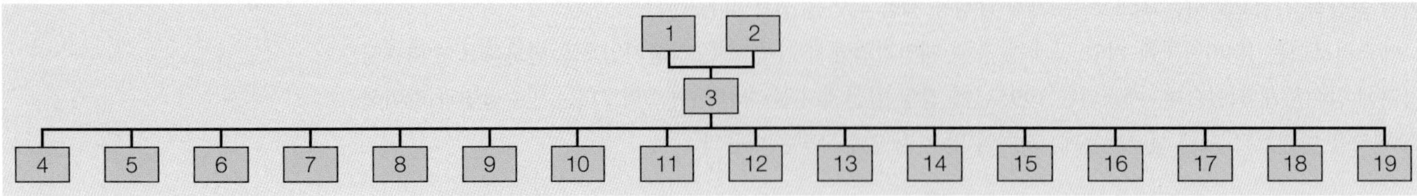

1. 명예회장(chairman emeritus) Leonard Lauder(창업자의 장남)
2. 이사회 의장(executive chairman of the board) William Lauder(창업자의 손자)/이사회 이사(board member) Joseph Ronald Lauder(창업자의 차남)
3. 최고경영자 겸 사장(CEO and president) Fabrizio Freda
4. 글로벌 R&D 담당 부사장(EVP, global R&D) Carl Haney
5. 사장단 사장(executive group president) John Demsey
6. 부사장 겸 법률자문(EVP and general counsel) Sara Moss
7. 글로벌 인사 담당 부사장(EVP, global human resources) Michael O'Hare
8. 글로벌 공급망 담당 부사장(EVP, global supply chain) Gregory Polcer
9. 부사장 겸 최고재무책임자(EVP and CFO) Tracey Travis
10. 글로벌 커뮤니케이션 담당 부사장(EVP, global communications) Alexandra Trower
11. 해외 그룹 사장(group president, international) Cedric Prouve
12. 사장단 사장(executive group president) John Demsey
13. 그룹 사장(group president) Jane Hudis
14. 면세점·소매점 담당 글로벌 사장(global president, travel retail and retail development) Olivier Bottrie
15. 북미 담당 사장(president, North America) Chris Good
16. 유럽·중동·아프리카 담당 사장(president, Europe, the Middle East and Africa) Peter Jueptner
17. 아시아·태평양 담당 사장(president, Asia/Pacific) Mark Loomis
18. 라틴아메리카 담당 사장(president, Latin America) Daniel Rachmanis
19. 영국·아일랜드 담당 전무(SVP, UK and Ireland region) Philippe Warnery

출처: 기업 웹사이트

자료 2 에스티로더의 관련 정보

	계열사 사무소 수	매출 비중(%)	종업원 수	매장 수	R&D 센터 수
미국	11	41	12,000	70	2
유럽·중동·아프리카	17	39	19,000	800+	2
아시아·태평양	13	20	15,000	300+	2
총합	41	100	46,000	1,170+	6

출처: 기업 웹사이트

부문별 정보

에스티로더는 부문별·지역별 수익을 보고하는 매우 투명한 기업이다. 최근의 매출과 변화율을 제시한 자료 3을 보면 2017 회계연도에 헤어케어를 제외한 모든 제품군의 매출이 증가했다.

자료 3 에스티로더의 제품별 매출(단위: 100만 달러)

	2017년	2016년	변화율(%)
스킨케어	4,527	4,446	2
메이크업	5,054	4,702	7
헤어케어	539	554	(3)
향수	1,637	1,487	10

출처: 2017년 연례 보고서

자료 4는 최근의 지역별 매출과 변화율을 보여준다. 아시아·태평양 지역이 특히 좋은 성과를 거두었으며, 톰포드·스매시박스·라메르·조말론런던·투페이스드·베카 인수로 미국 시장의 매출이 증가했다. 다만 미국 내 매출은 전통적인 소매점의 판매 부진으로 부정적인 영향을 받기도 했다. 한편 유럽·중동·아프리카 시장은 면세점 덕분에 높은 성장세를 이어가고 있다. 또한 러시아와 이탈리아 시장에서는 특히 에스티로더, 크리니크, 바비브라운의 판매가 증가했으며, 아시아·태평양 시장에서는 중국, 일본, 한국이 매출을 끌어올리고 있다.

자료 4 에스티로더의 지역별 매출(단위: 100만 달러)

	2017년	2016년	변화율(%)
미국	4,819	4,710	2
유럽·중동·아프리카	4,650	4,382	6
아시아·태평양	2,357	2,172	9

출처: 2017년 연례 보고서

에스티로더는 스킨케어 부문의 수익성이 가장 크다. 제품별 영업이익을 나타낸 자료 5를 보면 2017년에 메이크업 부문의 영업이익이 감소한 데 비해 스킨케어 부문의 영업이익이 증가했음을 주목하라. 헤어케어 및 향수 부문은 에스티로더의 수익에 그다지 기여하지 않는다.

자료 5 에스티로더의 제품별 영업이익(단위: 100만 달러)

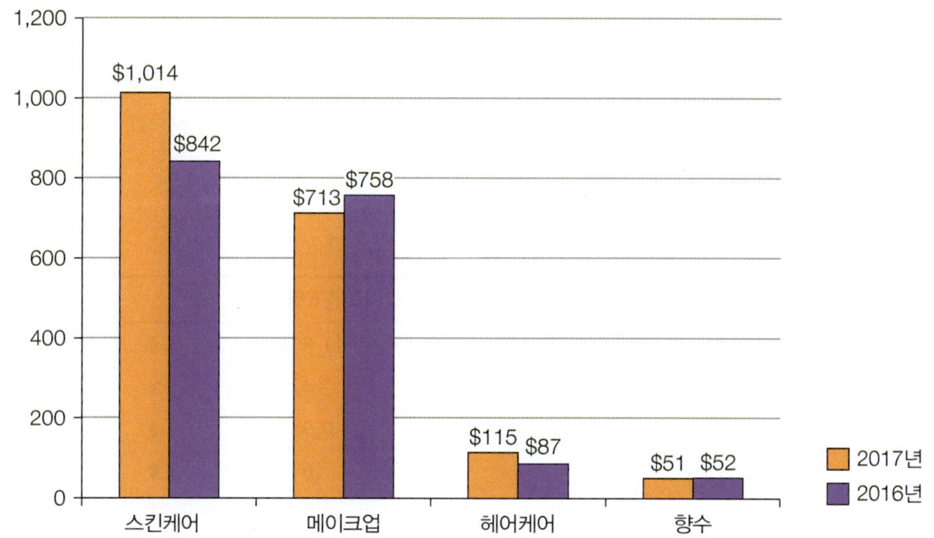

출처: 2017년 연례 보고서와 기타 기업 문서

자료 6에서 보듯이 지역별로는 유럽·중동·아프리카에서 가장 큰 수익을 올리고 아시아·태평양이 그다음이다. 한편 2017년에 미국의 영업이익은 감소세를 보였다.

2018년 5월 2일, 에스티로더는 2018년 3월 31일에 마감된 2018년 3분기의 순매출이 전년 동기 대비 18% 증가한 33억 7,000만 달러라고 보고했다. 2018년 3분기의 수익은 25% 증가한 3억 7,200만 달러를 기록했다. 같은 기간에 부문별 매출은 전년 동기 대비 스킨케어가 31%, 메이크업이 9%, 향수가 14%, 헤어케어가 10% 상승했다. 또한 영업이익은 전년 동기 대비 스킨케어가 66%, 메이크업이 −38%, 향수가 44%, 헤어케어가 8%로, 메이크업 부문만 실망스러운 실적을 보였다. 스킨케어 부문에서는 모이스처라이징 쿨 젤

자료 6 에스티로더의 지역별 영업이익(단위: 100만 달러)

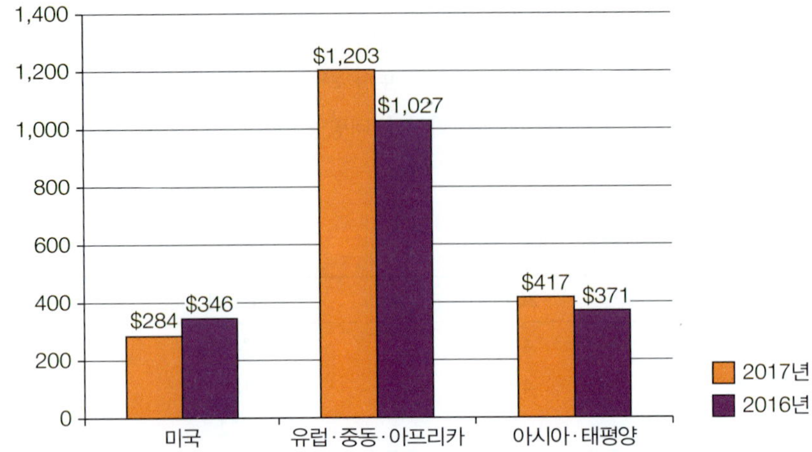

출처: 2017년 연례 보고서와 기타 기업 문서

크림을 출시한 라메르가 판매 신장을 주도했고, 향수 부문에서는 조말론런던이 전 세계적으로 잘 팔렸다.

지역별로는 2018년 3분기에 미국이 1%, 유럽·중동·아프리카가 26%, 아시아·태평양이 38%의 매출 증가를 기록했다. 또한 영업이익은 미국이 −62%, 유럽·중동·아프리카가 34%, 아시아·태평양이 57%로, 미국만 실망스러운 실적을 보였다. 그러나 전반적으로 에스티로더는 전 세계에 걸쳐 탁월한 성과를 거두고 있다.

재무

자료 7은 에스티로더의 손익계산서로, 견고한 실적을 보여주어 주주들에게 기쁨을 안겼다. 그러나 자료 8의 재무상태표를 보면 2017년에 영업권이 7억 달러 증가했고 장기부채도 상당히 빠르게 증가하고 있어 바람직한 상황은 아니다.

자료 7 에스티로더의 손익계산서(단위: 100만 달러)

계정과목	2016년 6월 30일	2017년 6월 30일		변화율(%)
매출	11,262	11,824	↑	4.99
매출 원가	2,181	2,437	↑	11.74
매출 총이익	9,081	9,387	↑	3.37
운영 비용	7,471	7,695	↑	3.00
이자 및 세전이익	1,610	1,692	↑	5.09
이자 비용	55	75	↑	36.36
법인세 차감 전 순이익	1,555	1,617	↑	3.99
세액	434	361	↓	−16.82
비반복적 항목	(6)	(7)	↓	−16.67
당기순이익	1,115	1,249	↑	12.02

출처: 2017년 연례 보고서와 기타 기업 문서

마케팅

에스티로더는 혁신과 기술에 집중하여 지금의 화장품 제국을 세울 수 있었다. 에스티로더는 혁신적인 매장, 소셜미디어 캠페인, 전자상거래를 이용하여 신흥 시장인 중국, 러시아, 멕시코에서 11% 성장률을 달성

자료 8 에스티로더의 재무상태표(단위: 100만 달러)

계정과목	2016년 6월 30일	2017년 6월 30일		변화율(%)
자산				
현금 및 단기투자자산	1,383	1,741	⬆	26
외상매출금	1,258	1,395	⬆	11
재고자산	1,264	1,479	⬆	17
기타 유동자산	320	349	⬆	9
총유동자산	4,225	4,964	⬆	17
부동산 및 설비	1,583	1,671	⬆	6
영업권	1,228	1,916	⬆	56
무형자산	344	1,327	⬆	286
기타 장기자산	1,843	1,690	⬇	−8
자산 계	9,223	11,568	⬆	25
부채				
외상매입금	717	835	⬆	16
기타 유동부채	1,964	1,988	⬆	1
총유동부채	2,681	2,823	⬆	5
장기차입금	1,910	3,383	⬆	77
기타 장기부채	1,045	960	⬇	−8
부채 계	5,636	7,166	⬆	27
자본				
보통주	6	6	➡	0
이익잉여금	7,693	8,452	⬆	10
자사주	(6,743)	(7,149)	⬆	6
주식발행초과금 및 기타	2,631	3,093	⬆	18
자본 계	3,587	4,402	⬆	23
부채 및 자본 계	**9,223**	**11,568**	⬆	**25**

출처: 2017년 연례 보고서와 기타 기업 문서

했다. 또한 에스티로더는 럭셔리 브랜드를 어필할 수 있는 마케팅 채널을 이용하는 데 주력하고 있다. 화장품 전문 멀티숍, 온라인, 면세점 등은 현재 시장에서 가장 매력적인 판매 채널이며, 화장품 전문 멀티숍은 특히 밀레니얼 세대를 유치하는 데 효과적이다. 세포라(Sephora)와 울타뷰티(Ulta Beauty) 같은 화장품 전문 유통업체는 에스티로더 브랜드를 판매하는 데 최적의 채널이다. 에스티로더의 전체 매출에서 11%를 차지하는 온라인 매출도 성공적이다. 미국과 영국의 온라인 매출은 전체 온라인 매출의 77%를 차지하지만 중국의 온라인 매출도 호조를 보이고 있다.

경쟁기업

로레알

20세기 초에 파리에서 설립된 로레알(L'Oréal)은 고품질 화장품, 향수, 헤어케어, 스킨케어 제품을 생산하는 세계 최고의 제조업체이자 프랑스 최대 기업 중 하나이다. 연구개발을 중시하는 로레알의 전 세계 33개 실험실과 평가 센터에서는 약 3,000명의 연구원이 근무하고 있다. 가장 주목할 만한 로레알의 브랜드는 에시(Essie), 가르니에(Garnier), 아르마니(Armani), 키엘(Kiehl's), 랑콤(Lancôme), 메이블린(Maybelline), NYX, 랄프로렌(Ralph Lauren), 어반디케이(Urban Decay) 등이다.

최근에 로레알은 미용 산업의 증강현실 및 인공지능 분야에서 세계적인 선도 기업인 캐나다의 모디페이스(ModiFace)를 인수했다. 이번 인수는 34개 글로벌 브랜드에 서비스와 뷰티 경험 측면의 혁신 기술을 제공하려는 로레알의 디지털 전략과 맞아떨어진다.

로레알은 140개국에서 판매되는 30개 이상의 브랜드 포트폴리오를 가지고 있으며, 2017년에 260억 유로의 매출을 올렸다. 로레알은 전 세계적으로 42개의 생산 공장과 8만 9,300명의 직원을 두고 있으며, 보유 중인 특허가 473개에 달한다. 2017년의 영업이익과 순이익은 각각 46억 7,600만 유로, 35억 8,600만 유로였다. 로레알은 2017년에 더바디샵(The Body Shop)을 매각하고, 2018년 3월에는 파블로 에르난데스(Pablo Hernandez)를 새로운 모델로 영입했다.

2017년에 로레알은 영업이익 46억 8,000만 유로, 영업이익률 18%, 전년 대비 3% 증가한 주당 순이익 6.65유로를 기록하고, 전년 대비 7.6% 증가한 주당 3.55유로의 배당을 실시했다. 모든 부문이 매출 성장을 보고했는데, 특히 아시아에서 로레알 럭스가 좋은 성과를 거두었다. 2017년에 전자상거래 매출은 전년 대비 33.6% 증가한 20억 유로에 달했다.

코티

미국 뉴욕에 본사를 둔 코티(Coty)는 남성용·여성용 미용 제품을 생산하는 세계적인 화장품 기업 중 하나이다. 2015년에 CEO 자리에 오른 카밀로 페인(Camillo Pane)이 이끄는 코티는 향수 부문 세계 1위, 헤어케어 부문 세계 2위, 색조 화장품 부문 세계 3위로, 연간 매출액이 92억 달러이고 전체 매출의 45%를 유럽에서, 34%를 북미에서 얻고 있다. 코티를 홍보하는 유명 인사는 세라 제시카 파커(Sarah Jessica Parker), 제니퍼 로페즈(Jennifer Lopez), 셀린 디옹(Celine Dion), 그웬 스테퍼니(Gwen Stefani), 케이티 페리(Katy Perry), 토마스 뒤트롱(Thomas Dutronc) 등이다. 창업자인 프랑수아 코티(François Coty)는 1904년에 첫 제품으로 라로즈자크미노(La Rose Jacqueminot) 향수를 내놓으며 사업을 시작했다.

코티는 컨슈머 뷰티, 럭셔리, 프로페셔널 뷰티 등 세 부문으로 조직화되어 있다. 컨슈머 뷰티 부문은 주로 대형 마트, 드러그스토어, 백화점, 온라인 쇼핑몰, 오픈마켓을 통해 색조 화장품, 머리 염색 및 스타일링 제품, 보디케어 제품, 향수를 판매한다. 럭셔리 부문은 향수 전문점, 백화점, 면세점, 다양한 럭셔리 채널을 통해 고급 향수, 프리미엄 스킨케어 제품과 화장품을 판매한다. 프로페셔널 뷰티 부문은 네일숍, 미용실, 전문 매장에 헤어 및 네일 케어 제품과 기타 제품을 제공한다.

코티는 아스토르(Astor), 부르주아(Bourjois), 클레롤(Clairol), 코티, 커버걸(CoverGirl), 요프(JOOP!), 조반(Jovan), 랭커스터(Lancaster), 맨해튼(Manhattan), 맥스팩터(Max Factor), 니옥신(Nioxin), NYC뉴욕컬러(N.Y.C. New York Color), OPI, 필로소피(philosophy), 리멜(Rimmel), 샐리핸슨(Sally Hansen), 시스템프로페셔널(System Professional), 웰라(Wella) 등의 브랜드를 보유하고 있다. 오늘날 코티의 제품 라인업은 대형 마트에서 판매되는 중저가 향수부터 백화점에서 판매되는 고급 향수와 매니큐어에 이르기까지 다양하다.

레블론

미국 뉴욕에 본사를 둔 레블론(Revlon)은 알메이(Almay), 레블론 컬러실크(Revlon ColorSilk), 미첨(Mitchum), 찰리(Charlie), 장나테(Jean Naté), 울티마 II(Ultima II), 가티노(Gatineau) 등의 브랜드를 보유한 세계적인 화장품 기업이다. 약 150개국에 제품을 유통하고 있으나 미국의 매출이 55% 정도를 차지하며, 연간 매출액은 23억 달러 수준이다. 레블론의 가장 큰 고객은 매출의 약 17%를 차지하는 월마트(Walmart)이다.

레블론은 화장품, 머리 염색제, 미용 도구, 디오도런트, 향수, 스킨케어 및 기타 미용 제품을 제조·유통·

판매한다. 레블론 계열에는 레블론 컬러스테이(Revlon ColorStay), 레블론 슈퍼러스트러스(Revlon Super Lustrous), 레블론 에이지디파잉(Revlon Age Defying) 등 레블론 이름을 단 제품 라인이 있고, 알메이 계열에는 알메이 인텐스아이컬러(Almay Intense i-Color), 알메이 스마트셰이드(Almay Smart Shade)가 있다. 또한 신풀컬러스(Sinful Colors) 매니큐어, 컬러실크 염색제, 레블론 미용 도구, 미첨 디오도런트, 찰리·장나테 향수, 가티노 스킨케어 라인을 산하에 거느리고 있다.

레블론은 컨슈머, 프로페셔널, 엘리자베스아덴(Elizabeth Arden), 기타 등 4개 부문으로 운영되고 있다. 로레알과 마찬가지로 컨슈머 부문의 제품은 전통적인 소매점 위주로 판매되고, 프로페셔널 부문의 제품은 주로 피부 관리실을 통해 유통된다. 또한 엘리자베스아덴 부문의 제품은 고급 소매점과 전문점을 통해 판매된다.

레블론의 핵심 제품에는 드러그스토어에서 판매되는 메이크업 및 특수 스킨케어 제품, 미용실과 피부 관리실에서 판매되는 헤어 및 미용 제품이 포함된다. 월그린스(Walgreens)·CVS와 같은 드러그스토어, 월마트(Walmart), 타깃(Target), 울타뷰티(Ulta Beauty)에서도 레블론 제품을 만날 수 있다. 2016년에 레블론의 매출은 전년보다 22% 증가한 23억 3,400만 달러를 기록했다.

메리케이

미국 텍사스주 애디슨에 본사를 둔 메리케이(Mary Kay)는 화장품과 향수를 판매하는 개인 소유 기업이다. 사업 모델이 에이본(Avon)과 매우 유사한 메리케이는 세계에서 여섯 번째로 큰 직접판매 기업으로, 연간 매출액이 약 35억 달러에 달한다. 메리케이는 1963년에 메리 케이 애시(Mary Kay Ash)가 설립했으며, 최우수 판매원에게 분홍색 캐딜락을 선물하는 것으로 유명하다. 이사회 의장은 창립자의 아들인 리처드 로저스(Richard Rogers)이다. 350만 명의 뷰티 컨설턴트와 5,000명의 지원 인력이 전 세계 40개국에서 메리케이 제품을 판매하고 있다.

1968년에 메리 케이 애시는 최초의 분홍색 캐딜락을 구입하여 자사 콤팩트의 마운틴 로렐 블러시와 똑같은 색으로 다시 도색했다. 캐딜락 프로그램이 시작된 후로 10만 명 이상의 독립 판매원이 분홍색 캐딜락 또는 그에 상응하는 현금을 받았다. GM은 메리케이를 위해 분홍색 캐딜락을 10만 대 이상 생산한 것으로 알려졌다. 2012년부터는 쉐보레 말리부·이쿼녹스, 토요타 캠리, 캐딜락 CTS·SRX·에스컬레이드 하이브리드, 포드 머스탱 등으로 선택의 폭이 넓어졌다.

경쟁 상황

자료 9는 에스티로더와 주요 경쟁기업을 비교한 것이다. 로레알은 매출, 종업원 수, 순이익 등 모든 면에서 가장 우월하다.

자료 9 에스티로더와 세 경쟁기업의 비교

	로레알	레블론	에이본	에스티로더
종업원 수(명)	68.3K	7.3K	25K	46K
매출(달러)	32.1B	2.71B	5.2B	12.8B
순이익(달러)	4.71B	−141M	−1.4M	1.08B
매출 총이익률(%)	13.8	−5.27	0.38	8.43
인당 매출(달러)	470K	371K	208K	278K
주당 순이익(달러)	7.75	−2.72	0.00	2.87
시가 총액(달러)	121B	1.17B	1.2B	52.5B

주: 로레알의 경우 1유로를 1.25달러로 가정한 수치임
출처: 다양한 자료원

산업 분석

2017년에 밸류라인(Value Line)은 화장품 소매업이 2017~2019년 동안 8.9% 성장할 전망이라고 밝혔다. 미국 인구조사에 따르면 2017년의 소매업 매출이 5조 7,000억 달러로 기록을 경신했는데, 이는 금융 위기 직전인 2007년의 4조 4,000억 달러보다 양호하고 2009년의 최저 기록인 4조 600억 달러보다 42% 증가한 수치이다. 2017년 4분기의 소비자 지출은 3.8% 증가한 12조 달러를 기록했다. 그 결과 미국의 소매업 매출은 견고한 수준이며 높은 소비자 신뢰를 유지하고 있다.

화장품 산업은 향수, 크림, 로션(자외선 차단제 포함), 면도·모발 및 기타 화장 제제의 배합·제조·포장 시설로 구성된다. 글로벌 화장품 시장은 일반적으로 스킨케어, 헤어케어, 메이크업, 향수, 세면용품 등 다섯 가지 주요 사업 부문으로 구분되고, 스킨케어 제품이 약 36%를 차지하고 있다.

《글로벌코스메틱스인더스트리(Global Cosmetics Industry)》의 2016년 7월 기사는 유로모니터(Euromonitor)의 데이터를 인용하여 미국의 미용 시장을 800억 달러로 추정하고, 2020년경에는 900억 달러에 이를 것으로 예상했다.

사회·문화적 추세

화장품 산업의 매출은 다양한 사회·문화적 추세에 따라 큰 영향을 받는다. 화장품 유통 채널 중 식료품 소매업체가 차지하는 비중은 21.5%로 높은 수준이고, 스킨케어 제품이 주를 이루는 온라인 매출은 대략 3% 증가했다.

2030년까지 미국의 전체 인구 중 60세 이상이 22%를 차지할 것으로 추산된다. 이러한 노년층의 증가는 소매업에 영향을 미치며, 노년층은 고급 화장품과 같은 고품질 제품을 더 선호한다. 또한 소매업체는 연간 구매력이 2,000억 달러에 달하는 밀레니얼 세대의 특정 요구와 선호도를 파악하여 이를 충족하는 방법을 강구해야 한다.

2017년 말까지 천연 및 유기농 화장품 시장이 150억 달러 규모로 성장할 것으로 예상된다. 또한 2024년까지 매출이 2배로 증가할 것이라는 장밋빛 전망도 나오고 있다. 한편 남성 화장품의 매출이 증가하고 있는데, 특히 스킨케어 부문에서 상승세가 두드러진다.

정부 규제

미국 화장품 산업의 규제에 자주 관여하는 연방 기관은 미국 식품의약국(Food and Drug Administration, FDA)이다. FDA는 화장품의 원료로 사용되는 색소 첨가제도 검사를 통과해야 시판을 허가하며 수은 화합물, 클로로포름, 다이클로로메테인 등 특정 성분의 사용을 금지한다. 그리고 화장품에는 독성이 있거나 유해한 물질, 부패한 물질이 포함되면 안 되고 위생적인 환경에서 제조 및 보관해야 한다. 또한 FDA는 영업 비밀을 제외하고 화장품의 원료를 첨가량 순서에 따라 표기하도록 의무화하고 있다. 게다가 FDA는 이미 시장에 출시된 제품의 안전성에 문제가 발생했을 때 회사에 법적 조치를 취할 권한도 가지고 있는데, 이 경우 제품이 유해하거나 브랜드가 잘못되었다는 것을 법정에서 증명해야 한다.

그러나 FDA는 의약품과 달리 화장품을 출시하기 전에 승인을 받도록 요구하지는 않는다. 《FDA 컨슈머(FDA Consumer)》에 발표된 보고서에 따르면 화장품은 법적으로 '세안, 아름답게 가꾸기, 매력 발산, 또는 용모 변화를 위해 인체에 바르는 비누 이외의 물품'으로 정의된다. FDA는 스킨케어 제품, 향수, 매니큐어 제품, 눈 메이크업, 눈 이외의 메이크업, 머리 염색제, 샴푸 및 기타 헤어 제품, 디오도런트, 면도 제품, 유아 제품, 목욕용 오일 및 거품제, 구강 청결제, 자외선 차단제 등 13개 범주를 화장품으로 인정하고 있다.

화장품이 심각한 위해를 가하는 경우는 드물지만 몇 가지 문제가 있다. 그중 가장 흔한 것은 오염된 마스카라로 안구에 상처를 입혀 발생하는 안질환과 알레르기 반응이다. 특히 향수의 일부 첨가물은 알레르기 유발 인자로 지목되기도 한다.

미래

에스티로더는 신흥 시장인 아프리카와 남미에 주목하고 있다. 예를 들어 에이본은 미국보다 브라질에서 더 많은 수익을 창출한다. 에스티로더는 글로벌 확장을 위해서라면 일시적 어려움에 처한 에이본이나 코티 등 여러 기업을 인수할 여력이 있다. 또한 프록터앤드갬블(Procter & Gamble)과 같은 대기업의 화장품 및 향료 부문도 그 대상으로 들 수 있다. 아니면 미국과 캐나다에 4,100개의 지점을 보유하고 있는 울타뷰티나 그레이트클립스(Great Clips)와 같은 기업을 인수함으로써 미용실 사업에 진출할 수도 있다.

사실 에스티로더는 마음만 먹으면 에이본을 인수하고도 남았을 것이다. 에이본의 핵심 투자자들이 인수자를 물색하라고 압력을 가하자 CEO인 셰리 매코이(Sheri McCoy)는 2018년 3월 31일 자리에서 물러났다. 2017년에 수많은 기업의 주가가 50% 상승했지만 에이본의 주가는 50% 하락했다.

에스티로더는 현재 매우 잘하고 있다. 그러나 오늘의 성공이 내일의 성공을 보장하지는 않는다. 에스티로더는 미래를 위한 명확한 전략계획이 필요하므로 효과적인 3개년 전략계획을 수립해보라.

L'Oréal S.A. – 2018

www.loreal.com

프랑스 클리시에 본사를 둔 로레알은 로레알 파리(L'Oréal Paris), 랑콤(Lancôme), 레드켄(Redken), 메이블린(Maybelline), 매트릭스(Matrix) 등의 브랜드를 보유한 세계 최대의 화장품 기업이다. 로레알 산하의 스킨수티컬즈(SkinCeuticals)는 미용 및 피부 연구를 수행하고 있다. 매출의 50% 이상을 유럽 이외 지역에서 얻는 로레알은 브랜드를 인수하는 데 집중해왔으며, 전 세계에 250개 이상의 매장을 보유한 미국 기반 화장품 브랜드인 키엘(Kiehl's)도 로레알 소유이다.

로레알은 로레알 럭스, 컨슈머 제품, 프로페셔널 제품, 액티브 코스메틱 등 4개 부문으로 운영되고 있다. 로레알 럭스 부문에 속한 랑콤, 디젤(Diesel), 조르지오아르마니(Giorgio Armani), IT코스메틱스(IT Cosmetics), 어반디케이(Urban Decay) 등은 전 세계의 다양한 채널을 통해 유통된다. 전 세계 소매업체에서 판매되는 컨슈머 제품 부문은 로레알 파리, 가르니에(Garnier), 매직(Magic), 메이블린, 아프리칸뷰티브랜즈(African Beauty Brands), 에시(Essie), NYX, 닐리(Niely) 등이다. 또한 전 세계 미용실에 판매되는 프로페셔널 제품 부문에는 로레알 프로페셔넬(L'Oréal Professionnel), 케라스타즈(Kerastase), 레드켄, 매트릭스 등이 포함되고, 액티브 코스메틱 부문은 드러그스토어, 약국, 아웃렛, 스파 등에서 판매되는 스킨수티컬즈, 비시(Vichy), 라로슈포제(La Roche Posay), 로제앤드갈레(Roger & Gallet), 사노플로레(Sanoflore), 세라비(CeraVe)로 구성되어 있다.

로레알은 140개국에서 판매되는 30개 이상의 브랜드 포트폴리오를 가지고 있으며, 2017년에 260억 유로의 매출을 올렸다. 로레알은 전 세계적으로 42개의 생산 공장과 8만 9,300명의 직원을 두고 있으며, 보유 중인 특허가 473개에 달한다. 2017년의 영업이익과 순이익은 각각 46억 7,600만 유로, 35억 8,600만 유로였다. 로레알은 2017년에 더바디샵(The Body Shop)을 매각하고, 2018년 3월에는 파블로 에르난데스(Pablo Hernandez)를 새로운 모델로 영입했다.

한편 로레알은 에이본(Avon)을 인수할 기회가 있었다. 에이본의 핵심 투자자들이 인수자를 물색하라고 압력을 가하자 CEO인 셰리 매코이(Sheri McCoy)는 2018년 3월 31일 자리에서 물러났다. 2017년에 수많은 기업의 주가가 50% 상승했지만 에이본의 주가는 50% 하락했다.

역사

1907년에 프랑스의 젊은 화학자 외젠 슈엘러(Eugène Schueller)는 라 카굴(La Cagoule)과 함께 오레알(Auréale)이라는 모발 염색제를 개발하고 이를 제품으로 양산하여 파리의 미용사들에게 판매했다. 1919년에 슈엘러는 자신의 회사를 '손상 없는 모발약제 프랑스 협회'로 등록했는데, 이것이 로레알의 시초이다. 미용 분야의 연구와 혁신을 사업 원칙으로 삼았던 로레알은 1920년에 화학자 3명을 고용했고, 1950년에는 연구 팀의 인원이 100명으로 늘어났다. 이후 1984년에는 1,000명에 이르렀고 오늘날에는 거의 2,000명에 달한다.

로레알은 머리 염색제에서 출발했지만 곧 클렌징 및 미용 제품으로 사업을 확장했다. 오늘날 로레알은 머리 염색제, 파마제, 헤어 스타일링, 보디케어, 스킨케어, 클렌저, 메이크업, 향수 등 미용 사업 모든 분야에 걸친 수많은 제품을 판매하고 있다. 이러한 제품은 미용실, 향수점, 대형 마트, 아웃렛, 약국, 온라인 쇼핑몰 등의 다양한 유통 채널에서 만날 수 있다. 로레알은 프랑스 올레·슈비, 미국 뉴저지주의 클라크·버클리하이츠, 일본 가와사키, 중국 상하이에 연구개발 센터를 두고 있다.

2018년 중반에 로레알은 미국의 데이비드 서스턴(David Thurston)과 알렉시스 서스턴(Alexis Thurston)이 2016년에 출시한 전문가용 머리 염색제 브랜드인 펄프라이엇(Pulp Riot)을 인수했다. 로스앤젤레스에 본사가 있는 펄프라이엇은 CEO인 데이비드 서스턴의 지휘하에 2017년 1,100만 달러의 매출을 올렸으며, 최대 유통업체는 살롱센트릭(SalonCentric)이다. 같은 해에 로레알은 한국, 일본, 홍콩, 싱가포르, 말레이시아, 태국에 진출한 한국의 메이크업 및 패션 회사 난다(NANDA)도 인수했다. '스타일난다'라고도 불리는 난다는 2004년에 김소희가 설립했으며, 매출의 약 70%를 차지하는 3CE는 밀레니얼 세대에게 큰 인기가 있다.

비전과 사명

로레알에는 비전 선언문이 없지만 기업 웹사이트에서 다음과 같은 야심찬 선언문을 볼 수 있다. "향후 몇 년 동안 우리의 야망은 전 세계 수십억 명의 소비자에게 아름다움에 대한 다양한 요구와 열망을 충족하는 화장품을 제공하는 것이다."

또한 기업 웹사이트에 게시된 사명 선언문은 다음과 같다. "모든 사람은 아름다움을 통해 자신의 개성을 표현하고 자신감을 얻으며 타인에게 마음을 열 수 있기 때문에 우리의 비즈니스는 아름다움이다. 아름다움은 언어이고, 보편적이고, 과학이고, 헌신이다. 그래서 우리는 모든 사람에게 아름다움을 제공한다."

지속가능성

유엔의 글로벌 콤팩트(Global Compact) 모범 기업이자 여성 역량 강화 원칙(Women's Empowerment Principles Initiative)에도 가입한 로레알은 오랫동안 지속가능성 분야의 리더십을 인정받았다. 2017년에만도 세계 유수의 환경 및 지속가능성 관련 기관으로부터 수많은 상을 받았다. 2017년에 경제협력개발기구(OECD)는 로레알이 개발한, 동물 실험을 하지 않고 피부 및 눈 자극을 평가할 수 있는 두 가지 방법을 승인했다. 같은 해에 국제윤리위원회(Ethics & Boards)의 'Palmarès de la féminisation des instances dirigantes'는 성 및 직업적 평등에 대한 로레알의 노력을 높이 사 '최고경영진 성평등 상'을 수여했다.

로레알은 브뤼셀에서 열린 CDP 유럽 어워즈(CDP Europe Awards)의 기후 변화 대응, 지속가능한 물 관리, 산림 보호 분야 각각에서 가장 높은 등급인 A를 받았다. ESG 평가 기관인 비지오아이리스(Vigeo Eiris)는 인권, 인적 자원, 환경, 기업 행동, 기업 거버넌스, 지역사회 참여와 같은 사회적 책임 영역에서 로레알을 수년간 1위로 선정했다. 또한 로레알은 이퀼리프(Equileap)의 세계 성평등 순위에서도 1위를 차지했다.

지속가능한 개발과 관련된 글로벌 책임 투자 네트워크(Global Responsible Investment Network)의 코퍼레이트나이츠(Corporate Knights)는 2017년에 로레알을 세계 최고 성과의 기업, 세계 최고의 개인용품 기업으로 선정했다. 로레알은 공급망의 탄소 배출 저감, 수자원 관리 강화, 삼림 자원 보호 등의 지속가능성 활동에서 리더십을 발휘하여 여러 차례 상을 받았다.

또한 로레알은 윤리 강령의 제정 및 준수를 인정받아 2017년에 '투명성 대상'을 수상했다. 같은 해에 미국 환경보호청(Environmental Protection Agency, EPA)은 로레알의 친환경 전략을 인정하여 '올해의 그린 파워 파트너 상'을 수여했다. 2018년에는 윤리적 사업 관행을 정의하는 기관 중 하나인 에티스피어인스티튜트(Ethisphere Institute)가 뽑은 세계에서 가장 윤리적인 기업에 로레알이 포함되었는데, 이는 처음 있는 일이 아니라 로레알은 이미 여덟 차례나 선정된 바 있다.

내부 이슈

조직 구조

로레알의 조직 구조는 자료 1과 같다. 최고운영책임자가 없지만 바바라 라베르노(Barbara Lavernos)가 그

역할을 대신하고 있다. 전략적 사업단위(SBU)는 프로페셔널 제품과 컨슈머 제품이고 그 아래에 지역별 부문이 있다. 그러나 조직 구조를 보면 10~14가 8과 9의 지휘하에 있으므로 명령의 단일성 원칙에 위반된다는 것이 문제이다.

자료 1 로레알의 최고경영진과 조직 구조

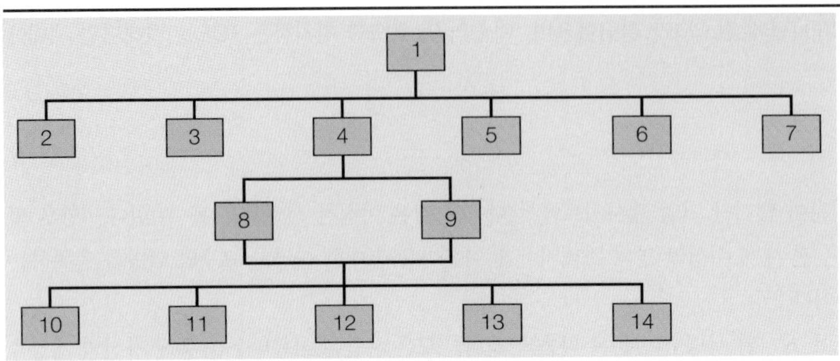

1. 회장 겸 최고경영자(chairman and CEO) Jean-Paul Agon
2. 연구·혁신 담당 부사장(EVP research and innovation) Laurent Attal
3. 커뮤니케이션·홍보 담당 부사장(EVP communications & public affairs) Lucia Dumas
4. 부회장(deputy CEO) Nicolas Hieronimus
5. 운영 담당 부사장(EVP operations) Barbara Lavernos
6. 부사장 겸 최고재무책임자(EVP and CFO) Christian Mulliez
7. 최고디지털책임자(chief digital officer) Lubomira Rochet
8. 프로페셔널 제품 부문 사장(president professional products division) Nathalie Roos
9. 컨슈머 제품 부문 사장(president consumer products division) Alexis Perakis-Valat
10. 미국 담당 부사장(EVP of the Americas zone) Frédéric Rozé
11. 인사 담당 부사장 겸 고문(EVP HR and advisor to the chairman) Jérôme Tixier
12. 아시아·태평양 담당 부사장(EVP Asia Pacific zone) Jochen Zaumseil
13. 서유럽 담당 부사장(EVP Western Europe zone) Vianney Derville
14. 동유럽·아프리카·중동 담당 부사장(EVP Eastern Europe and Africa, Middle East) Alexandre Popoff

출처: 기업 문서

광고

로레알은 '나는 소중하니까'라는 광고 슬로건으로 유명하다. 이 슬로건은 2000년대 중반에 '당신은 소중하니까'로 바뀌었다가 2009년 말에는 '우리는 소중하니까'로 다시 변경되었다. '우리'로 바꾼 것은 로레알의 철학과 라이프스타일에 고객이 참여하도록 하고 로레알 제품에 대한 고객 만족도를 높이기 위함이었다. 2016년에 로레알 파리는 다양성과 포용성을 위한 노력을 반영하기 위해 슬로건을 '우리 모두 소중하다'로 변경했다. 2017년에 로레알은 절도 스캔들을 빚었던 위노나 라이더(Winona Ryder) 등의 여성 유명 인사를 광고 캠페인에 등장시키고 '모두가 원상회복을 좋아하듯 손상된 머릿결도 마찬가지'라는 스토리텔링을 사용했다. 오늘날 로레알은 미디어 예산의 약 35%를 디지털 캠페인에 지출하고 있으며, 이중 상당 부분은 다양한 소비자 시장과의 관계 구축에 쓰인다. 최근에 로레알은 남성 모델과 배우, 60세 이상 여성뿐만 아니라 전 세계 모든 형태와 연령대의 아름다움에 개방적인 로레알의 약속을 반영하는 신선한 얼굴을 포함하여 새로운 앰배서더, 화제의 유명인과 파트너십을 맺었다.

부문별 정보

로레알은 제품별·지역별로 수익을 보고하며 다음과 같은 네 부문으로 구성되어 있다.

1. 로레알 럭스: 랑콤, 조르지오아르마니, 비오템, 키엘, 랄프로렌, 슈우에무라, 카사렐, 헬레나루빈스타인, 디젤, 빅토르앤드롤프, 메종마르지엘라 등 20개 브랜드가 있다. 자료 2에서 보듯이 이 부문은 전

세계적으로 시장점유율이 꾸준히 상승하고 있으며, 특히 랑콤 덕분에 2017년 매출이 10% 이상 증가했다. 중국, 면세점, 전자상거래의 호조로 아시아·태평양 지역은 두 자릿수 성장을 기록했다.

2. 컨슈머 제품: 로레알 파리, 가르니에, 매직, 메이블린, 아프리칸뷰티브랜즈, 에시, NYX, 닐리가 포함된다.
3. 프로페셔널 제품: 로레알 프로페셔넬, 케라스타즈, 레드켄, 매트릭스, 퓨얼로지, 슈우에무라 아트오브헤어, 미자니, 에시, 카리타, 드클레오가 포함된다.
4. 액티브 코스메틱: 비시, 라로슈포제, 스킨수티컬즈, 로제앤드갈레, 사노플로레, 세라비가 포함된다. 자료 2에서 보듯이 액티브 코스메틱 부문은 2017년에 괄목할 만한 성장을 이루었다. 세계 1위 데모코스메틱(dermo-cosmetic) 브랜드인 라로슈포제와 8년 연속 두 자릿수 성장률을 기록한 스킨수티컬즈에 힘입어 세계 데모코스메틱 시장의 주도권을 더욱 강화했다.

자료 2 로레알의 제품별 매출(단위: 100만 유로)

	2016년		2017년	
	매출	영업이익	매출	영업이익
프로페셔널 제품	3,389	689	3,350	669
컨슈머 제품	11,985	2,417	12,119	2,419
로레알 럭스	7,674	1,623	8,472	1,856
액티브 코스메틱	1,869	432	2,083	471

출처: 2017년 연례 보고서와 기타 기업 문서

2017년의 지역별 매출을 보면 아시아·태평양과 동유럽이 가장 뛰어난 성장을 나타냈다. 중국, 태국, 튀르키예 및 중부 유럽은 특히 전자상거래의 매출 신장이 두드러졌으며, 라틴아메리카도 멕시코와 아르헨티나를 중심으로 성장세를 이어가고 있다. 그러나 아프리카와 중동은 유일하게 매출이 하락했다.

자료 3 로레알의 지역별 매출 비중

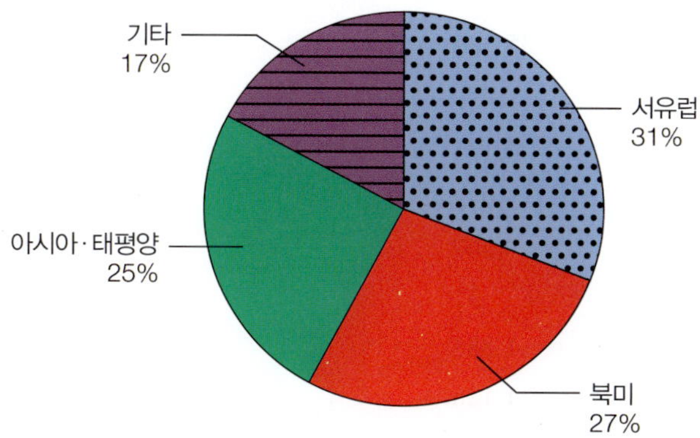

주: 기타에는 라틴아메리카, 중동, 아프리카, 동유럽이 포함됨
출처: 2017년 연례 보고서와 기타 기업 문서

2018년 1분기에 로레알의 매출은 전년 동기 대비 6.8% 증가한 67억 8,000만 유로를 기록했다. 로레알 럭스 부문의 주요 브랜드인 랑콤, 이브생로랑(Yves Saint Laurent), 조르지오아르마니, 키엘은 모두 전년 동기 대비 매출이 10% 이상 증가했다고 보고했다. 지역별로는 아시아·태평양에서도 특히 중국 시장의 매출이 가파른 성장세를 보였다. 2018년 1분기에 프로페셔널 제품, 컨슈머 제품, 로레알 럭스, 액티브 코스메틱의 매출은 각각 1.9%, 2.6%, 14.0%, 10.2% 증가했다.

자료 4 로레알의 손익계산서(단위: 100만 유로)

계정과목	2016년 12월 31일	2017년 12월 31일		변화율(%)
매출	24,916	26,024	↑	4.45
매출 원가	7,069	7,359	↑	4.10
매출 총이익	17,847	18,665	↑	4.58
영업 비용	13,882	14,265	↑	2.76
이자 및 세전이익	3,965	4,400	↑	10.97
이자 비용	(332)	(327)	↓	−1.51
법인세 차감 전 순이익	4,297	4,727	↑	10.01
세액	1,214	901	↓	−25.78
비반복적 항목	26	(240)	↓	−1,023.08
당기순이익	3,109	3,586	↑	15.34

출처: 2017년 연례 보고서와 기타 기업 문서

자료 5 로레알의 재무상태표(단위: 100만 유로)

계정과목	2016년 12월 31일	2017년 12월 31일		변화율(%)
자산				
현금 및 단기투자자산	1,746	3,047	↑	75
외상매출금	3,942	3,923	↓	0
재고자산	2,699	2,495	↓	−8
기타 유동자산	1,659	1,554	↓	−6
총유동자산	10,046	11,019	↑	10
부동산 및 설비	3,757	3,571	↓	−5
영업권	8,793	8,872	↑	1
무형자산	3,179	2,579	↓	−19
기타 장기자산	9,855	9,298	↓	−6
자산 계	35,630	35,339	↓	−1
부채				
외상매입금	4,135	4,141	↑	0
기타 유동부채	5,072	5,032	↓	−1
총유동부채	9,207	9,173	↓	0
장기차입금	31	13	↓	−58
기타 장기부채	1,888	1,334	↓	−29
부채 계	11,126	10,520	↓	−5
자본				
보통주	112	112	→	0
이익잉여금	13,952	14,752	↑	6
자사주	(134)	(57)	↓	−57
주식발행초과금 및 기타	10,574	10,012	↓	−5
자본 계	24,504	24,819	↑	1
부채 및 자본 계	**35,630**	**35,339**	↓	**−1**

출처: 2017년 연례 보고서와 기타 기업 문서

재무

자료 4와 5는 로레알의 손익계산서와 재무상태표이다. 자료 4에서 보듯이 2017년에 매출과 순이익이 크게 증가했으며, 초록색 화살표는 로레알의 경영 성과가 매우 양호하다는 것을 나타낸다. 또한 자료 5를 보면 로레알은 장기부채를 상환하여 재무 건전성을 높이는 한편 재고 관리도 잘하고 있다.

경쟁기업

자료 6은 로레알과 주요 경쟁기업의 전반적 경영 성과를 비교하여 보여준다. 로레알은 매출, 종업원 수, 순이익 측면에서 세계 최대의 화장품 기업으로, 종업원 일인당 이윤과 매출도 가장 높다. 그러나 미래를 예측할 수 없는 상황 속에서 모든 경쟁기업이 로레알을 추월하기 위해 최선을 다하고 있다.

자료 6 로레알과 세 경쟁기업의 비교

	로레알	레블론	에이본	에스티로더
종업원 수(명)	68.3K	7.3K	25K	46K
매출(달러)	32.1B	2.71B	5.2B	12.8B
순이익(달러)	4.71B	−141M	−1.4M	1.08B
매출 총이익률(%)	13.8	−5.27	−0.27	8.43
인당 매출(달러)	470K	371K	208K	278K
주당 순이익(달러)	7.75	−2.72	0.00	2.87
시가 총액(달러)	121B	1.17B	1.2B	52.5B

주: 로레알의 경우 1유로를 1.25달러로 가정한 수치임
출처: 다양한 자료원

에스티로더

미국 뉴욕에 본사를 둔 에스티로더(Estée Lauder)는 화장품에 대해 언급할 때 꼭 등장하는 유명 기업으로 스킨케어, 메이크업, 향수, 헤어케어 제품을 제조 및 판매한다. 에스티로더는 150개국 이상에서 에스티로더를 비롯해 아라미스(Aramis), 크리니크(Clinique), 오리진스(Origins), 맥(M·A·C), 바비브라운(Bobbi Brown), 라메르(La Mer), 조말론런던(Jo Malone London), 범블앤드범블(Bumble and bumble), 달팡(Darphin), 오존(Ojon), 스매시박스(Smashbox), 르라보(Le Labo), 글램글로(GLAMGLOW), 바이킬리안(By Kilian), 베카(Becca), 투페이스드(Too Faced), 굿스킨랩스(GoodSkin Labs), 아베다(Aveda) 브랜드를 선보이고 있다.

또한 에스티로더는 라이선스 계약을 맺고 타미힐피거(Tommy Hilfiger), 도나카란뉴욕(Donna Karan New York), 마이클코어스(Michael Kors), 톰퍼드(Tom Ford), 코치(Coach) 등의 브랜드를 단 화장품과 향수를 판매한다. 백화점, 화장품 전문점, 향수 전문점, 드러그스토어, 피부 관리실, 독립 대리점, 전자상거래 웹사이트 등 3만 개 이상의 유통 채널을 통해 제품을 판매하여 최근에는 연 매출 128억 달러, 순이익 10억 8,000만 달러라는 좋은 성과를 거두었다.

에이본

미국 뉴욕에 본사를 둔 에이본은 화장품 및 미용 관련 제품 라인을 보유한 세계 최대 직접판매 기업이다. 에이본의 3대 투자자(Shah Capital, Barington Capital, NuOrion Partners)가 인수자를 물색하라고 압력을 가하자 CEO인 셰리 매코이(Sheri McCoy)는 2018년 3월 31일 자리에서 물러났다. 2017년에 수많은 기업의 주가가 50% 상승했지만 에이본의 주가는 50% 하락했다.

에이본은 세계에서 다섯 번째로 큰 화장품 및 향수 제조업체로, 카탈로그와 웹사이트를 통해 제품을 판

매하기도 하지만 약 70개국의 독립 판매원 640만 명이 매출의 대부분을 올리고 있다. 1892년에 설립된 이래 에이본은 여성이 주체적·독립적으로 지역사회와 사업의 리더가 되도록 권한을 부여하는 데 앞장서왔다.

에이본은 화장품, 향수, 세면 도구, 장신구, 의류, 가정용품, 시계, 신발, 아동용 제품, 스킨케어, 선물 및 장식품, 건강 보조 식품, 엔터테인먼트 및 레저 제품 등 광범위한 제품 라인을 보유하고 있다. 대표적으로 실파다(Silpada), 에이본 컬러(Avon Color), 어뉴(ANEW), 소킨소소프트(Skin-So-Soft), 에이본 내추럴스(Avon Naturals), 풋워크스(Foot Works)를 예로 들 수 있다. 에이본은 미국의 상징적인 대기업이지만 2018년 CEO 교체, 2015년과 2017년 최고재무책임자 사임, 해외에서의 뇌물 수수로 인한 신용 등급 하락과 부실한 경영 전략을 타개하기 위해 고군분투하고 있다. 에이본의 매출은 2015년에 61억 6,050만 달러, 2016년에 57억 1,770만 달러, 2017년에 57억 1,560만 달러로 정체되어 있는 상황이다. 그러나 많은 국가에 포진한 수백만 명의 직접판매 인력은 에이본의 주요 경쟁우위이다.

메리케이

미국 텍사스주 애디슨에 본사를 둔 메리케이(Mary Kay)는 화장품과 향수를 판매하는 개인 소유 기업이다. 사업 모델이 에이본과 매우 유사한 메리케이는 세계에서 여섯 번째로 큰 직접판매 기업으로, 연간 매출액이 약 35억 달러에 달한다. 메리케이는 1963년에 메리 케이 애시(Mary Kay Ash)가 설립했으며, 최우수 판매원에게 분홍색 캐딜락을 선물하는 것으로 유명하다. 이사회 의장은 창립자의 아들인 리처드 로저스(Richard Rogers)이다. 350만 명의 뷰티 컨설턴트와 5,000명의 지원 인력이 전 세계 40개국에서 메리케이 제품을 판매하고 있다.

1968년에 메리 케이 애시는 최초의 분홍색 캐딜락을 구입하여 자사 콤팩트의 마운틴 로렐 블러시와 똑같은 색으로 다시 도색했다. 캐딜락 프로그램이 시작된 후로 10만 명 이상의 독립 판매원이 분홍색 캐딜락 또는 그에 상응하는 현금을 받았다. GM은 메리케이를 위해 분홍색 캐딜락을 10만 대 이상 생산한 것으로 알려졌다. 2012년부터는 쉐보레 말리부·이쿼녹스, 토요타 캠리, 캐딜락 CTS·SRX·에스컬레이드 하이브리드, 포드 머스탱 등으로 선택의 폭이 넓어졌다.

레블론

미국 뉴욕에 본사를 둔 레블론(Revlon)은 알메이(Almay), 레블론 컬러실크(Revlon ColorSilk), 미첨(Mitchum), 찰리(Charlie), 장나테(Jean Naté), 울티마 II(Ultima II), 가티노(Gatineau) 등의 브랜드를 보유한 세계적인 화장품 기업이다. 약 150개국에 제품을 유통하고 있으나 미국의 매출이 55% 정도를 차지하며, 연간 매출액은 23억 달러 수준이다. 레블론의 가장 큰 고객은 매출의 약 17%를 차지하는 월마트(Walmart)이다.

레블론은 화장품, 머리 염색제, 미용 도구, 디오도런트, 향수, 스킨케어 및 기타 미용 제품을 제조·유통·판매한다. 레블론 계열에는 레블론 컬러스테이(Revlon ColorStay), 레블론 슈퍼러스트러스(Revlon Super Lustrous), 레블론 에이지디파잉(Revlon Age Defying) 등 레블론 이름을 단 제품 라인이 있고, 알메이 계열에는 알메이 인텐스아이컬러(Almay Intense i-Color), 알메이 스마트셰이드(Almay Smart Shade)가 있다. 또한 신풀컬러스(Sinful Colors) 매니큐어, 컬러실크 염색제, 레블론 미용 도구, 미첨 디오도런트, 찰리·장나테 향수, 가티노 스킨케어 라인을 산하에 거느리고 있다.

레블론은 컨슈머, 프로페셔널, 엘리자베스아덴(Elizabeth Arden), 기타 등 4개 부문으로 운영되고 있다. 로레알과 마찬가지로 컨슈머 부문의 제품은 전통적인 소매점 위주로 판매되고, 프로페셔널 부문의 제품은 주로 피부 관리실을 통해 유통된다. 또한 엘리자베스아덴 부문의 제품은 고급 소매점과 전문점을 통해 판매된다. 레블론의 핵심 제품에는 드러그스토어에서 판매되는 메이크업 및 특수 스킨케어 제품, 미용실과 피부 관리실에서 판매되는 헤어 및 미용 제품이 포함된다. 월그린스(Walgreens)·CVS와 같은 드러그스토어, 월마트(Walmart), 타깃(Target), 울타뷰티(Ulta Beauty)에서도 레블론 제품을 만날 수 있다. 2016년에 레블론의 매출은 전년보다 22% 증가한 23억 3,400만 달러를 기록했다.

코티

미국 뉴욕에 본사를 둔 코티(Coty)는 남성용·여성용 미용 제품을 생산하는 세계적인 화장품 기업 중 하나이다. 2015년에 CEO 자리에 오른 카밀로 페인(Camillo Pane)이 이끄는 코티는 향수 부문 세계 1위, 헤어케어 부문 세계 2위, 색조 화장품 부문 세계 3위로, 연간 매출액이 92억 달러이고 전체 매출의 45%를 유럽에서, 34%를 북미에서 얻고 있다. 코티를 홍보하는 유명 인사는 세라 제시카 파커(Sarah Jessica Parker), 제니퍼 로페즈(Jennifer Lopez), 셀린 디옹(Celine Dion), 그웬 스테퍼니(Gwen Stefani), 케이티 페리(Katy Perry), 토마스 뒤트롱(Thomas Dutronc) 등이다. 창업자인 프랑수아 코티(François Coty)는 1904년에 첫 제품으로 라로즈자크미노(La Rose Jacqueminot) 향수를 내놓으며 사업을 시작했다.

코티는 컨슈머 뷰티, 럭셔리, 프로페셔널 뷰티 등 세 부문으로 조직화되어 있다. 컨슈머 뷰티 부문은 주로 대형 마트, 드러그스토어, 백화점, 온라인 쇼핑몰, 오픈마켓을 통해 색조 화장품, 머리 염색 및 스타일링 제품, 보디케어 제품, 향수를 판매한다. 럭셔리 부문은 향수 전문점, 백화점, 면세점, 다양한 럭셔리 채널을 통해 고급 향수, 프리미엄 스킨케어 제품과 화장품을 판매한다. 프로페셔널 뷰티 부문은 네일숍, 미용실, 전문 매장에 헤어 및 네일 케어 제품과 기타 제품을 제공한다.

코티는 아스토르(Astor), 부르주아(Bourjois), 클레롤(Clairol), 코티, 커버걸(CoverGirl), 요프(JOOP!), 조반(Jovan), 랭커스터(Lancaster), 맨해튼(Manhattan), 맥스팩터(Max Factor), 니옥신(Nioxin), NYC뉴욕컬러(N.Y.C. New York Color), OPI, 필로소피(philosophy), 리멜(Rimmel), 샐리핸슨(Sally Hansen), 시스템프로페셔널(System Professional), 웰라(Wella) 등의 브랜드를 보유하고 있다. 오늘날 코티의 제품 라인업은 대형 마트에서 판매되는 중저가 향수부터 백화점에서 판매되는 고급 향수와 매니큐어에 이르기까지 다양하다.

미래

로레알은 신흥 시장인 아프리카와 남미에 주목하고 있다. 예를 들어 에이본은 미국보다 브라질에서 더 많은 수익을 창출한다. 로레알은 글로벌 확장을 위해서라면 일시적 어려움에 처한 에이본이나 코티 등 여러 기업을 인수할 여력이 있다. 또한 프록터앤드갬블(Procter & Gamble)과 같은 대기업의 화장품 및 향료 부문도 그 대상으로 들 수 있다. 아니면 미국과 캐나다에 4,100개의 지점을 보유하고 있는 울타뷰티나 그레이트클립스(Great Clips)와 같은 기업을 인수함으로써 미용실 사업에 진출할 수도 있다.

지금까지 로레알은 사업을 잘 운영해왔다. 2017년에는 영업이익 46억 8,000만 유로, 영업이익률 18%, 전년 대비 3% 증가한 주당 순이익 6.65유로를 기록하고, 전년 대비 7.6% 증가한 주당 3.55유로의 배당을 실시했다. 모든 부문이 매출 성장을 보고했는데, 특히 아시아에서 로레알 럭스가 좋은 성과를 거두었다. 2017년에 전자상거래 매출은 전년 대비 33.6% 증가한 20억 유로에 달했다.

2018년 중반에 로레알은 자사의 맥, LVMH 소유의 세포라(Sephora)와 베네핏(Benefit) 등을 위해 증강현실 및 인공지능을 성공적으로 구현한 모디페이스(ModiFace)를 인수했다. 이에 대해 분석가들은 모디페이스로 얻을 수 있는 수익 때문이 아니라 경쟁사에 넘어가지 않도록 선제적 조치를 취한 것으로 풀이한다. 앞서 로레알은 모디페이스와 협력하여 비시 브랜드를 강화한 바 있다. 약 70명의 연구원이 근무하고 있는 모디페이스는 30개 이상의 특허를 출원한 첨단 기술 기업이다. 로레알의 최고디지털책임자인 루보미라 로셰(Lubomira Rochet)는 모디페이스가 로레알의 디지털 서비스 연구개발의 핵심이 될 것이라고 밝혔다.

오늘의 성공이 내일의 성공을 보장하지는 않는다. 2017년에 최고의 한 해를 보냈다고 해서 앞으로도 그럴 것이라고 확신할 수 없기 때문에 로레알은 미래를 위한 명확한 전략계획이 필요하다. 로레알을 위한 효과적인 3개년 전략계획을 수립해보라.

용어 해설

가치사슬(value chain) 제품 또는 서비스를 생산하기 위한 원자재부터 공급, 생산, 유통 등의 다양한 활동에 따라 결정되는, 총수익에서 총비용을 뺀 제품의 최종 가격으로 이어지는 활동의 조합

가치사슬 분석(value chain analysis, VCA) 기업이 원자재 구매, 제조, 유통, 마케팅 등 제품과 관련된 모든 활동과 각각의 가치(가격에서 비용을 뺀 값)를 결정하는 과정

갈등(conflict) 하나 이상의 이슈에 대해 둘 이상의 당사자 간 의견 불일치

감사(auditing) 법률 및 IRS 규정 준수를 보장하기 위해 기업이 재무제표의 정확성을 검토하게 하는 회계 과정

강점-약점-기회-위협(SWOT) 매트릭스(Strengths-Weaknesses-Opportunities-Threats Matrix) 모든 전략계획 매트릭스 중에서 가장 널리 사용되는 매트릭스. SO(강점-기회) 전략, WO(약점-기회) 전략, ST(강점-위협) 전략, WT(약점-위협) 전략 등 네 가지 유형의 전략을 수립하기 위해 기업의 내부 강점 및 약점을 외부 기회 및 위협과 매칭한다.

개(dog) BCG 매트릭스에서 상대적 시장점유율이 낮고 성장이 느리거나 정체된 산업에서 경쟁하는 사업부에 대한 사분면으로, 오른쪽 하단에 위치한다.

거버넌스(governance) 특히 이사회의 의무와 관련된 감독 및 지시 행위

결정 단계(decision stage) QSPM의 단일 기법을 사용하는 전략 수립 분석 프레임워크의 3단계. QSPM은 1단계에서 입력된 정보를 사용하여 2단계에서 제시된 실행 가능한 대안 전략을 객관적으로 평가하며, 합산 순위 방법보다 전략의 상대적 매력도를 제시하는 더욱 효과적인 기법이다.

경영정보시스템(management information system, MIS) 운영 및 전략적 의사결정에 도움이 되도록 정보를 수집·부호화·저장·병합·제시하는 시스템

경쟁우위(competitive advantage) 경쟁기업이 수행하는 활동과 비교하여 자사가 특히 잘하는 활동 또는 경쟁기업이 가지고 싶어 하는 자사의 모든 자원. 예를 들어 경쟁기업이 못 하는 일을 할 수 있거나 경쟁기업이 원하는 것을 소유할 때 기업은 경쟁우위를 가질 수 있다.

경쟁적 사분면(competitive quadrant) SPACE 매트릭스 분석에서 기업의 방향 벡터가 오른쪽 하단에 위치할 때는 경쟁적 전략이 제시되고, 후방·전방·수평적 통합과 함께 시장 침투, 시장 개척, 제품 개발 등을 채택해야 한다.

경쟁적 위치(competitive position, CP) 시장점유율, 제품 품질, 제품 수명주기, 고객 충성도, 설비 가동률, 기술 노하우, 공급업체 및 유통업체에 대한 통제와 같은 요소를 사용하여 조직의 경쟁력을 결정하는, SPACE 매트릭스의 네 가지 차원 중 하나

경쟁 정보(competitive intelligence, CI) 기업의 목적을 성취하기 위해 경쟁기업의 활동과 일반 비즈니스 동향에 대한 정보를 수집·분석하는 체계적·윤리적 과정(SCIP 웹사이트)

경쟁 프로필 매트릭스(Competitive Profile Matrix, CPM) 초점 기업이 일련의 주요 요인에 대해 주요 경쟁기업과 어떻게 비교되는지를 보여주며, 특정 산업에서 기업의 경쟁우위 또는 경쟁열위와 관련된 중요한 전략적 정보를 제공하는 전략기획 분석 도구

고객(customer) 사명 선언문의 구성 요소로, 기업의 제품 및 서비스를 구매하는 개인

고객 분석(customer analysis) 고객의 요구와 욕구를 조사 및 평가하는 것. 고객 설문 조사 관리, 고객 정보 분석, 시장 포지셔닝 전략 평가, 고객 프로필 개발, 최적의 시장 세분화 전략 결정이 포함된다.

공격적 사분면(aggressive quadrant) SPACE 매트릭스 분석에서 기업의 방향 벡터가 오른쪽 상단 사분면을 가리킬 때 기업은 공격적인 전략을 추구해야 한다.

공공 이미지에 관한 관심(concern for public image) 사명 선언문의 구성 요소로, 기업이 사회적·공동체적·환경적 관심에 부응하는지에 대한 관심

관련 다각화(related diversification) 기존 비즈니스 가치사슬과 신규 비즈니스 가치사슬이 경쟁적으로 가치 있는 비즈니스 간 전략적 적합성을 보유하는 경우

구조조정(restructuring) 효율과 효과를 모두 향상하기 위해 직원 수, 사업부 또는 사업단위의 수, 기업 조직 구조의 계층 수 측면에서 기업 규모를 축소하는 것

국제 기업(international firm) 국경을 넘어 사업을 운영하는 기업

국제회계기준(International Financial Reporting Standards, IFRS) 대개 미국 이외의 지역에서 회계사가 재무제표를 작성하기

위해 사용하는 일련의 절차 또는 규칙

권한 부여(empowerment) 직원이 의사결정에 참여하고 주도력과 상상력을 발휘함으로써 스스로에게 보상하는, 자신의 효능감을 강화하는 행위

균형성과표(balanced scorecard) 기업이 전략 평가에 배타적으로 사용했던 재무적 측정을 비재무적인 기준과 '균형'을 맞추어야 한다는 필요성에 따라 생겨났다.

글로벌 전략(global strategy) 본국만을 고려하는 것이 아니라 글로벌 니즈를 염두에 두고 제품을 설계·생산·마케팅하는 것

금융 결정(financing decision) 재무 및 회계의 기본 활동이며 기업에 가장 적합한 자본 구조를 결정하는 것으로, 기업이 자본을 조달할 수 있는 다양한 방법을 검토하는 것이 포함된다(예: 주식 발행, 부채 증대, 자산 매각 또는 이러한 접근법의 조합).

기능적 구조(functional structure) 생산·운영, 마케팅, 재무·회계, 연구개발, MIS와 같은 사업의 기능에 따라 작업과 활동을 구분하는 조직 설계 유형

기술(technology) 사명 선언문의 구성 요소. 기업은 최신 기술을 보유하고 있는가?

기업 공개(initial public offering, IPO) 기업이 자본을 조달하기 위해 주식을 공개하는 것

기업 윤리(business ethics) 의사결정 및 행동을 이끄는 기업 내 행동 원칙

기업 윤리 강령(code of business ethics) 기업이 예상되는 직원과 관리자의 행동·행위를 명시한 문서

기획(planning) 경영관리의 기본 활동으로, 추구할 전략과 앞으로 취해야 할 조치를 미리 결정하는 과정

꽌시(關係) 중국에서는 비즈니스 활동이 개인적 관계를 중심으로 이루어지는데, 이러한 개인적 관계를 가리키는 용어

내부 감사(internal audit) 기업의 경영관리, 마케팅, 재무·회계, 생산·운영, 연구개발, MIS에 관한 정보를 수집하고 동화시키는 과정. 기업의 강점과 약점을 파악 및 평가하고 우선순위를 매기는 것이 목적이다.

내부 강점(internal strength) 경영관리, 마케팅, 재무·회계, 생산·운영, MIS 등 사업의 제품·지역·매장·시설 전반에 걸쳐 특히 잘 수행하는 활동

내부 고발(whistle-blowing) 직원이 사내에서 발견하거나 목격한 비윤리적인 위반을 신고하는 것

내부 약점(internal weakness) 경영관리, 마케팅, 재무·회계, 생산·운영, MIS 등 사업의 제품·지역·매장·시설 전반에 걸쳐 특히 잘 수행하지 못하는 활동

내부 요인 평가(IFE) 매트릭스(Internal Factor Evaluation Matrix) 사업 기능 영역의 주요 강점과 약점에 가중치와 평가치를 부여하고, 기업 내부 포지션의 전반적인 힘을 나타내는 총가중 점수를 제공하는 전략 수립 도구

내부-외부(IE) 매트릭스(Internal-External Matrix) x 축의 IFE 가중점수 총합과 y 축의 EFE 가중점수 총합을 기반으로 다양한 사업부를 원으로 표시하는 전략기획 분석 도구. BCG 매트릭스와 유사한 이 매트릭스는 세 가지 주요 영역, 즉 성장 및 구축, 보류 및 유지, 회수 또는 매각으로 구분된다.

네마와시(根回し) 일본 노동자는 상사가 회의에서 변경 사항을 공지하는 것보다는 개인적으로 변경 사항을 알려주기를 바라기 때문에 일본에 있는 미국 경영자는 네마와시를 주의해야 한다.

뇌물(bribe) 받는 사람의 행동에 영향을 주기 위해 주는 선물

뇌물 수수(bribery) 공직자 또는 법적 의무를 이행하는 다른 사람의 행동에 영향을 미칠 수 있는 가치를 제공하는 것, 받는 것, 또는 권유하는 것

다각화 전략(diversification strategy) 기업이 기존 비즈니스 또는 산업과 관련이 있거나 관련이 없는 새로운 비즈니스 또는 산업에 진입하는 경우. 관련 다각화는 기존 비즈니스 가치사슬과 신규 비즈니스 가치사슬이 경쟁적으로 가치 있는 비즈니스 간 전략적 적합성을 유지하는 경우, 비관련 다각화는 기존 비즈니스 가치사슬과 신규 비즈니스 가치사슬이 서로 상이하여 경쟁적으로 가치 있는 비즈니스 간 전략적 적합성을 찾기 어려운 경우를 말한다.

다국적 기업(multinational firm) 국경을 넘어 사업을 운영하는 기업

다차원 척도법(multidimensional scaling) 동시에 3개 이상의 평가 기준을 포함하는 것을 제외하고는 제품 포지셔닝(지각지도 작성)과 동일하다.

대전략 매트릭스(Grand Strategy Matrix) 대안 전략을 수립하는 과정에서 널리 사용되는 기법으로, 4사분면과 2개의 축으로 이루어져 있다. 모든 기업은 경쟁적 위치와 산업 성장이라는 두 가지 차원을 기반으로 네 가지 전략 사분면 중 하나에 위치하며 그에 따라 전략이 제시된다.

독특한 역량(distinctive competence) 사명 선언문의 구성 요소로, 경쟁자가 쉽게 따라 하거나 모방할 수 없는 기업의 강점

동기부여(motivating) 경영관리의 기본 활동으로, 특정 목적을 달성하기 위해 사람들에게 영향을 미치는 과정

레버리지 비율(leverage ratios) 부채 비율과 총자산 대비 부채 비율은 기업이 부채로 조달한 정도를 측정한다.

리쇼어링(reshoring) 기업이 제조업의 일부를 다시 본국으로 이전하는 것

마케팅 믹스 변수(marketing mix variable) 제품, 가격, 판촉, 유통

마케팅 조사(marketing research) 제품 및 서비스의 마케팅과 관련하여 기회와 문제를 파악하고 정의하기 위한 데이터를 체계적으로 수집·기록·분석하는 것

매력도 점수(attractiveness scores, AS) QSPM에서 핵심 외부 요인과 내부 요인 각각에 대한 대안 전략의 상대적 매력도를 점수화한 값

매칭(matching) SWOT, SPACE, BCG, IE, 대전략 매트릭스 등을 사용하여 조직의 내부 강점 및 약점을 외부 기회 및 위협과 연결하는 것

매칭 단계(matching stage) SWOT, SPACE, BCG, IE, 대전략 매트릭스를 활용하여 주요 외부 및 내부 요인을 통해 실행 가능한 대안 전략을 만들어내는 것에 중점을 둔 전략 수립 분석 프레임워크의 2단계

매트릭스 구조(matrix structure) 권한과 의사소통의 수직 및 수평 흐름이 생성되어 기능은 수평으로 배열되고 사업부, 제품 또는 프로젝트는 수직으로 배열되는, 즉 매트릭스를 구성하는 구조

목표의 수직적 일관성(vertical consistency of objectives) CEO(기업 수준)에서 사장(사업부 수준), 관리자(기능 수준)에 이르는 목표의 호환성

목표의 수평적 일관성(horizontal consistency of objectives) 목표는 기능 간에 호환되어야 한다. 예를 들어 마케팅 부서에서 10% 더 판매하기를 원한다면 생산 부서에서는 10% 더 생산해야 한다.

문화(culture) 기업을 설명하는 공유된 가치, 신념, 태도, 관습, 규범, 성격 등의 집합. 전략가는 이러한 측면을 보존하고 강조하며 구축하기 위해 노력해야 한다.

문화 상품(cultural product) 가치, 신념, 의식, 신화, 이야기, 전설, 무용담, 언어, 은유, 상징, 영웅, 여주인공이 포함된다. 이는 전략가가 전략 수립·실행·평가 활동에 영향을 미치고 지시하는 데 사용할 수 있다.

물음표(question mark) BCG 매트릭스에서 상대적 시장점유율이 낮지만 해당 산업이 고성장을 구가한다는 특징이 있는 사업부에 대한 사분면으로, 오른쪽 상단에 위치한다. 기업은 집중 전략(시장 진출, 시장 개척, 제품 개발)을 통해 사업부를 강화할지, 아니면 사업부를 매각할지 결정해야 한다.

미래의 충격(future shock) 변화의 성격, 유형, 속도가 개인이나 조직의 적응 능력과 능력을 압도할 때 발생하는 높은 불안

발행 주식 수를 이용하는 방법(outstanding shares method) 발행 주식 수에 주당 시장가격을 곱하여 기업 가치를 결정하는 방법. 장부 가치, 시장 가치, 시가 총액이라고도 한다.

방어적 사분면(defensive quadrant) SPACE 매트릭스 분석에서 왼쪽 하단에 있는 경우는 기업이 내부 약점을 개선하고 외부 위협을 회피하는 데 집중해야 함을 의미하므로 사업 축소, 사업 매각, 청산, 관련 다각화와 같은 방어 전략을 추구해야 한다.

방향 벡터(directional vector) SPACE 매트릭스 분석에서 이 선은 원점으로부터 4사분면 중 하나로 이동하여 조직에 권장되는 전략 유형(공격적, 경쟁적, 방어적, 보수적)을 나타낸다.

배당 결정(dividend decision) 재무 및 회계의 기본 활동으로, 분기별로 주주에게 지급하는 주당 금액, 기간별로 지급하는 배당의 안정성, 주식 환매 또는 발행 등과 같은 문제를 다룬다.

벤치마킹(benchmarking) 기업의 가치사슬이 경쟁기업에 비해 경쟁력이 있는지, 성공에 도움이 되는지 여부를 분석할 수 있는 도구. 비용, 서비스, 명성, 운영 등의 측면에서 비교우위를 가진 경쟁기업의 가치사슬 활동을 파악함으로써 기업이 경쟁력을 개선하기 위한 조치를 취할 수 있도록 돕는다.

변화에 대한 저항(resistance to change) 잠재적인 부정적 결과 때문에 새로운 정책이나 전략을 경계하는 인간의 자연스러운 경향. 이를 관리하지 않으면 생산 기계 파괴, 결근, 근거 없는 불만 제기, 협력 거부 등의 형태로 나타난다.

보너스 시스템(bonus system) 직원과 관리자가 판매, 이익, 생산 효율성, 품질, 안전과 같은 조직 성과 기준에 따라 연말 또는 기말 보상(보통 현금)을 받는 인센티브 보상의 한 형태로, 전략 실행 노력을 지원하도록 동기를 부여하는 데 사용된다.

보수적 사분면(conservative quadrant) SPACE 매트릭스 분석에서 도출된 방향 벡터가 왼쪽 상단에 있다면 이는 기업이 기본 역량을 어느 정도 확보한 상황에서 위험을 과도하게 감수하지 않는다는 것을 의미하므로 시장 침투, 시장 개척, 제품 개발, 관련 다각화와 같은 보수적인 전략을 추구해야 한다.

보스턴컨설팅그룹(BCG) 매트릭스(Boston Consulting Group Matrix) 상대적 시장점유율 위치와 산업 매출 증가율을 기반으로 다양한 사업부를 원으로 표시하는 전략계획 분석 도구. IE 매트릭스와 유사한 이 매트릭스의 4사분면(물음표, 스타, 캐시카우, 개)은 각각 다른 전략을 의미한다.

본원적 전략(generic strategy) 마이클 포터가 주장한 것으로, 기업은 전략을 통해 비용우위와 차별화라는 두 가지 기반으로 경쟁우위를 확보할 수 있다.

블루오션 전략(blue ocean strategy) 경쟁이 아직 존재하지 않는 새로운 시장인 블루오션을 창출하는 것. 경쟁자가 아직 점유하지 않은 시장 공간을 찾는 최초 진입자가 되는 것과 유사하다.

비관련 다각화(unrelated diversification) 기존 비즈니스 가치사슬과 신규 비즈니스 가치사슬이 서로 상이하여 경쟁적으로 가치 있는 비즈니스 간 전략적 적합성을 찾기 어려운 경우

비용우위(cost leadership) 마이클 포터의 본원적 전략 중 하나로, 가격에 민감한 고객을 대상으로 표준화된 제품과 서비스를 낮은 비용으로 생산하는 것

비전 선언문(vision statement) '우리는 무엇이 되고 싶은가?'라는 질문에 답하는, 한 문장으로 된 기술서

비즈니스 분석(business analytics) 경영진의 의사결정을 돕기 위해 소프트웨어를 사용하여 방대한 양의 데이터를 채굴하는 비즈니스 기법. 예측 분석, 머신러닝, 데이터마이닝이라고도 한다.

사내 연애(workplace romance) 성희롱과 달리 동의한 두 직원의 친밀한 관계

사명 선언문(mission statement) 한 기업을 다른 유사한 기업과 구별하는, 오래 지속될 목적 기술서. 제품과 시장 관점에서 기업 운영의 범위를 설정하고, '우리의 사업은 무엇인가?'에 관한 기술서로, 기업의 가치와 우선순위를 담는다.

사명 선언문 구성 요소(mission statement component) 고객, 제품 또는 서비스, 시장, 기술, 생존·성장·수익성에 관한 관심, 철학, 독특한 역량, 공공 이미지에 관한 관심, 직원에 관한 관심

사업 매각(divestiture) 사업부 또는 조직의 일부를 외부에 매각하는 것

사업부제 구조(divisional structure) 지리적 영역별, 제품별, 고객별, 프로세스별로 구성할 수 있는 조직 설계. 사업부제 구조에서는 기능적 활동이 중앙 및 개별 사업부에서 수행된다.

사회적 책임(social responsibility) 직원을 포함한 모든 생명체의 복지를 보호하거나 향상하기 위해 법적으로 요구하는 것 이상으로 기업이 취하는 행동

사회 정책(social policy) 기업이 직원, 소비자, 환경 운동가, 소수자, 지역사회, 주주 및 기타 집단에 대한 행동을 안내하기 위해 제정할 수 있는 지침 및 관행

사업 축소(retrenchment) 기업이 매출과 이익 감소 추세를 역전하기 위해 비용 절감과 자산 축소를 통해 조직을 재편성하는 것

사업 포트폴리오(business portfolio) BCG 매트릭스와 IE 매트릭스에서 원으로 표시되는 사업부

산업 매출 증가율(industry growth rate) BCG 매트릭스의 수직축으로, 특정 산업에 대한 작년 대비 올해 모든 기업의 매출 증가율 평균값

산업 분석(industry analysis) 외부 정보를 수집하고 이해하고 분석하는 연구로, 외부 조사라고도 한다.

산업 위치(industry position, IP) 성장 잠재력, 이익 잠재력, 재무 안정성, 레버리지 범위, 자원 활용, 시장 진입 용이성, 생산성, 설비 가동률과 같은 요소를 고려하여 기업의 산업이 얼마나 강하고 약한지를 결정하는, SPACE 매트릭스의 네 가지 차원 중 하나

상대적 시장점유율(relative market, RMSP) 특정 산업에서 가장 큰 경쟁기업(선도자)이 보유한 시장점유율(또는 매출, 매장 수)에 대한 사업부 자체 시장점유율(또는 매출, 매장 수)의 비율

상방 활동(upstream activity) 대부분의 기업에서 경쟁우위를 확보하고 유지하기 위한 주요 수단은 하방으로 이동하는 것이다. 더워(Dawar)의 최근 연구에 따르면 오늘날 대부분의 산업에서 공급망 관리, 생산, 물류와 같은 상방 활동이 기업에서 상품화되거나 아웃소싱되는 반면, 고객 행동과 관련된 하방 활동은 경쟁우위를 확보하고 유지하는 데 주요 수단이 되고 있다.

생존, 성장, 수익성에 관한 관심(concern for survival, growth, and profitability) 사명 선언문의 구성 요소로, 기업이 성장과 재무적 건전성에 열성적인지에 대한 관심

설비 가동률(capacity utilization) 제조 공장의 생산량이 잠재적 생산량에 도달하는 정도. 설비 가동률이 높을수록 좋으며, 그렇지 않으면 장비가 유휴 상태가 될 수 있다.

성과 배분(gain sharing) 실제 결과가 예상했던 성과 목표를 초과할 때 직원과 관리자가 보너스를 받는 인센티브 보상의 한 형태

성장 비율(growth ratios) 한 기간부터 다음 기간 동안 수익 또는 이익의 비율 증가/감소와 같은 측정은 중요한 비교이다.

성희롱(sexual harassment) 상대방이 원치 않는 성적인 접근, 성상납 요구, 또는 기타 성적인 말이나 육체적 희롱. 이는 불법적·비윤리적이고 모든 조직에 해를 끼치며 비용이 많이 드는 소송, 사기 및 생산성 저하로 이어질 수 있다.

세계화(globalization) 단순히 내수만을 고려하는 것이 아니라, 글로벌 수익성을 기반으로 기업의 전략적 결정이 이루어지도록 전 세계적으로 사업을 수행하는 과정

수련회(retreat) 기업의 전략계획을 수립하기 위해 일반적으로 외부에서 열리는 공식 회의. 참가자들의 창의성과 솔직함을 장려하기 위해 직장에서 멀리 떨어진 곳에서 개최한다.

수익성 비율(profitability ratios) 순이익률과 투자 수익률로 기업 운영의 수익성을 측정한다.

수정된 EFE 매트릭스(revised EFE Matrix) 전략 평가 과정의 첫 번째 활동 중 하나로, 기업의 전략이 주요 기회와 위협에 얼마나 효과적이었는지를 나타내야 한다.

수정된 IFE 매트릭스(revised IFE Matrix) 전략 평가 과정의 첫 번째 활동 중 하나로, 기업의 경영관리, 마케팅, 재무·회계, 생산, MIS의 강점과 약점 변화에 초점을 맞추어야 한다.

수직적 통합(vertical integration) 전방 통합과 후방 통합을 통해 기업은 각각 유통업체, 공급업체, 경쟁업체를 통제할 수 있다.

수평적 통합(horizontal integration) 경쟁기업을 인수하는 것

스타(star) BCG 매트릭스에서 상대적 시장점유율이 높고 산업 성장률이 높은 사업부에 대한 사분면으로, 왼쪽 상단에 위치한다.

시가 총액(market capitalization) 발행 주식 수에 주가를 곱한 것

시너지 효과(synergy) 1 + 1 = 3의 효과로, 모두가 한 팀이 되면 개별적으로 일하는 개인을 능가할 수 있다.

시장(market) 사명 선언문의 구성 요소로, 지리적으로 기업이 경쟁하는 장소

시장 가치(market value) 발행 주식 수에 주가를 곱한 것

시장 개척(market development) 현재의 제품이나 서비스를 새로운 지역에 출시하는 것

시장 세분화(market segment) 제품에 대한 필요와 구매 습관에 따라 뚜렷하게 구별되는 고객군을 기준으로 시장을 여러 분야로 구분하는 것

시장 침투(market penetration) 현재 제품 또는 서비스를 가지고 마케팅에 힘써 현재 시장에서의 점유율을 늘리는 전략

시정 조치 수행(taking corrective action) 전략 평가 과정의 세 번째 활동으로, 기업이 미래를 위해 경쟁적으로 기업을 재배치하는 변화가 포함된다.

신조문(creed statement) 조직의 '존재 이유'에 대한 선언으로, '우리의 사업은 무엇인가?'라는 질문에 대한 답. 사명 선언문이라고도 한다.

실증적 지표(empirical indicator) 기업이 경쟁우위를 확보하고 유지할 수 있게 하는 자원의 세 가지 특성(희귀하고, 모방하기 어렵고, 대체하기 어려움)

실행 가능한 조치(actionable response) 전략적 의미를 가진다는 점에서 의미가 있으며, 외부 기회를 활용하거나 잠재적인 위협의 영향을 최소화하는 전략

아웃소싱(outsourcing) 기업이 인사, 정보 시스템, 급여, 회계, 고객 서비스, 마케팅 등 다양한 기능을 운영하기 위해 다른 기업을 고용하는 것

안정성 위치(stability position, SP) 기술 변화, 인플레이션율, 변동성 수요, 경쟁 제품의 가격 범위, 시장 진입 장벽, 경쟁 압력, 시장 철수 용이성, 수요의 가격 탄력성, 사업 관련 위험과 같은 요소를 고려하여 기업의 산업이 얼마나 안정적이거나 불안정한지를 결정하는, SPACE 매트릭스의 네 가지 차원 중 하나

연간 목표(annual objective) 조직이 장기 목표를 이루기 위해 달성해야만 하는 단기 이정표

연구개발(research and development, R&D) 기존 제품 및 서비스를 향상하거나 새롭고 개선된 제품을 만들기 위해 투자하는 것

영업권(goodwill) 기업이 다른 기업을 인수할 때 장부가(시장 가치)보다 더 많이 지불하는 경우 초과되는 금액을 프리미엄이라고 하며, 재무상태표의 자산 항목인 영업권이 된다.

와(和) 일본의 비즈니스 관계에서 집단 내 화합과 사회적 결속을 강조하는 용어

외부 기회(external opportunity) 미래에 조직에 중대한 이익을 초래할 수 있는 경제적·사회적·문화적·인구통계적·환경적·정치적·법적·정부 관련·기술적·경쟁적 추세와 사건

외부 영향 요인(external force) 경제적 요인, 사회적·문화적·인구통계적·환경적 요인, 정치적·법적·정부 관련 요인, 기술적 요인, 경쟁적 요인

외부 요인 평가(EFE) 매트릭스(External Factor Evaluation Matrix) 경제적·사회적·문화적·인구통계적·환경적·정치적·법적·정부 관련·기술적·경쟁적 정보를 요약하고 평가하도록 설계된 전략기획 분석 도구

외부 위협(external threat) 미래에 조직에 중대한 손해를 초래할 수 있는 경제적·사회적·문화적·인구통계적·환경적·정치적·법적·정부 관련·기술적·경쟁적 추세와 사건

외부 조사(external audit) 경제적 요인, 사회적·문화적·인구통계적·환경적 요인, 정치적·법적·정부 관련 요인, 기술적 요인, 경쟁적 요인과 같은 영역에서 개별 기업의 통제 범위를 넘어서는 추세와 사건을 파악하고 평가하는 것. 조직이 처한 주요 기회와 위협을 밝힘으로써 관리자가 기회를 활용하고 위협의 영향을 피하거나 완화하는 전략을 수립할 수 있다.

우리 사주 신탁(employee stock ownership plans, ESOP) 직원들이 조합을 결성하여 자사주를 매입하면 회사가 같은 수의 자사주를 지원하는 제도

우호적 합병(friendly merger) 두 회사가 인수합병을 원하는 경우

유기적 성장(organic growth) 기업이 인수보다는 내부에서 구축 또는 성장하는 것을 목표로 하는 전략

유동성 비율(liquidity ratios) 유동 비율과 당좌 비율로 단기채무를 지급할 수 있는 기업의 능력을 측정한다.

유리 천장(glass ceiling) 여성과 소수자를 최고경영진에서 배제하는, 보이지 않는 장벽

유통(distribution) 제품과 서비스를 시장에 내놓는 과정. 창고, 유통 채널, 유통 범위, 소매 사이트 위치, 판매 지역, 재고 수준 및 위치, 운송업체, 도매 및 소매가 포함된다.

이사회(board of directors) 기업의 최상위에 있는 사람들의 집합으로, 거버넌스라고도 한다. 경영진에 대한 감독과 지침을 제공하고 주주의 이익을 보호한다.

이익 공유(profit sharing) 수익의 일부를 정해진 공식에 따라 직원과 관리자에게 분배하는 인센티브 보상의 한 형태로, 전략 실행 노력을 지원하도록 동기를 부여하는 데 사용된다.

이해관계자(stakeholder) 고객, 직원, 주주, 채권자 등 기업에 특별한 이해관계나 청구권을 가진 개인과 집단

인수(acquisition) 한 기업이 다른 기업을 매수하는 것 또는 한 기업이 다른 기업에 매각되는 것

인적 자원 관리(human resource management, HRM) 직원을 채용하고, 면담하고, 시험하고, 선택하고, 적응시키고, 교육하고, 육성하고, 배려하고, 평가하고, 보상하고, 단련시키고, 승진시키고, 전보하고, 강등하고, 해고하는 등의 활동과 노사관계 관리가 포함된다. 인사 관리라고도 한다.

인화(人和) 위계 관계에서 권위에 대한 복종을 포함하는 화합을 나타내는 용어

일반적으로 인정된 감사표준(generally accepted auditing standards, GAAS) 조직의 재무제표를 평가하기 위해 독립 감사인이 사용하는 일련의 회계 표준

일반적으로 인정된 회계원칙(generally accepted accounting principles, GAAP) 대개 미국에서 회계사가 재무제표를 작성하기 위해 사용하는 일련의 절차 또는 규칙

입력 단계(input stage) 전략을 공식화하는 데 필요한 기본 입력 정보를 요약하는 전략 수립 분석 프레임워크의 1단계. EFE, CPM, IFE 매트릭스로 구성된다.

자본 예산(capital budgeting) 재무 및 회계의 기본 활동으로 기업의 프로젝트, 제품, 자산, 부문에 자본과 자원을 할당·재분배하는 것

자사주(treasury stock) 기업이 소유한 자사의 보통주로, 재무상태표의 자본 항목에 포함된다.

자원 배분(resource allocation) 연간 목표에 의해 설정된 우선순위에 따라 제품, 지역, 부문에 걸쳐 조직의 자산을 할당하는 것

자원 기반 관점(resource-based view, RBV) 경쟁우위를 확보하고 유지하는 데에는 외부 요인보다 내부 자원이 기업에 더 중요하다고 주장하는 접근법

장기 계획(long-range planning) 미래를 위해 현재의 추세를 최적화하려는 목표로 미래의 행동, 목표, 정책을 결정하는 것. 전략기획보다 덜 효과적이고 포괄적이다.

장기 목표(long-term objective) 조직이 기본 비전, 사명, 전략을 추구하면서 달성하고자 하는 구체적인 결과(1년 이상)

장부 가치(book value) 발행 주식 수에 주가를 곱한 것

재무 목표(financial objective) 매출 증가, 수익 증대, 더 많은 배당금 지급, 높은 순이익률, 높은 투자 수익률, 높은 주당 순이익, 주가 상승, 현금 흐름 증대 등의 원하는 성장 결과

재무 및 회계의 기능(functions of finance/accounting) 재무 관리자가 수행하는 기본 활동. 투자 결정, 자금 조달 결정, 배당 결정으로 이루어진다.

재무비율 분석(financial ratio analysis) 기업의 재무 상태를 밝히고 사업의 기능 영역 간 복잡한 관계를 예시하는 정량적 계산. 예를 들어 투자 수익 또는 이익률 감소는 비효율적인 마케팅, 부실한 관리 정책, 연구개발 오류, 취약한 관리 정보 시스템 등의 결과일 수 있다. 시간 경과 및 산업 평균과 비율을 비교하면 강점과 약점을 파악하고 평가하는 데 사용할 수 있는 의미 있는 통계를 얻을 가능성이 더 크다.

재무적 위치(financial position, FP) 투자 수익률, 레버리지, 유동성, 현금 흐름과 같은 요소를 고려하여 조직의 재무 건전성을 결정하는, SPACE 매트릭스의 네 가지 차원 중 하나

재설계(reengineering) 비용, 품질, 서비스, 속도를 향상하기 위해 작업, 직위, 프로세스를 재구성하거나 재설계하는 것

적대적 인수(hostile takeover) 피인수 기업이 인수합병을 원하지 않는 경우

적시 생산(just-in-time, JIT) 납기 지연에 대한 대비책으로 비축해 두지 않고 필요한 만큼 부품과 자재를 생산 현장에 납품하는 생산 방식

전략(strategy) 장기 목표를 달성하기 위한 수단. 사업 전략에는 지리적 확장, 다각화, 인수, 제품 개발, 시장 침투, 축소, 매각, 청산, 합작투자 등이 포함될 수 있다.

전략가(strategist) 최고경영자(CEO), 사장, 대표이사, 이사회 의장, 총장, 학장 등 조직의 전략계획을 수립하고 실행하는 책임이 있는 사람

전략경영(strategic management) 조직의 목적 달성을 가능하게

하는 복합 기능적 의사결정을 수립·실행·평가하는 예술이자 과학

전략경영 모델(strategic-management model) 전략경영 프로세스의 프레임워크 또는 포괄적 묘사. 전략을 수립하고 실행하며 평가하기 위한 명확하고 실용적인 접근법이다.

전략경영 프로세스(strategic-management process) 비전과 사명 설정에서 시작하여 전략 평가 및 피드백으로 끝나는 포괄적 모델에 나타난 전략을 수립·실행·평가하는 과정

전략기획(strategic planning) 조직의 게임 계획을 수립하는 과정. 기업에서는 전체 전략경영 프로세스를 나타내기도 한다.

전략 목표(strategic objective) 시장점유율 제고, 경쟁사보다 빠른 배송, 비용우위, 경쟁사보다 높은 품질, 더 넓은 지역으로의 진출, 기술적 우위 확보, 경쟁사보다 앞선 신제품 출시 등의 원하는 결과

전략 수립(strategy formulation) 전략경영 프로세스의 1단계로, 비전과 사명 설정, 조직의 외부 기회와 위협 파악, 내부 강점과 약점 결정, 장기 목표 설정, 전략 대안 도출, 추구할 특정 전략 선택 등이 포함된다.

전략 수립 분석 프레임워크(strategy-formulation analytical framework) 전략기획에 지침으로 널리 사용되는 3단계 9개 매트릭스 배열(1단계: 입력 단계, 2단계: 매칭 단계, 3단계: 결정 단계)

전략 실행(strategy implementation) 전략경영 프로세스의 2단계로, 연간 목표 설정, 정책 수립, 직원의 동기부여, 자원 할당, 전략 옹호 문화 조성, 효과적인 조직 구조 창출, 마케팅 활동 방향 재설정, 예산 준비, 정보 시스템 개발 및 사용, 직원 보상과 조직 성과의 연계 등이 포함된다.

전략적 사업단위(SBU) 구조(strategic business unit structure) 유사한 사업부들을 전략적 사업단위로 묶고, 각 사업단위에 대한 권한과 책임을 CEO에게 직접 보고하는 대표에게 위임한다. 기업의 부서나 부문이 많을 때 통제 범위를 줄이기 위해 이러한 구조를 사용한다.

전략적 위치 및 행동 평가(SPACE) 매트릭스(Strategic Position and Action Evaluation Matrix) 2단계 매칭을 위한 기법으로, 2개의 축과 4개의 사분면을 사용하여 공격적·보수적·방어적·경쟁적 전략이 기업에 적합한지를 알려준다. 기업 차원의 전략적 위치인 재무적 위치(FP)와 경쟁적 위치(CP), 산업 차원의 전략적 위치인 안정성 위치(SP)와 산업 위치(IP)를 나타낸다. 이 네 가지 차원은 조직의 전반적인 전략적 위치를 결정하는 가장 중요한 요소일 것이다.

전략 평가(strategy evaluation) 전략경영 프로세스의 3단계로, 세 가지 기본 전략 평가 활동은 현재 전략의 토대가 되는 외부 및 내부 요인 검토, 성과 측정, 시정 조치 수행이다. 외부 및 내부 요인이 끊임없이 변화하기 때문에 전략을 정기적으로 평가해야 한다.

전방 통합(forward integration) 중개업체를 배제하고 최종 고객에게 더 가까이 다가가기 위한 수단으로, 유통업체나 소매업체의 지분을 소유하거나 이들에 대한 통제력을 높이는 활동

정량적 전략기획 매트릭스(Quantitative Strategic Planning Matrix, QSPM) 우선적으로 추진할 수 있는 대안 전략을 수립하기 위한 기법뿐만 아니라 상대적인 매력을 토대로 실행할 전략의 결정을 돕는 분석 기법. 전략 수립 분석 프레임워크의 3단계를 이루며, 어떤 대안 전략이 최선인지를 객관적인 방법으로 알려준다.

정보 기술(information technology, IT) 정보 처리 및 배포를 위한 컴퓨터 시스템, 소프트웨어와 네트워크의 개발·유지·사용

정책(policy) 연간 목표를 달성하기 위한 방법. 정책에는 설정된 목표를 달성하려는 노력을 지원하기 위해 마련된 지침, 규칙, 절차 등이 포함된다. 정책은 의사결정을 위한 지침이며, 반복적이거나 빈번하게 일어나는 상황을 다룬다.

제품 개발(product development) 현재의 제품과 서비스를 개선하거나 변경하여 매출 증대를 추구하는 전략

제품 또는 서비스(product or service) 사명 선언문의 구성 요소로, 기업의 주요 제품 또는 서비스

제품 및 서비스 기획(product and service planning) 마케팅의 기본 기능, 테스트 마케팅, 제품 및 브랜드 포지셔닝, 보증 고안, 포장, 제품 옵션·특징·스타일·품질 결정, 구형 제품 단종, 고객 서비스 제공과 같은 활동이 포함된다.

제품 포지셔닝(product positioning) 효과적인 마케팅 전략을 위해 고객이 자사의 제품 또는 서비스를 경쟁기업에 비해 어떻게 지각하고 있는지를 파악하여 2차원, 4사분면 지도로 작성하는 것. 지각지도 작성이라고도 한다.

조직 문화(organizational culture) 조직이 외부 적응과 내부 통합 문제를 다루는 법을 배움에 따라 발전시킨 행위 양식이자, 지각하고 생각하며 느끼는 옳은 방법으로서 타당한 것으로 여겨지고 새로운 구성원에게 가르칠 만큼 충분히 잘 작동해온 행위 양식

조직 성과 측정(measuring organizational performance) 전략 평가 과정의 두 번째 활동으로, 예상 결과와 실제 결과 비교, 계획과의 차이 조사, 개인별 성과 평가, 명시된 목표 달성을 위한 진행 상황 검토가 포함된다.

조직 전략의 기본 기반 검토(reviewing the underlying bases of an organization's strategy) 전략 평가 과정의 첫 번째 활동으로, 수정 조치가 필요한지 결정하기 위해 수정된 EFE 매트릭스와 IFE 매트릭스를 개발하여 접근할 수 있다.

조직화(organizing) 경영관리의 기본 활동으로, 누가 무엇을 하고 누가 누구에게 보고하는지를 결정하기 위해 일관된 방식으로 의무와 책임을 배열하는 과정

조합 전략(combination strategy) 동시에 둘 이상의 전략을 조합하여 추구하는 것

조화력(reconciliation) 사명 선언문은 기업에 대해 특별한 이해나 요구가 있는 다양한 이해관계자, 개인, 집단 사이의 차이를 조정하고 호소하기 위해 광범위할 필요가 있다. 누군가를 소외시키기보다 고객, 직원, 주주, 채권자에게 호소한다.

주가 수익률을 이용하는 방법(price-earnings ratio method) 보통주의 시장가격을 연간 주당 순이익으로 나눈 다음 지난 5년간 기업의 평균 순이익을 곱한다.

지각지도 작성(perceptual mapping) 마케팅에서 널리 사용되는 제품 포지셔닝 기법 중 하나로, 효과적인 마케팅 전략을 위해 고객이 자사의 제품 또는 서비스를 경쟁기업에 비해 어떻게 지각하고 있는지를 파악하여 2차원, 4사분면 지도로 작성하는 것

지속가능성(sustainability) 기업의 운영 및 행동이 환경을 해치거나 파괴하지 않고 보호·개선·보존하는 정도

지속가능성 보고서(sustainability report) 기업이 자연환경에 해를 끼치기보다는 도움을 주기 위한 진행 상황과 활동을 공개하기 위해 만드는 연례 보고서의 한 형태

지속적 경쟁우위(sustained competitive advantage) 외부의 추세와 사건, 내부의 역량, 능력, 자원 등의 변화에 지속적으로 적응하고, 이러한 요소를 기회로 삼아 전략을 효과적으로 수립·실행·평가함으로써 경쟁기업보다 특히 잘하는 것을 유지하는 것

직관(intuition) 명백한 이성적 사고나 분석 없이 자신의 인지를 사용하는 것. 과거의 경험, 판단, 감정을 바탕으로 좋은 전략적 결정을 내리는 데 필수적이지만 객관적인 분석 대신 크게 의존해서는 안 된다.

직원에 관한 관심(concern for employees) 사명 선언문의 구성 요소로, 직원이 기업에 귀중한 자산인지에 대한 관심

집중(focus) 소규모 고객 집단의 요구를 충족하는 제품과 서비스를 생산하는 기업을 포함하는 마이클 포터의 전략적 차원 중 하나

집중 전략(intensive strategy) 시장 침투, 시장 개척, 제품 개발 등 기업의 경쟁우위 확보를 위한 집중적인 노력

차별화(differentiation) 마이클 포터의 본원적 전략 중 하나로, 시장에 고유한 제품과 서비스를 제공하여 상대적으로 가격에 둔감한 고객을 겨냥하는 전략

차입 매수(leveraged buyout, LBO) 인수 기업 또는 개인 투자자가 차입한 자금을 활용하여 다른 기업을 인수하는 것

챔피언(champion) 기업의 새로운 아이디어나 제품과 가장 뚜렷하게 연결되고 미래가 그 성공과 결부된 사람

철학(philosophy) 사명 선언문의 구성 요소로, 기업의 기본적인 신념, 가치관, 열망, 윤리적 우선순위

청산(liquidation) 유형 가치를 확보하기 위해 기업의 모든 자산을 매각하는 것

최고기술책임자(chief technology officer, CTO) 대개 기술자이며 데이터 수집 및 처리, 의사결정 지원 시스템, 소프트웨어와 하드웨어 취득 등의 기술적 문제를 다룬다.

최고정보책임자(chief information officer, CIO) 대개 관리자이며 기업과 이해관계자의 관계를 관리한다. 기업 기술, 정보 수집 및 다양한 외부 이해관계자와 소셜미디어 관계에 중점을 둔다.

최종 매력도 점수(total attractiveness scores, TAS) QSPM에서 가중치에 4단계에서 얻은 매력도 점수를 곱하여 산출한다. 핵심 외부 요인과 내부 요인 각각의 상대적 중요도가 반영된 가중치는 각 대안 전략의 상대적 매력도를 나타낸다.

최종 매력도 점수 총합(sum total attractiveness scores, STAS) QSPM에서 각 요인에 대해 도출된 대안 전략의 최종 매력도 점수를 모두 합하여 얻는다. 이를 비교하면 대안 전략 중에서 어떤 것이 가장 매력적인지를 알 수 있다.

최초 진입자의 우위(first mover advantage) 경쟁기업보다 먼저 새로운 시장에 진입하거나 새로운 제품 또는 서비스를 먼저 출시함으로써 기업이 얻을 수 있는 이점

추정 재무제표 분석(projected financial statement analysis) 기업이 다양한 전략 및 접근 방식의 추정 재무 결과를 예측할 수 있게 해주는 재무 기법으로, 미래의 기간에 대한 손익계산서와 재무상태표의 개발이 포함된다.

캐시카우(cash cow) BCG 매트릭스에서 시장점유율이 상대적으로 높지만 저성장 산업에서 경쟁하는 사업부에 대한 사분면으로, 왼쪽 하단에 위치한다. 필요 이상으로 현금을 창출하기 때문에 잉여 현금이 다른 사업부로 가는 경우가 많다.

테스트 마케팅(test marketing) 특정 제품이나 서비스, 판매 방식이 비용 효율적인지를 미리 결정하는 활동. 신제품의 미래 매출을 예측하는 데에도 사용된다.

통제(controlling) 경영관리의 기본 활동으로, 실제 작업이 계획된 작업과 일치하는지 확인하기 위해 수행되는 모든 활동

통합의 해제(de-integration) 후방 통합 전략을 축소하는 것으로, 기업은 공급업체를 소유하는 대신 외부 공급업체와 거래 계약을 체결한다.

통합 전략(integration strategy) 전방 통합과 후방 통합(통틀어 수직적 통합), 수평적 통합을 포함한 전략

투자 결정(investment decision) 기업의 프로젝트, 제품, 자산, 부문에 자본과 자원을 할당·재분배하는 것으로, 자본 예산이라고도 한다.

파산(bankruptcy) 기업이 생존하거나 재편성하기 위해 주요 부채 의무를 회피하고 노동조합과의 계약을 무효화할 수 있도록 하는 법적 문서. Chapter 7, Chapter 9, Chapter 11, Chapter 12, Chapter 13 등 다섯 가지 주요 유형이 있다.

포터의 5-경쟁요인 모델(Porter's Five-Forces Model) 마이클 포터가 고안한 이론적 모델로, 특정 산업에서 경쟁력의 본질은 경쟁기업 간의 경쟁 정도, 새로운 경쟁자의 잠재적 진입 가능성, 대체제품 개발 가능성, 공급업체의 협상력, 고객의 협상력의 결합이다.

풍수(風水) 중국에서 자연의 힘을 이용하는 관습으로, 중국에 있는 미국 경영자는 사무용 가구를 배치할 때 신중해야 한다.

프랜차이즈(franchise) 전방 통합을 구현하는 효과적인 수단 중 하나로, 가맹점이 체인 본부의 매장이나 레스토랑을 소유할 수 있는 권리를 구매하는 것

프리미엄(premium) 인수 기업이 피인수 기업의 주가에 발행 주식 수(장부 가치 또는 시장 가치)를 곱한 것보다 더 많이 지불하는 경우의 초과분

하방 활동(downstream activities) 대부분의 기업에서 경쟁우위를 확보하고 유지하기 위한 주요 수단은 하방으로 이동하는 것이다. 더워의 최근 연구에 따르면 오늘날 대부분의 산업에서 공급망 관리, 생산, 물류와 같은 상방 활동이 기업에서 상품화되거나 아웃소싱되는 반면, 고객 행동과 관련된 하방 활동은 경쟁우위를 확보하고 유지하는 데 주요 수단이 되고 있다.

할인(discount) 인수 기업이 피인수 기업의 주가에 발행 주식 수(장부가 또는 시장 가치)를 곱한 것보다 적은 금액을 지불하는 경우 해당 금액에서 실제 구매 가격을 뺀 금액

합병(merger) 유사한 규모의 두 기업이 결합하여 하나의 기업이 만들어지는 것

합작투자(joint venture) 둘 이상의 기업이 특정 기회를 활용할 목적으로 기업을 신설하고 새로운 지분을 공유하는 것

핵심 가치 선언문(core values statement) 청렴성, 공정성, 규율, 평등한 고용 기회, 팀워크, 책임성, 지속적 개선 등의 모범적 속성에 대한 기업의 몰입을 명시한 문서

핵심 역량(core competence) 가치사슬 중에서 기업이 탁월하게 수행하는 요소

협업기계(collaborative machine) 생산 작업에 사용되는 로봇으로, 유연하고 다양한 작업을 수행할 수 있다.

환경(environment) 공기, 물, 토지, 천연자원, 동식물, 인간 및 그 상호 관계를 포함하여 조직이 운영되는 환경

환경 관리 시스템(environmental management system, EMS) 지방 자치단체나 기업이 ISO 14001에 제시된 관행과 절차를 마련하고 구현하는 것

환경 조사(environmental scanning) 조사를 수행하고 외부 정보를 수집 및 이해하는 과정으로, 산업 분석이라고도 한다.

활동성 비율(activity ratios) 재고자산 회전율과 평균 회수 기간은 기업이 자원을 얼마나 효과적으로 사용하고 있는지를 측정한다.

후광 효과(halo error) 단일 요인에 너무 많은 가중치를 두는 경향

후방 통합(backward integration) 제조업체가 공급업체의 지분을 소유하거나 공급업체에 대한 통제력을 확대하는 전략

EPS/EBIT 분석(EPS/EBIT analysis) 부채, 주식 또는 이 둘의 조합이 전략 실행의 자본 조달을 위한 최선의 대안인지 여부를 결정하는 데 널리 사용되는 기법

ISO 14000 기업이 환경에 미치는 유해한 영향을 최소화하며 지속적으로 자체 환경 성과를 모니터링하고 개선하는, 환경 분야의 자발적 표준

ISO 14001 환경 친화적인 방식으로 사업을 수행하고 있음을 인증하기 위해 전 세계 수많은 기업이 채택한 일련의 표준. 이러한 표준은 점점 더 많은 기업이 자체적으로뿐만 아니라 공급업체와 유통업체에도 요구하는 환경 준수를 위한 보편적인 기술 벤치마크를 제공한다.

SO 전략(SO strategy) 외부 기회를 활용하기 위해 기업의 내부 강점을 활용하는 전략

ST 전략(ST strategy) 외부 위협에서 벗어나기 위해 기업의 강점을 사용하는 전략

WO 전략(WO strategy) 외부 기회를 이용하여 기업의 내부 약점을 개선하는 전략

WT 전략(WT strategy) 기업의 내부 약점을 줄이고 외부 위협을 피하기 위한 전략

찾아보기

기업